迟福林
改革研究文选

上卷

迟福林 著

中国社会科学出版社

图书在版编目（CIP）数据

迟福林改革研究文选：全三卷/迟福林著. —北京：中国社会科学出版社，2021.10
ISBN 978-7-5203-9227-3

Ⅰ.①迟… Ⅱ.①迟… Ⅲ.①改革开放—中国—文集 Ⅳ.①D61-53

中国版本图书馆 CIP 数据核字（2021）第 193682 号

出 版 人	赵剑英
责任编辑	喻 苗
责任校对	胡新芳
责任印制	王 超

出　　版	中国社会科学出版社
社　　址	北京鼓楼西大街甲 158 号
邮　　编	100720
网　　址	http://www.csspw.cn
发 行 部	010-84083685
门 市 部	010-84029450
经　　销	新华书店及其他书店
印刷装订	北京君升印刷有限公司
版　　次	2021 年 10 月第 1 版
印　　次	2021 年 10 月第 1 次印刷
开　　本	710×1000　1/16
印　　张	120.25
插　　页	2
字　　数	1566 千字
定　　价	598.00 元（全三卷）

凡购买中国社会科学出版社图书，如有质量问题请与本社营销中心联系调换
电话：010-84083683
版权所有　侵权必究

序　言

我从1984年开始从事改革研究，迄今已有37年。这37年，是我国改革开放的重要历史时期，也是我人生最宝贵的时光。几乎与共和国同龄的我，见证了改革开放带来的历史巨变，坚信改革开放是决定中国命运的关键一招。基于此，建言改革已成为我人生的重要目标和价值追求。正如我在《我的改革情》一书中表白的，"参与改革、研究改革、建言改革，成为我这几十年来的主要工作，成为我孜孜不倦的人生追求，亦是一份时代赋予我的沉甸甸的责任"。

近年来，有朋友建议我把37年的改革研究文稿结集出版，我一直未下决心。今年是中改院建院30周年。中国社会科学出版社赵剑英社长建议，把中改院30年的研究建议与我的改革研究文选一同在该社出版。这些天，在同事的协助下，我梳理了自己的研究文稿，粗略统计达数百万字。"一字一句总关情"，今天，看着37年来个人的研究文稿，仍有所感怀。

我理解，改革研究，重在研究改革开放中的热点、难点问题，重在为改革政策决策提供研究参考。这就需要把握全局，坚持问题导向的行动研究。30年来，以问题为导向的行动研究成为中改院改革研究的突出特点。

今年是中改院建院30周年。借此机会，我将过去37年中发表的部分改革研究文稿编辑整理，并以内容为主、兼顾时间顺序集结成册，形成上、中、下三卷。上册以经济体制改革研究为主，中册以社会体制改革研究为主，下册以扩大开放研究为主。我的同事张飞、方栓喜、回亮、范诗雯、马禹、孙佳妮、陈所华等参与了本书的具体编辑工作。中国社会科学出版社对此书的出版给予大力支持。在此，一并表示衷心感谢！

作为一名有 50 余年党龄的党员，谨以此书向党的百年华诞献礼！

迟福林
2021 年 7 月 1 日

总 目 录

上 卷

引 言 ………………………………………………………… (1)

一 建言农村改革:实现农民土地使用权长期化、物权化、
资本化 ……………………………………………………… (3)

二 建言国企改革:从国有企业转向国有资本 ………………… (63)

三 建言政府转型:经济建设型转向公共服务型 ……………… (221)

四 建言第二次转型:以发展方式转变为主线 ………………… (395)

五 建言第二次改革:走向结构性改革 ………………………… (499)

中　卷

引　言 …………………………………………………………（609）

一　中国进入发展新时代 ……………………………………（611）

二　建言民富优先：实现中等收入群体倍增 ………………（675）

三　建言公共服务体制建设：从公共产品短缺走向基本
　　公共服务均等化 …………………………………………（787）

四　建言城镇化：从规模城镇化到人口城镇化 ……………（949）

五　建言消费导向转型：中国开始进入消费新时代 ………（1043）

六　建言公共卫生体制变革：以人民健康为中心 …………（1173）

下　卷

引　言 …………………………………………………………（1225）

一　开放是最大的改革 ………………………………………（1227）

二　建言开放转型：从"一次开放"到"二次开放" …………（1347）

三　建言制度型开放：商品和要素转向规则和标准 ………（1431）

四 建言区域开放:推动区域开放布局与区域协调
　　发展 …………………………………………………（1491）

五 建言海南自由贸易港:对标世界最高水平开放
　　形态 …………………………………………………（1611）

六 建言自由贸易:大变局下的中国与世界……………（1765）

上卷目录

引　言 …………………………………………………………… (1)

一　建言农村改革：实现农民土地使用权长期化、
　　物权化、资本化 …………………………………………… (3)
　以市场化为目标加快中国农村改革(1995年5月) ………… (5)
　赋予农民长期而有保障的土地使用权(1999年3月) …… (14)
　加快农村土地使用权的法制建设(2000年10月) ………… (32)
　中国改革发展新阶段的农民组织建设(2004年12月) …… (40)
　统筹城乡发展背景下的农村土地制度改革
　　(2008年12月) ……………………………………………… (46)
　让农民工成为历史(2010年8月) ………………………… (52)
　以落实农民土地财产权为重点推进城乡关系变革
　　(8条建议)(2017年2月) ………………………………… (58)

二　建言国企改革：从国有企业转向国有资本 ……………… (63)
　从国有企业到国有资本
　　——关于建立现代企业制度的一种主张(1994年1月) …… (65)
　当前确立劳动力产权至关重要(1995年7月) …………… (69)
　市场竞争环境下国有经济的发展(1995年7月) ………… (75)

转型时期中国商业银行体制改革的若干问题
  （1996年3月）……………………………………………（83）
经济转轨时期劳动力产权的确立（1996年11月）…………（90）
如何解决国有企业债务问题（1996年12月）………………（97）
转轨时期中国资本市场发展的几个问题（1997年7月）……（103）
中国股份制经济健康发展的正确方针（1998年6月）………（111）
中国转轨中公司治理结构的若干问题（1999年4月）………（120）
世纪之交：中国的金融开放与金融安全（1999年7月）……（126）
关于正确处理经营者激励机制建设中若干重要关系的
  建议（2000年1月）………………………………………（142）
转型期中国基础领域的改革（2000年2月）…………………（150）
建立具有中国特色的职工持股制度的建议（25条）
  （2000年5月）……………………………………………（157）
在全面解决债务中加快国有商业银行的股份制改革
  （2000年10月）……………………………………………（173）
促进非国有经济参与基础领域改革的建议
  （2000年12月）……………………………………………（178）
承认并实现创业型企业家价值的框架建议
  （2001年8月）……………………………………………（188）
产权制度改革与企业制度创新（2002年5月）………………（209）
适应经济社会转型推进产权保护法治化
  （2016年12月）……………………………………………（211）
调整优化国有经济布局的几个问题（2021年5月）…………（217）

三　建言政府转型：经济建设型转向公共服务型 ……………（221）

中国经济转型时期的政府改革（1997年3月）………………（223）
重构与开放经济相适应的政府管制体制（2002年1月）……（236）

加快由经济建设型政府向公共服务型政府的转变
　　——SARS危机后的我国政府改革(2003年7月)………(245)
政府转型与民间组织发展(2005年9月)…………(256)
中国公共需求的深刻变化与政府转型的现实压力
　　(2005年11月)……………………………………(264)
推进大部门制的六点建议(2008年1月)……………(277)
行政管理改革的现实需求与目标选择(2008年3月)……(280)
以政府转型为主线的行政管理体制改革(2008年9月)…(291)
发展方式转变背景下的地方政府转型(2010年4月)……(300)
关于政府转型与事业单位改革的几个问题
　　(2010年7月)……………………………………(307)
以政府转型为重点改革中央地方关系(2011年8月)……(313)
建立中央层面改革协调机构的建议(2012年3月)………(319)
建设服务型政府推进行政管理体制改革
　　(2012年4月)……………………………………(322)
改变"增长主义"政府倾向(2012年6月)……………(330)
优化权力结构推动政府职能转变实质性突破
　　(2013年7月)……………………………………(339)
关于推进国家治理体系和治理能力现代化的
　　几点建议(2014年3月)…………………………(347)
新阶段政府购买公共服务的几个问题(2014年4月)……(351)
推进市场监管向法治化转型(2014年6月)……………(357)
全面深化改革:规范政府角色新定位(2014年9月)………(360)
互联网时代的政府治理创新(2015年4月)……………(374)
以监管转型为重点推进简政放权(2017年8月)…………(379)
服务业市场全面开放需加快监管变革(2019年5月)……(384)
以政府治理变革推动制度型开放进程(2020年12月)……(389)

四 建言第二次转型：以发展方式转变为主线 …………… （395）

后危机时代我国发展方式的转型与改革（2010年2月）…… （397）

以发展方式转变为主线的第二次转型与改革
（2010年3月）………………………………………………… （402）

转型中国的历史性抉择（2015年5月）……………………… （407）

"十三五"：中国经济转型升级是大势（2015年10月）…… （435）

经济转型的新趋势与新动力（2016年1月）………………… （442）

赢在转折点——经济转型决定增长前景（2016年9月）…… （450）

中国经济转型趋势与数字经济发展（2016年12月）……… （457）

中国经济优化升级趋势的深远影响（2017年12月）……… （463）

以高质量发展为核心目标建设现代化经济体系
（2017年12月）……………………………………………… （470）

推动高质量发展要加快动力变革（2018年3月）………… （490）

以改革开放的新突破助推经济转型升级
（2018年6月）……………………………………………… （495）

五 建言第二次改革：走向结构性改革 ………………………… （499）

从基础性改革转向结构性改革
——21世纪初期我国经济改革的特点分析
（2001年6月）……………………………………………… （501）

以公平与可持续发展为目标的"第二次改革"
（2010年5月）……………………………………………… （511）

二次改革重在顶层设计（2010年12月）…………………… （518）

改革红利——党的十八大后的转型与改革
（2013年1月）……………………………………………… （524）

改革跑赢危机的路线图（2013年7月）……………………… （533）

市场开放与结构性改革（2016年12月）…………………… （543）

以服务业市场开放为重点深化结构性改革
　（2016 年 12 月） ……………………………………（552）
经济转型升级与供给侧结构性改革（2017 年 1 月） ………（557）
处理好政府与市场关系是深化结构性改革的关键
　（2017 年 2 月） ……………………………………（562）
经济转型与结构性改革
　——经济全球化新挑战的中国选择（2017 年 3 月） ……（571）
以实体经济为重点深化供给侧结构性改革
　（2017 年 11 月） …………………………………（592）
扩大服务业市场开放是全面深化改革的重大任务
　（2018 年 9 月） ……………………………………（598）
顺应消费升级趋势调结构促改革（2021 年 5 月） …………（604）

引　言

　　本卷汇集1984年到2019年期间关于改革理论探讨和经济体制改革建言方面的研究文稿。分五个部分。

　　第一，建言农村改革。汇集20世纪90年代初期我提出关于农民土地使用权长期化、物权化、资本化的研究文稿。

　　第二，建言国企改革。汇集1994年以来关于"国有企业转向国有资本""推进股份制改革""承认并实现企业家价值"等相关研究建议。

　　第三，建言政府转型。汇集2003年以来"以公共服务为中心的政府转型"等方面的研究文稿，提出了"由经济建设型政府转向公共服务型政府"的研究建议。

　　第四，建言第二次转型。汇集2009年以来我国发展方式转变、经济转型升级等方面的相关研究建议。

　　第五，建言第二次改革。汇集2000年从基础性改革转向结构性改革，并以经济转型升级为目标深化结构性改革等相关研究文稿。

一

建言农村改革：实现农民土地使用权长期化、物权化、资本化

以市场化为目标加快中国农村改革[*]

（1995 年 5 月）

90 年代，中国农村经济改革面临许多新情况、新问题。要实现改革的新突破。关键是以加快市场化为目标，深化农村土地制度改革，再造农村市场经济的微观基础；改革粮棉购销体制，建立适应农村市场经济需要的宏观调控手段。

一 以土地使用制度长期化为重点，深化农村产权制度改革

（一）以土地股份化为主要内容推进农村土地制度变革

1. 通过立法形式确认农民对土地使用权的长期化

家庭联产承包制在一定程度上调整了农民与土地的关系，激发了广大农民的积极性。但家庭联产承包制并未使土地产权关系明晰化，现行的农村土地制度仍存在所有权不明确、使用权不稳定、管理权混乱等弊端，加上承包制不规范，土地经营使用权调整频繁，任意性强，致使农户缺乏增加土地投入特别是中长期投入的内在动力。虽然中央已明确规定耕地承包到期后再延长 30 年不变，但农户依然缺乏对土地使用的稳定感和对土地的长期预期。因此，与其通过政策宣布 30 年不变，不如通过立法确认农民对土地的长期使

---

[*] 本文载于《中国农村经济》1995 年第 5 期。

用权，其意义在于以法令的形式明确界定和保护作为微观经济单位的农户长期的多种土地权益，农户作为土地的占有者可以使用、转让、出租土地，并可作为产业转让给自己的继承人，以从根本上抑制其短期行为。所谓土地股份化，是指鼓励和支持农户将土地长期使用权折合成股本参与各种合作组织、农业开发及规模经营等，并按其股本大小定期领取土地股东收益。

2. 土地股份化将有利于一系列相关问题的解决

首先，土地股份化可以发挥土地积极的社会保障功能。联产承包责任制使农民承包土地成为一种"生存保险"，土地成为农民最后的退路和归宿。承包土地的保障功能的局限性是十分明显的：农民不能脱离土地，必须与承包土地保持直接的（自己耕种）和间接的（请人代种）联系；承包土地不能转化为资本，只是最低的"生存保障"。而土地的股份化有助于健全积极的土地保障功能。农户通过土地入股的形式，即使在年老多病时也可获得稳定的土地股本收益。

其次，土地股份化有助于土地的流转、集中及农村剩余劳动力的转移。农业现代化的目标，是要改革农业小规模、分散兼业经营方式，推行土地适度规模经营，形成专业化分工、集约化经营、社会化服务，努力提高劳动生产率和土地产出率。通过土地股份化的形式推进适度规模经营和各种股份经济合作是变革土地经营方式、对农村基本经营制度进行重新构造的现实选择。农民能从土地入股中获取稳定的回报，解决了其离土又恋土的矛盾心态，化解了耕地占有凝固化的问题，能较好地解决土地的流转和剩余劳动力转移的问题。同时，拥有土地长期使用权的农民可以抵押土地使用权以获取贷款，有助于农民获得农业的投资来源。

最后，土地股份化使农民有权参与土地"农转非"的收益分配，在一定程度上解决农民的收入增长问题。工业化过程中，一部分农业用地被转化为非农用地不可避免。通常在征用土地时，拥有使用权的农户可获得一次性补偿。这种补偿常常不足以弥补农民失去土地使用权的长期损失，在许多情况下是对农民利益的一种侵犯和剥夺。因此，在土地"农转非"过程中，完全可以而且应当采取土地作价入股的办法，农民通过土地长期使用权换取土地股权证，并按股分红。这就使农民收入稳定且不断增长，在分享工业化好处的过程中缩小城乡差距。

3. 土地股份化的主要途径可采取创办股份制农业合作企业，进行土地合作经营

即将目前主要按人口承包到户的土地。按其质量分成不同的股份入股，年终按股权多少来分配口粮和企业剩余产品（净利益）。农业企业的劳动者可以是土地股权持有者，也可以招雇非土地股权持有者。土地股权是农民向农业股份合作企业等价转让承包权（即使用权）的证明，凭这种证明向股份合作企业索取口粮（按基本标准）和红利。这样，土地使用权可完全按市场原则流动，在实际经济运行中实现土地的规模经营，提高土地产出率和经济效益。

（二）实现农村产权制度的全面变革

1. 乡镇企业的发展方向应当是股份制或股份合作制，以明确产权关系，转变经营机制

产权关系不明确制约和影响着乡镇企业的进一步发展。从表面上看，乡镇集体企业的资产归社区内全体成员所有，产权关系比较明确，但实际上也存在类似国有企业产权关系模糊的问题。由于乡镇集体企业在发展过程中很大程度上靠乡、村两级行政力量推动，因而企业受当地行政制约很大，政企关系也很不明确、存在政府包办企业，企业行为行政化的问题。

解决上述问题的一个重要途径是通过引进股份制或股份合作制，允许农民将土地、资金、技术、劳动等入股，使乡镇企业真正

产权明晰，形成进一步发展的内部推动力。乡镇企业产权制度改革，可以通过把集体资产存量的全部或一部分折股到户，按股分红，建立按劳分配与按资分配相结合的制度。此外，还可以采取集资扩股、法人横向参股和嫁接外资等形式，扩大现有企业的资本规模或创办新的股份合作制企业。

2. 以股份合作制的产权关系规范农村服务性的中介组织

大力发展民办型农村服务性的中介组织对深化农村改革具有深远的意义。一方面，民办型农村服务中介组织以农户或家庭企业为服务对象，不仅有利于巩固农业生产责任制，而且使之与农村经济市场化和社会化的不断发展相适应；另一方面，民办型农村服务中介组织不仅涉及农村经济管理领域，而且涉及农村社会管理领域，因而其建立、发展和壮大，将直接推动农村体制改革的深化。由于民办型中介服务组织的功能和规模并非单家独户所能，它必须通过股份合作制的产权关系、以自主联合的力量实现其多种服务的社会功能。这种中介组织，如合作社、农民缴纳一定的股金就可成为其成员，并在生产与流通的各个环节上得到社会服务；股金则作为合作社的营运资本，并且合作社从利润中分给成员一定的红利。这种产权关系既不是完全的股份制，又有别于我们过去搞的那种合作制。这种产权关系既与农民的利益密切联系，又以农民的利益作为生存基础，从而具有旺盛的活力。

3. 加快信用合作社的股份化进程、实现农村合作金融体制的产权变革

目前，信用社名义上是独立经营、独立核算、自负盈亏的经济实体，是集体所有制的合作金融组织，但它同时又是农业银行的基层机构。中国人民银行委托农行代管信用社。信用社在发放贷款时要承担大量的政策性业务，在实际经营活动中，农业银行用信用社的资金去弥补缺口的现象时有发生，因此，信用社的独立经营很难

做到。而且，由于几次由"民办"到"官办"的反复，信用社自有资产的产权模糊，农民股金所占比例不高。当务之急是必须使信用社通过一定的制度安排来明晰产权，如通过股份化的办法进行产权重组，并通过出售股权，使信用社与国家的政策功能脱钩，将其转变为农民合作性质的商业金融组织。

二 以加快农产品价格市场化为目标，改革和完善宏观调控手段

（一）近两年农产品价格的大幅度波动和价格政策的反复，充分说明政府的宏观调控不能适应农产品市场化的要求

1. 政府运用行政手段控制某些重要农用生产资料供应

以化肥为例，从 1992 年 10 月到 1993 年 3 月，国家几次调价，价格翻了一番多。虽然国家实行了最高限价，但 1993 年 3 月后，实际价格继续上涨，最高限价变成了最低保护价。与此同时，1993 年有 200 多万吨化肥没有到位，进口化肥没有落实。农用生产资料的量减价增，必然要带动农产品价格的上涨。所以，1993 年 10 月以后，农产品价格大幅度上涨，很大程度上是农用生产资料价格失控的反映。这不仅难以保证供应量和控制价格水平，而且由此会带来对农产品市场的巨大冲击，给农产品市场化的进程造成不利的影响。

2. 政府通过行政办法强制征购一定比例的粮、棉等主要农产品

1993 年初各地放开粮价后，为了保证国家收购任务，大多数地区采取"保量放价"的办法，即原有定购数量不变，价格随行就市。与此同时，国家宣布执行最低保护价，其水平设定在原定购价水平上。国家行政办法对农产品市场的干扰，导致农产品的实现价格低于应有的价值，其结果是，一方面，农民种粮积极性大大下降，造成供求失衡；另一方面，受到压制的农产品价格一有机会就会在有限的农产品市场上爆发起来，去追求它应有的价值。这是造

成1993年和1994年粮食和其他农产品价格大幅波动的一个原因。

3. 政府主要通过国有农产品的经营部门对农产品供求关系进行调节

这就使国家宏观调控的政策职能与国有农产品经营部门的企业经营职能混在一起，其结果是，一些国有农产品经营部门因其本身的利益追求而使国家宏观调控的政策职能难以承担和落实。1993年10月以后的农产品价格的大幅波动，正是这种状况的一种反映。

（二）在建立农村市场经济的过程中，要以加快农产品价格市场化为目标，改革流通体制，改善市场调控手段

1. 要改变国家直接经营和垄断经营农用生产资料的体制，以及人为控制生产资料供应量和价格水平的做法

（1）农资经营企业要实行政企分开，独立经营，面向市场，转换机制。（2）在农资生产方面要鼓励多种所有制成分的投资，以增加生产，改善供求关系。（3）农资经营要取消垄断性经营，实行竞争性经营，打破计划供应和国家定价、通过市场机制形成价格。（4）国家可运用经济手段和法律手段对农用生产资料的供应和价格水平进行调控，如采取必要的限价措施、给予财政补贴，减免税收，提供优惠贷款，增加进口等。

2. 要彻底改革农产品购销体制，实行放开经营，保护农产品直接进入市场

（1）取消国家的计划定购或合同定购的做法，彻底放开农产品的生产和经营，保证农产品市场的有效形成。（2）取消国家定价。使农产品价格市场化，农产品价格调节机制有效发挥作用。（3）将国有农产品经营部门的政策性业务与经营性业务分开。（4）打破国有农产品经营部门垄断市场的局面，鼓励多成分、多形式、多渠道流通，特别是鼓励农民有组织地直接进入流通，实行竞争性经营。

3. 要建立和完善国家政策性调控体系，国家对农产品市场的调控要避免采取传统的行政办法

农产品市场价格的相对波动，是市场经济条件下的正常现象、是市场规律的反映。根据发达国家的经验，粮食市场价格波动幅度稳定在15%—20%以内，就是很大的成功。所以，我们应当正确看待市场的波动。同时，对农产品市场的波动要有足够的重视，并充分做好各种准备，当市场波动超过一定的幅度时，就应当采取措施进行适当的调控，力求保持市场的相对稳定。为此，（1）国家主要农产品储备调节体系要从现有的农产品经营部门分离出来，组建直属于国务院的储备调节系统，统一调控全国农产品市场。（2）建立主要农产品的风险基金和储备调节基金，用于应付因自然灾害、战争等不可抗拒因素或意外事件引起的主要农产品紧张的情况。（3）要尽快建立全国统一的农产品市场，消除地区分割、地方封锁，将地区之间的主要农产品计划调拨关系改变为市场自动调节关系，建立适应市场经济要求的新的农产品优势互补、余缺调剂和区域平衡关系，为全国统一的政策调控奠定市场基础。

4. 要运用农产品进出口贸易政策，发挥我国农业比较优势，调节国内农产品市场的供求关系

（1）我国农产品市场应注意与国际市场衔接，按照比较优势来配置农业资源，增加具有比较优势的农产品出口，以取得最大的收益。国家应在农产品出口上采取各种政策措施给予大力扶持，要鼓励农业企业和农村经济组织直接经营农产品出口，出口配额实行公开招标分配，必要时可以对某些农产品实行出口补贴政策。（2）国家应当充分运用进出口贸易手段，来调节国内农产品市场的供求。今后一个时期，可考虑适当增加粮食等农产品的进口，以平抑农产品市场的价格波动。

（三）在推进农产品价格市场化的进程中，要建立与之相适应的农村宏观经济调控体系

1. 要运用财政政策，增加对农业的基础投入加强对农业的政策调节

（1）增加生产，保障供求平衡是稳定农产品市场的根本措施。这两年，中央政府对农业投入到位不理想。1994年国家财政预算用于农业投入总额达523亿元，占财政支出比重的9.63%，比上年增长15%。但直到该年9月，到位的农业支出尚不到全年计划的50%。不少地方政府对农业投资的比重仍在下降。（2）财政政策还可以与价格政策、产业政策、外贸政策相配合，实行对农产品的特定补贴，达到保护农业、稳定价格、产业倾斜和鼓励出口等目的。

2. 要运用税收政策，加强对农业和农民收入的保护，减轻农民负担

（1）应当对农业税进行改革，去掉名目繁多的不合理收费，只征税不收费，原有的合理收费改为从农业税中提取。（2）农业税的税率设定，应当从有利于在市场经济条件下发展弱质农业和保护农民收入出发，税率不应过高或增加太快，必要时可适当减免农业税。1994年税制改革后，乡镇企业税赋陡增，税种增加，部分税种的税率提高，1994年前5个月全国乡镇企业税收总额比上年同期增长35%，高于同期全国税收增幅5.8个百分点，1994年1—6月份全国乡镇企业亏损面由9%上升到16%，经济效益普遍下降。应当适当降低乡镇企业的税赋，让乡镇企业的发展有一个宽松的环境。

3. 建立健全农村金融调控体系，运用金融政策调控手段，保护农业的信贷投入

（1）要尽快建立和完善农村"三位一体"的农村金融体制，形成政策性银行、商业性银行、合作金融组织分工明确与密切配合的农村金融体系，保障对农业的信贷投入、活化农村金融业务，增

强农村金融对农村经济的渗透、调节和支持能力。（2）大力发展农村金融市场，通过农村金融市场调节农村资金、技术和劳动力等的分配，合理配置农村资源。（3）重构农村金融体制后，农业银行和农村合作银行完全按商业化经营机制运作，其贷款投向会倾斜于收益率高的区域和产业，从而有可能进一步加剧农村资金的"非农化"。为此，国家应规定农村商业银行专门发放农业贷款的规模和比例并给予利差补贴。同时，国家应从每年的货币发行计划中划出一定比例作为专项借款，定向借给农村合作银行发放农业生产贷款。对农村金融业投入农业的资金营运实行低税甚至免税政策。

赋予农民长期而有保障的土地使用权[*]

（1999年3月）

我国农村从1984年开始的第一轮土地承包15年不变的期限，目前已陆续到期。许多地方按照中央的精神，正在开展"延长土地承包30年不变"的第二轮土地承包工作。中央关于"土地承包期30年"的政策，是加快农村经济改革，长期稳定农村政策的重大举措。目前，我国农村土地制度改革和建设又到了一个新的历史关节点上。如何在第二轮土地承包中把中央关于"集体土地实行家庭联产承包制度，是一项长期不变的政策"具体化，尽快实现农村土地使用权长期化，并且采取有效措施切实保障农民的土地权益，稳定农民的长期预期，是关系到我国农村经济可持续发展和社会长久稳定的关键性问题。

一　稳定农民土地经营预期是解决我国农业和农村经济发展矛盾的关键所在，实现土地使用权长期化势在必行

（一）家庭联产承包责任制事实上的不稳定运行，已经成为制约农业和农村经济发展的重要因素，应当尽快赋予农民长期而有保障的土地使用权

新中国成立以来，我国农业和农村经济发展一直为三个基本性

---

[*] 本文载于《中国农村经济》1999年第3期。

矛盾所困扰：一是人地矛盾带来的农产品供给压力；二是农民多而穷，就业机会少，农民收入难提高；三是农业基础薄弱，投入少，农业发展后劲不足。1978年改革开放以来，农村生产关系的变革，其实质是农村土地制度尤其是土地使用制度的变革，这极大地提高了农民生产积极性，农产品供给大为改观，农民收入显著提高，农业长期投入增加，农业发展后劲增强，不仅三个基本性矛盾得到有效缓解，而且对中国经济和社会转型带来极其深刻的影响。但是，由于对家庭联产承包责任制适应性和生命力的认识产生分歧以及利益驱动引发的实际操作中的偏差，事实上，家庭联产承包责任制在一些地区在不稳定运行和蜕变：（1）自80年代中期以来便产生了对家庭联产承包责任制能否适应现代社会化大生产的怀疑，并且逐步发展成为改变所谓"规模不经济""土地分割零碎""狭小的土地与现代化生产不适应"等矛盾的现实行动。于是，在"适度规模经营"的过程中，某些地方出现了土地"归大堆"、统一经营的倾向。（2）土地承包期限短而不确定，中央关于稳定家庭联产承包责任制的有关政策没有完全有效地得到执行。大多数地区农民土地使用权没有书面合同或者在合同中没有具体的描述。抽样调查表明：仅仅有13%的受访农户有承包土地的书面合同；不到1%的农民有土地使用权证；有些地方确实有书面合同，但合同的内容相当不完备，无论从法律上还是技术上都很粗糙。（3）因人口变化对土地进行的周期性调整极大地侵犯了农户土地使用权。调查表明，从1978年以来，农民承包的土地已经平均调整3.01次，至少有超过60%的村庄和60%的农户经历过土地调整。（4）从所谓规模经营的需要出发重新回归的农业生产集体经营，包括"合作农场""集体农场""公司+农户"等不同做法，使承包制发生蜕变。与此同时，农民土地使用权益还要受到乡村权力人物随意"中止合同""集体出让、租赁""收回土地使用权重新高价发包"等多种形式的侵害。(5) 国家、集体、农民之间的分配关系未理顺,农民负担过重,土地收益严重流失,直接影响了农民经营土地的预期。在没有权益保障的情况下,规定土地承包期限的长短意义是不大的。农民对中央再延长土地承包 30 年不变的政策也会产生疑虑。因此,必须对农村经济体制尤其是土地使用制度进行彻底改革,长期稳定和保障农民的土地使用权。

(二) 土地权利的期限、广度和确定性是影响农民是否对土地进行长期投资的关键因素

延长土地承包期限,拓展农民土地使用权内涵,并给予制度确认和法律保障是农村土地制度改革和建设的方向。各国的经验证明,在任何一种土地制度下,有保障的土地权利对于经济发展都是非常重要的。我国农业和农村经济发展的关键在于促进农业投资增长,从而提高土地产出率,保障农产品供给和农民收入稳定的增长。我国长期处于社会主义初级阶段,农村生产关系和生产力状况决定,充分调动农户对土地长期投资的积极性是农业和农村经济发展的关键要素。但是,我国农民土地使用权事实上短而不稳,并且土地使用权范围过于狭窄而无法律保障,导致农民对土地长期投资的积极性不高。据此,并不能提出农民不愿接受土地使用权长期化制度安排的结论。调查表明:相对期限短的土地使用权,如果权利范围较广并且有保障,也可以促进农民对土地进行更多的投资;相反,即使土地使用权的期限(名义上)很长,但是缺乏保障而且权利的内容较少,也不利于引导农业投资增长。如果赋予农民土地永久使用权,把土地使用权由单一的耕作权扩展到事实上的占有、使用、收益、分配和有限的处分权,并且用制度和法律保障其权利,有超过 85% 的农户愿意接受土地使用权长期化的制度安排,并热心于对土地进行长期投资。这说明,在任何土地制度下,土地的权利都不是一个单独的权利,而是多个不同的权利的集合。因此,农村

土地制度创新必须对土地权利的期限、广度和确定性作整体的设计和安排。

（三）农户长期稳定的心理需求与集体成员平均占有要求下的不断调整是农村土地问题的主要矛盾

因此，当务之急是制定既满足农民对平等权利的需要，又可以使之得到长期稳定的土地使用权的政策。对于我国的绝大多数农民来说，利用土地从事农业生产是他们经济收入的主要来源，他们需要得到长期有保障的土地使用权。同时，他们也认识到需要有足够的土地抚养新增加的人口。在传统观念里，"集体"成员应当天然地无差别地享有"集体所有"的土地，并且把这种观念转化成一种制度安排——土地随着人口增长事实上必须进行周期性调整。农民在选择土地调整和不调整政策时确实遇到了一个两难的选择。调查表明，农民既需要长期稳定的土地使用权，又需要平均占有土地。因此，土地制度改革和建设必须平衡农民长期土地使用权与平均占有之间的关系。解决这一问题可供选择的现实思路是：在长期稳定"集体土地实行家庭联产承包制度"的框架下，实现土地制度的创新。例如：在界定产权主体的同时，严格界定"集体"成员的边界，限定享有"承包权利"的群体；在给予农户土地长期有保障的使用权之前，对土地进行最后的调整，并且，土地的分配必须预测农户未来的土地需要；对社区内可开发的宜农土地资源作出开发和分配使用的长远规划；通过土地使用权有偿转让，逐步实现土地调整的市场化等。可以预计，随着中国人口趋向零增长，要求调整土地的压力会逐渐减轻。同时，人们通过对新的土地法规、土地制度的认同从而转变土地占有使用观念，又可以通过市场调配土地资源，农民土地使用权长期化新的制度就能真正实行起来，并能充分体现其在农业和农村持久发展中的奠基石作用。

（四）在第二轮土地承包中延长土地承包期限，并稳定过渡到土地使用权长期化

我国家庭联产承包责任制是从政策层面逐渐推开的，尽管其间有周期性的调整等行为发生，但是这一制度毕竟基本稳定地运行了15年。少数地区在15年中确实没有调整过农民承包的土地。而且，在全国一些地区正在开展30年、50年、70年不变的试验。因此，农民土地使用期限长期化逐渐在政治和经济层面被认同。同时，土地制度运行的重大矛盾和问题已经比较充分地暴露，而且在实践中摸索积累了许多解决矛盾和问题的经验。

特别重要的是，我国农村经济改革的深化和农村政策的稳定，为实行农民土地使用权长期化奠定了最重要的条件。由此判断：目前，以农村土地第二轮承包为契机，在农村实行土地使用权长期化的制度性安排时机已经成熟。抓住这次机遇，将大大加快农村土地制度的改革和创新进程。

二 以第二轮土地承包为契机，因地制宜，采取多种形式，实现向土地使用权长期化的稳步过渡

（一）实行土地使用权长期化

对农户土地承包经营权期限要有足够的长度和保障，至少50年，甚至70年、100年保持不变。在第一轮土地承包即将到期之前，中央就明确指出，土地承包再延长30年不变，营造林地和"四荒地"治理等开发性生产的承包期可以更长。在第二轮土地承包工作中，中央再次重申，稳定土地承包关系是党的农村政策的核心内容。"集体土地实行家庭联产承包制度，是一项长期不变的政策"。实行农村土地使用权长期化，是落实中央上述政策的具体化、制度化。所谓土地使用权长期化，就是保证农户家庭土地承包经营权有足够的期限、广度和确定性。土地承包经营权期限，是实行土地使用权长期化的核心内容，也是保障农民土地权利，稳定农民长

期预期的关键性因素。农民土地使用权期限必须有足够的长度，至少保证自己或者后一代人能够收回投资。鉴于农村许多改革试验区试行土地承包经营30年、50年不变的成功经验，以及部分地区第二轮土地承包已经完成的成功做法，首先规定农村土地承包经营权至少50年不变，基本保证两代人的长度；鉴于经济特区和东部沿海地区"土地有偿转让70年不变"的政策有效实施，可以考虑将"70年不变"的政策引到农村土地承包经营中，生产周期长和带有开发性质的项目和土地，承包期可"10年不变"。这样做，可以彻底消除农民的顾虑，大大提高农民长期投资的积极性。

（二）因地制宜，采取多种形式，实现向土地使用权长期化的稳步过渡

目前，全国各地都在第一轮土地承包15年陆续到期的基础上进行第二轮土地承包工作。为此，应当抓住这个机遇，针对各地不同的情况，采取多种形式，实现向农村土地使用权长期化的过渡。第一，对于已经开展"土地承包30年不变"的地区，一般来说，为保持政策的连续性，应当维持30年承包合同不变，待到期后顺延。但如果广大农户有强烈的要求，且各方面条件又比较成熟，也应当允许在30年不变的基础上再延长到50年或70年不变；对于还未展开第二轮土地承包工作的地区，凡基本条件成熟，都应当支持和鼓励实行土地使用权长期化制度，制定并签订相应合同，实现一次到位；对于全国许多试点地区，凡是符合土地使用权长期化政策的试点方案，都应维持不变。第二，允许不同类型的土地实施不同的承包期限。比如基本农田实行50年期限，山坡地实行70年期限，"四荒地"的开发使用权可以实行更长的期限，以此来稳定农民长期预期，增强农民对土地进行长期投资的积极性。第三，允许不同地区实行不同的土地承包期限。第四，对于地区内部差异较大的地区，允许在"30年不变"的前提下，实行"一地两制"，在地

区内部实行不同的承包期限，有的农村可以30年，有的也可以50年或70年。

（三）应当允许中西部贫困地区率先实行土地使用权长期化政策

与较为发达的东部沿海地区相比较，土地对于中西部尤其是中西部贫困地区的农民而言具有特别的意义。土地不仅是最重要的生产要素，更是农民主要的社会保障。在稳定家庭联产承包责任制的前提下，率先在中西部贫困地区实行土地使用权长期化的政策，易于得到广大农户的拥护和支持，降低推行的成本和风险，也易于调动农民的生产和投资积极性，形成中西部地区农村经济发展和社会稳定的基础，这是一项一举多得的重要举措。

三　以改革和完善农村土地产权制度为中心，对农民土地使用权长期化进行制度性安排

（一）建议以村民小组为单位重新界定农村集体土地的产权主体

我国的法律规定："农村和城市郊区的土地，除法律规定属于国家所有外，属于农民集体所有。"但是属于哪一级集体所有，集体成员的边界多大？集体所有者包括哪些权利和义务等却不是很清楚。集体土地产权主体不明，导致了土地产权的不完整，其中最具实质意义的土地处置权及相当多的收益权都掌握在各级政府手里。这是导致农民对土地使用权存在不稳定感和对土地长期预期不足，并引发其他一系列问题的重要因素。因此，实行农民土地使用权长期化，首先必须准确界定农村集体土地的产权主体。人民公社所有制关系最后过渡到"三级所有，以生产队所有为基础"有其深刻的原因。因此，应照顾这一体制的惯性，将村民小组（生产队）界定为农村集体土地的产权主体。已经属于村民委员会或村内两个以上集体经济组织的，其所有权也可以授予行政村（生产大队），并且

在国家法律（如《中华人民共和国土地管理法》）中予以体现。在操作中应健全土地所有权的法律形式，通过县级人民政府登记造册，核发证书，确认其所有权并使其得到法律保护。这样做的有利条件是：(1) 第一轮土地承包基本上是以生产队为单位进行的，经过近20年的实践，农民已经以生产队为基本单位结成了土地利益关系，如果改变这一结构，将付出极高的交易成本。(2) 在村民小组（生产队）这个范围内，保存着土地制度历史变迁和现实状况（包括农户对土地投入状况）的最完全的信息（这方面没有多少文书资料，只有代际传承的活的记忆），这对土地的经营和管理，尤其是对土地的投入状况的了解以及流转中的价值实现将有特别的意义。(3) 村民小组这一级的行政职能已大大弱化，它最接近土地使用者，也是对农民要求反应最快的一级组织，最能代表农民利益，屏蔽形形色色对产权的侵犯。目前，村民小组经济实力弱小，也没有相应的行政管理能力。因此建议：在将农村土地产权界定给村民小组的同时，赋予村民小组以相应的管理权力，特别是签订土地合同、监督合同实施，并且获得土地所有者收益的权利。

（二）明确土地产权主体的权利和义务，并且界定产权与行政权的职能边界

首先，村民小组是土地"集体所有"的产权主体，以村民小组作为"集体"的边界，保留村民小组对土地分配调整及其他处分权。同时承认村民小组作为集体土地所有者的排他占有权，并用法规予以规定，以便有效抵制对土地的侵权行为。集体土地的收益权（比如农户承包土地缴纳的承包费）也应归还给产权主体，并且规定土地收益主要用于农田水利等基础设施建设投资。与此同时，按权利与义务对等的原则，用制度和法律规定村民小组作为产权主体的义务，比如：在本社区内宣传国家和地方政府有关土地管理和利用的政策法规；为村民提供产前、产中、产后服务；保护村民的土

地权益，保证国家和集体税费收益；对本区域内的土地资源进行长远规划、开发和利用；组织社区成员进行农田水利基础建设，改善生产、生活条件；等等。应该说明的是，如其他发展中国家一样，国家和地方政府也应保留一定的权利，以便对土地所有者和使用者形成必要的限制和约束，对农村土地进行有效的管理。另外，在一些地方，村民小组一时还无力承担土地所有者的职能，可以实行托管制度，比如明确规定以村集体经济组织或者村民委员会代行"集体所有"产权组织的职能，负责对集体土地的经营管理，作为土地发包方对单位和个人使用集体土地进行登记造册，核发证书，并报乡镇人民政府备案。但必须明确村委会与村民小组的委托代理关系，只有在村民小组授权的条件下才能代行所有者的职能。乡（镇）基层政权组织可以运用行政职能协助村集体经济组织和村民委员会加强对集体土地的经营管理，但是，必须用制度和政策对行政权力加以规范和约束，把"协助"的职能界定在公证、监督、执法保障（维护土地法规的严肃性）和土地纠纷的调解、仲裁方面。

（三）根据一定规则对集体成员的边界予以确认

"集体"是一组动态的人的集合，其构成总在发生变化。它既包含现存于集体内的人口，也包括那些尚未生出和尚未娶入的人口。但是，在约定的租赁期限内，集体内成员的边界应以签约时期的现实人口为主要依据，承认所有成员有平等占有和使用集体土地的权利。在此基础上，根据现行的人口及户籍政策，对集体成员的边界作大致的限定。比如，符合国家计划生育政策和户籍管理规定的新增人口，有资格享受集体土地所有者的权利（在集体边界内承包、租赁、转让、受让、继承等）。否则，不享有其上述权利。

（四）稳定农民承包权，必须在延长土地承包期限的同时，拓展和延伸使用权的范围稳定农户承包权

一是承包期限要有足够的长度并且灵活多样；二是使用权充

实、明晰且有保障。应该看到，农村家庭联产承包责任制推行并作为"一项长期不变的政策"，事实上已经由土地使用制度的改革深深触及并引发了土地所有制的变革。承包权实质上是对所有权的分割。承包合同越是长期化，承包权对所有权的分割程度就越高，使农民由单一的田面耕作权演化为实际的占有权、使用权、剩余产品分配权及有限的处分权。这样做，"集体所有"的公有制才真正找到了具体的实现形式，实现了公有制条件下的"人人所有"。这与私有制是有本质区别的。由此决定了土地制度改革和建设应该是不断弱化所有权而强化承包经营使用权。但现实中许多地方是逆向而动的。因此，建议在土地第二轮承包中：（1）在执行"30年不变"政策的前提下，允许不同地区和不同类别的土地实行不同的期限，并逐步过渡到长期化。（2）把农户对土地的单一使用权拓展到占有、使用、收益和处分四权统一的承包经营权。如农户在土地承包经营期限内，对分配给自己的集体土地有实际上的占有权，集体只保留法律上的最终归属权；农户在承包的土地上有自主种植和经营的权利；有剩余产品的收益分配权；特别是处分权这个曾经仅为所有者享有的独占权，现在也应该有条件地赋予承包者，处分权的内容应当包括对承包经营使用权的转让、出租、入股、抵押等。

（五）承包经营权已经成为一种新的物权，应当用法律的形式予以固定拓展、稳定和强化农户的土地承包经营权，必然形成我国特有的新型的土地使用权

使用权应成为民法上的一种新的物权。不论土地如何流转，承包使用权都可以独立存在。与其他的物权一样，承包经营使用权在市场经济条件下必然表现为一种具有交换价值的资本。那么，占有它可以取得相应的利润，转让它可要求获得等价的补偿。永久地转让承包经营使用权，实际上是对承包经营使用权这种独立的资产的出卖。因此，应当允许农民暂时转让和永久地转让（出卖）；另外，

在我国农村土地制度改革和建设的实践中，已经出现了"允许买卖和继承"的事实。但是，在过去较长的时间中，特别是开展土地第一轮承包的初期，由于宣传"两权分离"时过多地强调对承包经营的使用权限制，特别是把不能买卖、继承作为区别于所有者的权益，因此，目前土地承包使用权的转让、买卖和继承都有较大的阻力，甚至许多基层干部仍视其为非法。这不利于土地使用权长期化的制度安排。因此，政策和法律都应对此有明确的规定。允许农户土地承包经营使用权转让、买卖和继承，是保障农民土地权益、稳定农民预期的必然选择。与此同时，要根据国家土地法规对农户的土地承包经营使用权进行必要的限制。比如：（1）土地占有额度的限制，分别规定其占有土地最高和最低的限额；（2）土地使用范围的限制，对改变农地用途作严格的规定和限制，并保持土地有可持续生产的能力；（3）土地的收益分配应保证"交足国家的，留足集体的"；（4）服从国家对土地的正常征用等。

四 良好的外部环境和配套制度是实现农村土地使用权长期化的重要保证

（一）实行土地使用权长期化，增人不增地，减人不减地，必须辅之以相应的配套措施

第二轮土地承包实行30年不变的政策，从目前执行的情况来看，效果并不理想。一项调查显示，如果采取综合配套措施来解决可能出现的人地矛盾问题，农户拥护和支持土地使用权长期化的比例会有显著提高。为此，（1）进行最后一次土地调整。在实行土地承包关系长期（如在70年至10年，或30年内）不变政策之前进行一次最后调整，会减轻累积的人口压力，更容易使农民接受和认可。从不同地区的实践看，更多的农民期望在实行长期不变政策之前进行一次大调整。（2）采取土地预测分配方法。这种方法在最后一次调整之前进行，即在进行土地分配时，不仅仅是根据现在农户

家庭人口的多少进行简单的平均分配,还要考虑在有效的承包期限内可能导致家庭人口变化的各种合理的因素,如计划生育所允许出生的人口数量等。(3)留用机动地。目前的政策限定一个村留用的机动地不能超过该村耕地总数的5%,并且规定原则上未留机动地的村,不得再留机动地。这主要是针对村干部在具体操作中侵犯农民土地权利而做出的。在实行长期不变政策中,在村民大会集体决策和民主监督的前提下,应当允许某些地区留有不超过中央规定5%的机动地,用来解决未来出现的人地问题。(4)"四荒地"的优先开发权。在拥有较多"四荒地"资源的地区,在合理规划的基础上,应当对那些在土地调整中家庭规模未得到充分考虑的农户实行优先开发权,并对于农户的开发性生产实行承包更长期的政策。(5)允许土地使用权继承和有偿转让。这项政策可以保证农户的长期投资在2—3代人的时期中稳定回收,也可以保证使家庭新增加的人口享有正式土地权利。(6)此外,土地使用权有偿转让,也可保证农户通过租赁等获得另外一些土地的短期使用权利,也可以通过市场机制(如购买)获得其他土地的长期权利。⑥采取综合配套措施。以上配套措施相互联系并不排斥,在实施中,应当因地制宜,将这些配套措施结合起来,综合运用,会大大提高政策的有效性。

(二)制定并颁布内容详尽的土地使用标准合同,严格实行土地登记制度

各国的经验表明,根据每个国家的不同国情和具体制度,建立适当的土地登记制度能够带来许多好处。如可以使对土地的保障更为完善,使土地的流转更加可靠并降低成本,能促进土地市场的发育,增加农业信贷机会,提高土地管理效率,减少土地纠纷,以及为土地税收提供便利等。我国的《土地管理法》要求县级人民政府对集体所有的土地进行登记,但是这项制度并未在全国大部分地区

严格执行。对农村土地权利的最详细的登记资料大多保存在村干部或乡干部的手中，而且这些资料非常原始，且残缺不全。有的地方虽然进行了土地登记，但土地登记的形式和准确程度各不相同，且不能反映最新的变化和信息，这也是造成许多土地权利纠纷和形成滥用职权的主要原因。因此，应当依据我国的实际情况，建立简单、统一的农村土地登记制度。建议：第一，在县级土地管理部门的具体指导下，在乡镇一级设立农村集体土地登记部门，行使土地登记职能。第二，在全国范围内制定简单、统一的农村土地基本登记制度，针对不同地区的特点，可在土地基本登记的基础上进行额外内容的登记。第三，对农民自发的土地投入实行严格的登记制度。能否在承包期限内收回投资，保证自己对土地投入的收益，是影响农民对土地进行长期投资的关键因素。在承包期内，对农户自身在承包土地上的中长期投入实行登记制度，并以此为基础，确认农户在土地使用权出让、征用中的级差收益，确保农户在土地调整中的优先使用权，对于形成农民对土地使用的稳定预期，促进农户对承包土地进行大规模、长期投入将会产生积极的作用。

土地使用权证书和承包合同是农民依法享有土地权利和解决土地纠纷的基本依据。但大量调查表明，在目前的情况下，我国的土地使用合同管理存在许多缺陷。为此建议：第一，在严格执行土地登记制度的基础上，在拥有土地所有权的村集体与农户之间必须按有关程序，签订明确的土地使用合同。第二，合同除由农户、村集体保存之外，土地使用权合同的副本必须由农村集体土地登记机关保存一份。第三，应当制定一份适用全国各地的、包括合同基本要素的标准合同范本。该范本合同应当反映关于农村土地的基本政策和法律规定，应当包含合同双方对土地的具体权利和义务，明确规定土地使用权的起止时间，允许农民转让土地使用权，不调整土地，征用土地要进行赔偿，对违反合同条款行为进行惩罚，以及规定土地纠纷的解决方法等。合同应由双方代表签字方能生效。此外，土地合同还应附有政府机构颁发的、单独的土地使用证书。同时，为充分调动农民进行土地登记和签订合同的积极性，为通过法制化来保障农民的土地权利创造条件，在建立严格的土地登记制度的初期，应当尽可能降低和减少农民土地登记和签订合同的成本。

（三）进一步完善土地纠纷处理机制，为保障农民土地权利提供有效解决的法律途径

建议在县级成立专门法律援助机构，为农民免费提供有关土地权利保障及解决纠纷的咨询和代理。通过法律确定下来的土地权利如果不能在实践中得到有效行使，这种权利就是不完整的。在实际工作中，我国农民对自己所拥有的土地权利的认知与法律和政策的规定差距相当大。如果农民不了解自己拥有什么样的权利，也就不可能行使和保护自己的权利。因此，必须寻求有效途径让农民彻底了解自己的权利。第一，应当在农村地区的县级法院建立专门的法律援助中心或其他专门法律机构，为农民在土地法律权利方面提供咨询和信息。第二，法律援助中心的律师必须经过土地管理部门或其他机构的培训，熟悉与土地保障有关的法律法规和政策条文。第三，法律援助中心应当采取多种方式，如通过媒体宣传、散发书面资料、面对面的咨询等，向农民传播有关土地权利的常识。第四，所有服务和法律代理均应当免费。

建议土地管理部门建立一套受理、审查、调查农民投诉状的机制。目前，许多地方的农民在处理土地纠纷时，由于缺少对法律的了解，很少诉诸法院，而是采取告状的形式向有关政府部门反映情况，以求结果。但我国大多数农村地区的政府机构对告状的处理和审查尚未形成规范性制度，因而常常使这些纠纷得不到及时有效解决，积累了不少矛盾。因此，建议在土地管理部门形成专门接受和处理农民土地投诉的程序和制度，并在农村基层设立便于农民反映

和传递意见的简便的渠道，同时设立群众公开监督制度，督促和提高处理纠纷的效率。

建议在乡级或县级建立专门的土地法庭。除了缺少有关土地权利方面的知识以外，农民在处理土地纠纷过程中遇到的最大障碍是缺乏诉诸法律的有效途径。对于农民来说，就土地纠纷诉诸现有的法院，需要耗费大量时间、精力，成本很大，还要面对社会各界的压力，这往往使他们望而却步。在乡级或县级成立专门的土地法庭和土地巡回法庭，可以为农民就有关土地权利问题诉诸法律提供帮助，利用专家的特长解决土地纠纷，提高土地纠纷处理的效率，并借此增强农民的法制意识。

（四）在发展"公司＋农户"农业开发模式中，切实保护农民的土地权利

"公司＋农户"农业开发模式是实现我国农业由传统小农经济走向市场经济的一条有效途径。它打破了传统小农经济的封闭状态，有利于实现小农经济与市场经济的对接。它可以有效解决我国农业长期投入不足的问题，它可以提供农村地区急需的信息、技术、管理及国内国际市场销售渠道，有利于农村土地使用权商品化和农村土地市场的培育。但在实际中，有一些地方操作"公司＋农户"中有意无意地侵犯了农民的土地权利，引起农民的不满和土地纠纷。例如，（1）有些县、乡镇地方政府越俎代庖，在跨村的土地承包和开发中，未注重相关村的意见和利益，直接与公司谈判、签协议。（2）村一级组织与公司谈判签协议的过程中，未征询村民的意见，强制执行土地使用权转让。（3）对于涉及土地出让的农户，未给予合理赔偿或调换新的土地。（4）县、乡镇随意提取土地转让承包费用，侵占出让土地的农民利益等。针对上述情况，建议：第一，在明晰农村土地集体所有权边界的基础上，对农民承包使用的土地，包括由农民自己开发的荒地要有明确的土地使用权文书。集

体出让土地必须严格以相关土地使用权合同为依据,该赔偿的赔偿,该调地的调地。第二,集体与公司签订土地出让承包协议必须经过村民代表大会表决,公开合作方式、收益分配方式及赔偿方案。第三,与公司签订协议的主体必须是享有土地所有权的村集体,但要上报相关县、乡镇。对于涉及跨县、跨乡镇的土地承包,相关公司在县、乡协调下要分别与享有不同土地所有权的村集体签订协议。第四,相关县、乡镇可以从土地补偿转让金中提取一定比例的管理费用,用于提供相关的咨询和协调的支出,但不能超过出让金的5%。此外,不得以任何名义从中分取收益。第五,县及县以上有关部门对出让土地的地价要进行科学评估,充分考虑出让期内地价的变化,并以此为基础,确定土地出让金及支付方式。此外,"公司+农户"模式往往发生在农业开发基础条件较好而又缺乏资金、技术、信息等生产要素的不发达地区。发达地区的公司、包括外商的进入,可与当地的农业生产优势相互结合形成有益补充,但若不能正确处理外来主体与当地农民的利益关系,将大大增加这种模式运行成本,这已在许多地区的实践中有所反映。因此,首先,公司的进入必须要保证当地农民的长远利益,坚决防止短期行为;其次,公司化、产业化经营必须与当地的小农户家庭经营相结合,必须将农民出让土地与创造新的农业和非农就业机会相结合;最后,要注重发展农村社会化服务组织。

(五)从实际出发,创造条件实现农村土地使用权在自愿条件下的有偿转让

首先,必须从法律和政策上明确土地使用权有偿转让的合法性。中央有关文件明确规定,在坚持土地集体所有和不改变土地用途的前提下,允许土地使用权依法有偿转让,并在尊重农民意愿的前提下,实行适度规模经营,鼓励土地使用权流转。但从全国范围看,土地使用权流转的规模不大、范围不广,仍处于一种起步阶段。

其中一个重要的原因是，农民对是否允许"收取土地使用权利的收益"心存疑虑。因此，从法律上和政策上明确土地使用权有偿转让的合法性，将消除农民的心理疑虑，充分发挥土地流转机制的作用。

其次，运用市场机制，实现土地使用权的有偿转让和流转。目前，农村土地流转主要依靠社区集体调整和依靠市场机制调节。实践证明，用行政手段来完成土地流转有诸多不利因素，因此，应更多利用市场机制。其好处在于：将土地使用权作为生产要素进入市场流通，有利于在小规模、分散化格局的基础上，为有条件地发展适度规模经营提供一种长期起作用的机制；有利于为社区集体和国家实施土地管理、调节奠定合理的制度基础。为此：（1）土地使用权的转让价格由供求双方自愿协商，这样可以比较客观地反映土地承包权利在变化着的经济环境中的稀缺性和真实性。（2）允许农地转租或以入股的方式合伙经营、参与利润分成等多种转让方式。（3）允许农村土地使用权作为抵押品获取信贷。最后，为防止土地使用权过于集中，必须对土地转让给予一定限制。在利用市场机制促进土地流转中，为防止可能出现的不公正现象，应做出一定限制。比如：（1）同一农村集体的农民对土地使用权的转让有优先权。（2）在土地紧缺和非农就业机会匮乏的地区，政府应当规定将耕地保持在村民手中，这些地区的土地使用权转让应当限制在本地居民之间。（3）为防止土地过分集中在少数人手中，应当根据不同地区的具体情况，对不同的对象（如本村村民、非本地居民及外国人）规定不同的土地拥有数量上限。（4）为保护环境和提高劳动生产率，在某些人口压力不大，非农就业机会较多的地区应对土地拥有量的下限进行规定，以防止土地过于零碎、分散。

（六）严格推行村务公开和民主管理制度，积极发展有效的村民自治制度

严格全面推行村务公开和民主管理制度，把提高农民参与性和

积极发展与有效的村民自治制度结合起来，对于加强税费的征收和使用的监督，对于形成土地使用权长期化的保证机制有特殊的意义。村民委员会在推行村务公开和民主管理制度时，第一，在村一级普遍建立村民议事制度。有关社区发展及农民切身利益的村务，必须经过村民议事会，从而建立一种民主的、科学的决策机制。第二，彻底公开村务和村级财务。对农户关心的热点问题，村级财务特别是税费的征收和使用情况，其他农民负担的征收等，都应及时定期向村民公开，接受评议和监督。第三，坚持和完善民主管理制度。实行民主选举、民主决策、民主管理和民主监督，鼓励发展农村经济合作组织及其他农村自治组织。

农村土地问题是涉及我国农村经济长远发展和社会稳定的根本问题。从这个意义上讲，如何完善和推动第二轮土地承包工作，已远远超出这项工作本身的内容，多方面采取措施，实施农村土地使用权长期化，并为农村土地制度和土地权利的保障建立法治基础，将对推动第二轮土地承包，深化农村改革产生深远影响。需要指出的是，农民是政策的作用者，农民群众对政策的理解、拥护和支持是保证政策得以贯彻、实施和创新的基本条件。政府必须注重建立适应新的社会经济条件的、面向广大农民的、行之有效的政策传输渠道，不仅注重对农村基层干部的教育培训，更要注重对广大农户进行法律、法规和政策的宣传教育，这对于形成长期、稳定、有保障的农村土地使用权是十分重要的。

加快农村土地使用权的法制建设[*]

（2000年10月）

经过20多年的改革探索，中国农村土地制度以所有权和使用权的分离为突破口，总体上形成了以土地集体所有、家庭承包经营、长期稳定承包权、鼓励合法流转为特征的新型的土地改革和制度，深受农民拥护。但是，由于种种原因，在相当一些地方，家庭承包经营制度出现了某种程度的变异，这些变异集中到一点就是，农民长期的土地使用权没有法律保障而常常受到侵害。农民土地使用权利被侵害，伤害了农民对土地的感情，引发了土地纠纷，扩大了人地矛盾，加剧了农村剩余劳动力转移的压力，成为影响农村经济持续发展和社会稳定的最核心、最要害的问题。因此，尽快制定农村土地使用权法已成为农村稳定和发展的最紧迫问题，并具有根本性。

一 农村土地立法的必要性和紧迫性

（一）农民土地使用权"期限"问题已基本解决，当务之急是解决使用权"保障"问题

中国农村土地使用制度改革是在特殊的历史背景下进行的。农村集体土地家庭承包经营制度创新初期，回避了承包"期限"问

---

[*] 本文载于《中国：改革决定未来》，中国经济出版社2000年10月版。

题。随着实践的发展和理论的逐渐成熟，使用权与所有权分离摆脱了"左"的观念的束缚，农民土地使用权期限不断延长，内涵也不断拓展。1984年1月，中央1号文件规定"土地承包期限一般定在15年以上，生产周期长的和开发性项目，如树、林木、荒山、荒地等，承包期应更长一些"；1993年11月5日中发11号文件规定，"在原定的耕地承包期到期之后，再延长30年不变"；1998年8月29日九届全国人大常委会第四次会议修订并通过的《中华人民共和国土地管理法》第十四条将此项政策上升为法，规定"土地承包经营期限为三十年"。1998年9月25日，江泽民总书记在安徽考察工作时的讲话强调："承包期再延长三十年不变，而且三十年以后也没有必要再变。"至此，农民长期的土地使用权得到了政策和法律的承认。比较土地使用权"期限"而言，土地使用权："保障"一直没有得到很好的解决。在现实农村，随意调整农民承包的土地，缩短承包期限，中止承包合同，收回农户承包土地高价发包，以规模经营为借口"归大堆"统一经营，非法征用土地等侵害农民土地使用权利的事情经常发生。实践充分证明，土地使用权利没有充分的保障已经严重影响了农民对现行的"土地承包期限30年不变"政策的信赖程度。实践已推进到这样一个层次：实行承包期限30年不变，"而且三十年以后也没有必要再变"的土地政策并进行制度性安排，已迫切要求以法律做保障。

（二）在中国的法律体系中，保护农民权益方面的法律是最弱的，应该加大保护农民权益方面的立法和执法力度

现实中，农民在市场竞争中处于弱势地位，特别需要法律保护。现实中农民最需要保护的是长期而有保障的土地使用权，而恰恰在这个问题上法律保障显得比较乏力。尊重农民的土地权利，法律必须赋予农民谈判权，使其在保护自身权益方面发挥作用。这不仅对稳定土地承包关系，而且对农业、农村的持续发展和长久稳定

都有非常深刻的意义。

（三）农村集体土地家庭承包经营是由政策层面逐步推开的，许多好的政策贯彻受阻，需要上升为法律

现行的农村土地基本政策，都是在20多年的改革中反复实践和探索取得的，有些政策（比如贵州湄潭首创的"增人不增地、减人不减地"）是在严密论证反复试验的基础上提炼出来的，这些政策代表了农民的根本利益。但是由于政策的贯彻执行缺乏一定的强制性，加上历来强调"因地制宜"，许多好政策在贯彻中遇到了一定的阻力。比如，第一轮承包15年不变的政策许多地方没有认真执行；第二轮土地承包实行30年不变的政策在许多地方也没有认真贯彻执行。政策执行过程中的偏差伤害了农民对土地的感情，极端的情况下有些农民宁愿不要土地也不接受30年不变的合同。这表明，农民土地使用权立法已迫在眉睫。

（四）集体土地家庭承包经营制度在中国运行已近20年，各方面的矛盾已经充分暴露，迫切需要制定法律规范予以调解

与改革初期相比，无论是农业生产能力、社区综合服务能力，还是农村和农村劳动力非农化都有很大的发展。由此，农村人地矛盾，集体经济组织内部成员平均承包与外来成员竞标承包之间的矛盾，稳定承包权与放活使用权之间的矛盾，耕地、非耕地经营和管理之间的矛盾，国家、集体、农户之间土地权利分享的矛盾等都已充分暴露。调解这些矛盾迫切需要一个法律规范。农村土地承包合同是一种特殊的经济合同，现并未纳入《中华人民共和国合同法》，因此，客观上确需单独立法。

二 正确地把握"赋予农民长期而有保障的土地使用权"立法的前提和基础

（一）赋予农民长期而有保障的土地使用权立法的重要前提

目前，中国农业和农村经济发展到这样一个阶段：农业连年丰

收，农产品库存增加，农产品相对过剩，市场约束增强，农民增收缓慢。这是农业发展到新阶段的突出特点。要从根本上解决这些问题，最关键的是调动广大农民的积极性。中国农村改革20多年的一条基本经验是"必须承认并充分保障农民的自主权，把调动广大农民的积极性作为制定农村政策的首要出发点"。现时乃至将来，土地都是农民的重要依靠，农民期盼长期而有保障的土地权利，期盼真正实现"耕者有其田"，给农民长期和稳定的土地使用权预期，就能从根本上调动农民的积极性，激发农民对土地投入的热情。在中国经济转轨的关键时期，要真正使广大农民成为农村改革的利益主体，并使他们的利益不受侵犯，重要的在于牢牢形成广大农民同土地的长期稳定关系，加快实现农民对土地使用权的长期化、市场化、资本化的目标，并且用立法予以保障。这是"赋予农民长期而有保障的土地使用权"立法的重要前提。

（二）赋予农民长期而有保障的土地使用权立法的基础条件

如何分析"赋予农民长期而有保障的土地使用权"立法和制度安排的基础？这里的主要判断是：

（1）经过20多年的农村改革，中国已经形成了一套"土地集体所有，家庭承包经营，长期稳定承包权，鼓励合法流转"的政策、法律和制度框架体系。

（2）土地现在是，今后相当长的一段时期仍然是农民主要的经济来源和社会保障。

（3）中共中央十五届三中全会《决定》中明确指出："要抓紧制定确保农村土地承包长期稳定的法律法规，赋予农民长期而有保障的土地使用权。"

（4）从1993年开始至今，大部分农村地区已经开始全面落实"土地承包期再延长30年不变"的工作，并且在许多地方创造了好经验。上述这四个方面共同构成了在新的世纪进行农村土地使用权立法和制度安排的客观基础，它从民心所向，理论、政策、法律和实践等多个侧面的要求表明，农民土地承包权转向物权化、市场化、资本化的发展方向。

三 "赋予农民长期而有保障的土地使用权"立法应当解决的基本问题

当前，最为关键的问题是，在农民土地使用权立法中，究竟赋予农民什么样的土地权利，才能切实从法律上保证"赋予农民长期而有保障的土地使用权"。这涉及四个基本问题。

（一）农村土地产权主体和主体的地位问题

调查发现，到目前为止，有的村还尚未落实30年土地使用权；有的村虽签订了30年土地使用权合同，但合同文本没有发放到农民手中；有的发放了合同文本，但其条款内容并不完全符合现行的农村土地政策和法律。因此，一些农民对30年土地使用权不变的政策缺乏信心。这种情况说明，要真正赋予农民长期而有保障的土地使用权，首先必须使农民真正成为集体土地的主人，并且能够得到法律上的确认。

中国现有的政策和法律确立了农村土地归集体所有的制度框架，规定农村土地归乡（镇）农民集体、村民委员会或村经济组织农民集体、村民小组或村小组的合作经济组织农民集体三级所有。但是，由于在实践中对"乡（镇）、村、小组三级"主体的利益分享没有明确界定，特别是由于农民集体土地所有权最大的主体——村民小组没有法人资格和缺乏履行所有者责权利的实力，而在实践中，乡（镇）利用行政权力的支持，使得它实际履行的土地使用管制权力过大，而这种过大的权力使用不当，又会干扰农村土地承包关系的长期稳定。此外，由于村民委员会有比较健全的组织机构以及法律赋予的自治权利，它事实上包揽了村民小组的某些职能，在土地承包和管理过程中成为事实上的产权法人代表。这样，法律和政策想保持和维护的村民小组及其相应的经济组织所拥有的土地所有者主体的地位在实践中很容易落空。农村土地产权主体的这种情况，造成农民集体土地所有者主体"缺位"或"移位"，由此成为农村土地承包关系不稳定的重要因素。这里需要提出研究的问题是，土地权利如何在乡（镇）、村、村民小组三级合理分享。国家通过乡（镇）政权保留和强化那些有关土地用途管制和日常地籍管理的权能；自治村内部如何分享土地所有者的权利，与权利相应的义务是什么？

（二）农民的土地使用权是物权还是债权

在实践中，农民对自己土地的使用权限，还受到诸多方面的制约。因此，把农民土地使用权界定为物权，对于稳定农村土地承包关系，提高土地资源的利用效率有特别重要的意义。"物权"的本来含义不仅包括了自物权（所有权）、他物权（由所有权派生的权利），而且物权本身就包括类似于土地承包经营权的所谓债权，债权也应该属于物权的一种类型。目前在有关农村土地的政策、法律法规的解释和处理中，还没有把农民土地使用权当成物权。例如：

（1）在《中华人民共和国担保法》中，农村土地使用权（包括"耕地、宅基地、自留地、自留山等集体土地的使用权"）不得抵押；

（2）农民土地使用权没有取得自身应有的权利，在对抗各种侵权行为中是软弱无力的；

（3）土地使用权广度及其保障极其有限。鉴于农民土地使用权物权化的重要性，新的土地使用权立法应该赋予农民土地使用权的物权性质。

（三）30年土地使用权期间调不调整土地这是一个非常重要的问题

有的地方在落实30年土地使用权的过程中仍然进行土地大调

整，某些合同还有 30 年土地使用权期内继续调整的条款。如果依然坚持"大稳定、小调整"的土地政策，那么，"土地承包期再延长 30 年不变"、"长期稳定农村土地承包关系"就只能是一句政策承诺。下决心在未来 30 年中禁止或者严格限制不调地，那么如何解决新增人口和新增劳动力的就业、经济来源和社会保障问题，这确实是一个两难问题。解决的主要办法是：第一，为确保给予农民"长"和"稳"的心理预期，提高土地的当前产出率和可持续利用的效益，必须痛下决心，在未来 30 年内，切断新增人口和新增劳动力与现时承包耕地的联系，保证农民土地使用权的长期稳定。第二，采取区别对待的办法，化解新增人口与新增劳动力对土地的压力。第三，有规划地合理开发利用非耕地资源，对符合政策规定正常的新增人口和劳动力，有计划有限制地分配非耕地，供其开垦使用。第四，发展农业产业化，扩大农业产业链条，在农业内部大量消化农村劳动力。第五，大力发展非农产业，创造非农就业机会，化解农村剩余劳动力。总之，要切实采取有关的配套政策，保障真正实现农村土地承包关系的长期稳定。

（四）如何界定土地使用权的转让范围

中国现行法律允许农民土地使用权转让，但是对土地使用权转让的范围没有作出明确的规定。随着农村生产力的充分发展，城市化步伐加快等条件的变化，在有条件的地方适度发展土地的规模经营在所难免。适应农村经济发展的需要，对农民土地使用权的转让作出明确的法律规定，是建立农村土地市场的前提条件，也是落实"长期而有保障的土地使用权"的具体要求。界定土地使用权的转让范围，也是对土地使用权的权利界定。例如，农民有没有将土地使用权转让给其他村民和非本村集体成员的权利；有没有将土地使用权转让给子女继承的权利；有没有土地使用权的抵押权；等等。这些问题都直接涉及如何对农民的土地使用权进行全面的界定，以进一步明确农民对土地的具体使用权利。

农村土地立法过程中的利益各方和公众的参与是一个十分重要的问题。只有利益群体和公众的广泛参与，提高公众对法律的认同感，才能提高立法的质量，同时，保证法律对国家、政府、法人和自然人均具有同等的权威性。当然，在农民还没有能力通过对等的谈判来争取本群体利益的时候尤其需要政府的支持。从这个意义上讲，政府在农村土地法制建设中作用发挥得好坏，直接决定着整个农地制度创新的成败。赋予农民长期而有保障的土地使用权，是中国农村稳定和发展的关键性问题。因此，从法律上对农民的土地使用权利作出明确而全面的规定，从而把政策指导和法制建设紧密结合起来，对21世纪初期中国农村土地制度建设有着重大的意义。

中国改革发展新阶段的农民组织建设[*]

（2004 年 12 月）

当前，深入研究和讨论农民组织建设问题是及时的。一方面，"三农"问题凸显，新时期解决"三农"问题同农民组织建设有着越来越密切的联系。无论是城乡利益关系调整，还是建立和完善农村的治理结构，都对农民组织建设提出现实而迫切的要求。另一方面，当前我国农村的改革和发展正处在一个较好的时期，政府把解决"三农"问题、实现城乡的协调发展作为工作的重中之重，并采取减免农业税、粮食直接补贴、实行严格的耕地保护等措施，加大了解决"三农"问题的力度。这为农民组织发展提供了一个好的环境。在这样一个背景下，深入研讨并积极稳妥地推进农民组织建设，既有很强的客观要求，又有现实的可能性。

一　当前，我国的农民组织建设到了关键时期

近些年来，我国的农民组织建设有了一定的进展。村民自治组织、农村经济合作组织、农民维权组织和农村社会公益组织四类农民组织在全国或局部地区都有一定的发展，并发挥着各自的作用。目前需要我们研究的实际问题是：在城乡差距、贫富差距比较严

---

[*] 在"中国农民组织建设"国际研讨会的讲话，2004 年 12 月 4 日；载于《中改院简报》总第 534 期，2004 年 12 月。

重、社会利益矛盾比较突出的情况下，如何客观地分析和判断发展农民组织在维护农民具体利益中的作用；如何通过体制改革、政策调整和立法保障，引导和规范农民组织的健康发展。

（一）城市化进程中，农民组织在维护农民土地权益中的作用

由于城乡改革不同步，城市化进程中对农民利益的侵害，尤其是对农民土地权益的侵占已成为一个相当严重的问题。这些年来，因为农民土地问题而引发的各种社会矛盾和冲突，已严重影响到农村的社会稳定和经济发展。我国要实行最严格的耕地保护制度，这个"严格"除了中央政府实行严格的土地管理外，最根本的还在于土地产权制度的创新。这包括两个重要的方面：第一，切实赋予农民长期而有保障的土地使用权。第二，提高农民及农民组织在土地交易中的谈判地位。未来几年，加快农村土地制度改革，使农民真正成为土地的主人，同时使农民组织成为维护农民土地权益的主体，不仅对农村的经济发展和社会稳定有关键作用，而且对我国宏观经济的稳定也有着重要的意义。

现实的情况说明，在现行体制的约束下，农村基层组织在维护农民土地权益中的作用很有限。事实上，一些地方的农村基层组织还不时地侵占农民的土地使用权。在这种情况下，个体农户难以维护自己的土地权益。谈判也好，协商也好，需要农民组织起来反映和维护自己的土地权益。因此，在现实背景下，发展农民组织，支持农民组织在保护农民的土地权益中发挥积极作用，既有现实性，又有迫切性。

（二）农民组织在反映和表达农民利益诉求中的作用

由于城乡二元体制的约束，农村基层组织侵害农民利益的事件时有发生，有的地方情况更为突出。农民在缺乏利益诉求的情况下，某些过激行为难以避免。这说明，在体制转轨的过程中，如果农民的各种利益诉求没有适当的表达渠道，得不到合理的解决，农

民的不满情绪就会逐步积累，非理性行为就会逐步增多，由此就有可能加大农村的社会矛盾和社会问题。因此，使农民有合理、合法和正常的渠道表达利益诉求，维护自身权益，已成为农民组织发展的客观基础。

（三）农民组织在提供某些公共服务中的作用

在城乡分治的二元制度框架内，农村的公共产品和公共服务极其匮乏，并已成为制约农村经济社会发展的重要因素。当前，在强调政府为农民提供最基本的公共产品和公共服务的同时，还要考虑如何通过农民组织这个渠道形成农民的互助、互救机制，以缓解农村经济社会发展滞后的矛盾。现在看来，这个问题越来越具有迫切性。

因此，我们讨论的中心问题不是要不要发展农民组织，而是如何从这样一种现实情况出发，客观地分析农民组织发展的现实基础，准确地判断农民组织在我国改革发展新阶段的特定作用，积极稳妥地推进农民组织的发展。

二 在现实压力下，积极稳妥地发展农民组织

这里讲的"积极稳妥地发展农民组织"，主要是指在现实的各种矛盾冲突中，如何使农民组织在维护农村长期稳定与解决短期矛盾、冲突之间取得平衡。从这个考虑出发，提出以下四点建议。

（一）在不断扩大农村基层民主中，发挥村民自治组织的重要作用

从现实情况看，村民自治组织仍然是广大农民反映和维护自身利益的主要依托，也是现阶段农民组织的主体。在我国农村民间社会不发达的情况下，要注重发挥村民自治组织的作用，使其真正成为反映和代表农民利益的主体，有非常重要的现实意义。

目前的问题在于，村民自治组织具有相当程度的行政化倾向。例如，村委会主要职责是完成乡镇政府下达的行政任务，其负责对

象偏重于上级政府。从中改院前不久的专家改革调查问卷看，58.2%的专家认为，村民自治组织对农村基层民主建设没有起到应有的作用，另有18.2%的专家认为这个作用目前还不突出。因此，需要从农村社会内部推进基层民主，增加村民自治组织的"草根性"。中改院课题组专家对湖北省广水市和曾都区推行的村级选举"两票制"（指村支部书记选举由全体村民的信任票和党员的选举票决定的制度）和村级决策的"两会制"（指凡涉及村民切身利益的重大事务都由党员大会和村民代表大会决定的制度）进行了调研，结果表明，改善村民自治组织，增强其"草根性"，既有利于充分发挥自治组织的作用，也有利于缓解农村的经济社会矛盾。

（二）采取各种措施，支持农业专业合作经济组织的发展

目前，在我国出现的新型合作经济组织是当前中国乡村专业合作社、社区性合作社、专业协会、各类经济联合体、合作社之间的联合社等的总称。目前，我国的农业专业合作经济组织存在的问题主要是，覆盖面狭、规模小、缺乏对农民的吸引力和凝聚力。例如，全国目前运行较规范的各类农业专业经济合作组织只有15万多个；从农户参与农业专业经济合作组织的比例上说，浙江省是全国最高的，也只有2.3%。

当前，我国农村经济面临着从小市场到大市场的转变。农业专业合作组织是维护农民经济利益的主要渠道，也是协助农民降低市场风险的主要方式。农业部最新资料显示，参加合作经济组织的农户比一般农户的人均年纯收入，通常要高10%—40%。因此，应当积极采取包括组织上、财政上、法律上的各种措施，加快农业专业经济组织的发展，提高其覆盖面和层次；有条件的专业组织应该大力扶持，鼓励其发展成为全国性的组织。

（三）建立农民工组织，维护农民工合法权益

目前，上亿的农民工已成为我国产业工人的重要组成部分。但

是，农民工的合法权益远没有得到有效的保护，其中最突出的是劳资矛盾没有缓冲机制。

（四）稳妥地发展基层农民协会

中改院课题组的调查案例表明，有些地方农民要求成立基层农会的呼声非常大，政府面对成立农会的压力大大增加。从中改院的改革调查问卷看，65.8%的专家认为，目前在农村成立基层农民协会的条件与时机较为成熟。从现实中一些地区的情况分析，在县、乡两级成立基层农会很可能是今后农民组织发展的一个趋势。目前需要我们讨论的是：在现实压力日益增强的情况下，如何稳妥发展、规范发展基层农会。例如：第一，在有条件的地方，如湖南和安徽等地，进行建立基层农会的试点；第二，要抓紧出台关于建立农村基层农会的相关政策和法律。

三 发挥政府在农民组织建设中的有效作用

从我国的实际情况看，在农民组织建设的过程中，政府既不能简单地退出，也不能强化对农民组织的行政领导和行政控制，而是要在政府自身转型的过程中，积极地支持、规范、引导农民组织的发展。只有观念、体制转型，政府才能积极、主动地支持农民组织建设，形成与农民组织平等对话的协商关系和合作伙伴关系。

（一）要支持农民组织发挥在农村治理中的作用

例如，鼓励和支持农民组织参与农村治理，有效地改善农村治理结构，政府与农民组织共同解决和处理农村的某些社会矛盾和问题。要鼓励和支持农民组织参与农村的某些公共服务。农村基层政府除了将自身主要精力用来提供农村公共服务外，也要支持农民组织参与提供农村公共服务，如参与农村公共卫生、养老、农村治安及道德教育等。

（二）善于处理农村发生的各类冲突，降低农村社会风险

由于农民的利益表达和诉求越来越强烈，如果这个利益诉求得

不到基本满足,农村社会暂时的利益冲突不可避免,局部地区甚至会产生某些过激行为。在这种情况下,政府要从广大农民利益出发,主动与冲突方进行沟通和交流,并依靠农民组织缓解社会矛盾、减少社会冲突。

(三)当前,要制定和完善关于农民组织建设的相关政策法律

建议尽快出台《农村合作经济组织法》,根据新的情况,进一步修改完善《村民委员会组织法》及相关法律,使农民组织从注册、登记到管理做到有法可依。

统筹城乡发展背景下的农村土地制度改革[*]

（2008 年 12 月）

改革开放 30 年，农村土地制度改革取得重大的历史性突破。目前的突出矛盾是，由于城乡二元制度结构，尤其是城乡二元的基本公共服务体制尚未有实质性改变，导致农村土地的社会保障功能处于不断强化的趋势，并成为制约新阶段农村土地制度改革的重要因素。

进入新世纪新阶段，我国已从以解决温饱为主要目标的生存型社会开始进入以人的发展为目标的发展型社会。新阶段统筹城乡发展，实现城乡一体化是大方向和大目标。在这样一个背景下，是继续强化农村土地的社会保障功能还是尽快剥离其社会保障功能？这是当前讨论农村土地制度改革问题不可回避的基本性问题。

一　以基本公共服务，还是以土地作为农民生存的基本保障？

新阶段统筹城乡的重点在于实现城乡基本公共服务均等化。这既是统筹城乡发展的重大任务，也是新阶段考虑农村土地制度改革

---

[*] 在"清华大学政治经济学研究中心成立仪式暨中国土地制度改革国际研讨会"上的发言，2008 年 12 月 13 日；载于《中改院简报》总第 725 期，2008 年 12 月。

的基本背景。

（一）我国农村消费率和消费份额的大幅降低，既有城乡收入差距不断扩大的原因，更重要的是因为强化了农村土地社会保障功能

我们一再讲，要拉动消费尤其是农村消费的大市场。但实际情况是，80年代中期至今，农村居民的消费率从最高的1983年的32.3%下降到2007年的9.1%，24年下降了23.2个百分点；在居民消费总额中，农村居民消费所占比重从1978年的62.1%下降到2007年的25.6%，29年下降了36.5个百分点。从1979年至2007年的近30年中，农村居民家庭人均纯收入年均增长7.1%。在收入不断增长的情况下，为什么农村居民的消费率会呈现逐年大幅下降的趋势呢？这既有城乡居民收入差距不断扩大的原因，更重要的是农村基本公共服务供给严重短缺，由此明显增强了农村居民的预防性储蓄的倾向。在这种情况下，农村土地的社会保障功能实际上是在强化，而不是弱化。事实上，土地成为广大农民安家立命的基本保障。

（二）当前的农村贫困问题，尤其是新增贫困人口，与基本公共服务不到位直接相关

2006年，我在西北调研中了解到，西部新增贫困人口的70%—80%都是因病致贫、因病返贫。并且，教育已经成为农村家庭的头号开支。也就是说，农村基本公共服务短缺已经成为新阶段农民致贫、返贫的主要因素。

（三）土地仍作为农民生存的基本保障，不仅不利于工业化城镇化进程，也不利于农村土地资源优化配置

将土地而不是国家财政提供的普遍性基本公共服务作为农民生存发展的保障，还强化了城乡二元制度结构。这些年，城乡二元的户籍制度迟迟难以打破，关键在于地方政府难以缩小城乡基本公共

服务的过大差距。将土地而不是国家财政提供的普遍性基本公共服务作为农民生存发展的保障,使我国的工业化和城镇化相当不稳定。由于农民工不能享受到与城市居民同等的基本公共服务,其抵御市场风险、社会风险能力低下,对土地具有较严重的依赖心理,土地成为农民工回乡的重要拉动力。据调查,参保了城市养老保障的农民工更倾向于定居城市,其定居城市意愿比未参保农民工的定居意愿提升了115.9%。将土地而不是国家财政提供的普遍性基本公共服务作为农民生存发展的保障,限制了土地作为生产要素流动的功能,降低了土地资源配置的效率。将土地而不是国家财政提供的普遍性基本公共服务作为农民生存发展的保障,降低了农民的消费预期,不利于启动农村大市场。

进入新阶段,广大农民面临的经济社会风险开始发生重要变化,即逐步从传统农业社会以依赖土地为重点开始向工业化、城市化进程中以基本公共服务为重点的转变。为此,新阶段统筹城乡发展的重点不是强化农村土地的社会保障功能,而是要加快弱化以至完全剥离土地的社会保障功能,转而以基本公共服务为农民生存和发展的基本保障,并使土地恢复作为农业生产资料的基本功能。这是统筹城乡发展背景下农村土地制度改革的一个重要前提。

二 在农村基本公共服务供给严重短缺的情况下,农村土地流转是否具备基本条件?

我国农村土地制度改革的实践告诉我们,农地承担社会保障的功能,使土地流转面临着一定的经济社会风险,即失地农民不仅有一个中长期的经济风险,而且面临着失去社会保障的社会风险。

(一)为农民提供长期而有保障的基本公共服务,成为新阶段农地流转的基本条件

提高土地的利用效率,必须适度规模经营,为此就要进行土地适度的流转。现实的问题不在于流转不流转,而在于土地流转以后有没有办法保障农民的社会保障问题。在土地承担基本社会保障功能的前提下，土地成为农民安家立命的基本保障。如果基本公共服务问题不解决，农村土地的流转很有可能严重违背农民的意愿。

（二）在农村基本公共服务供给严重不到位的情况下，农地大规模流转的社会风险很大

由于我国特殊的国情，以及人地关系紧张，现实中土地承担的社会保障功能重于生产性功能，由此加大了土地引发的社会风险。当前，我们面临的这个形势应当说是比较严峻的。例如，当前，广大农民工享受的社会保障只等于城市居民的25.1%左右，5%的农民工返乡，就有1000多万农民工将重新回到农村，农民工将面临既缺乏基本公共服务保障，又缺乏土地权利的双重困境。在这种情况下，大面积的农村土地流转就有可能引发一系列新的社会矛盾和问题。

（三）新阶段实现广大农民的公平发展重在推进城乡基本公共服务均等化

土地是农民的主要生产资料，而基本公共服务应当是农民享有的基本权利。统筹城乡发展，就是要以基本公共服务取代土地的社会保障功能，以确保农民的基本生存权和发展权。

当前，在农村基本公共服务尚不到位的情况下，农村土地流转总体上说条件不成熟。为此，现阶段农村土地流转不应仅仅以不改变集体土地性质、不改变土地用途为前提，更重要的是要以城乡基本公共服务均等化为前提条件。

三 我国是否已经具备了剥离农地社会保障功能的基本条件？

从现实分析，推进城乡基本公共服务均等化，能够明显降低农民对土地保障的依赖程度，促进农地有效流转和农村劳动力转移，推动农村土地制度改革。这里，问题的焦点在于，新阶段剥离农地社会保障的条件是否成熟。

（一）构建城乡经济社会发展一体化的体制机制重在改变城乡二元的基本公共服务制度

城市和农村居民的社会保障水平有较大的差距是允许的，但现行的城乡二元公共服务制度安排是严重不合理的。未来5—10年内，建立城乡统一的公共服务制度是大势所趋。

（二）在全国范围统一政策，尽快解决农民工的基本公共服务

城乡经济社会发展失衡，集中反映在2.2亿农民工群体上。当前，应当说，解决农民工基本公共服务问题的条件正在逐步成熟，也是政府目前正在着力解决的问题，未来几年可能会有重大的突破。

（三）初步实现城乡基本公共服务均等化是有一定财力基础的

总体上说，我国已经具备一定的财力基础。现在一周的财政收入就等于1978年一年的财政收入。以农村养老保险为例，现在我国有8557万农村老人，如果财政每年对每人投入600万元，这个支出只占中央财政支出的1%左右。建立有保障的农村养老保障体系，已成为扩大农村需求的关键问题。建议从明年开始尽快在全国10%左右的地区试点，五年左右应该在全国普遍推开。

按照党的十七届三中全会提出的，到2020年初步实现城乡基本公共服务均等化，从其所需要的投资总体上来说是有可能的。根据粗略估算，每年财政支出新增1—1.4个百分点，按照现在的城市和农村基本公共服务水平30%左右的差距，11年大概需要投入6.42万亿元，并且部分投资同4万亿元投资是重合的。我们应当重视这个6.42万亿元的投资，它对未来扩大内需、转变经济发展方式和经济结构调整、构建和谐社会将发挥重大的作用。

简单结论是：第一，实现城乡基本公共服务均等化是农村土地制度改革的关键因素。农村土地资本的安全性来源于产权明晰、农业的营利性增加和充分的社会保障。从现实情况来看，充分的社会

保障应该是最重要的。第二，实现充分而有保障的土地使用权要与实现城乡基本公共服务均等化相结合，只有这样，农村土地有效流转才有了前提条件。第三，实现城乡基本公共服务均等化，不仅是推进农村土地制度改革的重要前提条件，也是一个城乡统筹发展的重大问题，更是牵动我国后 30 年改革发展的重大问题。

受联合国开发计划署（UNDP）委托，中改院完成《中国人类发展报告 2007/08》，报告的主题是"惠及 13 亿人的基本公共服务"，最后的结论是："在市场经济条件下建立惠及 13 亿人的基本公共服务，就其所涉及的人口规模而言在世界上是空前的，就其对于中国建设全面小康社会的意义而言，可以同三十年的市场经济体制改革相提并论。"实现城乡基本公共服务均等化，是我国未来改革发展的一个大战略。

让农民工成为历史[*]

（2010年8月）

"十二五"期间，我国的发展方式转变与农村改革发展直接联系在一起。转变发展方式，重要的是把13亿人的社会需求释放出来，以形成消费主导的基础条件。这就需要：加快城市化进程，使城市成为建设消费大国的主要载体；加快城乡一体化进程，把7亿多农民的潜在消费需求转化为现实需求。"十二五"期间，无论是城市化还是城乡一体化，都绕不过"农民工"这个坎。"让农民工成为历史"，实现农民工市民化，既是推进城市化进程的重头戏，也是推进城乡一体化的突破口。

一 "让农民工成为历史"应当成为"十二五"经济社会发展的目标之一

农民工是我国经济社会转型时期形成的一个规模庞大的特殊群体。30年来，这个"特殊群体"在为工业化、城市化做出历史性巨大贡献的同时，却难以公平分享改革发展成果。当前，我国已进入城市化、城乡一体化加快推进的重要时期。无论是从现实需求还是从发展趋势看，都需要在"十二五"中实现农民工市民化，让

---

[*] 本文载于《中国经济时报》2010年8月17日。

"农民工"成为历史。

（一）农民工融入城市是一个客观现实

虽然农民工尚未被纳入城市保障性住房范畴、尚未享有与城市居民一样的基本公共服务，但这并没有妨碍事实上形成的农村人口不断融入城市的趋势。首先，农民工已经成为城市产业工人的主体。2009年，农民工总量达2.3亿人，其中在第二产业从业的农民工占57.6%，在加工制造业从业的占68%，在建筑业从业的占80%。其次，农民工是城市新增人口的主要来源。2.3亿农民工，在城市务工的约有1.5亿人。这些年城市新增人口主要靠农民工数量的增加。"十二五"实现农民工市民化，城市人口将突破7亿，城市化率有望达到52%—55%。

（二）农民工群体结构正在发生重大变化

"十二五"时期，"80后""90"后等新生代农民工将成为产业工人的主体。从近几年的情况看，新生代农民工大量进入城市劳动力市场，他们不再是为了生存而进城，而是为了谋求发展而进城，其利益诉求也开始多元化和现实化。

（三）"十二五"全面解决农民工市民化问题的时机成熟，条件具备

不久前，中改院组织了"十二五"农村改革问卷调查。结果显示，近80%的专家认为，"十二五"全面解决农民工问题的条件已经具备或初步具备。我的基本看法是，"十二五"实现农民工市民化既有很强的需求，又有现实条件。

第一，从需求来看，农民工市民化有利于扩大社会总需求，有利于加快城市化进程。农民工市民化可以将2.3亿大群体的潜在消费变成现实需求。为此，建议把"农民工市民化"纳入国家"十二五"发展规划中。

第二，从条件来看，今年国家财政收入将突破8万亿元，客观

上已具备一定的财政能力来推动并最终解决农民工市民化的问题。

第三，从政策展望看，"十二五"时期，城乡基本公共服务均等化有了明显进展。预计"十二五"时期，无论是在政策创新上，还是在均等化程度提高上，都会有重要突破。这将为实现农民工市民化提供重要的基础条件。

第四，从实践来看，发达地区有望率先取得突破。长三角、珠三角是农民工最集中的地区，这些地区已经开始着手解决农民工问题，估计在未来2—3年内会有一定的突破。

总的看法是："十二五"解决农民工市民化应当做得到，也有条件做得到。"农民工"三个字应当成为历史。

二 "让农民工成为历史"应当作为"十二五"城乡一体化的重大突破

农民工既涉及农村，又联系城市。解决农民工市民化问题，既是城乡一体化的焦点，也是统筹城乡发展的重点。"十二五"推进城乡一体化应当把"让农民工成为历史"作为重要的突破口，着力破解城乡二元的户籍制度、基本公共服务制度和土地制度。

（一）以落实农民工就业落户政策为突破口，放开城乡二元的户籍限制

建议"十二五"时期分两步走：第一步，"十二五"的前三年实现中小城镇户籍制度全面放开；第二步，"十二五"的后两年实现大城市户籍制度基本放开。"十二五"末期，把农民工"暂住证"改为"居住证"，实现农民工在全国范围内的自由流动和统一管理。

（二）以农民工市民化为突破口，推进城乡基本公共服务均等化进程

当前，如何有效保障农民工群体的基本公共服务是一个突出的问题。2006年，农民工享有的基本社会保障水平只有城镇居民的

25%。近两年，尽管这一差距有所缩小，但是仍然悬殊，尤其是制度还未对接。"十二五"实现农民工市民化，重在推进农民工基本公共服务的市民化，这样才能为未来10年实现城乡基本公共服务均等化奠定重要的基础。

农民工在全国范围内跨区域流动越来越频繁，应当尽快出台全国统一的农民工基本公共服务相关政策，保障农民工无论在什么地区就业，都能享受到与该地区户籍居民大致相同的基本公共服务。当务之急是解决两大问题。

第一，全面解决农民工子女的义务教育问题。建议尽快实行义务教育全国通用的教育券制度。国家为每位义务教育阶段的学生发放教育券，农民工子女可以凭教育券在全国任何一个地区就学，国家按照学校提供的教育券进行财政拨款支持。或者按照近几年当地义务教育实际入学学生数对地方进行专项财政转移支付。

第二，抓紧建立包括基本医疗保险在内的农民工基本社会保障制度。在解决农民工基本医疗保障的同时，探索衔接新型农村合作医疗制度和城镇基本医疗制度的有效途径。现在已经到了出台这样一些政策的时候了。

（三）以创新农民工土地制度安排为突破口，统筹推进城乡土地一体化

建议"十二五"创新农民工土地制度安排。

一是尽快剥离土地的社会保障功能。"十二五"的土地政策调整，要把剥离附加在土地上的社会保障功能作为重点之一，使农民工能实际获得与城镇居民平等享受基本公共服务的权利。

二是切实保障农民工的土地收益权。在符合城乡土地规划的前提下，统一建立完善农民工土地使用权的转让、出租、抵押、入股的相关制度安排。

三 "让农民工成为历史"应当作为"十二五"政府转型的约束指标

"让农民工成为历史",既关系城市化进程,又关系和谐社会建设,牵动我国发展方式转型的全局。为此,应当明确把"让农民工成为历史"作为"十二五"改革发展的重要任务和政府转型的约束性指标。

(一)把农民工市民化作为政府的公共职责

农民工市民化需要明确中央与地方政府的职责分工,建立以中央和省级政府为责任主体、市县政府负责具体实施和管理的分工体系,为"十二五"农民工市民化提供财力保障和组织保障。

(二)把政府土地收益的一部分用于解决农民工基本住房保障问题

这里的主要建议是:第一,将农民工纳入居住地城镇居民住房保障范围,实现"住有所居"的目标。第二,规定一定比例的土地收益用于改善农民工住房保障。当前,土地增值收益已经成为地方政府收入的重要组成部分,农村土地转换为城市土地的增值收益,理应让农民工参与分享。建议"十二五"时期明确规定50%的土地收益要用于包括农民工在内的住房保障。第三,建立符合农民工实际需求的住房公积金制度。将农民工纳入城市职工住房公积金制度范畴,探索符合农民工特点的住房公积金使用办法。

(三)保障农民工公共就业服务

公共就业服务是当前农民工的迫切需求,对其生存和发展具有重要现实意义。建议尽快把农民工纳入所在城市的公共就业服务体系,建立农民工和所在城市户籍人口统一、平等竞争的劳动力市场。同时,完善由城市户籍人口与农民工共享的公共就业服务信息管理制度和机制,确保农民工通过所在城镇人力资源市场信息网络享受自助式公共就业服务。在此基础上,把农民工纳入所在城市就业、失业统计范围，建立包括农民工在内的劳动力资源及就业状况调查统计登记分析制度。

"十二五"时期，"让农民工成为历史"，实现农民工市民化，将大大加快城市化和城乡一体化进程，将对以公平与可持续发展为目标的发展方式转变产生重大而积极的影响。

以落实农民土地财产权为重点推进城乡关系变革(8条建议)[*]

(2017年2月)

我国的农村改革是从解决农民和土地关系开启的。当前,城乡二元结构矛盾大都聚焦在城乡二元土地制度上:城乡收入差距较大的矛盾主要集中在财产性收入;农民土地财产权缺失限制了农民工市民化的能力;农民土地财产权缺失制约了农业现代化进程;农民土地财产权缺失造成土地闲置和资源浪费。全面落实农民土地财产权,进一步解决好农民和土地的关系,牵动影响新型城镇化建设全局。为此,提出以下8条建议。

一 在法律上明确农民土地的物权属性

(1)明确农民土地用益物权主体地位。建议在《土地管理法》第二条中增加一款"赋予农民土地使用权人的土地用益物权,使其对土地使用权依法享有占有、使用、收益、让子女等继承的权利"。

(2)从法律层面落实土地承包关系保持稳定并长久不变。《土地管理法》第十四条规定"土地承包经营期限为三十年",建议修

---

* 在"建立城乡一体化土地市场"专家座谈会上的主题发言,2017年2月27日;载于《中改院简报》总第1111期,2017年2月。

改为"实现农村土地承包关系稳定并长久不变";研究农村土地承包关系长久不变的具体实现形式,实现农村土地承包由合同管理向物权化管理的转变。

二 从法律上赋予农民宅基地使用权的完整产权

(1)发放统一的、具有法律效力的宅基地证书。党的十八届三中全会提出,"保障农户宅基地用益物权,改革完善农村宅基地制度"。按照这一要求,需要进一步完善农民宅基地的统计和登记工作,把宅基地的所有权和使用权分离,做实农民对宅基地使用权这个用益物权,从法律上赋予农民对宅基地使用权用益物权性质,赋予其占有、使用、收益、转让、抵押、继承的完整权利。

(2)放宽农民住房流转的限制条件。允许农房抵押、担保、转让,并允许因房地不可分离、随房屋流转而必然产生的宅基地使用权流转,尽快结束现行法律限定农民宅基地"一户一宅"、转让限于本村村民之间的半商品化状况。

三 改变农村土地承包权流转限于集体成员内流转的相关政策规定

农村土地承包权限于集体成员内流转存在两方面的弊端。一是土地价格不能反映市场均衡价格。市场经济中,交易范围越小,成交价偏离均衡价格越远。由于农村集体成员卖者多、买者少,购买能力有限,使土地卖出方的财产权益不可避免地受到损害。二是容易形成新的"地主"。限定交易范围,压低交易价格,农村土地容易向少数农村人集中。

因此,在政策上突破农村土地承包权只能在集体成员内部流转的规定。这样,才能在提升农村土地价值,严格保护农民土地使用权的同时,吸引社会资本进入农村农业中。

四 打破城乡建设用地市场分割,统一城乡用地市场

(1)建立两种所有制土地"同地同价同权利"的平等制度。

改变同一块土地因所有制不同、权利设置不同的格局，赋予集体所有土地与国有土地同等的占有、使用、收益和处分权，对两种所有制土地所享有的权利予以平等保护，实现宪法和相关法律保障下的同地同权。

（2）尽快建立公开、公正、公平的统一交易平台和交易规则，实现市场主体平等，让市场供求关系决定价格形成，实现同一交易平台、不同主体平等供地的局面。

（3）简化农村土地承包权流转程序。建议修改《土地管理法》第十四条规定，允许农村土地承包人依法自主决定土地承包权流转，以提高农村土地承包权流转的便利性。

五　统筹推动土地、基本公共服务改革

统筹推动城乡基本公共服务均等化和农村土地产权制度改革。按照党的十八大的要求，到2020年总体实现城乡基本公共服务均等化，关键在于落实农民土地财产权。在农民获得土地财产权的基础上，建立制度统一的城乡基本公共服务体系，尽管在一定阶段保障水平仍有明显差距，广大农民是可以接受的，并为城乡基本公共服务均等化打下重要基础。

六　在两个"严格"的前提下，发挥市场在农村土地资源配置中的决定性作用

土地资源的特殊性并不排斥市场的决定性作用。从国际经验看，市场在土地资源配置中发挥着重要作用，政府也通过各种市场机制来提高土地资源的配置效率。在严格农村土地用途规制和规划限制的前提下，农村土地应当发挥市场的决定性作用。实践证明，缺少市场的土地资源配置是低效的。为什么农民对征用土地的补偿标准规定意见较大？究其原因，土地补偿数额的科学确定，不在于人为主观臆断一个倍数，而在于找到一个动态的价值发现和评估机制，这一机制就是土地市场。市场是土地价值的发现者和确定者，

土地补偿应该参照土地在市场中的交易价格确定。

七 相信农民是土地财产权的坚定捍卫者

（1）农民"短期行为"不是一种常态。从现实情况看，在城乡二元土地制度下，农民对土地使用权缺乏安全感，缺乏长期预期，是造成农村集体和农民个体行为短期化的主要根源。

（2）农民的长期预期来自稳定的土地财产权。明明白白、切切实实地落实农民长期而有保障的土地使用权和土地财产权，让农民有一个稳定的预期，没有任何人能够比得上农民更加珍视自己的土地财产权。

八 让城乡二元户籍制度成为历史

近年来，尽管国家出台了一系列文件推进户籍制度改革，总的判断是：让城乡二元户籍制度成为历史，是推进城乡一体化、扩大内需的最大潜力；让城乡二元户籍制度成为历史的时机条件成熟；与农村土地制度三权分置改革相结合深化户籍制度改革面临重要机遇。

（1）"十三五"深化户籍制度改革，不应只在原有制度上修修补补，不能把"暂住证"换个牌子变成"居住证"，也不能长期实行户籍制度和居住证制度"双轨制"，而是要积极创造条件，让城乡二元户籍制度退出历史。

（2）全面实行居住证制度，取代城乡二元户籍制度。着力推进居住证取代城乡二元户籍制度进程和省际间居住证制度的相互衔接，基本建立以身份证号为唯一标识、全国统一的居住证制度，并使人口城镇化率（即居住证率）达到50%以上，由此基本形成人口城镇化的新格局。与之相适应，要推进人口管理理念、人口管理制度、人口管理主体的重大变革。

二

建言国企改革：从国有企业转向国有资本

从国有企业到国有资本
——关于建立现代企业制度的一种主张[*]
（1994年1月）

现代企业制度说到底，意味着把国有企业现存的国有资产推向市场，实现国有资产市场化。

现代企业制度建立的关键问题，是国有企业产权问题。产权是一项含义广泛而深刻的财产权利，它自然不是指传统计划经济体制下的"经营管理权"，也不应当是"放权让利"思路的经营权或经营自主权，它是一项独立的财产支配权。产权改革，不单纯是一个明晰化的问题，也不仅仅是企业内部机制的转换问题，它更重要的是对企业财产的独立支配、运营和处分。产权是现代市场经济的概念，它应当按照市场的价值规律和竞争规律，在产权市场上进行流转、交换，更新组合，实现资源配置的最优化和经济效益的最大化。

现代市场经济的中心问题，在于搞活资本，追求资本所带来的利润最大化、价值最大化、效益最大化。这是市场经济的基本规律。社会主义市场经济，具有现代市场经济的一般共同规律，也面

---

[*] 本文载于《海南日报》1994年1月4日。

临着怎样搞活资本，实现资本的最大效益和价值。国有资产是整个社会经济中最庞大的资本，对国民经济具有举足轻重的影响。国有资产在市场经济中怎样搞活，怎样保值和增值，怎样发挥其经济和社会效益，这是社会主义市场经济面临的一个重大问题。

在传统计划经济体制下，国有资产管理和运营的最大特征，是直接的行政配置资源，而不是市场配置资源。与此相应，国有资产表现为实物化、静态化、垄断化、管理多头化等，由此造成资源配置不合理，重复浪费，效益低下，企业缺乏活力等弊端。实行改革以来，对国有企业采取了一系列放权让利措施，企业产权转让也有一些试验，但并没有形成系统的和彻底的产权改革，国有资产仍然被传统体制禁锢和制约着，不能在市场上流动、转让和优化组合，难以去追求更好的效益和最大的价值量，甚至人为地导致不断贬值（如在股份制企业中，国有股不能上市转让）。而与此产生明显对照的是，非国有经济，如乡镇企业、"三资"企业等，由于不受计划经济体制的约束和主管部门行政控制，基本上直接接受市场调节，具有相当的活力，发展速度和经济效益大大高于国有经济。

国有经济的地位和作用已经面临严峻的考验。其出路在哪里？出路在于把国有资产推向市场，与其他经济成分共同发展，平等竞争。

在市场经济条件下，国有经济的地位和作用不可能像过去那样人为地、强制性地去维持，只有在与其他经济成分长期并存、公平竞争中去获取，优胜劣汰，这是市场经济的内在要求。国有资产只有在市场上按照市场规律获取最大的价值量和效益量，才能保值和增值，不断地巩固和加强其实力，由此获得对其他经济成分的竞争力和竞争优势，最终发挥国有经济的主导地位和作用。

从单纯地强调搞活国有企业，进而发展到搞活国有资产，即让国有企业的现存国有资产转变为国有资本，这是建立现代企业制度的基本前提。

我国实行企业改革迄今已十几年，为什么国有企业总是很难搞活，为什么企业改革成效不明显？这是因为我们一直沿着"放权让利"的思路进行企业改革，视线总盯在企业身上和企业内部，传统体制的一些根本性的东西并没有多大触动，如政企不分没有解决，企业仍处在主管部门的行政控制之下，政府的传统管理职能没有根本转变。很显然，这些根本性问题不解决，企业自身的产权结构、组织结构内部管理机制和社会负担问题也不可能解决，现代企业制度，真正意义上的企业法人制度也就不可能建立起来。

国有企业改革，首先不是企业自身问题，或企业内部机制问题。国有企业改革的核心，或者说整个经济体制改革的中心环节，最终应当归结为搞活整个国有资产。只有搞活国有资产，解决国有资产的整个管理体制和运营机制问题，才有可能搞活国有企业，解决企业内部的经营机制问题。所以，企业改革不只是微观改革，实质上牵涉到整个宏观改革，是一个全系统配套的问题。企业改革要从根本上触动传统经济体制，就要把国有企业现存的国有资产推向市场，由此带动国有资产宏观管理体制和整个运营机制的根本改革。

从单纯地搞活国有企业，进而发展到搞活国有资产，从国有企业的概念，转变为国有资本的概念，这是从传统计划经济向市场经济过渡的一个质的飞跃，是建立现代企业制度的最根本的问题，也是建立社会主义市场经济体制的一个核心问题。

实现国有资产市场化，能最大限度地在市场经济竞争中发挥国有资本的主导作用。它要求我们从根本上改变传统的所有制概念。

实行国有资产市场化，要求使国有资产由过去的实物化管理，变为市场经济条件下的价值化管理，这并不会改变社会主义的公有制基础。因为国有资产由实物形态向价值形态转换，是按照等价有偿的商品交换原则进行的，在国有资产的实物形态转移出去的同时，收回了同等价值的货币资本，国有资本并没有丧失。而将这部分货币资本转而投入其他更高效益的领域，则将获得比原有资产更大的资产价值。社会主义公有制基础不仅不会因此改变，反而会不断地巩固、发展和壮大。

实行国有资产市场化，也不会削弱国有经济在整个国民经济中的地位和作用。因为国有经济的主导地位和作用，并不在于国有企业数量上的绝对优势，也不在于把所有的经济领域都集中在国家手里。国有经济的主导作用应当主要体现在对关系到国计民生、国家经济命脉和不宜开展竞争的行业和产业进行控制和经营，其他一般性的行业和产业，应当按照市场经济的要求，由国有经济和其他非国有经济、多种经济成分共同发展，平等竞争。国有经济应当也完全可以通过市场竞争，在质量、效益和实力上发挥主导作用。传统的所有制概念应当大大加以改变。

在我国的改革实践中，国有资产市场化已经有了不同程度的试验，如股票市场的建立，产权交易市场在一些地方的出现，企业股份制的广泛试点，国有资产的授权经营等。这为系统全面的国有资产市场化改革打下了一定的基础。目前，我国正在加快建立社会主义市场经济体制，宏观调控的改革即将全面实施，实行国有资产市场化是全面深化改革的迫切要求，是解放和发展国有经济的严峻现实，是由计划经济向市场经济过渡最迫切需要解决的重大问题。对此，我们应当有一个清醒的、深刻的认识。

当前确立劳动力产权至关重要[*]

（1995年7月）

所谓劳动力产权，就是劳动者不仅应获得工资收入，而且应在一定程度上享受产权收益。即按活劳动价值把企业利润收入的一部分作为企业职工在本企业的股份，其所得份额由其工作时间、工作岗位、工作贡献等因素决定。通过劳动力产权获取的股份具有不可转让性，不可交易性，不可继承性。从社会主义市场经济发展的全局来说，劳动力产权的确立至关重要，并且日益成为牵动影响全局的大问题。

一 确立劳动力产权，协调企业和劳动者的利益，形成国企稳定发展的机制

国有资产追求效益的最大化，企业追求利润的最大化，劳动者追求自身利益的最大化，这是市场经济条件下的必然现象。随着"大锅饭"分配体制的被打破，劳动力配置的市场化，劳动者会自发地流向自身利益最大化的岗位。由于多种因素的制约，目前劳动力的流动有很大的自发性，而且劳动力技术水平越高，人才流动性越大，且出现高科技人才向一般管理岗位和劳动密集型企业流动的

---

[*] 本文载于《经济工作导刊》1995年第7期。

现象。劳动力的合理流动对优化人力资源配置有许多积极作用，但必须同时研究和解决劳动者主体在利益驱使下的流动所造成的对企业和国家利益的某些负面影响。

确立劳动力产权，把企业利润收入的一部分转移到企业职工的劳动力产权收益上，能有效地把职工的利益与企业的利益直接联系在一起，能有力地推动企业的经济效益的提高。因此，劳动力产权本质上不是简单地把国有资产量化到个人，更不是实行私有化。实际上通过实行劳动力产权，正确处理劳动者与企业的利益矛盾，有助于扩大和稳定国有资产的产权收益，使国家作为所有者的利益得到长期有效的保障。

短期利益与长期利益的矛盾。现实的经济生活表明，企业的短期行为与劳动者（尤其是经营管理者）过分追求自身短期利益直接相关，企业常常会对职工以临时的工资刺激造成企业的短期行为。在计划经济向市场经济过渡的起步阶段，劳动者注重短期利益最大化是不可避免的，但过度追求眼前利益却会损害企业及劳动者自身的长远利益。

劳动力产权通过职工股份的形式使职工股份与企业的公共积累同步增长，能比较好地解决个人收益与企业公共积累之间的矛盾。由于对职工增加了一块弹性大、与企业盈亏结合紧密的按股分红收入，改变了职工收入仅由刚性较大的工资性收入组成的格局。又由于股份分红把职工与企业利益连成一体，职工对企业的关切度高，强化了参与管理与决策的意识，职工与企业形成了命运共同体，从而能较好地解决长期利益与短期利益的冲突。

货币资本投入与劳动力资本投入在利益分配上的矛盾。长期以来，我们对企业经济效益的增长片面地理解为货币资本的投入，而忽视了劳动力资本的重要作用。货币资本与劳动力资本在投资回报上存在相当大的差距，而悬殊的差距容易导致劳动者利用各种机会和手段追求短期的货币投资收入。特别是在向市场经济过渡的初期，这种现象带有一定的普遍性。

资本产权是通过投入物力资本以得到较大回报，劳动力产权主要是通过投入人力资本，在人力资本与物力资本的有机结合中实现对各种资源要素的组织和创新，进而提高劳动生产率并取得相应的回报。

二　劳动力产权具有普遍性，我国能够把它解决得更好

随着生产社会化的发展，人力资本在经济发展中有着越来越大的作用。西方市场经济国家近二十年来，大都开始采用扩大合伙制、泛股制、员工持股计划等办法，致力于协调劳资关系，推动经济增长。

职工持股计划视职工提供的劳动作为享有公司股权的依据，从根本上打破了物力资本一元垄断的局面，它主张劳动力资本化，这就给职工提供了一条凭自己的劳动、技术、知识分享利润的途径，从而比简单地让职工出资购买公司的股份大大前进了一步。

西方发达国家职工持股制度比较典型的模式有以下几个。

——美国模式：职工股权计划。在美国，有些公司实行职工股权计划，其主要内容是：公司成立一个专门的职工持股信托基金会，基金会由企业全面担保，贷款认购企业的股票。企业每年提取相当于工资总额的一部分，投入职工持股信托基金会，以偿还贷款。当贷款还清后，该基金会根据职工相应的工资水平或劳动贡献大小，把股票分配到每个职工的"职工持股计划账户"上，职工调离或退休，可将股票卖给职工持股信托基金会。这一做法实际上是把职工提供的劳动作为享有公司股权的依据。

——英国模式：利润共享计划。英国采用利润共享制度，以取代传统的固定工资制度，即职工的劳动收入是由固定的基本工资和利润共享部分组成，在固定工资之外公司将利润的一部分用股票的形式作为分红给职工,而股票收益的多少则与企业效益相关。

——日本模式:职工持股会。日本在公司内部成立职工持股会,职工持股会组织职工每月从工资奖金里积累少量资金,从年中、年末奖金中拿出一部分交职工持股会,同时公司给一些奖励性补贴,以职工持股会的名义统一购买本公司的股票,股票由持股会持有,按职工个人投资数分别列账,但职工股份每累积到1000股,就可转到个人的名下。

西方国家员工持股的收益分配主要有三种形式。

——集体信托持股。这是一种共有制,股份不量化到每个职工身上而是由信托基金会集体拥有,职工没有明确属于自己的那一份产权,企业资本与职工个人没有直接联系,职工能享受到的只是他在职期间的资本收益,而不是资本本身。

——个人账户持股。企业为每个职工建立资本账户,企业的资本按股份划分到个人资本账户上,每年的红利经分配后记入个人账户。为了保持企业的合作性质,股本不能随意转让,职工离职退休后,一般不再享受分红的权利,其股本也要由企业按照当时的市场价格逐渐买回来。

——混合形式。这是一种股份集体信托和列入个人账户的结合体,即将部分企业股份列入个人账户,其余的采取信托持股的方式。股份分配原则一方面是根据职工过去所做的贡献,另一方面是考虑企业各类人员以前及未来的工资水平。在分红上,只发少量的红利,把大部分的利润归入公司,公司的经济实力增强,影响到股票价格的上升,这就使职工的个人收益与所有权发生联系。

三 在加快国有企业改革的过程中,不断探索实现劳动力产权的方法

——大型国有企业在股份制改造过程中,可以通过各方面的协商确定劳动力产权在企业利润分配上所占的比例。

——一些小型国有企业可以实行国有民营,使劳动力产权的份额占得更大一些。少数严重亏损的国有企业可以加大劳动力产权比例,逐步建立劳动力利益共同体,解决企业的严重亏损问题。

——一些原来的集体企业可通过劳动力产权形成更直接更广泛的劳动者利益共同体,使其成为劳动者自己的企业。

当前,比较可行的办法是选择一些实行股份制改造的企业进行劳动力产权改革的试点。过去在股份制改革中试图通过职工内部股的办法来解决这个问题,但由于诸多原因,职工内部股虽然在集资等方面起到重要作用,但它并未能很好地解决劳动力产权问题,劳动者与企业也未形成紧密的利益关系。首先,大部分企业的职工内部股已不是严格意义上的内部职工股,因而很难起到增加职工的凝聚力并由此形成企业利益共同体;其次,即使为企业内部职工持有,职工也急于用各种方式转移自己的股票,虽然规定几年内内部职工股不能转让,但这样的规定不仅不合理,也很难完全起作用,即使起作用,几年以后内部股最终也将变成公众股,也要进入流通领域。因此,劳动力产权和职工持有内部股票不完全是一回事。企业发行股票,作为一种金融商品,每个人都有权利通过市场来购买,并且按规定进行转让,企业的股票被人为地划分为各种身份,如职工内部股、社会公众股等。事实上产生了各种各样的问题。劳动力产权从它所包含的对象、职工持股的特点都有严格的规定,股份的获得完全是凭借劳动者在企业中的贡献,并且是不可转让的一种特殊股份。因此,建议在股份制改革中进行劳动力产权的试点,由此可建立起企业与职工间持久的利益分配关系,形成企业对劳动者的激励机制,以及产权对职工的约束机制。

进行劳动力产权的试点,可以采取多种形式,如集体信托持股、个人账户持股、职工持股会等。从当前企业改革的实际情况看,先采取信托基金或职工持股会的办法可能更稳妥些。也就是说，职工的劳动力产权由信托基金集体拥有，根据每个职工的贡献来决定其每年的劳动力产权收益，或者采取集体信托基金和个人持股相结合，在条件完全成熟的情况下再转为个人账户。在进行劳动力产权试点中，要注意几个问题：一是平均主义的分配方式，这样很难通过职工持股的方式达到激励作用；二是短期行为，即把劳动力产权范围量化到全部现有职工身上，不留余地，这会给劳动力产权的变更带来困难。因为劳动力产权在企业利润分配中所占比例是相对稳定的，但每个人在每年的劳动资本收益是根据其工作岗位、劳动贡献和劳动时间不断调整的。劳动力产权的短期量化必须为长期不断的调整留下空间。

市场竞争环境下国有经济的发展[*]

（1995 年 7 月）

我们认为，在市场经济条件下，国有企业改革要着眼于国有经济的总体竞争力和整体素质，以充分发挥国有经济对国民经济发展的主导作用，国有企业管理要力求解决企业管理者、劳动者同企业的稳定的利益关系，以奠定企业长期发展的动力基础。

一　实现国有资产效益最大化，充分发挥国有经济的主导作用

适应市场经济的需要，尽快实现国有资产同市场经济的有机结合，以获取国有资产的最大效益，是经济转轨中最重要、最有实际意义的重大问题。这个问题解决好了，可以大大推动国有企业的改革、国有资产管理体制的改革，以及政府管理体制的改革，由此正确而有效地发挥国有经济在市场经济条件下的主导作用。

在市场经济条件下，国有经济要逐步减少在一般竞争性领域的比重，将国有资产主要集中在基础产业、关键领域和公用事业领域。市场经济的最大共性，是市场经济主体从追求利润最大化、追求自身经济利益最大化出发，在市场中展开竞争性经营。由此容易形成利益的短期性和局部性，使很多竞争主体集中在周期短、见效

---

[*] 本文载于《中国工业经济》1995 年第 7 期。

快、利润高的经济领域，而不大关注周期长、见效慢、利润少的经济项目。市场经济自身存在局部利益与整体利益、眼前利益与长远利益、个体利益与社会利益的矛盾。因此，国家要通过制定相关的经济政策和产业政策，以及运用强有力的物质手段，发挥国有经济在一些基础的和关键性的行业和领域的主导作用，控制和调节经济的运行，引导市场经济向着健康的方向发展。

从国有资产的社会整体效益、宏观经济效益和长远发展效益看，国有资产效益最优化主要应体现在基础效益、主导效益和社会公共服务效益等方面。基础效益：从全局和长远效益考虑，国有资产应当大量集中投资于基础设施和基础产业，为整个国民经济的发展奠定坚实的基础。主导效益：在遵循平等竞争的前提下，国有资产应当也必须在某些关键性行业和领域，如金融保险业、邮电通信业、航天航空业等方面占主体地位，起主导作用。社会公共服务效益：国有资产应当义不容辞地在社会公共服务领域和教育文化事业领域发挥重要作用，逐步有更多的投入。

国有经济的主导作用应主要体现在效益与竞争能力上，从而在社会总资产中占有优势，并对国民经济具有控制力与影响力。要真正发挥国有经济的效益与竞争能力，国有资产应当从一般竞争性行业向基础产业、关键性领域和特殊行业转移和集中。但这并不意味着国有资产的运营没有竞争，因为：第一，在关系到国计民生和必须由国民经济占据主导地位的竞争性行业和领域，国有资产并不退出竞争，而要展开主动的竞争。第二，在国有资产重点投入的基础产业和公用事业领域，国有资产的运营也要通过开展竞争来进行，以提高资产效率和效益。国有资产既可以与非国有经济竞争，也可以相互开展竞争。第三，国有资产在基础产业和公用事业相互之间的竞争应当是适度的，要避免国有资产在这些领域条块分割、多头所有、盲目立项、重复建设，造成资源配置的失调。

国有经济的主导作用和地位，并不在于国有企业数量上的绝对优势，也不在于把所有的经济领域都集中在国家手里。国有经济应主要在关系国计民生的领域进行控制和经营，对于一般性的行业和产业，国有经济应当也完全可以通过与非国有经济共同发展、平等竞争，在质量、效益和竞争实力上发挥主导作用。

按照优胜劣汰的市场机制，大胆调整国有企业结构，使之该死的死，该活的活。深化国有企业改革，应当充分展开市场竞争，从而使优势企业发展壮大，使资本和资源向高效企业转移、流动，从而提高整个国有经济的活力。不能把发挥国有经济的主导作用理解为搞活搞好每一个国有企业，事实上既无这种必要，也无这种可能。因此，对那些长期亏损、资不抵债、确无前途的国有企业要逐步地依法进行破产，剩余资产在产权交易中公开拍卖，或者由其他法人兼并、购买。对于小型国有企业，可以视不同情况进行"租"和"卖"。对在市场经济中形成优势的企业，给予政策和投入上的鼓励，使之成为国有经济中的骨干和中坚企业。重点发展关系国民经济命脉和国计民生的大型企业和集团性企业，以提高整个国有经济在国内、国际市场经济舞台上的竞争能力，加速国家工业化。

二 实现国有资产向国有资本的过渡，从总体上搞活国有经济

现代市场经济是以搞活资本为中心的，它在于追求资本的最大利润和最大价值量，追求资本的最大经济效益。国有经济按照市场经济的一般要求，在竞争中追求资本价值的最大化，根本点在于加快实现国有资产向国有资本的过渡，从国有企业数量目标的追求转向国有资本总体效益的实现。这是由传统计划经济向市场经济过渡中，国有企业改革应当着力解决的根本性问题。

实现国有资产向国有资本的过渡，这同国有企业担负某些重要的社会职能并不矛盾。一些仍然需要国有企业重点承担的社会职能，可以运用经济手段进行调节，原则上应取消政策垄断，让非国

有企业在适当范围参与经营和竞争。例如，对基础设施建设，既可允许非国有企业一定程度的介入，又对包括国有企业在内的所有介入者采取公开的综合经济补偿政策等。对少数国有企业执行政策性任务和社会义务，可以采取相应的办法，专门核算其付出的成本并予补偿，也可制定"公共盈利率"指标，同利润率指标一起作为考核和奖惩的依据。至于转轨过程中，国有企业仍然在承担着的企业办社会等方面的问题，都应当在改革中进行职能分解，逐步由社会承担和解决。在市场经济条件下，要分离国有企业的社会职能，使国有企业以利润最大化为目标，与其他非国有经济一起面向市场，共同竞争，由此才能真正从整体上搞活国有经济。

实现国有资产向国有资本的过渡，要解决国有资产实物化管理与价值化管理的矛盾，让国有资产走向市场。计划经济条件下的国有资产，表现为实物形态，国家对生产资料以及产品进行直接的实物控制。在市场经济条件下，国有经济资源要求按照市场规律在全社会范围内重新配置，这就必须实行国有资产的实物形态向价值形态的转化。这种转化过程是按照市场经济的等价交换原则进行的，国家收回了同等价值的货币资本，拥有价值形态的资本所有权，国家并没有失去这部分资产，却在转化中搞活了国有经济，增强了国有经济的力量。

实现国有资产向国有资本的过渡，需要着力解决传统国有资产管理体制上的深层矛盾。传统计划经济体制下的政资不分、政企不分、多头管理等做法，人为地禁锢和制约着国有资产的流动和优化组合，这是造成国有资产严重浪费和流失的深层次体制因素。为此，向市场经济过渡，关键在于重新构建国有资产的管理体制和运营体系。这包括：（1）建立国有资产统一归属和管理的体系，国家设立国有资产管理委员会，归口管理所有经营性国有资产。（2）国有资产管理实行双层管理结构，统分结合，第一层面由国有资产管理委员会管理和协调；第二层面实行分类管理，属于国家控制的少数行业和产业，由行政主管部门具体管理，其他行业和产业由国有资产管理部门统一管理。(3) 建立国有资产分级所有、分级管理的结构，在地方相应成立地方性国有资产管理委员会。(4) 建立国有资产独立的运营体系，由国有资产投资中介机构专门负责国有资产的运营，并实现国有资产运营与日常生产经营相分离。

实现国有资产向国有资本的过渡和转化，就是要从总体上搞活国有资产，而不是单纯地搞活每一个国有企业。国有企业应当按照市场经济的要求，优胜劣汰。要推动竞争领域的国有企业资产和产权进入市场，实行有偿转让和重组，实现资源和要素的重新配置，优化组合，保障资产价值的最大化和经济效益的最优化。特别是面对国际国内激烈的市场竞争，迫切需要在国有企业改革中通过建立国有控股公司等组建国家"种子队"，以在市场经济的竞争中发挥主力队的作用。从搞活国有企业，到搞活国有资产，再到搞活国有资本，这是国有企业改革思路的一个质的飞跃。

三　以建立国有控股公司为中介，寻求政企分开的有效途径

从国际经验来看，国有企业普遍经济效益低下、亏损严重的一个重要原因，来自政企不分。特别是从传统计划经济向市场经济转轨的国家，政企不分所引起的矛盾更为严重，也更为突出。怎样解决政企不分的矛盾，如何寻求政企分开的有效途径，成为许多国家需要探索解决的一个重要课题。

在实行政企分开的探索中，一种重要的方式是，通过建立政府管理部门和国有企业之间的中介机构，来构筑政府与企业之间的"隔离带"，从组织管理结构上切断政企之间的直接联系，在转轨经济中，更有利于克服政府的行为惯性。国有控股公司是国有资产投资中介机构的主要形式。以建立国有控股公司为中介，促进政企分开，有助于解决国有企业的传统体制与市场机制的深层矛盾。

国有控股公司是专门从事国有资产经营的投资机构，是独立的企业法人。建立国有控股公司，在一些国家的实践中，既有成功的例子，也有失败的教训。失败的主要原因在于，控股公司不仅未能有效地阻止政府的干预，反而成为行政干预的工具。因此，要达到实现政企分开的目的，需要防止把国有控股公司变成行政性公司，即名为公司，实为政府行政机构，或既为公司，又兼具行政管理职能。要避免国有控股公司成为行政性公司，就要避免在原有的政府主管部门基础上改头换面，而主要通过企业自身的联合、兼并、股份收购等办法，建立以资产为纽带的控股公司。

组建国有控股公司，必须将传统的国有企业进行公司制改造。国有控股公司主要采取股权控制方法，通过拥有子公司足够的股权来控制子公司。这就需要将大量传统的国有企业改组为股份有限公司，以便实现控股。因此，国有企业的股份制改造，既是经济转轨中国有企业转换经营机制的要求，又是国有控股公司对大量业务性国有企业实现控股的需要。我们应当对国有企业股份制改造的全局性作用有充分的估计。

建立国有控股公司，要求保障企业产权的独立性。这有两个方面的问题。一是国有资产管理部门与国有控股公司之间是财产授权委托关系，国有控股公司依法行使国有资产所有权，有独立的企业产权，国有资产管理部门以及其他政府部门不得任意干预和非法干预国有控股公司的经营活动。二是国有控股公司与控股的企业之间是一种由投资控股引起的经济关系，彼此都是独立的企业法人。要防止在建立控股公司中搞行业垄断，尽可能以优势企业和行业牵头，组建多行业、综合性相结合的国有控股公司。

四　在确定劳动力所有权的基础上强化企业的利益激励机制，从根本上解决企业管理中日益突出的矛盾

实践表明，效益低下等问题大都直接表现为企业管理不善。例如，我国有关方面最近对 2000 家亏损企业进行调查，由于企业管理不善造成亏损的高达 81.7%。经济转轨过程中，企业管理问题日益突出，它的原因是多方面的：有体制转换时期的过渡性因素，也有企业管理层和职工素质不高的因素。但不容忽视的是，由于利益关系调整给企业管理带来的问题逐步突出，它是影响企业管理的深层次因素。在市场经济的大环境下，正确地协调企业同管理者、劳动者的利益关系，企业的科学管理才有可靠的基础，企业的进一步发展才能注入长久的动力与活力。这个问题，对改善国有企业的管理更具现实性和迫切性。

通过确立劳动力所有权，正确协调企业同管理者、职工的利益关系，奠定企业科学管理的坚实基础。所谓劳动力所有权，就是劳动者不仅应获得工资收入，而且应在一定程度上享受所有权收益。即依据劳动力价值把企业利润收入的一部分作为企业职工在本企业的股份，其所得份额由其工作时间、工作岗位、工作贡献等因素决定。通过劳动力所有权获取的股份具有不可转让性，不可交易性，不可继承性。

确立劳动力所有权，把企业利润收入的一部分转移到企业职工的劳动力所有权收益上，能有效地把职工的利益与企业的利益直接联系在一起，能有力地推动企业经济效益的提高。劳动力所有权本质上不是把公有资产量化到个人，不能把它简单地等同于个人的所有权，事实上它是一种特殊的产权。

劳动力所有权通过职工股份的形式使职工股份与企业的公共积累同步增长，能比较好地解决个人收益与企业公共积累之间的矛盾。由于对职工增加了一块弹性大、与企业盈亏结合紧密的按股分红收入，改变了职工收入仅由刚性较大的工资性收入组成的格局。又由于股份分红把职工与企业利益连成一体，职工对企业的关切度高，强化了参与管理与决策的意识，职工与企业形成了命运共同体,从而能较好地解决长期利益与短期利益的冲突,解决劳动者同管理层的矛盾。

实现劳动力所有权有助于企业获得高水准的管理队伍和高素质的稳定的员工队伍。随着生产社会化的发展,人力资本在经济发展中占有越来越大的作用。实行社会主义市场经济完全可以把企业的利益分配关系解决得更好,从而使企业管理有更好的利益基础。劳动力产权的确立,是分配制度上的一次革命,有效的激励机制将使人力资本与物力资本达到最优结合,发挥最佳效益,并将奠定企业长期发展的动力基础。同时,由于劳动力所有权中劳动者所得份额由其工作时间、工作岗位、工作贡献等因素决定,有助于激发广大职工提高自身素质,强化人力资本的竞争性,使人力资本的作用得到更大更充分的发挥。

建立在利益关系前提下的企业与职工的密切结合,是现代市场经济条件下普遍追求的重要目标。劳动力所有权的推行,既是国有企业改革的重要内容,也是改善国有企业管理的根本性措施。由利益管理产生效益管理,可能是市场经济条件下企业科学管理的有效途径。我们对此应当做深入探讨。

转型时期中国商业银行体制改革的若干问题[*]

（1996年3月）

中国正全面加快向市场经济过渡，企业改革进入攻坚阶段，在此背景下，又先后颁布了《中国人民银行法》《商业银行法》。应当说进行商业银行体制改革的时机和条件已经成熟，形势迫切要求银行商业化能迈开实质性步伐。

中国商业银行体制改革，目前已成为中国向市场经济过渡的关键性因素，牵动和影响改革全局。为此，不仅要深入研讨商业银行体制与运行机制、国有商业银行改革与政府职能转变等问题，而且要探讨国有商业银行改革与国有企业改革等迫切问题。我认为，这些问题都是同商业银行改革直接相关的重大现实性问题。

中国银行的商业化尚处在起步阶段，而且将是较长时期内的一个需要不断探索的实践过程，面临着许多错综复杂的问题。如何从中国的实际出发，借鉴各国商业银行的经验，改革中国商业银行体制，是一个需要深入研讨的大问题。

---

[*] 本文载于《海南金融》1996年第3期。

一　如何判断商业银行体制改革在经济改革和经济稳定中的地位和作用

应当说，中国商业银行改革是具有全局性和战略性的问题。目前，加速推进国有银行的商业化至关重要，对于中国宏观和微观经济改革都有着全局性的影响，在很大程度上关系中国经济改革能否最终取得成功。没有银行的商业化，中央银行通过市场调节货币，通过货币政策来稳定经济就缺乏微观基础。没有银行的商业化，国有企业的改革就缺乏最重要的条件，即消除国有银行对企业的软预算约束。没有银行的商业化，也不可能按市场原则配置资源，以实现提高社会经济效益的目的。总之，如果不尽快建立起中国商业银行体制，就不可能有中国经济的全面市场化，就难以真正建立起社会主义市场经济体制，有效的宏观调控也缺乏坚实的基础。此外，稳步推进商业银行体制改革，对保持宏观经济的稳定十分重要。

总之，如何加快专业银行商业化改革，及早地妥善地安排不良债务，堵住新的不良债务的产生是宏观经济稳定的重要因素。所以，市场化取向的商业银行改革，既是商业银行本身的改革，又是银行问题与企业问题相互交织、经济问题与社会问题同时并存极为复杂的改革，而银行商业化的突破对整个改革都将起推动作用。

二　在国有企业沉重负债的情况下如何推进商业银行改革

如何解决国有企业债务问题，已经成为"九五"期间国有银行改革与国有企业改革的关键。就中国现状而言，解决银行与企业间的债务困扰，理顺彼此关系，无异于为中国经济厘清脉络。这项工程的艰巨和棘手程度，称为中国经济改革的攻坚战是恰如其分的。

中国国有企业的资产负债率处在居高不下的状态：从1980年至1994年底，国有资产管理局对2万户国有工业企业的清产核资调查，显示出企业资产负债率从18.7%上升至79%，企业的生产周转资金几乎全部靠贷款。1994年全国清产核资发现12.4万户国有工商企业中约有 27.6% 的企业账面负债总额超出资产总额，另有 21.5% 的企业若以损失挂账抵所有者权益，将实际成为"空壳"。

形成这种状况的原因是多方面的：如财政拨款用于基本建设的资金改为贷款；企业流动资金的财政拨款大幅度减少而主要依靠银行贷款；企业经营状况不好还不了贷款；贷款的行政干预或银行的管理不善而引起的呆滞贷款；等等。

厘清银行与企业的债务关系，解决企业的过度负债和大量不良债务既是国有企业改革必须解决的问题，也是国有银行向商业银行过渡所要解决的首要问题。通过清理债务，银行才能建立正常的资产与负债管理，银行与企业之间也才能建立正常的债权债务关系。

厘清银行与企业的债务关系会遇到很多困难，首先，由于银行呆滞贷款的数量不少，银行系统的呆账准备金不足以冲销呆滞贷款，因而就要冲销银行的资本金，这就会影响银行资本的充足率。那么如何补充银行的资本金？要政府拨款是有困难的，可否用发行股票来补充银行资本金？国有独资银行是否要改为股份制银行？

其次，有的贷款虽然不是呆滞贷款，但也是无法收回的，因为它实际已成为企业营运的股本，有的是企业的固定资产，有的是企业营运的定额流动资金。其实这部分股本是属银行所有。因此，把这部分贷款由债权转为股权可能是解决问题的办法。但是，按照最近公布的我国《商业银行法》，商业银行是不能对企业控股的。因此，需要另有中介机构通过资本市场的运作，把债权转化而来的股权，能在资本市场上出卖，从而使银行收回贷款。所以，解决企业对银行的过度负债，如何结合企业改革，把债务重组、资本重组和企业产权重组结合起来加以解决，也是需要研究的。

最后，旧的债务关系解决了，还可能继续产生新的不正常债务，因此，没有企业改革和银行改革的同步推进，问题很难从根本上得到解决。

笔者认为，从中国专业银行和国有企业的债权债务现状出发，迫切需要由政府组织建立一个具有高度权威性的债务托管机构，用3—5年时间一揽子负责经营、管理和处置目前国有商业银行的不良资产，并进而推动国有企业的重组。

债务托管机构的主要任务有两个。

第一，托管机构从专业银行接管对企业的不良债务，把银行解放出来，确保银行经营业务的正常运作，使银行的商业化能真正迈开步子。

第二，托管机构通过拥有相关企业的债权，参与企业重组，进而推进企业全面的市场化改革。通过重组企业债权调整企业结构，强化企业经营管理，提高整体经济效益。

托管机构接管不良债权时，银行、企业、政府等均应对债务重组做出贡献，可否设想主要采取以下5种解决办法。

作为债权人的专业银行必须在债务托管过程中，以具有吸引力的折扣向托管机构转让债权。这个折扣应由银行的呆账准备金和一定的资本金来承担。

债务托管机构需要政府适当注资，由中央财政和地方财政共同注入一定数量的资金，以便托管机构购买银行的不良债权。

托管机构可通过多种方式筹措国内外投资者的资金，以此购买银行对相关国有企业的不良信贷资产。

在企业重组中获得一部分债权补偿。托管机构接管不良债权后，可通过债转股、招商、租赁、转让、拍卖等方式化解不良债权。

一部分不良债权的良性化。即由债务托管机构与企业重新签订债务偿还协议，使一部分不良债权化解为良性债权。

这5种办法是否切实可行，以及每一种办法在化解不良债权时究竟能够起多大作用，占有多大比例，需要作进一步深入的探讨，并由此把债务托管设想变成实际操作方案。

总之，银行与企业间的债务严重困扰银行商业化和国有企业改革，已成为国有企业和专业银行关系的一个死结，是专业银行向商业银行转轨无法逾越的障碍。目前，解决债务问题的思路较多，如银行参与企业股权，银行、企业、财政三家债权转换等，但每一种思路似乎都各有利弊。我们面对的问题是：在现实的债务困境中，如何寻求银企双方都能进一步生存与发展的操作方案。

三 如何实现国有银行向以公有制为主体的股份制商业银行的过渡

目前我国银行的产权制度大体是两种类型，一是原有的四家专业银行，它们都是国家独资的银行。二是新建的商业银行，它们都是股份制银行，在新建的商业银行中只有深圳发展银行吸收了私人股份，并且是上市公司，其余新建商业银行都是公有制的股份制银行，它们的股份由中央政府、地方财政以及公有企事业法人拥有。

新商业银行由于其股权主体是多元的，多元主体的互相制约关系有利于削弱来自行政主管部门对银行资金运用的不适当干预。同时，组成股东大会、董事会、经理这样的企业治理结构，实行了最终所有权与法人所有权的分离，既给经营者以充分的自主权，同时也形成所有者对经营者的有效监督和产权约束。

原有的四家专业银行的行长是政府任命的，他们是经营者，是否同时是国家股权的代表？如果不是，作为国家的独资公司，是由谁代表国家银行进行控股？所以，四家专业银行在实现商业化的过程中也有一个明晰产权的问题。

四家专业银行如何改造为商业银行，是维持现在的国有独资银行，还是改造为以公有制为主体的股份制银行为好？如果维持国有独资银行，又应该建立什么样的企业治理结构？如果改造成以公有制为主体的股份制商业银行，又应当构建怎样的股权结构？国有资产是否需要在所有商业银行占控股地位？是否应允许个人股、外资股参与金融业？同时，在向商业银行转轨过程中，怎样全面建立资产负债比例管理和资产风险管理，根据我国银行情况，应该设置哪些主要的比例指标？根据我国银行资产负债的构成，应该用哪些指标衡量我国银行的清偿力。如现金比率、备付金比率、综合准备金比率、流动资产比率，以及这些比率的最低限。中央银行又怎样对银行的清偿能力监管，如何强化银行内部的自我约束机制等，这些都是难度极大的问题，需要百家争鸣，以便得出准确的判断和可行的操作方案。

四 如何在创造公平竞争的环境中加速银行商业化

创造公平竞争的环境，是以市场化为目标的商业银行改革中面临的又一个突出问题。

商业银行作为独立经营的企业法人，具有自己独立的经济利益，并根据利益最大化原则来规范自己的经济活动或经济行为。追求利润最大化作为商业银行经营的根本目标，是在市场竞争的过程中实现的。公平竞争是市场经济的客观要求，是商业银行发展的基本要素。其中有一系列值得认真探讨的问题。

首先，如何加快实现利率的市场化？利率作为资金的使用价格，反映的是资金供给与需求最一般最本质的关系。在成熟的市场经济条件下，利率的市场化，是经济活主体参与公平竞争、享受经济自由的最基本条件之一。

利率非市场化困扰着中国商业银行体制改革的历史进程，要加速中国商业银行体制的市场化，实现公平的金融竞争环境，最终必须放开利率。这一点分歧不会太大。现在的问题是：何时放开利率是最有利的时机？是一步到位的代价大，还是逐步推进的问题多？放开利率到底会对效益不佳的国有企业产生多大的冲击和影响？应该寻求怎样的步骤和措施才能使利率"放而不乱"？

其次，如何解决金融业的市场准入问题？只有在多元商业银行体制并存的情况下，才能在竞争中塑造真正充满活力的商业银行，才能实现中国商业银行体制的市场化。为了加强竞争，是否应允许非国有银行进入，以及如何创造条件允许外资银行参与中国金融业竞争，也是需要研究的课题。

五　在推进银行商业化过程中如何正确发挥政府职能

传统的对国有专业银行的计划管理办法和行政控制手段，同国有专业银行向商业银行转变越来越不相适应。因此，转变政府职能，政企分开，银行才有可能真正以效益性、安全性、流动性为原则自主经营、自担风险、自负盈亏、自我约束。

面对转变中的中国经济体制，政府一方面已经不可能像在计划经济体制下通过制订和组织实施指令性计划来配置社会资源，另一方面又必须为改革制定目标明确的方式和可行的途径，推动经济，调节经济运行，为改革提供稳定的条件。就中国商业银行体制改革的实践而言，政府一方面必须创造活跃的金融环境；另一方面又必须坚持必要的、严格的金融监管，保证金融秩序的稳定。因此，如何在减少行政干预、加大监管力度中推进银行商业化，如何正确处理财政与金融的关系，需要研究。此外，中央银行如何由限额控制转向以中央银行贴现额和贴现率，公开市场业务等手段进行调节与控制，也都是需要解决的问题。

经济转轨时期劳动力产权的确立[*]

（1996 年 11 月）

在社会转型时期，中国经济改革的特点是从冲破旧体制转到建立新体制，目标是建立社会主义市场经济新体制。目前，国有企业改革已成为经济改革的中心环节。在建立现代企业制度过程中，大批国有企业已经或正在改造为各种形式的股份公司。据统计，由国有企业改造而成的股份制企业中，含有内部职工股的企业约占总数的86%，内部职工股占总股本的比例为6.1%左右。职工持股和股份合作已成为关系企业改革与企业发展全局的重要问题。在社会主义市场经济条件下如何充分发挥职工的积极性，如何正确处理企业与职工之间的关系，是一项重要的任务。

一 确立劳动力产权是推进国有企业改革的关键

加快国有企业的产权制度改革，建立有效的产权制度，使国有企业在日益激烈的市场竞争环境中形成合理的利益机制，使资源配置达到最优化，以实现效益最大化的目标，这是一个很现实的问题。可以说，产权制度改革是中国国有企业在走向市场经济进程中运行机制和分配制度方面的一次革命。从社会主义市场经济发展的

---

[*] 本文载于《探索与争鸣》1996 年第 11 期。

全局来说，确立劳动力产权，解决劳动者的利益机制，对推进国有企业改革至关重要。

所谓劳动力产权，就是劳动者不仅应获得工资收入，而且应在一定程度上享受产权收益。即把企业利润收入的一部分作为企业职工在本企业的股份，其所得份额由其工作时间、工作岗位、工作贡献等因素决定。通过劳动力产权获取的股份具有特殊性，可以规定它不可转让，不可交易，不可继承。劳动力产权的确立就是要通过协调企业和劳动者的利益关系，形成国有企业长期稳定发展的机制。从根本上说，企业改革就是要合理调整企业与劳动者的利益关系，并使双方利益得到最大限度的实现。

随着改革的不断深入，原有的利益格局已不适应向市场经济过渡的需要，企业内部矛盾出现明显化的态势。在经济转轨过程中，企业与职工的利益矛盾比较突出，包括：（1）劳动者的利益与企业利益、国家利益的矛盾。随着"大锅饭"分配体制的被打破，劳动力配置的市场化，劳动者自发地流向自身利益最大化的岗位。由于多种因素的制约，目前劳动力的流动有很大的自发性和无序性，而且劳动力技术水平越高，人才的流动性越大，且出现高科技人才向一般管理岗位和劳动密集型企业流动的现象。这样，难免产生劳动者的利益同企业利益、国家利益的矛盾。提出解决劳动力产权问题，就是要解决劳动者利益同企业利益、国家利益如何长期地、合理地统一起来的问题，以逐步形成国家、集体和个人的利益共同体。（2）短期利益与长期利益的矛盾。现实的经济生活表明，企业的短期行为与劳动者（尤其是经济管理者）过分追求自身短期利益直接相关。劳动力产权通过职工股份（或职工资本账户）的形式使职工收入与企业的公共积累同步增长，能比较好地解决个人收益与企业公共积累之间的矛盾。由于对职工增加了一块弹性大、与企业盈亏紧密结合的按股（或按账户）分红的收入，改变了职工收入仅由刚性较大的工资性收入组成的格局。又由于股份分红把职工与企业利益连成一体。职工对企业的关切度提高，强化了职工参与企业管理和决策的意识，职工与企业形成了命运共同体，长期利益与短期利益的冲突自然能迎刃而解。

长期以来，我们对企业经济效益的增长片面地理解或仅仅强调为货币资本的投入，而忽视了人力资本的重要作用。随着现代社会化生产的不断发展，人力资本的作用日益突出。社会发展到今天，传统资本虽然还保持着它的重要性，但是已呈逐渐下降的趋势。今天还称为股东的人掌握的资本乃是货币资本以及由此转化而成的实物资本。但是信息和知识技术以及接受、利用、加工、创造这些信息和技术的企业职工，在整个财富创造过程中越来越重要。企业经营信息化后，知识层次越高，股东投入所占的份额就越小。企业的成败，或者说财富创造的多寡快慢更多地取决于企业劳动者的共同努力。人力资本（或劳动力资本）在企业财富创造和积累中的作用越来越大，未来的企业越来越像一个利益共同体。所以，确立劳动力产权、强化人力资本是提高国有企业竞争力的关键。

当前，我国企业管理层的素质和负责精神已成为影响企业效益的一个重要因素，特别是在企业的产权制度确立以后，管理者的作用会越来越重要。重视企业人力资本的作用，重要的是重视和发挥企业管理者在企业发展中的特殊作用。提出和解决劳动力产权问题，并把企业管理层的劳动力产权问题解决得更好一些，这对企业的改革和发展是十分重要的。

二 借鉴西方职工持股计划确立劳动力产权

随着生产社会化的发展，人力资本在经济发展中占有越来越大的作用。近20年来，西方市场经济国家大多开始采用扩大合伙制、泛股制、员工持股计划等办法，致力于协调劳资关系，推动经济增长。在国有企业改革过程中，如何从我国国情出发，借鉴西方职工持股计划，科学确立劳动力产权，是十分重要的。

第一，劳动力产权的确立应有广泛性。企业改革的核心问题是调动职工的积极性，劳动力产权旨在增强全体员工对企业的认同感、参与感、责任感，因此，广泛性是首要的。美国对职工持股计划有一条"广泛参与的要求"，值得借鉴。美国"内部收益法"对职工持股计划的广泛参与性作了严格规定，特别是对非高薪阶层的广泛参与作出要求。该法规定，凡年薪达75000美元或超过50000美元且属于公司收入最高的20%之列的人，以及拥有公司5%股权的人，皆属于高薪，对他们持股数量需加以严格控制。规定凡实行职工持股计划的公司，必须使70%的非高薪阶层的职工参与持股，非高薪阶层参与该计划所得平均收益至少要达到高薪阶层所得平均收益的70%。在我国企业内，组建职工持股会，旨在调动广大职工的积极性，更需要有极大的广泛性。要防止效益好的企业，股票为少数人所垄断的现象出现。因此，在制度和法律上对此作一些规定，看来是必要的。

第二，中小企业加大劳动力产权的比重，并通过确立劳动力产权促进和保护中小企业的发展。从西方发达国家的经验看，实行员工股份制有助于保护中小企业，使它们在激烈的竞争中站稳脚跟、发展壮大。在日益激烈的市场竞争中，中小企业往往因势单力薄容易处于不利地位，甚至有被吞并的危险。但当中小企业的股份资本一旦为自己的员工所掌握和占有时，公司财产的集体地位就成了对付竞争必不可少的保护机制。美国中小企业不断增多且大多被员工赎买的主要原因也在此。据统计，多数被购买公司的就业人数少于500人。全美约600万家各类企业中，98%为就业人数不到100人的中小企业，其中就业人数在20人以内的企业占87%。这些中小企业的产值占全美国民生产总值的40%以上，而且这些中小企业目前仍在不断迅速增加，显示出旺盛的生命力。

就我国的情况来看，大型国有企业因其规模大、人员多、历史遗留问题多，加之大型国有企业的变革对社会的影响和冲击也较大，因此，就现实而言，以在中小企业内先行试点为宜。并尽可能加大劳动力产权的比重，适当增加其股份收益与企业近期效益的联系。将来在大型国有企业中试行内部职工持股制度时，考虑到这些企业实力雄厚、投资方向多、抗风险能力强的特点，可以更多地将职工的股份收益与其退休福利计划挂钩，将职工的长远利益与企业的长远发展联系起来。目前，我国已实行股份制的企业和民私营企业，有条件的应当在试行劳动力产权方面先走一步，探索有益的经验。

第三，劳动力产权的实现形式需灵活多样。比如，国有企业在进行股份制改造或现代企业制度建设时，可以自愿将由企业福利基金和奖励金形成的资产和部分企业积累形成的资产划为内部职工股，以配送或低价出售的方式转让给企业职工，实现劳动力产权。将这部分资产划为内部职工股，并不能看作国有资产的流失。而是把原本就属于企业职工的那一部分资产以某种形式再归还职工。当然，在决定划分比例时，必须进行认真的测算，以保证结果尽量公正、合理，其日常管理可借鉴西方职工持股会的办法。量化时可根据职工的工龄、岗位、职务、贡献等多种因素确定量化标准。当然，由于长期以来我国企业的产权归属不清，多年来积累了一系列问题，包括退休职工的问题等，如何划分，如何量化，需要在实践中认真研究和探索。

三 推进劳动力产权对于企业发展至关重要

一是通过职工持股实现劳动力产权，有助于公有制企业的发展。我国通过职工持股的形式体现劳动力产权。核心在于增强企业的凝聚力，解决企业长期发展所必需的激励机制。职工持股后享有的资本收益，是劳动收益的延伸和扩展，不能简单地、不加分析地概括为"无偿分配给个人"。对属于职工的劳动力产权可有明确规定，如只能用于向本企业的再投资和职工福利等。因此，将职工持股会作为新的投资主体。它所掌握的股份并未从本企业分离出去。企业的公有制性质也没有改变。从实行劳动力产权及组建职工持股会的最终目的来看，都是从调动职工积极性出发，实现企业经济效益的提高和企业的发展，壮大公有制的经济基础。

二是国有中小企业以出售、转让等形式实现产权变革或改制为股份合作形式，既体现劳动力产权，又有利于企业的长远发展。以国有小型企业出售、转让为主要形式的产权改革，特别是产权的整体或大部分出让，能够推动国有资产的合理流动，引导国有资产向高效益的领域转移，以利于更有效地实现国有资产的保值、增值，将国有中小企业改制为股份合作企业。实现劳动力产权，更重要的一点是算人账、算活账。究竟是让企业坐吃山空，变成资不抵债的"空壳"好，还是让它拥有的生产要素活起来增加社会财富好？按照"抓大放小"的精神，实现国有资产的重新配置，既有利于正确而有效地发挥国有资产的作用，又有利于调动职工的积极性。

三是对目前方兴未艾的股份合作制应鼓励大胆探索。在实践中逐步规范。股份合作制作为中国经济体制改革一定阶段的产物，较充分地体现了劳动力产权。通过股份合作制改革尤其是劳动力产权的介入，将所有者权益部分地具体化或对象化到经济组织的参与者身上，使个人收益与其劳动效果和资产份额直接相关，提供了保值和增值资产的持久激励，并鼓励他们相互监督及对经营管理阶层实施监督。股份合作经济组织的成员们的平等权利和他们对企业经营活动的参与、熟悉，使管理和监督变得极为经常和具体。股份合作制实践中不成熟、不完善问题的解决有一个过程。把劳动力产权彻底贯彻到股份合作制的实践中去，这对我国经济转轨时期劳动力产权的确立将产生重要的作用。

建立在利益关系前提下的企业与职工的密切结合，是现代市场经济条件下普遍追求的重要目标。我们实行社会主义市场经济，理应把企业同劳动者的利益关系解决得更好一些。使社会主义市场经济注入长久的动力，最终实现共同富裕的目标。因此，劳动力产权的确立与推行，对于加快国有企业改革，加快建立社会主义市场经济体制，将具有十分重要的实践意义。

如何解决国有企业债务问题[*]

（1996年12月）

中国国有企业严重的债务状况越来越引起各方面的高度重视。但在如何解决国有企业债务问题的思路和认识上有着相当大的差别。如何从中国的实际现状出发，寻求解决国有企业债务问题的技术性方案和措施是十分重要的。更重要的是，要充分估计国有企业的严重债务问题在我国经济转型时期对于改革和发展的全局性影响。

一　如何判断国有企业债务问题对于改革和发展全局的影响作用

过去的十几年，在没有发生大的经济社会震荡的情况下，我国的经济改革取得了巨大成功，这主要得益于渐进式的改革战略。但目前国有企业的债务问题已使国有企业和金融业处于高风险状态，弄不好可能会因此诱发经济与社会风险。

国有企业大量不良债务已成为影响和牵动全局的关键性因素，不彻底、妥善地解决这个问题，国有企业的战略性改组和国有银行的商业化改革都难以真正迈开步子，取得实质性进展，并且也难以

---

[*] 本文载于《经济界》1996年第6期。

保持经济社会的稳定发展。现在看来，债务问题尤为突出，是拖不过去的，这一关是迟早要过的。为此，应当从改革和发展的全局出发，提出全面解决国有企业债务的思路和办法。

国有企业的严重债务是个全局性问题，少量企业的兼并、破产虽然可以在某些局部取得成效，但不能从根本上全面解决问题。为此，必须积极寻求全面的解决办法。从国有企业的债务现状出发，需要由政府建立一个具有权威性和过渡性的债务托管机构，一揽子负责管理和处置国有企业的大量债务，并全面推动国有企业的重组。债务托管机构的主要任务有两项：第一，从国有银行接管企业的不良债务，把银行解放出来，使银行的商业化真正迈开步子；第二，托管机构通过拥有相关企业的债权，参与企业重组，进而推动企业全面的市场化改革。

目前，讨论的焦点在于寻求用何种有效的办法解决大量的不良债务问题。我们主张，应当清醒地判断国有企业债务问题的严重性、全局性，并采取全面的解决办法。只有这样，才能真正实现国有企业的战略性改组，并由此保证宏观经济的稳定发展，推动经济体制的顺利转轨。

二　如何把握时机，加大改革力度，化解国有企业债务

我国正处在经济体制全面转轨的关键时期。过去传统计划经济所形成的国有企业的大量债务，必须在经济市场化的过程中加以解决。我们要充分估计经济改革对于解决国有企业债务的决定性作用，从而善于把握改革的有利时机，加大改革力度，全面解决国有企业的债务。

目前，关键是要确立解决国有企业债务的目标和原则。从中国的实际出发，应当通过债务重组大大推动企业重组。如果这一目标能够确立，就要把债务重组的重点放到债权和股权的转化方面，而不宜大规模或普遍地实施企业破产和清算。由此，可以肯定地说，

解决国有企业债务问题在很大程度上取决于经济改革的及时性和彻底性。例如，企业重组和国有经济的战略性改组若能加快步伐，就可以在很大程度上化解不良债务，由此大大减少不良债务造成净损失的比例。在国有企业严重负债的情况下，国有资产既保值又增值是极其困难的，甚至是不可能的。关键在于在加快改革中实现企业重组和债务重组，使现存的国有资产能够真正发挥效益，并由此走出一条保值增值的新路。我们提出实行债务托管，一揽子解决的办法，就是寻求在加快市场化改革中化解债务、全面推动企业重组。这一主张的现实性究竟如何，对此有不同的意见。应当说，判断现实性与否，重要的是看改革的时机是否有利。

就目前来看，尽管债务问题十分严重，但也存在有利于这一问题解决的时机和条件。

首先，经过几年的宏观调控，通货膨胀得到有效抑制，宏观经济向好的方面发展，新一轮经济周期的启动为企业债务问题的解决创造了良好的时机。

其次，结构调整已取得一定成效。近年来，国家严格控制了重复建设项目，增加了对农业、基础设施和企业技术改造的投入，从而有助于经济效益和国民经济整体素质的提高，有助于企业债务重组的顺利推进。

最后，我国已经提出并正在推进"九五"时期进行国民经济战略性改组的任务，国有经济有计划、有步骤地退出一些本应由个人和社会资本进入的领域，将有限的国有资本集中起来，投到真正需要国有经济进入和加强的领域和行业中，这种战略调整将为国有企业债务问题的解决奠定重要的基础。

可以说，改革到目前为止，已进入一个关节点，在这个关节点上，既有风险，更有机遇。在解决国有企业债务这个事关改革成败的全局问题上，我们应当有更大的气魄和勇气，抓住时机，加大改革的力度，闯过这一难关。

三　如何在加快解决国有企业债务过程中，实质性地推进国有银行商业化的改革

传统计划经济体制，使银行成为国家支撑企业的工具。严重的债务问题是这种银企关系下的必然结果。在经济转轨中解决债务问题，就必须使企业改革和银行改革同步进行。银企之间的不正常的债权债务关系已成为我国经济生活中的焦点之一。企业改革没有突破，银行商业化就难有实质性进展；银行不实行商业化，企业改革也难以推进。

我们提出的债务托管方案，就是要使政府、银行、企业各方都成为债务重组的责任方，并据此提出化解债务的5条设想。其中有一个重大的问题需要得出务实的结论，即目前的国有银行能否成为债务重组的主要责任方。如何加快推进国有银行的商业化改造，已成为我国经济转轨的重要任务。

建立债务托管机构，把银行的不良债权接过来，会为银行的商业化改革创造条件。银行与企业的债权股权转换是债务重组的关键问题。可以通过托管机构把债权转为股权出售。这样做，有利于加快银行的商业化改革，对于化解一部分不良债权和推动企业重组也是十分重要的。

应结合债务问题的解决，逐步对国有商业银行实行股份制改造。从国际上国有商业银行发展的经验和我国银行的现状看，国家控股的股份制银行具有更多的优越性。尤其在处理国有企业债务过程中，国有银行的国有资本金会相应缩减，为保证商业银行资本金的充足率，要吸收各类投资基金等机构投资者入股，以及适当吸收社会公众入股和外来资金入股，由此形成广泛的公有股和较为合理的股权结构。同时，要加快培育和发展一批新的商业银行，为国有银行的改革与债务重组拓展空间。新的商业银行的发展有助于减弱国有企业对国家银行资金供给的依赖度,国有银行的社会经济压力会在一定程度上减轻,这有助于解开银企债务死结。

现状说明,只有银企联动,配套推进,才能借解决国有企业债务问题的契机,建立符合市场经济原则的银企关系,从而奠定防范新的不良债务产生的制度基础。

四　如何在解决国有企业债务的同时发育资本市场,培育多元的投资主体

如何大量吸收社会资本和外来资本,以根本改变传统计划经济的单一投资结构,是经济转轨的迫切任务。我们提出继续积极和有效地利用外资。中国是个发展中国家,利用外来资本是加速发展的重要条件。对此,应当有充分的估计和清醒的认识。我们应当加大吸引外资的力度,促进我国资本市场的发展,同时,也为国有企业的债务重组以债务托管的形式一揽子解决债务问题,就是主张抓住当前的有利时机,在加快解决国有企业债务问题的同时发育资本市场,形成新的融资体制,以培育多元的投资主体。例如:

——更多地发展直接融资。在广大国有中小企业中实行股份合作制和职工持股,使广大劳动者与企业结成更紧密的利益共同体,形成企业发展的长久激励机制,有利于搞活国有中小企业,是"放小"的重要出路。

——发展产权交易市场,促进增量资源的配置和存量资源的调整。它必然促进企业产权主体多元化,大大推动企业重组。需要注意的是,要采取有效措施防止和控制产权交易的过度投机行为。

——组建共同投资基金。即把社会上大量分散的个人投资者资金和养老、医疗等各类社会保障基金以及其他的社会闲散资金集中起来,由专门的投资机构进行管理操作,有助于使各类基金成为重要的战略投资者。

继续积极和有效地利用外资。中国是个发展中国家,利用外来资本是加速发展的重要条件。对此，应当有充分的估计和清醒的认识。我们应当加大吸引外资的力度，促进我国资本市场的发展，同时，也为国有企业的债务重组提供条件。

转轨时期中国资本市场发展的几个问题[*]

（1997年7月）

"资本市场与国有企业改革"是一个实践性极强的重大课题。当前，我国国有企业面临的许多困难和问题，都同资本市场发展滞后直接相关。我国经济转轨的实践充分表明，加快资本市场的发展，会大大推动国有企业改革的进程。例如：困扰国有企业的沉重债务负担的化解，离不开资本市场；国有企业在改革发展中庞大的资金需求，需要资本市场；国有企业在公司化改组中的产权重组、产业调整，更需要资本市场。培育和发展资本市场已经成了推动国有企业改革的重要途径。

我国正处在经济转轨的关键时期，培育和发展资本市场涉及的问题很多，且又有一定的复杂性。当前，迫切需要重视和研究这样几个具体问题。

一 当务之急是如何充分利用资本市场化解国有经济存量中的巨额不良债务

我国转轨时期面临着的一项艰巨任务，是如何积极妥善地解决

---

[*] 本文刊载于载《投资与证券》1997年第7期。

传统体制下所造成的大量不良债务问题。不彻底地解决债务问题，国有经济的战略性改组和国有银行的商业化改革都难以取得突破性进展，庞大的债务问题已成为牵动和影响国有企业改革的关键性因素。近年来，政府在解决这个问题上采取了某些措施，并取得一定成效。目前，国有经济存量中的巨额不良债务的状况并没有实质性改变。因此，应当尽快从资本市场中寻求化解不良债务的有效途径。

我们曾建议，以债务托管为主，结合多种措施，全面解决不良债务问题的思路。即由政府建立一个从中央到地方的权威性、过渡性的债务托管机构，它的主要任务有3个：第一，从国有银行接管国有企业的不良债权；第二，通过拥有相关企业的债权，参与企业重组；第三，组织不良债权的交易市场，加快实现不良债权的证券化和市场化。这个建议涉及一系列具体复杂的问题。例如，作为债权人的银行能在多大程度上承担债务托管的成本，即以多大的折扣向托管机构转让债权；债务托管后如何开放不良债权的交易市场，能否以极具吸引力的折扣率加快不良债权的证券化和市场化，对此应作出什么样的基本判断。这些都是需要作进一步研究的重大问题。通过资本市场进行债务重组还有很多方式。例如，有的建议通过培育金融中介机构，特别是投资银行来进行企业债务重组，有的建议债权股权转换，等等。究竟每一种主张的实践价值如何，需要做比较分析和研究。

二 股份制已成为国有资产优化组合的基本组织形式，对此应当有清醒的认识

现代市场经济表明，资本市场的建立和发展是以股份制为基本前提的。股份制在产权界定、资产配置中有着不可替代的特殊作用。实行现代企业制度，发挥市场机制在资源配置中的基础性作用，首要的是股份制企业的建立和发展。应当说，正是股份制企业的初步发展，才推动和促进了我国资本市场的形成。在经济转轨时期，股份制企业的发展对资本市场的形成尤为重要。

经济转轨时期，股份制企业的发展面临着一系列迫切需要解决的重大问题。

第一，如何评价股份制的性质，它究竟姓"资"，还是姓"社"？市场经济条件下的公司制企业，是财产组合、生产经营的组织形式。它根本不同于传统体制下的企业所有制分类。企业实行公司制，就是寻求资产配置、生产经营的有效形式。股份制是公司制的基本形式，它能实现资产的有效合理配置。我国股份制的初步实践证明，它是国有资产优化组织的重要形式，不仅可以明晰产权，而且可以实现国有资产的保值增值。例如，1994年9000多家股份公司的净资产平均增长率为42.4%，1995年可统计的1600多家的净资产平均增长率为12.5%，这显著高于同期其他类型国有企业资产增长率。实践证明，股份制既不姓"资"，也不姓"社"，它是比较完善的资产组合形式。我国股份制企业的发展正处在起步阶段，对其作用估计不足，甚至作出错误的评价，会直接影响股份制企业的发展，对改革和发展的全局极其不利。

第二，如何推动股份制企业的发展，它究竟在建立现代企业制度中居何种地位？我国目前经过股份制改革的国有企业有9000余家，在数十万户企业中所占比例不到5%，其中上市公司不过530多家，占股份制企业的比重不过6%，并且上市公司的国家股和法人股还不能流通。可见，我国的股份制企业不仅数量少，且又很不规范。当前，应当把发展股份制企业作为国有企业改革的一项重要任务，并且尽快形成以股份制企业为主体的现代企业结构。一些经营性的国有企业只要基本符合条件，经过改造，要大部分改组为股份制企业。特别是要加快把大中型国有企业改造成股份制企业的步伐。

第三，股份制企业如何摆脱行政束缚，规范化发展？目前，由于多种原因，股份制企业的不规范问题很突出。特别是国有企业改制为股份制企业的，普遍反映各种形式的行政干预过多，有的甚至仍然实行原来的体制和管理办法。因此，在我国的股份制企业发展中，一方面，要逐步完善法律，依法监督股份制企业；另一方面，要尽快从根本上改变对股份制企业过分行政束缚的局面。这对国有企业，尤其是大中型国有企业改造为股份制企业，有着特别重要的作用。如不采取有效措施彻底解决这个问题，国有企业的股份制改革很难到位，也会对我国的股份制企业发展产生严重的不利影响。

我国的股份制改革正处于发展的关键时期，资本市场的发展对股份制企业的发展又提出进一步的要求。在这种情况下，股份制在实行现代企业制度中究竟居于何种地位？它的性质如何？大中型国有企业加快向股份制过渡的时机和条件是否成熟？这些，都有必要作进一步的讨论。

三 当前公有股流通的时机和条件都已基本成熟，应当对此有充分的估计

对于国有股、法人股的流通，专家们早有过强烈的呼吁。从目前的情况看，国有股不流通严重阻碍了国有资产重组和优化配置，并由此造成了国有资产的损失，这已是一个相当实际的问题。无论是从国有资产保值增值方面看，还是从资本市场发展方面看，国有股、法人股的流通都是一个急迫需要解决的问题。据统计，到1996年末，居民储蓄已达3.8万亿元，估计每年以9000亿—10000亿元的速度增加。面对多方面的股市外围的庞大游资，我国股票市场的供给量显得越来越小。因此逐步允许公有股流通入市，是股票市场稳定发展的根本性措施。随着我国股市的逐渐成熟，公有股上市越晚隐患越多。

公有股上市流通涉及许多复杂的问题，应采取"抓紧实施，逐

步到位"的办法。例如，按一定比例分步出台，对效益好的国有大中型企业改制为股份制企业的国有股应制定优先安排办法。与此同时，对不同行业、不同企业国有资产的控股参股比例要有合理的、明确的规定。要制定鼓励政策，大力发展机构投资者，使资本市场有稳定的长期资金来源。

四 如何形成一种机制，使效益好的国有大中型企业能通过资本市场筹集社会资金，提高市场竞争力

依靠资本市场，加快中国主导产业的战略重组，是我国国有大中型企业发展的重要条件。目前，在我国钢铁、汽车、化工、机械、电子等国民经济的主导产业中，国有大中型企业发展迅速。但从整体上看，其规模偏小，技术水平与国际先进水平有明显差距。随着中国进一步对外开放，市场竞争更趋激烈。因此，要依靠资本市场，推进企业之间的联合、兼并，扩大企业经营规模，提高企业的开发能力和竞争能力，加快对我国的主导产业实行战略性重组。

在市场经济条件下，间接融资和直接融资各占多大比例为好，应当根据实际情况而论。但有一点可以肯定，目前我国银行体系的资产占全部金融资产的90%，应当说是高了一些。当前，适度强调发展直接融资，不会改变间接金融为主的格局。此外，在我国储蓄已转变为以居民为主和国有银行商业化改革尚未到位的现实阶段，发展直接融资更具紧迫性、重要性。

经济转轨时期，支持效益好的国有大中型企业依靠银行进行间接融资是重要的。但更为重要的是，应采取鼓励和扶持政策，支持它们逐步更多地依靠资本市场进行直接融资，扩大它们直接融资的能力和渠道。虽然效益好的国有大中型企业远比民私营企业获得银行贷款的支持率高，但这无助于降低已普遍过高的资产负债率，也无助于通过多元投资主体的形成理顺产权结构、转换机制。从改革的角度讲，应该借助资本市场形成一种机制，使效益好的国有大中型企业更强，发展更快，并有足够的资本金去兼并那些管理不善、经营不好的国有企业，改善和提高整个国有经济的素质。这无论是从长期，还是从目前来说，对国有经济的战略改组和合理布局都有着十分积极的作用。对此，我们建议：

第一，加紧效益好的国有大中型企业的股份制改造，鼓励其进入证券市场，并为此积极创造条件。配合这一进程需要在推进公股流通的同时，一方面对现有的金融中介机构加以引导规范，另一方面再培育一批新的金融中介机构，要适当发展中外合资的投资银行，借助其高级专业人才与先进的管理技术，共同为效益好的国有大中型企业进入国内、国际证券市场服务。

第二，建立产业基金，为效益好的国有大中型企业注入社会资金。根据国家的产业政策，注重运用市场机制推动产业结构的调整，为此设立某几种产业基金并上市流通，这十分有利于帮助效益好的企业发展新型产业。

第三，支持和鼓励效益好的国有大中型企业向国内、国外发行企业债券，并适度扩大发行规模。近年来，我国资本市场在国债、股票方面有了一定的发展，但企业债券市场规模甚小，1996年比重不到5%。为此，在扩大国债发行规模的同时，更应扩大效益好的大中型国有企业发行企业债券的规模。刚刚出台的对国有大中型企业发行40亿人民币可转换债券是件好事情。但同大中型国有企业的需求相比，差距仍然甚远。这里，我们很有必要深入讨论，如何形成有利于效益好的国有大中型企业直接融资的机制，如何为效益好的国有大中型企业直接融资创造条件。

五 香港资本市场已成为国有企业境外融资的重要渠道，应当抓住当前的有利时机，采取相应对策

我国资本市场的开放是一个必然的过程，我国国有企业走向国际资本市场也是个必然趋势。从当前来看，香港资本市场对这一过程的实现最有意义。可以说,香港始终是我国进入国际资本市场的天然窗口。目前已有二十多家国有企业在香港上市;在香港蓝筹股中,来自中国大陆的盈利正在上升。一些研究表明,到1997年恒生指数总盈利中将有7%来自中国。香港回归之后,这一联系将更不可阻挡,投资于不同类型的中国相关股票将变得更为普遍;香港一些投资银行已与国有企业开始形成一种合作关系。它们为国有企业走向国际资本市场进行策划、包装、上市。为此,重视研究如何利用香港作为国有企业有效的筹集渠道,并逐步走向国际资本市场,在当前有特别的意义。随着我国资本市场的规范成熟,与国际资本市场的衔接、协调越来越显得重要。香港资本市场为我国熟悉国际资本市场提供了很好的环境。它既有助于我国企业熟悉海外资本市场的运行模式,也有助于海外投资者了解我国企业的经营特点,通过在香港资本市场的过渡,对于促进我国资本市场的发展和我国企业制度的改革,具有积极意义。当前国际资本市场汇率低、投资额大,不少国际投资者普遍看好中国,加上香港回归因素的影响,这对效益好的国有大中型企业来讲,利用国际资本市场的时机目前最为有利。对此,提出以下建议。

第一,在积极规范香港上市的H股企业的同时,再组织一批效益好的国有大中型企业在香港上市。由于我国企业的股份制改造还不是很规范,使我国国有企业在产权制度、经营体制、组织结构、管理方法、会计制度等方面同境外公司差别很大。在过去的三年,H股普遍市场业绩不佳。为了保持投资者对H股的信心,对已上市的和要上市的国有企业来说,都必须力求股份制规范化,并适应国际规则,消除影响上市公司业绩的体制因素。

第二,鼓励和支持以国有资产为背景、在香港注册的企业包装国内国有企业在香港上市,即红筹股。与H股相比,红筹股有一些优势。目前,投资者明显偏好红筹股,红筹股股价大幅攀升。为此，要抓住当前的有利时机，从多方面支持一定规模红筹股的发展，会由此带动一些效益好的国有企业进入国际资本市场。

第三，试行组建与香港一些投资机构合资的投资银行，并鼓励其包装效益好的国有企业在海外上市。这有利于培养国内投资银行的专业人才，有利于国有企业熟悉国际资本市场的规则，并对扩大我国金融中介机构的实力，提高其素质有着积极的影响。

第四，支持国内特别好的产业基金在香港上市。目前，产业基金在香港上市的时机和环境都很有利。此外，随着中国股市的扩容，公有股的流通，可考虑允许香港居民首先进入我国 A 股市场，它将有利于我国证券市场的发展，有利于国内资本市场与香港资本市场的对接。

中国股份制经济健康发展的正确方针[*]

（1998年6月）

我国的改革是一个渐进过程，很多深层次的矛盾和问题积累起来。按照发展社会主义市场经济体制的目标，全面推进国有企业改革越来越触及这些深层次的矛盾和问题。尽管早在几年前我国已开始进行股份制改革的试点，并有近千家上市公司，但由于股份制改革触及国有企业改革中的产权制度问题，因而近年来一直有争论国有企业改革要不要明晰产权实现制度创新？股份制是否会导致国有资产的普遍流失和全面的私有化？由于在这些涉及国有企业改革的基本原则上很难统一，所以它成为国有企业改革难以取得突破的一个重要因素。

正是在这样一个深刻的背景下，江泽民同志在党的十五大报告中特别强调指出："股份制是现代企业的一种资本组织形式，有利于所有权和经营权的分离，有利于提高企业和资本的运作效率，资本主义可以用，社会主义也可以用。不能笼统地说股份制是公有还是私有，关键看控股权掌握在谁手中。国家和集体控股，具有明显的公有性，有利于扩大公有资本的支配范围，增强公有制的主体作

---

[*] 本文载于《经济界》1998年第6期。

用。"这段重要论述,言简意赅,针对性很强。它用精辟的语言,科学地回答了我国股份制经济发展过程中的重大问题。这段精彩的重要论述,是指导我国股份制经济健康发展的正确方针。

我国的国有企业改革在经过十多年的探索和实践之后,开始进入十分重要的攻坚阶段。以江泽民同志关于股份制的重要论述为指导,积极推进国有企业的股份制改革,这对于国有企业摆脱面临的困境,使国有企业的改革尤其是国有大中型企业的改革取得突破性进展,有着特殊的重大意义。

一 按照建立现代企业的要求,加快推进国有大中型企业的股份制改革

80年代中期以来,股份制经济在我国大体是依循着两条途径发展:一是在民营经济发展中,股份制是资本聚集和组合的重要形式;二是在国有企业改革中,股份制成为明晰产权,实现企业重组的重要形式。由于受多种因素的影响和制约,国有企业的股份制改革从总体上说仍处在探索阶段。目前,国有经济分布过大而又过于分散的问题依然严重存在。总计经营性的国有资产有3万多亿人民币,支撑着30万个各种类型的国有企业。因此,国有企业资本金不足,不能实现规模经济,债务和利息负担沉重,难以进行重大结构调整和技术改造。

"股份制是现代企业的一种资本组织形式",现代企业的发展是建立在股份制发展基础上的。这是因为,股份制是符合社会化生产规律的资产经营方式和资本组织形式,在我国经济转轨时期,大力发展股份制经济,不仅有利于解决国有企业的融资问题,更重要的是它是实现我国国有经济重组的重要出路。股份制首先是建立在产权清晰基础上的,有利于明确国有资产投资主体,有利于实现两权分离和政企分开;其次,股份制是以股权和股本的多元性、流动性为特征的,有利于实现国有资产存量和增量和优化组合,有利于建立有效的公司治理结构，提高国有经济重组和运营的效率；最后，股份制有利于优势企业和核心企业通过股本扩张及其他低成本资本扩张的方式，形成以资本为纽带的现代企业集团，优化市场竞争主体结构。正如江泽民同志指出的，股份制"有利于所有权和经营权的分离，有利于提高企业和资本的运作效率"。

我国正处在经济转轨的关键时期，对于股份制在国有经济战略重组中的地位和作用，应当有充分的估计和认识，并采取切实的步骤和措施，大力推进我国股份制的发展。为此，在整体战略安排上，可以分三步走，分三个阶段推进国有企业的股份制改革：第一步，在未来3—5年时间里，以国有大中型企业为重点，基本完成对处于一般竞争性行业和部门国有企业的股份制改革；第二步，以基础产业和公用事业领域内的国有企业为重点，加快国有公共部门（包括通信、电力、航空、铁路、公路等）的股份制改革；第三步，以国有商业银行为重点，选准有利时期，加快我国金融领域的股份制改革。在此基础上，积极推进配套改革，采取相应措施，以实现国有经济重组和经济结构调整的目标。

我国目前有6.8万户国有企业，其中有5.3万户是小企业，大中型企业只有1.5万户。在这1.5万户大中型企业中，属于国家级重点型企业的有5000户。我国政府提出了"抓大放小"的国有企业改革方针，具体说，"抓大"就是把1.5万户，特别是5000户国有大中型企业抓好，"放小"，就是把5.3万户国有小企业放开，允许和鼓励利用多种形式实行重组。我国国有大中型骨干企业数量不多，但在国民经济总体中占有重要位置。当前国有企业股份制改革能否取得突破，关键在于起主导作用的国有大中型企业的股份制改革能否有新的突破。总结试点企业的经验，国有大中型企业改革存在许多障碍，如思想观念上的障碍，行政干预过多的障碍，资本市场功能单一，容量有限等，但最主要的障碍仍然是传统体制所遗留下来的三大包袱，即债务包袱、冗员包袱和企业办社会的包袱。要解除这些制约因素，需要投入大量的资金，需要金融改革的配套和社会保障制度的逐步健全完善，这将是一个长期的、艰苦的过程。因此，当务之急在于，如何能在既定的内外部环境条件下，寻求新途径，实现国有大中型企业股份制改革的重大突破。

目前，可以实施的途径有：（1）将企业中质量较好的，有发展潜力的资产重新组合起来，包括将企业集团中负担较轻的优势企业分离出来，实施规范的股份化改制，并通过多种形式上市。在此基础上，通过优质资产的滚动扩张，稀释、消化不良资产；（2）尽快增加效益好的、有市场潜力的企业的上市比重，在额度分配上向这些企业倾斜，同时，鼓励上市绩优企业对绩差企业、上市绩优企业对非上市企业遵循市场经济原则的并购、重组；（3）在国家产业政策指导下，充分利用当前的有利形势，在有些领域、部门（如竞争性产业和部门）的大中型企业改制中积极引进外资，这不仅有利于改善企业的股本结构，提高管理效率，尤其有利于企业引进先进技术，开拓国际市场，增强进入国际市场的竞争能力。

二 在加快国有企业的股份制改革中实现所有制结构的调整和完善

江泽民同志指出："不能笼统地说股份制是公有还是私有，关键看控股权掌握在谁手中。国有和集体控股，具有明显的公有性，有利于扩大公有资本的支配范围，增强公有制的主体作用。"我们应当按照这一重要思想，努力寻找能够促进生产力发展的各种公有制的具体实现形式，并由此加快所有制结构的调整和完善。

改革开放近二十年，我国非国有经济的发展取得了长足进步。1989年，中国私人经济只有9万户，吸纳了185万个劳动力。到1997年4月，私营经济发展到80万户，吸纳了4700万个劳动力。估计到本世纪末，私营经济有可能发展到200万户。我国的所有制结构已经初步形成以公有制为主体、多种所有制经济成分竞相发展的多元化格局。随着市场化改革和市场经济的发展，脱离生产力要求的单一公有制形式越来越不适应市场经济发展的要求，资源配置效率低下，缺乏竞争力的局限性越来越严重地暴露出来。当前，强调所有制结构的调整和完善是经济体制改革的一项基本任务，强调公有制的实现形式可以而且应当多样化，其实质就是要寻求符合现阶段生产力发展水平要求的公有制的有效实现形式，寻求在市场经济条件下各类资本实现有效组合的途径。目前，我国农村和城市集体经济中的股份合作制企业已有300多万个，城市中小型国有企业改为股份合作制的已达16万户以上。我国的股份合作制有两大基本特征，即劳动者的劳动联合和资本联合相结合；按劳分配和按股分红相结合。目前，股份合作制已成为国有中小型企业改革的主要出路。经过初步的实践证明，股份合作制有利于劳动者积极性和创造力的发挥，因而是符合生产力要求的，是公有制的有效实现形式。正如江泽民同志指出的："目前城乡大量出现的多种多样的股份合作制经济，是改革中的新事物，要支持和引导，不断总结经验，使之逐步完善。"

以股份制改革为基础，发展多样的混合经济以寻求各类资本有效组合的形式，这是实现公有制形式多样化、调整和完善所有制结构的重要出路。实践已经表明，股份制经济是各类资本有效结合的基本形式，是实现国有资产和非国有资产结合、实现国有资本自由进入或退出某些领域的交易成本最低的形式。调整和完善所有制结构不是从公有制走向私有制，它实际上是要实现在单一公有制基础上的资产形态及股权结构的调整和优化。因此，随着对重大理论认识问题的突破，充分利用股份制经济的优势，在大力发展股份制经济中推进所有制结构的调整和完善，是大有可为的。在宏观层次，目前，除关系国家安全和国民经济长远发展，而又不宜由非国有企业控制或民间无力兴办的战略产业外,在一般竞争性领域,国有企业在原则上将逐步不再充当主要经营者的角色,在某些行业和部门可以减少国有经济比重,通过售股变现,扩大非国有资本的参与和取得可供国家机动支配的资金,用于急需的方面,不应当也没有必要强调和规定国有资产的绝对控股;在微观层次,在现属国有独资企业中,要打破单一国有股,实现多元法人股结构,在多元化的股权结构下,将克服企业资产所有者缺位的弊端,有利于公司治理结构的改善,使国有企业成为有较强竞争力和控制力的微观主体。

经济体制改革的过程,实际上也是利益调整的过程。在经济转轨过程中,如何有效发挥广大职工的积极性,加快形成职工和企业的利益共同体,对于企业改革、经济发展和社会稳定都是至关重要的。提倡和鼓励广大职工持股,逐步把个人资本变成具有一定规模的社会资本,对于国有企业的重组和所有制结构的调整完善有重要作用。因此,要依照生产力标准大力鼓励和支持形式多样的职工持股计划。在集体经济企业中可全部实行员工持股,在一些国有中小型企业可以全部或部分实行,一些大的国有企业在股份制改革中也应当逐步扩大员工持股的比例。在具体操作中,我们要重视研究和解决劳动力产权问题,重视劳动者的劳动贡献,把实行职工有偿购买和无偿分配结合起来。在目前,政府有必要采取一些优惠政策,如可以考虑对企业庞大的历史债务采取挂账的形式,将企业净资产出售给职工,实现职工持股在信贷政策上,通过抵押贷款等形式支持职工持股,对于实行职工持股的企业给予一定的优惠贷款,对于那些亏损严重、濒临破产的企业,为了尽快挽救国有资产、减少社会风险,对于实行职工持股的企业应当在一定时期内减免企业所得税等,以此扩大职工持股范围,提高企业中职工持股的比重。对此,江泽民同志十分明确地指出:"劳动者的劳动联合和劳动者的资本联合为主的集体经济,尤其要提倡和鼓励。"

三 在加快股份制改革中建立和发展现代企业集团

"抓大放小",是国有企业实施战略性改组的重要方针。如何"抓大",建立和发展现代企业集团?江泽民同志指出:"以资本为纽带,通过市场形成具有较强竞争力的跨地区、跨行业、跨所有制和跨国经营的大企业集团。"自80年代中期企业集团在我国出现以来,已经得到了长足的发展。由于多数企业集团是在原有企业的基础上组建起来的,发展的速度和规模同现代企业集团比较,尚有相当大差距。例如,中国500家企业集团的资产总量尚不足世界500强企业中头3家企业集团的资产总量。再加上股份制还处于试点的范围,企业集团中集团公司与其他成员公司普遍缺乏资本纽带,关系松散。合并,实际是现阶段我国企业集团构造的基本形式。也就是说,我国企业集团尚未完全形成以股权关系为基本构造方式的目标结构。从现实看,企业集团发展面临着一系列的矛盾和问题,主要表现为相当一部分企业集团虽然进行了股份制改组,但内部经营机制并未根本转换,法人治理结构和集团内部的管理也与现代化大企业集团有很大差距;大部分企业集团由于单一的国家银行间接融资而导致科技开发、产品开发和市场开发能力不足;集团长期稳定发展的基础并不牢固。这些内在问题使企业集团还难以在经济结构调整中有效地发挥主导作用。

在当今世界上,一个国家的经济实力和国际竞争力,集中体现在大企业集团的实力和竞争力上,综观国外的企业集团,凡是在经营中成效卓著的公司都采用了股份制这种企业组织形式。股份制这种企业制度的优越性,使企业集团能够上市,靠以股本扩张为内容的并购等低成本扩张方式迅速发展壮大。

从经济结构调整的内在要求和现代企业集团的成长规律来看,加快企业集团的股份制改革已成为当务之急。只有股份制改革才能从根本上转换企业经营机制,使集团公司成为以资本为纽带的资本经营共同体,只有股份制改革才能使企业集团通过股本扩张迅速发展壮大。可以说,企业集团发展壮大的基本出路是股份制。

在经济转轨时期,企业集团的发展壮大仅仅依靠企业集团内部积累是远远不够的,必须依靠灵活的资本经营,通过资本经营实现资产存量的合理流动。为了加快企业集团的组建与发展,特别是在所有制分割、地区分割、行业分割、部门分割的情况下,适当的政府推动是必不可少的,但政府最有效的推动是要通过国有资产的授权经营使企业集团获得应有的权利,尽量避免在具体运作时有过多的行政干预。要使企业集团能够根据自身发展的需要放手进行资本经营,充分发挥国有企业在资金、设备、技术、人才和资源等方面的优势,利用调整经济结构的有利时机,根据企业集团发展战略的需要,收购、兼并一批有技术经济联系的国有企业,具体操作方式可以多种多样,可以采取行政划拨的办法,也可以是集团投资入股,还可采用债权转股权的办法。尤其要重视发展强强联合,鼓励优势企业集团、国有大企业之间进行联合、控股、兼并,以迅速扩充企业集团的竞争实力,迎接来自国际上的大企业的挑战。

从国有经济战略重组的角度考虑,要把基础性产业、支柱性产业、先导性的高科技产业中的企业集团作为重点。同时,在股份制企业集团中核心企业的地位至关重要,用股份制改组企业集团的难点也正在此处。我国企业集团中核心企业多为国有大型企业,其中老企业占绝大多数,在这些企业中冗员过多,负债率比较高,企业办社会现象很突出。要推动企业集团的股份制改造,关键是要能化解集团中核心企业股份制改组中所面临的这些具体困难。有效的办法是增强基础性产业、支柱性产业、先导性高科技产业中效益好的企业集团中的核心企业的筹资、融资功能,这些重点产业中效益好的企业集团中核心企业要优先利用上市、发行可转换债券等目前还稀缺的政策资源,这将有效地推动核心企业的股份制改造,核心企业的股份制改造将带动企业集团全面的股份制改造。

股份制经济是现代市场经济中资源配置的一种基本形式，在我国发展股份制经济的目的，是使资源配置从传统的计划经济方式和传统的行政手段，转向市场经济的运行轨道，发展股份制经济是有条件的。例如，如何适应股份制改革的要求培育和发展资本市场？如何全面解决国有企业大量的不良债务？如何使国有资产具有股份制企业资产所要求的属性？如何保护股民尤其是中小股民的利益？如何形成有效的股份公司治理结构？等我国股份制改革面临一系列需要解决的重大问题。但是，只要将认识统一到江泽民同志讲话的精神上来，不断解放思想，实事求是，就会使我国的股份制改革得到健康顺利的发展。

中国转轨中公司治理结构的若干问题[*]

（1999年4月）

我国自90年代推行公司制，并于1994年颁布《公司法》以来，以建立现代企业制度为目标的公司制改革取得明显成效。例如，800多家企业先后成为上市公司，一部分国有企业改制为股份公司或有限责任公司。一些具备条件的民营私营企业也改制为股份公司。初步的实践证明，良好的公司治理结构是企业发展的重要保证。建立现代公司制，是促进企业发展，加快国有企业改革的重要途径，也是建立公司治理结构的基本目标。

由于我国正处于经济体制转轨的重要时期，从传统的国有企业治理结构向现代企业公司治理结构过渡中，一些矛盾和问题相当突出。例如：（1）由于政企不分，导致企业组织结构严重不合理。政企不分是国有企业实行有效的公司治理结构的主要障碍。（2）在转轨时期以及以"放权让利"为基本思路的国有企业改革过程中，"内部人控制问题"比较突出。（3）由于改制过程中存在的"法外运行"及不规范运作，产生了国有资产流失的问题。

在这样的情况下，解决公司制改革中各种问题的思路无非两

---

[*] 本文载于《经济界》1999年第2期。

种：一种是采取并强化行政手段，这可能对解决某些具体问题有暂时的效果，但由此会对从根本上解决国有企业的公司制改革问题产生许多不利影响，弄不好，甚至会动摇公司制改革的大方向；另一种思路，要继续加大公司制改革力度，并使政府的改革与此相适应。这个思路，能够透过现象抓住本质，解决国有企业改革的制度化因素。

由此可见，能不能客观地分析公司制改革中出现的某些问题的真正原因，并进一步深入研究我国转轨中实行公司治理结构的矛盾和问题，并借鉴不同类型市场经济国家公司治理结构的成熟经验，对于我们坚持公司制的改革方向，并继续推进国有企业，特别是大中型国有企业的公司制改革，在当前极具重要性、迫切性。在我国经济转轨的大背景下，实行公司制改革面临的矛盾和问题，具有复杂性和深刻性。就是说，这些矛盾和问题，既有一般性表现，又有特殊性表现；既有宏观层面的因素，也有微观层面的因素。要真正解决问题，就要善于抓住特殊矛盾和原因，找出解决的办法。

一 如何实行法人治理

有的企业改为公司以后，管理体制和经营体制依旧，治理结构并未发生根本性变化。例如，上市公司董事长兼总经理十分普遍，估计不少于20%。不少改制后的企业，董事长与总经理仍然由政府主管部门任命，甚至企业的领导成员，分别由几个不同的政府部门组成，使董事会成为"空壳"，这些问题产生的原因是多方面的，但深层的原因是一些国有企业的产权制度改革滞后。以上市公司为例分析，国家股作为大股东，平均控股权在50%以上，有的高达70%—80%。这样的产权结构，产生在现行政企很难分开的环境背景下，使这些公司很难摆脱政府部门的行政束缚，公司董事会很难严格履行自己的职责。因此，要真正实行公司法人治理结构，就要加快实现产权主体多元化。这个问题在公司制改革中是无论怎样也避免不了的。

（1）在一般竞争性行业，不宜实行国有独资，应积极引入其他经济成分的产权主体。如果停留在单一的国有独资公司基础上实行法人治理结构，是难以达到公司制改革的目标，也难以实行有效的公司治理结构。大型国有企业，一般也不宜建立国有独资公司，应尽可能引入一定比例的投资者。

（2）在竞争性国有企业公司制改革中，不宜规定、同时也无必要保持50%以上的控股权，要由绝对控股转为相对控股。因为我国多种经济成分的共同发展，产权主体的多元化是发展的大趋势。

（3）竞争性的国有中小企业的国有资本，应尽快减少比例，有的可以完全退出。这样，既有利于中小企业的发展，又有利于中小企业的公司制改革。

二 如何有效地解决"内部人控制"问题

由于公司制改革的不规范，更由于强化并迷信行政委派人的控制权，"内部人控制问题"有所发展。在加强监督，并采取多种形式的行政控制措施的同时，要认真研究造成这一问题的深层原因，并采取有效的措施。

（1）应尽快改革政府主管部对企业高级管理人员的任命制。对已改制的企业，要由董事会决定高级管理人员。这涉及人事管理制度方面的改革与实行公司制改革相配套的问题。

（2）应尽快解决企业家的利益分配问题。企业家是企业最宝贵的资源。企业家利益的形成对我国建立有效的公司治理结构具有重要意义。有责任心、有敬业精神，同时不讲报酬的企业家是存在的。但机制是长期起作用的，是对所有企业家起作用的。企业家利益机制与约束机制的形成是相互影响、相互制约的。

按照经济学原理，通过产权的改变，利益的改变，对改善治理结构是最有实际意义的。企业家要素如何资本化、市场化，在我国还是一个新问题,并且具有一定的复杂性。

由于各类企业的性质不同,企业家在企业资产形成扩大中的作用有所不同,因此,企业家的利益分配也有所不同。但是,无论怎么分配,最重要的是企业家在企业中要形成一定比例的股份,这对企业的发展十分重要。因为它有利于使企业家与企业形成长远的利益共同体。

目前突出的问题是,作为创业者的企业家的利益分配问题。由于企业创立之时,国家没投资本金,或者在企业面临破产时,主要是由于企业家的作用把企业发展起来,企业家在发展过程中事实上成为企业的重要贡献者或创业者。在这类企业中,企业家的要素如何资本化?我主张在这类企业中,企业家持股的比例要高一些,有的小型企业也可以持大股。

我在几年前提出劳动力产权的概念,试图对企业如何实行按劳分配与按生产要素分配相结合进行理论探索。劳动者、企业家都是最重要的生产要素,有权利参与企业剩余产品的分配。我主张依据劳动力产权,并照顾到历史因素,采取有偿购买和无偿分配相结合的办法解决劳动者持股问题。当然,重要的是把企业管理层的持股解决得更好一些,这对于形成企业参与机制,建立有效的公司治理结构会产生重要的作用。

由于知识经济条件下,人力资本已经成为最重要的生产要素,因此,在一些高科技企业要特别重视解决技术要素资本化、市场化的问题。一些高科技公司的初步实践证明,把技术要素股份化,对于形成有效的公司治理结构产生了重大的促进作用。

三 如何严格执行《公司法》

当前在建立公司治理结构中,如何严格执行《公司法》遇到一些问题:一方面,有法不依,执法不严的问题极具普遍性,"法外运作"已成为一些公司的"经验";另一方面,《公司法》确有不完善的问题，有滞后于改革实践的问题。但是，公司制改革实践必须严格遵守《公司法》的规定，不能违背《公司法》搞"法外运作"。这应该成为公司制改革中的大原则。

（1）根据近几年公司制改革的实践，应修订《公司法》或尽快制定颁布《公司法》实施细则。有关股东大会如何履行最高权力机关的职能，如何完善董事会的组成和行为准则，如何强化监事会的监督力度，如何规范经理权制度等都是修订《公司法》应重点解决的问题。

（2）要加强对《公司法》的执行监督，这应成为有关机构的一项重要任务。

（3）当前，要把上市公司作为严格执行《公司法》监督的重点，这对我国公司制改革十分重要，也有助于消除在执行《公司法》中的各种误区。例如，上市公司董事长兼总经理十分普遍，突出表现为对《公司法》执行的误解。

四　如何解决政企分开，有效发挥政府的作用

建立公司治理结构遇到的各类问题，都涉及政府改革。如果对国有资产的科学有效管理问题不很好解决，如果产权制度改革不能很好地进行，如果不能使国有资本尽快从竞争性领域的中小企业退出来，要实行有效的公司治理结构是很困难的。因为企业的独立和企业产权的多元化是实行有效公司治理结构的前提条件。

政企不分是个老问题。中央机关改革对解决这个问题有积极意义，当前，从建立有效的公司治理结构的要求出发，更要加快政企分开的一系列改革。

（1）尽快制定《国有资产管理法》。依据法律管理国有资产，对企业的公司制改革有重要保证作用。管理国有资产并不等于政府部门分兵把口。有了法，就有利于政府、企业各自履行自己职责，也有利于国有资产实行市场化管理。

（2）要加快国有经济的战略重组。在重组过程中，国有资本尽快从竞争性领域中退出，这样，政府才能以主要精力做好提供"公共产品"的服务。

（3）政企分开，当前重点解决对企业的人事管理。否则董事会的"空壳"现象是很难解决的。

（4）尽快取消一切不必要的审批制，实行项目登记制。政企分开，也为国家所有者到位提供了重要条件：一是企业实行有效的治理结构，可以确保国家作为持股者的权利和利益。二是通过实行有效的国有资产管理方法，可以从根本上保证国家所有者的利益。

世纪之交：中国的金融开放与金融安全[*]

（1999年7月）

一 世纪之交，国际经济面临着半个世纪以来最严重的金融挑战

（一）当前世界经济的一大特征是不确定性增强，风险性加大

亚洲金融危机爆发后，我们必须对我们所处的时代进行重新认识。现在整个世界已经进入了一个以金融经济为主的时代，以工业为主的时代已慢慢褪色。在这个时代，交易的商品往往是我们看不到，也摸不到的。许多金融工具，如利率、汇率、股价等主要取决于难以捉摸的预期心理，而预期心理取决于信心，信心则是极易受外界影响的心理因素。因此，未来21世纪是个"极不安定"的世纪，无论做什么决定，都要冒一定的风险。

（二）资本和货币在全球范围内寻求有效投资，加速了金融全球化进程

全球化的基点在于金融市场的交易和外国直接投资。虽然直接投资只占国际支付的3%，但它们被理解为一个促进全球化的真正发电站，这主要是指它的活力。1972—1996年这段时期，国际贸易增长指数是18，国际金融增长指数为42。这些数字表明全球化的

---

[*] 本文载于《中国经济时报》1999年7月23日。

力量是多么根深蒂固，进一步阐明了一个重要的现象：资本和货币市场越来越少受国内政治事件的影响，资本和货币在全球范围内流动，寻找有效益的投资。在信息技术的推动下，国际间的商品和服务交换变得越来越容易，速度越来越快，全球化正在加速。预计到2015年，大约80%的市场将会开放给竞争者，今天这个比例仅是20%。未来的国际竞争不但表现为不仅是国家与国家之间通过扶持各自的企业进行国际竞争，公司与公司之间也将进行更加直接和更加自由的国际竞争。

（三）世纪之交，世界经济的主要风险是通货紧缩

世纪之交，危机的天平已经从通货膨胀转向需求不振，即世界经济的主要风险已经从过去的通货膨胀转向通货紧缩。据世界银行最近估计，1998年的世界经济只增长1.7%，仅仅是一年前预测的一半，1999年世界经济估计只增长1.9%。美国联邦储备委员会主席格林斯潘不久前指出，我们正面临市场需求减缓的局面，这种情况何时才会结束？对美国国民消费和企业投资的影响到底有多深远？没有人知道。

二　金融的开放与金融的安全要结合起来

（一）在金融安全的前提下推动金融的开放

改革开放必须和国家的安全结合起来，在安全基础上促进开放。十多年来，国际组织一直在要求贸易自由化、投资自由化和加速贸易自由化的过程，只是单方面宣传和施加压力。认为责任都在发展中国家，都是它们拖了整个世界经济发展的后腿。实际情况并不是这样，经济发展除了要求贸易、金融自由化之外，也要求金融监管，要求发挥政府的作用。

（二）产业是根，金融是叶，只讲金融安全，不讲经济发展是最大的不安全

要正确处理金融安全和金融发展的关系。这一年多来，我们谈

论金融风险、金融危机、金融安全较多。因为金融风险就存在于我们周围，对我们的影响相当大，使得我们要认真考虑如何防范金融风险，如何保证国家的金融安全以及国家的经济安全。但更主要的是要强调金融发展和经济发展。我们分析此次金融危机对我国的影响时，经常说我们此次没有受到直接的冲击是因为有两道防火墙：一是人民币在资本项目上不可兑换；一是外资不能进入中国股票市场的A股市场。这两个因素是我们抵御东南亚金融危机的袭击、抵御国际影响、国际投机资本袭击的两道防火墙，这是对的。但更主要的是这20年来我国经济的高速增长，经济实力已经大大增强。如果没有这20年的经济增长，如果没有这1400亿美元的外汇储备，情况就会大不一样。因此，金融发展应放在首位。发展是安全的基础，只讲安全，不讲发展，是最大的不安全。如果不能够通过金融的发展来支持经济的发展，经济保持在低水平、落后的水平上是最大的不安全。所以，当前要采取各种措施来防止金融危机的爆发、防范金融风险，来保证金融安全和经济安全，但更主要的是要把立足点放在发展上，发展金融，发展经济。

（三）讲金融风险要注意可能掩盖着的发展问题

亚洲金融危机是在经济表现比较好，成长性较强的国家发生的，这给增长性较强的国家敲响了警钟，那就是经济发展应该注意回避金融风险的问题，一旦发生危机，就可能使我们的发展成果毁于一旦，造成不可估量的经济倒退。现在我们也应该注意到另一个问题，就是防止用一种现象掩盖另一种现象，就像我们过去讲发展的时候，不注意风险，因此发展就掩盖了风险。今天我们讲风险的时候，又要注意到可能掩盖着一个发展的问题，实际上我们已经发现了这个问题。1998年国内拉动投资需求的困难性至少表明我们比较多地强调了经济的风险性。根据调查，一些企业的投资需求不足，与银行的贷款控制性有很大关系。现在银行有借贷行为，银行说它并不是在借贷，而是在控贷，怕出现风险和危机，这样就给扩大内需带来一些困难。防范和回避金融风险的根本途径是要依靠发展，而金融体制和其他宏观体制应该具有两个功能：一是避免金融风险的功能；二是推动增长的功能。体制措施如果仅仅是防范金融风险，那么就可能牺牲增长，如果没有足够的经济增长，金融体制基础还是很脆弱的。

目前我国很多改革措施确实不是按发展金融服务系统多元化、多层次化的要求来进行的，而是趋向一体化、集中化，这实际上是在把风险向金融系统集中。

（四）亚洲金融危机后，发展中国家开放的步伐并没有放慢

亚洲金融危机后，亚洲国家和地区并没有停止对外开放的步伐。例如：(1) 日本 1997 年下半年制定了"冲绳自由贸易区法"，它的目标相当明确，要以 2001 年为期限，把冲绳地区开辟为自由贸易区，以此来振兴产业的发展。(2) 韩国关税厅 1998 年 12 月 22 日宣布韩国在 1999 年上半年将开拓五个关税自由区，而且在 1999 年上半年要完成立法手续，1999 年下半年正式运作。(3) 东盟国家 1998 年的部长级会议将把 2010 年前的东盟自由贸易区时间提前到 2003 年，新加坡、泰国、菲律宾还想把时间提前到 2002 年。可见，以促进开放为目标的优惠政策方式并没有过时，关键是如何把握机遇，把优惠政策和区域经济发展结合起来，把反危机与经济全球化融合起来。

三　世纪之交，推进金融自由化的重点是加强金融监管

（一）国际金融体系的重要问题是监管跟不上发展

国际金融体系在过去 50 多年对推动战后重建，对国际贸易和世界经济的发展起了很大的作用。到了 90 年代这个体系就渐渐不灵了，90 年代国际上发生的一系列重大金融事件足以证明，当前国际金融体制出了一些问题。

问题出在哪里呢？归根结底是跟发展和监管两者有主要关系。过去20年，国际金融市场发展是突破性的。第一，新兴市场快速开放和自由化。第二，日新月异的电子信息技术对国际金融市场有强大推动作用。第三，金融产品推陈出新，尤其是衍生工具，把整个投资推向高杠杆、高风险。第四，私人金融机构的实力越来越雄厚，美国一些大基金掌握上千亿美元的资本，甚至比一个国家力量还强。在快速发展的同时，相应的监管没有跟上，最主要的问题是跨境资本流动，这是个灰色地带，无人监管。还有就是金融机构的信息资料披露不够，特别是私人机构。再就是银行监管方面薄弱，中国的商业银行也面临这个问题。新兴市场的资本市场发育不良，现在发展成为一个炒卖市场。

面对上述问题，整个国际社会尤其是国际金融组织开始重视国际金融体制的改革，并已经有一系列的动作，今后改革的重点应放在以下方面。

第一，建立国际认可的监管标准，充实加强巴赛尔委员会的监管条例，加强对国际资本流动和对冲基金的监管。

第二，市场透明度问题。现在透明度不够，对私人机构的财务报告要统一标准，包括期限性、稳定性、完整性、连贯性等。再就是对私人投资机构的风险投资策略要披露。

第三，加强国际合作。国家与国家之间，国家与国际金融机构之间应加强合作。同时，由于现在私人机构力量太大了，应该加强国家与私人机构合作。

（二）金融自由化不能只讲开放、不讲监管，当前国际金融体系改革的重点是加强监管

在全球金融体系改革的过程中，要特别考虑到发展中国家，也就是处在增长和体制改革转型这个阶段的国家，考虑它们的特殊情况、特殊利益。全球金融体系是由发达国家统治和主导的，国际资

本市场上也是发达国家的资本在主导。因此加强国际金融体系的监管应该强调以下几个问题。第一，金融监管需要的透明度问题。讲到透明度问题，多数都在讲发展中国家应如何透明。但是，很少有讲到发达国家，特别是国际金融机构投资者如何有一定透明度的问题。第二，杠杆问题，这么大的国际资本，再加上杠杆作用，以小博大，怎么降低风险？没有杠杆，资本市场不活跃，资本市场无效率，但是这个杠杆过大了，带来的风险也过大。第三，对现在的拯救措施、拯救计划怎么进行修改。如何研究一种新的应付危机的措施。在危机发生后，借款者和贷款者双方能够走到一起，重新安排债务，这样一个体制比由一个国际机构出来拯救这些贷款人的办法要好。应该特别强调的是，不同的国家，特别是发展中国家，在开放的过程中，应该允许根据各自不同的条件采取不同的步骤和策略，而不能从国际金融组织的角度只讲开放不讲风险。过去总讲开放的程序问题，但到了具体问题时总是大大表扬很开放的国家，对不开放的国家总是采取惩罚措施，而不考虑不同国家的具体情况。第四，国际金融体系如何对发展中国家进行帮助，如何在制定改革政策时进一步考虑发展中国家的特殊利益，如何给发展中国家更多的金融管理知识和操作上更多的帮助，对降低全球的金融风险都有好处。

（三）银行的监管要从中央银行中分离出来，央行的首要职能是制定有效的货币政策，促进经济长期稳定增长

中央银行的首要职能是保障货币稳定、价格稳定，促进经济长期稳定增长。为实现此职能，央行要有独立性。这一点对完成其首要职能很重要，并且能保证连贯性和可信度。而央行政策是否连贯已成为金融市场衡量央行可信度的重要标准之一。致力于保障价格稳定并且能独立于政治决策过程之外的央行最能为市场增强信心。欧洲的央行主要是保障价格稳定，在欧元地区使消费价格指数上涨

控制在2%以内，欧洲央行也支持欧盟的整体经济政策，但条件是不能与其主要职能——维持价格稳定相冲突。

欧洲央行的领导层不会接受来自上层政治人物的指令，具有独立性，完全控制着实施货币政策的工具。汇率政策的责任则由欧洲央行和欧洲委员会共同承担。央行应在一定程度上摆脱非货币政策的其他任务。如果银行业的监管可由其他主管部门来完成，央行就能避免被迫成为最后借贷者而无法完成其保护货币的任务。欧洲央行不允许为成员国的官方机构提供信贷，也不对银行业监管负主要责任。

维护金融稳定的货币政策必须满足两个条件：（1）要从中期效果角度考虑，因为实施货币政策到产生效应之间存在种种时间差。（2）透明度要高，这样公众就可自行判断央行是否在执行以前宣布的政策，否则就无法在金融市场上增强公众信心。

四 中国金融体制要避免风险，出路在于加快改革

（一）中国的银行业与国家以及国有企业的关系要彻底改革

首先，银行业的经济和法律框架需要得到改善。过去曾采取措施加强由市场分配资本的职能，而不是根据信贷计划直接贷款，这种做法需要坚持下去。否则，对银行的补贴成本太高，而成本要由纳税人、贷款人和储蓄人共同承担，银行业的健康发展及盈利离不开健全的政策、市场和法律环境。健全的金融体系最重要的是银行业之间的关系，取决于金融合同，而金融合同最重要的形式是贷款合同。因此，银行应有权自主地和客户就贷款条件进行协商，并有合适的机制来解决出现的问题。如果客户破产不能按合同还贷，银行应有权拿客户的资产或没收其抵押品来抵债。另外，商业银行要有自由设定利率的权力，并根据风险和回报选择客户。

其次，中国的银行借贷目前正起着和商业银行运作原则不相符的作用。富裕地区与贫困地区，富裕群体与贫困群体之间的财政再分配应该由国家的财政预算来完成,而不是由商业银行来完成。这一点很重要,否则商业银行就无法健康运作了。调节经济发展功能应由中央和地方政府来承担。

第三,商业银行应完全与政策贷款脱钩。

第四,很多银行业问题来源于不恰当的会计制度。资产要得到客观的评估,否则不清楚中国银行业的真实经济状况到底是什么样子。商业银行是否提供贷款应基于风险的大小。在中国银行业中,资本的衡量很不准确,有多种不同的定义。因此,银行资本与债务的定义要有明晰的法律依据,并且在银行清算账目中得到执行,这样,银行是否能健康运作就一目了然了。

第五,银行应采取以下几个方面的措施降低风险。

(1)减少债务:坏账是银行陷入困境的关键,坏账高达25%—30%。按西方标准计算为50%。银行的股东要为减少债务起作用,最好的方式是建立一个专职的资产管理公司,来处理坏账问题。

(2)资本结构调整:一旦坏账比例确定,国家应发行大量债券给银行注入新的资本。

(3)从中期来看,利率应放开,先放开借贷利率,再放开存款利率。否则,银行不能根据风险设定恰当的利率。

(4)应有存款保险。德国在70年代建立存款保险制度,100%地保护私人存款者的利益。

(5)坏账问题要解决。要使银行业健康发展,必须引进竞争。新银行可依法成立,破产银行要关闭。国有商业银行不能占垄断地位,要有相当数量的银行与其竞争。

(6)银行业只有在解决了现有主要问题后,改革才能取得明显成效,只有在引进了竞争机制的前提下才能对外国银行开放。否则,操之过急会引起更多问题。

(7)加强监管和调控(如资产负债率、管理层素质等),加强实施有关法规。

（8）银行改革要与国企改革、财政体制改革同步，因为它们相互依赖，只改革银行而忽略其他方面不会成功。

（9）关键的次序应为：减少负债、重新资本化、调控和竞争。

（二）金融体制既要避免风险，又要推动经济增长的关键是转变增长方式

经济波动是不可避免的，但是要防止经济的大起大落。要避免金融风险，又要推动经济增长，关键的问题就是要转变经济增长方式，通过转变经济增长方式增强抗风险的能力。经济的粗放化程度越高，风险就越强，反过来经济增长的集约化程度越高，安全性就越强。因此，金融体制改革应该同增长方式的转变相适应。亚洲金融危机爆发以后，专家们分析危机的因素，主要指出了外资的作用、投资的推动、资本市场的发展、产业政策、扩大出口等方面。这些因素有可能推动增长，也可能产生危机，但关键是它如何在转变增长方式中起作用。例如，就资本积累和利用外资这两个因素来看，利用外资和资本积累对国家的经济增长起了作用。但在利用外资和资本积累时需要注意避免几个问题：一是要注意外资的结构。外资结构的主要问题为：（1）直接投资比重过高，这些投资的风险会更大；（2）短期外债比重过高。二是民间投资数量过大。高投资是由高负债支撑的，靠银行贷款，或是国外借款，债务负担过重，风险性加大。三是过高的投资主要是投到了投机性比较强的股市和房地产。四是扩散风险的问题。我们应该注意的是在扩张的过程中，应主要依靠自有资本来进行扩张，而不是依靠银行贷款搞扩张。这些推动增长的因素，如果不注意它内部的结构，如果不防范其风险问题，就可能造成危机。

（三）银行改革的重点是尽快盘活银行的不良资产

如何化解这些不良资产？

第一，发展股票市场，使企业增加股本融资，从而解决银行负债率很高的问题。

第二，企业要进行产权改革，在需要国家控股的一些行业的企业实现产权主体多元化，也就是把国有股的比例下降，下降到20%、30%，甚至更少。这样企业里既有国有股，也有非国有资本，形成一个有效的治理结构，使企业内部真正以所有者为代表，对上可以抵制政府的干预，对下可以对经营者损害所有者利益的行为进行约束，企业的经营效益和竞争力都会提高。

第三，有30%—40%的不良资产是押在房地产上的，应结合住房改革，把闲置的房子卖出去，这可以盘活一部分银行的不良资产。

企业改革和住房制度改革，是盘活不良资产的一个重要途径。但是，这些改革不能用现在这种完全依靠政府的办法，而是应该通过市场，特别要发展资本市场，运用市场的办法重组企业，这是中国经济继续发展，化解金融危机的重要手段。

五 根据市场规律，保持人民币汇率的基本稳定

（一）使用浮动钉住汇率的办法保持人民币汇率的基本稳定

和固定汇率相比，浮动钉住汇率制有较高的可信度。要达到很高的信用度，一方面，要有令人信服的宏观经济条件与政府实施稳定政策的决心；另一方面，还要有适宜的制度条件，在这种制度条件下，政府可以实施这些政策，并且充分受到公众的监督。中国现在不具备条件来实施固定汇率制和浮动汇率制中的任何一种。因此，浮动钉住汇率制是结合两者优点的最佳选择。

（1）和固定汇率制一样，它提供了一种名义上的稳定性，有利于增强公众信心。

（2）如果浮动钉住汇率制以达到长期而真正的汇率平衡为目标，其可持续性更高。因为在这种情况下，外汇储备的持续减少是不大可能的，即使发生，后果也没那么严重。

（3）如果小幅浮动的速度和方向可以调整，信用度会更高。只要调整有利于改善平衡就会得到认可。

（4）中国政府具备维持小幅浮动的一系列条件：外汇储备充足；货币政策的微调能力有所增强等。

（5）中国政府有渠道掌握实施威廉森提出的名义浮动汇率所需的信息，这些信息也应该提供给市场。

（6）根据中国有限的短期资本越境流动性，汇率浮动范围可偏低，即上下浮动不超过 ±5%。

（7）浮动的速度依不同的通货膨胀情况而定。在没有必要使用名义上的固定汇率来控制通货膨胀预期的情况下，对通货膨胀预测的间隔可拉长（如从一月一次变为三月一次）。这个过程可增加透明度，并且增强浮动钉住汇率制的信用度。

（二）金融市场越开放，汇率制度应越灵活

放开国内金融市场，允许国外资金流入，给维护金融稳定提出了新的难题。政府的货币政策在此情况下会非常谨慎，金融市场上的竞争在很大程度上是政策竞争。在这个背景下，政策可信度比以前更显得重要。许多新兴国家为提高其政策可信度把其汇率与世界主要货币挂钩，如美元。但决策者常常并没有充分认识到其中的政策意义。因为这样做意味着在任何情况下，这些国家的货币政策都必须紧跟挂钩国的货币政策，尽管挂钩国的经济体系及运行和外贸完全不同。换句话说，这些国家放弃了它们的货币政策自主权，这样它们有时不得不采取一些完全不适合国内需求的政策措施。因此，很多实行汇率挂钩国家存在政治紧张局面，并且最后因为负担太重而不得不放弃挂钩汇率。外国资金流入，银行以固定汇率购买，增加国内货币供应量。这样，外国资金流入加上固定汇率制会引起"过热"问题并产生通胀，导致经济衰退和高失业率。因此，金融市场越开放，汇率制越应灵活，不遵守这个规则，就要受到金融市场的惩罚。最近的例子是泰国、韩国、印尼、俄罗斯和巴西，有些国家如智利、马来西亚和俄罗斯，试图通过资本控制来解决汇率制与国内政策目标之间的矛盾，但资本控制的缺点是国际资本分配的不合理，使得资本控制本身最终失效。如果要控制，也应是暂时性的，并且控制解除的标准要事先申明，资金流入的控制要优先于资金流出的控制，最后控制应集中在短期资本的流入上，特别是有价证券的流入，而不是外国直接投资。

六　加强海峡两岸及香港、澳门的金融合作，共同防范金融风险

（一）组成金融联合体，以便海峡两岸及香港、澳门重大金融举措一致动作

海峡两岸及香港、澳门不仅应合力筹建共同的金融预警机制，借此加强区域性经济金融的预警能力，未雨绸缪。鉴于各自当局目前的政策，现可成立民间或半官方的金融合作促进会，作为咨询智囊机构，组织各种有利于海峡两岸及香港、澳门金融合作的活动，建立人才交换培训制度，增进对双方金融制度运作的了解。允许对方在自己指定的地区设立金融网点、金融机构，签署通汇契约，加强货币的同业拆借往来，放开金融机构的经营业务，具体形式可由民间到官方，由低级到高级，由非银行金融机构到银行金融机构，让三地的产业资本与金融业资本在当地融合。其次，建立区域性的金融服务中心，提供金融、期货、信托、保险、证券等服务，形成一个多功能、开放型、辐射强、效率高的金融市场体系，创造三地之间相互衔接的经济环境。进而应该积极思考海峡两岸及香港、澳门统一货币和次区域经济共同体的构建，成立类似于国际货币基金组织的次区域性金融机构，以便海峡两岸及香港、澳门重大金融举措一致动作，提高海峡两岸及香港、澳门在亚太地区和全球的竞争

能力。

（二）海峡两岸及香港、澳门央行负责人加强联系和接触，共同商榷海峡两岸及香港、澳门的金融合作措施

亚洲金融危机爆发以后，海峡两岸及香港、澳门受其冲击暴露出各自金融实力及其金融管理体系的弱点。三方银行负责人宜以中华民族的利益为重，以各自的经济利益为重，加强联系和接触，定期或不定期会面，坐到一起共同探讨海峡两岸及香港、澳门金融的合作和发展。尽管一时很难制定出金融合作方案，至少使三方对彼此间调整利率、汇率、出台金融政策等重大举措心中有数，相互一致行动。

具体的合作方式上，短期内不太可能一下发展到三方银行之间拆借外汇的密切程度，但可以加强以下方面的合作。如交换资讯；建立工作对口窗口，预防发生危机或监视风暴与情势发展；举办海峡两岸及香港、澳门经济金融问题论坛，借以交换金融自由化和建立金融管理制度经验；协调彼此金融管制措施，堵住国际投机流动资本的漏洞；寻求共识，共同参与在APEC或亚银架构下建立区域金融稳定基金等。这些合作，不但有助于海峡两岸及香港、澳门货币汇率的稳定和发展，有效地防范和抵御金融危机，更有利于东亚地区经济金融之稳定发展，有利于海峡两岸发挥共存共荣的经贸关系。

（三）从民间合作开始，由民间机构牵头，以研究机构为基地，使海峡两岸及香港、澳门民间的经济金融整合分层次逐步向高层合作过渡

由于存在种种客观原因，海峡两岸及香港、澳门现存的经济金融互动关系以香港和台湾、香港和内地为主。因此海峡两岸及香港、澳门的金融沟通与合作可分两个层面进行：一是内地与香港，香港与台湾；二是祖国大陆与台湾。实践中可以从第一个层面开

始，循序渐进，逐渐向高层次发展。基于海峡两岸及香港、澳门的社会政治制度的迥异，海峡两岸及香港、澳门经济金融合作可选的最佳途径和模式，可由官方授权民间机构处理，逐步向半官方和官方层次提升。具体做法可以从推动"三通"着手，然后设立机构，协调双方金融政策，促进成立经济共同体和建立共同金融预警机制。

由于涉及"身份"问题，在金融沟通合作的具体方式上，海峡两岸及香港、澳门官方的经济、金融合作尚有一定难度，因此可考虑先从民间的合作开始，确定某一研究机构牵头，使海峡两岸及香港、澳门的民间机构进行广泛的交流和沟通，带动其高层的接触与合作。实践上可以以中改院为基地。近年来，中改院凭借其显著的研究成果，在国际、国内享有盛誉。以中改院为基地，集中海峡两岸及香港、澳门研究机构的研究力量，定期不定期地召开学术会议进行广泛深入具体的研讨，就海峡两岸及香港、澳门之间的金融合作的问题进行合作综合研究，向政府提供咨询和金融政策建议，是目前可行的办法。

（1）提供、交流海峡两岸及香港、澳门的客观经济资料及国际经济金融资讯，加强海峡两岸及香港、澳门之间的了解，使港台商担心的所谓"内地政治不稳定，政策会变化"的误解得以澄清。特别在金融危机不断蔓延的今天，国际投机资本到处兴风作浪，及时掌握整个世界重要的大资本的法人基金会的历史背景、近几年的作为等有关资讯，了解国际投资资本利用的机会和所采用的方法，对海峡两岸及香港、澳门防范金融危机尤为重要。（2）根据研究成果为各地提出预警报告，以便各地能够及时地预防和采取正确果断的迎战策略，让海峡两岸及香港、澳门能密切合作，共同打击国际投机资本，使其无机可乘，维护本地区的经济金融安全。（3）研究机构通过共同研讨，一致提出海峡两岸及香港、澳门进一步合作实践层面的建议,提交各当局,供决策层参考,促进高层的合作。
(4)根据各地实际情况,研究海峡两岸及香港、澳门金融合作的发展规划,设计海峡两岸及香港、澳门合作实践性、可操作性方案。
(5)通过召开学术会议扩大影响,通过大家呼吁和努力推动,促进海峡两岸及香港、澳门经济金融合作迈出实质性的步伐。

(四)以香港为金融中介机构,促进海峡两岸及香港、澳门金融、贸易、产业等方面的合作

两岸的经济互动中,贸易、金融、投资大部分均经过香港来进行,香港目前仍是亚太金融中心,具有良好的信誉及交易记录,在目前一段时间内,香港仍可担当两岸合作的中介者。然而,香港的金融业除了服务于本地区域的经济外,还需旁边有一些其他区域性金融中心接受它的业务。基于此,上海和台湾暂时作为辅助性的金融中心而相互合作,海峡两岸及香港、澳门的金融业可在这个前提下通过充分合作,不但可以发挥各自的优势,更能成为各自建立金融中心主要的推动力。为此,两岸应修改不合时宜的政策法规,制定海峡两岸及香港、澳门金融合作的各种事宜。另外,目前海峡两岸及香港、澳门之间的贸易已具有一定的规模,其主要是通过海运方式进行,而两岸目前仍未形成海运方面的直接合作。香港是一个自由贸易港口,所以中国祖国大陆、台湾两地可以适当地修改各自的政策及增加在港口、运输的基础设施,从而创造更多的商机与增强海峡两岸及香港、澳门的国际竞争能力。

(五)巩固和提高香港国际金融中心的地位,稳定香港联汇制

香港的联汇制,凭借强大的外汇和财政储蓄,管理完善的银行体系,高度透明及严格的金融监管制度和稳健的财经政策,保证了港元和整个金融体系的安全,稳定了香港作为国际金融中心的地位。但香港为捍卫港元也付出了相当代价,在利率高攀的情势下,资本市场大受冲击,对消费和零售市场有不利影响,但无论如何,

香港不能靠货币贬值来提高竞争力，一旦货币贬值，由于香港依赖进口程度极高，势必刺激物价工资全面上涨，反而削弱竞争力，而且与美元汇率脱钩后，会导致公众信心崩溃。因此，香港只能以加强培训，运用新科技减轻成本等手段来提高劳动生产率。在维持和稳定联汇制的前提下，出台增加信心、降低利率的建议和方案。维护香港金融中心的稳定，海峡两岸及香港、澳门才能在现有资金市场的基础上，按国际化标准培育发展有规模、跨区域的资产拆借中心，丰富和完善短期金融工具品种和服务项目，逐步扩展三方之间的银行同业拆借等业务为代表的货币市场业务，规范发展资本市场。

关于正确处理经营者激励机制建设中若干重要关系的建议[*]

（2000年1月）

期权、期股等有效的产权激励机制，把经营者的利益同企业的利益紧密联系在一起，对调动企业经营者积极性，增强国有企业活力具有重大作用。我国由于还没有形成一个合理的经营者报酬制度和收入保障机制，国有企业中有能力、有经验的经营者，包括企业中的技术、业务骨干的流失现象比较严重。随着我国加入WTO和参与经济全球化的程度加深，国有企业所处的市场竞争环境将日益激烈。在这样的背景下，要保持国有经济的竞争力和控制力，不仅需要稳住企业现有的经营人才和技术、业务骨干，更需要创造条件吸引更多的优秀人才进入国有企业。加快收入分配制度改革，多种形式建立和完善国有企业有效的激励机制，对于留住人才，吸引人才，形成一支稳定的国有企业经营者队伍具有关键性作用。

一 经营者报酬与经营业绩的关系

在社会主义市场经济条件下，一个企业的经营状况在很大程度上取决于经营者的综合素质和能力发挥情况。合理的收入报酬是促

---

[*] 本文载于《经济社会体制比较》2000年第1期。

使经营者努力经营，不断追求企业发展的根本动力之一。因此，将经营管理者的收入报酬与经营业绩相挂钩，对经营者的贡献给予应有的回报，是建立有效的经营者激励机制的基本原则。针对我国国有企业目前的实际情况，在处理经营者报酬与经营业绩的关系时，第一，应优先落实企业经营者的劳动力产权，与经营业绩相联系，建立经营者报酬制度，为经营者依据对企业的贡献获得报酬提供制度化保障。第二，要建立健全对经营者业绩进行考核和衡量的科学体系，并建立与经营者应得的报酬之间相联系的指标体系，这是对他们的贡献进行合理补偿和奖励的基础。一般地，对国有独资、国有控股的企业中董事及其他企业中国有股权代表，以国有净资产的增长率为衡量指标确定其报酬和奖励；对经营管理人员以企业经济效益状况为衡量指标，确定其报酬和奖励。第三，应对业绩突出的经营者的奖励上不封顶；对不能按期完成业绩指标的，应相应扣减其所拥有的股份或抵押金。第四，通过一定的方式，将经营者对企业的贡献转化为对企业的股权和股份，使经营者的长远利益与企业的长期发展结合起来。

二　经营者长期激励与短期激励的关系

对经营者的长期激励是指将经营者的利益与企业的长远发展相联系，对经营者的长期贡献给予回报的激励方式。经营者持股是实现长期激励的有益探索。对经营者的短期激励是指将经营者的利益与企业的当期效益相联系，对经营者的当期贡献给予回报的激励方式，主要包括年薪制、奖金及各种形式的短期奖励。一般来说，长期激励有利于经营者的长期行为和企业的长远发展；短期激励有利于激励经营者较快提高企业经济绩效，但容易导致短期行为。因此，应将经营者长期激励与短期激励有机结合起来，以形成有效激励机制的基础。

从现实情况看，对企业经营者的奖励注重在岗时的奖励，对经营者离职后的收入保障机制重视不够；注重对经营者短期内的奖励，而对他们长期激励的措施不足。这种状况容易造成某些经营者在岗时的短期行为，造成经营者在离职前的种种增加自己"灰色收入"，甚至不合法收入的行为。鉴于此，在经营者激励机制建设中应以长期激励为主，采取多种措施，鼓励和保障经营者持股。

三 经营者期权期股激励与实股激励的关系

产权的激励作用优于一般报酬的激励作用。期权期股激励作为一种重要的产权激励手段，将企业经营者的收入与企业长期绩效很好地结合起来，在现代市场经济中扮演着越来越重要的角色。经营者拥有期股，将以企业所有者的身份致力于企业的发展，会自动减少企业的非生产性消费，减少企业内部的运作成本，有利于解决国有企业的代理问题和"内部人控制"问题，有效防止损害出资者利益的各种短期行为。

我国正处在经济社会快速转型时期，在我国推行期权、期股有一定的特殊性：一是我国的股票市场虽有一定程度的发展，但还远未成熟，"内部人控制"对股市造成的影响及市场波动都很大，股市状况不能完全反映企业的实际业绩；二是与市场经济和现代企业制度相适应的收入分配格局未形成，期权激励可能引起的较大收入差距将对企业发展和稳定产生不利影响；三是经营者的人才市场不健全。在此情况下，股市的变动对经营者业绩的评价存在一定偏差。为此，依据我国国有企业改革的实际，应合理确定期权与实股的比例，宜采取以实股为主，期权为辅的办法构造企业经营者的激励机制。当前采取实股为主的方式，更有利于经营者与企业形成利益共同体；以企业净资产增长指标来衡量经营者的贡献和业绩，更能突出转轨时期的特殊性，更能符合实际。

四 创业型经营者的历史贡献与持股比例的关系

近些年一部分国有企业保持着较长时期的良好发展势头，在国内外同行业中具有较强的竞争力。这些企业的发展大都与经营者个人的开拓精神和创新能力直接相联系。其中有的国有企业是在非常困难的情况下，主要依靠经营者的创业精神发展起来的。但是，由于现行体制平均主义分配方式的遗留影响，迄今为止，这部分经营者并没有获得与其贡献相适应的报酬。由此不仅抑制了这部分企业经营者的积极性，而且对其他经营者也带来消极影响。

鉴于此，对于这一类创业型企业经营者的历史贡献给予合理界定和补偿，具有重要的现实意义。首先，考虑到创业型的经营者在企业历史形成中，与企业在情感、利益、声誉等方面结成的特殊关系，对他们进行激励时除给予较高的荣誉和一定的物质奖励之外，应允许从企业中界定和量化一部分股份，作为对他们历史贡献的补偿，即使退休也应继续享受分红。其次，对于虽已接近甚至超过法定退休年龄，但身体较好，仍有创新精神的经营者，应打破硬性年龄限制，延长其任职时间。最后，应依据企业类型的不同，允许他们持有一定比例的股份，如对一般中小企业，可持有10%—20%股份，大中型企业可持有5%左右的股份。

五　市场选择产生的经营者激励方法与原任命产生的经营者激励方法的关系

以市场定价和市场竞争为基础选择和激励经营者，是我国经营者激励机制建设的基本方向。目前，我国经营者市场尚处在发育初期，与此相关的资本市场发育也很不完善。因此，数量众多的国有企业的经营者还不可能在短期内全部通过市场选择产生。现实的情况是，一部分经营者可以借企业改制、新老交替的机会由市场选择产生，但更多的还是由行政任命的经营管理者。针对这一现实，应当采取新人新办法、老人老办法进行双轨激励，并随着改革的深入和市场机制的进一步发育，从整体上逐步转向新的激励办法。

对由市场选择产生的经营者，应全面采取新的激励办法，其报酬结构中期权、期股应占一定比例，并与其经营业绩紧密挂钩。在经营一段时间后，应根据经营者实际业绩和承受能力，将一部分期权、期股转为实股，使其进一步关注企业长远发展。

对原来行政任命产生的经营者，应当在正确评价其经营能力和历史贡献的基础上进一步分类对待：对能力胜任者，宜在补偿其历史贡献的基础上逐步转为新的激励办法；对不胜任本职工作者，宜尽快调离企业或更换其工作岗位，并一次性补偿其历史贡献。在过渡期间，可以继续沿用原有激励办法，但应创造条件缩短这个过渡期。

六 决策层激励与经营管理层激励的关系

广义上看，经营者包括董事会和监事会在内的决策层和经理人员。两类经营者在企业中发挥的作用不同，对他们的激励方式及相应的报酬来源应有所区别。

董事会成员的主要职责是关注企业的长远利益，保证国有资产的保值和增值。因此其激励应主要着眼长期，依靠持有企业一定比例的股份，根据资产增值情况获取报酬。其报酬不计入成本，而应从股东股份的分红中予以分配。

监事会成员的主要职责是监督董事会和经营管理层。该职责的基本要求是相对独立和公正，其报酬来源应具有相对独立性和稳定性。对于大型企业，监事会成员应由包括国有资产管理部门和债权银行等在内的出资者委托或任命，并由其根据工作表现支付报酬；对中小企业，监事会成员可以由股东大会选拔任命，其报酬从企业成本中给予稳定支付。

经营管理层在企业日常工作中发挥主要作用，对他们的激励应当首先肯定其当期贡献，从企业成本中给付一定水平的工资性收入，保证其良好的工作条件，允许适度的职位消费，并从企业利润中给予一定的年度奖金。在此基础上，适当加大长期激励的比重，减少与出资者及决策层的利益目标冲突。

七 经营者持股与职工持股的关系

目前,体制外存在严重的收入分配差距,并且这种差距在不断扩大,而体制内平均主义的分配格局还未完全打破。因此,在强调经营者持股的同时,加大全员职工持股的力度,有利于解决经营者和职工的关系,有利于增强企业凝聚力和企业的稳定,形成利益共同体。

经营者持股与职工持股相结合,在加快职工持股的进程中,应采取多种形式促进经营者多持股。第一,企业经营者持股作为一种重要的激励手段,其根本目的在于鼓励经营者为提高企业业绩、增大企业市场价值而努力工作。因此,经营者持股的比例和数量必须同企业的盈利和绩效相挂钩。企业盈利越多,奖励企业经营者的股份越多,才越能实现持股的激励作用。第二,实践证明,期权期股激励是一种切实有效的经营者激励方法,应加大期权期股试点和规范的力度。第三,兼顾公平与效率,合理确定经营者持股比例。实行经营者持股旨在使经营者获得企业现在或未来的部分物质产权,从而承担起对企业经营的风险。持股比例过小,会使经营者持股流于形式,不足以起到激励的作用。而股权过于集中,会拉大企业内部收入差距,产生新的收入分配不公。借鉴成熟市场经济国家的经验,结合我国的实际情况,在中小企业内,经营者群体持股的比例应不低于20%—30%,在大型企业,经营者群体持股的比例应不低于10%。对个别严重亏损的企业,允许经营者群体持大股,持股的比例可增至50%左右。第四,对经营者实行期权期股激励,在条件成熟时,应扩大期权期股激励的范围,对企业技术、业务骨干乃至一般职工也可以通过实行期权期股方式持有企业股份。

八 物质激励与精神激励的关系

包括货币激励和非货币激励在内的物质激励,是调动经营者积极性的主要手段，但不能忽视精神激励的重大作用。事实上，即使在发达市场经济中，金钱也不是衡量经营成就的唯一标准。相反，越是有能力、有成就的经营管理者和企业家，越是看重荣誉感、成就感和社会责任感乃至控制权本身等非物质性回报的价值。实际上，现有一部分国有企业之所以业绩突出，正是因为其经营者不计物质上的得失，以高度的奉献精神、思想觉悟和社会责任感长期努力的结果。精神激励也是我国经济建设中的一个良好传统。因此，在经营者激励机制建设中，应当避免矫枉过正，防止走向另一极端而忽视精神激励的倾向。特别是，在今后相当长一段时期内，我国市场经济体制还不成熟，物质激励的合理实施还缺乏足够条件，更应对精神激励的作用给予充分重视。例如，对优秀经营者进行广泛的宣传报道，形成全社会尊重经营者的氛围，并给予适当的社会荣誉表彰。

九 经营者激励机制与法人治理结构的关系

公司法人治理结构是公司制的核心，也是经营者激励机制建设的必要基础。因为激励与约束是同一问题的两个不同方面，只有激励，没有约束，就会导致经营者的短期行为和"内部人控制"等问题。有效法人治理结构的作用在于，通过明确出资者、董事会、监事会、经理层和一般职工的职责，形成各负其责、协调运转、有效制衡的关系。根据国有企业实际情况，为切实推进经营者激励机制建设，当前在公司法人治理结构方面应着重抓好以下工作。

首先是明确国有资产出资人代表，强化所有者对公司的控制与监督，使之体现在对公司运作的"事前监督、事中监督和事后监督"的全过程中。为此，在深化国有资产管理体制改革的基础上，建立公司股权多元化结构。

其次是改善董事会结构，提高董事会质量。董事长要与总经理分设，以此形成制衡作用，保证董事会的独立性。应适当增加董事会中外部董事、独立董事和熟悉企业业务独立董事的比例。董事会中要有一定比例的职工代表，以充分体现共同治理原则。对董事实施长期持股计划，使其收入与企业业绩挂钩，以此增强董事对股东的责任感。要使董事会对高级经理人员任免有独立的选择和决策权。要在公司的经营管理中明确董事会与高层经理人员之间的授权关系，包括程序授权与特殊授权。

最后是提高监事会的独立性，强化监事会的监督力度。监事会应由股东大会选举产生，对全体股东负责，负责监督董事会和经营者。监事会成员的业绩评级和收入确定应由股东大会决定。监事会中要设置职工代表和债权人代表，以维护职工和债权人的利益，并充分发挥其监督优势。要聘请有关专家、社会知名人士担任监事，以提高监事会的工作效率和水平。

十 经营者激励机制建设与营造外部环境的关系

经营者激励机制建设不是一项独立的工作，而是一个系统工程。因此，营造良好的外部环境是十分重要的。目前，我国企业经营管理者队伍，整体素质尚低，仅仅在激励以及选择和约束方面做文章是远远不够的。由政府有关部门出面组织，应采取多种形式加强对现有经营管理者的教育和培训，特别是应继续举办和规范工商管理培训，改进培训内容和方法，提高培训质量，以此全面提高现有经营管理者的素质。

此外，要努力创造条件，营造经营者健康成长的社会环境，特别是形成全社会都来理解经营者、尊重经营者的良好氛围；尽快完善关于经营者持股的法规；加快培育要素市场特别是经营者市场和资本市场，形成经营者的市场选择机制，以使股票价格准确反映经营业绩；重视培育和发展会计、评估、法律等各种社会中介服务机构，并充分发挥其外部审计、监督与信息传递职能，使出资者能够准确、及时地了解企业运营的实际情况。

转型期中国基础领域的改革*

（2000 年 2 月）

一　基础领域改革在经济发展全局中的地位

国际经验证明，良好的基础设施能够提高劳动生产率，降低产品成本，提高生活质量，尤其是随着现代经济的发展，基础设施作为综合国力的重要组成部分，对于国家经济发展的作用越来越大。这是大家的共识，这里需要讨论的问题，是如何判断当前基础领域改革对于宏观经济稳定与发展的重要作用。

（一）为什么扩大基础领域投资应当与加快基础领域改革同步进行？

有研究证实，基础设施能力与经济产出是同步增长的，基础设施存量每增长 1%，国内生产总值就增长 1%。中国作为一个发展中的大国，基础设施的适度超前发展，对于未来经济的发展是至关重要的。为此，中国政府曾宣布近几年中国在基础领域的投资将高达 6 万亿人民币。政府实施积极的财政政策，加大对基础领域的投资，这对改善宏观经济环境起到了一定的作用。问题在于，如此庞大的投资无论从哪方面说，政府都不可能成为投资的主体，真正的

---

* 本文载于《经济学动态》2000 年第 2 期。

主体是企业和社会。政府的投资未能较大地带动社会的投资，主要原因在于我国基础领域的管理体制和运行机制严重不适合基础领域发展的需要；政府的投资有一定的局限性。例如，重复建设、盲目上项目、互相攀比、突击花钱的现象还屡禁不止，因此这种投资搞不好就会产生低效率，甚至无效率。从经济持续增长对扩大基础领域投资的内在要求看，基础领域改革的滞后状况不能再拖下去了。

（二）如何改变制约经济增长的结构偏差？

交通运输、邮电通信、金融保险、教育科技等第三产业部门，不仅是连接第一、二产业与市场的中间环节，还是第一、二产业发展的重要条件。我国第二产业的产出比重过大，是传统计划经济体制下片面推行工业化的产物。当我国的市场经济有了一定发展，由于市场制约使工业增长不能恢复到较高速度，从而主要由工业增长支撑的经济增长就不可避免地受到影响。90年代以来，我国交通运输、邮电、通信、金融保险业以及教育科技在GDP中的比重一直是很低的，有的还有所下降。应当说，这是我国整个经济不能转入效率提高型持续增长轨道的直接原因。从我国现实的情况分析，交通运输、邮电通信等基础领域发展滞后的局面，与基础领域的改革滞后直接相关。

（三）我国基础领域的发展面临着经济全球化的严峻挑战

80年代以来，西方国家基础设施领域发展很快，过去由国家垄断垂直经营的公用事业纷纷进行私有化改革，电信、航空、铁路、电力、供水等基础设施和基础产业正在全球范围内开放。由于基础设施领域大多是技术密集和资金密集产业，跨国公司扮演着重要角色。因此，基础领域的竞争强度与其他产业相比更加国际化和白热化。在这种竞争的条件下，中国基础设施领域与发达国家相比，在技术、装备、人才等方面均处于劣势，成为制约中国经济竞争力提高的一个重要因素。长期以来，由于投资不足，中国基础设施成为经济持续快速增长的"瓶颈",造成经济波动和资源配置的低效率。虽然这几年经过大规模建设,基础设施总量和水平上了一个台阶,但是,这一改善具有明显的弥补欠账的性质。当前,电力、交通、通信等领域出现的供需平衡也是一种暂时的低水平平衡。水利、城市基础设施的状况则还严重地滞后于经济发展的需要。更何况信息社会和知识经济时代的到来,信息基础设施的建设更是刻不容缓。随着中国加入世界贸易组织日程的临近,中国基础领域参与国际竞争已成为不可逆转的历史潮流。基础领域面临开放的大环境,逼迫我们要抓住机遇,迎接挑战,探索基础设施和基础产业的发展振兴之路。

由此可见,基础领域已成为我国拉动市场需求、启动市场消费的重要组成部分;基础领域的产业结构和组织形式的深刻变化,在我国经济结构调整和国有经济战略重组中的地位越来越重要。因此,扩大基础领域投资必须与加快基础领域的改革同步进行,以增强基础领域的效益性和竞争性。

二 如何在通货紧缩的压力下加快推进基础领域改革

近两年来,我国宏观经济出现了通货紧缩趋向。通货紧缩的典型特征是投资机会的减少和投资的边际收益下降,与此相应的,则是储蓄的相对过剩,表现在市场上就是产品过剩、开工不足和物价持续下降。如果通货紧缩日趋严重,必将导致经济衰退。1998年以来,针对我国出现通货紧缩的趋向,政府采取的扩张型的货币政策和积极的财政政策是有效的。但依靠财政发行国债,扩大政府的投资和需求来刺激经济增长的效益是暂时的,并且是有限度的。因此,必须调动民间和社会各方面投资的积极性,刺激企业的活力。

加快开放基础设施投资领域,采取多种措施吸收民间和社会资本进入基础领域,推进基础领域投融资的市场化进程,应当成为我国通货紧缩下宏观经济政策的重要内容。

中国基础领域打破垄断、开放竞争应和引入民间资本同步推进。我国基础领域的一些行业，在开放市场、引入竞争的同时并没有适时引入民间资本，其结果要么行业的竞争难以真正形成，要么进入竞争的企业缺乏持久竞争力。这方面，航空业和成立中国联通以后的电信业都提供了值得研究的案例。为了适应基础领域开放竞争的需要，应当大力推进基础领域投融资活动的市场化进程，让广大的民间主体在基础领域逐步发挥重要作用。

（一）拓宽基础领域企业的融资渠道

"七五"以来，我国基础领域建设资金主要来自两部分：一是国家基本建设贷款，二是各部门各行业征收的各种基金和税费。今后，我国基础领域建设资金来源的渠道将要有很大变化，在继续利用间接融资方式的同时，更多地依赖直接融资渠道。这样，不仅能缓解资金紧张状况，充分利用社会闲置资金，而且可以优化筹资结构，提高投资效率。

（二）鼓励企业投资基础设施领域

基础领域大规模投融资，不仅要靠单个企业自我积累和利用资本市场筹措建设资金，而且还要依靠企业之间的联合，利用资本市场来集中企业的分散投资，扩大投融资规模。（1）企业联合组成股份制的企业集团，把分散的资金、技术、人才集中起来组成股份制企业，从而形成单个企业所达不到的规模投资能力。（2）企业之间通过资产兼并与产权重组形成新的股份制企业集团，从而可以成为基础领域大中型项目的建设主体。（3）通过和跨国公司的合作，引进先进适用的技术、资金、管理经验和营销方式并与国际基础设施和基础产业的生产、销售和服务网络逐步并轨，壮大企业集团的实力，增强国际竞争力。

（三）积极合理有效地利用外资

改革开放以来，外资在缓解中国基础设施"瓶颈"方面发挥了重要作用。随着中国基础领域市场化程度的不断提高，采用国际通行的多种融资方式，更加积极有效地利用外资，增强外商投资的吸引力，对基础领域的改革和发展仍将起着重要作用。

三 如何在我国基础领域打破垄断加快建立竞争机制

现实的情况说明，我国基础领域能有效吸引内外资金，能不能增强竞争力，并由此加快发展速度，关键取决于能否在坚持基础领域市场化改革的大目标下，打破垄断，形成竞争机制。国家宏观调控的主要目标，应当是支持和维护平等竞争。

（一）分解业务，打破垄断，形成基础设施市场

从国际经验看，并非基础领域所有产业都具有自然垄断性，有相当一部分基础设施和基础产业具有竞争性、营利性，尤其是随着技术的变革、产业需求的扩大、行业生命周期的演变，一些自然垄断行业维持自然垄断的条件在逐渐弱化甚至消失，这些行业也要求打破垂直垄断、放松管制，进行企业化、市场化改革才能促进自身的发展，满足社会的需求。即使在有较强自然垄断性特征的基础设施产业内部，往往既有自然垄断性业务，又有非自然垄断性业务。基础领域改革应首先区分竞争性行业和自然垄断性行业。政府要逐步从竞争性行业中退出，以集中力量搞好社会性、公益性的基础设施建设。

（二）公开招标，将竞争机制引入基础设施领域

各国基础领域的改革实践证明，竞争是提高基础设施产业经济效率的根本途径。基础设施领域的竞争机制可以通过公开招标的方式进行。招标投标活动应遵循公开、公平、公正和诚实信用的原则进行，使不同所有制的参与者都能平等地以投标方式展开市场竞争。

（三）积极推进基础设施的公司化改造，实现投资主体多元化，扩大基础领域的股份制经济规模

基础领域竞争机制建立与基础领域企业的产权制度改革是同步

进行的。只有建立明晰规范的产权关系和完善的内部治理结构的企业，才是基础领域市场的竞争主体。股份制应成为基础领域企业的主体形式，对未来一些有营利性的运输、通信、能源等基础产业和基础设施，要大力鼓励采用股份制的方式进行建设，在基础领域股份制改革的同时，政府要对基础领域的部分国有资产存量进行优化组合，打破资产存量与增量的相互"隔绝"状态，通过拍卖、兼并、承包、租赁等方式收回部分资金，以实现国有经济的战略调整。

如何在我国基础领域展开充分的市场竞争，并由此形成较为完善的竞争机制，是我国基础领域改革的重头戏。现实的情况说明，我国基础领域建立竞争机制的时间太长是十分不利的。对这一点，应当有清醒的估计。

四　如何有效发挥政府在基础领域改革中的作用

当前经济增长缓慢的原因主要是受到经济体制和结构性矛盾的制约，并主要表现为政府管理体制改革滞后于经济市场化的进程。这一点，基础领域最具典型性。因此，在基础领域加快政府职能转变，彻底实现政企分开，才能有效地发挥政府在基础领域改革中的作用。

（一）制定基础领域产业结构政策，使投资主体的投资方向与规模的选择符合社会整体需要

在基础领域市场化改革的同时加强产业结构政策的调节，包括制定科学的产业结构政策和有效的产业结构政策实施手段，以便从宏观上为投资主体的市场选择确定一个大致的框架和方向，是极为重要的。

（二）反对垄断、保护竞争，改革基础领域价格管理体制

在基础领域改革的起步阶段，政府维护市场竞争机制的作用，应体现在两方面：在市场机制能基本发挥作用的领域，政府实施维

护和促进竞争的政策，保证小企业和消费者谈判、协调，针对市场准入、价格、服务建立约束市场供求双方的规则，达到保护消费者权益的目的。基础领域价格管制应主要针对自然垄断行业，而在一般非自然垄断性业务领域，由于多家企业竞争性经营，竞争机制会自动调节价格，因此对竞争性强的基础领域产品价格，要逐步放开，由市场决定价格。对带有自然垄断性行业的产品和服务，应提高价格管制效率，防止少数企业滥用市场垄断力量谋取高额利润。

（三）先易后难、逐步推进基础领域的市场化改革

基础领域市场化改革触及各部门利益，关系到国有经济战略重组的深层次矛盾，问题很复杂。改革既要看到压力、抓住机遇、积极推动，又要从长计议、统筹安排、慎重从事、逐步推进。例如：长期准备，限期完成；先易后难，先立后破；区别不同情况，采用多种方式和手段。要尽可能地减少改革的阻力和摩擦，降低改革的风险。

建立具有中国特色的职工持股制度的建议(25条)[*]

(2000年5月)

一 从国有企业改革与发展全局出发,充分估计推行职工持股制度的深远意义

(一)推行职工持股制度是建立与现代企业制度相适应的新型收入分配制度的迫切需要

合理的收入分配不仅反映社会再生产的过程和结果,并且对生产要素的有效配置,对推动经济增长、促进社会稳定都有明显作用。我国已初步形成以公有制为主体、多种经济成分并存的所有制结构。但是,传统的分配制度并没有实现突破性的变革:其一,与市场化进程相适应的新型收入分配制度尚未建立起来;其二,目前总的情况是,体制外存在严重的收入分配差距,并且有逐步扩大的趋势,而体制内平均主义的分配格局还尚未完全被打破。我国收入分配制度改革滞后已成为国有企业改革和发展的一个突出矛盾,由此造成国有企业优秀人才的严重流失。这也是造成许多国有企业效率低下、竞争力不强的重要原因。在国有企业所处的市场竞争环境

---

* 与唐新林、陈宝敏合作,载于《改革与开放》2000年第5期。

日益激烈的大背景下，要保持国有经济的活力和控制力，不仅需要稳住企业现有的经营人才和技术、业务骨干，更要创造条件吸引大量优秀人才进入国有企业。加快收入分配制度改革，建立有效的激励机制，留住人才，吸引人才，已成为国有企业改革与发展过程需要着力解决的最紧迫的问题。

建立职工持股制度，就是要在企业内部实行按劳分配的同时，允许资本、技术等生产要素参与收益分配，打破平均主义，适当拉开差距。在实行职工普遍持股的同时，支持和鼓励企业经营者以及技术、业务骨干通过一定的方式，凭借他们特殊的才能和人才资本，持有较多的企业股份，并相应取得较多的利益。这样一种制度，有利于企业经营者和其他专业人才取得合理的报酬，有利于在市场经济条件下国有企业内人才队伍的稳定。一些企业的初步实践证明，职工持股制度是促进国有企业转换机制，建立现代企业制度的有效途径。

（二）推行职工持股制度是解决各种利益矛盾、形成利益共同体的重要途径

目前国有企业缺乏活力的主要原因之一，就在于企业的利益与职工（包括经理层和技术层）的利益无法在现有分配结构中实现有机结合。从根本上说，国有企业改革就是要合理调整国家与企业、企业与职工以及企业内部不同层次之间的利益关系，构建企业利益共同体，使各方利益得到最大限度的实现。建立职工持股制度，对构建职工与企业的利益共同体有重要的作用。

第一，解决职工与企业之间的利益矛盾。由于分配机制的制约，不仅一般劳动者同企业利益的矛盾不断增加，经营管理者同企业利益的矛盾也有所上升。推行职工持股制度，可以将职工利益同企业利益较好地统一起来，逐步形成职工与企业的利益共同体。

第二，解决短期利益与长期利益的矛盾。职工持股使职工收入

与企业的积累同步增长，能比较好地解决个人利益与企业积累之间的矛盾。由于对职工增加了一块弹性大、与企业效益密切结合的按股分红收入，改变了职工收入仅由刚性较大的工资性收入组成的格局。又由于股份分红把职工利益与企业利益连成一体，使职工对企业的关切度提高，强化了参与管理与决策的意识。

第三，解决了物质资本所有者与人力资本所有者的利益矛盾。职工持股能够把物质资本投入和人力资本投入结合起来，既能反映物质资本投入的利益，又能体现人力资本投入的实际价值。

（三）通过职工持股明晰产权关系，为企业持续发展寻求制度化的动力保障

有恒产者，有恒心。实际职工持股，是明晰企业产权关系，为企业发展注入活力的有效途径。这在职工持股比例占优势的企业中更为明显。职工个人持有本企业股份，成为真正的产权主体和企业的主人，使经营者和职工从关心自身利益的角度关心企业的发展，自我激励、自我监督和自我约束，自觉提高对企业的认同感和关切度，从而使企业获得持久发展的动力。

二 立足国情，建立有中国特色的职工持股制度

（一）职工持股是公有制的一种有效实现形式

职工持股制度有可能成为我国社会主义市场经济条件下公有制的一种重要实现形式。这是因为，现代经济发展的规律揭示，公有制企业和私有制企业的区分，不是职工个人有没有财产，关键是看财产占有方式是社会占有，还是私人占有。如果财产占有方式社会化了，那就反映了公有制的特点。建立职工持股制度，使职工普遍持有本企业股份，是实现投资主体多元化和产权社会化的重要形式。通过将劳动者的劳动联合和劳动者的资本联合相结合，由职工持股会统一行使职工股权，是适应我国市场经济发展而产生的一种新型集体经济形式。实践证明，使大多数人享有产权、分享企业

剩余收益的企业制度，也是最有效率的企业组织形式。

（二）坚持按劳分配与按要素分配相结合，是我国建立职工持股制度的基本原则

建立有中国特色的职工持股制度，就是将持股职工同时视为劳动力和资本要素的所有者，或者说人力资本和物质资本的所有者，从而职工一方面按劳动参与分配，另一方面按要素参与分配。这样一来，广大职工就不再仅仅是传统意义上的工资收入的领取者，而是按劳分配与按要素分配相结合的受益者，是企业雇员与主人的统一体。

第一，职工以人力资本（包括技术）所有者身份参与分配。职工在企业生产经营过程中不仅支付了一定量和质的劳动力，而且还在企业投入了一定的人力资本，是企业价值增值的创造者。因此，他们应当有权利按照自己的劳动贡献直接参与企业收入分配，获得工资性收入、奖金，与此同时，还应当有权利按其人力资本投入的贡献，按一定比例形成他们在本企业的股权，并据以分享企业利润。职工以此身份获得的股权具有一定的特殊性，它代表职工个人与其所在企业的特定长期利益关系。

第二，职工以物质资本（包括货币）资本所有者身份参与分配。除劳动的直接支付和特定人力资本投入之外，职工还通过出资购买获得本企业一定量的股份，并据以获得股份分红。这是职工按要素参与分配的重要表现。

（三）以劳动力产权为基础，保证职工持股的普遍性、广泛性、利益一致性和合理的差别性

承认并确立劳动力产权，是实现按劳分配与按要素分配的有益探索，是建立有中国特色的职工持股制度的重要理论基础。所谓劳动力产权，是指对于劳动力（人力资本）这种特殊生产要素的所有权、使用权、处置权和收益权这样一组权利。按照劳动力产权，劳

动者不仅应获得工资性收入，而且应在一定程度上享受企业剩余收益。我国建立的是社会主义市场经济，在改革中不断调整利益关系，就是要在实践中承认并确立劳动力产权，由此加快产权主体社会化的进程，让更多的民众分享改革的成果，使其成为利益的主体和产生改革的动力。

第一，实行职工持股制度具有一定的普遍性。我国的职工持股制度是企业分配制度创新的一个重大举措。不仅效益欠佳的企业可以以此走出困境，而且效益较好的企业也可以据以发展壮大；不仅广大中小企业特别适合全面推行这一制度，而且相当一部分大型企业也可以采取多种方式建立这一制度；不仅国有企业应当实行这一制度，而且民私营企业也可以改制为职工持股企业。

第二，实行职工持股制度需要企业职工的广泛参与。要在国家和企业共同支持下，采取贷款资助等多种过渡性措施，以使多数职工成为企业的持股者。

第三，根本利益的一致性。建立职工持股制度，要注意兼顾国家、企业和职工三者的利益关系，并且要把长远利益与当前利益紧密结合起来，以使企业发展建立在长远、可靠的基础之上。

第四，职工股份具有合理的差别性。职工所得股份由其工作时间、工作岗位、工作贡献等因素决定，有助于激发广大职工提高自身素质，并使人力资本的作用得到更充分的发挥。职工之间，特别是一般劳动者与具有特殊人力资本的经营者、管理者及技术人才之间，劳动能力与素质的差异是客观存在的，这个差异应在收入分配上有所体现，但收入分配差别应保持在合理的限度之内。

（四）依据劳动力产权，建立有中国特色的职工持股制度应当把握三个重要原则

第一，实行有偿购买与无偿配送相结合。在我国经济转轨时期，实行职工持股制度需要考虑的一个现实情况是：一方面，多数

国有企业资金利润率不高，分红比例受到企业经济效益的制约，职工在认购时顾虑很大；另一方面，国有企业在过去的长期发展过程中，较多地截留了职工的应得收益，形成一定的历史欠账，也使得一般职工个人积累有限，无力承受较大份额的购股出资。从这种现实情况出发，在实行职工持股时应采取职工出资与国家、企业帮助相结合的办法，即从职工的劳动积累，包括历年结余的工资基金和集体福利基金、企业公益金以及部分国有净资产中拿出一部分，作为职工持股的基金，在职工认购企业股份时，按比例配股。至于有偿购买与无偿配送相结合的具体比例，应根据企业的不同情况确定。

第二，股权收益机制与参与机制相结合。一方面，建立长期有效的激励机制和股权收益机制，职工在分享企业利润的过程中，与企业结成紧密的利益共同体；另一方面，通过建立职工持股制度，使职工以企业所有者和主人的身份，广泛参与企业经营管理，以保持企业活力，并有效保证职工股权收益的实现。

第三，当前利益机制与长远利益机制相结合。实行职工持股制度，在确保职工当前利益即适当的工资性支付的基础上，把依据劳动力产权获得企业股份作为职工的长远利益机制，这样使职工更关心企业的中长期发展。

三 区别不同情况，鼓励和支持多种形式的职工持股实践

（一）以中小企业为重点，通过职工持股实现国有经济的有序退出

第一，以存量置换和控股为主要方式，加快中小企业职工持股的步伐。中小国有企业资产总量和净额不大，职工有能力持有企业较大份额的股权。这类企业，可以以职工出资为主，国家依据行业和企业自身发展的实际情况，对职工改变身份给予适当补偿或让利的方式，将有偿购买和无偿配送相结合，在职工承受能力的范围

内，全部或大部分国有资产存量由职工置换拥有。对于仍保留的部分国有权益，可考虑设置为优先股，享有优先分红、优先清偿的权利，以保证国有股在非控股情况下的权益。

第二，以增资扩股为主，以存量置换为辅，分步实现国有大型企业的职工持股。国有大型企业资产规模相对较大，职工缺乏足够的积累购买较大部分的股份。因此，应当允许职工在个人出资的基础上，取得一定贷款，以增量投入的方式，逐步获得企业股权。同时，对条件成熟的子公司或部门，实行存量置换，分步实现职工持股。

第三，在现有国有资产经营公司的基础上，设立企业改革发展基金，为各类企业实施职工持股改制提供支持。以通过职工出资变现的国有资产为来源，设立企业改革和发展基金，可以用作大型国有企业实施职工持股的借款，也可为已经实施改制的中小企业提供正常生产经营所需贷款。

（二）重要行业的某些国有企业，可在保持国有控股的前提下，逐步向本企业职工让出一定比例的股权

国家控股企业中的非国有股份既可以是外部股，也可以是内部股。鉴于这类企业一般具有特殊的行业属性，例如属于具有战略性意义的高新技术产业，企业职工尤其技术层人员的积极性和责任感对企业发展至关重要，有必要使他们拥有一定比例的股份。但由于这类企业的资产规模较大，内部职工持股的比重一般会小一些，不足部分还需引入外部股份。

（三）尽快研究制定上市公司实行职工持股的具体政策规定

我国大多数上市公司在上市之前都发行过一定比例的内部职工股，它与职工持股制度所要求的职工股份有很大不同。目前，依据我国证券管理部门的有关规定，不允许上市公司发行职工股和限制公司回购股份。这对上市公司推行职工持股制度形成很大制约。建

议采取多种形式寻求上市公司推行职工持股的途径。

第一，由职工出资建立职工持股会，通过职工持股会受让本公司国有股权，同时国家在转让国有股权时给予一定优惠的方式实现职工持股。第二，上市公司每年可从利润中提取一定比例的奖励基金，或者是通过国有股权分红让利的方式，结合职工个人出资，以职工个人的名义在市场上为职工购买股票，并相应成立职工持股会或其他托管机构，按职工持股章程管理职工股份。第三，可采取定向增资扩股的形式，定向由职工认购公司股份，同时实行职工股份的托管；或在公司增资扩股时，留出一定比例作为职工持股的股份来源。第四，在条件成熟的情况下，可实行扩大的股票期权制度，使公司经营管理者和一般职工都有机会通过个人努力和稳定工作获得公司认股权。

四　尊重实践，立足长远，尽快规范职工持股实践的运作与管理

（一）以竞争性领域为主，合理确定国有资产的转让范围，严格规范国有股的价值评估与管理

第一，以处于一般竞争性领域的国有企业为重点，以经营性资产为主要对象，确立资产转让的范围。企业的非经营性资产一般应在价值评估和产权界定后采取剥离的方式，交由国有资产管理部门授权的机构运作，或者是由原企业采取租赁的形式继续使用。在特殊情况下，企业的经营性资产和非经营性资产可以一起转让给职工，但要依据非经营性资产的规模和企业职工的承受能力，由企业职工自行决定。由于这部分资产的非经营性，应在转让价值上给予一定优惠。

第二，对于无形资产的处置，应区分不同情况予以界定。企业的无形资产主要涉及的是商标权和划拨土地使用权。一般说来，企业的商标是在企业不断成长的过程中，由企业职工自行创造、滚动

发展起来的；商标价值的保持需要企业在改制后不断追加投资才能实现。因此，对商标权的处置在运用现值去进行评估的基础上，应当区分不同的情况，采取折价入股、融资租赁、有偿使用或无偿转让等其他方式处理。

对于划拨的土地使用权，应在价值评估和产权界定后，转为出让地，并补办出让手续，补交出让金；也可采取折价入股、租赁使用等方式。

第三，加强监督，严格规范资产转让过程中的价值评估工作。

第四，以市场现值确定存量国有资产的转让价格。目前，许多地方在将存量资产出让给企业职工时主要是通过中介机构评估，以国有资产管理部门确认的资产净值作为出让价值，出让给企业职工。今后规范的做法应是按市场规则，在市场竞争中形成交易公允价，以此来确定存量资产的转让价格。

（二）坚持自愿认股的原则，合理设置企业经营者和职工的股权比例

职工持股在我国处于试验和起步阶段，在实践中应着力避免两种倾向：一是基本上没有差距的平均持股，这不利于调动经营者和职工的积极性，容易形成新的"大锅饭"体制；二是企业经营者与职工的持股差距悬殊，比例过大，这也不利于激励职工的积极性，且容易产生新的收入分配不公。特别是存在企业用历年积累的工资结余按一定比例配送股份的情况下，企业经营者与职工持股比例相差过于悬殊，这样将严重挫伤职工的积极性。在保持适当比例的前提下，使经营者和企业骨干持股的比例高一些，有利于企业的稳定发展。

（三）以个人出资为主，积极利用信贷杠杆，多种途径解决职工持股的资金来源

职工持股的资金来源主要是通过三个渠道解决：一是职工现金

出资；二是企业按职工的工龄、岗位、贡献等因素将历年积累形成的工资结余和公益金结余配给职工；三是经股东会、董事会同意的其他形式的资金来源，包括企业以职工股份为抵押向职工提供借款，以及由企业担保向银行贷款。概括地说，就是个人拿一部分，企业配一部分，银行贷一部分。其中对于个人出资的比例应有一个最低限额的规定，要使职工有"切肤之痛"，使经营者真正实现"贴身经营"，实现职工持股的激励作用。

鼓励银行等金融机构以低息贷款的方式，对职工购买本企业股份给予金融支持。我国目前在企业实行职工持股改制中面临的突出问题是，一部分企业负债率高，经营效益差，仅靠职工的工资收入无力实现改制目标。对此，应通过金融手段给予必要的支持。（1）比照银行对居民购买住房提供的低息贷款，允许和鼓励银行和信用机构对改制企业中职工持股提供低息优惠贷款。（2）对实行职工持股制度的改制企业，在取得银行贷款时也给予一定的优惠。

（四）采取不同方式，灵活处理职工持股分红问题

对于使用银行贷款和企业借款购买股份的企业，职工股权所获分红，应首先用于归还银行贷款和借款，待银行贷款或企业借款还清之后，才能将分红给予职工。对于主要由职工出资购股的企业，应分两个阶段进行：第一，在企业改制后的2—3年内，红利分配应采取现金支付的方式，直接给予职工个人，以减轻职工在筹资购过程中形成的还款压力，减轻职工负担；第二，应逐步减小现金分红的比重，增大采用股份分红的比重，鼓励员工分红用于再投资，以使职工的收益与企业的长远发展更密切结合起来。

（五）明确规范职工股权的管理

规范的职工持股制度，在职工股权的管理上规定，除职工离开本企业或退休，一般不能退股，不能转让，不能继承。对于中途退股离开企业的职工股份，兑付也有一定的时间界限。

目前一些职工持股企业在股权管理中存在两种倾向：一是不允许职工股权的转让，增大了职工入股的投资风险，使许多职工不愿投资本企业；二是内部职工持股的外部化、社会化，混同于企业普遍股份，使职工持股失去了本来的意义。对此，应严格规范职工持股制度中的职工股份转让行为。在制定企业职工持股章程时，应对职工退休或离开企业时的股份处置作出明确规定，由企业按一定的标准和条件回购，也可以在企业内部转让并由符合一定条件的新员工购买。

职工持股企业设置预留股的主要目的，是针对企业人员流动和满足新增员工的购股要求，其比例占职工总股本的15%—20%，其资金来源一般是企业的公益金或借款。

（六）以保障职工利益为出发点，尽快明确职工持股会的法律地位和职能

有些省市制定了相关的规定，确定了持股会的社团法人性质，持股会经民政部门注册登记。但职工持股会的法律地位一直没有解决，这影响了职工持股工作的推行。为此，一方面，应尽快明确职工持股会作为一类特殊的投资主体的法律地位，对其投资行为和职能予以明确规定；另一方面，借鉴有些地方实践的经验，在企业外部成立独立的"职工股权证托管中心"，由该中心负责职工股份的管理、分红、转让等有关事宜，维护职工股份的合法权益。

要进一步理顺改制企业内职工持股会、职代会与工会的关系。工会是职工利益的代表者和维护者，是职工民主管理的组织者。考虑到我国现实的法律环境，当前企业在改制中，职工持股也可由具有社团法人资格的工会托管运作。工会代表持股职工以职工持股会股东的身份，按程序选举产生职工股东进入董事会、监事会，参与企业决策，选择经营者。全员持股的企业，可将职工持股会与职代会两会合一。

五 以期权期股为重点，加大国有企业经营者持股力度

（一）承认并落实国有企业经营者的劳动力产权，增加经营者持股的比重，对企业的稳定与发展有重要意义

由于还没有形成一个合理的经营者报酬制度和保障制度，我国国有企业中有能力、有经验的经营者，包括企业中的技术、业务骨干的流失现象比较严重。也有一些为企业的创业和发展做出特殊贡献的企业家，在退休前寻求短期利益。尽快落实企业经营者的劳动力产权，在收入分配制度上对经营者的贡献给予补偿和保障，留住企业现有的人才，并吸引更多的优秀人才走上国有企业重要的经营管理岗位，将对国有企业走出困境，从整体上提高活力有重要的作用。为此，第一，应优先解决企业经营者的劳动力产权问题，与经营业绩相联系，建立经营者报酬制度，为经营者依据对企业的贡献获得报酬提供制度化保障。第二，通过一定的方式，将经营者对企业的贡献转化为股权或股份，并加大经营者持股的比重，将经营者的长远利益与企业的长期发展结合起来。第三，经营者持股除了现金购买外，应允许采取借贷、贴息、低息、奖励资金购买股票、股权。

（二）期权期股是行之有效的经营者激励方式，应逐步加大通过期权期股实现经营者持股的力度

产权的激励作用高于一般报酬的激励作用。股票期权和期股制度作为一种重要的产权激励手段，相对于其他激励方式，它有较好的激励效果，其优点在于：首先，这种形式赋予了经营者以所有者身份取得报酬。当经营者持股时，他不仅要从代理人角度重视企业经营业绩，还要以所有者身份致力于企业盈利的最大化。其次，期权及期股本身所特有的市场不确定性及投机性，使企业的绩效以及企业市场价值的提高，对持有本企业股份的经营者有极大的吸引力。因为经营业绩的优劣，在很大程度上决定着企业股票价格的涨

跌，也直接决定着经营者未来的收益。最后，期权期股形式有利于解决"内部人控制"问题。作为所有者的经营者会自动减少企业的非生产性消费，减少企业内部的运作成本。因此，进一步扩大期权期股试点的力度和范围，有利于国有企业经营者激励机制与约束机制的建立和完善。

（三）兼顾公平与效率，合理确定企业经营者持股比例

经营者持股的比例和数量必须同企业的盈利和绩效相挂钩。企业经营者持股作为一种重要的激励手段，其根本目的在于鼓励经营者为提高企业业绩，增大企业市场价值而努力工作。企业盈利越多，奖励企业经营者的股份越多，如此才能实现持股的激励作用。此外，经营者持股数量必须使经营者有强烈的所有者认同感。期权期股激励，旨在使经营者获得企业部分物质产权，从而承担起对企业经营的风险。持股比例过小，会使经营者持股流于形式，起不到激励的作用。而股权过于集中，会拉大企业内部收入差距，产生新的收入分配不公。借鉴成熟市场经济国家的经验，并结合我国的实际情况，在中小企业内经营者持股占企业总股本的比例应为20%—30%；在大型国有企业内，经营者持股的比例应为10%左右。对个别严重亏损企业改制为职工持股企业，允许经营者持大股，比例可增加至50%左右。

（四）期权期股与实股相结合，采取多种措施，加快建立企业经营者收入分配的激励机制

期权期股激励是一种中长期的经营者激励方式，应尽快采取多种措施，使期股期权与实股相结合，长期激励与短期激励相结合，推动经营者持股取得实质性进展：一是应在有条件的企业试行经营者年薪制办法的基础上，逐步向实行经营者持股和奖励股份、股权等长期激励办法过渡，使经营者获取与其职责和贡献相符的收入水平；二是应制定和出台相关的政策，大胆鼓励经营者的人力资本投

资，使经营者的人力资本投资规范化、制度化，由此使经营者人力资本这一稀缺资源得到合理有效的配置；三是要改革董事会、经理层其他成员的收入分配办法，董事会成员根据其投资和资产运营能力及其业绩取得相应的报酬，经营层副职根据其履行经营管理责任和取得业绩的情况确定报酬；四是加快建立企业经营者的市场选择机制。在重视企业内部经营者激励和约束机制建立的同时，更要重视通过经营者市场竞争对经营者形成的激励和约束力量。应尽快取消国有企业经营者行政任命的方式及行政级别，为建立有效的经营者持股激励方式创造条件。

六　充分发挥政府作用，为推进职工持股制度创造良好的外部环境

（一）同职工持股制度相结合，进一步建立健全企业补充养老保障制度

职工持股在国外与雇员的退休金计划密切结合，被广泛作为一种福利收益制度。借鉴国际经验，我国更有条件在企业改制中，通过建立职工持股制度，有效地建立起企业的补充养老保障制度。这种做法不仅有很强的现实需求，又有可操作性：第一，以个人出资投入为主，结合企业转移的盈余收益建立完善企业职工养老保障制度。第二，鉴于目前财政收支紧张状况，国家从企业现有存量资产中，通过量化为股份的形式给职工以适当补偿，补充职工养老基金。

（二）允许银行等金融机构为职工持股提供优惠信贷服务

商业银行为有条件的国有企业实行职工持股提供优惠的信贷服务，对促进企业机制转换、刺激国内需求有重要的现实意义。为此，第一，应放宽有关法律限制，允许和鼓励银行等金融机构，为职工持股提供低息优惠贷款。第二，放宽抵押贷款政策，允许职工以股票、不动产等为抵押获得购股所需贷款。第三，应允许企业其他股东做担保，由企业借款购买职工股份，本息由职工股的分红偿

还。第四，对实施职工持股制度的企业，应在提供信贷服务方面予以优惠。

（三）充分运用税收杠杆，支持职工持股实践

政府为利益相关的各方提供税收激励是国外成功推动职工持股的主要经验。我国的企业实施职工持股改制，一方面，使企业摆脱困境，不仅可以防止国有资产的损失，而且可以创造更好更多的税源。另一方面，与企业补充养老金制度相结合，实施职工持股可增加职工退休后的收入，减轻了国家的负担。因此，政府应充分利用税收优惠，支持职工持股的实践。

政府提供的税收优惠应包括：（1）在3—5年内，对银行等金融机构为职工持股提供贷款的利息收入，按一定比例免征所得税。（2）对于职工股份分红用于归还银行贷款的部分免征个人所得税。（3）对于没有变现，有不直接用于消费而用于企业投资的分红形式，应免征个人所得税。（4）对企业工资基金转为股份的，也应享受免税优惠。

（四）进一步做好职工持股与现行各种法律的衔接工作，为推进职工持股提供法制保障

为职工持股创造规范、有序的法制环境，是建立和完善我国职工持股制度的重要保障。为此：第一，应在法律上确立企业实行职工持股的合法地位，为推动职工持股提供法律依据。第二，应允许有条件的地方，结合本地经济发展的实际情况，率先在立法权力许可的范围内制定职工持股的相关法律。第三，针对目前实践中遇到的焦点问题，应重点做好职工持股制度与现行的公司法、税法、金融法、证券法等法律在一些具体条文上的冲突和衔接工作。

（五）在总结实践经验和进行立法研究的基础上，尽快起草和颁布《职工持股法》

实践证明，职工持股制度是寻求公有制经济的实现形式，逐步

实现共同富裕的一种重要选择。尽快起草和颁布《职工持股法》，通过规范职工持股的操作与管理，进一步推进职工持股，对形成利益共同体，增强企业活力，促进社会主义市场经济发展有重要意义。为此，建议有关方面尽快对这项立法进行深入调研，在此基础上，按照法定程序，抓紧起草和通过《职工持股法》。

在全面解决债务中加快国有商业银行的股份制改革[*]

（2000年10月）

加快推进国有银行的股份制改革，这是国有经济战略重组的关键环节。在中国加入WTO的背景下，这项改革，快些进行比较有利。这项改革早在90年代中期就有多方面的呼声，但由于多种因素，拖延了相当长一段时期。按照党的十五大关于"国有经济在国民经济中的主导作用主要体现在控制力上"的精神，不需要继续维持单一国有的商业银行体制，应当允许社会和民间资本参股国有商业银行，支持社会建立民间金融机构。目前，国有银行股份制改革的大方向已被肯定和承认，关键是如何处理国有银行庞大的不良资产。四大国有商业银行成立资产管理公司，处置国有商业银行的不良贷款，这是一个重要的举措。但是，要打破国有银行自身改革的局限性，从根本上解决长期积累下来的不良资产，需要采取更为彻底的办法。通过债务全面托管的一揽子办法为国有银行股份制改革提供最重要的条件，这是彻底解决不良资产，加快推进国有银行股份制改革的有效途径。

---

[*] 本文载于《改革决定未来》，中国经济出版社2000年版。

一　维持单一的国有商业银行体制是不现实的，也是不必要的

（一）国家垄断银行产权不可能建成真正的商业银行

现代企业制度是适应于现代化生产分散风险需要而发生的制度创新。股份有限公司是现代企业制度的典型形式，它成功地把风险分散到每个人所能承担的限度内的同时，也成功地限制了个人资本直接干预企业的可能性。而要做到这一点，前提必须是所有权多元化，产权分散化。如果所有权单一化，只有一个产权主体进行投资，它必须承担全部风险，因而它的意志不可能不反映到企业生产经营活动中去。只有在所有权多元化、产权分散的情况下，企业利益才能从原始所有者那里独立出来。现代企业制度是由公司制经过股权高度分散演变而来的。由于股权高度分散，资本所有者不能凭借大股权直接干预企业，经理事实上控制了企业经营权，实现了所有权和经营权的分离。

中国长期以来是国家拥有银行统一的资产所有权，国家是唯一的产权主体。在这种单一产权体制下，银行经营听命于产权所有者，产权所有者代表各级政府对银行进行干预成为"合理"，自主经营成为一句空话。国家作为产权的唯一主体，对经营成败承担最终责任，因而银行的自负盈亏、自担风险无法实现，也无法形成有效的自我约束。

（二）产权多元化是银行商业化的客观要求

产权主体的核心内容是指资产的所有权主体，这一主体应是多元的，而不是单一的。这是由商业银行自身的特殊性决定的。商业银行具有自有资本量大和风险性相对较高的特点。只有产权主体多元化，才有可能根据其经营性迅速而有效地保持和提高资产负债比率，保障和提高商业银行承受投资风险的资产实力，并在实际经营中通过多元化的资产和多元化的投资来分散风险。由于法人股和个人股的参与限制了政府对银行的业务非市场化干预，因为法律不允

许一部分股东为实现目标去损害另一部分股东的权益。政府的意图只能通过其在全部股份中所占的比例和在董事会中相应的表决权力来实现，不能随意指挥。同时，国际金融化趋向于一体化，国有银行实行股份制经营，树立了国际化形象，更接近国际惯例，为国际金融界认同。因此，只要公有制处在主体地位，就没有必要搞单一的国有商业银行。

二　在明晰产权中实现银行的商业化

（一）向商业银行转化的根本问题是产权问题

产权关系模糊、权责关系不清，妨碍商业银行利润最大化目标的实现。当前中国国有银行激励机制不强，约束机制不硬，资产质量低下，收益性观念淡薄，信贷约束软化，资产配置效率低下，以及出现的种种"设租""寻租"活动等，其深层次原因就在于产权不明晰，国有银行远未成为利益、责任、权利的主体。在市场经济条件下，要求商业银行产权关系明确、清晰。因此要建立以市场化为目标的商业银行体制，关键是进行产权制度改革。现行国有银行产权制度存在的突出问题是：

——政府的资产管理职能和银行的经营职能混合交叉，形成政府对银行经营活动的过多干预，并使政府和银行之间的产权关系模糊。

——国家集所有权和经营权于一身，银行集管理者和经营者于一体，形成产权所有者和经营者财产利益关系不清。

（二）产权明晰是国有银行商业化的核心

只有产权关系清晰，才能做到权利与风险对称，从而确立起股东、董事会和经理之间的权力制衡关系，形成自我约束机制，形成与人们切身利益相关的企业利润，在利润最大化的驱动下实现自我发展，达到资源的优化配置。可以这样认为，中国国有银行商业化的核心问题是能否建立起按市场机制运行的产权制度。只有真正解决了这个问题，才能使商业银行做到：

——具有适应市场经济要求的经营机制和完整的现代金融企业制度。主要是金融企业法人制度、组织制度和管理制度，在法律规定的范围内拥有充分的经营管理自主权。

——实行严格的产权约束和产权制衡，拥有法人所必须具备的独立法人财产权，对经营资产的保值增值负责，并在此基础上建立现代公司法人所有权制度。

——根据市场需要开展经营活动。

——以"效益性、安全性、流动性"为其经营原则。

——以实现利润的持续、稳定增长和把风险控制在尽可能小的范围内为其基本经营目标。

三 建立以公有为主体的股份化商业银行体制

（一）股份化有助于建立起现代企业法人治理结构

社会主义市场经济是财产混合所有的经济，现代商业银行的组织形式已无法按所有制性质划分，而是按照财产的组合形式和所承担的法律责任划分。西方商业银行在长期的经济发展中，已形成的一套完整的公司组织制度值得借鉴。选择股份化的公司组织模式，是商业银行的最理想选择。

产权独立与产权自由转移是市场经济存在和运行的最基本的规则。现代股份制银行关系清晰，权利与风险对称，它确立了股东、董事会和经理之间的权力制衡机制，有利于银行的自我约束、自我发展。因此，中国的商业银行应当走股份制的道路。

国有银行要改造成为真正的商业银行，同其他国有企业一样，应实行产权制度改革，改变与国家的关系形式，成为市场主体。可借鉴中国已有的股份制商业银行发展经验，对国有银行进行股份制改革，改变单一的产权结构，既可扩大金融资本，增强自我发展能力，又使国有财产主体明晰化、人格化，明确产权主体的财产责任和财产权利。按照股份制惯例建立的股东大会和董事会，在确保银行独立法人地位和权力的同时，对执行管理部门的经营行为和管理方式进行有效的监督和约束，按照市场规律自律金融行为。国有银行经过股份制改造后，由于股份代表了典型的可转让产权，因而其产权结构不再具有单一持有者的特性，它已是一种"集体产权结构"，有利于实现所有权与经营权的分离。各股东的权利则必须集体地履行和保障，所有者的行为置于制度化和合法化、程序化的框架内，形成现代企业所必需的法人治理结构。

(二) 适当压缩国有股比重，广泛吸收多元投资

国有银行的国有资本金经债权托管后会相应缩减，在此情况下，宜广泛吸收地方政府、企业和个人持股，形成广泛的公有股和社会公众股，形成较为合理的股权结构。

(三) 进一步扩大金融机构的对外开放，吸引外来资本参股

应当吸引外资参股，改造中国的国有银行的股权结构，是中国国有银行走向国际化、参与国际竞争的有效途径。与此同时，根据对等互惠的原则引进外资金融机构，建立合资金融机构，并鼓励有实力的商业银行有重点、有计划地发展国外的分支机构，拓展国际市场。这对加快银行商业化步伐都会有重要作用。

(四) 应鼓励商业银行上市交易

应当积极创造条件，鼓励股份制的商业银行上市交易，进而增加其操作的透明度和市场竞争性。

促进非国有经济参与基础领域改革的建议[*]

(2000 年 12 月)

《中共中央关于制定国民经济和社会发展第十个五年计划的建议》指出:"加强基础设施建设是未来 5 至 10 年一项十分重要的任务。公共预算和发行债券,渠道单一,资金严重短缺。从投资方式看,主要采取直接投资方式,且投资主体缺乏风险约束机制,是重要的任务。""十五"期间要求基础设施必须保持高速度发展。更为紧迫的是,我国即将加入 WTO,无论是管理体制和经营机制,还是技术装备、资金、人才和服务方面,基础领域的开放都将面临发达国家的优势竞争。因此,抓住机遇,充分发挥非国有经济参与基础领域改革的作用,创造非国有经济进入基础领域的途径、制度环境和条件,实现基础领域投资主体的转换,是我国目前基础领域改革迫切需要解决的重大问题。

一 充分发挥我国非国有经济的主体作用,加快实现基础领域投资的主体转换

吸收非国有经济参与基础领域建设是我国开放市场、打破垄

---

[*] 本文载于《中国投资》2000 年第 12 期。

断、加快基础领域改革的重要途径。长期以来，我国政府是基础领域和基础产业的主要投资者，也是经营者。从资金来源看，主要依靠政府的公共预算发行债券，渠道单一，资金严重短缺。从投资方式来看，主要采取直接投资方式，且投资主体缺乏风险的约束机制，普遍存在着重复投资，管理落后投资回报率低、经济效益差等问题。能否有效地解决上述问题，使基础设施建设起到支撑未来经济社会发展的作用，一要看能否有效动员民间和境外资本进入基础领域；二要看能否大幅度提高投资效益。

加快实现投资主体转换是我国基础领域改革的基本任务。无论从投资，还是从基础领域市场化改革来说，政府都不可能成为基础领域的投资经营主体。1998年以来的实践证明，仅靠政府以独立投资和直接投资的方式无法解决资金短缺问题，更无法缓解基础设施落后的局面。相对于几万亿元的社会资本，政府投资对经济的拉动力是有限的，是难以持久的。只有充分调动社会民间资本的积极性，吸引民间资本投资基础领域，才是解决这一矛盾的根本途径。因此，由政府作为投资主体转向非国有经济逐渐成为投资主体，是基础领域加快发展的重要措施，也是基础领域保持活力的关键所在。因此，加快基础领域投资主体的转换，是我国基础领域改革目前面临的最为突出的深层矛盾，只有从根本上解决这一矛盾，才能使基础领域改革有实质性进展。

当前，加快非国有经济参与基础领域的改革具有特别重要的意义。进入21世纪，加快中国基础领域的发展对于实现经济结构的战略性调整，对于保持经济的较快发展都是至关重要的。实践证明，民营经济具有较强的激励与约束机制，是市场经济的主体与生力军。吸引非国有经济参与基础领域改革，不仅为非公有经济发展找到了新的途径和空间，为我国基础产业的发展提供了新的资源与动力；而且有利于打破我国电信、民航、铁路、电力等行业的长期垄断，形成开放竞争局面，促进基础领域产业降低成本，改善服务，提高效率和国际竞争能力。

二 把握时机，积极推动非国有经济参与基础领域改革的进程

我国非国有经济参与基础领域改革的时机已趋于成熟。过去20多年的发展，我国非国有经济已经取得重大成就，开始成为支撑我国经济增长的主力军。非国有经济仅用1/3的社会资源，就生产出2/3的国民生产总值，显示了相当的活力。民间积累了相当的社会投资潜力，6万多亿元的社会存款随时都能释放出巨大的投资力量。我国宪法已经肯定非国有经济是社会主义市场经济的重要组成部分，十五大文件也明确了民营资本的地位与作用，基础领域改革的政策和体制条件已经趋于成熟。尽快制定出鼓励非国有经济进入基础领域的具体政策与措施已迫在眉睫。

技术进步与制度创新为非国有企业参与基础领域提供了技术条件。过去，基础领域的产品和服务基本属于公共产品范围，并且由于公共产品存在消费效用的不可分性、消费的非竞争性及受益的非排他性，使私人参与基础领域的投资收益得不到有效实现，这是基础领域主要由政府作为投资主体的重要根源。此外，基础领域还存在经营上的自然垄断和投资上的资金密集等特性，也是民营资本进入基础领域的重要壁垒。技术创新使垄断性行业变得可以引入竞争机制。制度创新也使原来无法实现的收费和收益补偿变为可能。因此，通过制度创新使政府规制更为规范，为基础领域打破行政垄断、引入民间资本提供机会与条件。

加快基础领域改革，消除非国有经济进入基础领域的体制性障碍。首先，中国非国有经济进入基础领域的主要障碍是行政垄断，特别是有项目审批权的行政性壁垒。其次，基础领域现有的组织体系，也对非国有经济进入形成体制性障碍。再次，融资渠道不畅，我国银行体系缺乏为非国有经济融资的部门与渠道，在直接融资方面对非公有制企业上市还存在过多的限制，资金问题成为非国有经济发展的"瓶颈"之一。因此，尽快通过相关立法对个人财产实行可靠的保障，这对于消除产权的保护和产业壁垒，加快基础领域的改革步伐有根本性作用。

三 股份制是非国有经济进入基础领域的基本形式，应加快推进基础领域的股份制改革

加快基础领域的股份制改革打破国有经济的垄断局面。在我国经济转轨的关键时期，加快电信民航、铁路、电力等基础领域的股份制改革，不仅有利于两权分离、政企分开、解决投资不足和提高运营效率，更为重要的是，股份制是非国有经济进入基础领域的基本形式。历史上，铁路就是靠股份制发展起来的。我们应当充分估计股份制改造在促进非国有经济进入基础领域中的重要作用，并采取切实的改革措施和步骤，推行股份制改革。推进基础领域的股份制改革：要逐步减少国有经济比重，为非国有经济的进入创造条件；要通过大量吸收国内外资本，实现基础领域的投资主体多元化、股权多元化。当前，按照国家的统一规划，适应我国加入WTO的新形势，对基础领域国有股权的比重，应当有灵活的安排。事实上，只要规划合理，国有股权的比重少一些，更有利于基础领域的竞争和发展。

采取有效形式，加快基础领域的股份制改革。无论是应对经济全球化，还是从适应经济结构调整的内在要求看，在电信、民航、铁路、电力等基础领域加快股份制改革都是大势所趋。为此，我们应当抓住机遇，采取多种形式，切实地推进基础领域的股份制改革。第一，对未来一些营利性的运输、通信能源等基础产业和基础设施，应根据条件成熟程度，逐步地、普遍地进行股份制改革。第二，对于能够改造为规范的股份公司的，应争取早日上市。第三，对不能整体改制的企业，应采取分类、分解的办法，逐步实现股份制改革。第四，对条件暂不成熟的企业应通过发行可转换债券方式，分阶段实现股份制改革。第五，在条件成熟时，应扩大社会债券发行的范围，以多种形式实现基础领域投资社会化，为基础领域股份制改革创造条件。

在加快基础领域股份制改革中建立严格的公司治理结构。股份制的一个重要特征是在实现资本所有者和经营者相分离的基础上，建立严格的公司治理结构。这是国有企业改革的方向，也是基础领域国有部门改革的方向。

四 采取多种形式，拓宽非国有经济进入基础领域渠道

鼓励民间资本采取联合、联营、集资、入股方式进入基础领域；同时，采用项目分割的方式，降低民间资本进入的门槛。民间资本进入基础领域的方式，不像服装、针织、塑料、低压电器、餐饮等行业一开始就可以独资进入、独资经营，基础领域投资额度大，存在相当大的产业壁垒。加上我国民间资本多半是小额资本，单个民间资本不足以形成进入基础领域的力量，民间资本进入的方式只能是联合、联营、集资、入股方式。因此，应当采取有力措施，鼓励和支持民间资本以联合方式进入基础领域。比如通过建立多种形式的基金，把分散的社会资本集中起来，由专业投资人员运作，将降低投资风险，有利于调动民间投资的积极性。另外，许多具有公益性和商业性的项目，可以分割开来分别组织实施，如铁路运输与建设可分为两部分，将商业性的运输部分让给市场去运作。

充分运用资本市场吸收非国有投资。近年来国内外基础领域的改革实践证明，基础领域在长期内具有稳定的投资价值和收益。放宽基础领域运用资本市场和上市的条件，不仅有利于形成非国有经济进入基础领域的途径，而且有利于促进我国资本市场的完善和稳定。应通过货币的资本化、资本股份化、股份证券化、证券大众化来实现民间资金进入基础领域。

充分利用和借鉴 BOT 方式。BOT 是国际通行的基础领域建设方式。我国加入 WTO 后，利用 BOT 方式，吸收外资和其他民间资本参与基础领域建设将有很大空间。经济效益好的基础设施项目可以吸引民间资本参与，经济效益不好的项目也可以通过好的制度设计，提高投资预期收益，从而吸引民间资本。政府通过多种方式改善基础设施投资回报率，关键是要解决 BOT 方式所遇到的土地征用、项目融资、收益补偿等问题。

实现经营权的非国有化和国有资本的民营化。非国有经济参与基础领域有资本方式和经营权方式两种方式。非国有经济进入基础领域，不一定要出让国有股权，实现经营权的非国有化本身也是非国有经济参与基础领域的很重要内容之一。我国基础领域经营权的民营化可供选择的大体有 3 种形式，即寻找民间的经营者、经理人；通过向民间招标实现基础领域服务和产品的销售代理民营化；通过招标实现基础领域后勤、技术保障的民营化。

根据基础设施的不同类型，采取不同方式吸引民间资本。(1) 对于电信、铁路、机场、港口、城市公交等既竞争又排他的基础设施，可以由民间资本参股、控股，甚至独资经营。(2) 对于竞争性弱但排他性强的基础设施。如果有利可图，私人企业愿意投资，那么政府应该引导民间资本介入。(3) 对于纯公共产品，如果能对使用者收费，民间资本仍然可以参与，如灯塔、铁路等。

渐进式改革和重点突破相结合，实现非国有经济参与基础领域建设的快速发展。所谓渐进式，是指对基础领域的增量资产部分逐步放开，在资本市场上吸引非国有资本参与基础领域投资建设，从而相应逐渐减少国有资产的相对比例，促进基础领域主体转换。所谓重点突破，是指对基础领域的存量资产部分，通过有重点地减持国有资本，使"国退民进"。具体做法有 3 种，一是"卖一块"，即通过产权置换、转让等，将一部分国有资产出售，转变产权关系，出售所得上缴国库；二是"分一块"，即把产权制度改革与劳动制度改革、社会保障制度改革相结合，彻底打破"铁饭碗"，转换职工身份，把国家对全民所有制职工的低工资欠账，以"股票""债券"等形式归还，即"买断工龄"；三是"托一块"，即在存量资产中留一部分，进行资产委托经营。资产委托经营不同于承包租赁，而是搞"经营权革命"，是通过经营权市场转让经营权，实现经营权的民营化。目前，需要把渐进的改革方式与重点突破方式结合起来，把"增量"改革与盘活和重组"存量"有机结合，促进非国有经济参与基础领域建设的快速发展。

五　加强法制保障和服务功能，充分发挥政府在非国有经济参与基础领域改革中的重要作用

应进一步解放思想，转变观念，转变政府职能。首先，政府要尊重和支持非国有经济参与基础领域的改革发展。从现代市场经济的角度看，非国有经济进入基础领域是中国经济市场化改革的题中应有之义，是市场经济内生的必然要求。因此，政府对非国有经济参与基础领域改革不是允许不允许、赋予不赋予、让出不让出的问题，而是要还权于民，还权于市场。其次，应进一步明确政府的职能定位。政府有义务为社会提供基本的公共产品和信息服务，创造和维护公开和公平的社会经济环境。政府的主要作用应是完善基础领域的立法，推动政府工作的法制化，规范市场经济条件下财产关系、信用关系和契约关系，维护市场秩序，保证公平竞争，建立和完善社会保障制度和社会服务体系，为基础领域的改革和发展提供良好的制度环境。

实现由政策推动向制度推动的转变，为非国有经济参与基础领域的改革提供制度和法律保障。我国基础领域改革沿袭一种先改革、后立法的传统，主要依靠政策手段推动非国有经济参与基础领域的建设和发展。政策的随机性较大，缺乏法律制度的规范性和稳定性由此产生许多弊端。加入 WTO，必然要求减少经济活动中的人为因素，提高法制化程度。加快我国基础领域的体制改革进程，迫切需要建立一套清晰透明、规范市场运作、符合国际惯例的"游戏规则"。目前我国基础领域应该提上议事日程的立法重点，是尽快制定全国统一的《航空法》和《电信法》，修改《电力法》和《铁路法》。新的法律应体现立法者的中立性以及立法过程的公开性和透明性，保证法律和规则符合各方面的利益，保证公私营经济公平进入基础领域；法律必须确定基础产业改革的目标与程序，以增加市场的可预见性；新的立法应把引入竞争作为立法的基本原则，将原来的维持垄断的市场结构的法规条目予以废除；必须体现实行政企分开的原则，明确政府、行业管理机构与经营机构的关系；必须对管制机构的权限和行政程序进行规定，充分保障企业的经营自主权；必须对经营机构的市场准入条件、服务质量、收费标准等重大问题作出规定。为促进非国有经济参与基础领域的建设，建议专门制定民营企业投资基础设施的《基础设施投资促进法》。

加大政策扶持力度，为民营经济积极参与基础领域改革创造有利的政策环境。（1）清理和修改现行对非国有经济的歧视政策，切实解决民间投资者在土地征用、项目审批、用水用电、职称评审、进出口经营权、税收负担等方面的不公正待遇。（2）采取相关配套政策，为非国有经济的直接融资和间接融资创造便利条件。首先，清理限制民间投资、融资的政策，允许并保护企业法人和自然法人直接融资的权利，为合格的非公有制企业提供在证券市场融资的机会。配合国有经济结构调整和国有资本的流动重组，鼓励符合条件的民营企业购买上市流通的国有股和法人股。重新开放产权交易市场，为非国有经济提供产权交易便利。其次，发展为非国有经济融资服务的股份制银行和地方银行体系。在国家政策引导下，鼓励民间资本按市场原则在自愿基础上设立金融机构，为非国有企业提供新的融资渠道。最后，政府要利用财政贴息和建立投资担保基金等方式，为民营企业投资基础设施提供融资便利。(3) 提供政府赞助和收入担保。政府赞助主要是为投资人提供基础设施建设和经营用地，股票债券认购，无息贷款和为进口物资豁免关税。政府还应给新进入者提供优惠待遇如税收减免、允许新投资者自主定价或提高收费，促进其发展壮大，并用财政补贴或综合补偿的办法，提供发挥民营资本进入基础领域的激励机制。(4) 应将积极的财政政策与鼓励促进非国有经济发展的体制创新结合起来，促进基础领域进一步发展。

制定基础领域产业结构政策，使投资主体的投资方向和规模选择符合社会整体需要。基础领域市场化改革将刺激投资主体的积极性和主动性，并提高投资效益和减少资源浪费。但是，仅仅依靠市场调节基础领域的投资活动是不够的。因此，必须加强对基础领域的宏观调节。(1) 合理划分事权，优化财政投资和支出结构。政府在基础设施建设方面的投资重点应是那些具有自然垄断特征、外部效益大、产业关联度高、具有示范和诱导作用的基础产业和公共设施。政府对这一部分的投资在形式上可以采用国有独资和国有控股公司，在资金供应上可以通过无偿拨付资本金、国家参股和财政信用投资等形式，保障这些基础设施投资与运营的正常进行。(2) 税收减免仍应作为实施产业结构调整和地区结构发展政策的重要手段。现行征收的基本建设投资方向调节税，加大了投资成本，实际上成为一种产业进入的门槛，应适时废除。

为非国有经济进入基础领域提供良好的社会服务和社会保障。(1) 发展政府和民间资本合作的各种中介组织，为非国有经济进入基础领域提供政策咨询、市场信息、资产评估、财务分析、人员培训和技术服务等全方位高质量服务。同时为民营企业提供投资基础设施所需要的技术支持，当民营企业的融资顾问和代理服务。

（2）加快人事制度和社会保障制度的改革，使各基础领域原管理部门分流出来的公务人员能够得到妥善安排，尽量减少基础领域改革中来自现有利益集团的阻力和摩擦。(3) 政府要依法行政，减少政府干预行为。目前应以治理"三乱"为重点，进一步优化经营环境，坚决清理收费项目，取消不合理、不合法的收费项目，规范收费方法和行为，切实减轻民营企业的负担。

承认并实现创业型企业家价值的框架建议[*]

（2001 年 8 月）

中国加入 WTO，企业的竞争力首先依赖于企业家的数量与质量。企业家资源的严重短缺，是我国面临的一个严重问题。值得欣慰的是，经过 20 多年的改革开放，我国已经初步形成了一批有中国特色的企业家——我们称之为"创业型企业家"，这是最值得珍惜的宝贵财富。面对 WTO 的挑战，承认并实现创业型企业家的价值，对于加快形成中国企业家阶层，由此提升企业的竞争力，会产生直接的、深远的影响。

一　创业型企业家是目前我国极具价值的稀缺资源

承认并实现创业型企业家价值，对入世后我国企业的改革与发展具有重大的作用和相当的迫切性。创业型企业家是我国经济转轨时期改革的特殊产物，是我国改革开放以来形成的第一批企业家。无论是成功的民营创业型企业家，还是国企改革中产生的创业型企业家，虽然创业经历各异，但都有某些共同的特点：（1）大胆创

---

[*] 在"企业家价值暨双星现象研讨会"的发言，2001 年 8 月 20 日，北京；载于《中国企业报》2002 年 4 月 24 日。

新、善于创新并能勇于承担风险。(2) 能够发现市场机会，并善于把握市场机会取得成功。(3) 有杰出的领导能力。(4) 富有远见、注重诚信、处事果断、有坚强的意志。(5) 在企业经营和管理上取得了非凡的成就。创业型企业家已经具备了现代企业家所应有的基本素质。

（一）创业型企业家创造了企业发展的奇迹，是企业财富大幅增长的杰出贡献者

1978 年至 1998 年，我国 GDP 年均增长率为 9.7%。与国民经济的总体增长情况相比较，大多数创业型企业家所领导的企业都有较高的增长速度。除对经济总量增长的贡献外，创业型企业家在我国产业升级和综合竞争力提高方面发挥了重要作用。20 年前，国内企业与国外企业相比，在管理、技术、产品、经营观念以及硬件设施诸方面都严重落后。但 20 年后的今天，虽然国内企业在整体竞争实力上与国外企业相比还有相当大的差距，但已有越来越多的企业，特别是创业型企业已经具备了在同一市场与国外企业平等竞争的能力，有的甚至走出国门，直接参与最高水平的国际竞争。在我国所有制结构调整方面创业型企业家也立下了汗马功劳。20 多年来，我国所有制结构实现了由改革初期国有经济成分占绝对统治地位到国有与非国有经济成分各占半壁江山的改变。民营经济能够持续高速发展，在改革开放初期外部环境起了很大作用，但进入 90 年代以后，随着经济的成熟和市场的规范，上档次、上规模的大、中型民营企业越来越成为中国经济舞台的活跃角色，企业家逐渐成为民营经济持续快速发展的主导力量。

（二）创业型企业家是中国企业家的杰出代表，承认并实现创业型企业家价值对企业家阶层的形成有着导向作用

创业型企业家作为我国改革开放中形成的第一批企业家，已经成为众多的企业经营者和管理者学习的楷模。创业型企业家是在我

国改革开放中成长起来的企业家群体，他们大都经历过各种各样的艰苦磨炼，他们不仅为企业的发展做出过卓越的贡献，现仍在继续为国家和社会创造更多的财富。他们善于将现代企业管理理论和国外企业先进经验同我国的国情相结合，创造出许多有中国特色的企业经营和管理的成功经验。

承认和实现创业型企业家的价值，有利于促进中国企业家阶层的形成和壮大。市场经济从某种意义上讲就是企业家之间的"竞赛"，把企业不断做强、做大，既是所有者的利益需要，也是管理者经营成功的标志。企业成功带给所有者的是财富的增加，带给管理者的则是企业家的身份、地位、声望和个人财富。前人的成功是对后人的最大激励。对企业家而言，成功的标志不仅是将企业做大了、做强了，还要得到社会的认可、权益的落实。其中企业家的"身价"——报酬水平和个人财富无疑是衡量企业家的成功度和被社会认可的程度最直接也是最重要的标准。

（三）加入WTO以后中国企业家短缺的矛盾将更加突出。保护企业家，留住企业家，需要尽快解决创业型企业家价值实现问题

企业家是中国入世后人才争夺的焦点，承认和实现创业型企业家价值能有效地保护宝贵的企业家资源。加入WTO，企业间的竞争越来越突出地表现为人才的竞争。高级经营、管理人才的争夺又是争夺的重点。招募、使用本土型高级管理人才渐渐成为跨国公司在中国市场竞争策略的重要组成部分，有的创业型企业家已经成为跨国公司不惜重金"猎取"的目标。如果不尽快解决创业型企业家价值的实现问题，我国数量不多的企业家资源就有可能因被"挖"而严重"流失"。

创业型企业家对企业核心竞争力的形成具有关键性的作用，实现创业型企业家价值就是保护和提高企业的竞争力。知识经济时代，企业的核心竞争力主要体现在拥有人力资本的数量和质量上。

创业型企业家不仅是企业人力资本的核心,对企业核心竞争力的形成和保持也起着至关重要的作用,而且由于其在创业过程中形成的与企业人才群体的事业相关性和利益共同性,其价值实现程度直接连带着企业整个人才群体的价值实现程度;创业型企业家在企业中地位和作用的稳定也就直接决定了企业核心竞争力的保持和稳定。由于创业型企业家所领导的企业很多都在同行业有举足轻重的地位,创业型企业家的价值实现问题不仅直接影响企业本身的生存和发展能力,在一定程度上还会影响整个产业和行业的竞争力。承认并实现创业型企业家价值,对于激励企业家、保护企业家具有相当的迫切性。这突出表现在两个方面:一是年龄结构,将有超过一半的创业型企业家都正在面临着"59岁现象"的考验;二是企业家的收入水平普遍较低。据调查统计,1998年国企经营者的平均年收入仅为17726元,到2000年仍有89%的国企经营者的年收入在10万元以下,国企经营者的平均年收入只相当于职工平均年收入的3倍左右。即使是实行了年薪制的企业,经营者与职工收入平均水平的差距也只有4—6倍。这说明,要真正消除"59岁现象",要保护企业家,关键在于尽快承认并实现创业型企业家价值,解决他们的报酬和激励问题。

(四)承认并实现创业型企业家的价值,充分发挥创业型企业家在企业文化形成中的特殊作用

企业文化越来越成为现代企业管理中重要的无形资产。"制度是骨、文化是肉"。充分发挥人力资本在现代企业中的作用,除需要好的管理制度、好的激励机制外,企业文化越来越受到人们的重视。仔细分析那些成功的创业型企业,几乎在每个企业成功经验中都能看到独特的企业文化。

创业型企业家是企业文化的培育者,承认并实现创业型企业家价值,有利于更好地发挥企业文化在企业管理中的重要作用。任何

企业文化的形成都与企业的创办者或长期管理企业的经营者直接相关。创业型企业家在企业文化形成中的作用比一般的企业更加明显，更加突出：创业型企业家的重视和直接推动是企业文化形成的基本条件；创业型企业家在创业过程中所倡导和所表现出的某种精神则会直接化为企业文化的精髓；而创业型企业家个人行为和思维的风格以及价值取向则会直接影响企业文化的特点。某些企业在企业家的倡导下形成的"所有权文化"，使职工自觉地将自己看作企业的主人——不是把企业当成依赖的对象，而是乐于为之贡献、为之承担责任的对象。承认创业型企业家的价值，应当承认创业型企业家与创业型企业之间的特殊依存关系，将创业型企业家与企业紧紧连在一起。只有这样，在创业型企业中已经形成的优秀企业文化才会得以保持和发扬，企业文化对企业发展的促进作用才会得到长久的发挥。

二 以奖励股权和购买股权相结合为重点，建立创业型企业家的激励制度

不拥有产权的企业家不是完整意义上的现代企业家。这个概括反映了现代企业家最重要的两个方面价值：第一，企业家是企业财富的重要创造者，把企业家的人力资本股权化，形成企业家与企业的利益共同体，是企业家价值实现的主要形式，是建立企业家激励制度的重要内容；第二，企业家实际拥有部分企业产权，是企业家充分行使企业经营决策权的重要条件。我国的国有企业改革正处在关键时期，通过产权制度改革，使企业家，特别是创业型企业家实际拥有企业的部分产权，是承认并实现创业型企业家价值的主要形式，由此会产生多方面的积极作用。

（一）企业家拥有企业股权是企业持续发展和实现股东利益最大化的制度保障

企业家拥有股权是现代企业制度发展的内在要求。企业家人力资本作用的发挥程度，与企业家是否拥有企业剩余索取权有密切的相关性和高度依赖性。企业家人力资本的这一特性决定了在所有权和经营权分离的基本制度框架上，委托—代理关系中的代理成本和道德风险问题是不可能彻底解决的，也决定了只有使企业家成为企业剩余的索取者——产权的拥有者，建立起企业家能够自我激励和自我约束的新型企业制度结构，委托—代理问题才能从根本上得到解决，企业家的潜在价值才能得到最大限度的释放，"企业家"也才能成其为名副其实的企业家。创业型企业家拥有股权，一方面是对创业型企业家历史贡献和作用的承认，使其保持经营管理企业的高度热情；另一方面则通过产权纽带将创业型企业家个人与企业的长期利益紧紧捆在一起，使企业家才能得到更充分的施展。发达国家广泛使用的"股票期权计划"就是适应于现代企业发展趋势的一种具体方式。创业型企业家拥有股权是国有企业产权制度改革的重要突破。国企改革20年，从初期松绑、放权到后期的两权分离，中间进行了许多尝试，也走过不少弯路，但所有者主体不到位以及由此引发的政企不分、"内部人控制"等问题始终没有解决。企业家拥有了企业股权，使企业控制权和所有权在企业家身上得到部分统一，可以在解决国有产权责任人问题上实现突破。

赋予创业型企业家一定的股权对我国企业家队伍的形成具有直接的利益导向作用。在我国，要使企业家队伍迅速壮大，首先要让尽可能多的作为"潜在企业家"的经营管理者、有志之士尽快走上企业家的创业之路。通过股权的方式让已经成功创业的创业型企业家拥有企业一定的所有权，其对潜在企业家的引导、示范作用更直接，并可能远大过对创业型企业家本身的激励作用。

（二）以奖励股权和购买股权相结合的方式作为实现创业型企业家价值的主要形式

创业型企业家持有股权与普通的经营者持股有一定的区别。一般意义上的经营者（或管理层）持股，主要目的是解决企业的激励机制与分配方式的问题，其核心内容是制定一种制度性的安排，着眼点是考虑企业未来发展需要。解决创业型企业家拥有股权问题，除上述制度方面的考虑外，重要的是要解决创业型企业家历史贡献及其在企业特殊地位和作用的承认与补偿问题。二者在实现方式上、持股数量上以及具体方法的安排上都应有所区别。因此，创业型企业家持有企业股权应该坚持有偿和无偿相结合的原则实现，做到激励与分配兼顾、过去与未来兼顾。

第一，由企业现在的老板——政府有关部门或其指定的国有资产授权经营单位，根据创业型企业家过去为企业所做的实际贡献，将国有资产（或集体资产）增长净值的一部分折合为相应的股权拿出来奖励给创业型企业家，以此作为对创业型企业家价值的承认和贡献补偿。实践中，对国有企业经营者，尤其是国有高科技企业的经营者和技术骨干从企业净资产增值中拿出一定比例作为"绩效股"的做法，对此已经做出有益探索。

第二，允许创业型企业家自己出资以限定的价格和数量购买企业的部分股权从而成为企业的股东，实现创业型企业家在企业未来发展中与企业利益的一致性。

（三）从实际出发，允许不同类型企业实施股权奖励和股权购买采取不同的设计

奖励、出售给创业型企业家股权的数量及比例应综合考虑各方面因素，通过有偿与无偿两种不同方式所取得的股权应该大致均衡，原则上可考虑采用1∶1的比例。对于企业家有偿购股的资金来源，鉴于创业型企业家长期低收入的实际情况，在制定具体的实施办法时应该允许以股权作抵押向银行贷款。

第一，白手起家型企业。这类企业资产存量的增加是在国家政策的支持下，主要依靠创业型企业家以及与企业家一同创业的企

管理者和职工的贡献。建议这类企业，可以在净资产增量产权的分配上，适当给予创业型企业家一定的比例。例如，可以按大体 5∶3∶2 的比例在国家、创业型企业家、创业群体间进行分配，并允许创业型企业家以各 50% 的比例无偿拥有和有偿购买企业股权。

第二，二次创业型企业。即原企业因经营不善严重亏损，或原企业经营业绩不佳，创业型企业家通过大胆的改革、创新，使企业的经营状况发生了质的变化，经济效益大幅度提高，资产规模迅速扩大，创造了远好于同行业平均水平的经营成果。建议这类企业净资产增量的分配，可以大体按 6∶2∶2 的比例进行，即 20% 分配给创业型企业家，奖励、出售各 10%；20% 分配给创业群体，奖励、出售各 10%。

第三，国有控股（或参股）型企业。即在企业家创业初期就是股份（或有限责任）公司的情况下，创业型企业家的贡献应主要以国有净资产的增量来衡量，原则是通过国有股减持来实现。具体方法是将增量的一部分转化为同比例的股份（或股权）在企业家、创业群体、国家之间分配。由于这类企业大中型的占多数，建议按 1∶2∶7 的比例进行分配，即将国有净资产增量的 10% 分配给创业型企业家，奖励、出售各 5%；20% 分配给创业群体，奖励、出售各 10%。

（四）对创业型企业家实施股权奖励和股权购买比股票期权更具有现实性，应当尽快制定具体政策和措施

给企业家一定的股票期权是成熟市场经济条件下实现企业家价值的重要方式。股票期权对经营者的激励效果依赖于一些基本的条件，如要有一个成熟规范的证券市场，能真实反映企业的业绩和内在价值；要有健全的法律环境，为股票期权的实行提供法律保障；要有比较健全的公司治理结构等。此外，股票期权比较适用于上市公司和高科技成长型的企业。但无论从企业数量还是从资产总量

看，这部分企业都只占全部企业的一部分，股票期权不能解决大多数企业经营者的激励和价值实现问题。

我国实行股票期权的综合环境和条件还不成熟，相比之下，对创业型企业家实行"股权奖励、股权购买"更现实些，且适用于目前处于改革进程中的大多数企业。在实施"股权奖励、股权购买"的过程中，不仅解决了经营者激励问题，同时也直接推动了国企的产权制度改革，使现代企业制度和有效公司治理结构的建立得以落实。

采取股权奖励与股权购买相结合的方式实现创业型企业家的价值，涉及一系列相关的政策规定，具有一定的敏感性和复杂性。建议在少数企业试点的基础上，提出和制定"创业型企业家贡献奖励办法"。内容应包括：奖励的对象、条件（创业群体包括人员的具体范围）；奖励的具体内容和方式（股权、现金、其他奖励方式）；奖励、出售股权落实的具体方式；出售股权的价格系数确定；创业型企业家及创业群体购股资金解决方法；被奖励者所适用的税收优惠；对奖励、出售股权的转让限制等。

（五）采取多种过渡的办法实现创业型企业家价值

实现创业型企业家持有企业股权需要相应的政策配套和制度调整，全面落实需要一个过程。在此过程中，可以采取多种过渡的办法。

第一，设置虚拟股份，给予创业型企业家一定的分红权。首先应对创业型企业家的人力资本价值进行评估，确定其公允的价值以及可参与企业剩余分配的比例，并以虚拟股——岗位股或分红权的形式体现。与此同时，也可以设虚拟的"历史贡献股"——没有实际所有权但享受收益分配权，以此方式在企业内部承认创业型企业家对企业做出的贡献，以及应享有的参与剩余分配的权利。

第二，普遍实行年薪制，并在年薪制的基础上逐步提高股权激励的比重。实现创业型企业家价值，当前迫切需要解决的是明显提高创业型企业家的报酬水平，适当缩小与非国有经营者之间的差距。同时，在实行年薪制的基础上，加大对经营者股权奖励的比重。

第三，优化薪酬结构，多方面提高创业型企业家的福利待遇。企业家薪酬结构的调整，应与企业治理结构的规范和激励机制的建立有机结合，与企业内部的分配制度改革有机结合。合理的企业家薪酬结构应主要包括以下几部分：一是固定收入（工资），作为对企业家一般性社会劳动的报酬；二是岗位业绩工资，作为企业家实施管理所付出的高级复杂劳动的补偿，这部分工资应该与企业当年的综合经营业绩（非单一的利润指标）挂钩，重在产生短期激励效果；三是股权收入，指企业家在企业中实际拥有的股权所应分享的当年红利，这项收入主要体现长期激励；四是企业家作为人力资本的所有者参与企业剩余的收入；五是养老、医疗、交通、住房等其他方面的福利待遇。

（六）实施创业型企业家股权奖励、股权购买应该与职工持股相结合

企业家持股与职工持股相结合，构建企业的利益共同体，塑造所有权文化，是国有企业改革的重要内容。在给予创业型企业家股权的同时，只有使广大职工都拥有企业的股权（在自愿前提下），成为企业的所有者，才能真正形成一个完整的利益共同体，也才能逐渐形成一个人人爱护企业、人人关心企业发展的所有权文化。

三 在企业经营管理中具有充分的自主权和决策权，是创业型企业家的重要价值之一。适应现代企业发展的大趋势，要提升企业家在公司治理结构中的特殊作用

企业家的价值不仅反映在自身利益的实现方面，同时表现在企业经营管理中的主导作用上。没有产权的企业家不是完整意义的企

业家，没有企业充分经营决策权的企业家也不是真正的企业家。我国创业型企业家的经验证明，成功的企业家不仅维系着一个企业经营管理群体，而且还推动了公司治理结构的建立。为此，承认和实现创业型企业家价值，要十分重视研究和解决企业家在公司治理结构中的作用，"CEO 现象"的产生说明，企业家在公司治理结构中的定位，是现代企业发展的一个重大课题。

（一）承认并实现创业型企业家的价值就应该赋予他们更大的经营自主权和决策权

创业型企业家成功的实践说明，企业家在经营管理方面拥有较大权力的企业比其他企业具有更有效的管理和更快的发展。从对 65 位企业家所在企业经营业绩的比较分析中看出，创业型企业家所在的企业具有几个显著的特点。第一，大多都有很好的效益、很高的增长率和更快的发展速度，这与国有企业普遍的低效益、慢增长形成了对比。第二，职工的参与度比较高，并形成了有特色的企业文化。第三，经营者群体的作用能够得到比较充分的发挥。

创业型企业家拥有充分的经营决策权，有利于建立有效的公司治理结构。创业型企业家的成功实践告诉我们，在市场化改革的进程中，尤其是在国企改革的实践中，有效的公司治理结构是企业家创新活动的内容和结果。创业型企业家自觉地把自己当成了企业所有者的代表，他们深切地理解企业发展对规范的公司治理结构的需要，并从这种实际出发积极推动规范的公司治理结构的形成。规范的公司治理结构又为企业家提供了高效率的管理平台和有效的监督机制。今天，我们重视和强调建立规范的公司治理结构，首要的出发点应当是更有利于发挥企业家的作用。

（二）企业家在公司治理结构中具有主导作用。为适应这一需要，应当调整企业家与其他方面的关系

企业家在公司治理结构中具有主导作用，具体表现为企业家在

企业拥有充分的经营自主权和管理决策权。例如，日常的经营管理权和决策权；人事决定权；具体分配的决定权；财务支配权等；非重大投资或合作项目的独立决定权等。要真正赋予企业家充分的经营决策权，就要正确处理好企业家同企业董事会、监事会、管理群体，以及同职工的关系。特别是要适当调整董事会的职权范围，以有利于发挥企业家的作用，并更好地发挥董事会在企业重大问题上的决策作用。

（三）借鉴国外公司治理结构的经验，推行企业CEO制，并逐渐将其制度化

CEO制的出现，反映了现代企业发展的大趋势。董事会赋予CEO更大的权力和责任，同时也赋予相应的分享企业剩余的权利和从企业增值中受益的权利（如股票期权）。在我国，创业型企业家事实上已经在扮演CEO的角色，承担起比一般的经营者大得多的责任，因而才能创造出良好的业绩。但创业型企业家目前这种CEO的角色是在实践中依靠个人的威望和人格魅力形成的，并没有相应制度上的保障。建议在有条件的企业实行CEO，并使之制度化。

（四）为充分发挥创业型企业家的作用，建议将企业的国有投资产权责任落实到企业家身上，实现国有资产管理体制改革的突破

实践证明，将国有资本授权给创业型企业家具体经营管理是一种有效的国有产权管理模式

创业型企业家因为历史形成的与企业之间的特殊关系，他们把企业当成自己的事业甚至全部，自觉地担当起所有者代表的角色。将国有资本授权给创业型企业家，其经营管理责任能够得到最大限度的落实，有利于国有资产的保值增值。

在将国有资本授权给创业型企业家的同时，必须规范企业的治理结构。要建立政企分开、权责明确、组织机构健全、运作程序规范的公司治理结构，是企业家充分发挥作用的重要条件。作为授权

主体的国有资产管理部门派产权代表进入企业董事会，通过董事会参与决策。此外，原产权主体单位不再直接干预企业的任何经营管理活动，以保证被授权的企业家能够充分施展自己的才能经营好企业。

充分发挥企业家在公司治理结构中的作用，应全面落实经营者董事会聘任制。改革的实践证明，主管部门选择企业的经营者不能保证被任用的经营者一定具备经营管理企业的才能。在经营者行政任命制下，将国有资本授权给经营者会带来很大的风险。实行国有资本授权管理，必须坚决放弃企业经营者行政任命制，全面落实市场选择和董事会聘任制。

（五）在赋予企业家充分的经营决策权的同时，需要建立完善的监督与约束机制

在给予企业家更大自主经营权和决策权的同时，要建立相应的监督与约束机制。例如：建立完善、合理的业绩考核与奖惩制度；建立经营情况经常性通报制度，加强董事会对企业经营活动的监督；通过实行职工持股，实现职工对企业经营管理活动的广泛参与，充分发挥职工在监督企业经营管理方面的重要作用；吸收法律、会计等中介机构参与公司监事会，发挥社会中介机构对企业经营行为的监督作用；通过股份制改造，实现企业产权主体多元化，使董事会的结构合理、功能落实。

四 实现创业型企业家的价值，需要对现有的相关政策和法律做出某些调整、修改和补充

当前，承认并实现企业家价值在现实中涉及一系列迫切需要解决的矛盾和问题。例如，有的在改革实践中已经证明成功的做法，但在具体执行中与现行的基本政策相矛盾；有的在政策思路上已经明确，但与现行某些具体政策规定相矛盾；有的法律、政策对同一问题的规定有的允许，有的不允许，相互不一致；有的法律政策规

定严重滞后于实践的发展，相关的政策规定与改革发展不相适应等。围绕承认和实现企业家价值，特别是创业型企业家价值，涉及对现行政策法律条文做出相应的调整和修改，并以此为我国企业家队伍的形成提供有利的制度条件。

（一）调整现有政策思路，为创业型企业家价值和贡献的实现创造相应的制度前提

实现创业型企业家的价值，涉及国有资产的产权转让。事实上，能否将国有资产有条件地量化给企业经营者和企业职工，一直是我国国有企业推行经营者股权激励制度和职工持股制度的最大政策障碍。我们建议，结合我国国有企业改革的实际进程，对国有资产的量化问题应当具体分析、分类对待。在相关的政策思路上，应当与时俱进，适时予以调整和突破。

第一，对于企业家在企业的净资产增值过程中发挥了显著作用、确实做出突出贡献的国有企业，经过客观的评估和严格的程序，从国有净资产的增值部分拿出一块来量化给企业家，这不能算作国有资产的流失，而是对其付出的复杂劳动的应有报偿，是对其所做贡献的充分承认和肯定。此类量化越普遍，越能对企业家形成更大的激励；此类量化越规范，越有利于国有企业稳定发展和国有资产的保值增值。对于这一类国有资产的量化，不仅不应限制，而且应当予以鼓励和支持，使之更加规范。

第二，对于"谁投资，谁所有"的原则应当给予新的、全面的解释。现代市场经济条件下，企业投资生产的过程，实际上是非人力资本和人力资本共同投入、共同创造价值的过程，并且在新的经济技术条件下，人力资本投资的作用越来越突出。在经济转轨过程中，在原有的经济体制发生巨大变化的情况下，只强调物质资本投资者的控制权和剩余索取权，而不承认人力资本投资者的收益权是不全面的。大多数的创业型企业家在企业发展过程中投入巨大的人

力资本，并对企业资产的形成和增值起到关键作用。通过赋予创业型企业家一定的股权，使其成为企业的所有者是合理的，更有利于企业的进一步发展。

第三，党的十五届四中全会指出，要实行按劳分配和按要素分配相结合的分配原则，允许并鼓励技术、管理等生产要素参与企业收益分配。相对于一般的管理要素，创业型企业家作为一种稀缺的资源和核心的生产要素，为企业收益起到关键性作用，理应参与企业收益的分配。为此，从企业资产增值中拿出适当比例给予创业型企业家，也不是无偿的，而是实现按生产要素分配的重要实现形式。并且，以股权的形式，而不是纯粹的、消费性的形式进行分配，有利于企业家与企业结成更紧密的利益共同体，更有利于国有资产的保值增值。对于这类量化也应给予鼓励和支持。

第四，对于没有对国有资产的保值增值做出贡献的企业经营者的无条件的量化，应当坚决予以制止和反对。按照"谁投资，谁决策，谁受益，谁承担风险"的原则，对确属因为个人决策原因，未能促进国有资产增值，甚至造成国有资产损失的、不合格的企业经营者，不仅不能给予股权，而且应当依照一定的程序追究其相应的责任。在这种情形下，应当加强监督，坚决防止以个人私利为目的的，量化、侵吞国有资产的行为。以此来奖优罚劣，促进国有企业经营者激励机制的形成。

（二）建议修改《公司法》的某些规定，为创业型企业家的价值实现提供必要的法律基础。为创业型企业家获得股权的来源提供条件

——修改《公司法》第23条第1款、第25条、第78条第1款、第82条，取消法定资本制，改为授权资本制，规定以下内容：(1) 公司资本可以一次登记（注册资本），允许公司成立后由董事会决定分期发行。但首期资本的发行必须达到法定的数额（如注册

资本总额的 50%）。并且应当限定余额资本的最长发行期限。(2) 废除注册资本实缴制，允许股东认购股份（或出资额）后，分期缴纳股款。但应限定一个最长的年限，如 3 年或 5 年。并且，首期股款的缴纳必须达到一定的比例。

——修改《公司法》第 140 条，规定公司可以按照股权认购计划直接向股东或认购者发行股票，而不必由证券公司承销。

——修改《公司法》第 149 条，增加例外情形，允许公司为推行股权激励的目的而回购股份（股权）。但此部分股份（股权）在分配给企业经营者和职工前应由特定的持股组织代管，并应设置为库藏股，持有者只享有分红权，不享有表决权。公司回购自有股份（股权）的最高比例，应不做限制，由各公司根据其规模和财务状况自行决定。为经营者获得股权提供便利。

——修改《公司法》第 60 条第 3 款，增加例外情形，允许公司为企业经营者提供担保，向金融机构贷款取得购股资金。

——修改《公司法》第 60 条第 1 款，增加例外情形，允许公司将其公益金的一定比例借贷给企业经营者用作购股资金。

——修改《公司法》第 24 条、80 条，扩大股东出资标的的范围，允许经营者以人力资本作价出资。为防止对债权人造成过大的损害，应明确规定：(1) 用作出资的人力资本应由法定的评估机构评估。(2) 在公司因解散、破产等原因而终止时，以人力资本作价的经营者应当就其作价额向公司履行实际交付出资财产的义务。并且，应规定该义务的履行期限和方式。允许经营者任职期间转让股权。

——修改《公司法》第 147 条，允许企业经营者在任职期间有条件地出售本公司股票。支持股份公司和上市公司推行经营者股权激励。

——修改《公司法》第 74 条第 3 款、第 130 条第 2 款，明确规定股份公司、上市公司推行经营者股权激励和职工持股不受该条（款）限制。

——修改《公司法》第135条，明确规定股份公司和上市公司可以对经营管理者等实行期股期权制度，期股期权的适用范围由企业根据自身情况自己决定。对于期股期权问题，只宜在《公司法》中作原则性规定，以给企业充分的试点空间。另对于有限责任公司实行期股期权的问题原则上也不宜禁止。

（三）补充完善证券、税收、金融等相关法律规定，为创业型企业家的价值实现提供充分的政策环境

补充完善《证券法》及其相关规定。

——《证券法》第79条规定：投资者持有一个上市公司已发行股份的5%，应当在该事实发生之日起三日内，向证券监管机构等书面报告，通知该上市公司，予以公告，并在上述规定的期限内，不得再进行买卖该上市公司的股票。对此比例的规定，应当由公司根据实际情况自行确定。

——《证券法》第68条规定，公司董事、监事、经理、副经理及有关的高级管理人员等知悉证券交易内幕信息的知情人员不得买入或者卖出所持有的该公司的证券，否则，将按照《证券法》第180条和第183条的规定受到处罚。建议允许公司董事、监事、高级管理人员在股权激励计划下，有条件地获得和转让本公司股票。

补充完善相关的税法。1998年国家税务总局专门就股票期权中涉及个人所得部分颁布了国税发009号《关于个人认购股票等有价证券而从雇主取得折扣或补贴收入有关征收个人所得税问题的通知》，其中规定：在中国负有纳税义务的个人执行股票期权认购股票等有价证券，以不同形式取得的折扣或补贴，属于该个人因受雇而取得的工资、薪金所得，在雇员实际认购股票等有价证券时，应按照《个人所得税法》及实施条例的有关规定以5%—45%的税率

计算缴纳个人所得税，如果以后雇员转让出售股票有所得的话还应适用20%的税率征收个人所得税。也就是说，当雇员取得期权时，就应当按照行权价与当时市场价的差价缴纳个人所得税，而此时，期权持有人的收益尚未真正地实现，要求为将来的收益纳税显然不合理。为此，建议参照发达国家的做法和经验，公司赠与股票期权期间，公司和个人都不需要纳税。一次性行权时所获收入的纳税，在1年内可以分期计付。

补充完善金融规定。由于经营者在获得股权的同时需要付出一定的成本，对于这一部分资金可以通过信贷来获得。《国家经贸委关于出售国有小型企业中若干问题意见的通知》第6条规定：购买者不得以所购买的企业资产做抵押，获取银行贷款购买该企业；《公司法》也规定：公司债券募集的资金不得用于弥补亏损和非生产性支出；《银行法》也规定：银行贷款不得用于股本权益性投资这些规定，都为股权计划的资金来源设置了障碍。为此建议，允许银行等金融机构为企业家持股提供优惠信贷服务。第一，应放宽有关法律限制，允许和鼓励银行等金融机构，为持股者提供低息优惠贷款。第二，放宽抵押贷款政策，允许持股者以股票、不动产等为抵押获得购股所需贷款。第三，应允许企业其他股东做担保，由企业借款购买持股者股份，本息由持股者的分红偿还。第四，对实施股权计划的企业，应在提供信贷服务方面予以优惠。

对股权变更登记统一规定。《公司法》第142条规定，公司发行新股募足股款后，必须向公司登记机关办理变更登记并公告。实施股权计划行权人行权后，公司注册资本的变更登记怎样进行，我国证监会及工商管理局等没有相应的规定条款。为此建议，规定公司在行权人行权后不定期地将公司资本变化情况向公司原登记机关备案，并在股权计划完成后一定的时期内（30天内）到原工商登记管理机关办理公司资本变更登记。

总结实践经验，并在条件成熟时修改《公司法》关于公司组织结构及其相关关系的某些规定，为企业家在公司治理结构中拥有充分的经营决策权提供法律保障。

五　多方面创造企业家生存、成长的环境和条件，充分发挥创业型企业家的作用

在市场经济条件下，企业家是先进生产力的"首席代表"。在我国加入WTO的背景下，加快促进企业家队伍的形成，将对提升国内产业竞争力、赢得国际竞争优势具有深远的影响。应当说，创业型企业家的形成和出现是我国改革开放过程中的特殊产物，他们是在总体上缺少相应的环境和条件的情况下产生的。他们的成长过程生动地说明，我国缺乏企业家，但并不表明中国产生不了企业家。珍惜创业型企业家这笔宝贵的财富，尽快从多方面创造适宜于企业家生成的环境和条件，促进中国企业家队伍的形成具有相当的现实性和紧迫性。

（一）按照建立现代企业制度的要求，加快国有企业规范的公司制改革，创造新时期企业家生成的最重要的基础条件

对国有大中型企业实行规范的公司制改革，这是国企改革的重要任务。在实践中，建立产权清晰、权责明确、政企分开、管理科学的现代企业制度的任务远未完成。这不仅表现在有的已实行公司制改革的企业只是搭起基本框架，离规范的要求还相当远，还表现在工业企业以外的其他行业的国有大中型企业的改革进展缓慢。这种状况不利于企业家的成长，突出的矛盾是：如果企业不能成为拥有包括国有投资在内的完整法人财产权的独立市场主体，就不利于企业家的形成；如果政企不分，企业不能避免过多的行政干预，也不能产生真正的企业家；如果一股独大的股权结构不改变，投资主体多元化前提下的严格的公司治理结构不到位，不利于充分发挥企业家的作用；如果以行政的方式管理企业经营者的企业人事制度不

改变，也不会充分调动企业家的积极性。应该说，创业型企业家在成长过程中，为克服这些体制障碍付出了较高的代价。

（二）创新是企业家的本质特征，应当为鼓励企业家大胆进行管理、技术和企业组织制度创新提供宽松的空间和政策环境

实现体制创新和技术创新是现阶段我国市场化改革进程中最迫切的任务。企业家的创新精神尤为珍贵，甚至可以说，企业家的创新决定着企业的未来。创业型企业家的探索表明，企业家的创新还受到来自企业外部的种种制约，其创新精神还不能得到充分的发挥。创新总是伴随着风险。应当大力鼓励企业家在企业内进行各种技术创新和探索，在保证国有资产收益的前提下，也应当允许他们在企业组织制度和管理制度上有更大的试验权、探索权，并正确对待和处理在此过程中出现的矛盾和问题。

（三）从我国实际出发，政府应当对企业家队伍的形成予以高度重视，并采取措施创造多方面的有利条件

在我国特定的环境下，政府在创造有利于企业家生存和成长的环境中有着重要作用。第一，对于通过合法经营和诚实劳动所形成的财产，包括创业型企业家合法取得的财产及其权利，提供严格的法律保护。第二，创造有利于企业家生成、流动和实现价值的制度环境，建立和完善企业家市场，取消国有企业经营者的行政级别和行政任免程序，培育科学的企业家价值评估服务中介机构和法律服务机构等。第三，打破行政垄断和部门、行业垄断，为企业家的形成创造公平、有序的市场竞争环境。

（四）多方面创造有利于企业家生成的社会环境

第一，信用是现代市场经济条件下的企业从事生产经营活动的重要保证。没有信用基础，就没有现代意义上的企业，更不会产生现代意义上的企业家。在经济体制转轨的背景下，重视信用，维护信用，进而在全社会确立诚实守信的理念是企业家生存和成长的重

要社会基础。第二，充分发挥像中企联这样的社会中介机构的作用，作为充分表达企业家意愿、联结政府与企业的通道和桥梁。第三，树立和维护企业家，尤其是创业型企业家的社会声誉，重视和提高企业家的社会地位。第四，重视对企业家的社会保障，尤其对创业型企业家，应当尽快建立完善与其价值和贡献相对称的补充养老、补充医疗制度，并加强对企业家人身安全的保护。

产权制度改革与企业制度创新[*]

（2002年5月）

一 产权主体的社会化

社会主义市场经济体制一个最重要的基础就是实现产权主体的社会化。我国过去传统计划经济体制的矛盾就在于产权主体单一，产权主体严重短缺。如果说传统计划经济体制下产品短缺是其主要表现形式，产权单一、产权短缺就是造成这一现象的制度性根源。经过多年的改革，产权主体社会化取得了一定的进展，但是这些年国有企业改革进展不大都与产权改革的滞后直接相关，因为产权制度改革和企业制度创新是紧密联系在一起的。

第一，在加入WTO条件下，企业要处理好和政府的关系。怎样才能既发挥政府的作用，同时又防止政府的越位、缺位现象？根本在于解决产权关系问题。如果在一些竞争领域还是长期坚持单一的国有和国有绝对控股，政府的越位、错位现象就很难避免。第二，产权结构不合理，有效的公司治理结构将难以完成。

二 产权制度改革与政府对国有资产科学有效的管理

这几年，政府在加强国有资产管理的同时，出现了一个倾向，

---

[*] 本文载于《中国经济快讯》2002年第20期。

就是对国有资产的管理越管层次越多，更多地干涉企业的经营自主权，成为企业的实际控制者。如果不很好地解决这个问题，就会造成越管范围越大，越管行政性的瞎指挥越多，越管企业的自主权越少。在这种情况下，企业要在瞬息万变的竞争中求得发展障碍重重。事实上，国有资产管理体制面临着改革，一是要变国务院一级所有为多级所有，二是要授权企业或企业家去经营。

三　产权制度改革与国有中小企业的发展

国有中小企业这些年在有些地方发展得较快，但在有些地方进展相当缓慢，就是因为在产权制度改革上出现了多次反复。动辄把产权改革说成是私有化，或国有资产流失。尽管这几年在此方面做了很多探讨，但是一触及产权改革的问题就很困难。甚至有的宁肯企业亏损下去，也不让它进行这方面的改革。所以，这几年国有中小企业的改革在一些地区、一些方面滞后同产权改革滞后直接相关。

适应经济社会转型推进产权保护法治化[*]

（2016 年 12 月）

最近，党中央、国务院出台了《关于完善产权保护制度依法保护产权的意见》（以下简称《意见》），明确提出进一步完善现代产权制度，推进产权保护法治化。规范化、法治化的产权保护是现代市场经济的基石，是实现公平可持续发展的重要保障。深入推进产权保护法治化，有利于完善市场经济体制、激发市场活力、调动全社会创新创业热情，增强人民群众财产财富安全感，增强社会信心和稳定预期；有利于提高居民财产性收入，形成扩大中等收入群体的制度保障。

一

推进产权保护法治化既是创造良好经济预期、推进经济转型升级的内在要求，也是扩大中等收入群体的重大举措。我国进入工业化中后期，经济转型与社会转型同步是一个突出特点。在这个特定背景下推进产权保护法治化，需要把握全局、突出重点，立足于为经济社会转型提供良好的制度预期和制度保障。

---

[*] 本文载于《经济日报》2016 年 12 月 7 日。

在经济下行压力加大的背景下，产权保护法治化对于稳定经济预期至关重要。今年上半年以来，民间投资放缓引发了多方面的关注。在经济结构调整的背景下，民间投资放缓有产业结构调整、市场前景不明朗等多方面的原因，但也与私人产权保护规范化法治化缺失、投资缺乏安全感，导致社会投资信心不足直接相关联。《意见》以问题为导向，提出加强各种所有制经济产权保护，完善平等保护产权的法律制度，妥善处理历史形成的产权案件，严格规范涉案财产处置的法律程序，审慎把握处理产权和经济纠纷的司法政策等，具有很强的针对性，切中了时弊。同时也具有很强的现实可操作性，相信对提升投资预期、提振经济信心会产生重要的影响。

我国正处于经济转型升级的历史关节点，经济转型升级对产权保护法治化提出新要求。工业化中后期，知识要素、创新要素在推动经济增长中的地位作用提升是一个大趋势。我国的制造业转型升级与全球工业 3.0、工业 4.0 为代表的新一轮产业革命呈现历史交汇，对发展知识经济提出新的要求。有效激发大众创业、万众创新的热情，推动产业迈向中高端，都要求把严格保护知识产权作为产权保护的重点。《意见》明确提出加大知识产权保护力度，要求提高知识产权侵权成本，降低维权成本。这对于我国新阶段形成创新创业驱动的新格局，加快经济转型升级具有重要的保障作用。

我国正处于社会转型的临界点，扩大中等收入群体对产权保护法治化提出新要求。工业化中后期，随着国民收入水平的提高，中等收入群体的持续扩大是一个突出特征。2015 年，我国人均 GDP 已经达到 8000 美元，达到中高收入阶段，但中等收入群体估计仅有 3 亿人左右，占总人口的比重在 25% 左右。从国际经验看，扩大中等收入群体，不仅取决于经济发展水平，而且取决于以产权为重点的收入分配制度安排。扩大中等收入群体，客观上需要广大社会成员能够依据土地、技术才能、管理才能等各类要素获得合法的财产性收入。从现实情况看，由于产权制度安排不合理，城乡居民获得财产性收入的渠道不畅，财产性收入比例严重偏低，是中等收入群体自我认同感不强的重要原因。《意见》明确提出健全增加城乡居民财产性收入的各项制度，这对扩大中等收入群体将产生积极影响。

二

适应经济社会转型推进产权保护法治化，需要在创新中保护，在保护中创新。改革开放近40年，我国已经初步建立了与市场经济相适应的产权制度框架，但总体看仍不完善，尤其制度创新不足的矛盾比较突出。适应经济社会转型的新要求，产权制度仍需要适应经济社会发展不断创新。深入推进产权保护法治化，不仅要巩固过去产权制度创新的成果，还需要为产权制度创新提供严密的法律依据。

突出各种所有制经济产权平等保护的制度创新。实现各种所有制经济产权平等保护，激发各类市场主体活力，是经济转型升级的重要前提。新阶段对公有制产权和非公有制产权进行平等保护，涉及非公有制经济进入服务业等领域面临的各类隐性壁垒，涉及企业家创新收益保护等新矛盾新问题。《意见》指出，坚持权利平等、机会平等、规则平等，废除对非公有制经济各种形式的不合理规定，消除各种隐性壁垒，保证各种所有制经济依法平等使用生产要素、公开公平公正参与市场竞争、同等受到法律保护、共同履行社会责任。这就需要适应新形势扩展产权保护的内涵和外延，推动相关体制创新。例如，尽快在服务业领域推行负面清单管理，使社会资本能够和公有制资本一样顺畅进入服务业领域，拓宽社会资本投资渠道；尽快建立并完善有利于企业家创新创业的激励约束机制，依法保护企业家财产权和创新收益，增强企业家的财产安全感。

突出知识产权保护制度创新。严格保护知识产权不仅有利于加快经济转型升级，又有利于使广大知识分子能够凭借自身的知识资本成为中高收入者。这就需要探索建立对专利权、著作权等知识产权侵权惩罚性赔偿制度的同时，加快科研体制的配套改革创新，在有效界定科研人员知识产权上形成可操作的实施方案。目前，我国已经开始探索建立知识产权法院，积极发挥知识产权法院作用。与此同时，还需要推进知识产权民事、刑事、行政案件审判"三审合一"，加强知识产权行政执法与刑法司法的衔接。

《意见》提出，在国有企业混合所有制改革中，允许有条件的混合所有制企业实行员工持股。在现实中，国有企业员工持股曾受到多方面的质疑。这就需要尽快确立共享发展理念，形成社会共识，细化具体的改革方案，积极推动改革创新试点，在探索建立国有企业员工利益和企业利益、国家利益激励相容的体制机制上取得突破。

突出土地产权保护制度创新。在我国城镇化进程加快的新阶段，土地产权涉及城乡居民的切身利益，涉及房地产行业的健康发展。《意见》明确指出，研究住宅建设用地等土地使用权到期后续期的法律安排，推动形成全社会对公民财产长久保护的良好预期。与此同时，考虑到使广大农民拥有更多财产性收入，并激励现代农业发展，还需要深化农村土地制度改革，落实承包地、宅基地、集体经营性建设用地的用益物权。近年来，我国农村土地制度创新出现了不少行之有效的新模式，需要适应新形势，进一步明晰界定和保护各类土地产权形式，并由此形成广大农民获得财产权收益的来源。

三

推进产权保护法治化，重在完善政府守信践诺机制。营造全社会重视和支持产权保护的良好环境、推进产权保护法治化的关键在政府。无论是产权的有效界定，还是依照法律程序保护产权，都离不开政府作用。从改革实践看，进一步解放思想，完善政府守信践诺机制对于产权保护法治化具有决定性影响。

政府要确立严格的公民产权保护观念和契约意识。在现代市场经济条件下，产权的本质是契约，保护产权就是保护契约。这就需要政府在维护守信、守约中发挥重要作用，需要政府带头树立严格的公民产权保护观念和契约意识。落实《意见》要求，当务之急是将政务履约和守诺服务纳入政府绩效评价体系，建立政务失信记录，建立健全政府失信责任追究制度及责任倒查机制，加大对政务失信行为的惩戒力度。

防止因政府违约导致企业和投资人财产权受损。当前，以PPP为重点的政府与社会资本合作投资项目逐步兴起是一个大趋势，并成为发展混合所有制经济的重要渠道。现实中，一些公私合作的基础设施投资项目，往往会出现因地方政府领导人员换届而导致地方政府违约的现象，导致一些本来安排好的投资项目难以落实。按照《意见》要求，各级政府应当认真履行在招商引资、政府与社会资本合作等活动中与投资主体依法签订的各类合同，不得以政府换届、领导人员更替等理由违约、毁约。因国家利益、公共利益或者其他法定事由需要改变政府承诺和合同约定的，要严格依照法定权限和程序进行，并对企业和投资人因此而受到的财产损失依法予以补偿。对因地方政府违约等导致企业和公民财产权受到损害等情形，进一步完善赔偿、投诉和救济机制，畅通投诉和救济渠道。

严格规范涉案财产处置的法律程序。涉案财产处置是否适当，是产权保护的重大现实问题。如果不应当被剥夺的财产权被剥夺，就会导致社会对财产权保护缺乏信心和稳定的预期。《意见》对此进行了进一步的明确和细化。例如，确需采取查封、扣押、冻结等措施的，要严格按照法定程序进行，除依法须责令关闭企业的情形外，在条件允许的情况下可以为企业预留必要的流动资金和往来账户,最大限度降低对企业正常生产经营活动的不利影响。采取查封、扣押、冻结等措施和处置涉案财物时,要依法严格区分个人财产和企业法人财产。对股东、企业经营管理等自然人违法,在处置其个人财产时不任意牵连企业法人财产;对企业违法,在处置企业法人财产时不任意牵连股东、企业经营管理者个人合法财产。严格区分涉案人员个人财产和家庭成员财产,在处置违法所得时不牵连合法财产。这些新规定,应当说在现实条件下,充分体现了国家对企业、个人、家庭成员合法财产权的严格保护。为此,应当尽快形成具体的办法,使其变成行政实践和司法实践。

调整优化国有经济布局的几个问题[*]

（2021年5月）

近年来，我在研究东北国有经济问题时在东北做了关于国有经济布局的调研。从调研的情况看，优化国有经济布局是个重大问题。尤其是这个文件特别重要，国有企业改革和国有经济调整优化已经到了一个关键时刻。

一 优化国有经济布局的特定背景

1984年，中央提出增强企业活力是经济体制改革的中心环节，到今天已经36年，总体上看，有三件事很重要。

（1）市场经济发展到今天，国有经济到底如何有效地、充分地发挥作用？应该说在很多问题上有所突破，但在国有经济布局上，思路尚未形成。如果市场经济走到今天，国有经济布局问题还不解决，可能国企改革的很多问题都难以从根本上解决。

（2）我国经济发展对国有经济的需求发生了变化。国有经济从计划经济年代效益低、政企分开、职工分流到总体上保护国有经济、解决亏损、解决效益低等问题中一路走过来了。进入新发展阶段，国有经济布局发生了极大的变化。

---

[*] 在国务院国资委"十四五"规划专家座谈会上的发言，2021年5月18日，北京。

（3）当前全球正处于百年未有之大变局。国有经济布局在我国高水平开放背景下的国际竞争、大国博弈中，发挥着相当关键的作用。比如，我给中粮集团建议，能不能利用海南"零关税"政策，在海南建立一个储粮基地。对外可以平衡国际市场，对内可以保障粮食安全。

从这个情况出发，市场经济也好，发展的阶段性要求也好，对外开放的要求也好，对国有经济布局的需求完全发生了变化。如果不把握这样一个全局，就国有经济布局本身谈布局，很多事情难以破题。

二　国有经济布局面临的突出矛盾

（1）从结构布局来看，现在东北的情况很清楚，如果没有国有经济布局的优化调整，东北地区很难实现经济一体化，东北经济一体化如果都实现不了，就难以促进东北亚区域经贸合作进程。东北地区结构性的矛盾问题突出，虽然规划里从总体上有提及，但实质性的动作不多。

（2）从产业布局来看，比如鞍钢、本钢合并已经提了很多年，表面上看是两个钢厂的问题，实际上是产业布局和产业集中度的问题。产业布局的严重不合理，导致产业集中度不够，效益比较差。

（3）从区域布局来看，东北地区国有经济布局严重不合理。三个省之间形成了同业竞争的产业布局。通过国有经济的布局优化，推动东北区域经济一体化，进而东北才能在东北亚区域经贸合作中发挥一定的作用。

三　应注意的几个问题

目前，国有经济布局到了一个最关键的时刻，到底应该怎么做？至少有四个方面很重要。

（1）战略性。一定要从战略层面去考虑。我国改革开放40多年来，国有经济布局的总体规划还没有，没有战略性的安排，协调性就很难。文件把区域布局和对外开放布局合起来写了一章，还缺乏战略性上的考虑。未来10—20年，中国的发展仍处在十分关键的节点，一定要从战略上重视国有经济布局，使得"十四五"期间实现突破。

（2）基础性。全国的国资系统基础性安排到底在哪里？什么是基础性的要求？比如海南自由贸易港建设面向东南亚的区域性市场，央企应当如何考虑、布局和参与。东盟未来几年将成为全球第四大经济体，越南8年左右将成为全球第十大经济体，建设海南自由贸易港的核心之一就是要对这些国家有一定影响力，靠什么？就是要靠一些基础性的安排。比如说能不能抓住时间窗口，布局数字经济产业，在这方面我国有竞争优势。

（3）协调性。既然是面向全国国资系统，那就需要有一定的协调性。现在谁来协调？如果没有统一的安排，仅靠某个部委，会比较难。

（4）制度性。东北地区国有经济布局调整需要一些制度性安排。

四　优化国有经济布局的重大任务

（1）结构性布局。现在已经很明确了，哪些领域的国企应该强化？哪些领域应该退出？哪些领域应该做长期考虑？哪些领域应该做短期考虑？

（2）产业布局。产业布局包括各个行业，要在合理化的基础上提高产业集中度。

（3）区域布局。文件里面涉及的粤港澳大湾区、海南自由贸易港、长三角这些固然重要，但还不能简单看待，区域布局要全国统筹考虑。

（4）开放布局。规划应该把开放布局和区域布局分开，需要有个统筹考虑，要站在未来10—20年国际竞争角度来考虑国有经济的开放布局和区域布局。

五　几点建议

（1）目标要清楚。既然是一个规划，它应该具有全局性、战略性和行动性，目前规划中原则性的要求和一般性的表述比较多。当然，有些提法也很好，但需要一个明确的目标。

（2）建议国资委出题目，并做些实际调研。只有通过调研才能知道问题何在。比如，我们在东北实地调研时发现，东北三省国有经济同业竞争非常严重，三个省都在布局汽车产业。东北是有条件实现经济一体化的，恰恰在国有经济布局这里遇到障碍。大目标明确以后，能不能发动各个方面做些深入的调查研究，找出主要矛盾与问题。

（3）从长远考虑。优化国有经济布局未必是"十四五"时期的事情，"十四五"只是一个起步阶段，需要从长计议。

（4）优化国有经济布局和国企改革结合在一起，做些制度性安排。国有经济布局调整之后，如何管资本、如何投资、如何运营都有了一个基本性的前提，将带动、牵动、影响各方面的改革。

我理解，优化国有经济布局是一件十分重要的事情，是涉及全局的战略性大问题，如果不提出一份具有行动性、指导性、纲领性的规划，可能这篇文章就做小了。能不能从未来10年、20年甚至是30年更长远的角度出发，把这个事情做大，需要各个方面统一思想。

三

建言政府转型：经济建设型转向公共服务型

中国经济转型时期的政府改革*

（1997 年 3 月）

从 70 年代末我国政府实行改革开放政策以来，逐步实行了以市场化为取向的一系列改革探索，90 年代初又明确提出了建立社会主义市场经济体制的改革目标，使市场对资源配置发挥基础作用。中国的改革开放之所以取得举世瞩目的成绩，一个重要原因是政府的积极推动。中国经济改革到了今天，许多深层矛盾和问题都与政府改革越来越密切地交织在一起。随着市场化进程的不断推进，政府改革成了我国经济转型时期最具有全局性、长远性、深刻性的关键问题。对宏观经济进行有效的调控，需要政府改革；市场秩序的形成和市场环境的优化，也需要政府改革；国有企业的战略性改组，更需要政府改革。可以说，加快推进政府改革，是中国下一步经济改革的迫切要求和重大课题。经济体制的市场化变迁要求与之相适应的政府职能转变及符合市场原则的制度性安排，从而更有效地履行政府职能。

一　如何适应社会主义市场经济体制的需要，政府更好地履行公共管理职能

传统体制下政府职能包罗万象，什么都管。建立社会主义市场

---

*　本文载于《经济社会体制比较》1997 年第 2 期。

经济体制，需要政府做到不该管的退出来，该管的管好。其中不该管的是企业、生产、流通等，该管的是社会公共管理。公共管理职能是市场经济中政府最基本的职能。社会经济关系决定着政府职能。要使政府职能得到根本的转变，必须按照市场经济的要求调整政府同企业的经济关系，政府一般不再充当企业的所有者，而是更好、更有效地履行公共管理者的职能。

（一）政府的国有资产所有者职能与社会经济管理职能不分是政企难以分离的现实矛盾，因而企业改革离不开政府的改革，政府改革与国有企业改革应当同步进行

应当承认，到目前为止，国有资产管理体制并没有得到根本的改变，计划经济下的一些弊端依然严重存在。政企分开的口号喊了多年，但收效甚微，政企难分是由国有经济关系本身决定的，是国有企业难以摆脱困境的重要因素。因为国有企业中的资产所有权属于国家，国家通过自己的政府机构来实现这种所有权职能。政府是国有企业的所有者、实际支配者，国有企业仅仅是国有资产的使用者、经营者，没有独立支配国有资产的权力，国有企业缺乏所有权约束机制。政府一直履行着双重职能：国有资产所有者职能和社会经济管理职能。其结果是，顾此失彼，政府难以很好地履行其在市场经济中应该履行的公共管理者职能。

我国建立社会主义市场经济体制，也应当按照市场经济的原则，使政府在市场化的改革进程中主要扮演公共管理者的角色。为此，应当充分发挥以公有制为主导的优势，把一部分国有资产作为政府履行公共管理职能的重要基础，增强政府履行公共管理的能力，而大部分国有资产应当尽快实行市场化运作，与政府的管理严格分开。这个分离，对于调整政府与企业的经济关系十分重要。因此，可以作出的判断是：政府改革已成为深化国有企业改革的大问题，只有在大胆并加快推进政府改革的同时，才有可能加速国有企

业改革及相关配套改革。

（二）当务之急是按照政府的社会经济管理职能和国有资产所有者职能分开的原则，积极探索国有资产管理和经营的合理形式和途径，建立国有资产的科学管理体系，通过经济关系的变革实现政企分离

（1）重新构建国有资产的管理体系和结构，把国家需要控制的基础产业的资产与一般竞争性行业的资产分类管理。

——建立国有资产统一归属和管理的体系。现行企业国有资产由政府行业主管部门和职能部门多头管理，国有资产的产权代表模糊不清。应当建立统一的管理机构，代表国家行使国有资产所有权管理职能。可以在国务院设立国有资产管理委员会，由有关经济管理职能部门负责人和国有资产管理的专门人员组成，委员会归口管理所有经营性国有资产，负责制定和协调国有资产管理和经营的方针、政策和法规，并监督其实施。国有资产管理委员会下设国有资产管理局为日常办公机构，并统一管理一般经济领域的国有企业。国有资产管理委员会成立后，政府专业管理部门不再直接管理国有资产，并应精简合并，其行政管理职能相对集中，或逐步合并到综合性经济管理部门。

——国有资产的管理实行分类管理，统分结合。①属于国家垄断和控制的行业和产业，如邮电、铁路、银行、兵器、重点矿产资源以及公用事业等，作为公共管理的重要条件由国务院各主管部门具体管理，接受国有资产管理委员会的政策协调。②一般性竞争行业和产业不宜政出多门、分散管理，应由国有资产管理委员会下设的国有资产管理局实行统一管理。现有的一般行业主管部门不再直接领导国有企业，只负责制定行业政策，以后逐步以行业协会取代其职能。

（2）重新构建国有资产的运营体系，从而有效地保证国有资产

的营运效益。

与国有资产的宏观管理体制改革相适应，国有资产应当形成一个独立的运营体系，这个运营体系应当由独立的国有资产投资中介机构来建立。国有资产投资中介机构专门负责国有资产的营运，它不是国有资产行政管理机构，而是经济实体，是独立的企业法人。国有资产管理部门与国有资产投资中介机构之间是一种平等的授权委托关系（财产信托关系），国有资产部门不直接从事资产经营，只委派代表进入投资中介机构的董事会或管理委员会，参与经营决策和实施监督。同时，要加强企业监事会的权力。

实行国有资产的资本运营与生产经营相分离结构。国有资产投资中介机构只负责国有资产（资本）的运营，负责投资和收益，不直接从事具体的业务经营，以保证资本运营的专门化和高效率。

国有资产投资中介机构包括投资公司、控股公司、企业集团公司、保险公司、商业银行、各种基金会等。

（3）重新构建国有企业的宏观管理体制，政府由直接管理转向间接管理。

传统体制下，国有企业宏观管理体制的主要特征是：国有企业直接隶属于政府部门，政府各有关部门直接管理企业，多头管理。

在市场经济条件下，随着国有资产管理体制和运营体系的重建，国有企业的宏观管理体制将发生根本性变化。

——政府对企业的管理职能发生分离，即政府作为国有资产所有权代表的管理职能，与一般社会经济管理职能严格分离开。

——作为社会经济管理者，政府各职能部门不能直接干预企业，只能对企业进行政策引导和指导。

——政府作为国有资产所有权的代表者，只与国有资产中介运营机构发生直接的投资关系，进行国有资产的管理监督。它与中介运营机构下属的业务经营企业不发生直接的联系，不具有直接管理关系。

——业务经营企业只与国有资产中介运营机构发生直接投资和监督关系，不受国有资产管理部门的直接管理。

（三）从效益最优化的原则出发，国有资产主要应在提供公共物品的领域发挥作用

在竞争性领域，应鼓励混合所有制的发展，积极探索公有制资产的多种经营方式和实现形式，使政府和民间在各自领域更好地发挥作用。

（1）市场经济条件下，政府应承担公共物品提供者的责任，在交通、邮电通信、环保等公共设施和公共服务领域进行投资，从而发挥国有资产的基础性效益、主导性效益和公共服务性效益。

国民经济发展中的基础性效益，主要体现在国有资产发展基础设施和基础产业的安排上。从全局和长远效益考虑，国有资产应当大量集中投资于基础设施和基础产业，为整个国民经济的发展奠定坚实的基础。

国有资产应当也必须在某些行业和领域，如金融保险业、邮电通信业、航天航空业等方面占主体地位，起主导作用，发挥关键经济领域中的主导性作用。

社会公共服务方面的服务性效益。社会公用事业和社会文化事业，虽然也有经济效益的问题，但更多的要考虑其社会效益。从社会整体利益出发，国有资产应当义不容辞地在这些领域发挥重要作用。国有资产在这些方面应当逐步有更多的投入。

（2）充分利用市场机制优化国有资产配置，强化国有资产配置的导向性，推动混合所有制企业的发展。

为了提供充分和优良的社会公共物品，使社会资产配置合理优化，并为非国有资产的投入创造良好的投资环境和竞争环境，我国国有资产应当从一般竞争性行业向基础产业和非竞争性行业转移和

集中。

国有资产的战略调整和结构优化应通过市场机制来进行，从而加大混合所有制的比重。

——国有资产市场化。国有资产必须在资本市场和产权市场上进行交易流动，实现产权的转让和重新组合。为此，要大力发展资本市场，建立健全股票市场和产权市场，鼓励产权交易。

——建立国有企业破产淘汰机制。国有企业面对市场竞争，应当与其他企业一样优胜劣汰。对于资不抵债、亏损无望的国有企业，应当坚决依法宣告破产，并以此优化国有资产和国有企业结构。

——国有民营和民有民营。在国有资产结构调整中，可以把一般竞争性行业的企业，特别是中小型企业，转为国有民营和民有民营企业。这可以通过企业产权的转让、拍卖，企业经营权的公开招标方式进行。当前，尤其应鼓励中小企业通过职工持股实行产权变革和机制转换。

二　如何有效地发挥政府作用，积极促进市场中介组织的发展

日本著名经济学家青木昌彦认为：政府政策并非旨在直接引入一种解决市场失灵的替代机制，而是应以增强民间部门解决市场失灵的能力为目标。在转轨经济国家，政府应该增进市场中的中介机构的作用。这个观点是很有道理的。在市场经济条件下，政府发挥宏观调控职能，维护市场秩序，需要在政府与市场之间存在一个完善的媒介性的中介组织。中介组织的发育程度是市场经济成熟与否的重要标志。目前，我国市场中介组织才刚起步，发展中还存在许多问题，如"准政府现象"。因此，经济转轨时期的政府改革，面临着一个突出问题，就是如何尽快培育市场中介组织，沟通政府与市场的联系，从而有效地发挥政府作用，规范与优化市场秩序，实现政府宏观调控的目的。

（一）政府与市场中介组织的角色关系厘不清、定位不准确是亟待解决的问题

市场中介组织，特别是咨询服务、联络沟通性质的市场组织本应是社会服务机构，却办成了政府审批机关或"半政府机关"，这就违背了建立市场中介组织的本意，不利于政府的简政放权。一方面，政府把经济活动中某些该由市场中介组织来完成的事情揽在自己身上，不想也不愿放权；另一方面，现有市场中介组织相当多部门属于官办，政府色彩极其浓厚，造成市场中介组织作用难以发挥，妨碍市场中介组织公平竞争秩序的形成。比如会计师、审计师事务所等公证机构，按国际惯例只是监督企业按照国家会计法律、法规建立账户，通过审核，在确认其所提供的财务状况是真实的、准确的、完备的、无欺诈行为之后，出具有关证明，本质上讲这是一种为企业资信度提供佐证的服务。

要改变中介组织成为政府附属物的状况，使其具有独立性。为此，要加快政府机构改革步伐，促使政府与中介组织逐步脱钩，使市场中介组织成为政府指导下的自主执业、自立信誉、自负盈亏、自我发展的社会组织。

（二）将行业协会的功能作用纳入行业管理体制和政府机构改革的整体框架中，充分发挥其中介作用

在传统计划经济向市场经济的转型阶段，政府职能正在由部门管理、微观管理、直接管理转向行业管理、宏观管理和间接管理。政府有关部门在经济体制和政府机构改革方案中，应该把行业协会作为政府职能分解的对象之一，通盘考虑、统筹安排，使之既成为协助政府进行行业管理、实施间接调控的重要纽带，又成为政府机构改革中分流人员的一个安置渠道。行业协会，一方面，应代表本行业企业利益，向政府反映本行业的情况、问题和要求；另一方面，要向本行业传递国家的产业政策、发展规划，使本行业的发展

服从并有利于整体国家经济的发展。

三 如何科学分析我国政府人员的素质结构及其对实现政府职能的影响

计划经济体制和市场经济体制对政府工作人员的素质要求是有很大不同的，在我国经济转型时期，人力资源的配置在所有资源的配置中起着主导性的作用。尤其是政府人员素质结构，直接影响社会主义市场经济体制能否高效运行。

（一）要通过竞争形成良好的人员进出机制，把最优秀的人才吸引到政府中来，从而使政府更强更好地履行其职责

任何政府都是由人组成的，期望政府廉洁、高效，吸收的人才必须精干、优秀。建立廉洁政府，有无吸收优秀人才的客观正常通道至为关键。国外一些经济发达国家通过严格的考核，把优秀的执行型人才吸收到业务类公务员队伍中来，通过广泛的竞选把优秀的决策型人才吸收到政务类公务员队伍中来。

建立廉洁政府，当务之急是如何尽快建立并扩大吸收优秀人才的客观通道。这种客观通道对优秀人才的吸收，应当主要是考而不是选。因为既然管理是门专业和科学，就应该有考核其水平的客观标准。尽管制定这种标准会有相当的困难，但不管是为当前还是为将来着想，能拟定出一个客观标准本身就是一种进步。唯其如此，才能从制度上保证优秀人才得以脱颖而出，才能使用人上的不正之风得以有效遏制。一些省份已进行的通过干部考试竞争上岗的探索，实践证明是比较成功的。

当然，廉洁的政府不等于廉价的政府，建立廉洁的政府还要有适当合理的待遇把优秀人才吸引到政府机构中来。要逐步提高公务员待遇，使公务员成为最具吸引力、最具竞争力的岗位，从而使政府聚集一批最优秀的人才。

（二）政府规模过大反而会削弱政府功能，应当尽快地把一些不必要的机构和人员从政府中分离出去，从而提高政府运行效率

压缩政府规模是政府改革的前提，要痛下决心，把一切不必要的机构和人员从政府中分离出去，精兵简政，理顺关系，增强机构的活力，提高办事效率。要将行业协调服务职能转向行业服务组织承担，一些专业部门逐步改组为不具有政府职能的经济实体，或改组为国家授权经营国有资产的单位，或改组为自律性行业管理组织；将技术性、服务性、可操作性很强的机构，从政府中分离出来，转化成生产型的事业组织；把政府庞大的后勤福利机构从政府中分离出来，转变成为面向市场的第三产业组织。尤其迫切的是通过编制立法，用法律手段保证一个廉洁、高效、精干的政府。

四 如何确保在中共统一领导和宏观调控下，合理划分中央与地方经济管理权限，充分发挥地方政府在推动市场化改革进程中的作用

（一）在规范地方政府行为和建立健全中央对地方的有效控制体系的基础上，更有效地调动地方政府在经济发展中的作用是必要的政策选择

首先，如何在确保增加中央财政能力的前提下，使地方政府更充分地发挥其积极性。分税制是在市场经济条件下规范中央与地方经济关系的一项基本制度。分税制的实行，为理顺中央与地方经济关系提供了一个契机，起到了一定积极作用。但是，由于其本身具有内在不完善性和中国经济转轨的特殊性，也带来了许多具体的问题。其中，一个现实的突出的矛盾就是实行分税制后，在有利于加强中央的财力、强化中央宏观调控的同时，怎样更充分地调动地方的积极性。

其次，调动地方积极性，其关键性的决定因素是市场经济制度建设中地方政府的制度创新。制度创新的一大难题是：政府对经济

的计划管理必须弱化，但市场化的顺利推进又必须有一个能有效地使市场经济体制强制实现的政府作用。在中国目前的国情下，这一难题的解决在很大程度上取决于地方政府在中央与地方政府、地方政府与企业之间的制度创新。

最后，在推进全国统一市场形成的过程中，大力促进区域性市场的培育和迅速发展，有效协调中央政府与地方政府、地方政府与地方政府间的经济关系，促进均衡发展。

中国市场化改革的目标之一就是在全国范围内形成一个统一的大市场，生产要素在统一市场内自由流动、优化配置。但是，在非均衡发展的中国，市场化的改革不可能同步，市场经济必定在部分地区首先突破，完善的市场经济体制必定在部分地区首先建立，这就决定了中国市场经济的区域化推进成为不可避免。因此，一个突出的矛盾是如何处理全国统一大市场与区域性市场协调发展问题。我们认为，现实的选择是：以全国统一大市场的形成为目标，大力促进区域性市场的培育和迅速发展，形成区域间的市场协调，优势互补，积极创造条件建立全国一体化的市场体系，最终推动全国统一市场的形成。

（二）调动地方积极性，核心的问题是赋予地方经济管理自主权

应当在重新确定政府经济职能和划分事权的前提下，赋予地方政府相应的经济调节自主权、有限投资自主权、国有资产行政管理自主权

分税制是以明确划分中央和地方的事权为前提的，中央政府主要管全国性的重大建设，而地方的发展、基础建设、公共事业，主要由地方政府负责。与此相适应，地方政府必须享有与其责任一致的经济管理权限，必须建立相应的制度来发挥地方发展经济的积极性。

调动地方积极性的关键问题，是赋予地方经济管理自主权，使其权利与所承担的职能、责任相一致。赋予地方经济管理自主权，不是过去的那种传统行政性分权，不是行政权与所有权混合不清的分权，而是在政府行政权与国有资产所有权分离、政企职责分开条件下的行政和经济分权。

在市场经济条件下，政府的职能与计划经济下的政府职能有很大的区别，即政府不直接干预企业，凡属市场竞争性的行业和产业，均由企业独立经营，企业不再是行政隶属物。政府需要直接参与的是不宜开展竞争的或企业不愿经营的行业和产业，主要是基础设施建设和社会公共事业。实行政企分开、转变政府职能后，政府的经济职责主要有四个方面：一是公共服务和基础设施建设；二是收入再分配，如社会保障、教育培训、平衡地区收入差距等；三是调整和稳定经济，实施宏观调控；四是国有资产间接管理。政府职能重新确定后，中央与地方经济事权的划分则较为容易：中央主要负责宏观经济调控、国有资产监管、全国性或跨地区的重大基础设施建设和公共事业、收入再分配等。地方主要负责本地区的公共服务基础设施建设，发展地方的社会保障、教育培训、一定的经济调节权、国有资产分级监管等。

在社会主义市场经济体制下，应当在中央统一领导和宏观调控下，依法赋予地方政府经济管理的自主权。主要是：

——经济调节自主权。应当在中央政府的宏观调控下，赋予地方政府一定的调节自主权。主要包括：地方经济发展计划的制订权；分税制下的地方财政收支自主权；金融调节自主权等。

——有限投资自主权。这里的有限投资是指地方政府不再直接管理一般竞争行业，只对基础设施、公用事业等有限的行业和产业进行直接投资。应当允许地方有一定的投资自主权，通过地方投融资体系，吸引、调动社会资本（如向社会招聘、发行债券、股票等）以及吸引国外资本（外商投资、适度举借外债）等，进行地方基本建设。

——国有资产行政管理自主权。在现阶段，应当在中央的宏观管理和监督下赋予地方政府对国有资产管理的自主权，以积极推进国有资产管理和产权制度的改革。地方政府部门可以依法帮助建立国有资产的独立营运系统，组织独立的投资公司、控股公司，实行授权经营等，以促进政企分离；地方可以对本地区的国有企业依法实行公司制改组；建立地方产权市场，促进国有资产的流动，调整国有资产存量；依法监管国有资产，使有资产不致流失和人为贬值。

（三）通过先进地区带动落后地区，在中央统一调控下，在区域不平衡发展中实现相对均衡发展

目前，中国正处在区域经济发展不平衡向区域经济均衡发展过渡的起步阶段，不平衡发展仍是一个客观现实，一个不容忽视和回避的问题。我们认为，解决问题的关键是积极地探索建立一种"富裕带动落后"的运行机制，求得共同发展。

权威、发展和平衡是所有国家处理中央与地方关系的三个依据和支点。因此，在解决这一问题上，我们必须积极寻求维护中央权威和促进经济发展，维持中央和地方以及地方之间平衡与保护地方积极性的结合点，在中央统一调控下，建立新的财政转移支付制度，赋予地方更大的灵活度，既给地方以充分的发展空间，又保持平稳以维护稳定和统一。

必须按市场经济原则促进区域经济均衡发展。经济发展的区域差异是历史和现实的多因素作用的结果，是在发展中产生的问题。问题的最终解决仍要坚持效率优先、兼顾公平的市场经济原则，在不影响富裕地区发展势头的同时，创造公平竞争的宏观环境，带动落后地区加快起步，在发展中求得共同发展的平衡。

在中央统一立法的前提下，赋予并加大地方经济立法权。

一切经济方面的问题的最终解决要靠法律手段，中央与地方经济权限划分、经济关系的界定，必须以法律的形式加以规范。应该在中央统一立法的前提下，加大地方的经济立法权，重点是下放经济立法权，可以从两方面着手：一是各地方可进行一些涉及全局性的经济问题尤其是经济体制改革方面的探索性立法，为国家立法创造条件和积累经验。二是要有步骤地加大经济特区和一些地区制定地方法规的权限。这是转轨时期政府改革的需要，也是建立社会主义市场经济体制的需要。

重构与开放经济相适应的政府管制体制[*]

（2002年1月）

有效的政府管制是维护基础领域有效竞争的前提和基础。在一定意义上，实现政府职能转变，尽快建立和形成适应市场经济和开放经济的、新型的政府管制体系，是成熟的社会主义市场经济得以建立的重要标志。从国内已有的电信、电力、民航等行业的改革实践看，目前基础领域的改革还是集中在政企分开，以及对原有的国家垄断格局采取分拆重组以构造竞争局面等基本问题上，对于引入竞争后如何依法维护竞争环境和规范竞争行为，如何调整政府规制机构的职能和方式以适应竞争性市场的需要，如何依法对自然垄断环节进行必要的管制以防止滥用市场权力等问题都需要进一步深入讨论。

一 政府管制应以维护有效竞争为目标

我国在过去被认为自然垄断的一些部门引入竞争，这是一个重大进步。目前需要解决的突出矛盾是，一些行业中一部分业务带有自然垄断性特征，因其显著的规模经济，直接的、过度的竞争，反

---

[*] 本文载于《中国：加入WTO与经济改革》，外文出版社2002年版。

而会导致浪费和低效率，出现消极的竞争结果，如电网、信息网、供水网、铁路网等物质网络经济，这些部门内部存在竞争有限的问题。但是这并不意味着这些领域就不能引入竞争。在这样的部门引入竞争是为争夺市场而进行的竞争。通过拍卖机制，选择谁成为主要生产者，主要生产者一旦确立，市场潜在进入者的竞争压力和对正在市场上的供给者行为加以很强的约束机制，会促使现有生产供给者提高经营绩效，提高本企业信誉，提高竞争的能力。

政府管制是维护自然垄断性行业有效竞争的前提和基础。当政府决定对那些具有相当市场垄断力量的国有企业进行市场化改革，引入竞争机制时，企业利益和社会利益的冲突就十分明显。为了保护消费者的利益，防止垄断者利用垄断权力获取其他部门的市场权力，政府应通过设计适当的管制机制，采取适当的政策措施来控制企业的垄断力量。例如，通过取消壁垒或调整垄断性市场结构，增强现实或潜在竞争的力量；打破企业对信息垄断，获得有关企业降低成本潜力的信息，进行价格管制等。

二 在市场经济条件下，应尽快明确规定政府对基础领域管制的基本职能

实行政企分离的政府管制体制后，企业以追求利润最大化为经营目标。但由于基础设施经营企业的许多经营业务具有自然垄断性质，这些企业就有可能利用其市场垄断力量，通过制定垄断价格，提供较低的服务质量而取得垄断利润。这就需要政府采取必要的管制措施来规范企业的市场行为。在政企分离的政府管制体制下，政府管制的职能应主要包括以下内容。

（1）制定有关政府管制法规。即针对特定基础设施产业的技术经济特征，政府要通过法规的形式规定政府管制机构的设置、责权划分、市场结构的重大调整等内容。这些法规应由政府立法机构制定，确定新的政府管制体制的基本框架，这实际上就是政府管制体制改革的纲领性文件。

（2）颁发和修改企业经营许可证。企业经营许可证的颁发和修改职能可授权各基础设施产业的专门政府管制机构来执行。经营许可证应详细规定企业应当承担的各项义务，在价格、服务质量、公平交易等方面的业务规范。同时，政府管制机构还应根据具体产业的发展状况和供求变化等因素，修改经营许可证的部分条款。

（3）制定和监督执行管制价格。对基础设施产业的价格管制是政府管制的重要内容。政府应根据具体基础设施产业的成本状况、科技进步、生产效率的提高潜力等因素制定管制价格水平，并周期性地实行价格调整，以刺激企业提高生产效率。

（4）实行进入市场的管制。一方面，基础设施产业政府管制体制改革的重要目标是促进竞争，发挥竞争机制的作用，这要求允许新企业进入产业；另一方面，基础设施产业具有较显著的规模经济和范围经济，这又需要控制进入产业的企业数量，以避免过度竞争。这就要求政府实行进入市场的管制。这种管制实质上就是控制发放经营许可证的数量和时间。

三 尽快建立独立的、专门的监管机构是维护基础领域公正、平等竞争机制的前提

作为行政执法机构，行政管制者代表的应该是公共利益，即站在中立的立场上，尽量避免受到任何利益群体的干扰，为了使管制者保持中立的立场，应该在取消政企合一的政府管制体制的同时，在电力、电信、煤气、航空等基础产业设立独立的专门的监管机构来执行政府管制的新职能。只有这样，才能真正实现基础领域政府管制体制的政企分离。

四 以建立独立监管机构为目标，加快推进我国基础设施产业的管制体制改革

为了尽快解决我国基础领域管制体制政企不分或政企同盟问

题，维护市场有效竞争，我国政府应改革由原来部委行使管制者职能的管制模式，尽快建立独立的监管机构。由于基础设施产业具有专业技术性强的特点，我国应在特定的基础设施产业单独成立精干、办事效率高的专门管制机构。考虑到建立新的管制机构又会增加人员编制，而原有部委又面临着职能削减，冗员过多的情况，独立的新的管制机构可以从原有基础设施产业管理部门中招聘一批懂技术、善管理的人员。同时，由于政府管制必然涉及经济、政治、技术、法律等方面，这就要求向社会招聘一些专家参与政府管制，从而形成由行业管理专家、技术专家、经济学家、法学家等组成的专门管制机构。结合我国各基础设施产业改制的情况，特定行业监管机构成立的思路有以下四点。

（1）建议电信行业组建一个具有法律地位的由通信产业的技术管理专家、经济学家和法学家组成的电信管制局，直属国务院管辖，原有市县的电信管理机构也相应实行政企分离，形成电信管制局的垂直管制网络，对全国电信进行公平、有效控制，在条件成熟时，逐步取消信息产业部。

（2）对电力产业实行有效管制也必须建立一个与政府部门分开的独立的管制机构，这个机构可称为电力管制局，作为事业法人性质，由国务院建立并接受国家监督。

（3）铁道行业目前并未真正实现政企分离，难以实行有效管制，造成实际上的管制者缺位。为此，建议成立独立的监管机构——国家铁路监管局行使管制职能。

（4）从民航业改革情况来看，民航已初步实现政企分离，民航总局及各地方的管理局实际上正在担当着民航业管制者的重任。目前的关键是一要通过立法，明确民航管理局的管制者地位；二是要借鉴国外独立管制机构的经验，改革现行的民航管理体制，实现完全的政企分开，使其成为真正独立的民航监管机构。

五 在政府管制体制改革中,要防止管制者从政企不分到政企同盟

政府管制体制的核心内容是政府与企业的关系。因此,政府管制体制改革的关键是调整政府与企业的关系。我国基础设施产业一直实行的是典型的政企合一管制体制。改革开放以来,有些行业为了引入竞争,开始进行以政企分离为特征的管制体制改革。在这一过程中,过去的政府管理部门(各部委)逐步从所有者、管理者、经营者过渡到市场的管制者,具有行业管理职能和市场准入管制职能。由原来的部委充当管制者的一个最大特点就是,行政管制者同时又是行业的主管部门,甚至是原有企业的老板。在我国由于缺乏监管管制者的市场,管制者追求的目标几乎和企业一样,即部门效益最大化,因此它在制定规则的时候,很容易偏向它原来管辖的企业集团。管制者与企业之间这种在"父子关系"基础上形成的天然利益同盟对正在建立过程中的政府管制及其效果的消极影响是致命的。

六 合理规划,正确发挥中央与地方两个积极性

明确划分事权的重要内容是要真正严格地划分投资权。随着我国市场经济发展日趋成熟,市场对资源配置的基础性作用的份额加大,客观上要求对哪些该由政府投资的范围、哪些该由市场配置的领域加以划分。但现实的情况是,一方面中央政府和地方政府投资的范围和领域,没有科学的法定界限;另一方面中央政府和地方政府对投资实施的决策和管理权,没有严格的法律责任。长期以来,由于投资主体日趋多元化,形成投资管理上的复杂性,尤其是政府对投资的管理既多头又分散,是形成重复建设的重要原因。同时,由于事权不明、职责不清,基础设施建设项目审批时间长、效率低、丧失市场、错过时机的问题也不容忽视。必须充分认识到,加大投资力度是重要的

政府财政行为，也是企业和社会的投资行为，涉及投资生产要素市场的发育与开拓，其中政府行为具有重要的示范作用。在单一的政府投资转向政府、企业和社会多元化投资的情况下，绝不意味着可以放松对政府投资权限的研究和划分。随着投融资体制改革的推进，当前已经逐步实行了国家投资、地方筹资、社会集资、利用外资的投资政策，建设了许多过去办不到或办不好的大型基础设施项目，这为明确划分事权提供了新的历史条件和更广阔深刻的背景。

通过控股或参股对基础设施企业实行有效的间接管理。应当考虑制定国家（包括中央政府和地方政府）控股、参股的专项法令，根据法令，政府参股管理机构影响基础设施企业的重要手段是运作监事会和审核企业长期计划。同时，审计部门也应参与对已由政府参股的基础设施企业的监督性间接管理。按照德国的经验，政府根据参股企业的不同任务对其参股企业实行区别对待，对自主竞争的基础设施企业按其股份参与经营管理。联邦参股的所有大型基础设施企业原则上都是以赢利为本，股份公司的董事会有相当的自主权。此外，国家仍对负有特殊任务的基础设施企业实行调节及优惠措施。这类企业一般占基础设施企业的比重较大，其企业规章和业务制度以完成国家任务为目标，在目标许可范围内才能追求利润。如果为完成国家任务而出现亏损，政府必须依法承担这类亏损。为了减轻这类基础设施任务造成的负担，法律规定这类基础设施企业享有某些税收优惠。正确运用"黄金股"。在实行政企分离体制的条件下，基础设施企业将拥有生产经营决策权，并以追求自身利益最大化为经营目标。同时，许多基础设施产业和业务领域具有自然垄断的性质，只存在一家或极少数几家企业。这就会产生一种扭曲社会分配效率的潜在可能性，即这些企业有可能利用其市场垄断力量，通过制定垄断价格，降低服务质量等途径谋取垄断利润。这就需要政府采取必要的管制措施,以规范基础设施企业的市场行为。对此,英国的经验主要是:(1)制定有关政府管制法规;(2)颁发和修改企业经营许可证;(3)制定并监督执行价格管制政策;(4)对企业进入和退出市场实行管制。可见,在基础设施产业实行政企分离的政府管制体制后,政府并不是让基础设施企业放任自流,而是通过重新界定政府管制的新职能,间接控制企业的主要经营活动。同时,英、法等国在实践中还运用"黄金股"实施对基础设施企业的有效管理,切实维护国家利益。所谓"黄金股"并非有形的股份,主要是指政府对基础设施企业的重大决策有否决权。法国在国有基础设施企业民营化过程中,为了保护国家利益而规定了"黄金股"机制,并在1993年的私有化法案中保留了这一机制的相关规定。这种以"黄金股"机制实行"一票否决权"来保护国家利益的做法,在国有基础设施企业比重大、结构复杂的情况下,由于其高度谨慎的特征可以收到保证基础设施、基础领域公司化改革规范进行的效果。统筹规划,统一部署。借鉴发达市场经济国家的成功经验,扩大基础领域投资需要统一部署,作出规划。以交通运输产业为例,全国性或跨地区铁路干线、公路国道主干线、国家重要港口、主要内河航道、国家门户机场及空中交通管制系统设施,主要由中央投资建设,必要时中央与地方可联合建设。沿海岸线及空域是国家资源,建设万吨级及其以上吨级港口占用沿海岸线,由中央和省(自治区、直辖市)两级政府审批,建设民用机场占用空域要由中央政府批准。在国家总体规划指导下,鼓励部门、行业和地方投资建设铁路、公路、机场和码头;鼓励外商投资生产铁路运输设施、公路与港口机械设备,或以合资、合作等形式参与地方铁路及其辅助设施、公路、独立桥梁和隧道、港口设施、民用机场的建设和经营。在国家控制运输价格总水平的前提下,允许运输企业根据服务质量、季节及市场需求变化情况,实施差别浮动运价,等等。

七　建立、健全竞争和管制的法律体系，以法制为基础提高政府管制的规范和效率

从发达国家基础设施产业政府管制改革的经验来看，政府管制改革要以立法为先导，按法定程序进行改革，以法制为依据进行政府管制。

为适应社会主义市场经济要求，解决当前基础领域改革中存在的问题，提高管制效率，我国基础领域应加快立法，目前应提上重要议程的立法应当是：《中国电信法》《中国航空法》。同时，修改《电力法》和《铁路法》。这些法规由全国人大联合有关部门根据不同基础设施产业的技术经济特征，结合现行的政府管制体制和改革的目标进行制定和修改，然后由全国人大颁布实施。基础设施产业政府管制法规的主要内容应包括：改革的目标、程序；确定专门的执法机构，明确其责权；规定企业经营许可证的具体内容，明确企业的责权利关系；对价格、服务质量、市场进入条件等重大政策问题作出规定。为了提高独立执法机构的公正性，了解公众的反应，也可考虑在有关基础设施产业建立消费者协会之类的机构。基础领域政府管制的框架应是政府管制立法，按照法律设立专门的、独立的监管机构，依法执行有关管制法规，消费者协会再对管制机构实行社会监督。需要指出的是，在中国加入WTO背景下《反垄断法》的制定和实施具有特别重要的意义。目前基础领域反垄断改革的主要内容是引入市场竞争机制。在垄断性产业的改革重组过程中，有可能形成市场垄断的势力，要避免原有的垄断被新的市场垄断所替代。在加入WTO之后，跨国公司的进入和强势竞争，也有可能形成新的市场垄断。对于市场垄断的克服，只能通过相关立法解决。另外，中国加入WTO后，随着改革的深入，所有制结构将发生变化，外资的进入和WTO

有关规则的执行，使得符合国际规则的、规范竞争秩序的立法工作就变得十分必要和紧迫。《反垄断法》以及其他相关立法必须充分考虑这样一个背景，加快进行。

加快由经济建设型政府向公共服务型政府的转变
——SARS 危机后的我国政府改革[*]
（2003 年 7 月）

SARS 危机直接暴露出我国政府在公共卫生和医疗，尤其是农村公共卫生和医疗中的欠账太多。经过 20 多年经济的持续增长，在国家财力大幅度增加的情况下，为什么公共卫生和医疗的欠账还如此严重？为什么农村公共卫生和医疗的现状还远不如改革开放以前？从有关数据看出，主要是我国经济增长的成果没能主要投资于公共卫生和医疗、社会保障、教育等社会事业发展方面。虽然投资的总量有所增加，但投资比例并未有多大改变，甚至还有所减少。形成这一问题的主要原因在于，政府仍是一个经济建设型政府，远没有完成向公共服务型政府的转变。

经济建设型政府，比照传统计划经济体制下的政府职能，这是一个进步。从改革的要求说，这又只能是一个过渡。经济建设型政府有两个严重的误区：一是长期作为经济发展的主体力量，起主导作用；二是不恰当地把本应由政府或政府为主提供的某些公共产

---

[*] 本文载于《警钟》，民主与建设出版社 2003 年版。

品，例如农村公共卫生和医疗，推向市场，推向社会。从 SARS 危机中吸取教训，最具实质性的行动步骤是政府改革，即加快由经济建设型政府向公共服务型政府的转变。

一 从优先于经济目标向优先于社会目标的转变

（一）SARS 危机逼迫政府把主要职能转向公共服务

我国经济转轨时期，政府在发展经济中的作用是十分重要的。但是，市场经济发展到一定阶段，随着社会不确定因素的逐步增多，政府就要强化其公共服务的职能。在 SARS 危机之初，政府出现应对机制不健全，某些地方和政府部门工作不力，反映了转轨进程中政府职能的现状，即经济建设的职能比较强，公共服务的职能相当薄弱。SARS 危机告诫我们，政府只有把自己的主要职责放到管理社会公共事务、提供有效的公共服务方面，才能使社会发展与经济发展同步进行，才能够有效地应对各类突发性公共事件。正如联合国开发计划署 2002 年人类发展报告中指出的，人们往往重视 GDP 等指数化的发展，却忽视政治自由、参与社会生活以及人身健康和安全，而后者对提高行政能力、拓宽追求自己所珍惜的生活选择范围，是至关重要的。

（二）建立公共服务型政府是我国社会发展的重大任务

SARS 危机直接暴露了我国公共卫生和医疗体制建设的严重缺陷：一是多年来公共卫生和支出在国家预算中的比例很小，并且逐年减少，同发展中国家相比也是落后的。1997—1998 年低收入国家（人均年收入 1000—2000 美元）的公共健康支出占其财政支出的比例为 1.26%，而我国仅为 0.62%，相差整 1 倍。2000 年，世界卫生组织在对 191 个会员国进行的卫生筹资与分配公平性的评估中，我国排在第 188 位；二是城市医疗保险的社会覆盖面不大，最近几年还有下降的趋势。1993 年有 27% 的城市人口未参加医疗保险，1998 年上升到 44%；三是农村的公共卫生和医疗问题十分突出，并且落后于改革开放以前的六七十年代。参加农村医疗保险的人口从70年代末的85%急剧下降到90年代的10%左右。

经济发展的目的，归根结底是为了人的发展，SARS危机让人们清楚地看到，我国的公共卫生等社会事业发展严重滞后于经济发展。长期以来，我们虽然提出了经济与社会协调发展的问题，并把它作为重要方针之一，但在具体的实践中，却常常把社会事业发展摆到一个"配角"和"服务者"的地位。例如，我国已进行了10多年的社会保障制度改革，并把它列为市场经济体制的支柱之一，但在实践中却长期被当作企业改革的"配套措施"，并且又没有采取具体可行的措施去配套，只是在出现了大量失业人员的严重问题后才开始惊醒。SARS危机给我们一个警告，这就是改革要更多地关注民生问题，要把实现全体社会成员的公共利益、保证人们的健康和安全作为政府的主要职责。温家宝总理说得好："一个负责任的政府，必须时刻把人民的利益放在第一位。"

（三）建立公共服务型政府是经济持续增长的保障

国民的健康在一国的经济增长中具有重要的作用。公共健康投资能对经济的持续增长做出贡献。SARS危机表明，长期忽视公共卫生和医疗体系及其基础设施建设，不可避免地会导致严重的经济损失。博茨瓦那的严重教训可资我们借鉴。这个国家在20世纪60年代独立的时候，是全世界最穷的国家之一，后来由于发现了珍贵的矿产资源，拉动了经济数十年的持续快速增长。到90年代后期，人均国民收入已经达到了3250美元。不幸的是，艾滋病在这个国家的传播速度非常快，从1985年发现第一例到90年代，感染艾滋病的人口已达全国总人口的36%。数十年经济增长的成果，大都葬送在艾滋病的灾难之中，使这个国家的经济严重滑坡。这个惨痛的教训说明，经济增长离不开公共卫生和医疗建设，谁忽视公共健康在经济增长中的作用，谁就有可能受到严重的惩罚。我国正处在经济转轨和社会转型的关键时期，各种社会利益关系的调整和社会重大问题的解决，是实现经济增长的重要前提。政府着力解决好失业问题、社会保障问题、社会秩序问题等，就会为经济的持续增长创造一个良好的社会环境。SARS危机再次说明，政府把自己的职能重心转向公共服务，也是经济持续增长对新阶段政府改革的基本要求。

（四）建立公共服务型政府是我国市场化改革进程的客观要求

我国市场化改革走到今天，已为建立公共服务型政府奠定了重要的基础。第一，市场经济的主体是企业并且主要是民营企业，政府不应当也不可能再充当经济建设的主体力量。第二，政府主导型的市场经济是不成功的，日本也好，韩国也好，都为此付出了沉重的代价。从政府主导型经济向市场主导型经济转变，是市场化改革的必然趋势。第三，政府是市场经济的服务者而不是审批者，政府的主要职责是创造市场经济发展的大环境，维护市场经济秩序，为经济发展提供有效的宏观调控。为此，从审批型经济向服务型经济转变，是一个需要尽快解决的重大问题。第四，国有资产市场化是实现国有资产保值增值的正确途径。无论从哪一个方面说，我国的市场化改革都对建立公共服务型政府提出了一系列新的要求。

二 从投资型财政体制向公共型财政体制的转变

（一）SARS危机暴露了现行财政体制的结构性缺陷

第一，有数据表明，我国实行的仍是一个投资型财政体制。尽管这些年来加大了对社会发展方面的投入，但总体来说，投入的比例没有多大的改变，有的还有所减少，财政投资的大头仍然是竞争性行业（见表1）。

表1　　　　　　　　　政府投资的行业分布　　　　　　　　　（%）

投资分布	1991—1995	1996	1997	1998
政府投资总额	37651.66亿元（为100）	12056.24亿元（为100）	13091.72亿元（为100）	15369.30亿元（为100）
公益性投资	8.54	10.49	11.57	11.94
1. 卫生、体育和社会福利业	0.96	1.03	1.14	1.23
2. 教育、文化艺术及广播电影电视事业	2.97	3.61	4.08	4.02
3. 科学研究和综合技术服务业	0.65	0.58	0.54	0.50
4. 国家机关、政党机关和社会团体	3.98	5.27	5.80	6.18
基础性投资	31.62	38.38	41.53	47.52
1. 农、林、牧、渔业	0.90	1.06	1.30	1.56
2. 电力、煤气及水的生产和供应业	11.02	12.33	13.30	12.01
3. 地质勘查业、水利管理业	1.46	1.98	2.28	3.00
4. 交通运输、仓储及邮电通信业	18.24	23.01	24.65	31.00
竞争性行业	59.83	51.13	46.91	40.54
1. 工业	33.91	28.24	24.57	18.61
2. 建筑业	1.38	1.81	1.53	1.12
3. 批发和零售贸易、餐饮业	2.82	1.91	1.61	1.49
4. 房地产业	14.42	11.71	10.47	9.70
5. 金融、保险业	0.92	1.10	1.09	0.89
6. 社会服务业	4.54	4.94	6.10	7.50
7. 其他行业	1.84	1.42	1.53	1.25

资料来源：曾培炎主编《中国投资建设50年》，中国计划出版社1999年10月版。

第二，公益性投资项目设置不合理。从上表中看出，公益性投资不仅包括卫生、体育和社会福利业、教育文化等，还包括国家机关、政党机关和社会团体的财政支出。1998年公益性投资占当年财政支出的比例为11.94%，卫生、体育和社会福利业三项加在一起只占当年全部财政支出的1.23%，而国家机关、政党机关和社会团体的支出却占到了6.18%。这样的一种"公益性投资"情况，反映了公益性投资项目设置的严重不合理。

第三，公共风险性的财政支出比例过小。例如，2003年中央财政用于各类风险性储备金仅有100亿元，占中央本级财政支出的1.4%，显然这个比例是比较低的。SARS危机说明，要有效地预防各类突发性事件，必须加大公共风险性的财政支出比例。

（二）建立公共型财政体制是政府履行公共服务职能的基础

我国实行的是社会主义制度，解决社会公正、公平，建立有效的社会保障制度，实行既符合基本经济制度，又有利于市场经济发展的社会福利政策，是政府应当而且必须向社会提供的最重要的公共产品。尤其是我国正处在经济转轨、社会转型的关键时期，收入分配差距、城乡二元结构等经济社会问题比较突出。有效地调整收入分配关系，逐步解决农民的国民待遇，是经济发展、社会稳定的重大问题。由此看来，公共财政不仅是基于保障公共产品的制度安排，而且是政府有效提供公共服务，化解社会矛盾、减少社会风险、保障国家长治久安的制度基础。正如国际货币基金组织在《财政透明度良好作法守则——原则宣言》中指出的："优良政府管理对于实现宏观经济稳定和高质量增长具有重要的意义，而财政透明度又是优良政府管理的一个关键方面。"

（三）SARS危机后，建立公共型财政体制面临的紧迫任务

一是重构国家对公共卫生和医疗的责任体制。主要包括国家要加强对公共卫生和医疗基础设施的建设，不断加大对公共卫生和医疗的投入比例，建立一个有效的传染病监控体系。二是要加快建立和完善统一、有效的医疗保障体制。三是重建农村合作医疗体系。2002年，国务院决定由中央政府和地方政府共同提供资金，并鼓励农民自愿参加，重新建立农村合作医疗体系，这是一个好的开始。我国农村公共卫生和医疗的现状说明，重建农村合作医疗体制，是

一项紧迫的重要任务。

三 从封闭型的行政体制向公开、透明的行政体制转变

(一) 突发性事件中的公民知情权比什么都重要

这次SARS危机告诉我们，在一个突发性公共事件当中，瞒报、谎报、误报比任何行为都更可怕，比任何行为可能造成的损害都要大。SARS危机之初的教训表明，由于信息的不公开，以及疫情初期有的政府部门和官员不负责任的表现，造成疫情的大面积扩散传播，对人民的生命健康安全造成了难以弥补的损害。这个惨痛的教训告诉我们，隐瞒公共信息也是一种严重的犯罪。

SARS危机把公民对社会事务的知情权提到了政府建设中相当重要的位置。在现代社会，公共信息与每一个公民的利益直接相关，因而具有广泛的社会性。公共信息又有极强的时间性，尤其是突发性事件的公共信息，稍事耽搁都会对社会造成不可估量的危害。因此，建立信息公开制度，让全社会及时了解公共信息，并由此提高全社会应对各类突发性事件的能力。

(二) 公开、透明是政府履行公共服务职能的本质要求

传统的行政体制在应对各类突发性事件和处理各类社会问题时，惯用"内紧外松"的处理方法。SARS危机爆发之初，这种"内紧外松"的传统惯性使我们遭受了严重的损失，这是一个应当深刻吸取的教训。它告诉我们，公共服务和公共产品是面对全社会的，是应当向全社会公开的。公开政务、公开政情是政府有效履行公共服务职能的重要保障。

(三) 只有在公开与透明中才有利于社会的参与和社会的监督

首先，政府的公共服务应当得到全社会的监督。公共服务的对象是社会，是老百姓。只有建立公开、透明的制度才能把政府的公共服务置于社会和老百姓的监督之中。其次，公共服务既是政府的主要职能，又是各类社会组织参与和发挥作用的重要领域。在建设

现代开放社会条件下，各类社会组织在社会事务中有着政府不可替代的重要作用，成为社会治理结构变革的中坚力量。强调政府公共服务中的公开和透明，就是要打破传统体制下政府对公共事务的垄断，以鼓励和支持各类社会组织参与社会事务，并且发挥其重要作用。

SARS危机中社会各方面表现了很大的热情，并发挥了积极的作用。但是客观地评价，SARS危机中各类社会组织的作用很有限，尚未发挥出应有的作用。究其原因主要是两条：一是我国社会组织还处在改革的起步阶段，社会结构的严重失衡一时还难以根本改变；二是社会组织参与国家和社会生活的机制不健全，渠道不多，缺乏相应的法律保障。我国的改革开放走到今天，社会组织同政府、企业共同构成了现代社会结构的三大支柱。积极发展各种社会组织，既是社会发展的客观需要，又是政府有效履行公共服务职能的重要条件。

四　从行政控制型体制向依法行政型体制的转变

（一）SARS危机对依法行政提出了全面要求

首先，在突发性事件和紧急情况下，政府行使特别权力和处理特殊情况应当有严格的法律依据和法律规范。它可以使政府依法宣布进入紧急状态，依法进入特别程序行使特别权力，以保证突发性事件发生时的社会稳定。其次，在突发性事件发生，并进入紧急状态的情况下，尤其需要依法保障公民的权利，防止对公民权利的侵犯。一般说来，政府在非常状态下的权力比照平时情况有特殊效力，防止政府滥用权力，切实保障公民的生命财产和公民的安全，迫切需要紧急状态下的法律保障。因此，应对突发性事件的相关立法和法律法规，既给政府在非常时期采取特别手段提供法律依据，又给政府在非常状态下的行为以法律规范和法律约束。最后，突发性事件和紧急状态下的依法行政是维护社会正常秩序，减少社会恐慌，保障社会稳定的基本条件。总结SARS危机的经验，加强和完善我国应对各类突发性事件的相关立法，对推进依法治国的进程、对于保障公民权利、对依法行政都有特别重要的意义。

（二）加快公共服务的相关立法有相当的紧迫性

立法是完善应对突发性事件的有效机制，前提和基础都在于紧急状态下的法律保障。在抗击SARS危机中，国务院很快出台了《突发公共卫生事件应急条例》，起了一个很好的作用。总结SARS危机中的一个主要经验，就是要加快我国在应对各类突发性事件方面的立法进程。

我国的改革开放走到今天，无论是政府与社会的关系、政府与老百姓的关系，还是政府与市场的关系都发生了深刻的变化。从权力社会向能力社会的转变，从国家社会向公民社会的转变，从全能政府向有限政府的转变，从单向控制的行政体制向协商合作的管理机制转变，都是我国社会生活中正在发生和变化的事情。我国社会关系的日益深刻变化，已对公共服务的相关立法提出了迫切要求。加快公共服务的相关立法，不仅是政府职能转换的需要，更是社会生活对国家、对政府提出的现实要求。

（三）推进依法行政关键是用法律来规范和约束政府与公务人员的行为

推进依法行政的一项重要任务，就是要从上至下加强政府官员的法律意识教育。与此同时，还要建立严格的法律问责制。不执行法律、违背法律而形成的各类严重失职和渎职的行政行为，都应当依法追究。在传统行政体制下，政府工作人员发生的各种行政违法问题，大都是采用行政手段去处理。我们讲依法行政，如果不建立严格的法律追究制度，依法行政就很难落到实处。因此，应当尽快将政府履行公共职能的范围、程序以及相关的措施都纳入制度化、法制化的轨道，建设法治政府。

五　从条、块分割的行政体制向统一、协调的行政体制转变

（一）打破条、块分割的行政体制是应对突发性事件的重要条件

SARS危机爆发初期，充分暴露了现行条、块分割行政体制的种种弊端。这是一个相互推诿、相互扯皮、难以协调、不负责任的体制。在危机突发时，谁来协调、谁来负责，缺乏明确的制度和法律规定；这是一个反应迟钝、效率低下的体制，面对SARS危机，既不能做出有效及时的快速反应，又不能迅速采取相关措施，在一定程度上失去了自己的调控能力。SARS危机说明，现行条、块分割的行政体制已到了非改不可的地步。

（二）建立统一、协调的行政体制是政府履行公共服务职能的重要保障

公共服务具有社会性、共同性的特点，需要各级政府依据相关法律和行政规定统一协调和处理，并且在发生各类突发性事件和遇到各类社会危机时具有法律授予的统一指挥权和协调权。在现行的行政体制下，不仅某些政治经济事务存在条、块分割的问题，而且在教育、公共卫生、社会保障等诸多社会事务方面也存在严重的条、块分割问题。这说明，从中央到地方各级政府要有效地履行公共服务，必须彻底克服现行条、块分割行政体制的严重弊端，严格实行公共服务的"属地管理"原则。

（三）改革条、块分割的行政体制，重要的是明确划分中央与地方在公共服务方面的职权范围

依法明确界定中央与地方的职责权限，建立中央与地方的合理分权体制，是我国政府改革的重大任务。吸取SARS危机初期的教训，国务院在《突发公共卫生事件应急条例》中对中央与地方在应对突发性公共卫生事件中的职责做出了明确的规定：突发性事件发

生后，国务院设立突发性事件应急指挥部，省、自治区、直辖市同时成立地方突发性事件应急指挥部，分别负责全国性和地方性突发性事件的统一领导和统一指挥问题。这个规定是十分重要的。以 SARS 危机为例，设想首先发生 SARS 危机的广东省如果能够依据相关法律和行政法规对 SARS 危机的信息披露、应急措施快速做出反应，就会把 SARS 危机限定在一定的范围内，从而避免 SARS 危机在全国的迅速蔓延。这个教训是付出了代价的，而且是相当大的代价。

我国是一个大国，各地方的情况差异很大。在保证中央政府统一领导下，应当充分赋予各地方处理和解决公共事务、应对突发性事件的事权，并且应当对此做出明确的法律规定。在这方面，我们还面临着一系列的改革课题。例如，中央政府和地方政府的事权划分问题、地方的立法权问题、干部的管理权限问题、公众对政府的监督问题，等等。SARS 危机后，我们要充分吸取教训，并从我国的实际出发，理顺中央政府与地方政府的关系。这是一个相当重要的问题，也是一个相当迫切的问题。

政府转型与民间组织发展[*]

（2005年9月）

在我国全面建设和谐社会的大背景下，深入研讨民间组织发展问题是很及时的。一方面，我国利益关系和社会结构的变化凸显民间组织的作用。无论是利益主体的分化和利益关系的调整，还是不同利益群体的利益诉求和利益保护，都对民间组织发展提出了现实而又迫切的要求。另一方面，我国进入以政府转型为重点的改革攻坚阶段，为民间组织的发展提供了重要机遇。伴随着政府转型的实际进程，民间组织必将在社会性、公益性和服务性的社会职能中逐步发挥作用，扮演重要角色。因此，深入研究并积极稳妥地发展民间组织，既有很强的客观需求，又有现实的可能性。

政府转型是中改院近几年的重点研究课题。从我国的实践看，政府转型与民间组织发展互为条件，相互促进。这里，我就"政府转型与民间组织发展"提出几个问题，与大家讨论。

一 公共需求的深刻变化与民间组织发展

从国际经验和我国的实际来看，人均GDP从1000美元向3000

---

[*] 在"民间组织发展与建设和谐社会"国际论坛上的主题演讲，2005年9月24日，海口；载于《经济参考报》2005年10月15日。

美元的过渡时期，既是从一般温饱型社会向发展型社会转变的重要时期，也是社会利益关系及其公共需求深刻变化的关键时期。

第一，由于收入分配差距比较严重，并有不断扩大的趋势，广大社会成员对缩小收入差距、实行社会再分配的基本公共需求比以往任何时期都更为强烈、更为迫切。

第二，义务教育、公共医疗已成为当前多数社会成员重要的公共需求，并且比以往任何时候都要突出。前不久，引起全社会广泛讨论的公共医疗体制改革深刻地反映了解决这两类问题的迫切性。

第三，在我国经济社会转型时期，就业和社会保障已成为全社会基本的公共需求。目前，我国面临着巨大的就业压力。

第四，公共安全越来越开始成为社会成员普遍的公共需求。当前，我国在生产安全、卫生安全、食品安全等方面的问题还比较突出。SARS危机、矿难、毒米、假奶粉等问题日益成为广大百姓极为关注的社会问题。

第五，随着利益关系的变化，合理、正当的利益表达和利益诉求开始成为广大社会成员，特别是弱势群体的公共需求。

公共需求的深刻变化说明，我国不仅面临着经济不发达与人民日益增长的物质文化需求的突出矛盾，更面临着全社会公共需求的深刻变化和快速增长与公共服务不到位、公共产品严重短缺的突出矛盾。并且，后一个突出矛盾既构成经济转轨时期政府转型的现实压力，又反映了社会转型时期发展民间组织的客观需求。为此，我们要从解决公共需求与公共服务供给之间的突出矛盾出发，在推进以公共服务为目标的政府转型的同时，发展民间组织，有效地发挥民间组织的作用。

（一）适应利益主体多元化的客观要求，发挥民间组织在协调具体利益中的重要作用

当前，在利益主体和社会结构多元化已成为基本现实的情况

下，不同的民间组织能够比较客观地反映不同的具体利益要求。因此，在一元社会向多元社会的转变中，发展各类民间组织，形成有组织、有秩序的利益表达和利益诉求，是市场经济条件下社会发展的大趋势。从我国的现实情况来看，有组织的理性比非组织的个人行为更有效。有组织就可以谈判，可以协商。规范发展民间组织，形成在党领导下的协商对话机制，远比非理性的个体行为要规范得多、好得多。

（二）按照建设和谐社会的要求，发挥民间组织在化解社会矛盾、实现社会稳定中的重要作用

随着公共需求的深刻变化，社会结构进一步分化，社会矛盾更加复杂，不同社会利益主体之间的利益冲突不可避免。如果处理不好，将会引发一系列的社会问题，加大社会风险程度。当前，由于我们缺乏各种利益群体有组织、有理性地表达自己具体利益的机制，导致了许多群体性事件的发生。近年来，有些地方由于经济利益关系处理不当引发的社会矛盾和冲突，往往与当地政府直接介入经济活动、充当一方利益主体的代表有直接关系。由此可以看出，各级地方政府从具体的经济活动和利益中摆脱出来，并基于利益关系变化的需求发展各类民间组织，有利于解决错综复杂的社会矛盾，实现社会稳定。从总体上说，稳妥地发展民间组织，充分发挥社会团体、行业协会和社会中介组织的作用，有利于通过利益的表达和博弈来化解社会矛盾，形成社会管理和社会均衡发展的合力，更好地建设和谐社会。

（三）在扩大政府公共服务职能的同时，发挥民间组织在社会管理和社会服务中的重要作用

当前，由于公共产品供求失衡，我国的公共服务面临巨大压力。"世界经济论坛"将于近几日公布的2005—2006年全球竞争力报告中显示，我国在宏观经济环境稳定性方面名列全球第33位，

而在公共机构质量方面的排名为第 56 位。[1] 要尽快缩小我国在公共服务方面的差距，应当在加快推进以公共服务为中心的政府转型的同时，充分发挥各类民间组织在社会公共服务中的特殊作用。国际经验证明，民间组织在社会管理和公共服务中有重要的作用。面对我国全面增长和深刻变化的公共需求，政府不可能也没有必要对社会性公共服务和社会事务实行全方位的直接管理，相当一部分的群众性、社会性和公益性的社会公共服务职能，应该也可能从政府职能中分离出来，以实现多元社会主体参与提供公共服务。

二 弱势群体的利益诉求、利益保护与民间组织发展

无论是政府转型还是民间组织发展，其基本目标都是实现公平和公正。当前，我国出现了规模庞大的弱势群体，不仅引起全社会的普遍关注，也成为引发社会矛盾和社会问题的关键性因素。就是说，弱势群体问题已开始成为我国公平、公正的焦点问题。能否妥善地解决弱势群体的利益表达和利益保护，既是推进政府转型的重大任务，又是发展民间组织的现实需求。如何把政府的作用和民间组织的作用形成合力，把弱势群体的问题解决得好一些，对落实以人为本的科学发展观、建设和谐社会都有着十分重要的意义。

（一）民间组织要在弱势群体利益表达和利益维护方面扮演重要角色

当前，我国弱势群体的形成有四个突出的特点：第一，不仅规模较大，而且还有扩大的趋势。第二，弱势群体利益遭受侵害的问题相当突出，并有一定的普遍性。第三，因弱势群体利益受侵害而引发的群体性事件逐步增多。第四，由于弱势群体缺乏基本权利的保障和有效的利益表达手段，他们在利益诉求和利益表达中处于弱势地位。这告诉我们，弱势群体增多和利益受损已成为我国经济社

---

[1] 张颖：《世界经济论坛全球竞争力报告提前曝光》，《国际金融报》2005 年 9 月 24 日。

会转型期的一个客观现实。因此，建立弱势群体的利益表达和利益诉求机制有相当的迫切性。从这一现实需求出发，应当加快发展各种为弱势群体服务的民间组织，使民间组织在代表弱势群体利益、建立弱势群体的利益表达和利益协商机制中发挥积极作用。

（二）民间组织要在解决劳资关系失衡问题中扮演重要角色

有专家调查后发现，在经济发达的浙江省，近些年劳动争议案件以每年30%的速度上升。[①] 在经济发达的珠三角，2004年以来仅千人以上的群体事件就有数十起[②]。现实情况表明，劳资关系的失衡开始成为我国经济社会发展中的突出问题，反映了部分基层工会在维护职工具体利益中的角色缺位问题。根据"珠江三角洲工伤研究项目小组"对佛山、中山、东莞、惠州、广州、深圳6个城市的582位工伤者进行的问卷调查：在遭遇工伤这种特殊困难关头，53%的工伤者表示得到过一些关心，但是回答说这些关心来自基层工会的比例只占到1.9%。[③] 今年1月份，重庆市周立太等83名工人要求工会为其出具困难证明，但遭到了拒绝，于是他们在全国首开先例，状告基层工会不作为。[④] 这些事情很令人深思：我国现行的基层工会组织如何能在劳资关系的利益协调中有所作为？从这一现状出发，一方面，要完善现有的基层工会组织，使其成为劳动者具体利益的代表；另一方面，要使基层工会组织扩大到民营企业、外资企业中去。目前我国农民工已经达到1亿人，应当也有可能加快建立农民工工会组织，切实维护农民工的基本权利。

（三）民间组织要在维护农民基本权益中扮演重要角色

由于城乡改革不同步，城市化进程中对农民利益的侵害，尤其

[①] 王晓玲：《中国制造里的血汗》，《商务周刊》2004年5月21日。
[②] 唐建光：《兴昂鞋厂工人骚乱调查》，《中国新闻周刊》2004年11月26日。
[③] 车晓惠：《农民工工会：维权请别说尴尬》，半月谈，2004年9月24日。
[④] 王雷：《工人告工会拷问工会职责》，《南方都市报》2005年1月7日。

是对农民土地权益的侵占已成为一个相当严重的问题。这些年来，因为农民土地问题而引发的各种社会矛盾和冲突，严重影响到农村的社会稳定和经济发展。未来几年，加快农村土地制度改革，真正使农民成为土地的主人，关键的问题在于使农民组织成为维护农民土地权益的主体，提高农民及农民组织在土地交易中的谈判地位。

从我国的实际情况看，在农民组织建设的过程中，政府既不能简单地退出，也不能采取传统方法，强化对农民组织的行政控制，而是要在政府自身转型的过程中，积极地支持、规范和引导农民组织的发展。只有观念转变、体制转型，政府才能主动支持农民组织建设，形成与农民组织平等对话的协商关系和合作关系。第一，要支持农民组织发挥在农村治理中的作用。例如，鼓励和支持农民组织参与农村治理，有效地改善农村治理结构，政府与农民组织共同解决和处理农村的某些社会矛盾和问题。第二，善于处理农村发生的各类冲突，降低农村社会风险。在我国利益关系调整的关键时期，由于农民的利益表达和利益诉求越来越强烈，如果这个利益诉求得不到基本满足，农村社会暂时的利益冲突就不可避免，局部地区甚至会产生某些过激行为。在这种情况下，政府要从广大农民利益出发，主动与农民进行沟通和交流，并依靠农民组织缓解社会矛盾、减少社会冲突。

三 社会体制改革与民间组织发展

当前，我国已进入改革攻坚的关键时期。在继续进行市场化改革的同时，应当积极推进社会体制改革和政治体制改革。我国民间组织发展不适应于经济社会发展的基本需求，重要的原因在于社会体制改革的滞后。加快推进社会体制改革，是政府履行制度性公共服务的重要任务，也是民间组织发展的基本前提。

改革进入攻坚阶段，利益关系开始发生两个大的变化：一是由利益倾斜向利益兼顾转变；二是由利益增进向利益增进和利益调整并重转变。这就需要在社会体制改革中,通过民间组织发展寻求新的、合理的利益协调机制。

(一) 以政社分开为重点,推进社会体制改革

实现政府转型,建设和谐社会,重要的在于发展和培育"大社会",增强社会活力。政企分开、政事分开、政社分开是经济体制改革、社会体制改革的重要目标。从总体上看,政企分开有了实质性突破,政事分开和政社分开尚未真正破题。为此:第一,要在党的政治领导下,稳步推进政社分开,逐步实现社会组织领导人自选、活动自主、经费自筹等方面的改革。第二,要适应利益关系变化的客观实际,建立政府与民间组织的平等协商对话机制。在现代社会,政府、企业和民间组织是社会的三大支柱。因此,政府与民间组织不是简单的管理与服从、控制与被控制的关系,而是协商关系、合作关系。第三,要把政社分开作为政府转型的一项重要任务。我国政社分开的关键在于各级政府要从部门利益和行业利益中超脱出来,尽快地把公益性、服务性的社会职能下放给具备条件的民间组织。要在政府和民间组织之间建立起一种取长补短的平衡关系,为社会整体的进步提供推动力。

(二) 为民间组织发展提供制度与法律保障

当前,我国民间组织制度建设和相关立法明显滞后于民间组织的发展。比如,对民间组织仍然采取行政上的双重管理,登记准入门槛过高,这在一定程度上束缚了民间组织的发展。因此,应当建立科学的管理制度,实现民间组织的规范发展。尤其在我国全面开放的条件下,建立和完善民间组织发展的法律规范体系更为迫切。为此,建议尽快制定和出台"民间组织法"。

(三) 以扩大社会参与为目标,实现公共政策的转型

随着公共需求和利益关系的变化,实现公共政策的转型和创新已成为建设和谐社会的重要任务。第一,确保重大事情的公众知情

权，实现公共政策由封闭和半封闭向公开透明的转变。第二，民间组织要参与公共政策的制定过程。在我国由一元社会向多元社会转变的过程中，民间组织参与公共政策的制定过程，既有助于扩大公共政策的透明度，又有利于增强公共政策的有效性。第三，要实现由严格的行政控制向人性化的公共治理转变。要使公共政策的执行以尊重公民的基本权利为前提，实现从管理型向服务型的转变。

从去年开始，有的学者对市场化改革提出质疑，并引起了社会的关注和讨论。在我国，市场化改革是一个不可逆转的过程。否定市场化改革，将会出现灾难性的后果。面对日益突出的社会矛盾和社会问题，我们需要反思改革，但不能不加分析、不负责地把各种问题归到改革上。事实上，目前许多矛盾和问题的产生不是市场化改革过快，而是市场化改革不到位，甚至在某些领域还没有真正启动。当前，改革在实践中的"走形变样"有一定的普遍性。由于各种利益关系的制约，以及利益博弈中弱势群体的不利地位，导致一些改革在实践中大打折扣，走形变样。有人又把产生这些问题的"板子"打到改革上，认为是改革的失误、改革的不成功造成的。这不仅无助于问题的解决，容易误导社会舆论，而且会对加快改革产生多方面的不利影响。

中国公共需求的深刻变化与政府转型的现实压力[*]

(2005年11月)

一 我国正处在全社会公共需求深刻变化的关键时期

从国际经验和我国的实际来看，人均GDP从1000美元向3000美元的过渡时期，既是从一般温饱型社会向发展型社会转变的重要时期，也是社会利益关系及其公共需求深刻变化的关键时期。

(一) 由于收入分配差距比较严重，并有不断扩大的趋势，广大社会成员对缩小收入差距，实行社会再分配的基本公共需求比以往任何时期都更为强烈、更为迫切

我国已经成为世界上收入分配差距比较严重的国家之一。近些年，贫富差距不仅没有缩小，还有逐步扩大的趋势。

我国的城乡差距相当严重。1985年我国城乡的收入差距只有1.86倍，到了2004年扩大到3.21倍。如果把社会保障、公共医疗、义务教育等因素计算在内，有专家估计目前我国城乡的实际差距已达到6倍左右。并且，城乡收入差距还有逐步扩大的趋势。

近些年收入分配差距有加快扩大的趋势。以江苏省为例，江苏

---

[*] 本文载于《中国经济时报》2005年11月4日。

城镇居民家庭人均可支配收入的差距，2000年为5.39倍，2003年到了9.91倍，2004年则达到10.71倍。我国行业收入差距，最高与最低的比例，1978年为1.3倍，2003年为6.1倍。

（二）义务教育、公共医疗已成为当前多数社会成员重要的公共需求，并且比以往任何时候都要突出

在义务教育、公共医疗方面的欠账很多。我国在制订"八五"计划时，曾承诺在2000年以前，教育支出占国民生产总值的4%，接近20世纪90年代初世界发展中国家的平均水平。实际情况却是，到2003年，中央财政性教育经费占国民生产总值的比重仅为3.28%，比2002年还减了0.4个百分点。我国2003年这一比例，同泰国1998年4.27%的比例相比，也有较大的差距。2003年，联合国开发计划署公布的人类发展指数，我国在175个国家中排在第104位。

教育和医疗费用上涨的速度太快。有专家指出，按照国际上通行的高校收费标准，学费占人均GDP的比例一般在20%左右。而我国的高校学费（含住宿费）已接近人均GDP的80%左右。近几年，大学的学费比1989年增加了25—50倍，而同期城镇居民收入实际增长了2.3倍。此外，近些年医药费用快速增长，人均门诊和住院费用的增长幅度都在两位数以上。教育、医疗费用的过快增长，远远超出居民家庭可支配收入的增长速度，并已成为多数家庭的沉重负担。

（三）在我国经济社会转型时期，就业和社会保障已成为全社会重要的公共需求

我国面临着巨大的就业压力。由于经济发展必然会引起经济结构的调整，由于国企改革的深入以及农村剩余劳动力的大量存在，使我国当前和今后若干年内的就业形势相当严峻。此外，城镇每年有近千万的新增劳动力，农村上亿剩余劳动力在未来10—20年要转移到城镇中来。

我国社会保障的矛盾和问题越来越突出。一是我国社会保障的欠账过大，并逐年增加。二是目前社会保障主要靠现收现付。我国已经开始进入人口老龄化阶段，未来几年，社会保障方面的问题将会更加突出。三是我国社会保障的制度还不健全，社会覆盖面不高，社会管理水平还很低。

（四）公共安全越来越开始成为全社会成员普遍的公共需求

我国经济转轨进程中，社会秩序重建滞后，信用普遍缺乏，各类市场尚不规范，政府的市场监管职能还远未到位。因此，生产安全、卫生安全、食品安全等方面的问题还比较突出。

安全生产的问题已引起全社会的极大关注。2004年，全国发生各类生产安全事故80.4万起，死亡136755人。全国每年因事故造成70多万人伤残，给近百万个家庭带来不幸。另外，每年约70万人患各种职业病，受职业危害的职工在2500万人以上。

卫生安全问题比较突出。随着经济水平的提高，人们对自身的生命安全高度重视。因此，公共卫生安全和公共卫生突发事件已成为全体社会成员最关注的大事。

食品安全已成为人们普遍担心的问题。人最基本的需求是生存的需求。从现实生活来看，这个需求可以细化为"柴米油盐酱醋茶"。现实生活中的突出问题是各种伪劣商品充斥市场，广大百姓对劣质肉、毒米、毒面、变质牛奶和奶粉等问题深恶痛绝。食品安全问题日益成为全社会普遍关注的问题。问题的根源在于，在市场秩序尚未真正建立起来，在信用普遍缺失的特定背景下，政府的市场监管不到位，工作职能和工作重点并没有随着全社会公共需求的变化而变化。

（五）随着利益关系的变化，合理的、正当的利益表达和利益诉求开始成为广大社会成员，特别是弱势群体的公共需求

随着经济的快速增长和改革的深化，我国已进入全面调整利益

关系的关键时期。特别是由于收入分配差距的不断扩大，使利益关系问题不仅具有普遍性，而且具有复杂性。能否妥善、全面、合理地解决利益关系，既取决于政府实行社会再分配的力度，也取决于能否尽快建立利益表达和利益诉求的有效机制。在这方面，应当解决好这样三个问题。

拓宽利益诉求和表达的正常渠道。从目前的情况看，各级政府的信访部门作用有限，已很难适应利益诉求日益增长的需要。目前，一些地方政府对于民意的表达还处于"防民之口"的状态。

建立不同利益群体的利益表达机制。我国利益关系的深刻变化在于形成了不同的利益群体。因此，需要有不同的具体利益的代表者有组织地反映其利益要求。

如何依法协调利益关系已成为迫切需要解决的重大问题。由于相关立法滞后，老百姓的利益冲突大都找政府解决，而不是找法院。在这种情况下，社会成员难以通过法律维护自己的正当、合法权益。

从上述五个方面公共需求的现实情况看，我们可以得出以下四点重要判断。

第一，我国经过26年多的改革开放，经济社会进入一个转型的关键时期。尤其是进入人均GDP从1000美元到3000美元的过渡时期，更是一个社会结构、经济结构快速变化的时期。在这个时期，经济社会发展必须按照多数人的要求，反映社会的总体趋势。只有这样，经济社会才会得到协调发展。

第二，我国公共需求的深刻变化，基本反映了人的全面发展的客观要求。我国提出以人为本的科学发展观，符合人的全面发展的基本要求，适应了公共需求深刻变化的现实。

第三，公共需求的全面增长与公共产品的严重短缺，成为改革发展新阶段的突出矛盾。适应公共需求深刻变化和全面增长的客观要求，强化政府的公共服务职能，满足广大百姓对公共产品的基本需求已成为各级政府的主要任务。

第四，国际经验告诉我们，在经济社会转型和社会结构、利益关系变化的时期，基本满足公共需求的变化非常重要。如果能很好地解决由公共需求变化引发的社会矛盾、社会问题，就有可能保持经济社会的协调发展；反之，经济社会发展就有可能发生中断或倒退。

二 公共需求的深刻变化与公共服务的严重不适应成为现阶段我国经济社会发展中的突出矛盾和主要问题

经验表明，一个国家在经济发展的过程中可能面临公共产品供求失衡的局面，并由此对经济社会发展造成严重影响。我国经过26年多的改革开放，经济结构、社会结构快速变化，经济社会转型进入关键时期。在这一时期，全社会的公共需求也处在深刻变化和快速增长的阶段。从现实的情况看，我国的公共服务和公共产品的供给面临严峻挑战：一方面要承担改革成本，解决历史性欠账问题；另一方面又要适应经济社会发展的新形势，解决新的矛盾和问题。就是说，由于体制转轨和经济社会转型的双重压力，我国的公共服务和公共产品的供给严重短缺，两者的不相适应已成为我国经济社会发展的突出矛盾和主要问题。

（一）我国公共需求的深刻变化反映了我国从初步小康向全面小康发展的客观趋势

我国正处在从初步小康向全面小康的过渡阶段，这个阶段最突出的特点就是社会成员的公共需求开始发生深刻变化。

公共需求的结构正在发生深刻变化。改革开放26年多来，我国社会成员从追求温饱到追求小康、从追求初步小康到追求全面小康。随着这个目标的变化，社会成员的需求结构也发生了重大变化。一方面，社会成员的个人总需求中，公共需求的比重越来越高；另一方面，社会成员从基本生存的公共需求到全面发展的公共需求，整个需求结构在不断变化。这个变化可以从我国居民的消费结构变迁中反映出来。例如，26年来，我国的恩格尔系数变化很大：农村从1978年的0.677下降到2003年的0.456；城市从1978年的0.575下降到2003年的0.371。从恩格尔系数的明显变化中可以看出，社会成员在教育、卫生、住房、旅游方面的支出已经远远大于基本的生存支出（如基本食品支出等）。社会成员对公共安全、公共医疗、义务教育、社会保险等方面的公共需求已经成为需求结构的主体。

公共需求的数量正在不断增长。社会成员的需求结构中，个人需求经过26年的快速增长后，其增速开始趋于稳定，但公共需求的增长却方兴未艾。城镇居民在教育、医疗、社会保障等方面公共需求年均提高的速度越来越快。有专家估计，过去10年城镇居民在教育、医疗、社会保障等方面年均公共需求的提高比重，大体相当于过去5年公共需求比重的总体增幅。

公共需求的主体正在不断扩大。首先，广大城镇中低收入群体成为公共需求的主体之一，而且这个主体在不断扩大。客观地分析，处于不同收入群体的居民对公共需求的要求是不同的。中高收入群体更多地要求政府提供公共安全等服务；而中低收入群体则更多地要求政府提供公共医疗、义务教育等公共服务。目前，由于我国收入分配差距不断扩大，中低收入群体对公共医疗、义务教育、就业和社会保障的公共需求日益强烈。其次，广大农民开始成为公共需求的重要主体之一。由于历史原因，我国的广大农民基本被排除在享受公共服务的主体之外。在义务教育、公共医疗、社会保障等公共服务方面，农民同城镇居民事实上是不平等的。现实的情况是，随着农村改革的不断深化和农村经济的发展，广大农民潜在的公共需求已开始转化为现实需求，广大农民将逐步成为公共需求的主体之一。

（二）公共需求的深刻变化将成为制约经济持续较快增长的重要因素

社会需求是拉动经济增长的三大因素之一。而在社会总需求中，公共需求又是主要因素。我国公共需求的数量在不断增加，而且增长的速度远远大于个人需求的增长速度。满足社会的公共需求，能更好地促进经济的可持续增长。

公共产品供给严重不足和公共服务的不到位是我国消费率低下的重要原因。消费是拉动经济增长的重要动力。这些年来，我国经济持续快速增长，而消费率却逐年下降走低。2000年是61.1%，2004年又下降到不足50%的历史最低水平。而世界其他发展中国家的消费率平均为71%左右。消费率逐年下降使我国的内需严重不足，并日益构成对经济持续增长的潜在威胁。消费率的逐年走低与经济的持续快速增长形成如此明显的反差，其中有两个重要的原因：一是公共服务的严重不到位。如果公共医疗、义务教育、就业、社会保障成为社会成员，尤其是中低收入者的主要经济负担，那么消费率不但不可能提高，反而会逐步下降；二是收入分配差距逐步扩大必然导致明显的消费差距，使弱势群体的消费增长长期保持在较低水平。

启动农村消费大市场，拉动内需，需要以提供有效的公共服务为前提。为什么我国的农村消费市场长期低迷，并已成为制约内需的重要因素，既在于我国"三农"问题突出，农民增收困难，又在于农村公共服务的基本缺失。在农民一年的纯收入不等于农民一次性住院费用、一个大学生费用等于一个农民13.6年纯收入的情况下，广大农民怎么能提高消费水平？国家公共资源分配的严重失衡，对提高农村消费水平影响相当大。我国农村人口占全国人口的70%，但是国家80%的公共卫生资源投放在城市；义务教育人口的

60%在农村，却只有不到25%的资源用在农村。正是由于农村的公共需求远没有得到满足，广大农民的消费欲望不强，农村的消费长期低迷。客观地分析，这已经成为影响我国经济可持续增长的重要制约因素。

公共服务也是一个产业。国际经验表明，采取"社会化"的方式提供公共服务，不仅有利于解决就业，而且有利于提高公共服务的质量与数量。在我国，公共服务社会化与产业化并没有形成，导致从事公共产品生产的部门与人员众多，但绩效低下。如果能实现公共产品生产的社会化与产业化，我国现有事业机构的作用就会得到充分发挥，就可以有效地为社会成员提供基本的公共服务。

(三) 满足基本的公共需求是建设和谐社会的重要保障

公共服务的有效供给和公共需求的基本满足不仅是制约经济可持续增长的重要因素，而且也是建设和谐社会的制约因素之一。

在经济社会转型时期，建设和谐社会的关键在于妥善、全面、合理地解决社会利益关系。协调利益关系，化解社会矛盾，应当成为政府的重要职能。同时，政府能够有效地供给利益博弈和利益均衡的相关制度，成为建设和谐社会的重要条件。如果我们能把利益关系问题解决得好一些，建设和谐社会就有了重要的基础和保障。因此，在经济社会的转型时期，如何建立利益关系的协调机制，已成为建设和谐社会的重大课题。

目前，我国的社会矛盾与社会问题日益突出，这要求我国正确地处理效率与公平的关系。"效率优先、兼顾公平"反映了从计划经济向市场经济转轨过程中解决和发展生产力的实际需求。但是，在社会矛盾和社会问题不断突出的情况下，应该从"效率优先、兼顾公平"转向"效率与公平并重"。拉美一些国家的实践告诉我们，如果社会矛盾与社会问题处理不好，不仅会导致经济发展停滞，而且会激化社会矛盾，甚至导致社会动乱。要实现效率与公平并重,其主要途径就是为社会成员提供基本的公共服务。

我国城乡发展失衡的问题越来越突出。通过提供最基本而有保障的公共服务,能够促进城乡的协调发展,有利于建设和谐农村。

三 公共需求的现实压力是政府转型的基本动力

由经济建设型向公共服务型政府转变,已是各方面的一个共识,并逐步成为各级政府的实践。问题在于,如何能形成政府转型的推动力。现在看来,公共需求的快速增长和深刻变化事实上已成为政府转型的现实压力。总的来说,公共需求与公共服务供给日益突出的现实矛盾,是政府转型的重要推动力。

(一)适应公共需求全面增长和深刻变化的客观现实,确立以公共服务为目标的政府转型

我们的政府是人民的政府,是按照全体社会成员的公共需求规范自己行为的政府。就是说,要把能否为广大百姓提供基本而有保障的公共服务作为政府的主要任务。

全社会的公共需求是政府行为模式的基础。改革开放以来,在市场经济体制尚没形成的背景下,经济建设型政府是同发展经济、提高生活水平的公共需求相适应的。问题在于,在初步建立了市场经济体制框架的前提下,政府主导型的经济增长方式对经济持续稳定增长产生了诸多的负面作用。与此同时,经济建设型政府使得公共服务供给严重不足,公共产品严重短缺,既不能满足老百姓日益增长的公共需求,又对经济的持续稳定增长产生严重的影响。因此,我们要从解决公共需求与公共服务供给之间的突出矛盾出发,及时确立以公共服务为目标的政府转型,以推进经济社会的协调发展。

从经济建设型政府向公共服务型政府的转变的另一个重要基础,就是经过20多年的改革开放,企业已经成为市场的主体、投资的主体、建设的主体。在这种情况下,政府再去担任经济建设的

主体，直接投资，就会产生很大的矛盾。比如说以批租土地为重点的经营城市，就产生了一系列的经济矛盾和社会矛盾，尤其是严重侵犯了广大农民的利益，严重影响了广大中低收入群体的利益。农民的土地收益占土地增值的比重相当小，大部分被开发商和地方政府拿走了。这几年，房地产市场价格的大幅上涨，使中低收入群体无能力购买住房。因此，这次国务院调控房地产是非常及时的。但是要从根本上解决问题，就要取决于能否实现以公共服务为目标的政府转型。

从我国现实经济社会突出的矛盾和问题看，我们不能低估公共服务供给不足的矛盾对整个经济社会发展的影响。未来10—20年，我国宏观经济能否稳定和持续增长，在很大程度上取决于能否实现从投资主导型增长向消费主导型增长模式的转变。现在无论是城市居民还是农村居民，生一次大病全年的收入就消耗殆尽，或者负债累累，重新陷入贫困；供一个大学生，需要花费若干年的积蓄。并且，我国的社会保障覆盖面相当低，失业问题比较严重。这些问题不解决，老百姓的消费倾向是难以提高的。与此同时，社会矛盾也会逐步积累，建设和谐社会的目标也很难实现。因此，在初步建立市场经济体制框架的条件下，应当加快实现以公共服务为目标的政府职能转变。应当明确：第一，在市场经济条件下，经济建设的主体是企业、社会，政府的主要职能是为经济发展提供良好的市场环境和社会环境。强化政府的公共服务理念和公共服务职能，是市场化改革新阶段以经济建设为中心对政府作用的客观要求。第二，目前我国的社会矛盾和社会问题，已经对经济的持续增长构成威胁，政府应当把主要注意力转移到加快解决就业、收入分配、社会保障等方面，积极促进社会事业的发展。第三，随着公共需求的快速增长，人们日益迫切地要求政府为他们提供基本而有保障的公共产品和公共服务。

（二）按照人的全面发展的基本需求，严格树立以人为本、注重人文关怀的执政理念

党的十六届三中全会提出"以人为本"的思想，适应了公共需求深刻变化的大趋势。从初步小康社会向全面小康社会转变发展的过程中，公共政策要更加注重人的全面发展，更加注重人文关怀。

要从注重物质财富向注重人本身的全面发展转变。在温饱尚未解决的时候，我们集中所有的经济资源，包括公共资源去满足这些基本需要。现在我国的人均收入已经超过1000美元，人本身的全面发展已经越来越成为老百姓关注的焦点问题，这不能不在公共政策中得到充分反映。

从注重物质资本的投入向注重人的素质全面提高的转变。在解决温饱问题的阶段，一方面，经济社会发展更加受制于物质资本的投入；另一方面，人力资本的重要性还没有全面地、充分地体现出来。但是在步入全面小康时代，人力资本越来越成为一个国家经济是否具有竞争力的主要标志。无论是经济政策还是社会政策，都必须及时适应这种变化。不仅要在人力资本方面加大投入，还要注重实现人的全面发展，注重实现人力资本的经济社会价值。

要从以GDP为中心向以公共服务为导向的政绩观的转变。以GDP为中心，往往会以具体的经济指标掩盖广大百姓对政府公共服务的客观要求。虽然具体经济指标上去了，老百姓却难以从中受惠。并且，由此引发的经济社会问题逐步增多。政府只有把主要的注意力放在公共服务上，把公共服务作为建设全面小康社会最重要的考核指标，医疗卫生、教育、社会保障等领域的矛盾才能够得到有效的解决，才能够为人的全面发展提供坚实的基础，为经济的持续稳定增长提供可靠的社会环境。

（三）按照公共需求深刻变化的现实要求，加快政府管理体制的全面创新

随着公共需求的全面增长和深刻变化，社会结构进一步分化，社会矛盾更加复杂，不同社会主体之间的利益冲突不可避免，并将引发一系列社会问题，加大社会风险程度。因此，适应全社会公共需求的变化，扩大政府的公共服务职能，是保持经济持续增长、解决错综复杂的社会矛盾和实现社会稳定发展的关键举措。

为有效地解决不断扩大的收入分配差距，政府应当切实解决好社会再分配的问题。我国市场化改革的新阶段，利益关系开始发生两个大的变化：一是由利益倾斜向利益兼顾转变；二是由利益调整向利益调整和利益增进并重转变。这就需要在社会再分配中寻求新的、合理的利益关系协调机制。从现实情况分析，贫富差距严重并不断扩大的主要原因之一，在于政府的社会再分配职能严重缺位。当前，由于贫富差距过大，弱势群体有所增多，改革与多数人利益的问题，已引起全社会的普遍关注。在这种情况下，政府应当把主要注意力放到协调重大利益关系上，放到社会再分配上，放到着力解决社会公平问题上。为此，在解决市场化分配的同时，更要突出地抓好社会再分配，努力形成兼顾效率和公平的收入分配和再分配机制，尽快确立和完善多层次的社会保障体系。

从建设和谐社会的客观要求出发，进一步明确政府在社会性公共服务中的角色。当前，需要解决的主要问题是：第一，研究和界定中央与地方在公共服务供给方面的财权、事权，使财权和事权相对称，进一步实行有效的转移支付和强化地方政府在公共服务中的作用。第二，要加快公共财政体制建设，使财政支出逐步向义务教育、公共医疗、社会保障等社会公益性项目倾斜。第三，要建立和完善从中央到地方的就业工作体系，把扩大就业作为各级政府的主要工作职责之一。第四，要制定公共服务的最低标准，保证低收入

人群能够获得最基本的公共服务。第五，要实现政府社会管理理念的创新，稳妥地培育社会民间组织。

按照公共利益和公共服务的要求，推进公共政策的转型和创新，为经济社会发展提供制度性公共服务。以人为本、建设和谐社会，是新时期公共政策的基本目标和本质内容。政府是公共政策的制定者和执行者。要使公共政策取信于民，就要建立责任政府，对履行公共服务职能决策失误和不作为的政府官员追究责任。当前，尤其要从义务教育、公共医疗、房地产价格上涨、群体事件等关系老百姓切身利益的事情开始，启动公共服务的问责制。并且，重大的公共政策决策一定要保证利益相关者的知情权，使公共政策的制定与执行置于公众的参与和监督之下。

推进大部门制的六点建议[*]

（2008年1月）

从我国改革的现实需求来看，推进大部门制有三个重要作用：一是有利于加快政府转型；二是有利于进一步理顺新时期中央、地方关系；三是有利于完善公共治理结构。实现这个目标，既需要加大改革力度，也需要一个有步骤推进改革的过程。这里，就近期推进大部门制提出六点建议，以供参考。

一 要在经济社会发展全局最迫切的方面，首先取得突破

推进大部门制的现实条件很重要，但更重要的是服从于我国经济社会发展全局的需要。当前能源问题、环境问题不仅成为我国经济可持续发展中的突出矛盾和问题，也成为影响我国社会发展的重要因素。从现实情况来看，尽管推进大能源、大环境的某些具体条件还不完全成熟，有些关系还尚未理顺。但是，尽快组建大能源、大环境对大局有利，对缓解我国当前经济社会领域的突出矛盾有利。为此，建议大部门制首先在这两方面取得突破。

二 在总体条件基本具备的领域着力推进大部门制

以大运输为例，虽然铁道系统的改革相对滞后，但交通、民航

---

[*] 本文载于国务院研究室信息研究司《信息摘报》2008年1月27日。

的改革已基本完成，建立大运输的总体条件相对成熟。在运输领域着力推进大部门制，不仅与交通、民航的改革相适应，而且对进一步加快铁道行业的改革也有重要推动作用。

三 对条件初步具备但现实矛盾较大的领域不宜急于推进大部门制

以金融系统为例，实行综合监管是大势所趋。从近年国内金融监管实践来看，在金融系统建立综合金融监管部门也势在必行。但是，最近几年我国金融领域的风险因素在增加，防范金融风险的任务十分艰巨。中改院2007年改革年度调查问卷表明，超过3/4的专家认为当前我国金融风险比较高。从现实出发，保持金融系统的稳定有利于化解不断增加的金融风险。从这个方面考虑，建议近一两年不宜在金融领域建立综合监管部门。

四 要充分考虑政府职能的阶段性需求

例如，在卫生领域和人口计生领域实现大部门制是早晚的事。但从政府职能的阶段性需求看，未来5—10年，无论是卫生部门还是人口计生部门都处在十分关键时期。从卫生部门来说，全面推进医疗保障、建立良好的医疗体制机制，任务艰巨；从人口计生部门看，实现由稳定人口政策向统筹人口发展的转变，正处于十分关键的时期。从这个现实出发，卫生领域和人口计生领域的大部门制，可以着手总体研究、设计，但不宜在短时期内推开。

五 实行大部门制应成熟一个推进一个

总结几次机构改革实践，并从现实情况出发，在此次政府换届时全面实行大部门制的条件并不成熟，希望在短时期内完成大部门制改革也不现实。例如，中改院2007年改革年度调查问卷表明，大部分专家认为，全面推开大部门制至少需要3—5年。

六 不宜在中央与地方层面同时进行推进大部门制

目前某些省，甚至某些市县，也都在考虑推进大部门制。从现实情况看，进一步明晰中央和地方各级政府的事权，尚需时日。更重要的是，适应经济社会发展需要的地方各级政府转型还尚未到位。在此情况下，建议：第一，应当明确，当前推进大部门制只在中央层面进行；第二，中央可以选择几个省、市进行试点。

行政管理改革的现实需求与目标选择[*]

（2008年3月）

当前，行政管理体制改革比历次机构改革都更具深刻性和复杂性：面对经济持续快速增长同发展不平衡、资源环境约束的突出矛盾，着力推进行政管理体制改革是实现经济增长方式转变的关键；面对全社会公共需求全面快速增长同公共服务不到位、公共产品短缺的突出矛盾，着力推进行政管理体制改革是建立公共服务体制、逐步实现基本公共服务均等化的关键；面对行政成本不断增大、行政效率比较低、机制性腐败比较突出的问题，着力推进行政管理体制改革是改善公共治理结构的关键。

一　建立公共服务体制与行政管理体制改革

当前全社会公共需求全面快速增长对政府管理形成巨大压力和挑战。由此，在完善市场经济体制的同时，以满足广大社会成员的基本公共需求为目标，加快建立公共服务体制，是协调改革进程中各种利益关系的根本举措，是落实科学发展观、建设和谐社会的重要体制保障。

---

[*] 本文载于《北方经济》2008年第3期。

（一）在全社会公共需求全面快速增长的特定背景下，加快建立公共服务体制既有现实性，又有迫切性

我国正处在从初步小康向全面小康社会过渡、从生存型社会向发展型社会转变的关键时期。现实情况表明，广大社会成员公共需求呈全面快速增长的趋势。在这个过程中，以人的全面发展为目标，必须关注和满足社会成员的基本公共需求。因此，尽快建立公共服务体制，提供有效的公共产品和公共服务，是新阶段解决社会矛盾的内在要求。

1. 当前，公共需求的全面快速增长与公共服务不到位已经成为我国突出的社会矛盾，这对建立公共服务体制提出了越来越迫切的现实要求

随着经济的持续快速增长，我国社会也在加速转型。显著的标志就是广大社会成员的公共需求全面快速增长。义务教育、公共医疗、就业与再就业、社会保障、公共安全、环境保护以及利益表达的需求越来越成为全社会普遍关注的焦点。

面对城乡居民全面快速增长的公共需求，公共产品供给远不能适应这个变化趋势。从财政支出结构看，近年来财政支出增长速度很快，基本保持在每年15%左右。但科教文卫等方面支出占财政总支出的比例，从1992年至2003年却基本没有增长。总的来说，由于政府转型的滞后，我们对强化公共服务职能缺乏深刻的理解和紧迫感，公共产品供给的体制机制尚没有建立起来，这使得政府的公共服务功能相对薄弱。

2. 适应收入分配体制改革的客观要求，充分估计公共服务在缓解收入分配差距中的重要作用

在经济社会转型的过程中，收入分配差距的扩大有其客观必然性。当前，我国已经成为世界上收入分配差距比较严重的国家之一，广大社会成员对缓解收入差距、实施再分配的公共需求比以往

任何时期都更强烈。从现实情况出发，应当及时控制并有效缓解收入差距扩大的趋势。

客观地分析，要有效缓解不断扩大的收入分配差距，一方面，要靠进一步的市场化改革来规范初次分配；另一方面，必须高度重视政府的再分配功能。这些年，基本公共服务上的个人承担费用上涨太快，大大超过中低收入家庭可支配收入的增长速度，这是贫富差距持续扩大的重要原因之一。相关研究表明，在导致收入分配差距的各种因素中，教育因素占20%左右。目前，城乡之间的差距不仅表现在经济发展水平和居民收入方面，更反映在城乡居民享受基本公共服务和公共产品方面的差距上。应当充分认识到，缩小城乡差距不仅仅是缩小城乡经济总量的差距，重要的是要逐步缩小城乡居民在基本公共服务方面的过大差距，并通过公共服务来提高农村人口素质。因此，各级政府要在控制并缓解收入分配差距方面有所作为，现实的途径在于加快建立公共服务体制，来为全体社会成员提供基本的公共产品和逐步实现基本公共服务的均等化。

3. 我国正处在社会转型的关键时期，相当多的社会矛盾和问题都在不同程度上与公共服务短缺相关联

为此，应当充分估计建立公共服务体制对化解社会矛盾和建立和谐社会的重大作用。随着市场经济体制的初步形成和不同利益主体的出现，合理、正当的利益表达和利益诉求开始成为广大社会成员，特别是困难群体的公共需求。比如，在一定程度上，劳资关系失衡的深层次原因是劳动者缺乏基本的利益诉求表达机制。当前失地农民问题成为农村社会中一个突出矛盾，其关键问题在于农民土地权益得不到有效的保护。在农村基本公共产品没有保障的情况下，失地农民的生产与生活均受到严重影响，从而引发了诸多矛盾。在这种情况下，加快建立公共服务体制将成为有效协调劳资关系、化解农村社会矛盾的一项基础性工程。

4. 我国正处在经济增长方式转变的关键时期，应当充分估计公共服务对提高消费率、促进国民经济健康发展的重要作用

在市场经济条件下，经济增长的主要驱动力来自消费。

但这些年我国的消费率持续走低，已经逐渐构成对经济健康发展的潜在威胁。消费率下降的重要原因之一在于公共服务供给不到位，导致城乡居民的消费预期不稳、消费倾向下降。由于教育、医疗、社会保障等基本公共服务的价格上涨速度远远超过人均收入的增长速度，城乡居民不得不把可支配收入中很大一部分用于预防性储蓄，减少了即期消费，由此导致内需不足。如果我们能够因势利导地扩大对城乡居民的公共产品供给，改变基本公共服务供给中某些不合理的付费机制，就可以在启动国内市场，尤其是农村大市场方面有所突破；就可以有效地改变我国当前投资与消费严重失衡的局面，逐步实现经济增长由投资主导向消费主导转变，使我国宏观经济逐步实现良性增长。

（二）站在改革的历史新起点，把建立公共服务体制作为改革攻坚的基本目标之一

1. 全面把握公共服务体制的基本内涵

公共服务体制是指以政府为主导、以提供基本而有保障的公共产品为主要任务、以全体社会成员分享改革发展成果为基本目标的一系列制度安排。建立公共服务体制，就是要通过党和政府的力量实现公共资源的优化配置，使公共政策能够有效地克服市场经济的某些缺陷。现实的突出矛盾和问题表明，改革不仅需要解决好私人产品供给的体制机制问题，还需要解决好公共产品供给的体制机制问题。改革实践证明，市场可以在私人产品上发挥很好的作用，但在公共产品领域中往往会出现"市场失灵""公共服务市场化"，这不仅难以解决公共产品短缺的问题，还会引发一系列的社会矛盾和社会问题。为此，建立公共服务体制，能够妥善地协调市场经济

条件下的利益关系,使政府能够迅速回应利益主体多元化带来的挑战,为提高公共治理水平提供制度保障。

2. 公共服务体制与市场经济体制二者相互补充,相互促进

作为一个发展中的大国,我们不仅需要通过进一步深化市场化改革来做大"蛋糕",还需要通过建立公共服务体制来分好"蛋糕"。必须看到,完善市场经济体制是建立公共服务体制的基本前提,建立公共服务体制可以使市场化改革获得更为广泛的社会支持。二者相互关联,相互促进。因此,为了应对经济社会转型带来的种种挑战,我们还必须从现实的社会矛盾出发,一方面要加大改革力度,另一方面应及时确立改革攻坚的新目标。

3. 从体制机制入手,解决全社会公共产品短缺的问题

从改革实践看,公共服务短缺的问题不仅是总量不足、结构失衡等问题,其根源还在于体制机制不健全:一是公共服务供给中没有形成规范的分工和问责制,在事实上造成了公共服务指标的软化。二是没有形成公共服务可持续的财政支持体制,财政功能性支出比例最大的仍然是经济建设性支出。实践证明,如果没有形成制度化的约束,公共服务支出并不会随着经济增长而同步增长。三是城乡二元分割的公共服务制度安排,进一步拉大了城乡实际差距。四是尚未形成公共服务的多元社会参与机制和有效的监管机制。

(三) 以推进政府转型为重点,加快建立公共服务体制

从改革实践看,我国公共服务领域存在的问题根源在于政府转型的滞后,由此造成了政府公共服务职能的缺位。总体上说,我国的经济体制仍然具有政府主导型经济增长方式的某些特点,政府在推动经济增长中扮演了重要角色。与此同时,由于长期忽视社会发展,造成基本公共产品的供给严重短缺。因此,建立公共服务体制重在强化政府在公共产品供给中的主体地位和主导作用。

1. 尽快实现中央地方关系从"以经济总量为导向"向"以基本公共服务均等化为重点"的转变

当前，建立公共服务体制需要从以下三个方面入手。

第一，规范和完善转移支付制度。尽快制定改革日程表，逐步缩小直至取消激励地方政府追求经济总量的税收返还和原体制补助，清理和规范专项转移支付，增加一般性转移支付的比例，使整个转移支付制度符合基本公共服务均等化的总体要求。

第二，着力调整中央财政支出结构。要减少中央财政的经济建设支出比例，明显增加基本公共服务支出比例，明显加大中央财政对农村基本公共服务和中西部基本公共服务的投入力度。

第三，培育地方政府履行公共服务职能的稳定财源。积极探索开征物业税，使其成为地方政府履行公共服务职能的稳定税源；改革资源税征收办法，提高地方政府财力；将地方国有资本预算纳入财政预算，增加地方政府可支配财力。

2. 严格划分各级政府的公共服务职责，使各级政府公共服务的职责与能力相匹配

中央政府原则上应当负责公益性覆盖全国范围的公共服务供给，以城乡和区域基本公共服务均等化为重点，强化再分配职能；各级地方政府主要负责各自辖区内的公共服务供给，应当重点关注辖区内居民的实际需求，强化公共服务的供给效率；对中央地方共同承担责任的公共服务，应责任清晰，分工明确。

建议属于中央职权范围内的事项由中央垂直管理，属于地方职权范围内的事项由地方统一管理。逐步改变双重管理的做法，避免出现责任不明的现象。

按照事权与财力相对称的原则，着力提高县乡基层政府财力。使县乡基层政府能够切实承担起公共服务职能，切实为农民提供基本而有保障的公共服务。

中央政府应尽快制定全国范围内基本公共服务的最低标准，建立公共服务的评价体系。尽可能地通过规范的转移支付熨平不同区域间基本公共服务的财力差距。努力缩小行政层级。着眼于提高公共服务供给效率，扩大"省管县"体制的试点范围，争取在缩小行政层级方面有新的突破。

3. 加强政府公共服务机构建设

现行政府公共服务机构设置与有效履行公共服务职能的要求不相适应。要以保障基本公共服务供给为重点，强化政府公共服务机构建设。

在纵向上，要尽快改变公共服务机构"上下一般粗"、职能趋同化严重的现象。国际经验表明，加强上下级之间的分工与协作有利于提高公共服务供给效率。

在横向上，要克服公共服务管理事务分工过细，有关部门职能交叉、相互扯皮的现象。应尽快整合、优化同级政府行政组织资源，按照公共服务分工的基本规律科学设置公共服务机构。

尽快解决政府公共服务机构不健全、公共服务信息管理系统不科学、公共服务人才队伍配备不合理等问题。

4. 按照构建公共服务体系的要求，统筹设计和推进事业单位改革

事业单位改革的重要前提在于行政管理体制改革的整体推进。事业单位是公共服务的主要承担者。

事业单位改革的基本目标是建立有效的公共服务体系。在公共服务体系总体方案设计没有出台前，事业单位改革在实践中难免以"减少开支、缩减人员"为手段，从而难以达到建立完善公共服务体系的目标。如果把事业单位改革置于整个公共服务体制建设框架下统筹设计和安排，这项改革就有可能取得历史性突破。

5. 建立以公共服务为导向的干部政绩考核制度

近几年的宏观调控表明，一些地方政府注重 GDP 增长而忽视公共服务的现象并未完全改观。以招商引资和经营城市为目标，"项目市长""项目县长"等现象相当普遍。这些现象反映出的深层次问题，在于干部政绩考核制度很难适应公共服务体制建设的需要。

增加基本公共服务在干部政绩考核体系中的权重。应尽快把公共服务数量和质量指标纳入干部政绩考核体系中，并逐步增加其权重。

把群众满意度作为干部政绩考核的重要因素。在政府履行公共服务职能的过程中，要防止和克服哗众取宠的形式主义、劳民伤财的"形象工程"。应当针对公共服务的决策、执行、监督等各个环节，建立符合公众公共服务需求的表达机制，将公众满意度纳入干部政绩考核体系，使广大群众的评价成为影响干部升迁的重要因素。

二 改善公共治理结构与行政管理体制改革

政府职能的越位和缺位与现行的公共治理结构直接相关。近年来，无论从宏观经济调控，还是从市场监管中暴露出来的矛盾和问题看，公共治理结构的问题已经到了非解决不可的地步。

（一）面对政府自身建设的突出矛盾和问题，改善公共治理结构已成为行政管理体制改革的重大任务

1. 行政效率低下的问题比较突出

我国正处于经济体制转轨的关键时期，行政管理体制改革的严重滞后是一个基本现实。在这个特定背景下，行政效率低下同市场经济的发育程度、同政府的治理结构直接相关。就是说，市场经济的发育程度比较高，公共治理结构比较合理，必然会明显提高行政效率。世界银行于 2006 年 11 月 11 日在杭州召开的第四届中国投

资环境论坛上,发布了中国 120 个城市竞争力提升报告。世行对这 120 个城市 12400 个企业的最新调查显示,在杭州,企业一年中只需花 8 天时间与政府部门打交道,在上海需要 60 天,在西部部分城市则需要 90 天。这份报告,为我们研究行政效率问题提供了案例。

2. 行政成本过快增长

改革开放以来,随着经济的持续快速增长,行政费用上涨的速度是相当快的。行政成本问题已引起社会各方面的关注。

(二) 改善公共治理结构对行政管理体制改革的现实需求

1. 按照决策与执行分开的要求,尽快实行大部制

推行大部制的主要目的不在于精简机构和裁减人员,而在于建立决策、执行分开的行政管理体制,确保决策科学、执行有力、监督有效。国务院所属机构可考虑进一步整合,拓宽主要部委的职能,逐步向大部制过渡。例如,向大交通、大文化、大农业过渡。

实行"大部制",要从我国的基本国情出发。例如,在未来 5—10 年,我国不宜实行"大卫生"体制。这是因为,无论是卫生部门,还是人口部门,面对的形势和任务都相当复杂、艰巨。如何建立全国覆盖城乡的公共医疗体系,如何合理配置国有医疗资源,如何形成良好的医疗市场环境,这些都对卫生部门提出了新的要求。同样地,如何统筹人口发展,实现人口大国向人力资源大国的过渡,解决好人口与经济、社会、环境协调发展的问题,事关国家经济发展的大局。从这样一个现实需求出发,人口部门不但不应削弱,而且还要加强。由此,建议把国家人口与计划生育委员会改为国家人口发展委员会,以更好地履行统筹人口发展的基本职能。

2. 建立有效的政府监督体制

我国的行政监督主体不仅有行政机构自身,还有党、权力机关、司法机关、社会团体、公民及社会舆论。监督主体多,机构

多，渠道多，但监督力量过于分散，监督的协调性、配套性比较差。

强化政府行政内部监督体制。建议在政府行政体制框架内，将监督机构与执行机构、决策机构分开，强化监督机构的权威性。要加强廉政监察、执法监察和效能监察，督促政府工作人员廉洁从政，保证政令畅通，防止官僚主义和形式主义。着眼于建立政府履行层级监督责任和自我纠错机制，进一步完善行政复议制度。

完善行政外部监督体制。推行政务公开，充分发挥人大、政协、司法机关和新闻舆论的监督作用，认真接受群众监督。为强化人大的监督作用，建议将国家审计部门设在全国人大。

3. 规范各级政府的经济职能与社会职能，加强行政系统的统一性

1980年8月18日，邓小平同志在政治局扩大会议上指出，"要建立从国务院到地方各级政府从上到下的强有力的工作系统"。当前，实现这一目标的要求与改革开放初期有所不同。改革开放初期，政府工作系统的基本任务是强化经济建设职能。当前的问题是，科学发展观已经成为改革发展的总体指导方针，但从整个行政系统内部情况看，各级政府的主要任务仍是履行经济职能，而履行社会职能的权力相对分散，也相对薄弱。因此，应进一步规范和理顺政府的经济职能和社会职能，以强化行政系统自上而下的一致性。

4. 严格规范行政立法程序

据统计，20年来全国人大通过的法律有75%—85%是由国务院各部门提出来的。此外，行政部门还出台了大量的行政法规和部门规章，具有类似于法律的约束力。在行政立法程序尚不规范的情况下，行政立法很难摆脱部门利益、行业利益的局限，也给改革攻坚造成了很大的困难。

严格限定行政立法的范围。严格限定授权行政部门的立法起草范围，限制行政部门订立行政法规和部门规章的范围，从总体上控制行政立法的规模。

建立规范的行政立法程序。建议全国人大制定程序法，规范行政立法的程序。推行开门立法、建立立法回避制度、立法公开制度和立法参与制度，扩大行政立法过程中的公众参与机制。

建立行政法规和部门规章的审查机制。应尽快建立审查和撤销机制，废除那些不适当体现部门和行业利益的法律法规。在审查程序中，应当充分发挥各级人大和人大常委会的作用，有效地遏制行政立法权的滥用。建议在全国人大设立专门委员会，对行政立法进行监督和审查。

（三）改善公共治理结构涉及利益关系的深刻调整，需要进行改革的总体设计和统筹协调

在形成行政管理体制改革总体方案的同时，应建立高层次的改革设计和协调机构，推进行政管理体制改革的实质性突破。当前的行政管理体制改革既需要高层次、利益超脱的改革协调机构设计改革的总体方案，又需要权威性的改革协调机构在改革的实际进程中打破局部利益和既得利益的约束。为此，建议在中央层面规范各类议事机构和协调机构，建立利益超脱的改革协调机构，从全局的角度规划和协调改革。由此，在积极稳妥地推进行政管理体制改革中，应塑造政府良好形象，提高政府公信力。

以政府转型为主线的行政管理体制改革[*]

（2008年9月）

改革开放30年的突出贡献，是实现了我国社会发展阶段的历史性变化。从经济发展水平、产业结构、消费结构、就业结构和城镇化率等基础性指标看，我国已开始由生存型社会步入发展型社会。站在这个新的历史起点，我们可以看到，新阶段的改革，尤其是行政管理体制改革面临着许多需要研究讨论的重要问题。

一 新阶段行政管理体制改革的特殊背景

当前，我国正处于全面建设小康社会新的历史起点，改革开放进入关键时期。面对新形势新任务，现行行政管理体制仍然存在一些不相适应的方面。

——中共中央《关于深化行政管理体制改革的意见》

（一）新阶段的突出矛盾

从总体上说，我国从以解决温饱为主要任务的生存型社会进入以人的发展为基本目标的发展型社会，生存型压力明显减弱，发展型压力全面凸显。进入发展型社会的新阶段，我国面临着许多新的矛盾和问题。

---

[*] 本文载于《经济参考报》2008年9月12日。

（1）经济持续快速增长与资源环境约束的矛盾。过去30年，政府主导型的经济增长模式在取得成功的同时，其以投资拉动型为主的粗放型增长模式，已难以为继。这是因为，经济增长的资源环境代价太大，资源环境的约束全面增强。

（2）全社会公共需求全面快速增长与基本公共服务不到位、基本公共产品短缺的矛盾。这个矛盾越来越突出，并且同可持续发展、贫富差距、城乡差距直接相关。

（3）经济发展、社会进步与公共治理结构建设滞后的矛盾。这个矛盾聚焦在两点：一是社会的参与程度远低于社会发展的实际需求；二是政府自身建设的问题影响政府作为公共利益代表者的社会形象。

面对这三大矛盾，新阶段以行政管理体制改革为重点的全面改革的现实选择是：第一，以市场化改革推动发展方式转变，实现经济的持续稳定增长；第二，以基本公共服务均等化为重点推进社会管理体制改革，促进社会和谐建设；第三，改善公共治理结构，推动社会有序发展，促进政治文明。我们要从新阶段社会矛盾变化和改革发展的全局来分析研究新阶段的行政管理体制改革。

（二）新阶段改革环境的变化

当前，改革环境的变化主要表现在四个方面：第一，改革的社会共识发生变化。第二，改革发展开始步入"高成本"时代，资源环境的成本加大，土地价格、劳动力成本上升较快，利用廉价的劳动力来增强制造业出口能力的红利明显缩减。第三，社会转型的速度加快，社会危机因素增多。第四，我国深度参与经济全球化，国际经济影响的"中国因素"在增强。新阶段改革环境的某些变化，凸显以行政管理体制改革为重点的全面改革的深刻性、重要性。

（三）新阶段行政管理体制改革的特殊性

无论从哪方面看，新阶段变化了的经济社会环境对政府职能转变、政府政策选择、政府在新时期的自身建设，都提出了多方面的要求。由此，可以作出这样的判断：在由生存型社会进入发展型社会的新阶段，行政管理体制改革具有特殊性。

（1）政府转型的全面性、重要性、深刻性。改革开放头10年、20年，政府转型的主要目标是由市场培育者向市场监管者的转变。如果说最近几年政府转型的主要目标是从经济建设主体向经济性公共服务主体的转变，那么，进入新时期新阶段，需要全面推进政府转型，需要加快推进政府转型，需要从上而下有序推进政府转型。从本质上来说，政府是一个公共利益的代表者。政府转型最深刻的问题在于，通过综合性的改革，使政府逐步从利益的制约和束缚中走出来，更好地履行公共利益代表者的职能。这是政府转型最具实质性和挑战性的重大课题。

（2）政府转型成为新阶段行政管理体制改革的主线。面对新阶段社会矛盾的变化，我们看到，政府转型和政府作用是改革发展的一条主线。这不仅因为我国是经济转轨大国、发展中的大国，更因为进入新阶段，传统的行政管理体制中某些与经济发展不适应的问题与社会发展趋势相矛盾的问题全面凸显：市场化改革依赖于政府转型，因为只有通过政府转型才能使市场在更大程度上发挥基础作用；社会管理体制依赖于政府转型，因为推进基本公共服务均等化的关键是确立政府在基本公共服务中的主体地位和主导作用；政治体制改革依赖于政府转型，因为政府转型是新阶段政治体制改革的现实基础和突破口。由此，明确以政府转型作为新阶段行政管理体制改革的主线，对于下一步把握行政管理体制改革的特点，取得新阶段行政管理体制改革的实质性进展尤为重要。

（3）新阶段的行政管理体制改革是全面改革的重点和关键。经济运行机制由政府主导向市场主导转变，取决于政府转型的进程；改善民生、推进基本公共服务均等化，取决于有效地发挥政府在提供公共产品中的作用;改善公共治理结构,更取决于政府转型的实际进程。从现实的经济、社会、政治等各个层面来看,以政府转型为主线的行政管理体制改革已经成为全面改革的重点和关键。

二 新阶段行政管理体制改革的现实需求

深化行政管理体制改革要以政府职能转变为核心。加快推进政企分开、政资分开、政事分开、政府与市场中介组织分开,把不该由政府管理的事项转移出去,把该由政府管理的事项切实管好,从制度上更好地发挥市场在资源配置中的基础性作用,更好地发挥公民和社会组织在社会公共事务管理中的作用,更加有效地提供公共产品。

——中共中央《关于深化行政管理体制改革的意见》

改革发展进入新时期新阶段,无论是改革攻坚,还是经济发展方式转变,关键都取决于政府转型的实际进程。政府转型已经成为新阶段行政管理体制改革的主要任务。

(一)统筹中央地方关系与政府转型

党的十七大提出统筹中央地方关系。从现实情况看,1994年以来形成的中央地方关系,在推动我国经济增长方面发挥了积极作用。但在新的形势下,又面临新的挑战。

(1)中央宏观调控目标与地方行政运行机制的矛盾。当前,从投资、土地、环境保护等各方面看,实现中央宏观调控的目标同现行行政管理体制有内在的矛盾,并且这个矛盾越来越突出。如何以政府转型为重点调整中央地方关系,确保实现中央宏观调控目标,是行政管理体制改革在新的宏观经济背景下面临的重要问题。

(2)中央、地方利益格局的形成与现行中央与地方关系的矛盾。改革发展30年,地方发展经济的积极性很高,地方经济实现快速发展。但在这个过程中,地方利益已经开始形成,并具有普遍性的特点。传统的行政管理体制把地方作为中央宏观政策的执行层,这种体制与地方利益格局的现状开始发生矛盾,地方利益与中央利益的博弈成为客观现实。为此,新阶段行政管理体制改革需要研究解决的重大问题是,如何基于30年改革发展中形成的地方利益格局,以统筹解决中央地方利益为基础,进一步理顺中央地方关系。由此,形成既有利于实现中央宏观调控目标,又有利于发挥地方政府积极性的行政管理体制。

(3) 改变以经济总量为导向的中央地方关系与现行财税体制、官员考核机制的矛盾。当前,经济发展方式难以转变,其关键问题在于以经济总量为导向的中央地方关系有其体制机制作为支撑。首先,现行的财税体制以创造经济总量为主要特征;其次,官员考核机制事实上把GDP总量作为硬指标。由此,如何把改变中央地方关系同现行财政税收体制改革和官员考核机制改革相结合,是新阶段行政管理体制改革实现实质性突破的两个关键因素。

(二) 实行大部门制与政府转型

实行大部门制,目的是适应新阶段经济社会发展的需求,加快推进政府转型。当前,社会矛盾的变化呈现出明显的阶段性特征。例如,资源环境约束与经济增长的矛盾;基本公共服务难以满足社会需求的矛盾;公共治理建设滞后的矛盾;等等。适应新阶段社会矛盾的变化,实行大部门制需要直接、紧密地同政府转型相联系,重点解决三个基本性问题:第一,实现经济发展方式转变;第二,推进基本公共服务均等化;第三,改善公共治理结构。

大部门制改革能与政府转型的三大任务相结合,就能取得实质性进展;如果大部门制改革仅以行政机构的数量和结构为目标,这项改革就将难以有所突破。

(三) 推进强县 (区) 扩权与政府转型

当前,各地都在进行这项改革。从实施的情况来看,如何把强县 (区) 扩权与政府转型进程相结合,需要研究三个问题。

(1) 强县（区）扩权不是简单地把上级政府的经济管理权限下放到下级政府。首先，必须对经济管理权限或者经济管理审批权做出正确的评估。如果把经济管理权限按照资金审批额分别划到省、市、县（区）各级政府，是同市场经济发展的趋势、同强县（区）扩权最终要实现的目标不相符。虽然下放经济审批权会调动县（区）级政府发展经济的积极性，但从中长期目标看，将会对市场经济的发展造成某些制度上的障碍，对企业的发展弊大于利。

(2) 县（区）政府公共服务职能的确立。从行政管理体制改革总的趋势来说，越往下一级政府，特别是基层政府，公共服务和社会管理职能越是需要强化。适应这种趋势，在强县（区）扩权中如何确立县（区）政府公共服务和社会管理职能，对于强县（区）扩权方向的把握十分关键。

(3) 县（区）政府社会管理方式的变化。社会管理越往下走，管理的社会性、自治性越强。随着政府转型的实际进程，今后县以下的行政管理模式，尤其是社会管理模式要发生重大变化。如何把这种社会管理模式的变化和强县（区）扩权相结合，也是十分重要的问题。

三 新阶段行政管理体制改革的阶段性特征

对行政权力的监督制约机制还不完善，滥用职权、以权谋私、贪污腐败等现象仍然存在。

健全对行政权力的监督制度。各级政府要自觉接受同级人大及其常委会的监督，自觉接受政协的民主监督。加强政府层级监督，充分发挥监察、审计等专门监督的作用。依照有关法律的规定接受司法机关实施的监督。高度重视新闻舆论监督和人民群众监督。完善政务公开制度，及时发布信息，提高政府工作透明度，切实保障人民群众的知情权、参与权、表达权、监督权。

——中共中央《关于深化行政管理体制改革的意见》

进入新阶段,能否以有效的公共治理促进政治文明、社会进步,是行政管理体制改革面临的重大挑战。一方面,社会发展阶段的变化伴随着全面的社会转型。新阶段的行政管理体制改革如何推动公民社会的有序发展,面临许多新的重大课题。另一方面,如何建立行政范围内决策权、执行权、监督权相互协调和制约的体制机制,是一个十分困难的问题。新阶段行政管理体制改革需要加大力度,应对现实挑战。

(一)改革行政控制型的管理方式以适应社会转型的客观需求

改革开放 30 年来,我国由一个相对封闭的农业社会转变为一个开放的、信息化程度比较高的工业社会,社会利益关系和社会结构也发生了深刻的变化,这对改革行政控制型的社会管理方式提出新的要求。

(1) 利益主体、社会结构的变化。传统计划经济体制下建立在利益主体一元化基础上的简单的社会结构已开始被建立多元利益主体基础上复杂的社会结构所取代。

(2) 空前的社会流动和社会变革。改革开放 30 年社会结构的变化,一方面,给经济发展和社会发展带来了活力;另一方面,也反映了新的社会发展阶段存在的诸多复杂情况,其突出特点是:空前的社会流动和社会变革;利益主体分化和利益冲突增多。

(3) 社会生活的公开性、开放性全面凸显。信息的公开性和透明性对现代社会秩序的稳定相当重要。比如,今年汶川大地震就是利用互联网及时准确地传递了真实信息,通过全社会的努力,取得了比较好的救灾效果。

(二)改革传统社会管理模式以适应公民社会的发展趋势

传统行政管制型的管理模式难以适应新阶段社会转型的实际需求。

(1) 社会结构变化与社会组织的发展。在简单的社会结构背景下，社会组织可有可无。在以利益主体多元化为基础的复杂社会结构的背景下，社会组织的发展有其客观需求。

（2）社会矛盾的阶段性特征。由生存型社会向发展型社会转变的过程中，社会矛盾全面凸显。从总体来说，这个矛盾主要是基于利益基础上的社会矛盾。在一定时期、一定背景和一定条件下，这个矛盾还不可能转化为某些政治矛盾。这个判断十分重要。面对现实，我们需要清醒地、客观地分析社会矛盾的阶段性特征和发展趋势。

（3）社会协商对话机制的建立。既然现在的社会矛盾主要是利益关系的协调，那么，建立社会协商对话机制就十分必要；既然社会组织的发展是适应利益关系、社会结构变化的客观需要，那么，有组织的对话就十分重要。这就是说，在利益关系、社会结构变化的新阶段，有组织的协商对话比无组织的反抗更有利于缓解社会矛盾，对建立有序的公民社会更为有利。

（三）建立公共监督体制以制约部门和地方利益的形成

当前，部门利益、地方利益的形成，以及行政成本的快速上升、行政效率低下、体制性腐败等问题，反映了公共治理结构建设的突出矛盾。

（1）部门利益、地方利益的形成。应当说，政府是公共利益的代表者。从现实情况看，政府作为公共利益代表者的同时，也在一定程度上代表部门利益、地方利益。如何使政府从利益束缚中走出来，全面履行公共利益代表者的职能，是新阶段行政管理体制改革面对着的相当复杂的问题。

（2）社会监督机制的特殊性。从现实的情况看，以权力制约权力的作用是有限的。有效的制度安排，应当把以权力制约权力同社会监督机制的建立相结合。今天，我们需要充分认识社会监督机制建立的特殊作用。

(3) 统筹协调机制的重要作用。在各种利益，尤其是部门利益比较突出的情况下，超越于部门利益的统筹协调机构的建立十分重要。

发展方式转变背景下的地方政府转型[*]

（2010年4月）

30多年改革开放带来的经济社会发展，使我国发展阶段实现了从生存型阶段到发展型阶段的历史性跨越。发展阶段的变化对我国发展方式转型提出了现实需求。未来5—10年，是我国发展方式转型的关键时期。

过去30年，各级地方政府在经济发展中发挥了重要作用，尤其是地方政府间的竞争，在相当大程度上促进了地方发展。进入新阶段，怎样看待地方政府竞争、如何有效发挥地方政府作用，取决于其在发展方式转型中到底扮演什么角色。

一　新阶段发展趋势下的地方新优势

（一）消费主导时代与地方竞争优势

进入消费主导时代，是我国发展的基本趋势，对发展方式转型的要求是尽快实现投资主导向消费主导的转变。当前，我国投资消费关系的失衡成为经济发展方式的突出矛盾。无论是从历史看还是与国际比较，我国消费率都明显偏低，尤其是居民消费率逐步走低，成为制约经济发展的主要因素。"十二五"是我国提升消费率

---

[*] 本文载于《人民论坛》2010年总第291期。

的历史拐点，关键就在于能不能推进相应的政策调整与体制变革，构建消费主导的格局。

从现实情况看，如果说过去地方竞争的优势主要体现在投资上，那么未来竞争的优势将集中反映在消费上。前30年，为了做大经济总量，地方政府在土地、财税、行政等方面做了相应的改革，形成了有利于投资的体制安排。从消费主导的趋势看，地方政府需要尽快形成有利于消费的体制安排，形成发展的内生动力。比如在省级层面尽快推进国民收入分配格局调整，提高区域居民收入占比。应当说，哪个地方政府在这方面走得快，它在未来20—30年的竞争优势就会比较明显。

(二) 城市化时代与地方竞争优势

我国城市化滞后于工业化的格局，在相当程度上抑制了国内消费需求的释放与升级。"十二五"时期，我国将进入城市化时代，城市化水平有望达到50%—55%。由此，应当充分估计城市化对发展方式转型的重大影响，尽快实现发展方式从工业化主导向城市化主导的转变。

从地方政府角度看，2008年全国三分之二的省级区域城市化率落后于工业化率，平均相差十个百分点左右。鉴于城市化在发展方式转型中的重要作用，从发展趋势看，地方竞争的新优势就在于能不能加快城市化进程，做大城市群，形成投资消费的新载体。这就需要地方政府顺应城镇化发展的大趋势，勇于推进相应的体制变革，尤其是加快推进城乡一体化进程，尽快改变城乡二元的制度安排，包括土地、户籍、基本公共服务等；与此同时，尽快推进行政区划体制改革，为形成经济主导的城市化新格局提供制度支撑。

(三) 公共产品短缺时代与地方竞争优势

近几年，全社会公共需求增长速度相当快，个人用于公共产品的年均支出，大概是90年代中期以前5年的支出规模。与此同时，尽管这几年公共服务投入总量有明显增加，但在财政支出和GDP中的占比还是偏低，依然存在公共服务供给不到位、分配不均衡的问题，部分地区公共服务短缺问题还很突出。从发展方式转型的角度看，公共服务短缺时代的基本要求就是推进相应的体制变革，实现从公共产品短缺向基本公共服务均等化的转变。

在这个背景下，地方在谋求竞争新优势方面就能"大有所为"。谁在基本公共服务均等化方面走在前列，谁就有可能在未来20—30年的区域竞争中奠定坚实的基础。这几年出现的"民工荒"问题，在很大程度上与农民工享受的基本公共服务严重不到位有直接关系。这两年，广东、浙江等省分别出台了省级基本公共服务均等化规划，是前瞻之举。尤其是广东，在未来10年投入近2.5万亿元用于基本公共服务均等化，这不仅有利于社会和谐稳定，更有利于形成新的经济竞争优势。

(四) 低碳经济时代与地方竞争优势

应当说，低碳经济已经成为我国发展型新阶段的基本要件之一。对此，应当有充分的估计。第一，低碳经济不仅是发展方式转型的挑战，更是机遇。第二，低碳经济不仅是履行国际承诺的需求，也是国内发展的现实选择。第三，低碳经济不仅涉及节能减排的技术创新，更是以破解结构性矛盾为核心的制度变革。第四，低碳经济不仅是一场环境革命，更是一场深刻的经济社会革命，它要求发展方式尽快实现从中高碳经济向低碳经济转变。为此，需要推进低碳经济时代的一系列转型与变革，包括资源能源环境价格形成机制改革、环境产权制度改革、碳交易体制机制建设等。

从地方政府来说，低碳经济是形成发展新优势的一次历史性机遇。尤其是对欠发达地区，是"弯道超车"的契机。例如，是否满足低碳标准，有可能成为未来决定投资与消费的重要因素。再如，能否在低碳技术上重大突破，决定了地方能否占领未来的技术高地。

二 形成竞争新优势要放弃地方政府主导的经济增长方式

过去 30 年，适应于做大经济总量的需求，我国地方政府之间的竞争比较激烈。这场竞争的实质是市场经济中地方各级政府为了吸引具有流动性的要素（尤其是资本），通过设计竞争战略（包括制度环境、政策、营销等），压低要素成本（尤其是劳动力成本），以尽可能提高当地经济增长速度、扩大经济总量。这种竞争形成了以地方政府为主导、国有经济为主体、重化工业为载体、资源环境为代价、投资出口为驱动的经济增长方式。应当说，这一策略是成功的，这一模式被各级政府所"复制"和广泛运用。进入发展型新阶段，能否适应发展趋势抓住机遇，形成新的竞争优势，关键在于地方政府要不要、能不能尽快打破增长主义，扭转地方政府主导的经济发展方式，在制度创新中形成新的竞争优势。否则，增长主义有可能继续积累甚至恶化矛盾。

（一）增长主义无法解决资源环境的矛盾

追求总量的扩张，使地方政府更偏好于投资重化工业，由此带来较为沉重的资源环境压力。例如，较早开始工业化的珠三角地区已是重酸雨区。如果不打破地方追求经济总量的增长主义，在现有政策与体制框架下很难解决资源环境的矛盾。

（二）增长主义无法解决公共产品短缺的矛盾

增长主义以追求经济增长为首要目标，形成了为激励地方追求增长的分税体制，这带来了地方政府的财力与事权不匹配。由此，地方政府一方面缺乏提供公共产品的积极性，另一方面也缺乏提供公共产品的稳定财力。

（三）增长主义无法解决日益拉大的收入差距

为了促进经济增长，权力和资本很容易结合在一起，通过压低劳动者工资收入，形成财富高度分化、收入差距不断扩大的收入分配格局。这使得居民收入偏低,难以形成消费主导的基础。

(四) 增长主义无法解决公共治理的突出矛盾

长期以来,增长主义下形成了政府追求经济总量扩张的一整套政策。上级政府确立的量化指标,通过层层分解、落实到各地各级官员身上,GDP的增长成为官员考核升迁的最主要指标。由此,形成了当前以GDP为主要目标的政府官员政绩考核和干部升迁机制,而这一机制的形成,反过来又强化了增长主义的理念。这种增长主义必然助长权力干预经济,在社会矛盾的处理上往往倾向于为GDP让路,从而积累许多社会矛盾。

总的来看,尽快放弃地方政府主导的经济发展方式,是发展方式转型的关键,也是地方形成竞争新优势的关键。从全国角度看,地方政府可以在发展方式转型中发挥重要的探索与试点作用。目前中央已出台十余个区域规划,基本出发点就是希望地方政府在发展方式转型上发挥各自特点,率先突破,进而为全国发展方式转型提供经验。

三 通过发展理念转型推进地方政府转型

刘易斯在《经济增长理论》中提到:每一个成功的发展中国家背后都有一个非常明智的政府。所谓明智的政府,应当既不是掠夺型政府,也不是主导型政府,而是公共服务型政府。当前我国正处于发展方式转型的关键时期,地方政府转型的进程实质性地决定了发展方式转型的进程。因此,改变地方政府主导的经济发展方式,更加需要地方政府在一些基本认识上达成共识。

(一)"经济增长"还是"经济发展"?

再保持20—30年的较快增长,是各方面的共识和期盼。并且,我国具有实现这个目标的巨大潜力。问题在于,一方面,经济增长不能解决发展的全部问题。增长更侧重于资源配置的效率,发展除了增长这一要素外,至少还包括另外四个要素,即"结构、分配、就业和环境"。以增长代替发展，希望"在增长中解决所有发展的问题"，往往会带来更大的矛盾和问题。另一方面，经济增长和经济发展的主体不同。经济增长是企业的事。经济发展是企业、社会和政府三方的事。政府主要为经济发展提供三大公共服务（经济性、社会性和制度性公共服务）。因此，新阶段以 GDP 增长"一俊遮百丑"的时代开始成为历史。对地方政府来说，解决好"经济增长"与"经济发展"的关系，需要果断地放弃 GDP 增长主义。

（二）"国富优先"还是"民富优先"？

毫无疑问，国富、民富都十分重要。民富国强是我们追求的基本目标。需要讨论的是，如何实现民富国强。第一，长期实行国富优先的增长会带来突出的矛盾和问题。一是国家生产力增长优先并快于民众消费能力的增长，导致社会总需求不足，使经济发展缺乏内生动力；二是国富民不富，并导致收入差距的不断扩大。第二，坚持民富优先的发展完全可以实现民富国强。民富带来消费能力的提高，既可以促进经济的持续平稳增长，又有力地保障了社会公平，创造了发展的动力和活力。因此，需要尽快实现从国富发展优先转向民富发展优先。

（三）"做大蛋糕"还是"分好蛋糕"？

作为一个发展中的大国，"做大蛋糕"将是我国中长期经济发展的目标。问题的关键在于，如何清楚地判断当前制约"做大蛋糕"的主要因素？如何构建"做大蛋糕""共享蛋糕"的有效体制？我们的判断是：第一，我国进入"不分好蛋糕就做不大蛋糕"的关键阶段。从中长期趋势看，从社会因素对经济发展的影响看，能否"分好蛋糕"成为"做大蛋糕"的主要约束条件。不"分好蛋糕"，不仅使"做大的蛋糕"可能成为一块"无效"的蛋糕，而且将直接造成继续"做大蛋糕"的动力不足。第二，不"分好蛋糕"就难以转变发展方式。一方面，收入分配差距的扩大直接抑制了社会有效需求的形成；另一方面，"分蛋糕"中的某些不公平问题，将制约进一步"做大蛋糕"。一个社会需求不足、收入分配差距不断扩大的社会不可能持续地"做大蛋糕"。

（四）国有资本追求"营利性"还是"公益性"？

"国进民退"成为当前社会各方面普遍关注的焦点问题。从现实情况看，只要目标明确，应当"国进""民进"并举。问题的本质在于，国有资本往哪进？这就需要深入探讨四大发展趋势下国有资本的营利性与公益性的关系。第一，新阶段国有资本的形成和定位与30年前明显不同。过去主要依靠做大做强国有企业；在市场经济条件下，国有企业仍有着特定作用，但是不是需要更多地依靠社会力量和社会的经济活动，并使其逐步成为国有资本形成和扩大的重要来源。在新阶段国有资本的定位上，国有资本应当更多地配置到公共领域，而不是市场领域。第二，国有资本要在保障公益性的基础上追求营利性、公益性。国有企业不是不要营利性，营利性是一个企业的基本属性。但对国有企业来说，需要把营利性建立在公益性的基础上，在盈利的基础上促进国民福祉的最大化。就是说，国有资本可以通过股份制的形式配置于经济的关键领域和重要行业，起到"四两拨千斤"的杠杆作用，也可以通过特许经营等方式配置于社会公益领域，在实现公益性目标的前提下，实现保值增值。

进入发展型新阶段，适应经济社会发展的客观需求，地方政府之间的竞争不是"要不要"的问题，而是"如何竞争"的问题。地方政府要把竞争的主要精力集中于发展方式转型上，在转型中取代传统的低成本优势，在转型中形成新的竞争优势。只有这样，才能真正推进区域的公平与可持续发展。

关于政府转型与事业单位
改革的几个问题[*]

（2010 年 7 月）

行政体制改革与事业单位改革，是一个问题的两个方面。这是因为，我国事业单位长期作为行政体制的一部分，迄今为止，总体上还尚未摆脱计划经济时期形成的管理体制框架。这样，行政体制改革应当包括事业单位改革，同时事业单位改革对行政体制改革也有着重要的影响。

一 政府转型与事业单位改革相互影响

在政府转型尚不到位的情况下，能否加快推进事业单位改革？目前有两种观点：事业单位改革滞后影响了政府转型，"拖了后腿"；政府转型不到位，事业单位改革难以推进。这涉及如何客观地分析政府转型与事业单位改革的相互影响。

（一）政府转型尚未有实质性突破

"十一五"规划明确提出要把行政管理体制改革作为改革攻坚的关键和重点。从近 5 年的实践看，政府转型虽有进展，但总体说

---

[*] 在"深化行政管理体制改革与推进事业单位改革研讨会"上的发言，2010 年 7 月 12 日，北京；载于《中改院简报》总第 803 期，2010 年 7 月。

来，尚不到位，并未有大的突破。国际金融危机后，地方政府主导型增长方式还有某些强化的趋势。所谓地方政府主导型的经济增长方式，主要表现在：以扩大投资规模为主要任务；以追求经济总量为主要目标；以批租土地、上重化工业项目为主要特点；以行政干预、行政推动为主要手段。由于财税体制改革滞后，这几年以政府转型为主线的行政体制改革尚未实现预期目标，建设公共服务型政府的任务还相当艰巨。

政府转型不到位，有财税体制改革滞后的重要因素，也有对政府转型基本判断上的不同。例如，有观点认为，政府主导型的增长方式是我国行政体制的主要特点，不但不应改还应当强化。这就需要深入讨论，这种增长方式究竟有多大的可持续性？对转变发展方式、实现公平与可持续，究竟是利多还是弊大？我的观点是，以追求GDP总量为重点的增长方式，到今天弊大于利，非改不可。这样一些基本判断不解决，政府转型怎么会有大的突破？

（二）政府转型不到位是事业单位改革难以全面推进的主要因素

事业单位改革也讲了一二十年。为什么难以改，就在于行政体制改革这个"硬骨头啃不动"。"十一五"把它作为改革攻坚的关键和重点，看来这个目标已难以实现。政府转型不到位，事业单位改革就缺乏内在动力，就很难推进。面对这一现实情况，得不出事业单位改革"拖了行政体制改革的后腿"的结论。

（三）事业单位改革对政府转型有促进作用

那么，是不是在政府转型还难以到位的情况下，事业单位改革就无法推进？总的说也不是，事业单位改革还是有一定空间的。

（1）社会需求全面增大。虽然事业单位改革内部动力不足，但是外部压力巨大。不仅是经济压力，更有社会压力。要看到随着全社会基本公共服务需求全面快速增长，随着公共产品短缺成为经济社会发展的突出矛盾，事业单位改革的迫切性日益加大、全面加大。

（2）政府的目标明确。2020年初步实现城乡基本公共服务均等化，已成为上下关注的大目标。要实现这个目标，需要加快事业单位改革，并由此建立公共服务体系。

（3）矛盾问题比较突出。当前，事业单位由行政化引起的矛盾问题逐步突出。中央关于人才的规划中，对事业单位改革的大方向也很明确。问题清楚，方向明确，关键是行动。

总体考虑是，在政府转型尚不到位的情况下，也有诸多条件加快推进事业单位改革。这既能适应社会公共需求转型的大趋势，又能促进政府转型。

二 大部门制改革要与事业单位改革同步推进

为什么提出这个问题？这是因为大部门制改革与事业单位去行政化直接联系在一起。大部门制改革若没有实质突破，事业单位的"管办分离"无法实现。并且，在大部门制改革不到位的情况下，公共服务的政府监管体系也建立不起来，即使建立也难以发挥作用。

（一）大部门制改革目标下的事业单位改革

党的十七届二中全会提出，按照"决策权、执行权、监督权既相互制约又相互协调的要求，紧紧围绕职能转变和理顺职责关系，进一步优化政府组织结构，规范机构设置，探索实行职能有机统一的大部门体制，完善行政运行机制"。大部门制改革的核心是按照行政范围内的决策权、执行权、监督权三权分设，相互协调，相互制约。两年多过去了，应当说大部门制改革形式上走了一步，但实质问题尚未有大的触动。比如卫生部门、教育部门是决策机构还是执行机构？事实上，这些部门的某些重要决策权在综合协调部门。在这种情况下，它不可能把执行权分离出来。这样，有些专业部委就执行着事业单位应当执行的职能；就不可能使决策与执行分离，甚至还要强化它；就不可能建立有效的监管体系，自己又决策又执行，怎么能自己监管自己。

（二）执行权确立下的事业单位改革

公益机构本应作为执行主体，是政府公共服务的主要载体，但是现行体制下还是行政体制的附属。这样，必然是对行政机构负责，而不是对公共职责负责。由此，如何实现"管办分离"？只有在公共服务执行职能从行政分离出来的时候，使行政决策部门在成为决策和监管主体的背景下，事业单位才有条件成为独立的公共服务的主要载体。

（三）几点建议

（1）客观地总结大部门制改革的实践。改革远未完成，需要加大力度，继续推进以决策、执行、监督分设为基本目标的大部门制改革。

（2）深化大部门制改革与推进事业单位改革要同步。

（3）在教育、卫生、科研等事业单位改革方面率先取得实质性突破。未来几年是我国提升人力资本、提高自主创新能力的关键时期。在教育、卫生、科研等事业单位改革上的率先突破，可以为实施人才强国、建立创新型国家等战略目标的实现提供重要支撑。

三 中央与地方协调推进事业单位改革

不久前，我在辽宁做调研时了解到，关于基本公共服务的地方资金配套，越往下反映越强烈，越往下越困难。某些市、县配套的比例很小，有的甚至没有。这个问题，从表层上看反映了中央与地方资金配套问题，从深层看反映了中央与地方财力与事权严格划分的体制性问题。

（一）建立中央与地方公共职责分工体制

应当进一步明确中央和地方各级政府的职责范围，使其法定化、可问责。要以立法的形式，将中央和地方政府的权力范围、权力运作方式、责任和义务等明确下来，逐渐使中央和地方的关系进一步制度化。

（二）中央与地方公共服务机构的建设

在中央与地方严格的公共服务职能划分的前提下，需要对中央与地方的公益机构建设做出明确划分。有的公益机构要以中央为主，有的要以地方为主。以中央为主，纳入中央财政预算；以地方为主，纳入地方预算。并且，要探索建立各级政府事权与财力平衡的体制。要按照政府间财政能力均等化的要求，实现由层级财政向辖区财政的转型；以完善政府间转移支付为重点，建立辖区财政能力均等化机制；强化省、市两级财政的辖区责任，保证县级财力。

（三）中央与地方公益服务的资金来源

（1）加大基本公共服务投资。初步测算，未来10年，实现中共十七届三中全会提出的城乡基本公共服务均等化水平明显提高的目标，需要基本公共服务支出年增长率达到5%左右，投资总额达到15万亿—20万亿元。按照这个测算，未来3年在已确定的8500亿元医疗卫生体系建设支出的同时，在义务教育领域需要1.3万亿元左右的投资，在基本社会保障领域需要2.2万亿元左右的投资，共投资4.4万亿元，三项支出大约占财政总支出的20%。这个基本公共服务投资计划，可以在未来5年左右初步建立全国统一的医疗保障体系；将全国范围内的免费义务教育年限由9年扩展到12年；初步建立一套新型的农村养老保险体系，并为建立一个低水平、覆盖全民的养老保险体系奠定重要基础。

（2）加大公共财政的建设力度。中央财政收入今年有可能达到8万亿元，社会各界的主要关注点是用在公共服务上的资金有多少。有两个判断很重要：第一，基本公共服务投入，有一个财力总量的问题，更有结构上的问题。主要矛盾是结构问题。例如，广东省确定2020年全省公共服务投入近2.5万亿元，这是个有远见的决策。第二，目前是否建立了公共财政体制？判断标准之一是财政的公共服务投入比重。问题在于，教育、医疗、社会保障等方面的财政支出比例还较低，有的比例比一些发展中国家还低。这种情况，不能说已建立了公共财政。

（3）建立地方基本公共服务的稳定财源。一般性转移支付很重要，但税收体制更重要。建议以开征房产税为起点，探索地方提供公共服务的资金来源。

四 几点建议

（1）建议将政府转型作为"十二五"改革的重点。

（2）全国公共服务均等化规划和事业单位改革总体设计目标要协调，不能脱节。要把事业单位改革纳入全国公共服务均等化的总体框架中。

（3）公益机构改革应尽快推进。基于社会需求的压力，事业单位改革不能再推迟。要实现局部突破、地方突破。

以政府转型为重点改革中央地方关系[*]

（2011 年 8 月）

以转变经济发展方式为主线改革现行中央与地方关系，面临着突出的矛盾和问题。例如：要不要下决心改变政府主导型经济增长方式，要不要尽快改变以经济总量为导向的中央地方关系，要不要进一步确立以公共服务为中心的政府转型目标。解决这些问题，关键在于要以政府转型为重点改革中央地方关系。

一　要不要改变政府主导型经济增长方式？

当前，如何评价政府主导型经济增长方式还有着较大分歧。应当说，政府主导型经济增长方式有其特定的历史背景与历史贡献。在经济起飞阶段和市场经济形成过程中，政府主导型经济增长方式，能把社会资源有效集中在投资建设上，并保持着较高的投资率。我的看法是，政府主导型经济增长方式在中国经济起飞中扮演过重要角色，问题在于，走到今天它不利于经济发展方式转变，也不应当概括为"中国模式"的主要特点。为什么？

---

[*] 本文载于《行政管理改革》2011 年第 8 期。

（一）在市场经济体制初步形成后，政府主导型经济增长方式的弊端开始凸显，其风险逐步积累

首先，政府主导型经济增长方式使政府，尤其是地方政府把主要力量放在投资扩张上，导致投资增长过快，不断加剧投资——消费失衡。其次，政府主导型经济增长方式消耗大量资源，加大资源环境压力。例如，一些省份的"十二五"规划，都是以投资的快速扩张和能源的过高需求作为增长的两大支撑条件的。

（二）政府主导型经济增长方式偏离了政府的主要职能

在市场经济体制下，政府的基本职能是创造良好的发展环境，提供优质公共服务，维护社会公平正义。从现实情况看，政府主导型经济增长方式，使地方政府的主要精力放在抓速度、抓投资、抓项目上。这样，就倾向于把经济增长与全面发展画等号，使公共服务在多方面欠账。由此，不能不导致经济社会发展的失衡。并且，政府主导型经济增长方式使"重增长、轻改革"的问题逐步突出，并成为改革现实困境的重要因素。

（三）长期实行政府主导型经济增长方式带来GDP主义的膨胀

从地方层面看，政府主导型经济增长方式的突出特征是：以追求GDP增长速度为首要目标、以扩大投资规模为重要任务、以土地批租和上重化工业项目为突出特点、以资源配置的行政控制和行政干预为主要手段。今天看来，这种增长方式使GDP主义盛行，具有明显的不可持续性。

政府转型提出已有七八年时间，为什么矛盾问题仍很突出？从现实的情况看，不放弃政府主导型经济增长方式，政府转型难以破题。

二　要不要改变以经济总量为导向的中央地方关系？

从现实看，现行的财税体制强化政府的投资冲动，以GDP增长为主要标准的干部考核机制助推官员对GDP总量的过度追求。

以转变经济发展方式为主线改革中央地方关系，关键在于尽快改变以经济总量为导向的中央地方关系。这是因为：

（一）地方政府主导型经济增长方式源于以经济总量为导向的中央地方关系

在现行中央地方财税关系下，地方GDP总量越大，地方财政增加越快。再加上中央对地方官员的考核，经济增长是硬指标。这样，地方政府不可能不以GDP总量的增长作为主要目标。就是说，不改变以经济总量为导向的中央地方关系，政府主导型经济增长方式的改变是缺乏前提条件的。

（二）投资—消费的严重失衡与现行的中央地方关系直接相关

我国的消费率逐年走低，已成为经济发展方式转变的突出矛盾。为此，"十二五"期间能否初步实现由投资主导向消费主导的转变，既是转变经济发展方式的成败所在，也是改革攻坚的重点所在；既影响短期宏观经济稳定，又决定着长期的可持续增长。

问题在于，在现行中央地方关系下，地方政府通过地方投融资平台，进一步加大投资比重，由此进一步加大投资—消费关系的严重失衡。据统计，到2010年底，全国省、市、县三级地方政府性债务余额共计10.7万亿元。地方政府大量举债搞投资建设，不仅难以改变投资主导的格局，还很可能为中长期经济增长埋下重大隐患。

（三）中央地方关系要从经济总量导向转变为国民收入导向

经济发展方式转变的实质，是实现发展导向由经济总量向国民收入的转变，走公平与可持续的科学发展之路。客观讲，这些年事实上形成的中央地方关系，就在于现行的经济增长方式事实上具有国富优先发展的突出特征。例如：GDP增长长期快于居民收入增长；国家财政收入增长成倍快于GDP增长；国有资本扩张成倍快于GDP增长。这种国富优先的增长偏好投资，既是形成以经济总量为导向的中央地方关系的重要因素，又是造成投资—消费关系失衡的深刻背景。

在这种国民收入分配格局下，其结果必然是：第一，国家生产力增长优先并快于民众消费能力的增长，导致社会总需求不足，使经济发展缺乏内生动力。第二，国家和地方的财政收入增长明显高于城镇居民的收入增长，因此增大了政府与社会的矛盾。以土地增值收益为例，大量向地方政府集中，失地农民的收益比例太低。为此，实现中央地方关系由经济总量导向到国民收入导向的转变，关键在于确立并实施民富优先的改革发展导向，并按此加快推进事权与财力相匹配的财税体制改革。

从总体上说，推进以转变经济发展方式为主线的行政体制改革，主要矛盾焦点在于要不要改变以经济总量为导向的中央地方关系。没有这个转变发展方式作为大前提，正确处理中央与地方关系，改变现行的中央地方关系将十分困难。

三　要不要确立以公共服务为中心的政府转型目标？

在市场经济体制初步建立后，政府是以公共服务为中心还是以经济建设为中心？这是政府转型的一个大前提。我们应当十分明确，在市场经济条件下，以经济建设为中心的主体是企业和社会。这同市场经济开始形成过程中，政府不可能不在一定程度上扮演经济建设主体的情况是大不相同的。今天，企业已成为市场的主体，市场体制已初步形成。在这个背景下，要使企业和社会以经济建设为中心，就需要政府全心全意做好公共服务，一心一意地解决好民生问题，创造和改善以经济建设为中心的制度环境、经济环境和社会环境。就是说，今天，不确立以公共服务为中心的政府发展理念，难以走上公平与可持续的科学发展之路。这里，有三个问题十分重要。

（一）坚持在市场主导基础上强化政府作用

在经济生活领域，是"坚持市场主导基础上强化政府作用"，还是实行"政府主导基础上发挥市场作用"？这一问题尚未得到很好解决，就使政府干预市场微观运行在某些地方成为常态。例如，政府占有和控制的资源不是在缩小而是在扩大，这使市场配置资源的基础性作用受到一定削弱。有人对"小政府、大市场、大社会"提出质疑。问题的关键在于：首先，现行的政府规模及其权力是大还是小？面对居高不下的行政开支以及行政控制范围的增大，能得出"小政府"的结论吗？其次，"小政府"是相对于"大市场""大社会"而言的。政府再大，也不可能大于市场和社会。所谓"小政府"不单是指政府的规模，主要的是政府职能规范，"小"而有效，"小"而很强。若变成"大政府""小市场""小社会"那又是会一个什么样的结局呢？

（二）以公益性为重要目标优化国有资源配置

应当清醒地看到，经过 30 多年的改革发展，我国已开始进入以人的自身发展为重点的发展型新阶段，公共产品短缺取代私人产品短缺成为突出的社会矛盾。在这个特定背景下，国有资源应更多地向公共领域配置。从现实情况看，国有资源长期被更多地用在做大 GDP 上。这样，不仅不利于加快改善民生，而且挤占了民营经济发展的空间，使垄断行业改革难上加难。为此，要以公益性为导向、以改善民生为目标调整和优化国有资源配置。

（三）按照公共服务职责分工确定中央—地方关系

这是因为：第一，在市场经济条件下，政府职能的有效性主要不在于直接搞投资建设，而在于通过良好的公共服务创造经济社会发展环境。建立中央地方公共服务分工体制，大大强化政府的公共服务职能，更有利于经济发展方式转变，更有利于保障和改善民生。第二，中央地方公共服务职责分工的明确化、法定化，将为改变现行 GDP 政绩观创造重要条件。第三，中央地方公共服务职责分工理顺了，才能明确中央地方事权，各级政府财力配置才有依据，才能够推动中央地方财税关系的改革，并为改变地方政府主导型经济增长方式提供重要条件。

我们一再讲，行政管理体制改革滞后于经济发展方式转变的实际需求，并成为突出的矛盾和体制障碍。国家"十一五"规划也曾提出行政管理体制改革是改革攻坚的关键和重点。面对行政管理体制改革滞后对转变经济发展方式的严重制约，我们现在需要的是魄力，是行动。

建立中央层面改革协调机构的建议[*]

（2012年3月）

我国30多年的改革实践表明，无论是改革总体思路的形成还是单项改革的突破，中央层面的改革协调机制都至关重要。未来5—10年，我国正处于历史性转折的关键时期，改革再次处在重要历史关口。我们强调以更大的决心和魄力推进改革，重要的在于建立中央层面强有力的改革协调机构，主动把握改革的历史机遇，有效地协调和推动改革。

一 以转变发展方式为主线的改革处于重要的战略机遇期，需要尽快建立中央层面的改革协调机构，具体落实改革顶层设计和总体规划

未来5年，能不能在以发展方式转变为主线的改革上有所突破，在消费主导的经济转型上取得重要进展，对我国的中长期发展具有决定性影响。

近年来，虽然改革有某些重要进展，但从总体上看，以发展方式转变为主线的改革远没有破题：某些改革实际上处于可有可无的状态，以增长取代发展，以短期取代中长期，以政策调整取代体制

---

[*] 提交全国政协十一届五次会议大会口头发言稿，2012年3月。

创新的状况没有得到根本改观；某些既定的改革久拖不决，比如党的十六大就提出"提低、扩中、调高"的收入分配改革思路，这对于消费主导的经济转型十分关键，但收入分配改革到今天仍未出台具有总体性、可行性的具体方案；一些改革决而不做，如党的十六届三中全会提出放宽市场准入，允许非公有资本进入法律法规未禁入的行业和领域，但时至今日，民营经济和中小企业进入基础领域的"玻璃门"仍未被彻底打破。

党的十七届五中全会明确提出"重视改革顶层设计和总体规划"。应当看到，改革顶层设计和总体规划需要中央层面强有力的改革协调机构来具体落实。第一，建立中央层面强有力的改革决策机制，确保改革决策的及时有力。第二，在"十二五"规划的基础上，尽快出台新时期改革总体规划，明确改革战略目标、战略重点、优先顺序和主攻方向。第三，尽快出台垄断行业、收入分配、财税体制和行政管理体制等重点领域的专项改革规划，以推进重点领域和关键环节改革的实质性突破。

二 改革进入重大利益关系协调的关键时期，需要中央层面的改革协调机构，打破利益掣肘以有效推进改革

当前，无论是形成改革的基本共识，还是增强改革动力，都有赖于中央对重大利益关系的协调。对此建议：

第一，重大改革方案原则上由中央层面的改革协调机构统一决策，取代由部门和行业自己改自己的机制，以有效地避免部门利益、行业利益。

第二，由中央层面的改革协调机构加强中央对地方改革的统筹协调和指导，将重要的改革指标列入地方官员的政绩考核体系，建立对地方改革的评估问责机制，注重通过调整中央地方利益关系激励地方政府推进改革。

第三，实现重大改革立法先行，将重要改革目标上升为法律意志，加强改革程序性立法，更加注重通过法律手段推动改革。

三 新阶段改革是全面改革，更需要建立中央层面的改革协调机构统筹协调改革

以发展方式转变为主线的改革，是包括经济体制、社会体制、文化体制、政治体制改革在内的全面改革。全面改革对改革决策的科学性、改革措施的协调性提出新的要求。为此建议：

第一，建立由中央主要领导直接牵头的改革协调小组，统筹决策，协调重大改革。

第二，在中央改革协调小组的直接领导下，设立精干的改革协调机构，以加强改革的规划、协调和指导。

第三，在改革协调机构设置专家咨询委员会，建立常态化的工作机制，组建完整的专家咨询网络体系，为改革决策提供独立、客观、专业的政策建议。

建设服务型政府推进行政管理体制改革[*]

（2012 年 4 月）

未来 5—10 年是我国深化改革开放、加快转变经济发展方式的攻坚阶段。在世界经济不确定性和不稳定性加大，以及国内发展不平衡、不协调、不可持续的矛盾问题仍然突出的特定背景下，防止增长主义政府倾向，建设公共服务型政府，加快以政府转型为主线的行政管理体制改革，是推进经济转型、社会转型的迫切要求和重要保障。

一　强化政府公共利益代表角色

从经济总量导向转向国民收入导向，从国富优先转向民富优先，从投资主导转向消费主导，对强化政府公共利益代表角色提出新的要求。政府能不能克服自身利益、既得利益，重返公共利益代表角色，决定着经济社会转型与改革成败。

其主要实施路径有以下几点。

首先，以财政预算公开为重点推进政务公开。一是建设阳光政府克服政府自身利益。阳光是最好的"防腐剂"，建设阳光政府，

---

[*] 本文载于《紫光阁》2012 年第 4 期。

让公共权力在阳光下运行，是克服政府自身利益最具有实质性意义的步骤。我国推进政务公开已有多年的实践，2009年12月，国务院为公开部门预算列出了时间表，争取3年内实现向社会公开全部部门预算。以财政预算公开为重点推进政务公开，带动阳光政府建设的实质性突破，对克服政府自身利益具有十分关键的意义。2011年8月，全国人大常委会首次公开2010年中央行政单位、事业单位和其他单位的"三公"经费支出。以此为契机，应尽快把财政预算公开作为政务公开的重要任务进行规范，建立全国统一的财政预算公开制度，把财政预算公开作为规范的政府职责，详细规定财政预算公开的内容、形式、程序、结果和监督方式。

二是完善公共治理结构。要从阳光政府走向公共治理。我国由生存型阶段迈向发展型新阶段，人的自身发展相关公共需求的全面快速增长，对政府的公共服务提出新的要求。公共服务涉及千家万户，客观上需要公众的社会参与和社会监督，由此形成有效的公共治理结构。加强公共政策社会参与。在建设阳光政府的同时，发展各种形式的公共政策社会参与。其间，要建立健全公共政策的专家咨询制度。建立政府咨询专家网络，对专业性、技术性较强的重大事项进行分析论证，实现专家咨询参与民主决策的制度化，还需要完善公共政策的公示制度。公开政府公共政策的决策依据、决策程序、决策执行和决策执行结果。明确待定政策的公示程序、时间和指定公示媒介，建立信息反馈机制。建立决策纠偏机制和责任追究制度。从涉及国计民生的重大行政行为决策听证做起，健全听证的法律制度。扩大听证范围，规范听证程序。除涉及国家秘密、商业秘密和个人隐私的外，听证应当公开举行，确保听证参加人对有关事实和法律问题进行平等、充分的质证和辩论。在制度上保障听证的真实有效，进而使公共政策充分体现民意。

其次，要强化社会舆论监督。实现阳光政府建设与强化社会舆论监督的同步推进。不仅要加强新闻立法和法规建设，还要实现舆论监督与行政监督的有机结合。通过加强新闻立法，以法律形式明确规定舆论的监督权、审稿权、批评权，以及侵权责任等，为舆论监督提供法律保障，使舆论工作者能更好地依法履行监督职责。但舆论监督只是行政监督体系中的一种非权力型监督形式，要保证其有效性需要通过权力监督机制的制约才能真正得以实现。探索舆论监督与行政监督有机结合的多种途径，形成社会监督与行政监督的合力。

二 推进以公共服务为中心的政府转型

目前，强调以公共服务为中心的政府转型，与过去有很大的不同，主要在于改变增长主义政府，为经济社会的全面转型与改革开辟道路。

首先，政府要成为经济性公共服务主体。消费主导的经济转型，对政府经济职能的要求是有效地提供经济性公共服务，通过有效的中长期规划、宏观调控和市场监管，创造公平竞争的市场环境和制度环境，创造良好的未来发展预期。

在经济起飞阶段和市场经济初步形成过程中，政府主导型经济增长方式把社会资源有效集中在投资建设上，在我国经济起飞中发挥了重要作用。但这种经济增长方式以追求 GDP 增长速度为首要目标，在带来投资增长过快、投资—消费失衡、资源环境矛盾突出等问题的同时，也造成了政府在市场经济条件下经济性公共服务的缺位。

当前经济领域的短期问题和中长期问题交织。实现消费主导的经济转型，政府不仅要十分强调中长期规划的预见性、科学性，还要强调中长期规划的约束性，防止中长期规划在实践中的虚置。

政府要从微观经济领域解脱出来，成为有效的宏观调控主体。政府宏观行为的微观化造成周期性问题的结构化，是多年来经济领域结构性矛盾难以得到有效解决的突出原因。政府只有从要素价格控制、行政审批、直接控制国有企业等频繁的微观经济干预中解脱出来，主要运用财政货币政策进行宏观调控，才有可能解决当前突出的结构性矛盾。

在市场经济条件下，政府经济干预的有效性并不在于事前的审批，而在于有效的市场监管。改革实践表明，过多的行政审批不仅不可能真正科学合理，还会扼杀微观经济主体的积极性，增加交易成本和降低经济运行效率。更为有效的做法是政府成为有效的市场监管主体，政府要成为反垄断的主体，营造公平竞争的市场环境，还要成为消费市场监管的主体，营造良好的消费市场环境。

其次，政府要成为社会性公共服务主体。我国当前经济问题与社会问题交织，相当多的经济问题源于社会领域的发展滞后。只有适应于社会转型与社会建设滞后的客观现实，政府成为社会性公共服务的主体，才能为消费主导的经济转型创造良好的社会环境，提供不竭的社会动力。

社会性公共服务缺位既制约经济转型，也制约社会转型。政府主导型经济增长方式，使地方政府的主要精力放在抓速度、抓投资、抓项目上，把经济增长等同于全面发展，使公共服务在多方面欠账。社会性公共服务短缺，严重制约着经济社会转型。在政府公共职能缺失、社会性公共服务提供不足的情况下，居民预防性储蓄动机明显增强，服务业失去市场支撑而发展缓慢。

同时，要强化政府收入分配调节职能。一是把收入分配作为政府规划执行的约束性指标。扭转收入分配差距失控的状态，缩小收入分配差距是建设消费大国的根本举措，也是有效缓解社会矛盾的重大任务。建议尽快出台国家收入分配体制改革总体方案，确定收入分配调节的约束性指标，把收入分配调节指标纳入政绩考核体系。二是明确初次分配调节中的政府责任。政府要规范收入分配秩序，建立收入分配基础制度。合理控制国家财政收入增长速度，切实提高农民收入，承担起调节垄断行业过高收入的责任，发挥工会在劳资关系协调中的有效作用，建立公开透明的收入分配秩序。三是明确再分配中的政府责任。基本公共服务均等化是确保底线公平和制度公平的重要基础，也是政府再分配最重要的组成部分。建议"十二五"把基本公共服务均等化作为建立健全再分配的主要渠道。同时，进一步提高个人所得税的起征点，改变个人所得税以工薪阶层承担为主的局面，探索开征物业税、赠与税、遗产税，充分发挥税收在收入分配调节中的作用。四是强化政府在基本公共服务均等化中的责任，明确基本公共服务均等化的约束性指标。制定全国基本公共服务均等化规划，将学前教育、高中教育和中等职业教育纳入义务教育范围，将基本住房保障纳入基本公共服务范围。对义务教育、公共卫生与基本医疗、基本社会保障、公共就业服务、基本住房保障等基本公共服务制定全国性最低标准，确定基本公共服务差距控制的约束性指标。明确基本公共服务均等化的政府支出责任。设置基本公共服务财政投入约束性指标，确保财政基本公共服务投入增长与经济增长和财政收入增长同步，确保新增财政收入更多地用于农村、落后地区、困难群体基本公共服务，缩小基本公共服务在城乡、地区和不同社会群体间的差距。把建立城乡统一的基本公共服务制度作为政府的重要职责。纳入政府业绩考核体系和干部政绩考核体系，明确改革任务和改革时间表，按照建立体系、城乡对接、制度统一的顺序，分三步走，建立城乡统一的基本公共服务制度。

再次，政府要成为制度性公共服务主体。作为转型与改革中的大国，政府的制度供给职能十分关键。我国当前改革攻坚面临的困境，很大程度上在于政府的制度供给远远赶不上转型与改革进程中的制度需求。在经济社会转型与改革上取得重要突破，关键是政府要成为制度性公共服务主体。

一是要认识制度性公共服务缺位制约政府转型的问题。制度供给、制度创新和制度变革是推进经济社会转型的重要公共产品。当前，我国经济社会相当多的突出矛盾与问题，尤其是政府自身建设中的矛盾与问题，都与制度性公共产品短缺、相关领域体制改革与制度变革滞后直接相关。加大制度性公共服务供给，是下一步深化行政管理体制改革的基本要求。

二是要认识发展方式转变缺乏制度层面设计的问题。发展方式转变受制于制度不完善。新的发展方式相关体制制度设计安排及改革不到位，使转变经济发展方式缺乏体制制度支撑。

三是要认识社会体制设计及其社会领域改革不到位的问题。利益分化和利益博弈成为客观现实，但是国家层面还缺乏约束既得利益、确保多数人利益的协调机制。无论是公共产品短缺、社会矛盾和社会冲突加剧还是社会风险加大，都与此直接相关。

要加大经济领域的制度供给。着眼于2020年建立完善的市场经济体制，深化改革，尽快消除"双轨制"，实现市场经济制度的定型。一要建立规范和完善的产权制度。赋予农民物权性质的土地产权，打破城乡土地"双轨制"，促进农村土地流转，建立农村房地产市场，使农民工能够将土地和房产变现到城市安居；建立资源环境产权制度，使资源环境成本内部化到企业成本中去；提高私人财产权的法律地位，避免公权侵犯私权。二要建立完善的反垄断制度。市场经济的精髓是反垄断，要通过立法规范和界定国有垄断行业存在的领域，依法打破行政垄断，实现垄断行业改革的新突破。打破企业的体制内外之分，建立公平竞争的市场体系。三要建立完善的公共财政制度。没有公共财政制度的定型，政府主导的市场经济体制难有大的改观。加快国家财政立法，建立一个财政民主化的制度框架，建立公开透明的财政预算制度，规范中央地方财税关系，为财税体制改革提供法律依据。

要加大社会文化领域的制度供给。社会文化领域的改革更需要正式制度的规范为先导，这就需要政府的制度供给要与社会文化领域改革深化的趋势相适应。一要加快公共服务立法。修改教育、卫生、科研等法律体系，改变计划经济时代过于行政化的局面，使事业单位改革有法可依。制定中央地方法，规范中央地方公共服务行为。二要加大城乡户籍制度供给。在中央层面对城乡户籍制度进行制度规范，形成正式制度安排，为地方农民工市民化的探索提供强有力的制度保障。三要完善工会组织法。明确界定工会组织的功能和定位，对民营经济中的工会组建和运行做出规定。在这个前提下，才可能使工会在化解劳资矛盾中扮演重要角色。四要加快社会组织立法。适应公民社会发展的新形势，促进民间社会组织在建设和谐社会中的作用，需要通过立法对社会组织发育进行规范和指导。五要加快文化体制立法。对政府如何管理文化发展进行规范，调动全社会的积极性发展文化产业。

三　把行政管理体制改革作为全面改革的中心和重点

通过行政管理体制改革正确处理好政府与市场的关系，对经济体制改革具有决定性意义；通过行政管理体制改革正确处理好政府与社会的关系，对社会体制改革具有决定性意义。

统筹行政管理体制改革与经济体制改革。把资源要素价格改革、环境成本内部化改革落实到减少行政审批、减少微观干预，落实到能源环保战略部门的改革上，把推进垄断行业改革与国有资产管理部门改革结合起来。

统筹行政管理体制改革与社会体制改革。把事业单位分类改革放在建设公共服务型政府的框架下考虑，与教育部、卫生部等部门的权力结构和运行机制改革结合起来，把公共服务体系建设与中央地方关系改革与创新政府社会管理结合起来。

统筹行政管理体制改革与文化体制改革。把文化事业单位、文化企业的改革与文化部门的改革统筹起来，更加注重通过政府文化部门的机构改革和职能转变推进文化体制改革。

发挥行政管理体制改革对全面改革的带动作用。未来5—10年，能不能坚定地把行政管理体制改革作为全面改革的中心和重点，能不能按照中共十七届二中全会的要求，有效地推进行政管理体制改革的新突破，是经济社会全面转型与改革成败的关键。

近年来，行政管理体制改革有重要进展，但推动消费主导经济转型的作用远未发挥出来。要充分发挥行政管理体制改革在整个改革中的带动作用，就要更加注重通过深化行政管理体制改革化解深层次矛盾和问题。

改变"增长主义"政府倾向[*]

（2012年6月）

增长是发展的前提和基础，但增长不等于发展，不能代替发展。增长主要是指国民生产总值的提高，而发展则是经济、政治、社会、文化通过变革相互影响、相互作用、共同进步的过程。所谓"增长主义"政府，就是把增长等同于发展、代替发展，把增长作为政府最重要的价值追求、职能定位和行为准则。从实践看，无论是转变经济发展方式，还是推进政府转型，关键都在于能否改变"增长主义"政府倾向。

一 如何客观判断"增长主义"政府倾向的形成及其影响

总的看法是：这些年地方各级政府在促进经济增长中的作用功不可没，与此同时，逐步形成的"增长主义"政府倾向也不容忽视。

（一）"增长主义"政府倾向是否已经形成？

在我国经济起飞阶段，政府主导型经济增长方式把社会资源有效集中在投资建设上，在推动经济持续快速增长中发挥了重要作用。这种经济增长方式以追求GDP增长速度为首要目标、以扩大

---

[*] 本文载于《中国行政体制改革的回顾与前瞻——第三届中国行政改革论坛论文集》2012年6月17日。

投资规模为重要途径、以土地批租和上重化工业项目为突出特点、以资源配置的行政控制和行政干预为主要手段，在带来投资增长过快、投资消费失衡、资源环境矛盾突出等问题的同时，也造成了政府在市场经济条件下公共服务的缺位。

从以上简单分析来看，是否可以得出这样的结论："增长主义"政府倾向不仅已经形成，而且具有普遍性，并在现行体制作用下，理念和行为进一步固化。

（二）"增长主义"政府倾向有哪些主要影响？

（1）以增长代替发展。"增长主义"政府倾向造成并不断恶化不平衡、不协调和不可持续的矛盾和问题。可以说，现行经济生活中的很多矛盾问题同"增长主义"政府倾向的形成有着直接的、重要的联系。例如，重总量、轻结构，重审批、轻监管等。

（2）过度倚重行政力量。以政府代替市场，限制市场作用的发挥，使政府和市场之间的关系面临新的挑战，甚至在某些方面面临比较严重的挑战。例如，政府对市场的行政干预范围不是在逐步缩小，而是在某些方面有继续扩大的趋势。

（3）重短期、轻长期。更多依靠短期政策工具来刺激经济增长，忽视中长期目标的实现。例如，"十五"计划就提出，居民消费率要提高到50%，由于实践中把注意力主要放在经济增长速度上，居民消费率不仅没有提高，反而持续下降，到2010年时仅为33.8%，降到了改革开放以来的最低点。未来几年，如果经济转型不到位，走向消费主导是难以实现的。这样，我们将面对更为严重的系统性风险。此外，我们应当看到，当前经济增速放缓，既有短期市场波动的影响，更有增长方式转型的中长期因素。为此，既要出台短期政策稳增长，更要着眼中长期目标，加快推进经济发展方式转变。

（4）重经济增长、轻社会发展。从实践看，"增长主义"政府倾向难以起到有效化解社会矛盾、社会风险的重要作用，同时还常常会人为地加大某些本不会形成的社会风险和社会矛盾。我国正处于社会转型期和矛盾凸显期，更需要防止由"增长主义"引发的社会问题和社会风险。一方面，经济增长进程中因利益关系失衡造成的社会矛盾和社会风险因素有不断增多的趋势。这就需要在经济增长的同时，有效地协调利益关系。另一方面，"增长主义"助推"一切向钱看"的风气，使社会道德水准下降。

（三）如何判断改变"增长主义"政府倾向的重要作用？

（1）不改变"增长主义"政府倾向，难以充分发挥市场在资源配置中的基础作用，难以有效理顺解决政府和市场的关系。以增长替代发展，会人为压低土地、资本、劳动等要素价格，导致资源配置和利用的低效率。如果这种状况长期持续，将弱化市场的作用，并有可能使某些市场化改革难以推进，甚至停滞、倒退。

（2）不改变"增长主义"政府倾向，难以实现从"投资拉动"型增长方式向"消费主导"型增长方式的转变。实践证明，以GDP增长为主要追求目标，过度依赖投资难以避免，必然导致投资结构扭曲以及经济结构的严重失衡。我国早在1998年亚洲金融危机时就已提出扩大消费战略，10多年来消费率不仅没有提高，反而逐年下降。这与政府的GDP增长主义倾向、总量导向和投资拉动经济增长的惯性思维直接相关。

（3）不改变"增长主义"政府倾向，经济运行中的风险难以化解，使短期的"保增长"带来中长期经济发展过程中更多不稳定的风险因素。这就需要把稳增长的短期目标和调结构转方式的中长期目标有机结合起来，并且要在调结构上下功夫，以调结构促进稳增长。

（4）不改变"增长主义"政府倾向，难以化解、减少不断增加的社会矛盾和风险。现实情况说明，要高度警惕"增长主义"引发的社会风险，强化政府的社会管理。我国当前社会风险的主要来源之一是收入分配和各种利益关系失衡。政府社会管理面临的紧迫任务是通过收入分配改革、理顺利益关系。与此同时，政府需要积极发展文化软实力，以形成社会文明和社会进步的重要基础。

总的观点是：我国新阶段行政体制改革研究的中心议题就是如何改变"增长主义"政府倾向。换句话说，改变"增长主义"政府倾向，应当成为当前和今后相当长一个时期行政体制改革的重大课题。

二 改变"增长主义"政府倾向的重点何在

从转变发展方式的需求出发，要改变"增长主义"政府倾向需要做出以下4个方面的努力。

（一）改变政府主导的经济增长方式

（1）是强调在市场主导下有效地发挥政府作用，还是强调在政府主导下有限发挥市场作用。毫无疑问，在经济生活中，应当强调在市场主导下有效发挥政府的作用。

（2）从"投资主导"走向"消费主导"的关键因素是政府转型。拉动消费需求是转变发展方式的重要战略方针。目前的现实情况是，投资消费失衡的状况并没有实质性改变。为此，建议尽快制定国家消费战略规划，并把提高消费率作为评价各级政府，尤其是中央和省级政府绩效的重要约束性指标。

（3）要稳投资，更要通过改变"增长主义"政府倾向，优化投资结构。我国仍处于经济上升的通道，投资的空间还很大。问题在于，如果不改变"增长主义"政府倾向，政府还是热衷于集中力量做大事，重点放在"铁公基"上，就会固化现有的增长方式。所以，关键问题在于尽快采取措施优化投资结构，特别是要将更多投资集中在公益性项目上，以解决广大城乡居民日益增长的公共需求，由此拉动消费需求。

(二) 改变国有资本配置格局

这是改变"增长主义"政府倾向的一个大问题，也是一个焦点性问题。

(1) 以公益性为目标推进国有资本配置的战略性调整。这是因为：第一，国有资本不能等同于一般的社会资本，哪里有盈利就往哪里去。第二，把公益性作为优化国有资本配置的战略目标，有利于经济结构调整，有利于消费主导的经济转型。第三，把国有资本主要配置在公益性领域，是进入公共产品短缺时代、社会需求结构变化升级的客观要求。第四，把国有资本主要配置在公益性领域，就是把国有资本更多地投向关系国计民生的重要行业和关键领域。这不是削弱而是在强化国有经济的主导地位和控制力。

(2) 要加快实现国有资本的公益性回归。第一，适应国家产业结构转型升级的要求，调整投资结构，使新增国有资本投资主要配置在自然垄断领域、公共产品领域，以及事关国计民生和国家安全的战略性领域。第二，国有资本逐步从一般竞争性领域退出，重点转移到公共产品领域。第三，把竞争性领域的国有资本，集中配置在事关中长期国民经济持续快速增长的能源、资源和高科技等新兴战略产业，充分发挥国有资本的优势，参与更高层次的国际竞争，以提升国家竞争力。第四，对确有必要保留在其他竞争性领域的国有资本，要提高收租分红比例，争取 5 年左右由目前的 10%—15%，提高到 25% 左右，并将收租分红收益主要投入社会公益领域，使城乡居民直接受益。

(3) 加快垄断行业改革。今天，强调把国有资本主要配置在公益性领域，重要的目的是通过打破垄断，形成公平竞争的市场环境，从而促进优胜劣汰。垄断行业改革不破题，国有资本的配置格局是难以改变的。

(三) 改变国民收入分配格局

现实生活中的利益关系失衡同"增长主义"政府倾向有着直接的联系。改变利益失衡，改变国民收入分配格局有3个问题需要讨论。

(1) 由"国富优先"走向"民富优先"，以"民富优先"破题收入分配改革。只有把以政府主导的民生改善和制度化的"民富优先"相结合，才能够破题收入分配改革。第一，加大国民收入分配结构调整力度，明显提高劳动报酬在国民收入分配中的比重。第二，加快推进农民工市民化进程，尽快让农民工成为历史。第三，加快城乡基本公共服务均等化进程，切实保障和不断改善民生。未来一两年，能否以"民富优先"破题收入分配改革，对消费主导的转型具有牵动全局的决定性影响。

(2) 走向消费主导的重要因素是中等收入群体的比重。改革开放33年以来，我国的中等收入群体比重有20%左右，这一现状同我国发展方式转变、走向"消费主导"的战略是严重不相适应的。能不能争取到2020年，使中等收入群体的比重从现在的20%上升到40%，对于形成我国经济增长的内生动力有着极为重要的影响。这就需要尽快形成中等收入群体快速发展的政策体系和制度环境：第一，改革制约扩大中等收入群体的税制结构，对城乡居民全面实行结构性减税，使国民财富再分配更多地向居民倾斜。第二，加强居民财产权利保护，尤其是保障广大农民的土地财产权益，建立土地增值收益的公平分享机制，使农村居民通过土地要素增值来积累财富。

(3) 以收入和财产公开透明为重点的收入分配基础制度建设。财产公开的基础制度没形成，权力寻租就会有增无减，各种"灰色收入"也会有增无减，部门利益、行业利益更会有增无减。公开透明也是解决"三公"经费治理困境的重要途径，多年来之所以步履艰难，成效甚微，重要的原因在于尚未实现"三公"的阳光化。面对利益关系严重失衡的现状，现在到了以更大的决心和魄力推进财产公开透明的时候了。第一，尽快建立居民收入登记制度与完善的纳税申报制度，争取"十二五"末期覆盖所有的城镇居民，2020年覆盖所有的城乡居民。第二，未来2—3年全面推进官员财产公开。第三，"十二五"全面实现财政预决算的公开透明。

（四）改变现行的中央—地方关系

"增长主义"政府倾向的形成，不能不说与现行的中央—地方关系直接相联系，同现行的财政税收体制、人事考核机制直接相联系。

（1）"总量导向"的中央—地方关系需要向"公共服务导向"的中央—地方关系转变。国家"十二五"规划明确提出以科学发展为主题，以转变经济发展方式为主线，但从地方政府的行为模式来看，仍然以经济总量为导向，以"大干快上"为主。中央"十二五"规划将年均经济增长预期目标定为7%，给经济结构调整预留了很大的空间。但从地方政府的"十二五"规划看，全国31个省份GDP增长平均预期目标达到10.7%，高出全国规划目标的50%，造成中央规划的虚置。实现中央—地方关系由以经济总量为导向向以公共服务为导向的转变，成为新时期行政管理体制改革的重大课题。

（2）明确划分中央政府和地方各级政府的公共服务职责。1994年分税制以来，中央—地方关系多年未有大的改变，中央—地方经济管理权限并未实现合理的划分，地方政府间围绕GDP增长的竞争愈演愈烈。由于基本公共服务领域的中央地方责任分工问题没有得到解决，各级政府间事权与财政能力均衡的保障机制并未建立起来，基本公共服务均等化的后续改革实际上很难进一步推进下去。

（3）推进行政层级和行政区划体制的改革。未来5—10年是我国城市化加快发展的重要时期，尤其是城市圈、城市群经济将成为拉动内需的主要驱动力。从现实情况看，城市经济发展受限于行政区分割的影响比较严重。按照加快城市化的要求调整行政层级，使行政区划调整服务于城市化健康发展，为经济增长提供内生动力。这不仅可以创造出巨大的改革红利，还可以为我国减少行政层级寻求一条切实可行的现实路径。

三 如何分析改变"增长主义"政府倾向的深刻性和复杂性

从现实情况看，改变"增长主义"政府倾向十分困难。为什么？就在于它涉及政府的自身利益，涉及政府理念的变化和思想解放，涉及结构性改革。应当说，这是新阶段一场深刻而复杂的政府自身革命。

（一）政府理念的改变

是以公共服务为中心还是以经济建设为中心，这是改变政府理念的首要问题。改革开放初期，即在市场经济体制尚未形成、企业尚未成为市场主体的背景下，政府的主要职能是以经济建设为中心，并以政府为主导调动多方面的力量扩大经济总量；在市场经济体制初步形成以后，经济建设的主体是企业，是社会，政府的主要职能是要创造一个公平竞争的市场环境。这样，才能为企业、社会以经济建设为中心提供重要保障。在社会主义市场经济体制基本形成、企业成为市场竞争主体的条件下，政府以公共服务为中心是保证企业、社会以经济建设为中心的基本前提和重要条件。长期把"经济建设为中心"绝对化、片面化，以及由此形成的与时代发展不相适应的某些政府理念已经到了必须改变的时候，到了需要明确提出以公共服务为中心实现政府转型的时候了。

（二）结构性改革

在现实情况下，"增长主义"政府倾向是一个制度结构的产物。只有把以改变"增长主义"政府倾向为重点的行政体制改革作为全面改革的重点和关键,我们才能实现财税体制改革、干部选拔机制改革、社会体制改革以及某些政治体制改革的破题。例如:以基本公共服务均等化为目标建立公共财政制度,强化地方政府公共服务能力;改变地方政府"增长主义"倾向,建立鼓励地方政府真正以公共服务为中心的有效激励约束机制。

(三) 改变政府自身利益倾向

政府是公共利益的代表者,如果不解决"增长主义"政府的倾向,要使各级政府坚守公共利益代表者的定位,使其在经济发展方式转变与和谐社会建设中有效发挥作用,是十分困难的。

当前,解决政府自身利益问题、强化政府公共利益代表者的基本定位,有三件事需要做。一是增强政府的公开性。强调建设"阳光政府",说到底,就是要加大政府的公开性。很多问题,尤其是一些腐败问题,在公开中就能找到解决的有效途径。二是加强社会监督。在现行体制下,以权力监督权力的作用是有限的。把以权力制约权力和社会监督制约权力相结合,这样才能探索出一条有效的公共治理的新路子。三是改革的统一部署和协调十分重要。建立高层次的改革协调机构,能有效地协调部门利益、地区利益、行业利益。这对推进改革也十分重要。

优化权力结构推动政府职能
转变实质性突破[*]

（2013年7月）

权力结构不合理掣肘政府职能转变，是我国新时期政府转型与改革面临的突出矛盾和问题。主要表现在：部门间权力结构安排的不合理；政府与市场、政府与社会的权力边界不清楚；部门内部决策权、执行权、监督权不分，由此导致政府职能转变多年来一再强调而难以真正到位。在这个特定背景下，我国于2008年以来启动了大部门制改革，重在通过优化权力结构带动政府职能转变。

最近，党的十八届二中全会审议通过的《国务院机构改革和职能转变方案》围绕转变职能和理顺部门间职责关系，在多个部门进一步扩大了大部门制改革的范围，包括整合铁路与交通、卫生和计划生育、食品药品、新闻出版和广播电影电视、海洋、能源管理机构。经过这次改革，国务院正部级机构减少4个，国务院组成部门减少2个，除国务院办公厅外，国务院设置组成部门减少到25个。

从这几年大部门制改革实践看，如果改革仅仅局限于机构、人员合并的"物理反应"，不能形成职能整合、权力结构优化的"化

---

[*] 本文载于《行政管理改革》2013年第7期。

学反应",就很难真正带动政府职能的实质性转变,从而难以达到预期效果。为此,深化大部门制改革,更需要把优化权力结构置于突出位置,在带动政府职能转变上有所作为,有所突破。

一 大部门制改革要优化部门间权力结构,强化政府职能统一有机行使

与 2008 年有所不同,这次大部门制改革的重要特征是国务院机构改革同职能转变有机结合,强调机构改革服从于、服务于职能转变。因此,能否通过机构整合切实优化部门间权力结构,强化政府职能统一有效行使,是检验大部门制改革成就的一个重要方面。

(一) 强化经济战略职能

我国成为第二经济大国之后,经济战略职能十分关键,大部门制改革的一个重要的出发点就在于通过机构整合强化经济战略职能。第一,我国已成为世界第一能源消费大国,重新组建国家能源局,重在强化国家能源战略职能。这就需要统筹煤炭、石油、电力、新能源等领域的战略决策,实现国际国内能源政策的相互协调,采取强有力的政策措施推动国内能源结构调整,重点发展新能源。第二,铁道部并入交通运输部后,海、陆、空交通运输的战略规划职能应当有实质性的提升。机构整合效应,需要体现在铁路、公路、水路、民航能够协调发展,避免各自为政,克服重复建设和低效率。第三,重新组建国家海洋局,除了需要切实整合海上执法力量,改变海上执法力量分散,重复检查、重复建设问题,维护国家海洋权益之外,更重要的是确立和强化国家的海洋战略。第四,组建国家新闻出版广播电影电视总局,重在强化国家文化产业发展战略,从提高国家软实力的角度,统筹实现新闻出版广播影视业资源优化配置,深入推进文化体制改革,促进文化产业成为支柱产业。

(二) 强化市场监管职能

加强消费市场的监管、能源行业的监管,对加快经济转型意义重大，也是加强政府市场监管职能的重中之重。因此，这次大部门制改革需要在强化市场监管职能上有重要突破。第一，未来3—5年是我国扩大内需、拉动国内消费，实现经济转型的关键时期。组建国家食品药品监督管理总局，就是要强化监管的最终责任，改变餐桌上"九龙治水"的局面。第二，电监会并入国家能源局，不是削弱电力行业的监管，而是要统筹考虑电力、石油、煤炭、新能源发展的现实需求，从国家能源战略的全局出发强化能源市场监管。

（三）强化公共服务和社会管理职能

公共服务与社会管理职能薄弱，也在一定程度上反映在部门间权力结构的不合理上。因此，大部门制改革从经济领域延伸到社会领域是一个大趋势。这次组建国家卫生和计划生育委员会，就是要大大强化公共服务和社会管理职能。这就需要服务于国家人口、健康发展战略，有效整合公共资源。当前卫生与计生各自有一套基层服务系统，但分属不同的系统。如果能够通过改革合二为一，实现资源共享，有望建立起覆盖千家万户的基层公共服务网络体系，使得基层公共服务和社会管理职能有一个重要的提升。

二 大部门制改革要通过政府向市场、社会、地方放权，推动政府职能转变

这些年，政府职能转变不到位，突出的矛盾在于三个层面上的政府放权不到位：政府向市场不到位，政府向社会放权不到位，中央对地方放权不到位，难以激发市场和社会活力，难以充分调动地方政府在转型与改革上的积极性。因此，这次国务院机构改革和职能转变方案，一个突出的亮点是政府放权。

未来5—8年，完善市场经济体制，转变发展方式，重要的前提是实现"全能政府"向"有限政府"的转变。从这些年的改革实践看，走向"有限政府"，具体涉及三个层面的政府放权：向市场放权、向社会放权、向地方放权，由此进一步激发经济和社会发展活力，充分调动地方积极性，走向公平可持续发展。

（一）政府要向市场放权

第一，这次大部门制改革后，多方面反映国家发改委的权力有所强化，应当进一步减少经济领域的行政审批权，包括减少对企业投资项目、生产经营活动的审批事项，减少资质许可和行政事业收费，改革工商登记制度等。第二，铁道部并入交通运输部，铁路行业的政企分开迈出了重要一步，但并不意味着行政垄断被打破。铁路行业要健康发展，还需要打破行政垄断，建立有效的竞争机制。第三，重新组建国家能源局，更需要在破题能源领域的垄断行业改革上有所作为。考虑到城镇化发展转型的迫切要求，需要尽快推动垄断行业的经营权向社会资本放开，打破民营经济进入的"利益玻璃门"，尤其是在铁路、电力、电信、邮政、石油等基础领域放开市场、引入竞争，广泛地吸纳社会资本投资，利用市场机制促进投资方向和投资结构转型。与此同时，放松资源能源价格管制，实现资源要素市场化，资源环境成本内部化，激励企业成为经济转型升级的主体。

（二）政府要向社会放权

应当交给社会的权利未交给社会，是创新社会管理的突出矛盾。在多元利益主体、多元利益格局形成的特定背景下，社会组织在有效化解社会矛盾中的作用越来越重要。但在行政控制型的社会管理方式下，社会组织发育还面临着登记门槛过高、过于行政化等突出矛盾，在社会稳定和谐中的作用远未发挥出来。这次组建国家卫生和计划生育委员会，在整合卫生和计生系统资源的时候，需要充分考虑到调动社会力量参与、壮大基层公共服务体系。第一，要加快基层卫生、计生事业机构"去行政化"改革，建立完善的法人治理结构，使之成为"公益性、专业性、独立性"的社会组织。第二，大力支持和孵化公益性社会组织，弥补基层公共服务不足。第三，整合基层卫生、计生资源，不简单是政府"拉郎配"，还需要建立市场机制。第四，考虑到人口城镇化所需要的公共服务和社会管理都需要以社区为载体，应当采取配套改革，加大对社区的放权，将更多的人事、财务、管理权力下放到社区，在逐步推进社区自治的基础上赋予其更大权限，把社区做实、做大、做强。通过赋予基层社区更大的自治权，将社区打造为基层公共服务和社会管理的重要平台。

（三）中央要向地方放权

1993年的分税制改革以来，中央向地方放权取得了阶段性成就，推动了市场经济的发展。但在转变经济发展方式的新阶段，中央对地方一些事务的管理过细、中央地方事权与财力不匹配的新问题逐渐凸显。第一，中央尽可能将投资、生产经营活动审批权下放给地方，有利于调动地方积极性，可以考虑将国家发改委部分经济审批权下放到地方。第二，进一步下放中观管理的决策权。比如一个地级市的经济社会发展规划，在现行中央地方体制下，需要由国家发改委审批，未来可以考虑尽可能将中观的管理放到省一级政府，由此使中央政府的决策负担降下来，把更多精力集中到事关长远和全局的能源、环境、对外开放等中长期战略职能的强化上，做好宏观经济管理。第三，进一步下放财政管理权。中央地方分税制改革不到位，很重要的是事权下放了，但财权下放不到位。这使得地方政府难以确保履行公共服务职能相应的财力。因此，中央政府在向地方政府放权的同时，还需要下放相应的财权，使各级政府的事权与财力相匹配。要加快改革中央地方财税关系，建立一般性转移支付为主的转移支付制度；加快培育地方主体税种，逐步形成地方税体系；重点强化县（市）一级政府的财政管理权，推动城乡公共服务一体化。

三　大部门制改革要优化行政权力结构，实现决策权、执行权、监督权既相互制约又有机统一

新阶段深化大部门制改革，一项重要的任务是克服政府自身利益，防止行政权力滥用，"把权力关进制度的笼子里"。从改革实践看，如果不"把权力关进制度的笼子里"，推进政府职能转变，促使政府正确履行职能就缺乏应有的体制基础。

从我国的基本国情出发，完全可以实现行政范围内的"决策权、执行权、监督权既相互制约又相互协调"。如果能够把大部门制改革的重点放在"三权分设"上，就有可能改变行政权力过于集中于"一把手"的局面，使决策权、执行权、监督权各自独立行使，有利于决策权、执行权、监督权之间的相互制约，形成权力制约权力的新格局，防止权力滥用。

2008年以来的大部门制改革在形式上走了一步，但在"决策权、执行权、监督权既相互制约又相互协调"上尚未实质破题。按照党的十八大精神，建议在这次机构改革和职能转变方案出台的基础上，尽快研究提出以"三权分设"为重点的大部门制改革的总体方案，实现行政范围内"决策权、执行权、监督权既相互制约又相互协调"。

（一）把建立自上而下强有力的行政系统作为深化大部门体制改革的重点

20世纪80年代，邓小平就提出解决权力过于集中的问题，要求建立从国务院到地方各级政府从上到下的强有力的工作系统。按照到2020年建立起比较完善的中国特色社会主义行政体制的总体目标，完善国务院到各级地方政府从上至下的强有力的工作系统已经十分迫切。未来3—5年是我国历史性转型与改革的关键时期，转型与改革需要一个强有力的行政决策、行政执行和行政监督系统；从中长期看，形成稳定有序、强有力的行政系统，也是有序推

进政治体制改革的重要前提和基础。建立国务院自上而下强有力的行政系统，最重要的是实现按照决策权、执行权、监督权既相互制约又相互协调的原则，优化整个行政系统的权力配置结构，使行使决策权的对决策质量负责、行使执行权的对行政效率负责、行使监督权的对监督效果负责，由此建设责任政府。

（二）建立以大部门制为重点的行政决策系统。大国治理最重要的在于决策

未来5—8年，行政体制改革最重要的是防止大的决策失误。要把理顺行政决策责任主体关系作为深化大部门体制改革的首要任务，以强化决策主体行为的有效性为重点深化大部门制改革，通过大部门制改革着力解决行政决策权既过于集中又过于分散的问题，强化各个部委的决策主体职能，实质性地提高决策效率和质量。新组建的大部门，如交通运输部、国家卫生和计划生育委员会，应把决策作为自己的核心职能，可以考虑组建部委决策中心，超越执行环节的具体利益约束，站在全局的角度进行决策，对决策权的行使负有政治责任。

（三）建立法定化、专业化的行政执行系统

以公共服务为中心的政府职能转变，对行政执行系统的独立性、专业性提出新的要求。按照决策、执行分开的原则，以提高独立性和专业性为路径，完善行政执行系统，切实提高行政执行力。新组建的大部门，如国家卫生和计划生育委员会，可以考虑将执行职能比较多的司局，改造为法定化、专业化的执行系统。依法赋予行政执行系统相对独立的人事权，将所属事业机构改革为法定公共服务机构，采取合同外包、服务购买等手段提供公共服务，实现公共管理的创新。

（四）建立权威性的行政监督系统

当前，我国有权监督政府的机构并不少，但各种监督渠道之间

尚未形成严密有序、协调互动的有机整体，监督主体的独立性、权威性还不够，导致监督失灵的现象比较普遍。随着大部门制改革的逐步深入，还需要超脱于决策权和执行权，具体设计审计、监察等行政监督权的制度安排。在加强人大、司法监督的前提下，可以考虑通过赋予审计、监察机关更高的权威性，进一步完善行政监督，确保外部监督有力，内部监督有效，走出一条权力制约权力与社会监督权力相结合的新路子。

2013年是党的十八大之后的开局之年，以职能转变为核心，以放权为重点加快政府转型与改革，带动全面改革的重点突破，各方面有着很大的期待。但也应看到，大部门制改革是一项系统工程，不宜过快推进，未来5—8年，最好是在加强顶层设计和总体规划的前提下，成熟一个，推出一个。

关于推进国家治理体系和治理能力现代化的几点建议[*]

（2014年3月）

党的十八届三中全会提出，全面深化改革的总目标是完善和发展中国特色社会主义，推进国家治理体系和治理能力现代化。我认为，这是顺应经济社会发展大趋势的战略性、历史性选择。对此，我有这样三点概括：（1）这是建设现代化国家的主要标志。（2）这是实现国家长治久安的根本之路。（3）这是改革发展历史经验的科学总结。当前，社会方方面面对此有极大的期待。就此，提三点建议。

一 建议尽快出台总体规划或者总体设想

（一）全面深化改革的现实和迫切需求

从各方面的情况看，国家治理体系转型确实到了关键点。未来3—5年，如果能够发挥总体规划的导向作用，对深化全面改革，对后10年、20年国家的长治久安，具有决定性的影响。

（二）推进依法治国的重要指导思想

综合多方面的情况看，下一步的国家治理转型，重要的是以法

---

[*] 在全国政协十二届二次会议社科、新闻出版界别联组会上的发言，2014年3月4日，北京；载于《中改院简报》总第981期，2014年3月。

治建设为重点,以法治为先、法治为重、法治为大,逐步形成依法治国的新局面。

（三）回应社会各方面的重大期盼

出台这样一个总体规划,对于协调各方面的力量、调动各方面的积极性,形成国家治理的新格局有重大影响。

二 建议总体规划研讨的重大问题

总的考虑：国家治理体系和治理能力现代化的规划,在强调党的执政方式的改革、人大监督作用、政协民主协商制度化以及反腐败的体制机制建设外,还有一个重要方面,就是回应社会期待,以现实的经济社会重大问题为导向,以此来凝聚全社会推进国家治理体系建设的正能量。从这方面考虑,我认为有4件事很重要,需要着力深入研讨。

（一）加快推进法治市场经济进程,建设法制化的营商环境

从现在的情况看,有两件事情需要采取措施。

（1）针对现在资本外流、社会资本不稳定的现实矛盾和问题,建议尽快形成合法的私人财产权、投资收益严格保护的法制环境。

（2）市场监管的转型与改革,即由行政监管为主向法治监管为主的转型,尽快将监管权从审批机构中分离出来。从各个方面看,我国已进入一个消费型社会发展的新阶段,全社会的消费结构升级、消费释放将是一个大趋势。现在突出的矛盾是投资与消费不相适应,市场监管与消费型社会发展的大趋势不相适应。为什么监管机构越来越多,但监管的效果不尽如人意,而且消费不安全问题很多,主要的问题是把行政审批和市场监管合为一体。所以,法治市场经济建设的重要任务,是赋予市场监管以法律地位,尽快将监管权从审批机构中分离出来,以提高监管的综合性、统一性、权威性。

(二)加快以公开化、去行政化、去地方化为重点的司法体制改革

在这方面,我们有一些具体建议。例如,司法体制改革去地方化,跟经济发展方式转变相适应,需要把经济的审判权归中央,建立中央巡回法院,民事、刑事案件仍归地方。我认为,这样一些方面的司法体制改革现实的需求明显加大,条件逐步成熟,具有一定的可操作性。

(三)加快推进社会治理创新进程

(1)综合各个方面的情况看,社会治理转型确实到了临界点,未来的一个时期,这方面的矛盾问题会越来越突出。

(2)以发展各类社区公益组织和推进社区自治为重点加快社会治理创新。

(3)积极稳妥地推进官办社会组织的转型,使其在重要时候起到关键性作用。

(四)加快中等收入群体为重点的利益结构调整

(1)利益结构与治理结构的关系。我认为,橄榄型的利益结构和分配结构是我国治理结构的重要基础,并且是治理结构和治理能力现代化的重要组成部分。

(2)从现实情况看,改革开放35年多来,中等收入群体比例大概在25%。到2020年全面建成小康社会,如果中等收入群体比例不能提高到40%左右,无论对经济的持续发展还是社会的和谐建设,恐怕都会带来一些不利的影响。近些年,我们一再呼吁尽快出台关于中等收入群体的国家规划以及调整相关的政策体制。提低很重要,提低的重要目的是使其部分成为中等收入群体。现在重要的是收入分配、赋予农民更多财产权等方面的改革要有大的突破。这样,到2020年中等收入群体总体规模达到40%左右是完全有可能的,即有6亿人成为中等收入群体。这无论对中国还是对世界,都

是一个重大的利好。

三　加强理论研究与政策咨询的力度，形成国家治理体系建设的重要理论与思想支撑

（一）国家重大课题的攻关

如何形成有中国特色的国家治理体系和治理能力，需要理论的攻关，也需要改革研究的攻关，建议把它作为国家重大课题。这里涉及一系列重大问题，例如，什么是有中国特色的国家治理体系、推进国家治理体系与以法治国等。这些都需要深入研究，并应该成为社会科学研究和改革研究的重大课题，应当组织多方面的力量进行国家重大课题的攻关。

（二）推进中国特色的智库建设

从我国的情况看，社会科学理论研究和经济社会咨询研究，两者既有联系又有区别。我建议，国家社会科学基金加大对建设中国特色智库的支持力度，对一些重要的咨询机构给予支持，并建议把对政策咨询机构的支持列入国家社会科学资助的重要方面。

最后，我想说几句话。昨天上午我去看了96岁的安志文老同志，他说了三句话：一是党的十八届三中全会选择的改革路子是很对的；二是现在改起来的困难比以前要大得多；三是只要稳步改下去，是大有希望的。安老的话让我感触很深：坚定改革自信，对全面深化改革至关重要。

新阶段政府购买公共服务的几个问题[*]

（2014年4月）

进入发展型新阶段，尤其在全面深化改革的背景下，政府购买公共服务其主要特点是公共服务的契约化、社会化、市场化，目的是实现公共服务公开化、公正化和效益最大化。我国自2003年开始推行政府购买公共服务，10年来在取得重要进展的同时，也面临一些突出的矛盾和问题。是不是可以说：第一，政府购买公共服务的方向选择是对的。第二，政府购买公共服务的范围有限，离实际需求尚有明显差距。第三，政府购买公共服务的体制机制改革还不到位，有的方面还尚未破题。

一 新阶段政府购买公共服务的背景究竟发生了哪些重大变化？

与10年前相比，今后5—10年政府购买公共服务的背景趋势、突出矛盾、内涵外延正在发生深刻的变化。

（一）政府购买公共服务的背景、趋势的变化

（1）消费结构升级。

——生存型消费需求减少，发展型消费需求明显增多。

---

[*] 在机构编制管理研究会第六次会议暨政府购买公共服务专题研讨会上的主旨演讲，2014年4月19日，海口；载于《中国机构改革与管理》2014年第5期。

——物质型消费需求减少，服务型消费需求明显增多。

（2）人口城镇化基本格局的形成。目前，我国规模城镇化率为53%，人口城镇化率仅为35%。估计到2020年，人口城镇化率将达到50%左右，由此将使中小城镇公共服务需求明显增大。

（3）服务业主导格局的形成。估计未来1—2年，服务业发展的比重将达到50%以上，到2020年有可能达到60%左右。

这些变化的重要标志，就是公共需求全面快速增长，公共服务供给压力显著加大。在这个特定背景下，政府购买公共服务的空间巨大、潜力巨大。

（二）政府购买公共服务面临的突出矛盾

总体上看，改革开放之初吃饭、穿衣等私人产品的严重短缺逐步成为历史，全社会公共产品的需求全面快速增长，教育、医疗、养老、就业、公共安全、基本住房、资源环境等公共产品的短缺，开始成为全社会的突出矛盾。适应这个大趋势，基本满足全社会对基本公共产品的需求，成为政府购买公共服务的重大战略任务。

（1）健康消费。2013年我国卫生总费用占GDP的比重已达到5.1%，但仍低于低收入国家的平均比重（6.2%），2016年，这个比重有望提高到6.5%左右；2020年，有望提高到8%左右。

（2）教育消费。2012年我国国家财政性教育经费支出占比达4.28%。2016年，财政性教育经费支出将达到4.5%；2020年，财政性教育经费支出有望达到5%左右。

（3）养老消费。养老基金占GDP的比例最高的是挪威，为83%左右，日本是25%，美国是15%，我国目前只占到GDP的2%。随着人口老龄化的加快，2016年，养老基金占GDP的比例至少应当达到3%左右；2020年，估计这一比例至少应当达到5%以上。

（三）政府购买公共服务的范围逐步扩大

（1）适应全社会公共需求变化的大趋势。政府购买公共服务的目的是适应全社会公共服务的现实需求,以寻求解决新阶段公共产品短缺、公共服务不到位的突出矛盾。

(2) 扩大政府购买公共服务的范围。政府自身的后勤服务很重要,但更重要的是全社会公共产品和公共服务的供给。

(3) 政府购买公共服务的制度创新。适应13亿人公共需求变化的大趋势,需要在加快改革创新中形成规范化的政府购买公共服务的体制机制安排。

二 要不要把公共资源配置的社会化、市场化改革作为政府购买公共服务体制机制建设的重点?

2012年我国政府采购规模占全国财政支出的比重为11.1%,其中服务类仅占12%。而欧美发达国家政府采购规模占财政收入的比例为30%—40%,服务类采购占采购规模的50%以上。

为适应我国经济社会转型发展的大趋势,着眼于2020年基本公共服务均等化总体目标实现,发展政府购买公共服务,需要从形成公共资源配置的社会化、市场化的制度安排入手,加快公共服务体制创新,形成公共服务领域开放竞争的新格局。如果到2020年公共资源配置社会化、市场化相关制度安排到位的话,政府采购规模占GDP应达到15%—20%,服务类采购占政府采购的比例应当在30%—40%。

(一) 全面放开公共资源市场

以医疗消费为例,麦肯锡的报告显示,未来10年,中国将成为增长最快、规模最大的医疗市场,预计到2020年,我国医疗卫生市场总规模将突破1万亿美元。保守估计,至2020年,整个健康产业的潜力将达10万亿元左右。问题在于,能不能在医疗市场放开价格,引入多元化的竞争主体,以社会资本为重点激活发展医疗这个大市场。这就需要在未来的3—5年,把培育公共资源市场作为发展政府购买服务的重大任务,在公共资源领域放开市场、引入竞争。

（1）放开民生类公共资源市场。适应改善民生、满足多元化的公共需求，全面放开教育、医疗、养老、文化等领域的公共资源市场。

（2）放开城镇化发展的公共资源市场。与城镇化进程相适应，全面放开市政工程类，尤其是中小城镇的公共资源市场。

（3）放开政府后勤类公共资源市场。与政府简政放权和建设低成本政府相适应，应全面放开公车等行政机关类公共资源市场。

(二) 将政府购买公共服务纳入政府采购的范围

当前，公共服务尚未被正式纳入政府采购法及其实施细则的采购范围。为适应全社会公共需求的大趋势，应当尽快明确将养老服务、残疾人服务、教育服务、公共卫生服务、城市规划与环境评估等服务纳入政府采购范围，以使政府购买公共服务成为政府履行公共服务职能的重要组成部分。

(三) 加快形成政府向社会组织购买服务的制度安排

实践证明，发挥社会组织作用更有利于确保公共服务供给的公益性和专业性。当前，我国公益性社会组织参与的比例并不高。

（1）发展公益性社会组织。公共资源配置向社会组织放开，把社会组织作为政府购买公共服务的重要承接主体。

（2）实现公平竞争机制。凡属事务性管理服务，原则上都要引入竞争机制，通过合同、委托等方式向社会组织购买。

（3）出台政府购买公共服务清单。抓紧形成向社会组织放开的公共资源领域的清单目录，以为社会组织承接政府公共服务职能提供制度与政策依据。

(四) 建立法治化的公共服务监管体制

两三天前，新华社的一篇报道中说：在武汉市公共自行车服务项目陷入"烂尾"之际，运营近7年的巴黎公共自行车服务却欣欣向荣。这个例子说明，政府购买公共服务不是不要政府监管，而是需要有效、有力的政府监管。

（1）制定公共服务标准、购买方式及实施细则。将政府购买公共服务纳入《政府采购法》，使之规范化、制度化。

（2）尽快出台一部《公共资源监管法》。明确界定公共资源社会化、市场化配置的范围和监管程序，形成政府购买公共服务的委托主体和委托对象之外独立性、专业性的外部监督机制，加强社会公众监督和媒体监督，强化监管的有效性。

（3）建立公开透明的公共服务购买流程。规范招投标、寻价、委托等不同方式的操作流程，以保证各类承接主体的公平竞争。

三 关键是否在于以公益性为目标加快事业机构与社会组织改革？

我国进入公共产品短缺时代，政府购买服务不仅是一个扩大范围的问题，更重要的是整体优化公共资源配置，提升公共服务供给的公平、效率和质量。事业机构与社会组织是我国公共服务供给的重要主体。加快推进事业机构与社会组织改革，是发展政府购买服务的关键所在。

（一）尽快打破事业机构在公共服务领域的行政垄断

从改革实践看，政府自己办事业机构，自己又作为监管主体，这是公共服务既难以实现公平，又难以提高效率的体制性根源。为此，要把形成公共服务多元供给主体、多元竞争主体作为新阶段发展和完善政府购买公共服务的重大任务。

（二）以公益性为目标加快事业机构去行政化的改革进程

事业机构分类改革只有着眼于形成政事分开、管办分离的新机制，建立完善的事业法人治理结构，才能使政府从公共服务直接供给者中超脱出来，成为有效的监管者。

（1）事业机构独立法人地位。明确事业机构出资人，以独立承担民事法律责任为目标,加快建立独立的事业法人财产制度,使事业机构真正转变为独立的事业法人和公共服务主体。

(2) 尽快取消事业机构行政级别。真正把事业机构改造成为法定机构。

(3) 加快公共服务立法。以明确法定事业机构角色定位为重点,制定公共服务机构的资格、设立、变更等法律程序,为事业机构改革提供法律依据。

(三) 加快以公共服务为中心的政府转型与改革

(1) 要在新一段财税体制中,建立以公共服务为导向的中央与地方财税体制。并把推动地方政府公共服务主体的角色回归作为下一步行政体制改革的重大任务。

(2) 创新公共服务体制,关键在于政府应当成为公共服务"游戏规则"制定的主体和市场监管的主体。要在强化政府公共服务最终责任的前提下,充分发挥市场在公共资源配置中的决定性作用。

(3) 加快形成公共资源配置社会化、市场化的政策体制安排。形成由事业机构、社会组织、企业单位公平竞争提供公共服务的新格局。

推进市场监管向法治化转型[*]

（2014年6月）

总的考虑：当前，消费市场环境与消费需求释放不相适应的矛盾比较突出。到2020年，我国的消费总规模有可能达到45万亿—50万亿元，由此成为支撑7%左右增长的主要因素。适应这个大趋势，政府市场监管已成为牵动影响增长转型的关键之一。从政府改革的实践看，以放权为重点的行政审批制度改革取得重要突破，但是市场监管改革尚未有实质性破题；推进市场监管体制改革重在实现由行政监管为主向法治监管为主的转型，以强化以法治为基础的市场监管。

一　把依法监管作为市场监管改革的基本目标

（一）行政审批与市场监管不分，是不是市场监管改革面临的突出矛盾？

从现实看，行政审批与市场监管合为一体的特点比较突出。例如：某些机构既有行政审批权，又有市场监管权。这种"谁审批、谁监管"的体制不可避免形成以审批取代监管，重审批、轻监管的问题。这也是"九龙治水、各管一段"的矛盾问题长期难以解决的

---

[*] 在"依法行政推进法治政府建设"专题座谈会上的发言提纲，2014年6月9日，北京；载于《中改院简报》总第986期，2014年6月。

根源所在。

（二）要不要把行政审批与市场监管严格分开？

行政审批是行政机关事前把关的手段，市场监管是对市场经营活动进行约束限制的行为，二者在范围、程度上有本质区别。现代市场经济条件下，有效的监管主要是事后监管，而不是前置性的审批。对于前置性的审批尽可能做到越少越好，对于事中、事后的监管则需大大强化。这样，就需要把行政审批与市场监管严格分开。

（三）走向法治化是不是市场监管改革的目标选择？

事前的行政审批是政府的权力，需要依法界定权力清单；市场监管主要是事后监管，需要建立在法治基础上。这就需要把推进由行政监管为主向法治监管为主的转型，作为市场监管体制改革的基本目标，作为法治政府建设的重大课题。

二 加快推进市场监管由行政为主向法治为主的转变

（一）组建综合性、权威性的市场监管机构

为什么这些年国家出台了不少市场监管的法律法规，但执行效果并不好，一个重要原因在于审批权与监管权长期不分。建议把行政审批与市场监管职能严格分开，尽快从国家层面，整合监管机构，组建综合性、权威性的市场监管机构。

（二）调整市场监管权力结构，建立决策和执行严格分开的执法监督机构

新组建的综合性市场监管机构，应当作为执行机构依法设定：一是成立国务院市场监管委员会，整合国家工商总局、国家质量监督检验检疫总局等市场监管职能，强化消费市场监管的综合性、统一性、有效性；二是整合商务部、国家发改委、国家工商总局三家的反垄断执法权，建立直属国务院的反垄断局，增强其反行政垄断的监督功能；三是从完善"一行三会"协调机制入手完善金融监管，从侧重对金融机构本身的监管转变为更加注重对金融行为的监

管，逐步由分业监管过渡到混业监管模式。

（三）形成政府监管与行业自律、社会监管的合力

从现实看，我国行业协会监管仍处在法律、法规缺失的状态。这就需要依法赋予行业协会等社会组织在行业监管、企业自律中的法律地位。包括：依法支持各个行业的企业在自愿的基础上联合建立各类行业协会；由行业协会承接政府下放的行业管理职能，重点强化行业自律和社会监督。

三 强化市场监管的相关立法

（一）研究出台综合性的《市场监管法》

一是确立市场监管机构的法律地位；二是加强行业监管立法，对行业监管的权力和责任作出法律规定，为支持社会性监管，尤其是鼓励媒体参与对市场的监管提供法律依据；三是严格规范市场监管程序，以法律制约监管权力。

（二）修改《食品安全法》和《药品管理法》

实行最严格的食品药品安全监管制度，完善食品药品监管体制，加大对违法行为惩处力度，对网购食品药品等监管空白地带进行法律规范。

（三）将反行政垄断纳入《反垄断法》

建议在城市公用事业、公共服务领域相关行业监管中增加反垄断的内容，使这些行业监管体现公平竞争。

总的建议：把推进市场监管以行政为主向以法治为主的转型，作为建设法治政府、推进法治市场经济进程的重大任务。

全面深化改革:规范政府角色新定位[*]

（2014 年 9 月）

"使市场在资源配置中起决定性作用"是《中共中央关于全面深化改革若干重大问题的决定》的历史性突破，不仅牵动经济体制改革，也将倒逼全面改革。处理好政府与市场关系，使市场在资源配置中起决定性作用和更好发挥政府作用，关键在于深化以简政放权为重点的政府改革，实质性改变政府主导型经济增长方式。

（1）"市场决定"不是不要政府作用，而是需要在尊重市场规律前提下更好发挥政府作用。

（2）有效的市场离不开有为的政府，脱离市场作用下的政府有为不可持续。

（3）以全面实施负面清单管理为重点破题政府职能转变，建设尊重市场规律的有为、有效、有力、有责的政府。

一 以全面实行负面清单管理为重点破题政府职能转变

负面清单管理是政府经济管理方式的重大改变。过去 10 多年，虽然把政府职能转变作为市场化改革的重点，但由于政府与市场关系边界的模糊，政府保留了比较大的自由裁量权，使得行政配置资

---

[*] 本文载于《经济参考报》2014 年 9 月 12 日。

源的格局很难改变。未来几年，要以全面推行负面清单管理为重点，形成行政体制改革的综合性改革方案，实现政府职能转变的新突破。

（一）政府职能转变的关键是全面实施负面清单管理

（1）推行负面清单管理有利于明确界定政府与市场边界。正面清单管理可以在政府与市场边界模糊的条件下施行。而实现负面清单管理首先需要重新界定政府与市场、政府与企业的边界，在规范政府干预市场裁量权的同时，实现政府职能履行的公开透明。

（2）推行负面清单管理有利于实现政府向市场放权到位。负面清单管理的重要特征是实现市场主体"法无禁止即可为"，公权力"法无授权不可为"。明确各级政府权力清单，可望通过把过泛、过滥干预市场的政府权力真正关进制度的笼子里。

（3）推行负面清单管理有利于倒逼行政权力结构调整优化。推行负面清单管理涉及行政审批、市场监管等权力结构的调整，更涉及深层次的决策权、执行权、监督权的重新配置，以及中央地方权力结构的变动。

（4）推行负面清单管理有利于建设法治政府，并实现政府与市场关系法定化。负面清单管理的重要前提是政府依法管理经济，要求政府与市场关系明确化、法定化，由此倒逼法治政府制度框架的确立。

（二）以负面清单管理倒逼行政审批制度改革

（1）尽快推动负面清单管理对内外资同步实施。现代市场经济条件下，绝大多数领域，内外资应当是待遇平等的。上海自由贸易实验区虽然是对外的，更重要的意义在于倒逼国内行政审批制度改革，为全国理顺政府与市场关系探索经验。因此，上海自由贸易试验区可以考虑乘势而上，使负面清单管理尽快覆盖内资，真正扮演新时期改革"试验田"的角色。

（2）推动负面清单管理在更多地区实验。负面清单管理在我国还是一个新生事物，许多地方政府仍处于观望态度。明确普及负面清单管理的时间表，推动负面清单管理在更多地区实验。

（3）在国内推广经商便利指数。审批经济是我国走向现代市场经济过程中的一大"顽疾"，涉及多方面的利益关系调整。从改革实践看，行政层面的强力推动很重要，但在缺乏改革氛围的情况下，并不能单靠行政层面的推动解决问题。建议参照国际惯例，编制各省市经商便利指数，逐年公布，不仅可以作为企业投资的指南，还可以形成地方政府竞相加快行政审批制度改革的社会氛围，引导行政审批制度改革避免走过场、走形式，真正达到改善营商环境的目的。

（三）明确各级政府的权力清单

2014年，中央各部委率先公布了权力清单，但地方层面的权力清单公布还没有时间约束。建议尽快明确地方层面实行权力清单制度的时间表，争取2—3年内全面普及权力清单管理制度：1—2年内，推动中央各部委对外公开权力清单规范化、制度化，充分利用新闻发言人制度对社会做出合理的解释，自觉接受社会监督；2—3年内，由省级政府带头，实现权力清单制度向市、县级政府普及，在转变政府权力理念、建设服务型政府上取得新突破。

二　实现政府职能转变新突破的重点任务

以全面推行负面清单管理带动政府职能转变，推动政府简政放权，形成政府有效履行经济职能的制度框架；实现宏观调控与行政审批职能严格分开，建立公平竞争导向的宏观调控；与推行负面清单管理相配套，推进市场监管由行政为主向法治化为主的转变；以政府购买公共服务为重点创新公共服务体制。

(一) 建立公平竞争导向的宏观调控

1. 将宏观调控与行政审批职能严格分开

——尽快改变利用控制要素价格、控制投资准入、控制土地供应量等手段调控经济的状况。

——实行宏观调控与行政审批职能分设，优化宏观调控职能和机构设置。

——进一步明确区分国家中长期战略职能、宏观调控职能、微观规制职能。

——随着绝大多数行政审批转为注册制，国家发改委的职能应转向以中长期国家经济战略职能为主，淡化宏观调控主体地位。

——宏观调控职能主要放在央行和财政部。

——微观规制职能主要放在市场监管部门，形成独立高效的市场监管体制。

2. 货币政策与金融市场化改革有机结合

——稳健的货币政策与金融市场化改革相结合，尽可能避免过多依赖向市场注入流动性解决问题，尽可能转向主要依靠金融市场化改革盘活存量资金，引导资金支持实体经济转型，从而改善整个资源配置效率。

——统筹利率市场化与打破银行业垄断，在利率市场化取得阶段性成果的基础上，由央行统筹利率市场化与打破银行业垄断，把金融改革的重点放在发展民营银行、促进银行业之间的公平竞争上。

——加快人民币汇率形成机制改革，实现利率市场化与人民币汇率形成机制改革协调推进，尽快实现资本项目开放和人民币国际化的新突破。

3. 财政政策与财税体制改革有机结合

——积极的财政政策要为财税体制改革创造条件，按照市场决定资源配置的要求，建议尽快出台新一轮财税体制改革行动方案。

——改变财政收支增幅与 GDP 挂钩，按照基本公共服务均等化的要求，尽快清理与 GDP 挂钩的财政收支项目，尽可能不把 GDP 指标作为专项转移支出的条件，通过直接转移支付解决地方政府收支平衡问题。

——逐步清理和取消各种不合理的税收优惠，尽快出台清理和取消各种不合理税收优惠的行动方案，使财税政策在维护全国统一大市场，在更广范围实现公平竞争市场秩序上扮演重要角色。

——强化财税体制的再分配功能。推进以直接税为主的税制转型，修订《消费税暂行条例》，由向企业征收改为向居民征收，由"价内征收"转向"价外征收"；以房产税、遗产税和赠予税的开征为重点，健全财产税体系。加快调整财政支出结构，尽快形成公共财政基本格局。推动结构性减税。改革个人所得税，减轻居民个人以及个体工商户个人所得税负担。尽快普及服务业增值税改革，切实减轻小型微型企业税费负担。

（二）推进市场监管由行政为主向法治化为主的转变

1. 适应负面清单管理，建立以事后监管为主的新体制

——减少前置性的审批，对于必须保留的审批事项，列出"负面清单"，实现投资非禁即准和便利化。

——改变目前投资管理中"重审批、轻管理"的状况，重视政策、规则、标准及相关具体办法的制定，通过反垄断审查、金融审慎监管、城市布局规划、环境和生态保护要求、劳动者权益保护、技术法规和标准等手段，加强对企业经营活动的监管，构建风险防御体系。

——把全面推行"负面清单"管理作为行政审批改革的大方向，把行政审批与市场监管严格分开，建立以事后监管为主的市场监管体制框架。

2. 组建综合性、强有力的市场监管机构

——与大部门体制改革统筹考虑,尽快从国家层面调整监管权力结构,整合监管机构,组建综合性、权威性的市场监管机构。

——调整市场监管权力结构,建立决策和执行严格分开的执法监督机构。新组建的机构要作为执行机构依法设定,实行决策和执行严格分开的新体制,并具有很强的专业性。包括:成立国务院消费市场监管委员会,整合国家工商总局、国家质量监督检验检疫总局等市场监管职能,强化消费市场监管的统一性、有效性。

——强化国务院反垄断委员会功能,整合商务部、国家发改委、国家工商总局的反垄断执法权,着力增强其反行政垄断的功能;由人民银行统筹,从完善"一行三会"协调机制入手完善金融监管,从以金融机构本身的监管为主转变为以金融行为的监管为主,逐步由分业监管过渡到混业监管模式。

3. 形成政府监管与行业自律、社会监管的合力

——推进市场监管由行政为主向法治为主的转型,需要把发展门类齐全的市场中介组织体系作为重大任务。

——将更多行业管理职能转交给社会,以强化行业自律、社会监督。与政府简政放权的改革相配套,加快推动现有行业协会的"政会分开"、去行政化,支持各个行业的民营企业在自愿的基础上联合建立各类行业协会,以承接政府更大程度下放的行业管理职能,使其在行业自律、社会监督上有职有权。

——规范行业组织法人治理结构。尽快修改相关法律,对行业组织的专业性、独立性、治理框架作出规范,通过建立完善的法人治理结构,使得行业组织有能力承担政府下放后的社会职能,形成自己的社会责任担当。

4. 形成市场监管的法律框架

——尽快把负面清单管理纳入行政许可法,为统筹行政审批与

监管改革提供法律依据。

——研究出台综合性的《市场监管法》，确立市场监管机构的法律地位；对市场监管对象违法行为的严格制裁、对监管者不当监管的严格罚处加以规定；严格规范市场监管程序，以法律制约监管权力。

——修改《食品安全法》和《药品管理法》，实行最严格的食品药品安全监管制度，完善食品药品监管体制，加大违法行为惩处力度，对网购食品药品等监管空白地带进行法律规范。

——将反行政垄断纳入《反垄断法》，对国有垄断行业、城市公用事业、公共服务领域相关行业监管内容进行清理、修改，使这些行业监管体现公平竞争。

（三）全面推进政府购买公共服务

1. 把培育公共资源市场作为发展政府购买公共服务重大任务

着眼于2020年基本公共服务均等化总体目标实现，发展政府购买公共服务，需要从形成公共资源配置的社会化、市场化的制度安排入手，加快公共服务体制创新，形成公共服务领域开放竞争的新格局。

——全面放开公共资源市场。把培育公共资源市场作为发展政府购买服务的重大任务，在公共资源领域放开市场、引入竞争。

——放开民生类公共资源市场。适应改善民生、满足多元化的公共需求，全面放开教育、医疗、养老、文化等领域的公共资源市场。

——放开城镇化发展的公共资源市场。与城镇化进程相适应，全面放开市政工程类，尤其是中小城镇的公共资源市场。

——放开政府后勤类公共资源市场。与政府简政放权和建设低成本政府相适应，全面放开公车等行政机关类公共资源市场。

2. 将政府购买公共服务纳入政府采购的范围

——修订《政府采购法》，将采购法中的"服务"从行政机构接受的服务扩展到公共服务，同时增加相应的条款和内容，使政府购买公共服务行为有法可依。

——在国家层面尽快出台相关指导意见，确立政府购买公共服务的主要目标、基本原则、主要内容、职责范围、体制机制、监督和评估等。

——制定政府购买公共服务的指导性目录，明确政府购买公共服务的范围、种类和标准。进一步明确财政程序，规范购买流程，提高政府购买公共服务的效率和透明度，使政府购买公共服务行为有章可循。

——尽快明确将养老服务、残疾人服务、教育服务、公共卫生服务、城市规划与环境评估等服务纳入政府采购范围，以使政府购买公共服务成为政府履行公共服务职能的重要组成部分。

3. 加大培育社会组织、机构和企业作为公共服务的承担主体

——政府每年向全社会公布具备承接政府职能转移和购买服务资质的社会组织、机构和企业目录，为社会组织、机构和企业创造更多更好的成长机会。

——积极探索社会组织的"孵化模式"，从创办、起步阶段就对社会组织给予关键性支持，包括免费提供办公场地和办公设备等。

——对社会组织承担公共服务实行更加优惠的税收和财政政策，形成社会组织发展的长效机制，促进社会组织的大发展，以此改变目前社会组织作为公共服务承担主体所呈现出的数量不足和能力偏弱的困境。

4. 以公益性为目标加快事业机构与社会组织改革

——尽快打破事业机构在公共服务领域的行政垄断。把形成公共服务多元供给主体、多元竞争主体作为新阶段发展和完善政府购买公共服务的重大任务。

——以公益性为目标加快事业机构去行政化的改革进程。坚持政事分开、管办分离，建立完善的事业法人治理结构、独立的事业法人财产制度，使事业机构真正转变为独立的事业法人和公共服务主体。

——尽快取消事业机构行政级别，真正把事业机构改造成为法定机构。

——加快公共服务立法。以明确法定事业机构角色定位为重点，制定公共服务机构的资格、设立、变更等法律程序，为事业机构改革提供法律依据。

5. 建立法治化的公共服务监管体制

——建议出台《公共资源监管法》。明确界定公共资源社会化、市场化配置的范围和监管程序，形成政府购买公共服务的委托主体和委托对象之外独立性、专业性的外部监督机制，加强社会公众监督和媒体监督，强化监管的有效性。

——建立公开透明的公共服务购买流程。规范招投标、寻价、委托等不同方式的操作流程，以保证各类承接主体的公平竞争。

——积极调动社会公众、大众媒体的监督力量，运用电子政务方式，建立政府购买公共服务的网络平台，公开政府购买公共服务的相关事宜，并能实时查询相关信息，使政府购买公共服务行为透明化。

——引入第三方监督，防止政府购买公共服务过程中的权力寻租。对承接购买服务的社会组织推行财务报告公开制度，并由第三方进行审计。

——建立社会组织信息披露制度，承接服务的社会组织必须公开自身的相关信息，诸如组织机构代码、证书、服务项目、服务方式等。通过建立信用评价体系，对社会组织在公共服务领域的表现进行统一评价，为政府购买公共服务决策提供依据和参考。

——建立政府购买公共服务的绩效指标，构建科学合理的政府购买公共服务绩效评估体系。

三 加快法治政府的建设进程

多年来，政府干预市场的权力得不到有效约束，很大程度上在于规范政府行为的相关立法、司法的不健全。为此，要把建设法治政府作为行政体制改革的重大任务，切实将政府不适当干预市场的权力关进法治的笼子里。

（一）加快政府与市场关系的立法

确立以政府与市场关系立法带动经济体制改革的新思路，从修改完善企业国有资产法律体系、国家宏观调控法律体系、市场监管法律体系等入手，厘清政府的职能边界，并以法律的形式确立下来。

1. 修改完善《企业国有资产法》

——将大量非经营性国有资产纳入《企业国有资产法》。将事业单位、政府楼堂馆所等非经营性国有资产纳入《企业国有资产法》，统一管理，真正实现"公有制经济财产权不可侵犯"。

——从法律上明确公益性国有企业功能。修改《预算法》，将公益性国企归口国家公共财政统一管理，并对提高国有企业收租分红比例作出具体规定。《企业国有资产法》要从法律上明确公益性国企的经营目标和管理体制。

——依法规范国有资产管理。确立以管资本为主的国有资本管理体制，对组建国有资本运营公司的运作目标、体制安排进行规范。

2. 加快完善国家宏观调控法律体系

——出台《国家宏观调控法》。出台《国家宏观调控法》，严格限定政府宏观调控的条件、目标、手段。

——修改《预算法》。对政府财政预算平衡作出规定，限定积极财政政策和紧缩性财政政策的适用条件，规范财政政策的手段和范围。

——修改《中国人民银行法》。确立央行制定与实施货币政策的主体地位，确保把保持货币币值稳定、防止通货膨胀作为货币政策的首要目标；依法将央行货币政策委员会从目前的咨询议事机构提升为决策机构，并增加货币政策的透明度。

3. 加快完善市场监管的法律体系

——修改《食品安全法》和《药品管理法》。实行最严格的食品药品安全监管制度，完善食品药品监管体制，重新界定责任主体，加大违法行为惩处力度，对网购食品药品等监管空白地带进行规范。

——修改《证券法》，为资本市场进一步的市场化改革和保护投资者利益提供法律依据。重点：建立专章，突出建立中小投资者权益保护制度；推行注册制的发审制度，强化信息披露，规范退市制度；界定好交易所的属性和职责，定位好自律监管与行政监管之间的关系，依法赋予证券交易所更大的权力；加大证券违法的惩处力度。

——修改《反不正当竞争法》。一是扩大不正当竞争行为的范围，把互联网和网络购物等新经济形态纳入《反不正当竞争法》的范畴。二是明确执法主体。明确将国务院工商行政管理部门和地方各级工商行政管理部门作为执法的责任主体。三是考虑到最高限额20万元的罚款导致违法成本过低，进一步加大违法罚款力度。

4. 尽快出台《公共资源监管法》

——明确界定公共资源市场化配置的范围和监管程序。

——适应资源性产品价格改革的客观要求，明确界定自然性资源产权，完善土地、矿产资源、河流、森林、山岭等交易方式。

——适应破除行政垄断的客观要求，明确界定社会性公共资源产权，推进各类公共工程承包经营权配置的市场化，在城镇公用事业领域特许经营权的出让上全面引入竞争机制。

——适应公共服务体制创新的客观要求，明确界定行政性公共资源产权，在完善政府采购的同时，加快推进行政系统服务资源配置的市场化。

(二) 严格落实政府依法行政

建设法治政府，关键在于政府依法行政。依靠法治制约权力，需要给政府权力行使打造一个刚性的制度笼子，实现权力法定、程序法定、监督法定。

1. 修改《行政许可法》

——明确界定负面清单管理的领域和范围，严格减少行政许可、审批的范围。

——充分阐述需要保留行政许可、审批事项的理由。

——明确界定运用行政许可和审批进行寻租、与民争利者的法律责任，完善责任追究制度。

2. 尽快出台《行政程序法》

制定出台《行政程序法》，对行政程序主体、重大行政决策、行政规范性文件、行政执法决定、行政决定的效力等进行系统的规范，突出建设阳光政府的要求，为深入推进政务公开、预算公开、官员财产公开创造条件。

3. 修改《行政诉讼法》

——扩大行政诉讼案件的受案范围，将涉及土地等自然资源所有权或者使用权、农村土地承包经营权、支付最低生活保障待遇等官民纠纷，纳入行政诉讼受案范围。

——明确不接收起诉状的责任主体，对"民告官"案件置之不理或拖延的渎职行为进行严格处理。

——强化对被处罚行政机关案件审理结果的执行，应明确规定，拒不履行判决、裁定、调解书的，可以对该行政机关直接负责的主管人员和其他直接责任人员予以拘留。

（三）改革经济司法体制

建设法治市场经济，有赖于经济法律制度的完善，更有赖于经济司法的有效性。建议从经济司法去地方化、去行政化和公开化入手，走出一条创新经济司法体制的有效路径。

1. 建立中央地方双重法院体制

——建立中央法院主要负责经济案件、地方法院主要负责民事案件审理的双重法院体制，改变当前分级管理的司法体制，实现中央地方司法权的有效分工，发挥中央和地方两个优势。

——建立中央—地方双重法院分工体制。由中央层面的法院体系，专门负责土地、税收、金融、破产、涉外和知识产权等领域的经济案件审理，以克服经济领域司法的地方保护主义；一般民商事案件与治安刑事案件、家庭婚姻继承案件、青少年犯罪案件仍由地方法院受理。

——实行法院系统省级垂直管理。基层法院和中级人民法院由省、自治区和直辖市垂直管理；铁路、林业、农垦法院等专门法院全部并入地方法院系统。

——强化司法权的独立公正行使。设立独立的行政法院、破产法院、治安法院等专门法院；在法院内部权力配置上，实现行政与业务相分离，推进审理权与裁判权合一的改革；司法经费独立预算，并由中央财政专门拨付。

2. 司法体制去行政化

——省以下地方法院、检察院人财物统一管理。实行司法机关人财物与行政区划适当分离的司法管辖制度，将司法机关的人、财、物由中央统一管理，将司法经费单列，列入国家预算，经全国人大批准后，国务院统一拨款，由最高司法机关统一支配和管理。

上级法院在人、财、物上管理下级司法机关，防范司法受到不当干扰。

——司法机关内部去行政化。一是取消上下级法院之间的案件请示、批复制度，处理好一审与二审法院之间的关系，保证每级法院都能独立审判。二是拆分司法职能，将法院制定抽象性司法解释的范围限定在程序问题上，剥离法院司法行政权和判决的强制执行权，使司法回归到最为基本的裁判争议职能。

——司法人员管理去行政化。建立符合职业特点的司法人员管理制度。法院内部取消对法官的行政管理方式，建立薪酬独立、管理独立的法官管理体制，推进法官职业化，保障法官独立公正行使审判权。法官遴选、任免、升迁、惩戒由法院系统设立的司法委员会决定。

3. 加快推进司法公开

——实现司法公开由"权力型"向"权利型"的转变，使司法公开能够服务于诉讼当事人，服务于社会公众监督的要求。

——把审判文书公开作为司法公开的重点。

——提升司法公开的制度化和规范化。做到"以公开为原则，以不公开为例外"，一是按照最高人民法院《关于司法公开的六项规定》的要求，明确司法公开主体、公开程序、公开内容，改变一些司法机关以选择性公开为主的现状。二是强化司法公开的问责。加强司法公开进程的评价和审查，明确司法公开的责任主体，对应公开却不公开的司法案件进行问责。三是切实提高法官素质。司法公开对法官素质提出了更高的要求和职业门槛，有利于促进法官的职业化，提高法官的专业化水平。

互联网时代的政府治理创新[*]

（2015 年 4 月）

很高兴参加由南方报业传媒集团牵头召开的第二届"粤治—治理现代化"广东探索经验交流会。广东作为我国改革开放的排头兵，在新的特定背景下积极主动地探索地方政府治理创新，有着十分重要的意义。为什么？我有这样三点判断。

第一，2020 年是我国具有历史性的转型关口：经济转型升级的历史节点；社会转型的临界点；公共治理的关键点。到 2020 年，如果能顺利推进上述三个方面的转型与改革，那么，未来 10 年、20 年甚至更长时间，我国就会形成公平可持续发展的新格局。

第二，处在重要历史转折时期的全面深化改革具有历史性意义：实现国家治理体系和治理能力现代化是一个历史性大考验；市场在资源配置中起决定性作用是一个历史性突破；突破利益固化的藩篱是一个历史性担当。

第三，以政府治理创新为重点打下国家治理体系和治理能力现代化的决定性基础：经济转型升级关键在政府治理转型创新；社会治理转型直接依赖于政府治理的转型创新；国家公共治理的核心是

---

[*] 在第二届"粤治—治理现代化"广东探索经验交流会上的发言，2015 年 4 月 23 日；载于《中改院简报》总第 1014 期，2015 年 4 月。

有效的政府治理。

我认真看了这次交流会的优秀案例材料，从中感到广东在新的历史背景下从基层做起，在创新政府治理方面逐步积累了某些重要的实践经验。我把它概括为四个方面：公开性、服务型、社会化以及机制化。结合这些优秀案例，下面我以"互联网时代的政府治理创新"为主题，做一个简要发言，与大家交流。

一 互联网时代政府治理理念的创新

（一）公开性理念的创新

互联网思维，重要的前提是公开性理念。因为，互联网时代，广大社会成员能够低成本、无差别获得各类信息资源，包括政府的相关信息。在这个特定背景下，信息不再是一种特权，它是老百姓的知情权，是架起政府与社会的互动平台。就是说，互联网使传统控制型的政府治理受到挑战，通过控制信息的层级型政府治理已难以为继。广东的案例说明，不仅要全面公开信息，而且要在第一时间公布信息。由此，才能产生良好的公共治理效果。

（二）服务理念的创新

从实践看，提倡服务型政府已有多个年头，虽然取得某些进展，但尚未发生实质性改变。究其原因，政府转型滞后是重要的。这里，需要深入讨论的是，既需要"当官为民"的服务意识，也需要技术支撑、服务平台建设。这样，才能形成公共治理架构和规划。就是说，要把官员服务理念的创新与互联网服务平台相结合，从而实现有效、高效的服务，走出服务型政府建设的新路子。

（三）规范化、制度化的理念创新

政府作为公共服务平台的运营者，为全社会提供公共产品、公共服务，需要改变传统的"官管民"的治理模式，向价值引领型、架构规范型和平台服务型政府转型。这是互联网时代政府治理创新的重大课题，是政府形成规范化、制度化治理的时代要求。

二 互联网时代政府治理和社会治理互动的创新

（一）社会化分工协作是公共治理的重要标志

如何处理好政府与社会关系，做到"适合由社会组织提供的公共服务和解决的事项，交由社会组织承担"。互联网时代，如何实现政府治理与社会治理的互动是一个十分重要的问题。"广东首届社会组织公益创投活动"就是一个很好的案例：广州市社会组织创投，不是单一的政府购买公共服务、社会组织提供服务模式，而是强调政府、社会、公益组织共创共投，是社会组织设计创投项目争取政府资助，社会配套资金与政府资助资金比例达到2∶3，借政府资金的杠杆撬动社会资本，服务社会，激活社会组织活力。

（二）广泛的社会参与至关重要

在这样一个信息爆炸、利益主体多元化的时代，如何通过社会的参与及时应对并化解可能发生的重大公共事件？以广东省总工会运用网络等手段为广大职工提供维权服务为例，2014年9月底，广东省总工会以"专职+兼职""维权工作干部+工会律师团律师"的队伍结构，组建一支劳资纠纷应急处理分队，预防和处置日益增多的劳资纠纷，被称为化解劳资纠纷的"消防队"。这不仅是创新社会组织如何主动参与公共治理的案例，也是工会系统推进转型改革的有益探索。

（三）政府与社会协商是一个好办法

用互联网平台扩大社会参与的同时，也需要建立政府与社会协商的规则，使政府治理与社会治理同步推进。"茂名书记市长网友座谈会"的案例很有启发。在这个拥有4469个网站、400多万网民的"网络大市"，市委、市政府主要领导主动利用互联网平台与网民"亲密接触"，还做客"网络问政"平台，与网民交流，并且邀请代表性网友座谈，共商茂名发展、百姓利益的良策，推动建立常态化的网络互动机制。若这个做法能形成机制化安排，相信会形成公共治理的新路子、新风尚。

三 互联网时代政府服务平台的创新

（一）打造公共服务平台

老百姓是公共服务的消费者。互联网时代，如何以社会需求为导向设计开发公共服务产品，打造政府公共平台，提升国民的整体客户体验，是政府公共服务的基本目标。从"广东发布"的初步实践看，把微博、微信、微话集于"广东发布"政务平台一身，有就业、社保、教育、消费维权等21项个人业务服务，被人称为"一心服务网民，三微尽揽广东"。

（二）方便百姓、服务百姓

互联网时代的变革倒逼政府治理创新。广东从2012年以来，全省统一规划设计、全面推进网上办事大厅建设，将广东省、市、县三级政府的所有行政审批和社会服务事项从申办到办结的全过程搬到互联网上进行，变"8小时政府"为"24小时的全天候服务"。这样，使得老百姓办证的时间减少了70%左右、政府工作的成本降低了三分之二左右。在互联网时代，善于利用这样一个平台来支撑政府的公共服务是十分重要的。我认为，广东省所做的这个探索，有新的理念、新的实践、新的方向。

最后，提几点建议，供参考。

第一，建议广东省率先形成"2020：推进政府治理体系和治理能力现代化的规划"。这次交流会介绍的案例很有代表性、方向性。建议广东全面总结从企业、社会到政府治理创新的实践经验，因为这其中有很多十分重要的经验，需要通过总结使其规范化、制度化。如南方日报作为一个媒体，在政府治理、社会治理中起到了重要的作用，充满了正能量，值得总结。

第二，建议广东省在实现政府治理和社会治理的互动方面有进一步举措。总结实践经验，建议从广东省的实际出发，加快发展各类公益性组织，充分发挥第三方的作用，并且加快这方面的相关立法。

第三，建议把公共财政的公开化作为广东省政府治理的重大课题之一。目前，正在逐步推进的负面清单管理、权力清单、责任清单是政府转型的重大课题。随着这三张清单的实施，未来几年公共财政清单的公布对于社会参与、社会监督政府以及政府治理有着越来越重要的作用。它是政府治理规范化、制度化的重大措施。

第四，建议广东省率先进行行政组织结构改革的实践探索。

以监管转型为重点推进简政放权[*]

（2017年8月）

以简政放权为重点的政府改革在释放改革红利、促进经济转型、应对经济下行压力中发挥了重要作用。但从近年来食品药品监管等问题可以看出，监管转型仍比较滞后，与扩大内需、拉动消费的现实需求和广大社会成员的期盼有着较大差距。监管转型较为滞后的深层次矛盾在于监管体制改革滞后。加快推动监管体制转型，成为"十三五"时期纵深推进简政放权改革不可回避的重大课题。

一 实现行政审批与市场监管严格分开

近年来，我们在加强市场监管方面采取了不少措施，但是，行政审批与市场监管合二为一的体制尚未根本改变。无论消费领域、生产领域还是金融领域，都存在多头监管与监管缺失并存的现象。前置性审批过多不仅抑制市场活力，也难以保证事后监管的有效性。要真正建立公平公正的市场秩序，需要把行政审批与市场监管严格分开。其中，有几点需要注意。

其一，行政审批与市场监管属于不同性质的管理职能。一是行政审批与市场监管的侧重点不同。行政审批是行政机关事前把关的

---

[*] 本文载于《经济日报》2017年8月18日。

手段，主要是为了限制不利于公共利益的行为，主要包括审批、核准、批准、同意、注册、认可、登记、检验、年检等几十种。市场监管是对市场经营活动进行约束限制的行为，包括规范、监督和查处职能。二者在范围、程度上有着本质区别。现代市场经济条件下，行政审批与市场监管是两个不同性质的事物，事前审批是政府行政权力，需要依法界定权力清单；有效的市场监管主要是事中、事后监管。对于前置性的审批尽可能做到越少越好，对于事中、事后的监管则需大力强化。二是以行政审批为基础的市场监管需要改变。在传统体制下，市场监管以前置性的行政审批为主，通过行政审批为企业层层把关，这样容易抑制市场活力，而事中事后监管的体制安排则相对薄弱。在现代市场经济条件下，行政审批与市场监管是不同性质的权力，都需要于法有据。随着"十三五"负面清单管理的全面实施，无论是消费市场领域，还是反垄断领域，在大幅度削减行政审批事项的同时，都面临着重构现有市场监管体系的问题。

其二，行政审批与市场监管职能分开。一方面，行政审批与市场监管职能的严格分离势在必行。多年来，行政审批与市场监管不分的体制不仅导致重审批、弱监管的问题，还容易带来寻租腐败问题。"十三五"时期，建立公平竞争的市场秩序对行政审批与市场监管职能的严格分离提出多方面的改革诉求：只有二者严格分离才能真正落实行政审批与市场监管各自的主体责任；只有二者的严格分离才能在市场监管机构改革上破题；只有二者严格分离才能克服封闭式的监管模式，走向公开透明的市场监管。另一方面，要积极推进行政审批与市场监管职能严格分离。目前，负面清单管理模式已经开始在多个领域探索。未来2—3年，随着金融、能源、基础设施、公共服务等领域负面清单管理模式的推行，都需要实现行政审批与市场监管职能的严格分离，并强化市场监管职能。

其三，行政审批与市场监管机构分开。一是实现审批机构与监管机构相分离。尽管这些年我国出台了不少市场监管的法律法规，但执行效果尚待提高，一个重要原因就是审批权与监管权长期不分。为此，一些需要保留审批事项的部门，可考虑成为科学规范、高效的审批部门，行政审批与市场监管在机构上要严格分开。二是可考虑组建综合性、权威性的市场监管机构。由于监管职能和监管权力机构配置得不合理，同一事项的监管往往分散在多个部门。虽然目前部分机构已进行调整，但在消费市场监管、垄断行业监管等方面尚未到位，与现代市场经济条件下有效的监管体制还有较大的差距。为此，建议尽快从国家层面整合监管机构，组建综合性、权威性的市场监管机构。三是实现市场监管机构的独立性、专业性。

二　切实推进重点领域监管转型

"十三五"时期，要把握全局、突出重点，以释放内需潜力为重点破题监管转型，争取在消费市场监管转型、垄断行业监管转型、食品药品监管体制改革上取得重要突破。

第一，以消费市场监管转型释放内需潜力。在这一过程中，既要以建立溯源体系为重点加快消费市场监管转型，建议由质监部门牵头，建立国家层面权威的第三方消费品溯源平台，形成统一标准，实现全程溯源，保证溯源数据信息的真实性和完整性，并在此基础上建立问题商品的追溯与召回制度；还要严厉打击消费市场假冒伪劣行为，加大对假冒伪劣行为的处罚力度，加强知识产权行政执法和司法保护，积极营造良好的保护知识产权的法治环境和市场环境；更要加快形成消费市场大监管的体制框架。"十三五"时期有必要加快中央与省级层面的市场监管体制改革，尽快形成从中央到地方统一的消费市场大监管体制，实现垂直管理。

第二，加快推进金融监管转型。包括可考虑建立以保护投资者权益为导向的资本市场监管体制以及实现金融分业监管向混业监管转型等,切实推动金融监管转型。

第三,以破除服务业领域行政垄断为重点的监管转型。一是建立行政垄断审查机制。审查要常态化、制度化。二是完善服务业市场监管标准体系。从国际经验看,服务业领域监管过度会阻碍创新,监管不到位会导致企业"劣币驱逐良币",关键问题是监管要有科学的标准。建议从发展势头快、创新速度快、容易出问题的服务业领域入手建立监管标准:在生活性服务业领域,重点加快健康、教育、文化、电信等监管标准建设;在生产性服务业领域,重点加快互联网金融、电子商务、研发、设计等监管标准建设。三是实现服务业领域市场准入的负面清单管理。特别是尽快推出各级政府的责任清单,重点突出市场监管和公共服务领域的责任清单,以此形成倒逼市场监管和公共服务体制改革的新局面。

第四,完善统一权威的食品药品监管体制。建议以理顺中央地方职责分工为重点形成食品药品机构改革行动方案,形成中央、省、市、县政府监管事权责任清单,从中央到地方实现机构设置统一、监管标准统一、监管执法统一。此外,还要强化基层监管队伍建设。

三 打造政府社会协同监管体系

维护市场秩序是全社会的共同责任,需要形成全社会参与的合力。在强调政府市场监管主导作用的同时,要引导各类市场主体自治,促进市场主体自我约束、诚信经营,充分发挥行业组织的自律作用、舆论和社会公众的监督作用,逐步形成统一开放、竞争有序的市场生态环境,初步建立起与市场经济发展相适应的市场监管体系。

第一,引导市场主体自治。引导各类市场主体强化信用意识,维护公平竞争的市场环境。比如,建立企业信用档案,鼓励市场主体在安全生产、质量管理、营销宣传、售后服务、信息公示等方面切实履行法定义务；建立企业信用记录备案查询制度，通过建立政府与市场相结合、线上与线下相结合的信用约束机制，鼓励支持市场主体通过互联网为消费者提供公平、公正的信用评价服务，客观公正记录、公开交易评价和消费评价信息；完善企业信用管理，将有违规行为的企业列入诚信经营"黑名单"并向社会公开，提高企业违规失信成本。

第二，发挥行业组织的自律作用。一方面，要清理"红顶中介"，推动行业组织"去行政化"，尽快推动现有行业协会的"政会分开""去行政化"；另一方面，要推行"一行多会"，支持各个行业的民营企业自愿组建行业组织。可考虑支持各个行业的民营企业在自愿的基础上联合建立各类商会、行业协会，使其在行业自律、社会监督上发挥重要作用。同时，推行"一业多会"，加快形成有效的竞争机制，使得更多的社会组织有能力承接政府下放的管理事项。此外，还要发挥行业组织在监管标准制定、监督企业自律中的重大作用。鼓励行业协会、商会制定发布产品和服务标准，参与制定国家标准、行业规划和政策法规；支持有关组织依法提起公益诉讼，进行专业调解；加强行业协会、商会自身建设，增强参与市场监管的能力。建立健全市场专业化服务机构监管制度。对行业组织的专业性、独立性、治理框架作出规范，通过建立完善的法人治理结构，形成自己的社会责任担当。

第三，鼓励社会参与监管。在这一过程中，可建立健全企业信用信息公示制度、健全舆论监督机制，从而形成全社会参与市场监管的良好氛围；可充分发挥公众的监督作用，利用微信等新媒体对市场主体进行监督，建立健全公众参与监督的激励机制，为群众投诉举报违法行为提供更加便利、通畅、有效的渠道，真正发挥全社会的力量参与监管，打造政府与社会协同监管的体系。

服务业市场全面开放需加快监管变革*

（2019年5月）

以公平有效的竞争政策激发市场活力。目前，服务业领域的民营经济占比偏低、市场活力不足。为此，迫切需要强化竞争政策的基础性作用以扩大民营经济在服务业领域的比重，从而激发服务业市场活力，提高效率。

把营造公平竞争的市场环境作为市场监管变革的重要目标。服务业市场走向全面开放的过程中，在缩减负面清单的同时，要通过市场监管变革，使得各类企业主体、创新主体通过强化竞争提高产品和服务质量，通过强化竞争激发企业家精神和创新活力。

当前，我国进入了以金融、电信、文化、教育、医疗健康等为重点的服务业开放新阶段。为适应扩大开放大趋势，中央要求海南探索建设自由贸易港要以旅游业、现代服务业和高新技术产业为主导产业，在服务业全面开放方面走在全国前列。在这个特定背景下，适应服务业走向全面开放的新趋势，推动市场监管变革，既是海南制度创新的重大任务，也是我国市场监管变革的重大课题。

---

* 本文载于《经济参考报》2019年5月5日。

一 服务业市场走向全面开放的背景下，监管缺失是不是市场监管面临的突出矛盾？

进入发展新阶段，释放服务型消费需求的巨大内需潜力直接依赖于服务业市场监管的有效性，推进以服务业为重点的开放进程也与市场监管的能力水平直接相关。适应服务业市场开放的现实需求，推进监管变革的现实性、迫切性全面凸显。

（一）监管体系建设滞后于服务业新业态新模式的发展进程

近几年，我国的市场监管改革从"管理"到"治理"的转变取得明显成效。但客观讲，市场监管的改革仍处在探索起步阶段，无论是体制改革还是标准与能力建设，都在一定程度上滞后于市场化改革与经济转型进程。尤其是与新经济快速发展的势头相比，现行的市场监管仍存在"监管盲区"、监管缺位及某些监管过度等问题。适应服务业市场开放与新经济发展的大趋势，监管变革既要规范化，以实现公平竞争和防范风险；也要避免用"旧制度管理新经济"，以适应于全面深化改革开放与创新发展的新需求。

（二）市场监管的主要对象要由商品为主向服务为主过渡

例如，2017年我国取消了养老护理员、家政服务员、保健按摩师等国家职业资格证书鉴定。但某些监管标准的缺失使市场监管难以到位，由此出现某些全社会关注的突出问题。再如，在电商平台不断做大的背景下，市场份额是不是界定新经济垄断的重要指标？如何判定垄断和不正当竞争？在服务业市场走向全面开放，服务型经济以及服务型消费快速增长的背景下，市场监管的转型与变革都面临着诸多需要解决的突出问题。

（三）尽快提升监管的国际化水平

当前，以扩大服务业对外开放倒逼国内服务业企业转型升级，倒逼监管变革已成为一个大趋势。问题在于，服务业监管标准、行业标准未能与国际接轨，甚至在食品药品与部分商务服务领域低于国际标准。数据显示，目前我国在食品领域的强制性标准占国家标准总量的30%；食品领域采用或等同采用欧盟、日本、美国标准的比例仅为16%。虽然近几年我国在食品安全方面采取若干举措，并取得一定成效。但是，总体来看，食品安全与全社会的要求、与严格的国际标准仍有明显差距。适应全社会日益增加的医疗健康需求，需要尽快形成国家服务业监管标准体系，并率先在海南等地引入国际先进的食药安全管理标准，以在倒逼企业转型的同时，提升市场监管的国际化水平。

二 服务业市场走向全面开放的背景下，强化竞争的基础性作用是不是监管变革的主要目标？

竞争政策以"竞争中性"为基本原则，主要任务是反不正当竞争、反垄断、竞争审查等。强化竞争政策的基础性作用，既是深化市场化改革的重大任务，又是监管变革的主要目标。当前，我国服务业走向全面开放，对强化竞争政策的基础性作用提出迫切需求。

（一）把反垄断，尤其是行政垄断作为市场监管变革的重大举措

从我国的情况看，强化竞争政策重在反行政性垄断。目前，我国制造业领域基本上实现市场化，但在服务业领域仍面临着市场垄断与行政垄断的突出问题。迄今为止，服务业领域的行政垄断尚没有纳入反垄断的范围。按照《反垄断法》第五十一条规定，反垄断执法机构对于行政垄断行为只具有建议权，而没有直接认定其违法并予以处罚的权力。为适应我国经济转型与扩大开放的现实需求，建议尽快修订《反垄断法》，将竞争政策以及相应的公平竞争审查制度纳入《反垄断法》；细化《反垄断法》中关于反行政垄断的实施细则，根据不同行业的特点形成不同的反行政垄断措施；系统清理、修改、废除各类导致行政垄断的规章制度。

（二）以公平有效的竞争政策激发市场活力

目前，服务业领域的民营经济占比偏低、市场活力不足，由此造成服务业市场"有需求、缺供给"的突出矛盾。例如，2017年，我国服务业领域民营经济占比为50%左右；民间投资占比普遍低于40%，其中教育、交通、公共管理等部门低于15%。为此，迫切需要强化竞争政策的基础性作用以扩大民营经济在服务业领域的比重，从而激发服务业市场活力，提高效率。

（三）把营造公平竞争的市场环境作为市场监管变革的重要目标

过去几年，我国坚持对新经济实行"包容审慎"监管，在保证总体安全情况下实现了数字经济的快速发展，并带动传统产业转型升级。下一步服务业市场走向全面开放的过程中，在缩减负面清单的同时，要通过市场监管变革，使得各类企业主体、创新主体通过强化竞争提高产品和服务质量，通过强化竞争激发企业家精神和创新活力。

三 服务业市场走向全面开放的背景下，深化监管体制改革是否是监管变革的关键所在？

在新一轮监管体制改革相继落地的基础上，如何以处理好综合监管与专业监管为重点，形成统一高效的综合市场监管与专业科学的专业监管的协调配合，成为新阶段监管变革的关键所在。

（一）以建立统一的市场监管协调机构为重点理顺综合监管与专业监管的关系

从初步的实践看，综合性的市场监管与专业性的部门监管难以统筹协调，难以形成合力。以近期出现的博鳌乐城假疫苗事件为例，医药领域的监管需要综合的市场监管部门与专业监管部门的有效配合。没有这种协调配合，有些问题是难以及时发现和解决的。建议海南省级政府层面建立统一权威的市场监管协调机构，统筹监管资源，提升市场监管，尤其是特殊服务业领域监管的有效性。同时，依托互联网、大数据技术，打造全国统一的市场监管与药品监管大数据平台，实现部门间信息共建共享。

(二) 以明确职责权限为重点理顺省级与省以下监管体制

以药品监管为例，《国务院机构改革方案》规定，"市场监管实行分级管理，药品监管机构只设到省一级，药品经营销售等行为的监管，由市县市场监管部门统一承担"。从现实情况看，市县难以有效履行药品监管职能。这就需要尽快理顺省级以下的药品监管机构职能。这里，提出两种方案建议：其一，明确各级政府市场监管机构的事权和责权划分，尤其是要明确省级与省级以下市场监管机构的职权分配。例如，对高风险类食品药品的监管权责保留在省市场监管局，并在省级层面制定监管细则。其二，实行省级市场监管的垂直管理。海南是一个小省，探索建立自由港，需要也有条件在这方面先行先试。

(三) 要强化监管队伍的能力建设

我国经济转型尤其是服务业市场走向全面开放，对市场监管队伍及其监管能力建设提出较高要求。建议将海南作为全国市场监管队伍能力建设的试点，可考虑试行公务员职务与职级并行、职级与待遇挂钩制度，突出职级在确定干部工资、福利等方面的作用；探索建立政务官和事务官的两套管理制度；探索监管部门预算管理新模式，下放人事管理权，在预算约束的前提下允许监管部门自主聘任监管技术人才。

以政府治理变革推动制度型开放进程[*]

（2020 年 12 月）

进入新的发展阶段，构建以国内大循环为主体、国内国际双循环相互促进的新发展格局，需要推进以制度型开放为突出特点的高水平开放进程。从现实情况看，推进制度型开放，需要同步推进政府治理变革，以推动有效市场和有为政府更好结合。

一 制度型开放的重大任务是服务贸易发展。要以政府治理变革推动服务业市场高水平开放，以形成服务贸易发展大环境

推进服务贸易发展、补齐服务贸易的突出短板，既是以扩大内需为导向推进高水平开放的重大任务，也是更深程度参与国际经济大循环、增强国际合作和竞争新优势的重大举措。这就需要以服务业市场高水平开放为重点，推进制度型开放进程，尽快形成服务贸易发展的市场环境。

（一）服务贸易创新发展是制度型开放的重大任务

从全球贸易进程看，2010 年至 2019 年，全球服务贸易额由 7.8 万亿美元增长至 11.9 万亿美元，年均名义增长 4.8%，是同期货物贸易增速的 2 倍；服务贸易额占贸易总额的比重由 20.3% 提高

---

[*] 在第九届中国行政改革论坛上的主题演讲，2020 年 12 月 6 日，北京；载于《中改院简报》总第 1381 期，2020 年 12 月。

至23.8%，预计2040年将提升到50%。从我国经济发展情况看，服务贸易开始成为经济转型升级的重点。2014年至2019年，我国服务贸易额年均增长7.8%，是货物贸易增速的2.2倍，是外贸整体增速的1.9倍。转向高质量发展阶段，产业结构升级对研发、设计等生产性服务业领域贸易的需求日益提升；消费结构升级、城乡结构升级对教育、医疗、健康、旅游、文化、信息等生活性服务业领域贸易的需求日益提升。适应经济全球化大趋势与国内经济转型升级的需求，协同推进强大国内市场和贸易强国建设，关键是以制度型开放加快服务贸易发展。争取到2025年，我国服务贸易占外贸总额比重由2019年的14.6%提高至20%以上，并在制造服务、研发设计、数字经济等方面形成国际竞争新优势。

（二）以政府治理变革推进服务业市场开放

客观看，服务业市场中的某些壁垒大多与政府治理变革滞后相关。例如，服务业领域仍存在较为严格的市场准入限制和价格管制，行政垄断和地域保护比较普遍，强制性审批、核准、认证项目较多；再如，《市场准入负面清单（2020年版）》服务业领域禁止性措施106项，占比73%；服务业领域限制性措施88项，占比68%。要以政府治理变革推进服务业市场对内对外开放，加快消除社会资本和外资进入服务业市场的各类有形和无形壁垒。

（三）政府要在推进规则、规制、管理、标准等对接方面发挥重要作用

服务业市场开放既涉及准入制度、行政审批制度，更涉及服务领域的规则、规制、管理、标准等方面的制度性、结构性安排，其复杂程度与敏感程度远超制造业。以粤港澳大湾区为例，若在"三地"服务业管理标准尚未融合，金融、法律、会计等规则尚未对接的情况下，难以实现粤港澳服务贸易一体化的实质性突破。从现实需求看，率先在教育、医疗、文化、旅游等国内市场需求比较强烈

的领域引入国际现代服务业管理标准。同时，全面推广跨境服务贸易负面清单管理制度。

二　制度型开放的本质特点是竞争中性。要以政府治理变革建设高标准市场体系，以强化竞争政策的基础性地位

竞争中性既是高标准市场体系的基本特征，也是制度型开放的本质特点。当前，面对经济全球化的新趋势、新挑战，需要在制度型开放中确立竞争中性原则，在打造市场化、法治化、国际化营商环境、激发市场主体活力等方面实现新的突破。

（一）高标准市场体系的重要标志是竞争中性

一方面，竞争中性原则不仅是发达经济体开展经济治理的基本导向，也是CPTPP等高水平经贸协定的基本内容。另一方面，制度型开放的本质特点是实行竞争中性，规则对接重在确立竞争中性原则。从现实情况看，不同市场主体在市场准入、获得信贷、施工许可、政府采购等方面仍然存在某些事实上不平等的问题。推进制度型开放、建设高标准市场体系，要把强化竞争政策的基础地位作为政府治理变革的重要导向，以保障各类市场主体在要素获取、准入许可、经营运行等方面的平等地位。

（二）深化要素市场化改革

例如，全面深化以土地为重点的要素市场化配置改革，加快城市建设用地与农村建设用地的市场统一，并赋予农民宅基地完整的财产权利；全面实行以身份证号码为唯一标识的居住证制度，做好省际居住证制度的相互衔接，以充分释放城乡一体化的巨大潜能；加快打破科技领域人才、资金等要素流动的体制障碍，进一步释放创新要素活力等。

（三）要以竞争政策统领各类经济政策

竞争政策与产业政策是政府开展宏观经济治理的两种工具。当前，在我国发展的阶段、条件、环境发生明显变化的背景下，差异化、选择性的产业政策越来越不适应于制度型开放与高标准市场体系建设。这就需要加快推进产业政策转型，全面清理妨碍公平竞争的产业政策，推动实现产业政策向普惠化、功能性转变；制定适用于产业扶持政策的负面清单，将产业扶持政策严格限定在具有重大外溢效应或关键核心技术的领域；制定更加清晰透明的政府权责清单，明确政府参与宏观经济治理的边界与权限。

三 制度型开放的重要条件是监管转型。要以政府治理变革推动监管转型，以构建安全、高效、透明的监管体系

制度型开放既涉及监管范围的调整，也涉及监管理念的变革，更涉及监管权力结构的调整。推动监管转型，既是政府治理变革的重大任务，也是推进制度型开放的迫切需求。

（一）制度型开放倒逼监管转型

例如，释放服务型消费需求的巨大内需潜力直接依赖于服务业市场监管的有效性；适应新经济发展的新趋势，监管变革既要规范化，以实现公平竞争和防范风险，也要避免用"旧制度管理新经济"，以适应于制度型开放与创新发展的新需求。从实际情况看，"监管盲区"、监管缺位及某些监管过度等问题仍然比较突出。这需要以制度型开放倒逼监管转型，尽快改变监管标准、监管重点、监管规制等与服务业市场开放、新经济发展不相适应的局面。

（二）要把服务监管作为监管转型的重点

目前，无论是监管体制改革还是监管能力建设，都在一定程度上滞后于服务业市场开放与数字经济发展进程。要在强化商品监管的同时，更加重视服务领域的市场监管，推进市场监管的主要对象由商品为主向服务为重点的转型。尤其是对新型服务业态，要在支持鼓励其发展的同时，积极探索对其有效的监管的路径。

（三）监管转型要把握好安全有序与自由便利的平衡

一方面，正是由于在数字经济领域采取包容开放的政策体制，才使得我国涌现出一大批数字领军企业。另一方面，近期出现的数字金融、共享经济等问题也表明某些监管标准的缺失使市场监管难以到位，由此出现某些全社会关注的突出问题。总的来看，新经济领域的市场监管仍面临一系列重大课题。例如，如何界定数字经济尤其是平台企业的垄断标准；企业是否应该独占大数据资源带来的利润；如何对数字经济领域的企业征税等。为此，需要加快明确新经济、新业态行业标准，重点加强在统计数据分类归属、网上消费者保护、知识产权保护、跨境数字产品税收征收等方面的规则探索，并把探索健全包容审慎的触发式监管机制摆在突出位置。

四

建言第二次转型：
以发展方式转变为主线

四

后危机时代我国发展方式的转型与改革[*]

（2010年2月）

新兴经济体目前已成为全球关注的焦点。我国作为最大的新兴经济体，在经历了改革开放30年持续快速增长后，发展阶段发生了历史性变化，开始由生存型阶段进入发展型新阶段，并带来需求结构的战略性升级。在发展阶段变化和国际金融危机冲击的共同作用下，支撑我国经济快速增长的内在因素和外部条件开始发生重要变化。在此背景下，以调整经济结构为重点，以建设消费大国为主线的发展方式转型的战略作用凸显，并成为我国经济第二次转型与改革的历史新起点。

一 消费主导时代的转型与改革

我国正在走向消费大国，今后需要实现经济增长方式由投资、出口主导向消费主导的战略性转变，这是由两个基本因素所决定的。第一，随着我国由生存型阶段向发展型阶段的转变，需求结构开始发生明显变化。例如，居民消费需求由生活必需品向耐用消费品升级、由私人产品向公共产品需求升级、由物质追求到人的自身发展追求的升级。扩大公共产品消费需求已成为适应我国发展阶段

---

[*] 本文载于《光明日报》2010年2月23日。

变化的内在要求。第二，后危机时代国际经济环境会更为复杂，欧美等发达国家消费需求萎缩将成为中长期趋势。在这个特定背景下，我国需要尽快扩大国内需求，特别是消费需求，逐步降低经济增长对外部市场的过度依赖。

我国正在进入发展型新阶段，这将伴随一个消费需求大幅上升的时期。但由于多种因素，近来我国消费率提高并不明显。从2009年情况看，前三个季度社会消费品零售总额同比增长15.1%，但在7.7%的GDP增长中，投资贡献（7.3个百分点）仍大大高于消费贡献（4个百分点），以消费为基础的经济增长内生动力尚显不足。

随着国内需求结构变化和外部需求的萎缩，促进消费结构升级和消费增长是必然选择，并有可能在未来五年左右将居民消费率提高5—10个百分点。关键就在于在加快调整消费和投资关系的同时，需要加快推进相关领域的改革。第一，改革收入分配体制，全面调整国民收入分配格局，大幅提高居民收入在国民收入中的比重。第二，加快社会保障体制改革，尽快实现城乡基本公共服务均等化，由此引导居民的消费倾向。第三，加快财税和金融体制转型，推进公共财政体制改革和消费型金融体制的建立。第四，推进投资体制改革，实现投资结构重点由生产性投资向消费性投资的转变。

二 城市化时代的转型与改革

城市是消费的主要载体，加快城市化进程是构建消费大国的战略性选择。从国际经验看，当一个国家处在人均GDP3000美元的时候，城市化率在55%—60%。2008年我国人均GDP达到3266.8美元，但城市化率只有45.68%，远低于工业化中后期60%的均值，这在很大程度上抑制了国内消费需求的释放与升级。

有研究表明，在我国改革开放30年平均10%的增长率中，城市化率贡献了3个百分点。但由于城乡二元结构等制度因素的制约，城市化对经济增长贡献的潜力还远未释放出来。未来 5—10 年，我国的城市化将呈现加快发展的大趋势，城市化率至少还有 10 个百分点左右的提高空间。考虑到乘数效应，估计城市化率每提高 1 个百分点，能够增加大约 1.2 万亿元消费和投资，对经济增长的贡献率可达到 4 个百分点左右。由城市化带来的国内投资消费需求的增长至少可以支持未来 10—20 年我国经济的快速增长。今后，我国应进一步打破城乡二元制度结构，统筹城乡发展，推动城镇化率的提高。

三 公共产品短缺时代的转型与改革

从生存型阶段进入发展型阶段，伴随着从私人产品短缺时代进入公共产品短缺时代。公共产品供给有助于调节居民消费倾向。改革开放 30 年，城乡居民收入持续增长，而反映居民消费意愿的重要指标——平均消费倾向却在总体上持续下降。1990—2007 年，我国农村居民消费倾向与农村居民医疗教育消费支出比重的相关系数为 -0.66，城市居民消费倾向与城市居民医疗教育消费支出比重的相关系数为 -0.73。同期，城镇居民人均可支配收入年均名义增长 13.9%，但居民社会保障等支出年均增长 36%。这说明基本公共服务投入不够是城乡居民消费倾向持续走低的重要因素。以基本公共服务均等化为目标，加大公共产品供给有助于调整政府投资结构和消费结构。初步测算，未来 10 年，实现十七届三中全会提出的城乡基本公共服务均等化水平明显提高的目标，公共服务支出年均增长率至少要达到 5% 左右，投资总额将达到 15 万亿—20 万亿元。以此测算，未来 3 年在已确定的 8500 亿元医疗卫生体系建设支出的同时，在义务教育领域需要 1.3 万亿元左右的投资，在基本社会保障领域需要 2.2 万亿元左右的投资，三项支出约占财政总支出的 20%。这个基本公共服务投资计划，可在未来 5 年左右初步建立全国统一的医疗保障体系；初步建立一套新型的农村养老保险体系，并为建立一个低水平、覆盖全民的养老保险体系奠定重要基础。以这样的基本公共服务支出水平为起点，估计未来3年左右，消费率可提高5—10个百分点；未来10年左右可初步建立一个惠及13亿人的基本公共服务体系。

四 低碳经济时代的转型与改革

低碳经济是一种新型发展模式。它不仅是本世纪人类最大规模的环境革命，而且也是一场深刻的经济社会革命。后危机时代，低碳经济将成为全球结构调整和技术创新的重要驱动力。世界进入低碳经济时代，我国的大国作用和大国责任不断凸显。我们既要看到国际上的某些复杂因素，更要看到我国作为一个大国在低碳经济时代的责任和作用。主动应对减排挑战、发展低碳经济，重要的是结构调整和改革的选择问题。第一，推进资源价格形成机制改革。第二，推进能源价格形成机制改革。第三，推进环境产权制度改革；第四，推进碳交易体制机制建设。加快推进这些改革，将大大加快我国低碳经济发展的进程。

五 政府转型时代的改革

我国发展方式转型与改革的关键在于政府转型的突破。"政府转型"从2003年SARS危机提出到现在，应当说有所进展，但还需要有所突破。当前，政府主导型经济增长方式的特点仍很突出，尤其是地方政府主导经济增长非常明显，甚至在反危机中还有进一步强化的趋势。其主要特点是：以追求GDP为主要目标；以扩大投资规模为主要任务；以上重化工业项目和热衷批租土地为主要途径；以行政推动和行政干预为主要手段。从现实情况看，我国发展方式转型关键在于政府转型与政府决策。需要彻底改变政企不分的体制，政府不应当也不需要继续扮演经济建设主体的角色；需要充分发挥市场对资源配置的基础性作用，政府干预和政府作用必须建立在市场基础之上。由发展主义政府向公共服务的政府转型，必然成为我国发展方式转型的推动力，由此终结以 GDP 为中心的增长主义，自觉走公平与可持续的科学发展之路。

发展方式转型需要通过深化改革来推动。综上所述，后危机时代我国发展方式的转型与改革正处在历史转折时期。我们需要客观把握后危机时代我国第二次转型与改革的现实需求和基本走势，加快推进以走向消费大国为主线的战略性转型与改革的进程。我国实现由生产大国向消费大国的转型，既涉及经济领域，又涉及社会领域，还涉及行政领域。就是说，它是一个发展方式转型的问题。为此，一方面，要使短期的经济刺激政策与中长期的结构调整相结合；另一方面，要确立以发展方式转型为主线的改革总体思路。并按照这一总体思路推进结构性改革。

第一，推进以经济增长方式转型为主线的经济体制改革，进一步释放转变发展方式的活力，使经济增长由政府主导的需求平稳过渡到市场主导的需求上来，强化市场在资源配置中的基础性作用。

第二，推进以公共需求转型为主线的社会体制改革，着力解决经济社会发展不平衡的矛盾，为推进城乡一体化进程、扩大国内消费需求提供社会动力。

第三，推进以政府转型为主线的行政管理体制改革，努力实现公共服务型政府建设的重大突破，进一步形成中央与地方的合力，政府与市场、社会的合力。

以发展方式转变为主线的
第二次转型与改革[*]

（2010 年 3 月）

这里，我与大家讨论三个问题：（1）第二次转型与改革提出的背景。（2）第二次转型与改革的重要选择。（3）关于第二次转型与改革涉及的基本共识问题。

一　为什么要提出第二次转型与改革?

总的想法：我国目前以发展方式转型为主线的第二次转型与改革正在"十字路口"，处于一个历史抉择的关节点上。

（一）在外部市场和内部需求结构变化的大背景下，追求 GDP 总量、出口导向的增长方式已难以为继，不能不改，不得不改

在国际金融危机的背景下，外部市场不仅需求萎缩，而且面临复杂的情况。第一，要对后危机时代外部市场的走向做出客观判断。我的基本看法是，外部市场的萎缩，不仅是短期的，有可能形成中长期趋势。并且，随着贸易保护主义的抬头，我国发展的外部环境将更为复杂。第二，改革开放 30 年，随着我国由生存型阶段

---

[*] 在中国宏观经济与改革走势座谈会上的讲话，2010 年 3 月 26 日，北京；载于《中改院简报》总第 789 期，2010 年 4 月。

进入发展型新阶段，国内需求结构开始发生战略性升级和变化，主要反映在私人产品短缺问题总体解决了，公共产品短缺的问题凸显出来。在这个背景下，人的自身发展需求全面快速增长。这个重大变化，使以 GDP 总量为主要目标的增长方式难以继续走下去。由中改院编撰的《第二次转型》，提出了三个终结，即投资主导的增长方式要终结、出口导向的增长方式要终结、以 GDP 为目标的增长方式要终结。为什么？基本的分析是，提出发展方式转变既是应对国际金融危机的重大挑战，又是适应国内需求结构变化的内在要求。就是说，我国发展的内外约束条件已有重大变化。我们不仅看到国际金融危机对于我国发展方式的冲击和挑战，更需要研究的是国内消费需求结构的战略性变化对发展方式改变的基础性作用。如果仅仅从外部冲击来看发展方式的转变还不够，这样容易把希望寄托在外部市场能很快恢复上。我们更需要看到我国需求结构战略性的升级和变化，了解发展方式转变的内在基础。

（二）在内外部因素变化的背景下，需要推进投资出口为主导的增长方式向消费主导的增长方式的第二次转型

从投资出口大国转向消费大国，这不仅是金融危机给我国的挑战和压力，更是国内需求结构变化的基本要求。假使没发生此次国际金融危机，我国也存在从投资主导向消费主导的转型问题。

（三）由投资生产大国走向消费大国的第二次转型，既涉及政策问题，更涉及体制问题

为此，第二次转型与第二次改革相互依赖，互为条件。从总体上说，改革远没有完成。那么，为什么要提出第二次改革？我用四句话来说明：第一句话，我国的改革并没有完成，而且某些改革在实践中被扭曲，这样的情况确实存在；第二句话，改革涉及一些比较深层次的矛盾问题，并且是一个结构性的矛盾；第三句话，提出第二次改革，更说明改革具有阶段性的特点，比如现在公平的问题

突出了，经济矛盾与社会矛盾交织在一起。提出第二次改革，更突出改革的阶段性特征，更明确第一次改革和第二次改革的衔接，更容易形成改革的基本共识；第四句话，"十二五"时期第二次转型与改革正处在十字路口，抓住机遇，选择好了，有利于实现公平与可持续发展；丧失机遇，选择不好，恐怕宏观经济方面会出大问题。拿房地产来说，由于社会风险引发经济风险，有可能酿成一个全局性的问题。所以"十二五"对第二次转型与改革十分关键，有决定性影响。

二 第二次转型与改革要做出什么选择？

第二次转型和第二次改革面临着哪些重要选择呢？这里，可以简单概括为"三条主线，五大趋势"。

"三条主线"是以经济发展方式转变为主线的经济体制改革；以公共需求变化为主线的社会体制改革；以政府转型为主线的行政体制改革。

"五大趋势"是初步形成消费主导趋势下的转型和改革；初步形成城市化趋势下的转型和改革；形成公共产品短缺趋势下的转型与改革；形成低碳经济趋势下的转型与改革；形成政府转型趋势下的改革。有观点认为，我国正处在工业化、城市化加快推进的时期。当前，我国的城市化滞后于工业化 15 个百分点左右，推进工业化主要不是一个加快的问题，可能是一个调整的问题，调整得好，工业化就会转型升级。由此，存在一个如何由工业主导向城市化主导转变的问题。

"十二五"是十分关键的时期。实质性推进以发展方式转变为主线的第二次转型与改革，需要有一些硬约束。比如消费率到底能不能提高到 55% 以上？和消费率相关，国民收入分配格局调整，要不要有硬性指标？城市化要不要有硬性指标？基本公共服务要不要有硬性指标？低碳经济要不要有硬性指标？我的看法是，不但要有一些硬性指标，而且需要作出一些制度安排。消费率的问题和收入分配制度的安排联系在一起，城市化和城乡一体化的制度安排联系在一起，基本公共服务和社会福利制度的安排联系在一起，低碳经济除了硬性指标的问题还有类似环境产权等基础制度的安排问题，政府转型更重要的在于相关财政税收体制和干部选拔机制等安排问题。

三　能不能在一些基本性问题方面形成共识？

第二次转型和改革，应该说是一个更深刻更复杂的改革。这涉及一些基础性的判断。例如，如何分析结构性的改革和结构性的矛盾的问题？如何推进利益关系调整的问题？包括政府、社会的利益关系调整在内的全面的利益关系调整。这些基础性判断，又同一些基本共识直接相联系。

（一）做大"蛋糕"和切好"蛋糕"

做大"蛋糕"始终是一项基本任务问题。我的基本判断是从目前的矛盾看，已经到了切不好"蛋糕"就做不大"蛋糕"的时候。

（二）国富优先，还是民富优先？

国富优先的发展到目前可以看出存在两个问题：一个是贫富差距、城乡差距逐步拉大，这有个发展过程不可避免的原因，更有一个发展战略所导致的问题；一个是国家能力的增长远快于老百姓的收入增长、消费增长，这使得总需求不足。如果坚持民富优先，可以有效地缓解以上两个问题，即有力缓解和缩小贫富差距、城乡差距，能够增加中低收入群体的消费能力和消费倾向，从而为消费主导建立一个重要基础。所以，国富优先、民富优先的问题既是个公平问题，也是一个可持续发展的问题。今天来看，讲第二次转型与改革目标是建立一个公平可持续发展的体制机制。

（三）关于国企和民企的问题

我认为，一般性讨论"国进民退"是一个表面层次的问题。事实上，在某些方面确实存在"国进民退"。但是，更深刻的问题在于第二次转型与改革国有资本到底应该怎么定位？我的建议是，到了这个阶段可能更多的国有资本要集中到公益性领域，主业要严格限定。今天，重要的是国有资本应当扮演什么样的角色，怎样与经济发展方式的转变相适应。

参加2010年"两会"，我觉得在经济发展方式转变和国民收入格局调整方面有广泛的共识，这个共识十分重要，它将对我国"十二五"规划制定产生重要的影响。

转型中国的历史性抉择[*]

（2015年5月）

当前我国的经济转型升级正处在重要历史拐点：一方面，经济下行压力增大，经济矛盾与风险因素明显增多；另一方面，经济转型升级的大趋势初步形成，经济发展方式转变到了关键时期。面对国际国内发展环境和条件的深刻变化，转型与改革的时间空间约束全面增强。能不能准确研判2015—2020年这6年我国经济转型升级的大趋势，能不能准确把握经济新常态的核心内涵，对未来10年、20年甚至30年我国经济的可持续发展都有着决定性影响。在这个特定背景下，方方面面高度关注未来几年经济走势，高度关注"十三五"（2016—2020年）国家经济社会发展规划，高度关注"十三五"经济转型与改革的抉择。如何谋划好、把握好2020，将成为"十三五"的重大历史性课题。

一 2020：经济转型的最后"窗口"

在我国经济发展的内外部环境都发生深刻复杂变化的特定背景下，留给经济转型的时间空间有限。2015—2020年这6年，是我国经济发展方式转变的历史关节点。

---

[*] 本文载于《中国井冈山干部学院学报》2015年第5期。

(一) 国内经济矛盾与风险增大倒逼经济转型

1. 经济运行的矛盾风险明显增大

这不仅表现在部分行业产能严重过剩以及地方债和房地产泡沫可能引发的经济风险上，而且也反映在结构调整滞后、生态环境危机因素增多、创新能力不足等结构性矛盾加大经济运行的潜在风险上。当前，一些行业实体经济的效益不断下滑，资金周转困难，整体负债水平高。实体经济风险直接导致财政金融风险，若不及时解决，有可能引发系统性经济风险。"十三五"能不能加快转方式、调结构，实现经济发展方式的实质性转变，不仅对缓解当前的经济下行压力非常关键，而且对化解中长期经济风险至关重要。

2. 低成本优势明显减弱

从总体上看，以往支撑经济快速增长的劳动力、土地、资源等传统要素供求关系日益趋紧。从劳动年龄人口变化趋势看，一方面，劳动力红利基本消失，劳动力成本近两年期间每年以10%—15%的速度上升；另一方面，传统比较优势不断减弱。人口老龄化加快，60岁以上人口比重已经超过15%，劳动年龄人口近两年开始出现下降，这就使劳动力成本持续上升，企业成本不断加大。"十三五"能不能推动科技创新，不断取得新突破，培育出新的全球竞争优势至关重要。

3. 资源环境约束明显趋紧

传统经济增长方式积累的生态环境问题正在全面凸显：一是环境承载力达到或接近上限；二是人民群众对环境的承受能力接近极限。目前，全国70%的城市空气质量不达标，水污染的问题比较普遍。环境污染不仅是威胁老百姓的健康问题，还成为引发社会矛盾的导火线。顺应全社会对"APEC蓝"的期待，"十三五"能不能走出一条绿色低碳循环发展之路至关重要。

4. 社会矛盾和风险因素明显增多

贫富差距依然较大,利益主体多元化、利益格局固化引发的社会利益矛盾与社会冲突有所增加。此外,由于公共服务仍然短缺、社会保障水平较低、社会不公、社会信用缺失等,导致社会问题增多,群体性事件也有所增加,经济下行有可能使某些潜在的社会矛盾累积加大并日益凸显。"十三五"能不能缩小收入分配差距,走出一条包容性发展的新路至关重要。

(二)国际经济环境的复杂多变催促经济转型

1. 国际产业分工格局调整催促经济转型

国际产业分工格局调整对我国经济发展方式转变形成很大压力。最近两年,欧美制造业回归和扩大出口,使我国与欧美的经济关系由原来的以互补为主,逐步变为竞争与互补并存,互补性减弱,竞争因素逐步增多。

2. 新一轮科技革命、产业变革催促经济转型

我国高度重视正在发生的新一轮科技革命。这场科技革命使信息化与产业变革深度融合,使生产方式、商业模式、增长空间都正在或即将发生某些颠覆性的变化。麦肯锡公司在2013年的一份研究报告中预测,到2025年,互联网、新机器人等12项重大科技发明对全球经济的直接影响将达到14万亿—33万亿美元;可以产生16万亿—40万亿美元的新增经济价值。未来几年,这场科技革命带来的产业变革,既对我国经济转型升级带来重大机遇,同时也提出严峻挑战。如果"十三五"期间,我国不能适应新一轮科技革命的大趋势,加快推进经济转型升级,就会进一步拉大与发达国家的发展差距。

3. 国际能源格局变化催促经济转型

国际能源格局变化给我国经济转型升级带来了巨大压力。美国能源的自给率从2008年的76%提高到2013年的84%,对欧佩克的

原油依赖度大幅下降至38%，并提出到2030年风力发电占用电总量的比例不少于20%。欧盟计划到2030年，可再生能源占能源总消费的比例达到27%以上。相比之下，我国的情况却令人担忧：由于我国仍以传统化石能源为主，温室气体排放总量已超过欧美的总和，人均排放量也高于世界平均水平。2015年是"十二五"的收官之年，在"十二五"规划的所有约束性指标中完成程度最低的有可能是环保，估计"非化石能源占一次能源的消费比重""氮氧化物排放减少"两个环保指标的完成率很有可能均不会超过50%。如果"十三五"我国不能在解决环境污染方面有大的突破，不仅将导致社会矛盾日益增多，还会面临较大的国际压力。

4. 世界及区域经济一体化进程催促经济转型

我国作为世界第二大经济体，在世界经济格局中的地位显著提升。当前，美国主导的跨太平洋战略经济伙伴关系协定（TPP）和跨大西洋贸易与投资伙伴关系协定（TTIP）谈判，提出更高标准的自由贸易和投资规则，涉及我国一半以上的出口贸易产品。在这个背景下，我国只有加大经济发展方式转变力度，改变出口贸易结构，加快推进市场化改革，才能把握国际经贸的主动权，从而应对新一轮国际贸易规则变化带来的挑战。如果"十三五"我国不能抓住机遇形成国际竞争新优势，对外开放就会面临更大的压力和挑战。

（三）2020：经济转型升级的历史关节点

1. 跳出速度看结构

我国经济转型升级面临的突出矛盾和问题，既有增长周期的原因，更有发展方式的问题。客观地看，这些矛盾和问题大都与经济结构调整滞后直接相关，更与经济发展方式转变不到位密切相关。由此，不仅要着力缓解经济增速下行的压力，而且要加快转方式、调结构，并把转方式、调结构放到更加重要的位置，努力在"十三五"取得实质性进展。

当前，主动适应经济新常态，就是要高度重视经济结构调整。经济新常态，从短期看是速度问题，从中长期看是结构问题和发展方式问题。我国经济进入6%—7%增长的新常态，这不仅是增长速度上的新常态，还包括经济结构上的新常态。要通过加快结构性改革，形成投资消费关系的新常态、服务业主导的产业结构新常态、以人口城镇化为主线的新型城镇化新常态、创新驱动新常态。不能因为短期内经济增长扰动而放弃中长期转型改革的目标，尤其需要防止以增长速度取代结构调整的倾向。

2. 跳出政策看体制

以往依靠政府主导和全面政策刺激拉动GDP增长的边际效应明显递减，已难以为继。化解经济下行压力，主要不是靠政策刺激，关键在于处理好政府与市场关系，充分发挥市场在资源配置中的决定性作用和更好发挥政府作用；关键在于啃下结构性改革这块"硬骨头"；关键在于打好以转型升级为主线的改革攻坚战。

3. 跳出短期看中长期

2015—2020年这6年是跨越"中等收入陷阱"、全面建成小康社会的关节点，是经济转型升级的临界点，是全面深化改革的攻坚期，是全面推进依法治国的关键期。也就是说，化解短期压力的希望在2020；走向经济新常态时代的历史新起点也在2020。如果谋划好、把握好2020之前的这个"中期"，加快以转型升级为主线、以理顺政府与市场关系为重点的经济转型与改革，不仅能有效化解短期的经济矛盾与风险，而且将为中长期的可持续增长奠定坚实基础。如果错失2020"中期"这个重要历史机遇期，我国就会失去经济转型与改革的主动权。对此，我们应当有客观、清醒的估计。

二 2020：经济转型升级的大趋势

推进经济转型升级，首要的是准确判断经济发展大势，牢牢把握经济发展机遇，因势利导，顺势而为。"十三五"加快经济转型升级，是在内外发展环境深刻复杂变化背景下的现实性选择、战略性选择和历史性选择。经济转型升级是引领经济新常态的首要因素。主动适应经济新常态，自觉引领经济新常态，重在顺应经济转型升级的大趋势，在转方式、调结构上有新的突破、新的作为，努力形成"创新红利""转型红利"，并使之产生走向公平可持续发展的不竭动力。

（一）工业转型升级大趋势——从"中国制造"走向"中国智造"

作为13亿人口的大国，实现"中国智造"，是工业转型升级的一个总目标。由制造业大国变成以智能化为重点的先进制造业大国、强国，我国工业正面临着转型升级的重大机遇与历史性挑战。

1. "十三五"是我国从工业化中后期走向工业化后期的关键5年

如果我国仍是世界工厂，还是进行一般性的制造加工，即使做大了经济总量，也仅仅是一个大国，而不是强国，在多方面仍处在一个被动的局面。目前，各方面对我国工业化所处阶段有不同的判断。有人说到了工业化后期，有人说到了中后期，也有人说仍在中期。我们认为，就全国总体情况看，"十三五"是我国从工业化中后期走向工业化后期的关键5年。

——"十三五"实施创新驱动发展战略。创新驱动将成为国家的核心战略，成为"十三五"最重要的一个导向性战略。这就需要以全面实施创新驱动战略来加快推动工业的转型升级。

——"十三五"以信息化牵引工业结构升级将有重大突破。大数据时代已经到来。大数据将加快信息社会发展进程，并且成为社会生产力提升的"加速器"。目前，在全球科技革命和工业变革的推动下，信息化与新技术的深度融合，正在引发影响深远的产业变革，推动工业转型升级实现新突破。

——"十三五"一批战略性新兴产业及装备制造业将较快发展。"十二五"我国在发展战略性新兴产业和先进制造业上取得重要进展，但工业整体上仍处于全球价值链低端的局面并未有根本性改变。"十三五"以高铁为代表的制造业可能会发展得更快，高铁"走出去"，将大大提升我国制造业全球布局的影响力。

2. "十三五"工业转型升级的突出矛盾是现代服务业占比低，尤其是生产性服务业占服务业的比重太低

这是制约工业转型升级的关键因素。

——我国服务业在国民经济中的比重只有47%左右，而发达国家服务业比重大都是70%—80%。

——我国生产性服务业占GDP的比重只有15%；德国作为先进制造业强国，其生产性服务业占服务业的比重在70%左右，同时，服务业在整个国民经济中的比重高达75%以上。

3. "十三五"实现工业转型升级的关键是加快发展现代生产性服务业

——"十三五"加快以研发为重点的生产性服务业的发展，努力把生产性服务业比重从15%提高到30%—40%。工业与服务业的深度融合，将推动制造业的全球化、信息化、服务化。

——"十三五"将加快新一代信息技术开发，建设信息中国。

——"十三五"将形成以互联网、智能物流网、综合运输网、智能电网等为主的现代基础设施网络。

（二）城镇化转型升级大趋势——从规模城镇化走向人口城镇化

人的城镇化是人口城镇化的必然要求。人的城镇化是方向，是目标，如果没有形成人口城镇化的大格局，农民工没有实现市民化，怎么会有全面的人的城镇化？

1. 未来5—10年，城镇化仍是我国发展的最大红利

主要是基于以下两点研判。

一是"十三五"城镇化正处在转型升级的历史关节点。首先，我国从工业化中后期走向工业化后期，城镇化率至少要达到60%以上，但目前只有53.73%，估计"十三五"城镇化率仍会以年均至少1个百分点的速度增长。其次，2013年我国人口城镇化率仅为36%，而2012年世界人口城镇化率已达到52%左右。"十三五"我国应加大以户籍制度为重点的制度创新，使人口城镇化率以较快的速度提升。如果到2020年我国人口城镇化率仍达不到2012年世界人口城镇化率的平均水平，就难以证明城镇化转型升级是成功的，差距就是发展的空间。2015—2020年这6年，我国的城镇化仍处在较快发展的阶段，"城镇化红利"仍是扩大内需的突出优势。

二是"十三五"新型城镇化蕴藏着巨大的内需潜力。第一，农民工市民化是扩大内需的重要载体。第二，新型城镇化建设无论对投资还是消费，都会带来巨大的市场空间。第三，在城镇化进程中推动城乡一体化，无论是农村的消费，还是农村的基础设施建设都蕴含着巨大内需潜力。我国已经将扩大内需、拉动消费作为发展的突出优势。从发展趋势看，我国新型城镇化将成为释放巨大消费需求和投资需求的重要载体，承担着扩大内需的重大历史使命。

2. "十三五"形成人口城镇化的新格局

——基本实现农民工市民化，让"农民工"退出历史。

——城乡全面实施居住证制度。到2020年，城乡二元户籍制度要成为历史。

——加大中小城镇的公共资源配置，初步实现公共资源配置均等化。为什么北京中关村的房子能卖到几万元甚至10万元一平方米？核心问题是公共资源配置的差距造成居住条件、居住价值的反差。要增强中小城镇对农村转移人口的吸引力，关键是公共资源配

置要有明显改善。

3. 探索改变城乡二元制度的历史性突破

从经济社会发展需求看，至少要实现"三个统一"。

——城乡统一的建设用地市场。规范推进城乡建设用地增减挂钩，探索完善农民承包地流转制度、宅基地有偿退出制度和集体经营性建设用地入市制度。

——城乡统一的社会保障制度。党的十八大提出，到2020年总体实现城乡基本公共服务均等化。实现这一目标，重在建立城乡统一的社会保障制度，就是制度统一、底线大致公平的社会保障制度。

——城乡统一的人口政策。就是在城乡全面放开"二孩"政策。到2020年，老龄化社会快速到来，城镇化较快发展，应当而且有条件在城乡统一实行放开"二孩"的人口政策。

(三) 消费结构转型升级大趋势——从物质型消费走向服务型消费

1. 消费结构转型升级的阶段性特征

——从生存型消费向发展型消费升级。生存型消费主要是吃饭穿衣的基本消费，发展型消费主要是教育、医疗、健康、文化、环境等服务消费。当前，城镇居民的消费需求正由耐用品消费为主向服务消费为主转变。例如，城镇居民人均医疗保健、交通通信、文教娱乐三大消费支出占人均消费的比重已从1985年的12.8%上升到2013年的34.1%。预计到2020年服务消费支出占比可能提高到40%—45%，一些发达地区甚至可能达到50%—60%，服务型消费将成为城镇居民的主要消费。农村居民的消费需求正由生活必需品为主向耐用消费品为主转变，而且对服务型消费的需求正逐步增大。

——从传统消费向新型消费的升级。随着温饱问题的解决，人们对绿色消费、信息消费、便捷消费等新型消费的需求进一步提高。例如，随着互联网的兴起和电子商务、物流快递等新型服务业的快速发展，新型消费增长得很快。2012年，我国信息消费为1.7万亿元，同比增长29%；2013年，信息消费规模达到2.2万亿元，同比增长28%；2014年上半年，信息消费规模达到1.34万亿元，同比增长20%。估计"十三五"新型消费年均增长仍将保持在15%—25%的区间。

2. 消费结构升级带来巨大的消费市场

——消费结构升级拉动消费的较快增长。扣除物价因素，近些年我国消费年均增速为10%—12%，保持两位数的增长。"十三五"随着消费供给创新和消费环境的改善，估计年均消费增长不会低于两位数。

——消费结构升级扩张消费需求总规模。

首先，消费结构升级带来新的消费大市场。根据麦肯锡公司2012年公布的报告，2011年我国医疗市场的规模是3700亿美元，估计到2020年将高达1万亿美元，结论是我国将是全世界医疗市场增长最快的市场之一。再如健康服务业。按照国家老龄委的估算，现在老年人的当期消费至少有1万亿元人民币的消费需求潜力。但是，由于产品供给短缺、服务水平上不来，年实际消费在2000亿元人民币左右。按照麦肯锡公司的估计，到2020年随着我国人口老龄化的加快，健康服务业市场的总规模将超过医疗市场的总规模，高达8万亿元人民币左右。

其次，从消费总规模看，我国社会消费品零售总额2011年仅为18.4万亿元人民币，2014年达到26.2万亿元人民币，估计到2020年有可能达到45万亿—50万亿元人民币，我国仅用6年的时间就将实现消费规模的倍增。

最后，消费的阶段性特点突出。在消费结构升级的特定背景下，消费的特点也有所变化。2014年中央经济工作会议指出，"过去我国消费具有明显的模仿型排浪式特征，现在模仿型排浪式消费基本结束，个性化、多样化消费渐成主流"。生存型消费阶段"一批一批消费者"的时代即将成为历史，服务型消费阶段"一个一个消费者"的时代开始到来。

3. 以释放消费潜力扩大内需

适应消费结构升级大趋势，重在推动消费驱动的经济转型，重在创新消费供给，适应个性化、多样化的消费需求，重在形成安全消费的市场环境。

三 2020：形成服务业主导的经济结构

从工业转型升级、城镇化转型升级、消费结构转型升级的大趋势看，2020年我国基本形成服务业主导的经济结构的客观基础正在形成。实现这一转型，既可以在结构升级的基础上形成7%左右的经济增长新常态，又能够为跨越"中等收入陷阱"、进入高收入国家创造有利条件。为此，到2020年基本形成服务业主导的经济结构，应成为"十三五"经济转型升级的基本目标和历史性任务。

（一）走向服务业大国的趋势逐步形成

1. 比传统工业附加值更高的现代服务业快速增长

我国工业转型升级对现代服务业的依赖性日益增强。工业化的一般规律是：在工业化初期阶段，由于工业附加值远高于农业，由此带动工业的快速发展；而在工业化中期之后，由于降低交易成本和创新的需要，经济分化出比传统工业附加值更高的现代服务业，比如设计、研发、物流、销售等生产性服务业，从而带动工业经济向服务经济的转型。自20世纪六七十年代以来，先行的工业化国家（地区）无一例外地经历了一场向服务经济转型的结构性变革，即服务业的产值和就业贡献在经济社会发展中占据主导地位。例如，1980—2004年全球服务业增加值占GDP比重由56%升至

68%，高收入国家达到72%，中等收入国家达到53%，低收入国家为49%。2004年，美国的这一比重为77%，法国为76%，英国为73%，日本、新加坡、韩国和印度分别为68%、65%、56%和52%。从服务业就业比重看，高收入国家为68.5%，上中等收入国家为56%，下中等收入国家为47.3%。纽约、东京、巴黎、新加坡和香港等大都市服务业增加值比重和服务业就业比重更是分别达到80%和60%以上。

"十三五"创新驱动将成为国家的核心战略，将由此形成生产性服务业转型升级的大趋势。例如，以信息化牵引工业结构升级，加快新一代信息技术开发，建设信息中国，将形成以互联网、智能物联网、综合运输网、智能电网等为主的现代基础设施网络，从而加快现代生产性服务业的发展。

2. 人口城镇化需要服务业加快发展

进入发展型新阶段，人们对城镇的就业、安居、生活品质等需求全面快速增长，对城镇化的需求和期望发生历史性变化。从就业需求的变化看，以往人们尚能够忍受"候鸟式""两地分居式"就业，现在人们更多的追求在城镇稳定的就业以及享受到完整的家庭生活；从居住需求的变化看，"80后""90后"的农民工已经成为农民工的主体，他们中的大多数不想回农村，更希望在城镇安居乐业。"十三五"随着我国城镇化条件、需求、角色的深刻变化，新型城镇化主要不在于铺摊子、造新城，而重在适应人的发展需求提升城镇品质。一是从生产主导转向生活（消费）主导，促进生活（消费）型的城镇的兴起成为一个客观趋势；二是由工业主导转向服务业主导，工业吸纳的就业呈减少趋势，而服务业成为就业的主要渠道，这就要求服务业成为大部分城镇的主导产业；三是由城乡分割转向城乡融合，城镇空间的拓展成为农业文明走向工商文明的重要条件，以人口城镇化为重点的新型城镇化承担着统筹城乡发展、实现城乡一体化的重大使命。城镇化是以产业为支撑的城镇化,没有产业的城市会变成"空城";反过来说,没有人口做支撑,如果像过去一样靠重化工业支撑城市,这种发展模式将难以为继。人口城镇化是服务业发展的内在推动力。以前靠一个钢铁厂带动一座钢铁城市发展,是因为过去以工业化带动城镇化为突出特点,靠重化工业拉动城市发展。如今,人口城镇化发展到一定阶段的时候,必然要求城市尽快形成以服务业为主体的产业结构,以适应人在城镇生活的需求。

(二)从工业主导走向服务业主导

1. "新低"与"新高"

当前,我国的经济转型升级正处在重要的历史拐点:一方面,经济下行压力增大。2014年第四季度GDP同比增速放缓至7.3%,创2009年一季度以来的新低。另一方面,经济结构升级的态势初步形成。2014年,服务业增加值占GDP的比重达到48.2%,创历史新高。估计2015年这一比重有望达到49%以上,比"十二五"国家规划的47%至少会高出2个百分点。

2. 人口城镇化释放生活性服务业发展的巨大空间

从世界范围来看,随着大量人口从农村进入城市或城镇,人口的聚集必然需要生活性服务业的大力发展,餐饮、休闲、交通、商业、家政、养老、教育、健康等需求会日益增大。从现实情况看,我国人口城镇化将推动生活性服务业的快速发展。从以"半城市化"为特征的规模城镇化走向人口城镇化,意味着到2020年将有近4亿农业转移人口进城,这将为生活性服务业释放巨大的发展空间。从近几年的情况看,城镇化率每提高1个百分点,就会带动服务业增加值比重提高0.77个百分点。以此估算,到2020年即使人口城镇化率仅提高10个百分点左右,也有可能带动服务业比重提高7—8个百分点。

3. 工业转型升级为生产性服务业发展注入内在动力

"十三五"全面实施创新驱动战略、发展战略性新兴产业和先进制造业,成为推动工业转型升级、增强经济竞争力的主要选择。当前,发展现代生产性服务业,主要是通过信息、研发、设计、物流、销售、大数据等生产性服务业引领传统制造业向高端制造业的升级。也就是说,高端制造业与现代服务业的相互融合是一个大趋势,生产性服务业已成为提升制造业竞争力的主要推动力。没有现代生产性服务业的快速发展,就难以抓住工业转型升级的大趋势,就有可能错失重要的战略机遇。

(三) 实现服务业规模倍增

1. 服务业以两位数增长

现代消费的本质需求是服务。我国进入消费新时代,现代服务消费需求逐步超过传统物质消费需求,已成为消费需求释放与升级的大趋势。近年来,服务业增加值都以年均两位数增长。2001—2013年,扣除价格因素后服务业增加值年均增长10.6%。预计2015—2020年这6年服务业增加值仍会以10%左右的速度增长。这表明,我国经济增长的动力正在发生重大变化,服务业开始成为我国经济增长的主要动力。

2. 服务业规模有望实现倍增

1994—2013年,我国服务业增加值从1.6万亿元增长到26.2万亿元,年均增长达到10.3%。2008—2013年,即国际金融危机以来的5年中,服务业增加值从13.1万亿元增长到26.2万亿元,实现了规模上的倍增。2015—2020年这6年,如果服务业增加值年均增长保持在10%左右,服务业总规模有望扩大到48万亿—53万亿元。

3. 服务业主导的经济结构新常态将逐步形成

从国际发展经验看,从工业经济向服务业经济的转型与人均

GDP 水平有着内在联系。在人均 GDP 从 6500 美元到 1 万美元的过渡阶段中，服务业的比重至少会提高 10 个百分点。由此推断，到 2020 年我国服务业占比达到 55% 以上是有条件的、有可能的。

四 以服务业主导适应、引领经济新常态

"十三五"基本实现由工业主导向服务业主导的转型，意味着我国经济的全面转型升级：它不仅是形成 7% 左右经济增速的前提条件，而且也是形成质量效率型经济增长方式的决定性因素；它不仅是经济结构调整的重大任务，而且也是经济增长动力转换的现实出路；它不仅是经济新常态的主要标志，而且也是走向经济新常态时代的战略选择。

（一）以转型创新适应、引领经济新常态

1. 传统的以总量扩张为主要特点的增长模式开始成为历史

在内外部发展环境发生深刻变化的大背景下，我国两位数的高增长已经成为历史，经济发展方式正在由总量扩张型向公平可持续型转变。以总量扩张为主导的旧常态不可持续，必须以结构调整、经济发展方式转变为重点向追求高效益和高质量的发展新阶段过渡，"十三五"正是这个过渡的历史新起点。

2. 形成创新驱动的发展新动力

当前，全球正面临着以互联网、新材料、新能源相结合的科技革命。这场以新能源为重点的革命，有可能在一个不太长的时期使人类的生产方式、生活方式摆脱对传统化石能源的依赖，摆脱对传统重化工业的依赖。这场科技革命及其引起的产业变革，重要的时间节点是 2020 年。也就是说，"十三五"转变经济发展方式，必须紧紧抓住新一轮科技革命提供的重大机遇，把创新驱动提升为国家核心战略。根据世界知识产权组织等机构联合发布的《2014 年全球创新指数报告》，中国的创新能力正在快速提高，未来几年在榜单中的排名有望从目前的第 29 位提高到前 10 位，加快进入创新型国家行列、人才强国行列。

3. 以转型升级引领经济新常态

适应、引领经济新常态,不仅是"十三五"经济增速的换挡和经济发展方式的转变,更是为了抓住发展大势、形成新的发展格局、走向以公平可持续为主要标志的经济新常态时代。这是国人共同期盼的大目标。这就需要制定和实施以转型升级为主线的"十三五"国家经济社会发展规划,加快推进新型工业化、信息化、城镇化、农业现代化"四化"同步发展,使之成为推动经济转型升级、走向经济新常态时代的持久动力。

(二)以服务业主导适应、引领经济新常态

1. 形成中速增长的新常态

我国仍是一个发展中大国和一个经济转型大国,经济增长新常态取决于保持一定的经济增长速度,取决于尽快形成服务业主导的经济结构。在目前国内工业产能全面过剩的条件下,"十三五"经济增速能否稳定在6%—7%,年均增速在6.5%左右,在相当大程度上取决于服务业发展潜力的释放,形成新的经济增长点。近几年,我国服务业每增长1个百分点,可以带动GDP增长约0.4个百分点。2015—2020年这6年服务业增加值年均增长10%,可以带动经济增长4个百分点左右,为中速增长的新常态奠定重要基础。

2. 形成新增就业不断扩大的新常态

当前的经济增速下行并未导致大面积的失业,重要原因在于服务业的较快增长,服务业逐步成为扩大就业的主渠道。目前,发达国家服务业就业比重大多在70%—80%,而2013年我国只有38.5%,服务业发展的潜力很大,服务业吸纳就业的潜力更大。如果城镇化在未来继续保持较快发展速度,到2020年服务业的就业占比有可能达到50%左右,由此将增加约1.2亿个就业岗位。从近两年的情况看,服务业增加值每增长1个百分点能创造约100万个新的就业岗位。如果 2015—2020 年这 6 年服务业增加值按年均 10% 增长测算，每年新增就业将达到 1000 万人左右。也就是说，只有形成服务业主导的经济结构，才能形成新增就业不断扩大的新常态。

3. 形成全社会创新创业的新常态

"十三五"我国能否在"中国制造"向"中国智造"的转型上取得重要突破，主要取决于生产性服务业能否快速发展。进入工业化中后期，生产性服务业直接融入制造业转型升级的全过程。例如，技术升级与服务需求直接融合，技术升级如果不能反映生产性服务需求的变化就很难产生经济转型升级的内在动力，就很难有好的市场前景；企业竞争力与服务质量直接关联，企业的竞争力主要取决于服务环节是否专业化、精细化。为此，服务业主导的经济转型不仅是形成新一轮创新创业潮的主要推动力，而且将为创新创业开辟巨大的市场空间，由此成为创新驱动的重要条件。

4. 形成利益结构和社会结构优化的新常态

到 2020 年，我国能否实现中等收入群体倍增，即由目前的 3 亿人左右扩大到 6 亿人，使中等收入群体占比提高到 40% 左右，形成橄榄型社会利益结构的新格局，关系到能否走上公平可持续发展道路和实现国家的长治久安。从国际经验看，服务业快速发展将带来中产阶层规模的不断扩大。以美国为例，随着经济结构由工业主导向服务业主导转型，白领阶层的规模从 20 世纪 40 年代的 1000 万左右上升到 20 世纪 70 年代的 5000 万，30 年间扩大了 5 倍，1980 年白领阶层已占全部劳动力的 50% 以上。到 2020 年，随着服务业主导地位的确立，我国在服务业就业的人口将不少于 4 亿，由此将带动中等收入群体的倍增。

5. 形成绿色发展的新常态

从国际经验看，发达国家在由中等收入阶段迈向高收入阶段的重要历史时期，之所以能够系统地解决生态环境问题，重要的原因在于实现了由工业主导向服务业主导的经济结构变迁，由此大大减轻了资源环境的压力。当前，向雾霾宣战，建设美丽中国，最重要的挑战是经济增长对传统工业尤其是重化工业的严重依赖。通过提高服务业比重，可以有效地摆脱经济增长对重化工业的路径依赖，形成绿色发展的新常态。

五 "十三五"：以转型创新为主线的改革攻坚

"十三五"适应经济转型升级大趋势，加快形成服务业主导的经济结构，着力推进创新驱动，关键在于全面深化改革，通过体制机制创新形成有效的激励机制和利益协调机制，全面激发市场的活力、社会的活力、政府的活力，进一步形成推动转型创新的合力和动力。

（一）放开服务业市场

1. 服务业领域的行政垄断具有普遍性

过去36年的市场化改革，放开的主要是工业领域。工业部门80%以上是制造业，属于高度市场化部门，而服务业虽然已经放宽市场准入，但某些行政垄断还尚未被打破。社会资本进入某些服务业领域，不仅面临着某些政策的制约，还需要烦琐的行政审批。尽管国家一再强调社会资本可以进入法律未禁止的服务业领域，但社会资本进入教育、医疗、通信、金融、运输等服务业部门的门槛仍然较高。这就使得某些重要服务业领域难以通过公平竞争来提高供给能力、供给质量和供给效率。

2. 使社会资本成为服务业发展的主体力量

发展服务业，主体是中小企业，关键是放开市场，重点是激活社会资本。从国际经验看，服务业大都是从小企业开始成长的，大资本的优势并不明显。比如，亚马逊、谷歌、脸书等国际服务业巨头，相当一部分是在车库中创业创出来的。从国内实践看，以大企业为主做强服务业并不成功，某些大企业靠做大规模进入世界500强，但缺乏对市场需求变化的灵敏反应，在国际市场的竞争力不强。恰恰是阿里巴巴这样起步规模小的企业，却在市场竞争中成长为市值接近3000亿美元的大企业。当然，大型企业也面临适应经济转型升级大趋势并尽快转型的问题，国际上也有少数大企业成功转型的案例。从产业发展规律看，服务业门类繁多，个性化、差异化程度高，中小服务企业更能够灵敏地反映市场需求，通过公平竞争激活、做大服务业市场。目前，我国中小企业尽管发展速度比较快，但同国际水平相比，还是比较落后的。以每千人拥有企业数量为例，发达国家为45—55个，发展中国家为20—30个，而我国平均为16个，只有发达国家的三分之一。目前，服务业市场对中小企业、民营经济开放的程度还很不够。为此，要加快服务业市场对社会资本的开放，在银行、证券、保险、电信、邮政快递等行业进一步放开市场准入，取消某些不合理的经营范围限制，并实现由行政监管为主向法治监管为主的转变；实质性打破对社会资本的限制，鼓励支持社会资本进入教育、医疗、健康、文化、体育等领域；要以发展政府购买公共服务为重点，支持公益性社会组织在公共服务领域有所作为，发挥其独特的作用；加快公共资源配置市场化，在城镇公用事业领域特许经营权的出让上全面引入竞争机制，在行政系统服务资源配置方面规范完善政府采购。

3. 重点是打破服务业领域的垄断

——推动服务业领域国有资本的战略性调整。将服务业领域的国有资本从一般竞争性领域中退出来，为国内社会资本和外资进入留下更大的空间。与此同时，将服务业领域的一部分国有资本主要配置在公共服务领域，使国有资本能够更多满足全社会日益增长的公共需求，在公共服务领域做出更大贡献。

——垄断行业竞争环节对社会资本全面放开。例如，推进资本市场的国有股减持，在非自然垄断环节退出一部分国有资本，给社会资本进入这些领域腾出空间；全面实现自然垄断和竞争环节切实分开，在自然垄断部分强调国有资本主导，在竞争性环节对社会资本放开；完善基础领域的准入制度，对垄断行业要逐步放松或解除管制，广泛引入市场竞争机制，鼓励社会资本参与基础领域的公平竞争。

——垄断行业中的自然垄断环节吸纳社会资本广泛参与。例如，通过BOT、TOT等多种形式鼓励社会资本参与投资；对银行、保险、航空等行业，加快向社会资本放开；对能够完全市场化的自然垄断行业和企业，则能退出的全部退出，暂时不能退出或退出条件不具备的企业，要进行混合所有制改革。

——城市公用事业健全特许经营制度，积极引导社会资本参与。例如，实现城市公用事业政事分开、政企分开、事企分开，建立完善的市场竞争机制、企业经营机制和政府监管机制；打破垄断经营，引入市场竞争机制，提高城市建设运营效率；充分利用资本市场，彻底改变城市公用事业由政府投资的单一模式，允许社会资本参与投资城市公用事业；利用已有的经营性公用事业资产，以特许经营方式向社会资本、资本市场进行多元化融资，积极引导社会资本参与，有效缓解公用事业建设资金短缺的状况，并有效地提高服务供给能力。

4. 改善研发、物流、销售、信息等生产性服务业发展的市场环境

——鼓励地方打造生产性服务业集聚的服务平台。从国际经验看，生产性服务业往往需要依托一个地区集群化发展。如"硅谷"的信息服务业集群、华尔街的金融业集群、印度班加罗尔的软件产业集群，以及北京中关村信息产业集群、北京金融街金融业集群、上海陆家嘴金融业集群等。引导生产性服务业在区域间形成合理的

分工协作体系和各具特色的产业集群,促进生产性服务业的区域性集聚式发展。

——多渠道营造生产性服务业发展的市场环境。给予民营企业与国有资本平等的市场经营权,积极吸引民营企业投资生产性服务业,实现生产性服务业的投资主体多元化。放开建筑设计、会计审计、商贸物流等领域内外资准入限制,积极引进内外资发展设计、研发、物流、营销等生产性服务业。积极承接信息管理、数据处理、财会核算、技术研发、工业设计等现代服务业的国际转移。支持有条件的国内企业包括民营企业"走出去",提升与国外高端生产性服务供应商的合作水平。以现代物流业、信息服务业、科技服务业、商务服务业、金融服务业为重点放开生产性服务业市场,积极改造传统服务业。

——形成一批产业联盟和研发中心,为传统产业高端化和延伸产业链提供技术支撑。从国际经验看,生产性服务业发展好的区域往往能够形成一大批产业联盟和研发中心。把培育产业联盟和研发中心作为发展生产性服务业的重点,加快教育、科研体制创新,使企业成为科技创新的主体;借助高校及科研机构的人力资源优势及研发能力,形成政府支持、产学研一体化的创新体系;培育和发展科技服务中心、创业孵化器、信息服务机构、科技融资机构、科技评估中心、知识产权事务中心、技术产权交易中心、公共科技信息平台等科技创新中介服务机构。

(二) 形成服务贸易强国的新优势

1. 服务业市场对外开放滞后

虽然我国已成为全球货物贸易第一大国,但服务贸易规模偏低,"大而不强"。2012 年,我国服务贸易占世界服务贸易总额的比重为 5.6%,美国的服务贸易占比则高达 12%;美国人均服务贸易额为 3074 美元,我国仅为 477 美元,只有美国的 15.5%。2013

年，我国服务贸易总额首次突破5000亿美元，达到5396.4亿美元，比2012年增长14.7%。但服务贸易规模仍然偏低的格局并没有改变，服务贸易占全部贸易总额的比重仅为11.5%。2014年上半年这一比重上升到12.3%，但与全球平均水平（20%），甚至与同为"金砖国家"的巴西（25%）相比，都有很大的差距。与此同时，我国服务业吸引外商直接投资的潜力远未发挥出来。2001—2004年，我国服务业吸引外商直接投资的比例徘徊在12%左右，2005年之后开始攀升，到2011年这一比例开始超过50%，服务业首次超过制造业成为我国吸纳外商直接投资的主要产业。2013年全年实际外商直接投资1175.86亿美元，同比上升5.25%，服务业在整个外商投资总量中的占比提高到52.3%，但服务业利用外资总体规模和比重仍然偏小；利用外资的单体规模较小，领域偏窄、结构低端。

2. 把提高服务贸易比重作为"十三五"对外开放的重大任务

过去我国开放的重点是在制造业领域，服务业开放相对滞后，以及发达国家对我国某些服务贸易的限制，服务业难以利用国际先进技术和服务管理经验，制约了服务业的有效供给。其结果是国内的教育、医疗等服务消费外流的问题比较突出。2014年APEC领导人非正式会议，我国提出了设立亚太自贸区的设想，其中服务贸易和服务业开放将成为重点。这既是我国对外开放的一个重要趋势，也是我国主导亚太自贸区建设的一张王牌。为此，建议明确提出把服务贸易占对外贸易比重在2020年要提高到20%，作为"十三五"形成对外开放新优势的一个重要目标，以此倒逼服务业开放进程。

3. 把加快服务业开放作为双边多边自由贸易的重点

积极建立并实施负面清单管理制度和外商投资准入前国民待遇，凡国家法律法规未明令禁入的服务业领域，全部向外资开放，并实行内外资、内外地企业同等待遇；逐步把服务业外商投资审批制改为登记备案制，除国家规定的重大和限制类项目外，对外资企业投资项目的审批，逐步实施备案制度，政府重点把好环境安全评估、事后监管两道关；加快扩大双边和区域服务贸易协定，打破一些国家对我国服务贸易的壁垒，率先在新兴经济体和欧洲等国家和地区取得突破，加快拓展与这些国家和地区在金融、信息、物流业等服务业领域的开放合作，把服务业开放和服务贸易自由化作为双边或区域合作的重点。

4. 把教育、医疗、健康、金融和文化娱乐作为加快服务业开放的重点

建议扩大教育服务市场开放，允许和支持国外和港澳台地区知名大学、职业教育机构以控股、独资等方式在国内设立分校；支持民办教育综合改革试点，明确对中外资非营利性民办教育机构在管理、税收、财补、土地、招生、人员福利等方面与公办教育机构享受同等政策；扩大医疗健康服务市场开放，允许并支持外商独资办医疗机构，并将审批权下放给地方，将地方引进的先进医疗技术和医疗设备纳入国家颁布的《鼓励进口技术和产品目录》，享受财政、税收等优惠政策，对于经过欧盟、美国、日本和韩国等国家和地区药监部门依法注册审批的医疗器械和药品，免办进口注册许可，简化通关手续；推进文化体育娱乐服务市场开放，进一步放宽对国际影视盛典、国外奢侈品展览、国际游艇展览等大型国际性文化会展和娱乐节庆活动的限制，在CEPA框架下允许港澳台有实力的企业进入大陆文化体育娱乐服务市场。

5. 通过发展服务外包提升国内服务业发展水平

服务业外包逐步取代制造业外包是全球化的新趋势。从全球分工看，美国和欧洲等发达国家是服务外包产业链的上游端，印度、中国等发展中国家是服务外包的承接主体。2014年1—8月，在全

球市场低迷的情况下，我国服务外包合同执行金额达到478.3亿美元，同比增长31.5%，国内示范城市承接国际服务外包执行金额占全国总额的90%以上，成为服务业对外开放的"一枝独秀"。建议尽快出台相关政策，在全国范围内普及推广示范城市品牌、技术、信用方面创建的成功经验，推动服务外包市场的规范和快速发展，充分利用服务外包提升我国服务业的发展水平。

6. 推动服务业企业"走出去"

近年来，以制造业为重点，国内很多企业走出国门。目前，在全球170多个国家和地区已有14000多个对外直接投资的中国企业，这些企业在海外的员工已经超过100万人。这些企业"走出去"之后，面临着跨国和跨文化管理的许多困难，包括律师服务、管理咨询服务、会计师事务所等专业服务不可能都依靠外国专业机构提供，而且"中国制造"在海外的发展还需要现代服务业如金融、交通运输、物流、商贸等方面的支撑。随着亚太自由贸易区战略以及"一路一带"倡议的实施，基础设施互联互通不仅仅是要让制造业"走出去"，更重要的是让服务业"走出去"。为此，建议服务于中国企业"走出去"的大战略，"十三五"将服务业企业"走出去"作为对外开放的重点之一，尽快出台服务业企业境外投资扶持政策和措施，加快服务业的人才培训和各项软硬件设施的建设，努力培养符合国际服务业要求的高素质科技人才、服务人才和经营管理人才。

(三) 推进结构性改革

1. 加快服务业发展的财税体制改革与财税政策调整

尽快全面完成服务业"营改增"改革，切实降低服务业税负，逐步取消对重化工业的投资税收优惠，加大对服务业的财力支持；尽快修订《消费税暂行条例》，启动消费税立法程序，实现由向企业征收改为向居民征收，由"价内征收"转向"价外征收"。

2. 推进服务业发展的金融体制改革与金融政策调整

"十三五"要减少对民营信贷机构设立和发展过程中的不必要限制，简化进入程序，降低设立门槛和准入标准，从而鼓励更多符合条件的民间资本进入金融机构，促进民间金融业的健康发展。

3. 逐步消除服务业与工业要素价格差异

降低服务业用地价格，逐步实现工业用地和服务业用地"同地同价"；探索生产性服务业项目实行缩短土地使用年限的供地方式，以降低服务业发展的投入成本；对经营性服务业的水、电、气收费价格，可以考虑不高于工业用途的价格；对列入国家鼓励类服务业的企业，用水、用电、用气价格应当比照工业企业价格标准执行，逐步实现服务业与工业价格大致相当。

4. 教育体制改革

目前，我国的教育改革和教育结构调整滞后。"十三五"能否将幼儿教育纳入义务教育？能否普及高中教育？总的来看，"十三五"应当把幼儿教育纳入义务教育，加快普及高中阶段教育，允许支持有条件的地方实行12年义务教育。同时，大力发展现代职业教育，推动高等教育转型升级，形成与经济转型升级相适应的教育结构。这里，有几组数字很重要：一是劳动力素质。每万人就业人口中研究人员的比例，美国是91名，日本是100名，德国是79名，我国现在是27名。二是25—65岁成年人中大学生的比例。美国是42%，日本是46%，韩国40%，我国仅为10%。三是我国每年劳动年龄人口减少200万—300万，但每年却有600万大学生就业难。现在看来，不是就业需求问题，而是教育结构与国民经济发展需求不相适应。加快教育体制改革，推进教育结构调整，尤其是发展现代职业教育，要成为教育改革的重大任务。

（四）适应经济新常态的政府角色转变

1. 实现发展理念的深刻转变

由工业大国走向服务业大国，无论是企业、社会，还是政府，都将面临前所未有的考验，尤其是需要改变某些传统的发展理念。服务业发展在推动 GDP 增长上没有大工业项目来得快，这就要求不能再"以 GDP 论英雄"，需要改变过去政府主导的经济增长方式，终结 GDP 为中心的增长主义和以增长代替发展的理念。考虑到服务业发展对市场化程度的要求比工业发展更高，这就需要政府把握服务业发展的客观规律，创造公平竞争的市场环境，让市场在资源配置中发挥决定性作用。

2. 以服务业为重点加快推进投资转型

投资转型与政府转型直接相联系。与服务需求快速增长的趋势相适应，重点加大教育、医疗、健康、养老、文化、体育等生活性服务领域的投资；从工业转型升级的现实需求出发，重点加大信息、研发、设计、物流等生产性服务业投资；在已经推出一批重大项目的基础上，尽快在电信、教育、医疗、金融等服务业垄断领域再推出一批向社会资本开放的重大项目。

3. 加快政府购买服务的体制机制创新

从发达国家经验看，政府购买服务不仅能够提高效率，还能够培育和创造服务市场。2013 年，我国政府采购规模占全国财政支出的比重为 11.7%，占 GDP 比重为 2.9%，但服务类采购只占政府采购总额的 9.4%。而欧美发达国家政府采购规模占财政收入的比例为 30%—40%，服务类采购占政府采购规模的 50% 以上。从我国的情况看，需要尽快将公共服务正式纳入政府采购法及其实施细则的采购范围，使得政府购买公共服务规范化、制度化。适应全社会公共需求变化的大趋势，2014 年 12 月财政部等部委已印发《政府购买公共服务管理办法（暂行）》的通知，明确将养老服务、残疾人服务、公共教育服务、公共卫生服务、公共文化、体育等服务纳入政府采购范围。在此基础上，应当进一步完善政府向社会组织购买服务的制度安排，通过公共资源配置社会化、市场化的相关制度创新，争取到 2020 年使政府采购规模占财政支出的比重达到 15%—20%，服务类采购占政府采购的比例达到 40% 左右。

（五）推进法治市场经济进程

1. 用法律界定政府与市场边界，加快市场主导的经济转型

从实践看，要使市场在资源配置中发挥决定性作用和更好地发挥政府作用，关键在于实现经济增长方式从政府主导向市场主导的转变。这就需要依法划清政府与市场的边界，实现政府与市场、政府与企业关系的定型化、制度化。例如，修改并完善国有资产和国有企业的法律法规、公共资源配置法律法规、市场监管法律法规，形成市场决定资源配置的法治规范，为拓宽社会资本发展空间提供法律保障，使法治成为市场经济公平竞争的制度保障。

2. 完善产权保护制度

近些年营商环境恶化突出表现在产权保护不到位，社会资本的投资信心不足。打造法治化的营商环境，重要前提是完善产权保护制度。例如，赋予不同所有制企业平等的法律地位，完善产权平等保护制度，为不同所有制的财产权利平等提供法律保障，严格禁止任何机构不经法律程序剥夺私人财产；推动农村土地使用权物权化改革，通过规定农村土地使用权可流转、可抵押、可入股等，形成赋予农民更多财产权利的法律制度；适应由工业经济向服务经济转型的客观趋势，加强知识产权保护的相关立法，用法律促进和保障创业创新。

3. 以法治破题市场治理

从现实需求看，一方面要加快推进以法治为基础的市场监管转型。以行政审批为基础的市场监管不仅抑制了市场活力，而且弱化

了市场监管效果，迫切需要用法律提高市场监管的权威性、有效性。推动市场监管由行政监管为主向法治监管为主转变，形成市场监管的法律框架：研究出台综合性的《市场监管法》，强化市场监管机构的权威性；修改《食品安全法》和《药品管理法》，实行最严格的食品药品安全监管制度；把反行政垄断纳入《反垄断法》，对国有垄断行业等相关行业监管内容进行清理、修改。另一方面，发挥市场在资源配置中的决定性作用，客观上要求打造统一开放、公平竞争的市场环境。例如：把负面清单管理纳入《行政许可法》，为企业"法无禁止即可为"提供法律保障；加快统一内外资法律法规，在市场准入、税收支持、政府购买等方面一视同仁，为各类企业创造平等的竞争环境。

与过去36年相比，走向经济新常态时代的转型与改革更具有全面性、深刻性、复杂性。它不仅是一个经济增长新常态的形成过程，还伴随着经济结构新常态、利益结构新常态、绿色发展新常态、制度创新新常态的形成；不仅涉及经济领域的改革，还涉及社会、文化、政治、生态等各个领域的改革；不仅涉及增量改革，还涉及存量利益关系的调整。在转型升级的时间、空间约束不断加强的背景下，既要客观把握改革的历史定力和历史使命，更要突出改革的历史自觉和历史信念，把全面深化改革和全面推进依法治国落到实处。

"十三五"：中国经济转型升级是大势*

（2015年10月）

"十三五"期间，中国正处在经济转型升级的历史关节点：化解短期增长压力的希望在2020；转变经济发展方式的关键在2020；实现全面小康、迈向高收入国家行列的关节点在2020。在这个特定背景下，"十三五"规划需要从经济转型升级的基本趋势出发，谋划好、把握好经济增长的路径选择，有效应对经济转型的挑战，以实现经济转型升级的实质性破题。

一 中国经济转型升级的三大趋势

（一）工业转型升级大趋势——从"中国制造"走向"中国智造"

（1）转方式、调结构和新一轮全球科技革命形成历史交汇点。"十三五"工业转型升级的重要特征是与全球"工业革命3.0"同步推进。把握好新一轮全球科技革命的重要机遇，主动进行工业结构的转型升级，对中长期经济发展至关重要。

（2）工业信息化、服务化特点突出。工业与信息化高度融合，工业的个性化、服务化特点逐步凸显。我国公布的《中国制造

---

* 本文载于《紫光阁》2015年第10期。

2025》行动纲领，反映制造业向智能化转变的大趋势，即有望到2020年初步完成从工业2.0向3.0的升级，并奠定走向工业4.0的重要基础。

（3）"互联网+"制造业升级的突出优势。能否抓住新一轮工业革命的新机遇，充分利用初步形成的"互联网+"的商业模式创新，推动制造业的转型变革，对实现《中国制造2025》的战略目标有重大影响。

（二）城镇化转型升级大趋势——从规模城镇化走向人口城镇化

（1）2020年人口城镇化率将达到50%左右。2014年，中国的城镇化率达到54.77%，估计到2020年将达到60%。问题在于，人口城镇化率太低，2013年仅为36%。缩小人口城镇化率与规模城镇化率的缺口，需要加大户籍制度改革、基本公共服务均等化、城乡一体化等制度创新，努力争取到"十三五"末期人口城镇化率达到50%左右，并把它作为"十三五"新型城镇化发展的重要约束性目标，由此通过人口城镇化释放出蕴藏的巨大发展红利。

（2）到2020年"让农民工成为历史"。2014年，中国农民工人数接近2.7亿，同时，绝大多数是"80后""90后"的新生代农民工，他们中大部分人的意愿是落户城镇，总的来看，2020年是"农民工"退出历史舞台的节点。

（三）消费结构升级大趋势——从物质型消费走向服务型消费

（1）从生存型消费向发展型消费升级。10年前，在城乡居民消费支出中，生存型消费支出占相当大的比重。这10年，发展型消费比重明显提升，如教育、医疗、健康、旅游等。据统计，1990—2013年，城镇居民发展型消费支出比重从32.39%提高到54.42%；农村居民发展型消费支出比重从33.43%提高到55.72%。

（2）从传统消费向新型消费的升级。这几年，人们对绿色消费、信息消费、便捷消费等新型消费的需求进一步提高，比如，这10年，城乡居民的信息消费以每年20%左右的速度在增长。

（3）从物质型消费向服务型消费的升级。目前，城镇居民服务型消费比重已接近40%，预计到2020年将超过45%以上，一些发达地区有可能超过50%左右。消费结构升级蕴藏着巨大的消费潜力，消费总规模到2020年有可能达到45万亿—50万亿元，13亿人消费结构升级与消费潜力的释放将成为中国经济增长的最大动力、经济结构调整的最大空间。

经济转型升级的大趋势表明，未来5—10年中国经济增长蕴藏着巨大潜力，经济向好的格局没有改变。

二 中国经济转型升级的三大挑战

（一）产业结构调整从工业主导转为服务业主导

（1）经济结构与发展阶段不相适应。例如：目前，虽然服务业增加值规模明显增加，2015年上半年占GDP比重达到49.5%，创历史新高，但与发达国家70%以上水平相比仍然偏低，这使"有需求缺供给"的矛盾日益突出。

（2）结构调整进程中的矛盾问题逐步凸显。例如：劳动力成本明显提高，这也是制造业竞争力下降的原因之一；资源环境约束全面增强，高消耗为特征的粗放型制造业难以为继。

（3）提升国际竞争力需要尽快形成服务业主导的产业结构。以研发为重点的生产性服务业比重太低，占GDP的比重仅为15%左右，同发达国家有1倍以上的差距，已成为制约制造业转型升级的主要因素，掣肘了"中国智造"进程。"十三五"要努力使生产性服务业占GDP的比重从15%提高到30%。

（二）创新能力提升从投资拉动转为创新驱动

（1）创新驱动关键是科技创新能力，但目前，中国的科技创新能力在国际上处在中等偏下的水平，尤其是关键技术和核心技术对外依存度高达60%左右。

（2）依托"互联网+"，加快形成创新创业的制度环境。"互联网+"是中国实现技术赶超的历史机遇，下一步，需要加快形成"大众创业、万众创新"的制度环境，激发"互联网+"带来的巨大潜力。

（3）创新驱动重在教育。要加快形成创新型、开放性、专业化的教育体制，为提升自主创新能力和经济结构调整提供所需的各类专业人才。"十三五"教育改革，需要"跳出教育看教育"，加快推进以优化结构、提升质量为基本目标的第二次教育改革。

（三）全面改革突破从被动改转为主动改

今天，全面深化改革的难度很大，在增长、转型、改革高度融合的阶段，要使改革不走回头路，并有所作为，需要尽快形成改革的大环境，要进一步解放思想，需要建立改革的激励机制，需要鼓励地方的改革试验。

三 中国经济转型升级的三大关系

（一）从更加注重速度到更加注重结构

（1）"十三五"的经济增速要为结构调整预留空间。"十三五"经济转型升级正处在关键阶段。在保持经济6%—7%增长的同时，要把结构调整作为经济工作的重点。当前经济下行压力增大，既有增长周期的原因，更有发展方式的问题。客观地看，这些矛盾和问题大都与经济结构调整滞后直接相关。不能因为短期内经济下行压力增大而忽略转方式、调结构的目标。

（2）调结构的重点是加快发展现代服务业。总的判断是，形成以服务业为主体的产业结构，牵动影响转型升级全局：一是近几年，中国服务业每增长1个百分点，带动GDP增长约0.4个百分点。如果"十三五"服务业年均增长10%，可以带动4个百分点的经济增长，为中速增长奠定重要基础；二是目前服务业每增长1

个百分点能吸纳约 100 万个新增就业，如果服务业年均增长 10%，未来 5 年每年将吸纳新增就业 1000 万人左右，成为吸引就业的主要渠道，并为创新创业开辟巨大的市场空间；三是推进制造业的转型升级，由中国制造走向中国智造，关键在于以研发为重点的生产性服务业比重明显提高；四是如果 2020 年服务业占比达到 55%，能源消耗量将下降 14% 左右，二氧化硫将减排 18% 左右，将为形成绿色发展新常态创造有利条件。

（3）"十三五"有条件形成以服务业为主体的产业结构。估计到 2020 年，服务业占比将达到 55% 以上。做出这个判断的主要依据：一是服务业进入快速发展时期，2001—2013 年服务业年均实际增长 10.6%，2015 年上半年服务业占比接近 50%；二是服务业的投资空间巨大，教育、医疗等服务需求远没有得到满足，到 2020 年总体实现基本公共服务均等化，至少需要新增数十万亿元的投资；三是工业部门 80% 以上是制造业，属于高度市场化部门，而服务业 50% 以上仍被行政力量垄断，一旦加快服务业市场开放，将释放巨大的增长潜能。

（二）短期与中长期的关系：从关注短期到谋划中长期

（1）立足中期。立足 2020 这个中期，不仅可以缓解短期经济下行的压力，增强转方式、调结构的动力，而且能够为 10 年、20 年的可持续发展打下坚实基础。

（2）立足中期，缓解短期。立足 2020 年，客观认识经济转型时期带来经济下行的短期压力，由此找到一条公平可持续发展的新路子。就短期解决短期，不仅难以解决问题，搞不好还会带来更大隐患。

（3）"十三五"是经济转型升级的历史节点。2015—2017 年是一个小坎，这三年顺利过去，2018—2020 年就会有较好的增长势头；2020 年是一个大坎，越过这个坎，未来 10 年实现 6%—7% 的经济增长是有基础的,这个基础在于13亿人消费结构升级的大市场蕴藏着经济增长的巨大潜力。

(三)政策与体制的关系:从依靠政策刺激到着力体制创新

关键在于激发市场活力。在当前的经济形势下,短期内政策刺激起托底作用。但化解经济下行压力,主要不是靠政策刺激,关键在于处理好政府与市场关系,充分发挥市场在资源配置中的决定性作用和更好发挥政府作用,适应发展趋势,在制度创新中发挥政策的放大效应。

(1)服务业市场全面开放是重点。服务业市场开放既是经济结构调整的关键,又是市场化改革的战略重点。改革开放37年来,工业部门绝大多数领域的市场已经高度开放,但服务业领域市场开放严重不足,服务业难以利用国内社会资本和外资做大"蛋糕"。2014年中国服务贸易占外贸比重为12.3%,明显低于2013年全球19.6%、美国22.1%和印度26.5%的水平。"十三五"深化市场化改革,让市场在资源配置中发挥决定性作用,重中之重是让市场在服务业领域发挥决定性作用。建议把2020年服务贸易规模达到1万亿美元,将服务贸易占对外贸易比重提高到20%作为"十三五"对外开放的重要目标之一。把加快服务业开放作为双边多边自由贸易重点,通过发展服务外包提升国内服务业发展水平,促进服务业企业"走出去"。

(2)以结构性改革破解服务业发展的结构性矛盾。改革开放以来形成的一整套政策与体制安排,带有激励工业发展、抑制服务业发展的突出特征。推进服务业主导的经济转型升级,需要加快打破结构性矛盾带来的掣肘,加快推进结构性改革。一是加快财税体制改革与财税政策调整,切实降低服务业税负,加大对服务业的财力支持,尽快启动消费税立法程序;二是加快推进金融体制改革与金融政策调整,鼓励民间资本进入金融机构,促进民间金融健康发展；三是加快理顺服务业要素价格，在用地、用水、用电、用气等方面实现服务业与工业同一价格；四是加快教育结构性改革，打破"考试型、封闭性、行政化"的教育模式，重点是大力发展现代职业教育，推动高等教育结构的转型升级。

（3）以政府购买公共服务为重点加快公共服务业市场开放。充分利用市场力量、社会力量扩大公共服务供给，争取使政府采购规模占财政支出比重从2013年的11.7%提高到2020年的15%—20%，服务类占政府采购总额比重从2013年的9.4%提高到30%左右。

中国正处于转型变革的关键时期，观察中国、分析中国，不能看短期，而要"明大势、看大局"。"十三五"基本实现由工业主导向服务业主导的经济转型，将释放巨大的增长潜力。这是大势，是大局。

经济转型的新趋势与新动力[*]

（2016年1月）

我国进入工业化中后期，无论是增长的趋势、结构，还是动力，均呈现出与以往不同的新变化，增长转型改革高度融合的特点相当突出。在这个特定背景下，把发展基点放在创新上，以创新引领经济转型与发展，关键是"构建发展新体制""加快形成引领经济发展新常态的体制机制和发展方式"。就是说，面对经济矛盾和经济风险增多的挑战，适应经济转型和经济发展的新趋势，形成经济结构的新动力，需要在重点领域的改革上实现突破性进展。

一 "十三五"我国经济转型面临新趋势

当前，尽管经济下行的压力增大，但经济转型呈现新的趋势性变化，使经济稳中向好面临着重要的历史机遇。

"中国制造"将由生产型制造业为主向服务型制造业为主转型。在"互联网+"的趋势下，"十三五"有望形成制造业的竞争新优势。

规模城镇化加快向人口城镇化转型。在户籍制度改革的推动下，估计到2020年，人口城镇化率有望从现在的不到40%提高到

---

[*] 本文载于《中国金融》2016年第1期。

50%左右，从而使人口城镇化率与规模城镇化率的差距从目前的17%缩小到10%左右。

消费结构正从物质型消费为主向服务型消费为主转型。估计到2020年城镇居民的服务型消费比重将由现在的40%左右提高到50%左右，发达地区有可能达到60%左右。

对外贸易正处于从货物贸易为主向以服务贸易为重点转型。这将使我国在推进双边、多边，以及区域性、全球性的自由贸易进程中形成新的竞争合作优势。

二 "十三五"我国经济转型将形成新结构

"十三五"经济转型的新趋势将释放巨大的内需潜力，由此引领经济结构上一个新台阶，为实现全面建成小康社会的新目标奠定坚实基础。

基本形成以服务业为主体的产业结构。国家"十二五"规划提出，到2015年服务业占比达到47%。从2015年的情况看，前三季度已经达到51.4%，年底完全有可能达到52%。估计到2020年，服务业比重进一步上升，将达到55%以上。其中，生产性服务业占GDP的比重将从现在的15%左右提升到30%左右，实现生产性服务业的倍增。

基本形成人口城镇化的新格局。在户籍制度改革加快推动和城乡基本公共服务均等化加快推进的背景下，"十三五"人口城镇化有可能每年以不低于两个百分点的速度上升，即从目前的37%左右提高到50%左右。主要依据是：第一，如果到2020年人口城镇化率达不到50%，与发展阶段、发展需求不相适应。第二，2011年全球人口城镇化率为52%，估计到2020年我国人口城镇化率能接近或者达到全球2011年人口城镇化的平均水平，规模城镇化率能达到60%，与人口城镇化率相差约10个百分点。我的看法是，户籍制度改革需要有新思路，需要提速，城乡二元的户籍制度，尤其是"农民工"应当成为历史。建议尽快将户籍制度改为居住证管理，由对人口的控制转为对人口的服务与管理。

基本形成消费拉动经济增长的新格局。党的十八届五中全会提出，"'十三五'消费对经济增长贡献明显加大""以扩大服务消费为重点带动消费结构升级"。我的主要判断是：第一，"十三五"期间消费每年还会以8%—10%的速度增长。第二，到2020年消费总规模将由2014年的32.9万亿元左右提高到45万亿—50万亿元。仅从消费总量增加的趋势看，"十三五"实现6%—7%的增长是有条件的、有可能的。第三，到2020年消费对经济增长的贡献率将稳定在60%—65%，这对经济可持续增长极其重要。

基本形成以服务贸易为重点的对外开放新格局。我国已成为世界第一大货物贸易大国，但服务贸易占比过低成为对外贸易的突出"短板"。2014年全球服务贸易占比大约为20%，而我国仅为12.3%，估计到2020年，我国服务贸易占对外贸易比重将达到20%左右。

三 "十三五"以制度创新形成经济转型的新动力

毫无疑问，新的经济结构形成是增长的新动力。问题在于增长转型对改革的依赖性越来越大，关键取决于改革在多大程度上能够适应经济转型趋势不断破题发力，以形成促进创新的体制框架。

（一）服务业市场开放成为市场化改革的重头戏

（1）工业化进入中后期，市场资源配置的重点由工业领域转向服务业领域。经济转型的新趋势、新结构必然要求增长动力的转换。从国际经验看，由高附加值的现代服务业逐步取代低附加值的传统工业是产业结构演进的基本规律，是一个国家由工业化中后期走向工业化后期这个特定历史阶段的客观趋势。中国改革开放37年来，由于把握了工业化发展以及全球货物贸易需求快速增长的大趋势，主动推进工业领域的市场开放，从而成为全球制造业第一大国。"十三五"把握增长、转型与改革的主动权,加快走向服务业大国,关键是加快推动以服务业为重点的市场化改革。

(2) 服务业市场开放成为市场化改革的短板。多年来,由于市场开放的重心主要在工业领域,服务业领域成为市场化改革的"短板",主要表现在"三低一高":一是服务业市场化程度低。例如,工业部门的市场开放度至少在80%以上,而服务部门50%的垄断格局尚未被打破。二是服务业对外开放度较低。以几个自贸试验区的负面清单为例,122项中有80余项针对服务贸易领域,对服务贸易的限制仍然较多。三是服务业服务水平低。以房地产为例,未来房地产的本质是服务。"十三五"面临着规模房地产如何向服务型房地产转型的问题,核心是以健康服务为重点提高房地产的使用价值。四是服务价格高。例如,2014年中国的宽带平均上网速度全球排在第75位,但平均一兆每秒的接入费用却是发达国家的3—5倍。适应经济转型升级的趋势,发挥市场在资源配置中的决定性作用,创新发展的市场环境,突出矛盾在服务业领域,关键在于服务业市场开放。

(3) 服务业市场开放的重点在于打破行政垄断和市场垄断。行政垄断和市场垄断在服务业领域还比较突出。例如,电信能不能通过引进社会资本提高速度和效益,降低价格。同时,涉及生产性服务业、生活性服务业如何打破垄断。党的十八届五中全会提出"全面放开竞争性领域商品和服务价格""开展加快发展现代服务业行动"。可以说,打破垄断、吸引社会资本成为服务业市场开放的重中之重。

(4) 服务业市场开放牵动和影响增长转型全局。要使消费对经济增长的贡献明显加大,需要通过服务业市场开放,扩大服务供给能力;要形成服务业为主体的产业结构,需要通过服务业市场开放,形成有效投资;要形成以服务贸易为重点的开放型经济新格局，需要有序扩大服务业对外开放，并通过服务业市场的双向开放，加快双边、多边自由贸易进程。就是说，服务业市场开放将成为"十三五"市场化改革的"最大红利"。

(二) 加快推进结构性改革

(1) 经济转型面临结构性的政策与体制矛盾。我国经济转型升级面临一系列的结构性矛盾，如政策性和体制性矛盾。从统计数字来看，2015年前三季度，扣除房地产后的服务业固定资产投资占比仅为24.2%。其中，全社会需求增长比较快的教育、医疗、文化、养老等服务业领域的固定资产投资占比严重偏低。究其原因，主要在于现行的宏观政策与宏观体制结构带有鼓励工业发展、抑制服务业发展的某些特征：第一，投资体制改革滞后，导致民间资本投资服务业领域困难重重。第二，有利于服务业发展的"营改增"尚未完成，消费税改革进展缓慢，导致地方政府"重投资、轻消费"的行为模式难以改变。第三，金融结构不合理，普惠性金融发展相对滞后，导致中小企业融资难的问题难以得到明显缓解。第四，教育结构不合理，导致经济转型急需的实用型、技术技能型人才严重短缺。

(2) 以改革投资体制为重点，实现投资消费的动态平衡。投资消费失衡是结构性矛盾中的突出特征，也是形成经济领域诸多风险的重要因素。当前，稳增长需要投资，问题是投资要有市场、要有效益，不能为了GDP增长而投资。我国仍有巨大的投资空间，不仅在于基础设施领域，更在于与老百姓消费结构升级、产业结构调整相适应的生活性服务业、生产性服务业领域。例如，北京再建几所儿童医院都是有社会需求的。尤其是进入人口老龄化阶段，有估计指出，老年人的消费潜力到目前为止至少在1万亿元左右，而实际的供给还不到2000亿元，这就需要扩大有真实需求的、有效益的服务业固定资产投资比重。

（3）深化金融体制改革。以国有控股为主的大银行体制与经济转型、发展服务业经济和实体经济不相适应。以加快发展民间资本为主体的中小金融机构为重点的金融体制改革尤为迫切，这也是破解结构性矛盾、加快结构性改革的一项重大任务。为此提出如下建议：第一，打造广阔的服务业融资平台，降低金融信贷机构设立门槛和准入标准，鼓励社会资本进入金融领域。第二，创新拓宽现代服务业融资渠道，针对生产性服务业、高科技服务业等现代服务业自身的特点，改变融资方式，推出丰富多样的信贷产品，促使中小服务型企业享有平等、便捷的融资机会。

（4）加快财税体制改革。要形成以服务业为主体的产业结构，同时改革财税体制。目前，"营改增"尚未完成，消费税改革进展缓慢，不利于服务业发展。"十三五"加快形成以消费税为主体的财税体制，服务业的快速发展至关重要。为此建议，第一，深化消费税改革。尽快启动消费税立法程序，调整消费税的征收范围，建议修订《消费税暂行条例》，推动由向企业征收改为向居民征收，从"价内征收"转向"价外征收"，提高税收的透明度。第二，实现工业与服务业税负平等。现有财税结构对上大工业项目的激励作用比较大，而对服务业发展的激励明显不足。应尽快在全国范围内完成"营改增"改革，切实降低服务业企业税负，逐步削减和取消对重化工业的投资税收优惠。第三，改革企业所得税。建议进一步扩大抵扣范围，将企业公益性支出全部纳入抵扣范围；提高小规模纳税人标准，形成小微企业的自动减税机制；提高对大型企业特别是国有垄断企业的所得税税率。

（5）调整教育结构。当前，大学生就业难成为巨大压力。随着服务型经济的加快发展，大学生就业难的问题应当得到缓解。从实践看，从一般性的劳动力到技能型劳动力的转型是产业结构升级对就业人口的客观要求，问题在于教育结构与转型升级、发展服务型经济不相适应。"十三五"需要加快以职业教育为重点的教育结构改革。为此建议,第一,着力打破以应试为导向的教育模式。创新教育方式,激发学生的好奇心和想象力,形成以创新为导向的教育新格局。第二,加大教育市场的开放力度。优化民办教育发展环境,鼓励社会力量兴办教育,形成民办教育与公办教育平等竞争、共同发展的新格局。第三,转变教育发展理念。突破现有带有考试型、封闭性、行政化等的教育体制,加快形成创新型、开放性、专业化的教育体制。

(三)纵深推进以简政放权为重点的政府改革

(1)激发市场,激活企业。经济转型升级有赖于有活力的市场,有赖于公平竞争,有赖于打破企业创业创新面临的政策体制枷锁。当前,在加快经济结构调整尤其是经济下行压力增大的背景下,需要的是加大放权的力度,激发市场活力,严防"把市场关进权力的笼子里"。适应经济转型升级大趋势,简政放权改革还有相当大的空间。第一,建议借鉴国际商事制度经验,全面实施企业自主登记制度。第二,适时取消企业一般投资项目备案制,除政府投资之外,企业一般投资项目一律由企业依法依规自主决策,不再要求备案。第三,除农业等特殊产业外,尽可能少用或不用产业政策干预企业行为。

(2)规范权力运行。第一,在全面推进负面清单管理的同时,加快出台各级政府的权力清单和责任清单,规范、减少政府干预企业的自由裁量权。第二,简政放权向纵深推进,触及部门间行政权力以及中央与地方权力的合理配置。为此,建议把行政权力结构的调整提上改革的重要日程。

(3)监管转型是当务之急。放管结合需要加强市场监管,但不能以监管为名增加企业负担。为此建议,第一,行政审批和市场监管要严格分开。若某些部门既是审批机构又是监管机构的格局不改变,"放管结合"就很难到位,监管领域许多深层次的矛盾与问题就很难解决。第二,实现由专业监管向综合监管转变。混业经营已经成为金融市场的大趋势,而金融监管仍采取分业监管的模式,这成为监管不到位的体制性因素,因而建议尽快组建金融监管总局。第三,逐步从行政监管为主向法治监管为主转型,由此提高监管的透明度、公开性和权威性。

(4)确立以人为本的公共服务理念。经济转型升级的根本目标是促进人的发展。无论是释放13亿人的潜在消费需求,还是形成以服务业为主体的产业结构,都是立足于人的发展。在公共需求全面快速增长的今天,必须牢固树立并切实贯彻创新、协调、绿色、开放、共享的发展理念,告别政府主导型经济增长方式,使各级政府真正成为公共服务的主体、市场环境创造的主体。这是社会各方面的期待,也是"十三五"政府在转型改革上应有的历史责任和历史担当。

(5)以服务贸易为重点推进自由贸易进程。多边、双边、区域性、全球性自由贸易进程取决于服务业市场双向开放有多大的突破。适应快速上升的全球服务贸易需求,有序推进服务业市场双向开放,打破发达国家服务贸易出口管制,成为扩大服务贸易、加快自由贸易进程的重大任务。为此建议,第一,把提高服务贸易比重作为"十三五"对外开放的重大任务。制定"十三五"服务贸易发展目标,使其总额增长到1万亿美元,占外贸比重提高到20%。第二,把加快服务业开放作为双边、多边自由贸易的重点。与此同时,加快与"一带一路"沿线国家和地区商建自由贸易区网络,扩大双边和区域服务贸易协定,打破对我国的服务贸易壁垒。第三,大力发展服务外包,推动服务业企业"走出去"。

赢在转折点——经济转型决定增长前景[*]

（2016年9月）

刚出版的这本《赢在转折点：中国经济转型大趋势》，总的观点是，进入发展新阶段，无论是一个地区，还是一个企业，主要不是赢在起点，而是赢在转折点。未来几年，以结构性改革实现经济转型的突破，对企业、地区、国家来说，都具有决定性的影响。

当前，各方高度关注经济增长前景。我的观点是，要预测一个13亿人大国的经济增长前景，离不开对经济转型趋势的客观判断。今天，我国经济转型与结构性改革已站在新的历史起点：经济转型的时代性趋势明显、阶段特点突出；经济转型蕴藏着巨大的市场空间和增长潜力；经济转型的内外环境、约束条件、动力机制等发生明显变化；经济转型面临着突出的结构性矛盾与问题。这就需要用新的眼光、新的分析框架和方法来分析预测我国未来的经济增长前景；需要以结构性改革破题经济转型的结构性矛盾。

一 经济转型具有历史性新趋势

我国是一个发展中大国，也是一个转型大国。当前，经济社会发展正处在重要的历史转型时期。

---

[*] 在"大转型时代的中国：赢在转折点"座谈会上的主旨演讲，2016年9月25日，北京；载于《中改院简报》总第1083期，2016年9月。

(1) 产业结构正由工业主导向服务业主导转型。预计到 2020 年,我国服务业占比有可能由 2015 年的 50.5% 提高到 58%—60%,基本形成以服务业为主导的产业结构。

(2) 城镇化结构正由规模城镇化向人口城镇化转型。预计到 2020 年,我国常住人口城镇化率有可能由 2015 年的 56.1% 提高到 60% 左右,户籍人口城镇化率有望由 2015 年的 39.9% 提高到 50% 左右,基本形成人口城镇化的新格局。

(3) 消费结构正由物质型消费为主向服务型消费为主转型。预计到 2020 年,我国消费规模有可能由目前的 32 万亿元扩大到 50 万亿元以上,服务型消费比重稳步提升,消费贡献率基本稳定在 65% 左右,形成消费拉动经济增长的新格局。

(4) 开放结构正由货物贸易为主向服务贸易为重点转型。预计到 2020 年,我国服务贸易占外贸总额的比重有望由 2015 年的 15.4% 提高到 20% 以上,初步形成以服务贸易为重点的对外开放新格局。

二 经济转型呈现阶段性新特点

当前,经济转型的阶段性特点比较突出。增长、转型、改革高度融合;经济转型升级蕴藏着巨大的发展潜力和市场空间。与此同时,经济转型也面临着多方面的严峻挑战。

(一) 增长与转型高度融合,增长直接依赖于转型

当前,人们对经济增长比较担心,把"稳增长"看得比较重。从实际情况看,"稳增长"固然十分重要,但更重要的是要打破增长的掣肘因素,通过经济转型有效释放巨大的增长潜力。就是说,主要不是在现有的旧结构下寻找"稳增长"的药方,而是在经济转型新趋势、新结构下挖掘"新增长"的源泉。如果经济转型升级能够取得突破,我国有条件在未来 5—10 年实现 6% 左右的经济增长。更重要的是,这个增长是有质量的增长,是可持续的增长。

（二）经济、社会、治理转型交织融合，经济转型牵动转型发展全局

首先，经济转型对社会转型和治理转型有重要促进作用，没有经济转型的突破，社会转型和治理转型就很难突破。其次，社会转型对经济转型的影响日益增大。某些社会问题，如养老保险改革，已经直接掣肘经济转型。社会转型与社会建设不到位将制约经济转型，并且有可能增大经济风险。最后，治理转型成为经济、社会转型的重要保障。我国正处于加快国家治理体系和治理能力现代化的关键时期。治理转型不到位，政府与市场关系、政府与社会关系就难以有效理顺，经济转型与社会转型的阻力将明显加大。

（三）经济转型与新一轮技术革命交织在一起，转型的技术影响明显增强

未来几年，以互联网为核心的新一轮科技和产业革命蓄势待发，人工智能、虚拟现实等新技术将给传统生产生活方式带来革命性变化。在科技革命新趋势下，我国经济转型与新一轮科技革命交织在一起，既需要在转型中解决现有的体制机制问题，也需要在转型中积极应对新技术带来的挑战。

（四）经济转型与国际经济格局变化交织在一起，双向影响明显增强

一方面，未来几年全球经济很有可能仍将处于弱增长态势，世界经济格局还在寻找新的平衡之中，这给我国经济转型带来多重影响和冲击；另一方面，作为世界第二大经济体，我国经济转型与增长对世界经济增长与经济格局的影响日益增大。这种双向影响相互交织，加大了经济转型的复杂性。

三 经济转型决定中长期增长前景

总的看，未来几年的经济转型，不仅对我国的中长期增长有着决定性作用，而且对全球经济增长和推进世界经济治理格局调整也

将产生重要影响。

（1）经济转型将释放中长期增长的动力。例如，产业结构升级蕴藏巨大潜力。过去10年，服务业每增长1个百分点，可以带动经济增长0.43个百分点。如果服务业保持年均两位数的增长，将带动经济年均增长3.8—4.3个百分点，为中速增长奠定重要基础。

（2）经济转型释放的需求将成为世界经济增长的重要动力源。13亿人的消费结构升级将拉动世界经济增长。在2009年、2010年，我国连续两年对全球GDP增长的贡献率超过50%，2015年我国经济增长对世界的贡献率超过25%。估计未来5年仍将保持在30%左右。

（3）我国开放转型成为全球自由贸易的重要推动力。当前，全球贸易保护主义抬头，加大了世界经济的不确定性。面对贸易保护主义抬头的趋势，我国要加快实施"一带一路"倡议，推进双边、多边自贸谈判进程，推进以服务贸易为重点的"二次开放"。由此，我国成为推进全球自由贸易的重要力量。

四 以经济转型为目标的结构性改革

当前经济转型既面临历史性机遇，也面临突出的结构性矛盾。要解决结构性矛盾，不仅需要结构调整，更需要结构性改革；不仅需要需求侧结构性改革，更需要供给侧结构性改革。

（一）经济转型面临着系统性的结构性矛盾

核心表现在供给结构与需求结构不相适应，需求引导供给的作用没有得到充分发挥。比如，随着居民消费结构的变化，原有的供给结构在多方面已与此不相适应，产能过剩与供给不足的矛盾并存。面对结构性矛盾，再用传统的扩大投资规模的办法刺激经济，不仅投资边际效应和对增长的拉动效应将明显递减，而且会恶化经济矛盾和问题，甚至错过化解风险的最佳时期。

（二）以经济转型为目标着力实现结构性改革的重大突破

（1）推进服务业市场的全面开放，把服务业市场开放作为新阶段市场化改革的重点。目前，服务业市场的开放程度远落后于工业市场的开放程度，服务业领域呈现"三高一低"的特点，即市场化程度低、对外开放程度低、服务水平低和服务价格高。出路在于打破服务领域的行政垄断和市场垄断，加快服务业的市场化进程，以释放新的市场潜力。

（2）优化企业发展环境，激发企业家精神，依法保护企业家财产权和创新收益。经济转型成功的重要标志是涌现出一大批有活力、有国际竞争力的企业。这就要求加快简政放权、加快监管转型，优化企业发展环境，走向产权保护的制度化、法治化，激发和保护企业家精神，培育增长的不竭动力。

（3）以深化土地制度改革为重点深化农村改革，把赋予农民长期而有保障的土地使用权落到实处。有专家估计，如果允许农民土地使用权物权化和农村宅基地转让，使农民转移到中小城镇成为市民，估计可以盘活50万亿元左右的农村资本，带动银行与社会资金20多万亿元。由此，农村土地制度改革成为经济转型的重要"红利"。

（三）推进以服务贸易为重点的"二次开放"

我国新阶段的开放战略是推进以服务贸易为重点的开放转型，即由以工业市场开放为重点的"一次开放"向以服务贸易为重点的"二次开放"转型。这既是经济转型升级的内在需求，也是扩大开放的重大选择。

（1）以"一带一路"为总抓手，扩大自由贸易网络。从现实需求看，"一带一路"倡议：一是以基础设施为依托；二是以服务贸易为重点；三是以建立自由贸易区网络为目标。实施"一带一路"倡议，要在扩大基础设施建设和产能合作的基础上，推进沿线自由贸易区网络建设，构建不同类型的自由贸易形式，比如建立旅游经济圈、能源合作圈等。

（2）以服务贸易为重点的国内自贸区转型发展。适应我国以服务贸易为重点的"二次开放"的需求，支持鼓励自贸区先行先试，关键在于加快服务贸易市场开放，发挥自贸区在服务贸易发展中的重要作用。

（3）以尽快建立中欧自贸区为重点，推进双边、多边自贸区建设。

五　经济转型是一场深刻的变革

新阶段的转型改革，涉及面广，触及深层次的利益关系和发展理念问题，是一场深刻的变革。对此，要有清醒的认识和充分的估计。

（一）经济转型是经济增长方式的深刻变革

改革开放以来形成的增长方式，在特定的历史阶段发挥了重大作用，但与新阶段的经济发展需求不相适应，在某些方面甚至形成了掣肘。比如，在现行增长方式下去产能，直接影响地方的经济增速、税收以及就业。如果不改变传统的经济增长方式，去产能很难落到实处，最终又被迫采取行政措施。就是说，经济转型实质上是对传统增长方式的一场深刻变革。

（二）经济转型是行政体制的深刻变革

经济转型的最大困难，是体制掣肘和体制束缚。体制的变革，大都与利益结构调整、与行政权力结构调整相关联。比如，构建一个适应现代市场经济的监管体系，难点在于如何理顺监管的行政权力结构，构建一个适应现代市场经济的监管体系。这是行政体制改革的重大课题。

（三）经济转型是发展理念的深刻变革

要实现经济转型的突破，需要打破自觉或不自觉的思想禁锢，理顺五大关系。第一，处理好速度与结构的关系。经济转型面临的突出矛盾，主要是结构问题而不是总量问题。在保持中速增长的同时，要更加重视经济结构的调整和经济质量的提升。第二，处理好短期与中长期的关系。要从经济转型入手，立足2020年这个中期化解短期，实现标本兼治。第三，处理好政策与体制的关系。政策调整要为体制改革创造条件，为实体经济转型升级创造条件。例如，加大结构性减税力度，缓解企业融资难融资贵、制度性成本比较高等突出问题。第四，处理好政府与市场的关系。推进经济转型，政府的作用很重要，但市场的作用更重要。政府的作用要集中在为解放市场、释放市场活力上。第五，处理好顶层设计与基层创新的关系。既要强化改革的顶层协调和顶层推动，以更大的决心和魄力突破既得利益，也要鼓励地方结合实际进行探索创新，充分发挥基层首创精神。

当前，客观判断新阶段的经济转型至关重要。

——就其所蕴含的经济增长新潜能，就其对经济社会发展的推动力，就其对体制机制变革的历史意义，就其对全球经济增长的贡献而言，并不亚于38年前开启的转型与改革。这就需要我们客观把握经济转型的大趋势和大机遇。

——就其涉及的领域，就其面临的结构性矛盾，就其对利益结构带来的冲击，已经超过38年前开启的转型与改革。这就需要我们充分认识新阶段经济转型的长期性、系统性、深刻性、复杂性和艰巨性。

——就其需要推进的结构性改革，其难度与挑战不亚于38年前开启的转型与改革。不仅需要推进需求侧结构性改革，也需要实质性推进供给侧结构性改革。这就需要我们充分认识新阶段、新起点改革的全面性、紧迫性，实现结构性改革的实质性突破。

中国经济转型趋势与数字经济发展[*]

(2016年12月)

中国是一个经济转型大国,经济转型正处在历史关键点。中国数字经济发展,离不开对其经济转型大趋势的基本判断。

一 过去几年,中国数字经济快速发展,某些领域出现爆发式增长,成为中国经济转型升级新动力

(一)数字经济推动经济结构调整

过去几年,中国经济结构发生了较大变化。例如,2015年服务业占GDP的比重第一次突破50%,2016年上半年为54.1%,对经济增长的贡献率是59.7%。在中国经济结构调整中,数字经济发挥重要作用。

比如,数字经济成为消费结构升级、消费需求释放的加速器。2015年,中国网上零售额达到3.88万亿元人民币,占全社会消费品零售总额的比重达到12.9%。2015年,共有1.1亿网民通过互联网接受在线教育,1.52亿网民使用网络医疗,9664万人使用网络预约出租车。2016年"双11"一天,仅阿里巴巴一家电商的总交易额就达到1207亿元人民币,当天全网交易总额超过1800

---

[*] 在突尼斯举办的"第四届企业智库国际峰会"上的演讲,2016年12月17日;载于《上海证券报》2016年12月17日。

亿元人民币。

再如，数字经济引领着中国传统产业的转型升级。工业机器人、3D打印机、无人机和其他人工智能等新装备、新技术加快应用，大数据、云计算、物联网等应用范围不断扩大。华为、格力等已进入全球产业链的中高端，腾讯、阿里、百度等7家企业位居全球互联网企业20强，数字技术开始深度融入传统制造业变革中。

（二）数字经济推动结构性改革

数字经济所创造的新业态打破了传统业态中根深蒂固的垄断，成为结构性改革的重要动力。以微信为例，截至2016年上半年，微信活跃用户数达8.06亿。微信通过技术和组织服务的创新打破了传统电信垄断，明显改善了消费者福利。再如，网约车打破了传统出租车垄断的局面，方便了顾客。新技术的初步实践证明，不能再用"旧制度来管理新经济"，现行监管体制亟须改革。

（三）一批勇立数字化经济转型潮头的企业家形成

大家关注一下这两年中国商业领袖的构成，就会发现某些商业领袖出自数字经济领域。比如，腾讯的微信改变了通信模式，阿里的电子商务改变了销售模式，滴滴打车改变了出行模式，大疆无人机改变了无人机产业的发展格局。

这些数字经济领域创新型企业家，在对传统经济带来冲击的同时，也在新经济领域创造了新的发展机会、新的就业岗位。2015年，阿里巴巴仅零售商业生态创造的就业机会就超过1500万个。

二　中国以经济转型为目标的结构性改革正处在关键时期，经济转型呈现出时代性趋势。这不仅是中国经济保持中高速增长的重要支撑，而且为数字经济发展创造了巨大市场空间

（一）消费结构正由物质型消费为主向服务型消费为主转型

预计到2020年，中国消费规模有可能由目前的34万亿元人民币扩大到50万亿元人民币左右，消费贡献率稳定在65%以上；城镇居民服务型消费比重有望从40%提高到50%左右。

消费结构升级是数字经济发展的"优质土壤"。2015年，中国电子商务交易额超过20万亿元人民币，同比增长27%，估计到2020年，中国电子商务交易额有可能达到45万亿元人民币左右，年均增长20%以上。

（二）产业结构正由工业主导向服务业主导转型

预计到2020年，中国服务业占GDP比重有可能由2015年的50.5%提高到60%左右，基本形成以服务业为主导的产业结构；其中，生产性服务业占比可能从15%提升到30%左右。数字经济是生产性服务业的重要组成部分，为传统产业的数字化改造提供了先进技术、装备、网络和平台等不可或缺的重要条件。

例如，中国已经成为机器人使用大国，2015年中国工业机器人销量达6.8万台，占全球销量的四分之一。预计到2020年，中国自主品牌的工业机器人年产量将达到10万台，服务机器人年销售收入有望超过300亿元人民币。

（三）城镇化结构正由规模城镇化向人口城镇化转型

预计到2020年，中国常住人口城镇化率有可能由2015年的56.1%提高到60%左右，即有8亿以上人口工作、生活在城镇。中国的城镇化进程，尤其是农村地区的城镇化，不仅是人口聚集形态的变化，更是生活方式的巨大变化。

例如，过去几年，农村电子商务快速发展，2015年中国农村地区网购交易额达到3530亿元人民币，同比增长了96%。预计未来几年中国的农村数字经济仍将保持高速发展态势。

又如，2013年以来中国已有超过500个城市在进行智慧城市试点，计划投资规模超过万亿元人民币，智慧城市在城市交通、医疗、政务管理等领域取得了广泛成果。

三 未来几年，中国数字经济有望继续保持快速发展态势，将对中国经济转型与经济增长产生深远影响

（一）数字经济规模将进一步扩大

在数字消费方面，预计到2025年，中国信息消费总额将达到12万亿元人民币，电子商务交易规模将达到67万亿元人民币。在数字经济对传统产业改造方面，云计算、大数据、物联网技术和人工智能等将加快向传统行业渗透切入。

大数据将和土地、劳动等一起，成为重要的生产要素。智能制造正在引发新一轮制造业变革：数字化、虚拟化、智能化技术将贯穿产品的全生命周期，柔性化、网络化、服务化、个性化生产将成为制造业的新趋势，全球化、服务化、平台化将成为产业组织的新方式。

（二）数字鸿沟将逐步缩小

未来几年，中国数字经济发展的基础设施有望进一步完善。目前，中国高速发展的信息基础设施已基本形成，固定宽带网络延伸至全国所有乡镇和95%的行政村，城市基本实现100Mbit/s（100兆比特流每秒）光纤全覆盖。

随着数字经济基础设施的改善，城乡和区域发展中的数字鸿沟将逐步缩小，城乡和非发达地区的居民拥有更多参与数字经济的均等机会。截至2015年底，全国范围内符合标准的淘宝村达780个，越来越多的农民借助电子商务销售农产品和农家乐等旅游服务，越来越多的农民工及大学生依托数字经济返乡创业。

（三）数字经济助力经济全球化

当前，经济全球化又到新的十字路口：是坚持自由贸易还是贸易保护，是坚持排他性自贸安排还是包容共享式自贸安排。中国无疑选择自由贸易，选择包容共享式的自贸安排。

在推进自贸进程中，中国将以数字经济为重要载体，推进全球共享经济发展。不仅在国内大力发展"互联网＋新经济"，也将通过数字市场的不断开放，加速国内市场和国际市场相互融合，促进各国互利共赢。

2016年的"双11"，阿里推出"国际版淘宝"，来自俄罗斯、西班牙、美国、法国等地的621万国际网上买家成交了3578万笔订单。在共商、共建、共享"一带一路"的进程中，中国将与沿线65个国家合作，以发展数字经济合作为切入点，以跨境电商为抓手推进跨境贸易、投资、产能和消费合作，加快数字服务贸易开放，推进"一带一路"自由贸易区网络建设。

四 数字经济发展关系到人类未来，在带来技术层面创新的同时，也触及传统商业、法律甚至伦理的挑战；在改善消费者福利的同时，也带来了非传统生活、生产方式的安全风险

（一）加强数字经济发展的国际合作

数字经济发展是前沿性的课题，也是未来生产、生活方式改变的趋势，需要各国政府、企业和专家共同合作，携手攻关。比如在人工智能方面，不同国家有不同的长处，相互合作可以使这项技术尽快取得新的更大突破，进入商业层面。相关国家的技术创新协同、数据资源共享和市场开放，将有力推动数字经济加速发展。

（二）加强数字经济法制建设和监管的国际合作，防范新型风险

数字经济也蕴藏着新的风险，其中一些风险远非单个国家所能应对。这就要求加强数字经济法制建设和监管的国际合作。例如，中国加大打击网络新型犯罪的力度，但其中相当一部分犯罪行为是在境外实施的。这表明加强数字经济监管的国际合作日益重要。

（三）加快构建开放、包容的全球数字治理新格局

随着数字经济发展，全球互联网领域发展不平衡、规则不健全、秩序不规范等问题日益凸显。这就要求适应数字经济发展，积

极开展关于互联网技术标准、使用规范、基础设施建设和共同监管的国际对话，促进各国政府、国际组织、互联网企业、技术社群、民间机构、公民个人等各个主体参与全球互联网治理，推进共同构建和平、安全、开放、合作的网络空间，尽快形成开放包容的全球数字治理体系。

（四）发起设立数字经济国际智库联盟，对数字经济开展前瞻性研究

邀请各国技术专家、经济学家、社会学家、法律专家、跨文化管理专家等参加，通过联合研究、召开论坛、信息共享等方式，对数字经济的发展、影响、风险、协作、监管等展开前瞻性合作研究，以推动全球数字经济健康可持续发展。

中国经济优化升级趋势的深远影响[*]

（2017 年 12 月）

中国特色社会主义进入新时代，建设现代化经济体系成为跨越关口的迫切要求和我国发展的战略目标。面对人民日益增长的美好生活需要和不平衡不充分的发展之间的矛盾，着力转变发展方式、优化经济结构、转换增长动力，加快建设实体经济、科技创新、现代金融、人力资源协同发展的产业体系，着力构建市场机制有效、微观主体有活力、宏观调控有度的经济体制，是推动我国经济高质量、可持续发展，不断增强创新力和竞争力的必由之路。

立足过去 5 年我国经济优化升级的丰富实践，展望未来发展趋势，作为世界第二大经济体，中国经济不仅呈现由高速增长阶段向高质量发展阶段转变的鲜明特征，而且正在促进全球的经济复苏与经济增长，为全球经济发展和全球经济治理变革注入新的活力。

基于此，我认为，无论是对我国发展质量变革、效率变革、动力变革的助推作用，还是世界经济增长的积极影响，都已蕴含在经济优化升级趋势之中了。

---

[*] 本文载于《经济日报》2017 年 12 月 16 日。

一 经济优化升级趋势对高质量发展的重要影响

分析我国经济发展前景及其对世界经济的影响，离不开对经济优化升级趋势的判断。新时代的经济发展，战略目标是建设现代化经济体系，实现由高速度向高质量的转向。

（一）经济优化升级的历史性新特点

经过近40年的改革发展，我国总体上进入工业化后期。从需求侧看，消费结构正由物质型消费为主向服务型消费为主转型。预计到2020年，城镇居民服务型消费比重将由目前的40%左右提高到50%左右，形成一个"新消费时代"。从供给侧看，产业结构正由工业主导向服务业主导转型。2017年前三季度服务业占比达到52.9%，预计到2020年有可能接近或达到60%左右。更重要的是，在数字经济快速发展和服务型经济比重不断提升的同时，新产业、新业态、新模式不断涌现，成为助推产业变革的新动能。与此同时，新型城镇化快速推进，预计到2020年，常住人口城镇化率有可能由2016年的57.35%提高到65%左右，且新型城镇化和乡村振兴融合并进的趋势明显增强。

（二）经济优化升级蕴含改革新动力

我国高质量发展的巨大增长潜力，以及与之对应的预期市场空间，不仅是我国产业变革和结构性改革的重要动力，而且将继续对全球经济增长做出重要贡献。建设现代化经济体系，就是要在经济优化升级的新趋势、新结构下形成新动能、新增长。比如，产业结构升级将倒逼供给体系质量的提高。初步估算，到2020年，我国服务业规模有可能从2016年的38.4万亿元增加到50万亿元左右，由此将显著优化经济结构，不断拓宽新的增长空间。又如，消费结构升级将不断创造增长新动能，释放13亿人的消费潜力将形成一个巨大的新增市场。初步估算，到2020年，社会消费品零售总额有可能由2016年的33万亿元扩大到50万亿元左右。更重要的是，

13亿人的消费结构升级已经并将继续成为产业变革、新经济发展的重要动力，这对中国和世界经济来说，都是一个重大利好。再如，城乡结构变革将释放农村大市场的潜能，未来5—10年，城乡一体化和城乡融合发展，将形成近百万亿元的投资与消费需求，成为我国可持续增长的最大红利。

（三）经济优化升级与产业变革交汇带来新机遇

全球范围的新一轮科技革命与我国经济优化升级交汇融合，形成建设现代化经济体系的新机遇、新动能。例如，近年来我国数字经济快速发展，成为产业变革的突出亮点。首先，数字经济加快推动制造业升级，涌现了一批具有标志性意义的重大科技成果，产生了一批新产业、新业态，数字技术深度融入传统制造业的变革之中，引领传统产业转型；其次，数字经济发展加快创新驱动进程，创新创业成为经济优化升级的新引擎。预计到2025年，我国信息消费总额将达到12万亿元，电子商务交易规模将达到67万亿元左右。以新经济为重点的产业变革将推动经济增长方式从以资源要素投入为主向创新和科技驱动为主的转变，形成不以速度为导向、追求质量效益的新增长格局。

（四）经济优化升级传递增长质量变革新能效

过去几年，在国内外发展环境发生深刻复杂变化的背景下，经济优化升级对增长速度与质量变革产生一系列积极影响，不断释放新能效。我国经济总量规模已从54万亿元增长到80万亿元，重要原因就是经济持续优化升级取得重要进展。未来5年至10年，产业结构、消费结构以及城镇化结构的变革和升级，仍将带来巨大的叠加效应，预计经济增速不会低于6%，对全球经济增长的贡献率将保持在30%左右。从增长效果看，经济优化升级有助于提高经济增长质量。例如，新增长的就业弹性明显提升。2012年至2016年，GDP每增长1个百分点，吸纳的非农就业人口就达到170万人，比

2009年至2011年多吸纳30万人。随着服务业占比的提升,每增长1个百分点将吸纳更多的就业人员。从未来预期看,伴随增长质量效益提高,至少将带来两大发展能效的优化。其一,是社会结构的优化,未来5年至10年,中等收入群体占比有可能达到50%左右。其二,是资源环境的优化,初步估算,2020年如果服务业占比不低于55%,能源消耗量有望下降14%左右,二氧化硫(SO_2)有望减排18%左右。基于此,经济优化升级与环境治理相互融合、相互促进的绿色发展前景,从长远看,是值得期待的。

二 经济优化升级趋势对深化供给侧结构性改革的迫切要求

经济优化升级的本质是创新变革,核心是发展实体经济,关键是使市场在资源配置中起决定性作用,更好发挥政府作用。这就需要深化供给侧结构性改革,推动经济发展质量变革、效率变革、动力变革。

(一)以实体经济为重点,深化供给侧结构性改革

党的十九大报告强调,建设现代化经济体系,必须把发展经济的着力点放在实体经济上,把提高供给体系质量作为主攻方向,显著增强我国经济质量优势。当前,经济运行的突出矛盾是重大结构性失衡,主要表现为实体经济结构性供需失衡、金融和实体经济失衡、房地产和实体经济失衡。深化供给侧结构性改革要聚焦振兴实体经济发力、聚力。比如,要加快产权保护制度化、法治化进程,形成稳定扩大民间投资的良好制度预期;要按照加快"培育具有全球竞争力的世界一流企业"的目标,加快发展混合所有制经济;要按照"国有资本做强做优做大"的要求,深化国有企业改革,改革国有资本授权经营体制;要尽快形成保护企业家创新创业收益的相关制度安排,以进一步激励和保护企业家精神,鼓励更多社会资本投身于创新创业。

(二)以打破行政和市场垄断为重点,不断优化营商环境

加快推进公平有序的营商环境建设,既是参与全球经济合作竞

争的现实需求，也是激发国内市场活力、振兴实体经济的重中之重。这就需要认真贯彻落实党的十九大报告关于"打破行政性垄断，防止市场垄断"的要求，加快"清理废除妨碍统一市场和公平竞争的各种规定和做法"。比如，要以服务业市场开放为重点，全面实施市场准入负面清单制度，在创新市场准入制度方面取得新突破；要破除服务业领域的行政性垄断和市场垄断，释放服务业发展的巨大潜力；要完善国家中小企业发展促进机制，形成维护中小企业发展的公平竞争市场环境；要进一步加大减税降费的力度，实质性降低企业的制度性成本。

（三）以纵深推进简政放权为重点，加快变革监管体制

总的看，经济运行中的风险形成和积聚，与政府的监管体制变革滞后、监管不到位直接相关。防止各类经济风险的发生，守住不发生系统性金融风险的底线，需要加快推进监管体制转型与变革。比如，尽快实现由分业监管向混业监管的过渡，建立综合性金融监管体制；尽快形成统一的国家反垄断体制，强化反垄断的权威性、统一性，建立既适用于内资又适用于外资，法治化、规范化的反垄断体制；尽快完善统一权威的食品药品监管体制，以形成与全社会消费结构升级相适应的市场环境。

三 经济优化升级与全面开放新格局相互促进

当前，经济优化升级与扩大开放直接融合，其双向影响显著增强：我国从高速增长走向高质量发展，从主要依赖资源要素投入走向主要依赖科技创新，需要发展更高层次的开放型经济；全球经济复苏与经济增长，需要我国在经济优化升级中不断创造新的市场空间；经济全球化、区域一体化离不开我国的参与和推动。无疑，推动形成全面开放新格局，将赢得国内发展与国际竞争的主动，使我国继续成为全球经济增长的重要贡献者。

以"一带一路"为重点，加快形成陆海内外联动、东西双向互

济的开放格局。在经济全球化新的十字路口,"一带一路"建设为经济全球化与区域经济一体化提供了新动力、新平台。我国进入发展新时代,以"一带一路"建设为重点扩大开放,重在加快形成与沿线国家和地区双向互济开放的新格局。"一带一路"建设不仅为沿线国家带来大量基础设施投资,而且能够明显降低各区域之间的贸易成本。未来5年至10年,打通"一带一路"在陆上、海上、空中的贸易流、物流、资本流、人流、信息流通道,形成放射性、网络化的互联互通布局,将加快建设连接我国与贸易伙伴的经济大走廊,提升贸易物流便利化水平。实践表明,我国与"一带一路"沿线国家和地区共建基础设施给相关国家和地区经济发展带来的"溢出效应",已超出基础设施投资收益本身,它将加快促进沿线国家共商、共建、共享的合作进程,实质性推动国际贸易发展,推动经济一体化。

以服务贸易为重点推进贸易强国建设,发展更高层次的开放型经济。党的十九大报告提出了"拓展对外贸易,培育贸易新业态新模式,推进贸易强国建设"的重大任务。服务贸易不仅是衡量一个国家现代化水平的标志之一,也日益成为全球自由贸易进程的重点与焦点。以服务贸易为重点形成我国对外贸易新格局,不仅是贸易强国建设的重大任务,也是我国经济在中长期持续释放巨大内需潜力的重要推动力,更是提升我国在全球经济治理地位及全球贸易制度性话语权的重要条件。要推进服务项下自由贸易进程,支持具备条件的地区率先实行旅游、健康、医疗、文化、职业教育等服务业项下的自由贸易政策;积极推进服务贸易的双向开放进程,形成国内大市场与国际先进技术的有效对接,这将裂变出巨大的能量,形成我国扩大开放的新格局,形成经济全球化的新动力和全球经济增长的新活力。

综上所述,牢牢把握我国经济优化升级趋势,加快建设现代化经济体系，不仅是我们跨越关口的不二选择，而且将对增长方式、经济结构带来深远影响。伴随我国经济发展质量和效率显著提升，以及由此形成的巨大内需市场和更多的中国机遇，必将进一步推动形成国际自由贸易新格局，有力促进经济全球化进程与全球治理的积极变革，为构建人类命运共同体提供重要支撑。

以高质量发展为核心目标建设现代化经济体系[*]

（2017 年 12 月）

党的十九大报告指出："我国经济已由高速增长阶段转向高质量发展阶段，正处在转变发展方式、优化经济结构、转换增长动力的攻关期，建设现代化经济体系是跨越关口的迫切要求和我国发展的战略目标。"建设现代化经济体系，是我国发展进入新时代，社会主要矛盾发生历史性变化后的重大战略任务。

从我国实际经济生活看，建设现代化经济体系，要适应社会主要矛盾的历史性变化，以高质量发展为核心目标，以创新为战略支撑，以深化供给侧结构性改革为主线，以完善市场经济体制和构建开放型经济为动力。加快建设现代化经济体系，不仅决定中国中长期的经济发展，而且将对世界经济增长和全球经济治理格局产生重大而积极的影响。

一 我国经济已由高速增长阶段转向高质量发展阶段

进入新时代，我国经济发展的突出阶段性特点，是由高速增长转向高质量发展。从发展阶段看，我国已经进入 L 型的中高速增长

---

[*] 本文载于《行政管理改革》2017 年第 12 期。

阶段，各方更加注重发展质量。党的十九大报告明确提出"我国经济已由高速增长阶段转向高质量发展阶段"的判断，是一个战略性、历史性的判断。把经济建设的主要精力聚焦到建设现代化经济体系，是我国新时代的务实选择。

(一) 我国社会主要矛盾发生历史性变化

按照党的十九大报告的要求，实现建设现代化经济体系的战略目标，就是要在质量变革、效率变革、动力变革的基础上，提高全要素生产率，不断增强我国经济创新力和竞争力。

1. 社会主要矛盾发生历史性变化

党的十九大报告明确提出："中国特色社会主义进入新时代，我国社会主要矛盾已经转化为人民日益增长的美好生活需要和不平衡不充分的发展之间的矛盾。"这个判断，符合我国发展的客观趋势。

一方面，改革开放以来，我国不仅在较短的时间内稳定解决了十几亿人的温饱问题，而且提前总体上实现小康，并且不久将全面建成小康社会。在这快速发展的进程中，人民生活水平不断提高。1979—2015年，城镇居民人均可支配收入和农村居民人均纯收入年均增长分别为7.4%和7.6%。站在新的历史起点上，人民美好生活的需要日益广泛，不仅对物质文化生活提出了更高要求，而且在民主、法治、公平、正义、安全、环境等方面的要求日益增长。这表明，我国经济发展的需求侧发生了历史性变化，"人民日益增长的物质文化需要"有了一个时代性的提升。

另一方面，经过近40年的发展，我国社会生产力水平总体上显著提高，2017年经济总量有望超过80万亿元人民币，社会生产能力在很多方面进入世界前列，已经成为世界第二大经济体、最大货物出口国、第二大货物进口国、第二大对外直接投资国、最大外汇储备国、最大旅游市场。在产业体系上，我国已经建立了完整的工业体系，技术水平逐步提高。过去几年，中国涌现了一批具有标志性意义的重大科技成果，包括载人航天、探月工程、量子通信、射电望远镜、载人深潜、超级计算机等。也就是说，在发展的供给侧，"落后的社会生产"这一矛盾得到明显改变。

在需求侧和供给侧均发生变化后，我国社会主要矛盾就不再是"人民日益增长的物质文化需要同落后的社会生产之间的矛盾"了，而是"人民日益增长的美好生活需要和不平衡不充分的发展之间的矛盾"。仅以老年人服务需求为例，随着人口结构的变化，当前我国老年人医疗健康消费需求规模每年不低于1万亿元，而实际供给不到2000亿元，"有需求、缺供给"的矛盾相当突出。通过深化供给侧结构性改革，在教育、医疗、健康、环境等民生领域扩大有效供给，改善供给质量，降低供给价格，就能够精准提升全体人民的"获得感"。党的十九大报告立足我国生产力的实际情况，准确把握人民不断变化的美好生活需要，鲜明提出社会主要矛盾变化的重大判断，这为中长期经济高质量和可持续发展做出了重大理论突破。

2. 进入追求高质量发展的新阶段

进入新时代，面对社会主要矛盾的变化，发展要解决的问题发生重大变化，在继续保持生产力一定发展速度的同时，更加注重发展的质量，更加注重"创新、协调、绿色、开放、共享"的发展。

——在产业结构上，由资源密集型、劳动密集型产业为主向技术密集型、知识密集型产业为主转变。比如，生产性服务业的占比将逐步提升，在国民经济中的作用将日益明显。我们将逐步从"微笑曲线"的底端向两端升级。

——在产品结构上，由低技术含量、低附加值产品为主向高技术含量、高附加值产品为主转变。比如，在产品质量上，国产工业品将加快摆脱"山寨货"的标签，成为高端大气精细的"大国之作"。

——在经济效益上，由高成本、低效益向低成本、高效益的方向转变。比如，过去几年，我国创新型国家建设取得重要进展。2016年，我国创新指数名列全球第25位，比2012年提高9位，在中等收入国家中排名首位，大幅领先其他"金砖国家"。创新成为我国发展的主要动力，并且在某些领域开始从模仿型、跟随型技术创新走向原发型技术。创新的不断突破，使得我国将加快改变要素投入型的增长，更多地走向效率型增长，经济效益将有明显改善。

——在生态环境上，由高排放、高污染向循环经济和环境友好型经济转变。比如，随着产业结构的调整，山更青、水更绿、天更蓝的日子将越来越多。

3. 新时代发展内涵得到提升和拓展

新时代的发展要能够满足人民日益增长的美好生活需要，就需要走向更加平衡更加充分的发展，要以增进人民获得感和幸福感为目标。在以高质量发展为重要目标的新时代，过去40年来行之有效的增长逻辑、增长方式、增长动力、增长结构等都将得到重构和升级，现代化经济体系最终将体现为国家经济实力不断增强、企业效益不断提升、居民收入持续增长、生态环境不断改善等方面。

（二）发展条件发生深刻复杂变化

建设现代化经济体系，所面临的内外发展环境与过去有了明显变化，既带来发展的重大机遇，也带来了发展的严峻挑战。党的十九大报告明确指出："当前，国内外形势正在发生深刻复杂变化，我国发展仍处于重要战略机遇期，前景十分光明，挑战也十分严峻。"

1. 国际市场环境发生复杂变化

党的十九大报告在提出"世界正处于大发展大变革大调整时期，和平与发展仍然是时代主题"的同时，也强调"世界面临的不稳定性不确定性突出，世界经济增长动能不足，贫富分化日益严重"的挑战。国际金融危机以来，经济全球化逆潮出现并且在某些地区形成一定趋势，给我国外部环境带来严峻挑战；同时，全球自由贸易是一个不可阻挡的大势。两股力量的博弈，在短期将形成国际市场环境的某些波动甚至震荡。

2. 国内发展环境发生深刻变化

突出地表现在我国发展的比较优势发生了变化。比如，人民对美好环境的需要不断增长，中央坚持以人民为中心，明确把污染防治作为未来5年三大攻坚战之一。企业的环保成本势必内部化，依赖低环保成本发展的道路难以持续。这表明，与过去40年相比，新时代的国内发展环境已发生重大变化。

3. 转型发展的历史关节点

党的十九大报告明确提出："从十九大到二十大，是'两个一百年'奋斗目标的历史交汇期。我国既要全面建成小康社会、实现第一个百年奋斗目标，又要乘势而上开启全面建设社会主义现代化国家新征程，向第二个百年奋斗目标进军。"在这个历史交汇期，我国经济转型升级的趋势和特点十分突出。

——产业结构正由工业主导向服务业主导转型升级。2017年前三季度服务业占比达到52.9%，预计到2020年有可能接近或达到60%左右。更为重要的是，在服务型经济比重不断提升的同时，新产业、新业态、新模式不断涌现，成为助推产业变革的新动能。

——消费结构正由物质型消费为主向服务型消费为主转型升级。估计到2020年，城镇居民服务型消费比重将由目前的40%左右提高到50%左右。

——城镇化结构正由规模城镇化向人口城镇化转型升级。预计到2020年，常住人口城镇化率有可能由2016年的57.35%提高到60%以上。同时，户籍人口城镇化率将加快推进，与常住人口城镇化率的差距将逐步缩小，越来越多的农民工融入城镇。此外，新型城镇化和乡村振兴将呈现融合并进的态势。

(三) 发展理念的转变与提升

党的十九大报告明确提出,建设现代化经济体系是跨越关口的迫切要求和我国发展的战略目标。这不仅是对建设现代化经济体系的具体部署,更反映了发展理念的深刻变革。

1. 三大变革:质量变革、效率变革、动力变革

这是建设现代化经济体系的核心,也是破解经济发展方式转变的根本出路。

——质量变革是主体。中国近 40 年的发展,速度快、规模大。目前面临的主要挑战是经济发展质量不是很高。和发达国家相比,我国在一些技术上、质量上仍有不小的差距,特别是一些制造业环节。中央提倡并鼓励"大国工匠",推进"中国制造 2025",重要目的之一是推进质量变革,推动"中国制造"向"中国智造"、"中国速度"向"中国质量"、"中国产品"向"中国品牌"升级。

——效率变革是主线。当前,我国经济增长中的低效率问题仍然比较突出。例如,经济泡沫、金融风险等问题,归根结底是效率不高的问题。我国央行投入的总体流动性并不算太高,但流动性配置的效率偏低,脱实向虚倾向明显,大量民营中小微企业难以获得贷款资源,降低了流动性的配置效率。因此,效率变革将成为我国建设现代化经济体系的重大任务。

——动力变革是条件。以劳动力供求关系为例,我国劳动年龄人口已经连续 5 年下降,劳动力成本已经进入上升通道。劳动力成本上升意味着我国内需市场的不断扩大,成为支撑消费结构升级的重要因素。下一步,在动力变革上,要把劳动力成本优势尽快转为人力资本优势。

2. 发展目的:提高全要素生产率

党的十九大报告提出了提高全要素生产率的要求。提高全要素

生产率，就是要把过去过度依赖自然资源的发展方式，转向更多依靠人力资源的发展方式。

3. 发展保障：产业体系+体制安排

党的十九大报告提出："着力加快建设实体经济、科技创新、现代金融、人力资源协同发展的产业体系，着力构建市场机制有效、微观主体有活力、宏观调控有度的经济体制。"构建"四位一体"的产业体系和"三有并存"的经济体制，将成为增强经济创新力和竞争力的重要保障。

（四）建设现代化经济体系的重大任务

建设现代化经济体系，需要从多方面聚力、发力。按照党的十九大报告的要求，要着力推进创新发展、乡村振兴、区域协调发展的进程。

1. 加快建设创新型国家

党的十九大报告提出："创新是引领发展的第一动力，是建设现代化经济体系的战略支撑。"随着大数据、人工智能等新一轮技术革命的加快推进，创新在经济发展中具有越来越重要的地位。在大、智、云、移、物等领域，在基础研究领域和应用研究领域再推出一大批重大科技创新成果，将为我国中长期发展释放重要的内生动力。

2. 实施乡村振兴战略

党的十九大报告提出："农业农村农民问题是关系国计民生的根本性问题，必须始终把解决好'三农'问题作为全党工作重中之重。"实施乡村振兴战略，建立城乡融合发展体制机制和政策体系，表明决策层把传统的"三农"问题上升到乡村振兴高度。而且，对乡村振兴的目标做了全新定位，即从传统的"生产发展、生活宽裕、乡风文明、村容整洁、管理民主"提升到"产业兴旺、生活富裕、乡风文明、生态宜居、治理有效"，使人们"记得住乡愁"。

3. 实施区域协调发展战略

党的十九大报告提出："加大力度支持革命老区、民族地区、边疆地区、贫困地区加快发展，强化举措推进西部大开发形成新格局，深化改革加快东北等老工业基地振兴，发挥优势推动中部地区崛起，创新引领率先实现东部地区优化发展，建立更加有效的区域协调发展新机制。"按照党的十九大报告的要求，我国区域协调发展将形成新的局面。

二 以深化供给侧结构性改革为主线

建设现代化经济体系的首要任务是适应新时代社会主要矛盾变化，以深化供给侧结构性改革破解"有需求、缺供给"的突出矛盾，适应人民对美好生活的需要，不断提升产品与服务的供给水平，持续释放巨大内需增长潜力。

（一）供给侧结构性改革内涵的进一步提升

从经济运行情况看，以"三去一降一补"为主抓手的供给侧结构性改革有了显著进展。比如，去产能方面，2017年前三季度全国工业产能利用率为76.6%，比上年同期提高3.5个百分点；去杠杆方面，8月末规模以上工业企业资产负债率为55.7%，比上年同期下降0.7个百分点。过高杠杆率得到控制，牢牢守住了不发生系统性金融风险的底线。

党的十九大报告对深化供给侧结构性改革做了重大部署。除了继续强调"三去一降一补"外，更加重视推进产业结构的调整，包括发展先进制造业、提升传统产业，保护企业家精神以及建设一支知识型、技能型、创新型的劳动者大军。

（二）深化供给侧结构性改革是一场硬仗

习近平总书记在2016年初省部级主要领导干部学习贯彻党的十八届五中全会精神专题研讨班上的讲话明确指出："供给侧结构性改革，重点是解放和发展社会生产力，用改革的办法推进结构调整，减少无效和低端供给，扩大有效和中高端供给，增强供给结构对需求变化的适应性和灵活性，提高全要素生产率。"建设现代化经济体系，供给侧结构性改革是需要贯彻始终的一条主线，其实质是结构性改革和结构性调整，是促进供需关系动态均衡的根本保障。从实际情况看，深化供给侧结构性改革是一场攻坚战，既要把供给侧结构性改革贯穿经济转型全过程，又要在短期内实现重大突破。

(三) 深化供给侧结构性改革的重大任务

1. 加快建设制造强国

过去几年来，我国在制造业取得了明显进展，一些领域的技术水平达到全球前列。但整体上还面临大而不强的挑战。比如，在价值链方面，我国制造业整体产出效率存在一定差距。当前，我国制造业增加值率为21%左右，而发达国家为35%—40%；我国人均制造业增加值只有3000多美元，居全球第54位，仅为发达国家水平的1/3。因此，要按着党的十九大提出的，"加快发展先进制造业，推动互联网、大数据、人工智能和实体经济深度融合，在中高端消费、创新引领、绿色低碳、共享经济、现代供应链、人力资本服务等领域培育新增长点、形成新动能"。

2. 支持传统产业优化升级

依托我国巨大的市场空间，传统产业还有发展的潜力，关键在于优化升级。第一，加快发展现代服务业，瞄准国际标准提高水平。比如，我国健康养老产业的发展，需要着力提高管理水平和技术服务水平。第二，促进我国产业迈向全球价值链中高端，培育若干世界级先进制造业集群，这是我国的立国之本。第三，加强水利、铁路、公路、水运、航空、管道、电网、信息、物流等基础设施网络建设，使我国的基础设施能够有效满足人民的需要。

3. 坚持"三去一降一补"

坚持去产能、去库存、去杠杆、降成本、补短板，优化存量资源配置，扩大优质增量供给，实现供需动态平衡。在注重防范化解重大风险的同时，更加注重以推动"三去一降一补"加快形成供求总量、结构的动态平衡。

4. 激发和保护企业家精神，鼓励更多社会主体投身创新创业

企业家是经济活动的重要主体，企业家精神是经济发展的重要源泉。2017年9月，中共中央、国务院印发了《关于营造企业家健康成长环境弘扬优秀企业家精神更好发挥企业家作用的意见》。党的十九大报告再次明确提出"激发和保护企业家精神，鼓励更多社会主体投身创新创业"。落实党的十九大精神，关键在于尽快对企业家关注的重大问题出台具体司法解释，由此稳定企业家预期，激发其巨大的投资潜力。

5. 建设知识型、技能型、创新型劳动者大军

建设现代化经济体系，关键在于人的因素。人力资源和社会保障部的统计数据显示，目前技能劳动者数量只占全国就业人员总量的1/5，高技能人才不足6%。以集成电路领域为例，尽管我国工程专业大学毕业生每年近50万人，但国内芯片设计企业仍不得不从海外大量聘用专业技术人才。党的十九大报告明确提出要"弘扬劳模精神和工匠精神，营造劳动光荣的社会风尚和精益求精的敬业风气"。把建设劳动者大军作为深化供给侧结构性改革的重大任务，必将对我国中长期发展产生深远影响。

三 加快完善社会主义市场经济体制

党的十九大报告指出："必须坚持和完善中国特色社会主义制度，不断推进国家治理体系和治理能力现代化，坚决破除一切不合时宜的思想观念和体制机制弊端，突破利益固化的藩篱，吸收人类文明有益成果，构建系统完备、科学规范、运行有效的制度体系，

充分发挥我国社会主义制度优越性。"客观地看，市场化改革走到今天，能否突破利益固化的藩篱，加快形成市场决定资源配置的新格局，决定着能否实现现代化经济体系建设的重大战略目标。

（一）以完善产权制度和要素市场化为重点

1. 完善产权制度

党的十九大报告强调："经济体制改革必须以完善产权制度和要素市场化为重点。"改革开放近40年来，我国已经初步建立了与市场经济相适应的产权制度框架，但在多方面仍有不完善之处，尤其是产权保护力度与社会预期不相适应。产权保护是现代市场经济的基石，是实现公平可持续发展的重要保障。完善产权保护，推进产权保护制度化、法治化进程，不仅有利于激发市场活力、调动全社会创新创业热情，而且能够增强人民群众财产的安全感，增强社会信心和稳定社会预期。例如，完善非公有制企业产权保护制度、保护企业家创新收益、加强知识产权保护、完善农村土地产权制度等。

2. 实现要素市场化配置

长期以来，我国经济增长方式转变滞后的一个重要原因在于，某些资源要素领域的市场化改革相对滞后，市场决定资源配置的格局在这些领域尚未有效建立。随着我国由高速增长阶段转向高质量发展阶段，过去依靠行政力量控制资源要素到了非改不可的地步，需要加快提高要素市场化配置水平。例如，深化资源要素价格改革，实现农村土地要素市场化配置，实现劳动力、人才要素市场化配置等。

（二）推动国有资本做强做优做大

党的十九大报告提出："要完善各类国有资产管理体制，改革国有资本授权经营体制，加快国有经济布局优化、结构调整、战略性重组，促进国有资产保值增值，推动国有资本做强做优做大，有效防止国有资产流失。"这是对党的十八届三中全会"以管资本为主加强国有资产监管"的延伸和升级，突出了国有资本保值增值，不仅为国有企业改革拓宽了空间，而且为社会资本发展创造了制度性空间。落实党的十九大精神，需要按照"国有资本做强做优做大"的要求，改革国有资本授权经营体制，尽快出台国有资本投资、运营公司的改革方案。

（三）发展混合所有制经济

党的十九大报告对混合所有制改革提出新的改革目标："深化国有企业改革，发展混合所有制经济，培育具有全球竞争力的世界一流企业。"混合所有制改革是新时代深化国有企业改革的重头戏，牵一发而动全身。这就要求：在去产能取得阶段性成果的情况下，要把发展创新型国有企业作为改革的重要目标，推动国有企业转型升级；扩大市场开放，引导和鼓励扩大社会资本参与，在发展混合所有制结构中给民间投资提供更大的市场空间。

（四）统一市场和公平竞争，打破行政性垄断，防止市场垄断

1. 创造公平竞争的营商环境成为国际竞争的焦点

党的十九大报告指出："全面实施市场准入负面清单制度，清理废除妨碍统一市场和公平竞争的各种规定和做法，支持民营企业发展，激发各类市场主体活力。深化商事制度改革，打破行政性垄断，防止市场垄断，加快要素价格市场化改革，放宽服务业准入限制。"当前，优化营商环境不仅成为我国参与全球经济竞争的现实需求，而且成为激发国内市场活力、振兴实体经济的关键所在。有数据显示，2013—2016 年，在全球 190 个经济体中，我国营商环境排名由第 96 位上升为第 78 位，在 G20 中排倒数第 5 位。仅从两个数字看，我国的营商环境与大国的经济地位很不相适应，优化营商环境具有相当大的现实性、迫切性。

2. 全面实施市场准入负面清单制度

要以服务业市场开放为重点，全面实施市场准入负面清单制

度，通过国内自贸区负面清单管理模式在全国范围内的普及推广，在创新市场准入制度方面取得新突破。

3. 重点破除服务业领域的行政性垄断和市场垄断

初步估算，到2020年，中国服务业规模有可能从2016年的38.4万亿元人民币增加到50万亿元人民币左右。适应服务业加快发展的大趋势，需要进一步清理、修改、废除国有垄断行业、城市公用事业、公共服务等领域导致行政垄断的行政法规；探索实施符合新经济领域发展规律的反垄断方式，形成有效的反垄断审查机制。

4. 以发展中小企业为重点维护公平竞争

近年来，中小企业发展在我国经济转型升级中的作用日益凸显，数量明显增加，但其成长与发展并不稳定。据统计，我国的中小企业平均寿命仅有2.5年，与美国的8.2年、日本的12.5年有较大差距。据全国工商联调查，90%的小企业和95%的小微企业没有与正规金融机构发生任何借贷关系，其融资多依靠民间借贷市场。新时代的发展，需要为中小企业发展创造更加宽松的市场环境和更有效的政策支持体系，使其成为创新发展、共享发展的引擎。

（五）完善市场监管体制

1. 把监管变革作为深化简政放权的重点

过去5年，简政放权改革在多方面取得重要突破，在激发市场活力，稳定实体经济上发挥了重要作用。面对经济运行中的各类风险因素增大，以监管变革为重点纵深推进简政放权，有利于使市场在资源配置中起决定性作用和更好发挥政府作用。

2. 以监管变革应对各类风险挑战

以金融监管为例，要守住不发生系统性金融风险的底线，需要加快推进监管的转型与变革。例如，尽快实现由分业监管向混业监管的过渡，建立综合性金融监管体制；尽快形成统一的国家反垄断体制，强化反垄断的权威性、统一性，建立既适用于内资又适用于外资，法治化、规范化的反垄断体制；尽快形成统一权威的食品药品监管体制，以适应全社会消费结构升级需求形成良好的经济社会环境。

3. 明确把新经济监管作为市场监管部门的重要职责

经济转型升级是一个动态过程，市场监管也应该是一个动态的过程。对新经济的监管既需要各个部门的协同配合，也需要市场监管机构来牵头主抓。建议在市场监管部门成立专门的新经济监管机构，动态跟踪新业态，根据情况提出并试行新经济的监管条例，以适应新经济发展需求，实行科学有效的市场监管。

（六）完善促进消费的体制机制，增强消费对经济发展的基础性作用

当前，我国消费结构正由物质型消费为主向服务型消费为主转型。2017年前三季度，全国社会消费品零售总额同比增长10.4%，增速与上年同期持平；最终消费支出对经济增长的贡献率达到64.5%，比上年同期提高了2.8个百分点，消费对经济增长的基础性作用进一步巩固。我国正进入一个"新消费时代"。适应这个趋势，加快完善促进消费的体制机制，减少"消费外流"的规模和比重，拓宽中国消费大市场，进一步夯实消费对经济发展的基础性作用。

（七）深化投融资体制改革，发挥投资对优化供给结构的关键作用

我国供给结构不适应需求结构的突出矛盾，重要原因在于投资结构未能以消费结构变化为引导而做出相应的调整，根源在于当前的投融资体制改革相对滞后。从现实情况看，发展实体经济仍面临民间投资增速下降的突出矛盾。例如，民间投资增速和占比出现"双下降"。2015年民间投资增速为10.1%，2016年降为3.2%；

民间投资占比由 2015 年的 64.2% 下降为 2016 年的 61.2%，下降了 3 个百分点。2017 年前三季度，民间投资占比进一步下降到 60.5%。从扩大民间投资，振兴实体经济的现实需求看，深化投融资体制改革的现实性、迫切性全面增强。

（八）深化财税金融体制改革

1. 做实财政这个国家治理的基础和重要支柱

财政是国家治理的基础和重要支柱。过去几年，我国"营改增"全面推进且全面收官，为企业减轻了负担，也为进一步理顺税收关系奠定了重要基础。在党的十八届三中全会相关改革部署的基础上，党的十九大报告对财税体制改革提出了进一步的明确要求，总的目标是加快建立现代财政制度，具体涉及中央地方财政关系调整、预算制度建设和税制改革。

2. 重点推进税收结构调整，以降低制度成本

一般来说，直接税比重高更有利于服务业发展、有利于消费释放、有利于收入差距调节。从国际经验看，高收入国家直接税占比平均达到 63.56%。我国目前仍以间接税为主体。根据统计数据计算，2015 年，我国直接税比重为 42.4%，间接税比重为 57.6%。适应我国经济转型升级的趋势，需要尽快改变直接税比重偏低的状况。

与此同时，进一步加大减税降费的力度，实质性降低企业制度成本，是优化营商环境、振兴实体经济的重大举措。例如，改革以企业税、流转税为主的税制。逐步提高直接税比重，改革个人所得税征收方式，扩大财产税征收范围，探索启动开征遗产税、赠与税等新型税种；以财产税为主体形成地方政府稳定的税源。加快房地产税立法，推进消费税改革，将房地产税和消费税作为未来地方政府的主体税种，降低对增值税的依赖。

3. 着力增强金融服务实体经济的能力

金融要实现健康发展，重在与实体经济融合。一方面，金融改

革要以服务实体经济为基本定位，加大金融与实体经济的融合，切实降低实体经济融资成本，为实现供给侧结构性改革的重大突破创造条件；另一方面，金融支持是激发小微企业活力、助推小微企业成长壮大的重要力量。要防止金融脱实向虚，加大金融资源向实体经济配置，提高直接融资比重，重点解决中小微企业贷款难的问题。

党的十九大报告明确提出，深化金融体制改革，增强服务实体经济能力。这是新时代中央对金融发展的基本定位，旨在扭转金融脱实向虚的倾向，防范和避免各种类型的系统性金融风险。党的十九大报告对此提出了三个方面的具体任务：一是提高直接融资比重，促进多层次资本市场健康发展；二是健全货币政策和宏观审慎政策双支柱调控框架，深化利率和汇率市场化改革；三是健全金融监管体系，守住不发生系统性金融风险的底线。

四 推动形成全面开放新格局

党的十九大报告强调："开放带来进步，封闭必然落后。中国开放的大门不会关闭，只会越开越大。""主动参与和推动经济全球化进程，发展更高层次的开放型经济，不断壮大我国经济实力和综合国力。"在经济全球化与国内经济转型历史交汇的大背景下，推进以自由贸易为主线的开放转型，不仅为经济转型与供给侧结构性改革注入强大动力，而且将给全球自由贸易和经济全球化带来重要影响，使我国由经济全球化的重要参与者转变为主要引领者。

（一）以"一带一路"建设为重点，加快形成双向互济的开放格局

党的十九大报告要求："以'一带一路'建设为重点，坚持"引进来"和"走出去"并重，遵循共商共建共享原则，加强创新能力开放合作，形成陆海内外联动、东西双向互济的开放格局。"在经济全球化新的十字路口，"一带一路"倡议不仅是我国"二次

开放"的重大战略布局,也是我国拓宽经济转型升级空间的重要选择。

(1) 以基础设施互联互通为依托。目前,"一带一路"框架内的基础设施在建项目已经覆盖44个国家。未来10年,要加快打通"一带一路"在陆上、海上、空中的贸易流、物流、人流、信息流通道,形成放射性、网络化的交通布局,着力构建连接我国与自由贸易伙伴的经济大走廊,提升贸易物流便利化水平。

(2) 以产能合作和服务贸易为重点。从趋势看,"一带一路"沿线国家和地区的经济互补性较强,在国际产能和装备制造业合作方面潜力巨大。据国家发展改革委预测,我国对外产业投资将从2015年的1200亿美元增加到2018年的1600亿美元。

(3) 以建立自由贸易区网络为目标。未来"一带一路"面临的国际环境更加复杂,干扰因素将明显增多。这既是"一带一路"的重大挑战,也是重要机遇。不管形势如何变化,制度性安排可以保障"一带一路"的稳定性,而多种形式的自由贸易区网络就是主要的制度安排。同时,通过构建"一带一路"自由贸易区网络,巩固我国与周边及沿线国家的经贸合作关系,拓展国际合作领域,创新合作机制,使"一带一路"在全球经济治理中发挥重要作用。

(二) 实行高水平的贸易和投资自由化便利化政策

(1) 全面实行准入前国民待遇加负面清单管理制度。按照内外一视同仁的原则,进一步营造公平竞争的市场环境,尽快出台《外国投资法》,推动新一轮高水平对外开放,完善法治化、国际化、便利化的营商环境。

(2) 大幅度放宽市场准入,扩大服务业对外开放。目前,国内11个自贸区的负面清单仍有95项,其中70项针对服务贸易。为此,需要进一步精减负面清单,健全服务贸易促进体系,有序扩大服务业对外开放。

（三）优化区域开放布局

（1）西部大开放带动西部大开发。当前，开放程度低严重制约西部大开发。根据统计数据整理，2015年，西部地区对外贸易依存度平均为12.5%，明显低于全国平均36.4%的水平。实施"一带一路"建设，推动我国西部地区从开放"末梢"变身开放前沿。这就需要把握丝绸之路经济带建设的历史性机遇，把西部地区特色优势转化为经济优势，以西部大开放带动西部大开发。

（2）形成"一带一路"东北开放的大格局。开放度低是制约东北经济发展的最大短板，是产业结构调整滞后、体制机制改革难以破题的症结所在。以对外贸易为例，2015年，东北三省的对外贸易依存度为14.6%，比全国平均水平低21.8个百分点。为此，东北地区应加快融入"一带一路"建设，构建东北对外开放的大通道、大平台、大布局，由此形成东北振兴的新动力。

（3）推进沿边大开放。深化与周边国家和地区合作，实现沿边开放的重大突破，是沿边地区主动融入和服务"一带一路"建设的重要任务。例如，设立沿边自由贸易试验区，全面实施贸易投资自由化政策；发展沿边出口加工区，承接沿海加工制造业转移；发展跨境、边境旅游合作区，加强与周边地区人文交流。

（四）赋予自由贸易试验区更大改革自主权，探索建设自由贸易港

（1）以服务贸易为重点加快自贸区转型。适应新形势的需要，应当鼓励支持现有的自贸区在服务贸易发展和服务业市场开放上先行先试。

（2）积极开展产业项下的自由贸易政策。从不同区域的特定优势出发，支持具备条件的地区率先实行旅游、医疗、健康、文化、职业教育等产业项下的自由贸易政策，走出一条开放转型的新

路子。

（3）推进粤港澳服务贸易一体化。这是粤港澳区域一体化的重大选项，不仅有利于推动粤港澳区域经济一体化，充分发挥三地在服务贸易方面的优势，而且对促进和服务于"一国两制"将产生重要影响。当前，重要的是在管住货物贸易的同时全面放开人文交流。

（4）探索建设自由贸易港。党的十九大报告在对外开放上的一个亮点就是鼓励探索建设自由贸易港。从国际经验看，自由贸易港是自由贸易区的最高实现形式，在税费减免、货物通关、企业设立、资金进出等方面有更高的自由度，对外国资本有较强的吸引力。未来几年，在具备条件的地区探索建立自由贸易港将是我国对外开放的重大战略布局。

（五）创新对外投资方式

1. 以产能合作为重点，建立产能与投资合作机制

党的十九大报告要求："创新对外投资方式，促进国际产能合作，形成面向全球的贸易、投融资、生产、服务网络，加快培育国际经济合作和竞争新优势。"从现实情况看，我国已与36个国家建立了产能与投资合作机制。在当前世界经济整体乏力的背景下，需要创新国际化的投融资模式，发挥产能合作基金等金融平台的作用，为国内企业开展国际产能合作创造良好的外部环境。

2. 积极引导和规范对外投资

数据显示，到2016年底，我国累计对外投资1.36万亿美元，在境外设立企业3.72万家，2016年投资额1962亿美元，居世界第二位，存量居世界第六位。2017年8月，我国出台了《关于进一步引导和规范境外投资方向的指导意见》，旨在引导和支持有条件的企业开展真实合规的对外投资活动。例如，鼓励企业"走出去"开展国际产能合作；严格限制房地产、酒店、影城、娱乐业、体育

俱乐部等境外投资；禁止境内企业参与危害或可能危害国家利益和国家安全等的境外投资。建设现代化经济体系，是我国进入新时代后跨越关口的迫切要求和我国发展的战略目标。党的十九大报告对此做出重大战略部署，以及明确的行动路线。贯彻落实党的十九大精神，加快建设现代化经济体系，将为我国如期实现新"两步走"战略目标奠定坚实基础。

推动高质量发展要加快动力变革[*]

（2018年3月）

我国是一个发展中的大国，更是一个转型中的大国。推动高质量发展，不仅是保持经济持续健康发展的必然要求，更是遵循经济发展规律的必然要求。推动高质量发展，要紧扣我国社会主要矛盾变化，推动质量变革、效率变革、动力变革，其中加快动力变革是关键和基础，以此切实、持续地提高全要素生产率，从而形成质量效益明显提高、稳定性和可持续性明显增强的发展新局面。

一　加快动力变革是关键和基础

当前，我国经济已由高速增长阶段转向高质量发展阶段，正处在转变发展方式、优化经济结构、转换增长动力的攻关期。党的十九大报告强调，以供给侧结构性改革为主线，推动经济发展质量变革、效率变革、动力变革，提高全要素生产率，不断增强我国经济创新力和竞争力。中央经济工作会议也指出，按照高质量发展的要求，创新和完善宏观调控，推动质量变革、效率变革、动力变革，促进经济社会持续健康发展。这为当前和今后一个时期推动高质量发展，指明了方向和路径。那么，怎么来理解这"三大变革"呢？

---

[*] 本文载于《经济日报》2018年3月1日。

我理解，质量变革是主体，效率变革是重点，动力变革是关键和基础。

其一，质量是经济发展的基本追求。目前，我国经济发展面临的主要挑战是质量不高，在关键性技术、产品质量等方面与发达国家仍有较大差距。比如，我国出口产品国内附加值比重仅为68%左右，明显低于美国等发达国家80%左右的水平，仍处于全球价值链的中低端。适应新时代人民群众需求变化，加快提升供给体系质量，促进经济迈向中高端水平，推动"中国制造"向"中国智造"、"中国速度"向"中国质量"、"中国产品"向"中国品牌"升级，已成为我国经济实现高质量发展的主要任务。

其二，效率是经济发展的永恒主题。当前，我国经济增长中的低效率问题仍然比较突出。推动效率变革，就是要填平各种低效率洼地，为高质量发展奠定一个稳固基础。

其三，动力是经济发展的源头活水。一方面，在要素成本上升、环境问题严峻、经济全球化不确定性加大的背景下，如果继续沿用传统增长模式，不仅无法保持经济中高速增长，而且会使高库存、高杠杆、高成本、低效率、低质量等结构性矛盾继续累积，进一步加大经济运行风险；另一方面，在新技术、新业态、新产品不断出现，国际经济竞争日益激烈的背景下，实现高质量发展必须把创新作为引领发展的第一动力，加快建设人才强国，加快建设创新型国家。这是推进经济转型升级的必由之路，是推动质量变革、效率变革的必由之路，是释放资源活力、激发增长新动力的必由之路。

需要注意的是，提高全要素生产率是推动"三大变革"的重要目标。从国际经验来看，实现经济由高速增长阶段转向高质量发展阶段，必须依靠全要素生产率的持续提高，从而形成经济持续增长的动力源泉。同样，推动经济效率变革与动力变革，最终也要以能否提高全要素生产率及其对高质量发展的贡献为衡量标准。从现实情况看，以提高全要素生产率为目标推进"三大变革"，仍需在完善产权制度和要素市场化配置改革方面破题发力，充分发挥市场在资源配置中的决定性作用。

总的看，加快动力变革既是高质量发展的关键，也是实现质量变革、效率变革的重要条件。实现质量变革，需要推动过度依赖资源环境的发展方式转向更多依靠人力资源与科技进步的发展方式，使创新成为提高供给体系质量的强大动能；实现效率变革，需要依靠体制变革与开放创新，着力发展高水平的实体经济，全面提升要素供给效率。推动高质量发展的"三大变革"，动力变革是关键和基础，由此推动效率变革，进而促进质量变革，从而形成质量效益明显提高、稳定性和可持续性明显增强的发展新局面。

二　实现动力变革的五大任务

需要注意的是，动力变革不是在现有的旧结构下寻找稳增长的"药方"，而是要在经济转型升级的新趋势、新结构下寻找新动能、新增长的源泉。当前和今后一个时期，推动转向高质量发展的动力变革，要做好以下几方面的工作。

第一，要更加重视创新驱动。当前，我国总体进入工业化后期，支撑我国实体经济30多年快速发展的传统要素优势正逐步减弱，要素价格持续上升，对创新驱动经济发展提出了迫切要求。随着大数据、人工智能等新一轮技术革命的加快推进，创新在经济发展中的地位日益凸显。如果在大、智、云、移、物等领域，在基础研究领域和应用研究领域再推出一大批重大科技创新成果，将为我国中长期发展注入强大的内生动力。

第二，要更加重视消费拉动。发达国家的发展经验表明，当一国经济发展由高速增长阶段转向高质量发展阶段时，投资对经济增长的贡献作用先上升后下降，与之相对应，消费的贡献作用则是先下降后上升。进入发展新时代，近 14 亿人的消费大市场是我国高质量发展的一个重要潜力和本钱。新型消费与消费大市场相融合，将释放出巨大潜力。此外，消费结构升级还将引领投资结构优化调整。以消费结构升级为导向推进投资转型，进而实现供给结构调整，引导各类资本进入健康、教育、医疗以及新兴产业，这样既有利于解决我国发展不平衡不充分的问题，也将使投资更有效率、更可持续。

第三，要更加重视服务业发展。进入工业化后期，居民消费结构变化与工业转型升级需求日益加大，必然会带来服务业的快速增长。进一步看，服务业主导是制造业转型升级的客观需求。从制造业发展的大趋势看，研发、设计等生产性服务环节已成为其价值增值和国际竞争力提高的关键。从现实情况看，我国作为制造业大国，"中国创造"的优势远未凸显，原因就在于生产性服务业发展严重滞后。以生产性服务业引领制造业转型升级，使工业发展从主要依靠低成本竞争向创新驱动转变，是我国工业由大变强的重要路径。

第四，要更加重视绿色发展。当前，人民对优美生态环境及相关产品的需要日益增长，这既对绿色发展提出新的要求，也是绿色发展的重大机遇。数据显示，2016 年全国乡村旅游消费规模超过 1.1 万亿元，约占全国旅游总收入的四分之一，带动 672 万户农民受益，户均年收入超过 6 万元。这成为将绿水青山变为金山银山的生动范例。当前，绿色发展、绿色生活已成为全社会的共同愿望和目标追求，关键是要将"绿水青山就是金山银山"的发展理念真正落到实处。这不仅需要开展环境治理，更重要的是要加快形成绿色发展的产业体系与消费体系，走出一条保护与发展并举的新路子。

第五，要更加重视城乡融合发展。当前，破解城乡发展不平衡、农业农村发展不充分的矛盾已成为推动我国高质量发展面临的重大课题。2020年，如果在以人口城镇化带动城乡融合发展方面实现重要突破，带来的新增消费与投资将为高质量发展注入巨大动能。总的来看，进入发展新阶段，乡村振兴与城乡融合互为条件、相互促进，关键是要按照党的十九大报告的要求，"建立健全城乡融合发展的体制机制和政策体系"，重塑城乡关系，走城乡融合发展之路。

以改革开放的新突破助推经济转型升级[*]

（2018年6月）

改革开放40年，我国成功实现了从工业化初期到工业化后期的历史性跨越，实现了从封闭、半封闭到全方位开放的伟大转折，实现了从短缺经济时代到消费新时代的历史性提升。40年的实践证明："改革开放这场中国的第二次革命，不仅深刻改变了中国，也深刻影响了世界！"

当前，在中国与世界经济高度融合的大背景下，推进我国经济转型升级具有全局影响。从国内看，它将对转变经济增长方式、实现经济结构升级带来深远影响，并将明显提升经济增长质量。从国际看，中国经济转型升级的全球影响显著增强，它形成的巨大内需市场将成为全球经济复苏增长的突出亮点。

一 经济转型升级将释放中长期经济发展的巨大增长潜力

第一，我国总体上进入工业化后期，经济转型升级呈现历史性特点。例如，产业结构正由工业主导向服务业主导转型。预计到2020年，我国服务业占比有可能接近或达到60%左右。更重要的是，在服务型经济比重不断提升的同时，新技术、新产业、新业

---

[*] 本文载于《光明日报》2018年6月25日。

态、新模式不断涌现，成为助推产业变革的新动能。消费结构正由物质型消费为主向服务型消费为主转型。估计到2020年，城镇居民服务型消费比重将由目前的40%左右提高到50%左右，中国正在进入一个"新消费时代"。城镇化结构正由规模城镇化向人口城镇化转型。预计到2020年，常住人口城镇化率有可能由2016年的57.35%提高到60%以上。新型城镇化和乡村振兴融合并进的趋势明显增强。

第二，经济转型升级蕴藏着巨大的发展潜力和市场空间。未来几年，随着我国城乡结构、消费结构的变化，将释放百万亿级的内需大市场，这不仅能缓解我国短期经济下行压力，而且会释放中长期增长的巨大潜力。更重要的是，经济转型升级所释放的巨大内需潜力是我国应对贸易保护主义挑战的最大底气。

第三，产业变革助推经济转型升级。一方面，数字经济加快推动制造业的转型升级。例如，智能制造已成为全球制造业的制高点与全球竞争的焦点。近年来，我国涌现了一批新产业、新业态，数字技术开始深度融入传统制造业的变革之中，引领传统产业转型。另一方面，数字经济发展加快创新驱动进程。2017年，我国数字经济市场规模达到26.7万亿元，比上年增长17.2%，远高于6.9%的GDP增速。以数字经济为重点的产业变革，将推动经济增长方式从以资源要素投入为主向创新和科技驱动为主的转变，形成经济增长的新格局。

二 要按照经济转型升级的内在要求深化供给侧结构性改革

第一，要在振兴实体经济上破题发力。经济转型升级的突出矛盾是结构性失衡，主要表现为实体经济结构性供需失衡、金融和实体经济失衡、房地产和实体经济失衡。深化供给侧结构性改革，要聚焦振兴实体经济发力、聚力。例如，要以发展生产性服务业为重点，加快推进制造业升级；要以加快培育具有全球竞争力的世界一流企业的目标，加快发展混合所有制经济；要按照国有资本做强做优做大的要求，改革国有资本授权经营体制。

第二，要以打破垄断为重点推进营商环境建设。在经济全球化新形势下，加快优化营商环境，是参与全球经济竞争的现实需求，是激发国内市场活力、振兴实体经济的重中之重。例如，要以金融业为重点，大幅放宽服务业市场准入，破除服务业领域的行政性垄断和市场垄断，释放服务业发展的巨大潜力；全面实施"准入前国民待遇＋负面清单"管理制度，进一步扩大服务业对外开放。

第三，推进产权保护制度化、法治化进程。企业家是经济活动中的重要主体，企业家精神是经济发展的重要动力。市场经济中，企业家精神的释放取决于产权保护和创新收益的可得性。为此，要通过深化要素市场改革，理顺生产要素价格形成机制，确立企业家产权的保护机制。

三 适应经济转型升级与对外开放的新形势，推动形成全面开放新格局

第一，要以"一带一路"建设为重点形成双向互济的开放格局。适应经济全球化新趋势，"一带一路"建设应以基础设施互联互通为依托，以产能合作和服务贸易为重点，以自由贸易为主线，加快形成与沿线国家和地区双向互济开放的新格局。当前，以金融业为重点的服务业企业"走出去"步伐滞后于实体企业"走出去"步伐，也滞后于产能合作的实际需求。2016年，我国与"一带一路"沿线国家和地区服务贸易额占其贸易总额的比重仅为11.4%。为此，在深化产能合作的同时，要以服务贸易为重点，加快构建"一带一路"多种形式的自贸区网络。

第二，要以服务贸易为重点发展更高层次的开放型经济。服务贸易不仅成为全球自由贸易进程的焦点，也成为我国新时期扩大开放的重点。推进经济转型升级，需要加快从以货物贸易为主向以服务贸易为重点的开放转型。为此，需要从不同区域的特定优势出发，加快形成服务贸易开放新高地。如支持具备条件的地区率先实行旅游、健康、医疗、文化、职业教育等服务业项下的自由贸易政策。创新服务贸易负面清单制定思路，在继续制定全国统一负面清单的基础上，根据特定地区产业发展特点，制定更为优惠、更具针对性的负面清单。例如，针对海南自由贸易港发展服务贸易的需要，在健康、旅游、购物等领域制定更为精简的服务贸易负面清单；针对粤港澳大湾区建设的需要，为广东制定对港澳单独的负面清单；针对上海在金融服务业开放方面的实际需求与防风险能力，为上海制定更加精简的金融业负面清单。

第三，以务实推进自贸区网络建设为重点，坚定推动经济全球化进程。从短期来看，经济全球化正经历重大调整。但从长期来看，经济全球化是不可逆转的时代潮流。面对经济全球化新变局，务实推进自贸区网络建设，既是中国经济转型升级的客观需求，又是促进全球自由贸易进程的重大战略。例如，面对全球深刻复杂变化的新形势，主动推进多种形式、不同层次的自贸区网络建设，以点连线、以线带面、重点突破，成熟一个推进一个，努力实现自由贸易的新突破，不断形成经济全球化的新动力。

五

建言第二次改革：走向结构性改革

从基础性改革转向结构性改革[*]

——21世纪初期我国经济改革的特点分析

（2001年6月）

进入新世纪，面对经济全球化和加入WTO，我国经济体制改革处于深入推进的关键时期。一方面，继续推进市场化改革面临着诸多复杂的、深层次的矛盾和问题；另一方面，加入WTO又对我国的市场化改革提出严峻挑战。因此，无论是从我国市场化改革的继续深入，还是应对经济全球化，都迫切需要加快市场化改革，并尽快取得实质性突破。

未来几年，我国市场化改革的重大进展在于结构性改革的实质性推进。在保持宏观经济和社会稳定的前提下，抓住机遇，适时地实施和推进结构性改革，就能加快体制创新，从而为促进我国的经济结构调整和经济的较快发展提供真正动力。

一 当前，从基础性改革转向结构性改革是解决改革深层次矛盾和问题的必然选择

当前，我国经济体制改革面临的深层次矛盾，主要是指体制性结构的不合理。无论是作为宏观层面的政府改革，反反复复，时进

---

[*] 本文载于《改革》2001年第3期。

时退；还是作为微观层面的国有企业改革，步履艰难，尚未突破，其体制性的结构矛盾都起主要作用，并处于十分突出的地位。

我国经过20年的渐进式改革，社会主义市场经济体制已初步建立。这主要表现在，作为社会主义市场经济的基础框架已基本形成。例如：第一，我国已初步形成多元化的市场竞争主体，以公有制为主体，多种经济成分共同发展已确立为一项基本的经济制度。第二，市场机制在经济运行中逐步取得主导地位，无论是国民经济的总体市场化程度，还是产品的市场化程度，要素的市场化程度，都有了相当的发展。第三，政府宏观调控的工具和方法已发生重要变化，政府职能在逐步向适应市场经济的方向转变。这充分表明，过去20年我国以着力塑造市场经济主体和形成市场机制为重点的基础性改革已取得决定性进展，我国经济的微观基础已发生实质性变化，并使我国的经济运行进入市场约束的新阶段。

由于以往的基础性改革并没有解决旧体制中的深层次矛盾，使得新旧体制之间的结构性冲突和矛盾十分突出。这主要是：第一，行政性资源配置方式和行政性垄断还占有一定比重。第二，与市场经济主体多元化相适应的制度化、法律化建设还严重滞后。第三，尽管在某些体制方面有所突破，但体制结构性矛盾仍然十分突出。这些矛盾和问题在现实经济社会生活中还比较普遍地存在。从现实情况出发，体制性的结构矛盾越来越成为制约中国经济体制改革进程最为突出的因素。

——政企分开一直是改革的重要目标，但政企不分仍然是目前改革中难以解决的问题。例如，国有企业改革或整个国有经济的结构调整，在一定程度上都同政府管理经济的制度模式相联系。在进一步的改革进程中，是强化政府对经济的直接控制力，还是放松行政管理，打破行政垄断，使政府从以直接干预经济为主的职能，向以提供公共服务为主的职能目标转变。这些问题不从根本上加以解决，国有企业改革或国有经济的结构调整，就很难有多大进展。

在当前，打破行政性垄断对扩大国内需求有特殊作用。例如，近两年，与许多工业品价格下降相反，服务品价格不断上涨，幅度超过10%。这种情况的根源在于服务业长期以来形成的行政垄断的局面还未根本改变，服务业改革的步伐相当缓慢。实践一再说明，无论是国有公共部门的改革，还是国有企业的改革，都是同政府体制的职能转换直接联系在一起的。我们强调建立完善的公司治理结构，但不解决各种党政行为和行政手段对企业的干预，这种治理结构无论如何都是难以建立的。

——大力发展非国有经济，并使之成为市场经济的重要主体，是我国经济改革的重要内容之一。但非国有经济的发展却存在许多制度性障碍。例如，产权保护问题、市场准入问题、融资渠道问题等。近两年，政府实施积极的财政政策，取得一定成效，但到目前为止，积极的财政投资未能明显地带动非国有经济的投资，民间资本尚未真正启动。例如，在1998年，国有投资增长19.6%，私人投资仅增长6.1%，集体投资则下降3.5%。这说明，发展非国有经济，根本的出路在于克服制度性障碍，为非国有经济发展创造空间。这在我国即将加入WTO的背景下，更具迫切性。

——作为一项重要方针，我们一再强调，改革与发展、稳定的关系。但在实际经济社会生活中，某些结构性矛盾还十分突出：由于城市化改革的滞后，加剧了城乡之间的矛盾，并在一定程度上制约了农村经济的发展和农民收入水平的提高；由于尚未建立统一完善的社会保障制度和尚未形成合理的收入分配格局，大大影响了人们对改革的心理预期，并降低了参与改革的热情，加上下岗职工的增加，形成了许多新的社会矛盾和问题；由于经济运行中行政配置资源的现象仍然十分突出，再加上缺乏有效的社会监督机制，使得经济生活中的某些腐败现象难以从根本上得以抑制，等等。

由于体制性的结构问题成为改革的突出矛盾，因而实行并加快结构性改革是新形势下改革的重要选择。推进结构性改革，对我国"十五"时期的经济结构调整，对促进经济的较快增长，对保持社会的长期稳定，都会产生重要的作用。应当说，20年来的改革实践已为结构性改革创造了很好的基础。在当前宏观经济和社会都比较稳定的情况下，实施结构性改革的条件也是比较有利的。

二 推进结构性改革是实现制度创新的关键所在

经济转轨是一个长期的过程，它不仅仅是一种运行机制代替另一种运行机制，它实质是体制创新与新体制结构逐渐积累的过程，并且这个过程又是经济结构、社会结构和政治结构转轨有机联系在一起的整体。因此，在我国经济转轨的发展过程中，当市场运行机制基本取代计划体制时，以体制创新为核心的结构性改革就是经济改革发展到现阶段的必然选择。当然，这个结构性改革是在宏观经济和社会稳定的情况下发生的。反过来，结构性改革又会为宏观经济的长期稳定和社会的长治久安提供制度结构保证。正如江泽民深刻指出的，社会主义制度自我完善和发展，说到底，是一个体制创新的问题。不改革，不进行体制创新，很多问题的解决就没有出路。

实施并推进结构性改革，就是在基础性改革的前提下，面对新旧两种体制的结构性矛盾，加快培育发展新体制因素，并逐渐形成新体制的合理结构，以充分发挥新体制结构的整体优势和作用。因此，结构性改革阶段既同以往的基础性改革相联系，又表现出这一阶段改革的重要特征。

——强调体制创新在推动经济改革中的根本性作用。一是在改革的新形势下，依靠政策引导、推动的改革策略将被制度创新的实际过程所替代，改革只有依托于制度创新，才能更有效地发挥它的效应和作用。因此，寻求宏观经济政策和体制创新的结合，努力实现体制创新和政策联动，才能抓住现阶段转轨的主要矛盾。下一步，推进结构性改革，会把制度创新推到前所未有的程度。二是结构性改革不仅仅在于注重一项新制度的安排，更重要的是重视制度结构的合理性。因为任何一项制度都有其结构性，都以其他制度安排为补充。制度的互补性及其合理结构是一项新制度充分发挥效应的基础和前提。三是政府在结构性改革中作为制度创新和制度供给主体的地位和作用更为突出。结构性改革标志着我国市场体制运行的新阶段，但市场力量本身并不总是能够顺利推进结构性改革的实际进程。政府作为改革的主导者，必须适应改革新阶段的变化，对自身的行为方式和政策取向作出重大调整，以提供更多的制度性公共产品，适应结构性改革阶段的需要。

——强调改革的配套性。由于体制的结构性特点，配套改革在结构性改革阶段具有决定性的作用。一是结构性改革注重整体改革的配套性、系统性。我国现阶段的改革实践充分证明了这一点：国有企业改革要与建立完善的社会保障制度改革相配套；深化农村改革要与加快城市化改革相配套；经济体制改革要与政治体制改革相配套。结构性改革既要求经济体制改革的相互配套，同时也要求与社会改革、政治改革的密切结合。伴随经济改革产生的矛盾和问题，已超越了经济本身。全面的配套改革越来越成为一个大趋势。二是结构性改革阶段的整体攻坚是一个不容回避的现实，要突破改革的深层次障碍，并适应改革的新环境，改革的阶段性突破是不可避免的。我国的结构性改革从总体上说，仍是渐进式的，但比照过去，结构性改革的阶段性突破有着更为迫切的要求。

——强调法制化建设对推进改革的作用。以立法来保证体制创新的自觉性和目的性，同时制度化、法制化又是结构性改革的基本目标。没有法治的体制创新，社会主义市场经济的新体制就难以确定。保护已有的改革成果，规范未来的改革行为是结构性改革对法制化提出的基本要求。一是与产权保护（包括知识产权）相关的法制建设对我国结构性改革的成败具有关键作用；二是依法行政，用法律和制度约束政府行为是法制建设的重要内容和任务；三是加快与重大改革措施相关的法律制度建设。例如，从法律上进一步明确地划分中央与地方的事权，这对我国来说十分重要。

三 下一步，适应改革的新形势，我国结构性改革应在多方面取得重大进展

关于我国下一步改革的思路，有的人主张采取重点推进和重点突破的办法，这是有一定道理的，并且这种办法在以往的改革实践中有成功的经验。这里，需要提出研究的问题是，今天，当改革已进入深层次阶段，体制性的结构矛盾日益突出，并且，这个矛盾的发展制约了单项改革的深入推进。事实也说明，现阶段的许多单项改革难以取得真正的突破。实施并推进结构性改革，就是适应这种改革的新形势，把体制创新、逐步形成合理的新体制结构作为基本任务，在改革整体攻坚的前提下，分阶段、分步骤地实现局部改革的突破。这样一种配套性改革的思路是结构性改革阶段最本质的要求。

当然，结构性改革是一个总的要求，在其不同阶段，改革的基本目标和具体任务也是有所不同的。分析我国当前深层次改革面临的矛盾和问题，下一步，我国结构性改革的主要任务是有以下方面。

（一）加快推进国有经济的股份化进程

未来几年，我国国有经济的战略性重组对经济结构调整起着十分关键的作用。国有经济战略重组的决定因素是国有经济的市场化，出路是实行股份制改革。

国有经济的股份制改革，涉及三大基本问题。一是国有企业的股份制改革，尤其是大中型国有企业的股份制改革。这是国有企业

建立现代企业制度，实行法人治理结构最重要的基础。二是国有公共部门的股份制改革。加快对电信、铁路、民航、电力等国有公共部门的股份制改革，对于推进我国基础领域投融资市场化进程，纠正制约我国国民经济的产业结构偏差，并保证有效地向全社会提供以竞争为基础的公共产品，都有着特殊的意义。为此，通过股份制改革，改变国有资本过于集中的状况，打破行政垄断局面，吸收民间和社会资本，形成有效的竞争机制，是国有公共部门改革的主要内容。这项改革，越来越具有紧迫性。三是积极稳妥地推进国有商业银行的股份制改革。这是下一步我国结构性改革的焦点所在。它不仅对国有经济的改革具有牵动全局的作用，而且对宏观经济的稳定具有重要影响。特别是在我国加入WTO的背景下，金融领域的对外开放和利率市场化的进程将大大加快，为国有银行的股份制改革留下的时间、空间都是十分有限的。我们对这项改革的全局性、紧迫性应当有清醒的认识。

（二）尽快形成非国有经济发展的制度、法律环境

当前，非国有经济的发展已成为支撑我国经济高速增长的主要力量。下一步，无论是改革与发展，非国有经济都将扮演越来越重要的角色。但是作为主要因素，制约非国有经济发展的体制性障碍还没有消除，在有的方面还相当突出。近两年，在政府连续实行扩张性宏观政策的背景下，非国有经济的投资离政府的预期目标尚有很大差距，根源就在于现实中存在的对非国有经济的制度性约束和体制性限制。为此，与我国非国有经济进一步发展相关的体制创新和法制保障至关重要。建立并完善私人财产的保护制度，打破非国有经济市场准入的制度障碍，实现对非国有经济的国民待遇，拓宽非国有经济的投资空间，并加大金融机构对非国有经济的融资力度，允许民间资本参与金融领域的改革，都是发展非国有经济、实现体制创新的内在要求。

（三）全面推进社会结构的改革

我国改革和发展在当前的一个突出矛盾是，社会结构改革严重滞后，这对社会稳定和社会成员参与改革的热情都带来极大影响。因此，结构性改革的一项重要任务就是要全面推进与经济改革相配套的社会改革。

一是要实质地推进收入分配制度改革，规范社会分配秩序。目前，从总体上说，体制内平均主义的分配格局尚未被完全打破，并伴随平均主义产生了多种形式的隐性收入和"灰色收入"。另外，体制外不同层次和群体之间的收入差距超过了合理的界限，利益冲突较为突出。为此，要建立有中国特色的职工持股制度，要确立资本、技术、管理、劳动力诸生产要素参与分配的途径，形成国家对收入分配关系的有效调节机制，并积极寻求结构性改革进程中合理的财产分配关系，科学整合利益群体，为人们创造进一步获得利益的空间。

二是建立完善的社会保障制度。当前如何寻求通过减持国有股、发行特别国债等形式充实社会保障的个人账户，尽快建立最低生活保障制度的可靠机制，并且保证社会保障资金的安全、有效运作，都是迫切需要解决的突出矛盾和问题。应特别强调的是，在努力寻求社会保障资金多元化来源的同时，应强化政府在建立社会保障制度中的责任和作用。

三是人力资源开发应成为结构性改革的战略重点之一。在知识经济和信息化时代，人力资源开发是关系和决定一国竞争优势的关键所在。科技创新根本取决于决定人力资源开发程度的体制创新。寻求人力资源开发与配置的市场化途径，建立有效的产权激励机制，形成合理的人事管理制度等，都是在新形势下通过体制创新促进人力资源开发的有效途径。面对我国人口多，劳动力素质不高，一般劳动力过剩的现状，应当把提高全社会劳动力素质，并建立能激活家庭、企业和个人相关的制度建设，作为人力资源开发不可忽视的重要任务。

（四）配套推进城乡改革

我国的结构性改革面临的一个基本情况是，涉及8亿人口的农村改革在一定程度上依赖于城市化改革的进程。在未来的10—20年，农村剩余的1亿至2亿人口转移到城市，是深化农村改革的战略目标之一。实现这个战略目标有利于加快城市化进程，提高我国的城市化水平。当前我国的农村改革处在一个十分关键的时期，在加快实现农村土地使用权长期化、资本化的同时，积极推进农村的各项配套改革，对我国改革发展的全局具有重要影响。这是我国结构性改革需要解决的基本任务，并且是一项长期的任务。

（五）彻底的政府改革

我国结构性改革的特点表明，政府既是结构性改革的主导者，同时政府自身的改革又是结构性改革的重要内容。适应结构性改革的要求，政府活动的范围、方式及其职能都必须彻底转变。要大大减少政府对资源的行政审批，加快政府职能转变，强化政府公共职能，规范政府行为，促进政府管理体制由管制向监控方式转变。

进入新世纪，实施并推进结构性改革，应当客观分析改革的基础和条件，但更为重要的是，要分析和把握改革的主要推动力。我们说，政府是结构性改革的主导者，但与此同时，更要强调广大群众在结构性改革中的地位和作用。广大群众拥护改革的程度和参与改革的热情是决定结构性改革成败的关键。从理论上说，市场经济的优势在于它在不同社会及文化中的差异性及适应性。我国社会主义市场经济的本质是人民市场经济，是广大人民群众作为主要获益者的市场经济。因而它的根本优势在于广大人民群众不断获取利益基础上的广泛参与，这也是激发我国经济社会各方面活力的最重要的动力。作为顺利推进我国结构性改革的重要保证，明确结构性改革的目标，增强改革的透明度，让广大群众了解改革的进程和内容，并使他们中的多数在改革中获益，过去是，下一步仍然是我们顺利推进结构性改革应予以坚持的重要原则。这样，尽管结构性改革面临的难度更大，情况更复杂，但有了这个重要的基础，我们才能更加自觉地以更大的勇气把我国的各项改革推向前进。

以公平与可持续发展为目标的"第二次改革"*

（2010年5月）

我从20世纪80年代初开始进入改革研究领域，这二十多年来，我主要从事改革研究。无论是在中央机关还是来海南工作，无论是当官还是做学者，自己的大部分精力都放到改革研究上。刚刚由中国经济出版社推出的《第二次改革》这一本书，是我近两年关于改革研究的汇集。

"第二次改革"这个书名，应该说我思考了有半年之久。这期间曾想过数十个名字，比较后，还是觉得用"第二次改革"更鲜明一点，更能突出我的基本观点。

一 《第二次改革》形成的过程

应当说，产生并形成"第二次改革"的思路，并不是今天才有的。至少在过去几年的研究中越来越感觉到，当前的改革与过去30年相比，条件、环境都发生明显变化，改革更具有鲜明的时代特点。

（一）关于政府转型命题的提出

2003年SARS疫情期间，我主编一本《警钟——中国：SARS

---

* 本文载于《新世纪周刊》2010年第16期。

危机与制度变革》，并于同年 7 月在京主持召开一次改革研讨会，明确提出政府转型的命题，即由经济建设型政府转向公共服务型政府。这以后，我出版了《门槛——政府转型与改革攻坚》一书及发表了几篇论文，对政府转型做进一步深入研究。我的主要观点是，政府转型应成为新阶段改革的重大课题和关键所在，这个问题不解决，改革中的很多矛盾问题就难以突破。

（二）关于社会发展阶段变化命题的提出

2005—2006 年，在实地调研中，我了解到一个带有普遍性的问题，即基本公共产品的短缺。全社会公共需求全面快速增长，而基本公共产品供给都严重不到位。为什么？人民群众日益增长的物质文化需求和落后的生产力这一主要矛盾虽然总体上没有变，但矛盾的阶段性特征表现十分突出，并有深刻变化。2005 年我把它归纳为两大突出矛盾：经济快速增长同发展不平衡、资源环境约束的突出矛盾与全社会公共需求的全面快速增长与公共产品短缺的突出矛盾。对这两大突出矛盾，我有时又把它归为 4 个具体矛盾：（1）经济持续增长同资源环境约束的矛盾。（2）经济增长同发展不平衡、收入差距扩大的矛盾。（3）公共需求变化与基本公共服务不到位的矛盾。（4）经济发展、社会进步与公共治理建设之后的矛盾。

社会矛盾变化的深刻原因何在？2007 年中改院承接联合国开发计划署委托的《中国人类发展报告》研究项目。研究中，我们得出结论，当前我国突出矛盾的产生源于我国发展阶段的变化。基本的判断是：经过 30 年的改革发展，我国已经实现了从生存型阶段向发展型阶段的历史性跨越。但现行的体制机制创新与政策调整还不适应这一历史性的变化。这个研究成果，我们在 2008 年出版的《惠及 13 亿人的基本公共服务——中国人类发展报告 2007/08》和 2007 年出版的《起点——中国改革步入 30 年》中有较深入的分析。

（三）关于危机挑战改革问题的提出

2008年以来，我的研究重点主要放在反危机的改革政策上。我认为，危机不是一次简单的周期性调整，而是全球经济发展模式的重大变化；不仅对我国短期保增长形成巨大压力，更对我国发展模式提出严峻挑战。正是在这个判断下，我提出"大进大出"时代的结束以及"增长主义"时代的结束。这两个时代的终结，对第二次改革提出历史性的新要求。

（四）关于以发展方式转型为主线的改革思路的提出

2010年以来，我逐步形成对"第二次改革"的一些较为集中性的思考。在国家发改委委托的《"十二五"改革规划研究》课题中，我们提出以发展方式转型为主线的改革大思路，这是对"第二次改革"的一个系统性概括。也就是说，着眼于发展方式转型这一历史使命，我国需要尽快启动"第二次改革"。

二 《第二次改革》的总体思考

我对"第二次改革"的研究，主要还是基于改革所处的历史阶段、改革环境、改革面临的矛盾与30年前有明显不同。

（一）第二次改革与第一次改革有机联系但又明显不同

应当说，第二次改革和第一次改革，既是相互联系的，又有鲜明的阶段性特点。改革是一个长期的过程，而在这个过程中又有阶段性的特点。我之所以提出"第二次改革"，主要是基于以下几个方面的考虑。

（1）第一次改革，我国总体上还处于生存型阶段，解决温饱问题是改革面临的主要挑战，基本目标是建立社会主义市场经济体制；"第二次改革"，我国开始进入发展型的新阶段，促进人的自身发展成为改革的主要挑战，基本目标是建设可持续发展的体制基础。就是说，第一次改革破除计划体制的特点突出，第二次改革重点放在建设上，大目标是建设科学发展的体制机制。

(2) 第一次改革，面临的主要矛盾是生产力落后的问题，是社会产品供给总量严重不足的问题；第二次改革，生产力已经得到极大解放，面临的是内需严重不足的突出矛盾。

(3) 第一次改革，主要是在经济领域中寻找解决问题的路径，在很长时期内把转变经济总量增长方式作为改革的主要任务；第二次改革，实现发展方式转型目标，需要推进包括经济体制、社会体制和行政体制等在内的结构性改革。

(二) 实现从投资生产主导向消费主导的转变是第二次改革的基本思路

我的看法是，第二次改革的目标是建设消费大国，主线是发展方式转型，基本思路是推进从投资主导向消费主导的转变。第二次改革就其领域而言，不仅涉及经济领域，也涉及社会领域和行政管理体制；就其实质而言，不仅涉及经济发展方式转变，而且也涉及社会公共需求转型和政府转型；就其目标而言，不仅涉及消费，还涉及创新、公平、绿色。

(1) 能否全面提高消费率，使消费成为拉动经济的主要动力，是未来30年我国能否真正成为经济强国的一个核心因素。

(2) 从生产大国走向消费大国是第二次转型的战略目标选择，走向消费大国将是长期的发展过程。为此，需要把构建消费大国的体制机制作为改革的主线。

(3) "十二五"是推进第二次转型的关键5年。能否完成发展方式的转型，关键取决于未来几年能否下决心推进相关体制机制的重大突破。

(三) 第二次改革的时代性特征

总的分析是，第二次改革要适应时代性发展趋势，推进相应的转型与变革。

(1) 消费主导时代的转型与改革。随着我国内部需求结构的变化和外部需求的萎缩将成为中长期趋势，促进消费结构升级和增长是必然选择。这就需要围绕推动消费、推进相关方面的重大体制变革。

（2）城市化时代的转型与改革。城市是消费的主要载体，加快城市化进程是构建消费大国的战略性选择。当前，我国城市化进程的滞后成为制约消费的重要因素。未来5—10年正是我国加快推进城市化进程的黄金期，城市化率有望提高10个百分点左右，达到55%—60%。如果这个时期城乡一体化的体制改革和政策调整有重大突破，城市化率有可能提高15个百分点左右，达到60%左右。

（3）公共产品短缺时代的转型与改革。我国从生存型阶段进入发展型阶段，伴随着从私人产品短缺时代进入公共产品短缺时代。为此，需要加快社会体制的转型与改革，加大基本公共服务投入力度，使基本公共服务支出年均增长率至少达到5%，未来10年投入15万亿元左右。

（4）低碳经济时代的转型与改革。低碳经济涉及发展方式，涉及制度安排。我国主动应对减排挑战、发展低碳经济，需要加快推进资源价格形成机制改革、能源价格形成机制改革和环境产权制度改革。

（5）政府转型时代的转型与改革。可以说，我国发展方式转型的主要挑战是政府转型。这就需要尽快转变"以追求GDP为主要目标、以扩大投资规模为主要任务、以上重化工业项目和热衷批租土地为主要途径、以行政推动和行政干预为主要手段"为特征的政府主导型经济增长方式。

三 "第二次改革"与"第二次转型"的内在联系

面对新的形势和新的挑战，需要尽快推进第二次转型。从这个意义上说，第二次转型与第二次改革相互联系、相互促进。推进第二次转型直接依赖第二次改革。

(一) 第二次转型的实质是发展方式转型

这些年来，我们一直强调推进经济发展方式转型，但"十一五"的实践表明，这一进展相当有限。问题的根源在于，转变经济发展方式已经受到其他更为广泛的因素制约，比如说社会基础和行政体制。因此，第二次转型的实质是包括经济发展方式转型、社会需求转型、政府转型在内的转型。这就需要强调发展方式转型的三根支柱：一是强调经济增长方式转变，更大程度地发挥市场在资源配置中的基础性作用，充分发挥扩大内需在经济增长中的重要作用；二是强调社会公共需求转型，构建适合我国特点的发展型社会体制和政策体系；三是强调政府转型，加快建设公共服务型政府。

(二) 第二次转型与第二次改革具有明显的结构性特点

应当说，发展方式转型涉及的是结构性问题。比如：第一，体制与政策的矛盾。在这次反危机中，应当说政策调整很到位，及时地推出了一揽子经济刺激计划。但相应的一揽子改革尚未顺势推出，使得引发危机的一些深层次矛盾和问题并没有得到很好解决。第二，体制与体制之间的矛盾。比如，投资消费失衡的突出矛盾，既有市场体制缺陷的原因，也有社会体制不健全的原因。解决投资消费失衡不仅要推进市场化改革，还需要把改革进一步延伸到社会领域、行政领域和文化领域。第三，政策与政策之间的矛盾。上下级政府间、政府各部门"间政策打架"的事情很多。应当说，政策与政策之间的矛盾对各领域改革工作的衔接和配套都有重大影响，同时也对市场的信心和预期产生较大影响。只有推动结构性改革，第二次转型才能取得实质性突破。

(三) 在第二次改革中实现第二次转型的基本目标

现在看，推进第二次转型，必须启动第二次改革。比如，要扩大消费，构建消费大国，需要尽快启动国民收入分配体制改革，调整收入分配格局；要适应城市化时代，就需要打破城乡二元结构，推进行政管理体制改革；要解决公共产品短缺问题，需要加快推进公共服务体制建设；如果没有低碳经济体制机制建设和政策调整，低碳经济难以得到有效发展；而以公共服务型政府为目标的政府转型进程，直接决定了政府作用的有效性。

我国经济社会的发展是丰富多彩的。尽管我力图去找出其中的一般性规律，但仍有许多问题值得进一步深思，还有很多改革路径有待探索。希望这些研究成果能够对改革理论与政策研究起到积极作用。

二次改革重在顶层设计[*]

（2010年12月）

未来5年，我国以科学发展为主题、以发展方式转变为主线的二次转型与改革处于历史性转折和历史性选择的关键时期。在这个特定背景下，加强改革的顶层设计至关重要。第一，需要进一步明确改革的大思路、大战略。第二，加强重大改革方案的研究、制定。第三，建立高层次的改革统筹协调机制，改善改革的推进方式，有力、有序、有效地推进"十二五"的全面改革。

一 改革的深刻性、复杂性与改革的顶层设计

过去30年的一次转型与改革带有增量改革的鲜明特征，在增量改革中，往往能够实现"帕累托改进"，就是在其他人福利不降低的情况下往往可以增加一部分人的福利。今天，改革已进入深水区，"帕累托改进"的空间越来越小。二次转型与改革更多涉及包括政府体制在内的存量的制度变革，涉及全面的利益关系调整和利益博弈，其深刻性、复杂性远远超出第一次转型与改革。

（一）深化改革触及部门利益对改革顶层设计提出新要求

从"十一五"改革看，在政府转型成为改革关键和重点的时

---

[*] 本文载于《深圳特区报》2010年12月28日。

候，由部门自行设计方案推进改革，难以保证改革决策的科学性、合理性。一些改革最初的想法很好，但改革方案难以避免部门利益的局限性，容易使改革扭曲变形。"十二五"时期加快建立和完善基本公共服务体系是改革的"重头戏"，将涉及教育、医疗等多个领域的事业单位改革。这些改革如果由与事业单位具有千丝万缕联系的上级主管部门自行设计，就很难有实质性突破。这就需要研究如何通过加强改革的顶层设计，出台超越部门利益的改革方案，真正按照"管办分离、政事分开"的要求推进公益机构改革。

（二）深化改革触及地方利益对改革顶层设计提出新要求

未来5年，改革将更多地触及地方利益。比如，政府对关系重大民生问题的房价进行调控，将涉及地方土地作为"第二财政"的问题。再如，经济结构的战略性调整成为"十二五"时期改革的主攻方向，中央政府要控制过剩产能，调整经济结构，严格限制高污染行业，可能会使得许多地方政府财政收入减少。这些问题都必然涉及中央地方财税关系调整的深层次问题，都需要在中央统筹规划、统一领导的前提下才能有效解决。

（三）深化改革触及行业利益对改革顶层设计提出新要求

在经济结构的战略性调整中，越来越看到民营经济的重要性，为此国家出台了促进非公经济发展的新36条。但其真正落实，涉及打破行政垄断，涉及包括铁路、航空、邮政、电信等多个行业的利益调整，涉及国有经济和民营经济之间的利益博弈。在发展方式转变的特定背景下，按照民富优先的原则，使更多的国有经济从与民争利的领域退出，使国有经济更多配置在公益性领域，这将是我国国有企业改革和行业改革的一个大方向。只有在中央的统一部署、统一规划下，才能切实推进以民富优先为导向的国企改革和垄断行业改革。

二 全面改革与改革的顶层设计

党的十七届五中全会公报提出,"大力推进经济体制改革,积极稳妥推进政治体制改革,加快推进文化体制、社会体制改革",这是中央对新阶段改革的总体部署。要推进全面改革,还需要通过顶层设计,选择可操作的改革方案和改革路径,形成改革的总体规划。

(一) 明确改革的战略目标和阶段性目标

过去30年改革的战略目标相对明确,比如建立社会主义市场经济体制,实现人均国民收入翻番等。新阶段的改革不仅仅涉及经济体制、经济总量和人均总量的指标,还涉及社会领域、文化领域、政治领域。这些领域都需要有明确的体制目标和发展的约束性指标。比如居民收入比重、劳动者报酬比重、中等收入群体等指标,都需要纳入改革的总体规划。尽管实现相当困难,但只要改革的战略目标和阶段性目标明确,通过长时间循序渐进的努力,总能够取得更大的实际效果。

(二) 确定改革的主攻方向

在新阶段的改革中,经济体制、社会体制、文化体制、政治体制改革都相当重要,但却不能等量齐观。是同步推进,还是一个时期有一个侧重点?过去30年的改革尽管是"摸着石头过河",但也有明确的主攻方向,中央确立了把国有企业改革作为改革的中心环节这样一个大的战略思路,对建立市场经济体制的基本框架意义重大。新阶段的改革中,地方的探索仍相当重要,但在改革触及政府自身转型的情况下,更需要明确改革的主攻方向。把握全面改革的主要矛盾,可以带动全局,使改革全盘皆活。

(三) 明确改革的优先顺序

邓小平对改革时机和改革的长远规划有过十分重要的论述。1985年,他指出:"改革的意义,是为下一个十年和下世纪的前五十年奠定良好的持续发展的基础……改革不只看三年五年，而是要看二十年，要看下世纪的前五十年……我们要抓住时机，现在是改革的最好时机。"[①] 今天，推进经济体制改革、社会体制改革、文化体制改革、政治体制改革在内的全面改革，到底先从哪里破题？后续的改革如何跟进？现在看，在整个改革设计上有一个抓住时机、确定优先顺序的问题；在各领域内部改革上，同样也有一个抓住时机、确定优先顺序的问题。

三　改革的重点突破与改革的顶层设计

以发展方式转变为主线的二次转型与改革，需要按照公平与可持续科学发展的要求，在重点领域突破。发展方式重点领域的改革都带有结构性改革的鲜明特征，都需要把握改革的关联性和配套性增强的现实需求，加强中央层面的统筹规划。

（一）收入分配制度改革需要更高层次的统筹规划

收入分配制度改革成为全社会普遍关注的焦点问题。未来5年，加快收入分配制度改革将为撬动国内消费需求增长提供一个战略支点，为发展方式转变创造内生动力。收入分配体制改革，涉及国家、企业、居民之间利益格局的重大调整，涉及城乡、地区、行业之间利益格局的重大调整，涉及中央地方利益格局的重大调整，涵盖了经济基础、上层建筑的整体性建构。这样的改革，单靠在地方层面的探索很难有实质性进展。

（二）建立就业优先的体制机制需要更高层次的统筹规划

我国作为一个人口大国，就业问题始终处于发展问题之首。就业问题是一个结构性的体制问题，既涉及产业结构中扶持服务业发展的问题，也涉及所有制结构的扶持民营经济发展的问题，还涉及

[①] 邓小平：《抓住时机，推进改革》，《邓小平文选》（第三卷），人民出版社2004年1月版。

宏观调控优先目标的考虑，涉及政府的公共就业服务等诸多方面的改革。这样的改革决定了只进行某一个领域的改革很难奏效。

（三）"让农民工成为历史"需要更高层次的统筹规划

在快速城市化的进程中，如何推进2亿多农民工的市民化，是未来5—10年不可回避的全局性重大课题。农民工市民化涉及现行城乡二元的土地制度、户籍制度和公共服务制度。以城市为农民工子女提供义务教育为例，涉及跨省份基本公共服务制度的对接。农民工子女的教育经费在流出地，但其接受教育在流入地，尽管一些发达地区做了不少探索，在跨省份协调上的问题不解决，改革局限在地方层面是难以有大的突破的。

四　加强改革的顶层设计

"十二五"时期既是改革的历史转型期，也是改革的战略机遇期。以发展方式转变为主线推进改革，需要更大的决心和勇气，也需要制定理性务实的改革路线图。

（一）加强改革的顶层设计取决于改革的决心和勇气

从这几年的改革实践看，由于改革触及分配领域，在盘根错节的利益关系的制约下，没有决心和勇气，一些领域改革方案迟迟难以出台，一些领域改革的方案制定尚未提上日程，一些局部领域的改革虽然推出了但没有最终解决问题。比如公车改革、垄断行业改革、公务员财产申报和公开制度等难啃的"硬骨头"能不能进入规划，能不能付诸实施，主要取决于改革的决心和勇气。

（二）排除阻力，适时出台重点领域的改革方案

比如，在"十二五"初期出台收入分配制度改革方案，会提振全社会对改革的信心。在"十二五"中期出台农民工市民化的改革方案，不仅能够在经济结构战略性调整上发挥重大作用，还能在城乡一体化上取得重要进展。按照民富优先的要求，尽快出台以财税体制、行政体制联动改革的方案，对推进全面改革意义重大。

（三）建立高层次的改革统筹协调机制

从领导和谋划改革的要求看，成立由中央直接领导的中央改革领导协调机构，有利于从全局上把握改革的进程；强化改革的决策机制，对每一项重要的改革做好总体部署，使改革决策机制更加统一有力；坚持统筹兼顾、综合配套，对各方面的改革实施具体、统一协调；综合把握改革的总体情况，改善改革的推进方式，把自上而下的改革与地方性改革试验有机结合起来。

改革红利——党的十八大后的
转型与改革[*]

（2013年1月）

党的十八大后，改革形势明显变化，推进改革成为上下共识。最近，习近平总书记强调，"改革开放是一场只有进行时没有完成时的伟大变革"；李克强副总理也在多个重要场合反复强调，"改革是最大的红利"。与此同时，我们也要看到，改革已经进入关键期、深水区和攻坚区。党的十八大后的转型与改革，如何破题，如何行动，成为各方关注的焦点。今天，我将围绕"改革红利——党的十八大后的转型与改革"和大家一起交流。在我们交流的过程中，如果你有问题，请通过央视财经的官方微博向我提问，在节目的最后我将来回答大家的提问。现在我就开讲。

一　党的十八大后转型与改革的新特点：与以往改革相比，在内外环境变化下，新阶段改革呈现哪些重要特点？

我们说"改革是中国的最大红利"，就在于抓住国内巨大需求潜力释放的最大机遇、发掘人口城镇化的最大潜力，直接取决于重大领域和关键环节改革的实质性突破。就是说，要以"最大的红

---

[*] 在中央电视台经济频道《中国经济大讲堂》栏目的讲座发言，2013年1月13日，北京。

利",抓住"最大的机遇",释放"最大的潜力"。当前,面对内外环境深刻复杂的变化,党的十八大后的转型与改革有着突出特点。例如:(1)转型与改革交织融合,经济转型、社会转型、政府转型都直接依赖改革的突破。(2)改革面临的利益矛盾更为突出,既涉及增量利益合理分配,更涉及存量利益格局的调整;未来几年的改革能否在调整利益关系、解决利益失衡上取得重要进展,将牵动和影响发展稳定大局。(3)改革的时间和空间约束增强。"改革与危机赛跑"不是危言耸听。面对复杂多变的内外发展环境,逼迫我们牢牢把握改革的主动权,尽快形成改革的总体方案、路线图、时间表,以更大的政治勇气和智慧,不失时机地深化重要领域改革。

二 改革进入关键时期,转型与改革直接融合,如何有效释放改革红利?

如何释放改革红利?未来5—10年,充分释放改革的红利,重点是推进以下两个方面的转型与改革。

(一)着力推进消费主导的转型与改革

总的判断是:我国巨大的消费潜力蕴含着新的经济增长动力。与其他国家不同,未来10年我国仍处于上升的通道,关键在于拥有巨大的消费潜力这个突出优势。初步的分析说明,只要消费需求能够有效释放出来,就有可能支撑未来10年7%—8%的中速增长。为此,加快推进消费主导的经济转型,既是短期政策的着力点,又是中长期发展的重点;既是发展面临着的突出矛盾,又是改革面临着的重大挑战。

1. 我国是否进入消费释放的历史新阶段?

(1)城乡居民的物质文化需求内涵、结构与规模都在发生深刻变化,消费结构已经从生存型需求向发展型需求、从物质性消费为主向服务性消费为主转变,未来5—10年消费升级潜力与提升空间巨大。

（2）随着人口城镇化进程的加快和收入分配改革的破题，我国有望成为拉动全球消费市场的重要力量。

2. 未来5—10年是消费主导的大趋势？

（1）未来5年，通过体制政策创新，尤其是农民工市民化问题的初步解决，人口城镇化率有可能达到42.5%左右，城乡居民消费需求规模将有望从2011年的16万亿元提升到2016年的30万亿元左右，居民消费率有望回升到40%左右，最终消费率达到50%以上。这样，将初步实现消费主导的经济转型。

（2）未来10年，通过彻底打破城乡二元结构，人口城镇化率有望达到50%以上，城乡居民消费需求将有望达到45万亿—50万亿，居民消费率将达到50%左右，最终消费率达到55%以上。这样，将基本形成消费主导的经济增长格局。

3. 如何以改革破题投资转型，实现投资与消费的动态平衡？

未来5—10年的经济增长，究竟是继续高度依赖投资还是以扩大消费为主？我的看法是，我国尚处在转型发展过程中，保持一定的、合理的投资率符合基本国情。问题在于，多年来投资率居高不下，投资规模增长过快，使投资—消费失衡成为经济运行的突出问题。实践证明，长期依赖投资驱动的增长是不可持续的。没有消费需求支撑和引导的投资，在保短期增长的同时，会给中长期的增长积累更多的结构性矛盾。适应消费需求释放和消费需求结构变化的大趋势，着力推进消费主导的经济转型，重在以改革破题投资转型。

（1）改变投资结构。从现实的情况看，改变投资结构的重点是要加大公益性项目的投资。适应我国进入公共产品短缺时代公共需求全面快速增长的基本趋势，要把投资的重点转向教育、医疗、社会保障等公共产品领域。这既能释放消费需求，又能拉动有效投资。

(2) 优化投资来源。打破民营经济进入垄断行业的"玻璃门",使社会资本成为投资的主要来源,以确保投资的稳定性和可持续性。当前,由于垄断行业改革的滞后,社会资本难以进入公益性领域和垄断性行业,已成为影响投资稳定性和可持续性的重大问题。加快垄断行业改革,已成为投资转型与深化投资体制改革的重大任务。

(二) 着力推进人口城镇化的转型与改革

总的判断是,未来5—10年,由于有着城镇化释放的巨大内需潜力,有着转型与改革的巨大空间,我国将仍然具有许多国家难以比拟的突出优势,以及由此形成的重要战略机遇。当前需要解决的突出问题在于:从城镇化的规模型扩张转向人口城镇化的有序发展,并以制度创新为重点破题人口城镇化。

1. 未来5—10年我国城镇化是否仍处于快速增长阶段?

(1) 国际经验:城镇化率处于30%—70%是快速发展阶段。2011年我国的城镇化率为51.3%,正处于加速发展的区间,未来10年不仅有很大的成长空间,并且还会有一个较快的速度。

(2) 我国现实:城镇化滞后于工业化。从国际经验看,工业化中后期的城市化率不低于55%。为此,中央决定"十二五"期间将城镇化率提高4个百分点作为约束性指标。

(3) 2020年:如果以平均1%—1.2%的速率推进,到2020年我国的城镇化率将提高到60%以上。

2. 如何推进人口城镇化的转型?

我们知道,人口城镇化是城镇化发展转型的核心。问题在于,我国人口城镇化率的严重滞后。我国51.3%的城镇化率,是按城镇常住人口统计的,其中还包括了1.6亿的农民工群体。如果按户籍来算,人口城镇化率只有35%左右,远低于世界52%的平均水平。为此,需要明确提出人口城镇化的转型与改革的基本目标和行动路线。例如：用3年左右时间，在全国范围内基本上使有条件的农民工市民化；用5年左右时间，形成人口城镇化的制度框架；用8年左右时间，基本形成人口城镇化的新格局。到2020年，人口城镇化率达到50%以上，初步接近60%左右的名义城镇化率。

3. 如何客观估计人口城镇化将释放巨大的投资与消费需求？

（1）投资需求：未来10年，我国城镇化率年均提高1.2个百分点，将再有2亿农民进入城镇，加上现有的1.6亿农民工，新增城镇人口将达4亿左右。按较低口径，农民工市民化以人均10万元的固定资产投资计算，也能够增加40万亿元的投资需求。

（2）消费需求：从消费需求看，2011年城镇居民与农村居民人均消费比约为3.3∶1，农村劳动力和人口合理转入城镇就业和生活，其收入与消费必然会明显增加。

4. 如何加快人口城镇化的制度创新？

释放城镇化的内需潜力，重在解开城乡的"二元方程"：例如：以落实农民工就业落户政策为突破口，放开城乡二元的户籍限制；以农民工市民化为突破口，加快城乡基本公共服务一体化进程；以创新农民工土地制度安排为突破口，统筹推进城乡土地制度一体化。

"城镇化是我国现代化建设的历史任务"。未来5—8年，以人口城镇化为主要载体扩大内需，以制度创新为重点释放城镇化的需求潜力，是我国全面建成小康社会、走向公平可持续发展的战略重点。

三 改革进入深水区，利益关系失衡日益突出，如何实现改革的有效突破？

总的判断是：在利益关系发生重大变化的特定背景下，如果改革不能促进公平正义，不能保障公平正义，不能让改革成果惠及广大百姓，改革将失去全社会的广泛支持，改革共识将难以凝聚，改革动力难以形成。为此，新阶段的改革，要把调整利益关系，解决利益失衡作为重大任务之一。

（一）以民富优先破题收入分配改革

以民富优先破题收入分配改革，就是要尽快扭转贫富差距不断扩大的趋势，为广大中低收入者向上流动创造更多的机会和条件。未来几年需要解决的重点是以下几点。

（1）尽快提高城乡居民的实际收入水平。居民收入倍增是向城乡居民倾斜、向劳动者报酬倾斜前提下的倍增，以使城乡居民的实际收入增长不低于 GDP 增长速度；使劳动报酬占 GDP 比重从目前大约 40% 提高到 50% 以上；使城乡居民收入差距从 2011 年的 3.13∶1 下降到 2020 年的 2.8∶1 以内。

（2）以制度公平为重点推进基本公共服务均等化。主要是，推进城乡、不同群体基本公共服务制度的统一，尤其是医疗保险、养老保障的制度统一；努力缩小财政对不同社会群体基本公共服务的投入差距，并建立公开透明的约束性指标。

（二）形成 6 亿中等收入群体的转型与改革

党的十八大报告提出，到 2020 年实现国内生产总值和城乡居民人均收入比 2010 年翻一番，全面建成小康社会。对这个目标的提出，社会各方面予以普遍关注和很高的期盼。我的理解是，实现这个目标，不是贫富差距继续扩大基础上的倍增，而是中等收入群体的倍增：即在目前大约 23% 的基础上，每年提高 2 个百分点，到 2020 年努力达到 40% 以上，由此使中等收入群体规模扩大到 6 亿人左右。实现这一目标是个大战略：意味着消费主体的形成与稳定；意味着利益关系调整的新突破；意味着走向共同富裕的大趋势；意味着橄榄型社会结构的初步形成。

为实现 2020 年形成 6 亿中等收入群体的目标，建议结合国民收入倍增计划，尽快制定中等收入群体倍增的具体行动方案。

例如：

（1）加快教育结构调整，提高有效的人力资本积累，突出人力资本在扩大中等收入群体中的重要作用。

（2）尽快出台农民工市民化的日程表，争取经过3—5年的努力，初步实现农民工市民化，使一部分农民在真正融入城市后成为中等收入群体。

（3）尽快改革征地制度，保障农民征地谈判的主体地位，提高农民在土地增值收益中的分配比例，为一部分农民成为中等收入者创造条件。

（4）加快推进结构性减税。这是打破制度性约束、藏富于民的重大举措，有利于增强经济活力，有利于发展中小企业，有利于减轻中低收入者负担。

（三）建立公开、透明的收入分配基础制度

在"灰色收入"较为普遍、腐败问题比较突出、收入分配不公越来越成为全社会最为关注的焦点问题这一特定背景下，迫切要求以公开、透明为重点，加快建立收入分配的基础制度；理顺利益关系，形成公正有序的分配秩序。

（1）以全口径预算决算管理改革为契机，全面推进政府预算公开。扩大中等收入群体客观上要求建设低成本的廉洁政府，这对财政预算公开提出了新的要求。应当说，将所有政府性收入纳入预算管理、全面取消预算外资金、推进全口径财政预算公开的条件已经成熟。

（2）以官员财产公开为重点，逐步形成覆盖全民的财产申报制度。当前，推进官员财产公开已成为各方面普遍关注的重大问题，成为解决机制性寻租腐败、提振社会信心的重大举措。

四 改革进入攻坚区，如何有序地推进改革？

总的看法是，改革进入攻坚区，需要更大的勇气与智慧；需要尽快提出改革的路线图与时间表；需要大胆探索；需要统筹规划与协调推进，以创新改革的推进方式。在我看来，未来5—10年，改革攻坚的关键在于政府转型与政府改革。这是因为：经济体制改革的核心问题是处理好政府与市场的关系，需要改变"增长主义"政府倾向，在经济生活领域坚持市场主导下有效发挥政府的作用，而不是政府主导下有限发挥市场的作用；社会体制改革的核心问题是处理好政府与社会的关系，需要改变"大政府、小社会"局面，建立有活力的"大社会"，逐步走向社会公共治理。

（1）改变增长主义政府倾向，理顺政府与市场的关系。在我国经济起飞阶段，政府主导型经济增长方式把社会资源有效集中在投资建设上，在推动经济持续快速增长中发挥重要作用。问题在于，这种经济增长方式以追求GDP增长速度为首要目标、以扩大投资规模为重要途径、以土地批租和上重化工业项目为突出特点、以资源配置的行政控制和行政干预为主要手段，在带来投资增长过快、投资—消费失衡、环境资源矛盾突出等问题的同时，还造成政府在市场经济条件下公共服务的缺位。这就需要：以公共服务为中心转变政府发展理念；以财税体制改革为重点推进结构性改革。

（2）以"放权、分权、限权"为重点优化行政权力结构。为什么这些年尽管政府职能转变一再成为改革的重点，但是进程缓慢、成效甚微？重要原因之一是行政权力结构不合理。这就需要：以增强市场和社会活力为目标实现政府放权；以权力有效制约和协调为目标实现政府分权；以权力运行公开透明为目标实现政府限权。

（3）尽快形成行政体制改革的行动计划。例如：与全面深化经济体制改革有机结合，加快推动行政审批制度改革；与加快社会体制改革有机结合，把部分政府职能交给社会组织和社区自治组织，实现创新社会管理的新突破；与政治体制改革的实际进程相结合，全面推进政务公开、财政预算公开，加快推进官员财产公开、司法公开。

改革跑赢危机的路线图[*]

（2013年7月）

当前，社会各方面都很关注改革，尤其是关注10月份的三中全会出台的改革方案能不能够初步回答大家所重视的一些重大问题。

一 对改革形势的判断

当前，转型改革交织的特点很突出，风险和危机因素凸显。各方对转型改革的判断也有分歧，大约有几种观点：第一，认为这是一个短期的发展过程中不可避免的一些问题，主张在保持增长的过程中解决这些问题。第二，认为目前主要问题是经济领域的转型问题，如果把经济领域的问题解决好了，总体上问题不大。第三，认为目前的问题比较严重，觉得未来几年危机和风险因素会很大。

在我看来，我国的转型与改革，从短期看虽然矛盾和问题很多，但是中长期的问题可能更为严重。也就是说，未来的5—8年，在我国的转型改革上是非常重要的一段时期，如果我国能够在转型改革上有突破，尽管眼前有很多矛盾问题，但会逐步地朝着可持续发展的路径走下去。如果这三五年解决得不好，很可能在转型改革

---

[*] 在中央电视台财经频道"改革跑赢危机的路线图"的主题讲座，2013年7月15日，北京。

上陷于被动，弄不好引发更大的风险甚至触发某些危机。未来5—8年是我国经济社会转型的关键时期。在内外发展环境深刻变化的特定背景下，能否在转型与改革上取得实质性突破，并由此实现经济发展方式转变的目标，决定着2020年我国能否实现建成全面小康社会的战略目标，决定着我国未来10年的经济社会发展前景。由此，能否把握转型改革的主动权从而化解危机因素非常重要。具体来说，要在改革形势上，以化解危机因素为导向，以解决中长期的体制性、结构性矛盾为重点，初步形成可持续发展的趋势。

(一) 经济转型到了关节点

总体上看，未来的几年我国在经济转型上有两大利好。

(1) 我国的内需潜力巨大。尽管有不同的看法，包括林毅夫等说我们都低估了消费，但总体上说我国的消费比例、消费规模还是比较低的。更重要的是要看到5—10年我国内需潜力尤其是消费潜力是十分巨大的。我国的消费潜力到底有多大？中改院承担了一个国家课题叫"消费潜力的释放与经济增长前景"。2012年，我国社会消费品零售总额20.7万亿元。初步测算，到2016年，我国消费需求规模可能达到30万亿—32万亿元人民币；到2020年，我国可望释放的潜在消费需求规模有可能达到45万亿—50万亿元人民币。从总体上看，我国开始从一个生产大国走向消费大国。

现在着力强调消费释放，基础前提正是在于我国已经开始进入消费需求释放、消费结构升级的重要时期，此期间发生了三个明显变化。第一，生存型消费需求减少，发展型消费需求增多。第二，物质型消费需求减少，服务型消费需求增多。第三，一般私人产品短缺矛盾减少，基本公共产品短缺矛盾增多。为什么发生了这样一些变化？主要在于：一方面，社会主义初级阶段的主要矛盾没变，仍然是人们日益增长的物质文化需求同落后的社会生产之间的主要矛盾；另一方面，物质文化需求的内涵发生了变化，从生存性消费逐渐更多地转向健康、教育、养老、就业等与自身发展相关联的消费。这样一种变化表明，我国已经从生存型阶段进入发展型新阶段，我们要看到社会主义初级阶段的主要矛盾没有变的同时，发展的阶段性特征明显突出。在这个背景下，人们日益增长的物质文化需求同现有的公共产品供给、公共服务不到位的矛盾日益突出，消费结构升级和消费需求释放是一个大趋势。

（2）城镇化发展的大趋势。尽管对城镇化有多种不同的议论，但是要看到两个基本现实：第一，城镇化滞后于工业化。一般来说，进入工业化中后期，城镇化率在65%左右。我国已经进入工业化中后期，2012年，城镇化率为52.6%，我国的城镇化滞后于工业化10—15个百分点，蕴藏着巨大的发展潜力。第二，人口城镇化空间巨大。2012年，我国实际的人口城镇化率仅为35%，远低于2011年世界52%的平均水平。如果能打破政策与体制掣肘，每年就有可能提高1.5—2个百分点。到2020年，人口城镇化率就有可能接近目前的世界平均水平。未来10年，我国城镇化率若年均提高1.2个百分点，将再增加2亿农民进入城镇，加上现有的1.6亿农民工，新增城镇人口将达4亿左右。按较低口径，农民工市民化以人均10万元的固定资产投资计算，也能够增加40万亿元的投资需求。目前，我国城镇居民与农村居民人均消费比约为3.3：1，农村劳动力和人口合理转入城镇就业和生活，其收入与消费必然会明显增加，由此带来巨大的消费需求。

（3）我国经济转型面临日益突出的矛盾和问题：第一，投资消费严重失衡。我国的最终消费率和居民消费率都降到历史最低点，1978年，我国的最终消费率为62.1%，居民消费率为48.8%。2012年消费率是49.2%，居民消费率是35.7%。在外部市场变化的情况下，能支持我国经济持续快速增长的基础就在于消费释放的程度。

第二,产业结构转型升级缓慢。我国的服务业比重从1978年的35%左右,到现在只有44%,也就是说,35年间我国的第三产业占整个产业结构的比重大约提高了10个百分点。进入工业化中后期,服务业比重一般应不低于60%。服务业比重偏低是我国产业结构最突出的矛盾。

第三,产能过剩的问题突出。现在各地还是在加快投资,我认为对产能过剩的问题是估计不足的。我概括为"全面性、长期性、绝对性":所谓全面性就是指传统产业和部分战略性新兴产业均出现了明显的产能过剩,产能过剩呈现全面性;长期性就是指部分行业尤其是一些传统行业的过剩将呈现一个长期的趋势。比如,2011年我国钢铁的实际需求不超过6亿吨,但钢铁的实际产能达到8.5亿吨左右;绝对性就是指在有些行业看来,有一个绝对过剩的趋势。水泥、电解铝等有可能在未来2—3年达到消费峰值。

第四,资源环境约束全面加大,环境危机因素增多。

(二) 社会转型到了临界点

利益关系失衡、社会道德危机、信任危机等问题突出。社会转型到了能否有效化解利益冲突的临界点。

(1) 社会结构不合理,中等收入群体比重低。由此形成了很多的矛盾问题。按照国家统计局公布的标准,6万—50万元是界定我国城市中等收入群体家庭收入的标准。2010年,我国的中等收入群体比重为23%。同时,中低收入群体的消费潜力远未释放。

(2) 社会矛盾、社会风险不断加大。

(3) 群体性事件不断增多,规模逐步增大。近年来,群体性事件增加了10倍,其中因土地征用、房屋拆迁、环境污染等利益冲突引发的群体性事件占80%以上。这种利益矛盾的群体冲突协调不好,将激化其他社会矛盾,并使社会冲突有所升级,甚至成为局部性、全局性危机的导火线。

（三）治理转型到了关键点

在这个背景下，最大的问题在于体制机制性腐败尚未得到有效抑制，相反具有普遍性的趋势。而体制机制性腐败常常成为危机的导火线，常常成为社会情绪、社会舆论、社会矛盾的一个爆发点。

目前，尽管我国短期问题很突出，但主要矛盾在于中长期问题，而中长期问题关键在于增长模式和体制机制问题，甚至有的问题还比较严重。

二 当前改革涉及的基本性问题

在这个特定背景下，"一揽子改革"很重要，但是解决不了中长期所积累的矛盾问题。在我看来，我国改革正处于深水区和攻坚阶段。与以往相比，改革的深刻性、复杂性、艰巨性前所未有：转型与改革交织融合，经济转型、社会转型、治理转型都直接依赖于重大改革的突破。这就需要客观把握全面转型的大趋势，抓住突出矛盾和问题，以化解风险和危机为导向，形成未来3—5年改革攻坚的行动路线。

（一）以理顺政府与市场关系为重点的改革

基本思路是要抓住扩大内需的战略机遇，释放人口城镇化的最大潜力，关键在于以市场化改革为最大红利，形成以拉动消费支撑7%左右中速增长的体制格局。

（1）以理顺资源要素价格为重点，深化价格改革。

（2）以利率、汇率市场化改革为重点推进金融体制改革。在现实生活中，很大的风险往往不是来自经济运行中的一般性矛盾问题，而是来自结构性的问题，尤其是与现在经营体制和结构等一些问题联系在一起，如房地产。所以在推进利率市场化改革过程中，最大限度地防止金融的系统性风险是很重要的。

（3）以放开市场、引入竞争为重点推进垄断行业改革。

（4）以公益性为目标优化国有资本配置。

（5）加快农地物权化制度创新，建立城乡统一的土地市场。

（6）以服务业开放带动新的全面开放。

（二）以协调利益关系为重点，推动社会体制方面的改革

基本思路是以民富优先为导向，以扩大中等收入群体为重点，以创新社会管理为关键，尽快形成常态化的利益诉求表达机制、利益协调机制、利益共享机制。

（1）把中等收入群体倍增作为协调利益关系的重大任务。

（2）尽快破题收入分配改革。

（3）以制度统一为重点加快基本公共服务均等化进程。

（4）按公共资源优化配置的要求深化财税体制改革。

（5）以强化公益性、专业性、独立性为重点深化事业机构改革。

（6）向社会放权，着力推进社会组织发展。

这里，有三个目标很重要：第一，到2020年我国的中等收入群体达到40%。我在今年的"两会"提案中提出建议国家研究制定中等收入群体倍增的国家规划，在我看来这是一个大战略。如果到2020年我国的中等收入群体比重由目前的23%左右能提高到40%，从数字来说一个大概念，就是我国的中等收入群体到2020年能达到6亿，这引起国内外的广泛关注。预计未来10—20年，全世界的中等收入群体规模增加30亿。如果能够达到这个目标，一方面，将初步形成保持我国的中速增长的消费基础；另一方面，这样一个中等收入群体的形成促进我国的消费潜力释放，对世界经济再平衡是一个利好消息。我认为这是完全有可能的。

第二，3—5年内收入分配改革真正破题。可以看到，目前这个数字平均下来还算同步，实际居民收入增长城市为6.5%，农村为9.1%，平均算下来和7.5%差不多。但是城市里面收入增长相比去年在下降，我国GDP上半年增速是7.6%，而收入增长是

6.5%，这并不是一个很好的信息。能否解决好这个问题，取决于收入分配改革能不能在最近两三年有大的突破。

第三，发挥社会力量的作用。现在协调利益关系重点在于如何来发挥社会力量的作用。在这个估计上，现在有两个不同观点：一种观点认为我国现在社会组织、民间组织发展程度相当低，政府放权不出问题吗？的确，我国的社会组织由于多种因素，现在的发育程度比较低，和社会需求严重不相适应；另一种观点与此相反，认为我国现在社会组织、民间组织发展程度相当低是过去严格控制的结果，如果能够适当放开，社会组织的发展将会大大加快。我的看法是，社会组织的发展需要：一是出台针对公益性组织的发展的政策；二是适当推进官办社会组织的转型。社会组织转型在党的统一领导下，能够达到领导人自选、活动自主、经费自筹，官办组织要走到这一步现在看很困难。

（三）以着力解决体制机制性腐败为重点的改革攻坚

基本思路是加快政府向市场和社会放权，以权力公开透明为重点推进政治体制改革。通过3—5年的努力，实现权力运行规范化、公开化，走出一条权力约束权力与社会监督权力有机结合、有效抑制腐败的新路子。

（1）分步推进官员财产公开。在建议报告中提出在操作上可实行三个"率先"：一是新当选或新任命官员率先公开；二是新任官员中领导干部率先公开；三是财产中不动产率先公开。有人评论说这三个"率先"可以考虑，这是一个回避不了的问题。如何稳步推进，既要解决这个问题，又不能引起更大的风险，这是一个考量，我想在一定条件下，会在某些方面有突破。

（2）全面推进政务公开。采取措施推进政务的全面公开，尤其是财务的公开，这是根本性的问题，因为只有财务公开才能够解决权利监督权利和社会监督的权利的结合，才能够找到有效解决长期解决不了的公款吃喝、公款消费等一系列矛盾问题。

（3）按司法权公正、独立行使的要求深化司法体制改革。如何公正地来行使司法权是一个重要问题。我想下一步司法体制改革可能是不是会有所突破，比如建立双重法院体制。比如说建立法院的巡回法庭来解决经济类案件，然后地方性的案件主要解决民事案件。

三 改革的关键和重点何在

改革的重点和关键到底在哪里？现在各种主张比较多，有观点认为重点还是市场化改革，也有人主张以社会改革、社会建设为中心。在我看来，比较务实的、能够真正起作用的是政府转型。2004年我在参加温总理主持召开的座谈会上就提出主张把政府转型改革作为改革的关键和重点。2005年国务院正式出台文件，把行政管理体制改革作为改革攻坚的重点，但是攻坚八年下来，关键和重点也没解决，反而积累了很多矛盾和问题。

（一）我国政府转型改革的深层次矛盾问题相当突出

比如，要不要改变现行的政府主导的经济增长方式，是实行市场主导下有效地发挥政府作用，还是实行政府主导下有限地发挥市场作用？我在第四届我国行政体制改革论坛上提到，我去年讲的是改变增长主义政府倾向，今年讲的改变竞争性地方政府的增长模式。最近有研究提出，竞争性地方政府的增长模式是我国特色社会主义市场经济体制的重要组成部分，是我国保持经济活力的重要因素，是我国发展模式的突出特点。如果还继续坚持政府主导型的经济增长模式，在地方层面仍然把竞争性地方政府的增长模式作为我国市场经济体制的组成部分、中国模式的突出特点，经济转型、社会转型如何实现？地方政府的公司化倾向应该是极其普遍的，如果这种模式不改变，经济转型、社会转型问题很难解决。

（二）政府的自身利益倾向是政府自身存在的问题

如果不改变竞争性地方政府的增长模式，政府自身利益倾向不解决，能协调政府和市场、政府和社会的关系，能化解社会风险吗？这很困难。

（三）体制机制性腐败与竞争性地方政府增长模式直接相关联

以地方政府公司化为重要特征，增大了权力与市场结合的空间，体制机制性腐败比较普遍，这种背景下竞争性地方政府增长模式也难以为继。

四 当前形势下如何合理地推动改革

（1）营造良好的改革氛围。现在对改革的迫切需求已经成为普遍共识。在这个现实下，如果形成改革的大环境，来推进改革研究，非常重要。

（2）有些改革能否在地方层面率先突破。比如农村土地问题，尽管法律层面有障碍，但是也需要突破，农民的土地使用权总不能长期把它作为债权而不是物权。从现实情况看，尽快从法律层面赋予农村土地使用权的物权性质，既有现实性，又有迫切性。

（3）改革的顶层推进更为重要。在改革进入全面调整利益关系的背景下，实现改革突破，需要顶层设计、顶层协调，合理选择改革突破口，以掌握改革的主动权。

总的来说，今天的改革与过去相比特点十分突出：第一，转型和改革高度融合。如果说 30 年前需要转型建立市场经济体制，主要是一个改革问题，现在转型与改革紧密结合，如果不能抓住经济改革的大趋势适时地推进改革，很多事情要推进很困难。比如城镇化，如果城镇化不能在制度层面解决问题，这个城镇化毫无疑问一定是传统产业的规模化。第二，利益关系失衡是转型改革面临的最突出的矛盾。现在为什么说改革共识缺失，任何一项改革都涉及各种复杂的利益调整。在这个背景下，改革的风险程度是很大的，所以必须在能够妥善解决利益关系的前提下来推进改革。第三，就是改革的时间、空间约束明显增强。未来 1—2 年是改革的重要"窗口期";3—5 年是改革的重要"攻坚期";5—8 年是全面的"突破期"。这样,改革才能掌握主动,才能可持续地发展。

我是一个做了 30 多年改革的研究者,总对中长期改革抱有很大的期望,作为自己的责任最想做的就是在解决中长期的问题上找一条路子,不在于这两三年经济上会有很多风险、很多矛盾,但是只要金融上不出大问题,我国经济增长的问题不大,最怕 5 年以后长期问题系统地暴露出来,那将是一个重大风险。所以我很赞成国务院现在把解决长期问题和短期问题结合起来,找到一个平衡点,既有利于解决中长期问题,又有利于稳定增长,这才是比较稳妥的办法。

市场开放与结构性改革[*]

（2016年12月）

当前，无论是从全球经济乏力与贸易保护主义抬头的双重挑战看，还是从我国结构性改革的基本实践与经济转型的大趋势看，都需要把市场开放作为结构性改革的重点任务。

一　市场开放是不是结构性改革的当务之急？

2008年国际金融危机以来，尽管全球货物贸易的增速明显下降，但在经济信息化、服务化趋势的推动下，全球服务贸易快速增长。对我国来说，经济转型的进程将是同世界经济深度互动、向世界不断开放市场的过程。

（一）以市场开放反对贸易保护主义

（1）市场开放是全球的共同需求。市场开放是经济转型与经济全球化的大趋势，是全球结构性改革面临的重大课题。无论是发达经济体，还是新兴经济体，都需要在市场开放中推进经济转型和结构性改革进程，都需要将结构性改革建立在各国市场相互开放、互利共赢的基础上。

（2）市场开放是国际经济合作的重点。世界经济走到今天，尽

---

[*] 本文载于《学习时报》2016年12月8日。

管面临贸易保护主义的挑战，但市场开放仍是全球经济一体化的主题。例如，以产能合作为重点的经济合作需要在全球市场中配置资源。否则，各种形式的贸易保护主义就会抬头，全球经济一体化就会受到严重挑战。

(3) 市场开放需要全球视野。未来几年，国际与国内市场高度融合是个大趋势。同时，我国已成为国际社会广泛关注的一个大市场。也就是说，用全球视野来推动市场开放，既是我国走向全球、由大国向强国转变的关键所在，又是我国在推进全球经济一体化中发挥重要作用的重大问题。

(二) 以市场开放形成结构性改革的新动力

(1) 从企业层面看，民营经济发展活力不足的原因之一在于服务业市场开放严重滞后。当前，我国民营经济经营困难的原因有很多，有劳动力成本上升、产业转移的因素，但更重要的是，由于我国服务业市场开放不足从而抑制社会资本的投资活力。此外，国有企业混合所有制改革尚未破题，也给民营经济拓宽投资空间形成一定程度的制约。

(2) 从区域发展层面看，市场越开放的地区转型的步子越快。例如，在经济整体不景气的情况下，江浙地区一部分企业能够成功实现转型，主要原因是江浙地区市场比较开放。在这个前提下，"春江水暖鸭先知"，企业随着外部市场变化转型就比较快。相反，东北地区的转型困难，一个重要原因就是市场开放不足。也就是说，如果东北振兴不以市场开放为前提，就难以形成东北转型的新动力。

(三) 以市场开放促进经济转型

(1) 以市场开放促进产业转型升级。从市场经济发展的客观规律看，我国由工业主导走向服务业主导是大势所趋。改革开放以来，我国抓住全球货物贸易需求扩张和发达国家制造业转移的历史机遇，推动工业领域的市场开放，由此使我国成为全球制造业大国。当前，随着全球经济服务化趋势明显，国内服务型消费需求快速增长，推进服务业市场开放成为产业转型升级的现实需求。如果市场开放到位，估计到2020年我国服务业占比将达到58%左右，服务业增加值将从2015年的34万亿元增长到50万亿元左右。

（2）以市场开放促进消费结构升级。消费结构升级驱动经济转型，服务型消费推动服务型经济比重和水平提高，成为经济转型升级的重要驱动力。目前，我国消费结构升级进入关键时期：一方面，消费市场存在明显的波动性；另一方面，城镇居民服务型消费占比快速提升。2015年，我国城镇居民的服务型消费占比已经达到40%左右，估计到2020年将达到50%左右。届时，消费对经济增长的贡献率将稳定在65%以上，基本形成消费拉动经济增长的新格局。值得注意的是，由于市场开放不足，我国消费供给不足的矛盾突出，尤其是服务型消费供给不足已经成为经济生活中的突出矛盾。

（3）以市场开放促进城镇化转型。未来几年是我国城镇化转型的关键时期。实现由规模城镇化向人口城镇化的转型，用城镇巨大的资本撬动农村发展潜力，关键是农村土地制度改革要破题。目前，城乡二元的土地制度，不仅不利于发挥农村土地资源的巨大潜力、提高农村土地利用效率，也不利于农民增收。赋予农民更多财产权利的关键一招是，通过统一城乡建设用地市场真正赋予农民土地财产权。这既是新型城镇化的巨大红利，更是城镇化转型面临的重大课题。

二　服务业市场开放是不是市场开放的重点所在？

改革开放38年来，工业领域的市场开放极大地激发了市场活力，在推动我国快速工业化进程中扮演了重要角色。未来几年，加快推进服务业市场开放进程，将为我国服务业发展带来强劲动力，并由此释放出新一轮市场化改革的巨大红利。

（一）服务业市场开放滞后是市场开放的"突出短板"

（1）服务业市场化程度低。有数据显示，我国工业部门80%以上是制造业，属于高度市场化部门，而服务业50%左右仍被行政力量垄断。

（2）服务业对外开放程度较低。在国内服务业市场开放严重滞后的情况下，服务业还难以有序对外开放。例如，在国内自由贸易试验区负面清单的122项特别管理措施中，有80余项针对服务业。

（3）服务化水平低。由于服务业市场开放滞后，缺乏公平竞争的市场环境，既难以产生高品质的服务，也难以提供现代化的服务产品与服务标准。近几年来，我国因服务质量问题引发的消费投诉不断增多。例如，2010—2014年，我国消费者协会的万人服务投诉量由1.49件提高到2.08件，增长近39%。

（4）服务价格高。在价格管制、缺乏有效竞争的情况下，不少服务业领域价格居高不下。例如，2015年，我国宽带平均上网速度全球排名在第91位，而平均一兆每秒的接入费用却是发达国家的3—5倍。

（二）服务业市场开放与经济转型的趋势严重不相适应

（1）消费与投资的结构性矛盾。近年来，尽管我国投资消费失衡的格局有所改善，但是投资消费错配的矛盾仍然突出。例如，我国消费结构正由物质型消费为主向服务型消费为主升级，但服务业有效投资和有效供给明显不足，社会资本进入服务业仍然存在诸多政策性和体制机制性的障碍。

（2）需求与供给的结构性矛盾。随着消费结构向多样化、高端化、服务化的需求升级，原有供给结构已不适应市场需求结构的变化，供给过剩与供给不足的矛盾并存。

（3）政策与体制的结构性矛盾。客观地看，现行的宏观政策与宏观体制结构，仍有鼓励工业发展、抑制服务业发展的某些特征。例如，由于投资体制改革滞后，导致民间资本投资服务业领域困难重重，供需失衡的局面难以扭转。再如，由于消费税改革进展缓慢，导致地方政府"重投资、轻消费"的行为模式难以改变。可以说，服务业发展面临着一系列的政策性、体制性的结构性矛盾，这些矛盾不解决，就难以形成服务业市场开放的大环境。

（三）服务业市场开放重在破除行政垄断和市场垄断

（1）打破服务业领域的行政垄断和市场垄断。从现实情况看，无论是生产性服务业还是生活性服务业，都在一定程度上存在行政垄断或市场垄断。为此，要推动服务业领域国有资本战略性调整，全面推进垄断行业竞争环节向社会资本开放；全面放开服务业市场价格，形成统一开放、公平竞争的市场体系。

（2）推进服务业市场开放的相关政策调整。形成服务业主导的产业结构，需要尽快消除服务业发展的某些不合理政策，实现服务业与工业政策平等。例如：要加快调整服务业与工业用地政策，实现工业与服务业政策平等；要以促进服务业市场开放为导向加快税收结构调整。

（3）以政府购买公共服务为重点加快公共服务业市场开放。适应13亿人公共需求变化的大趋势，要把形成多元供给主体、多元竞争主体作为发展和完善政府购买公共服务的基本目标，争取使政府采购中服务类占比从2014年的11.2%提高到2020年的30%左右。

（四）服务业市场开放中的政府作用

（1）充分发挥市场在服务业领域资源配置中的决定性作用。对政府来说，重要的是要看到市场开放的现实性、迫切性。不开放市场，无论是调整经济结构，还是推动国际和国内市场相融合，都将面临一系列的矛盾与问题。

(2) 把反行政垄断作为政府的一项重要职责。多年来，服务业领域难以对社会资本开放，关键问题在于服务业领域的行政垄断没有真正被纳入反垄断的范围。随着服务业市场的壮大，反垄断对于促进服务业健康发展非常重要。这就需要尽快建立反行政垄断的审查机制，实现反垄断的常态化、制度化。

(3) 在向市场放权中推进监管变革。简政放权是本届政府最大的亮点。在简政放权中开放服务业市场，需要政府监管转型同步跟上。当前，市场监管有着很强的特殊性。一方面，随着消费结构升级，释放内需潜力直接依赖于市场监管的有效性；另一方面，服务业市场双向开放，既考验我国对内资的监管水平，也考验我国对外资的监管能力。

三 要不要推进以服务贸易为重点的二次开放？

与2001年我国加入WTO时的对外贸易不同，当前外贸转型的突出挑战是服务贸易的双向市场开放。在我国经济转型升级与新一轮全球化形成历史交汇的大背景下，推进以货物贸易为主的"一次开放"转向以服务贸易为重点的"二次开放"，是我国经济转型与结构性改革的重大任务。

(一) 国内服务业市场开放与服务贸易开放融合是个大趋势

(1) 服务贸易快速增长。从国内看，国家"十三五"规划纲要明确提出到2020年我国服务贸易占对外贸易的比重要达到16%。但事实上，2016年1—5月，我国服务贸易占对外贸易的比重已经达到18.5%，超过"十三五"规划目标。从国际看，在全球货物贸易增速明显下降的背景下，服务贸易快速增长，2000—2014年，全球服务贸易额由1.44万亿美元增长到9.8万亿美元，14年间增长了5.8倍，这标志着服务贸易开始成为新一轮经济全球化的主要引擎。

(2) 反对贸易保护主义，推进全球经济一体化的关键是服务贸易。无论是中美、中欧之间的投资谈判，还是多种形式的双边多边自由贸易谈判，焦点大都在服务贸易。随着全球经济发生深刻变化和我国经济转型升级，很多投资领域的问题与服务贸易直接融合。也就是说，服务贸易开放不破题，双边多边的服务贸易谈判就会有一定的困难。就是说，服务业市场开放已成为新阶段我国扩大对外开放的关键所在。

（二）以服务贸易为重点的开放转型牵动影响发展全局

（1）开放转型牵动影响我国在国际经济中的地位和作用。当前，我国经济转型与世界经济格局变化交织在一起，双向影响明显增强。如果以服务贸易为重点的开放转型能够尽快破题，我国就会在新一轮全球经济一体化和世界经济治理格局中发挥重要作用。估计未来5年，我国经济增长对世界的贡献率将保持在25%—30%。

（2）开放转型牵动影响我国在全球自由贸易中的地位。与以工业市场开放为重点、推动我国制造业全球化的"一次开放"相比，"二次开放"的历史使命是以服务贸易为重点全面实施自由贸易战略，有序推进服务业市场的双向开放，在开放中推进全球自由贸易进程，在开放中发挥我国在新一轮全球自由贸易中的重要作用。

（3）开放转型牵动影响我国经济转型的实际进程。从经济转型的现实需求看，要形成以服务业为主导的产业结构，关键在于服务业领域的市场开放。也就是说，如果没有服务业为重点的市场开放，要想顺利地推进经济转型升级、释放巨大的市场潜力和市场空间就很困难。

（三）开放转型的重大任务

（1）在实施"一带一路"倡议中加快构建自贸区网络。在新的阶段，"一带一路"倡议是以基础设施为依托、以产能合作和服务贸易为重点、以建立多种形式的自由贸易区网络为目标。在全球服务贸易快速发展的新形势下，"一带一路"向纵深发展的关键在于推进以服务贸易为重点的开放进程。由此，才能使"一带一路"倡议适应新一轮全球经济一体化的大趋势。建议尽快务实推动"一带一路"多种形式的自贸进程。例如，积极建设上合组织自贸区、加强与中东欧国家的自贸合作等。

（2）推进以多边双边自由贸易区建设为重点的全球经济一体化进程。当前，经济全球化面临严峻挑战，尤其是需要高度警惕各种形式贸易保护主义抬头的倾向。从目前情况看，世贸谈判的重点是国际服务贸易谈判（TiSA）。投资与贸易越来越不可分离，投资协定中相当部分涉及服务贸易条款。例如，如果能把中欧投资谈判和服务贸易谈判融合起来，中欧自贸区谈判就能尽早破题。

（3）以服务贸易为重点的国内自贸区转型。国内自贸区正处在十分尴尬的境地。原本自贸区在负面清单管理上取得了重要进展，问题在于负面清单对服务贸易的限制仍然比较多。在这种情况下，以服务贸易为重点推进国内自贸区转型，对破题以服务贸易为重点的开放转型至关重要。建议：到2020年，负面清单中服务贸易项目缩小到40项以内，为其他地区实施负面清单管理提供可复制、可推广的重要经验。同时，加快对服务贸易和服务业市场开放制度的先行先试，发挥自贸试验区在开放转型中的示范作用。

（4）以服务贸易为重点的区域开放。从开放趋势看，区域开放的主要矛盾不在于再增加多少个自贸区，某些产业项下的自由贸易更为重要。无论是沿边，还是内陆的区域开放，都需要适应全球服务贸易全面快速增长的新形势，实现服务贸易与区域开放有机结合。以广东为例，能否在服务贸易上与香港、澳门融合对接，是广东今天面临的一个重大课题。广东要扩大开放，并不在于多争取几个自贸区，而在于服务贸易开放政策方面与香港、澳门实现一体化对接。由此，广东不仅能在全国开放转型中扮演重要角色，又能在促进"一国两制"中发挥重要作用。

我国作为全球第二大经济体,以开放转型促进结构性改革,不仅决定我国经济发展的未来,而且将对全球经济增长和经济治理格局产生重大影响。

以服务业市场开放为重点
深化结构性改革[*]

(2016年12月)

我国转型发展进入新阶段，经济服务化的特点日益突出，由此使服务业市场开放的现实性、迫切性全面增强。在这个特定背景下，客观地估计服务业市场开放在经济转型与结构性改革中的重要作用，是一个需要深入研讨的重大课题。

一 服务业市场开放在经济转型中居于何种地位？

当前，无论是制造业的信息化、服务化，还是消费结构升级，都有赖于服务业市场开放。可以说，服务业市场的开放决定经济转型成败。

（一）工业转型升级与服务业市场开放

当前，我国工业化新进程与全球新一轮工业革命呈现历史交汇，工业转型升级对发展生产性服务业的依赖性全面增强。问题在于，我国生产性服务业发展严重滞后。发达国家生产性服务业占服务业的比重大都在60%—70%，占GDP比重约45%。我国的情况是，生产性服务业占服务业的比重大约为35%，占GDP的比重仅

---

[*] 本文载于《中国经济时报》2016年12月20日。

为15%左右。适应生产型制造向服务型制造转型的大趋势，争取到2020年，以研发、金融、物流等为重点的生产性服务业占GDP的比重将从现在的15%左右提升至30%左右，占服务业的比重不低于50%。

客观地看，发展服务业，形成服务业主导的产业结构，问题的症结不是要不要制造业，问题的关键是如何通过服务业市场开放形成生产性服务业加快发展的推动力。

(二) 消费结构升级与服务业市场开放

与过去相比，我国城乡居民消费结构由物质型消费为主向服务型消费为主转型的趋势和特点越来越明显。估计到2020年，城镇居民的服务型消费支出占比将由2015年的40%左右提高到50%左右，城乡居民的消费总规模有可能由2015年的36万亿元扩大到2020年的50万亿元左右，消费对经济增长的贡献率将稳定在65%以上，基本形成消费拉动经济增长的新格局。

当前的突出矛盾是，供给结构与广大城乡居民消费的快速增长，尤其是服务型消费的增长严重不相适应。出现问题的原因在于，服务业市场开放的严重滞后。从现实的情况看，服务业市场不开放或开放力度不够，是难以解决供给与消费不相适应这个突出矛盾的。

(三) 服务业市场开放与可持续增长

当前，服务业支撑经济增长的趋势加强，服务业对经济增长的贡献率不断提升。估计到2020年，服务业对中国经济增长的贡献率有望从2015年的54.1%提高到70%左右。

实践证明，若服务业市场开放能够基本适应制造业转型升级与消费结构升级趋势，估计现代服务业发展速度和质量还会上一个新的台阶，并将成为支撑未来10年6%左右中速增长的重要条件。

二 服务业市场开放在结构性改革中居于何种地位?

现实情况表明,供给与需求结构失衡的突出矛盾是服务业市场开放滞后,在这个特定背景下,服务业市场开放已成为深化结构性改革的重大任务。

(一) 服务业市场开放与市场化改革

总的看,服务业市场开放滞后是市场开放的"突出短板"。例如:服务业市场化程度低,50%左右仍被行政力量垄断;服务业对外开放程度较低,目前自由贸易试验区负面清单的122项特别管理措施中,有80余项针对服务业;服务化水平低,由于服务业市场开放滞后,缺乏公平竞争的市场环境,既难以产生高品质的服务,也难以提供现代化的服务产品与服务标准。

(二) 服务业市场开放与供需结构失衡

客观地看,新的供给可以释放新的需求。如电信领域,由于全球市场的开放,近几年我国电信业产值年均增长都在20%以上。但从另一个侧面看,由于我国服务业市场开放度低,消费有需求、无供给的矛盾也比较突出,尤其是服务型消费需求长期得不到满足。以老年人消费为例,目前至少有1万亿元的潜在需求,但市场实际供给大约仅有2000亿元。

(三) 服务业市场开放与体制政策的结构性调整

现行的宏观政策与宏观体制结构仍有鼓励工业发展、抑制服务业发展的某些特征。服务业发展面临着一系列的政策性、体制性的结构性矛盾。这些矛盾不解决,就难以形成服务业市场开放的大环境。为此,要打破服务业领域的行政垄断和市场垄断。推动服务业领域国有资本战略性调整,全面推进垄断行业竞争环节向社会资本开放;要全面放开服务业市场价格,形成统一开放、公平竞争的市场体系;要推进服务业市场开放的相关政策调整,尽快消除服务业发展的某些不合理政策,实现服务业与工业政策平等;要以政府购买公共服务为重点加快公共服务业市场开放。

三　服务业市场开放在开放转型中居于何种地位？

总的看法是，服务贸易快速发展是全球自由贸易的大趋势。以服务业市场开放拓宽自由贸易空间，形成服务贸易为重点的开放型经济新格局，关键是推进服务业市场开放。

（一）服务业市场开放与服务贸易发展

这些年，在全球货物贸易增速明显下降的背景下，服务贸易快速增长。2000—2014年，全球服务贸易增长了5.8倍，这标志着服务贸易开始成为新一轮经济全球化的新引擎。为此，全球经济合作的重点在于服务贸易。例如，无论是中美、中欧之间的投资谈判，还是多种形式的双边、多边自由贸易谈判，焦点之一大都在服务贸易。随着经济全球化发生深刻变化和我国经济转型升级，越来越多投资领域的问题与服务贸易直接融合。也就是说，服务贸易开放不破题，双边、多边的服务贸易谈判就会有一定的困难。

（二）服务业市场开放与对外贸易转型

总的看法是，为适应经济全球化新趋势、新挑战，我国对外贸易要把产能布局的全球化与服务业市场开放相结合，以形成对外贸易新的竞争力。例如，进一步放宽服务业市场准入，降低准入门槛，充分利用外资改善和提升我国服务业发展水平，在服务业领域全面实施负面清单管理，争取到2020年，负面清单中对服务贸易的限制范围缩小到40项左右，以有序对外来投资开放；争取到2020年我国服务贸易占对外贸易的比重至少达到20%以上；争取我国服务贸易总额占世界服务贸易总额的比重将由2014年的6.2%提高至10%以上。

（三）服务业市场开放与自贸区转型

总的判断是，在全球进入以服务贸易为重点的新阶段，在国内以服务贸易为重点的开放转型中，目前的自贸区政策安排难以起到重要的示范作用。以服务贸易为重点加快自贸区的转型升级，使之承担起服务业市场开放先行先试的重要作用，是自贸区开放转型的重大任务。例如，加快对服务贸易和服务业市场开放制度的先行先试，打破开业权、人员流动、技术性等服务贸易壁垒；大幅放宽服务业市场准入；在先行实践的基础上尽快提出服务贸易新规则。一句话，要以服务贸易为重点推进自贸试验区转型。

当然，从我国转型发展的现实需求看，在一些条件具备的地区实行某些产业项下的自由贸易政策，可能比多批几个自贸区作用更重要。例如，加快推进粤港澳服务贸易一体化进程，对"一国两制"将产生重要影响。

服务业市场开放涉及经济结构、利益关系、发展理念的重大调整，是一场深刻的革命性变革。以服务业市场开放为重点深化结构性改革，就会使处在历史关节点的经济转型有实质性的进展，就会使处在经济全球化新角色的我国发挥更大的作用。

经济转型升级与供给侧结构性改革[*]

（2017 年 1 月）

当前，我国的经济转型与经济增长正处于十分重要的历史节点：一方面，经济转型面临着诸多深层次的结构性矛盾与问题；另一方面，经济转型升级也蕴藏着巨大的市场空间和增长潜力。以经济转型为目标推进结构性改革，已成为稳中求进的重大任务。

一 判断经济增长前景，需要客观分析经济转型的基本趋势、阶段特点以及历史机遇

供给侧结构性改革，最终目的是满足需求，就是要深入研究市场变化，理解现实需求和潜在需求，在解放和发展社会生产力中更好满足人民日益增长的物质文化需要。目前，我国已开始进入工业化后期，经济社会发展正处在一个重大的历史转型时期。在这个特定背景下，判断经济增长前景，需要客观分析经济转型的基本趋势、阶段特点以及历史机遇。

——产业结构正由工业主导向服务业主导转型。2016 年前 3 季度，我国服务业增加值比上年同期增长 7.6%；占 GDP 比重的 52.8%，比第二产业高出 13.3 个百分点，比上年同期提高 1.6 个

---

[*] 本文载于《浙江经济》2017 年第 2 期。

百分点；服务业增长对国民经济增长的贡献率为58.5%，比上年同期提高3.4个百分点，比第二产业高出21.1个百分点。预计到2020年，我国经济服务业占比可能达到58%，接近60%，基本形成以服务业为主导的产业结构。

——消费结构正由物质型消费为主向服务型消费为主转型。预计到2020年，我国城镇居民服务型消费比重将由目前的40%左右扩大到50%左右；预计"十三五"时期，消费对我国经济增长的贡献率将稳定在65%以上，基本形成消费拉动经济增长的新格局。

——城镇化结构正由规模城镇化向人口城镇化转型。国务院《推动1亿非户籍人口在城市落户方案》提出，"十三五"期间，我国年均转户人口要达到1300万人以上。预计到2020年，我国常住人口城镇化率有可能达到60%左右，户籍人口城镇化率有望达到50%左右，基本形成人口城镇化的新格局。

——开放结构正由货物贸易为主向服务贸易为重点转型。预计到2020年，我国服务贸易规模有望超过1万亿美元，占贸易总额比重达到20%以上，初步形成对外开放的新格局。

二 经济增长空间仍然很大，关键是经济转型所蕴藏的巨大潜力能否有效释放

经济转型升级将释放出巨大的经济增长潜力。"中国制造"由生产型向服务型转变，有望形成制造业竞争的新趋势。比如家用机器人，可能十年左右将成为中产阶层家庭的普遍配备。13亿人的消费结构升级，也蕴藏着巨大的增长潜力，预计到2020年，我国年消费总规模有可能由目前的34万亿元左右扩大到50万亿元左右。就是说，未来相当长的一个时期内，我国将是全球最大的消费市场之一。深化农村土地改革，同样蕴藏着巨大的"改革红利"。未来5—10年，农业转移人口向各类城镇不断集聚，将带来巨大的新增消费与投资需求。如果农村土地制度改革有重要突破，广大农民的土地财产权能够落地，由此将释放转型增长的巨大潜力。有专家估算，仅土地经营转让费就高达1万多亿元，宅基地总价值50多万亿元，能够带动的银行与社会资金，可能达到20多万亿元。

经济能否成功转型升级，直接决定着我国未来的经济增长前景。目前，我国经济转型呈现出一些新的特点。首先，增长与转型高度融合，增长直接依赖于转型。当前，大家对增长比较担心，把"稳增长"看得比较重。增长固然十分重要，但更重要的是要找准制约增长的主要因素。我国的经济增长空间仍然很大，关键是经济转型所蕴藏的巨大潜力能否有效释放。其次，经济转型与新一轮技术革命交织在一起，转型的技术影响明显增强。未来几年，新的技术有可能取得重大突破，并对我国经济转型带来深远影响。我国经济转型与新一轮科技革命交织在一起，既需要解决现有的体制机制问题，也需要积极应对新技术的突破。最后，经济转型升级对经济增长有决定性影响。潜在增长率主要取决于资源配置效率的最大化。目前，我们仍有不少重要资源尚未实现市场化配置，这不能不使潜在增长率大打折扣。就是说，讨论未来的经济增长前景，主要取决于经济转型与市场化改革的实质性破题。如果经济转型能在多方面取得重要突破，我国就有条件在未来10年实现年均6%左右的增长。更重要的是，这个增长将是有质量的增长，是可持续的增长。

我国经济转型与世界经济格局变化交织在一起，双向影响明显增强。一方面，未来几年全球经济仍将处于弱增长态势，世界经济格局仍在继续寻找新的平衡之中，这会给我国经济转型带来多重影响与冲击；另一方面，作为世界第二大经济体，我国经济转型与增长对全球经济增长的影响日益增大。估计未来5年，我国经济增长对世界的贡献率将保持在25%—30%。

三 以深化供给侧结构性改革破解"重大结构性失衡"

中央经济工作会议提出:"我国经济运行面临的突出矛盾和问题,虽然有周期性、总量性因素,但根源是重大结构性失衡,导致经济循环不畅,必须从供给侧、结构性改革上想办法,努力实现供求关系新的动态均衡。"经济转型的本质,就是通过结构调整和制度变革,实现结构再平衡和结构升级。当前,经济转型面临着工业领域产能过剩和服务业领域产品供给短缺的双重矛盾。解决这个结构性矛盾,需要加快供给侧结构性改革进程,实现供给结构与需求结构的动态平衡。

"重大结构性失衡"是经济转型面临的突出矛盾。那么,究竟应该怎么解决"重大结构性失衡"?还是要靠着力推进关键性、基础性的重大改革:以混合所有制为重点的国企改革、加强产权保护制度化法制化、稳妥推进财税和金融体制改革、推动养老保险制度改革等。此外,振兴实体经济要有实招。第一,降低企业成本要有实招。要降低各类交易成本特别是制度性交易成本,减少审批环节,降低各类中介评估费用,降低企业用能成本,降低物流成本,提高劳动力市场灵活性,推动企业眼睛向内降本增效。第二,降低制度性交易成本要有实招。要在减税、降费、降低要素成本上加大工作力度。第三,产权保护制度建设要有实招。坚持有错必纠,甄别纠正一批侵害企业产权的错案冤案。保护企业家精神,支持企业家专心创新创业。

四 处理好政府与市场关系是深化供给侧结构性改革的关键所在

作为转型发展大国,政府与市场关系的处理,决定着结构性改革的实际进程。政府的重要作用之一,就是在制度上保障市场在资源配置中起决定性作用。

处理好"三去一降一补"中的政府与市场关系。第一,发挥市场在去产能中的基础性作用。要防止已经化解的过剩产能死灰复燃，同时，用市场、法治的办法做好其他产能严重过剩行业去产能工作。第二，有效发挥政府去库存中的重要作用。要把去库存和促进人口城镇化结合起来，提高三、四线城市和特大城市间基础设施的互联互通，提高三、四线城市教育、医疗等公共服务水平，增强对农业转移人口的吸引力。第三，把降低企业杠杆率作为重中之重。要支持企业市场化、法治化债转股，加大股权融资力度，加强企业自身债务杠杆约束等，降低企业杠杆率。同时，发挥政府在"降成本""补短板"中的重要作用。

处理好深化国企改革中的政府与市场关系。党的十八届三中全会、"十三五"规划、2016年政府工作报告，都提出了以管资本为主推进国有资产管理体制改革。如果政府能把管资本这件事情做好，相应地，混合所有制改革就会有重大突破，破除各种形式的行政垄断、市场垄断也就能迎刃而解。

处理好实现产权保护制度化、法制化中的政府与市场关系。主要包括两方面关系：产权保护制度化与政府守信践诺机制；产权保护法治化与政府守约的法律保护。

处理好深化农村土地制度改革中的政府与市场关系。在严格土地用途管制、严格规则限制的前提下，农村土地也应当由市场配置，并由此实现农村建设用地与城市建设用地市场的对接。要承认农民对集体土地的承包权、经营权、宅基地使用权也是物权，由此推进农民对集体土地的收益及抵押、担保、股份合作改革，落实农民的土地财产权，增加广大农民的财产性收入，实质性推进城乡一体化进程。

处理好监管变革中的政府与市场关系。目前很多监管机构是既管审批，又管监管。但这套体制到底有没有效？还能维持多长时间？如何建立起独立、专业、权威的监管体系？这是全面深化改革中亟待研究解决的重大课题。

处理好政府与市场关系是深化结构性改革的关键*

（2017年2月）

当前，我国正处在转型发展的历史节点，如何处理政府与市场关系决定着供给侧结构性改革的实际进程。党的十八届三中全会提出"处理好政府与市场关系，使市场在资源配置中起决定性作用"。政府的重要作用之一，就是在制度上保障市场在资源配置中起决定性作用。2016年中央经济工作会议指出，深化供给侧结构性改革，"就是要完善市场在资源配置中起决定性作用的体制机制，深化行政管理体制改革，打破垄断，健全要素市场，使价格机制引导资源配置"。

一 "三去一降一补"中的政府与市场关系

"三去一降一补"需要政府与市场作用双管齐下。中央经济工作会议提出，"要防止已经化解的过剩产能死灰复燃，同时用市场、法治的办法做好其他产能严重过剩行业去产能工作"。例如，去产能行政力量固然很重要，但是为什么在去产能过程中又出现"死灰复燃"的现象？这说明，要发挥市场的作用，利用市场的趋势和规

---

* 本文载于《行政管理改革》2007年第2期。

律，利用法的效力和规则，才能真正行之有效地去产能。再如，谁来认定企业是"僵尸"企业？笔者认为，认定的主体不是政府，而应当是市场。浙江的民营企业中，有钢材企业转型成为动漫基地，有水泥企业转型为深海水淡化的创新加工企业，70%左右的民营企业转型初步取得成功，相反，国有企业由于体制机制的问题，转型比较慢，效果并不好。这说明，政府的引导固然至关重要，但推动企业转型的决定性力量是市场。

政府的重要职责是"降成本""补短板"。根据中央经济工作会议的精神，一方面，在实体经济转型发展比较困难、企业负担过重成本过高的特定阶段，"降成本"是经济转型的当务之急。"要在减税、降费、减低要素成本上加大工作力度"。尤其是要在降低制度性交易成本方面出实招；另一方面，在民生改善面对多方面突出矛盾的背景下，政府在"补短板"中要有所作为。"要从严重制约经济社会发展的重要领域和关键环节，从人民群众迫切需要解决的突出问题入手，既补硬短板也补软短板，既补发展短板也补制度短板。"政府的财政收入应主要用于适应并逐步满足老百姓日益增长的物质文化需求，要发挥政府提供公共服务，尤其是制度性公共产品的作用。

二 深化国企改革中的政府与市场关系

政府从"管企业"到"管资本"。以"管资本"为主，是符合市场经济规律的，是政府管理国有资产的主要职责所在。在这个前提下，建立严格的企业治理结构。问题在于，这些年来，政府相关部门尚未把主要精力放在主要"管资本"上，而是过多、过细管企业、管人，由此，政府如何主要"管资本"多年来没有破题，使国企改革难以有突破性进展。当前，深化国有企业改革，核心是搞活国有资产。只有搞活国有资产，解决国有资产的整体管理体制和运营机制问题，才有可能搞活国有企业，为建立企业治理结构打下重要基础。

　　混合所有制改革是国企改革的重要突破口。只要有利于国有资本做大做强，除了在重要行业保持国有资本的控股地位外，都应当按照市场配置起决定性作用的原则实行混合所有制改革。当前，在经济下行压力增大的特定背景下，社会各方对混合所有制改革的期盼值很高，但这项改革的重大举措不多，缺乏亮点。下一步，按照中央经济工作会议精神，需要在加快推进混合所有制改革上破题。第一，国有垄断行业应尽快向社会资本推出一批重大项目，敢于让利，让社会资本有盈利的预期；第二，国企改革与服务业领域向社会资本开放有机结合，打破服务业领域的行政垄断，尽快使社会资本成为服务业发展的重要主体；第三，以强化公益性为重点推进国有资本战略性调整，尽快形成具体的改革行动方案。当前，基本公共服务的供给现状和发展水平难以适应全社会公共需求全面快速增长的趋势，而公共产品短缺很大程度上在于国有资本并未真正用于最急需的公共服务领域。

　　在电力、石油、天然气、铁路、公路、民航、电信、军工等垄断行业，如果能迈出实质性步伐，那么一般性的国有企业问题就好解决。比如我国电信服务速度低、成本高，在保证国家安全的前提下，应该向市场放开。

三　实现产权保护制度化、法治化中的政府与市场关系

　　推进产权保护法治化，重在完善政府守信践诺机制。营造全社会重视和支持产权保护的良好环境、推进产权保护法治化的关键在政府。无论是产权的有效界定，还是依照法律程序保护产权，都离不开政府作用。从改革实践看，进一步解放思想，完善政府守信践诺机制对于产权保护法治化具有决定性影响。

　　政府要确立严格的公民产权保护观念和契约意识。在现代市场经济条件下，产权的本质是契约，保护产权就是保护契约。这就需

要政府在维护守信、守约中发挥重要作用。当务之急是将政务履约和守诺服务纳入政府绩效评价体系，建立政务失信记录，建立健全政府失信责任追究制度及责任倒查机制，加大对政务失信行为惩戒力度。

防止因政府违约导致企业和投资人财产权受损。当前，以PPP为重点的政府与社会资本合作投资项目逐步兴起，并成为发展混合所有制经济的重要渠道。现实中，一些公私合作的基础设施投资项目，往往会出现因政府领导人员换届而导致政府违约的现象，使一些本来安排好的投资项目难以落实。各级政府应当认真履行在招商引资、政府与社会资本合作等活动中与投资主体依法签订的各类合同，不得以政府换届、领导人员更替等理由违约、毁约。因国家利益、公共利益或者其他法定事由需要改变政府承诺和合同约定的，要严格依照法定权限和程序进行，并对企业和投资人因此受到的财产损失依法予以补偿。针对因政府违约等导致企业和公民财产权受到损害等情形，应进一步完善赔偿、投诉和救济机制，畅通投诉和救济渠道。

推进产权保护法治化，还要严格规范涉案财产处置的法律程序。例如，确需采取查封、扣押、冻结等措施的，要严格按照法定程序进行，除依法须责令关闭企业的情形外，在条件允许的情况下可以为企业预留必要的流动资金和往来账户，最大限度降低对企业正常生产经营活动的不利影响。采取查封、扣押、冻结等措施和处置涉案财物时，要依法严格区分个人财产和企业法人财产。对股东、企业经营管理者等自然人违法，在处置其个人财产时不任意牵连企业法人财产；对企业违法，在处置企业法人财产时不任意牵连股东、企业经营管理者个人合法财产。严格区分涉案人员个人财产和家庭成员财产，在处置违法所得时不牵连合法财产。这些规定，充分体现了国家对企业、个人、家庭成员合法财产权的严格保护。

为此，应当尽快形成具体的办法，使其变成行政和司法实践。

四 深化农村土地制度改革中的政府与市场关系

市场决定资源配置，农村土地也不应当例外。有两个重大问题需要深入讨论。第一，在严格土地用途管制、严格规划控制的前提下，农村土地能不能由市场配置？笔者的观点是，只要政府切实把"用途管制"与"规划控制"做好，农村土地资源可以也应当由市场配置。农村存在的各种土地乱象，主要是土地规划和土地用途没有管住、管好。农村土地制度改革很复杂，也很敏感，但不能以此为由不去主动推动，而应积极组织试点。在严格用途管制和规划控制的前提下，发挥市场在农村土地资源配置中的决定性作用。一是土地资源的特殊性并不排斥市场的决定性作用。从国际经验看，市场在土地资源的配置上发挥着重要作用，政府也通过各种市场机制来提高土地资源的配置效率。西方发达国家根据房地产权变化，普遍实行较高的不动产税政策，并对粗放利用的土地施以重税，对集约利用的土地施以轻税。二是鼓励地方积极探索。地方试点的一个突出共同点就是在不改变我国基本土地所有制关系的情况下，让市场作为资源配置的主体作用得以放大。

第二，农民对土地的土地承包权、宅基地使用权、土地经营权等是物权还是债权？对这个问题的讨论已有数年。笔者认为，在坚持农村土地集体所有的前提下，承认农民土地承包权、土地经营权、宅基地使用权的物权属性，并由此推进农民对集体土地的收益及抵押、担保、股份合作等改革，才能落实广大农民的土地财产权，使农村产权制度改革真正破题，并明显增加广大农民的财产性收入。近年来，城镇化中暴露出来的农村土地问题，与法律尚未赋予农村土地使用权完整的物权性质直接相关。例如：农村征地强拆、补偿标准过低等问题，深层次的原因在于农村土地使用权实际上为债权而非物权，农民难以成为征地中的谈判主体；由于农地和宅基地的物权性质不完整，农民难以通过承包地和宅基地流转，带着资本进城。建议尽快修改相关法律法规，赋予农村土地使用权以物权性质，使农民真正从法律上享有支配土地使用权的权利。

深化农村集体产权制度变革，落实农民土地财产权是"改革的巨大红利"。首先，它是总体实现城乡公共服务均等化的重大利好。按照党的十八大提出的目标，到2020年总体实现城乡居民公共服务均等化。如果农民土地财产权基本解决了，就能完成城乡公共服务均等化的过渡，以实现制度统一，大致公平。其次，它将带来巨大的增长红利。未来5—10年，我国仍处于从农村社会向城市社会快速转型的进程中，农业转移人口向各类城镇不断聚集，将带来巨大的新增消费与投资需求。深化农村产权制度改革，落实农民土地财产权，其中蕴藏着巨大的"改革红利"，仅土地经营转让费就高达1万多亿元，宅基地总价值50多万亿元，带动银行与社会资金20多万亿元。最后，农村土地制度改革将推动城乡一体化进程。城乡二元结构主要表现在城乡二元的土地制度、基本公共服务制度和户籍制度上。以农民财产性收入为例，根据《2016中国统计摘要》的数据，2015年，城乡居民收入差距为2.7∶1，城乡居民财产净收入差距为12.1∶1，考虑到城乡产权制度的差别，实际差距要远大于这一比例。农民不缺少财产，缺少的是财产权。2015年，农村居民财产净收入仅占农村居民可支配收入的2.2%。

五 监管变革中的政府与市场关系

政府监管体制与消费结构需求严重不适应。近年来，消费市场出现很多乱象，其核心问题是在消费结构升级的背景下政府监管体制改革的滞后。监管转型滞后已经成为制约经济转型升级的突出矛盾，成为简政放权纵深发展的"最大短板"。

加快监管变革的现实性、迫切性日益增强。虽然政府在加强市场监管方面采取了不少措施，但监管失灵面临的深层次的体制问题并未从根本上解决。尤其是政府对药品、食品、环境等市场的监管，监管能力、监管水平、监管手段、监管技术与经济社会发展需求严重不适应。

破题监管中的政府与市场关系。第一，行政审批与市场监管合二为一的旧体制尚未根本改变，不仅增大了企业的制度性成本，而且不利于形成监管结构的独立性、专业性。第二，监管中政府"唱独角戏"的特点突出，缺乏市场治理理念，行业协会、商会、企业等自律作用远未发挥出来。中央经济工作会议提出，要把控制金融风险放到更加重要的位置，下决心处置一批风险点。这就需要提高和改进监管能力，确保不发生系统性金融风险。

深化监管系统的行政体制改革。要完善包括专业性监管和综合性监管在内的监管体系，实现行政审批与市场监管严格分开；一些需要保留审批事项的部门，应当成为科学规范、有效的审批部门，行政审批与市场监管在机构上严格分开；要完善专业性监管，专业性监管机构不再行使审批权，应当成为专业性监管部门。在食品药品安全、工商质检、公共卫生、安全生产、文化旅游、资源环境、农林水利、交通运输、城乡建设、海洋渔业等领域推行综合执法，有条件的领域可以推行跨部门综合执法。

推进市场监管法治化进程，实现由以行政为主向以法治为主的转变。未来3—5年，加快形成以法治为基础的市场监管体制新框架，成为监管转型的重大任务。第一，研究出台综合性的《市场监管法》，确立市场监管机构的法律地位，逐步使监管机构成为法定机构；严格规范市场监管程序，以法律制约监管权力。第二，加大违法行为惩处力度，对市场监管对象形成足够的威慑力；对监管者不当监管的严格罚处加以规定；对网购消费品等监管空白地带进行法律规范。研究和探索对专业性市场监管的某些执法权。第三，将反行政垄断纳入《反垄断法》。建议对国有垄断行业、城市公用事业、公共服务领域相关行业监管内容进行清理、修改，使这些行业监管体现公平竞争。第四，尽快修改相关法律，赋予行业协会、商会等行业组织监管职责，对行业组织的专业性、独立性、治理框架等内容做出明确规范。

六 减少制度成本、深化简政放权中的政府与市场关系

简政放权是本届政府的最大亮点。从实践看，的确真的在做，真的见成效。下一步简政放权改革，要将简政放权与"十三五"时期转型发展统筹考虑。第一，深化简政放权确实到了一个拐点。一方面，以放权倒逼政府改革到了关节点；另一方面，深化简政放权要与全面深化改革相配套，成为全面深化改革的关键和重点。第二，深化简政放权有着迫切的现实需求，需要通盘考虑"十三五"时期转型发展和缓解经济下行压力的特定背景下，如何在以放权释放市场活力上实现实质性突破。第三，深化简政放权是供给侧结构性改革的重点之一。以问题为导向，需要深入研究简政放权在供给侧结构性改革中扮演的重要角色，把减少制度性交易成本摆在突出位置，以激发市场和企业活力。

实施企业自主登记制度。进入"互联网+"时代，实现企业自主登记注册的技术条件和时机已经成熟。例如，新加坡的企业注册登记只需3小时就能在网上完成，而我国实施"三证合一"登记制度改革后，企业在注册登记资料齐全的情况下，完成注册登记仍需3个工作日左右。建议借鉴新加坡、中国香港的经验，争取在"十三五"时期，全面实施企业自主登记制度，充分运用大数据，最大限度地实现企业注册登记便利化，进一步缩短企业注册登记时间，切实降低企业制度性交易成本，使企业能集中精力开展生产经营活动。

适时取消企业一般投资项目备案制。我国实行备案制的初衷是尽可能减少行政审批环节，缩短企业到政府相关部门办事时间，提

高政府办事效率。从实践看，企业一般投资项目备案制仍属于前置性的行政控制，并不能有效减少企业的不正当竞争和违法行为。在市场经济条件下，在政府严格管理城乡规划、土地利用、环境保护等事项的前提下，除涉及国家安全、某些重大国有投资项目之外，企业的一般项目一律由企业依法依规自主决策，不再要求备案。再者，加快出台各级政府的权责清单，真正把权力关进制度的笼子里，而不是把市场关进权力的笼子中。建议在全面推进负面清单管理的同时，争取在2018年年底前出台各级政府的权力清单和责任清单，规范、减少政府干预企业的自由裁量权。

推广企业法人承诺制。2014年，海南在食品药品监管行政审批领域试行"法人承诺制"，取得了比较好的效果。建议总结海南经验，进一步完善推广法人承诺制，形成以企业信用为基础的事后监管：对必须保留审批的事项，由监管部门向申请企业提供责任承诺书和审批要件清单，企业法人签署对材料真实性负责和对虚假材料承担责任的法人承诺书后，审批部门可当场或当天发放批件和许可证。事后，监管部门在规定时间内组织现场核查，如发现企业造假，再对其进行严厉惩处。

"十三五"时期以经济转型为目标的结构性改革，以正确处理好政府与市场的关系为重点，就是要拓宽经济转型的市场空间，放大结构性改革的市场效应，加大有效的制度供给，以实现经济转型的实质性突破。

经济转型与结构性改革[*]
——经济全球化新挑战的中国选择
（2017年3月）

无论是英国脱欧还是特朗普当选美国总统，都使得经济全球化与区域经济一体化面临严峻挑战。是继续坚持贸易投资自由化，还是搞贸易保护主义？是坚持共享式的经济一体化还是建立排他性的自贸区？是适应新形势，谋求全球经济治理结构变革，还是继续维持原有的全球经济治理结构？经济全球化正处在一个新的十字路口，在此情景下，中国应如何选择？我们认为，重在推进经济转型与结构性改革进程。

当前，在全球经济增长乏力与贸易保护主义抬头的双重挑战下，需要各国采取共同行动，协力推进经济转型与结构性改革进程。在G20杭州峰会就结构性改革达成基本共识后，聚焦经济转型，推进以经济转型为目标的结构性改革，已成为全球性的重大课题。对我国来说，要集中精力把自己的事情做好。以经济转型为目标深化结构性改革，推进经济转型升级，释放经济增长潜力，激发市场活力，稳定经济增长预期，是我国应对经济全球化新挑战的关

---

[*] 本文载于《上海大学学报》（社会科学版），2017年第2期。

键性选择。

一 以经济转型升级释放经济增长潜力

要预测未来5—10年我国经济增长前景，离不开对经济转型趋势和特点的客观判断。"十三五"时期，我国的经济转型与经济增长正处于重要的历史关节点：一方面，经济转型面临着诸多深层次的结构性矛盾与问题；另一方面，经济转型升级蕴藏着巨大的市场空间和增长潜力。未来几年的经济转型，无论是对推进国内经济增长，还是对参与国际竞争，都将具有决定性影响。

（一）经济转型新趋势

1. 产业结构正由工业主导向服务业主导转型

根据国家统计局公布的数据，2016年，我国服务业增加值达384221亿元，比2015年同期增长7.8%，占GDP比重高达51.6%，比第二产业高出11.8个百分点。预计到2020年，服务业占比有可能达到60%左右，基本形成以服务业为主导的产业结构。

2. 消费结构正由物质型消费为主向服务型消费为主转型

2016年，我国社会消费品零售总额累计达到33.23万亿元，同比增长10.4%，最终消费支出对经济增长的贡献率为64.6%。预计到2020年，我国消费总规模有可能扩大到50万亿元左右；城镇居民服务型消费比重将由目前的40%左右扩大到50%左右。预计"十三五"时期消费对经济增长的贡献率将稳定在65%—70%，基本形成消费拉动经济增长的新格局。

3. 城镇化结构正由规模城镇化向人口城镇化转型

按照国务院办公厅印发的《推动1亿非户籍人口在城市落户方案》，未来几年年均将有1300万农民进入城镇。预计到2020年，我国常住人口城镇化率有可能达到60%左右，户籍人口城镇化率有望达到50%左右，基本形成人口城镇化的新格局。如果近两年农村产权制度改革有重要突破，落实农民的土地财产权，"十三五"城乡二元户籍制度将成为历史，城乡全面实施统一的居住证制度将成为现实。由此，将释放城镇化的"巨大红利"，使城乡一体化成为未来相当长一个时期内支撑经济转型发展的重要条件。

4. 开放结构正由货物贸易为主向服务贸易为重点转型

这几年，虽然对外贸易处于低速增长状态，服务贸易的发展却较以往发生了重大变化。2016年1—10月，我国服务贸易额占对外贸易总额的比重为18%，比2015年提高了2.6个百分点；服务贸易总额达到42915亿元人民币，同比增长了16%。预计到2020年，我国服务贸易规模有望超过1万亿美元，占贸易总额比重将达到20%以上，初步形成以服务贸易为重点的对外开放新格局。

（二）经济转型新特点

1. 增长与转型高度融合，增长直接依赖于转型

"十三五"，我国正处在经济转型的关节点，也可以说是经济转型的"最后窗口期"。赢在转折点，核心在于转型。转型不破题，即使速度上去了，增长仍然难以持续。也就是说，增长与转型高度融合，增长直接依赖于转型。

经济转型时期经济增长的波动性比较强，从短期看，增速很重要；从中长期看，转型更重要。当前，大家对增速问题比较担忧，把"稳增长"看得比较重。经济增长固然十分重要，但更重要的是要找准制约增长的主要因素。我国的经济增长空间仍然很大，关键是经济转型所蕴藏的巨大潜力能否得到有效释放。

2. 经济转型与新一轮科技革命交织在一起，科技对转型的影响明显增强

未来几年，新的技术有可能取得重大突破，以"大、智、云、移、物"为代表的技术创新将深刻改变传统经济形态，并给我国经济转型带来深远影响。我国经济转型与新一轮科技革命交织在一起，既需要解决现有的体制机制问题，也需要积极应对新技术的

突破。

3. 经济转型与国际经济格局变化交织在一起，转型的双向影响明显增强

一方面，国际经济格局在未来几年将发生重大变化，给我国经济转型带来多重影响；另一方面，我国经济转型对世界经济增长与经济格局的影响日益增大。未来5年，我国经济增长对世界的贡献率将保持在25%—30%。

（三）经济转型对经济增长有决定性影响

1. 经济转型蕴藏着巨大的增长潜力

一是13亿人的消费结构升级蕴藏着巨大的增长潜力。比如，未来10年左右，我国将成为全球医疗健康的最大市场。二是我国制造业正由生产型向服务型转变，未来5—10年有望形成中国制造业竞争的新优势。三是未来5—10年，我国仍处于快速城镇化进程中，农业转移人口不断向各类城镇集聚，将新增巨大的消费需求与投资需求。

2. 经济转型决定增长前景

经济的潜在增长率主要取决于资源配置效率。当前，我国仍有不少重要资源尚未实现市场化配置，这将使潜在增长率大打折扣。比如服务型消费在行政垄断、市场垄断的情况下，增长潜力很难得到有效释放。如果能全面打破市场垄断、行政垄断，潜在增长率可能远比现在要高得多。也就是说，未来的经济增长前景，主要取决于经济转型中的市场化改革能否取得实质性破题。如果经济转型能在多方面取得突破，未来10年，我国保持6%左右的中速增长是有可能的。更重要的是，这个增长是有质量的、可持续的增长。

二　以深化结构性改革破解经济转型的突出矛盾

我国经济转型与经济运行的突出矛盾是周期性矛盾还是结构性矛盾？客观看，虽然存在周期性、总量性因素，但重大结构性失衡

是导致经济循环不畅的根源，由此产生经济转型与经济运行的一系列矛盾与问题。这就需要以深化结构性改革为重点解决重大结构性失衡，以此加快推进经济转型进程。

（一）"重大结构性失衡"是突出矛盾

1. 供给与需求的结构性失衡

从经济生活的现实看，供给结构与需求结构不相适应，需求引导供给、供给创造需求的作用尚未有效发挥。随着消费结构向多样化、高端化、服务化的需求升级，原有供给结构已经不能适应市场需求结构的变化，供给过剩与供给不足的矛盾并存。在经济转型升级和消费结构升级的背景下，深化供给侧结构性改革，就是要客观把握现实市场需求和潜在市场需求，解决供给和消费不相适应的矛盾，努力实现供求关系新的动态均衡；就是要减少无效供给，扩大有效供给，着力提升供给体系质量，以适应整个经济转型尤其是消费结构升级的需求，最大限度释放经济转型带来的潜在增长；就是要完善市场在资源配置中起决定性作用的体制机制，深化行政管理体制改革，打破垄断，健全要素市场，使价格机制真正引导资源配置。

2. 投资与消费的结构性矛盾

近年来，尽管我国投资消费失衡的格局有所改善，但是投资消费错配的矛盾仍然比较突出。例如，服务型消费需求全面快速增长，但服务业有效投资和有效供给明显不足。

3. 政策与体制的结构性矛盾

客观地看，现行的宏观政策与宏观体制仍有鼓励工业发展、抑制服务业发展的某些特征。例如，由于投资体制改革滞后，导致民间资本进入服务业领域困难重重，供需失衡的局面难以扭转。再如，由于消费税改革进展缓慢，导致地方政府"重投资、轻消费"的行为模式难以改变。可以说，服务业发展面临一系列的政策性、体制性的结构性矛盾,这些矛盾不解决,就难以形成服务业市场开放的大环境。

(二)解决"重大结构性失衡"要着力振兴实体经济

1. 经济转型中实体经济不振是当前面临的严峻现实

首先,实体经济的市场预期并不明朗。经济转型与经济运行的主体是实体经济,然而近年来虚拟经济在某些政策措施支持下发展较快,实体经济发展却面临诸多矛盾与困难,预期相当不稳。2016年,民间固定资产投资增长3.2%,较2015年同期降低了3个百分点,民间投资大幅下滑。其次,由于实体经济税费成本过高,效率普遍低下,出现"钢材卖不出白菜价"的现象。过高的税费成本增加了实体经济转型发展的困难。在这种情况下,要降低各类交易成本特别是制度性交易成本,减少审批环节,降低各类中介评估费用、企业成本、物流成本,提高劳动力市场灵活性,推动企业降本增效。

2. 振兴实体经济需要税收结构的重大调整

总体来看,过高的税负成本增大了企业转型压力,使企业转型发展的困难明显加大。特别是在发达国家,高端制造业回流,与中低收入国家争夺中低端制造业市场的特定背景下,切实减轻实体经济税负,不仅关系企业转型发展前景,而且在相当大程度上决定经济转型的成效。

我国进入中高收入阶段,随着劳动力成本日益增加,减税降费,重在调整税收结构。税收结构要由企业税、流转税等间接税为主向直接税为主转型。税收结构的调整要与经济转型互为条件,同步推进。税收结构的重大调整宜早不宜迟,需要引起高度重视,需要尽快采取改革行动,变被动为主动。

3. 减少制度性交易成本要有实招

(1)实施企业自主登记制度。进入"互联网+"时代,实现企业自主登记注册的技术条件和时机已经成熟。例如，新加坡的企业注册登记只需 3 小时就能在网上完成，而我国实施"三证合一"登记制度改革后，在注册登记资料齐全的情况下，企业完成注册登记仍需 3 个工作日左右。建议借鉴新加坡、中国香港的经验，争取在"十三五"时期，全面实施企业自主登记制度，充分运用大数据，最大限度地实现企业注册登记便利化，进一步缩短企业注册登记时间，切实降低企业制度性交易成本，使企业集中精力开展生产经营活动。

（2）适时取消企业一般投资项目备案制。我国实行备案制的初衷是尽可能减少行政审批环节，缩短企业到政府相关部门的办事时间，提高政府办事效率。从实践看，企业一般投资项目备案制仍属于前置性的行政控制，并不能有效减少企业的不正当竞争和违法行为。在政府严格管理城乡规划、土地利用、环境保护等事项的前提下，除涉及国家安全、某些重大国有投资项目之外，建议企业的一般项目一律由企业依法依规自主决策，不再要求备案。此外，加快出台各级政府的权责清单，真正把权力关进制度的"笼子"里，而不是把市场关进权力的"笼子"中。建议在全面推进负面清单管理的同时，尽快出台各级政府的权力清单和责任清单，规范、减少政府干预企业的自由裁量权。

（3）推广企业法人承诺制。2014 年，海南在食品药品监管行政审批领域试行"法人承诺制"，取得了比较好的效果。建议总结海南经验，进一步完善推广法人承诺制，形成以企业信用为基础的事后监管：对必须保留审批的事项，由监管部门向申请企业提供责任承诺书和审批要件清单，企业法人签署对材料真实性负责和对虚假材料承担责任的法人承诺书后，审批部门可当场或当天发放批件和许可证。事后，监管部门在规定时间内组织现场核查，如发现企业造假，再对其进行严厉惩处。

（三）加快推进产权保护法治化进程

1. 重在完善政府守信践诺机制

营造全社会重视和支持产权保护的良好环境，推进产权保护法治化的关键在政府。无论是产权的有效界定，还是依照法律程序保护产权，都离不开政府的作用。从改革实践看，进一步解放思想、完善政府守信践诺机制对于产权保护法治化具有决定性影响。

2. 政府要确立严格的公民产权保护观念和契约精神

在现代市场经济条件下，产权的本质是契约，保护产权就是保护契约。这就需要政府在维护守信、守约中发挥重要作用。当务之急是将政务履约和守诺服务纳入政府绩效评价体系，建立政务失信记录，建立健全政府失信责任追究制度及责任倒查机制，加大对政务失信行为的惩戒力度。

3. 防止因政府违约导致企业和投资人财产权受损

当前，以PPP为重点的政府与社会资本合作投资项目的逐步推广是一个大趋势，并成为发展混合所有制经济的重要方式。现实中，一些公私合作的基础设施投资项目，往往会出现因政府领导人员更换而导致政府违约的现象，使一些已确定的投资项目难以落实。政府应当在招商引资、与社会资本合作等活动中认真履行与投资主体依法签订的各类合同，不得以政府换届、领导人员更替等理由违约、毁约。因国家利益、公共利益或者其他法定事由确需调整政府承诺和合同约定的，要严格依照法定权限和程序进行，并对企业和投资人因此而受到的损失依法予以补偿。对因政府违约导致企业和公民财产权受到损害等情形，进一步完善赔偿、投诉和救济机制，畅通投诉和救济渠道。

4. 严格规范涉案财产处置的法律程序

例如，确需采取查封、扣押、冻结等措施的，要严格按照法定程序进行，除依法责令关闭企业的情形外，在条件允许的情况下要为企业预留必要的流动资金和往来账户,最大限度降低对企业正常生产经营活动的不利影响。采取查封、扣押、冻结等措施和处置涉案财物时,要依法严格区分个人财产和企业法人财产。对股东、企业经营管理等自然人违法,在处置其个人财产时不能任意牵连企业法人财产;对违法企业,在处置企业法人财产时不能任意牵连股东、企业经营管理者个人合法财产。严格区分涉案人员个人财产和家庭成员财产,在处置违法所得时不牵连合法财产。由此,充分体现国家对企业、个人、家庭成员合法财产权的严格保护。在这方面,应当尽快形成具体的办法,使其变成行政实践和司法实践。

(四) 以服务业市场开放为重点激发市场活力

1. 以服务业市场开放为重点深化结构性改革

从经济转型的趋势看,服务业市场开放越来越成为适应世界经济趋势、释放我国经济增长潜力的重点,也必然成为我国结构性改革的重点。

(1) 从全球来看,全球化核心的问题是要用全球化的视野来观察市场开放,把市场开放建立在全球资源配置的大格局下。

(2) 从我国来看,过去 38 年来,工业的市场开放极大地激发了市场活力。未来几年,加快推进服务业市场开放进程,将为我国服务业发展带来强劲动力,由此释放结构性改革的巨大红利。

(3) 从现实看,服务业市场开放滞后是我国市场开放的突出短板。一是市场化程度低。我国工业部门尤其是制造业 80% 以上已高度市场化,而服务业约 50% 仍被行政力量和市场垄断。二是对外开放程度低。我国服务业总体开放的程度不高,目前在国内自由贸易试验区负面清单的 122 项特别管理措施中,有 80 余项针对服务业。三是服务水平低。我国服务业市场开放滞后,缺乏公平竞争的市场环境,既难以产生高品质的服务,也难以提供现代化的服务产品与服务标准,由此引发的消费投诉不断增多。四是服务价格高。在价格管制、缺乏有效竞争的情况下，不少服务业领域价格居高不下。

2. 服务业市场开放重在破除行政垄断和市场垄断

（1）打破服务业领域的行政垄断和市场垄断。从现实情况看，无论是生产性服务业还是生活性服务业，都在一定程度上存在行政垄断或市场垄断。为此，要推动服务业领域国有资本战略性调整，全面推进垄断行业竞争环节向社会资本开放；主动放开服务业市场价格，形成统一开放、公平竞争的市场体系。

（2）推进服务业市场开放的相关政策调整。形成服务业主导的产业结构，需要尽快消除服务业发展的某些不合理政策。例如，要加快调整服务业与工业用地政策，实现工业与服务业政策平等；要以促进服务业市场开放为导向加快税收结构调整。

（3）以政府购买公共服务为重点加快公共服务业市场开放。适应13亿人公共需求变化的大趋势，要把形成多元供给主体、多元竞争主体作为发展和完善政府购买公共服务的基本目标，使政府采购中服务类占比从2015年的15.9%提高到2020年的30%左右。

3. 发挥服务业市场开放中的政府作用

（1）充分发挥市场在服务业领域资源配置中的决定性作用。对政府来说，重要的是要看到市场开放的现实性、迫切性。不开放市场，无论是调整经济结构，还是推动国际和国内市场相融合，都将面临一系列的矛盾与问题。

（2）把反行政垄断作为政府的一项重要职责。多年来，服务业领域难以对社会资本开放，关键问题在于服务业领域的行政垄断没有真正被纳入反垄断的范围中。随着服务业市场需求的增大，反垄断对于促进服务业健康发展非常重要。这就需要尽快建立反行政垄断的审查机制，实现反垄断的常态化、制度化。如何把反行政垄断和市场垄断作为政府的一个重要职责，这涉及理念的问题，更涉及体制机制的问题。

（3）加快推进市场监管变革。当前，市场监管有着很强的特殊性：一方面，随着消费结构升级，释放内需潜力直接依赖于市场监管的有效性；另一方面，服务业市场双向开放，既考验我国对内资的监管水平，也考验我国对外资的监管能力。为此，在简政放权中开放服务业市场，需要政府监管转型同步跟上。

三 以服务贸易为重点的开放转型

与2001年我国加入WTO时的对外贸易不同，当前外贸转型的突出挑战是服务贸易的双向市场开放。在我国经济转型与新一轮全球化形成历史交汇的大背景下，推进以货物贸易为主的"一次开放"转向以服务贸易为重点的"二次开放"，是我国经济转型与结构性改革的重大任务。

（一）国内服务业市场开放与服务贸易开放融合的大趋势

1. 服务贸易快速增长

从国内看，国家"十三五"规划纲要明确提出，到2020年，我国服务贸易占对外贸易的比重要达到16%。事实上，2016年1月至10月，我国服务贸易占对外贸易的比重已经达到18%，超过"十三五"规划目标。从国际看，近些年，全球服务贸易比货物贸易增速明显要高。[①]

2. 反对贸易保护主义，推进全球经济一体化的关键是服务贸易

无论是中美、中欧之间的投资谈判，还是双边、多边自由贸易谈判，焦点大都在服务贸易。当前，在全球经济发生深刻复杂变化和我国经济转型升级的大趋势下，许多投资领域的问题与服务贸易直接相关。也就是说，服务贸易开放不破题，双边、多边的服务贸易谈判就会面临比较大的困难。在这个大背景下，我国实行双边、

---

① 根据《World Trade Statistical Review 2016》数据计算，2008—2014年，全球货物贸易年均增长仅为2.6%，服务贸易年均增长4.3%。

多边自由贸易战略，难点在国内；国内的难点在服务业市场开放；服务业市场开放的难点在理念和体制政策。

（二）以服务贸易为重点的开放转型牵动影响转型发展全局

1. 开放转型牵动影响我国在国际经济中的地位和作用

当前，我国经济转型与世界经济格局变化交织，双向影响明显增强。如果以服务贸易为重点的开放转型能够尽快破题，我国将会在新一轮全球经济一体化和全球经济治理格局中赢得主动。

2. 开放转型牵动影响我国在全球自由贸易中的地位

与1978年开启的"一次开放"相比，"二次开放"的历史使命是以"一带一路"为载体，以服务贸易为重点，有序推进服务业市场的双向开放，在开放中推进全球自由贸易进程，全面实施自由贸易战略，在开放中提升我国在新一轮经济全球化中的重要作用。

3. 开放转型牵动影响我国经济转型的实际进程

从经济转型的现实需求看，要形成以服务业为主导的产业结构，关键在于服务业领域的市场开放。也就是说，如果没有以服务业为重点的市场开放，要想顺利地推进经济转型升级、释放巨大的市场潜力就很困难。

（三）以开放转型赢得国内转型发展与国际竞争的主动

1. 在实施"一带一路"倡议中加快构建自贸区网络

在全球服务贸易快速发展的新形势下，"一带一路"向纵深发展的关键在于推进以服务贸易为重点的开放进程，由此，使"一带一路"倡议适应新一轮全球经济一体化的大趋势。建议尽快务实推动"一带一路"多种形式的自由贸易进程。例如，积极推进上海合作组织自贸区进程，加强与中东欧国家的自由贸易合作等。应对贸易保护主义挑战，以"一带一路"引领多种形式自由贸易区网络的发展，将日益成为全球经济一体化、区域经济一体化的一个重大问题。

2. 推进以多边、双边自由贸易区建设为重点的全球经济一体化进程

当前，经济全球化面临严峻挑战，尤其是需要高度警惕各种形式的贸易保护主义。从目前情况看，投资与贸易越来越不可分离，投资协定中相当部分涉及服务贸易条款。尤其是中欧，如果能尽快把中欧的投资谈判和服务贸易谈判融合起来，就能尽快启动中欧自贸区进程。

3. 以服务贸易为重点的国内自贸区转型

某种程度上，国内自贸区发展正处在尴尬的境地。自贸区虽在负面清单管理上取得了重要进展，但负面清单对服务贸易的限制仍然比较多。在这种情况下，以服务贸易为重点推进国内自贸区转型，对破题以服务贸易为重点的开放转型至关重要。要加快对服务贸易和服务业市场开放制度的先行先试，发挥自贸区在开放转型中的重要示范作用。

4. 以服务贸易为重点的区域开放

从开放趋势看，区域开放的重点不是再增加多少个自贸区，而是尽快形成并出台某些产业项下的自由贸易政策安排。无论是沿边还是内陆的区域开放，都需要适应全球服务贸易全面快速增长的新趋势，实现服务贸易与区域开放有机结合。以广东为例，能否尽快在服务贸易上与香港、澳门融合对接，是广东当前面临的一个重大课题。广东要扩大开放，不在于多争取一两个自贸区，而在于服务贸易开放政策方面尽快与香港、澳门实现一体化。由此，广东不仅能在全国开放转型中扮演重要角色，又能在促进"一国两制"中发挥特殊作用。再如，甘肃与中亚国家能不能探索实行能源项下的自由贸易？海南未来在旅游项下、健康医疗项下，能不能实行自由贸易政策？实施某些产业项下的自由贸易政策，可能比多增加几个自贸区的效果更好，更符合经济转型与经济全球化的大趋势。

(四) 以开放转型形成结构性改革的新动力

1. 开放转型与结构性改革需要全球视野

化解工业领域产能过剩和服务业领域供给短缺的双重矛盾，必须要有全球化的眼光，按照全球市场原则在全球范围内配置资源，由此促进国际产能的合理布局和优势互补。

2. 以开放促进结构升级当前，服务业市场开放开始成为我国结构性改革的新动能

2015年，服务业实际使用外资4770.5亿元人民币，占比为61.1%，而制造业实际使用外资2452.3亿元人民币，占比为31.4%。在民间投资增速出现下滑的时候，推动服务业对社会资本市场开放可以利用社会资本做大做强服务业，促进服务业发展水平和结构升级。

3. 结构性改革提供"中国方案"和"中国思路"

G20杭州峰会提出了结构性改革的九大优先领域。在结构性改革形成全球共识后，需要的是务实行动。如果能够聚焦于服务贸易发展与服务业市场开放，形成有利于服务业发展的财税、金融、土地、教育等体制结构，就会为形成服务业全面开放的新格局奠定重要基础。以开放转型促进结构性改革，不仅决定我国经济转型发展的未来，而且将对全球经济增长和经济治理格局产生重大影响。

四 处理好政府与市场关系，深化结构性改革

党的十八届三中全会提出："处理好政府和市场的关系，使市场在资源配置中起决定性作用和更好地发挥政府作用。"如何处理政府与市场关系决定结构性改革的实际进程。政府的重要作用之一，就是在制度上保障市场在资源配置中起决定性作用。深化结构性改革，"就是要完善市场在资源配置中起决定性作用的体制机制，深化行政管理体制改革，打破垄断，健全要素市场，使价格机制引导资源配置"。

（一）"三去一降一补"中的政府与市场关系

1. "三去一降一补"需要政府与市场作用双管齐下

2016年12月，中央经济工作会议提出："要防止已经化解的过剩产能死灰复燃，同时用市场、法治的办法做好其他产能严重过剩行业去产能工作。"去产能，行政力量固然重要，但是为什么在去产能过程中又出现"死灰复燃"的现象？这说明，在注重政府作用的同时，也要注重发挥市场的作用。比如，谁来认定"僵尸企业"？在市场经济条件中，认定的主体不是政府，而应当是市场。目前，浙江有不少的民营企业转型初步取得成功，而相当一部分国有企业转型比较慢，效果并不好。也就是说，政府的引导固然重要，但推动企业转型的决定性力量是市场。

2. 政府的重要职责是"降成本""补短板"

面对实体经济转型困难、企业税费成本过高等突出问题，"降成本"是经济转型的当务之急，政府"要在减税、降费、降低要素成本上加大工作力度"，尤其是要在降低制度性交易成本方面出实招。此外，面对民生改善方面存在的突出矛盾，政府在"补短板"中要有所作为。"要从严重制约经济社会发展的重要领域和关键环节，从人民群众迫切需要解决的突出问题入手，既补硬短板也补软短板，既补发展短板也补制度短板"，要充分发挥政府在提供公共服务尤其是制度性公共服务与公共产品中的重要作用。

（二）深化国企改革中的政府与市场关系

1. 政府从"管企业"到"管资本"

以"管资本"为主，是市场经济条件下政府的主要职责之一。问题在于，这些年来，政府相关部门尚未把主要精力放在"管资本"上，而是过多过细地"管企业、管人"。可见，政府以"管资本"为主的转型尚未破题。当前，深化国有企业改革的核心是搞活国有资本。只有搞活国有资本，解决国有资本的管理体制和运营机制,才有可能放手搞活国有企业,为建立企业治理结构打下重要基础。当前,需要尽快出台国有资本投资、运营公司的改革方案。

2. 混合所有制改革是国企改革的重要突破口

当前,在经济下行压力增大的特定背景下,社会各方对混合所有制改革的期盼值很高。破题混合所有制改革,需要采取务实的行动路线。

(1) 国有垄断行业应尽快向社会资本推出一批重大项目,敢于让利,让社会资本有盈利的预期。

(2) 国企改革与服务业领域向社会资本开放要同步推进,打破服务业领域的行政垄断与市场垄断,尽快使社会资本成为服务业发展的重要主体。

(3) 以强化公益性为重点推进国有资本战略性调整,尽快形成具体的改革行动方案。

(三) 深化农村土地制度改革中的政府与市场关系

1. **市场决定资源配置,农村土地资源也不应当例外**

需要深入讨论的重大问题是:在严格土地用途管制、严格规划限制的前提下,农村土地资源能不能由市场配置?我们的观点是,只要政府切实把"用途管制"和"规划限制"做好,农村土地资源也应当由市场配置。农村存在的各种土地乱象,主要表现在土地规划和土地用途没有管住、管好。在严格规划限制和用途管制的前提下,应发挥市场在农村土地资源配置中的决定性作用。

(1) 土地资源的特殊性并不排斥市场的决定性作用。从国际经验看,市场在土地资源的配置上发挥着重要作用,政府也通过各种市场机制来提高土地资源的配置效率。

(2) 鼓励地方积极探索。地方试点要在坚持土地公有制性质不改变、耕地红线不突破、农民利益不受损三条底线的前提下,发挥市场在资源配置中的决定性作用。

2. 农民的土地使用权是物权

农民的土地承包权、宅基地使用权、土地经营权等是物权还是债权？对这个问题的讨论已有数年。在坚持农村土地集体所有的前提下，承认农民对土地承包权、土地经营权、宅基地使用权的物权属性，并由此推进农村集体土地的收益、抵押、担保、股份合作等改革，才能落实广大农民的土地财产权，增加广大农民的财产性收入；才能顺利推进"三权分置"改革，使农村产权制度改革真正破题。

（1）城镇化进程中暴露出来的农村土地问题，与法律尚未赋予农地使用权完整的物权性质直接相关。例如，农村征地强拆、补偿标准过低等问题，深层次的原因在于农地实际上为债权而非物权，农民难以成为征地中的谈判主体；由于农地和宅基地的物权性质不完整，农民难以通过承包地和宅基地流转而带着资本进城。

（2）农村集体产权制度改革就是要把集体经营性资产确认到户。由此，实现农民对集体资产的占有、使用和收益分配的权利，从而增加农民的财产性收入。

（3）建议尽快修改相关法律法规，赋予农民土地使用权以物权性质，使农民真正从法律上享有支配土地使用的权利。

3. 建立城乡统一的建设用地市场

为什么城市居民的房子有产权证，可以买卖、抵押，而农民祖祖辈辈留下的房子却没有房产证，不能上市交易？同是公有制，城市的土地是国有，农村的土地是集体所有，两者所具有的法律内涵相差很大。其核心问题仍是城乡二元制度。按照党的十八届三中全会审议通过的《中共中央关于全面深化改革若干重大问题的决定》提出的"建立城乡统一的建设用地市场"的要求，应当尽快出台具体的实施方案，以严格规划和用途管制为前提，建立公开、公正、公平的统一交易平台和交易规则，实现"同地同权、同地同价、同地同市场",打破目前地方政府独家垄断供地的格局,活跃土地二级市场,促进土地抵押、租赁、出让市场的发展和完善,这既有利于房地产市场的稳定发展,又有利于增加农民的土地财产性收入。

4. 深化农村集体产权制度改革,落实农民土地财产权是转型发展的巨大红利

(1) 将带来巨大的转型增长红利。深化农村产权制度改革,落实农民土地财产权,其中蕴藏着巨大的"改革红利",仅土地经营转让费就高达1万多亿元,宅基地总价值50多万亿元,将带动银行贷款与社会资金达20多万亿元。

(2) 将助推城乡二元户籍制度成为历史。我国城乡二元户籍制度始于20世纪50年代末,至今已有近60年的历史,成为横亘在城乡居民之间的一道难以逾越的制度鸿沟,并由此形成城乡居民之间身份的不平等、权利的不平等、享有公共资源和社会福利的不平等。深化农村集体产权制度改革,落实农民的土地财产权,将明显增加农民的财产性收入,为总体实现城乡基本公共服务均等化提供重要条件,为全面实施统一的居住证制度取代城乡二元户籍制度奠定重要基础。

(3) 将加快推动城乡一体化进程。广大农民有了财产性收入,就会向各类城镇不断积聚,并在城镇安家立业,由此加快人口城镇化进程。

(四) 监管变革中的政府与市场关系

1. 政府监管转型滞后是不是形成经济金融风险的重要因素

客观看,我国经济运行中经济金融风险的形成和积聚与这些年经济转型滞后直接相关。其中,政府的监管体制变革滞后、监管严重不到位与低效,成为经济金融风险矛盾增多的重要因素。

(1) 经济金融风险的加大反映出监管转型严重滞后。当前,经济运行中的矛盾与风险日益增多,有房地产市场的风险、产能过剩

的风险、实体经济困难的风险等，但主要的是金融风险。2016年12月，中央经济工作会议提出："要把防控金融风险放到更加重要的位置，下决心处置一批风险点，着力防控资产泡沫，提高和改进监管能力，确保不发生系统性金融风险。"从金融领域的情况看，2015年以来，资本市场的剧烈波动，P2P等问题频发，集中暴露了金融监管转型滞后的突出矛盾。在混业经营格局基本形成的情况下，金融分业监管带来的监管重叠、监管掣肘、监管真空、监管失灵等问题越来越多。由分业监管向综合性监管转型步履艰难，至今尚未出台改革方案。可以说，金融监管变革已经到了一个重要的历史关口，再拖下去，对防范金融风险相当不利。

（2）某些社会风险也与监管不到位直接相关。从实践看，不仅经济风险反映出监管转型滞后的突出矛盾，而且某些社会风险也与监管不到位直接相关。例如，这些年食品、药品领域安全事故频发，从"地沟油""毒奶粉"到"毒馒头""假牛肉"等，以及各种非法添加物不断涌现，反映出食品、药品监管的严重滞后。再如，近两年各地重大安全事故频发，与监管体制变革滞后、监管严重不到位直接相关。

（3）监管转型变革是应对经济风险挑战的重大举措。客观地看，以简政放权为重点的政府改革是本届政府的最大亮点，在释放市场活力、促进经济转型、应对经济下行压力中发挥了积极作用。问题在于，监管变革严重滞后于简政放权改革的实际进程，至今尚未有实质性改革措施出台。由于缺乏统一的监管体制和有效的监管手段，使某些经济金融风险逐步积聚。从这个意义上来说，某些局部风险有可能逐步演变为全局性风险，使经济金融风险给经济转型与结构性改革带来重大挑战，并由此严重影响多方面的经济预期。

2. 破题监管中政府与市场的关系

（1）行政审批与市场监管合二为一的旧体制尚未得到根本改

变，这不仅增加了企业的制度性成本，而且不利于形成监管机构的独立性、专业性。

（2）监管中政府"唱独角戏"的特点突出，缺乏市场治理理念，行业协会、商会、企业等自律作用远未发挥出来。

3. 深化监管系统的行政体制改革

要完善包括专业性监管和综合性监管在内的监管体系，实现行政审批与市场监管严格分开；一些需要保留审批事项的部门，应当成为规范、有效的审批部门；要完善专业性监管。专业性监管机构不再行使审批权，应当成为专业性监管部门。在食品药品安全、工商质检、公共卫生、安全生产、文化旅游、资源环境、农林水利、交通运输、城乡建设、海洋渔业等领域内推行综合执法，有条件的领域可以推行跨部门综合执法。

4. 推进市场监管由以行政为主向以法治为主的转变

未来3—5年，加快形成以法治为基础的市场监管体制新框架成为监管转型的重大任务。

（1）研究出台综合性的《市场监管法》，确立市场监管机构的法律地位，逐步使监管机构成为法定机构；严格规范市场监管程序，以法律制约监管权力。

（2）加大对违法行为的惩处力度，对市场监管对象违法行为形成足够的威慑力；对监管者的不当监管行为严厉处罚；对网购消费品等监管空白地带进行法律规范；研究和探索对专业性市场监管的某些执法权。

（3）将反行政垄断纳入《反垄断法》。建议对国有垄断行业、城市公用事业、公共服务领域相关行业监管内容进行清理、修改，使这些行业监管体现公平竞争。

（4）尽快修改相关法律，赋予行业协会、商会等行业组织监管职责，对行业组织的专业性、独立性、治理框架等进行明确规范。

"十三五"以经济转型为目标的结构性改革,就是要以正确处理好政府与市场关系为重点;就是要拓宽经济转型的市场空间;就是要放大结构性改革的市场效应,加大有效的制度供给,以实现经济转型的实质性突破。

当前,我国经济转型正处在历史关节点,对新阶段经济转型的客观判断至关重要:

(1)就其蕴含的经济增长新潜能,对经济社会发展的推动力,对体制机制变革的历史意义,以及对全球增长的贡献而言,不亚于38年前开启的转型与改革。

(2)就其涉及的领域,面临的结构性矛盾,以及对利益结构带来的冲击而言,不亚于38年前开启的转型与改革。

(3)就其推进结构性改革的长期性、系统性、深刻性、复杂性和艰巨性所带来的难度与挑战而言,不亚于38年前开启的转型与改革。

以经济转型为目标深化结构性改革,不仅是决定未来一二十年我国经济增长的重大举措,也是应对经济全球化新挑战的重大选择。

以实体经济为重点深化
供给侧结构性改革[*]

（2017 年 11 月）

党的十九大报告指出，我国社会主要矛盾已经转化为人民日益增长的美好生活需要和不平衡不充分的发展之间的矛盾。我国社会主要矛盾的变化是关系全局的历史性变化。面对新矛盾，破解新难题，一个重要着力点就是推进经济转型升级，建设现代化经济体系，推动经济由高速增长转向高质量发展。经济转型升级的本质是创新变革，重点是发展实体经济、深化供给侧结构性改革，关键是使市场在资源配置中起决定性作用和更好发挥政府作用。我们要按照党的十九大要求，把着力发展实体经济作为深化供给侧结构性改革的重点，推动经济发展质量变革、效率变革、动力变革。

一　着力解决实体经济发展面临的矛盾

着力发展实体经济，是推动经济转型升级、建设现代化经济体系的重大任务，也是深化供给侧结构性改革的重点所在。党的十九大报告强调，建设现代化经济体系，必须把发展经济的着力点放在

---

* 本文载于《经济日报》2017 年 11 月 17 日。

实体经济上，把提高供给体系质量作为主攻方向，显著增强我国经济质量优势。这为发展实体经济指明了方向，其中，有以下几方面的问题值得我们关注。

其一，实体经济发展面临着结构性矛盾。当前，我国经济转型正处在一个历史新起点上。经济转型升级蕴藏着巨大发展潜力和市场空间，是建设现代化经济体系的主要基础。比如，消费结构正由物质型消费为主向服务型消费为主转型。估计到2020年，城镇居民服务型消费比重将提高到50%左右。但问题在于，实体经济发展仍面临重大结构性失衡，主要表现为：一是实体经济结构性供需失衡，消费需求向高品质升级，但主要的产品供给体系仍处于中低端；二是金融和实体经济失衡；三是房地产和实体经济失衡。实体经济发展面临的这些结构性矛盾，值得我们高度重视。

其二，结构性矛盾主要是体制问题。实体经济结构性供需失衡，很大程度上反映了企业制度变革尚未跟上经济转型升级的步伐，现有供给体系难以提供高质量的产品和服务。金融和实体经济失衡、房地产和实体经济失衡，集中表现在实体经济发展面临的体制性矛盾与问题上。我国正处于产业结构调整的关键时期，在这个特定时期，如果实体经济发展的体制环境不优，过剩的资本往往会进入虚拟经济领域，从而可能导致经济发展中的"脱实向虚"。

其三，供给侧结构性改革要向振兴实体经济发力、聚力。实体经济是我国作为经济大国的根基所在。我国由经济大国走向经济强国，需要实体经济做大做强做优。释放经济转型升级的巨大潜力、建设现代化经济体系，最终的成果需要体现在实体经济的发展上。比如，以数字经济为代表的新经济发展，就需要以实体经济为依托。当前，在"三去一降一补"取得明显成效的基础上，深化供给侧结构性改革，首先需要在为实体经济发展创造良好体制环境上破题发力。

二 以激励创新为重点推动企业制度变革

企业是经济发展的细胞。加快经济转型升级，建设现代化经济体系，有赖于良好的企业制度。振兴实体经济，提高供给体系质量，需要从企业制度变革入手，形成既有利于扩大民间投资，又有利于激励创新型企业的体制安排。

第一，完善产权保护制度。实现实体经济发展的"有恒产者有恒心"，重点是形成法治化的产权保护制度。一方面，要严格依法保护非公有制经济产权，实现公有制经济和非公有制经济产权同等受法律保护，同样不受侵害，给民间投资吃上"定心丸"；另一方面，还要适应企业创新发展的现实需求，扩大产权保护的范围，严格保护知识产权，并形成鼓励科研人才凭借知识产权创新创业的制度安排。

第二，实现混合所有制改革的新突破。国有企业是我国经济发展和经济转型升级的骨干力量。建设现代化经济体系，客观上要求国有企业加大创新力度，向创新型企业转变。党的十九大报告明确提出，要深化国有企业改革，发展混合所有制经济，培育具有全球竞争力的世界一流企业。这就需要在去产能取得阶段性成果的基础上，把发展创新型企业作为混合所有制改革的一个重要着力点，注重通过完善企业内部治理结构推动国有资本做强做优做大，并为社会资本参与提供更大的体制空间。

第三，形成激发和保护企业家精神的制度安排。市场的活力、创业创新的动力来自企业家精神。发展实体经济，建设现代化经济体系，需要一大批具有国际视野、站位高远、立足当下、推进现代管理、勇于承担社会责任的企业家。这就需要：以培育世界一流企业家队伍为目标，营造良好环境，依法保护企业家财产权和创新收益；改革国有资本授权经营体制，形成保护企业家自主经营权的相关制度安排。

三 以打破垄断为重点推进营商环境建设

好的营商环境有利于激发实体经济发展的活力，也有利于在开放型世界经济发展中吸引国际资本参与我国经济转型发展。当前，优化营商环境不仅成为我国参与全球经济竞争的现实需求，而且成为激发国内市场活力、振兴实体经济的重点所在。

一是创新市场准入制度。党的十九大报告明确提出，全面实施市场准入负面清单制度，清理废除妨碍统一市场和公平竞争的各种规定和做法，支持民营企业发展，激发各类市场主体活力。这表明，以更大的决心和魄力推进市场准入制度创新，实现营商环境国际化、法治化，已经成为当前市场化改革攻坚的重要任务。从我国的现实情况看，优化营商环境，重点是破除垄断，关键要形成公平竞争的市场环境。

二是重点破除服务业领域的行政性垄断和市场垄断。发展现代服务业，是建设现代化经济体系的重要组成部分，有利于在经济转型升级过程中形成新动能，有利于不断提高供给体系质量。加快服务业市场开放、做大现代服务业"蛋糕"，需要把打破服务业领域的行政性垄断和市场垄断摆在深化供给侧结构性改革的突出位置。这就需要在加强配套立法、完善法律体系等方面下功夫，探索实施符合经济发展规律的反垄断方式，从而有效维护市场竞争秩序和消费者利益，提高经济运行效率。

三是以发展中小企业为重点完善公平竞争市场环境。近年来，中小企业在实体经济发展中的地位和作用越来越大，不仅成为容纳就业的主体部分，也成为推动创新发展的重要力量。当前，要加快落实《中小企业促进法》，通过建立公平竞争审查机制、建立中小企业发展基金、形成支持中小企业发展的现代金融体系，形成并维护中小企业发展的公平竞争市场环境。

四是以税制改革为重点降低企业成本。进一步加大减税降费的力度，实质性降低企业制度成本，是优化营商环境、振兴实体经济的重大举措。近年来，减税越来越成为各国吸引国际资本流入的政策导向。构建开放型经济新体制，推动形成全面开放新格局，也需要在税制改革上取得新突破。从现实看，我国制造业企业税负成本并不低，未来几年，深化税收制度改革，进一步提高直接税比重，不仅有利于实质性降低企业制度成本，还有利于发挥税收的再分配调节作用。

四 以监管变革为重点推进简政放权

过去5年，以简政放权为重点的行政体制改革在释放改革红利、促进经济转型、应对经济下行压力中发挥了重要作用。面对经济运行中各类风险因素增大的新形势，以监管变革为重点深化简政放权，有利于使市场在资源配置中起决定性作用和更好发挥政府作用。

第一，以监管变革为重点纵深推进简政放权。当前，我国经济运行中经济金融风险的形成和积聚，与我国监管体制变革滞后、监管不到位有着较大关系。为防止各类风险的发生、守住不发生系统性金融风险底线，需要加快推进监管转型与变革。比如，可考虑建立以保护投资者权益为导向的资本市场监管体制以及实现金融分业监管向混业监管转型；推动以破除服务业领域行政垄断为重点的监管转型，建立行政垄断审查机制，完善服务业市场监管标准体系，实现服务业领域市场准入的负面清单管理；完善统一权威的食品药品监管体制，以适应全社会消费结构升级需求，形成良好的经济社会环境；等等。

第二，切实提高公共产品供给体系质量。提高公共产品供给体系质量不仅是经济转型升级的重大任务，也是实现共享发展的重要途径。建设现代化经济体系，需要尽快提高公共产品供给体系质量。在这一过程中，要把提高公共产品供给体系质量作为重要任务来抓，在确保政府承担基本公共服务最终责任的同时，放开非基本的公共服务市场；以政府购买公共服务为重点创新公共服务体制，加快事业机构去行政化改革，调动市场、社会组织的力量增加公共服务供给。

扩大服务业市场开放是全面深化改革的重大任务[*]

（2018 年 9 月）

党的十八大以来，中央明确把加快服务业市场化改革、扩大服务业市场开放作为全面深化改革的重大任务。第一，从国内情况看，以服务业市场全面开放为重点深化市场化改革，既是适应我国社会主要矛盾变化、满足城乡居民服务型消费需求的重大举措，也是使巨大内需潜力转化为产业变革新优势的重大举措。第二，从国际情况看，服务贸易已开始成为全球自由贸易的重点、焦点。要把握全球经济服务化与服务贸易进程历史交汇的新机遇，就需要扩大服务业对外开放，推进以服务贸易为重点的开放转型，形成对外开放与国内市场化改革相互促进的新格局。

一　以服务业市场开放促进高质量发展

（一）以服务业市场开放扩大生活性服务业供给

随着社会主要矛盾的变化，服务型消费全面快速增长的趋势明显，我国开始进入消费新时代。预计到 2020 年，我国城镇居民服

---

[*] 在由中国经济体制改革研究会主办的《十八大以来经济体制改革进展报告》新书发布会上的发言，2018 年 9 月 26 日，北京。

务型消费比重将由目前的 45% 左右提升到 50% 左右。届时，消费规模将达到 45 万亿—50 万亿元，新增市场空间将达 10 万亿元以上。从现实情况看，由于服务业市场开放不足，生活性服务业领域不仅"有需求、缺供给"，服务供给总量不足、质量不高、效率不优的矛盾问题比较突出。

（二）以服务业市场开放扩大生产性服务业供给，推动制造业转型升级

改革开放 40 年，我国总体上开始进入工业化后期，推动制造业转型升级成为工业化后期的重大任务。例如，制造业人均增加值仅为 3000 美元，仅为发达国家平均水平的 1/3[①]。此外，我国在核心技术、关键技术上对外依存度高达 50%，高端产品开发 70% 技术要靠外援，重要零部件有 80% 需要进口[②]。我国制造业"大而不强"的突出矛盾在于研发设计等生产性服务业发展滞后。

（三）以服务业市场开放推动服务贸易发展，提升我国国际经济竞争力

服务贸易实质上是服务业的全球竞争，服务贸易发展滞后的根源在于服务业市场开放滞后。当前，服务贸易既是全球自由贸易的焦点，也是我国开放转型的重点。2012—2016 年，全球服务贸易占比由 20% 上升至 24% 左右。服务贸易已成为多边、双边贸易投资协定的焦点。区域全面经济合作伙伴关系（RCEP）、中日韩自贸区等多边自贸区谈判、中欧投资协定谈判等，都涉及服务贸易的开放，矛盾与分歧也大都集中在服务贸易上。从现实情况看，服务贸易发展滞后成为我国扩大开放的突出短板。2017 年，我国服务贸易占外贸总额的比重仅为 14.5%，比 2016 年下降了 0.6 个百分点，

---

① 《中国制造业加快迈向价值链中高端》，《科技日报》2018 年 1 月 10 日。
② 《我国核心关键技术对外依存度高达 50%》，国家知识产权局网，2015 年 12 月 23 日。

比2016年全球平均比重低了近10个百分点。

（四）以服务业市场开放实现新经济快速发展，新经济发展与服务业市场开放直接融合

近几年，"互联网+服务"已经成为新经济发展的重要方向。无论是餐饮、缴费等便民服务，还是教育、养老、健康、文化等公共服务，都可以发展成为"互联网+"的新经济形态。总的来看，没有服务业市场开放，要实现新经济的快速发展就比较困难。

二 以服务业市场为重点深化市场化改革

（一）打破服务业领域的行政垄断与市场垄断

改革开放40年来，我国在工业领域基本实现对内对外开放，但服务业市场开放严重滞后。我国服务业发展"三低一高"的矛盾突出，即服务业市场化程度低、对外开放的程度较低、服务型经济质量低、服务价格高。为此，要打破服务业领域的垄断，力争1—2年内全面放开竞争性领域、非基本公共服务领域价格管制，到2020年使服务业领域市场化程度接近工业领域的水平。同时，推动服务业领域国有资本的战略性调整。

（二）推动服务业向社会资本的全面开放

从现实情况看，教育、医疗、健康、文化等服务业领域，特别是养老服务、职业培训等非基本公共服务领域，仍存在市场准入门槛过高等问题。这就需要在服务业领域全面放开社会资本市场准入，取消某些不合理的经营范围限制，使社会资本逐步成为服务业市场的主体力量。

（三）适应社会主要矛盾变化，主动扩大服务进口

在加快服务业市场开放中主动扩大进口，引入国内急需的商品和服务，同时倒逼国内服务业行业与企业的改革。以药品为例，我

国每年新发癌症病例 429 万[①]，对相关的药品与技术需求相当大。目前，我国癌症治疗的某些药品与相关服务价格居高不下，社会对此反应比较强烈。为此，需要加快降低或取消药品关税、增值税，加快建立与主动扩大进口相适应的政策体系，着力扩大医疗技术等服务进口，倒逼国内医药企业提高质量与标准，以更好适应和满足全社会服务型消费需求。

三　以服务业市场开放为重点形成全面开放新格局

（一）推进"一带一路"中国际产能合作进程与服务贸易的融合发展

"一带一路"要以基础设施为依托，以产能合作和服务贸易为重点，以构建自由贸易区网络为目标。从实践看，以金融业为重点的服务业企业"走出去"滞后于实体企业"走出去"步伐，也滞后于产能合作的实际需求。2017 年，我国与"一带一路"沿线国家和地区服务贸易额占其贸易总额的比重仅为 8.2%。当前，开展国际产能合作，尤其应该注重同时推动工程承包、研发设计、相关咨询、第三方认证、金融、保险、物流、采购企业"走出去"，以服务贸易合作提升产能合作水平。

（二）积极探索实行服务业产业项下的自由贸易政策

从不同区域的特定优势出发，重点与"一带一路"沿线国家和地区开展以教育、健康、医疗、旅游、文化、金融、免税购物、会展为重点的服务业项下的自由贸易试点，走出一条开放转型的新路子。如果服务贸易产业项下的自由贸易政策能尽快在一些地区落地，对服务贸易创新的影响和带动效应将相当可观。

（三）以服务贸易为重点加快构建双边、多边自贸区网络

以双边、多边自由贸易应对贸易保护主义、单边贸易的冲击，

---

① 《世界癌症日：我国每年新发癌症病例近 430 万》，央视新闻网，2018 年 2 月 24 日。

关键在于构建以服务贸易为重点的自贸区网络。例如，未来几年，如果能在主动大幅降低关税的同时，加快推进与欧盟、日本、东盟等经济体的服务贸易自由化、便利化进程，既可以在短期内有效应对，又将深刻影响全球贸易格局。

（四）以服务贸易为重点加快国内自贸试验区转型

党的十九大报告明确提出，"赋予自由贸易试验区更大改革自主权"。适应经济全球化新形势，在自贸试验区内更大范围突破服务业开放的限制，对标国际服务贸易规则，先行先试，使自贸试验区更好承担起我国新时期更大程度开放改革压力测试的重要作用。

（五）加快推进粤港澳服务贸易一体化

粤港澳大湾区是区域发展的大战略，目标是实现粤港澳大湾区经济一体化，突破口在于加快推进粤港澳服务贸易一体化进程，深化内地与港澳的经济合作。港澳最大的服务消费市场在内地。2017年，内地赴香港、澳门旅游人数分别占港澳入境游客数量的76%与68%[①]。近些年，内地游客为香港当地零售业带来35%的营业额。当前，在港澳消费市场基本饱和的情况下，依托广东作为港澳重要经济腹地和进入内地的重要桥梁，尽快实现粤港澳大湾区服务贸易一体化，不仅为港澳延长服务业产业链、分享内地消费大市场提供巨大空间，也将对我国释放内需潜力具有示范性影响。这就需要尽快实现粤港澳服务贸易自由化体制机制的实质性突破。如率先在广东将港澳资本纳入内资范畴，实现粤港澳资本在市场准入与经营范围的"一视同仁、平等对待"；进一步扩大广东对港澳服务业市场开放；推进粤港澳服务业行业标准与管理规则的对接。

（六）尽快形成海南自由贸易港服务贸易新高地

加快海南自由贸易港建设，需要海南以服务国家重大战略为目

---

① 数据来源：根据《香港统计季刊》相关数据计算得出。

标，以中国特色自由贸易港为主题，以服务贸易为重点，以开放为先，以制度创新为核心，以顶层设计、顶层协调为保障，加快形成以服务贸易为重点的对外开放新高地。

习近平总书记在庆祝海南建省办经济特区 30 周年大会上的讲话中明确提出，"当前，改革又到了一个新的历史关头，推进改革的复杂程度、敏感程度、艰巨程度不亚于 40 年前"，"没有思想大解放，就不会有改革大突破。"服务业市场开放不仅涉及经济结构调整，更涉及利益结构、发展理念的重大调整，需要以思想大解放实现服务业市场开放的大突破。

顺应消费升级趋势调结构促改革[*]

（2021年5月）

拥有14亿多人口、人均国内生产总值突破1万美元，中国成为全球最大、最有潜力的消费市场，这既是改革开放40多年的突出成就，也是推动经济高质量发展的突出优势。近年来，随着城乡居民消费水平不断提升，消费结构升级不断加快，消费规模快速扩张，我国开始进入消费新时代。适应发展趋势，全面促进消费、释放消费结构升级蕴藏的巨大市场潜力，不仅是"加快构建以国内大循环为主体、国内国际双循环相互促进的新发展格局"的重大任务，而且是塑造参与国际合作和竞争新优势的关键所在；不仅将形成我国高质量发展的重要动力，也将在内外市场联通中促进世界经济复苏和增长。

一　我国进入消费新时代

我国进入消费新时代的一个突出特征就是城乡居民对教育、医疗、养老、文化、信息、旅游等服务型消费需求全面快速提升，这不仅是人民对美好生活向往和追求的重要内容，也是我国走向高质量发展的重要标志。2013年至2019年，我国人均服务型消费年均

---

[*] 本文载于《经济日报》2021年5月14日。

增长11.1%，高于同期人均消费支出整体增速3个百分点左右；服务型消费占消费支出的比重由39.7%上升至45.9%。

受新冠肺炎疫情冲击，2020年我国服务型消费占比有所下降。但综合各方情况看，疫情不会改变服务型消费中长期增长的态势。比如，2020年，我国"互联网+问诊"、健康大数据与云计算等加速了医疗健康需求的快速增长；预计到2025年，城乡居民服务型消费占比将由2019年的45.9%提升到52%左右，开始进入服务型消费社会。

二 消费结构升级带动产业结构变革

服务型消费的全面快速增长，不仅将促进消费规模的快速扩大，而且将拓展投资空间、优化投资结构、提高投资效率。2021年第一季度，我国服务业完成固定资产投资同比增长24.1%，两年平均增长4.0%；服务业实际使用外资2377.9亿元，同比增长51.5%，占全国实际使用外资的近八成。其中，电信、教育、医疗健康等与服务型消费相关领域的投资均有明显增长。

消费结构升级助推现代服务业发展。一方面，我国进入工业化后期，服务业加快发展是一个大趋势，由此带动服务型消费潜力较快释放；另一方面，居民服务型消费需求全面较快增长，又倒逼服务业发展进程。2013年至2020年，我国服务业增加值占GDP的比重由46.9%提升至54.5%，提高了近8个百分点。特别是疫情冲击下，线上消费带动相关服务业数字化转型态势逐渐明显。2020年1月至11月，我国规模以上互联网和相关服务、软件和信息技术服务业企业营业收入同比分别增长20.7%和15.7%，增速分别快于规模以上服务业企业19.1个和14.1个百分点。

绿色消费促进绿色产业发展。当前，我国消费者不仅愿意购买高品质的绿色产品，同时也关注生产方式对生态环境的影响，节能家电、节水器具、有机产品、绿色建材等产品快速进入寻常百姓家。《中国公众绿色消费现状调查研究报告（2019版）》显示，绿色消费的概念在公众日常消费理念中越来越普及，83.34%的受访者表示支持绿色消费行为。新能源汽车消费成为绿色消费的亮点之一。未来，我国居民绿色消费潜力的快速释放，将为传统产业绿色低碳转型及生态环保技术产业化发展提供重要动力，并为我国实现碳达峰和碳中和目标打下重要基础。

三　消费结构升级助力科技创新进程

14亿人的消费大市场为科技创新提供了巨大的应用市场。当今世界，最稀缺的资源是市场。同时，市场资源是我国的巨大优势。电子商务、人工智能、金融科技、软件服务、共享经济、健康科技、大数据、教育科技、传媒娱乐、生物科技成为我国"独角兽"企业分布最为广泛的几大领域。究其深层次原因，就在于我国拥有全球最大最有潜力的创新应用大市场。截至2020年12月，我国网民规模达9.89亿，较2020年3月增长8540万，互联网普及率达70.4%。

从潜力看，消费结构升级仍蕴藏着巨大创新应用空间。比如，2020年我国服务业数字经济渗透率为40.7%，生活性服务业数字经济渗透率明显偏低，仅为20%左右。估计到2025年，我国智慧医疗行业投资规模将达到2100亿元左右，车联网行业规模将接近万亿元。更重要的是，预计2023年以后，5G技术将进入大规模商用阶段，我国超大规模的数字技术应用大市场的优势更加突出。服务型消费大市场和新一轮科技革命的交汇融合，不仅将为我国制造业智能化转型提供重要条件，也将明显提升我国对全球创新要素的吸引力，以此增强我国中长期创新发展能力。

四　消费结构升级形成经济增长重要动力

消费在拉动经济增长中的作用突出，是新发展阶段经济增长的重要特征。从实际看，消费拉动经济增长不仅是大国经济的一般特征，更是近年来我国经济增长的实际体现。2014 年至 2019 年，消费连续 6 年成为拉动我国经济增长的第一动力。2020 年，尽管受到新冠肺炎疫情的冲击，但最终消费支出占 GDP 的比重仍然达到 54.3%，高于资本形成总额 11.2 个百分点，为近年来的最高水平。

从潜力看，我国最终消费支出对经济增长的贡献率仍有 10 个百分点左右的提升空间。2019 年，我国最终消费支出对经济增长的贡献率为 57.8%。用好大国经济纵深广阔的优势，使规模效应和集聚效应充分发挥，最终消费支出对经济增长的贡献率将达到 70% 左右。也就是说，未来 5—10 年我国最终消费支出对经济增长的贡献率仍有 10—15 个百分点的提升空间。这一潜力的释放将支撑我国经济中长期可持续增长。

同时，拥有 14 亿人口的全球最大最具有潜力的消费市场，是世界的市场、共享的市场、大家的市场。我国消费市场的扩大和开放，有利于世界各国共享中国市场机遇，有利于世界经济复苏和增长，也有利于中国为世界提供更多优质消费品。预计未来 10 年，我国累计商品进口额有望超过 22 万亿美元；在更多商品与服务领域成为全球最大进口国；我国对全球经济增长的贡献率有望保持在 25%—30%，仍是拉动全球经济增长的主引擎，并在推动全球自由贸易进程与世界经贸格局调整中产生积极影响。

五　深化改革加快完善供给体系

形成 14 亿人消费潜力释放、消费结构升级的长效机制，涉及经济领域重大关系的再平衡，涉及社会结构的深刻变化，涉及重大利益关系调整。一方面，要以制度型开放推进服务业市场化改革，实质性打破服务业领域的市场垄断与行政垄断，强化服务业领域竞争政策基础性地位，加快推进服务业领域的规则、规制、标准等与国际对接融合，降低服务贸易边境内壁垒，以此形成与消费结构升级相适应的供给体系。另一方面，在坚持以供给侧结构性改革为主线的进程中,要重视需求侧管理。要以扩大中等收入群体为重点调整利益关系,力争用10—15年时间实现中等收入群体倍增。要适当增加公共消费,改善居民消费预期,并明显优化服务型消费环境。要推动城乡基本公共服务制度统一,破解城乡土地、人员等要素流动的体制机制障碍,有效释放农村消费大市场潜力。

迟福林
改革研究文选

中卷

迟福林 著

中国社会科学出版社

入分配制度改革与经济发展方式转变
(2010年12月) ……………………………………… (698)
立民富优先的改革导向(2010年12月) ……………… (704)
国富优先向民富优先转变的"十二五"
(2011年3月) ……………………………………… (708)
中国"十二五":以民富优先为导向的发展转型
(2011年6月) ……………………………………… (711)
公平与可持续:未来十年的中国追求(2011年10月) …… (720)
以公平与可持续为目标的收入分配改革
(2011年12月) …………………………………… (726)
尽快出台收入分配改革总体方案(2012年3月) ……… (734)
形成六亿中等收入群体的转型与改革(2012年12月) … (737)
尽快制定中等收入群体倍增国家规划(2013年3月) …… (744)
走向公平可持续增长的转型改革(2013年11月) ……… (747)
扩大改革普惠性形成六亿中等收入群体
(2016年6月) ……………………………………… (755)
"扩中"重在制度创新(2016年9月) ………………… (768)
在经济转型升级中实现中等收入群体倍增
(2017年3月) ……………………………………… (771)
实现共享发展的历史性新突破(2017年10月) ……… (777)

三 建言公共服务体制建设:从公共产品短缺走向基本
公共服务均等化 ……………………………………… (787)
以强化公共服务为基本目标的政府行政管理体制改革
(2006年5月) ……………………………………… (789)
以参与公共服务为主要目标的民间组织发展
(2006年5月) ……………………………………… (795)

中卷目录

引　言 ……………………………………………………

一　中国进入发展新时代 ……………………………………
　　我国社会矛盾的变化与再分配(2005年12月)…
　　中国的社会矛盾变化与经济增长方式转变
　　　(2006年1月) …………………………………
　　中国社会矛盾的变化与政府转型(2006年2月)…
　　处在发展新阶段的中国(2007年11月)…………
　　论中国新阶段改革趋势(2008年11月)…………
　　新阶段的经济增长与改革选择(2008年12月)……
　　中国发展型新阶段的社会管理创新(2011年11月)…

二　建言民富优先:实现中等收入群体倍增 …………
　　中国转型时期的收入分配制度改革(2000年1月)…
　　政府转型与收入分配制度改革(2006年10月)………
　　加快推进中国收入分配体制改革的建议
　　　(2010年3月) …………………………………
　　着眼于发展方式转型的收入分配改革(2010年6月)……

加快建立社会主义公共服务体制(2006年9月) ………… (802)
以基本公共服务均等化为重点的中央—地方关系
　　(2006年12月) ……………………………………… (813)
中国公共需求变化与服务标准化建设(2006年12月) …… (822)
基本公共服务均等化与人的全面发展(2007年1月) …… (829)
着力解决好公共产品供给的体制机制问题
　　(2007年3月) ………………………………………… (840)
着力推进基本公共服务均等化(2008年6月) ………… (843)
发展型社会:惠及13亿人的基本公共服务
　　(2008年12月) ………………………………………… (866)
扩大内需重在基本公共服务制度建设(2009年2月) …… (871)
"减压阀":政府应当提供的公共产品(2009年8月) …… (876)
中国进入公共产品短缺时代(2010年1月) …………… (880)
公共产品短缺时代的公益机构改革(2010年7月) ……… (884)
以社会化为重点的公共文化体系建设(2011年8月) …… (890)
以构建有中国特色公益服务体系为主题的事业单位改革
　　(2012年5月) ………………………………………… (894)
建立公平可持续的社会保障制度(2014年2月) ………… (899)
以公益性为标准的公共文化服务社会化发展
　　(2014年7月) ………………………………………… (911)
以结构性改革破解老龄化矛盾(2019年4月) ………… (914)
探索以养促医、以医助养的新型医养关系
　　——中国进入老龄化社会医养结合的几点思考
　　(2019年4月) ………………………………………… (921)
老龄化社会的中国:增长与养老(2019年4月) ………… (928)
人口老龄化:怎么看,怎么办(2019年7月) …………… (936)
建立基本公共服务体系的建言(2019年8月) ………… (941)

四 建言城镇化:从规模城镇化到人口城镇化 (949)

以基本公共服务均等化破解城乡统筹发展的难题
(2008年11月) (951)

城乡基本公共服务均等化与城乡一体化
(2008年12月) (957)

以强化公共服务职能为重点推进扩权强县改革
(2009年2月) (964)

以城乡一体化为重点推进县域科学发展
(2009年6月) (971)

人口城镇化的转型与发展(2013年3月) (977)

人口城镇化的转型与改革(2013年7月) (988)

以人口城镇化为主线的结构调整(2013年8月) (1004)

以转型改革破题新型城镇化(2014年3月) (1012)

推进以人为核心的新型城镇化(2017年4月) (1021)

从人口城镇化走向人的城镇化
——推进新型城镇化进程的几个问题
(2017年6月) (1029)

以加快城镇化为基础形成区域协调发展新格局
(2017年11月) (1037)

五 建言消费导向转型:中国开始进入消费新时代 (1043)

从生产主导型向消费主导型的历史转变
(2009年7月) (1045)

走向消费主导的转型与改革(2012年1月) (1049)

消费主导的战略选择(2012年4月) (1054)

着力推进消费主导经济转型与改革(2012年11月) (1059)

以改革红利释放消费潜力(2013年1月) (1069)

消费主导的经济转型与经济增长前景

(2013年2月) …………………………………………… (1082)

消费新时代的转型与改革(2014年5月)…………… (1092)

消费需求释放拉动未来经济增长(2014年10月) ……… (1115)

从工业大国走向服务业大国(2014年11月) …………… (1121)

消费新时代的产业变革(2018年4月) ………………… (1131)

扩大内需要处理好政府与市场关系(2018年7月)…… (1136)

消费新时代的发展逻辑与改革选择(2019年1月) ……… (1139)

以消费结构升级推动构建新发展格局(2020年12月)…… (1151)

中国消费大趋势(2021年5月) ………………………… (1154)

以促进消费为重点加快构建新发展格局

(2021年5月) …………………………………………… (1160)

六 建言公共卫生体制变革：以人民健康为中心 …………… (1173)

中国经济转型趋势下的健康产业发展

(2016年7月) …………………………………………… (1175)

疫情严重冲击经济全球化(2020年3月) ……………… (1181)

以人民健康为中心深化公共卫生体系改革

(2020年3月) …………………………………………… (1186)

应对疫情冲击重在加快产业结构调整

(2020年3月) …………………………………………… (1191)

以人民健康至上的理念推进公共卫生治理体系变革

(2020年4月) …………………………………………… (1196)

以人民健康为中心推进公共卫生体系变革

(2020年8月) …………………………………………… (1212)

推进以人民健康至上的公共卫生治理现代化

(2020年9月) …………………………………………… (1220)

引　言

　　本卷汇集1991年到2021年间关于社会改革的研究文稿，分六个部分。

　　第一，我国进入发展新时代。汇集了2004年以来关于"社会矛盾的阶段性变化""从生存型阶段到发展型阶段""以发展方式转变为主线的第二次转型与改革"等相关研究文稿。

　　第二，建言民富优先。汇集2010年以来关于从国富优先到民富优先、实现中等收入群体倍增等相关研究建议。

　　第三，建言公共服务体制建设。汇集2005年以来关于从公共产品短缺走向基本公共服务均等化的相关研究建议。

　　第四，建言城镇化。汇集2010年以来关于从规模城镇化到人口城镇化制度创新的相关研究建议。

　　第五，建言消费导向转型。主要汇集2009年以来关于"从生产主导型向消费主导型的历史转变""我国开始进入消费新时代"以及"加快消费主导经济转型"等相关研究建议。

　　第六，建言公共卫生体制变革。重点汇集新冠肺炎疫情冲击下"以人民健康至上的理念推进公共卫生治理体系变革"等相关研究建议。

一

中国进入发展新时代

我国社会矛盾的变化与再分配[*]

（2005 年 12 月）

我国既是一个发展中的大国，又是体制转轨的大国。在人均GDP达到1000美元之后，我们面临着实现经济增长与缩小收入分配差距的双重任务。正是在这个特定的背景下，我们以"政府转型与社会再分配"为主题召开本次国际论坛，着重讨论中国实践与北欧经验、经济社会协调发展和社会再分配、社会再分配中的政府作用等重大议题。这里以"我国社会矛盾的变化与再分配"为题，就我国再分配的背景、再分配的重点以及再分配中的政府作用三个问题谈谈看法，与中外专家探讨。

一　面对我国日益突出的两大矛盾，应当客观地判断再分配的现实需求

我国人均GDP达到1000美元以后，利益主体和社会结构正在发生重要变化，并由此进一步扩大了收入差距和城乡差距。在这种情况下，我们需要分析社会矛盾变化的进程，把握再分配的特定背景和现实需求。

---

[*] 在"政府转型与社会再分配"国际论坛上的主题演讲，2005 年 12 月 10 日，海口；载于《中改院简报》总第 596 期，2005 年 12 月。

（一）我国社会面临着日益突出的两大矛盾

多年以来，我们一再强调，经济不发达同人民日益增长的物质文化需求是主要矛盾。实际情况是，伴随我国社会开始由生存型向发展型的转变，社会面临着两大突出矛盾：一方面，仍然面临着经济不发达的突出矛盾；另一方面，面临着公共需求全面快速增长与公共服务不到位、公共产品严重短缺的突出矛盾。后一个突出矛盾主要表现在就业、公共医疗、义务教育、社会保障、公共安全和环境保护六个方面。

面对社会两大突出矛盾，以下3点判断很重要。第一，我国仍然是一个发展中的大国。经济发展的水平还比较低，并且发展严重不平衡，发展对中国来说仍然是首要的任务。第二，广大社会成员的基本公共需求呈现全面快速增长的客观趋势。当前，基本公共服务的不到位，已是一个越来越突出的问题。第三，我国社会矛盾的变化对政府转型提出了更为紧迫、更为现实的要求。因此，我国政府提出以人为本的科学发展观，把政府社会管理和公共服务职能放在更加优先的位置，以基础性的公共服务为重点，致力于满足全社会日益增长的基本公共需求。

（二）两大矛盾对再分配有重要影响

未来的10—15年，是我国由初步小康向全面小康发展的重要时期，经济的持续快速增长对再分配有着极为重要的影响，既可以创造更多的就业岗位，又可以为实施再分配提供物质基础。与此同时，全社会公共需求的深刻变化对再分配的影响也是多方面的。

（1）就业与再就业是影响收入分配与再分配水平的直接因素。20世纪90年代中后期以来的国有企业改革和经济结构调整，至今已向社会释放出3000多万名下岗职工。此外，城镇每年新增劳动力近千万，农村还有上亿剩余劳动力将逐步转移到城镇中来。面对巨大的就业压力，千方百计扩大就业，成为各级政府公共服务的重点之一。

（2）健康水平对中低收入群体特别是贫困人口的威胁相当大。据统计，农村贫困人口中有70%是疾病造成的。因此，改革城镇基本医疗保障体制，加快建立新型农村合作医疗体系，已成为广大社会成员越来越迫切的需求。

（3）教育水平对收入分配与再分配有重要影响。世界银行的一份研究报告指出，在导致拉美收入分配不公的各种因素中，教育因素所占比重高达25%。我国5亿多农村从业人员，平均受教育的年限还不到7年。这种受教育状况加大了城乡收入分配的差距。

（4）基本的社会保障已成为中低收入群体对再分配的突出要求。当前，我国的社会保障面临三大问题：一是城镇社会保障的覆盖面不广；二是农村的社会保障严重缺失；三是人口老龄化的挑战。经验证明，社会保障制度的完善有利于再分配的顺利进行，有利于满足弱势群体的基本需求。

（5）生产、卫生和食品等公共安全越来越成为广大社会成员的基本公共需求。近期不断发生的矿难引起人们对公共安全的极大关注。数据表明，2004年，我国产煤量仅占世界总量的三分之一左右，但矿难死亡人数却占世界矿难死亡总人数的80%。

（6）环境保护成为人们生存和健康的直接需求。例如，松花江污染事件引起全社会的关注和中央政府的高度重视。从中国的情况看，加大环境保护力度并增加其投入，已成为再分配中需要高度重视的大问题。

二 面对我国公共需求的全面快速增长，应当充分估计基本公共产品的供给对现阶段再分配的重要作用

适应我国社会矛盾的变化，有效地解决再分配，要充分重视基本公共产品的供给对再分配的重要影响。

(一) 公共需求的全面快速增长反映了我国从初步小康向全面小康过渡的客观趋势

(1) 公共需求的主体正在不断扩大。首先，城镇中低收入群体成为基本公共需求的主体之一。他们对公共医疗、义务教育、就业和社会保障的公共需求日益强烈。其次，随着农村改革的不断深化和农村经济的发展，广大农民潜在的公共需求已开始转化为现实需求。

(2) 公共需求的结构正在发生深刻变化。一方面，广大社会成员的个人总需求中，公共需求的比重越来越高；另一方面，广大社会成员的基本公共需求已开始成为社会需求结构的主体部分。

(3) 公共需求的数量正在不断增长，层次在不断提高。在广大社会成员的需求结构中，吃、穿、用等私人产品需求经过27年经济的快速增长后，其增速开始趋于稳定，但公共需求的年均增长速度越来越快，对公共服务的质量要求也越来越高。

(二) 基本公共产品的供给能够有效地缩小收入分配差距

(1) 对城乡收入差距的影响。有专家估计，目前我国城乡的收入差距为3.3:1，如果把社会保障、义务教育等因素考虑在内，城乡的实际收入差距在5—6倍。这说明，城乡二元的制度安排拉大了城乡居民的实际收入差距。

(2) 对贫富差距的影响。这些年，我国的教育与医疗费用上涨速度过快，大大超出中低收入家庭可支配收入的增长速度，并成为拉大贫富差距的因素之一。2003年，我国农村人均纯收入2622.2元，而农民一次性住院费用平均为2236元。从20世纪80年代末至今，大学学费上涨了20倍以上，而同期普通城镇居民的收入实际增长只有2.3倍。

(3) 对利益矛盾与利益关系的影响。近年来，由于利益关系引发的社会问题比较突出。这些问题的相当一部分同基本公共产品供给的欠账和不公有着直接或间接的联系。

改革开放 27 年来，随着经济的快速增长，我国的财政收入增长速度已超过 GDP 的增长速度，这为建立国家公共财政体制，以及为国家通过扩大公共支出以保证基本公共产品的供给提供了一定的财力保障。未来几年，实现"人人享有基本公共服务"，为全体社会成员提供基本而有保障的公共产品，既有客观需求，又有现实基础。

三 面对基本公共产品供给对再分配的重要影响，要大大强化政府的公共服务职能

国际经验说明，收入差距与公共产品的供给都同政府的职能密切相关。从我国的情况看，要有效地解决再分配，关键在于政府转型的实质性突破。

（一）政府转型要适应我国社会矛盾变化的客观需求

今后几年，要有效地解决我国社会的两大突出矛盾，改革攻坚应当实现两个基本目标：一是进一步完善社会主义市场经济体制；二是加快建立社会主义公共服务体制。为此，政府要扮演好两种角色：一是继续推进市场化改革，正确发挥政府在市场经济发展中的规范、协调、服务和监督的作用，以实现经济增长方式从政府主导型向市场主导型的转变；二是强化公共服务中的主体地位，充分发挥政府在公共产品供给中的主导作用，加快建设公共服务型政府。

现实情况表明，经济发展和经济运行中的深层次矛盾与问题仍未解决，推进市场化改革进程仍然是实现经济持续增长的正确选择。与此同时，建设和谐社会迫切需要加快建立公共服务体制。以往，由于我们长期把解放和发展生产力作为社会主要矛盾，在发展生产力的同时，未能自觉地解决好生产关系变化所引发的各类矛盾与问题；在注重经济发展的同时，未能重视社会事业发展。此外，在某些具体的改革实践中，出现"泛市场化"的倾向。例如，一个时期有些地方提出把医疗推向市场，这使本来严重短缺的公共产品供给雪上加霜，积累了一些新的矛盾和问题。

（二）要确立政府在社会主义公共服务体制中的主体地位

当前，建立公共服务体制，有两件事情很重要：一是要尽快建立公共财政体制，加大政府对公共服务的财政投入，大大提高公共支出在财政总支出中的比重，以提升政府公共服务的总体水平；二是要把事业机构改革纳入公共服务体制的建设中来，建立机制灵活、结构合理、运行高效、管理规范的公益性服务体系。

在强化政府公共服务职能的同时，应当充分发挥民间组织在提供公共服务中的作用，使政府的作用和民间组织的作用形成合力，相互促进，以实现多元社会主体参与公共服务提供。

（三）要把满足广大弱势群体的基本公共需求作为政府公共服务的重点

弱势群体的增多和利益受损，已成为我国经济社会转型时期的客观现实，也成为公平与公正的焦点问题。因此，要优先为弱势群体提供最基本的公共产品。第一，提供最低生活保障；第二，提供初级保健和义务教育等基本的公共产品；第三，提供就业和再就业的机会；第四，建立利益保护与利益诉求的正常渠道。落实科学发展观，关注民生，就是要为弱势群体提供基本而有保障的公共产品。这已成为当前和今后一个时期各级政府公共服务的重点、社会再分配的重点。

北欧一些国家的实践证明，有效的公共服务和良好的制度安排既能实现以人为本的发展目标，又能提高国家的综合竞争力。面对我国社会矛盾的变化，借鉴北欧等国的经验，我们应当着力研究和解决公共服务与社会再分配、公共服务与公共治理结构、公共服务与公共政策转型等重大课题，以加快建立有中国特色的社会主义公共服务体制。

中国的社会矛盾变化与经济增长方式转变*

（2006年1月）

27年的改革开放使我们逐步摆脱了贫穷造成的生存难题的困扰，正在朝着全面建设小康社会的目标迈进。在这个转变过程中，政府一直充当着经济建设主力军的角色。当前我国经济已经进入了转轨关键时期，尤其是进入人均GDP从1000美元到3000美元的过渡时期。原有的利益格局正在被打破，新的利益格局尚未建立，社会中出现了许多发展过程中的新矛盾。政府是否继续主导经济增长以及政府的合理定位问题是转轨时期提出的新课题。

一 我国社会面临着日益突出的两大矛盾

对我国现时期主要社会矛盾的判定，不同的学者从各自研究领域提出了自己的观点。社会学家李培林认为，利益矛盾仍然是人民内部的主导方面，视为决定其他人民内部矛盾存在、发展、激化的主导矛盾，干群之间、工农之间、城乡之间、不同所有制之间只是人民内部矛盾的主要方面。① 经济学家晓亮认为，现时期社会主义

---

* 在海南省社科联工作大会上的发言，2006年1月23日，海南海口。
① 《中国改革报》2004年2月16日。

社会还存在阶级和阶层，存在各种各样的矛盾，但主要是人民内部矛盾，敌我矛盾也有，但是次要的。① 上海师范大学历史系萧功秦将改革分为早期（1978—1989 年）、中期（20 世纪 90 年代以来），认为我国改革中期的基本矛盾是分化与整合的不平衡性，其结果就是出现了一系列以往阶段没有的结构性矛盾，主要表现在"日益严重的软政权化""贫富两极分化"和"分利集团化""游离的社会动员程度急剧增长"。② 从党的八大到十六大，我们的一个基本共识是：经济不发达同人民日益增长的物质文化需求是社会的主要矛盾。但是，在我国人均 GDP 达到 1000 美元、社会问题全面提到党和政府面前时，两大矛盾日益突出：一是经济快速增长同发展不平衡、资源环境约束的突出矛盾；二是公共需求的全面快速增长与公共服务不到位、基本公共产品短缺的突出矛盾。应当说，这两大突出矛盾反映了"十一五"时期乃至更长时期我国社会矛盾面临的深刻变化，反映了我国全面建设小康社会的基本趋势，也为我国下一步转变经济增长方式提供了基本依据。

面对社会两大突出矛盾，以下三点判断很重要。第一，我国仍然是一个发展中的大国。经济发展的水平还比较低，并且发展严重不平衡，发展对中国来说仍然是首要的任务。第二，广大社会成员的基本公共需求呈现全面快速增长的客观趋势，而基本公共服务的不到位，已是一个越来越突出的问题。第三，我国社会矛盾的变化对政府转型提出了更为紧迫、更为现实的要求。因此，我国政府提出了以人为本的科学发展观，强调以基础性的公共服务为重点，致力于满足全社会日益增长的基本公共需求。

---

① 晓亮：《妥善处理社会矛盾，构建和谐社会》，《学习与探索》2005 年第 2 期。
② 萧功秦：《改革中期的社会矛盾与政治稳定》，《战略与管理》1995 年第 2 期。

二 社会矛盾的变化与经济增长方式转变的内在联系

（一）社会矛盾的变化是经济增长方式转变的基础和前提，并且对经济增长的转变具有一定程度的决定性影响

改革开放以来，我国经济增长方式的转变已经取得很大成效。研究表明，1980—2002年，如果按不变价格计算的话，中国每万元GDP能源消耗从14.34吨标准煤下降到4.76吨标准煤，22年总共下降了66.8%。从国际范围来看，这样的下降幅度丝毫不逊于国际水平。如1971—1999年，按照国际购买力计算，中国单位增加值能耗下降的幅度是68%，同期世界下降幅度是7.7%，欧洲国家下降幅度为11.2%，亚洲国家下降幅度是32%。从污染排放的强度来看，中国的下降幅度也是很大的。比如说1978—2003年工业增加值排放的污水、排放的工业粉尘和产生的固体废物分别下降了30.1%、55.6%、21.8%。也就是说，我们在经济增长的同时，环境污染在逐年降低。

在取得成绩的同时，还存在着大量的"高投入、高消耗、高排放、不协调、难循环、低效率"的问题。从绝对水平看，单位产出的资源消耗或者单位产出污染排放和国际水平相比还偏高。其主要原因是利用效率低。中国的增长方式是比较粗放的。除了物耗这个方面外，交易效率低和交易成本高也是一个方面。由于中国体制方面的作用，公共服务、公共产品供给不到位，每笔交易成本大大高于其他国家。其本质原因就在于政府职能的严重缺位、错位。政府既是"裁判员"，又是"运动员"，有时候又是看比赛的"观众"。应由市场发挥作用的地方，政府权力过大，干预过多，而在政府发挥作用的地方，如宏观调控、创造公平的市场环境、提供经济信息和市场信息、基础设施建设等方面，政府发挥作用又不足。因此，日益突出的社会矛盾逼迫经济增长方式转变，如果不转变经济增长方式，环境将难以承受，即使世界资源不向我们施加压力，大量的

污染必然带来环境的破坏，降低人们的生活质量，这与"以人为本"的发展目标相悖。另外，不转变经济增长方式，对于我们创造一个比较好的国际环境也是不利的。

（二）"十一五"时期我国经济增长方式转变的深刻背景在于适应社会矛盾变化的客观现实需求，实现经济发展由生存型向发展型的过渡

在我国人均GDP从1000美元向3000美元的过渡过程中，社会也由生存型向发展型转变。全体社会成员在解决一般温饱问题以后，对发展的要求也越来越多，对发展要求的质量也越来越高。国家统计局资料显示，改革开放以来，中国居民的人均可支配收入持续增加，恩格尔系数降幅增快。尤其是近年来，恩格尔系数降幅明显加快，1996—2001年年均下降2.14个百分点。与1978年的57.5%相比，2001年中国城镇居民家庭恩格尔系数为37.9%，下降19.6个百分点（见表1）。适应我国社会矛盾的变化，转变经济增长方式，要充分重视基本公共产品需求在经济增长中的重要影响。

表1　　　全国城镇恩格尔系数和人均可支配收入变化情况

年份	恩格尔系数	人均可支配收入（元）	年份	恩格尔系数	人均可支配收入（元）
1985	0.522	739.1	1995	0.499	4283
1986	0.524	899.6	1996	0.486	4838.9
1987	0.535	1002.2	1997	0.464	5160.3
1988	0.514	1181.4	1998	0.445	5425.1
1989	0.545	1375.7	1999	0.419	5854
1990	0.542	1510.2	2000	0.392	6280
1991	0.538	1700.6	2001	0.379	6859.6
1992	0.529	2026.6	2002	0.377	7702.8

续表

年份	恩格尔系数	人均可支配收入（元）	年份	恩格尔系数	人均可支配收入（元）
1993	0.501	2577.4	2003	0.371	8472.2
1994	0.499	3496.2	2004	0.377	

资料来源：中国统计年鉴。

1. **公共需求的主体在不断扩大**

在我国人均 GDP 达到 1000 美元以后，公共需求主体扩大的趋势正在形成。广大农民在义务教育、医疗、养老保障等方面潜在的公共需求开始转化为现实需求，并将逐步成为经济社会发展的重要动力和市场需求的主流。一是城市中低收入群体在公共医疗、义务教育、就业、社会保障等方面的公共需求迅速增加，并日益强烈。尤其是上亿农民工日益强烈的基本公共需求，要尽快采取措施妥善解决。二是农村潜在的公共需求已经开始成为现实的需求，尤其是在医疗、义务教育、养老保险等方面的需求逐步凸显。

2. **公共需求的结构开始发生深刻的变化**

随着生活水平的提高，最近几年我国的恩格尔系数有所下降。我国城市的恩格尔系数，从20世纪80年代的47%左右降到现在的37%左右；农村的恩格尔系数，从57%左右下降到现在的47%左右。在我国社会总需求中，大家对住房、医疗、教育、社会保障、公共安全等方面的需求，所占比重越来越大。

3. **公共需求的数量在不断增长，层次在不断提高**

有专家估计，近10年城镇居民的总需求中，个人公共需求年均提高的比重，相当于过去5年公共需求比重的总体增幅。同时，对公共需求质量的要求也在不断提高。

（三）"十一五"时期，适应社会矛盾的变化，要把经济增长方式的转变作为关系经济社会发展全局的重大任务

我国人均 GDP 现在已经突破 1000 美元，到 2020 年可望达到 3000 美元，这是现代化进程中的一个关键阶段，也是社会经济结构将发生深刻变化的一个重要阶段。许多国家的经验表明，这一阶段有可能出现两种结果：一是搞得很好；另一种是搞得不好，往往出现贫富悬殊、失业人口增加、城乡和地区差距拉大、生态环境恶化等社会矛盾加剧，导致经济社会长期徘徊不前，甚至出现社会动荡和倒退。在我国社会矛盾凸显的今天，要处理好城乡之间、地区之间、不同利益群体之间，以及人口、资源与环境之间的关系，必然要转变经济增长方式，用科学发展观指导经济增长，促进经济社会的协调发展。

1. 经济增长应实现效率增长和公平增长的内在统一

中国进入市场化改革以来，确立了"效率优先、兼顾公平"的改革指导思想。在市场配置资源的基础上，全社会各要素积极性得到极大发挥，经济运行效率也达到前所未有的高度。但也造成了收入差距拉大等社会矛盾，效率目标实现了，公平目标却未完全实现。经济增长的结果没有实现效率与公平的内在统一。

从现实日益突出的社会矛盾出发，政府应当更加重视解决社会公平问题。要由"效率优先、兼顾公平"向"效率与公平并重"转变。从现实要求来看，收入分配差距不断扩大，造成了复杂的、日益突出的社会矛盾和社会问题，并由此对经济的可持续增长造成了威胁。因此，在继续强调经济效率的同时，政府应当把主要注意力放到协调重大利益关系上，放到解决社会再分配上，努力形成公平与效率并重的经济社会机制，力戒只有效率而无公平的低福利型经济增长。

2. 经济增长应确保社会发展目标的实现

我们将更多的注意力集中到经济增长速度的同时，却造成了社会发展的不协调，人口、资源与环境的不协调，各种社会问题和社会矛盾大量出现。因此经济增长方式转变应适应社会矛盾的变化，将更多的注意力转移到养老、贫困救助、义务教育、公共安全、环境保护等社会问题和社会矛盾上来，努力实现社会发展的目标。

三 经济增长方式的三个重要转变

（一）实现以 GDP 为中心向以可持续发展为中心的转变

从第一个社会矛盾变化情况看，"十一五"时期，我国可持续发展面临五大挑战。

1. 资源约束的挑战

我国是一个干旱、严重缺水的国家。我国的淡水资源人均只有 2300 立方米，仅为世界平均水平的 1/4、美国的 1/5，在世界上名列 121 位，是全球 13 个人均水资源最贫乏的国家之一。到 20 世纪末，全国 600 多座城市中，已有 400 多个城市存在供水不足问题，其中比较严重的缺水城市达 110 个，全国城市缺水总量为 60 亿立方米。

我国矿产资源潜在储量总值为 16.56 万亿美元，但人均矿产储量潜在总值为 1.51 万美元，只相当于世界平均水平的 58%，排世界第五位，而且人均资源数量和资源生态质量仍在继续下降与恶化。

2004 年的"电荒、煤荒、油荒"给我们打下了深刻烙印。不少鼓励用电的地方政策被"拉闸限电"所取代，"夜景工程"在发达的东部地区也纷纷叫停。2004 年以来，全社会煤炭库存继续下降，4 月末全社会煤炭库存下降到 9800 万吨，是 20 年来的最低水平。电煤供求形势更趋严峻，5 月 31 日，直供电厂存煤平均仅够使用 8 天左右，远低于正常水平。同时，2004 年上半年，全国有 24

个省级电网先后出现不同程度的拉闸限电,夏季全国电力供需缺口在3000万千瓦以上。石油、石化两大集团炼油装置接近满负荷运转。因此,转变经济增长方式已刻不容缓。加快建立节能型社会,发展循环经济,是缓解我国能源"瓶颈"制约、实现可持续发展的必然选择。

2. 环境压力的挑战

粗放型的经济增长方式往往以环境的破坏为代价,经济高速增长的背后是严重的环境污染。例如,我国是世界上污水排放量的第一大国,占世界总量的1/3,目前我国的污水排放量大概是美国的3倍。我国的二氧化硫等废气的排放量居世界前列,近1/3的国土面临酸雨污染。传统的经济增长方式使我国的环境承载力已经相当薄弱。所以,要实现经济的可持续发展,必须转变经济增长方式。

3. 自主创新能力不足的挑战

改革开放以来,我国经济增长一直保持高位运行,但问题是这种经济增长是基于什么,是否有源源不断的增长后劲?前边提到的资源、环境约束,很重要的原因就在于我国的自主创新能力不足。由于自主创新能力尚未得到很好的培育和发展,总体上存在着自主创新能力的不足,这种粗放式的增长路径得以延续。

从国际经验看,从粗放型经济增长方式向集约型增长方式转变很大程度取决于自主创新能力的培育和发展,其中,最为典型的例子是日本。目前,我国自主创新能力不足主要表现在:第一,科技投入严重不足。我国历史上科技投入占GDP的比重最高的是1960年的2.32%,以后逐年下降,到1998年下降到0.69%,2000年以后有所回升,到2004年为1.23%,但这与我国有关法规规定的1.5%还有差距。第二,对外科技依存度居高不下,目前高达50%,而美国、日本仅为5%。关键技术自给率低,占固定资产投资40%左右的设备投资中,有60%以上靠进口来满足,高科技含量的关键设备基本上依赖进口。

4. 区域发展差距逐年扩大的挑战

改革开放以来,从纵向看,各个地区都有很大发展;横向比较,地区差距明显扩大。从我国目前的情况看,我国东西部的差距不是在缩小,而是在扩大。如果以西部地区包括广西、内蒙古计算,以下几个指标可以大体看出区域发展的差距。

(1) 经济总量:1980—2003年,东部地区在全国经济总量的比重从50%上升到59%,中西部地区所占比重下降。这种趋势自20世纪90年代以来明显加剧。

(2) 人均GDP:1980年东部地区比全国平均水平高出34%,2002年高出53%;同期,中部地区从相当于全国平均水平的88%下降到75%,西部地区从70%下降到59%。

(3) 人均GDP相对差距:1980—2002年,西部和东部由1:1.92扩大到1:2.59,中部和东部由1:1.53扩大为1:2.03,西部和中部由1:1.25扩大到1:1.27。

5. 城乡发展严重不平衡的挑战

20世纪90年代末期以来,农民收入进入低谷期。据统计,1997—2003年,全国农民人均纯收入只增加了695.9元,不到城镇居民收入增量的1/5,年均增长速度不到城镇居民的一半。城乡居民收入差距持续扩大,由20世纪80年代中期的1.86:1、90年代中后期的2.5:1,扩大到2003年的3.2:1,而2006年的最新数字是3.3:1。有专家估计,如果把城市居民在住房、社会保障、公共卫生、教育等方面享受的国家补贴考虑在内,我国城乡实际收入差距在6倍左右。也就是说,城乡实际收入差距层面,我国在世界上是比较严重的国家之一。而我国又是一个"农民大国",全国13亿人口中,有60%生活在农村。2004年末,全国农村绝对贫困人口还有2610万人,有4977万低收入人口仅能勉强解决温饱问题,这表明我国农村居民还有相当一部分的生活处于较为困难状态。社会发展严重落后于经济发展在农村更为突出，可以说，"三农"问题已经成为制约国家进一步发展的"瓶颈"。

综上可见，发展不平衡、资源环境约束已成为我国可持续发展过程中面临的日益突出的矛盾。因此，要实现经济的持续、快速增长，必须转变过去单纯追求 GDP 总量的粗放型经济增长方式，向经济、社会的可持续发展转变。只有这样，才能为经济增长方式的转变提供主要途径。

（二）实现物质本位向人本位的经济增长方式转变

50 多年来，我国经济社会发展经历了三个转变：从政治本位到物本位，再到人本位。这一转变过程中，对经济增长方式产生了哪些影响？对此，我们简要做三点分析。

1. 从注重生产向注重消费的转变

以物为本的增长，强调生产力的发展，忽略生产关系的调整，这与政府主导下的经济增长方式分不开。从国际经验看，只注重物质生产而忽视社会关系调整的经济增长最终会造成有增长无发展的结果，拉美一些国家的失败教训为我们提供了反面教材。目前，我国存在的问题如下。

（1）投资率长期大大高于消费率。由于长期以来以经济增长作为评判政府官员政绩的主要指标，所以地方政府热衷于上项目、搞建设、招商引资，而不重视老百姓的"菜篮子""米袋子"。根据世界银行的数据，2000 年我国的投资率高达 38%，世界平均水平为 23%，低收入国家为 21%，中等收入国家为 25%，高收入国家为 22%。2000 年，我国的最终消费率为 60%，世界平均水平为 77%，低收入国家为 80%，上中等收入国家为 78%，高收入国家为 78%。也就是说，我国的投资率高于世界平均水平 15 个百分点，高于中等收入国家 13 个百分点；最终消费率低于世界平均水平 17

个百分点,与下中等收入国家相比也有 8 个百分点的差距。近几年,我国固定资产投资的增长率是消费的 2 倍多,投资率超过了 40%。从我国消费变化情况看,1978 年为 62.1%,而 2004 年为 53.9%,基本上降到了新中国成立以来的最低点(见表2)。

表2　　　　　　　　　最终消费率变化情况　　　　　　　　单位:%

年份	最终消费率	年份	最终消费率
1978	62.1	1992	61.7
1979	64.3	1993	58.5
1980	65.4	1994	57.8
1981	67.5	1995	58.1
1982	66.3	1996	59.2
1983	66.2	1997	58.8
1984	66.5	1998	59.2
1985	65.7	1999	60.3
1986	64.6	2000	61.1
1987	63.2	2001	59.8
1988	63.7	2002	58.2
1989	64.1	2003	55.5
1990	62.1	2004	53.9
1991	61.8		

资料来源:中国统计年鉴。

(2)政府收入和消费与居民收入和消费的增长失衡。1997—2004 年,政府财政收入增长了 204.7%,而城镇居民可支配收入和农村人均纯收入分别增长了 82.6% 和 40.5%。近几年,政府财政收入增长很快,连续数年超过 20%,大大超过了居民收入和 GDP 的增速,财政收支占 GDP 的比例分别从 1995 年、1996 年时最低的

10.2%和11.7%，提高到2004年的19.3%和20.7%，提高了几乎一倍。财政收入增长快主要是税收增长快，而税收来自企业和个人的缴纳，因而税收增长实际上是一个紧缩的因素，限制了居民消费水平的提高。在政府财政支出的结构中，2003年经济建设费占30.6%，社会文教费占26.2%，行政经费占19.03%。问题在于，经济建设支出所占比重仍然过大，政府主导型经济的味道依然很浓，社会文教支出增长较慢，1995—2003年，年平均增长17.4%，8年提高了不到1个百分点。而增长最快的是行政经费，年平均增长率达21.4%，8年提高4.4个百分点，近两年依然如此。因此，应通过政府转型，建立公共财政体制，政府主动承担起在基础教育、公共医疗、劳动就业、廉租屋建设和社会保障等方面的职能，增加政府财政在社会事业方面的支出，把社会事业的发展作为官员政绩的主要标准。

（3）居民储蓄增长明显快于收入和消费的增长。1997—2003年，居民储蓄增长了1.2倍，2004年达到14万亿元。为什么现在人们有了钱却不敢消费？这和物质本位的增长方式是直接相关的。人们在没有解决教育、基本医疗、基本社会保障的情况下，收入预期减少和支出预期增加，居民所能做的最优选择就是增加储蓄，而不会把相当一部分储蓄用到消费中去。在这样一种情况下，要提高最终消费率，从而扩大国内消费市场是很困难的。

2. 从注重经济增长向注重合理地分享经济增长结果的转变

以物为本的增长，过分注重效率而忽视了公平，主要表现如下。

（1）职工工资占GDP的比重长期过低。1990年为15.9%，2004年降至12.3%。在这11年间，除了1990年和1999年以外，其余9个年份的城镇居民人均可支配收入增速均低于当年GDP的增速。一般发展中国家，工资占GDP的比重在25%—30%，发达国家高达40%—50%。

（2）工资比例过低引发的劳资矛盾增多。1992—2003年，我国劳动争议案件数量增加了27倍，年均增长35.3%。广东省东莞市2004年受理的劳动争议案件是1995年的50倍，成为全国劳动争议案件数量增长最快的地区。据北京市高级人民法院反映，近两年劳动争议案件除数量呈上升趋势外，群体性劳动争议案件也大幅攀升。从1998年到2004年，深圳市两级人民法院的劳动争议案件数量增长也超过10倍。

（3）贫富差距逐步扩大。国家统计局2005年6月公布的统计数字显示，目前我国10%的富裕人口占有全部社会财富的45%，其中1%的人口占有全部社会财富的35%，而最穷的10%的人口却只占有全部社会财富的1.4%。我国的基尼系数实际上已超过0.5，高于国际公认的警戒线0.4。在一定程度上，我国已经开始出现两极分化。

（4）我国的就业与失业压力十分突出。长期以来，赶超型经济增长方式并未带动就业率的高速增长，以致高失业率成为中国转型期最大的社会问题之一。奥肯定律告诉我们，经济增长总能引起就业增长，但中国除在20世纪80年代经济增长高达9%时，就业增长率高达3%以外，从90年代开始，经济的高增长并未带动就业高增长。如90年代上半期，经济增长率达到12%，而就业增长率却降到1.2%（见表3）。调查显示，现有国企下岗失业人数高达4000万左右。有专家估计，我国实际失业率已经超过世界12%的警戒线。此外，城镇每年有近千万的新增劳动力，农村上亿剩余劳动力在未来10—20年要转移到城镇中来。由此看来，经济增长方式的转变应充分考虑增加就业的目标。

表3　　　　　　　GDP增长率和就业增长率变化

年份	1980—1989	1991—1995	1996—2000	2001—2004
GDP年增长率	9.3%	12%	8.3%	8.6%
就业增长率	3.0%	1.2%	0.9%	0.7%

资料来源：中国统计年鉴。

3. 从单纯注重经济增长向注重经济社会协调发展的转变

以物为本的增长，单纯注重经济增长，忽略社会发展，造成经济发展和社会发展的严重失衡。

（1）教育发展滞后。我国5亿多农村从业人员，平均受教育的年限还不到7年。笔者在甘肃陇南地区、定西地区及兰州榆中县做问卷调查，发现当地农民的受教育年限不足5年，文盲和半文盲率超过30%。当地许多校舍条件很差，教师工资不高。笔者与甘肃文县一位小学教师交谈，了解到他们的工资每月才80元，班里学生流失现象也很严重。有专家指出，按照国际上通行的高校收费标准，学费占人均GDP的比例一般在20%左右，而我国的高校学费（含住宿费）已接近人均GDP的80%。近几年，大学的学费比1989年增加了25—50倍，而同期居民收入只增长2.3倍。[①] 我国供养一个大学生，不包括吃、住等费用，需要一个农村家庭14.6年的纯收入，需要一个城市家庭4年的纯收入。

（2）公共卫生安全比较突出。2000年，世界卫生组织对191个国家和地区的卫生总体绩效评估排序中，中国排在第144位，埃及是第63位，印尼是第92位，印度是第112位，巴基斯坦是第122位；到2000年，世界卫生组织对卫生筹资和分配的公平性指数排位，我国在191个国家和地区中排第188位，仅好于巴西、缅甸

---

① 参见《人民日报海外版》2004年12月3日。

和塞拉里昂。据统计，我国农村至今有一半的农民因经济条件受限看不起病，中西部有60%左右的人因病住不起医院，因病致穷、因病返穷、因病不能致富的现象大量存在。我国农村的新增贫困人口中，有70%左右是疾病造成的。我国的公共卫生体制，是世界上比较差的卫生体制之一。

（3）社会保障不健全。世界银行的秋季季报指出，中国目前80%以上的劳动者没有基本养老保险，85%以上的城乡居民没有基本医疗保障，城乡困难群体没有制度化的社会救助。4亿老年人和6000多万残疾人以及妇女儿童缺乏必要的社会福利。

可见，从物本位到人本位的转变，既涉及经济增长方式的直接因素，即扩大消费率来拉动国内市场，使经济建立在可持续发展的基础上，又涉及经济发展的成果和目标等问题。

（三）实现经济增长方式由政府主导向市场主导的转变

党的十六届五中全会决议指出，需"以转变政府职能和深化企业、财税、金融等改革为重点，加快完善社会主义市场经济体制，形成有利于转变经济增长方式、促进全面协调可持续发展的机制"。根据前几年的研究，在我国转轨时期，政府转型是转变经济增长方式最关键的因素。

1. *实现行政配置资源向市场配置资源的转变，更大程度地发挥市场在资源配置中的基础性作用*

比如说，前些年提出的"政府经营城市"在宏观调控中暴露出了一些问题：第一，我国的土地有70%左右仍然是政府批租的，只有30%是市场配置的；第二，我国的信贷资金，有60%左右同地方政府和国有企业直接或间接联系在一起。有学者指出，这实际是一种"内公外私"的地方利益、部门利益在作祟，市场在配置资金上的潜力远没有发挥出来。也就是说，到目前为止，在重要的生产要素配置上，行政配置还占有相当大的比重。这对于经济增长方式的转变是一个相当大的障碍。

2. 政府作为经济建设的主体向创新环境主体的转变，为企业的发展营造良好的投资环境和市场环境

在市场经济体制框架基本形成的情况下，政府的主要责任是通过严格规范市场监管，创造经济发展良好环境，保持公平的市场竞争秩序。从2004年宏观调控的实践来看，政府主导型的经济增长方式已是弊多利少。例如，地方政府的盲目投资和重复建设就造成了一定程度的经济矛盾和经济风险。再如，地方政府充当投资主体，低成本扩张，土地价格严重扭曲。这种粗放型经济增长方式造成资源浪费，并严重破坏了环境。

3. 政府要从以经济建设为重点向以公共服务为重点转变，大大强化政府的公共服务职能，建设公共服务型政府

在市场经济条件下，以经济建设为中心是全国的事、社会的事、企业的事。政府不是直接作为经济建设的主体，而是通过发展良好的市场环境、经济环境，为全国、企业和社会坚持以经济建设为中心提供服务。一是经济性公共服务职能，主要包括有效的宏观经济调控和管理、及时公开地向全社会提供经济信息，以及提供水、电、气、交通等基础设施。二是社会性公共服务，主要包括发展义务教育、公共卫生事业、促进就业、缩小收入差距等。三是制度性公共服务，主要是深化体制改革，进一步解决经济社会生活中的深层次矛盾和问题，协调改革攻坚阶段中央与地方、政府不同部门的利益关系及矛盾，整体推进改革进程。

四　结语

通过以上论述，我们看到，社会矛盾的变化对经济增长方式提出了新的要求，转变经济增长方式已经刻不容缓。推进政府改革、实现经济建设型政府向公共服务型政府的转变，已经成为经济增长方式转变的关键。

中国社会矛盾的变化与政府转型[*]

（2006年2月）

我国既是一个发展中的大国，又是体制转轨的大国。当前，面对我国社会日益突出的矛盾，应当客观地判断政府转型的现实需求；面对我国公共需求的全面快速增长，应当充分估计政府有效的公共服务和基本公共产品供给的重要性；面对基本公共产品供给对再分配的重要影响，要大大强化政府的公共服务职能。

一 日益突出的"两大矛盾"迫切要求政府转型

我国人均GDP达到1000美元以后，利益主体和社会结构正在发生重要变化，并由此进一步扩大了收入差距和城乡差距。在这种情况下，我们需要分析社会矛盾变化的进程，把握政府转型的特定背景和现实需求。

我国社会面临着日益突出的"两大矛盾"。一方面，面临着经济快速增长与发展严重不平衡、资源与环境约束的突出矛盾；另一方面，面临着公共需求全面快速增长与公共服务不到位、公共产品严重短缺的突出矛盾。后一个突出矛盾主要表现在就业、公共医疗、义务教育、社会保障、公共安全等方面。

---

[*] 本文载于《人民论坛》2006年第4期。

面对社会两大突出矛盾,以下三点判断很重要。第一,我国仍然是一个发展中的大国。经济发展的水平还比较低,并且发展严重不平衡,发展对中国来说仍然是首要的任务。第二,广大社会成员的基本公共需求呈现全面快速增长的客观趋势。当前,基本公共服务的不到位,已是一个越来越突出的问题。第三,我国社会矛盾的变化对政府转型提出了更为紧迫、更为现实的要求。

从现实的情况看,实现我国经济的可持续发展,关键在于突破经济建设型政府的局限性,建立适应现代经济发展要求的公共服务型政府。与此同时,全社会公共需求的深刻变化对再分配的影响也是多方面的。

一是就业与再就业是影响收入分配与再分配水平的直接因素。此外,城镇每年新增劳动力近千万,农村还有上亿剩余劳动力将逐步转移到城镇中来。面对巨大的就业压力,千方百计扩大就业,成为各级政府公共服务的重点之一。

二是健康水平对中低收入群体,特别是贫困人口的威胁相当大。改革城镇基本医疗保障体制,加快建立新型农村合作医疗体系,已成为广大社会成员越来越迫切的需求,成为政府转型的重要任务之一。

三是教育水平对收入分配与再分配有重要影响。我国5亿多农村从业人员,平均受教育的年限还不到7年。这种受教育状况加大了城乡收入分配的差距。大力发展教育,尽快全面落实义务教育的各项要求,不仅成为各级政府的重大任务,而且也成为社会再分配的重要条件。

四是基本的社会保障已成为中低收入群体对再分配的突出要求。当前,我国的社会保障面临三大问题:一是城镇社会保障的覆盖面不广;二是农村的社会保障严重缺失;三是人口老龄化的挑战。经验证明,社会保障制度的完善有利于再分配的顺利进行,有利于满足弱势群体的基本需求。加快建立统一、完善的社会保障体系，已成为全社会成员，尤其是中低收入群体对政府转型的基本要求。

五是生产、卫生和食品等公共安全越来越成为广大社会成员的基本公共需求。相关数据表明，2004年，我国产煤量仅占世界总量的1/3左右，但矿难死亡人数却占世界矿难死亡总人数的80%。经济社会转型时期的公共安全问题，凸显政府转型的现实迫切性。

六是环境保护成为人们生存和健康的直接需求。从中国的情况看，加大环境保护力度并增加其投入，已成为政府转型需要高度重视的大问题。

二 应当充分重视基本公共产品供给的重要性

适应我国社会矛盾的变化，有效地解决日益扩大的收入分配差距，要充分重视基本公共产品的供给对调整社会利益关系、实行社会再分配的重要影响。

我国从初步小康向全面小康过渡的客观趋势促进了公共需求的全面快速增长。

一是公共需求的主体正在不断扩大。首先，城镇中低收入群体成为基本公共需求的主体之一。他们对公共医疗、义务教育、就业和社会保障的公共需求日益强烈。其次，随着农村改革的不断深化和农村经济的发展，广大农民潜在的公共需求已开始转化为现实需求。

二是公共需求的结构正在发生深刻变化。一方面，广大社会成员的个人总需求中，公共需求的比重越来越高；另一方面，广大社会成员的基本公共需求已开始成为社会需求结构的主体部分。

三是公共需求的数量正在不断增长，层次在不断提高。在广大社会成员的需求结构中，吃、穿、用等私人产品需求经过27年经济的快速增长后，其增速开始趋于稳定，但公共需求的年均增长速度越来越快,对公共服务的质量要求也越来越高。

基本公共产品的供给能够有效地影响收入分配差距。第一,对城乡收入差距的影响。有专家估计,目前我国城乡的收入差距为3.3∶1,如果把社会保障、义务教育等因素考虑在内,城乡的实际收入差距在5—6倍。这说明,城乡二元的制度安排拉大了城乡居民的实际收入差距。第二,对贫富差距的影响。这些年,我国的教育与医疗费用上涨速度过快,大大超出中低收入家庭可支配收入的增长速度,并成为拉大贫富差距的因素之一。从20世纪80年代末至今,大学学费上涨了20倍以上,而同期普通城镇居民的收入实际增长只有2.3倍。第三,对利益矛盾与利益关系的影响。近年来,由于利益关系引发的社会问题比较突出。这些问题的相当一部分同基本公共产品供给的欠账和不公有着直接或间接的联系。

三 要大大强化政府的公共服务职能

国际经验说明,收入差距与公共产品的供给都同政府的职能密切相关。从我国的情况看,要有效地解决再分配,关键在于政府转型的实质性突破。

政府转型要适应我国社会矛盾变化的客观需求。政府要扮演好两种角色:一是继续推进市场化改革,正确发挥政府在市场经济发展中的规范、协调、服务和监督的作用,以实现经济增长方式从政府主导型向市场主导型的转变;二是强化公共服务中的主体地位,充分发挥政府在公共产品供给中的主导作用,加快建设公共服务型政府。

要确立政府在社会主义公共服务体制中的主体地位。当前,一是要尽快建立公共财政体制,加大政府对公共服务的财政投入力度,大大提高公共支出在财政总支出中的比重,以提升政府公共服务的总体水平;二是要把事业机构改革纳入公共服务体制的建设中来,建立机制灵活、结构合理、运行高效、管理规范的公益性服务体系。

要把满足广大弱势群体的基本公共需求作为政府公共服务的重点，优先为弱势群体提供最基本的公共产品：提供最低生活保障；提供初级保健和义务教育等基本的公共产品；提供就业和再就业的机会；建立利益保护与利益诉求的正常渠道。落实科学发展观，关注民生，就是要为弱势群体提供基本而有保障的公共产品。这已成为当前和今后一个时期各级政府公共服务的重点。

面对我国社会矛盾的变化，借鉴北欧等国的经验，我们应当着力研究和解决公共服务与社会再分配、公共服务与公共治理结构、公共服务与公共政策转型等重大课题，以期尽快建立有中国特色的社会主义公共服务体制。

处在发展新阶段的中国[*]

（2007 年 11 月）

中国即将步入改革开放 30 年。站在历史的新起点，我们应该对中国近 30 年的改革实践做出基本判断。

中国近 30 年的改革成功，最重要的不是应当做什么，而是清楚地认识在每一个阶段能做什么、现实要求做什么以及如何去做。

在中国经济快速发展的过程中，政府发挥了重要的作用。不能不说，中国政府在发展经济方面是很成功的。

在中国，一方面经济快速发展，另一方面社会矛盾和问题增多。在经济快速发展同社会矛盾增多的背景下，客观把握中国未来的发展趋势很重要。

一 中国开始进入发展型社会的新阶段

经过近 30 年的改革，中国经济得到快速的发展。到 2006 年，中国的 GDP 总量是 1978 年的 57.5 倍，进出口贸易总额是 1978 年的 85.3 倍，财政收入是 1978 年的 34.2 倍。随着经济的快速增长，中国的经济结构、社会结构、制度结构发生了深刻的变化。这些变化使中国目前处于新的发展阶段，即由生存型社会向发展型社会

---

[*] 在威尔顿庄园论坛——"中国经济快速增长的内外影响"讨论会上的发言，2007 年 11 月 20 日，英国；载于《中改院简报》总第 665 期，2007 年 12 月。

过渡。

经济发展水平、产业结构、消费结构、就业结构、城镇化率五个方面的变化，可以作为判断中国开始从生存型社会向发展型社会过渡的参考性指标。按照这些参考性指标，中国在21世纪初开始由生存型社会向发展型社会过渡。这个判断，与中国在21世纪初"实现了由解决温饱到总体上达到小康的历史性跨越"的判断相一致。

（一）经济发展水平

根据邓小平的设想，中国要实现小康，达到第三世界中比较富裕的国家水平，一个重要的标准就是人均国民总收入达到1000美元。这也是一个国家消费结构升级的重要起点。到2002年，中国人均国民总收入已经达到1100美元；到2006年，中国人均国民总收入达到了2010美元。

（二）产业结构

用产业结构分析一个国家或地区的发展阶段时，通常把第一产业的产值不超过10%（亚洲国家不超过15%）、第三产业的产值超过40%作为一个参考指标。中国在2001年第一产业产值降到15%以下，第三产业产值首次超过40%。2006年，中国第一产业产值比重已经下降到11.8%。

（三）消费结构

根据联合国粮农组织的标准，恩格尔系数在59%以上为贫困，50%—59%为温饱，40%—50%为小康，30%—40%为富裕。中国城镇居民恩格尔系数在1996年降到50%以下，2000年农村居民恩格尔系数也降到50%以下，表明中国城乡居民生活整体上达到了小康水平。到2006年，中国城镇恩格尔系数进一步降到35.8%，农村恩格尔系数则降到43%。

（四）就业结构

按照国际通行的标准，工业化初期结束的标志之一是农业劳动力比重不超过55%，工业化中期结束时农业劳动力比重低于30%。中国的农业劳动力比重在2000年低于50%；到2006年，中国农业劳动力比重下降到42.6%。

（五）城镇化进程

城镇化水平是衡量一个国家或地区现代化程度的重要标志。世界银行对全球133个国家的统计资料表明，当人均国内生产总值从700美元提高到1000—1500美元、经济步入中等发展中国家行列时，城镇化进程加快，城镇人口占总人口比重将达到40%—60%。2003年，中国城镇人口占总人口比重首次超过40%。到2006年，中国这一指标进一步提高到43.9%。

从生存型社会向发展型社会过渡，是中国近30年来改革发展的必然结果，也是新阶段中国改革发展的重要背景。这个过渡带有"转轨中发展"的特点，也带有"发展中转轨"的色彩。新阶段中国改革发展的许多矛盾和问题，需要结合这些宏观的结构性变迁来思考和分析。

二 中国改革发展新阶段面临的压力和挑战

中国由生存型社会向发展型社会的历史性过渡，"生存性"压力明显减弱，"发展性"压力全面凸显。正如中共十七大报告提出的：进入新世纪新阶段，中国的改革发展呈现一系列新的阶段性特征。

（一）经济持续快速增长与资源环境之间的矛盾

（1）经济持续快速增长同资源环境之间的矛盾，呈逐步增大的趋势。到2006年底，中国的GDP总量只占世界GDP总量的5%左右，但却消耗了世界近25%的钢材、34%的煤炭、50%的水泥。

（2）经济持续快速增长同资源环境之间的矛盾，开始成为中国经济社会发展中诸多矛盾和问题产生的重要原因。资源环境压力不仅是中国经济可持续发展的突出问题，在一定程度上也是中国社会发展的突出问题。比如说，目前在中国，新增的群体性上访事件中，有很大比例和环境问题相联系。

（3）经济持续快速增长同资源环境之间的矛盾，也反映了某些体制、机制存在严重的缺陷。

（二）经济快速增长的巨大潜力同经济增长的体制机制存在缺陷的矛盾

中国未来的 10—20 年，经济将继续保持 9% 左右的年增长率。与此同时，粗放型经济增长的问题还比较突出。其原因就在于中国经济增长的体制机制存在着某些严重的缺陷。例如：

（1）商品市场的发育程度比较高，但土地、资本等要素市场化及资源价格形成机制、环境成本形成机制严重滞后。

（2）民营经济发展很快，但国有垄断行业改革滞后。

（3）经济增长方式仍然处于由政府主导向市场主导的转变之中，目前这个转变尚未完成。

（三）经济总量、物质财富的不断增加与城乡差距、贫富差距扩大的矛盾

（1）劳动报酬的增长水平明显低于经济的增长水平。比如说，1998—2005 年，工业企业利润年均增长和国家财政收入的年均增长都在 30% 以上，但城市劳动者的劳动报酬年均增长只有 9.9%。中国改革近 30 年，企业产值年均增长在 10% 左右，而劳动者薪酬年均增长仅为 1%—3%。

（2）贫富差距有进一步扩大的趋势。比如说，2001—2005 年，高收入家庭的年均收入增长高达 15% 以上，低收入家庭的年均收入增长仅为 5.3% 左右。

（3）城乡收入差距有进一步扩大的趋势。20 世纪 80 年代中期，中国的城乡收入差距为 1.86 倍左右。2006 年，城乡收入差距扩大到 3.3 倍。如果把各种福利因素计算在内，中国城乡的实际收

入差距在5—6倍。

（四）全社会公共服务需求全面快速增长与基本公共产品短缺的矛盾

近些年来，全社会公共服务需求增长相当快。进入21世纪，个人用于公共产品的年均支出大概是20世纪90年代的3倍。

社会公共服务需求的结构发生变化。广大社会成员的基本公共服务需求，不仅包括义务教育、公共卫生、基本医疗、基本社会保障，还涉及住房、公共安全和环境保护。

基本公共服务在社会发展中的重要性凸显。有研究表明，教育因素在导致贫富差距的影响因素中占有20%左右的比例。2006年，去中国西部调研时，了解到西部70%左右的新增贫困人口都是因病致贫、因病返贫。基本公共服务在导致中国城乡差距、贫富差距的影响因素中，占有相当大的比例。

（五）经济发展、社会进步同公共治理滞后的矛盾

中国的经济发展很快，但公共治理方面仍然面临很多矛盾和问题。

（1）行政效率低下的问题比较突出。

（2）行政成本增长过快。1978—2004年，中国的财政收入增加了23.3倍，但行政支出增加了82倍左右。2004年，行政支出占财政总支出的比重已达19.38%。

（3）体制性、机制性的腐败问题比较突出。

上述这些矛盾，都具有改革发展的阶段性特点。为此，应当站在改革发展的历史新起点，关注中国社会矛盾变化的周期性、阶段性特征。

三 新阶段的全面改革

中国既是一个发展中的大国，又是一个经济体制转轨中的大国。面临的矛盾和问题，有发展过程中的某些客观因素，但改革不

到位和制度不完善的因素更为重要。党的十七大报告中提出了"四位一体"的全面改革战略,把经济体制、社会体制、政治体制、文化体制改革全面提出来。以下三个方面的改革在中国发展的新阶段尤为重要。

(一) 加快以实现可持续性发展为目标的市场化改革

未来几年中,进一步的市场化改革可能在两个方面有所突破。第一,在资源价格形成机制和环境使用成本形成机制方面的改革。第二,在财政税收体制方面的改革。

(二) 推进以基本而有保障的公共服务为重点的社会体制改革

目前,中国的基本政策思路很明确。第一,实现基本公共服务均等化不仅是长期的目标,也是近期的目标之一。第二,强调以实现基本公共服务均等化来调整中央地方关系,即以经济增长为重点的中央地方关系逐步向以基本公共服务为导向的中央地方关系转变。第三,加快推进事业机构改革,建立公共服务体系。

(三) 以改善公共治理结构为重点的政治体制改革

这项改革已经成为中国全面改革的关键。第一,中国的经济发展方式由政府主导转向市场主导的关键,在于行政管理体制改革。第二,强化政府责任,确立政府在基本公共服务中的主体地位和主导作用,在于政府转型。第三,实现政府模式从控制型转向服务型,更在于以改善公共治理结构为重点的政治体制改革。

最近,中国正在研究制订下一步行政管理体制改革的总体方案,应在以下几个方面有所突破:第一,决策、执行分开,建立有利于决策的大部门制。第二,建立有效的监督体制。第三,进一步调整中央和地方的经济关系。

把握中国下一步的政策趋势,下面五条很重要。

(1) 以市场化改革和实现经济发展方式的转变,减轻资源环境的压力。

（2）以基本而有保障的公共服务，减少社会矛盾，促进社会和谐。

（3）以城乡、区域协调发展战略，缓解发展严重不平衡的矛盾。

（4）以着力推进全面改革，进一步解决经济生活、社会生活、政治生活中的制度缺陷和体制矛盾。

（5）以更加主动进取的开放战略，促进可持续发展。

党的十七大报告中，胡锦涛同志提出了若干个"新"字，如"新世纪、新阶段、新机遇、新挑战、新问题、新矛盾、新变化、新起点"等。对中国来说，重要的是立足新的发展阶段，采取更有效的方式解决中国在改革发展新阶段的突出矛盾和问题。

论中国新阶段改革趋势[*]

（2008年11月）

2008年是改革开放30周年，也是改革开放的关键时期。当前，我国宏观经济中的一些突出矛盾和问题，大都同发展方式转变的阶段性特征相联系。传统的发展方式难以为继，新的发展方式尚未实质性破题。在这个特定时期，实现改革开放的新突破，有着更为迫切的现实需求。为此，我们在系统总结30年改革经验的同时，需要依据变化的现实，研究新阶段改革开放的制度安排和政策选择。

一 社会发展阶段的变化与改革的目标选择

从生存型社会向发展型社会过渡，对经济社会发展提出了新的要求。广大社会成员要求加快经济、社会与政治体制的全面创新，使之与发展型社会的消费结构、经济结构和社会结构相适应。

由生存型社会进入发展型社会，改革发展的目标是有所不同的。改革开放之初，为解决人民日益增长的物质文化需求同落后的社会生产之间的主要矛盾，我们提出的口号是，"改革就是解放发展生产力"。今天，从总体情况看，经济增长"一俊遮百丑"的阶段已经过去。适应社会发展的阶段性变化，改革应做出新的选择。

---

[*] 本文载于《上海大学学报》（社会科学版）2008年第6期，转载于《新华文摘》2009年5月第9期。

（一）改革要更加关注人的发展

进入发展型社会，人的全面发展上升为经济社会发展的首要任务。为此，要树立以人为本的改革观。从现阶段的实际情况来看，人的全面发展对改革发展提出的基本需求如下。

关注人的自身发展。人的发展需要有良好的文化素质和健康的身体，需要有稳定的社会保障体系，需要比较充分的就业等。就是说，以人的自身发展为主的人的发展权问题，已经成为新阶段改革发展的基本性问题。

关注人的公平发展。由于传统二元经济结构和制度结构尚未全面打破，改革中利益关系调整的影响以及收入差距的不合理扩大，使得某些不公平发展的问题不仅存在，而且在一些方面还比较突出，如城乡的二元经济结构以及与此相联系的城乡二元公共服务体制。进入发展型社会的新阶段，改革既要消除城乡二元的经济结构，更要加快建立城乡统一的基本公共服务制度，着力推进新阶段的城乡统筹发展，解决现实城乡居民发展的不公平问题。

关注人的全面发展。人的全面发展，不仅涉及人对自身发展的基本要求，而且还涉及人参与经济、文化、社会、政治等领域活动的基本要求。适应人的全面发展的总体趋势，不可避免地需要推进全面改革。

（二）改革要推动发展方式的转变

过去30年，改革的主要目标是要增加经济总量。当前，从整体情况看，以扩大经济总量为目标的发展模式已难以适应社会阶段变化的需求。为此，需要通过深化改革，把重点从扩大投资转移到创造社会需求上来，并由此加快发展方式的转变。从当前宏观经济形势看，如果不解决经济发展方式的问题，要从根本上找到宏观经济稳定的体制机制是很困难的。

（三）改革要促进社会进步

进入新的发展阶段，社会结构和利益结构正在发生深刻变化，社会关系的复杂性全面增强。当前，改革面临的主要挑战是：利益协调与利益结构调整；社会的有序发展。现代社会的发展需要三根柱子：政府、市场、社会。为此，要推动社会发展，让公民和社会组织真正成为现代社会的三大支柱之一。进入新的发展阶段，改革应当在协调利益关系、促进社会有序发展中发挥重要作用，并由此推动社会的全面进步。

从生存型社会向发展型社会过渡，是30年改革发展的必然结果，也是新阶段改革发展的重要背景。这个过渡既带有"转轨中发展"的特点，也带有"发展中转轨"的色彩。新阶段我国改革发展的许多问题，需要结合这个宏观层面的结构性变迁来思考和分析。

二　发展型新阶段与改革的主要任务

我国发展的新阶段，也是改革发展的关键时期。当前，我国的经济体制、经济增长方式和社会结构，正在发生深刻变革。这种变革带来了巨大的发展活力，也蕴含着深刻的社会矛盾。改革30年的实践证明，无论是经济发展方式的选择，还是改革主要任务的确定都同社会发展阶段相联系，都取决于一定发展阶段社会矛盾的变化。从新阶段社会矛盾变化的阶段性特征出发，下一步的改革至少有三大任务。

（一）以市场化改革实现可持续发展

从新阶段矛盾变化的现实看，市场化改革仍然是支持可持续发展的主要动力。这里需要对市场化改革有一个客观的判断。我们说完善市场经济体制，并不是说市场化改革差不多了，只需要做一些补充。从实际分析，完善市场经济体制，不仅需要加大市场化改革的力度，而且需要重点领域和关键环节的实质性突破。

做好资源环境约束的制度安排。解决资源环境问题，制度建设至关重要。从现有的资源价格上来讲，存在两个突出问题：一是不反映市场供求关系；二是不反映资源的稀缺程度。环境保护的突出体制缺陷是，环境的外部成本难以内部化。

宏观调控与体制改革并重。从近几年的宏观调控看，现行的经济增长方式在一定程度上仍然体现为政府主导的特点。为什么投资居高不下，中央要求控制投资，地方都讲投资不足，就是因为中央的宏观调控目标和现有的体制机制有内在的矛盾。所以，新阶段的市场化改革，首先要通过资源价格的市场化，实现经济运行机制由政府主导向市场主导的转变，使市场在资源配置中的基础性作用全面加强，为新阶段的可持续发展提供良好的制度安排。

(二) 以基本公共服务均等化推进社会和谐建设

进入新阶段，无论是中央与地方关系，还是城乡关系，在一定程度上都依赖于基本公共服务均等化的进程。两年前，中改院在西部三个省调研中提出，中央和西部的关系要从经济总量为导向转向以基本公共服务为导向。进入新阶段，西部大开发的重点要放在基本公共服务均等化上，以有利于解决区域差距扩大的深层次矛盾和问题。

解决基本公共服务的供给总量。要实现基本公共服务的全覆盖，从全国总体情况看，主要矛盾不是财力问题，而是财政支出结构问题，不调整财政支出结构，建设公共财政体制，基本公共服务均等化就很难实现。

解决基本公共服务供给的均衡程度。例如兰州和上海在基本公共服务均等化的水平方面可以有差异，但是在最基本的公共服务方面应当实现供给水平的大体一致。

实现制度安排的公平、统一。城市和农村长期实行二元的公共服务制度，这是严重不合理的。进入新阶段，城乡统筹发展重在解决基本公共服务制度的统一安排问题。

（三）以有效的公共治理促进政治文明

随着社会发展阶段的变化，加快建立完善的公共治理结构应当成为新阶段改革的重要任务之一。

行政体制的合理安排。从总体上分析，现行的行政体制上存在几个突出的问题：首先，中央与地方事权和财力的制度安排矛盾问题太多；其次，行政体制范围内实现决策权、执行权、监督权的相互协调相互制约尚未破题；再次，长期权力结构和短期权力结构的关系没有解决好。政府的发展目标是有期限的，相对来说，政府的工作目标大部分是短期的。而人大这样的立法机构应该考虑更长期的目标。就是说，长期的权力结构和短期的权力结构要取得平衡。

社会的有序发展。比如说社会组织的发展问题；比如说在利益多元化的前提下，社会协商制度的安排问题；再比如说社会监督体制的建立问题等。

政府转型的进程。有效的公共治理结构最关键的是推进政府转型，政府转型问题解决不好，有效的公共治理结构就很难建立起来。为此，要加快从经济建设型政府转变为公共服务型政府。

三　改革环境的变化与改革优先顺序的安排

随着社会发展阶段的提升和社会矛盾的变化，改革也进入新阶段。与此同时，由于多种因素，改革也面临着相当复杂的环境。例如，经济体制改革引发社会利益关系的重大调整和重组；多种所有制经济发展和市场竞争导致收入差距扩大和社会分化；二元经济结构转型伴随着大规模的人口流动，使千百年来处于停滞状态的农民生存方式发生革命性变化；经济增长方式转变和产业结构变化增加了就业的流动性。在这样一个背景下，如何从环境变化的实际出发选择合理的改革策略，就显得十分重要。

（一）改革环境的变化

1. 改革的社会共识发生变化

同以往相比，当前改革的社会共识有明显的变化。首先，对改革的质疑有所增多。由于某些传统意识形态因素的影响和改革的不到位，近几年对改革的质疑有所增强。其中，重要的问题是如何客观分析新阶段面临着的资源环境问题、贫富差距问题、腐败问题等。有人说，产生这三大问题是因为改革的方向出了问题。应当承认，20世纪90年代中后期，由于一些地方提出把医院推向市场，提出教育产业化，社会事业发展在具体实践中出现了某些偏差，增大了社会成员在公共产品需求中个人付费的比重。但总体上说：资源环境问题是一个制度安排不到位的问题；贫富差距问题主要是分配制度改革和城乡二元公共服务制度安排不合理造成的；抑制腐败重要的是要通过改革，解决某些制度性、体制性腐败问题。其次，改革的信心不足。在改革进入利益关系全面协调阶段，并且在下一步不得不进行一些局部性政治体制改革的时候，改革能否取得重要进展，对此相当一部分人信心不足。最后，改革缺乏合力。由于利益的多元化和社会结构的分化，现在一项改革措施出台，有的支持，有的反对，这和过去出台一项改革措施的状况有很大的不同，改革的合力在减弱。

2. 改革发展开始步入"高成本"时代

首先，资源环境的成本加大。比如说2003—2007年，铁矿石价格上涨了2.74倍，原油价格上涨了2.32倍，原铝的价格上涨了1.87倍，精炼铜价格上涨了4倍。其次，要素价格在提升。主要是资本和土地的价格水平上升较快。再次，劳动力成本上升。2006年全国平均工资同2000年比上涨了两倍多，从9300多元上涨到21000多元。并且，还出现了农民工短缺的问题。最后，经济全球化红利的缩减：利用廉价的劳动力来增强制造业出口能力的红利明显缩减；能源、原材料价格上涨的红利在逐步缩减；发达国家尤其是美国在全球配置金融资源的红利也有所缩减。搞不好，对其他国家还会产生负面影响，甚至是严重的金融危机冲击。在经济全球化的新背景下，我国的改革发展开始步入一个高成本时代。以往30年坚持的"低成本、高增长"的路子很难继续走下去，必须依靠改革寻求一条可持续发展的新路子。

3. 社会转型的速度加快

这表现在公民社会的发展趋势增强，并且社会矛盾和社会危机因素增多。社会危机的发生，一般不是发生在经济下降或者上升时期，往往发生在历史拐点上，发生在社会阶段变化的时期。我国由生存型社会开始步入发展型社会，社会矛盾增多、社会危机因素增多，是一个不可避免的趋势。

4. 我国深度参与经济全球化

首先，经济全面融入全球化。改革开放30年，我国经济开放度逐步提高。对外贸易占GDP的比重由1993年的31.9%上升到2007年的67.1%。其次，国际经济影响中的"中国因素"在增强。我国在国际经济社会舞台的话语权不断增大，作用全面增强。当前，许多国际经济社会问题的讨论，都需要中国的参与。

（二）改革优先顺序的安排

改革的顺序安排应该同改革环境相适应。第一，改革不是"想怎么改就怎么改"，要基于国内外环境变化，尤其是宏观环境的变化。第二，改革顺序的安排应当是优先解决容易的和能够带动全局的事情，以此为切入点，逐步推进。第三，根据现实情况，要改变过去以微观层面为主的改革方式，更多地侧重宏观层面的改革。第四，改革优先顺序的安排要从基本国情出发，沿着从经济、社会到政治的路径，以经济社会改革为主，逐步推进相应的政治层面改革，由此推进全面改革。

1. 短期内主要是推进资源要素价格改革和垄断行业改革

第一，理顺能源价格。从现实情况看，如果没有大的宏观经济波动，应当在2008年底或2009年推进能源价格改革，并逐步同国际接轨。当前，国际石油价格水平在逐步走低，同时国内CPI有所下降，这是推进能源价格改革一个比较好的时机。第二，理顺粮食价格。当前，我国粮食95%或者略高于95%是可以自给的[①]，但长期处于"脆弱的紧平衡"状态。总体来说，粮食的主要矛盾不是总量问题而是结构问题。目前国内外粮食价格存在很大差距，要尽快实现粮食价格的国际对接。这既有利于提高农民种粮的积极性，又有利于统一粮食市场的形成。至于对社会的影响，可以采取积极的社会政策来解决，如给城镇中低收入居民一定的粮食补贴。第三，推进垄断行业改革。垄断行业的改革和能源价格改革是紧密联系在一起的。能源价格管制一旦放开，垄断行业改革应当加快推进。

2. 中期内改革主要是财税体制改革和金融体制改革

关于财税体制改革。1994年税制改革总体上是成功的，明显提高了中央财政比例，刺激地方经济增长的积极性。但现行财税体制也存在几个突出问题：一是与资源环境的矛盾。在现行的财税体制下，许多地方都想上大的重化工业项目。如果不尽快改革现行的财税体制，抑制地方投资过热、缓解资源环境压力是不可能的。二是财税体制对民生的关注还不到位。尽管这些年财政结构有所变化，如经济建设性支出由1978年的64%左右下降到2006年的26.56%[②]，每年下降1—2个百分点，同时这些年财政在解决民生上投入很多，但公共财政体制正在形成之中，制度性安排还不稳固。三是税负太高。近年GDP每年增长10%左右，中央地方财政增收却大都在

[①] "国务院常务会议：粮食自给率要稳定在95%以上"，《信息汇集》2008年7月3日。
[②] 国家统计局：《中国统计年鉴2007》，中国统计出版社2007年版。

30%左右，远远超过 GDP 增长速度。在这个背景下，要实行一定程度的减税，使企业有更多的发展空间。四是财政的透明度不高。

新阶段的财税体制改革应当有三个重要目标。一是改革导向问题，要由经济建设型财政全面转向公共服务型财政。二是要解决财政税收的体制机制安排。三是把过高的税收逐步降下来，降到一个相对合理的水平。当前，财税体制处在改革的关键时期。它不仅是市场化改革的关键因素，也是转变经济发展方式的关键因素。加快新阶段的财税体制改革，是未来几年需要尽快解决的问题。

关于金融体制改革。金融体制改革主要涉及三个方面：一是金融市场化程度还需要进一步提高。尤其利率市场化、汇率自由化程度需要与我国新阶段的国内外环境相适应；二是通过金融体制改革化解经济风险。如果能有效地解决金融风险，就能够在相当大程度上化解处于经济社会发展拐点上的经济风险；三是优化金融治理结构，加强金融安全。当前，如何建立有效的金融治理结构仍然是一个重大问题。

3. 长期内改革主要是完善社会管理体制和实行积极主动的对外开放

关于社会管理体制改革，这包括以下几个方面：一是基本公共服务均等化及其体系、体制的建设问题；二是事业机构改革问题，要把社会管理体制和基本公共服务均等化联系在一起，使现有的事业机构逐步去行政化，主要服务于基本公共服务；三是实现以城乡统筹为重点的制度统一，主要涉及土地制度和基本公共服务制度。在土地制度方面，1998 年，中央提出"赋予农民长期而有保障的土地使用权"。但从现实来看，农村土地使用权还是债权关系，不是物权关系。未来土地制度改革，要把农民的土地使用权作为农民的产权，并用立法来保证这种物权关系，建立相应的土地流转机制等。这既有利于农民使用土地的积极性，提高土地的集约使用效率，也有利于改变城乡二元结构，推进城乡一体化进程。如果土地制度在近期难以推进，那么，城乡统一的基本公共服务制度应该也有可能尽快建立。

关于积极主动的对外开放，是因为我国是一个开放大国，对国际经济具有至关重要的影响。在这个背景下，以往提倡的招商引资、出口导向等战略需要转型：一是"走出去"是个大战略，需要在制度安排、政策选择上有一套支持企业"走出去"的重要措施；二是抓住机遇，适时推进人民币国际化进程。这一次全球性宏观经济波动给人民币国际化提供了良好的机遇。要抓住这个机遇，并采取有效的措施，使人民币在未来一定时期成为东亚区域的主导型货币。

（三）政府转型成为改革的关键和重点

1. 以政府转型为主线的全面改革

进入新阶段，无论是改革的目标选择，还是改革的短期、中期、长期安排，都直接取决于政府转型的进程和实际效果。

市场化改革依赖于政府转型。只有通过政府转型才能使市场在更大程度上发挥基础性作用。没有政府转型，就难以实现由政府主导向市场主导的经济发展方式转变，市场化改革就难以突破，包括资源价格改革、垄断行业改革、环境制度改革等就难以有实质性进展。

社会管理体制改革依赖于政府转型进程。实现基本公共服务均等化确实有一个财力问题，但更重要的是确立政府在基本公共服务中的主体地位和主导作用。

政治体制改革在一定程度上要以政府转型为基础和突破口。进入新阶段，政府转型成为政治体制改革一个重要的基础，把政府转型的问题解决好，公共治理结构建立起来，就能实质性地推动政治体制改革。

2. 政府转型的深刻性

从本质上来说,政府是一个公共利益的代表者。政府转型的深刻意义在于,通过综合性的改革,使政府逐步从利益的制约和束缚中走出来,重返公共利益代表者的地位。这是政府转型最具实质性和挑战性的重大课题,也是决定改革成败的关键性问题。

3. 政府转型与政府作用

在经济转轨、社会转型中,政府的主导作用极其明显。从30年改革历程看,政府作用取决于政府角色的正确定位,而这种角色的正确定位是在转型过程中实现的。第一,改革开放之初,政府是市场的培育者,是市场的孵化器;当市场体系初步建立起来后,政府就要逐步退出来,成为市场的监管者,"裁判员不能再当运动员"。第二,在企业主体没有形成的时候,政府是经济建设的主体、投资的主体;但在企业主体形成后,政府应当从投资建设的主体中解脱出来,为企业提供经济性公共服务,包括信息公开、基础设施建设、中长期规划制定等。第三,从以 GDP 为中心到以人的发展为中心的转变,是能不能实现可持续发展、能不能转变发展方式的实质性问题。

四 全面树立以人为本的发展观和改革观

不同的社会发展阶段客观上需要不同的发展理念。在我国步入发展型社会新阶段的特定背景下,进一步解放思想不仅需要继续加快制度创新,更需要从实际出发,尽快转变改革发展理念,全面树立以人为本的发展观和改革观。

(一)发展理念的变化根源于发展阶段的变化

国际经验表明,发展阶段的变化是改革发展理念变化的客观基础。随着社会发展阶段的不断提升,发展不能局限于经济增长和国民收入水平的提高,其内涵已经扩大到包括社会发展、政治文明等在内的全面发展。

第二次世界大战后,对广大发展中国家来说,迫切希望改变国家经济落后的面貌。在这个特定的发展阶段,所谓发展就是经济增长,即把国民生产总值及人均国民收入的增长作为评判发展的主要标准,把发展归结为物质财富的积累。

20世纪50—60年代,社会矛盾开始突出。战后一些发展中国家GDP的增长,并没有带来经济结构、社会状况、政治经济体制等方面的变革与进步,反而出现了严重的分配不公、社会腐败、政治动荡。面对这一现实,"发展=经济增长"的理念受到普遍质疑,被称为"有增长无发展"或"无发展的增长"。人们逐步认识到,发展是包括社会结构变革以及保持经济增长、减少不平等和根除绝对贫困等多方面的变化过程。

20世纪70—80年代,在经济增长、城市化、人口资源环境等形成的压力下,人们开始关注资源环境问题。1980年《世界自然资源保护大纲》提出"可持续发展"理念,这一理念在《内罗毕宣言》《我们共同的未来》《21世纪议程》等文件中得到进一步阐述,并在世界范围内逐步得到认同。

从20世纪80年代开始,人们在经济社会实践中开始把观察发展的视角从"物"转向"人",认为人的发展重于物的发展,从而更加注重满足人的需求和促进人的自由发展。阿马蒂亚·森提出的人类发展能力理论则认为,发展的本质在于扩展人的可行能力——人们过自己认为有价值的生活、做自己想要做的事情以及实现自己想要达到的状态的能力。

(二)"以人为本"是发展型社会新阶段的客观要求

当前,我国已经步入发展型社会新阶段,社会矛盾阶段性特征的变化要求我们转变发展理念。突出强调"以人为本",正是发展进入社会新阶段的客观要求。

1. 以人为本的科学发展观适应社会发展阶段的提升

胡锦涛指出，"一个国家坚持什么样的发展观，对这个国家的发展会产生重大影响，不同的发展观往往会导致不同的发展结果"。在生存型社会，以做大经济总量、解决温饱问题为主要目标的发展理念，起到了积极作用。进入发展型社会，人的全面发展成为发展的重要目标。科学发展观，正是立足于社会主义初级阶段基本国情，总结我国发展实践，借鉴国外发展经验，适应新的发展要求而提出来的。

2. 科学发展观的核心是以人为本

作为新阶段的发展理念，科学发展观揭示了经济发展、社会发展和人的全面发展之间的本质联系，具有深刻的内涵。

第一，以人为本。发展目的是满足人们的多方面需求，保障人的各项权益，促进人的全面发展；发展的主体是人，强调人的广泛参与和主体地位，发挥人的首创精神；发展成果要落实到改善民生上，让全体社会成员共享改革发展成果。

第二，全面发展。发展是各个领域的全面进步。全面发展不仅要求经济发展，还要求社会发展、文化发展和政治文明。这需要全面推进经济建设、政治建设、文化建设和社会建设。

第三，协调发展。发展机会和发展成果的共享要体现公平正义，强调统筹兼顾。统筹城乡发展、区域发展、经济社会发展、人与自然和谐发展、国内发展和对外开放，统筹中央和地方关系，统筹个人利益和集体利益、局部利益和整体利益、当前利益和长远利益，统筹国内国际两个大局。

第四，可持续发展。实现发展的可持续性，需要坚持生产发展、生活富裕、生态良好的文明发展道路，建设资源节约型、环境友好型社会，实现速度和结构质量效益相统一、经济发展与人口资源环境相协调，使人们在良好生态环境中生产生活，实现经济社会永续发展。

3. 新阶段全面落实科学发展观具有重大的现实意义

从我国进入发展新阶段面临的矛盾和国际发展经验来看，树立以人为本、全面、协调、可持续的科学发展观至关重要。多年来，我国在经济快速发展的同时，也积累了不少矛盾和问题。这些问题必须高度重视而不可回避，必须逐步解决而不可任其发展。

科学发展观从基本国情出发，系统地回答了在我国这样一个具有13亿人口且发展不平衡的大国，在新世纪新阶段走什么样的发展道路、如何全面建设小康社会等事关全局的基本性问题。在我国进入发展型社会的新阶段，经济转轨和社会转型进程不断加快，实践科学发展观具有重要的现实意义。

（三）全面树立以人为本的改革观

以人为本既是科学发展观的根本要求，也是新阶段改革观的本质内容。改革不仅要解放和发展生产力，而且要以人为本，促进经济社会的协调发展。我国正处在经济社会的全面转型时期，落实科学发展观，重要的内容之一是树立以人为本的改革观，将发展建立在制度改革与创新的基础上。

1. 适应新阶段的客观要求，树立以人为本的改革观

当前，我国正处在发展阶段转变的关键时期，这既是经济持续快速增长的时期，又是社会结构急剧变动、社会矛盾多发的时期，需要我们更加自觉地认识和解决全面转型时期改革观的转变与发展问题。从现实情况看，树立以人为本改革观的迫切任务是：第一，从重经济发展、轻社会发展向以人为本、经济社会协调发展的转变。第二，从一部分人、一部分地区先富起来向公平、公正和共同富裕的转变。第三，从效率优先、兼顾公平向效率与公平并重的转变。第四，从城乡二元制度结构向城乡一元制度转变。第五，从经济体制改革向包括社会体制改革、政治体制改革在内的结构性改革

的转变。

2. 使多数人分享改革成果，逐步满足全体社会成员的基本需求

国际经验证明，经济社会发展的严重失衡容易产生社会风险、政治风险和经济风险等三大风险。改革要规避风险，就必须按照"以人为本"的要求，使改革政策立足于关怀人，让全体社会成员在不断分享改革成果的同时，参与改革，支持改革。通过创新公共就业服务、建立完善社会保障体制、建立社会利益表达机制等，全体社会成员分享"不断做大的蛋糕"。

3. 按照以人为本的要求，建设公共服务型政府

政府改革是全面改革的核心。30年的改革实践告诉我们，按照"以人为本"的要求，建设公共服务型政府，是市场经济条件下政府改革的正确路径。第一，建设公共服务型政府，真正为社会和企业办实事。我国市场经济体制框架已初步建立，市场的微观基础已初步形成，政府主要是为经济发展和社会发展服务的，要强化政府的社会管理和公共服务的职能。第二，各级政府要了解百姓疾苦，反映和代表百姓的利益。政府的一切权力都是人民赋予的，必须对人民负责，为人民谋利益，接受人民的监督。第三，政府要形成良好的文化和正确的理念，处理好管理和服务、决策和执行、公共资源和公共服务、权力和责任等四对关系。由此，政府才能自觉地约束自身行为，才能真正做到"以人为本"，切实地推进各个领域的重大改革，推进新阶段经济社会的协调发展。

在新的发展阶段，面临新的矛盾问题，要从历史发展趋势的角度深入研究、统筹规划下一步的全面改革。这是当前关乎发展全局的重大现实问题。加快思想解放进程，抓住机遇，适应阶段变化、矛盾变化和环境变化，深化全面改革，就可以为科学发展、和谐社会奠定最重要、最坚实的制度基础。由此，以纪念改革开放30周年为动力，把改革开放推向一个新的阶段。

新阶段的经济增长与改革选择[*]

（2008 年 12 月）

我国 30 年改革开放的历史贡献，突出反映为长期快速的经济增长。以人类发展指数为例，我国从改革开放前略高于低人类发展水平的 0.53，上升到 2006 年开始接近高人类发展水平的 0.781，其中经济增长的贡献率高达 52% 以上。改革所释放出来的经济活力，极大地促进了我国的经济发展和社会进步，这使我国开始由生存型社会进入发展型社会的新阶段。

在改革开放 30 周年之际，保持持续稳定的经济增长给新阶段的改革开放提出重大而迫切的课题：面对国际金融危机的冲击。面对资源环境的约束。面对经济全球化红利的缩减，着力扩大国内需求，切实保持经济稳定、金融稳定和资本市场稳定，从而走出一条经济持续稳定增长的新路子，是方方面面对新阶段改革发展的共同期盼。

一　扩大内需成为新阶段改革发展的现实压力和重大任务

进入新阶段，内需不足，特别是国内消费需求不足已经成为我国经济发展方式转变中的突出矛盾。多年来，出口和投资成为经济

---

[*] 本文载于《学习时报》2008 年 12 月 15 日。

增长的主要驱动力。以 2007 年的经济增长为例，出口、投资的贡献率合计高达 60.3%，国内消费的贡献率仅为 39.7%。随着全球经济的减速，出口导向的路子很难走下去；随着高成本时代的来临，靠压低资源要素价格、实现低成本投资扩张的路子也难以为继。在这个特定背景下，扩大内需、确保经济增长成为新阶段改革发展政策的首要选择。问题在于，我国在亚洲金融危机中就提出扩大内需，为什么 10 年来并未有多大突破？这些年相关方面的改革滞后是主要原因。例如：由于资源价格改革滞后，投资的快速增长是建立在人为压低资源价格、不计环境代价基础上的；由于农村改革滞后，广大农民收入增长缓慢，使得农村潜在的消费市场难以启动起来。今天，我们再次强调扩大内需，需要在调整相关政策的同时，更多地从改革中寻求出路。就是说，在短期实行以保增长为目标的积极财政政策和加大铁路建设投资的同时，中长期要更多地依赖改革，以寻求扩大内需同转变经济增长方式、推进城乡一体化进程、实现基本公共服务均等化的有机结合。

（一）扩大资源环境投资需求与市场化改革

资源环境领域的投资潜力巨大。2007 年，我国在非水电的可再生能源的投资增长 4 倍多，达 108 亿美元。如果放开能源价格，使其能够反映供求关系，新能源开发投资需求还会更大。2007 年，我国环境污染治理投资为 3387.6 亿元，仅占 GDP 的 1.36%，低于发达国家 2005 年 2% 左右的水平，也低于俄罗斯 2000 年 1.6% 的水平。如果把比重提高到 1.8%，以 2007 年的经济总量水平，当年在环境领域的投资额需要达到近 4450 亿元。从现实的情况看，解决问题的关键在于，要加快资源价格改革和垄断行业改革，使之在加大国家投资力度的同时，拓宽社会资本的投资范围。

（二）扩大社会投资需求与基本公共服务体制建设

新阶段我国公共需求的全面快速增长，必然会大大提高公共领域投资的比重。有专家估计，最近几年广大社会成员在教育、医疗、卫生等方面每一年的消费相当于过去5年的总和。中改院测算广东省在2020年实现基本公共服务均等化需要投入5000亿—8000亿元。从全国情况看，保守地乘上10倍，12年中需要投入5万亿—8万亿元。由此看来，我国公共服务领域的投资需求是巨大的。如果未来5—10年能够在基本公共服务体制创新方面有重要进展，公共服务方面的投资会逐年明显增大。

（三）扩大农村消费需求与农村改革

目前，我国城市的边际消费倾向大概在0.72，农村为0.85。也就是说，每增加一块钱收入，城市人花掉0.72元，农村人花掉0.85元。考虑到有2/3的人口集中在农村，农村的消费需求是扩大内需的重点。为此，尽快改变城乡二元结构，推进城乡一体化进程，以为广大农民创造公平发展和提高收入的机会，成为新阶段改革发展全局的重点所在。近两年，国家一周的财政收入就相当于1978年全年的总和。应当说，扩大内需的条件比以往要好得多，经济资源并不匮乏，关键是如何把扩大内需同改革结合起来，以解决扩大内需的深层次体制机制问题。

二 着力推进结构性改革

当前，应对国际金融危机，缓解经济压力，需要将宏观经济政策的基点放到"保增长"上。从中长期来看，扩大内需，保持经济稳定增长，不仅需要财政政策和货币政策的松动，更需要推进结构性改革，以使宏观政策调整与重大改革有机结合。

我国的宏观经济问题有一个总量的问题，更有一个结构性的问题。例如，民营经济和中小企业成为国民经济最具活力的组成部分，如果其发展的制度环境不能进一步改善，财政货币政策的松动并不会从根本上改变它们的生存发展空间。当前，收入分配差距存在多维的结构性问题，比如城乡、地区、贫富三大差距，国家、企业、居民之间收入分配失衡的问题，国有垄断行业与竞争性领域之间的不公平收入等，都需要注重宏观政策调整与制度创新的结合，需要标本兼治的结构性改革。

（一）积极的财政政策与财税体制改革相结合

财政支出政策调整要与公共财政制度建设相结合，增量财政支出应主要放在城乡一体化建设和基本公共服务上。税收减免政策的出台要与税收体制改革相结合，既着眼于减轻企业负担的短期需要，又考虑到经济发展方式转变的长远需求。

（二）稳健的货币政策与金融改革相结合

坚持"政策救市"与"制度救市"兼顾，在稳定资本市场方面有所突破。货币政策的松动还要与银行改革相结合，使增量资金能够流入民营经济、中小企业、农村、落后地区，由此提高经济效率和经济活力。

（三）积极的社会政策与公共服务体制建设相结合

在基本公共服务投入增长的同时，应当着力完善中央与地方的基本公共服务分工体系，加快事业单位改革，提高投入的实际效果。

推进结构性改革的优先顺序安排，以适应改革发展环境的变化。从短期看，抓住国际资源价格下调、国内通货膨胀压力减轻的时机，着力推进资源要素、粮食价格改革，并使其与国际基本接轨，这对扩大资源环境和农业投资有重大作用。与资源价格改革同步，需要推进铁路、石油等垄断行业改革，这有利于通过竞争提高这些领域的投资效率。从中期看，需要在财税体制改革、金融体制改革、投资体制改革等方面取得重要进展，以为优化资源配置、推动经济发展方式转变创造条件。从长期看，在经济持续稳定增长的基础上，要加快建立城乡统一的公共服务体制，以明显提高社会消费预期。

三 加快推进政府转型

我国正处在经济转轨、社会转型的关键时期，扩大内需、推进结构性改革，在很大程度上取决于政府转型的进程和实际效果。第一，市场化改革依赖于政府转型。只有通过政府转型才能使市场在更大程度上发挥基础性作用。没有政府转型，市场化改革就难以突破，包括资源价格改革、垄断行业改革、环境制度改革等就难以有实质性进展。第二，社会管理体制改革依赖于政府转型进程。实现基本公共服务均等化确实有一个财力问题，但更重要的是确立政府在基本公共服务中的主体地位和主导作用。第三，政治体制改革在一定程度上要以政府转型为基础和突破口。进入新阶段，政府转型成为政治体制改革一个重要的基础，把政府转型的问题解决好，公共治理结构建立起来，就能实质性地推动政治体制改革。进入新阶段，要着力推进以政府转型为主线的全面改革。

（一）政府转型与政府作用

从30年改革历程看，政府作用取决于政府角色的正确定位，而这种角色的正确定位是在转型过程中实现的。第一，要充分发挥政府在稳定市场中的有效作用。当前股市稳定涉及1亿个左右的家庭财富状况，对消费需求的制约作用甚大。如何从全局出发，兼顾各方利益，采取有效的宏观调控措施稳定资本市场，已成为当前稳定市场信心的重大课题。第二，强化政府在市场监管中的作用。建立完善严格的市场监管体制，不仅对经济稳定，而且对社会稳定都有重大作用。从经济持续稳定增长和市场经济的健康发展来看，政府能不能独立于各利益主体有效地行使监管职能，对维护市场秩序、恢复市场信心意义重大。第三，进一步发挥政府在公共产品供给、解决"外部性"中的有效作用。我国发展阶段的变化对政府解决"外部性"提出新的要求。面对资源环境的巨大压力，政府既需要在重大环境治理工程中加大投资，又需要建立完善生态环境保护的相关制度；面对公共需求增长的巨大压力，政府需要切实承担起基本公共服务供给的主导作用和最终责任。

（二）政府转型与减少行政成本

居高不下的行政成本和快速增长的公务员职务消费，已成为政府转型面对的严峻问题。从2007年的统计数字看，从1978年到2006年，我国财政支出中用于行政管理的费用规模增长了143倍，年均增长19.4%，远高于同期GDP增长速度（10%左右），也超过了财政总支出的平均增长速度（13.6%）。行政管理费占财政支出的比重从1978年的4.71%上升到2006年的18.73%。当前，在经济增长有所放缓、财政增收压力有所增大的背景下，扩大内需，减轻税负，要与有效降低行政成本同步推进。应当说，降低行政成本的空间很大，关键在于推进政府改革，约束和规范政府利益。从本质上来说，政府是一个公共利益的代表者。政府转型的深刻意义在于，使政府逐步从利益的制约和束缚中走出来，重返公共利益代表者的地位。这是政府转型最具实质性和挑战性的重大课题，也是决定改革成败的关键性问题。以政府转型为目标推进行政管理体制改革，对于实现政府在经济持续稳定增长中的重要作用具有决定性意义。

中国发展型新阶段的社会管理创新[*]

（2011年11月）

2011年初，胡锦涛指出："当前我国既处于发展的重要战略机遇期，又处于社会矛盾凸显期，社会管理领域存在的问题还不少。从总体上看，我国社会管理领域存在的问题，是我国经济社会发展水平和阶段性特征的集中反映。"从我国的现实需求看，加强和创新社会管理的关键在于，客观把握我国发展的阶段性特征。

2007年，我和我的同事提出，经过近30年的改革开放，我国已开始由以温饱为主要目标的生存型阶段进入以人的自身发展为主题的发展型新阶段。我国发展阶段的突出特征，既反映了改革开放的历史性进程，又成为新阶段经济转型、社会转型、政府转型的历史新起点。在这个特定背景下研究社会管理创新，重在把握人的自身发展需求变化的客观趋势，寻求解决与此相联系的经济矛盾和社会风险，推进政策与体制创新，实现公平与可持续的发展目标。

一　公共需求变化与社会的突出矛盾

创新社会管理，首要的在于准确地把握新阶段经济社会发展的

---

[*] 本文载于《中改院简报》总第889期，2011年11月30日。

突出矛盾。我国由生存型阶段进入发展型新阶段,尽管人们日益增长的物质文化需求同落后的社会生产之间的主要矛盾没有变,但是人们物质文化需求的内涵发生了重要变化。这就是公共产品短缺取代私人产品短缺成为经济社会发展的突出矛盾。它具体反映在:全社会的公共需求全面快速增长与公共产品短缺、基本公共服务不到位的矛盾日益突出。近年来,包括义务教育、公共卫生与基本医疗、基本社会保障、公共就业服务、基本住房保障、环境保护、公共安全等公共产品短缺的矛盾越来越突出。我的看法是,公共产品短缺的突出矛盾不仅是新阶段经济矛盾的重要表现,也是新阶段社会矛盾的聚焦点。

(一)公共产品短缺的突出矛盾是不是经济矛盾的重要表现

全社会公共需求的变化将带来需求结构和供给结构的变化,并导致原有经济结构不合理的矛盾日益凸显,由此形成新阶段经济转型的巨大压力。以我国投资与消费失衡的矛盾为例,这一矛盾在很大程度上是由于公共产品短缺影响了广大城乡居民的消费能力,降低了他们的消费预期。为此,推进以消费主导的结构性调整和改革,应当成为我国经济发展方式转变的战略重点。

(二)公共产品短缺的突出矛盾是不是开始成为社会矛盾的聚焦点

以甘肃正宁县的"11·16"校车交通事故为例,这一事故之所以引起全社会的关注,就在于它反映了我国基础教育公共产品短缺的现实。再以医疗暴力事件为例,按照卫生部统计资料,2006年全国医疗暴力事件共发生10248件,到2010年陡增至17243件。医疗暴力事件频发,不仅反映了社会道德建设方面的问题,更反映了医疗改革不到位,尤其是基本医疗公共产品供给短缺的突出矛盾。由此看来,新阶段日益增多的社会矛盾和社会风险,在一定程度上同公共产品短缺、基本公共服务尚不到位相联系。

（三）公共产品短缺的突出矛盾有没有可能成为引发社会矛盾的导火索

从国际经验看，在拉美许多大城市的贫民窟，由于严重缺乏公共产品供给，黑社会控制、暴力活动猖獗。从我国的情况看，公共产品短缺涉及多数人的自身发展需求，联结城乡，涉及千家万户的利益，容易引发社会情绪和社会共鸣，成为群体性事件的导因。与一般的群体性事件相比，因公共产品短缺直接或间接导致的社会矛盾量大面广，而且伴随着社会对政府的某些不信任与抵触情绪，它很容易成为新阶段群体性事件、突发事件的缘由。

进入发展型新阶段，加强创新社会管理面临着新挑战、新压力。这就需要把创新社会管理与建立公共服务体系相结合。把化解社会矛盾与加大公共产品供给相结合。把公共产品供给的政府主导与社会协同相结合，由此探索发展型新阶段社会管理创新的有效途径。

二 社会协商与公共治理

我国进入发展型新阶段，利益主体多元化、利益主体分化是一个大趋势。而且，随着经济社会发展，这一趋势仍在逐步加大。应当说，当前经济转型的难点在于协调利益关系，社会管理最难的地方也在于协调利益关系。为此，调整社会利益关系，提升公平正义的能力，是发展型新阶段社会管理创新的重大课题。

（一）如何客观估计利益表达机制、诉求机制的公共需求

进入发展型新阶段，各利益群体的进一步形成并相对固化，是一个客观现实。与此相联系，基于利益关系的社会矛盾和社会冲突将逐步增多。在这个特定背景下，应当承认，利益表达和利益诉求开始成为全社会一种新的公共需求。基于这个判断，需要做出利益表达的制度安排，从而将利益表达纳入制度化、规范化的轨道。目前的突出问题是，我们对利益表达和利益诉求是不是一种公共需求

还缺乏足够的估计，在制度设计上还严重缺位。为什么因利益表达、利益诉求渠道不畅通引发的群体性事件逐步增多？为什么某些利益相关者想把事情闹大？其中的原因之一，就在于尚未有比较畅通的利益表达的制度化渠道。应当看到，社会利益诉求和表达需要"出气口"，需要"减压阀"，需要构建制度化、规范化的表达渠道，以引导社会利益的表达行为。适应这种社会公共需求的变化，十分有必要把"排气"和"减压"的"减压阀"系统建设作为新阶段社会管理创新的一项公共产品。

（二）如何充分估计建立社会协商对话制度的重要作用

利益协商机制，指的是在利益诉求明确表达的基础上，沟通协商对话渠道，建立对话和谈判协商制度，并成为公民表达诉求、维护自身权益的制度安排。在利益主体分化、利益表达诉求增多的背景下，应当把社会协商对话作为社会管理创新的主要制度安排。总体上说，当前多数的群体性事件大都基于利益诉求，是可以通过社会协商对话机制进行利益协调得到妥善解决的。为此，要通过有组织、有序、制度化的谈判协商协调具体的利益关系。以劳资关系为例，工会在劳资协商中的重要作用尚未有效发挥出来。因此，需要从基层做起，建立社会协商制度，使其成为化解社会矛盾的基本制度和重要渠道。

（三）如何把加快建立公共治理结构作为社会管理创新的重要目标

利益表达、社会协商、公众参与的目标是形成完善、有效的公共治理。为此，新阶段创新社会管理，应当规范发展多种形式的社会参与。例如：健全信息公开、听证、检举等公共参与制度，建立各类群体与政府、公共领域的沟通渠道，使之成为各利益主体进行利益协调的主渠道。吸收不同群体代表加入各类公共组织，在公共政策的制定和执行中，保证其话语权和参与权。在这个问题上，还需要适应发展趋势，进一步解放思想。

处在发展型新阶段的社会转型期，社会矛盾与社会风险因素增多是一个客观趋势。由此，社会管理创新要"化大寓小"，局部的"小乱"难以避免，这是我们不得不面对的社会现实；社会危机管理重在将"大乱"化解于"小乱"之中，防止全局性社会问题的发生。社会管理的重要任务，在于不能将社会矛盾积累起来，使"小乱"变成"大乱"。这就需要加快建立社会协商对话机制，加快建立完善的公共治理结构。

三 民间组织的发展与社会安全

在利益主体和社会结构多元化已成为基本现实的背景下，民间组织的发展是一个客观趋势。如何使民间组织能够反映"社会协同、公众参与"的要求，在协调利益关系中扮演积极角色，是社会管理和社会安全的重大课题。

（一）如何充分发挥民间组织在公益性服务中的作用

在公共产品短缺成为新阶段经济社会发展的突出矛盾的背景下，强调政府在公共服务供给中最终责任的同时，也应当看到，相当多的公共服务，比如慈善事业、艾滋病防治、公益性文化等许多事情可以通过民间组织，在基层和社区就能够得到解决。适应公共需求全面快速增长的客观形势，把农村基层自治组织和城市社区打造为基层公共服务平台，大力发展专业化、公益性服务的民间组织，能够解决基层多样化的公共服务需求，并由此化解社会矛盾和社会风险。

（二）如何有效发挥民间组织在保护弱势群体利益表达中的作用

由于弱势群体缺乏利益表达的资源和平台，其利益遭受侵害的问题比较突出，由此引发的群体性事件逐步增多。我的看法是，协调利益关系的突出矛盾是保护弱势群体的利益，保护弱势群体利益的关键在于积极规范地提高其组织化程度。

（三）如何规范发挥民间组织在协调利益关系中的作用

近年来，有些地方由于经济利益关系处理不当引发的社会矛盾和冲突，往往与当地政府直接介入具体的经济活动、充当一方利益主体的代表有直接关系。由此可以看出，各级地方政府从具体的经济活动和利益中摆脱出来，根据利益关系变化的客观要求，规范地发展各类民间组织，有利于解决错综复杂的社会矛盾，有利于实现社会稳定。从总体上说，在我国社会矛盾尚不大可能转化为政治矛盾的前提下，积极规范地发展民间组织，有利于通过利益的表达和博弈来化解社会矛盾，形成社会管理和社会均衡发展的合力，更好地建设和谐社会。

从我国现实情况看，有组织的理性行为比非组织的个人行为更有利于社会和谐与社会稳定。有组织就可以谈判、协商，规范发展民间组织，形成在党和政府领导下的协商对话机制，远比非理性的个体行为要规范得多、好得多。"社会协同、公众参与"重在实现有组织的协商对话，防止无组织的对抗。当然，这取决于制度与法律的安排。汪洋同志在广东省体制改革工作会议上说了这样一句话：政府要舍得向社会组织"放权"，敢于让社会组织"接力"。如果政府能够将自己做不了也做不好的事情交给民间组织去做，利益矛盾不仅不会向政府集中，而且政府还能够超脱具体利益关系，有效地发挥利益矛盾协调的主导作用。

二

建言民富优先：
实现中等收入群体倍增

中国转型时期的收入分配制度改革[*]

（2000年1月）

一 在收入分配矛盾日趋突出的情况下，如何充分估计收入分配制度改革在我国经济社会发展全局中的作用

建立在一定所有制关系基础上的收入分配制度，是经济发展、社会稳定的重要基础。我国20年的改革实践证明，合理的收入分配制度能够解放劳动生产力，激发劳动者的积极性和创造性，能够为改革和发展创造良好的社会环境。反过来，收入差距的不合理扩大和不规范的分配关系的存在，会对经济发展和社会稳定造成负面影响。

（一）建立与所有制关系相适应的收入分配制度，是我国经济发展和社会稳定的重要基础

改革开放20年来，我国的收入分配关系发生了很大变化，城乡居民收入水平有了大幅度提高，但收入差距逐步扩大，贫富悬殊问题日益突出。尤其是近年来以下岗失业人员为主体的低收入群体逐渐增加的问题，引起了各方面的普遍关注。逐步拉开收入差距是我国经济转型时期收入分配制度改革的重要出路，并且下一步的改

---

[*] 本文载于《改革与开放》2000年第1期。

革还会使国有经济内部的收入差距有进一步拉大的趋势。我国当前的收入差距在一定程度上存在着诸多不合理的因素。这种不合理的分配关系和形成分配差距逐步扩大趋势的根源究竟何在？我国传统的分配制度并没有实现突破性的变革，收入分配制度改革滞后于所有制改革是一个客观现实。其一，与市场化进程相适应的新型分配制度尚未建立起来。无论是公有制企业还是非公有制企业，尽管在收入分配关系的某些方面进行了某些调整，但从总体来说，还没有形成合理的分配制度。其二，目前总的情况是，体制外存在严重的收入分配差距，并且有逐步扩大的趋势，而体制内平均主义的分配格局尚未完全打破。由此把收入分配制度改革作为下一阶段经济体制改革的重点，加快建立适合我国国情的新型收入分配制度，从制度上规范收入的合法来源，并且从制度上将收入差距控制在适当的水平。这对于中国的经济社会发展具有全局性和长远性的意义。

（二）形成合理的分配关系，建立稳定的收入分配机制是保持经济活力、拉动经济增长的重要条件

最近两年来，广大居民的消费支出比率有所下降，这是造成国内市场需求不足，并由此加大通货紧缩压力的一个重要因素。居民消费支出比率的下降同近几年的物价总水平下降有直接联系，但主要原因在于：第一，居民收入总水平的提高滞后于经济增长。1991年至1998年，我国的GDP年均增长11%左右，而城市居民工资增长只有8%左右。广大居民的收入增长长期低于经济增长，是形成有效需求不足的一个重要因素。第二，我国尚未形成长期稳定的收入分配机制，加之某些改革措施的出台加重了广大居民的支出，使广大居民对未来的收支预期发生了变化。第三，我国的社会保障制度改革刚刚起步，有很多不完善的方面。广大职工在对新的社会保障制度寄予很大希望的同时，又存在一定的疑虑和担忧，这种状况也是抑制广大职工消费行为的一个重要因素。因此，加快收入分配

制度改革对我国的宏观经济形势有着重要的影响。

（三）建立与现代企业制度相适应的收入分配制度是国有企业改革的重要出路

国有企业平均主义的分配方式尚未有实质性的突破，这是抑制经营者和劳动者积极性的一个重要原因。我们在看到经济转轨时期由于体制因素造成的国有资产流失的同时，更要看到由于收入分配制度的不合理，优秀人才流失越来越成为危及国有企业生存与发展的严重问题。因此，按照党的十五届四中全会的要求，在加快建立现代企业制度的同时存在着诸多不合理的因素。这种不合理，居民收入总水平的提高滞后于经济时，应把新的收入分配制度的建立作为国有企业改革的一个重要内容。这对于国有企业形成有效的法人治理结构和合理的利益关系，从而走出困境具有关键性作用。

二 如何将按劳分配与按生产要素分配相结合，建立有中国特点的职工持股制度

党的十五大报告提出了在实行按劳分配的同时，鼓励资本、技术等生产要素参与分配，这是我国分配理论的重要突破。从中国的基本国情出发，把按劳分配与按生产要素分配相结合，是建立新型收入分配制度、实行职工持股的重要依据。

（一）承认并确立劳动力产权，是实现按劳分配与按生产要素分配结合的有益探索

所谓劳动力产权，就是劳动者依据自己的劳动贡献，不仅获得工资收入，而且应在一定程度上享有剩余收益。即把企业利润收入的一部分作为企业职工包括企业经营者在本企业的股份，其所得份额由其工作岗位、工作贡献、工作时间等因素决定。提出确立劳动力产权，就是一方面承认职工通过自己的劳动获得的当期收入；另一方面更要承认广大职工在利润积累上的贡献。因此，职工参与企业分配的方式，一是依据按劳分配取得一定的工资和奖金，二是劳

动者作为企业价值增值的主要创造者应当按比例形成他们在本企业的股份。

资本、技术作为生产要素参与分配是重要的，劳动力作为生产要素，参与分配更为重要。从我国的情况看，我们既要承认广大劳动者在企业当期增值过程中的作用，也要承认他们在以往的资产增值中的巨大贡献。我国实行的是社会主义市场经济，在改革中不断调整利益关系，就是在实践中承认并实现劳动力产权，由此加快产权主体社会化的进程，让更多的民众分享改革的成果，使其成为利益的主体和改革的动力。这对中国社会主义市场经济的发展具有长远意义。

(二) 以实现劳动力产权为基础加快建立职工持股制度

我国的职工持股制度应体现以下三个重要特点。一是职工持股要有广泛性。无论是国有经济还是非国有经济，持股职工应包括广大劳动者，以增强职工对企业的认同感、参与感和责任感，调动广大职工的积极性。二是职工持股要充分实现利益一致性。要兼顾国家、企业和职工三者的利益关系，并且要把长远利益与当前利益紧密结合起来。三是职工持股要有合理的差别性。要承认职工之间客观存在的劳动能力与素质的差异，并将这种差异反映在职工持股份额上，以此激发广大职工不断提高自身素质。

(三) 依据劳动力产权，建立有中国特点的职工持股制度应当处理好三个关系

一是有偿购买与无偿配送相结合。从我国的现实情况出发，职工出资购买一定的股份，既是实现劳动力产权的一种过渡，也有利于增强职工对企业的关切度，与企业共担风险。至于有偿分配与无偿分配相结合的具体比例，应根据企业的不同情况加以确定。二是股权收益机制与参与机制相结合。建立职工持股制度包括两方面的含义：一方面，建立长期有效的激励机制、有保障的股权收益机

制，职工在实现分享企业利润的权利的过程中，与企业结成紧密的利益共同体；另一方面，通过建立职工持股制度，职工以企业所有者的身份，广泛参与企业经济管理，以保持企业活力，并有效保证职工股权收益的实现。三是当前利益机制与长远利益机制相结合。依据劳动力产权所获得的职工股份应当成为职工的长远利益机制，这样使职工更关心企业的中长期发展，与企业形成长期命运共同体。

（四）依据劳动力产权建立有中国特点的职工持股制度，是改革过程中的一种有益探索

对此的某些疑虑是不必要的，应当支持和鼓励各种有益的实践探索。目前广大中小型企业是改革的重点，有条件进行大胆的实践。其中民私营企业特别是民营科技企业更有条件实行职工持股。国有大型企业也应当创造条件，采取多种方式，积极进行这方面的探索。

三　如何采取有效措施加快建立企业经营者的激励和约束机制

在加快收入分配制度改革、实行职工持股中，要着重解决好企业经营者的激励约束问题。

（一）承认并落实经营者的劳动力产权，对企业的发展有着重要的意义

其一，优先解决企业经营者的劳动力产权，可以把经营者对企业的贡献转化为股份或者股权。这就为企业经营者依据对企业的贡献获取报酬提供了一个重要的制度化保障。与此同时，也可以形成企业经营者的约束机制。建立经营者的激励机制，对这部分企业家的贡献明确加以确认，这对于调动广大企业经营者的积极性有重要的影响作用。其二，解决好经营者的劳动力产权问题，有利于企业的长期发展。由于多种因素的作用，经营者追求短期利益已成为企业发展的突出问题。优先解决好经营者的劳动力产权，就能够把他

们的长远利益和企业的长期发展有机地结合起来。

（二）采取多种措施，加快建立企业经营者收入分配的激励机制

经营者以及董事会、经理层其他成员的收入分配在企业分配中举足轻重，有重要的影响作用。因此，尽快采取多种措施使他们的报酬制度在今后几年有实质性的进展，这对企业收入分配制度改革和企业发展有特别重要的意义。一是应在有条件的企业试行经营者年薪制办法，以及实行经营者持股和奖励股份、股权等长期激励办法，使经营者获取与其职责和贡献相符的收入水平；二是应制定和出台相关的政策，大胆鼓励经营者的人力资本投资，使经营者的人力资本投资规范化、制度化，由此使经营者人力资本这一稀缺资源得到合理有效的配置；三是要改革董事会、经理层其他成员的收入分配办法，董事会成员根据其投资和资产运营能力及其业绩取得相应的报酬，经营层副职根据其履行经营管理责任和取得业绩的情况确定报酬。

（三）加快建立企业经营者市场

经营者的选择和定价是通过市场机制来进行的，同样，企业经营者的约束机制也是以市场为基础的。在重视企业内部约束机制的同时，更要重视市场竞争形成的外部约束力量。因此，要加快建立企业经营者市场的选择机制，尽快取消国有企业的行政级别，为经营者市场的建立创造条件。

四　如何准确分析和把握我国收入分配制度改革的时机和条件

我国正处于经济转型的关键时期，准确地把握加快收入分配制度改革的时机和条件是十分重要的。

（一）在通货紧缩压力下，加快收入分配制度改革更具有特殊性

实践证明，扩大内需应当与适当提高广大居民的收入水平，建

立稳定的长期收入分配机制同步进行，由此改变广大居民的心理预期，提高消费比例，拉动社会总需求。同时，在通货紧缩的压力下，加快收入分配制度改革有利于充分调动经营者和职工的积极性，增强企业的竞争力，从而在企业生存和发展中，增加就业机会，减少由于失业人口增加而对经济社会发展全局产生的负面影响。

（二）加快收入分配制度改革，对于国有企业摆脱困境更具紧迫性

国有企业分配制度改革的滞后，不仅造成了各种分配关系扭曲，国有资产流失，而且还使一部分优秀人才流失。加快收入分配制度改革，有利于调动和发挥广大企业经营者的积极性，有利于吸引更多的企业家进入国有企业的重要管理岗位。我们在注重收入分配制度改革长远影响的同时，还应看到这个改革对于未来几年国有企业走出困境的现实作用。

（三）在复杂的背景下，政府对收入分配制度改革的推动更具重要性

第一，要鼓励和允许在实践中探索加快收入分配制度改革和实行职工持股的多种实现形式，允许和鼓励探索按生产要素分配的多种具体办法和途径，并在条件成熟时，通过立法加以规范和完善。第二，在实施积极的财政政策的同时，要加大对社会保障和各类社会补贴的支出比例，这对于改善宏观经济环境、保持社会稳定会产生重要的影响。第三，在加大宏观收入分配调节力度、努力缩小社会差别的同时，改革和完善政府对宏观收入分配的调控体制，逐步形成"市场机制调节、企业自主分配、职工民主参与、国家监控指导"的企业收入分配格局。

政府转型与收入分配制度改革[*]

（2006 年 10 月）

由于我国正处在经济社会转型的关键时期，"政府转型与收入分配制度改革"是一个十分重要的问题。这些年，收入分配差距、贫富差距的不断扩大，形成的因素很多。其中，应当认真研究和高度重视政府因素的影响和作用。

一　对我国收入分配现状要有一个客观的判断

（一）我国正处于经济持续高速增长、社会快速转型的关键时期，对收入分配领域的问题要有客观的分析

一方面，收入分配差距的扩大有其客观性，从某种程度上说是难以避免的。由于我国是一个城乡和区域发展相当不平衡的发展中大国，各地区的情况千差万别，在以往近 28 年高速增长的情况下，收入分配差距的拉大有一定的合理性。另一方面，还要清醒地看到，我国已经成为世界上收入分配差距相当严重的国家之一，而且收入分配差距的拉大在某些方面近于失控状态，必须引起高度的关注。如果政府的政策得当，收入分配差距扩大的趋势是可以在一定程度上缓解的。

---

[*] 本文载于《科学决策》2006 年第 10 期。

（二）我国仍处于经济体制转轨的关键时期，对收入分配差距扩大的趋势要有一个理性的判断

当前收入分配差距扩大的趋势与经济体制转轨的大背景直接关联，有其复杂性。具体地分析，实际情况是平均主义和收入分配差距过大并存。一方面，市场化改革还很不到位，平均主义还没有完全打破。比如在国有企业、政府机关，平均主义的倾向还很突出。平均主义本身也是一种不公，等于是干活干得多、干得好的人收入隐性地转移到不好好干的人身上。另一方面，对持续扩大的收入分配差距也应当做具体分析。比如，一些领域的收入分配差距拉大有合理的一面。但是，一些领域的收入分配差距就很不合理，甚至非法。例如，腐败寻租、"灰色收入"、依靠垄断地位取得的收入等。

（三）我国收入分配体制改革正处在一个关键时期，要在经济社会转型过程中动态地把握公平与效率的关系

一方面，收入分配体制改革应当与经济社会发展趋势相适应。"效率优先，兼顾公平"的提出是在1993年前后。当时，我们面临的主要矛盾是平均主义严重，经济运行效率极其低下。要打破计划经济体制，首先就应当打破平均主义。但是当前，有效地缓解收入分配差距已经成为经济社会发展的重大难题。如果继续采取"效率优先，兼顾公平"的政策，许多收入分配不公的现象就很难得到有效的解决。另一方面，收入分配体制改革还应当考虑社会的可承受能力。应当看到，我国正处于经济社会结构加速变动的特殊时期，由收入分配不公造成的社会心理失衡和社会不稳定因素也在增长。历史上因社会不公造成的经济增长中断已屡见不鲜。在这个大背景下，应当根据实际情况，提倡"公平与效率并重"，并且，政府要着力解决好"公平"问题，以此为建立和谐社会奠定坚实的基础。

二 充分估计和高度重视基本公共服务对缓解收入分配差距的重大作用

（一）我国存在的社会不公，在一定程度上表现为老百姓享受公共服务的差距

当前，老百姓对收入分配领域不满意不仅表现在初次分配中，也表现在再分配环节。在初次分配领域，比如腐败寻租、"灰色收入"、依靠垄断地位获得的不合理收入等。这些问题可以通过市场化改革的深入得到有效的解决。与此同时，也要看到，我国当前正处于从生存型向发展型社会转变的关键时期，全社会全面快速增长的公共需求与公共产品短缺、公共服务不到位日益成为突出的社会矛盾。尤其是城乡居民在义务教育、医疗卫生、社会保障等方面制度安排的不平等问题相当突出。这些领域本身应当是有利于缓解收入分配差距的，但在现实中却成为收入分配差距拉大的因素。因此，强化以公共服务为重点的再分配已成为我国经济社会发展的重大课题。

（二）充分估计基本公共服务供给对缩小贫富差距、城乡差距，尤其是解决困难群体生存发展中的重大作用

这些年基本公共服务的个人承担费用上涨太快，大大超过中低收入家庭可支配收入的增长速度，这是贫富差距持续扩大的重要原因之一。相关的研究表明，在导致收入分配差距的各种因素中，教育因素占20%左右。目前，城乡之间的差距不仅表现在经济发展水平和居民收入方面，更反映在城乡居民享受基本公共产品方面的差距。2004年，我国名义城乡收入之比为3.2∶1，若把义务教育、基本医疗等因素考虑在内，城乡实际收入之比为5—6∶1。按照这个分析，公共服务在城乡实际收入差距中的影响高达30%—40%。面对这种名义与实际的城乡差距，应当充分认识到，缩小城乡差距不是缩小城乡经济总量的差距，重要的是逐步缩小城乡居民在基本公共

服务方面的过大差距,并通过公共服务来着重提高农村人口素质。

当前,困难群体的不断增多和利益的绝对受损,已成为一个客观现实,并成为影响社会公平、公正的焦点问题之一。应当看到,困难群体的产生,重要原因在于他们无法享受基本的公共服务,由此无法走出绝对贫困的状态。因此,"十一五"时期,要尽快把困难群体纳入公共服务体制保障范围,通过提供基本而有保障的公共产品,确保其基本的生存权和发展权。

(三)建立社会主义公共服务体制已经成为改革攻坚的目标之一

改革开放 28 年来,我国利用市场竞争机制成功地解决了私人产品短缺的问题,老百姓吃、穿、住、行等基本生存的需要已经得到了较好的满足。在这个前提下,他们就会更加关注发展需要。主要表现在对就业、义务教育、公共卫生、社会保障、公共安全与环境保护等方面的公共需求越来越强烈;同时,也越来越清楚地看到,这些公共需求如果长期得不到满足,比如老百姓上不起学,看不起病,养老无保障等问题累积下来,就可能成为危及社会稳定的重大隐患。由此,我国改革发展已经站在了一个新的历史起点上:不仅要解决私人产品领域的问题,还要着力解决公共产品短缺的问题。实践表明,我们很难在市场经济体制的框架内解决公共产品和公共服务领域的问题。因此,要深化收入分配体制改革,就必须尽快把建立公共服务体制作为新时期改革攻坚的基本目标之一。

三 要重视政府转型对收入分配制度改革的关键影响

(一)应当高度关注收入分配不公中的政府因素

当前收入分配制度中的问题,在一定程度上与经济建设型政府的模式相关。一方面,由于政府转型的滞后,政府干预经济的行政权力仍然过多,比如对投资的审批权过大,对土地资源行政控制、行政垄断的存在等,都是造成权力寻租和腐败、收入分配不公的重要根源；另一方面，由于 GDP 政绩观的普遍存在，地方政府往往热衷于招商引资、经营城市，忽视了公共产品的供给，尤其是困难群体的基本公共服务没有得到有效的解决，从而使政府的再分配功能弱化。

(二) 通过政府转型深化市场化改革，完善初次分配

在市场经济条件下，社会收入分配中的初次分配是基础性的分配。初次分配差距过大，很难通过再分配来得到平衡。在初次分配中，如由于要素的非市场化及行政干预，有能力通过非市场方式获得要素的人轻易地攫取社会财富甚至于利用公权掠夺社会财富。这些情况要得到有效的矫正，就必须实现经济增长方式由政府主导向市场主导的转变。

(三) 通过政府转型加快建立社会主义公共服务体制，强化政府的再分配功能

经过 28 年的改革开放，伴随着经济的持续快速增长，我国社会也在加速转型。显著的标志就是社会的公共需求全面、快速增长。面对城乡居民全面快速增长的公共需求，我国公共产品供给远不能适应这个变化趋势。以财政支出结构为例，近年来财政支出增长速度很快，基本保持在每年 15% 左右。但科教文卫等方面支出占财政总支出的比例，从 1992 年至 2003 年却基本没有增长。总的来说，由于政府转型的滞后，各级政府对强化公共服务职能缺乏深刻理解和紧迫感，公共产品供给方面的体制机制没有建立起来，使得政府的公共服务功能相对薄弱，在缩小收入分配差距方面缺乏应有的手段。在这个特定背景下，加快社会主义公共服务体制建设和推进政府转型的实际进程，已成为解决再分配问题的重要途径。

(四) 适应利益多元化的现实，加快实现公共政策和公共治理的转型

一般来说，一个国家公共政策和公共治理的基本状况构成了本

国收入分配的基础秩序。随着不同利益主体的出现，合理的、正当的利益表达和利益诉求开始成为广大社会成员特别是困难群体的公共需求。比如，劳资关系失衡的深层次原因是劳动者缺乏具体的利益诉求和利益表达机制。当前失地农民问题成为农村社会中的一个突出矛盾，其中关键的问题在于农民土地权益得不到有效的保护，在农村基本公共产品没有保障的情况下，失地农民的生产与生活均受到严重影响，从而引发了诸多矛盾。在这种情况下，应当尽快适应社会矛盾的变化，按照以人为本的要求，加快公共政策转型，并形成现代多元的公共治理，为收入分配体制改革创造有利的条件。

加快推进中国收入分配体制改革的建议[*]

（2010年3月）

着眼于转变发展方式，建议把全面推进收入分配体制改革作为我国"十二五"转变发展方式的重点，在2010年年内尽快出台系统、具体、可操作性强的收入分配改革方案。

一 明确收入分配改革目标，并作为约束性指标纳入"十二五"规划中

着眼于发展方式转型，建议"十二五"时期，把我国消费率从2008年的48.6%提高到55%—60%，确立为收入分配体制改革的重要目标。

（1）实施国民收入倍增计划，使城乡人均收入在"十二五"翻一番，年均增长不低于15%。

（2）居民收入在国民收入中的占比从约60%提高到70%左右。

（3）劳动报酬占GDP比重从2007年的39.7%提高到50%左右。

（4）城乡收入差距从2008年的3.31∶1控制到3∶1以内。

---

[*] 提交2010年全国政协十一届三次会议提案，2010年3月3日，北京。

（5）中等收入群体占比达到30%左右。

二 以资源红利的社会共享为目标推进国有资源的重新配置

当前，收入分配差距扩大的一个重要原因是国有资源在很大程度上配置于市场领域而不是公共领域。着眼于调整国民收入分配基本格局，建议加快国有资源配置的结构性调整。

（1）重新反思当前相当多的央企涉足房地产开发这一现象。国有资本进入竞争性的房地产，应不以盈利、做"地王"为第一目标，而是主要限定在提供保障性住房和廉租房领域。

（2）尽快推进资源税改革，改革国有资源的税费体系，理顺资源性产品的分配格局，改变少数企业享受资源红利的格局。

三 把理顺收入分配关系作为新阶段打破垄断、推进国有企业改革的重大举措

垄断是造成国民收入分配失衡的重要因素之一。缩小收入分配差距，需要进一步打破垄断，尽快建立起规范化的收租分红制度，提高国有企业上缴租、税的比重。

（1）防止"国进民退"。这两年社会对"国进民退"有比较大的意见。建议尽快出台详细的反垄断法实施细则，放开垄断领域门槛、引入竞争，通过市场法律规范国有企业的投资领域。

（2）尽快建立常态化的垄断行业和国有企业收租分红机制。建议将征收"特别收益金"改为征收"超额利润税"，将垄断利润以税收名义收归公共所有。

（3）建立全口径的财政预算体系，尤其是涵盖国有企业的资源使用租金和利润分红。

四 建立稳定的劳资关系，实施工资集体谈判制度和工资定期增长制度

其中的关键在于赋予并保障工人进行工资集体谈判的权利。除了工会外，鼓励探索多种形式的工资集体谈判机制。此外，应当加

强对最低工资的监管力度，切实保护劳动者权益。

五 构建财产性收入的体制基础，明显缩小居民财产性收入差距

当前，居民收入差距的很大部分来源于财产性收入。落实党的十七大提出的"创造条件让更多群众拥有财产性收入"，关键在于加快相应的体制变革。

（1）推进农村集体土地流转制度改革，使农民真正享受到土地资产增值的红利。土地是农民最重要和最主要的财产，由于土地制度不完善，土地市场化功能未能充分发挥，农民无法享受土地资产增值带来的收益。有资料显示，土地用途转变增值的权益的分配中，地方政府得60%—70%，村集体组织得25%—30%，失地农民只得到5%—10%，甚至更少。改变这个格局，使农民拥有物权性质、可转让的土地使用权，是增加农民财产性收入的重要条件之一。为此，建议尽快出台土地物权法配套法规，明晰农村土地产权并赋予农民产权主体的地位，使农民能够充分享受土地流转的增值收益。

（2）规范和完善资本市场，保障投资者权益。着眼于居民财产性收入，应积极完善资本市场，建设法治环境，开放理财业务，为社会提供公平、健康的投资理财环境。

（3）推行"职工持股计划"，使职工真正享受到企业增值红利。职工工资调整在很大程度上受制于企业经营效率。而职工持股计划则可以有效避免这一点。不少发达国家推行这项带有福利性质的计划。职工无偿或低价获得企业股票，参与分红。"十二五"鼓励中小企业率先探索，条件成熟时在大中企业进行探索。

六 以缓解和缩小收入差距为目标启动新一轮税收改革

总的建议是明显加大对所得和财产的课税力度。

（1）适时开征遗产税，作为个人所得税的补充。

（2）完善个人所得税制度，实行综合和分类相结合的个人所得税模式，对劳动所得、经营所得和财产所得实行综合课税，对资本所得和偶然所得实行分类课税，与综合课税相分离，以便于征管和调节。

（3）开征社会保障税，将社会保障的收支纳入国家预算。

七　控制政府财政收入增长速度，调整财政支出结构

建议合理控制各级政府的财政收入增长速度，尤其是税收的增长速度。

（1）预算内财政收入增长速度以不超过上年 GDP 为宜。

（2）控制预算外收入规模。尤其是改革地方政府土地出让金管理制度。

（3）调整财政支出结构，使财政支出更多地用于公共服务供给，由此大幅度提高中低收入群体的实际收入水平。

八　解决分配不公关键在于政府，要打破政府自身利益的束缚

（1）规范公务员的工资外收入，全面实施阳光工资制，取消实物分配（尤其是取消福利性的住房分配制度），将实物分配货币化，消除"灰色收入"。

（2）加强反腐败力度，杜绝腐败等形成的黑色收入。

（3）控制行政成本，推进政府预算与支出的公开化。

加快推进收入分配体制改革是一项涉及中长期发展的重大改革。要保证这项改革在实施中不流于形式或者走形变样，建议尽快建立收入分配体制改革的高层协调机制。

着眼于发展方式转型的收入分配改革[*]

（2010 年 6 月）

在发展方式转型的特定背景下，调整国民收入分配格局，推进收入分配改革是一个牵动全局的关键性因素。为此，需要充分估计收入分配改革的特定背景和特殊作用。着眼于转变发展方式，建议把全面推进收入分配体制改革作为"十二五"转变发展方式的重点，并尽快出台系统、具体、可操作性强的收入分配改革方案。

一 如何判断收入分配改革在发展方式转变中的重要作用

着眼于公平与可持续发展，未来发展方式需要建立在消费主导的基础上。从这个角度看，新阶段推进国民收入分配格局调整，加快收入分配体制改革，对促进发展方式转型有着多方面的重要意义。

（一）提高消费率尤其是居民消费率与收入分配结构相关

边际消费倾向递减，一方面，使高收入者消费倾向不足，投资倾向加大；另一方面，低收入者消费的支付能力不足。两方面因素导致消费不足，内需不足。调整收入分配格局，提高中低收入群体的收入水平，是扭转消费率逐年下降的基础性条件。

---

[*] 本文载于《中国经济时报》2010 年 6 月 21 日。

（二）调整结构，包括产业结构、就业结构，在很大程度上取决于收入分配结构调整的进程

当前我国40%的农民（第一产业就业比重）只创造了10%的GDP（第一产业增加值比重），这不可避免地使城乡差距呈现扩大的趋势。如果说以往调结构主要局限在产业结构，现在的结构调整则首先是收入分配结构的调整，由此解决消费不足的问题，从而为转变"投资出口"模式、调整产业结构和区域结构等奠定基础。

（三）加快社会建设、防范社会风险与收入分配结构密切相关

在发展阶段变化的现实背景下，经济风险、社会风险极易双向传导。要建立两种风险的防火墙，必须推进收入分配体制改革，明显提高中低收入群体的实际收入水平，并由此逐步扩大中等收入群体的比重。

二 如何确立收入分配改革的大思路

从发展方式转型的特定背景出发，尽快确立收入分配改革的大思路。

（一）我国的收入分配改革，是一个结构性的问题

它不仅涉及经济体制，也涉及社会体制，涉及行政体制。因此，只在某个或某几个方面做文章恐怕很难解决收入分配的结构性问题，重要的是需要推进结构性改革。

（1）建立稳定的劳资关系，实施工资集体谈判制度和工资定期增长制度。其中的关键在于赋予并保障工人进行工资集体谈判的权利。除了工会外，鼓励探索多种形式的工资集体谈判机制。此外，应当加大对最低工资的监管力度，切实保护劳动者权益。

（2）构建财产性收入的体制基础，明显缩小居民财产性收入差距。当前，居民收入差距的很大部分来源于财产性收入。落实党的十七大提出的"创造条件让更多群众拥有财产性收入"，关键在于加快相应的体制变革。一是推进农村集体土地流转制度改革，使农

民真正享受到土地资产增值的红利。土地是农民最重要和最主要的财产，由于土地制度不完善，土地市场化功能未能充分发挥，农民无法享受土地资产增值带来的收益。有资料显示，在土地用途转变增值的权益分配中，地方政府占60%—70%，村集体组织占25%—30%，失地农民只得到5%—10%，甚至更少。改变这个格局，使农民拥有物权性质、可转让的土地使用权，是增加农民财产性收入的重要条件之一。为此，建议尽快出台土地物权法配套法规，明晰农村土地产权并赋予农民产权主体的地位，使农民能够充分享受土地流转的增值收益。二是规范和完善资本市场，保障投资者权益。着眼于居民财产性收入，应积极完善资本市场，建设法治环境，开放理财业务，为社会提供公平、健康的投资理财环境。三是推行"职工持股计划"，使职工真正享受到企业增值红利。职工工资调整在很大程度上受制于企业经营效率，而职工持股计划则可以有效避免这一点。职工可无偿或低价获得企业股票，参与分红。"十二五"时期应鼓励中小企业率先探索，条件成熟时在大中企业推行。

（3）以缓解和缩小收入差距为目标启动新一轮税收改革。总的建议是明显加大对所得和财产的课税力度。一是适时开征遗产税，作为个人所得税的补充；二是完善个人所得税制度，实行综合和分类相结合的个人所得税模式，对劳动所得、经营所得和财产所得实行综合课税，对资本所得和偶然所得实行分类课税，与综合课税相分离，以便于征管和调节；三是开征社会保障税，将社会保障的收支纳入国家预算。

（二）与西方国家不同的是，我国收入分配改革有一个国有资本的配置问题

当前，国有资本在一定程度上配置在市场领域，而不是公共领域。比如现在七成的央企涉及房地产行业，这在一定程度上推高了

地价，这是一个很大的问题。国有资本应当从一般性竞争领域退出，更多地配置在公益性领域。例如，提供保障性住房。收入分配改革具有结构性改革的特点，突出反映在国有资本的重新配置方面。

（1）以资源红利的社会共享为目标推进国有资源的重新配置。着眼于调整国民收入分配基本格局，建议加快国有资源配置的结构性调整。一是重新反思当前相当多的央企涉足房地产开发这一现象。国有资本进入竞争性的房地产业，应不以盈利、做"地王"为第一目标，而是主要限定在提供保障性住房和廉租房领域。二是尽快推进资源税改革，改革国有资源的税费体系，理顺资源性产品的分配关系，改变少数企业享受资源红利的格局。

（2）把理顺收入分配关系作为新阶段打破垄断、推进国有企业改革的重大举措。垄断是造成国民收入分配失衡的重要因素之一。缩小收入分配差距，需要进一步打破垄断，尽快建立起规范的收租分红制度，提高国有企业上缴租、税的比重：一是防止"国进民退"。这两年社会对"国进民退"有比较大的意见。建议尽快出台详细的反垄断法实施细则，降低垄断领域门槛、引入竞争，通过法律规范国有企业的投资行为。二是尽快建立常态化的垄断行业和国有企业收租分红机制。建议将征收"特别收益金"改为征收"超额利润税"，将垄断利润以税收名义收归公共所有。三是建立全口径的财政预算体系，尤其是涵盖国有企业的资源使用租金和利润分红。

收入分配制度改革与经济发展方式转变[*]

（2010年12月）

当前，收入分配问题成为全社会关注的焦点、经济发展方式转变的难点。我国国民收入分配结构严重不合理，不仅成为经济生活的主要问题，而且开始成为社会生活的突出矛盾。为此，"十二五"加快经济发展方式转变，重要的是在于推进收入分配制度改革，形成公平与可持续发展的基本格局。

一 以收入分配改革实现发展导向由经济总量向国民收入的转变

我国经济发展方式转变的实质，是实现发展导向由经济总量向国民收入的历史性转变。这些年，我国在经济总量快速扩张的同时，消费率持续走低，主要原因在于城乡差距、地区差距、贫富差距的不断拉大，严重制约了中低收入者消费能力和消费水平的提高。适应城乡居民消费需求和消费结构提升的趋势，关键在于形成公平合理的国民收入分配格局。

（一）尽快提高城乡居民的实际收入水平

居民收入份额，尤其是劳动者收入份额，是多数人分享发展成

---

[*] 在"收入分配制度改革与加快转变经济发展方式国际论坛"上的发言，2010年12月4日，海口；载于《中改院简报》总第833期，2010年12月。

果的基本指标，也是拉动消费的基本条件。推进收入分配制度改革，首先要将城乡居民收入和劳动者报酬增长两大方面作为主要的约束性指标。(1) 确保城乡居民收入的实际增长不低于GDP增长速度，实现居民收入增长和经济发展同步。就是说，这个"同步"是有约束性指标的：一是"十二五"居民收入不低于8%；二是这个8%是实际增长，而不是名义增长；三是这个实际增长，是城乡居民的共同增长。(2) 确保劳动报酬增长与劳动生产率提高同步。初次分配后，我国劳动者报酬占GDP的比重仅为35%左右。最近10年我国劳动生产率年均增长9%左右，考虑通货膨胀因素，劳动者报酬年均增长不应低于10%。到"十二五"末劳动者报酬占GDP的比重有望达到50%左右，接近中等收入国家的合理区间。

(二) 有效地缓解和缩小收入分配差距

市场经济不可避免地产生收入分配差距，这是一个规律；两极分化不可持续，这也是一个规律。应当看到，在我国经济转轨、社会转型的背景下，收入分配差距的不断扩大不仅有市场经济发展的因素，更与市场经济不完善、相关改革滞后相联系。"十二五"收入分配制度改革应当有缓解并缩小收入分配差距的约束性指标。例如：(1) 控制城乡差距。"十二五"完全有可能使城乡居民收入名义差距由目前的3.3∶1降为3∶1以内。这样，2020年有可能进一步下降到2.5∶1以内，达到全面小康指标的要求。(2) 控制行业差距。根据2009年国家统计局公布的数据，我国收入最高和最低行业的差距达11倍。这是一个相对保守的数字，但即使这个数字也大大高于国际的平均水平。考虑到我国行业间工资差距的垄断因素，"十二五"应重点控制垄断行业的过高收入，有可能将行业差距缩小到7倍左右。(3) 扩大中等收入群体比例。从国际经验看，工业化中后期的中等收入群体在40%—45%。目前，我国中等收入群体的比例大概为23%，大大滞后于工业化的实际进程。建议

"十二五"以年均提高2个百分点为约束指标,5年后使中等收入群体达到33%。这样,2020年就有可能达到40%,逐步接近中等收入国家水平。

(三) 确立财产权保护的基本制度

这既是完善市场经济的基本要求,也是提高居民财产性收入的基础保障。例如,城乡差距的不断拉大,不能不说与农村土地财产权的制度不完善直接相关。建议在物权法的基础上,加快财产权制度改革。例如:(1)进一步提高私人财产权保护在整个法律体系中的地位。依照国际惯例,明确将私有财产权纳入公民的基本权利体系,加大对私人财产权的保障力度。(2)加强和完善私人财产权相关的行政立法。应当严格按照物权法清理、修改和规范诸如城市拆迁条例等不利于私人财产权保护的相关规定。(3)完善关于征收、征用私人财产的相关法律制度。设置严格的征收、征用原则和程序。

(四) 确立财产公开制度和透明有序的收入分配秩序

无论是提高居民收入水平,还是调节收入分配关系,确立和保护财产权,都有赖于财产公开和透明有序的收入分配秩序。"十二五"应当把确立财产公开制度和透明有序的分配秩序作为收入分配治理的重大任务。例如:(1)在"灰色收入"产生的重点领域实行"阳光工资"。在完善工资标准的基础上,清理、规范各类津贴和补贴,提高收入透明度。(2)努力建立法制化的财产申报制度。健全以权力监督、行政监督为主,司法监督和社会舆论监督为辅的多层次监督体系,加大对公务员财产的监督力度。积极创造条件,尽快在全社会实行财产公开和申报制度。

二 以调节收入分配关系为重点推进结构性改革

从我国现实看,收入分配有总量问题,更有结构性问题。这些年,财税体制以及相关的结构性改革滞后,是收入分配关系难以理顺的主要原因。为此，实现收入分配改革的基本目标，重在推进以调整财税体制为重点的结构性改革。

（一）以工资谈判协商制度为重点建立劳动者报酬的保障机制

由于工资谈判协商机制的长期缺失，劳动者报酬很难与劳动生产率增长同步。按照国家统计局1998—2007年数据，全部国有及规模以上非国有工业企业的全员劳动生产率提高了1.33倍，而同期企业职工的平均工资仅提高0.83倍。从实际情况看，提高劳动者报酬，政府促进劳动报酬合理增长的主要任务是积极推进劳动报酬协商机制的建立。例如：（1）加快建立企业主、工会、政府三方共同协商的工资谈判机制。尤其要促进各类企业与职工之间劳动报酬协商机制的建立。（2）统一城乡劳动力市场政策，实现全体劳动者同工同酬。（3）修改完善劳动法。加强和细化现有工会和劳动报酬形成机制的相关内容。

（二）以基本公共服务均等化为重点加大再分配力度

实现基本公共服务均等化是确保底线公平和制度公平的重要基础。这些年，基本公共服务供给的差距已成为城乡、地区、不同社会群体实际收入差距的重要因素。以城乡差距为例，如果加上义务教育、基本医疗和公共卫生、社会保障等方面的公共服务差距，城乡居民实际收入差距估计达到5倍左右。为此，建议"十二五"以基本公共服务均等化为重点统筹协调收入再分配。例如：（1）制定全国基本公共服务均等化规划。明确城乡、地区、不同社会群体基本公共服务均等化的范围和最低标准，使地方在执行过程中能够有一个约束和参照。（2）实现基本公共服务在城乡、地区之间的制度对接。（3）重点保障农民工的基本公共服务。"十二五"要加快推进农民工市民化进程，重在统筹解决农民工的基本公共服务。

（三）以收入分配调节为重要目标的财税体制改革

从我国的实践看，对以做大经济总量为目标的财税体制进行整体性重构,已成为新时期收入分配制度改革的重大任务。为此,建议"十二五"财税体制改革要与收入分配改革同步。例如:(1)调整财政支出结构,建立与基本公共服务均等化要求相适应的转移支付制度,确保基本公共服务支出增长不低于GDP增长速度。(2)实行结构性减税。考虑通货膨胀的因素和中低收入者生活水平的现状,进一步提高个人所得税的起征点,改变个人所得税以工薪阶层承担为主的局面,切实降低低收入者税负。

三 收入分配制度改革的关键在于政府转型

收入分配有市场的因素,但重要的是政府因素。理顺初次分配关系,重要的是通过政府转型,以民富优先为目标调整国家、企业、居民的分配格局;建立再分配体系,重要的是通过政府转型,划分中央地方在收入分配调节中的分工与责任;建立公平分配的基础制度,重要的是通过政府转型,规范行政支出,杜绝与公权力相关的腐败和不合理的收入。

(一) 以公益性为目标调整国有资本配置

国有垄断行业所造成的收入分配不公,是全社会普遍关注的焦点问题。政府的角色不转变,国有资本配置的定位问题不解决,只对垄断性国有企业收租分红,能解决部分问题,但不能解决源头问题。按照民富优先的要求推进政府转型,需要以公益性为目标对国有资本配置进行战略性调整。例如:(1)在公共服务型政府的框架下制定国有资本战略性调整的整体方案。(2)实现行政体制改革与国有资本配置的联动改革,使政府能充分利用国有资本在调节收入分配关系中承担重要责任。

(二) 建立中央—地方在收入分配中的职责分工体系

当前的中央地方财税关系主要以激励做大经济总量为导向,各级政府在经济建设上的目标很清楚,但在收入分配关系调节的职责分工上尚缺乏明确的制度安排。为此,建议:(1)明确中央地方各级政府在基本公共服务中的责任分工，使各级政府基本公共服务职责法定化、可问责。（2）按照基本公共服务均等化的要求调整中央地方财税关系，实现各级政府事权与财力的平衡。

（三）严格规范行政支出

过大的、不合理的行政支出成为我国政府转型的突出问题。相关的数字清楚地表明，我国行政支出有很大的压缩空间。"十二五"实现公共财政预算和支出的透明化，形成对财政预算和支出规范的社会监督，使行政成本在现有水平上削减15%—20%是有可能的。这样，政府在推进基本公共服务均等化上的财政压力会明显缓解。只有敢于在行政支出改革上动真格，才能够提振社会对收入分配改革的信心。

1990年12月，邓小平在一次谈话中指出，"共同致富，我们从改革一开始就讲，将来总有一天要成为中心课题"。1993年9月，他又指出，"怎样实现富裕，富裕起来以后财富怎样分配，这都是大问题。题目已经出来了，解决这个问题比解决发展起来的问题还困难。分配的问题大得很"。现在看来，以民富优先为目标的经济发展方式转变，已成为当下中国的中心课题。今天，我们讨论收入分配改革，就是要把收入分配改革作为转变经济发展方式的重大任务，以实现我国走向公平与可持续科学发展的第二次转型。

确立民富优先的改革导向[*]

（2010 年 12 月）

我国经济发展方式转变的实质，是实现发展导向由经济总量向国民收入的历史性转变，走公平与可持续的科学发展之路。实现这一目标的关键，在于确立并实施民富优先的改革导向。

一 "十二五"的转型与改革直面"中等收入陷阱"

所谓"中等收入陷阱"，是指新兴市场国家经过快速发展、人均 GDP 达到 3000 美元左右，快速发展中积累的矛盾集中爆发，而又未能适时摆脱以往发展模式的局限，选择新的发展方式从而跌入经济增长的长期低速甚至是停滞。2010 年，我国人均 GDP 将超过 4000 美元，进入中等收入国家行列。"中等收入陷阱"的风险应当引起高度关注。

我国"中等收入陷阱"的风险有所增加。根据中改院 2010 年改革问卷调查，有 61.51% 的专家认为，我国存在着"中等收入陷阱"的风险。我的看法是，不仅存在着某些风险，而且这几年风险的因素有所增加。第一，收入分配差距、贫富差距不断扩大。第二，公共产品短缺、公共服务不到位的矛盾仍然突出。第三，居民

---

* 在"搜狐新视角经济学人论坛 2010 年会"上的主题演讲，2010 年 12 月 28 日，北京；载于《中改院简报》总第 837 期，2011 年 1 月。

消费率持续走低。第四，国民收入分配失衡。第五，社会矛盾和社会风险因素不断增加。这些问题解决不好，都有可能成为陷入"中等收入陷阱"的诱因。

"中等收入陷阱"风险的远虑大于近忧。由于多种因素，近两三年我国仍有可能保持较高的经济增长。并且，由于我国正处在经济社会转型的重要阶段，有避免"中等收入陷阱"的诸多条件。问题在于，风险因素也有增加的趋势。在这个背景下，经济增长陷入低迷、停滞的可能性并不能排除。"十二五"的转型与改革应当高度警惕"中等收入陷阱"。

二 民富优先的改革导向是避免"中等收入陷阱"的战略选择

民富优先的改革是释放社会总需求的重大选择。国富、民富都十分重要。问题在于长期实行国富优先的增长会使国家生产力优先并快于民众消费能力增长，中低收入群体消费能力的提高缓慢、消费倾向偏低，导致社会总需求不足。在这种情况下，经济发展缺乏内生动力，收入差距不断扩大。坚持民富优先的发展，能带来老百姓收入水平的提高，带来社会消费率的提高。民富优先，意味着促进居民收入水平的提高将成为一个重要的政策目标，意味着更多的社会产品应当分配给居民，意味着政府更多的财政支出用于社会福利建设。由此使社会财富更多地为居民所有，居民的消费倾向和消费能力都得到极大的改善，进而真正释放和扩大社会总需求，扭转消费率下降的基本趋势。如果未来5—10年，居民消费率从当前的35.6%提高到50%以上，年均提高2—3个百分点，意味着每年将有5万亿左右的商品由现在用于投资和出口转变为让社会消费。这样，社会总需求尤其是消费需求就将成为拉动经济增长的主要动力。

民富优先的改革是扭转收入分配差距的重大选择。民富优先导向改革的实质是建立"藏富于民"的制度基础；其基本标志是居民收入增长略快于经济增长速度，中、低收入者收入增长略快于高收入者收入增长速度。这些年，我国在经济总量快速扩张的同时，消费率持续走低，主要原因在于城乡差距、地区差距、贫富差距的不断拉大，严重制约了中低收入者消费能力和消费水平的提高。适应城乡居民消费需求和消费结构提升的趋势，关键在于形成公平合理的国民收入分配格局。为此，民富优先改革的首要任务是尽快提高城乡居民的实际收入水平，将城乡居民收入和劳动者报酬增长作为两大约束性指标，以扭转不断扩大的收入分配差距，防止"中等收入陷阱"的风险。

民富优先的改革是实现公平发展的重大选择。民富优先的改革，基本出发点是公平发展；基本途径是在更加充分利用市场机制的基础上提高社会公平程度，构建和谐社会。由此，民富优先的改革，就是要打破城乡二元结构，促进城乡公平、协调发展；就是要打破劳动力市场"同工不同酬"的体制安排，促进劳动力公平发展。

三　"十二五"民富优先的改革需要有重大突破

尽快出台收入分配改革方案。民富优先对收入分配制度改革提出直接的迫切要求。尽管存在各种不同判断和看法，从加快转变经济发展方式的要求看，应该尽快出台收入分配改革的总体方案。要把提高中低收入群体的收入水平作为主要目标，把"两个同步"具体化，确定具有约束力的指标。

加快推进财税体制改革。从民富优先的改革导向看，当前以经济总量为导向的财税体制是加快转变经济发展方式的主要制度障碍。推进财税体制改革，要同时调整财政收入结构和财政支出结构。在财政收入结构中，尽快将国有资产租金和利润、土地出让金等预算外收入和非预算收入纳入财政预算，形成规范的全口径财政预算体制；同时实施结构性减税政策，降低企业承担的生产税比重，改变个人所得税以工薪阶层承担为主的局面。在财政支出结构中，大幅度降低经济建设支出和行政管理费用的占比，为推进基本公共服务均等化奠定重要的财政基础。

政府转型应取得实质性突破。政府做大 GDP 总量有很多经验，但推进发展导向从经济总量向国民收入的转变，从投资出口主导向消费主导转变，涉及发展理念、政府定位和政府职能的重大调整。政府真正成为公共服务型政府，需要讨论三个重要问题：第一，是以经济增长为中心，还是以公共服务为中心。第二，国有资本的配置是以公益性为导向、以改善民生为目标，还是继续以做大经济总量为目标，继续强化在竞争性部门的投资。第三，是继续支持国有资本垄断营利性强的部门，还是打破垄断，引入竞争，使民营经济成为经济持续稳定较快增长的主导力量。这是政府转型最具实质性和挑战性的重大课题，也是决定改革成败的关键所在。

1990 年 12 月，邓小平指出，"共同致富，我们从改革一开始就讲，将来总有一天要成为中心课题"。1993 年 9 月，他又指出，"怎样实现富裕，富裕起来以后财富怎样分配，这都是大问题。题目已经出来了，解决这个问题比解决发展起来的问题还困难。分配的问题大得很"。现在看来，以民富优先为目标、以经济发展方式转变为主线的第二次转型与改革，已成为当下我国的中心课题，无法回避。

从国富优先向民富优先转变的"十二五"[*]

（2011 年 3 月）

中国经济发展方式的实质性突破，关键在于实现从国富优先向民富优先的转变，确立民富优先的改革发展导向。这有可能成为今年"两会"的热议话题。"十二五"是从国富优先向民富优先发展转变的关键五年。从实践看，实现这个"转变"，需要尽快形成"以消费为主导、城市化为载体、低碳为基本要求、基本公共服务均等化为突破"的新格局。

一 实现由投资主导向消费主导的转型与改革

提高广大中低收入群体的消费能力，形成良好的消费预期，既是扩大国内市场消费的关键，又是民富优先、公平发展的客观要求。

"十二五"时期，实现从投资主导向消费主导的转变，初步形成消费主导的新格局，就会形成中长期公平与可持续增长的内生动力。1978 年中国消费率为 62.1%，2009 年降到 48%，是改革开放以来的最低点。"十二五"有没有可能将消费率从现在的 48% 提高到 52%、53% 甚至是 55% 左右？

---

[*] 本文载于《新世纪》周刊，2011 年第 9 期。

"十二五"要初步形成消费主导的趋势，主要取决于能否尽快启动收入分配制度改革。如果能够在提高城乡居民的实际收入水平、有效地缓解和缩小收入分配差距、确立财产权保护的基本制度、确立财产公开制度和透明有序的收入分配秩序等方面取得突破，"十二五"消费率超过50%应当是没有问题的。

二 实现由工业化主导向城市化主导的转型与改革

中国的贫富差距，相当大因素是城乡的收入差距。中国的城市化滞后于工业化进程，是形成经济社会发展诸多矛盾的一个重要因素。

从国际经验看，工业化中后期的城市化率不低于55%，中国现在是46.6%，低于工业化进程10—15个百分点。"十二五"如果能够实现城市化年均提高1—1.2个百分点，到"十二五"末将达到50%以上，有助于扩大国内消费，有助于国富向民富的转变。为此，"十二五"发展方式转型重在实现从工业化主导向城市化主导的转变。

三 实现由中高碳经济向低碳经济的转型

过去，我们能在"黑烟囱"下工作是一种骄傲。今天，低碳工作、低碳生活，是人们的基本追求。民富优先，需要发展低碳经济。

中国作为转型中的大国，推进低碳经济的转型，不仅是挑战，更是一次机遇；不仅是节能减排、技术创新，更是破解结构性矛盾的关键；不仅是一场环境革命，更是一场深刻的生活方式革命和一场重大的制度革命。为此，"十二五"需要把经济增长速度和能源消耗总量挂钩，在能源量消耗指标下来控制经济速度。2004年国家能源"十一五"规划确定的标准是2010年一次能源消费总量控制目标是24亿吨标准煤，但2007年就将该目标修改为27亿吨标准煤。而2010年一次能源消费总量实际将达到32亿吨标准煤，比

2000年的14.5亿吨增加1.2倍。那么，发展低碳经济的关键是什么？主要靠体制改革，包括资源价格形成机制改革、能源价格形成机制改革、环境产权制度改革、碳交易体制机制建设等，都需要在"十二五"加快推进。

四 实现公共产品短缺向城乡基本服务均等化的转型

加快建立惠及13亿人的基本公共服务体系，逐步实现基本公共服务均等化，以应对全社会基本公共需求全面快速增长的挑战，这既是中国实现民富优先的根本所在，也是扩大内需的重要举措。

当前城乡居民名义收入差距为3.3倍，但是加上义务教育、基本医疗和公共卫生、社会保障等方面的公共服务，城乡实际收入差距达到6倍左右，城乡实际收入差距中公共服务的因素占到了40%左右。推进城乡基本公共服务均等化，有经济水平的某些制约，更有体制安排的问题。为此，要加快调整政府财政支出结构，建设公共财政；明确中央与地方的基本公共服务中的职责；制定全国性的基本服务均等化规划；加快推进公益机构改革。综合各方面的条件看，应当明确把"初步实现基本公共服务均等化"作为"十二五"发展的约束性目标。

中国"十二五"：以民富优先为导向的发展转型[*]

（2011年6月）

消费水平的高低，既是衡量民富优先发展以及民生水平的重要指标，也是实现公平与可持续发展的关键因素。这些年来，中国消费率持续走低，主要原因在于现行的以投资出口为主导的增长方式。"十二五"初步实现由投资主导向消费主导的转型，既是转变经济发展方式的成败所在，也是改革攻坚的重点所在；既影响短期宏观经济稳定，又决定着长期的可持续发展。

一　确立民富优先的发展导向

这些年来，中国经济发展面临的突出矛盾是：GDP增速很快，消费率不升反降。产生这个问题的深层次原因在于：以做大GDP、国富优先发展为主要特征的政府主导型经济增长方式，使国家生产能力的增长快于居民消费能力的增长，并不断拉大贫富差距。应当说，改变投资—消费失衡，的确有一个转变发展导向的问题，即要从追求GDP总量导向转向国民收入导向，从国富优先的发展导向

---

[*] 在第八届中越经济改革比较论坛"公平与可持续发展：亚洲新兴市场经济体经济社会转型"上的主旨演讲，2011年6月7日，越南河内；载于《中改院简报》总第857期，2011年6月。

转向民富优先的发展导向。

（一）中国的经济增长方式具有国富优先的明显特征

（1）GDP 增长快于居民收入增长。"十一五"时期，中国 GDP 年均增长 11.2%。而城镇居民人均可支配收入年均增长 9.7%，农村居民人均纯收入年均增长 8.9%。"十一五"时期城乡居民收入增速是历史上最高的 5 年，但和 GDP 的增速相比还有很大差距。

（2）国家财政收入增长快于 GDP 增长。2010 年，中国财政增长率为 20.88%，GDP 增长率为 10.3%。

（3）国有资本扩张快于 GDP 增长。2005—2009 年，国有企业资产总额从 25.4 万亿元增加到 53.5 万亿元，年均增长 20.5%，既快于 GDP 增长，也远远快于民间资本的扩张速度。

（4）政府控制大量资源，政府主导的特点突出。

（二）新阶段国富优先发展面临的突出矛盾

为了迅速做大经济总量、尽快解决普遍贫穷的问题，中国采取了国富优先导向的发展方式。这是短缺经济背景下的历史选择。问题在于，国富优先的增长走到今天，开始面临着突出的矛盾。

（1）偏好于做大经济总量，经济社会发展失衡。经济总量、财政实力不断增强，"蛋糕"迅速做大；社会建设和发展滞后，社会矛盾日益突出。

（2）偏好投资出口，投资—消费结构失衡。

——消费率不断走低，投资—消费明显失衡。中国投资率长年居高不下，而消费率持续走低。尤其在过去 10 多年经济快速增长的过程中，消费率仍然在下降。1978 年，中国的最终消费率为 62.1%，2008 年降至 48.6%，为改革开放以来的最低水平。居民消费率下降尤为明显，1978 年居民消费率为 48.8%，2008 年下降到历史最低点 35.3%，其中 7 亿农民的消费仅占 8 个百分点。

——投资出口带来被动的货币超发，影响宏观经济稳定。

——投资出口主导的经济增长过于依赖外部市场，受外部市场波动的影响明显。

　　（3）偏好重化工业，产业结构失衡。

　　——经济增长过于依赖重化工业投资。2009年，重化工业新增投资占新增城镇固定资产投资的46.6%。

　　——服务业占比长期在低水平上徘徊。中国服务业的比重长期徘徊在40%左右，2009年最高，但也仅为43.36%，低于中等收入国家平均水平的10个百分点左右（2008年为53%），不及低收入国家在2000年的平均水平（44%）。

　　（4）国民收入分配格局的失衡。

　　——企业和政府收入占比持续上升。企业、政府在初次分配中的占比从20世纪90年代中期的16%左右，上升到目前的20%以上。

　　——居民收入占比持续下降。居民收入占比从90年代中期的65%左右下降到目前的60%以内。

　　2009年，中国人均GDP在世界排名第99位，而中国的最低工资在世界183个国家和地区中排在第158位。国民收入分配格局的失衡，是消费主导格局难以形成、收入差距不断扩大的重要因素。

　　（三）发展导向从国富优先走向民富优先的现实需求

　　（1）解决经济社会失衡问题。民富优先增加老百姓的收入，并且政府增加对社会领域的投入，大部分支出用于解决教育、医疗、基本住房保障等问题。政府加大社会领域的投入力度，从而走出一条经济社会均衡发展的道路。

　　（2）解决投资—消费失衡问题。现行发展方式最突出的矛盾就是国家的生产能力的增长长期快于老百姓的消费能力的增长，民富优先将带来民众消费能力的提升，扩大社会总需求，使经济增长由过度依赖投资出口向消费、投资、出口协调拉动转变，促进经济可持续增长，形成内生增长动力。

（3）解决产业结构失衡问题。产业结构失衡最突出的表现是服务业比重偏低。民富优先提高老百姓的消费能力，在现阶段将明显拉动生产型、消费型服务业发展，扭转产业结构失衡。例如，文化消费严重不足制约了文化产业发展，而文化消费不足的主要原因在于居民消费能力不足、消费结构不合理，不适应消费需求的变化。如果这些问题能够得以解决，文化产业增加值占GDP比重由目前的2.5%左右上升到5%以上是有可能的。

（4）解决国民收入分配格局失衡问题。以民富优先为导向的改革的实质是建立"藏富于民"的制度基础，加大对居民收入分配的倾斜力度，扭转收入分配格局失衡的局面。

1990年12月，邓小平在一次谈话中指出，"共同致富，我们从改革一开始就讲，将来总有一天要成为中心课题"。1993年9月，他又指出，"怎样实现富裕，富裕起来以后财富怎样分配，这都是大问题。题目已经出来了，解决这个问题比解决发展起来的问题还困难。分配的问题大得很"。现在看来，以民富优先为目标导向的转型与改革，已成为当下中国的重大课题。从国富优先走向民富优先是发展方式转变的战略选择，是发展导向变化的基本趋势。从追求GDP总量的发展导向转变为国民收入的发展导向，其实质是国富优先转向民富优先，其根本在于由对物的追求转向对人的自身发展的追求。以科学发展为主题的"十二五"规划，适应了这个阶段性的变化，是在内外环境变化的过程中做出的发展战略的历史选择。

二 初步实现投资主导向消费主导的历史转型

这些年来，中国消费率持续走低，主要原因在于现行的以投资出口为主导的增长方式。未来5年，中国的需求结构将发生重要变化，由投资出口拉动为主的需求结构向消费拉动为主的需求结构转变将是一个基本趋势。为此，"十二五"中国经济发展方式转变的成败在于，能不能初步实现由投资主导向消费主导的转型。

（一）投资—消费失衡成为经济生活和经济运行的突出矛盾

造成失衡的原因包括：收入分配制度改革滞后，中低收入者的消费能力难以得到有效提升；公共服务体制建设滞后，广大社会成员在教育、医疗等方面个人支出过大，影响了消费预期，挤压了私人产品消费。尽管"十一五"期间中国社会零售总额规模年均增长18.1%，但投资增长速度更快，导致消费率持续下降。虽然最近一两年消费率有所回升，但当前实际消费增速又出现了回落迹象，居民消费倾向尚未明显改善。消费率的不断下降，使经济增长被迫更加依赖于投资出口，进一步强化了原有的增长方式，进一步增大了经济生活和宏观经济运行的矛盾。

（二）以拉动消费为重点推进政策调整

总体来说，如果相关政策和改革到位，"十二五"中国有可能初步实现从投资主导向消费主导的转型，即力争用五年左右的时间把消费率从48%提高到55%左右，把居民消费率从35%提高到45%左右，初步形成消费主导的基本格局。

（1）提高居民消费能力。居民实际收入水平偏低限制了其消费能力的提升。中国劳动者报酬占比从1994年的51.2%持续下降到2007年的39.7%。这样十余年持续下降的情况，并不多见。

（2）改善居民消费倾向。由于历史"欠账"比较大，尽管这些年国家明显加大了基本公共服务均等化的投入，但仍然不能满足社会需求，导致城乡居民的消费预期不稳、边际消费倾向下降。

（3）优化消费结构。从发展趋势看，中国社会消费结构发生重大变化，发展型需求全面快速增长。不少大中城市家庭子女教育支出的比重已占家庭总收入的近三分之一；住房保障成为迫切的公共需求，但供给短缺。由此，要提振居民消费预期，提高居民消费率，提升消费结构，需要提供基本而有保障的公共服务以满足人们日益增长的公共需求。

（4）优化消费环境。近年来，食品安全等问题频发，消费环境有明显恶化的趋势，这对消费者的消费信心产生了直接的负面影响。这不仅在于企业缺乏道德自律，更在于当前监管体制的内在缺陷，即"多头管理、职能交叉、管理效率低下"的问题还相当突出。

（三）以拉动消费为重点的改革建议

"十二五"时期，拉动居民消费重在推进相关改革。

（1）年内尽快出台收入分配改革方案。这项改革，不仅社会各方面期盼非常大，而且对拉动消费具有决定性影响。

（2）"十二五"有条件初步实现城乡基本公共服务均等化。"十一五"以来，中央加大了公共服务领域的投资，广东等省已明确提出基本公共服务均等化的时间表。"十二五"规划也明确提出建立健全基本公共服务体系。总体来看，"十二五"有条件初步实现城乡基本公共服务均等化。这样，不仅有利于改变消费预期，对化解社会矛盾也具有重要影响。

（3）加快推进农民工市民化。今年的政府工作报告明确指出："把有稳定劳动关系并在城镇居住一定年限的农民工，逐步转为城镇居民。"长三角、珠三角、重庆等地区已经开始着手解决农民工问题，估计在2—3年内会有一定的突破。"十二五"全面解决有条件的农民工市民化问题的时机成熟、条件具备。让农民工成为历史，对扩大消费、缓解收入分配差距、化解社会矛盾、促进城乡一体化具有多方面的意义。

（4）加快城镇基本住房保障体系建设。中国今年的政府工作报告指出，再开工建设保障性住房、棚户区改造住房共1000万套，改造农村危房150万户,"十二五"全国城镇保障性住房覆盖面达到20%左右。在当前房价比较高的情况下,加大保障性住房建设不仅可以拉动内需,加快转变经济发展方式,也是改善民生、维护社会稳定的重大工程,社会对此有很高的期待。

三　着力解决拉动消费的中长期转型与改革问题

解决投资—消费失衡问题,拉动居民消费,既需要解决某些紧迫的问题,也需要研究解决深层次的重大改革问题。

(一)关于推进以扩大消费为重点的财税体制改革

总体上看,从扩大消费需求、加快转变经济发展方式的要求看,当前宏观税负偏高,财税体制改革仍然滞后。回过头来看,1994年分税制改革以来形成的财税体制在激励做大经济总量上的效应明显,但在调节收入分配上的作用不足。实施民富优先的发展,需要使财税体制在收入分配调节中扮演重要角色。这就需要尽快出台并启动新一轮以民富优先为目标的财税体制改革。按照基本公共服务均等化的要求调整中央与地方的财税关系,努力到"十二五"末期实现各级政府事权与财力的基本平衡。

(二)关于以公益性为重要目标、优化国有资源配置的改革

一段时期以来,中国推进了国有资本的分类改革,提出国有资本有进有退的目标思路。从"十一五"的实践看,国有资本在竞争性领域进多退少,国有垄断行业扩张的速度快于GDP增长。这不仅不利于加快改善民生,而且挤占了民营经济发展的空间,加大了收入分配不合理的因素,使垄断行业改革难上加难。

当前,公共产品短缺已经取代私人产品短缺成为中国经济社会发展的突出矛盾。在这个特定背景下,不能继续把国有资源更多地用在做大GDP上,应把一部分国有资本配置在公共服务领域。"十二五"头两年,应在加快研究的基础上,尽快出台进一步优化国有资本配置的改革方案。同时,加大对国有垄断行业收租分红的力

度，用于补充基本公共服务投资。

（三）尽快适度开放教育、医疗、文化市场

在确立政府主体地位和主导作用的同时，为吸引社会投资，适应多元公共服务需求，需要尽快适度开放教育、医疗、文化市场。

（1）适度放宽教育、医疗、文化的市场准入，调动包括企业、社会组织在内的社会力量扩大供给。

（2）政府要采取公共服务外包等多种形式促进形成基本公共服务多元供给体系。

（3）选择有条件的地区率先放开教育、医疗、文化市场，进行试点探索。

（四）关于以政府转型为主线的行政体制改革

加快以政府转型为主线的行政体制改革，是"十二五"加快转变经济发展方式和改革攻坚的关键和重点。"十一五"时期，行政体制改革在大部门体制改革等方面有一定进展，但与加快转变经济发展方式、形成内需和消费驱动的格局的要求还有明显差距：第一，经济运行中的政府主导特征有明显强化的趋势，市场在资源配置中的基础性作用受到一定程度的削弱，这也是投资消费失衡的深层次原因；第二，市场监管体制和市场流通体制改革滞后，反映出政府市场监管中的责任缺位、监管体制的低效率，以及市场流通环节的某些秩序混乱，这也是消费环境恶化的重要原因；第三，政府自身利益倾向日趋突出，行政成本膨胀等问题不仅有禁无止，而且有进一步扩大的势头，这也是造成国民收入分配格局失衡的一个重要因素。

从中国的现实需求看，确实到了从改变生产关系、做大经济总量转向改变经济结构、建设消费大国的历史拐点。为此，"十二五"要把改变经济结构、形成公平与可持续的科学发展，作为改革攻坚的重要目标。这既是"十二五"改革的突出特点，也是二次转型与改革的历史任务。无论是发展还是改革,"十二五"确实是历史转型的关键5年。把握"十二五"改革的突出特点,对加快推进"十二五"经济发展方式转变和改革攻坚具有重要意义。

公平与可持续：未来十年的中国追求[*]

（2011年10月）

中国未来5—10年的转型与增长，不仅对中国中长期发展具有历史性影响，而且对世界经济的再平衡与恢复增长也将起到越来越大的作用。从经济增长的长周期看，未来10年，尽管国际市场有可能继续动荡与萎缩，中国经济仍将处于上升的通道。与欧美国家不同的是，由于人口规模、经济结构等因素，中国并不缺乏新的增长点。例如，城市化率和服务业比重至少还有10—20个百分点的提升空间，这可以为中国经济在未来20年保持8%左右的增长提供重要支撑。

讨论中国中长期的增长前景，大都难以回避"中等收入陷阱"问题。2010年年底，我在墨西哥考察时深有感触：2010年墨西哥人均GDP接近10000美元，开始进入"高收入国家"行列；但与我们接触的墨西哥人大都反映，经济增长并未使多数人受益，贫困人口约占一半，陷入"发展的痛苦"之中。应当说，快速增长是好事，但把握不好，也有可能出现"成长陷阱"，即经济的快速增长不仅没有带来多数人福祉的增加，反而造成和积累大量的社会矛盾。

---

[*] 在"跨越中等收入陷阱——未来10年的中国"第72次国际论坛上的演讲，2011年10月29日，海口；载于《中改院简报》总第876期，2011年11月。

一 增长不等于发展,"跨越中等收入陷阱",重在研究防止增长主义导致"成长陷阱"

不可否认,增长是经济社会进步的基础,是解决所有问题的重要条件。作为发展中大国,中国不可能在没有增长的条件下奢谈其他。问题在于,增长不等于发展,增长不能代替一切,尤其是不能用阶段性的经济增长掩盖中长期发展的结构性、体制性问题。一句话,我们需要增长,但不要"增长主义"。

(一)增长只是提供了解决问题的基础和条件,但并不会自动解决所有问题

当前,总量扩张思维成为许多官员的普遍理念,形成了值得严重关注的"增长主义"倾向:以追求经济总量为目标;以扩大投资规模为主要途径;以土地批租和发展重化工业项目为主要特点;以行政干预和行政推动为主要手段。这种增长方式在推动短期内经济快速增长的同时带来了不平衡、不协调、不可持续的重大隐患。

以贫富差距为例。从现实情况看,无论用什么方法、什么指标衡量,中国的贫富差距都比较突出,有可能形成高风险;而且,这些年贫富差距随着经济的快速增长呈现出有所扩大的趋势。

再以资源环境为例。是不是经济快速增长之后就能够解决环境问题?按照各省份出台的"十二五"发展规划估算,未来5年全国每年将消耗52亿—55亿吨标准煤,远超过中央政府规划的到2015年将能源消费总量控制在40亿吨左右的约束性目标。在全球进入低碳经济时代的特定背景下,以高能耗为支撑的快速增长态势究竟还能持续多久?

(二)"增长主义"更多依靠短期性政策工具来刺激增长,忽视中长期目标的实现

中国的"十五"计划提出,居民消费率要提高到50%,由于实践中把注意力主要放在经济增长速度上,居民消费率不仅没有提

高，反而持续下降，到 2010 年时仅为 33.8%，降到了改革开放以来的最低点；"十一五"规划的服务业增加值和服务业就业比重、研发经费占 GDP 比重等重要的结构性调整目标均未能如期实现。未来 5 年，如果经济转型不到位，消费率还有可能走低。这样，我们将面对更为严重的系统性风险，积累的过剩产能就有可能被迫以经济危机的形式强制性地清理，由此带来巨大的社会成本。

（三）"增长主义"重经济增长，轻社会发展，增大社会矛盾和社会风险因素

中国正处于社会转型期和矛盾凸显期，更需要防止由"增长主义"引发的社会问题和社会风险。一方面，经济增长进程中利益关系失衡造成的社会矛盾和社会风险因素有不断增大的趋势。这就需要在经济增长的同时，有效地协调利益关系。另一方面，"增长主义"助推"一切向钱看"，使社会道德水准下降。这些年的"毒奶粉""地沟油"现象，触及了社会的道德底线，令人震惊。道德水准是经济社会发展的重要标志。一个国家的发展，不仅体现在经济增长的硬实力上，更体现在道德文化水准提升的软实力上。现实情况说明，要高度警惕"增长主义"引发的社会风险，需要积极发展文化软实力，以形成社会文明和社会进步的重要基础。

当前"增长主义"的理念还相当普遍。简单地把发展等同于增长，"发展是硬道理"在实践中常常被扭曲为"GDP 是硬道理"。在我看来，判断未来 5—10 年的中国增长前景，重要的不是预测经济总量何时能超过美国，不是何时能进入"高收入水平"国家行列，而是要考虑普遍存在的"增长主义"理念怎么扭转。由"增长主义"带来的结构扭曲怎么矫正，体制改革如何突破。

二 政府不能替代市场，任何其他工具都不能取代市场机制在增长体系里的基础地位

中国进入发展新阶段，为什么 GDP 增长主义的影响仍然比较

突出？我认为，其土壤是经济生活领域的政府主导。在初步建立市场经济体制的条件下，仍然在一些重要的经济领域以政府主导替代市场主导，不可避免地会积累大量的经济社会矛盾。

（一）不能用政府替代市场

中国改革开放30年最重要的经验是"解放市场"，通过市场基础性作用的发挥，创造出计划经济时代无法比拟的经济活力和经济效率。当前，经济生活领域存在的诸多矛盾与问题，大都与政府主导有直接关系。长期下去，会形成弱化市场的倾向，甚至有可能使某些计划经济因素复归，造成市场化改革停滞甚至倒退。

（二）防止政府失灵与防止市场失灵同等重要

市场自身存在失灵，存在缺陷。弥补市场失灵是经济稳定发展的重要保障。但政府自身也存在失灵，不能以失灵的政府来替代失灵的市场，也不能将政府转型不到位形成的"政府主导"与市场经济条件下政府的有效干预画等号。中国转型经济中的有些市场失灵，就源于政府失灵。例如，资源要素价格人为压低、市场监管的不到位、政府公共利益代表者的身份扭曲等。这就是说，应当既要防范市场失灵，更要防范用失灵的政府来替代失灵的市场。

（三）坚持经济生活中的市场导向改革

强调充分发挥市场在资源配置中的基础性作用，就是要在经济生活领域坚持市场主导的基础上发挥政府作用，而不是在政府主导的基础上发挥市场作用。在经济领域坚持市场主导，防止权力与市场结合，防止行政垄断，防止特权经济，有利于营造公平的市场环境。坦率地说，这方面的认识并不统一，并由此带来市场化改革的某些疑虑。

三 中国的"十二五"经济转型具有历史性特点，不能把政府主导型增长方式固化为"中国模式"

近年来，有一种值得注意的倾向是，把中国30年经济增长的奇迹归因于"政府主导",把"政府主导"作为"中国模式"的要件,甚至等同于"中国模式"。这一判断值得商榷。事实上,正是市场化改革才形成了中国经济保持30年高速增长的体制基础。从现实来看,把政府主导等同于"中国模式"有可能误导改革,耽误改革。为什么?

(一)政府主导型增长模式在现阶段的缺陷比较突出

政府主导的增长模式尽管适应了生存型阶段快速扩大经济总量、实现经济起飞的客观需求,但这种模式过于追求做大总量,把发展简单地等同于总量扩张,由此造成包括贫富差距扩大、资源环境约束加剧、社会风险增大等多方面的问题。当前,发展的内外环境发生了深刻复杂的变化,总量扩张型的增长模式难以为继,投资拉动、出口导向型增长难以为继,低成本扩张型增长难以为继。也就是说,我们不应当继续坚持政府主导型增长模式,需要积极地改变它。

(二)政府主导型增长模式所积累的结构性矛盾和问题仍在加剧

政府主导型模式的一个突出问题是,重视解决眼前的紧迫性问题,忽视深层次的中长期问题;重视解决周期性矛盾,忽视结构性矛盾。由此,习惯于用短期工具处理长期问题,带来短期问题长期化、周期性问题结构化。事实上,现实经济社会生活中的相当一部分短期问题都与中长期问题相联系,周期性矛盾往往源于结构性矛盾。为此,要跳出短期看长期,跳出总量看结构,跳出"中国模式"继续学习先进经验。

(三)转型与改革远未完成

中国的市场经济体制尚未完善,许多改革还远不到位。未来5—10年,中国的经济转轨与社会转型的任务还十分艰巨。例如:收入分配体制改革、财税体制改革、资源要素市场化改革和垄断行业改革等，都处在改革破题的关键时期。在这个特定背景下不适当地强调和宣扬"中国模式"，忽视体制机制中的深层次矛盾问题，有可能使我们的判断出现严重失误。

更深刻的问题是，政府主导的经济增长模式，形成的利益关系深刻复杂，而且已从经济领域向社会领域、政治领域蔓延，给改革带来巨大阻力。这些年包括财税体制、垄断行业改革等在内的重大改革久议不决，决而不行，行而不破，很重要的原因在于这些复杂利益关系的掣肘。如果以协调利益关系为重点的改革长期不能取得突破，一些基本层面的体制机制长期未能建立与完善，就有可能加大落入"成长陷阱"的风险。为此，需要重点讨论的不是"中国模式"，而是如何加快推进未来5—10年的转型与改革。

未来10年中国继续获得成功，需要防范"成长陷阱"，推进以公平与可持续发展为目标的二次转型与改革：使消费成为经济增长的内生动力；使多数人能够公平地分享经济发展成果；使市场保持充分的活力和效率；使资源环境可持续；使政府能够以公共服务为中心。这就需要在"消费主导、民富优先、绿色增长、市场导向、政府转型"等方面取得明显突破，为中国未来10年、20年的公平与可持续发展奠定坚实的基础。中国的二次转型与改革，与一次转型与改革相比，具有更为丰富的内涵，更具有历史挑战性。

在"十二五"规划中，中央政府已经明确提出"以科学发展为主题，以经济发展方式转变为主线"的发展思路。这是中国应对中长期挑战、应对"成长陷阱"的战略选择。中国作为13亿人口的大国，走公平与可持续发展之路，是对人类发展的重大贡献。

以公平与可持续为目标的收入分配改革[*]
（2011 年 12 月）

当前，世界经济的不确定性明显加大，中国的经济转型面临着更为复杂严峻的挑战。在这个特定背景下，要不要把消费主导作为经济转型的战略重点？要不要把收入分配改革作为破解经济转型的重大举措？对此，有不同的看法。我认为，走向消费主导的经济转型，既影响短期宏观经济稳定，又决定着中长期的可持续增长。推进消费主导的经济转型，高度依赖于全社会收入水平和消费能力的提高，以此形成支持中国未来 10—20 年经济较快增长的内生动力，从而走上公平与可持续发展的新路子。

一 处在消费释放的历史"拐点"，尽快扭转贫富差距扩大的趋势，成为推进消费主导经济转型的基本前提

收入分配结构的失衡导致社会需求结构的失衡，使消费对经济增长的贡献率持续下滑，并使经济增长过度依赖于投资出口。讨论走向消费主导的经济转型，核心是讨论消费主导的重要支撑何在，尤其是不断扩大的贫富差距对制约消费需求的影响究竟有多大。

---

[*] 在第七届中挪社会论坛暨第 73 次中国改革国际论坛上的演讲，2011 年 12 月 10 日，海口；载于《中改院简报》总第 891 期，2011 年 12 月。

（一）中国正处于消费释放的历史"拐点"

随着中国全面进入以人的自身发展为主要目标的发展型新阶段，社会需求结构、消费结构和消费总量明显变化，消费正处于释放的重要时点。

（1）城乡居民消费需求不断增长。"十一五"社会消费品零售总额年均增长18.1%，远高于"九五"的10.6%和"十五"的11.8%。

（2）消费主体不断扩大。随着城市化的快速推进，城乡居民的消费水平逐步提高，消费主体不断扩大。麦肯锡公司的一份报告指出，按照目前的城市化发展趋势，中国的"城市消费量在2008年到2025年的增量，就足以创造一个相当于2007年德国市场总规模的新市场"。

（3）居民消费结构明显变化。这些年城乡居民在教育医疗等方面的支出不断增长，其消费占比分别从1990年的32.3%和33.4%增长到2009年的53.01%和53.22%。

国家"十二五"规划纲要明确提出，"把扩大消费需求作为扩大内需的战略重点，进一步释放城乡居民消费潜力，逐步使我国国内市场总体规模位居世界前列"。这是一个符合中国发展趋势的战略性规划。未来的5年左右，如果能够初步实现消费主导的经济转型目标，即最终消费率由48%提高到55%左右；居民消费率由35%提高到45%左右，实现未来10—20年中国经济8%的增长就有了重要支撑。

（二）不断扩大的贫富差距是影响和制约消费释放的重要因素

从现实情况看，无论用什么方法、什么指标衡量，中国的贫富差距都相当突出，而且这些年贫富差距呈现出持续扩大的趋势，有可能形成高风险。贫富差距的不断扩大，使中低收入群体难以成为扩大消费的主体。

(1) 城乡差距的扩大导致消费率下降。尽管过去几年农民收入增长较快,但由于城乡二元的体制机制尚未被打破,城乡居民实际收入差距仍然保持在3∶1以上的高位。2009年,7亿农民的消费在35%的居民消费率中只有8.36个百分点。

(2) 贫富差距的扩大影响消费结构的提升。近年来,中国城乡恩格尔系数下降缓慢,2010年分别为35.7%和41.1%[①],由此导致消费结构升级缓慢。以文化为例,2010年中国文化消费占GDP总量仅为2.5%。释放巨大的文化消费潜力,发展文化产业,重要的前提是尽快提高中低收入群体的收入水平,创造条件使中低收入者成为文化消费的主体。

(3) 贫富差距的扩大制约消费信心的提振。在收入提高缓慢、贫富差距居高不下的情况下,短期内采取某些刺激性的消费政策,其效果总是有限的,并且在政策到期后消费很有可能再度回落。

(三) 确立民富优先的发展导向

国家的"十五"计划就曾提出促进消费较快增长,使居民消费率提高到50%的目标。10年过去了,居民消费率不升反降。问题就在于,以追求GDP总量为导向的发展模式,国富优先发展的特点突出,使GDP增长长期快于城乡居民的收入增长,国家财政增长长期快于GDP的增长。扭转不断扩大的贫富差距,需要实现发展导向从国富优先向民富优先的转变,以"藏富于民"。

(1) 加快调整国民收入分配格局。确立民富优先的发展导向,重要的是在于把国民收入分配结构调整放到经济社会转型的大背景下统筹考虑设计,加大调整的力度。由此,切实提高居民收入在国民收入分配中的比重,切实提高劳动报酬在初次分配中的比重。

(2) 加快推进农民工市民化。这不仅有助于释放2.3万亿农民

---

① 国家统计局:《中国统计摘要2011》,中国统计出版社2011年版。

工的消费需求，还能够拉动相关的投资。有研究表明，每转移一个农民工，大概需要 10 万元的投资。如果每年能有效地转移 1000 万农民工，由此带来的投资规模不低于 1 万亿元。

（3）高度关注就业。无就业的增长会进一步恶化收入分配关系，激化社会矛盾。中国是一个城乡、区域发展严重不平衡的人口大国，仍将长期面临着巨大的就业压力。高度关注和解决就业问题，是缩小城乡差距、贫富差距的重中之重。这就需要加大对中小企业的扶持力度，进一步改善中小企业生存发展的制度环境。

二 进入公共产品短缺时代，推进城乡基本公共服务均等化，成为收入分配制度改革的重大任务

由生存型阶段进入发展型新阶段，公共产品短缺取代私人产品短缺成为中国经济社会发展的突出矛盾。在这个特定背景下，收入分配制度改革，既需要解决好初次分配的问题，也需要高度重视再分配的问题。总体上说，中国的再分配还有相当大的改革空间。欧债危机以来，有学者把问题的根源归结为这些国家的高福利上，并提出中国需要防止高福利风险。我认为，中国仍处于较低的福利阶段，远不是所谓的"高福利"问题。加快推进基本公共服务均等化进程，不仅不存在"福利陷阱"的风险，而且有利于实现公平与可持续的发展目标。

（一）公共产品短缺是新阶段经济社会发展的突出矛盾

全社会公共需求的变化将带来需求结构和供给结构的变化，使经济结构不合理的矛盾日益凸显，由此形成新阶段经济转型的巨大压力。

（1）公共产品短缺是经济转型的突出矛盾。以中国投资与消费失衡的矛盾为例，这在很大程度上是由于公共产品短缺制约广大城乡居民的消费能力，降低了他们的消费倾向。为此，推进以消费主导的结构性调整和改革，应当成为中国经济发展方式转变的战略重点。

(2) 公共产品短缺成为社会矛盾的聚焦点。新阶段日益增多的社会矛盾和社会风险,在一定程度上同公共产品短缺、基本公共服务尚不到位高度关联。以甘肃正宁县的"11·16"校车交通事故为例,这一事故之所以引起全社会的广泛关注,就在于它暴露了中国基础教育公共产品短缺的现实问题。

(3) 公共产品短缺成为影响城乡差距、贫富差距的重要因素。正是在这个背景下,中央政府最近把贫困线从 1274 元提高到 2300元,并明确把基本公共产品纳入反贫困战略。在保障贫困人口"不愁吃、不愁穿"的同时,还要保障其义务教育、基本医疗和基本住房等基本公共产品供给。

(二) 加大公共产品供给对短期保增长与中长期可持续发展都有着重要的作用

经济增长不确定性的挑战,使保增长成为短期宏观经济政策的重点目标之一。这就需要保持一定的投资规模。问题在于,保什么样的增长?用什么方式保增长?在我看来,与 2008 年投资于基础设施的反危机保增长有所不同,面对公共产品短缺的突出矛盾,未来几年更重要的是以社会投资为重点保增长,以此为中长期的消费释放奠定基础、创造条件。

(1) 调整投资结构。以政府投资为例。2008 年政府投资的相当比重集中在基础设施建设和产能扩张上。在教育、卫生、文化、社会保障等社会领域的公共性投资虽有加大,但尚不到位。未来几年的投资,应当按照需求结构变化的趋势,加大以保障性住房、教育、医疗等为重点的公共性投资。

(2) 调整投资来源。一方面,政府投资要以调结构为目标,重点是调整国有资本配置,以公益性为重要目标加大国有资本对社会领域的投入;另一方面,要扩大民间资本投入,尤其是引导民间资本进入教育、医疗、保障性住房建设等领域。

（三）加快推进城乡基本公共服务均等化进程

从实际情况看，这些年尽管加大了基本公共服务的投入，但是基本公共服务供给与全社会的公共需求尚有很大距离，并且供给的差距仍然是城乡、地区、不同群体实际收入差距的重要因素。加快推进城乡基本公共服务均等化进程，不仅有利于调节收入分配差距，还可以为消费主导的经济转型奠定重要基础。

（1）以公益性为目标配置国有资本。一方面，需要加大国有资本的收租分红力度。2010年国有企业累计净利润接近2万亿元，如果收租分红比例提高到50%左右，那么每年就有1万亿元资金用于社会福利体系建设。另一方面，要把一部分国有资本从经济领域配置到社会领域，使国有资本尤其是资源性国有资本及其收益成为社会福利建设的重要支撑。

（2）充分发挥民间组织在公益性服务中的作用。相当多的公共服务，比如慈善事业、艾滋病防治、公益性文化等许多事情可以通过民间组织，在基层和社区就能够得到解决。适应公共需求全面快速增长的客观形势，把农村基层自治组织和城市社区打造为基层公共服务平台，大力发展专业化、公益性服务的民间组织，能够解决基层多样化的公共服务需求，并有助于化解社会矛盾和社会风险。

三 收入分配领域的某些矛盾和问题积重难返，能否打破利益掣肘，成为收入分配制度改革的重大挑战

这些年，由于收入分配改革严重滞后，收入分配秩序混乱、贫富差距不断扩大的矛盾和问题不断积累，并成为经济社会矛盾的焦点。1993年，邓小平同志在一次谈话中说："少部分人获得那么多财富，大多数人没有，这样发展下去总有一天会出问题。"邓小平当年的告诫，今天应当引起我们的高度警觉和重视。

（一）不打破利益关系的掣肘，收入分配领域矛盾和问题积重难返的局面就难以改变

客观地看，尽管这些年在调节收入分配关系方面有某些进展，但也存在较为突出的矛盾和问题。这些突出问题，有制度、法律不完善、"潜规则"盛行的原因；更有利益关系尚未理顺，尤其是特殊利益群体影响的重要因素。能否打破利益关系的制约，成为新阶段收入分配改革的一大难题。

（二）没有改革的重大突破，难以理顺收入分配关系

打破利益关系制约，解决收入分配领域的矛盾和问题，到了以更大的决心和魄力推进改革的时候。

（1）推进以官员财产公开为重点的基础制度建设。经验证明，理顺收入分配关系，解决分配不公，迫切要求尽快建立财产向全社会公开的制度，并先从官员做起。这件事情，主要不是技术条件具不具备的问题，而是取决于改革的判断和改革的魄力。

（2）推进以农民土地权利为重点的财产权制度建设。城乡收入差距的一个重要方面是财产性收入差距。2005—2010年，城乡居民财产性收入差距从2.2∶1扩大到2.6∶1，并且还有进一步扩大的趋势。农民最重要的财产就是土地。为此，需要尽快承认与保障农民土地使用权的物权性质，使农民更多地分享土地非农化增值收益等财产性收入。

（3）以财税体制为重点的结构性改革。收入分配领域的许多乱象，都程度不同地与现行财税体制直接相关。例如，地方税制体系缺失，使地方政府经济建设积极性有余而公共服务和社会管理积极性不足。当前，启动新一轮财税体制改革并且推进相关的结构性改革，社会各方面有高度的共识，问题还在于改革的决心和行动。

（三）政府自身建设和改革不突破，难以"切好蛋糕"

正如有专家指出的，政府主导"做蛋糕"，又主导"切蛋糕"。

如果政府的自身利益问题不解决，又难以置于社会监督之下，政府自身在"切蛋糕"中的份额会越来越大。这样，会不可避免地带来体制机制性腐败。解决这个问题的关键在于，加快建立完善的公共治理结构。例如：健全信息公开、听证、检举等公共参与制度；建立各类群体与政府、公共领域的沟通渠道，使之成为各利益主体进行利益协调的主渠道；吸收不同群体代表加入各类公共组织，在公共政策的制定和执行中，保证其话语权和参与权。就是说，只有在社会参与监督下建设"阳光政府"，才能有效地约束政府的自身行为，更好地发挥公共服务的作用。

邓小平同志晚年曾指出，富裕起来以后的财富分配比解决发展起来的问题还困难。对此，他强调"要利用各种手段、各种方法、各种方案来解决这些问题"。今天，靠修修补补的政策调整和局部改革，是难以解决积重难返的矛盾和问题的。"各种手段、各种方法、各种方案"，迫切需要改革的顶层设计、改革的顶层协调，以实现改革的重大突破。

尽快出台收入分配改革总体方案[*]

（2012年3月）

当前，收入分配改革牵动改革发展全局，成为全社会关注的焦点问题。我国转变经济发展方式正处于重要的历史机遇期，能不能尽快实现收入分配改革的突破，对消费主导的经济转型具有决定性影响。此外，我国正处于走向共同富裕的历史"拐点"，收入分配改革的突破，对逐步实现共同富裕的目标至关重要。另外，今年是党的十八大召开的重要一年，社会对改革有很大的期待。收入分配改革的突破，对于协调重大利益关系、形成广泛的改革共识、提振社会对改革的信心，意义重大。为此，需要把推进收入分配体制改革作为"十二五"改革的重点，并建议年内尽快出台收入分配改革总体方案。

党的十六大明确提出"调高、提低、扩中"的收入分配改革思路，但至今仍未有一个总体的改革方案出台。面对改革发展新形势，收入分配改革方案的出台不宜再往后拖。改革实践表明，由于利益关系的固化，收入分配改革越往后拖越被动。对此建议：第一，国务院及其相关部委高度重视收入分配改革方案的制定和出

---

[*] 本文载于《经济参考报》2012年3月5日。

台,进一步明确工作责任和时间表。第二,由国务院领导牵头,组成收入分配改革领导小组,有效地协调改革方案中的部门利益和相关事宜。第三,尽快形成收入分配改革总体方案,提出改革的短期和中长期目标,具体确定改革重点任务和改革路径。

争取年内在征求社会意见基础上出台收入分配改革方案。为此,建议以收入分配改革方案制定为起点完善改革决策机制:第一,收入分配改革牵动千家万户利益,建议采取开放式、互动式的工作机制,广泛征求社会意见修改和完善改革草案。第二,收入分配改革与其他方面的改革相比更具复杂性,需要科学决策和理性设计,建议成立专家咨询委员会,充分利用专家和智库的力量修改和完善改革草案。第三,加强改革调研,综合多方面的意见和建议,争取出台一个具有广泛民意基础又具有现实可操作性的收入分配改革方案。

在出台收入分配改革方案的同时,还应出台相关配套改革方案。收入分配改革牵一发而动全身。收入分配领域的问题,涉及多方面深层次和结构性的体制矛盾,并不是一个收入分配改革方案所能够解决的。建议与收入分配总体改革方案相配套,本届政府任期内出台重点领域和关键环节的改革方案。

第一,尽快出台以公益性为目标的国有资本调整方案。在细化非公经济新36条,注重通过打破行政垄断、建立公平竞争市场秩序、完善初次分配的同时,进一步规范对国有企业的分红收租,把更多的国有资本配置在基本公共服务领域,发挥国有资本在完善再分配中的作用。

第二,尽快出台全国性基本公共服务均等化改革方案。把基本公共服务向农村、落后地区和困难群体倾斜,实现基本公共服务均等化作为完善再分配的重点加快推进落实。

第三,尽快出台财税体制改革方案。注重通过控制过高的财政收入增长速度和实行结构性减税调整国家、企业和居民之间的收入分配格局。积极探索开征物业税、遗产税、赠与税等新税种，发挥财税体制在再分配中的杠杆作用。

形成六亿中等收入群体的转型与改革[*]

（2012年12月）

党的十八大报告提出，到2020年实现国内生产总值和城乡居民人均收入比2010年翻一番，全面建成小康社会。对这个目标的提出，社会各方面予以普遍关注和很高的期盼。我的理解是，实现这个目标，不是贫富差距继续扩大基础上的倍增，而是中等收入群体的倍增：在目前大约23%的基础上，每年提高2个百分点，到2020年努力达到40%以上，由此使中等收入群体规模扩大到6亿人左右。

形成6亿中等收入群体，对未来10年中国走向公平可持续发展的意义重大：意味着巨大消费需求潜力的释放，从而支撑年均7%—8%的中速增长；意味着利益关系调整的新突破，从而奠定橄榄型社会结构的重要基础；意味着贫富差距的逐步缩小，从而形成走向共同富裕的大趋势。

作为一个转型与改革的大国，实现2020年中等收入群体倍增的目标，主要取决于未来3—5年转型与改革的进程：人口城镇化的转型与发展；收入分配改革的实质性突破；公平有序的社会生态

---

[*] 本文载于《经济参考报》2012年12月6日。

及其制度安排。

一 城镇化将使中等收入群体快速增加

人口城镇化是扩大中等收入群体的重要载体,城镇化的发展转型将为中等收入群体倍增提供巨大空间。

由于工业收益与服务业收益远高于农业收益,发达国家历史上中产阶层的形成,主要源于人口城镇化及其经济结构的转型升级。从中国的现实看,未来10年实现中等收入群体倍增,重要的基础和支撑在于人口城镇化的发展转型。

(一) 人口城镇化的快速发展阶段是中等收入群体快速形成的过程

一般来说,城镇化率处于30%—70%的时期,是城镇化加快发展的阶段。2011年,中国的城镇化率为51.3%,但人口城镇化率只有35%左右,远低于世界银行统计的中等收入国家48.5%的平均水平。未来5年左右,只要以农民工市民化为重点的相关改革能够取得突破,中国的城镇化率有望以年均1%—1.2%的速度推进,人口城镇化率有望以年均1.3%—1.5%的速度推进。这样,到2020年人口城镇化率有望达到50%—55%,初步接近60%左右的名义城镇化率。届时,新增城镇人口将达4亿左右,成为新增中等收入群体的"后备军"。

(二) 加快服务业主导的经济转型,将扩大中等收入者的就业机会

人口城镇化必然拉动服务业的快速发展,带来中等收入群体的快速增长,尤其是白领阶层的快速增加。以美国为例,随着由工业主导向服务业主导的经济转型,白领阶层的规模从20世纪40年代的1000万左右上升到20世纪70年代的5000万,30年间扩大了5倍。1980年,白领阶层已占全部劳动力的50%以上。

从现实情况看,接受过高等教育的大学生是白领阶层和中等收

入者的重要来源。2012年，中国大学毕业生估计为680万人左右，到2020年累计新增大学毕业生将接近4000万人。当前，大学生就业难，并很难成为中等收入者，主要原因是服务业发展滞后。2011年，中国服务业比重为43.1%，服务业就业占比为35.7%，就业人口仅为2.7亿左右。如果消费主导的经济转型明显加快，未来5年，服务业比重有望提高到50%左右，服务业就业占比有望达到40%以上；未来10年，服务业比重有望达到60%左右，服务业就业占比有望达到50%以上。按照这个预测，到2020年全国劳动就业人口大约为9.3亿，其中在服务业就业的人口将不少于4.5亿。服务业尤其是现代服务业就业人口规模的扩大，将明显拉动中等收入者比重的提高。

（三）加快城乡一体化进程，将使一定比例的农民工和农民成为中等收入群体的新生力量

按照党的十八大的要求，未来几年，如果城乡一体化的相关政策与体制安排到位，到2020年，城乡居民收入翻番顺利实现，新增4亿城镇户籍人口中的40%，大约1.6亿人有可能进入中等收入群体行列；考虑到2020年人口总量将接近15亿，人口城镇化率可能达到或超过50%，届时如果7.5亿农村户籍人口有20%成为中等收入者，新增中等收入群体将有1.5亿。两项相加，保守地估计，到2020年，新增中等收入群体大概在3.1亿以上，中等收入群体的总规模有望达到6亿人左右。

为实现2020年形成6亿中等收入群体的目标，建议结合国民收入倍增计划，尽快制定中等收入群体倍增的具体行动方案。例如：(1) 加快教育结构调整，提高有效的人力资本积累，突出人力资本在扩大中等收入群体中的重要作用。(2) 尽快出台农民工市民化的日程表，争取经过3—5年的努力，初步实现农民工市民化，使一部分农民在真正融入城市后成为中等收入群体。(3) 尽快改革

征地制度，保障农民征地谈判的主体地位，提高农民在土地增值收益中的分配比例，为一部分农民成为中等收入者创造条件。

二 调节收入分配要从民富优先破题

以民富优先为导向破题收入分配改革，为广大中低收入者进入中等收入群体创造条件。

中等收入群体比例的提高，是缩小贫富差距、实现公平分配的必然结果。为此，调节收入分配关系、缩小贫富差距是扩大中等收入群体的基本条件。从目前的情况看，在贫富差距尚未明显改变的情况下，即使城乡居民收入整体翻番的目标实现了，也并不能保证中等收入群体规模的倍增。以民富优先破题收入分配改革，就是要尽快扭转贫富差距不断扩大的趋势，为广大中低收入者向上流动创造更多的机会和条件。

（一）尽快提高城乡居民的实际收入水平

居民收入倍增不是现有国民收入分配格局下的倍增，而是向城乡居民倾斜、向劳动者报酬倾斜条件下的倍增。例如：（1）确保城乡居民收入增长同步并略快于GDP增长。未来10年，在GDP年均增速为7%—8%的条件下，城乡居民实际收入增长年均应不低于7.5%。（2）加快建立工资谈判协商机制，确保劳动者报酬与劳动生产率增长同步，使劳动报酬占GDP比重从目前大约40%提高到50%左右。（3）确定缩小城乡差距的约束性指标，努力使城乡居民收入差距从2011年的3.13∶1下降到2020年的2.8∶1以内。

（二）以制度公平为重点推进基本公共服务均等化

中国政府承诺，到2020年基本公共服务均等化总体实现。虽然过去几年城乡基本公共服务均等化取得重要的历史性进展，但由于某些制度安排的不公平，城乡、不同群体间公共资源配置仍然存在比较严重的失衡，由此加大了中低收入群体在住房、养老、医疗、子女教育等方面的负担，他们的实际生活质量很难随着收入水平的提高而同步提高，并由此拉大了实际收入差距。这说明，基本公共服务均等化实现过程中能否保障中低收入者的权益，已成为扩大中等收入群体的重要因素之一。这就需要：(1) 严格限制经济适用房的受益范围，把住房领域的公共资源主要用于中低收入者，建立完善以廉租房为重点的住房保障体系，在这个前提下进一步推进住房领域的市场化改革。(2) 推进城乡、不同群体基本公共服务制度的统一，尤其是医疗保险、养老保障的制度统一。(3) 努力缩小财政用于不同社会群体基本公共服务的投入差距，并建立公开的约束性指标。

（三）以公益性为目标推进国有资本战略性调整

到2011年底，中国国有企业资产总额为85.37万亿元。国有资本能否适应全社会公益性的需求推进战略性调整，对于调节国民收入分配格局具有举足轻重的影响作用。为此建议：(1) 把一部分国有资本从竞争性领域退出，投入公共产品领域，使国有资本成为社会保障体系建设的重要支撑，由此提高中低收入者的实际福利水平。(2) 提高国有资本的收租分红比例。2011年国有企业累计利润达到2.26万亿元，如果将收租分红比例提高到50%左右，每年可新增1万亿元用于社会福利建设，这会明显缓解公共产品短缺带来的经济社会矛盾。(3) 调节垄断行业过高收入。通过严格规范和控制国有企业不合理的工资福利分配，并严格把隐性福利阳光化、规范化、货币化，明显缩小不同行业间的收入差距。(4) 建立全口径的财政预算体系，尤其是涵盖国有企业的资源使用租金和利润分红，从制度上确保国有资本的公益性。

（四）加快推进结构性减税

推行结构性减税是打破制度性约束、藏富于民的重大举措，有利于增强经济活力，减轻中低收入者负担。未来几年，重点是：(1) 中小企业是创造就业的主力军，降低中小企业税负，不仅可以鼓励创业，防止资本外流，还能够为提高劳动者报酬创造条件。(2) 建议未来3—5年，全面推行服务业税制由营业税向增值税转型，切实减轻服务业的税负，使在服务业就业的白领阶层尽快成为中等收入者。(3) 考虑通胀因素和提高中低收入者生活水平的客观要求，建议在进一步提高个人所得税起征点的同时，同步降低个人所得税税率，减轻中等收入群体的实际税负。

三 建立公开、透明的收入分配基础制度

未来10年，形成6亿中等收入群体，将是中国走向公平可持续发展的重要标志。良好的收入分配秩序是扩大中等收入群体的基本保障。

良好的收入分配秩序是扩大中等收入群体的基本保障，也是中等收入者认同感逐步增强的重要条件。在"灰色收入"较为普遍、腐败问题比较突出、收入分配不公越来越成为全社会最为关注的焦点问题这一特定背景下，要使工薪阶层为主体的中等收入者普遍认同自己的经济社会地位，迫切要求以公开、透明为重点，加快建立收入分配的基础制度；理顺利益关系，形成公正有序的分配秩序。

（一）以全口径预算决算管理改革为契机，全面推进政府预算公开

扩大中等收入群体客观上要求建设低成本的廉洁政府，这对财政预算公开提出了新的要求。应当说，将所有政府性收入纳入预算管理、全面取消预算外资金、推进全口径财政预算公开的条件已经成熟。为此建议：(1) 加大"三公"经费公开力度。在中央行政单位、事业单位和其他单位的"三公"经费公开取得阶段性成果的基础上，进一步公布其明细账目，并通过3—5年的努力，使各级政府全面实现"三公"经费的公开。(2) 拓展财政预算公开范围，将公共预算、政府性基金预算和国有资产经营预算、社会保障预算、土地出让金等全部纳入预算公开范围。(3) 加快预算法的修订

工作，为推进全口径预算决算的审查和监督提供法律依据。

（二）以官员财产公开为重点，逐步形成覆盖全民的财产申报制度

当前，推进官员财产公开已成为各方面普遍关注的重大问题，成为解决机制性寻租腐败、提振社会信心的重大举措。为此建议：（1）尽快实现官员个人和家庭财产从内部申报转向社会公开。（2）对拟新提拔的官员、新当选的各级人大代表和政协委员率先实行财产公开。（3）通过3年左右的努力，将财产公开覆盖至全部官员，争取5年左右的时间建立覆盖全民的财产申报制度，并建成完善的收入分配基础数据信息体系。

（三）建立公职人员的收入、财产动态监察制度

对公职人员进行收入和财产监督是杜绝"灰色收入"、取缔非法收入、规范收入分配秩序的关键所在。建议在推行阳光政府建设的过程中，加快设计建立公职人员的收入、财产监察体系。其中的重要措施是：（1）加强对腐败高发领域公职人员收入及财产的监督，在推动反腐倡廉上取得新突破。（2）强化各级人大对同级官员收入及财产的监察。（3）强化社会监督、舆论监督，建立完善对公职人员非法收入及财产的举报制度。

在过去30多年的发展与改革进程中，中国在成功减少2亿多贫困人口的同时，又使得3亿人跻身中等收入群体的行列。未来10年，形成6亿中等收入群体，将是中国走向公平可持续发展的重要标志，将是中国从投资生产大国转型为消费大国的重要标志，将是中国拉动全球消费市场、为全球经济复苏做出新贡献的重要标志。我们有责任为此做出共同努力。

尽快制定中等收入群体倍增国家规划[*]

（2013年3月）

中等收入群体持续扩大，是释放消费潜力、扩大内需的重要基础，是建设橄榄型社会、走向共同富裕的重大任务。当前，我国中等收入群体比重偏低、规模过小、身份认同感不强，不仅抑制潜在消费需求的有效释放，还导致社会结构失衡、贫富差距过大、利益矛盾增多。为此，建议尽快制定《中等收入群体倍增国家规划》。

（一）把中等收入群体倍增作为国家战略，尽快制定专项国家规划

党的十八大报告提出"中等收入群体持续扩大"；国务院批转的《关于深化收入分配制度改革若干意见的通知》把"中等收入群体持续扩大，橄榄型分配结构逐步形成"作为改革目标之一。但如何"扩中"缺乏具体的体制与政策设计。中等收入群体倍增是一个大战略，涉及经济社会各个领域的改革。建议在收入分配改革总体方案基础上，尽快出台《中等收入群体倍增国家规划》。

（二）建议明确提出到2020年中等收入群体倍增的目标

达成党的十八大报告关于到2020年实现城乡居民人均收入倍

---

[*] 2013年全国政协十二届一次会议的提案，2013年3月3日，北京。

增的目标，不是贫富差距扩大基础上的倍增，而是中等收入群体的倍增。为此，建议明确提出到 2020 年中等收入群体倍增的目标要求。

（1）总体目标：在目前大约 23% 的基础上，每年提高 2 个百分点，到 2020 年努力达到 40% 以上，由此使中等收入群体规模从 3 亿扩大到 6 亿人左右。

（2）阶段性目标。未来 2—3 年，即到 2015 年左右，中等收入群体比重提高到 30% 左右，规模接近 4 亿人左右；再用 2—3 年的时间，即到 2017 年，中等收入群体比重提高到 35% 左右，规模达到 4.6 亿人左右；随后再用 3 年左右的时间，即到 2020 年，实现倍增的总体目标。

（3）把扩大中等收入群体规模作为国家发展的预期性指标。中等收入群体倍增是一个综合指标，既反映经济发展的实际成果，也反映社会建设的实际进程，与 GDP 等单项指标相比，更具综合性。建议把中等收入群体规模倍增作为经济社会发展的预期性指标，并鼓励地方政府把中等收入群体倍增作为重要的约束性指标。

（三）制订中等收入群体倍增的行动计划

扩大中等收入群体，一方面时间、空间约束不断增强，另一方面现实条件总体具备，关键是要尽快制订可操作的综合性行动计划。

（1）加大结构性减税力度。建议实施大规模的国家减税计划。未来 5 年，重点是有效控制财政收入过快增长，有效控制行政成本过快增加，使城乡居民在国民收入分配格局中的比重明显提高。

（2）加快推进农民工市民化。以保障基本公共服务为重点，加快农民工市民化进程：先用 3 年左右的时间，在全国范围内基本上使有条件的农民工市民化；再用 2 年左右的时间，形成人口城镇化的制度框架；随后再用 3 年左右的时间，基本形成人口城镇化的新格局。

（3）尽快改革征地制度，提高农民在土地增值收益中的分配比例。加快推进农村土地确权进程，赋予农民长期而有保障的土地使用权，实现农民土地使用权的物权化。近期的重点是尽快改革征地制度，使农民成为农村土地流转的法定谈判主体，保障并提高农民在土地流转中的权益。

（4）以提高财产性收入为目标规范资本市场发展。中等收入群体的一个重要收入来源是投资收益。我国资本市场的体制性缺陷，在很大程度上制约中等收入群体扩大。需要尽快推进资本市场的体制机制改革，尤其是完善上市公司年度现金分红制度，加大给中小股民分红的力度，使城乡居民能够获得更多的财产性收入。

（5）加大教育投资，提高劳动者就业能力。重点是以提高人力资本为目标，扩大与就业结构相适应的教育投资，建立有利于就业和创业的体制机制，使新进入劳动力市场的大学生等群体尽快成长为中等收入群体。

走向公平可持续增长的转型改革[*]

（2013 年 11 月）

当前，面对世界经济深度调整和复杂多变的新形势，新兴经济体增速放缓，经济风险和挑战明显增加。作为最大的新兴经济体，中国未来几年的经济增长动力何在、增长前景如何，成为普遍关注的重点话题。我们说，虽然经济增长面临着下行的压力，但由于有着人口城镇化的巨大潜力，有着13亿人消费需求升级的重要机遇，中国仍有可能在未来10年保持7%左右的中速增长。

问题在于，新阶段的增长、转型、改革交织融合，增长动力、增长前景直接依赖于转型改革的突破。具体来看，长期形成的投资主导、政府主导、竞争性地方政府"三位一体"的经济增长方式，在推动经济快速增长中发挥了重大作用。但在今天内外发展环境深刻变化的条件下，这种增长方式不仅难以持续，而且已经成为增大经济矛盾和经济风险的体制因素。就是说，能不能推动经济增长方式的实质性转型，尽快步入公平可持续增长的轨道，是对下一步改革的重大考验。正是由此，大家高度关注党的十八届三中全会释放全面深化改革的重要信息。

---

[*] 本文载于《经济参考报》2013 年 11 月 7 日。

一 投资主导的增长方式难以为继，转型改革的首要任务是推动消费主导的投资转型，实现投资与消费的动态平衡

投资主导的经济增长方式难以为继，不仅在于这些年以欧美为重点的外部市场需求萎缩、国内投资效率明显下降，更重要的是在于投资主导的增长，很大程度上是为了做大GDP而投资，带来投资消费的严重失衡，使产能过剩呈现出全面性、长期性甚至绝对性的突出特点。当然，市场经济条件下，一定的产能过剩难以避免。问题是像中国这一轮范围如此之广、数量如此之大、影响如此之深的产能过剩历史上并不多见。如果解决得好，过了一关，就能带动经济结构转型升级取得重大进展；反之，不仅现存问题难以缓解，而且会引发诸多新矛盾甚至导致经济危机。这种情况下，投资主导的增长还能走下去吗？还能再走10年、20年吗？我的看法是，它已走到尽头，迫切需要转型。

（一）适应国内需求结构升级趋势，加快调整投资结构

作为一个人均GDP刚刚超过6000美元，还有6亿多农村人口的发展中大国，全社会的需求结构升级和需求释放仍将为投资提供巨大空间。也就是说，经济转型不是要不要投资的问题，也不是一个投资多寡的问题，而是让市场规律充分发挥作用，使投资结构与社会需求结构相适应，减少和停止低效、无效投资，增加和扩大适应市场需求变化趋势的投资。重点有两大方面。

第一，加大人口城镇化的相关投资。把握人口城镇化带来消费需求升级的历史机遇，改变以往以"造城"和"重化工业"为重点的规模城镇化的投资格局，扩大与人口城镇化直接相关的投资。以公用设施投资为例，有专家估计到2020年，城市内部的轨道交通至少有3万亿元的投资需求，供气系统至少有4.4万亿元的投资需求。这就需要加快城乡土地、户籍、公共服务一体化的改革进程，为释放人口城镇化的发展潜力拓宽制度空间。

第二，加大服务业领域的投资。未来 5—10 年是城乡居民的教育、文化、健康医疗、养老等服务需求集中释放的重要时期。以文化产业为例，要实现文化产业增加值由 2012 年占 GDP 的 3.48% 提高到 2020 年的 8% 的目标，初步估计需要累计投资 20 万亿元左右。这就需要加快服务业开放，创新服务业政策体系，形成社会资本进入服务业领域投资的大环境。

（二）以调整国有资本配置为重点，促进投资主体多元化

面对新形势，如何重新定位国有资本成为深化市场化改革的一个焦点问题。我的看法是，国有资本的主导作用主要在于它能够适应社会需求变化，从而发挥对全社会投资方向的引领作用。适应全社会快速增长的公共需求，把国有资本重点配置到公益性领域，不仅有利于国有资本自身的转型，还能为社会资本让出更多、更大的投资空间。

第一，以公益性为重点调整优化国有资本配置。推动国有资本加快从一般竞争性领域退出，重点投入教育、医疗、文化、社会保障、基本住房保障等社会公益领域。

第二，以放开市场、引入竞争为重点加快国有垄断行业改革。铁路、电力、电信、石油、民航、邮政等行业，竞争性环节对民间资本全面放开，自然垄断环节吸纳民间资本广泛参与，以拓宽社会的资本投资空间。

第三，公共服务业也要对社会资本放开。在加大国有资本投入的同时，通过政府采购、服务外包等多种形式支持社会资本进入社会公益领域。

加快投资转型，需要在消费主导的经济转型上尽快形成共识。近两年，中改院提出推进以消费主导的经济转型，主要基于以下的分析判断。

第一，投资消费失衡日益成为经济生活中最突出的矛盾，投资

主导形成的严重产能过剩积累了巨大的经济风险。

第二，消费结构升级、消费释放正处于重要阶段，释放13亿人的消费大市场是中国"最大的红利"、最大的优势。

第三，经济转型的首要关键是投资出口拉动向消费拉动、创新驱动的转变。

第四，走向消费主导，不是投资不重要，而是重在推进投资转型，实现投资与消费的动态平衡。

二 政府主导的经济增长方式难以为继，转型改革关键在于理顺政府与市场关系，全面激发市场活力

从经济生活的实践看，投资冲动实质是政府的投资冲动，投资主导的源头在政府。不可否认，政府主导型经济增长方式在推动经济快速增长中功不可没。问题在于，政府过多、过大的行政干预和深度介入微观经济活动，严重扭曲政府与市场关系，严重压抑市场活力。这不仅是经济增长不可持续的重要原因，也是导致寻租腐败的体制根源。

（一）关键在于理顺政府与市场关系

改革实践证明，政府与市场关系牵动影响改革发展全局。以往，我们处理政府与市场关系的明显缺陷，主要反映在实行政府主导下发挥市场有限作用的体制机制。例如，对土地、水、电、油、金融等资源要素价格保持一定程度的行政管制，导致资源要素价格难以真实反映资源要素的稀缺程度和供求关系，成为助长低成本投资扩张的重要条件。而且，在政府干预下，市场企业主体难以平等获得和使用资源要素，大大降低了资源配置的效率，损害了公平竞争的市场秩序。

市场经济发展中不是政府作用不重要，政府作用十分关键。问题是要把政府的有效作用建立在市场基础上，在更大程度、更广范围发挥市场在资源配置中的基础性作用，以全面激发市场活力。这就需要以资源要素市场化改革为重点推进新一轮的市场化改革。例如：在加快利率市场化进程的同时，加快汇率形成机制改革，重建资源要素市场体系，实现各类企业平等竞争使用资源要素，形成创新驱动的激励约束机制。

（二）以向市场放权为重点，重新定位政府职能

以行政审批为例，目前中央层面仍有1500多项行政审批事项，地方政府层面还有1.7万项。从改革实践看，如果政府职能没有大的转变，理顺政府与市场关系是相当困难的。应当承认，市场经济条件下"非禁即准"应当是一个基本原则。上海自由贸易试验区推出的"负面清单"管理，就是重新定位政府经济职能、把自主权还给市场主体的一次改革尝试。在我看来，以"负面清单"管理为重点重新界定政府与市场、政府与企业的边界，是激发市场活力的关键所在，也是全面改革行政审批体制的关键所在。

（三）加大向社会放权的力度，以形成维护公平竞争市场秩序的社会合力

现代市场经济，不仅要有竞争性的市场体系、有效的政府监管和法治基础，还需要行业规范和各类中介组织发挥作用，以此形成市场经济良序运行的合力。当前，消费安全问题频发，不仅反映了政府市场监管职能的缺位，同时也反映了行业自律、行业规范的严重缺失。面对无数个市场主体，形成公平竞争的市场秩序，需要政府的有效监管，也需要充分发挥行业协会等社会组织在行业监管、企业自律中的重要作用。这就需要推动现有行业协会的"政会分开"、去行政化，支持各个行业的民营企业在自愿的基础上联合建立各类行业协会，强化行业自律，以承接政府更大程度下放的行业管理职能。

三 竞争性地方政府的经济增长方式难以为继，转型与改革重在改变增长主义倾向，加快建设公共服务型政府

当前，政府主导资源配置突出反映在竞争性地方政府的经济增长方式。综合多方面的情况看，地方层面已经形成以做大GDP总量为导向、以地方财政收入增长和干部考核为约束激励机制、以行政干预和行政推动为主要手段的经济增长方式。客观说，改革开放以来为调动地方积极性，逐步形成的竞争性地方政府模式，在推动经济快速增长的同时，今天逐步演变为地方层面的增长主义倾向，并成为产能过剩、房地产泡沫、地方债务等问题的主要"症结"所在。竞争性地方政府的经济增长方式不改变，尽管在短期内仍然可以拉动GDP的较快增长，但会为中长期发展埋下更大的经济隐患和经济风险。这里，提出地方层面增长主义倾向的问题，不是把"板子"打到地方政府身上，而是要客观分析形成竞争性地方政府的体制因素，寻求建设公共服务型政府的有效路子。

（一）尽快形成以公共服务为导向的中央地方财税体制

这些年逐步形成的以经济总量为导向的中央—地方关系，在调动中央—地方两个积极性的同时，也开始出现中央—地方财税关系的两大失衡。

一是中央与地方事权与财力的失衡。公共服务的责任主要在地方政府，但多数地方政府可支配财力严重不足，地方政府只有靠做大地方经济总量才能扩大财源。

二是大中小城镇财力资源配置的失衡。由于上一级政府具有更大的财权，往往能够集中辖区内财力资源发展中心城市。其结果是：中心城市集中了优势的公共资源和就业机会，而中小城镇却缺乏良好的公共服务和就业机会，阻碍了人口城镇化的合理布局。

解决这两大失衡，需要中央—地方关系的导向由经济总量转向公共服务，并以此作为新阶段财税体制改革的主要目标，把大中小

城镇公共资源配置均等化作为中央—地方财税体制改革的重点，合理划分各级政府间的事权与财力，由此加快推动地方政府向公共服务主体的角色回归。

（二）把推动农地物权化改革作为规范地方政府行为的重点

地方政府可以从土地交易中获得巨额收益，这是竞争性地方政府形成的重要体制条件。许多地方的土地出让金收入相当于一般预算收入的50%以上。而且，地方政府举债进行投资扩张，主要也是以土地资源融资抵押。截至2012年底，全国84个重点城市处于抵押状态的土地面积同比增长15.7%，抵押贷款总额同比增长23.2%。为了招商引资做大GDP，有的土地不仅是零地价，甚至是倒贴。一些地方政府官员实际任期往往只有2—3年，却一次性透支了50—70年的土地增值收益。如此"寅吃卯粮"，既严重损害了农民的土地权益，又带来经济增长的隐患。如何切断伸向农村土地收益的"有形之手"？这就需要在推进中央—地方财税体制改革、培育地方稳定税源的同时，加快推进农村土地物权化改革，即赋予农民具有物权性质的土地使用权，使其在用途管制的前提下可流通，可转让，可抵押，尽快让土地这个"第二财政"退出历史舞台。

（三）形成规范地方政府行为的制度约束

地方增长主义倾向的形成，还在于相关的制度安排没有跟上。例如，为了做大GDP，一些地方政府不惜降低环境准入门槛；一些地方政府为了地方的经济利益，不适当地干预经济司法等。中国是一个大国，各地方的情况有很大差异，中央地方关系要破解"一收就死、一放就乱"的历史性难题，需要多方面改革的突破。从现实看，形成对地方政府的某些制度化约束十分重要。例如：果断废除GDP导向的干部选拔机制，尽快建立以公共服务导向、社会满意度导向为重点的干部政绩考核和选拔机制。与司法体制改革统筹考虑，探索建立中央地方双重法院体制，形成中央—地方两个层面的法院体系：由中央层面的法院体系专门审理经济案件；由地方法院重点受理刑事、民事案件。

未来5—10年，走向公平可持续增长的转型改革，其深刻性、复杂性、艰巨性前所未有：利益失衡的矛盾日益突出，改革需要突破利益固化的藩篱；转型倒逼改革，改革的时间和空间约束全面增强。面对挑战，我们有理由坚定全面改革的信念。这是因为，过去35年的市场化改革使中国由低收入国家迈入中等收入国家行列。处在历史新起点的全面改革，将使一个13亿人的大国由中等收入国家迈向高收入国家行列，其意义不亚于过去35年的改革。

扩大改革普惠性形成六亿中等收入群体[*]

（2016年6月）

中等收入群体不仅是维护社会稳定的中坚力量，也是释放消费红利的主力军。未来几年，落实中共十八大报告提出的城乡居民收入翻番目标，重在实现中等收入群体规模翻番，即由目前的大约3亿人，到2020年形成6亿中等收入群体。随着人口城镇化的推进和服务业的快速提升，我国扩大中等收入群体的基础条件已经具备。以民富优先为导向实现转型与改革的新突破，并形成公平有序的社会生态及其制度安排，增强中等收入群体的身份认同感，成为牵动全局的紧迫任务。

一 扩大中等收入群体是个大战略

改革开放以来，我国中等收入群体形成速度缓慢，社会结构演进滞后于经济结构，成为制约经济社会转型的突出"瓶颈"。

（一）我国中等收入群体发展严重滞后

（1）中等收入群体比重偏低。当前我国中等收入群体人数少、比重低是不争的事实。按照中国社科院社会学所"当代中国社会结构变迁研究"课题组的研究，我国中等收入群体比例为23%左右。

---

[*] 本文载于《上海证券报》2016年6月14日。

美国波士顿调查公司的调查报告也指出，目前中国中产阶层家庭所占的比例大约为24%。按照23%—24%的比例测算，我国中等收入群体规模为3亿人左右。总体来看，我国橄榄型收入结构尚未形成，低收入者比重仍偏大。

（2）中等收入群体比重低于国际平均水平。2011年，我国人均GDP超过5000美元，中等收入群体不到总人口的1/4。从国际比较看，在人均GDP 5000美元的阶段，美国中产家庭比重达到60%以上；有90%的日本人自认是中间阶层，60%自认处于"正中间"；韩国新中产和旧中产的比重合计达40%。

（3）中等收入群体发育滞后于经济发展水平。当前，我国的经济结构已进入工业化中期阶段，甚至有些指标已经进入了工业化后期阶段。但是，社会结构指标尚未实现整体性转型，大部分重要的社会结构指标仍然处在工业化初期水平。据相关机构预测，社会结构滞后经济结构大约15年。

（二）中等收入群体比重过低制约经济社会发展

（1）制约消费潜力释放。从国际经验看，中等收入群体是拉动消费需求的主力。中等收入群体比重过低，导致我国消费长期提而不振、扩而不大。长期以来，我国消费率落后于世界同等发展水平国家，与我国中等收入群体比例过低直接相关。例如，根据中国家庭金融调查数据，家庭储蓄主要是富人的储蓄。收入前10%的家庭，其储蓄率达60%，储蓄额占当年中国总储蓄的75%。前5%的家庭储蓄率更是高达69%，储蓄额占当年总储蓄额的62%。相比之下，大约50%的中国家庭当年是没有任何储蓄的。储蓄额的不足直接导致即期消费与远期消费的不足。

（2）导致社会结构失衡。一般而言，中等收入群体比重达到40%—50%，表明一个社会结构初步形成橄榄型结构。从国际经验看，工业化比较成功的国家，都在工业化中期之后形成了橄榄型的社会结构，从而有效地化解了社会矛盾。中等收入群体比重过低，使我国社会结构远远没有达到橄榄型，至少还差17个百分点左右。由于低收入群体数量较为庞大，社会群体之间，甚至整个社会处于一种"结构紧张"的状态，社会矛盾更易被激化，社会问题和社会危机更易发生。

（3）加剧利益矛盾冲突。中等收入群体的崛起以及由此形成的"中产信念"是社会稳定和发展的基石。在中等收入群体所占比重较大的社会里，贫富分化的状况得到改善，低收入群体对社会的信任度比较高，有利于社会秩序的稳定。相反，在收入差距比较大的情况下，高收入群体和低收入群体容易产生对立。近年来，由于我国收入分配改革滞后，广大劳动者收入水平偏低，在一定程度上加剧了劳资矛盾。例如，2001年我国劳动争议案件大约为15.5万件，到2011年已经突破了60万件。

（三）扩大中等收入群体牵动经济社会转型全局

（1）决定经济转型成败。从世界经济史看，到了工业化中后期，由于重化工业对生产资料的改造，工业生产能力过剩不可避免，但成功的工业化国家最终能够扩大中等收入群体，由此使得生产过剩的矛盾大大缓解。从我国的情况看，能否形成中等收入群体为主的社会结构，决定消费主导经济转型的成败。

（2）成为社会和谐稳定的关键。从我国的现实情况看，随着多元社会格局的形成，中等收入群体在社会稳定和谐中的地位全面凸显，扩大中等收入群体成为社会转型的历史性课题。当前的社会矛盾主要是发展中的矛盾，核心是利益关系问题，要害是中等收入群体发育滞后。如果能够在扩大中等收入群体上有大的作为，逐步形成中产阶层主导的社会结构，对未来社会稳定和国家长治久安意义重大。

（3）关乎改革共识和方向选择。改革开放之初，在我国处于生存型阶段的特定条件下,把解放生产力、发展生产力作为改革目标能够赢得社会共识,但是今天我国已经迈向发展型新阶段,在这个新阶段,人的自身发展成为转型与改革的核心课题。如果不把人的自身发展作为改革目标,改革很难赢得广泛的社会共识和社会支持。把扩大中等收入群体作为改革目标,就是要把人的自身发展作为首要和核心目标,真正确立以人为本的改革观,最大限度地增大改革的普惠性。

二 2020年实现中等收入群体倍增是一个大目标

党的十八大报告提出,到2020年,实现国内生产总值和城乡居民人均收入比2010年翻一番,全面建成小康社会。从我国经济社会转型的客观要求看,落实十八大报告的收入倍增目标,关键是确立中等收入群体倍增的目标,使中等收入群体规模由当前的3亿人左右,扩大到2020年的6亿人左右。

(一)由中等收入群体倍增走向公平可持续

(1)国民收入倍增重在实现中等收入群体倍增。2020年形成6亿人的中等收入群体,既体现收入倍增的重大成果,又意味着稳定消费主体的形成;意味着利益关系调整的新突破,从而奠定橄榄型社会结构的重要基础;意味着贫富差距的逐步缩小,从而形成走向共同富裕的大趋势。未来几年,国民收入倍增要充分考虑到现有收入分配结构,向中低收入群体倾斜。

(2)以中等收入群体倍增释放消费潜力。有研究指出,占人口不到30%的中等收入者,其消费约占社会消费总量的50%。以2010年城镇居民收入数据测算,到2020年,如果城镇中等收入群体比重提高到40%—45%,在不考虑人口规模变动的情况下,每年将新增消费规模0.75万亿元,10年将带来7.5万亿元左右的新增消费。

(3)以中等收入群体倍增走向公共治理。在经济转轨和社会转型时期，社会阶层的重新分化是必然趋势，每个社会都存在地位较低的社会群体，但问题的关键不在于有没有底层群体的存在，而在于处在社会底层的人群日趋定型，缺乏改变自己命运的渠道和机会，无法实现公正、合理、开放的向"上"流动，由此带来社会结构的固化。通过加快扩大中等收入群体，更多的中低收入者进入中等收入群体行列。

（4）以中等收入群体倍增走向共同富裕。改革开放初期邓小平就已经提出，我国发展到一定阶段后就需要解决共同富裕的问题。实现由一部分人先富到"共同富裕"，主要矛盾在于不断扩大中等收入群体。党的十八大报告明确提出"实现发展成果由人民共享"，要求"规范收入分配秩序，保护合法收入，增加低收入者收入，调节过高收入，取缔非法收入"。无论是"提低"还是"调高"，归根结底其落脚点都是"扩中"。只有中等收入群体扩大，才能加快改变一部分人富裕、一部分人贫穷的局面，逐步形成共同富裕的大趋势。

（二）确立中等收入群体倍增的基本目标

从经济社会转型的大局出发，在下一步出台的收入分配改革规划中，具体落实中共十八大报告所提出的国民收入翻番计划，明确提出中等收入群体倍增的基本目标。从现阶段的基本国情出发，到2020年，我国中等收入群体扩大的总体目标是：在目前大约23%的基础上，每年提高2个百分点，到2020年努力达到40%以上，由此使中等收入群体规模扩大到6亿人左右。

（三）2020年有条件形成6亿中等收入群体

（1）人口城镇化是中等收入群体倍增的重要载体。中等收入群体的形成，主要源于人口城镇化及其经济结构的转型升级。改革开放30多年来，我国城市迅猛扩张，城镇人口数量也稳定增长。估计到2020年，我国人口城镇化率至少还有15个百分点左右的提升空间，也就是说，到2020年，人口城镇化率有望达到50%左右，按照总人口15亿测算，新增实际城镇人口累计将达2.5亿—3亿，成为新增中等收入群体的"后备军"。

（2）服务业主导的经济转型为中等收入群体提供就业空间。一般而言，以中等收入群体为主的社会，必然是服务业比重超过50%的社会。中等收入群体的扩大要依托于服务业的发展和转型，国家"十二五"规划纲要明确提出，服务业比重5年间要上升4个百分点。如果消费主导的经济转型明显加快，服务业比重每年提升1.5—1.8个百分点、服务业就业比重每年提升1.5—2个百分点，那么到2020年，服务业比重有望达到60%左右，服务业就业比重有望达到50%以上。按照这个预测，到2020年全国劳动就业人口大约为9.3亿，其中在服务业就业的人口将不少于4.5亿。2011年，我国劳动就业人口总数为7.64亿左右，服务业就业比重为35.7%，则就业人口仅为2.7亿左右。初步测算表明，2011—2020年，服务业累计新增就业人数将有望超过1.8亿。这部分人群收入明显高于社会平均水平，将成为中等收入群体的重要组成部分。

（3）城乡一体化进程加快是扩大中等收入群体的重要推动力。未来几年，我国城乡一体化进程将大大加快。随着农业现代化和城乡二元体制的打破，将会有相当数量的农民成为中等收入群体。按照党的十八大报告的要求，改革征地制度，提高农民在土地增值收益中的分配比例，农民的财产性收入将有望大幅提升。一方面，农业规模化经营将使部分农民成为中等收入群体；另一方面，城乡个体工商户的发展将有助于扩大中等收入群体。初步测算，考虑到2020年人口总量将接近15亿，人口城镇化率可能达到或超过50%，届时如果7.5亿农村户籍人口有20%成为中等收入者，农民中新增中等收入群体将有望达到1.5亿。

（四）明确中等收入群体倍增的行动路线

（1）制定中等收入群体的评判标准。从我国的现实情况看，中等收入群体的评判标准中应以收入为主要指标，综合考虑主观认同、职业声望、教育程度、消费水平等综合指标，制定符合我国国情的中等收入群体评判标准。

（2）突出人力资本在扩大中等收入群体中的重要作用。有研究表明，人力资本投资对于提高居民收入的作用十分明显。这就需要以培育人力资源和提高人力资本为重点，加快就业体制改革和产业结构调整，推进就业和教育的匹配发展。

（3）提高农民土地的财产性收入。一是建立健全农村土地流转制度，保障农民在土地流转中的权益。二是以土地流转交易所为平台，健全完善土地流转服务机制。建立农村产权交易所，组织农村土地承包经营权挂牌出让。三是推进城乡建设用地增减挂钩试点，使用增减挂钩指标的土地出让净收益要返还给农民。

（4）以提高居民财产性收入为目标规范资本市场发展。一是完善证券市场分红制度，加大对中小股民的分红让利，使城乡居民获得更多资产性收入；二是建立保护中小投资者合法利益的制度体系，进一步强化和细化对投资者损害赔偿的民事责任制度；三是积极拓展居民投资渠道，为城乡居民财产提供更多保值升值途径；四是加快培育机构投资者，积极发展财富管理行业。

三 民富优先是一个大趋势

实现中等收入群体倍增需要藏富于民。从改革实践看，国富优先不利于城乡居民收入的提高。实现改革发展导向由国富优先走向民富优先，成为我国新阶段转型与改革的大趋势。

（一）由国富优先走向民富优先

（1）国富优先是以往经济增长方式的突出特征。长期以来，我国的经济增长方式存在着某些国富优先的突出特征。"国富优先"

不是"国富民穷",更不等于"国穷民富"。"国富优先"主要是特指国家财富积累速度超过居民财富积累速度:一是GDP增长速度快于居民收入增长速度;二是国家财政收入增长快于GDP增长;三是国有资本扩张速度快于经济增长速度。

(2)从国富优先走向民富优先的历史"拐点"。随着内外环境的变化,长期以来国富优先的发展,客观上导致投资消费结构失衡、产业结构失衡和国民收入分配格局失衡。当前,我国正处于改变国富优先发展导向的历史拐点,如果未来5—8年不能有效实现由国富优先向民富优先的转变,消费主导的历史转型很难有实质性突破。

(3)走"以民富促国富"之路。就发展结果而言,国富、民富都十分重要,民富国强是我们追求的基本目标。现阶段,"民富优先"要求更加充分发挥市场配置资源的基础性作用,让企业与个人成为经济生活的主体,并且使广大社会成员更能公平地分享改革发展的成果;要求创造的新增财富更多地集中到居民手中;要求扭转居民收入和劳动报酬比重下降的趋势,进而提高居民的消费能力。

(4)"民富优先"将使城乡居民成为"民富"的主体。一方面,实现民富优先要求优化和调整国民收入分配格局,切实提高"两个比重"(居民收入在国民收入分配中的比重、劳动报酬在初次分配中的比重),实现"两个同步"(劳动者报酬与劳动生产率同步、居民收入增长与经济增长同步);另一方面,民富优先要求改善民生,推动基本公共服务均等化总体实现。

(二)藏富于民:尽快实现城乡居民收入倍增

(1)确定缩小城乡差距的约束性指标。一是2016—2017年,努力使城镇居民家庭人均可支配收入实际年均增长7.5%—8.5%,农村居民家庭人均纯收入实际年均增长9%—9.5%,则2017年城乡居民人均收入分别达到3.5万和1.2万左右，城乡居民收入差距缩小到2.9∶1以内；二是2018—2020年，努力使城镇居民家庭人均可支配收入实际年均增长7%—7.5%，农村居民家庭人均纯收入实际年均增长8%—9%，则2020年城乡居民人均收入分别达到4.1万和1.6万左右，城乡居民收入差距缩小到2.8∶1以内。

（2）确保城乡居民收入增长同步并略快于GDP增长。一是基于未来8年GDP年均增速为7%—8%的条件下，城乡居民人均收入增速指标设定为年均应不低于7.5%；二是城乡居民人均收入增长应为实际收入增长，而不是名义增长；三是城乡居民收入的实际增长应是城乡居民的共同增长。

（3）以工资谈判协商制度为重点建立劳动者报酬增长保障机制。一是明确劳动报酬占GDP比重的约束性目标。未来5—8年，考虑通货膨胀因素，劳动者报酬年均增长不应低于10%，使劳动报酬占GDP比重从目前大约40%提高到50%—55%，接近或者达到中等收入国家的合理区间。二是加快建立企业、工会、政府三方共同协商的工资谈判机制，加快新工资条例的出台。三是统一城乡劳动力市场，实现全体劳动者同工同酬。四是修改和完善劳动法，保障劳动者权益。

（三）改善民生：基本公共服务均等化总体实现

（1）建立和完善以廉租房为重点的住房保障体系。一是严格限定经济适用房的受益范围。逐步减少建设出售式经济适用房，加快向租赁式经济适用房转型，把住房领域的公共资源主要用于中低收入者。二是加快完善以廉租房为重点的住房保障体系。短期内应严格落实廉租房"只租不售"的要求；在廉租房源充足的前提下，逐步放宽申请标准，优先满足最困难家庭的住房保障前提下，让更多的中低收入者能够享受廉租房。三是引入民间资本，引导企业、社会、个人多方参与保障性住房建设，加大力度解决保障房建设的融资难问题。四是加快建立较为完善、健康的房地产市场，促进住房提供方式的多元化。

（2）加快推进城乡和不同群体基本公共服务制度的统一。由于过去30多年的改革主要是调整增量利益，制度安排上的"双轨制"未根本打破，制度不公的问题相当突出。公共服务体制安排上的制度不公现象比较严重，基本公共服务按照公务员、事业单位、国有企业、民营企业、城乡居民等分三六九等。未来3—5年，加快城乡、区域、不同群体间的基本公共服务制度的统一和对接，初步形成全国一体化的基本公共服务体制。

（3）努力缩小财政投入不同社会群体基本公共服务的差距。一是建立财政投入均等化约束性指标，缩小公共教育、公共医疗卫生、社会保障、公共就业服务和基本住房保障等方面的多维差距。二是规范专项转移支付制度，进一步清理和取消效果不大、支出不规范的专项转移支付。三是探索建立横向转移支付制度。加大发达地区对欠发达地区的财政帮扶力度，在"对口支援"的基础上，引导和鼓励同级政府间发展制度化、规范化的横向转移支付，保证欠发达地区政府能够提供达到全国最低标准的基本公共服务。四是建立有效的基本公共服务转移支付的监督评价体系，着力提高中央财政公共服务转移支付效果。

四　形成中等收入群体身份认同的大环境

规范的收入分配秩序是扩大中等收入群体的基本保障，也是中等收入者身份认同感逐步增强的重要条件。当前，灰色收入成为普遍现象，腐败问题日益突出，收入分配不公已成为全社会最为关注的焦点问题。在这一特定背景下，要使工薪阶层为主体的中等收入者普遍认同自己的经济社会地位，迫切要求以公开、透明为重点，加快建立收入分配的基础制度，建立公正有序的分配秩序，以此为基础形成中等收入群体身份认同的大环境。

(一) 身份认同感缺失妨碍中等收入群体释放"正能量"

(1) 中等收入群体身份认同感缺失。一般认为，中等收入群体的显著特征不仅在于财富多寡、收入高低，更多的是一种精神状态与生活方式，即保持着理性与建设性。近年来，一些研究机构公布中等收入群体比例后，往往会受到社会普遍的质疑。相当多收入比较高的社会群体并不认同自己属于中等收入群体。无论与收入差距较大还是较小的国家相比，我国中等收入群体认同度均偏低，多数民众对自身所处的社会位置持消极态度。有专家通过调查指出，我国认为自己属于中层的还不到40%，认为自己属于中下层、下层的将近55%。

(2) 身份认同缺失导致中等收入群体难以发挥有效作用。一方面，由于缺乏对自身的身份认同，我国中等收入群体的消费意愿和消费信心往往不足，以至于其对扩大消费的作用并不明显；另一方面，中等收入群体的受挫感、负担过重等因素导致中等收入群体身份认同缺失，严重影响了中等收入群体对现有分配秩序和社会秩序的认同，严重影响中等收入群体对自身未来发展的信心，以至于其"社会稳定器"的作用尚未完全发挥出来。

(二) 中等收入者身份认同缺失根源在于收入分配不公

(1) "灰色收入"影响中等收入群体对自身地位的准确判断。有调查研究认为，2008年，我国没有被统计的隐性收入相当庞大，其中一半多可以认为是"灰色收入"。可以说，中等收入群体是以工薪阶层为主，收入稳定，同时也相对透明。但社会上高收入群体通过各种手段获得大量的"灰色收入"，导致中等收入群体在主观上对自身社会地位做出错误的判断，从而难以认同自己的身份。可以说，"灰色收入"过大、收入分配不透明很大程度上影响了中等收入群体对自己阶层地位的认同。

(2) 腐败问题加剧中等收入群体的相对剥夺感。庞大的中等收入群体是社会的"稳定器",得益于稳定的收入,中等收入群体普遍对未来充满信心。但是,许多中等收入者本身成为腐败的直接受害人,很大程度上增强了他们的相对剥夺感和不公平感。

(3)收入分配差距过大促使中等收入群体向"下流"沦落。随着社会财富向资本和权力集中,中等收入群体与高收入群体之间的差距越来越大,容易使中等收入群体沦为"下流"。从底层迈进中等收入群体很难,但要从中等收入群体滑入底层却非常简单,只要失业、单位效益下降或者家庭成员生病,这些偶然因素就可以消灭一个中等收入者。

当前,中等收入群体社会支出和个人负担沉重,税费较高。以一家每月收入10000元为例,扣除个人所得税、"五险一金",再加上每月还房贷3000—4000元,缴纳物业管理费、水电费、电话费和上网费,再加上衣、食、住、行等日常诸多生活支出,以及子女教育费、父母赡养费,就造成了工资"白领"的现象。

(三)强化身份认同重在建立公开、透明的收入分配基础制度

(1)建立完善的收入分配基础数据信息体系。一是尽快完善身份信息登记制度,建立以公民身份证号码为唯一代码的国家人口基础信息库;二是建成完善的收入分配基础数据信息体系。以国家人口基础信息库为基础,建立完善的收入分配基础数据信息系统;推进居民财产和收入信息联网,加强银行等金融机构、税务部门、房地产管理部门等不同部门之间的信息联通,将相关信息整合到收入分配基础数据信息系统。

(2)加快推动居民财产申报制度的建立。一是建立完善的纳税申报体系。将居民财产申报和纳税申报相结合,及时调整自行纳税申报的范围和标准,鼓励如实自愿进行纳税申报,完善纳税申报体系。二是逐步完善居民财产申报系统。加快推进居民财产申报立法工作,明确居民财产申报的管理职能部门;明确财产申报的范围和

程序。三是完善金融实名制度、反洗钱制度，加快建立规范的现金管理制度。四是加强居民财产申报的监督。对财产申报不实超出一定程度或故意隐瞒、编造财产信息的行为，要采取一定的防范和惩处措施。

（3）尽快建立和不断完善居民财产信息严格保护机制。一是加快推动公民财产信息和个人信息保护立法。尽快出台《个人信息保护条例》或《公民财产信息保护条例》。二是严格要求合法、规范使用居民收入和财产信息。严格规定居民财产信息的查询权限，强化信息使用者的保密责任。三是依法从严对泄露公民收入和财产信息行为的追究和惩处。

"扩中"重在制度创新[*]

（2016年9月）

扩大中等收入群体，需要一个坚实的制度底座，也需要一个开阔的上升空间。

随着我国进入发展新阶段，扩大中等收入群体成为经济社会转型的重大课题，成为影响可持续发展的重大因素。打造橄榄型社会，固然离不开经济发展水平的不断提升，也依赖于相适应的制度创新。

从国际经验看，当经济发展水平进入中高收入阶段后，如果制度安排得当，中等收入群体规模能占总人口的40%左右。到了高收入阶段，会提高到60%以上，基本形成以中等收入群体为主体的社会结构。2015年，我国人均GDP达到8000美元，总体上进入中高收入阶段。但问题在于，中等收入群体的比例依然相对偏低。初次分配制度不完善、劳动者报酬在GDP中的比重偏低、财产性收入在居民收入中比例偏低、基本公共服务供给不到位……类似的问题，都可能影响和制约中等收入群体的成长。

以收入分配制度改革为重点的制度创新，关注的是中等收入群

---

[*] 本文载于《人民日报》2016年9月22日。

体的增量。当前，我国收入分配差距扩大趋势尚未有效扭转，成为制约扩大中等收入群体的重要因素。改变这一局面，首先，要建立完善有效的保障机制，形成政府、企业、居民合理的收入分配格局，改革和完善薪酬制度，使劳动者报酬的增速能够高于 GDP 增速。第二，要推进城乡基本公共服务均等化，完善再分配制度，建立公平可持续的社会保障体系。第三，要加快教育结构改革，以提高人力资本为目标，扩大与就业结构相适应的教育供给，使高素质劳动者能够较快进入中等收入群体。此外，还应切实减轻中等收入群体的税负，进一步完善资本市场分红制度，增加人们的实际收入。初次分配和再分配改革并举，改革和创新收入分配制度，将为广大中低收入者进入中等收入群体创造重要条件。

以深化产权制度改革为重点的制度创新，关注的则是中等收入群体的存量。所谓"有恒产者有恒心"，党的十八届三中全会明确提出，"公有制经济财产权不可侵犯，非公有制经济财产权同样不可侵犯"。习近平总书记在针对扩大中等收入群体的"六个必须"中，也提到了"必须加强产权保护，健全现代产权制度"。当前，产权制度改革要与扩大中等收入群体同步推进，例如：尽快建立并完善有利于企业家创新创业的激励约束机制，依法保护企业家财产权和创新收益；创新劳动力产权制度，推动员工持股，让更多有能力的企业员工能够凭借自身的技术、管理以及劳动力产权获得财产性收入，并形成企业与员工的命运共同体；完善农村土地产权制度，加快推进农村土地确权进程，实现农民土地使用权的物权化。可以说，完善的法治化产权制度是现代市场经济的基石，也是扩大、稳定中等收入群体的重要保障。

扩大中等收入群体，需要一个坚实的制度底座，也需要一个开阔的上升空间。有了财产权，才能使部分农民及农民工通过交换和服务逐步成为中等收入者；严格保护知识产权，知识分子才能够凭借知识创新型劳动跻身于中高收入群体。无论是经济转型升级的时代背景，还是正在进行的全面深化改革，乃至中央对全面建成小康社会的描述和计划，都给中等收入群体开启了前所未有的良机。遍观世界，我们的执政党保持着"让人民更幸福"的初心，我们的人民保持着勤劳肯干的本色，只要坚持以"提低、扩中、限高"为主题的制度创新，橄榄型社会可期可成。

在经济转型升级中实现中等收入群体倍增[*]

（2017年3月）

2016年以来，经济全球化"黑天鹅"事件频发，全球化逆潮涌动，世界经济不确定性加大。这存在多方面的复杂原因，其中，贫富差距扩大、中等收入群体减少催生的民粹主义、保护主义是重要因素。在这个特定背景下，研讨经济全球化与中等收入群体，以求解"中等收入群体焦虑"这个世界性重大问题，具有很强的现实性。对中国来说，面对收入差距较大、中等收入群体比重偏低的现状，未来5—10年要成功跨越"中等收入陷阱"，不仅要保持6%以上的经济增长，明显提高人均国民收入水平，而且要抓住经济转型升级的重要机遇，加大利益关系调整力度，使中等收入群体占比从2013年的25%左右提高到50%以上，实现规模倍增。

一　如何判断经济转型升级大趋势下中等收入群体倍增的现实性

中国正处于经济转型升级的历史新阶段，经济结构变革的趋势性特点比较突出，制度结构还有很大的调整空间，这将为实现中等收入群体倍增提供重要机遇。

---

[*] 在第九届中挪社会政策论坛暨第82次中国改革国际论坛上的演讲，2017年3月27日，海口；载于《中改院简报》总第1118期，2017年4月。

（一）产业结构变革趋势与中等收入群体扩大

产业结构升级是扩大中等收入群体的基本前提。中等收入群体既是产业结构变革的主体力量，又是产业结构变革的重要成果。"十三五"期间，中国的产业结构正从工业主导向服务业主导转型，服务经济的创新发展正在引领制造业的转型升级。估计到2020年，服务业占比将达到58%左右，到2030年达到70%左右。产业结构升级将深刻改变就业结构与增加就业收入。估计到2020年，服务业就业占比将从2015年的42%提升到50%左右，2030年有可能达到60%左右。由于服务业从业人员的收入水平总体高于一、二产业，服务业就业比重的提升，意味着中高收入就业岗位的增加，意味着中等收入群体不断扩大的发展空间。

（二）消费结构变革趋势与中等收入群体扩大

当前，中等收入群体消费的"升级型"特点相当突出，并成为推动消费结构从物质型消费向服务型消费为主转型的内在动力。估计到2020年，城镇居民服务型消费占比将从当前的40%左右提高到50%左右，2030年将达到55%以上。消费结构升级不仅将催生新供给、新产业、新业态，还带来较高收入的就业机会。例如2016年上半年，教育、娱乐、医疗保健等服务行业用工需求同比增长分别为57.1%、40.2%、13.6%。这些行业的收入水平明显超过传统服务行业。可以预期，消费结构升级及制造业服务化的快速发展，将为扩大中等收入群体提供新的空间。

（三）城乡结构变革趋势与中等收入群体扩大

从现实情况看，中等收入者80%以上来自城镇，未来农民与农民工将成为中等收入群体的重要来源。目前，在城镇化快速发展并且加快转型的新阶段，估计常住人口城镇化率有可能每年提高1—1.2个百分点，到2020年达到60%左右，2030年达到70%左右。随着越来越多的农业转移人口进入城镇，其就业形态将日趋多元化，收入来源日趋多元化，收入水平不断提高。如果相关改革能够取得突破，估计2020年农民人均可支配收入有望达到城镇居民的40%以上（2016年为36.8%），2030年有望达到60%左右。按照这个预测，未来5—10年一部分农民和农民工有条件成为中等收入群体。

二 如何以调整财产利益关系为重点实现中等收入群体倍增？

总的来看，经济转型升级为中等收入群体倍增带来历史性机遇。从社会关注的焦点看，要把这个机遇转变为现实，关键是要尽快以财产权为重点调整利益关系。一方面，城乡居民的财富存量不断增长，成为中等收入群体有所扩大的重要因素；另一方面，如果财产权处理不好，将导致中等收入群体的波动性增大，并由此拉大贫富差距。

（一）扭转实体经济的结构性失衡，防止虚拟经济和房地产异常波动引发中等收入群体规模的下降

当前，股票和房产已经成为相当部分中等收入群体的重要财富载体。例如，中等收入群体大部分财富配置在房产上，部分中等收入群体还拥有证券资产。近几年，股市和楼市的异常波动，资金脱实向虚、金融体系内自我循环，反映了实体经济与虚拟经济的失衡。这不仅加大了金融体系风险和实体经济融资困难，也增大了中等收入群体的不稳定性。振兴实体经济，实现资本市场和房地产市场的平稳发展，既是经济运行中的重大挑战，也是实现中等收入群体倍增的重大任务。

（二）加快落实农民土地财产权，使部分农民进入中等收入群体

客观来讲，实现中等收入群体倍增的最大空间在农村，最大掣肘在于农民土地财产权未得到落实。为什么中等收入群体中的农民比重严重偏低，主要原因是其财产性收入占比太低。2015年，全国

居民财产性收入占人均可支配收入的比重为7.92%，农民仅为2.20%。究其原因，不是农民缺乏财产，而是农民所拥有的宅基地、承包地和集体用地等财产尚未物权化、资本化，难以给广大农民带来稳定的财产性收入。初步测算：第一，土地承包权流转。户均耕地为8亩左右，若每亩流转平均收益500元左右，每户农民每年可新增流转收益4000元左右。第二，宅基地使用权流转。农村宅基地估值约为50万亿元，户均22.7万元。如果年收益率达到5%，每户农民每年可获得1.1万元左右的新增收入。若上述两项财产性收入能落地，每户农民每年可新增收入1.5万元左右，由此为一部分农民进入中等收入群体提供重要条件。第三，提升产权保护的制度化与法治化水平，稳定中等收入群体的制度预期。当前，城镇居民普遍关注住宅建设用地使用权期限问题。李克强总理明确提出，到期土地"可以续期，不需申请，没有前置条件，也不影响交易"。这需要在法律上尽快明确下来，以稳定社会预期。例如，中高收入群体的重要来源是创新创业，尤其是科技创新高度依赖知识产权保护。为什么这些年科技成果转化率不足30%，远低于发达国家60%—70%的水平[①]，重要原因之一在于知识产权保护不到位。扩大中等收入群体，需要加大知识产权保护力度，为知识产权资本化创造有利的制度环境。此外，以员工持股的形式实现劳动力产权是普通劳动者自身价值资本化的重要途径。按照中共十八届三中全会关于"允许混合所有制经济实行企业员工持股，形成资本所有者和劳动者利益共同体"的要求，在条件成熟的企业尽快实行规范的员工持股。

三 如何以结构性改革破解中等收入群体倍增的结构性矛盾？

经济转型升级的趋势性变化蕴藏着中等收入群体倍增的巨大潜

[①] 《有关数据显示我国科技成果转化率不足30%》，《经济日报》2016年1月25日。

力。问题在于，当前制约中等收入群体成长的结构性矛盾还比较突出，并由此成为中低收入者向上流动的制度性障碍。总的来看，实现中等收入群体倍增，要以城乡结构、教育结构和税收结构变革为重点，通过结构性改革破解中等收入群体倍增面临的结构性矛盾。

（一）加快城乡结构变革，在城乡一体化中使部分农民和农民工进入中等收入群体

扩大农村中等收入群体，当务之急是在严格农村土地用途管制和规划限制的前提下，尽快赋予农民土地承包权、宅基地使用权的物权性质。这就需要改变农村土地承包权流转限于集体成员内流转的相关政策规定；在法律上明确农民土地使用权的物权属性；尽快打破城乡建设用地的市场分割，统一城乡用地市场。与此同时，深化户籍制度改革，使城乡二元户籍制度尽快退出历史，全面实施居住证制度，统一城乡基本公共服务制度。

（二）加快教育结构变革，在提升人力资本中扩大中等收入群体

教育是扩大中等收入群体、阻断贫困代际传递的关键因素。当前的突出矛盾是：一方面，每年有700多万大学毕业生，其中一部分面临就业难、学非所用的突出问题。2016年本科生毕业所找工作与所学专业相关度仅为59.2%。[1] 另一方面，制造业转型升级急需的实用型、技术型人才严重短缺。日本产业队伍中的高级技工占比达到40%，德国达到50%，而我国仅为5%左右。[2] 面对全球新一轮科技革命，需要通过教育结构改革和教育市场开放，加快形成创新型、开放性、专业化的教育体制，形成全社会办教育的社会环境，形成与经济转型升级相匹配的人力资源结构。由此，使具有创

---

[1] 数据来源于《2016大学生就业质量报告》。
[2] 李守镇：《中国高级技工缺口近千万人当务之急打造更多"大国工匠"》，中国新闻网，2017年3月9日。

新意识、专业技能的劳动者有条件进入中高收入群体。

（三）加快税收结构变革，形成有利于扩大中等收入群体的新税制

合理的税收结构能够降低中低收入者税负，并且增强中等收入群体的自我认同感。从实际情况看，以间接税为主的税制：一是加大了企业税收负担，90%的税从企业征收；二是产生了税收逆向调节的矛盾，中低收入群体实际承担的流转税税负要高于高收入群体。适应经济转型升级大趋势，培育中等收入群体，需要逐步改变以间接税为主的税制结构，提高直接税比重。此外，扩大以财产税为重点的直接税征收范围和征收力度，有利于降低工薪阶层税负。有人担心，开征房产税和遗产税会影响中等收入群体的收入水平。从国际经验看，财产税重点是强化中高收入群体应有的纳税义务，同时降低中等收入群体的个人所得税负担，关键要合理设计并且推进相关的配套改革。

实现中等收入群体倍增，是一场深刻的经济社会变革。它对推进以经济转型为目标的结构性改革、对破解世界性的"中等收入群体焦虑"、对推进和引领经济全球化都有着多方面的重大影响。

实现共享发展的历史性新突破[*]

（2017年10月）

共享发展是习近平总书记在党的十八届五中全会提出的新发展理念之一，是指导我国进入新时代实现高质量发展的重要思想。党的十九大报告系统地回答了在我国进入新时代的特定背景下，为什么要实现共享发展、如何实现共享发展的重大问题。可以说，从理论到实践，实现了共享发展的历史性突破。

一 把握新时代主要矛盾，坚持以人民为中心，弘扬共享发展新理念

我国进入决胜全面建成小康社会、全面建设社会主义现代化强国新时代，社会主要矛盾呈现历史性新变化，对共享发展提出新的要求。党的十九大报告指出，"明确新时代我国社会主要矛盾是人民日益增长的美好生活需要和不平衡不充分的发展之间的矛盾，必须坚持以人民为中心的发展思想，不断促进人的全面发展、全体人民共同富裕"。

（一）适应社会主要矛盾的历史性变化确立共享发展理念

基于新发展时代的社会主要矛盾变化，确立共享发展理念是中

---

[*] 本文载于《经济参考报》2017年10月27日。

国特色社会主义实践的具体要求。当前，我国进入新发展时代，广大社会成员的需求标准大大提升，已经由基本生存型的需求向发展型需求转变。人民日益增长的美好生活需要，成为发展的时代主题。正如党的十九大报告中指出的"我国稳定解决了十几亿人的温饱问题，总体上实现小康，不久将全面建成小康社会，人民美好生活需要日益广泛，不仅对物质文化生活提出了更高要求，而且在民主、法治、公平、正义、安全、环境等方面的要求日益增长"。但同时也应清醒地看到，经过近40年的改革开放，尽管我国社会生产力水平总体上显著提高，社会生产能力在很多方面进入世界前列，但发展不平衡不充分的矛盾仍比较突出。例如，尤其是农村、落后地区、贫困群体的发展仍存在诸多短板，并已经成为满足人民日益增长的美好生活需要的主要制约因素。

社会主要矛盾的历史性变化，对新时代经济社会发展提出许多新的要求。解决发展不平衡不充分的矛盾，化发展的短板为发展的动力，客观上要求确立共享发展的新理念；客观上要求大力提升发展质量和效益，更好地满足人民在经济、政治、文化、社会、生态等方面日益增长的需要，更好地推动人的全面发展、社会全面进步；客观上要求创造更加公平正义的社会环境，不断克服各种有违公平正义的现象，使改革发展成果更多地惠及全体人民。

（二）坚持以人民为中心的发展思想

坚持以人民为中心的发展思想是共享发展理念的升华，也是实践共享发展理念的出发点、落脚点。发展以人民为中心，是实现共享发展的"灵魂"。正如习近平总书记在中共十八届三中全会所强调的："共享发展理念强调发展为了人民，发展依靠人民，发展成果由人民共享，做出更有效的制度安排，使全体人民在共建共享发展中有更多获得感，增强发展动力，增进人民团结，朝着共同富裕方向稳步前进。"

党的十九大报告在多处突出地强调坚持以人民为中心。例如，在阐述中国共产党人的初心和使命时强调，"全党同志一定要永远与人民同呼吸、共命运、心连心，永远把人民对美好生活的向往作为奋斗目标，以永不懈怠的精神状态和一往无前的奋斗姿态，继续朝着实现中华民族伟大复兴的宏伟目标奋勇前进"。在回顾党的十八大以来的成就时强调，"深入贯彻以人民为中心的发展思想，一大批惠民举措落地实施，人民获得感显著增强。脱贫攻坚战取得决定性进展，六千多万贫困人口稳定脱贫，贫困发生率从百分之十点二下降到百分之四以下"。在阐述中国特色社会主义思想精神实质和丰富内涵时强调，"坚持以人民为中心。人民是历史的创造者，是决定党和国家前途命运的根本力量。必须坚持人民主体地位，坚持立党为公、执政为民，践行全心全意为人民服务的根本宗旨，把党的群众路线贯彻到治国理政全部活动之中，把人民对美好生活的向往作为奋斗目标，依靠人民创造历史伟业"。坚持以人民为中心的发展思想，为我国适应新形势落实共享发展理念提供了重要的思想保障、政治保障。

（三）不断促进人的全面发展，实现全体人民共同富裕

共同富裕是中国特色社会主义的价值追求，也是中国特色社会主义新时代的大势所趋。党的十九大报告明确指出，"中国特色社会主义进入新时代，意味着近代以来久经磨难的中华民族迎来了从站起来、富起来到强起来的伟大飞跃"。与改革开放初期强调让一部分地区、一部分人先富起来的政策导向有很大的不同，党的十九大报告突出地强调"不断促进人的全面发展、实现全体人民共同富裕"。这是我国进入新时代决胜全面建成小康社会、全面建设社会主义现代化强国的纲领性要求，是弘扬共享发展新理念的具体体现，是中国特色社会主义理论和实践的重大创新。

二 "新两步走"战略勾画共同富裕新蓝图，确立共享发展新目标

党的十九大报告提出从2020年到本世纪中叶实现第二个百年目标的"新两步走"发展战略。第一个阶段，从2020年到2035年，在全面建成小康社会的基础上，再奋斗15年，基本实现社会主义现代化。第二个阶段，从2035年到本世纪中叶，在基本实现现代化的基础上，再奋斗15年，把我国建成富强民主文明和谐美丽的社会主义现代化强国。报告在第一个阶段的发展目标中突出了共享发展的多方面要求："人民生活更为宽裕，中等收入群体比例明显提高，城乡区域发展差距和居民生活水平差距显著缩小，基本公共服务均等化基本实现，全体人民共同富裕迈出坚实步伐。"

（一）人民生活更为宽裕

在全面建成小康社会的基础上，人民将有条件过上更为宽裕的生活。党的十九大报告描绘了我国走向共同富裕的路线图、时间表：第一，解决人民温饱问题、人民生活总体上达到小康水平这两个目标已提前实现。第二，到建党一百年时，建成经济更加发展、民主更加健全、科教更加进步、文化更加繁荣、社会更加和谐、人民生活更加殷实的小康社会。第三，再奋斗15年，人民生活更为宽裕。第四，从2035年到本世纪中叶，"全体人民共同富裕基本实现，我国人民将享有更加幸福安康的生活"。

（二）中等收入群体比例明显提高

不断促进人的全面发展、全体人民共同富裕，重要的标志是中等收入群体比例明显提高。从现实看，一方面，多数人成为中等收入群体，是"人民日益增长的美好生活需要"的重要内容；另一方面，发展的"不平衡不充分"，很大程度上体现在中等收入群体比例偏低。

中等收入群体比例明显提高，既是实现高质量发展的目标追

求,也是实现共享发展的目标追求。我国经济由高速增长阶段转向高质量发展阶段,经济发展的"含金量高",在很大程度上体现在中等收入群体比例的明显提高。当前,中等收入群体已经成为消费结构升级的"主力军"和"生力军",转变发展方式、优化经济结构、转换增长动力,更需要让改革发展的成果惠及广大人民,从而使13亿人的消费结构升级成为发展的新动能。

实现"新两步走",需要确立中等收入群体倍增的发展目标。从国际经验看,从2020年到2035年,是我国由中高收入阶段进入高收入阶段的关键时期,在这个时期,要避免两极分化、形成合理的利益结构,中等收入群体比例需要从现在的30%左右提高到50%以上。2035年到本世纪中叶,中等收入群体比例应当达到80%左右,从而实现全体人民共同富裕的目标。

(三)城乡区域发展差距和居民生活水平差距显著缩小

我国进入发展新时代,实现共享发展,突出的矛盾在于发展进程中还存在不小的城乡发展差距、区域发展差距和居民生活水平差距等。能不能有效解决这三大差距,既是我国决胜全面小康的重要条件,也是我国走向共同富裕的重大现实问题。正如习近平总书记所强调的:"没有农村的小康,特别是没有贫困地区的小康,就没有全面建成小康社会。"我国发展新时代的全面小康和共同富裕,是包括城乡、区域、所有居民的全面小康和共同富裕。党的十九大报告明确指出,"城乡区域发展和收入分配差距依然较大",并将"城乡区域发展差距和居民生活水平差距显著缩小"作为下一步发展的目标要求,充分反映了我国的基本国情,充分反映了新时代的发展需求和发展趋势。

(四)基本公共服务均等化基本实现

基本公共服务均等化是进入新时代实现共享发展的重要体现、重要途径,也是各级政府肩负的重要职责。我国进入发展新时代,人民日益增长的美好生活需要，在很大程度上表现为就业、教育、医疗、居住、养老等公共需求的全面快速增长。党的十八大提出"到2020年基本公共服务均等化总体实现"，今年3月，我国也出台了《"十三五"推进基本公共服务均等化规划》。党的十九大报告将"基本公共服务均等化基本实现"作为从2020年到2035年的发展目标，进一步明确了从"总体实现"到"基本实现"的行动计划和行动路线，提出了更具前瞻性的发展思路和更加务实的发展目标。

三 实施乡村振兴战略区域协调发展战略，开创共享发展新格局

党的十九大报告在"贯彻新发展理念，建设现代化经济体系"的六项任务部署中，突出地强调实施乡村振兴战略、区域协调发展战略等两大战略。可以预见，这两大战略的深入实施，有望在未来5—10年，在推动城乡差距缩小、区域发展差距缩小上取得实质性进展，以开创共享发展新格局。

（一）把握发展不平衡、不充分的突出矛盾

实施乡村振兴战略、区域协调发展战略，准确把握了我国发展不平衡、不充分的突出矛盾，是从我国基本国情出发谋篇布局共享发展的战略举措。我国进入发展新时代，从整个发展格局上看，发展的"不平衡"，主要表现在还存在着明显的城乡发展不平衡、区域发展不平衡；发展的"不充分"，主要表现在农村发展不充分、落后地区发展不充分、社会事业发展不充分。实施乡村振兴战略、区域协调发展战略，回答了我国作为一个发展不平衡、不充分的大国，实现共享发展的战略重点和现实路径。客观地看，发展的不平衡、不充分，一方面体现了发展上有短板、有差距，另一方面体现了我国仍有加快发展的巨大潜力和空间。实施乡村振兴战略、区域协调发展战略，既反映了广大农村、落后地区加快发展的热切期

待,又将为我国释放发展潜力、创造发展新空间奠定坚实基础。

(二) 实施乡村振兴战略

把乡村振兴上升为一个战略问题部署,是党的十九大报告的突出亮点,是城乡关系发展的重大理论实践创新。第一,在城乡发展格局上突出重点,提出农业农村农民问题是关系国计民生的根本性问题,必须始终把解决好"三农"问题作为全党工作重中之重。第二,明确提出农村优先发展的新思路,"要坚持农业农村优先发展,按照产业兴旺、生态宜居、乡风文明、治理有效、生活富裕的总要求,建立健全城乡融合发展体制机制和政策体系,加快推进农业农村现代化"。第三,实现农村改革的重大突破。报告明确提出,"巩固和完善农村基本经营制度,深化农村土地制度改革,完善承包地'三权'分置制度。保持土地承包关系稳定并长久不变,第二轮土地承包到期后再延长三十年"。第四,国家粮食安全是个全局性问题,"确保国家粮食安全,把中国人的饭碗牢牢端在自己手中"。

(三) 实施区域协调发展战略

党的十九大报告对区域协调发展进行了系统部署。第一,突出各区域全方位发展,"加大力度支持革命老区、民族地区、边疆地区、贫困地区加快发展,强化举措推进西部大开发形成新格局,深化改革加快东北等老工业基地振兴,发挥优势推动中部地区崛起,创新引领率先实现东部地区优化发展,建立更加有效的区域协调发展新机制"。第二,适应城市经济一体化新趋势,突出城市群的发展,提出"以城市群为主体构建大中小城市和小城镇协调发展的城镇格局,加快农业转移人口市民化"。第三,以疏解北京非首都功能为"牛鼻子"推动京津冀协同发展,突出了"高起点规划、高标准建设雄安新区"。第四,注重区域发展中的生态保护,在推动长江经济带发展上,提出"以共抓大保护、不搞大开发为导向"。第五,适应经济转型升级和"一带一路"建设的新趋势,明确提出

"支持资源型地区经济转型发展。加快边疆发展,确保边疆巩固、边境安全。坚持陆海统筹,加快建设海洋强国"。

四 提高保障和民生水平,突出收入分配改革,形成共享发展新举措

实现共享发展,涉及深刻的利益格局调整,需要以更大的决心提高保障和民生水平,需要在收入分配改革、全面脱贫攻坚等方面取得重大突破。在此方面,党的十九大报告形成了一系列的新举措,强调"保障和改善民生要抓住人民最关心最直接最现实的利益问题,既尽力而为,又量力而行,一件事情接着一件事情办,一年接着一年干"。

(一)围绕人的全面发展完善公共服务体系

建立惠及13亿人的基本公共服务体系,是人的全面发展最直接、最现实的利益诉求,是提升发展质量的重要内容,也是完善再分配制度的重大任务。党的十九大报告明确提出:"必须多谋民生之利、多解民生之忧,在发展中补齐民生短板、促进社会公平正义,在幼有所育、学有所教、劳有所得、病有所医、老有所养、住有所居、弱有所扶上不断取得新进展。"总的来看,党的十九大在完善公共服务体系上的部署有三个突出亮点:一是全面周密,在就业、教育、医疗、居住、养老等方面均有新的举措,反映了广大社会成员的全面诉求,保证全体人民在共建共享发展中有更多获得感;二是突出重点,例如,强调优先发展教育事业,明确提出"办好人民满意的教育"、提出"实施健康中国战略";三是决心大,例如,在住房保障方面,在近年来密集调控房价的基础上,党的十九大报告进一步强调"坚持房子是用来住的、不是用来炒的定位,加快建立多主体供给、多渠道保障、租购并举的住房制度,让全体人民住有所居"。

（二）实现收入分配改革的新突破

实现共享发展，有赖于良好的收入分配制度。党的十九大报告对加快收入分配改革提出了明确、系统的要求。第一，注重解决初次分配中的劳资矛盾，提出"完善政府、工会、企业共同参与的协商协调机制，构建和谐劳动关系"。第二，突出按劳分配原则，提出"坚持按劳分配原则，完善按要素分配的体制机制，促进收入分配更合理、更有序"。第三，突出中等收入群体扩大，"鼓励勤劳守法致富，扩大中等收入群体，增加低收入者收入，调节过高收入，取缔非法收入"。第四，突出居民收入和劳动报酬收入提高，"坚持在经济增长的同时实现居民收入同步增长、在劳动生产率提高的同时实现劳动报酬同步提高。拓宽居民劳动收入和财产性收入渠道"。第五，突出政府职责，强调"履行好政府再分配调节职能，加快推进基本公共服务均等化，缩小收入分配差距"。

（三）坚决打赢脱贫攻坚战

决胜全面建成小康社会、全面建设社会主义现代化强国，重要的前提是坚定推进扶贫攻坚。过去5年，我国脱贫攻坚战已经取得决定性进展，实现了6000多万贫困人口稳定脱贫。党的十九大报告强调，"让贫困人口和贫困地区同全国一道进入全面小康社会是我们党的庄严承诺"，在推动脱贫攻坚上的决心前所未有，力度前所未有。强调"要动员全党全国全社会力量，坚持精准扶贫、精准脱贫，坚持中央统筹省负总责市县抓落实的工作机制，强化党政一把手负总责的责任制，坚持大扶贫格局，注重扶贫同扶志、扶智相结合，深入实施东西部扶贫协作，重点攻克深度贫困地区脱贫任务，确保到2020年我国现行标准下农村贫困人口实现脱贫，贫困县全部摘帽，解决区域性整体贫困，做到脱真贫、真脱贫"。

三

建言公共服务体制建设：从公共产品短缺走向基本公共服务均等化

以强化公共服务为基本目标的政府行政管理体制改革[*]

（2006年5月）

最近两年，中央一再强调，"加快行政管理体制改革，是全面深化改革和提高对外开放水平的关键"。在我国改革进入新的攻坚阶段，如何判断政府行政管理体制改革对于经济社会发展全局的重大影响，如何把握政府行政管理体制改革的特定背景和基本目标，应当是我们着力研究和讨论的重大课题。

一 政府行政管理体制改革的现实需求

最近一个时期，社会对市场化改革的争论比较多。这场争论，有市场化改革进程中利益关系调整的原因，也有意识形态等多方面的因素。但从社会层面分析，重要原因在于，伴随市场化改革进程的加快，我国在就业、社会保障、教育、医疗、公共安全和环境保护等方面的矛盾和问题全面凸显出来。有人认为，这些方面的矛盾和问题是市场化改革的产物，把责任归于市场化改革。我认为，这是我们今天讨论政府行政管理体制改革需要关注的一个重要的现实

---

[*] 在"政府行政管理体制改革国际研讨会"上的发言，2006年5月18日，北京；载于《中改院简报》总第609期，2006年5月。

背景。并且，更需要我们对这个问题做出比较符合实际的理性分析。

（一）当前出现的某些矛盾和问题不能归因于市场化改革

伴随市场化改革的进程，我国出现了基本公共产品供给严重缺失的突出矛盾和问题。有人把这些矛盾和问题的产生同市场化改革画等号。这是不符合实际的。

第一，这些矛盾和问题不是市场化改革本身的问题，而且也不可能通过单纯的市场化改革来解决。市场经济不是万能的，它有自己的作用范围，即在私人产品领域能够发挥积极的作用。但是，寄希望通过市场化改革来解决基本公共产品供给短缺的问题是不可能的。

第二，这些矛盾和问题的产生又同市场化改革相联系：一方面，市场化改革推动了我国经济持续快速增长，大多数人在基本解决温饱以后，迫切需要满足基本的公共需求；另一方面，市场经济也有其缺陷，突出表现在公共产品供给方面的失灵。

第三，市场的作用与政府的作用相互补充。市场与政府分别在私人产品和公共产品领域发挥作用，两者同等重要，不可相互替代。

（二）政府转型严重滞后是主要原因

现实生活中基本公共产品供给的缺失和公共服务的不到位，比较充分地反映了政府转型的严重滞后。从总体上说，我国仍然具有政府主导型经济增长方式的某些特点，政府在推动经济增长中扮演了重要角色。但与此同时，由于长期忽视社会发展，基本公共产品的供给严重短缺。尤其是我国人均 GDP 超过 1000 美元以后，全社会进入公共需求全面快速增长的关键时期，基本公共产品供给的矛盾和问题全面凸显。正是在这个特定背景下，中央倡导科学发展观，提出了以政府行政管理体制改革为重点的改革攻坚。实践证明，在市场化改革进程中，如果政府不能有效地发挥作用，就不可避免地会产生某些比较突出的社会矛盾和问题。

（三）政府行政管理体制改革的基本目标是实现政府转型

当前，我国公共需求全面快速增长与政府公共服务不到位是一个越来越突出的问题。在这个特定背景下，必须大大强化政府的公共服务职能。就是说，在我国初步建立了社会主义市场经济体制框架的情况下，企业已经成为独立的市场主体和经济建设的主要力量，政府不应当也不需要再继续扮演经济建设主体的角色，而是应当适应整个市场化改革进程的需要，从经济建设型政府转向公共服务型政府，由此为经济的持续快速增长和构建和谐社会提供重要的保障。

二 "十一五"时期政府行政管理体制改革的主要任务

当前，我国面临着日益突出的两大矛盾：一是经济快速增长同发展不平衡、资源环境约束的突出矛盾；二是广大社会成员公共需求的全面快速增长与公共服务不到位、基本公共产品短缺的突出矛盾。面对第一个突出矛盾，应当以可持续发展为中心，进一步完善市场经济体制；面对第二个突出矛盾，应当按照以人为本的要求，加快建立公共服务体制。由于我国正处于经济体制转轨和经济社会转型的关键时期，要有效地解决基本公共产品供给的矛盾和问题，需要从财政体制、中央与地方关系、公共服务体系等多方面推进改革。从这样一个基本现实出发，"十一五"时期的改革，要在完善社会主义市场经济体制的过程中，加快建立社会主义公共服务体制，以确立政府在公共服务中的主体地位，发挥主导作用，为全体社会成员提供基本而有保障的公共产品。

（一）建立中央与地方的公共服务分工体制

目前，我们面临的最直接、最现实的问题，是切实解决老百姓日益强烈的公共服务的基本需求。目前，应当加快解决中央与地方在公共服务方面的责任划分问题，并由此建立中央对地方严格的公共服务问责制。今天，我们在讨论中央与地方行政层级的时候，不仅应当从一般的行政效率的角度来考虑问题，还应当从眼前最急需的公共服务方面来研究问题。

（二）公共服务体系建设与事业机构改革

在现实情况下，应不急于全面推开事业机构改革。事业机构改革，需要适应我国的基本国情和市场化改革进程的需求。在我国公共服务体系方案设计没有出台前，事业机构改革在实践中难免以"减少开支、缩减人员"为目标。若是这样，这个改革难以达到建立完善公共服务体系的新目标。相反，如果能够把事业机构改革置于整个公共服务体制建设框架下统筹设计安排，这项改革就有可能取得历史性成效。

（三）逐步建立城乡统一的公共服务体系

从我国的情况看，城乡公共服务供给的严重失衡，使农村居民尤其是农村贫困群体难以获得基本的公共服务，并由此导致他们最基本的生存权和发展权得不到保障。目前，城乡之间的差距不仅表现在经济发展水平和居民收入上，更反映在政府提供的公共医疗、义务教育、最低保障等基本公共产品上。就是说，城乡二元的公共服务体制，是城乡差距不断拉大的重要原因。因此，"十一五"时期，应当逐步从体制机制上解决城乡公共服务均等化的问题。

（四）积极稳妥地发挥社会组织在公共服务中的作用

从总体上说，我国社会组织的发展同经济社会发展的客观需求不相适应，尤其是提供公共服务的作用十分有限，远未能发挥应有的作用。经验证明，社会组织在提供公共服务中有自己的特殊作用，能够在很大程度上克服寻租行为、效率低下的弊端。面对我国全面增长和深刻变化的公共需求，政府不可能也没有必要对社会性公共服务和社会事务实行全方位的直接管理，相当部分社会性和公益性的社会公共服务职能，应该也可以从政府的职能中分离出来，以形成多元社会主体参与提供公共服务的格局。

三 应当客观地估计建立公共服务体制的重要作用

（一）客观地估计强化公共服务职能对政府自身建设和改革的重要作用

从当前的情况看，政府建设和改革需要解决好三方面的问题：一是我国经济增长方式要实现由政府主导向市场主导的转变；二是建设公共服务型政府，政府不应当继续扮演经济建设主体的角色；三是有效地解决消极腐败的问题。这三方面的问题都是大问题，都需要采取措施逐一解决。以强化政府公共服务为切入点，努力建设公共服务型政府，对其他两方面问题的解决都会有明显的带动和促进作用。

（二）客观地估计建立公共服务体制对缩小贫富差距的重要作用

当前，导致贫富差距扩大的因素比较多，也比较复杂，其中的重要因素是公共服务的不到位和分配的不合理。例如，这些年教育与医疗费用上涨过快，大大高于中低收入家庭可支配收入的增长速度，并成为拉大贫富差距的因素之一。有学者估计，在导致收入分配差距的各种因素中，教育因素约为20%。2004年，我国名义城乡收入差距为3.2∶1，若把义务教育、基本医疗等社会保障因素考虑在内，有学者估计我国城乡的实际收入之比已达5—6倍。按照这个分析，公共服务因素在城乡实际收入差距中的比例在30%—40%。因此，未来几年在进一步解决腐败问题的同时，要以提供有效的公共服务为重点解决再分配问题，缩小贫富差距，为建设和谐社会提供体制保障。

（三）客观地估计建立公共服务体制对经济增长的促进作用

目前我国的实际情况是，投资率居高不下，大概高于世界平均水平的20个百分点；消费率持续下降，大概低于世界平均水平的20个百分点。其中原因很多，但公共服务体制的缺失，是难以拉动国内消费的一个重要原因。由于公共医疗、社会保障等方面供给的缺失，居民在增加储蓄的同时，对储蓄的满意度下降。从这一点来看，加快建立公共服务体制，强化公共服务，有利于扩大国内需求，明显提高消费的比例，促进经济的持续增长。

四　"十一五"时期推进政府行政管理体制改革的相关条件

（一）改革的共识

到目前为止，我国市场化改革的任务远未完成。并且，改革正处于"啃硬骨头"的攻坚阶段。这一次的政府行政管理体制改革，不是以调整机构、提高行政效率为目标的一般意义上的行政体制改革。它的实质是政府转型，重点是强化公共服务，加快建立公共服务体制。如果把改革攻坚阶段的政府行政管理体制改革等同于前些年的行政管理体制改革，就很难说它是"全面深化改革、提高对外开放水平的关键"。

（二）改革的目标设置

从我国社会矛盾变化的需求和经济社会发展的大趋势出发，"十一五"时期，要对以强化公共服务为基本目标的政府行政管理体制改革做出总体设计。在这样一个前提下，我们才能够按照特定的目标来分步推进改革并取得成功。

（三）改革要有强有力的政治支持和有权威的协调机构

以强化公共服务为基本目标的政府行政管理体制改革是一项复杂的系统工程，不仅涉及中央与地方关系的调整、政府职能的实质性转变，还涉及政府部门利益和庞大的事业机构改革。因此，需要建立中央层面高层次、有权威的改革协调机构，统筹规划和统一指导改革。

以参与公共服务为主要目标的民间组织发展[*]

（2006年5月）

"十一五"时期，我国已进入以政府转型为重点的改革攻坚阶段，这为民间组织的发展提供了重要的机遇。这里，需要我们深入研讨的问题是，在建设和谐社会的特定背景下，伴随政府转型的实际进程，民间组织发展的主要目标和任务是什么？政府转型为民间组织的发展提出了两大方面的任务：一是随着政府主导型经济增长方式的转变，需要更大程度地发挥行业协会和社会中介组织在市场经济中的作用；二是在强化政府公共服务职能的同时，需要支持、组织和引导民间组织参与公共服务。从当前的实际情况来看，民间组织的发展主要偏重于第一方面。而现实的情况又越来越清楚地告诉我们，民间组织参与公共服务，既是政府转型对民间组织发展提出的客观需求，又是建设和谐社会的重大课题。

---

[*] 在"规范和发展社会中介组织研讨会"上的发言，2006年5月31日，广州；载于《中改院简报》总第610期，2006年6月。

一 我国社会矛盾的变化与民间组织参与公共服务的历史性机遇

当前,我国面临着日益突出的两大矛盾:一是经济快速增长同发展不平衡、资源环境约束的突出矛盾;二是广大社会成员公共需求的全面快速增长同公共服务不到位、公共产品短缺的突出矛盾。面对第一个突出矛盾,应当以可持续发展为中心,进一步完善市场经济体制;面对第二个突出矛盾,应当按照以人为本的要求,加快建立公共服务体制。从这一基本现实出发,"十一五"时期的改革攻坚有两大目标:完善市场经济体制与建立公共服务体制。为什么说我国社会矛盾的变化为民间组织参与公共服务提供了历史性机遇?这里,做三点初步的分析。

(一)我国公共需求的全面快速增长为民间组织参与公共服务提出了现实需求

国际经验说明,一国人均 GDP 从 1000 美元向 3000 美元过渡的时期,也是该国公共需求快速扩张的时期。从我国的情况看,近几年公共需求全面快速增长有三个重要的特点。一是以超常的速度增长。有专家估计,近十年我国城镇居民的总需求中,个人公共需求年均提高的比重,相当于过去 5 年的总体增幅,并且近两年的增幅更快。二是公共需求的结构变化很快,逐步由消费型向发展型升级。三是广大农民在义务教育、医疗、社会保障等方面潜在的公共需求逐步变为现实需求。由此我们看到,近几年我国在就业、义务教育、公共医疗、社会保障、公共安全和环境保护等方面的公共需求全面凸显出来。这样一个特定背景,既为强化政府的公共服务职能提出越来越迫切的要求,同时也为民间组织参与公共服务提供了重要机遇。适应我国公共需求发展的大趋势,应当鼓励并支持民间组织参与公共服务。

（二）公民社会的发展趋势将凸显民间组织参与公共服务的重要性

随着我国市场经济的发展，社会资源的占有和支配呈现多元化的特点，各种不同的利益主体正在形成，各种不同的利益群体和社会成员生存和发展的社会空间逐渐扩大。由此，社会治理主体必然呈现多元化的特点。在我国社会发展的新阶段，政府不可能也没有必要对社会性公共服务和社会事务实行全方位的直接管理，相当部分社会性、公益性的公共服务职能，应当也可以从政府的职能中分离出来，以形成多元广泛的社会主体参与公共服务的格局和有效的公共服务社会责任机制。

（三）缓解公共服务的供求矛盾需要民间组织的参与

当前，我国在就业、教育、医疗、公共安全等方面的矛盾和问题十分突出，公共服务的供给面临严重的不足和巨大的压力。在当前的改革争论中，有人把公共服务方面产生的矛盾和问题归于市场化改革。这个判断是不符合实际的。首先，这些矛盾和问题不是市场化改革本身的问题，而且也不可能通过单纯的市场化改革来解决；其次，市场经济本身也有其缺陷，突出表现在公共产品供给方面的失灵。客观地分析，现实生活中基本公共产品供给的缺失和公共服务的不到位，既比较充分地反映了政府转型的严重滞后，同时也反映了我国民间组织的发展还不能适应公共需求的变化，还难以承担参与提供公共服务的重任。因此，在加快政府转型的同时，还需要鼓励民间组织积极、广泛地参与公共服务。

二 强化政府的公共服务职能与发挥民间组织在公共服务中的独特作用

当前，我国公共需求全面快速增长与政府公共服务不到位是一个越来越突出的问题。以齐齐哈尔第二制药厂的假药事件为例，这其中可能有许多原因，但不能不说与政府在市场监管和公共安全责任方面的严重缺失相关,而市场监管及卫生医药安全属于政府的重要公共职能。目前,这种突出的矛盾和问题要求必须强化政府的公共服务职能。就是说,"十一五"时期政府行政管理体制改革的实质是实现政府转型,加快建设公共服务型政府。此外,强调政府在公共服务中主体作用的同时,还要注重发挥民间组织在公共服务中不可替代的地位和作用,以使政府和民间组织在公共服务中功能互补、力量互动,形成合力。它们之间的关系,就如同主角与配角的关系,两者共同唱好"公共服务"这台大戏。

(一) 政府与民间组织在公共服务中应当形成良性互动的关系

这是因为,第一,民间组织在某些公益性、社会性公共服务中有着独特的作用。例如,民间组织参与社区的公共服务,不仅有利于填补政府在公共服务中的某些空白,还有利于社区的公共治理。第二,民间组织的参与能够在一定程度上影响政府的公共政策,使政府的公共政策更贴近现实、贴近百姓。第三,由于直接面对社会、面对老百姓,因此民间组织参与公共服务成本低、效率高。

(二) 从我国的现实需求出发,充分发挥民间组织在某些公共服务领域中的重要作用

从国际经验看,公民社会比较成熟的国家,其民间组织更多地在教育、公共医疗、慈善、扶贫和环保等领域发挥独特作用。在我国,民间组织同样可以在这些领域发挥作用。例如,中国青少年发展基金筹集了19亿元,兴建8000多所希望小学,使200多万辍学学童重返校园。目前,我国的环保组织有2768家,从业人员共22.4万人,这是我国环保的一支生力军,应该充分利用。在扶贫方面,我国政府已经开始注重发挥民间组织的作用。2006年4月,政府首次提供财政扶贫资金给6个民间组织用于村级扶贫项目。此外,民间组织可以在生产安全、食品安全、卫生安全等与老百姓切身利益和生命安全直接相连的公共安全方面发挥提供信息、协助参

与监管等重要作用。只要政府采取鼓励、支持的相关措施，民间组织就会在参与公共安全中起到政府部门难以起到的作用。由此，可以避免某些事件的发生，并形成公共安全监管的良好社会氛围。

（三）要注重并发挥民间组织在协调利益关系、缓解利益矛盾方面的重要作用

随着公共需求的深刻变化，社会结构进一步分化，社会矛盾更加复杂，不同社会利益主体之间的利益冲突不可避免。如果处理不好，将会引发一系列的社会问题，加大社会风险程度。当前，我们缺乏各种利益群体有组织、有理性地表达自己具体利益的机制，导致了许多群体性事件的发生。近年来，有些地方由于经济利益关系处理不当引发的社会矛盾和冲突，往往与当地政府直接介入经济活动、充当一方利益主体的代表有直接关系。我的一个基本看法是，在我国社会矛盾从总体上看还处在利益博弈的前提下，积极稳妥地发展民间组织，有利于通过利益的表达和博弈来和平、理智地解决社会矛盾，以化解社会冲突；有利于实现政府管理与社会调节的互动，以形成社会管理和社会均衡发展的合力，更好地建设和谐社会。

三 建立完善公共服务体制与民间组织在公共服务中的角色定位

强化我国的公共服务供给，不仅是一个公共服务体系建设的问题，更是一个制度安排的问题，即加快建立与完善适合我国国情的公共服务体制。这其中，既有政府转型的问题，也有民间组织角色定位的问题。下一步加快建立公共服务体制，需要解决的问题很多，包括：中央与地方的公共服务分工、公共财政体制的建立、中央对地方的公共服务问责制度、城乡公共服务均等化等。这其中，要解决好政府与民间组织在公共服务中的体制机制互联问题。就是说，必须明确民间组织在公共服务体制中的地位和作用，而不是把

它排斥在体制之外。这涉及相关法律、体制和政策的调整。

（一）在制度和法律上明确民间组织在公共服务体制中的地位和作用

目前除了《社团登记管理条例》和《民办非企业单位登记管理暂行条例》之外，民间组织发展到现在还没有专门的法律法规。现行的《社会团体登记管理条例》等程序性法规，对公民结社行为的实体内容缺乏系统规范，还没有很好地解决民间组织在公共服务体制中的地位和作用问题。此外，目前我国民间组织的审批注册制度与双重管理制度安排，从实践来看也不利于民间组织的发展，这使获得注册的民间组织的总体数量还比较少。目前，我国每万人拥有的民间组织只有2.1个，不及发展中国家平均水平的1/5，只相当于美国的1/40和法国的1/90。我国民间组织发展的这种状况，同建设和谐社会是严重不相适应的。

（二）把事业机构改革与民间组织发展结合起来

事业机构改革，需要适应我国的基本国情和市场化改革进程的实际需求。我的看法是，在我国公共服务体系方案设计没有出台前，事业机构改革不宜全面推开，搞不好，在实践中难免以"减少开支、缩减人员"为目标。若是这样，这个改革难以达到建立完善公共服务体制的新目标。如果能够把事业机构改革置于整个公共服务体制建设框架下统筹设计安排，例如把一部分事业机构转型为公益性的民间组织，这项改革就有可能为建立我国的公共服务体制起到重大作用。

（三）以政社分开为重点，推进社会体制改革

在现代社会，政府、企业和民间组织是社会的三大支柱。政府与民间组织不是简单的管理与服从、控制与被控制的关系，而是协商关系、合作关系。因此，要把政社分开作为政府转型的一项重要任务，尽快把某些公益性、服务性、社会性的公共服务职能

转给具备条件的民间组织。由此，在政府和民间组织之间建立起一种取长补短的平衡关系和合作关系，为构建和谐社会提供推动力和合力。

加快建立社会主义公共服务体制[*]

（2006年9月）

与过去的28年不同，当前我国的社会矛盾发生了深刻的变化。适应这个变化，以满足全社会成员的基本公共需求为目标，在完善社会主义市场经济体制的同时，加快建立社会主义公共服务体制，是协调改革进程中各种利益关系的根本举措，是落实科学发展观、建设和谐社会的重要体制保障。

近年来，我们一直把建立公共服务体制作为重点研究课题。2006年7月，在"中国：公共服务体制建设与政府转型"国际研讨会上，中外专家就"加快建立社会主义公共服务体制"进行了深入的探讨，并形成广泛的共识。我们认为：与过去的28年不同，当前我国的社会矛盾发生了深刻的变化。适应这个变化，以满足全社会成员的基本公共需求为目标，在完善社会主义市场经济体制的同时，加快建立社会主义公共服务体制，是协调改革进程中各种利益关系的根本举措，是落实科学发展观、建设和谐社会的重要体制保障。

---

[*] 本文载于《中国经济时报》2006年9月11日。

一　在全社会公共需求全面快速增长的特定背景下，加快建立社会主义公共服务体制既有现实性，又有迫切性

我国正处在从初步小康向全面小康社会过渡、从生存型社会向发展型社会转变的关键时期。在这个过程中，以人的全面发展为目标，必须关注和满足社会成员的基本公共需求。现实情况表明，广大社会成员公共需求呈全面快速增长的趋势。因此，尽快建立社会主义公共服务体制，提供有效的公共产品和公共服务，是新阶段解决社会矛盾的内在要求。

（一）当前，公共需求的全面快速增长与公共服务不到位已经成为我国突出的社会矛盾，这对建立社会主义公共服务体制提出了越来越迫切的现实要求

伴随着经济的持续快速增长，我国社会也在加速转型。显著的标志就是广大社会成员的公共需求全面、快速增长。一是公共需求以超常的速度增长。近几年我国城镇居民的总需求中，个人公共需求年均提高的比重，相当于过去5年的总体增幅，并且近两年的增幅更大。二是公共需求主体快速扩大，广大农民和城镇中低收入者逐步成为公共需求的主体。三是公共需求的结构变化迅速，除了义务教育和公共医疗，对公共安全、环境保护以及利益表达的需求越来越成为全社会普遍关注的焦点。

面对城乡居民全面快速增长的公共需求，我国公共产品供给远不能适应这个变化趋势。以财政支出结构为例，近年来财政支出增长速度很快，基本保持在每年15%左右。但科教文卫等方面支出占财政总支出的比例，从1992年至2003年却基本没有增长。总的来说，由于政府转型的滞后，各级政府对强化公共服务职能缺乏深刻的理解和紧迫感，公共产品供给的体制机制尚没有建立起来，这使得政府的公共服务功能相对薄弱。在这个特定背景下，加快社会主义公共服务体制建设和推进政府转型的实际进程，对于贯彻落实科

学发展观、建设和谐社会尤为重要和迫切。

（二）适应收入分配体制改革的客观要求，充分估计公共服务在缓解收入分配差距中的重要作用

当前我国已经成为世界上收入分配差距比较严重的国家之一，广大社会成员对缓解收入差距、实施再分配的公共需求比以往任何时期都强烈。在经济社会转型的过程中，收入分配差距的扩大有其客观必然性。从现实情况出发，应当及时控制并有效缓解收入差距扩大的趋势。

客观地分析，要有效地缓解不断扩大的收入分配差距，一方面要靠进一步的市场化改革来规范初次分配，另一方面必须高度重视政府的再分配功能。这些年基本公共服务的个人承担费用上涨太快，大大超过中低收入家庭可支配收入的增长速度，这是贫富差距持续扩大的重要原因之一。相关的研究表明，在导致收入分配差距的各种因素中，教育因素占20%左右。目前，城乡之间的差距不仅表现在经济发展水平和居民收入方面，更反映在城乡居民享受基本公共产品方面的差距。2004年，我国名义城乡收入之比为3.2∶1，若把义务教育、基本医疗等因素考虑在内，城乡实际收入之比为5—6∶1。按照这个分析，公共服务在城乡实际收入差距中的影响高达30%—40%。面对这种名义与实际的城乡差距，应当充分认识到，缩小城乡差距不是缩小城乡经济总量的差距，重要的是逐步缩小城乡居民在基本公共服务方面的过大差距，并通过公共服务来着重提高农村人口素质。因此，"十一五"时期，各级政府要在控制并缓解收入分配差距方面有所作为，现实的途径在于加快建立社会主义公共服务体制，以为全体社会成员提供基本的公共产品和实现公共服务的均等化。

（三）我国正处在社会转型的关键时期，相当多的社会矛盾和问题都在不同程度上与公共服务短缺相关联

应当充分估计建立社会主义公共服务体制对化解社会矛盾和建

立和谐社会的重大作用。随着社会主义市场经济体制的初步形成和不同利益主体的出现，合理的、正当的利益表达和利益诉求开始成为广大社会成员特别是困难群体的公共需求。比如，劳资关系在一定程度上失衡的深层次原因是劳动者缺乏基本的利益诉求表达机制。当前失地农民问题成为农村社会中的一个突出矛盾，其中关键的问题在于农民土地权益得不到有效的保护。在农村基本公共产品没有保障的情况下，失地农民的生产与生活均受到严重影响，从而引发了诸多矛盾。在这种情况下，加快建立社会主义公共服务体制将成为有效协调劳资关系、化解农村社会矛盾的一项基础性工程。

（四）我国正处在经济增长方式转变的关键时期，应当充分估计公共服务对提高消费率、促进国民经济健康发展的重要作用

在市场经济条件下，经济增长的主要驱动力来自消费。但这些年我国的消费率持续走低，2005年已经降到52.1%，这使内需明显不足，并逐渐构成对经济健康发展的潜在威胁。消费率下降的重要原因之一在于公共服务供给不到位，由此导致城乡居民消费预期不稳，消费倾向下降。由于教育、医疗、社会保障等基本公共服务的价格上涨速度远远超过人均收入的增长速度，城乡居民不得不把可支配收入中很大的一部分用于预防性储蓄，收缩了即期消费，由此导致内需不足。"十一五"时期，如果我们能够因势利导地扩大对城乡居民的公共产品供给，改变基本公共服务供给中某些不合理的付费机制，就可以在启动国内市场，尤其是农村大市场方面有所突破，就可以有效地改变我国当前投资、消费严重失衡的局面，逐步实现经济增长由投资主导向消费主导的转变，使我国宏观经济建立在良性增长的基础上。

二 站在改革的历史新起点，把建立社会主义公共服务体制作为改革攻坚的基本目标之一

改革开放28年来，我国通过初步建立社会主义市场经济体制

基本解决了私人产品供给的问题,实现了初步小康的发展目标。在这样一个新的历史起点上,我们面临着全社会公共需求全面快速增长的严峻挑战。由此,加快建立社会主义公共服务体制,已经成为我国新时期改革攻坚的基本目标之一。

(五)从社会矛盾变化的现实背景出发,必须通过改革进一步完善社会主义市场经济体制和加快建立社会主义公共服务体制

改革开放初期,我国社会面临的主要矛盾是人民日益增长的物质文化需要与落后的社会生产之间的矛盾。经过28年的改革开放,社会矛盾已经发生了深刻变化。当前我国社会正面临日益突出的两大矛盾:一是经济快速增长同发展不平衡、资源环境约束之间的突出矛盾;二是公共需求的全面快速增长与公共服务不到位、基本公共产品短缺之间的突出矛盾。要解决第一个矛盾,必须继续坚持市场化改革,进一步完善社会主义市场经济体制;要解决第二个矛盾,其根本途径是加快建立社会主义公共服务体制。

(六)从体制机制入手,解决全社会公共产品短缺的问题

从改革实践看,公共服务短缺的问题不仅是总量不足、结构失衡等问题,其根源在于体制机制不健全:一是公共服务供给中没有形成规范的分工和问责制,在事实上造成了公共服务指标的软化。二是没有形成公共服务可持续的财政支持体制,财政功能性支出比例最大的仍然是经济建设性支出。实践证明,如果没有一个制度化的约束,公共服务支出并不会随着经济增长而同步增长。三是城乡二元分割的公共服务制度安排,进一步拉大了城乡差距。四是尚未形成公共服务的多元社会参与机制和有效的监管机制。"十一五"时期,要切实地解决公共产品严重短缺的矛盾,应当从这些方面加快改革步伐,逐步构建与我国国情适应的社会主义公共服务体制。

(七)全面、准确地把握社会主义公共服务体制的基本内涵

社会主义公共服务体制是指以政府为主导、以提供基本而有保

障的公共产品为主要任务、以全体社会成员分享改革发展成果为基本目标的一系列制度安排。建立社会主义公共服务体制，就是要通过党和政府的力量实现公共资源的优化配置，使公共政策能够有效地克服市场经济的某些缺陷。现实情况越来越充分地表明，改革不仅需要解决好私人产品供给的体制机制问题，还需要解决好公共产品供给的体制机制问题。28年的改革实践证明，市场经济可以在私人产品领域很好地发挥作用，但在公共产品领域中往往会出现"市场失灵"。"公共服务市场化"不仅难以解决公共产品短缺的问题，还会由此引发一系列的社会矛盾和社会问题。为此，建立社会主义公共服务体制，能够妥善地协调市场经济条件下的利益关系，使政府迅速回应利益主体多元化带来的挑战，为提高公共治理水平和党的执政能力提供制度保障。

（八）社会主义公共服务体制与社会主义市场经济体制都是中国特色社会主义的重要组成部分，二者相互补充，相互促进

无论是进一步完善社会主义市场经济体制还是加快建立社会主义公共服务体制，都是建设有中国特色社会主义的基本内容。作为一个发展中的大国，我们不仅要通过进一步深化市场化改革做大"蛋糕"，还需要通过建立社会主义公共服务体制分好"蛋糕"。必须看到，完善社会主义市场经济体制是建立社会主义公共服务体制的基本前提，建立社会主义公共服务体制可以使市场化改革获得更为广泛的社会支持。二者相互关联，相互促进。因此，"十一五"时期，应将建立社会主义公共服务体制作为改革的基本目标之一，纳入改革攻坚的总体框架。

（九）站在改革的历史新起点上，要加大改革的供给，在完善社会主义市场经济体制过程中加快建立社会主义公共服务体制

当前，我国处于改革攻坚阶段。一方面，市场化改革推进相当艰难，改革进入"啃硬骨头"的阶段；另一方面，面对新阶段出现

的种种新问题、新矛盾，老百姓对改革的期望相当大，寄希望于政府能够采取更为有力的措施来确保社会的公平和正义，解决困难群体和改革中的利益受损等问题。在加快推进市场化改革的同时，还应当清醒地看到，许多新的社会矛盾和问题很难在市场化改革的框架内得到全面、有效的解决。因此，为了应对经济社会转型带来的种种挑战，我们还必须从现实的社会矛盾出发，一方面要加大改革力度，另一方面应及时确立改革攻坚的新目标。

三 以解决基本而有保障的公共产品为重点，确立"十一五"时期社会主义公共服务体制建设的主要任务

我国仍是一个发展中的大国，发展仍然是主要矛盾。从这样一个基本国情出发，要把为全社会成员提供基本而有保障的公共产品作为建立社会主义公共服务体制的基本任务。

（一）把"提供基本而有保障的公共产品"作为社会主义公共服务体制建设的基本任务

国际经验表明，公共产品供给不足会造成各种社会问题，而供给过度又会降低经济运行效率。从我国情况看，政府不可能包揽各类公共产品，也不可能搞过高的福利。因此，未来一个时期需要尽快解决好与城乡居民利益直接相关、广大群众要求强烈的基本公共产品的供给。为此，"十一五"时期公共服务体制建设可以从如下几个方面入手：一是强化政府促进就业的公共服务职能，尽快建立多层次、多渠道的就业服务体系；二是要通过对医疗制度的重新设计，使每个人都能享受基本的公共卫生和医疗服务；三是把义务教育纳入财政保障范畴内，尽快实现城乡义务教育的全部免费；四是按照"低水平、广覆盖"的原则，努力将所有的社会成员纳入社会保障体系；五是应继续加大力度，从制度上切实解决关系到群众生命的生产、卫生、食品等公共安全方面的问题；六是高度重视环境问题，缓解生态环境不断恶化的趋势。

（二）尽快为困难群体提供基本而有保障的公共产品，实施新的反贫困治理战略

当前，困难群体的不断增多和利益的绝对受损，已成为一个客观现实，并成为影响社会公平、公正的焦点问题之一。应当看到，困难群体的产生，重要原因在于他们无法享受基本的公共服务，由此难以摆脱绝对贫困的状态。因此，"十一五"时期，要尽快把困难群体纳入公共服务体制保障范围，通过提供基本而有保障的公共产品，确保其基本的生存权和发展权。

在全国范围内建立最低救济制度。从全国总的情况看，建立最低救济制度的条件已基本具备。为此，建议"十一五"时期，在鼓励地区试点的基础上，尽快制定全国统一的社会救济制度并推广实施。

把困难群体纳入社会保障体制。在通过最低救济制度解决困难群体最紧迫问题的同时，也要通过社会保障解决其长远的生存与发展问题。当前社会保障账户亏空严重，基本上无法承担这项功能。因此，建议加快国有资产经营体制改革进程，变现部分经营性国有资产，弥补国家对城市老职工的社会保障欠账，同时为农村困难群体的社会保障创造基本的条件。

把困难群体纳入基本住房保障体制。对于城市困难群体来说，住房问题日益成为他们的一大负担。近年来，城市住房价格不断上涨，超出了普通居民的承受能力，也是导致困难群体不断增多的重要原因之一。因此，"十一五"时期，要加快建立基本的住房保障体制，尽快解决城市困难群体的住房问题。

（三）"十一五"时期建立社会主义公共服务体制宜选择农村为突破口

我国的市场化改革最初是从农村突破的。建设社会主义公共服务体制从哪里突破？是综合各种因素分析，还是从农村突破为好：第一，农村公共产品供给的短缺程度比城镇更为突出，广大农民对

基本公共产品供给的要求更为紧迫和强烈；第二，当前我国已进入"以工哺农，以城带乡"的阶段，初步具备了建立农村公共服务体制的财力条件；第三，在农村建立公共服务体制的成本低，社会效益明显。例如，以农村比较完善的计生系统为主要平台，能够加快建立农村公共服务体系。

（四）把建立农村公共服务体制作为新农村建设的重要任务

从广大农民的现实需求出发，今后几年国家对新农村建设资源配置的重点应当放到农村基本公共产品的供给方面。要加大政府对农村公共服务和社会事业发展的投入，为缩小城乡差距、破解"三农"问题提供有效途径。今后，要做到新增教育、卫生、文化等事业经费主要用于农村，国家基本建设资金增量主要用于农村，政府征用土地出让收益主要用于农村。当前，农业税已经取消，乡镇政府正处于转型期。从农村基层政权的实际出发，应当把引导乡镇机构转向提供农村公共服务，推动建立农村公共服务体制，作为乡镇机构改革的主要目标。

（五）按照构建公共服务体系的要求，统筹设计和安排事业单位改革

事业单位是我国公共服务的主要承担者。我国自20世纪80年代以来就开始了事业单位改革，但由于历史的局限性，对公共产品供给基本规律的认识还不清楚，总的来说成效不大。事业机构改革，需要适应我国的基本国情和市场化改革进程的需求。在公共服务体系方案设计没有出台前，事业机构改革在实践中难免以"减少开支、缩减人员"为手段，从而难以达到建立完善公共服务体系的目标。"十一五"时期，如果我们把事业机构改革置于整个公共服务体制建设框架下统筹设计、安排，这项改革就有可能取得历史性突破。

四 以推进政府转型为重点，加快建立社会主义公共服务体制

从改革实践看，我国公共服务领域存在的问题根源在于政府转

型的滞后，由此造成了政府公共服务职能的缺位。总体上说，我国的经济体制仍然具有政府主导型经济增长方式的某些特点，政府在推动经济增长中扮演了重要角色。但与此同时，由于长期忽视社会发展，基本公共产品的供给严重短缺。因此，建立社会主义公共服务体制重在强化政府在公共产品供给中的主体地位和主导作用。

（一）改革攻坚阶段，政府行政管理体制改革既要体现社会主义市场经济体制的要求，又要体现社会主义公共服务体制的要求

随着社会矛盾变化和改革攻坚两大基本目标的确立，政府行政管理体制改革的重点将发生改变。新阶段的政府行政管理体制改革不是简单的机构调整、精减人员和提高行政效率，其主要目标是实现政府转型。"十一五"时期，为有效地解决社会日益突出的两大矛盾，政府要扮演好两大角色：一是继续推进市场化改革，实现经济增长方式由政府主导向市场主导的转变；二是强化政府在公共服务中的主体地位，加快建设公共服务型政府。

（二）"十一五"时期应当尽快建立科学的中央、地方公共服务分工体制，在此基础上加快建立公共财政体制

1993年的分税制改革以来，我国中央、地方关系基本上是按照现代市场经济的要求进行调整，在一定程度上忽视了公共服务供给的有效性。下一步的中央、地方关系还应当按照构建社会主义公共服务体制的基本要求做进一步的调整。按照公共产品公益性涉及的范围，中央政府原则上应当主要负责公益性覆盖全国范围的公共产品的供给，以城乡和区域公共服务均等化为重点，强化再分配职能。各级地方政府主要负责各自辖区内公共产品的供给，应当重点关注各自辖区内居民的实际需求，强化公共产品供给效率。

我国现行的财政框架设计是以经济上的分权为主，在大的格局上已经朝着有利于中央宏观调控上迈出了关键的一步。中央适当集中财力是必要的，也是符合市场经济的基本规律的。在这种情况

下，不宜简单地强调过去计划经济时代的财权、事权对称。下一步，要以提供基本公共产品为重点完善公共财政体制，关键的问题是尽快完善转移支付制度，使各级政府的财权与公共服务职责相对称、财力与公共服务的支出相对称。与此同时，把新增财政收入主要用于公共服务上，实现由经济建设型财政向公共财政的转型。

（三）"十一五"时期，应当尽快建立以公共服务为导向的干部人事制度

近几年的宏观调控表明，我国一些地方政府注重 GDP 增长而忽视公共服务的现象并未完全改观。以招商引资和经营城市为目标，"项目市长""项目县长"等现象相当普遍。这些现象反映出的深层次原因在于干部人事制度很难适应公共服务体制建设的需要。一方面，我国的干部考核体系中，经济建设等指标比重较大，某些时候 GDP 指标甚至对干部的升迁"一票否决"；另一方面，干部业绩考核中很难反映老百姓的声音。因此，"十一五"时期应当加快改革现行的干部人事制度，把公共服务指标纳入干部考核体系中，使广大群众的评价成为影响干部升迁的重要因素。

（四）加快建立社会主义公共服务体制，必须加强改革协调和营造有利于全面推进改革的氛围

当前，随着社会矛盾的深刻变化，我国改革正处于一个历史新起点上。无论是完善社会主义市场经济体制，还是建立社会主义公共服务体制，都将涉及方方面面的利益调整，使得新阶段的改革更具深刻性和复杂性。从改革的主要任务来看，中央与地方关系的调整、各级政府职能的实质性转变、事业单位改革等任务相当迫切，相当艰巨。为此，需要建立中央层面高层次、有权威的改革协调机构，统筹规划和统一指导改革，以此来营造全面推进改革的氛围，实现新阶段改革的实质性突破。

以基本公共服务均等化为重点的中央—地方关系[*]

（2006年12月）

当前，在全社会公共需求全面快速增长与公共服务不到位已经成为我国突出的社会矛盾这个特定背景下，尽快形成惠及全民的基本公共服务体系，逐步实现基本公共服务均等化是建设和谐社会的重要任务。为此，近年来，中改院一直把建立公共服务体制作为重点研究课题。我们认为：经过28年的改革开放，我国的改革正处在一个新的历史起点，在完善社会主义市场经济体制的同时，以满足全社会成员的基本公共需求为目标，加快建立社会主义公共服务体制，是协调改革进程中各种利益关系的根本举措，是落实科学发展观、建设和谐社会的重要体制保障。

从近几年的改革实践看，无论是完善社会主义市场经济体制，还是加快建立社会主义公共服务体制，都与中央与地方的关系直接相关。站在改革的历史新起点，要以基本公共服务均等化为重点，进一步改革和规范中央与地方的关系，以逐步缩小地区间基本公共服务差距。这对于打破GDP政绩观，加快建立公共服务型政府，

---

[*] 本文载于《中国经济时报》2006年12月4日。

对协调重大利益关系，维护社会公平正义，都将产生重大而积极的影响。

一　以基本公共服务均等化为重点改革和规范中央—地方关系

当前，我国正处于重大利益关系调整的关键时期。无论是日益突出的城乡差距，还是逐步扩大的区域差距，都与基本公共服务的不均等直接相关。因此，以基本公共服务均等化为重点，改革和规范中央—地方关系已成为维持社会公平正义的重大举措。

（一）以经济总量为基础的中央—地方关系面临挑战

近几年来，我国政府对基本公共服务的投入力度相当大，均高于9.9%的GDP增长速度。但从总的建设来看，目前我国中央与地方关系，仍建立在经济总量的基础上。在我国改革发展的新阶段，现行的以经济总量为基础的中央—地方关系，面临着深层次、结构性的矛盾。第一，分税制改革后，地方财政收入主要依赖于地方经济总量的增长。近几年，我国投资率居高不下，与地方政府追求地区经济总量的增长直接相关。第二，中央政府集中了全国财政收入的大头，但转移给地方政府的收入中，具有均衡性作用的转移支付数量规模过小。中央对地方政府的税收返还数量是一般性转移支付数量的10倍左右，经济总量增长速度越快的地区，税收返还越多。比如，东部地区在全部税收返还数量中的比重占到50%以上，其中"增值税和消费税两税返还"占52.6%，"所得税基数返还"占70.82%。即使在实施了财力性转移支付以后，西部地区的人均财力也只相当于东部地区的48.3%。[①] 第三，在自上而下的干部考核体系中，地方GDP政绩观还没有被打破。经济总量增长是硬指标，基本公共服务仍是软指标。第四，中央与地方在公共服务方面的分

---

① 楼继伟：《完善转移支付制度，推进基本公共服务均等化》，《中国财政》2006年第3期。

工相当不明确、不规范，这造成了公共服务在实际工作中难以形成严格的问责制。由此看来，无论是实现我国经济的可持续增长，还是逐步缩小地方间基本公共服务的差距，重要的是尽快改变以经济总量为基础的中央—地方关系。

（二）以基本公共服务均等化为重点改革和规范中央—地方关系改革具有重要性和迫切性

当前，我国基本公共服务的非均等化问题比较突出，并由此使地区间、城乡之间、不同群体之间在基础教育、公共医疗、社会保障等基本公共服务方面的差距逐步加大，已成为社会公平、公正的焦点问题之一。

第一，实行基本公共服务均等化已成为缩小地区差距的基本条件。从2006年中改院对西北三省调研的情况看，由于西部地区各种自然条件和历史条件的局限，在经济总量上要赶上东南沿海地区，在很大程度上是很不现实的。从我国实际出发，缩小地区差距，在很大程度上应当是缩小区域之间基本公共服务的过大差距。为此，应当按照中共十六届六中全会的要求，中央财政转移支付资金重点用于中西部地区，尽快使中西部地区基础设施和教育、卫生、文化等公共服务设施得到改善，逐步缩小地区间基本公共服务差距。

第二，实现基本公共服务均等化已成为缩小城乡差距的重大举措。从我国的情况看，城乡之间的差距不仅反映在经济发展水平和居民收入方面，更反映在政府提供的基本公共产品方面。2004年，我国名义城乡收入差距为3.2∶1，若把基本公共服务，包括义务教育、基本医疗等因素考虑在内，城乡实际收入差距已经达到5—6∶1。按照这个分析，公共服务因素在城乡收入差距中的影响为30%—40%。

第三，实行基本公共服务均等化已成为缓解贫富差距的重要因素。2005年,城镇居民家庭中收入最高10%家庭的人均可支配收入是最低10%家庭收入的9.2倍。客观地分析,我国要有效地缓解不断扩大的收入分配差距,一方面要靠进一步的市场化改革来规范初次分配,另一方面必须高度重视政府的再分配功能。这些年基本公共服务的个人承担费用上涨太快,大大超过中低收入家庭可支配收入的增长速度,这是贫富差距持续扩大的重要原因之一。相关的研究表明,在导致收入分配差距的各种因素中,教育因素占20%左右。为城镇困难群体提供义务教育、公共医疗和社会保障等基本公共服务,不仅可以直接缓解并缩小贫富差距,还可以通过提高他们的自身素质提高其获取收入的能力。

在这样一个特定的历史背景下,应当充分估计公共服务均等化在有效地缓解城乡差距、区域差距和贫富差距中的重大作用,并以此为基础改革和规范中央—地方关系,为建设和谐社会提供制度保障。

(三) 以基本公共服务均等化为重点改革和规范中央—地方关系的关键是实现政府转型

从改革实践看,我国公共服务领域存在的问题根源在于政府转型的滞后,由此造成了政府公共服务职能的缺位。总体上说,我国的经济体制仍然具有政府主导型经济增长方式的某些特点,政府在推动经济增长中扮演了重要角色。但与此同时,由于长期忽视社会发展,基本公共产品的供给严重短缺。因此,强化政府在公共产品供给中的主体地位和主导作用,加快建设公共服务型政府,是实现公共服务均等化的关键所在。

第一,没有形成公共服务可持续的财政支持体制。当前,财政功能性支出比例最大的仍然是经济建设性支出。1978年,在整个财政支出中,经济建设支出占64.1%,处于整个功能性支出的第一位,社会文教费仅占13.1%。到2004年,整个财政支出增长了

25.4倍，经济建设支出增长了11倍，社会文教支出增长了51倍。由此，社会文教费提高到26.3%，增长了13.2个百分点。但经济建设支出仍占27.8%，处于财政功能性支出的第一位。值得关注的是，我国行政管理费增长惊人，27年间增长了104.4倍。社会文教费在整个财政支出中所占的比例从1992年以来的12年间一直徘徊在26%—28%。

第二，公共服务供给中没有形成规范的分工和问责制，在事实上造成了公共服务指标的软化。以经济总量为基础的中央—地方关系，使地方政府以地方经济增长为中心，热衷于招商引资，经营城市，而在很大程度上忽视了基本公共产品的供给。与此同时，公共服务付费环节出现了市场化的倾向，付费的责任由政府向私人用户转移。以医疗卫生费用支出结构变化为例，从1990年到2004年，政府卫生支出从25.0%下降到17.0%，而居民个人卫生支出比重上升很快，从37.0%攀升到53.6%，成为仅次于食品、住房的第三大开支。医疗、教育等公共服务收费环节的市场化加大了困难群体的负担。

第三，城乡二元分割的公共服务制度安排，进一步扩大了城乡差距。1990年，全国城镇居民人均可支配收入是农村居民人均纯收入的2.2倍，2005年扩大到3.2倍。15年间，虽说中央财政对农业支出的绝对数增长了8倍多，但支农支出占整个财政总支出的比例却由1990年的7.1%下降到2005年的5.2%。中央对农业支出比例的减少，在很大程度上同城乡基本供给服务均等化相联系。

二 以基本公共服务均等化为重点，建立中央与地方公共服务分工体制

自1993年的分税制改革以来，我国中央—地方关系面临的形势发生了深刻变化。当前，我国社会正面临日益突出的两大矛盾：一是经济快速增长同发展不平衡、资源环境约束之间的突出矛盾；

二是公共需求的全面快速增长与公共服务不到位、基本公共产品短缺之间的突出矛盾。要解决第一个矛盾，必须继续坚持市场化改革，进一步完善社会主义市场经济体制；要解决第二个矛盾，其根本途径是加快建立社会主义公共服务体制。适应社会矛盾的变化，应当按照基本公共服务均等化的基本要求，进一步改革和规范中央—地方关系。

（一）实现中央—地方关系从"以提高经济总量为基础"向"以基本公共服务均等化为重点"的转变

伴随着经济的持续快速增长，我国社会也在加速转型。显著的标志就是广大社会成员的公共需求全面、快速增长。一是公共需求以超常的速度增长。近几年，我国城镇居民的总需求中，个人公共需求年均提高的比重，相当于过去5年的总体增幅，并且近两年的增幅更大。二是公共需求主体快速扩大，广大农民和城镇中低收入者逐步成为公共需求的主体。三是公共需求的结构变化迅速，除了义务教育和公共医疗，对公共安全、环境保护以及利益表达的需求越来越成为全社会普遍关注的焦点。

面对城乡居民全面快速增长的公共需求，我国公共产品供给远不能适应这个变化趋势。总的来说，由于政府转型的滞后，各级政府对强化公共服务职能缺乏深刻的理解和紧迫感，公共产品供给的体制机制尚没有建立起来，这使得政府的公共服务功能相对薄弱。在这个特定背景下，以基本公共服务均等化为重点改革和规范中央—地方关系，对于加快社会主义公共服务体制建设和推进政府转型的实际进程，贯彻落实科学发展观、建设和谐社会尤为重要和迫切。

（二）要使中央、地方政府的公共服务职责与能力相对称

"十一五"时期应当尽快建立科学的中央、地方公共服务分工体制，在此基础上加快建立公共财政体制。1993年的分税制改革以

来，我国中央、地方关系基本上是按照现代市场经济的要求进行调整，在一定程度上忽视了公共服务供给的有效性。下一步的中央、地方关系还应当按照构建社会主义公共服务体制的基本要求做进一步的调整。按照公共产品公益性涉及的范围，中央政府原则上应当主要负责公益性覆盖全国范围的公共产品的供给，以城乡和区域公共服务均等化为重点，强化再分配职能。各级地方政府主要负责各自辖区内公共产品的供给，应当重点关注各自辖区内居民的实际需求，强化公共产品供给效率。

我国现行的财政框架设计是以经济上的分权为主，在大的格局上已经朝着有利于中央宏观调控上迈出了关键的一步。中央适当集中财力是必要的，也是符合市场经济的基本规律的。在这种情况下，不宜简单地强调财权、事权对称。下一步，要以提供基本公共产品为重点完善公共财政体制，关键的问题是使各级政府的财权与公共服务职责相对称、财力与公共服务的支出相对称。与此同时，把新增财政收入主要用于公共服务上，实现由经济建设型财政向公共财政的转型。

（三）把完善转移支付制度作为下一步调整中央—地方关系的重点

这样，可以在基本公共服务均等化方面尽快取得突破。第一，中央已集中54.5%的财力，但中央一级的支出只有23.9%。地方政府财政收入仅占45.5%，却要支出全国财政收入的76.1%。为此，重要的是完善中央对地方的转移支付。正如党的十六届六中全会指出的，要进一步明确中央和地方的事权，健全财力与事权相匹配的财税体制。由此，增强地方政府提供公共服务的能力。第二，从城乡关系来看，我国工业化、城市化仍在加速，农业在整个GDP

中的比例持续下降的趋势不会改变，2005年已降到12.4%。[①] 完善转移支付制度有利于尽快落实"以工哺农、以城带乡"的大政方针。为此，应当按照中央政府的要求，各级政府要把基础设施建设和社会事业发展的重点转向农村，国家财政新增教育、卫生、文化等事业经费和固定资产投资增量主要用于农村，逐步加大政府土地出让金用于农村的比重。第三，从区域发展来看，人均财政收入最高的北京和上海的人均财政收入已达到4000元以上，许多落后省份的人均财政收入大多徘徊在400—600元，完善转移支付制度可以有效地缩小东、中、西不同区域公共服务供给能力的差距。总的来说，把完善转移支付制度作为下一步调整中央地方关系的重要突破口，既可以抓住中央地方关系的主要矛盾，又可以在统筹城乡和区域协调发展方面有所作为。

三 着眼于建立社会主义公共服务体制，加快推进政府行政管理体制改革

改革开放以来，我国已经进行了五轮的政府行政管理体制改革，主要是围绕政府与市场之间的关系展开。应当看到，新一轮的政府行政管理体制改革的内涵与以往有很大的不同。当前的政府行政管理体制改革既要体现社会主义市场经济体制的要求，又要体现社会主义公共服务体制的要求。

（一）把改革和规范中央—地方关系作为下一步政府行政管理体制改革的重要任务

从我国的实际情况看，"十一五"时期的政府行政管理体制改革的实质是政府转型。通过由经济建设型政府向公共服务型政府的转变，政府要扮演两种角色：一是实现经济增长方式由政府主导向

---

① 参见中国（海南）改革发展研究院《以统筹城乡发展为重点推进新农村建设的建议》，《学习时报》2006年5月17日。

市场主导的转变。从近两年的宏观调控看，没有中央—地方关系的实质性调整，这一转变很难真正实现。二是政府要在基本公共服务的供给中发挥主导作用。从现行中央—地方关系来看，公共服务的分工并不明确，而且很不规范。这种状况不尽快改变，公共服务体制很难建立起来。因此，从实际出发，应当把改革和规范中央—地方关系作为下一步政府行政管理体制改革的重点之一。

（二）建立以公共服务业绩为导向的干部人事制度

近几年来，地方政府以招商引资和经营城市为目标，"项目市长""项目县长"等现象相当普遍。这些现象反映出的深层次原因在于干部人事制度很难适应公共服务体制建设的需要。一方面，我国的干部考核体系中，经济建设等指标比重较大，某些时候GDP指标甚至对干部的升迁"一票否决"；另一方面，干部业绩考核中很难反映老百姓的声音。因此，"十一五"时期应当加快改革现行的干部人事制度，把公共服务指标纳入干部考核体系中，使广大群众的评价成为影响干部升迁的重要因素。

（三）加快建立中央对地方的公共服务问责制

多年来，地方政府发展地方经济、增加财政收入的积极努力以及因地制宜的改革举措，对于我国28年的经济快速增长功不可没。当前，随着地方与中央博弈能力的增强，片面追求局部利益最大化的倾向相当普遍。"上有政策、下有对策""层层截留""灵活掌握"等现象使中央政府许多好的公共政策在执行中大打折扣。在这种情况下，以基本公共服务均等化为重点，加快建立中央对地方的公共服务问责制，改善中央对地方的约束与监督机制，并以此为起点，合理配置"条条"与"块块"之间的权力结构，对确保地方政府的公共性，加快建立社会主义公共服务体制都具有相当重要的意义。

中国公共需求变化与服务标准化建设[*]

（2006 年 12 月）

我认为，《海南质量兴省服务标准化工作方案》有一个十分突出的特点，即从海南的基本省情出发，并着眼于海南经济社会发展的全局，突破了一般服务业的范围，将政府的公共服务、公共管理，将老百姓最关心、最直接、最重要的教育、医疗等纳入这个工作方案中。对这个工作方案，有两点建议：一是建议把公共管理、公共服务放到第一位，而不是旅游为第一位；二是如果把人才服务标准、环境建设标准也纳入这个工作方案中，可能更适合海南的基本省情。

我理解，这样一个工作方案要努力达到三个基本目标：第一，以满足社会需求为目标，构建和谐海南；第二，以促进有海南特色的服务业发展为重点，进一步形成海南特色的经济结构；第三，以服务标准化为动力，进一步改善海南的投资环境，乃至经济社会发展的大环境。这里以"我国公共需求变化与服务标准化建设"为题，提出三个问题与大家探讨。

---

[*] 在"首届海南（博鳌）服务标准化论坛"上的发言，2006 年 12 月 29 日，博鳌。

一 在公共需求的现实压力下，如何加强社会需求型的服务标准化建设，以有利于社会和谐

以落实科学发展观为目标的服务标准化建设，就是要把老百姓最需要、最关心、最现实的服务需求作为工作的基本目标，按照社会的需求推进服务标准化建设。因此，"社会需求型服务标准化建设"，应当成为"质量兴省"的首要任务。在这方面，以下三个基本判断很重要。

（一）全社会公共需求的全面快速增长同公共服务不到位、公共产品短缺已成为日益突出的社会矛盾

（1）当前，公共需求有三大变化：第一，公共需求的主体增大。首先，表现在城镇中低收入群体的基本公共需求日趋强烈；其次，是广大农民由潜在的公共需求主体加快成为现实的公共需求主体。第二，公共需求的结构发生变化。由传统的住、行、水电等开始转变为教育、医疗、社保、就业等公共需求。第三，公共需求的增长速度加快。主要表现在老百姓公共需求的比例明显增加，开始成为家庭支出的主要部分。

（2）公共服务不适应公共需求的主要表现有：第一，政府的公共服务理念与公共需求的现实不相适应。第二，公共服务体制建设严重滞后于公共需求增长的现实需求。第三，基本公共产品的供给总量与社会需求差距甚大。第四，城乡二元的公共服务制度安排尚未有实质性突破。2006年，中央财政将达到4万亿元左右，解决基本公共需求的财政条件已初步具备。从现在开始，我国基本公共服务的进程将大大加快。例如，年初国家"十一五"规划提出，要在有条件的地方鼓励建立农村最低救济制度。但之后召开的中央农村经济工作会议提出，从明年开始在全国范围内建立农村最低保障制度，这比"十一五"规划至少提前了五年。

（二）公共需求变化已成为公共服务、公共管理服务标准化建设的现实基础

从全社会普遍的基本需求来看，以下六个方面已成为公共服务、公共管理标准化建设越来越重要的任务：（1）就业与再就业；（2）义务教育；（3）公共医疗；（4）社会保障；（5）以食品、医疗、生产为重点的公共安全；（6）环境保护。

中国已成为就业、再就业的第一大国，广大老百姓对就业的需求已成为公共服务的首要任务。在这一特定背景下，政府把教育、医疗等纳入服务标准化的工作方案中，有重大意义。因此，我们要充分注意公共需求变化到底对政府的公共服务、公共管理提出哪些现实需求。我们将以科学发展观为指导，需要了解老百姓最关心的究竟是什么，并由此作为公共服务、公共管理标准化建设的基础。

（三）加强社会需求型服务标准化建设既有现实性，又有迫切性

（1）在化解社会矛盾、构建和谐社会中的重大作用。当前，各类社会矛盾、利益冲突、利益诉求，大都同上述六个方面的基本公共需求相联系。

（2）在缩小贫富差距中的重大作用。根据分析，教育因素在导致城乡贫富差距的因素比例达20%。如果能把教育问题解决好，就能在缩小贫富差距中发挥重要作用。2006年，我到西部几个地区调研，了解到有些地方的劳动力受教育程度为仅3.8—4年。西部有些地区，新增贫困人口的60%—70%都是因病致贫、返贫的。公共医疗，已成为新时期反贫困战略的重大问题。

（3）在缩小城乡差距中的重大作用。目前我国的城乡差距是1∶3.3，而实际差距是1∶6左右。目前，公共服务因素在城乡实际差距中所占的比例达到30%—40%。如果能逐步实现城乡一体的公共服务体制，就能够大大缩小城乡差距。因此，社会需求型的服

务标准化建设，对构建和谐社会尤为迫切和重要。

二 适应消费结构变化的大趋势，如何推进消费约束型的服务标准化进程，以有利于实现经济增长方式的转变

当前，我国经济增长方式的转变正处在关键时期。这一时期的重要任务之一，是要协调好消费、投资、出口的关系，尽快提高消费的比例，以形成消费主导型的经济增长模式。

（一）我国已开始进入以扩大国内消费为重点的经济增长的新阶段

（1）经济快速增长同发展不平衡、资源环境约束已成为经济发展的突出矛盾。2005年，我国GDP占世界总量的4.1%，但我国消耗的原油占世界的7.4%，原煤占31%，铁矿石占30%，钢材占27%，氧化铝占25%，水泥占40%。这样一种以投资为主导的粗放型经济增长方式，弊多利少。

（2）消费结构进入快速转型期。2005年我国的恩格尔系数明显下降。从总体情况看，城镇是36.7，农村是45.5。这个水平，大概相当于日本、西欧20世纪60年代末的水平、韩国80年代末的水平。

我国恩格尔系数的明显下降，带动消费结构的变化。第一，2000—2005年，我国人均文化产品和服务消费支出年均增长14.8%，2005年人均达到690元。第二，交通、通信消费成为消费的新亮点。2005年，全国人均支出245元，是2000年的2.6倍。第三，农村居民人均服务性支出有明显变化，2005年占全部生活消费支出的29.6%。到"十一五"末期，农民服务消费支出占总消费的比重预计将达到37%左右。

（3）生存型社会向发展型社会的转变，同时也是供给约束型服务向消费约束型服务的转变。生存型社会向发展型社会转变，是以全面提高人的生活质量为标准的发展阶段。为什么服务标准化这个问题很现实？因为我们正处在由初步小康向全面小康转变的关键时期，消费的特性开始由供给约束型向消费约束型转变。

（二）以扩大国内消费需求作为经济工作的重点，有利于实现新时期经济持续增长的目标

（1）我国服务业发展的空间巨大。在发达国家，服务业占GDP的比重为70%左右，发展中国家为50%左右。我国2005年才达到41%，发展空间巨大。

（2）中国消费者的潜力是全球经济的最大机遇。我国占了世界20%的人口，但我国的消费仅占到全球总消费的3%。摩根士丹利首席经济学家罗奇指出，"中国消费者具有的潜力，对21世纪的全球经济来说，有可能是最大的机遇之一"；"从更长远的时期看，中国的消费者正处于最佳时期。对于即将进行的中国经济再平衡的前景和带给中国消费动力的机会，我是非常乐观的"。[①]

（三）推进消费约束型的服务标准化进程的现实途径

（1）坚定地走发展市场经济之路。服务标准化建设，市场经济是基础，企业、社会是主体，政府是主导。根本的问题在于，要通过公平、公开的市场竞争，打破垄断。并且，在发展市场经济的同时，使知识产权得到制度、法律的保护。这样，服务标准化建设才具备最重要的基础。

（2）从基本国情出发，积极扩大国内中低收入群体的消费能力。我国的贫富差距逐步扩大，但富人的消费总是有限的，消费的主体仍然是中低收入者。由此，加快收入分配制度改革，加快社会保障制度建设，提高广大中低收入群体的收入水平，对于增强中低收入者的消费能力、扩大国内市场需求有重大作用。

（3）消费者的广泛参与。服务标准化建设要有利于消费者知

---

① 参见《中国经济时报》2005年12月5日。

情，有利于消费者参与。为此，应当运用多种形式鼓励和支持消费者的广泛参与。

三 在着力推进行政体制改革的大背景下，如何尽快形成政府主导型服务标准化的体制机制，以有利于实现政府转型

当前，我国已开始进入以政府行政管理体制改革为重点的改革攻坚的新阶段。政府行政管理体制改革没有实质性突破，其他很多方面的问题都很难解决。并且，由于利益的影响、利益的束缚，这项改革的难度越来越大。

（一）政府履行公共服务职能的三大任务

（1）经济性公共服务。在我国初步建立社会主义市场经济体制框架的背景下，政府如何有效地履行自己的经济职能，这是一个新问题。我提出"经济性公共服务"，就是说，政府在经济领域更多的是通过中长期发展规划、经济政策、经济信息、市场监管以及重要的基础设施建设等方面来发挥作用，以更充分地发挥市场在资源配置中的基础性作用。由此，政府要从经济建设主体向公共服务主体转变。

（2）社会性公共服务。随着我国经济社会的发展，政府需要更多地履行好以公共服务和社会管理为主要任务的社会性职能，以为经济的持续发展提供良好的社会环境，以使老百姓能不断地分享经济发展的成果。

（3）制度性公共服务。我国的改革正处在重要的十字路口，政府在推动改革攻坚中的角色定位，对下一步经济社会的协调发展至关重要。海南是一个经济特区，但近几年由于多种原因，改革在有些方面是落后的，制度性公共产品的供给相当不足。例如，中小企业、民营经济在海南 GDP 中的贡献率是很低的。因此，加快改革，加快建设更具活力的体制机制，是海南特区下一步十分重要的任务。

(二) 建立公共服务体制已成为新阶段改革的主要目标之一

前几年，把医疗推向市场和教育产业化，产生的问题很多，引起社会各方面的不满。问题的原因在于，由于教育、医疗的部门利益制约，又没有按照改革的办法去做，一部分人把在利益主导下的歪曲的改革归结为市场化改革的错。现在来看，用市场化改革的办法可以很好地解决私人产品。但在基本公共产品供给上，必须通过政府为主导的公共服务，通过建立创新公共服务体制。因此，从经济社会的协调发展来看，改革至少有两大目标：一是进一步完善市场经济体制；二是加快建立公共服务体制。在我看来，政府把一些公共服务内容列入服务标准化建设中，应该是建立公共服务体制的具体体现之一。

(三) 以政府转型的实质性突破为重点，加快推进海南服务标准化进程

这里，有几件事很重要。第一，统筹城乡发展，尽快打破城乡二元的制度安排，加快推进海南城乡一体化进程。第二，海南要尽快实现经济增长方式由政府主导向市场主导的转变。第三，要尽快理顺服务体制建设。因此，海南要充分发挥特区的优势，大胆探索这方面的改革。此外，我们能否把公共服务指标纳入干部考核机制中来。现行的干部考核体制，重点在GDP，尚未把公共服务指标作为考核的主要内容。海南在行政体制改革方面，建议继续探索"小政府、大市场""小政府、大服务""小政府、大社会"的改革之路。如果未来几年海南能在行政体制改革中有实质性突破，这样一个服务标准建设的工作方案就有了体制机制保障。

从海南整个经济社会的全局需求出发，如果能突出服务标准化建设的"三个特点"，即社会需求型、消费约束型、政府主导型，并形成服务标准化的良好氛围，走出一条以落实科学发展观为目标的服务标准化新路，就会在下一步海南发展的重要时期发挥重大作用。

基本公共服务均等化与人的全面发展[*]

（2007年1月）

当前，我国正处在由生存型社会向发展型社会转变的关键时期，全社会公共需求全面快速增长同公共服务不到位、公共产品短缺的矛盾比较突出。尤其是随着农村公共需求的全面释放，义务教育、公共医疗、最低保障等基本公共产品的供给，已经成为广大农民现实和迫切的期盼。适应社会矛盾变化的趋势和广大百姓的现实的基本需求，以人的全面发展为目标，逐步实现基本公共服务均等化，是落实科学发展、构建和谐社会、建设新农村的重点所在。在这样一个现实背景下，启动"新农村新家庭——大香格里拉地区人口健康促进"项目，是新形势下探索基本公共服务均等化的一个现实途径，对于统筹人口发展将产生广泛、重要的影响。

在我国的现实特定背景下，如何解决基本公共服务均等化和人的全面发展问题？我认为，需要探讨以下三个问题：第一，如何充分估计基本公共服务均等化的现实重大作用？第二，逐步实现公共服务均等化的重点问题、关键问题何在？第三，如何从实际出发，加快公共服务体制建设？

---

[*] 在"新农村新家庭——大香格里拉地区人口健康促进"项目启动会上的发言，2007年1月14日，香格里拉。

一 公共需求变化与基本公共服务均等化

逐步实现基本公共服务均等化，是促进人口与经济、社会、资源、环境协调和可持续发展的重要基础，也是统筹人口、实现人的全面发展的重要任务。

之前，与几位专家到离香格里拉市区只有28公里的小中甸镇联合村的一个村民小组做实地调研。这个自然村有33户人家170人。从了解的情况看，这个村在人的基本发展方面的问题是很突出的：第一，受教育的情况。农户非常感谢国家实行"普九"的政策，但实际情况是，目前还有4—5户人家的孩子没有上小学，原因是他们交不起由个人承担的每学期200元的伙食费。33户人家中，小孩上初中的只有60%左右，因为一个小孩在县城念初中每周需要大概50元的基本生活费。新中国成立以来，这个村没有一个大专生，只有一个中专生。我问几个15岁左右的女孩，她们只念了小学2—4年。另外，有几位25—30岁的妇女都没有上过学。第二，人口健康状况。到目前为止，这个村的妇女分娩全都在家里，没有一个在医院的，而且接生的都是自己的亲属。村民们全部参加了合作医疗，但由于目前的合作医疗报销比例的限制，得了大病还是没办法。比如我了解到，一个退役军人去年因肾病花了1万元，报销了4500元，余下的看病钱是多方借来的。这里的村民告诉我，村里的贫困户都是因病致贫的。第三，基础设施情况。村民们告诉我，村里的两口简易饮水井、33根电线杆和约2公里的公路，都是靠村民们集资建起来的。从这个村的情况看，我们应该为村民提供的基本公共服务，应当说基本不到位。由此，我们在讨论基本公共服务均等化时应当做些什么思考呢？

（一）逐步实现基本公共服务均等化，是缓解收入差距、缩小城乡差距的重大举措

目前，我国名义城乡收入差距为3.3∶1，若把基本公共服务，

包括义务教育、基本医疗等因素考虑在内，城乡实际收入差距已经达到5—6∶1。按照这个分析，公共服务因素在城乡收入差距中的影响为30%—40%。从我8月到西北三省调研的情况看，西北地区80%左右的贫困人口都是因病致贫、因病返贫的。有专家估计，在导致贫富差距的各种因素中，教育因素约为20%；2006年联合国开发计划署对智利的调查显示，教育因素在导致智利贫富差距的因素中占25%。我国的情况与智利差不多。以这个村为例，教育的贫困是村民们长期贫困的重要根源，而公共医疗的基本不到位，是村民们现实贫困的主要原因。由此看来，城乡之间的差距不仅反映在经济发展水平和居民收入方面，更反映在政府提供的基本公共服务方面。因此，逐步实现基本公共服务均等化，对于这些地区缩小与城市的差距，有效地解决贫困问题有重大的作用。

（二）逐步实现基本公共服务均等化，是化解社会矛盾、建设和谐社会的主要任务

从我8月到西北地区调研及这次了解的情况看，无论是城市还是农村，大部分的社会矛盾和社会问题与基本公共服务不到位直接相关。为此，尽快地推进基本公共服务均等化的进程，对于化解社会矛盾、构建和谐社会是一项基础性工程。

（三）逐步实现基本公共服务均等化，是有效抑制生态环境恶化的重要条件

我去的这个自然村，在1997年以前基本是靠伐木为生。近些年，伐木受到了极为严格的限制，尽管这样，有的村民为了生存需要，还敢冒着风险偷伐。这说明，在现实的基本公共服务不到位、基本生存得不到保障的情况下，要有效保护生态、保护森林极其困难。

从以上几方面的情况看，在现实社会矛盾逐步突出并不断变化的大趋势下，应当充分估计基本公共服务均等化的重要作用。如果

基本公共服务长期不到位，不仅人的发展会受到极大限制，并且新农村建设、新家庭建设是难以实现的。

二 基本公共服务均等化是改革发展新阶段正确解决中央—地方关系的关键和重点

（一）我国现行的"以经济总量为导向"的中央—地方关系，面临挑战，难以为继

第一，分税制改革后，地方财政收入主要依赖于地方经济总量的增长。在这个背景下，地方政府把更多的精力放到经济总量和财政收入的增加上。这样一种体制，使中央政府的宏观调控目标与地方政府的政绩评价之间始终存在难以克服的矛盾。这是近几年宏观调控中凸显的一个大问题。

第二，中央政府集中了全国财政收入的大头，但转移给地方政府的收入中，具有均衡性作用的一般性转移支付数量、规模过小。即使在实施了转移支付后，2006 年，西部地区的人均财力也只相当于东部地区的 48.3%。并且，经济越发达的地区，税后返还的比例越大。

第三，中央与地方在公共服务中的分工不明确、不规范，由此难以形成严格的公共服务问责制。经济总量增长是硬指标，基本公共服务是软指标，由此弱化了政府的公共服务能力，使政府的公共服务职能严重不到位或缺位。

今年 8 月，我在西北三个省进行调研后，一直在思考一个问题：从西部来说，这样一种现行的中央—地方关系还能维持多久？当时，我提出一个建议，即在基本解决西部地区基础设施建设以后，要从"以经济总量为导向"转变为"以基本公共服务均等化为重点"。9 月我到西欧考察，了解到在欧洲 80% 左右的转移支付都用于基本公共服务。我国目前的关键问题是，转移支付中用于基本公共服务的比例太小。中改院 2006 年中国改革调查问卷反馈的

数据显示，超过90%的专家都赞同中央—地方关系要从"以经济总量为导向"向"以基本公共服务均等化为重点"的转变。这个问题，对下一步的西部大开发尤为重要。

（二）中央—地方关系要从"以经济总量为导向"向"以基本公共服务均等化为重点"转变

1. 加快改革和完善现行转移支付制度

（1）提高一般性转移支付比例。一般性转移支付是最具有均衡地方财力作用的转移支付形式。国际上通行的做法是，将一般性转移支付作为中央对地方转移支付的主要形式，其占全部转移支付的比例在50%左右。2005年，我国一般性转移支付占全部转移支付比重按宽口径计算（将税收返还和原体制补助计入全部转移支付）只有9.8%，按窄口径计算（不将税收返还和原体制补助计入全部转移支付）占15.3%。一般性转移支付比重过低不仅削弱了中央政府均衡地方财力的作用，也限制了地方政府在地区性公共产品供给中的自主性。从逐步实现基本公共服务均等化的客观要求出发，应当分步提高一般性转移支付比例，使其成为转移支付的主要形式。

（2）规范与清理专项转移支付。专项转移支付是由中央各部委按照"条条"管理转移到下级政府，带有指定用途，地方政府无权挪作他用。2005年，专项转移支付比重按上述宽口径计算占30.73%，按上述窄口径计算占48.07%，是我国转移支付的主要组成部分。由于专项转移支付项目繁杂而分散，在管理上面临许多矛盾和问题。地方政府"驻京办""跑部钱进"的现象都与此直接相关。从目前的情况看，专项转移支付的改革应当与中央部门的改革统筹规划。按照建立公共服务体制的要求，应当逐步减少中央各部委提供公共服务的支出责任，强化政策规划、指导和监督职能。将各部委缩减下来的资金直接由中央财政转移给地方政府，这样可以使一些不规范的专项转移支付转变为一般性转移支付。与此同时，对中央部委必须保留的专项转移支付，应使其规范化。

（3）逐步缩小直至取消激励地方政府追求经济总量的税收返还和原体制补助。1994年在启动分税制改革时，为调动积极性和减少阻力，中央以1993年地方政府财政收入规模为基数，以税收返还和原体制补助的形式把中央财政收入返还一定数额给地方政府。如果把税收返还和原体制补助计入全部转移支付，2005年，税收返还和原体制补助的比重为36.08%，超过专项转移支付的30.73%和财力性转移支付的33.19%。

税收返还和原体制补助的过高比例直接扩大了地方政府间财力上的差距，加剧了区域间经济发展差距和公共服务差距。为此，应当尽快制定时间表，统筹协调和安排，逐步降低税收返还和原体制补助的比例，可以大大增加一般性转移支付的比例，使整个转移支付制度适合基本公共服务均等化的总体要求。

2. 以"基本公共服务均等化"为重点，着力调整中央财政支出结构

（1）减少中央财政的经济建设支出比例，明显增加基本公共服务支出比例。当前，财政功能性支出比例最大的仍然是经济建设性支出。2004年中央财政经济建设支出仍占27.8%，处于财政功能性支出的第一位。社会文教费在整个财政支出中所占的比例，自1992年以来的12年间一直徘徊在26%—28%。随着经济的发展和国家财力的增长，应当使中央财政在义务教育、公共医疗和社会保障等方面的投入增长快于财政收入的增长速度。

（2）增加中央财政对农村基本公共服务的投入力度。按照党的十六届六中全会精神，国家财政新增教育、卫生、文化等事业经费和固定资产投资增量主要用于农村，逐步加大土地出让金用于农村的比重。在中央财政投入增长的同时，建议尽快推行构建农村公共

服务体系的试点。根据中改院在西北三省的调研，如果能够以现有的计生网络为主要平台，与农村综合改革相配套，整合农村公共资源，就可以因地制宜，在农村公共服务体系建设方面尽快取得突破。

（3）增加中央财政对西部基本公共服务的投入力度。应当尽快使中央财政转移支付资金重点用于西部地区，使西部地区基础设施和教育、卫生、文化等公共服务设施得到改善，逐步缩小地区间基本公共服务的过大差距。在中央加大转移支付的同时，可以考虑在西部革命老区、民族地区、边疆地区、贫困地区进行试点，积极探索区域间实现基本公共服务均等化的有效途径。

3. 培育地方政府履行公共服务职能的稳定财源

（1）开征物业税，稳定地方政府税源。从国际经验看，物业税具有税基大、税源稳定、征收相对透明等优点，是良好的地方税种。随着我国经济发展和城市化进程的加快，目前我国房地产已经成为居民财富的重要组成部分，可以考虑把物业税作为地方主体税种，尽快试点开征。

（2）改革资源税征收办法，提高地方政府财力。当前，我国的资源税大部分划为地方税种。随着资源价格的大幅度上涨，国家财政部、国家税务总局于2004年、2005年分别提高了山西、内蒙古、青海等11个省份煤炭资源税的税额标准。但从总体上看，我国的矿产资源补偿费仍是从量计征，平均费率为1.18%，而很多国家为2%—8%。地方政府难以从资源价格上涨中分享收益的局面并未根本改观。因此，应当对资源税的征收方式进行改革，使资源税成为地方政府的重要税源。

（3）将地方国有资本预算纳入财政预算，增加地方政府可支配财力。国有资本收益是政府非税收入的重要组成部分，包括国有资本分享的企业税后利润、国有股股利、企业国有产权（股权）出售、拍卖、转让收益等。适应地方政府履行公共服务职能的要求，要把地方国有资本经营纳入同级财政预算，进一步完善国有资本收益的征收管理方式，使国有资本经营收益及时足额上缴同级国库。

（三）实现中央—地方关系从"以经济总量为导向"向"以基本公共服务均等化为重点"的转变在西部有着重要的意义

由于西部地区各种自然条件的局限，在经济总量上要赶上东部沿海地区，在相当大程度上是不现实的。因此，逐步实现西部地区基本公共服务均等化，应成为新阶段国家西部大开发战略的重点。由此，建议国家人口计生委与国务院西部开发办共同朝着这方面做出积极的努力。

三 以基本公共服务均等化为重要目标的公共服务体制建设是落实科学发展观的重要体制保障

从改革实践看，公共服务非均等化的根源在于体制机制不健全。一是公共服务供给中没有形成规范的分工和问责制。二是没有形成公共服务可持续的财政支持体制，财政功能性支出比例最大的仍然是经济建设性支出。实践证明，如果没有一个制度化的约束，公共服务支出并不会随着经济增长而同步增长。三是城乡二元分割的公共服务制度安排。由此，我们一再提出，能否在进一步完善社会主义市场经济体制的过程中，把加快建立符合我国基本国情的公共服务体制作为改革的基本目标之一。28年的实践证明，市场经济体制可以有效解决私人产品的供给问题。基本公共产品的供给可以依靠社会机制、市场机制，但政府是主导，必须依靠以政府为主导的公共服务体制建设来解决好基本公共产品的供给问题。

中改院2006年中国改革调查问卷的数据显示，有70%的专家认为加快建立公共服务体制是落实科学发展观体制保障的重点，超过90%的专家支持把建立公共服务体制作为下一步改革攻坚的基本目标之一。当前，最重要的是要在改革目标上达成一个基本共识。

（一）尽快建立中央、地方公共服务分工体制，并在此基础上实行中央对地方的严格问责制

（1）严格划分中央与地方公共服务职责。1993年的分税制改革以来，我国中央—地方关系基本上是按照现代市场经济的要求进行调整，在一定程度上忽视了公共服务供给的有效性。下一步的中央—地方关系还应当按照构建社会主义公共服务体制的基本要求做进一步的调整。按照公共产品公益性涉及的范围，中央政府原则上应当主要负责公益性覆盖全国范围的公共产品的供给，以城乡和区域公共服务均等化为重点，强化再分配职能。各级地方政府主要负责各自辖区内公共产品的供给，应当重点关注各自辖区内居民的实际需求，强化公共产品供给效率。

（2）实行中央对地方的严格问责制度。首先是要建立起各级政府公共服务评价指标体系。"十一五"规划已经开始注重公共服务方面的指标，并将其作为配置财政、税收等公共资源的重要依据。下一步还应制定适合各级政府、同级政府不同部门的评价指标体系，并使其具有可操作性。在建立和完善评价指标体系的基础上，实行中央对地方严格的公共服务问责制。一方面，应加强统计部门的垂直管理，减少各级政府对统计过程和结果的干预，尽快将基本公共服务指标细化并纳入统计范围；另一方面，要加强对地方公共服务的审计和监察。

（二）以基本公共服务均等化为重点建立公共财政体制

我国现行的财政框架设计是以经济上的分权为主，在大的格局上已经朝着有利于中央宏观调控上迈出了关键的一步。中央适当集中财力是必要的，也是符合市场经济的基本规律的。在这种情况下，不宜简单地强调过去计划经济时代的财权、事权对称。下一步要以提供基本公共服务为重点完善公共财政体制，关键的问题是尽快完善转移支付制度，使各级政府的财权与公共服务职责相对称、

财力与公共服务的支出相对称。与此同时，把新增财政收入主要用于公共服务上，实现由经济建设型财政向公共财政的转型。

（三）建立以公共服务为导向的干部政绩考核制度

（1）增加基本公共服务在干部政绩考核体系中的权重。近两年的宏观调控表明，一些地方政府注重 GDP 增长而忽视公共服务的问题并未完全改观。这些现象反映出的深层次原因在于现行干部政绩考核制度很难适应公共服务体制建设的需要。"十一五"时期应当加快改革现行的干部制度，尽快把公共服务数量和质量指标纳入干部政绩考核体系中，并逐步增加其权重。

（2）把群众满意度作为干部政绩考核的重要因素。在政府履行公共服务职能的过程中，要防止和克服哗众取宠的形式主义、劳民伤财的形象工程。应当针对公共服务的决策、执行、监督等各个环节，建立符合公众公共服务需求的表达机制，将公众满意度纳入干部政绩考核体系，使广大群众的评价成为影响干部升迁的重要因素。

（3）实现公共服务信息透明化。进一步推进政务公开，发展电子政务，在公众信息网上公布政府公共服务的职能、办事程序和办事指南，确保公众公共服务的知情权。实行领导干部述职制度，健全公共服务重大事项报告制度，推行质询制度和民主评议制度，充分发挥群众监督、媒体监督对促进政府改善公共服务职能的积极作用。

人的全面发展是实现基本公共服务均等化的重要目标，从现实情况出发，建议以农村人口计生网络为重要平台，加快构建农村的公共服务体系。第一，以农村人口计生网络为基础，组建农村公共服务体系的基本队伍。第二，以农村人口计生网络为中心，建立全方位的农村公共信息系统。第三，建立农村人口发展服务中心，积极稳妥地拓展人口计生网络功能。我在甘肃调研时了解到，甘肃把食品、医药安全委托给农村计生系统，由农村计生系统开始反馈食品、医药安全的信息。从现实情况出发，我认为有几件事可以考虑：一是初级保健和人口健康问题，可以委托给农村计生网络承担；二是农村把最低救济制度的实施与人口计生网络相结合。这两件事都有很大的现实性和可行性。

我认为，统筹人口发展的总体战略思想十分重要。当前的主要问题是，优先投资人的发展没有落实到位，国家在人的基本发展方面的投资实在太少，远不适应现实的基本的需求。因此，建议：第一，选择一些地区进行以促进人口健康为重点的基本公共服务均等化的试点。第二，西部贫困地区进行人的发展投资项目试点。第三，建设农村公共服务体系试点。如果能够把这几件事做好，对逐步实现基本公共服务均等化，加快建立农村基本公共服务体制将产生重要作用。

着力解决好公共产品供给的体制机制问题[*]

（2007年3月）

在完善市场经济体制的同时，以满足广大社会成员的基本公共需求为目标，加快建立公共服务体制，是协调改革进程中各种利益关系的根本举措，是落实科学发展观、建设和谐社会的重要体制保障。

我国正处在从初步小康向全面小康社会过渡、从生存型社会向发展型社会转变的关键时期。改革开放28年来，通过初步建立市场经济体制，基本解决了私人产品有效供给的问题，也实现了初步小康的发展目标。现实情况表明，广大社会成员的公共需求呈全面快速增长的趋势。站在改革的历史新起点，把建立公共服务体制作为改革攻坚的基本目标之一，尽快建立公共服务体制，提供有效的公共产品和公共服务，是新阶段解决社会矛盾的内在要求。

一　全面把握公共服务体制的基本内涵

公共服务体制是指以政府为主导、以提供基本而有保障的公共产品为主要任务、以全体社会成员分享改革发展成果为基本目标的一系列制度安排。建立公共服务体制，就是要通过党和政府的力量

---

[*] 本文载于《光明日报》2007年3月27日。

实现公共资源的优化配置，使公共政策能够有效地克服市场经济的某些缺陷。现实的突出矛盾和问题表明，改革不仅需要解决好私人产品供给的体制机制问题，还需要解决好公共产品供给的体制机制问题。实践证明，市场可以在私人产品上发挥很好的作用，但在公共产品领域中往往会出现"市场失灵"。"公共服务市场化"不仅难以解决公共产品短缺的问题，还会引发一系列的社会矛盾和社会问题。为此，建立公共服务体制，能够妥善地协调市场经济条件下的利益关系，使政府能够迅速回应利益主体多元化带来的挑战，为提高公共治理水平提供制度保障。

二　公共服务体制与市场经济体制二者相互补充，相互促进

作为一个发展中的大国，我们不仅需要通过进一步深化市场化改革来做大"蛋糕"，还需要通过建立公共服务体制来分好"蛋糕"。必须看到，完善市场经济体制是建立公共服务体制的基本前提，建立公共服务体制可以使市场化改革获得更为广泛的社会支持。二者相互关联，相互促进。因此，为了应对经济社会转型带来的种种挑战，我们还必须从实际出发，一方面要加大改革力度，另一方面应及时确立改革攻坚的新目标。

三　从体制机制入手，解决全社会公共产品短缺的问题

从改革实践看，公共服务短缺的问题不仅是总量不足、结构失衡等问题，其根源在于体制机制不健全：一是公共服务供给中没有形成规范的分工和问责制，在事实上造成了公共服务指标的软化；二是没有形成公共服务可持续的财政支持体制，财政功能性支出比例最大的仍然是经济建设性支出；三是城乡二元分割的公共服务制度安排，进一步拉大了城乡实际差距；四是尚未形成公共服务的多元社会参与机制和有效的监管机制。"十一五"时期，要切实地解决公共产品严重短缺的矛盾，应当从这些方面加快改革步伐，逐步构建与我国国情相适应的公共服务体制。

四 建立以公共服务为导向的干部政绩考核制度

当前的干部政绩考核制度还不能够完全适应公共服务体制建设的需要。一方面，我国现行的干部考核指标体系中，经济建设等指标比重较大，某些时候 GDP 指标甚至对干部的升迁"一票否决"；另一方面，现行干部政绩考核制度很难反映老百姓的声音。今后，应增加基本公共服务在干部政绩考核体系中的权重，把群众满意度作为干部政绩考核的重要因素。在政府履行公共服务职能的过程中，要防止和克服哗众取宠的形式主义、劳民伤财的形象工程。应当针对公共服务的决策、执行、监督等各个环节，建立符合公众公共服务需求的表达机制，使广大群众的评价成为影响干部升迁的重要因素。

着力推进基本公共服务均等化*

（2008 年 6 月）

2004 年以来，中改院主要研究的课题是政府转型。在政府转型中，公共服务体制的建立和创新是一个重点课题。今天，我和在座的各位领导就着力推进基本公共服务均等化做个讨论。

5·12 汶川大地震，使以人为本的发展理念在 20 多天的时间里得到全面的提升。无论是政府的责任、信息的披露、国际社会的参与、公民和社会的广泛参与，从多方面表明以人为本的发展理念已经在多个方面、多个层面得到全面的提升。这既反映了中华民族传统文化在突发事件中的作用，也反映了社会发展到新阶段以人为本的价值理念的现实需求。如何从发展阶段来理解基本公共服务，是一个十分现实的问题。3 年前，大家对基本公共服务的理解和今天相比就有很大的差距，现在，大家对基本公共服务均等化的理解更加深入。尽管还存在一些不清楚的问题，但是这个理念、这个政策取向和政策目标已经得到广泛认可，已经成为普遍的政策需求。比如，党的十六届三中全会提出"逐步实现基本公共服务均等化"，党的十七大报告和最近中央的提法是"推进基本公共服务均等化"

---

* 在"广东省市、县（市、区）长公共财政与经济社会发展专题培训班"上的演讲，2008 年 6 月 4 日，广州。

或"着力推进基本公共服务均等化"。我想，今天研究基本公共服务均等化，要和改革开放30年这个发展阶段结合起来，这样才能得出一些符合客观实际的基本判断。

最近，广东省正在研究和制定全省基本公共服务均等化的规划，希望今天与大家的交流能够对规划的制定发挥一些参考作用。

一 推进基本公共服务均等化的现实需求

改革开放30年，广东省是我国改革开放的前沿，也是排头兵。30年的改革开放，我国的经济社会发生了巨大变化。从历史的高度看，我国的发展阶段发生了重大变化。最近关于总结回顾改革开放30年的会议很多，这方面的讨论、总结也很多。经过30年的改革开放，我国实现了历史发展阶段的一个重大转变，已经开始由以解决温饱为主要任务的生存型社会向以人的发展为目标的发展型社会过渡，正处于新的历史"拐点"。我参照国际社会相关的一些评价指数，用五个方面的指标来支撑这个判断。第一，经济发展水平。根据邓小平的设想，我国要实现小康，达到第三世界中比较富裕的国家水平，一个重要的标准就是人均国民总收入达到1000美元。这也是一个国家消费结构升级的重要起点。到2002年，我国人均国民总收入已经达到1100美元；到2006年，我国人均国民总收入达到了2010美元。第二，产业结构。用产业结构分析一个国家或地区的发展阶段时，通常把第一产业的产值不超过10%（亚洲国家不超过15%）、第三产业的产值超过40%作为一个参考指标。我国在2001年第一产业产值降到15%以下，第三产业产值首次超过40%。2006年，我国第一产业产值比重已经下降到11.8%。第三，消费结构。根据联合国粮农组织的标准，恩格尔系数在59%以上为贫困，50%—59%为温饱，40%—50%为小康，30%—40%为富裕。我国城镇居民恩格尔系数在1996年降到50%以下，2000年农村居民恩格尔系数也降到50%以下，表明我国城乡居民生活整体上达到了小康水平。到 2006 年，我国城镇恩格尔系数进一步降到 35.8%，农村恩格尔系数则降到 43%。第四，城镇化进程。城镇化水平是衡量一个国家或地区现代化程度的重要标志。世界银行对全球 133 个国家的统计资料表明，当人均国内生产总值从 700 美元提高到 1000—1500 美元、经济步入中等发展国家行列时，城镇化进程加快，城镇人口占总人口比重将达到 40%—60%。2003 年我国城镇人口占总人口比重首次超过了 40%。到 2006 年，我国这一指标进一步提高到 43.9%。第五，就业结构。按照国际通行的标准，工业化初期结束的标志之一是农业劳动力比重不超过 55%，工业化中期结束时农业劳动力比重低于 30%。我国的农业劳动力比重在 2000 年低于 50%；到 2006 年，我国农业劳动力比重下降到 42.6%。从这些指标来看，可以说 30 年的改革开放使我国实现了经济社会发展阶段的历史性跨越，这样的跨越从世界一般规律来说，大概需要 50 年，而我们国家只用了 30 年就实现了人类经济社会发展阶段的历史性跨越。这对发展阶段的分析有两个极为重要的现实意义。第一，总结改革开放 30 年对中国人类发展的集中的贡献。第二，使得我们能够站在历史发展阶段的角度来客观分析新时期新阶段社会发展的趋势、发展的矛盾、发展的规律。

6 月 2 日上午，澳大利亚国防部代表团向中国外交部要求和中改院进行一次座谈，他们提了很多问题。我问他们："你们所提的关于资源环境、垄断行业等问题，在澳大利亚矛盾比较突出是在哪个年份？"他们回答说大概在 20 年前。我就说，你们来了解中国现实生活中的一些矛盾问题，如果离开了中国社会发展阶段的变化，恐怕只是就问题谈问题。只有把握了中国发展阶段的历史性变化，才会得出一个客观的判断，才会把握中国发展的客观趋势。我国由生存型社会向发展型社会转变，确实面临着快速发展和各种矛盾全面凸显的问题。比如，经济持续快速发展同资源环境约束的突出矛盾、经济社会快速发展同发展不平衡的矛盾、经济持续快速增长同收入分配差距逐步扩大的矛盾、经济社会快速发展同公共治理结构不相适应的矛盾。这些矛盾是社会发展到今天的客观必然反映。

我国在由生存型社会开始步入发展型社会的时候，尤其要认识到两个日益突出的矛盾。第一，全社会公共需求全面快速增长与基本公共产品供给短缺、基本公共服务不到位的矛盾越来越突出。第二，经济持续快速增长与资源环境约束和发展不平衡的矛盾越来越突出。这成为新时期新阶段回避不了且日益突出的两大矛盾。

在党的十七大报告中，用了86次"新"，包括新时期、新阶段、新矛盾、新特点、新起点等。报告反复强调，在仍然承认社会主要矛盾没有完全变化的前提下，更要注重矛盾的阶段性变化。进入新时期，解决资源环境问题成为建设全面小康社会要追求的五大目标之一，把资源环境由"发展的条件"上升为"发展的目标"，这也是十七大报告里最重要的内容。我们只有抓住新阶段、新矛盾、新特点、新的历史起点，才会理解新的发展理念、发展方针、政策目标和发展任务。

现在同以往相比，广大社会成员的消费结构发生了两大重要变化。一是食品、衣着等基本消费支出的比例在不断下降，由1990年的67.61%下降到2006年的46.15%。二是医疗保健、教育等消费支出比例不断上升，城镇居民在这方面的支出比例从20世纪90年代初期的10%上升到2006年的30%。从全国的情况来说，现在每一年用于公共医疗保健、教育、购房等方面的消费支出，大概等于90年代中期的3—5倍。正是由于社会发展阶段的变化，全社会公共需求全面快速增长。从2003年的SARS疫情以来，全社会公共需求全面快速增长与基本公共产品供给短缺、基本公共服务不到位的矛盾全面凸显。我们说SARS疫情给中国敲响警钟，这个警钟是什么呢？那就是需要政府开始关注社会发展阶段变化，主动适应社会消费需求的变化。正是在这样一个背景下，我们提出以人为本的发展理念，提出政府转型，提出行政管理体制改革。同时，伴随着社会发展阶段的变化，社会利益结构已经趋于稳定、趋于定型，贫富差距、城乡差距、区域差距开始全面凸显。为此，要逐步缩小贫富差距、城乡差距、区域差距，我们可以采取多方面措施，其中重要的一项就是实现基本公共服务均等化。

我最近几年每年都到西部、东部做一些调研，可以给大家讲一些这方面的例子。第一，贫富差距，在西部，新增贫困人口的70%—80%都是基本公共服务不到位所导致的因病致贫、因病返贫。2006年，我到甘肃一个靠近县郊的农村调研，给我的触动相当大。这个村子两百多户人形成一个"村民公约"，村子的人不管是谁，只要生病支出超过两万元就一定要"请"回家，不再继续治疗了。因为他们算了一笔账，如果根据村子里的情况，两万块钱就要把病人所有亲属的钱基本借光，那么亲属们就没法过日子了。在这种情况下，生病的人也坚决要求回家等死。在香格里拉迪庆藏族自治州旁20公里的一个村庄，只要家里有一个好劳力能爬到4500米以上的山上采冬虫夏草和松茸，每年收入大概可以达到5000元以上，如果家里有一个病人，或者主要劳动力病了，就立即陷入贫困。

第二，城乡之间的差距。这些年，城市和农村收入比例、收入差距在不断扩大。20世纪80年代，我国的城乡收入差距缩小到1.86倍，到了90年代以后，城乡差距扩大到2倍，90年代中后期扩大到3倍，现在大概在3.3倍。这只是一个名义差距，而城乡的实际差距大概在6倍。是什么因素造成实际差距比名义差距要大近一倍呢？那就是基本公共服务的差距，城乡居民的收入差距加上城乡居民的公共福利差距，导致实际差距达到6倍左右。也就是说，基本公共服务在影响城乡实际收入差距因素中的比例大概高达

45%，要高度重视基本公共服务因素在城乡实际差距中的比例。2006年我到有些农村，包括藏族地区调研时，告诉村民，很快就要实行农村合作医疗制度了，他们很高兴，相当一部分人围着我哭。在广大农民看来，如果能够比较实际地解决他们的基本公共服务问题，对于他们来说就是解决了最大的现实需求。

第三，区域之间的差距。比如，贵阳市和广州市的收入差距，以及贵州省的农村和广东省的农村的收入差距，这可能是两个相距很大的数字。贵阳市和广州市来比，可能差距在三五倍或者两三倍，但如果加上农村的收入情况，两省的收入差距可能就要达到15倍甚至20倍。所以，现在的区域差距相当大程度上是源于城乡差距。

在现实情况下，提出基本公共服务均等化适应了我国由生存型社会向发展型社会转变的历史需求。有人对基本公共服务提了很多意见，"为什么要提这个问题""为什么要在SARS疫情的时候提出公共服务"？我认为，第一，2000年后，我们提出基本公共服务，正是适应我国经济社会发展阶段的需求提出来的。第二，基本公共服务均等化正是我国由生存型社会向发展型社会转变的历史阶段中，缩小过大的城乡差距、贫富差距、区域差距的战略性任务，是我国处于快速发展的过程中，缓解各种社会矛盾最有效、最适应需求的办法。第三，基本公共服务均等化是历史阶段转变时期缓解社会矛盾、促进社会和谐建设的一个根本性措施。在这样一个历史阶段转换过程中，大部分社会矛盾同公共服务不到位直接相关，许多的社会矛盾产生、群体事件增加，在一定程度上或者在相当大程度上是同基本公共服务不到位联系在一起的。

再来看第二个突出矛盾，经济持续快速增长同资源环境约束的突出矛盾。这个矛盾越来越突出，在广东地区可能更为突出。基本公共服务和可持续发展到底有没有内在的联系，我们从正面来说，我最近几年大概每年去一次北欧，已经连续若干年了，过一周我又要去。我们过去把北欧仅仅看成福利国家，我想这个看法是片面的。芬兰不到500万人口，60%以上是大学生，大学实行义务教育。我开始到那儿去也要问一个问题，美国的经济具有很大的吸引力，芬兰的高技术人才到美国去的比例有多大？他们告诉我，大概不到2%。在连续10年全球最具竞争力的前十个国家中，北欧大概有5个国家，这些国家就是因为人力资本的因素和高福利的因素，促进国家经济发展方式转变，并且走向依靠人力资本保持经济竞争力的发展之路。我想，我们在研究这些福利国家的时候，应当改变以往一些传统观念。当然，福利国家有福利国家的问题，他们也已经开始意识到问题，他们的制度也存在问题，但我们在强调问题的同时，更要看到这种模式对于一个国家经济竞争力的极大影响。爱尔兰岛只有425万人，没有走传统工业化的道路，现在，这个国家在联合国人类发展指数上排在前十位，原因就是爱尔兰是把人力资本作为经济发展的主要因素。

二 把推进基本公共服务均等化作为转变经济发展方式的重要任务

（一）基本公共服务均等化是扩大内需的重要前提

在我们国家现存的基本公共服务制度尚不完善、水平比较低的情况下，没人敢把自己的钱都透支。有一个计算，如果我们的基本公共服务按照现在的需求水平能够得到保障，我们国家的消费率至少可以提高5个百分点。

（二）突破资源环境对经济发展的约束，重要的任务在于投资于人，以人力资源代替自然资源成为经济持续发展的动力

我们看到，发达国家经济增长的70%左右是由于技术创新，而我们国家正相反，我们经济增长70%左右是靠廉价劳动力，是靠资源，是靠牺牲环境。如何提高由人力资本所引起的技术创新，提高

技术因素在经济增长中的贡献率,这是我们面对的相当大的一个问题。转变经济发展方式在相当大程度上是和劳动力的基本素质相联系的,这一点在发达地区尤为突出。

(三) 促进服务业的发展

可持续发展所要解决的就是现代服务业在三产业的比重,而发展现代服务业在相当大程度上是依赖于人力资本的。从这个意义上说,我们国家要实现发展方式的转变,必须注重解决从人口大国向人力资源强国的转变。如果我们不能用未来的20—30年时间成为人力资源强国,那么,要实现经济发展方式的根本转变是极为困难的。从这个意义上来说,可持续发展与基本公共服务有着直接的内在的深刻联系。

由此,面对着新时期新阶段日益突出的两大矛盾,强调基本公共服务均等化绝不仅仅是一个理念问题,它还是一个十分强烈的现实需求。哪一个地区能把这样一个现实需求认识得深刻一些,解决得主动一些,哪一个地区的可持续发展能力就会强一些。

我前几天在研究一个很具体的问题,20年前,在我刚到海南岛的时候,海南岛的刑事案件尤其是恶性刑事案件大部分是外来人口,至少50%以上是外来人口犯罪。现在情况变了,现在50%以上的恶性案件是本岛人所致,而且主要是集中于青少年。为什么呢?最近10年,海南岛过去提出无毒岛,没想到提出以后吸毒人数越来越多,青少年吸毒的比例在增大。随着青少年吸毒比例的增大,社会恶性案件相当一部分是这一部分人触犯。我给海南省提出的建议是,要重视海南的中等教育。反思一下,我也做过海南地方官员,我们那个时候由于忽略了中等教育,中等教育不到位导致失去了这一代,不仅导致经济问题,也导致社会问题。我算了一下,目前海南初中到高中的升学率只有15万人,我建议能不能研究一下,下决心解决高中的义务教育。这不仅是一个教育问题,也是一个经济问题，更是一个社会问题。如果未来10年、20年还是现在这样的状态，那将是海南的一大失误。

我想讲的第一个问题是，从社会发展阶段变化所面临的突出矛盾来理解基本公共服务均等化。由此，我们领导干部的发展理念才会发生重大变化。从第二次世界大战到现在将近60年来，人类的发展理念大概经历了四个大的阶段，每一次发展理念的变化都是伴随着发展阶段的变化而变化。第二次世界大战一结束到20世纪50年代末，世界的发展理念就是增长就等于发展，到了60年代初，有些国家经济增长了但是社会矛盾、社会冲突加剧，引起社会动乱和政治动乱，导致国家的倒退。从60年代到70年代，世界的发展理念就是把发展等于经济增长加社会变革，光有经济增长不行，必须同时有社会变革才等于发展。70年代中期到80年代、90年代，随着世界经济的普遍快速发展，环境问题成为一大问题，人类发展理念发生第三次转变，发展等于经济增长加社会变革加环境保护，也就是可持续发展。90年代中期到现在，人类发展理念发生第四次变化，90年代中后期，联合国推出人类发展指数，把经济发展水平、健康程度和受教育水平三个主要指标组合成人类发展指数。这个时候发展理念比照前三阶段发生的重大变化就是发展等于人的发展，人的可行能力的发展是发展中最主要的要素。现在联合国每一年都出一个全球人类发展指数报告，中国人类发展指数从2000年的104位上升到现在的76位。其中支持中国人类发展指数提高的主要因素，起到40%的贡献率的是经济发展水平，受教育水平方面的贡献率比较少，大概不到20%，健康程度的贡献率是第二位的，第一是经济发展水平，第二是健康程度，第三才是受教育水平。我们从人类发展理念的转变，到现在提出的科学发展观，正是适应了这样一个发展阶段的要求，适时地提出了以人为本的科学发展观。正是在以人为本的科学发展观的指导下，我们开始把基本公共服务均等化作为国家战略。

三 基本公共服务均等化的基本含义与政策目标

（一）基本公共服务均等化的基本内涵

1. 我国基本公共服务范畴的界定

（1）基础性。就是对人类发展有重要影响的基本公共服务，这些公共服务的缺失将严重影响人的全面发展，是具有基础性的。

（2）广泛性。这些基本公共服务要影响到全社会每个家庭和个人的公共服务供给。

（3）迫切性。是全社会广大社会成员普遍的需求。

（4）可行性。每个阶段的基本公共服务要和公共财政能力相适应。

从以上四个原则来看，基本公共服务在现阶段的范畴应当包括：第一，义务教育；第二，公共卫生和基本医疗；第三，基本社会保障；第四，公共就业服务。现在有争论的是第五条，基本住房保障。中央政府决定从现在开始，比较明确地把中低收入群体的住房保障纳入政府的基本公共服务范畴。但在我看来，按照上面四个原则来看，现阶段或者最近几年最重要的基本公共服务是前四项。我们最近和联合国讨论的时候，他们也认为住房问题对于中国来说具有相当大的复杂性，列入公共服务范畴是对的，但是中国解决这个问题，远比解决其他四个问题需要的时间要长得多、复杂得多。

2. 基本公共服务均等化的基本内涵

总体上说，我们讲的基本公共服务是要让全体社会成员享受水平档次相当的基本公共服务，从而保障每个社会成员的生存权和发展权，保障社会公平正义。这里的大概念有两条。第一条，基本公共服务是人的生存权、发展权，是13亿人的基本权利，是组成人权的主要内容，是一个权利概念，是一个基本生存权和基本发展权。第二条，基本公共服务是强调政府责任和制度安排，既然是人的基本生存权、发展权，就必须做出相应的制度安排，必须履行政府应当履行的责任。这是从大概念讲，具体有这样四条概念。

（1）基本公共服务均等化不等于公共服务的平均化，而是在基本公共服务方面有全国统一的制度安排。

（2）基本公共服务均等化是全体公民的机会均等、结果大体相同，并尊重社会成员的自由选择权。

（3）基本公共服务均等化，是要将基本公共服务的差距控制在社会可承受的范围内。

（4）基本公共服务均等化，要尤其关注困难群体。

（二）新阶段推进基本公共服务均等化的政策目标

（1）逐步实现基本公共服务均等化，是进一步提高我国人类发展水平的重大举措。我们进入以人的发展为目标的发展型社会，首要的问题是解决人类发展的水平问题，所以基本公共服务均等化的第一个目标就是要适应发展型社会人的全面发展对基本公共服务的建设需要。

（2）逐步实现基本公共服务均等化，是维护社会公正、促进社会和谐的需要。

（3）逐步实现基本公共服务均等化，是改善公共治理、提升政府执政能力、实现政府职能转变的需要。我上周在非洲部长的高峰论坛上做了一个发言，和林毅夫一起。非洲这些部长提出来，在非洲最重要的问题是政府的能力、政府的腐败和政府的治理结构问题。怎么解决这些问题，我给他们以"政府作用和政府转型"为题讲了中国30年改革的基本经验。我想说的是改革开放30年来，中国的政府转型大概经历了三个大的阶段，或者说是包括三个基本方面。第一，政府由培育市场向市场监管者的转变。中国是一个转轨大国，从传统计划经济向现代市场经济转变首先需要政府来推动市场的形成和建立，在市场形成和建立的同时政府由市场的培育者开始向市场监管者转变，这是第一个大的政府转型。第二，由经济建设主体向经济性公共服务主体的转变。在市场形成的过程中，毫无疑问，政府在相当长时期里是充当市场的主体、经济建设的主体，随着市场经济的发育和市场体制的完善，当企业已开始成为市场主体的时候，政府就逐步从经济建设主体退出，向经济性公共服务主体转变。什么叫经济性公共服务？政策、规划、信息、基础设施、市场监管等组成了经济性公共服务的基本内容，我们的政府应该说在这个转变上做得比较好。第三，从政府对基本公共服务不到位开始向基本公共服务主体的角色转变。过去，我们是以经济建设为中心，政府在相当大程度上扮演经济建设的主角，今天我们坚持以经济建设为中心是企业的事、社会的事，政府的主要责任是保证经济建设的环境，保证相关的制度。随着社会发展阶段的转变，政府开始由经济建设的主体转变成基本公共服务的主体，履行政府在市场经济条件下应当履行的基本职责。这是我们30年中国经济改革的一条主线。

随着市场经济体制的建立，随着社会发展阶段的变化，基本公共服务已开始成为政府的主要职责，政府的发展理念、政府的治理结构、政府的行为方式必须发生变化。

（三）加快推进基本公共服务均等化的主要任务

（1）努力推进城乡基本公共服务均等化。

（2）加快推进区域间基本公共服务均等化。

（3）推进不同社会群体之间基本公共服务的均等化。

广东要率先提出基本公共服务均等化的战略规划，那么，我们的总体目标是什么？从全国的情况看，我们实现基本公共服务均等化的主要任务是解决现阶段基本公共服务严重不平衡的问题。基本公共服务严重不平衡问题首先表现在城乡，其次表现在区域，然后城乡和区域的问题又集中在以农民工为主体的困难群体上。所以，基本公共服务均等化在未来一个时期或者近期的主要任务是推进城乡基本公共服务均等化，首先是城乡基本公共服务制度的均等化安排。

四 推进基本公共服务均等化的财力保障

2008年全国人大通过关于2008年度财政预算的时候提了四个要求，其中第一条就是要求财政部2008年内提出基于基本公共服务均等化的中央的事权和财力的划分框架。我想把我听到的一些想法在这里和大家谈一谈。

第一，现阶段我国的国家财政收入大幅增长，要解决基本公共服务的财力评价问题。中改院就基本公共服务均等化开了三次高层国际研讨会。在会上，原国家财经领导小组副主任段应碧两次谈这个问题，原来中央财政有1000亿元的时候，讨论说如果中央财政能有3000亿元，我们就能把基本公共服务解决好；中央财政有3000亿元时，这个事没有做成，又讨论什么时候能达到10000亿元，这个事肯定能做好。现在，中央财政超出了50000亿元，但有些事还没有做好。所以，基本公共服务均等化从全国的范围来说，有一个财政能力的约束问题。但是总体上说，在中央财政达到50000亿元以上，我们没有理由讲解决基本公共服务均等化还不具备财政能力，这个判断是不符合实际的。

第二，2000年以后，尤其是2004年以来，随着政府转型的实际推进，公共财政建设步子明显加快。2000年到2004年，国家在基本公共服务上的投入，每年增加一两个百分点，最近几年每年增加五个到十个百分点，财政建设的步子明显加快，但在现行的财政税收体制下，在政府实际转型的过程中，我们还没有完全建立公共财政框架。客观地讲，这些年公共财政建设的步子明显加快，但是由于受着现行体制尤其是现行中央—地方财政关系、现行干部选拔体制和现行财政税收体制的约束，还不能说已经建立了公共财政体制。

第三，中央—地方关系要不要以经济总量为主向基本公共服务均等化为主转变。在现行财政税收体制下，从总体说，中央和地方的财政关系基本上，或者在相当大程度上还维系着以经济总量为导向的关系。进入一个发展新时期、新的历史阶段，这样一种中央地方财政关系是不是应当做一些重大调整和改变。2005年、2006年，我连续两年都到西部几个省调研，他们对目前这样的中央—地方财政关系有很大的意见，提出中央关于西部大开发的政策是特别好的，但是鉴于西部的人力资源现状和资源环境现状，能否让中央将西部大开发的政策重点由经济总量向基本公共服务均等化转变。这是我2006年向中央提出的建议。2006年下半年10月份左右，国务院西部开发办正式向国务院写了一个报告，建议西部大开发在初步完成基础设施建设的基础上实现政策转移。

第四，现行的中央和地方财税关系要不要进一步地改革，做出重大调整。我们2006年下半年和2007年的3月在北京召开了两次相关部委的官员和专家座谈会，大部分专家都认为，现行的财政税收体制和干部选拔体制是制约政府行为尤其是地方政府行为的两个重要因素。1994年进行的财政税收体制是适应了那个时期的需求，刺激了地方发展经济的积极性，明显地增加了中央财政收入的比例，有它的历史作用，要给予充分的肯定。问题在于进入发展新阶段，这样的财政税收体制的矛盾问题凸显出来。所以，尽快进行以基本公共服务均等化为重点的中央地方关系，以及以基本公共服务均等化为重点的新一轮财税体制改革势在必行。中改院最近正在写建议，希望在2007年能够选择试点，争取2008年能在全国逐步推开新一轮财政税收体制改革。

这四个问题，我很简要地提出来和大家讨论，把这四个问题搞清楚对于加快建设公共财政体制，为基本公共服务均等化提供财力保障会有一些好的、基本性的判断。总的一条就是说，能够以基本公共服务支出责任、财政能力平衡的原则来取代传统的财权和事权均衡原则。

五 推进基本公共服务均等化的体制机制建设

中央在提出基本公共服务均等化的同时提出一个创新公共服务体制的要求。从我们国家的现实情况来看，实现基本公共服务均等化的关键问题是体制机制建设问题，这表现在三个大的方面。第一，在现行的财政税收体制和干部选拔机制的约束下，事实上，在中央和地方并没有形成基本公共服务的分工体系和问责机制。在基本公共服务分工体系和问责机制尚未形成或很不完善的情况下，要把基本公共服务作为政府的一种刚性约束是很难得到保障的。第二，我们国家目前为止还存在着比较突出的，或者比较严重的基本公共服务二元的制度安排，即城乡二元的基本公共服务制度安排。这种二元的基本公共服务制度的安排，事实上已成为拉大城乡实际收入差距的重要根源之一。第三，由于基本公共服务提出的时间不长，政府的基本职责体系尚未建立起来，由此基本公共服务的体系以及基本公共服务的政府、社会、市场分工尚未形成一种机制，并且在基本公共服务的体系建设，基本公共服务的政府、社会、市场分工方面还有着不同的意见。

由此，从我们国家的情况看，推进基本公共服务均等化，重点是以推进政府转型为目标或者为重点的基本公共服务的体制机制建设。最近，很多地方正在下放权力，叫强市、强县、强区扩权。这符合大的发展方向，但对此我有不同的看法。在中央、地方以及地方各级政府基本公共服务职责体系尚未建立甚至不明确的前提下，这种下放权力或者强市、强县、强区扩权很可能还会走上传统的老路。新时期新阶段的强市、强县、强区扩权应当与各级政府在基本公共服务的职责分工相联系、相适应，由此才能确立各级政府在新时期转型的目标和新时期政府的责任范围。

从我们国家的情况看，基本公共服务均等化的体制机制建设涉及七条。

（一）建立城乡统一的公共服务制度

（1）全面推进以落实教育经费保障机制为重点的农村义务教育体制改革。

（2）全面推行新型农村合作医疗制度。

（3）全面落实农村最低生活保障。

（4）积极开展新型农村社会养老保险试点。

建立城乡统一的公共服务制度应当说是当前全国范围内实现基本公共服务均等化制度建设的首要任务。大家知道，我们在相当长的一段时期内，很难做到城乡基本公共服务水平的统一，但是从建设和谐社会、公平正义、城乡居民基本的生存权和发展权出发，应当尽快推进制度的统一。这个制度统一，应当明确提出建立城乡统一的基本公共服务制度作为当前实现基本公共服务均等化目标制度建设的首要任务。这里分别从教育经费、保障机制、新农合、农村最低生活保障制度和农村医疗养老保险提出来。我想，这对于广东来说也很有现实性。广东是全国的一个缩影，基本公共服务的区域差距和城乡差距具有代表性。如果广东能够率先在基本公共服务均等化方面实现城乡制度的对接，将对推进全国建立城乡基本公共服务的统一制度产生重要影响。

（二）改革和调整中央—地方关系，建立区域协调发展机制

（1）合理划分中央与地方政府在义务教育中的分工。

（2）合理划分中央与地方政府在公共卫生和基本医疗服务中的分工。

（3）合理划分中央与地方政府在基本社会保障中的分工。

（4）合理划分中央与地方政府在公共就业服务中的分工。

这个制度建设从四个范畴来提出，应当成为新一轮财税体制改革的重点。我在和全国人大财经委讨论时，他们认为广东省的基本公共服务均等化如果走在全国前列是很有意义的，另外，也认为新疆的基本公共服务均等化更有迫切性。所以，解决这类地区和中央的财政关系，率先在这类地区实现基本公共服务均等化，不仅有经济社会意义，更有政治意义。我在宁夏和青海调研的时候，他们也谈到，在宁夏、青海这些地方有两个突出的约束，一是人力资源约束，按照国际惯例，受教育程度在贫富差距中所占的比例至少是1/5，在现代社会，随着社会的发展，受教育程度在影响家庭收入的因素中所占的比例远不止 1/5。这些地区受人力资源的约束绝不是短期的，而是长期的，劳动力受教育现状将长期制约这些地区传统生产方式的延续。二是受环境的约束，这些地区在传统生产方式的情况下要加快发展，很大程度上就是以牺牲环境为代价。我在调研中考虑算一笔账，如果按基本公共服务最基本的生存权要求看，这样一个财政分析到底可能性、现实意义有多大。后来，相关部委在香格里拉地区、四川甘孜都开过一些座谈会，大家也觉得这是一个方向。以西部地区为例，他们要在人均 GDP 水平上赶上东部、中部是不现实的，甚至某种意义上说是一个难以实现或者不可能实现的目标。所以，能不能调整中央和地方财政关系，尽快提高这些地区的劳动力受教育水平，使他们享受最基本的保障，这是一个很大的事情。

（三）统筹解决农民工基本公共服务供给

广东的农民工比较多，农民工问题比较复杂，既涉及城乡关系又涉及地区协调，既涉及流入地又涉及流出地。

（1）全面解决农民工子女义务教育的问题。我 2007 年 7 月份在苏州调研，苏州提出按照现在用工的数量他们是有能力解决农民工子女教育的，比如说再建 30 所小学。但是如果苏州率先做这件事情，苏州就形成一个盆地，大量的农民工会流入，这使得当地的财政难以承受。因此，统筹解决农民工的基本公共服务涉及全国统筹的问题。我们建议在新一轮的财税体制改革当中，能不能把这件事情统筹考虑进去，比如，能不能采取义务教育券的制度。当然，这也有一个和中央财政对接的问题，能不能用义务教育券在全国流通，大家认为这是一个比较有可能解决的事情，因为农民工子女教育问题特别突出。

（2）建立农民工的基本社会保障制度，这涉及基本社会保障制度的城乡对接。

（3）加强农民工的公共就业服务，这个问题相对比较好解决。

所以，要保持一个地区经济发展的竞争力、对于劳动力的吸引力，恐怕统筹解决农民工的基本公共服务制度安排是一个关键因素。

（四）强化政府公共服务职责

（1）制定全国性的基本公共服务均等化战略规划。现在有关方面正在考虑全国基本公共服务均等化的战略规划。

（2）整合、优化公共行政资源，提高政府的公共服务能力。这有和行政管理体制改革配套的问题。

（3）按照构建公共服务体系的要求，统筹设计和推进事业单位改革。改革开放30年来，事业机构改革改来改去，改到现在还没有改出个模样，还没有跳出原来的圈子，十七大又把这个事情提出来。我在国务院座谈会议两次提出，说我不赞成匆忙推开事业机构改革。第一，事业机构应当成为一个国家基本公共服务体系的主体力量，我们在传统体制下，事业机构在相当大程度上作为行政机构的一个附属，在公共服务的某些方面有重要作用，但总体上说，离它的目标还有相当大的差距。从这个意义上来讲，我们国家事业机构三千万人恐怕未来不是多了，而是少了。如果事业机构能够成为我国基本公共服务的主体力量，或者基本公共服务体系的主体力量，恐怕不是现在的三千万而是五千万、八千万人，因此，不能够以精简机构、减少人员作为新时期新阶段事业机构改革的出发点，如果这样做难免还会改来改去，财政包袱没卸多少，人员也没有解决多少。第二，事业机构的改革应当与基本公共服务战略规划统筹安排。从全国来说是这样，从地区来说也是这样，我建议广东省在研究基本公共服务战略规划的时候把事业机构的改革和这个战略规划统筹考虑。

（4）加快政务信息化建设，改善基本公共服务供给的技术手段。

（五）建立政府基本公共服务绩效评价体系

（1）增加基本公共服务在政府政绩评价体系中的权重。

（2）建立健全基本公共服务绩效评价体系。

（3）建立基本公共服务严格的问责制。

在政府转型尚未到位的前提下，在基本公共服务中央—地方分工体系尚不明确的前提下，在现行干部选拔机制的约束下，我们很难建立起有效的政府基本公共服务绩效评价体系。为此我们研究制定基本公共服务的战略规划应当与政府基本公共服务绩效评价体系安排相一致，由此才能把基本公共服务变成各级政府和我们干部真正可问责的一个责任。

（六）建立基本公共服务的多元参与机制

（1）完善政府、市场、社会在基本公共服务供给上的分工。

（2）探索基本公共服务市场供给的有效模式。

（3）建立政府与民间组织在基本公共服务供给上的合作伙伴关系。

（4）明确社区定位，充分发挥社区在基本公共服务供给中的作用。

在我们国家,应该说政府是基本公共服务的主体,政府在基本公共服务当中处于主体地位,起主导作用,这是一个大前提。但是在基本公共服务的供给机制和供给方式方面,可以引入社会机制和市场机制。这里有两个大的问题需要提出来讨论。一是不要把基本公共服务所谓的市场化同基本公共服务的市场机制等同起来。一定要把公共服务市场化和基本公共服务的市场机制两个东西区别开来,不能画等号。二是要讨论社会组织在基本公共服务中与政府的分工。这次汶川大地震大家看到,我们作为公民,作为某些慈善组织,在社会公共危机事件中所发挥的作用比新中国成立以来每一次都要大,不仅在救援中起到了很重要的辅助作用,而且在唤起社会共识、提升社会文化心理、弘扬以人为本的人本理念和人本价值方面起到了政府所起不到的作用,李连杰、成龙就有政府起不到的作用。我们要充分意识到这样一些慈善组织在社会公益性方面所扮演的特殊角色、发挥的特殊作用。我认为应当鼓励和支持这一类公益性、社会性民间组织在基本公共服务方面与政府保持合作伙伴关系。这个问题具有一定的复杂性,各方面的判断还有差异,但是我想这次汶川大地震应该使得我们对这个问题有进一步的了解和认识。

(七)建立健全基本公共服务的法律法规体系

(1)逐步建立起具有权威性、规范性的基本公共服务法规体系。

(2)整合现有法律法规体系,提升基本公共服务的法律层次。

(3)加快基本公共服务重大项目立法进程。

现在,就全国来说,在基本公共服务立法方面有几个问题:一是部门的法规居多,统一的立法相对滞后;二是已经形成的某些立法还处在一个需要进一步修改完善的过程当中,比如义务教育法;三是从总体上说,我们还缺乏全国统一的基本公共服务的相关立法。针对这些问题，我提出上面这些问题，广东基本公共服务均等化可以考虑在某些成熟的方面采取地方立法的方式。这可能对于我们从法律上保证基本公共服务的稳定性有好处。

六 广东率先实现基本公共服务均等化的几点建议

广东的公共服务均等化应该已经成为一个很现实的事情。第一，广东经过30年来的改革开放，经济社会发展取得了巨大成就。就经济总量来说，我们已经相继超过新加坡、中国台湾和香港地区。社会事业发展比较快，多项基本公共服务指标位居全国前列。2005年广东的人类发展指数在全国排在第6位，健康指数也是第6位，但是教育指数是第11位，到了2007年，我们其他都没变，教育指数由第11位跃升到第6位。这一方面说明广东有做好基本公共服务均等化的基础，另一方面说明广东又很有代表性。广东省的区域差距还比较大，甚至在某些指标上还是比较突出，城乡差距也有代表性。第二，这些年广东的消费率水平在全国处在中下水平，相对比较低。第三，广东正处在经济发展方式转变的关键时期，从可持续发展的角度来说，对于基本公共服务也有多方面的需求，所以广东有条件、有需求能够在全国率先实现基本公共服务均等化。

（一）强化政府公共服务职责，率先建立地方基本公共服务分工及问责体系

（1）合理划分省与市、县政府在基本公共服务中的职责分工。

（2）建立以基本公共服务为导向的政府绩效评估体系。

（3）建立基本公共服务严格的问责制。

在我看来，基本公共服务均等化实际上是政府转型。所以与其说是一个财政能力、水平、制度安排，更深层的意义是政府转型。广东如果能够率先建立基本公共服务均等化，率先建立地方基本公共服务分工和问责体系，强化政府分工服务职责，我想这个作用是相当大的。这个问题应当是我们推进基本公共服务均等化最为关

键,甚至某种意义上更高于、更大于财政能力和财政水平。

(二)改革完善公共财政制度,率先推进新阶段的财税体制改革

(1)基本公共服务均等化对新阶段的财税体制改革提出客观要求。

(2)以基本公共服务均等化为导向,进一步推进省以下财政管理体制改革。

(3)在新一轮财税体制改革中妥善解决农民工基本公共服务供给。

我们现在也在向决策层提建议,能不能选择广东作为新一轮以基本公共服务均等化为基础的财税体制改革试点,我想如果这个试点选在广东应该对全国有很好的示范作用。

(三)加强基本公共服务均等化的制度建设,率先创新公共服务体制

(1)率先建立城乡统一的公共服务体制。

(2)率先以加快事业机构改革为重点构建公共服务体系。

(3)率先在基本公共服务供给中引入市场机制。

(4)率先建立基本公共服务的社会参与机制。

(四)率先解放思想、转变发展理念

广东在新一轮的思想解放中引起国际国内的关注,大家希望看到广东在新一轮思想解放过程中所推出或者即将推出的一些具体措施。解放思想与率先实现基本公共服务均等化是联系在一起的,广东率先实现基本公共服务均等化应该成为广东新阶段解放思想、转变发展理念的一项重要任务。因为实现基本公共服务均等化,首先是对社会发展阶段的客观要求,其次是给我们的各级官员、各级政府转变发展理念提出新的要求,最后从现实的情况看,哪个地方发展理念转变得快,思想解放程度比较高,哪个地方就会很自觉地把

推进基本公共服务均等化作为一个重大问题。

前一两年，我曾听到这一类的话：第一，什么叫均等化？连非均等都做不到，怎么能做均等化呢？第二，提出这个均等化不是给老百姓武器、给政府压力吗？我想，如果我们的发展理念还陷在这样一种状态，我们就不可能自觉地来做这个事情。那些认识和客观实际的需求差别太大了，那些认识多多少少反映出原来GDP政绩观的一些传统观念。所以，今天，无论是可持续发展，还是人的全面发展，的的确确有面临发展理念转变的问题，而发展理念的转变又的的确确需要解放思想。如果不能从传统的发展模式中跳出来，不能从传统的发展理念中走出来，恐怕我们要实现基本公共服务均等化是很困难的。

我们看到，广东在推进新一轮的思想解放中把率先实现基本公共服务均等化提出来，会对全国起到一个很好的示范作用，也会对广东的可持续发展，广东的经济社会协调发展产生重大的影响。

从2007年以来，中改院和联合国开发计划署在合作完成《中国人类发展报告2007—2008》，报告的主题是"惠及13亿人的基本公共服务"，最近将通过中英文在全球192个国家发布。同时，中改院也相继出版了一些这方面的书。我想，作为领导干部，更重要的不是要结论，要答案，而是要问题，要信息，要思路。如果我今天讲的能给大家提供信息，提供思路方面产生作用，就达到了目的，不准确的地方请大家批评指正。

发展型社会:惠及 13 亿人的基本公共服务[*]
（2008 年 12 月）

基本公共服务是人类发展的重要保障。一个国家（地区）的人类发展水平，在很大程度上取决于基本公共服务供给水平；一个国家（地区）人类发展的公平程度，也取决于基本公共服务的均等化程度。

一 我国已开始进入从生存型社会向发展型社会过渡的新阶段

2008 年是我国改革开放 30 年。始于 20 世纪 70 年代末的改革开放，是我国 30 年来人类发展的基本背景；这 30 年人类发展水平的提高，相当大程度上得益于改革开放带来的经济发展和社会进步。

我国 30 年改革开放的历史贡献，既体现为持续快速的经济增长，也体现为人类发展指数（HDI）的快速提升。我国的 HDI 从改革开放前（1975 年）略高于低人类发展水平的 0.53，上升到 2006 年的 0.781，开始接近高人类发展国家的水平，在国际上的排名从 1991 年的 101 位上升到 2007 年的 81 位。农村贫困发生率从 1978 年的 30.7% 下降到 2007 年的 1.6%。当前，我国人类发展的一些关

---

[*] 本文载于《人民论坛》2008 年第 24 期。

键性指标，已经可以和一些发达国家相媲美。

根据我国社会需求结构、经济结构、消费结构、社会结构和制度结构正在发生的变化，我国已开始进入从生存型社会向发展型社会过渡的新阶段。生存型社会发展的主要目标之一是解决温饱问题。进入发展型社会，尽管经济发展水平还有待提高，但多数人的温饱问题已经得到初步解决，发展的目标开始逐步聚焦于人的自身发展。

我国社会发展阶段实现历史性提升，社会矛盾也随之发生明显变化。党的十七大报告指出："进入新世纪新阶段，我国发展呈现一系列阶段性特征。"从现实的基本国情出发，在注重广大社会成员日益增长的物质文化需求同落后的社会生产之间这个主要矛盾的同时，更需要强调社会发展的阶段性特征。进入21世纪以来，全社会公共需求全面快速增长与公共服务不到位、基本公共产品短缺，成为我国新阶段的突出矛盾。解决这一矛盾，需要为广大社会成员提供在市场经济条件下充分就业、过上自己认为有意义而愿意过的生活；需要为全体人民追求健康、快乐而丰富的生活提供公共医疗卫生和文化体育服务；需要在基础教育的基础上，提供更长年限的义务教育，进一步提高全体社会成员的受教育程度。这些公共需求的满足，是人的自身发展不可或缺的前提条件。所以，能否满足广大社会成员的教育、卫生、社会保障、公共就业等基本公共服务，已经成为新阶段我国人类发展面临的重大课题。

二 惠及13亿人的基本公共服务是新阶段我国人类发展的重大任务

从新阶段我国人类发展的现实需求看，实现基本公共服务均等化，建立惠及13亿人的基本公共服务体系，不仅可以为经济持续发展创造良好的社会条件，还可以有效缓解城乡差距、区域差距和贫富差距，促进社会公平正义和社会和谐。

(一) 基本公共服务均等化是保障与改善民生的主要任务

保障与改善民生，直接依赖教育、卫生、基本社会保障和公共就业等基本公共服务对社会成员的可及性，要求"努力使全体人民学有所教、劳有所得、病有所医、老有所养、住有所居"。当前，我国困难群体的形成大都同基本公共服务短缺和不到位直接相关。2003年第三次全国卫生服务调查发现，疾病是农村居民致贫的首要因素，大约三分之一的农村贫困人口都是因病致贫。在一些贫困地区，教育负担已经成为致贫的主要原因之一。特别是农村家庭，教育花费是他们的头号家庭开支。

(二) 基本公共服务均等化是推进城乡一体化的重要举措

党的十七届三中全会明确提出，要"形成城乡经济社会发展一体化新格局"。从现实看，推进城乡一体化，应当充分估计基本公共服务均等化在缩小城乡差距中的作用。2007年，我国城乡人均收入之比已经达到3.33∶1，若把基本公共服务，包括义务教育、基本医疗等因素考虑在内，城乡居民家庭人均收入实际比率将高达5—6∶1。据此估算，城乡基本公共服务差距对城乡实际收入差距的影响度在30%—40%。为此，新阶段缓解城乡差距重要途径之一是加快实现城乡基本公共服务均等化，赋予农民与城市居民同等的发展权利和发展机会。

(三) 基本公共服务均等化是扩大内需、保持经济平稳较快增长的重要条件

从实践看，基本公共服务水平的提高，对经济的可持续增长有着非常重要的影响：一方面，在健康和教育领域的基本公共服务供给，有助于促进人力资本积累，替代物质资源的投入，提高劳动生产率和资源的利用效率，降低经济增长对物质资源投入的依赖；另一方面，基本公共服务的供给，特别是基本社会保障水平的提高，有助于减少居民的预防性储蓄，促进消费，扩大内需，实现经济发

展方式的转变和经济结构的优化。

三 加快建立惠及 13 亿人的基本公共服务体制

我国进入新阶段，着力推进基本公共服务均等化，有一个财力的问题，但更重要的是体制建设和制度创新的问题。近一两年，国家一周的财政收入就相当于 1978 年全年收入的总和。随着经济的持续快速增长，财力条件的约束还会进一步减小。问题在于，在过去 30 年的改革开放中，计划经济时代的公共服务体制逐步消解，但新的公共服务体制建设还远不适应全社会公共需求全面快速增长的趋势。

（一）建立政府在基本公共服务供给中承担最终责任的体制机制

实现基本公共服务均等化，首先应确立政府在基本公共服务中的职能定位。例如：应当明确界定政府的基本公共服务供给责任，明确划分中央、省级以及省以下各级政府的基本公共服务分工。建立基本公共服务绩效评价与监测体系，使基本公共服务成为政府绩效评价的重要内容，强化对各级政府官员的激励机制，使基本公共服务的供给可问责。建立基本公共服务供给的多元参与机制，加强社区和社会组织在公共服务供给中的作用，包括实际参与供给、监督以及表达消费者对公共服务的要求与预期等。

（二）按照基本公共服务均等化的要求完善公共财政制度

财政能力的均等化需要相关的制度安排。例如：加快公共财政的转型，逐步提高基本公共服务财政性投入占财政总支出的比重。建立财政能力均等化的体制机制，完善转移支付制度。在有条件的地区，继续试行和推广省直管县、乡财县管乡用，提高财政资金配置效率。

（三）建立城乡统一的基本公共服务体制

城乡基本公共服务供给的失衡，已成为新阶段我国统筹城乡发展的突出问题。从农村的情况看，基本公共服务制度的严重缺失使农村居民尤其是农村贫困群体难以获得基本的公共服务。当前，我国正在推进以义务教育体制改革、县乡财政体制改革、乡镇政府改革等为主要任务的农村综合改革。从当前农村的公共需求看，新阶段的农村综合改革要以建立覆盖农村的基本公共服务制度为主线。

（四）建立权威、系统的基本公共服务法规体系

我国基本公共服务实施中的相关立法还需要进一步提高权威性和系统性。主要的建议是：逐步使中央与地方政府在基本公共服务中的职责法定化。加强政府与社会关系的立法，以法规的形式，提高不同主体对基本公共服务的制度化参与程度，增大透明度，规范不同主体的参与方式与行为，建立各方之间的合作关系。加快公共财政立法，将公共服务财政预算保障与公共服务支出责任和财力的平衡纳入法制化轨道。

扩大内需重在基本公共服务制度建设*

（2009年2月）

2009年，无论是应对国际金融危机，还是推进经济社会转型，困难度和复杂性都相当大。在这个特定背景下，要使短期的保增长、保就业同中长期发展方式的转变相结合，需要坚持用改革的办法破解发展难题。其目标是加快建立扩大内需的体制保障，重点是基本公共服务制度建设。

一　基本公共服务体系建设已成为扩大内需的关键举措

自2003年以来，我国在城乡义务教育免费、建立新型农村合作医疗等方面取得了前所未有的成就。2008年政府工作报告中提出的"更加注重社会建设，着力保障和改善民生"的承诺也正在逐一落实。4万亿投资计划强调把扩大投资同改善民生相结合，并做出基本公共服务投资的相关安排。这体现了中央政府在反危机决策中重视基本公共服务及其在扩大内需中的重要作用。

改革开放30年，从总体说，我国已由生存型阶段进入发展型的新阶段。这突出地反映在城乡居民的发展型消费支出比例明显超过生存型消费支出的比例。例如，近几年在城乡家庭消费支出中，

---

* 在温家宝总理座谈会上的发言，2009年2月6日，北京。

生存型消费（食品、衣着）的比重约为40.9%，发展型消费（居住、交通、教育医疗、旅游等）已占50%以上。在2008年城乡家庭消费支出中，列前3位的是食品（34%）、教育（11.5%）、医疗（10.6%）。从社会需求变化看，在提高城乡居民消费倾向的一系列社会变革措施中，比较有效的办法是建立基本公共服务体系。从短期看，它有利于提振信心，形成扩大内需、拉动消费需求的重要制度保障；从中长期看，它能够在很大程度上破解新阶段增长方式转型、社会需求转型和政府转型的难题，成为新阶段改革的重要内容，成为经济改革、社会改革、行政改革的结合点，成为进一步凝聚改革共识和改革动力的社会基础。

二 着力推进城乡基本公共服务均等化

我国7亿多农村人口的消费潜力十分引人注目，被认为是世界经济版图上少有的一个亮点。这个潜力的释放，将对我国新阶段扩大内需战略产生决定性影响。但现实情况是：农村居民消费率从1983年最高点的32.3%下降到2007年的9.1%，24年间下降了近23个百分点；在居民消费总额中，农村居民消费所占比重从1978年的62.1%下降到2007年的25.6%，29年中下降了近37个百分点。农村消费长期低迷与城乡居民人均收入差距不断扩大相关，更深层次的原因在于，农村基本公共服务的长期缺失严重抑制了农村居民的消费欲望。为此，当前应对国际金融危机、扩大内需，要把推进城乡基本公共服务均等化作为一个大战略来全盘考虑。未来3年左右，努力争取把城乡基本公共服务均等化这件大事情做好，不仅可以在启动农村消费大市场上取得重要突破，还可以从整体上破解城乡二元制度结构的难题，把统筹城乡发展全盘搞活。

当前，在进一步加大农村义务教育投入、不断提高新农合保障水平的同时，重点推进农村新型养老保险体系建设。这几年，中央财政对城镇企业职工养老补贴将近1000亿元，但农村养老基金基本靠农民自己交费，许多农民因此不愿意参保。2002—2007 年，城镇养老保险参保人数增长了 36.6%，而农村养老保险参保人数减少了 5.3%。我国农村 60 岁以上的人口大概有 1 亿人，如果按照一年 720 元的基本养老金标准，这项支出仅占 2007 年财政支出的 1.5%。也就是说，政府用不到 2% 左右的财力就可以建立起低水平的、人人都享有的农村社会养老保险体系。

三 统筹解决农民工基本公共服务

农民工的基本公共服务是推进城乡基本公共服务均等化的焦点，也是难点。由于农民工长期在外，也很难享受到流出地的基本公共服务。农民工的基本公共服务既横跨城乡又横跨不同的省份，需要由中央制定规划，在全国范围内统一政策，力争在今后几年，解决农民工基本公共服务制度的城乡对接问题。

（1）以建立农民工就业培训体系为重点，将农民工纳入城镇公共就业服务体系，应鼓励有条件的地方将农民工纳入城镇失业保险范围。2009—2010 年大约有 1000 万脱岗农民工急需接受就业培训，需要中央、省两级政府增加上百亿元支出统筹解决农民工培训。

（2）尽快推出全国流动的教育券制度，使得农民工子女在全国任何一个城镇都能够享受到免费义务教育。

（3）尽快出台具体措施落实基本社会保障跨地区、跨城乡流动的管理办法，使农民工在城镇加入的医疗、养老保险可随工作流动异地转续。

（4）鼓励有条件的城镇政府将农民工纳入基本住房保障体系。

四 把强化政府基本公共服务职能作为下一步行政管理体制改革的重点

按照党的十七大的要求，到 2020 年实现基本公共服务均等化需要推进结构性改革，它涉及政府转型、财税体制改革、事业机构改革。推进基本公共服务均等化，不仅需要增大财政投入力度，还要更多地从改革中寻求突破。

（1）把强化基本公共服务职能作为下一步推进行政管理体制改革的重点。明确划分中央、省级以及省级以下各级政府在基本公共服务供给上的分工和职责，建立基本公共服务绩效评价与问责体系。

（2）以基本公共服务均等化为目标启动新一轮财税体制改革，在调整财政支出结构上采取实质性步骤。

（3）在整个公共服务体系框架下整体设计、统筹安排事业机构改革。在未来相当长的一个时期，我国公共需求的全面快速增长与基本公共服务不到位的矛盾仍会相当突出。作为公益性服务主体的事业机构改革的主要矛盾不在于减机构、减人员、削福利，而是如何调整结构、完善制度和强化公益性。

（4）全国各地经济社会发展的差异很大，推进基本公共服务均等化既要鼓励发达省份率先实现，也要鼓励西部地区、落后地区以及民族地区尽快组织推进。可以考虑在某些省份进行基本公共服务均等化综合改革试点。

（5）尽快制定全国基本公共服务均等化战略规划。基本公共服务均等化是一项全国范围内的系统工程，在多方面需要中央政府统一政策。当前，在国家层面提出基本公共服务均等化规划的时机条件比较成熟。在国际金融危机的特定背景下，需要尽快出台全国范围内的基本公共服务均等化规划，明确基本公共服务的重点领域和相关标准、相关政策。

五　加大基本公共服务的投资

2009年，4万亿投资计划和10大产业调整与振兴规划对保增长的拉动作用会逐步释放出来。对政府扩大投资的重点，更多的共识是增加对基本公共服务的投入。例如，中改院2008年改革问卷调查报告显示，有74.8%的专家赞同这一判断；国家统计局经济景气监测中心 12 月末百名经济学家信心调查报告赞同这一举措的专家比例也高达 86%。初步测算，未来 10 年，实现十七届三中全会提出的，城乡基本公共服务均等化水平明显提高的目标，需要基本公共服务支出年增长率达到 5% 左右，投资总额达到 15 万亿—20 万亿元。按照这个测算，未来 3 年在已确定的 8500 亿元医疗卫生体系建设支出的同时，在义务教育领域需要 1.3 万亿元左右的投资，在基本社会保障领域需要 2.2 万亿元左右的投资，共投资 4.4 万亿元，三项支出大约占财政总支出的 20%。这个基本公共服务投资计划，可以在未来 5 年左右初步建立全国统一的医疗保障体系；将全国范围内的免费义务教育由 9 年制扩展到 12 年；初步建立一套新型的农村养老保险体系，并为建立一个低水平、覆盖全民的养老保险体系奠定重要基础。以这样的基本公共服务支出水平为起点，未来 3 年，消费率可以提高十多个百分点，未来 10 年可初步建立一个惠及 13 亿人的基本公共服务体系，从而走出一条以扩大内需为主线的改革发展新路子。

"减压阀":政府应当提供的公共产品

（2009年8月）

当前,我国已经进入社会转型的关键时期。面对利益主体多元化、利益矛盾与冲突常态化的社会现实,"减压阀"机制建设十分必要。作为一项缓解社会矛盾压力、促进社会稳定的制度设置,"减压阀"机制构成利益诉求表达和协调机制的一部分;作为制度安排,适应了我国社会发展特定阶段的社会共同需求,是一项保持社会弹性、维护社会秩序的重要公共产品。

一 利益表达、利益诉求是新阶段的社会公共需求

不同的社会发展阶段会产生特定的社会公共需求。经过30年的改革发展,我国开始由生存型阶段进入发展型新阶段。生存型阶段社会利益结构分化程度较低,社会阶层分化不明显,利益关系相对简单。进入发展型新阶段,社会利益主体多元化,利益格局处于相对稳定的状态;社会利益结构复杂化,利益群体之间的博弈具有普遍性。由此,社会利益的矛盾和冲突日益增多,利益的表达和利益的诉求成为社会的公共需求和公共行为。由于社会利益的分化组合和需求的多元化、多样化,特别是市场化转型带来利益格局的深

---

* 本文载于《人民论坛》2009年第15期。

刻调整，不仅仅触及个体利益，而且往往涉及某个社会群体或阶层。不同利益群体之间的矛盾和冲突大量产生。

尤其是在相关政策规范尚未建立或尚不完善，利益群体缺乏有效的诉求表达渠道而利益受损的时候，由此带来的利益矛盾具有很强的普遍性。比如，下岗工人、失地农民、进城农民工、城市新建商品房住宅小区业主等群体的维权等。客观地讲，形成社会利益冲突和社会矛盾增多，与社会发展的阶段性相关，更与利益关系严重失衡、有效的利益诉求和利益表达机制严重缺位相关。现实一再说明，社会利益诉求和表达需要"出气口"，需要"减压阀"，需要构建制度化、规范化的表达渠道，正确引导社会利益的表达行为，缓解社会压力，而不是以强行压制的办法灭火。适应社会公共需求变化，十分有必要把"排气"和"减压"的"减压阀"系统建设作为新阶段的一项公共产品。

二 "减压阀"建设的核心就是建立市场经济条件下利益均衡的机制

从"减压阀"的角度来看，化解社会矛盾、缓解社会压力，重要的是构建利益诉求表达的多元化渠道。贵州省湄潭县于2008年出台了《村民集中诉求会议制度》，有序引导村民集中诉说自己或村里的事，并着力构建诉求、处置、落实等工作机制。这项制度的实施已收到初步成效，比如维护了农民的利益，协调了农村的矛盾，加强了农村干部与农民的关系。

由此看来，建立市场经济条件下的利益均衡机制，关键是首先要承认各类群体利益的合法性，然后加以制度化的安排，包括信息获得机制、诉求表达机制、施加压力机制、利益凝聚机制、利益协商机制等。比如，信息获取机制，要求有关方面遵循信息公开的原则，对相关信息主动发布或依申请发布，保障公民的知情权，公民有阅览卷宗、参与听证等权利；诉求表达机制、施加压力机制，要求在相关制度设置上，增加公民参与的环节，通过行政、司法等渠道，表达自身的权利诉求，必要时能依照相关法律，通过一定抗议的形式施加压力，得到社会关注，获得相应的权利救济；利益凝聚机制则要求以一定的组织形式作为载体，分散的个体诉求能汇集为相对集中的群体诉求，从而为实现矛盾双方的集体沟通创造条件；利益协商机制，指的是在利益诉求明确表达的基础上，沟通协商对话渠道，建立对话和谈判协商制度，并成为公民表达诉求、维护自身权益的制度化渠道。

由于现行的社会管理体制容纳社会矛盾和冲突的渠道不多，能力较弱，因此，"减压阀"建设的核心就是建立市场经济条件下利益均衡的机制，即在承认利益分化的基础上，在公平的原则下，通过法律、政策等手段，构筑有效的谈判沟通和意见表达的平台。比如借助媒体、网络、社会组织等渠道，保证社会中不同的群体、不同的阶层进行利益博弈时，拥有相对平等的权利和能力。尤其是对于弱势一方，在利益受损时，能够通过制度化的形式和渠道有效地进行利益表达，保护自身合法权益，或获得相应的行政、司法救济。

三 政府应当成为"减压阀"公共产品的建设者和提供者

在构建均衡的利益表达机制的过程中，政府扮演着十分重要的角色。民意如水，政府作为"减压阀"公共产品的提供者，要注重建立社会利益冲突的"减压"渠道。

而为了实现这一点，作为公共机构的政府本身需要改革，甚至可以说政府自身的改革是关键。具体来说，一方面，在各级政府的积极引导下，发展培育规范社会组织，发挥其在凝聚群体利益、表达权利诉求方面的积极作用。通过建立各类群体与政府、公共领域的沟通渠道，吸收不同利益群体代表加入各类公共组织，保证其话语权和表达权。通过社会建设，提高社会自治水平，促进社会形成自主化解矛盾冲突问题的能力，构建不同群体之间网络化的对话机制，形成多元化解决社会矛盾的框架。

另一方面，要推进行政体制改革，加快政府职能转变，构建现代公共治理体制。要强化社会管理和公共服务职能，逐步退出具体的经济建设领域。强化政府作为中立的裁判者角色，保持其自主性和超越性，防止权力和资本结合损害公共利益，防止被特殊利益群体所俘获。推进信息公开、民主决策机制的建设。提高政策出台的民主化、科学化水平，强化民主协商机制，健全信息公开、听证、检举等公共参与制度，把公民享有的"知情权、参与权、表达权、监督权"切实落到实处。针对当前一些问题的特点，还要有针对性地完善和推广重大事项社会风险评估制度，防止引发社会矛盾的决策出台。

四 关键是树立社会稳定的新思维

传统的治理方式和矛盾协调机制之所以存在突出的缺陷，很大程度上是对社会稳定的理解存在偏差。例如，片面强调把一切问题"消灭在萌芽状态""严防死守"，不允许弱势群体利益的正常表达。实际生活中经常出现草率处理、定性过当等问题，矛盾被回避或掩盖。这样不仅无助于问题的解决，还有可能使得矛盾激化，甚至由于某些意外事故引发群体性事件。

这种方式虽然短期可以见效，但制度化水平较低，行政成本过高，实际中会助长某些社会利益表达的机会主义行为，损害社会公正。由此看来，正确认识和把握新时期社会利益关系和社会矛盾存在的现实性，不能只看到其负面影响，也要看到如果处置得当可以发挥"报警器"和"减压阀"的作用。从大局出发，树立社会稳定的新思维，我们就会变被动为主动，积极构建利益均衡机制，提高化解矛盾的制度化水平，增强体制对矛盾和冲突的容纳能力，实现对社会冲突的可控性与可预期性。只有这样，才能真正实现社会的和谐稳定，实现国家的长治久安。

中国进入公共产品短缺时代[*]

（2010 年 1 月）

我国已由生存型阶段进入发展型阶段，"生存性"压力减弱，"发展性"压力凸显。发展性问题的一个重要表现就是全社会对公共产品的需求全面快速增长，并由此对我国产业结构、社会结构等产生全面冲击。从某种意义上说，与私人产品短缺时代的改革相比，公共产品短缺时代的改革任务更重、挑战更大，更需要做出全面筹划。

一 社会公共需求的变化

我国公共需求呈现快速增长的趋势。国际经验表明，一国人均 GDP 从 1000 美元向 3000 美元的过渡时期，也是该国公共需求快速扩张的时期。我国正处在从一般温饱社会向全面小康社会加快发展、从传统农业社会向工业社会加速转型的关键时期，形成了全社会公共需求快速增长的现实基础。

（一）公共需求数量不断增长，层次不断提高

经过 30 年的经济快速增长，在广大社会成员的需求结构中，吃、穿、用等私人产品需求增速开始趋于稳定，但社会公共需求呈

---

[*] 本文节选自作者主编《第二次改革——中国未来 30 年的强国之路》，中国经济出版社 2010 年版。

现快速增长趋势，对公共服务的质量要求也越来越高，并将逐步成为经济社会发展的重要动力和市场需求的主流。

尤其是近几年，全社会公共需求增长速度相当快，个人用于公共产品的年均支出，大概是20世纪90年代中期以前5年的支出规模。而且，随着我国经济结构和社会结构的快速变化，就业、人口、资源、环境等矛盾和问题快速显现，并使公共需求的供给面临严重不足。

（二）公共需求结构深刻变化

随着人们收入水平不断提高，公共需求的结构变化相当快，并逐渐由生存型向发展型升级。一方面，广大社会成员的个人总需求中，公共需求的比重越来越高，已开始成为社会需求结构的主体部分。近10年来，无论是城市还是农村，人们衣食支出的年均增长普遍低于总消费的增长，而医疗、文化、教育等方面的年均增长则大大高于总消费的增长。另一方面，公共服务项目不断扩大。新阶段广大社会成员的公共需求，不仅包括义务教育、公共卫生、基本医疗、社会保障等基本公共服务项目，还涉及中低收入群体的基本住房问题、环境保护问题，以及食品安全、卫生安全等公共安全问题。

（三）公共需求主体不断扩大

由于收入差距的不断扩大，社会结构和公共需求的主体进一步分化，并由此使社会矛盾复杂化。首先，城镇中低收入群体成为基本公共需求的主体之一，其对公共医疗、义务教育、就业和社会保障的公共需求日益强烈。其次，随着农村改革的不断深化和农村经济的发展，广大农民在义务教育、医疗、养老保障等方面的潜在公共需求已开始转化为现实需求，尤其是上亿农民工日益强烈的基本公共需求，要尽快采取措施妥善解决。

二　基本公共服务供给的现实压力

当前，全社会基本公共需求全面快速增长同基本公共服务不到位、公共产品短缺的矛盾,不仅在落后地区越来越突出,而且在发达地区也全面凸显。

(一)城乡基本公共服务的过大差距形成城乡协调发展的巨大压力

尽管近几年我国在农村公共服务方面投入力度在加大,但城乡基本公共服务仍有很大差距。2004年,全国城乡小学、初中生均预算内公用经费分别为1.4∶1和1.3∶1。2005年,我国人均卫生总费用城乡之比高达3.53∶1。2002—2006年,城镇养老保险参保人数从14736万上升到18766万,增长27.35%;而农村养老保险参保人数从5462万下降到5374万,下降1.61%。截至2006年底,享受最低生活保障的人数,城市为2240.1万,农村为1593.1万。在我国工业化、城镇化的历史进程中,城乡居民的收入分配出现一定差距是正常的。但是,作为与基本生存权、发展权相联系的基本公共服务的过大差距会使城乡经济社会发展差距全面扩大。城乡居民收入比由1978年的2.57扩大到2006年的3.28;2000年,我国城镇居民平均预期寿命为75.21岁,而农村人口平均预期寿命为69.55岁;2005年,农村5岁以下儿童死亡率和孕产妇死亡率均超过城市的两倍。

(二)地区间基本公共服务的过大差距形成区域协调发展的巨大压力

当前我国地区间基本公共服务差距不容忽视。2005年,小学、初中生均预算内公用经费全国平均为166.46元和232.61元,两项指标最高的是上海,最低的分别是广西和安徽,小学、初中最高省份是最低省份的31.5倍和27.46倍。2005年,东、中、西部地区的人均财政预算卫生支出分别为109.33元、56.24元和83.4元。目前西部地区农村参加社会养老保险人数覆盖率不到5%,仅为东部地区的1/10,不到全国平均的20%。由于自然禀赋和发展起点的不同，作为一个发展中的大国，区域之间存在较大的经济发展差距是正常的，但基本公共服务在地区之间的过大差距将会使经济发展差距转化为人口素质的差距。2006年，上海的人均GDP为57310元，而西部的贵州仅为5750元，前者是后者的近10倍。2005年，北京、上海等东部发达地区的预期寿命超过了80岁，而西部的贵州还不足70岁。青海5岁以下儿童死亡率是北京的近7倍。北京15岁及以上人口文盲率仅为3.92%，而甘肃、青海、宁夏等西部欠发达地区这一指标都在20%左右。

（三）不同社会群体之间基本公共服务的过大差距加大社会问题的复杂性

目前，农民工群体的总体规模已经达到1.2亿。农民工作为城镇产业工人的重要组成部分，难以享受到与城镇居民同等的生存发展权利，始终是我国工业化、城镇化进程中的重大社会隐患。不仅是农民工自己，由农民工引发的"留守老人""留守儿童""留守妇女"等问题也开始凸显出来。有分析表明，2006年中国农民工平均生活质量指数为城镇居民平均水平的53%。分类指数中权益保护指数、健康和就医指数以及收入和消费指数，分别为0.66、0.64和0.64，住房指数为城镇居民的50%，而社会保障指数最低，只有0.25，说明农民工享受的基本社会保障水平只有城镇居民的25%，差距悬殊。更重要的是，在现行体制下，农民工的身份有许多不确定性。户籍制度和不公平的公共服务体制，既是农民工真正融入城市的主要障碍，也是农民工及其家庭的权益得不到充分保障的根源。农民工劳动收益长期偏低、基本社会保障欠缺、子女接受义务教育困难等，进一步加大了他们与常住居民之间的差距。

公共产品短缺时代的公益机构改革*

（2010 年 7 月）

新阶段公益机构改革的定位，需要建立在我国中长期经济社会发展总体趋势的基础上。未来 5—10 年，我国正处在以公平与可持续发展为主要目标的第二次转型和改革的重要阶段。下一步公益机构改革，如何能够与这一改革发展的基本趋势相适应？从这一考虑出发，我向本次研讨会提交了《公共产品短缺时代的公益机构改革》的论文。这里提出四个问题与大家探讨。

一 如何估计公益机构改革的现实需求

公益机构是公共服务的主要承担者。公益机构改革要与公共服务事业的发展趋势相适应，重要的是客观地把握新阶段改革的特定背景和现实需求。

（一）公共产品短缺时代与公益机构改革的历史机遇

（1）我国发展阶段的历史性变化。30 年的改革开放，使我国由一个以温饱为目标的生存型社会，开始全面进入一个以人的自身发展为目标的发展型社会，实现了发展阶段的历史性跨越。发展阶段的历史变化，使以人的自身发展为核心的公平与可持续发展成为

---

* 在"公益机构改革与公共服务发展国际研讨会"上的发言，2010 年 7 月 11 日，北京；载于《中改院简报》总第 802 期，2010 年 7 月。

科学发展的主题。

（2）发展阶段的变化与社会突出矛盾的变化。发展阶段的变化，必然引起社会突出矛盾的重要变化。这就是公共产品短缺取代私人产品短缺，成为发展型新阶段的突出矛盾。进入公共产品短缺时代，广大社会成员的基本公共需求全面快速增长，成为未来相当长时期内的基本趋势。

（3）全社会公共需求结构的战略性升级与公益机构改革的历史机遇和挑战。全社会公共需求的变化，既形成公益机构改革的基本动力，也形成公益机构改革的巨大压力。

（二）公共产品短缺时代与公益机构改革的现实需求

（1）新阶段的公益机构改革对发展方式转型有重要作用。"十二五"将是我国发展方式转型的关键时期。我理解，发展方式转型的实质是，从追求经济总量转向以国民收入为导向。发展导向的变化面临着一个基本性问题，即如何释放和扩大社会的总需求。在我国现阶段，释放和扩大社会总需求与基本公共服务均等化直接相联系。在这个背景下，公益机构改革对发展方式转型有特殊的作用。例如：有利于提高城乡居民消费倾向；有利于缓解收入差距和提高消费率；有利于提高劳动者素质和自主创新能力。

（2）公益机构改革对建设和谐社会的重要作用。我国正处在社会转型十分关键的时期，利益主体和利益关系趋于稳定，利益博弈成为常态，社会矛盾和社会危机因素不断增加。在这个特定背景下，社会对公益机构改革的需求明显加大。例如：化解社会矛盾和社会危机因素，依赖于基本公共服务供给的有效性；协调利益关系、缓解利益矛盾，需要充分发挥公益机构的公益性作用。

（三）几点基本判断

（1）公益机构改革影响和牵动改革发展的全局，对"十二五"实现社会公平与可持续发展有多方面的积极作用。

(2) 公益机构改革应当成为"十二五"改革的重头戏。

(3) 目前已具备推进公益机构改革的社会条件。前几年,我不赞成全面推进公益机构改革。主要的依据是,在全国基本公共服务均等化目标和总体框架尚未形成的背景下,推进公益机构改革容易走老路——减人员、甩财政包袱。现在看,基本公共服务均等化的目标已很明确,相关方案陆续出台,加快推进公益机构改革的基础条件成熟。

二 如何把握公益机构改革的目标追求

这里讲的公益机构,是指现有的事业单位。事业单位是公共服务供给体系的主体部分。现有的事业单位主要集中在教育、卫生、科研、文化、医疗等公共领域,这些领域承载了广大社会成员公平分享基本公共服务的重任。目前的突出问题是,由于改革的不到位和实践中的某些偏差,学校、医院、科研等公益机构追求自身利益的倾向比较普遍。推进事业单位转型与改革,是缓解公共产品短缺、建立公共服务体系的重大任务。

(一) 事业单位的结构性转型

(1) 对现有事业单位改革的评价:尚未摆脱计划经济时期形成的管理体制框架。

(2) 分类改革与结构性转型的关系:分类改革很重要,但基础和前提是结构性调整。

(二) 公共服务体系的主体

(1) 事业单位改革的目标是建立统一完善的公共服务体系,并成为主体力量。要把事业单位改革与政府转型的实际进程有机地结合起来,统筹行政体制改革与事业单位改革。

(2) 在公共服务体系框架总体设计下推进事业单位改革。尽快制定全国范围内基本公共服务的标准,包括设施、设备和人员配备以及相关财政投入标准,为事业单位改革提供基础数据和技术支持。

(三) 公益性回归

在公益性回归上有两大突出问题。第一，如何对现状做客观分析。我赞成黄文平会长主旨演讲中提出的，一些事业小团体利益膨胀，不同程度地偏离了公益目标。第二，如何吸取以往的教训，防止要么行政化或要么市场化这两种倾向。

(1) 公益性回归要确立"公益性、专业性、社会性"的改革目标，由此做出相应的政策与体制安排。

(2) 关键在于改变事业单位"行政化、利益化"的基本格局。事业单位的利益化倾向是与行政化直接联系在一起的：行政化，不能客观独立地履行自己的公益性服务；不利于社会参与公益性服务；不利于把专业性的激励机制和公益机构的公益性相结合。应当说，事业单位自身利益化的形成，在很大程度上依赖于行政化。去行政化，这样才能使其更好地体现公益性目标，才能充分地体现公益性服务的专业化特点，才能激励广大专业技术人员的积极性。

三 如何判断社会力量在公益服务中的重要作用

在这里讲的"社会力量"包括三个方面：第一，现有社会组织的作用发挥；第二，不断有新增社会力量的参与；第三，事业单位改革中，一部分由公立转为社会化。从现实的情况看，社会力量参与公共服务，主要的矛盾在于如何估计特定背景下其参与公益服务的特殊作用。

(一) 公共产品短缺背景下的社会作用

1. 公益服务的重要提供者

(1) 社会资本的作用。以教育为例：2008年社会投入占GDP的比例为1.35%。我们知道，目前国家财政对教育的投入只有3%左右。

(2) 社会组织的作用。公益机构"公共性"特点是公益性与公共参与。在这两个基本特点下，社会组织成为公众参与公益服务的主体之一。

2. 公益需求多元化的重要提供者

（1）公共需求的多元化与选择增多是一个客观趋势。人均GDP达到3000—4000美元的时候，不同群体对公益服务的选择性明显增大。

（2）社会力量已成为适应不同群体公益性选择性需求的主要载体。

（二）多元公共服务供给体系中的社会作用

（1）社会参与对公益机构转型的压力。

（2）社会参与对基本公共服务效率提高的影响。

（3）社会参与对基本公共服务缺失的弥补作用。以农民子弟学校为例，北京市现有农民工子弟学校300多所，其中获得办学资格的只有60多所。在当前城乡一体化改革尚不到位的情况下，农民工子弟学校弥补了政府在义务教育上的某些缺陷。

（三）社会参与的制度需求

（1）平等准入。关键在于"门槛"如何设立，是否允许社会参与公益事业。在这方面还面临着一些政策和制度障碍。

（2）公平政策。"官办"与"民办"的公益机构都从事基本和非基本的公共服务，可相关政策是二元的，例如财税政策。应当以公益性而不是"官办""民办"为标准，统一相关的政策和体制。

（3）依法监管。社会力量参与公益性服务，它的体制特点应当是"官督民办"。是继续实行挂靠制度，还是转向依法监管，哪种模式更有利于社会力量参与公益服务，十分值得讨论。

这里提出一个需要讨论的问题：社会参与能否纳入公益机构改革的总体框架？要不要、能不能使社会力量成为非基本公共服务的主体力量？我的看法是，面对公共产品短缺的现实，迫切需要进一步改革计划经济时代以事业单位为主体、政府包揽所有社会事业的格局，支持和鼓励社会力量参与公益服务。

四 如何形成公益机构改革的制度环境

其中涉及的问题很多，如政府转型与公益机构转型等。这里就公益机构改革的制度条件谈几点看法。

（一）公益机构改革的结构性转型和结构性改革特点突出

我们讲公益机构改革很复杂，就在于这个改革涉及结构性矛盾，既涉及改革的结构性矛盾，又涉及体制性的结构性矛盾。以体制为例，它涉及与行政体制改革的关系、与财税体制改革的关系、与人事制度改革的关系。

（二）公益机构改革独特性的政策和制度需求

在现实中，存在两种倾向：一是回到行政挂靠；二是回到企业，按市场规律办事。能否找到第三种办法，即适应公益性服务和公益机构发展需求的一个独特的政策体系与体制安排。例如：

（1）独立的管理体制与运作机制。

（2）独立的财税政策需求。

（3）独立的社会福利制度安排。在养老保险上，事业单位意见很大，重要的是要不要形成既区别于政府也不同于企业的公益机构独立的养老保险政策和体系。

（4）独立的政府监管与社会监督体系。

（三）几点建议

（1）把公益机构改革与"十二五"基本公共服务均等化规划统筹考虑设计。

（2）把公益机构改革作为改革的重点，并纳入国家"十二五"改革总体规划。

（3）建立中央层面高层次的改革协调机构，统筹规划和综合协调公益机构改革。

以社会化为重点的公共文化体系建设[*]

（2011年8月）

基本公共文化均等化是基本公共服务均等化的重要组成部分，但又有其特殊性，即基本公共文化均等化的吸引力、影响力。这些年，基本公共文化的基础设施建设有较快进展。但基本公共文化的吸引力、影响力不强，与全社会的公共文化需求有明显差距。这是当前推进城乡基本公共文化服务均等化的突出矛盾。解决这一突出矛盾，关键在于以社会化为重点强化公共文化服务体系建设。

一 推进公共文化事业单位转型

公共文化事业单位的转型有一个目标选择问题。

（一）回归公益性

公共文化事业单位的定位不清，已成为日益突出的问题。既负责公共产品生产，同时还承担着某些行政职能和市场职能，行政性、公益性和市场性错综复杂地交织在一起，加大了改革的难度。当前的主要做法是"普遍转企"。初步的实践证明，以减少财政拨款为主要目标的公共文化事业单位改革，使其属性逐步从公益性转向逐利性，从"普遍服务"转向"价高者得"，追求利润、以营利

---

* 在全国政协专题协商会上的发言，2011年8月26日，北京；载于《中改院简报》总第867期，2011年8月。

为主积累的矛盾与问题逐步突出。应当十分明确，公共文化事业单位作为公共文化服务生产主体的基本定位，把公益性回归作为改革的首要目标和基本衡量标准，把提高公共文化的吸引力、影响力作为出发点和落脚点。

(二) 强化专业性

公共文化事业单位有非常强的专业性。从强化专业性的要求出发，公共文化事业单位改革要弱化行政色彩，着力强化专业性，更多地按专业属性管理，改善公共服务质量和绩效。

(三) 提高独立性

公共文化事业单位要实现公益性回归，关键在于改变"行政化"倾向。例如，要把政府严格定位为出资者和监管者，不再履行直接管理责任；探索建立公共文化事业单位出资人制度和独立事业法人财产制度；构建并完善政府监管与社会监督机制。再如，要加快剥离公共文化事业单位行政级别，在去行政化的基础上改革内部治理结构。

二 鼓励社会力量参与公共文化服务

从实践看，以公共文化事业单位为主的单一供给体系，难以适应新时期公共文化服务体系建设的目标。这就需要鼓励支持社会力量参与公共文化的服务生产。应当说，这方面的改革还有很大的空间。

(一) 推进制度创新，鼓励社会力量参与

构建平等准入的环境，还面临着一些政策和制度障碍。例如，民办文化公益机构在财税、人事、职称等方面的政策歧视。鼓励支持社会力量兴办公共文化事业，需要完善相关政策，放宽"准入门槛"，并有相关的制度和法律保障。

(二) 积极推进文化市场的开放

在确立政府主体地位和主导作用的同时，为吸引社会投资，适应多元公共文化服务需求,加快推进文化市场的开放。第一,凡法律未禁止的公共文化服务领域,都应对社会民间资本放开。第二,一些公共文化服务可以通过公开招标、合同、特许或建立公私合作伙伴等方式让渡给市场主体经营。第三,通过减税、免税、财政补贴和财政转移支付等多种方式鼓励社会组织参与公共文化服务的供给。

(三)采取政府购买的公共文化服务方式

凡是可以通过采购提供的公共文化服务,在不影响该项服务稳定供给的前提下,采取政府"花钱买服务、养事不养人"的办法。对包括公共文化事业单位在内的机构一视同仁,降低公共文化服务的单位成本,提高公共文化服务的效能和水平。

三 支持社区作为公共文化服务体系建设的重要载体

实现基本公共文化服务均等化这一目标的工作重心在基层,在城镇社区。为此,要把社区作为公共文化服务网络建设的重要载体,发挥其具有距离需求方最近、最能反映真实需求、能将服务传递到最基层的优势,把社区公共文化服务做实、做大、做强。

(一)强化城镇社区的公共文化职能

例如:第一,加大对社区公共文化服务的投入力度,将文化站网络覆盖城镇社区。第二,赋予社区文化站比较大的独立性和经营自主权,搞活社区文化体制,整合基层文化资源,广泛吸引社会资金投入社区公共文化服务体系建设中来。第三,鼓励社区改变运行机制,调动工作人员积极性,采取多种方式,提供多样化的公共文化服务。第四,把农民工公共文化服务纳入城镇社区网络。

(二)以社区为重要载体加强基层公共文化服务人才队伍建设

当前,我国基层从事公共文化服务工作人员的严重短缺,是制约社区公共文化服务建设的一大难题。为此,建议从基层公共文化服务的现实情况出发,以社区为载体组建一支社会化的人才队伍,吸引一批热心于公益性文化、离退休人员和社会民间文化爱好者，建立一支社会广泛参与、稳定的公共文化服务队伍。

四 成立公共文化服务基金，改革公共文化服务投资体制

近年来，我国公共文化服务支出向大型场馆为主的公共文化基础设施倾斜的特征突出，这在一定程度上改变了公共文化基础设施落后的局面。但也要看到，这种投资方式的效率比较低，相当多的公共文化基础设施建成后的使用效率并不高，而且还需要国家投入很大成本维持基本运行。"重硬件、轻软件"的倾向比较突出。

建议从中央、省市做起，以政府财政资金为引导，成立公共文化服务基金，改革公共文化服务投资体制。这至少有四方面的好处：第一，可以带动社会资本进入，实现公共文化服务资金来源的多渠道，弥补财政投入的不足；第二，可以确保投资的稳定性和可持续性，使公共文化服务稳步发展；第三，注重成本效益核算，有利于节约成本和提高社会效益；第四，能够支持效益高的公共文化事业机构，实现优胜劣汰，并推动现有文化事业机构的重组与改革。

以构建有中国特色公益服务体系为主题的事业单位改革*

（2012 年 5 月）

事业单位是经济社会发展中提供公益服务的主要载体，是公共服务体系的重要组成部分。这次事业单位改革与以往不同的突出特点在于，十分明确地提出以促进公益事业发展为目的。按照中央部署，经过 10 年左右的事业单位改革，初步建立起基本公共服务优先、供给水平适度、布局结构合理、服务公平公正的中国特色公益服务体系。

一　事业单位改革要与基本公共服务均等化进程相适应

未来的 5—10 年是我国经济社会发展十分关键的时期。加快发展社会事业与改善民生，对公益服务的需求更加迫切、更为艰巨。为此，推进事业单位改革，将进一步明确事业单位公益属性的功能定位，以使事业单位在实现基本公共服务均等化方面发挥重要的主体作用。经过 30 多年的改革开放，我国已从以温饱为主要目标的生存型阶段全面进入以人的自身发展为主要目标的发展型新阶段。由此，社会需求结构发生明显变化，公共需求全面快速增长。例

---

* 本文载于《光明日报》2012 年 5 月 29 日。

如，1990—2009年之间，城镇居民发展型消费占比从36.3%上升至53.01%。随着全社会需求结构的重大变化，公共产品短缺取代私人产品短缺成为发展型新阶段的突出矛盾。我国全面进入发展型新阶段后，广大社会成员由过去主要关注温饱问题上升为更多地关注教育、医疗、文化等民生关系密切的领域。随着人民群众社会需求结构的不断升级，对以基本公共服务均等化为主要内容的公益服务提出了更高的要求。"面对新形势新要求，我国社会事业发展相对滞后，一些事业单位功能定位不清，政事不分、事企不分，机制不活；公益服务供给总量不足，供给方式单一，资源配置不合理，质量和效率不高；支持公益服务的政策措施还不够完善，监督管理薄弱。这些问题影响了公益事业的健康发展，迫切需要通过分类推进事业单位改革加以解决。"在这个特定背景下，加快推进事业单位改革，要从我国进入公共产品短缺时代这一现实背景出发，强化事业单位公益属性，通过改革使其真正成为公益服务的主要载体，以不断满足人民群众和经济社会发展对公益服务的现实需求。

作为公共产品的主要生产者，衡量事业单位改革成效的标准，不是裁减了多少人员，节约了多少财政支出，而是能否满足社会公共需求结构变化，并有利于推进基本公共服务均等化进程。应当说，过去20余年来数次事业单位改革难以取得突破和重要进展，根源在于改革的重点陷入减轻财政包袱、缩减人员上。由此，不仅改革难以推进，还容易形成改革目标不清、方向不明的状态。新阶段推进事业单位改革，就是要放在全国公共服务体系建设大框架下通盘考虑，跳出事业单位改事业单位。例如，从人员规模角度看，要适应全社会公共需求的大趋势，有增有减。2006年我国城镇登记失业人数为847万，如果按每人服务50人的国际标准，需要公共就业服务人员17万人左右，而同期职业介绍机构从业人数仅为12万左右。为此，这次事业单位改革的指导思想十分明确，不是简单地减人、减机构、甩包袱，更不是把事业单位搞小变弱，而是促进公益事业发展壮大，不断满足人民群众日益增长的公益服务需求。

二 以强化公益性为主线推进事业单位转型

适应于全社会公共需求不断增长的大趋势，新阶段推进事业单位改革，要以构建有中国特色公益服务体系为主题、以强化公益性为主线。首先，要回归公益性。事业单位的定位不清，已成为日益突出的问题，既负责公共产品生产，同时还承担着某些行政职能和市场职能，行政性、公益性和市场性错综复杂地交织在一起，加大了改革的难度。20世纪90年代改革的主要做法是，"除教育单位和极少数需要财政拨款的以外，其他事业单位每年减少财政拨款1/3，争取三年基本达到自负盈亏"，这是在1998年全国人大九届一次会议指出的。实践证明，以减少财政拨款为主要目标的事业单位改革，在一定程度上会使其属性逐步从公益性转向逐利性，从"普遍服务"转向"价高者得"，追求利润、以营利为主的矛盾与问题积重难返。新阶段推进事业单位改革，要"坚持以人为本，把提高公益服务水平、满足人民群众需求作为出发点和落脚点"。当前，许多事业单位因人设岗，"人浮于事"的问题还比较突出。事业单位改革就是要以保障基本公共服务供给为目标，打破传统的"以钱养人"的制度安排，从"以钱养人"转向"以钱养事"。为此，要明确其作为公益服务生产主体的基本定位，把公益性回归作为事业单位改革的首要目标和基本衡量标准。就是说，事业单位改革需要从注重单位利益向注重公共利益回归，努力成为公益服务体系建设中的主要载体和重要支柱。其次，要强化专业性。一方面，事业单位集中了我国绝大多数教科文卫等方面的专业人才；另一方面，事业单位的公益性服务有非常强的专业性，知识密集型的特点突出。例如，公立医院改革和各类学校改革，如果不能有效地调动高度专业化的医护人员和教师的积极性，就很难说改革取得了成功。正如中央文件要求的，事业单位改革要"充分调动广大工作人员的积极性、主动性、创造性，真正激发事业单位的生机与活力，不断提高公益服务水平和效益，促进公益事业大力发展"。从强化专业性的要求出发，事业单位改革要弱化行政色彩，着力强化专业性，更多地按专业属性管理，改善公益服务质量和绩效。这次事业单位改革将从事公益服务的机构细分为公益一类和公益二类，并规定用5年左右的时间，对从事公益服务的事业单位在人事管理、收入分配、社会保险、财税政策和机构编制等方面的改革取得明显进展，在管办分离、完善治理结构等方面的改革取得较大突破，以尽快建立起有中国特色的公益服务体系。

三 事业单位改革牵动经济社会发展全局

事业单位改革是我国改革开放总体布局的重要组成部分，与经济、社会、政府等方面的转型紧密联系，相互影响。首先，它对经济发展方式转变有着重要作用。"十二五"将是我国经济发展方式转型的关键时期。转变经济发展方式，重要的是把13亿人的潜在的消费需求释放出来，扭转投资消费失衡的格局，形成经济增长的内生动力。当前，推进事业单位改革就是要放在经济发展方式转变的全局中统筹考虑。在我国现阶段，释放和扩大社会总需求与基本公共服务均等化直接相联系。在这个背景下，以强化公益性为主线推进事业单位改革，有利于提高城乡居民消费倾向，有利于缓解收入差距和提高消费率，有利于提高劳动者素质和自主创新能力。其次，它对建设和谐社会有着重要作用。我国正处在社会转型十分关键的时期，利益主体和利益关系趋于稳定，利益博弈成为常态，社会矛盾和社会危机因素不断增加。在这个特定背景下，社会发展与社会转型对公益机构改革的需求明显加大。例如：保障和改善民生，直接依赖于公益事业发展。推进以公益性为主线的事业单位改革，只有打破限制公益事业发展的体制机制障碍，才会不断促进公益事业更好地发展；化解社会矛盾和社会危机因素，依赖于基本公共服务供给的有效性；协调利益关系、缓解利益矛盾，需要充分发挥公益机构的公益性作用。此外，以公益性为主线的事业单位改革，会明显强化政府的公共服务职能，有利于加快政府转型，建设公共服务政府。正如中央文件指出的，"分类推进事业单位改革事关经济社会发展全局，是一场广泛而深刻的变革，任务复杂艰巨。各地区各部门要高度重视，坚定信心，精心组织，攻坚克难，确保改革顺利推进"。

建立公平可持续的社会保障制度*

（2014年2月）

《中共中央关于全面深化改革若干重大问题的决定》（以下简称《决定》）提出，要"建立更加公平可持续的社会保障制度"，"让发展成果更多更公平惠及全体居民"。实现这一目标，关键在于加快推进基本公共服务均等化，争取到2020年使城乡之间、不同区域之间和不同行业之间的人们享受到水平大致相当的基本公共服务，逐步建立惠及13亿人的基本公共服务体制。

一 中国到底是高福利还是低福利

欧债危机以来，有学者把问题的根源归结为这些国家的高福利上，认为是高福利制约了欧洲经济发展，并提出中国需要防止高福利风险。还有些人断言，由于主权债务危机，欧洲高福利时代行将结束，接下来全球都将告别高福利时代。从各方面的比较看，一部分人的确享受了过分的"高福利"，但更多的中低收入者是"低福利"甚至"负福利"。[①]

---

* 本文节选自作者主编《市场决定——十八届三中全会后的改革大考》，中国经济出版社2014年版。

① 秦晖：《谨防"负福利"再创新高》，《经济观察报》2010年12月26日。

(一)中国的社会福利水平不是高了而是低了

正确评判中国社会的整体福利水平,需要从中国发展的历史阶段来研究。当前,中国已从生存型阶段进入发展型新阶段,公共产品短缺取代私人产品短缺成为经济社会发展的突出矛盾,中国仍处于较低的福利阶段,远不是所谓的"高福利"问题。以社会保障支出为例,发达国家中央政府支出中社会保障支出占比一般在30%以上,而中国社会保障主要由地方政府承担,中央财政支出中社会保障支出明显偏低,只有3%左右(见表1)。根据《中国统计年鉴2013》数据测算,2012年中央和地方两级政府财政支出中社会保障与就业比重仅仅占10%,低于一些发展中国家。因此,加快推进基本公共服务均等化进程,不仅不存在"福利陷阱"的风险,而且有利于实现公平与可持续的发展目标。

表1　　　　不同国家社会保障支出占中央政府支出的比重

	年份	社会保障支出占比(%)
中国	2012	3.12
韩国	2008	21.11
泰国	2011	17.86
南非	2009	14.55
墨西哥	2000	20.12
美国	2010	32.24
荷兰	2010	34.83
波兰	2010	43.29
俄罗斯	2010	37.71
西班牙	2010	48.36
英国	2009	33.87
澳大利亚	2011	32.97

注:中国数据是中央财政支出中的社会保障与就业比重,不包括地方财政支出。
资料来源:根据《国际统计年鉴2013》和《中国统计年鉴2013》整理。

(二) 公共服务水平差距明显

(1) 城乡差距明显。尽管近 10 年来，政府不断加大农村公共服务投入力度，相继建立起新型农村合作医疗制度和新型农村社会养老保险制度，并基本实现了全覆盖。但由于受中国城乡二元结构和公共服务供给重城镇、轻农村模式的影响，城乡公共服务水平相差极大。以养老保险为例，2012 年中国企业参保退休人员的月人均基本养老金达到 1721 元[1]，而农村居民只能领到每月不低于 55 元的基础养老金，尽管经济水平高一些的地区达到 100 多元，但与城镇相比，差距仍然过大。

(2) 区域差距明显。目前，中国社会保障资金省级统筹，各地区经济发展极不平衡，从而导致东部地区、中部地区和西部地区公共服务水平相差很大。以养老金替代率[2]为例，按照国际经验，养老金替代率大于 70%，即可维持退休前的生活水平；如果达到 60%—70%，即可维持基本生活水平；如果低于 50%，则生活水平较退休前会有大幅下降。《中国养老金发展报告 2012》数据显示，2011 年养老金排名替代率前五位的分别是山东（70.5%）、新疆（64.8%）、海南（64.2%）、山西（61.8%）、陕西（61.6%），而替代率后五位的分别是重庆（43.2%）、江苏（45.9%）、四川（46%）、湖北（47%）和吉林（47.4%）[3]，中国养老金替代率明显偏低。

(3) 行业差距明显。即便在城镇内部，不同行业的社会保障水平也有明显差距。以企业与机关事业单位比较为例，国际劳工组织建议养老金替代率最低标准为 55%，中国养老金替代率由 2002 年

---

[1] 人力资源和社会保障部：《2012 年全国社会保险情况》2013 年 6 月 18 日。

[2] 养老金替代率，是指劳动者退休时的养老金领取水平与退休前工资收入水平之间的比率。它是衡量劳动者退休前后生活保障水平差异的基本指标之一。

[3] 李唐宁：《养老金替代率地区差异巨大 退休后生活水平下降》，《经济参考报》2013 年 9 月 25 日。

的72.9%下降到2011年的50.3%，低于国际警戒线；但机关事业单位养老金替代率一直维持在100%左右。① 再例如，垄断行业不仅工资收入明显高于非垄断行业，而且社会保障水平也明显好于非垄断行业。有数据显示，住房公积金行业间最大差距超过30倍，银行、电力、烟草等垄断行业缴存数额最高。②

（4）关键在于制度不公平。由于过去30多年的改革主要是调整增量利益，制度安排上的"双轨制"未根本打破，制度不公的问题相当突出。公共服务体制安排上的制度不公现象比较严重，基本公共服务按照公务员、事业单位、国有企业、民营企业、城乡居民等分为三六九等。

（三）人口老龄化对社会养老保障制度提出严峻挑战

1. 人口老龄化加剧使人们对养老金支付能力产生担忧

中国已经进入人口老龄化加速发展的阶段，成为世界人口老龄化最严重的国家之一。2013年，中国60岁及以上老年人口2.02亿人，占总人口的14.9%，其中65岁及以上人口1.32亿人，占总人口的9.7%。③ 目前，全国31个省份中已经有26个进入了人口老龄化阶段。有多个国际机构预测，中国将在2030年前后进入人口老龄化高峰，成为全球人口老龄化程度最高的国家。随着人口老龄化速度明显加快，未来缴费人口减少，养老金支出会刚性增长，中长期养老金支付的压力会越来越大，这可能成为中国近20年内面临的巨大挑战之一。必须从国家战略的高度及早谋划这个问题。④

---

① 韩宇明：《数据显示企业和机关事业单位养老待遇差距加大》，《新京报》2012年9月14日。
② 文静：《住房公积金行业间最大差超30倍 被指济富不济贫》，《中国青年报》2012年12月23日。
③ 国家统计局：《2013年国民经济发展稳中向好》，国家统计局网站，2014年2月20日。
④ 李凤桃、白朝阳：《全国社会保障基金扩大到3万亿元非常必要》，《中国经济周刊》2013年第11期。

2. 养老金仍有结余，当期不存在缺口

近年来，对社保基金缺口的议论越来越多。有报告指出，2013年中国养老金缺口达到18.3万亿元；也有专家测算，这个缺口大概在1.7万亿元。从人力资源和社会保障部公布的数据来看，2002—2012年，城镇职工基本养老保险基金收入从3171.5亿元增长到20001亿元，基金支出由2842.9亿元增长到15562亿元，2012年基金累计结余为23941亿元，养老金当期不存在缺口（见表2）。

表2　　　　2002—2012年全国基本养老保险基金收支状况　　（单位：亿元）

年份	收入	支出	累计结余
2002	3171.5	2842.9	1608
2003	3680	3122	2207
2004	4258	3502	2975
2005	5093	4040	4041
2006	6310	4897	5489
2007	7834	5965	7391
2008	9740	7390	9931
2009	11491	8894	12526
2010	13420	10555	15365
2011	16895	12765	19497
2012	20001	15562	23941

资料来源：根据历年《人力资源社会保障事业发展统计公报》（2008年前为《劳动和社会保障事业发展统计公报》）整理。

3. 从中长期看，养老金缺口压力开始显现

（1）个人账户空账缺口增大，大部分省份收不抵支。《中国养老金发展报告2013》数据显示，2012年城镇职工基本养老保险个人账户缺口为5602亿元，比2011年扩大约240亿元。表面上看，2012年城镇职工养老保险基金结余4439亿元，但除去财政补贴，

2012 年实际结余仅有 906 亿元，比 2011 年减少 286 亿元。全国有 19 个省份收不抵支，东北三省收不抵支超过 500 亿元。①

（2）养老金中长期支付压力凸显。除了人口老龄化外，中国人均预期寿命也呈稳步上升的趋势。有数据显示，1980—2010 年，中国人口预期寿命平均每五年上升约 1 岁。根据联合国人口署的预测，这一趋势在未来几十年内仍将持续。② 如果不延长退休年龄，老龄人口退休后领取养老金的年限将不断增加，给养老金支付带来巨大压力。《中国国家资产负债表 2013》预测结果显示，"如果继续执行现行养老体系，不对退休年龄等进行调整改革，到 2023 年，全国范围内职工养老保险即将收不抵支，出现资金缺口。到 2050 年，为了维持养老体系运转所需财政补贴占当年 GDP 的比例已经达到 8.46%，而占当年财政支出的比例达到 34.85%，即约 1/3 的财政支出被用于弥补养老保险的资金缺口"③。

二 加快推进城乡基本公共服务均等化

加快推进基本公共服务均等化的进程，不仅不存在福利过度的风险，而且对短期保增长和中长期公平可持续发展都具有重要作用。

（一）有利于促进消费主导的经济转型

政府公共服务支出不足是居民消费率下降的重要原因。根据 26 个主要国家的历史数据，政府公共服务支出占政府总支出的比重每提高 1 个百分点，居民消费占 GDP 比重将增加 0.2 个百分点。④ 长期以来，由于中国政府公共服务支出总体不足，居民用自身的收入来支付快速增长的教育、医疗、社保等支出，不仅挤压了居民的其

---

① 郑秉文：《中国养老金发展报告 2013》，经济管理出版社 2013 年版。
② 马骏等：《化解国家资产负债中长期风险》，《财经》2012 年第 15 期。
③ 耿雁冰：《中国社科院报告：2023 年养老保险出现缺口》，《21 世纪经济报道》2013 年 12 月 25 日。
④ 迟福林：《走向消费主导的经济转型》，《中国经济时报》2011 年 12 月 14 日。

他消费增长,而且增加了居民的谨慎预期,导致居民面临较多消费不确定性和消费风险,降低了消费倾向。如果能够在覆盖13亿人的公共服务体制建设上取得重大突破、政府在基本公共服务领域的投入完全到位、社会安全网初步建立,将对稳定居民的消费预期起到重要的作用。居民消费率有望在"十二五"提高10—15个百分点,达到60%左右,成为真正拉动经济增长的内生动力。

(二) 有利于促进社会转型

加快基本公共服务均等化有助于平衡利益关系,促进公平正义。现阶段,最大的公平正义就是逐步提高低收入者的生活水平,根除绝对贫困。我国当前的绝对贫困有五个重要成因:因病、因残、年老体弱、缺乏劳动力或劳动能力低下和生存条件恶劣。这些原因都与基本公共服务短缺密切相关。[①] 同时,加快基本公共服务均等化进程,为城乡困难群体提供公共教育、公共医疗卫生和社会保障等基本公共服务,促进社会财富在城乡、区域和不同社会群体间的公平分配,也有助于化解利益矛盾,促进社会和谐,并形成社会转型的强大动力。

(三) 有利于促进治理转型

随着社会需求结构的转型升级,基本公共服务均等化不应停留在提高供给水平与公平分配上,更要体现在基本公共服务供给决策、执行、监督各个环节的社会参与上,这客观上要求加快政府转型。基本公共服务属于最重要的公共选择范畴,政府负责决策、投资和政策的制定;包括事业单位在内的公益机构及民间组织负责生产与供给,是公共政策的主要执行者;社会公众监督全过程,是公共政策的最终评价者。只有构建基本公共服务多元参与的治理结

[①] 卫敏丽:《中国23省份建立农村低保制度 低保对象达1509万》,《人民日报》2007年1月21日。

构,才能保证公共政策决策的公正性和科学性,提高公共服务供给效率、水平和公平程度。①

三 实现惠及 13 亿人的基本公共服务体制的重大突破

未来 5—7 年,推进基本公共服务均等化,重点是推进城乡基本公共服务制度对接,以事业单位改革为重点完善基本公共服务供给体系,建立公平可持续的社会保障制度,逐步建立起惠及 13 亿人的基本公共服务体系。

(一)推进基本公共服务制度的对接

1. 加快城乡基本公共服务制度的对接

由于城乡经济发展、生活水平上的差距,城乡基本公共服务水平在大致相当的前提下可以有一定的差距,但要尽快解决制度不公的问题。因此,未来 5—7 年,应当按照"加快整合、对接制度、提高水平、重点支持"的总体思路,在国家规划层面应明确全国统一的基本公共服务均等化政策,提高基本公共服务统筹层次,实现城、乡两套基本公共服务制度的对接融合。具体分三步走。

(1)加快整合。用 1—2 年的时间,推进机关事业单位养老保险制度改革,取消养老"双轨制";整合城乡居民基本养老制度、基本医疗保险制度。

(2)实现城乡基本公共服务制度的对接。在经济发达地区,率先建立城乡统一的基本公共服务制度;在中等发达地区,加快提高农村基本公共服务水平,为城乡制度对接创造条件;在欠发达地区,先用 2 年左右时间,完善农村基本公共服务体系,在政策和制度设计上,预留城乡基本公共服务制度衔接口。

(3)逐步提高水平。再用 3 年左右的时间,逐步提高欠发达地区农村基本公共服务水平,将农村基本公共服务体系纳入城镇公共

---

① 迟福林:《公共产品短缺时代的公益机构改革》,《中国经济时报》2010 年 8 月 14 日。

服务体系，最终实现城乡基本公共服务的制度对接和水平差距的逐步缩小。

2. 加快行政事业单位养老保险改革

行政事业单位在养老保险上享受着超国民待遇，成为社会不公平的重要因素。建议同步推进行政事业单位薪酬制度与养老保险制度改革，用2—3年的时间，取消养老"双轨制"，把行政事业的公务员及参公管理人员全面纳入社会养老体制中，承担起其应有的个人责任。从现实情况看，这项改革不是"平均主义"，而恰恰是打破"平均主义"。更重要的是，一些地区已经推进了这项改革，积累了重要经验，可以大大降低改革风险和难度。

3. 实现公共服务的无障碍转移接续

公共服务在不同区域间转移接续困难，客观上导致参保人员在工作转移时被迫重新参保。2013年，全国累计有3800万人中断缴纳养老保险（断保）。这个问题成为社会保障的重大挑战。尽快推进基本养老保险的基础养老金全国统筹，在全国各地区实现职工基本养老保险政策的基本统一，从根本上解决跨地区流动就业人员的养老保险关系转移及其权益保障问题；同时，进一步扩大养老保险基金调剂范围，逐步改变各地区养老保险基金收支与结余不均衡的状况，提高基金承受能力和资金使用效率；合理划分中央与地方对基本养老金的筹资和支付责任，明晰双方的事权与财权相对应。①

4. 采取渐进式延迟方式逐步提高退休年龄

随着人口老龄化的加剧，未来青壮年劳动力的数量将越来越少，延迟退休年龄是大势所趋。考虑到这项政策关系到社会稳定与长治久安，在加快养老保险制度统一的基础上，可以采取分步走的方式渐进式推进。一是加紧调研，广泛征求社会各方面的意见；二

---

① 《3800万人中断交保险体现社保转移接续难》，《人民日报》2013年11月29日。

是研究制定延迟退休年龄的总体方案,并广泛征求社会意见;三是可以选择从机关事业单位先延迟,逐步向企业延伸。

(二) 以推进事业单位改革为重点完善基本公共服务供给体系

1. 全面构建"以钱养事"的事业单位运行新模式

(1) 改革财政投入机制。建立对事业单位规范的业绩评估和激励约束机制,促使其降低成本,提高服务质量,保障公益性。

(2) 推进契约化支持方式。加快制度设计,尽快出台《公共服务采购指令》明确政府购买的范围、原则、标准等,采取合同委托、服务承包等多种方式支持事业单位发展。

(3) 探索多种补贴形式。尽快制定标准,择优扶持。每年对所有公共就业机构动态评估,不符合扶持标准的,撤销财政支持。

2. 建立新型事业单位法人治理结构

(1) 推进所有权与管理权分离。拥有所有权的政府把管理权交由事业单位,由事业单位行使管理权,充分保障事业单位的自主权。

(2) 转变现有管理方式。主管部门对事业单位的管理要由微观具体事务管理转向宏观综合管理上来,从过去以行政命令、指令性计划为主的直接管理转到运用法律、经济手段为主的间接管理上来。

(3) 建立独立事业法人财产制度。以事业单位独立承担民事法律责任为目标,加快建立独立的事业法人财产制度。

(4) 建立理事会、管理层和职工大会为主要内容的治理机制。

(5) 构建多元化的公益机构监督体系。

(三) 完善社会保障制度

1. 健全社会保障财政投入力度

未来5—7年,尽快启动新一轮财税体系改革,建立事权和支出责任相适应的中央—地方财税关系。

（1）加快调整财政支出结构，降低经济建设费支出比重，降低行政管理费支出比重，增加基本公共服务支出比重。

（2）赋予省级政府一定的自主税权。鼓励地方政府探索培育地方主体税种；扩大地方政府税收管理权限；在条件允许的情况下，适当放开地方政府投融资政策，为基本公共服务均等化开辟更多可持续的财源。

（3）争取到2020年，国家财政用于基本公共服务的支出比重不低于60%，用于基本公共服务的财政支出占GDP比重不低于20%；基本公共服务实现100%全覆盖；全国各地区基本公共服务人均财政支出差距控制在100%—150%以内，水平差距控制在30%左右。

2. 加强社保基金的投资管理与监督

《全国社会保障基金投资管理暂行办法》因缺乏投资法律法规的硬性约束，使得社保基金投资带有很大的盲目性，面临极大的风险。为此建议：

（1）出台《社会保障基金投资管理条例》，将社保基金投资管理纳入法治化轨道。

（2）加强社保基金投资管理专业化队伍建设，推进基金市场化、多元化投资运营。

（3）重视社保基金近期收支及中长期缺口测算，防范支付风险。

（4）成立社保基金监管委员会，制定专门的政策和措施实施基金监管，提高监管水平。

3. 构建多层次社会保障体系

《决定》提出，"制定实施免税、延期征税等优惠政策，加快发展企业年金、商业保险，构建多层次社会保障体系"。

（1）推进城乡最低生活保障制度统筹发展，加快城乡制度整合和待遇衔接。

(2) 建立符合国情的住房保障和供应体系。

(3) 积极发展补充社会保险和商业保险。

(4) 加快建立社会养老服务体系，大力发展老年服务产业。

(5) 健全特殊人群的分类保障制度。

以公益性为标准的公共文化服务社会化发展[*]

（2014年7月）

公益性是公共文化发展的主流，是深化文化体制改革的导向，是公共文化服务体系的本质特征。落实十八届三中全会《中共中央关于全面深化改革若干重大问题的决定》关于"推动公共文化服务社会化发展"的精神，关键在于要坚定地、自觉地把公益性作为构建现代公共文化服务体系的主要标准。

一　公益性应当成为公共文化服务社会化发展的主要标准

公益性标准是否要以所有制划线？这个问题在经济生活领域已经取得实质性突破。但是，在国家软实力建设、公共文化发展中尚未真正破题。

（1）发展公共文化、建设公共文化服务体系，是否也需要明确：无论是官办还是民办的文化团体，都是我国文化市场的重要组成部分，都是公共文化服务体系的重要力量。实践证明，在公共文化领域，政府包办的效果不一定好，社会办的不一定差。

---

[*] 在全国政协"促进基本公共文化服务体系"双周协商座谈会上的书面发言，2014年7月22日，北京；载于《中改院简报》总第989期，2014年7月。

（2）在公共文化生活领域，无论是官办还是民办的文化团体，是否都要以公益性为主要标准，平等竞争、公平发展？建议尽快改变简单按照官办与民办区分支持与不支持的传统做法。

（3）推动公共文化服务社会化，无论是官办还是民办的社会团体，是否都应当按照公益性标准获得相关的政策保障和财力支持？不能因为其是官办出身而不管它的公益性作用如何，都能长期"吃大锅饭"。建议尽快引入独立的第三方机构对公共文化服务主体的公益性进行定期评估，依据客观公正的评估结果确定政府的支持力度。

就是说，推动公共文化服务社会化发展，仍然有一个思想解放的问题。只有改变那些不合时宜的旧观念，打破妨碍公共文化发展的旧框框，才有可能加快构建现代公共文化服务体系。

二 以公益性为标准支持社会力量参与公共文化服务

最近几年，国家文化主管部门陆续出台了相关政策，鼓励社会力量参与公共文化建设，并取得一定进展。关键在于，要以公益性为主要标准出台具体政策，并做出体制安排。

（1）社会力量参与公共文化服务体系建设还面临着某些政策和体制障碍。如"民办"公益性文化机构在财税、人事、职称等方面仍难以与公立机构享有平等的政策。建议尽快调整社会力量办公益性文化机构的税收政策、价格政策以及人才政策。

（2）社会力量办公益性文化机构还面临着一些体制障碍。如民办公益性文化机构大都在工商登记，由此难以得到税收减免等一系列公办公益性机构的政策待遇。建议进一步明确界定各类公益性文化类民办机构的功能和范围，把培育各类公益性文化类民办机构及社会组织作为文化管理体制改革的重大课题。

（3）公共文化市场开放尚不到位。建议凡是法律未禁止的公共文化服务领域，都应对社会民间资本放开；政府管理的公共文化资金、项目等应向社会开放，调动社会力量提供多样化、专业性的公共文化产品与服务的积极性。

三 以公益性为标准推进公共文化事业单位改革

从近几年的实践看，以减少财政拨款和人员编制为初衷的公共文化事业单位"普遍转企"的改革，使其属性容易从公益性转向逐利性。公共文化事业单位的改革仍有一个目标选择问题与逐步深化的过程。

（1）按照公益性标准深化公共文化事业单位改革。当前的公共文化事业单位改革，划分公益一类、二类固然也需要，但这种划分有局限性：一是公益不公益，不在于是不是事业单位，社会办的公益性文化机构也是公益机构；二是公益性大小要与贡献挂钩，国家对公办事业机构应当"养事不养人"，财政支持多少，不以人数为依据，而是以公益性为标准。

（2）将购买公共文化服务纳入政府采购的范围。建议出台政府购买公共文化服务的产业目录，制定公共文化服务标准、购买方式及实施细则，建立公开透明的公共文化服务购买流程，对公共文化事业单位和社会办的公益文化机构一视同仁。

（3）成立公共文化服务基金，改革公共文化服务投资体制。建议从中央、省市做起，以政府财政资金为引导，成立公共文化服务基金，以委托经营、合同契约等多种形式，改革公共文化服务的投资体制。

以结构性改革破解老龄化矛盾[*]

（2019年4月）

近14亿人的大国要在经济增长中解决养老问题：一要适应人口结构变化趋势，加快人口政策调整与劳动力市场的结构性改革；二要适应需求结构变化趋势，加快以服务业市场开放为重点的政策调整；三要以发展长期护理保险为重点切实解决养老服务资金短缺问题；四要在协调区域、统筹城乡中拓展宏观政策空间。

作为一个拥有近14亿人口的大国，中国人口结构的历史性变化，带来一系列深层次的结构性矛盾和挑战。如何在老龄化社会中有效释放经济转型升级蕴藏的增长潜力？如何通过结构性改革有效应对老龄化给经济增长带来的挑战？如何在经济增长中妥善解决好数亿人的养老保障问题？这已成为进入老龄化社会的中国迫切需要解决的重大问题。

一　老龄化中国面临增长与养老的结构性矛盾

中国目前仍处于转型发展的关键时期，经济增长十分重要，养老保障问题也日益突出，"既要增长又要养老"，成为中国的现实选择。在这个特定背景下，增长与养老的结构性矛盾，开始成为中国

---

[*] 本文载于《经济参考报》2019年4月3日。

转型发展的基本性问题。

（一）中国面临着人类历史上前所未有的增长与养老的结构性矛盾

一方面，中国经济转型升级正处于关键阶段。初步估算，中国的产业结构、城乡结构、消费结构仍有巨大的转型升级空间，服务业占比、城市化率和服务型消费占比，在未来5—10年仍然有10%—20%的提升空间。这将带来巨大的新增市场，使经济有望在未来10年左右实现5%—6%的增长。另一方面，未来10年左右中国仍将处于人口老龄化快速发展的阶段。2018年，中国60岁及以上人口已达2.5亿人，其中65岁及以上人口达到1.67亿人，占总人口的11.9%。

（二）中国老龄化的规模史无前例，老龄化阶段与发展阶段错位程度在人类历史上也是前所未有

比如，按2010年不变美元计算，在65岁及以上人口占比达到12%左右时，中国的人均GDP不到1万美元；而在达到相同的人口老龄化水平时，德国的人均GDP为18000美元，美、日的人均GDP分别高达29000美元和38000美元。中国"未富先老"，迫切需要走出一条经济增长与养老保障的平衡之路。

（三）人口结构的历史性变化成为中长期增长的重大挑战

2013—2018年，中国劳动力人口数量累计减少2560万人。联合国预测，到2050年中国劳动年龄人口将累计减少2亿人。同时，中国劳动力老化趋势明显。《中国统计年鉴2018》数据显示：过去7年，中国50—64岁劳动人口占劳动力人口总数的比重提高了3.3个百分点，单位劳动产出增速则下降了2.3个百分点。

（四）人口结构变化带来服务型消费的全面快速增长

人口老龄化进程的加快，带来服务型消费全面快速增长，"银发经济"蕴藏着巨大的产业发展空间，成为中国经济增长的重要动

力。保守估计，到2030年，中国老年人口消费规模将达到18万亿元人民币，到2050年达到61万亿元人民币。但是，从供给端看，中国养老产品和服务供给总量严重不足、结构不合理、水平不高的矛盾相当突出。例如，目前中国至少需要1000万名养老护理人员，但实际从业人员不足百万，家政养老看护服务和社区日间照料的缺口率分别超过55%和70%。把全面快速扩张并不断升级的老年人消费需求转化为产业发展与经济增长的现实动力，成为供给侧结构性改革的重大任务。

（五）人口结构变化使中国宏观经济政策面临两难选择

在经济下行压力加大与老龄化进程加速交织并行的背景下，宏观经济政策的选择空间与灵活性受到双向挤压。以财政政策为例，一方面，要有效释放市场活力以推动经济增长，需要更大力度的减税降费，包括大幅降低企业养老保险的缴费负担；另一方面，老龄化程度的不断提升，又要求不断扩大涉老公共支出规模。面对增长与养老的结构性矛盾，中国财政政策在相当长的时期内，将面临推进减税降费与扩大涉老支出的两难选择。

二 以结构性改革破解结构性矛盾

近14亿人的大国要在经济增长中解决养老问题，在扩大养老服务中释放增长潜力，既需要实行具有超前的、能够延缓和减轻老龄化冲击的产业、就业、人口等政策调整，更需要适应人口结构变化推进相关制度的重大变革。

（一）适应人口结构变化趋势，加快人口政策调整与劳动力市场的结构性改革

（1）改革现行退休制度，推行灵活退休政策。从国际经验看，中国需要考虑尽快在更大范围内实施弹性退休制度。这不仅有利于推迟劳动力缺口出现的时间，而且有利于缓解养老金体系的支付压力。

(2) 尽快调整生育政策。建议在现行生育政策的基础上，逐步实行产假、陪产假、孕产妇医保、产科和儿科医护、孕期和哺乳期妇女弹性工作制、学前教育等鼓励生育的政策，并加快探索建立生育家庭税收减免等长效激励制度，促进生育率的明显提高。

(3) 尽快让农民工成为历史。争取到2020年使农民工完全享受与城镇职工同等的基本公共服务与福利待遇，让农民工更好地融入城市，尽快形成一支稳定、高效的产业工人队伍。

(二) 适应需求结构变化趋势，加快以服务业市场开放为重点的政策调整

以服务业市场开放为重点，推进产业政策调整，既可以破解服务供给短缺的突出矛盾，又可以有效释放增长潜力。过去几年，中国推出了一系列放开养老服务市场的相关政策，尤其是放开了社会资本投资养老机构的准入。更加有效地应对老龄化挑战，需要进一步加快以养老服务为重点的服务业市场开放，如此才能适应多元化、个性化养老服务需求的全面快速增长且不断升级的大趋势。

(1) 按照"公开市场、公平竞争、公正监管"的原则，进一步打破养老服务相关的市场壁垒。例如，尽快实现不同所有制养老机构在财政补贴、税收、贷款、土地、人才、政府采购等政策，以及水、电、气价格等方面的平等待遇。

(2) 在养老和医疗领域尽快引入国际先进标准。例如，欧盟28国已有20国对药品增值税实行了优惠税率。建议未来2年把药品进口增值税税率降至6%；在对进口抗癌药及国内生产治疗癌症、罕见病、糖尿病、乙肝、急性白血病等药品重要原料实施零关税的基础上，对癌症诊断和治疗的进口设备尽快实行零关税，进一步降低癌症治疗的成本。

(3) 深化公办养老机构改革。例如，将一部分利用率不高、资源闲置的公办养老机构交由社会资本运营；通过公建民营、"一院

二制"等方式吸引社会资本参与公办养老机构运营。

（三）以发展长期护理保险为重点切实解决养老服务资金短缺问题

从国际经验看，长期护理保险是适应老龄化社会护理需求不断增长趋势的一个制度安排，也是解决养老资金短缺的重要方式。目前，中国已经开展了长期护理保险的试点，下一步需要借鉴国际经验，加快提高长期护理保险的覆盖率。同时，推进养老金结构调整，在强化作为第一支柱的基本养老金制度的同时，尽快建立和完善作为第二支柱的企业补充养老制度和作为第三支柱的个人储蓄养老金制度，以此降低第一支柱与公共财政的压力。

（四）在协调区域、统筹城乡中拓展宏观政策空间

随着劳动力全国范围内流动，大量年轻劳动力由农村流向城市，由欠发达地区流向发达地区，造成人口老龄化的"城乡倒置"与欠发达地区老龄化程度高、发达地区老龄化程度低的"区域倒挂"。2016年，中国农村老龄化水平已达15.4%，高出全国平均水平2个百分点以上；2017年，广东65岁及以上人口占比仅为7.7%，而重庆、辽宁等地已高达14%以上。从另一角度来看，城乡倒置、区域倒挂为中国解决增长与养老难题提供了政策空间。例如，通过倾斜性的区域发展政策加快中西部经济增长和社会发展，辅之以人口政策、就业政策及税收政策，可以积极吸引更多劳动力人口从东部地区向中西部地区的回流和转移，分散人口老龄化风险；以全面实行居住证制度取代城乡二元户籍制度，可以释放农村老年人口消费潜力。这就需要在完善中央调剂金制度与加快推进养老保险省级统筹改革的基础上，尽快实现城镇职工基础养老金全国统筹。

三 应对老龄化挑战需要政府、社会与企业合力

在快速的老龄化进程中，14亿人的大国既要增长又要养老的

双重战略任务，离不开多方的共同参与。这就需要在政府"建制度、保基础、严监管"的同时，调动多方积极性，有效发挥社会与企业作用，形成三方合力。

（一）充分调动社区积极性，发挥社区在应对老龄化挑战和释放消费需求中的支柱作用

社区不仅是居家养老的主要依托，也是养老服务消费的主要场所，更是传统熟人社会和谐发展的重要载体。大力发展社区养老服务业，对中国应对老龄化更具特殊意义。

（1）加大对社区养老服务的投入力度，争取使国家和省级养老支持资金用于补贴社区居家养老服务设施建设的比重从当前的10%左右提升到20%左右。

（2）鼓励社区组建多种类型的养老服务社会组织，并在经费来源、税收待遇、监督管理、承接政府转移养老职能和公共服务等方面给予倾斜性政策支持。

（3）提倡和弘扬"社区互助文化"。通过家庭自助、邻里互助、社会关爱等形式，引导、整合社会力量参与老龄化社会建设。

（二）充分调动企业积极性，发挥企业在应对老龄化挑战中的重要作用

应对老龄化的挑战，在政府保基础的同时，要充分发挥企业的重要作用。比如，在养老机构上，中国当前民营养老机构占比仅为46%，需要吸引更多的社会资本和外资投资养老机构，使之成为养老服务供给的重要力量。同时，将政府购买公共服务作为调动企业积极性的重大举措，通过购买服务、发放养老券、税收抵免等多种方式优化民营养老机构发展的政策环境。

（三）突出中国养生养老文化传承，形成养生养老传统与养生养老服务技术创新的强大合力

在老龄化加快趋势的同时，中国也面临着新科技革命的机遇。

一些发达国家在应对老龄化挑战中率先采取新技术，以减少养老服务的人工依赖，这对缓解劳动力短缺、提升养老服务质量发挥了重要作用。鼓励支持采用远程照料、远程医疗、远程健康等"互联网+养老"服务，提高中西部地区及农村地区养老服务水平；支持社区、养老机构、社会组织和企业利用物联网、大数据等信息技术发展智慧养老。在发挥科技力量的同时也要看到，中国应对老龄化挑战有着传统优势。比如，中医擅长于"治未病""促保健"。建议把某些传统养生养老服务纳入政府采购目录以及医保目录。采取措施，大力支持中医药事业传承创新发展，充分发挥传统医学在应对老龄化中的特殊作用。

探索以养促医、以医助养的新型医养关系[*]

——中国进入老龄化社会医养结合的几点思考

（2019年4月）

我国进入老龄化社会，如何在经济社会发展中妥善解决好数亿人的养老保障问题？如何在老龄化社会中破解医养结合面临的突出矛盾？如何适应老龄化社会的需求，探索形成适应我国国情的新型医养关系？这些问题已成为事关我国中长期经济增长的重大现实因素。

一　进入老龄化社会，医养结合面临的突出矛盾何在

我国进入老龄化社会，增长与养老的结构性矛盾成为经济社会发展的基本性问题。讨论当前的医养关系，要放到这个大背景下寻求有效解决之路。

（一）我国开始由中期老龄化快速步入深度老龄化社会

按照国际通用的划分指标，当一个国家或地区65岁及以上人口占比超过7%时，意味着进入老龄化社会；达到14%时，为深度老龄化社会；若超过20%，则为超老龄社会。未来10年，我国仍

---

[*] 在"南山峰会2019——全球应对老龄化中国策略论坛"上的主题演讲，2019年4月14日，海南三亚；载于《中改院简报》总第1238期，2019年4月。

将处于人口老龄化快速发展的阶段。2018年，我国65岁及以上人口达到1.67亿人，占总人口的11.9%。2018年12月，世界银行的一份报告预计，到2027年我国65岁及以上人口比例将从2002年的7%上升到14%，进入深度老龄化社会。这意味着，我国从老龄化社会迈入深度老龄化社会仅需25年，而法国经历这种转变用了115年，英国用了45年，美国用了69年。此外，我国老龄化阶段与发展阶段错位程度在人类历史上也是前所未有。比如，按2010年不变美元计算，在65岁及以上人口占比达到12%左右时，我国的人均GDP不到1万美元；而在达到相同的人口老龄化水平时，德国、美国和日本人均GDP分别高达1.8万美元、2.9万美元和3.8万美元。"未富先老"的现实，给我国经济社会发展提出重大挑战。

（二）人口结构变化使我国宏观经济政策面临两难选择

2013—2018年，我国劳动力人口数量累计减少2560万人，进入老龄化社会人口结构的历史性变化，倒逼我国人口生育政策、退休政策等要适时做出重要调整，以解决增长与养老的结构性矛盾。

（三）以医代养、医养不分加大医养服务"有需求、缺供给"的结构性矛盾

保守估计，到2030年，我国老年人口消费规模将达到18万亿元人民币，到2050年达到61万亿元人民币。[①] 但是，我国养老产品和服务供给总量严重不足、结构不合理、水平不高的矛盾相当突出。例如，目前我国至少需要1000多万名养老护理人员，但实际从业人员不足百万[②]，家政养老看护服务和社区日间照料的缺口率分别超过55%和70%[③]。究其重要原因之一，在于传统医养关系难

[①] 《了不起的老年人：2030年其总消费或将达18万亿元》，新华网，2018年12月29日。
[②] 《实际数量不足100万，养老护理专业人员缺口怎么填？》，《工人日报》2016年7月5日。
[③] 《暂别"未富先老"，养老挑战依然严峻》，《中国经济导报》2018年7月5日。

以满足老龄化社会日益快速增长的医养需求。一方面，由于公立社区医疗机构与日间照料中心难以提供老人所需的各类养老医疗服务，患病、失智、失能、半失能老人，多年把"医院"当成"家"，造成医疗资源的严重浪费；另一方面，医疗服务与养老服务之间的界限未能严格明确划分。故此，在医养结合政策出来后，有的医疗机构借医养结合之名寻求某些市场盈利空间，由此造成医养结合的各种"乱象"。适应我国老龄化的趋势，需要着力破解以医代养、医养不分的突出矛盾，探索形成符合我国国情的新型医养关系。

二 进入老龄化社会，新型医养关系的基本需求究竟何在

进入老龄化社会，适应养老需求与医疗需求变化的特点，不是不要"医养结合"，而是需要把握趋势，探索、试点、创新更高要求、更高水平的新型"医养结合"。我将这一新型医养关系概括为"以养促医、以医助养"。

（一）以养促医，适应老龄化社会需求，调整优化医疗资源配置

总的来看，当前不少"养"的项目以"医"的形式支出。这不仅加大了医疗成本，而且不利于发展"养"的事业。比如，连续住院时间超过3个月的退休职工占三甲医院住院人数的比重只有2.1%，但占住院床日数的比重却高达21%，花费的医保基金占医保基金支出的16.4%。因此，构建新型医养关系，关键是在注重"治"的同时，更要在医疗资源配置上突出"养"的位置，推进医疗支出的前端化，更多地用于"防未病、治小病、促保健"，由此实现医养服务的实质性结合。

（1）医养适当分离。发展新型医养关系，要明确"医"是"医疗"而不是"医护"。"医养结合"，结合的是服务，要求医疗服务与养老服务之间的连续性和医疗服务体系与养老服务体系的相

互融合;"医养分开"是场地、费用等的分开,特别是在第三方付费的情况下,对医疗服务和养老服务的支付要区分清楚。

(2) 优化医疗资源支出结构,更多地用于养老保健类领域。随着我国加速进入老龄化社会,需要把一部分医疗资源配置在保健领域,以应对医疗体系和医保体系的巨大压力。

(3) 优化医疗资源配置结构,将以全科医生为重点的资源更多下沉到社区。在我国以居家养老为主的养老模式下,越来越需要将全科医生和合理的护理资源下沉到社区。

(二) 以医助养,以医疗为支撑完善老龄化社会的养老服务体系

老龄化社会中,"养"是关键,"医"是支撑,养老离不开医疗服务。以医助养,就是以专业化的医疗机构支撑完善养老服务体系。

(1) 打通医疗资源支撑养老的途径。医养服务的结合,需要把医疗服务、健康咨询服务、健康检查服务、疾病诊治和护理服务、大病康复服务、临终关怀服务等和生活照护服务、精神心理服务、文化活动服务等有机结合起来,以形成居家养老和社区养老的重要支撑。

(2) 建立以社区为重点的养老医疗服务体系。目前,我国社区在养老医疗服务体系中的作用还没有充分发挥出来。比如,2017年,我国社区卫生服务中心床位数仅占所有医疗机构床位数的2.8%,医疗技术人员占5.3%。发挥社区在养老中的重要作用,要加大对社区养老服务的投入力度;要鼓励社区组建多种类型的养老服务社会组织,并给予倾斜性政策支持;要提倡和弘扬"社区互助文化"。通过家庭自助、邻里互助、社会关爱等形式,引导、整合社会力量参与老龄化养老医疗服务体系建设。

(3) 大力发展医疗养老联合体。目前,医联体更多的还是侧重

治疗，护理机构、康复机构加入的不多。这就需要鼓励护理院、专业康复机构等加入医联体，以加强医疗卫生与养老服务的进一步结合，打造新型医养联合体。

（三）突出中国特色，在传承与创新中形成新型医养关系

在构建新型医养关系过程中，中医药有着独特的优势和地位。例如，未病先防、已病早治和既病防变是中医"治未病"理论的核心。这与"以养促医、以医助养"的思路高度一致。从现实情况看，中医药的独特优势在"医养结合"中未能充分发挥其价值。这就需要尽快把某些传统养生养老服务纳入政府采购目录和医保目录，大力支持中医药事业传承创新发展。

（四）新型医养结合要以养为主，以医为辅

很多老年人被动地进入失能失智状态，增加了社会、家庭和个人的负担。因此应转变观念，树立以养为主的健康理念，增强老年人在健康管理预防方面的主动意识。同时，支持在社区、家庭、医院、养老院增加护理和养生功能，形成对老年人的持续照料，降低患病风险。

三　如何以结构性改革破解新型医养关系面临的结构性矛盾？

近14亿人的大国要积极应对人口老龄化的严峻挑战，加快构建新型医养关系，既需要在政府"建制度、保基础、严监管"的同时，调动多方积极性，有效发挥社会与企业作用，形成三方合力；更需要推进产业、城乡、部门等相关政策体制的结构性调整与改革。

（一）加快服务业市场开放，发挥社会资本在医养服务供给中的主力军作用

2017年，民营养老机构占比仅为46%；基层医疗卫生机构中，公办机构占比90%以上。此外，由于相关政策限制，民营养老机构与医疗机构设备空置和公办养老机构"一床难求"、大型公办医疗

机构"人满为患"的结构性矛盾并存。这就需要以打破垄断为重点，推动以健康、养老为重点的服务业市场全面开放。

（1）按照"公开市场、公平竞争、公正监管"的原则，进一步打破养老服务相关的市场壁垒。例如，尽快实现不同所有制养老机构在财政补贴、税收、贷款、土地、人才等方面的政策，以及水、电、气价格等方面的平等待遇；加快建立公平竞争审查制度，加强对健康、养老服务领域法规和政策的公平竞争审查。同时，取消非公立医疗机构区域卫生规划指标限制，放开包括诊所、门诊部在内的小型医疗机构的举办权。

（2）把政府购买公共服务作为构建养老医疗服务供给体系的重大举措。例如，通过购买服务、发放养老券、税收抵免等多种方式进一步拓展民营养老机构发展空间。争取到2025年，我国政府采购规模占GDP的比重由2017年的4%左右提升至10%左右，服务类采购占政府采购比重由2017年的27%提升至35%以上。

（3）以基层为重点大力发展公办民营模式。从国际经验看，基层养老与医疗机构社会化、民营化是一个大趋势。建议将一部分利用率不高、资源闲置的公办社区（乡镇）养老机构与医疗机构交由社会资本运营，通过公建民营、"一院二制"等方式吸引社会资本参与公办医疗和养老机构运营。

（4）在养老和医疗领域尽快引入国际先进标准。

——能否率先在海南等部分地区全面引进欧美日养老服务与医疗药品的管理标准，快速提升养老服务与医疗药品质量水平，在全国形成示范效应。

——能否在未来2年把药品进口增值税税率降至6%；在对进口抗癌药等实施零关税的基础上，对癌症诊断和治疗的进口设备尽快实行零关税，以进一步降低癌症防治的成本，尤其是明显降低老年人癌症防治的成本。

（二）加快建立适应新型医养关系需求的保险体系

（1）加快实现长期护理保险全覆盖。目前，我国医保只能报销医疗机构的费用，而不能报销养老机构的费用，这等于变相鼓励老人住院养老，由此产生"小病大治、长期压床"的现象，不仅造成医疗资源的浪费，也直接导致医保基金的浪费。在日本，介护保险的存在使得个人在居家养老中只需负担10%—20%的费用。借鉴日本经验，并从我国实际出发，尽快实现长期护理保险的全国覆盖，明确医疗服务与养老护理服务的界限。在此前提下，明确医疗保险只能付"医"而不能付"养"的基本原则。

（2）加快实现基本养老保险全国统筹。从现实情况看，养老保险全国统筹进展的滞后，制约了全国统一劳动力市场的形成，也使得减税降费政策的落实大打折扣。为此，要尽快在全国实现统一缴费率、统一缴费基数、统一征收机构、统一划拨国有资本偿还隐性债务，为不同地区企业提供公平的发展环境。

（3）尽快让农民工成为历史。一方面，我国农村老龄化水平明显高于城市。预计到2028年，我国农村老龄化水平将高于城镇11个百分点。另一方面，由于城乡社会保障的制度性障碍，农民工进入城市后难以携带老人进城养老，造成农村"空巢"老人大量存在。建议尽快让农民工成为历史，争取到2020年使农民工享受与城镇职工同等的基本公共服务，为广大农民工接父母进城养老创造条件。

（三）加快推动适应新型医养关系的体制变革

目前，"多头管理"成为推动医养结合、构建新型医养体系的突出体制障碍。建议尽快在更高层面统筹协调医养关系，并建立全国统一的医养结合机构的准入、监管、评估机制。同时，厘清和明确相关部门的职责权限。

老龄化社会的中国：增长与养老[*]

（2019 年 4 月）

中国目前仍处于转型发展的关键时期，经济增长十分重要，养老保障问题也日益突出，"既要增长又要养老"，成为中国的现实选择。在这个特定背景下，增长与养老的结构性矛盾，开始成为中国转型发展的基本性问题。

人口老龄化进程的加快，带来服务型消费全面快速增长，"银发经济"蕴藏着巨大的产业发展空间，成为中国经济增长的重要动力。把全面快速扩张并不断升级的老年人消费需求转化为产业发展与经济增长的现实动力，成为供给侧结构性改革的重大任务。

作为一个拥有近 14 亿人口的大国，中国人口结构的历史性变化，带来一系列深层次的结构性矛盾和挑战。如何在老龄化社会中有效释放经济转型升级蕴藏的增长潜力？如何通过结构性改革有效应对老龄化给经济增长带来的挑战？如何在经济增长中妥善解决好数亿人的养老保障问题？这已成为进入老龄化社会的中国迫切需要解决的重大问题。

---

[*] 本文载于《社会治理》2019 年第 4 期。

一 老龄化社会的中国正面临着增长与养老的结构性矛盾

中国目前仍处于转型发展的关键时期，经济增长十分重要，养老保障问题也日益突出，"既要增长又要养老"，成为中国的现实选择。在这个特定背景下，增长与养老的结构性矛盾，开始成为中国转型发展的基本性问题。

（一）中国面临着人类历史上前所未有的增长与养老的结构性矛盾

一方面，中国经济转型升级正处于关键阶段。初步估算，中国的产业结构、城乡结构、消费结构仍有巨大的转型升级空间，服务业占比、城市化率和服务型消费占比，在未来5—10年仍然有10%—20%的提升空间。这将带来巨大的新增市场，使经济有望在未来10年左右实现5%—6%的增长。另一方面，未来10年左右中国仍将处于人口老龄化快速发展的阶段。2018年，中国60岁及以上人口已达2.5亿人，其中65岁及以上人口达到1.67亿人，占总人口的11.9%。

中国老龄化的规模史无前例，老龄化阶段与发展阶段错位程度在人类历史上也是前所未有。比如，按2010年美元不变价计算，在65岁及以上人口占比达到12%左右时，中国的人均GDP不到1万美元；而在达到相同的人口老龄化水平时，德国的人均GDP为18000美元，美、日的人均GDP分别高达29000美元和38000美元。中国"未富先老"，迫切需要走出一条经济增长与养老保障的平衡之路。

（二）人口结构的历史性变化成为中长期增长的重大挑战

2013—2018年，中国劳动力人口数量累计减少2560万人。联合国预测，到2050年中国劳动年龄人口将累计减少2亿人。同时，中国劳动力老化趋势明显。《中国统计年鉴2018》数据显示：过去7年，中国50—64岁劳动人口占劳动力人口总数的比重提高了3.3

个百分点，单位劳动产出增速则下降了 2.3 个百分点。

（三）人口结构变化带来服务型消费的全面快速增长

人口老龄化进程的加快，带来服务型消费全面快速增长，"银发经济"蕴藏着巨大的产业发展空间，成为中国经济增长的重要动力。保守估计，到 2030 年，中国老年人口消费规模将达到 18 万亿元人民币，到 2050 年达到 61 万亿元人民币。但是，从供给端看，中国养老产品和服务供给总量严重不足、结构不合理、水平不高的矛盾相当突出。例如，目前中国至少需要 1000 多万名养老护理人员，但实际从业人员不足百万，家政养老看护服务和社区日间照料的缺口率分别超过 55% 和 70%。把全面快速扩张并不断升级的老年人消费需求转化为产业发展与经济增长的现实动力，成为供给侧结构性改革的重大任务。

（四）人口结构变化使中国宏观经济政策面临两难选择

在经济下行压力加大与老龄化进程加速交织并行的背景下，宏观经济政策的选择空间与灵活性受到双向挤压。以财政政策为例，一方面，要有效释放市场活力以推动经济增长，需要更大力度地减税降费，包括大幅降低企业养老保险的缴费负担；另一方面，老龄化程度的不断提升，又要求不断扩大涉老公共支出规模。面对增长与养老的结构性矛盾，中国财政政策在相当长的时期内，将面临推进减税降费与扩大涉老支出的两难选择。

二 老龄化社会的中国需要以结构性改革破解增长与养老的结构性矛盾

近 14 亿人的大国要在经济增长中解决养老问题，在扩大养老服务中释放增长潜力，既需要实行具有超前的、能够延缓和减轻老龄化冲击的产业、就业、人口等政策调整，更需要适应人口结构变化推进相关制度的重大变革。

（一）适应人口结构变化趋势，加快人口政策调整与劳动力市场的结构性改革

（1）改革现行退休制度，推行灵活退休政策。从国际经验看，中国需要考虑尽快在更大范围内实施弹性退休制度。这不仅有利于推迟劳动力缺口出现的时间，而且有利于缓解养老金体系的支付压力。

（2）尽快调整生育政策。建议在现行生育政策的基础上，逐步实行产假、陪产假、孕产妇医保、产科和儿科医护、孕期和哺乳期妇女弹性工作制、学前教育等鼓励生育的政策，并加快探索建立生育家庭税收减免等长效激励制度，促进生育率的明显提高。

（3）尽快让农民工成为历史。争取到2020年使农民工完全享受与城镇职工同等的基本公共服务与福利待遇，让农民工更好地融入城市，尽快形成一支稳定、高效的产业工人队伍。

（二）适应需求结构变化趋势，加快以服务业市场开放为重点的政策调整

以服务业市场开放为重点，推进产业政策调整，既可以破解服务供给短缺的突出矛盾，又可以有效释放增长潜力。过去几年，中国推出了一系列放开养老服务市场的相关政策，尤其是放开了社会资本投资养老机构的准入。更加有效地应对老龄化挑战，需要进一步加快以养老服务为重点的服务业市场开放，适应多元化、个性化养老服务需求的全面快速增长且不断升级的大趋势。

（1）按照"公开市场、公平竞争、公正监管"的原则，进一步打破养老服务相关的市场壁垒。例如，尽快实现不同所有制养老机构在财政补贴、税收、贷款、土地、人才、政府采购等政策，以及水、电、气价格等方面的平等待遇。

（2）在养老和医疗领域尽快引入国际先进标准。例如，欧盟28国已有20国对药品增值税实行了优惠税率。建议未来2年把药

品进口增值税税率降至6%；在对进口抗癌药及国内生产治疗癌症、罕见病、糖尿病、乙肝、急性白血病等药品重要原料实施零关税的基础上，对癌症诊断和治疗的进口设备尽快实行零关税，进一步降低癌症治疗的成本。

（3）深化公办养老机构改革。例如，将一部分利用率不高、资源闲置的公办养老机构交由社会资本运营，通过公建民营、"一院二制"等方式吸引社会资本参与公办养老机构运营。

（三）以发展长期护理保险为重点切实解决养老服务资金短缺问题

从国际经验看，长期护理保险是适应老龄化社会护理需求不断增长趋势的一个制度安排，也是解决养老资金短缺的重要方式。目前，中国已经开展了长期护理保险的试点，下一步需要借鉴国际经验，加快提高长期护理保险的覆盖率。同时，推进养老金结构调整，在强化作为第一支柱的基本养老金制度的同时，尽快建立和完善作为第二支柱的企业补充养老制度和作为第三支柱的个人储蓄养老金制度，以此降低第一支柱与公共财政的压力。

（四）在协调区域、统筹城乡中拓展宏观政策空间

随着劳动力全国范围内流动，大量年轻劳动力由农村流向城市，由欠发达地区流向发达地区，造成人口老龄化的"城乡倒置"与欠发达地区老龄化程度高、发达地区老龄化程度低的"区域倒挂"。2016年，中国农村老龄化水平已达15.4%，高出全国平均水平2个百分点以上；2017年，广东65岁及以上人口占比仅为7.7%，而重庆、辽宁等地已高达14%以上。从另一角度来看，城乡倒置、区域倒挂为中国解决增长与养老难题提供了政策空间。例如，通过倾斜性的区域发展政策加快中西部经济增长和社会发展，辅之以人口政策、就业政策及税收政策，可以积极吸引更多劳动力人口从东部地区向中西部地区的回流和转移，分散人口老龄化风

险；以全面实行居住证制度取代城乡二元户籍制度，可以释放农村老年人口消费潜力。这就需要在完善中央调剂金制度与加快推进养老保险省级统筹改革的基础上，尽快实现城镇职工基础养老金全国统筹。

三 关键是发挥政府、社会与企业的作用，尽快形成应对老龄化挑战的合力

在快速的老龄化进程中，14 亿人的大国既要增长又要养老的双重战略任务，离不开多方的共同参与。这就需要在政府"建制度、保基础、严监管"的同时，调动多方积极性，有效发挥社会与企业作用，形成三方合力。

（一）充分调动社区积极性，发挥社区在应对老龄化挑战和释放消费需求中的支柱作用

社区不仅是居家养老的主要依托，也是养老服务消费的主要场所，更是传统熟人社会和谐发展的重要载体。大力发展社区养老服务业，对中国应对老龄化更具特殊意义。

（1）加大对社区养老服务的投入力度，争取使国家和省级养老支持资金用于补贴社区居家养老服务设施建设的比重从当前的10%左右提升到20%左右。

（2）鼓励社区组建多种类型的养老服务社会组织，并在经费来源、税收待遇、监督管理、承接政府转移养老职能和公共服务等方面给予倾斜性政策支持。

（3）提倡和弘扬"社区互助文化"。通过家庭自助、邻里互助、社会关爱等形式，引导、整合社会力量参与老龄化社会建设。

（二）充分调动企业积极性，发挥企业在应对老龄化挑战中的重要作用

应对老龄化的挑战，在政府保基础的同时，要充分发挥企业的重要作用。比如，在养老机构上，中国当前民营养老机构占比仅为

46%，需要吸引更多的社会资本和外资投资养老机构，使之成为养老服务供给的重要力量。同时，将政府购买公共服务作为调动企业积极性的重大举措，通过购买服务、发放养老券、税收抵免等多种方式优化民营养老机构发展的政策环境。

（三）突出中国养生养老文化传承，形成养生养老传统与养生养老服务技术创新的强大合力

在老龄化趋势加快的同时，中国也面临着新科技革命的机遇。一些发达国家在应对老龄化挑战中率先采取新技术，以减少养老服务的人工依赖，这对缓解劳动力短缺、提升养老服务质量发挥了重要作用。鼓励支持采用远程照料、远程医疗、远程健康等"互联网+养老"服务，提高中西部地区及农村地区养老服务水平；支持社区、养老机构、社会组织和企业利用物联网和大数据等信息技术发展智慧养老。在发挥科技力量的同时也要看到，中国应对老龄化挑战有着传统优势。比如，中医擅长于"治未病""促保健"，建议把某些传统养生养老服务纳入政府采购目录以及医保目录。采取措施，大力支持中医药事业传承创新发展，充分发挥传统医学在应对老龄化中的特殊作用。

2018年10月16日，国家主席习近平在与挪威国王哈拉尔五世会谈时专门提到，他"对挪威发达的福利社会留下了深刻印象"。应当说，挪威在增长与养老的齐头并进、协调发展方面积累了多方面的宝贵经验，也取得了比较好的效果。挪威在1977年进入老龄化社会后，GDP仍保持了年均2.5%的增长，比其他高收入国家进入老龄化社会后的平均增速快1个百分点。为此，借鉴挪威养老服务的经验，开展中挪在养老服务的合作，对进入老龄化社会的中国将产生积极影响。

自2002年中改院和挪威城市区域研究所开始合作以来，至今已有17个年头。在挪威驻华大使馆的支持下，双方共同举办的

"中挪社会政策论坛"已成为中挪两国社会政策领域专家学者的重要学术交流平台。一系列研究、研讨成果不仅产生了一定的政策影响,还产生了广泛的社会影响。今天,我们共同召开以"老龄化社会的中国"为主题的第 14 届中挪社会政策论坛,就是希望汇聚各位专家智慧,借鉴挪威等国丰富经验,深入研究中国老龄化社会的基本问题。我相信,在各位共同参与下,本次论坛能够取得重要成果,并对解决老龄化社会的突出矛盾,产生积极广泛的影响。

人口老龄化：怎么看，怎么办[*]

（2019 年 7 月）

作为一个拥有近 14 亿人口的大国，中国人口结构发生历史性变化，带来一系列深层次的结构性矛盾和挑战。怎样通过结构性改革有效应对老龄化给经济增长带来的挑战，怎样在经济增长中妥善解决好数亿人的养老保障问题，值得我们深入思考。

一　增长与养老的结构性矛盾凸显

当前，中国仍处于转型发展的关键时期，经济增长十分重要，养老保障问题也日益突出，"既要增长又要养老"，成为中国的现实选择。在这个特定背景下，经济增长与养老的结构性矛盾，开始成为中国发展需要关注的一个重要问题。

中国眼下面临着较为凸显的增长与养老的结构性矛盾。一方面，中国经济转型升级正处于关键阶段。初步估算，中国的产业结构、城乡结构、消费结构仍有巨大的转型升级空间，服务业占比、城市化率和服务型消费占比，在未来 5—10 年仍然有 10%—20% 的提升空间。这将带来巨大的新增市场，使经济有望在未来 10 年左右实现 5%—6% 的增长。另一方面，未来 10 年左右中国仍将处于

---

[*] 本文载于《经济日报》2019 年 7 月 18 日。

人口老龄化快速发展的阶段。2018年，中国60岁及以上人口已达2.5亿人，其中65岁及以上人口达到1.67亿人，占总人口的11.9%。未来一段时期，中国的人口老龄化进程仍将加速，使中国的养老问题更为严峻。

中国老龄化的规模史无前例，老龄化阶段与发展阶段错位程度在人类历史上也是少有的。比如，按2010年不变价美元计算，在65岁及以上人口占比达到12%左右时，中国的人均GDP不到1万美元；而在达到相同的人口老龄化水平时，德国、美国和日本人均GDP分别高达约1.8万美元、2.9万美元和3.8万美元。"未富先老"的现实，给我国经济社会发展提出重大挑战，迫切需要走出一条经济增长与养老保障的平衡之路。

人口结构的历史性变化给中国经济中长期持续健康发展带来了一定挑战。2013年至2018年，中国劳动力人口数量累计减少约2560万人。联合国预测，到2050年中国劳动年龄人口将累计减少2亿人。同时，中国劳动力老化趋势明显。有数据显示，过去7年，中国50岁至64岁劳动力人口占劳动力人口总数的比重提高了3.3个百分点左右，单位劳动产出增速则下降了约2.3个百分点。

人口结构变化带来服务型消费的全面快速增长。人口老龄化进程的加快，带来服务型消费全面快速增长，"银发经济"蕴藏着巨大的产业发展空间，成为中国经济增长的重要动力。但是，从供给端看，中国养老产品和服务供给总量严重不足、结构不合理、水平不高的矛盾较为突出。比如，目前中国至少需要1000万名养老护理人员，但实际从业人员不足百万，家政养老看护服务和社区日间照料的缺口率分别超过55%和70%。把全面快速扩张并不断升级的老年人消费需求转化为产业发展与经济增长的现实动力，成为供给侧结构性改革的任务之一。

人口结构变化亦使中国宏观经济政策面临两难选择。在经济下行压力加大与老龄化进程加速交织并行的背景下,宏观经济政策的选择空间与灵活性受到双向挤压。以财政政策为例,一方面,要有效释放市场活力以推动经济增长,需要更大力度地减税降费,包括大幅降低企业养老保险的缴费负担等;另一方面,老龄化程度的不断提升,又要求不断扩大涉老公共支出规模。面对增长与养老的结构性矛盾,中国财政政策在相当长的时期内,将面临推进减税降费与扩大涉老支出的两难选择。

二 以结构性改革破解结构性矛盾

近14亿人口的大国要在经济增长中解决养老问题,在扩大养老服务中释放增长潜力,既需要实行具有超前的、能够延缓和减轻老龄化冲击的产业、就业、人口等政策调整,更需要适应人口结构变化推进相关制度的重大变革。

第一,要适应人口结构变化趋势,加快人口政策调整与劳动力市场的结构性改革。一是改革现行退休制度,推行灵活退休政策。从国际经验看,中国需要考虑尽快在更大范围内实施弹性退休制度。这不仅有利于推迟劳动力缺口出现的时间,而且有利于缓解养老金体系的支付压力。二是尽快调整生育政策。建议在现行生育政策的基础上,逐步实行产假、陪产假、孕产妇医保、产科和儿科医护、孕期和哺乳期妇女弹性工作制等鼓励生育的政策,并加快探索建立生育家庭税收减免等长效激励制度,促进生育率的明显提高。此外,还要争取尽快使农民工完全享受与城镇职工同等的基本公共服务与福利待遇,让农民工更好地融入城市,尽快形成一支稳定、高效的产业工人队伍。

第二,要适应需求结构变化趋势,加快以服务业市场开放为重点的政策调整。以服务业市场开放为重点,推进产业政策调整,既可以破解服务供给短缺的突出矛盾,又可以有效释放增长潜力。过去几年,中国推出了一系列放开养老服务市场的相关政策。展望未来，更加有效地应对老龄化挑战，需要进一步加快以养老服务为重点的服务业市场开放，从而更好适应多元化、个性化养老服务需求的全面快速增长且不断升级的大趋势。既要按照"公开市场、公平竞争、公正监管"的原则，进一步打破养老服务相关的市场壁垒，还要在养老和医疗领域尽快引入国际先进标准。此外，深化公办养老机构改革，亦是题中应有之义。比如，可考虑将一部分利用率不高、资源闲置的公办养老机构交由社会资本运营，通过公建民营、"一院二制"等方式吸引社会资本参与公办养老机构运营。

第三，以发展长期护理保险为重点切实解决养老服务资金短缺问题。从国际经验看，长期护理保险是适应老龄化社会护理需求不断增长趋势的一个制度安排，也是解决养老资金短缺的重要方式。目前，中国已经开展了长期护理保险的试点，下一步需要借鉴国际经验，加快提高长期护理保险的覆盖率。

第四，在协调区域发展、统筹城乡发展中拓展宏观政策空间。随着劳动力在全国范围内流动，大量年轻劳动力由农村流向城市，由欠发达地区流向发达地区，形成人口老龄化的"城乡倒置"与欠发达地区老龄化程度高、发达地区老龄化程度低的"区域倒挂"。从另一角度来看，"城乡倒置""区域倒挂"为中国解决增长与养老难题提供了政策空间。比如，通过倾斜性的区域发展政策加快中西部经济增长和社会发展，辅之以人口政策、就业政策及税收政策等，可以积极吸引更多劳动力人口从东部地区向中西部地区的回流和转移，分散人口老龄化风险；可考虑全面实行居住证制度，取代城乡二元户籍制度，可以释放农村老年人口消费潜力，这就需要在完善中央调剂金制度与加快推进养老保险省级统筹改革的基础上，尽快实现城镇职工基础养老金全国统筹。

三 形成应对老龄化挑战的合力

在快速的老龄化进程中，近14亿人口的大国要处理好"增长与养老"的双重任务，离不开多方的共同参与。这就需要政府在"建制度、保基础、严监管"的同时，调动多方积极性，有效发挥社会与企业作用，形成应对老龄化挑战的合力。

第一，充分调动社区积极性，发挥社区在应对老龄化挑战和释放消费需求中的重要作用。社区不仅是居家养老的主要依托，也是养老服务消费的主要场所，更是传统熟人社会和谐发展的重要载体。大力发展社区养老服务业，对中国应对老龄化更具特殊意义。一是加大对社区养老服务的投入力度，争取使国家和省级养老支持资金用于补贴社区居家养老服务设施建设的比重大幅提升。二是鼓励社区组建多种类型的养老服务社会组织，并在经费来源、税收待遇、监督管理、承接政府转移养老职能和公共服务等方面给予倾斜性政策支持。三是提倡和弘扬"社区互助文化"。通过家庭自助、邻里互助、社会关爱等形式，引导、整合社会力量参与老龄化社会建设。

第二，充分调动企业积极性，发挥企业在应对老龄化挑战中的重要作用。应对老龄化的挑战，在政府保基础的同时，要充分发挥企业的重要作用。比如，在养老机构上，当前民营养老机构占比还比较少，需要吸引更多的社会资本和外资投资养老机构，使之成为养老服务供给的重要力量。同时，将政府购买公共服务作为调动企业积极性的重大举措，通过购买服务、发放养老券、税收抵免等多种方式优化民营养老机构发展的政策环境。

需要注意的是，在人口老龄化进程加快的同时，中国也面临着新科技革命的机遇。一些发达国家在应对老龄化挑战中率先采取新技术，以减少养老服务的人工依赖，这对缓解劳动力短缺、提升养老服务质量发挥了重要作用。当前和今后一个时期，我们可鼓励支持采用远程照料、远程医疗、远程健康等"互联网＋养老"服务，提高中西部地区及农村地区养老服务水平；支持社区、养老机构、社会组织和企业利用物联网和大数据等信息技术发展智慧养老。

建立基本公共服务体系的建言[*]

（2019 年 8 月）

新中国成立 70 年来，尤其是改革开放以来，伴随着经济高速增长，我国建立并不断完善基本公共服务体系。自 2003 年 SARS 危机后，我们提出"由经济建设型政府向公共服务型政府转型""建立惠及 13 亿人的基本公共服务体系"等一系列改革建言。

一 提出我国开始进入发展型新阶段

2005—2007 年，笔者所在的中国（海南）改革发展研究院（简称"中改院"）先后六次举办国际论坛专门讨论加快推进基本公共服务均等化、建立基本公共服务体制等相关问题。2007 年，联合国开发计划署委托中改院撰写《中国人类发展报告》，彼时我们就提出了"我国已由满足温饱为重点的生存型社会进入以人的自身发展为目标的发展型社会的新阶段，人民群众日益增长的物质文化需求的内涵发生了重要变化"这一前瞻性判断。

（一）提出社会主要矛盾内涵的阶段性特征

2005 年，时任国务院总理温家宝在"21 世纪论坛"开幕式的演讲中提出了我国发展面临的两大矛盾：一是不发达的经济同人们

---

[*] 本文载于《中国金融》2019 年第 16 期。

日益增长的物质文化需求的矛盾,解决这个矛盾要靠发展;二是经济社会发展同人口、资源、环境压力越来越大的矛盾,解决这个矛盾要靠科学发展。这对我们有着很强的启示意义。在2006年7月中改院主办的"中国:公共服务体制建设与政府转型国际研讨会"上,我们从研究的角度提出,虽然我国社会主要矛盾没有改变,但我国社会主要矛盾的内涵已具备阶段性特征,并将其概括为四点:一是经济快速增长同发展不平衡、资源环境的突出矛盾;二是公共需求全面快速增长与公共产品短缺的突出矛盾;三是经济持续增长与收入分配结构不合理的突出矛盾;四是经济发展、社会进步与公共治理建设滞后的突出矛盾。这些都对改革行政管理体制、完善公共治理结构提出了新的要求。

(二) 提出生存型社会向发展型社会转变的判断

在数次调研和讨论过程中,我们逐步形成一个基本判断:尽管我国正处于并将长期处于社会主义初级阶段,但发展型的阶段性特征十分突出。与以往以解决温饱为重点的生存型阶段不同,我国已进入以人的自身发展为目标的发展型新阶段,人民群众日益增长的物质文化需求的内涵发生了重要变化。2006年9月,我在中改院向中央有关部门提交的《加快建立社会主义公共服务体制》中,首次提出了我国正处在从初步小康向全面小康社会过渡、从生存型社会向发展型社会转变的关键时期。在这个过程中,应以人的全面发展为目标,必须关注和满足社会成员的基本公共需求。

(三) 提出人的自身全面发展

2006年9月,我与同事提出我国已实现从生存型阶段向发展型阶段的历史跨越。在生存型阶段,发展的主要目标之一是解决温饱问题;进入发展型阶段,尽管经济发展水平还有待提高,但全社会大多数人的温饱问题已得到初步解决,发展的目标逐步聚焦于人的自身发展。在社会发展的新阶段,广大社会成员要求加快经济、社会领域的全面创新，使之与发展型阶段的消费结构、经济结构和社会结构相适应。得出这一判断的主要根据是，无论是结构特征还是重要指标都表明，我国在21世纪初（2000—2003年）开始完成由生存型阶段向发展型阶段的过渡，这与我国在21世纪初"实现了由解决温饱到总体上达到小康的历史性跨越"的判断相一致。

二 建言加快建立基本公共服务体制

2006年前后，我与同事到挪威北部小城市调研，当地仅两万人的一个小城市办了一所大学。我问当地的官员，为什么人口这么少能办一所大学，他们告诉我，尽管学校难以与首都奥斯陆大学相比，但是这里的生活条件、公共资源配置与奥斯陆基本没有区别。通过数次调研，我认为公共服务的提供不仅是一个资金问题，更是一个制度安排问题，尤其是公共资源配置的制度安排问题。

（一）提出并建议建立基本公共服务体制

2005年12月，中改院和挪威城市与区域研究所、斯德哥尔摩转轨经济研究所、德国技术合作公司共同主办"政府转型与社会再分配——经济社会协调发展与构建和谐社会"国际论坛。会后，中改院向中央有关部门提交了《适应我国公共需求变化，加强政府社会再分配职能》，系统提出了建立基本公共服务体制的相关建议。例如，建立公共财政体制；建立科学的中央、地方政府公共服务分工体制；将事业单位纳入公共服务体制统筹规划和改革；积极探索符合我国国情的第三次分配机制；建立政府主导、社会参与、适度竞争、监管有力的公共服务体制；等等。

（二）提交《加快建立社会主义公共服务体制（18条建议）》

2006年7月，中改院主办了以"中国：公共服务体制建设与政府转型"为主题的国际论坛。会后，我们形成并向中央提交了《加快建立社会主义公共服务体制》的建议，得到了中央相关方面的重视。这份建议提出，改革开放28年来，我国通过初步建立社会主义市场经济体制基本解决了私人产品供给的问题，实现了初步小康的发展目标。在这样一个新的历史起点上，我们面临着全社会公共需求全面快速增长的严峻挑战。由此，加快建立社会主义公共服务体制，已经成为我国新时期改革攻坚的基本目标之一。

三　提出推进基本公共服务均等化

经过一段时间的调查研究和思考，我们意识到，进入发展新阶段，在我国发展市场经济的背景下，建立惠及13亿人的基本公共服务制度和体系，推进基本公共服务均等化，是中国人类发展的必由之路。

（一）建言尽快建立农村最低救济制度

我们对基本公共服务均等化的研究始于2003年的一次调研。2003年7月1日，我与几位同事到海南儋州的一个黎族农村农户家调研。走进一家农户，看到老太太生病躺在草席上，老头儿是只有一条腿的残疾人，儿子精神还有点问题。家里有两亩水田，全凭老头儿把一条腿拴在犁耙上耕种。我当时就问乡镇干部，像这种家庭不能实行最低救济制度吗？他们告诉我，他们为这个家庭的补贴申请了3个月，最后拿到五块钱。当时，我们心里真不是滋味。为什么要提出加快推进基本公共服务均等化？就是因为我国进入发展型新阶段，公共需求全面快速增长与基本公共产品短缺的矛盾已经成为各种社会矛盾和问题的重要根源。2006年，我们在甘肃调研时了解到，某地一个村子里有个村民公约：如果某家的病人医疗费超过2万元，就约定主动放弃治疗回家等死，因为2万元是他们借遍所有农户亲戚的极限。如果还继续医治，最终不仅可能救不活病人，还会使4—5户家庭同时陷入贫困。

尽管城市和农村的保障还有不小差距，但建立制度就等于迈出了改革的重要一步。

需要强调的是，基本公共服务均等化不等于公共服务的平均化，而是在基本公共服务方面有全国统一的制度安排；基本公共服务均等化是全体公民的机会均等、结果大体相同，并尊重社会成员的自由选择权；基本公共服务均等化，是要将基本公共服务的差距控制在社会可承受的范围内；基本公共服务均等化，要尤其关注困难群体。只有弱势者的情况得到改善，才能够更为有效地提高社会整体福利。

（二）建议把"初步实现基本公共服务均等化"纳入"十二五"规划

2009年，我在全国政协十一届二次会议上做了题为"依靠改革扩大内需的建议"的大会发言，其中第二点提出"扩大消费需求，重在推进以基本公共服务为重点的社会变革"；与此同时，我向全国政协大会提案，专门就"尽快制定全国性基本公共服务均等化规划"提出具体建议。此后，中改院受国家发展改革委委托做了五项与"十二五"改革相关的研究，其中一项就是"十二五"我国公共服务均等化的政策安排。在这份研究报告中，我们建议把"初步实现基本公共服务均等化"纳入"十二五"规划。

四 研究形成《中国人类发展报告2007/2008》

2007年，联合国开发计划署主动联系我们委托承担《中国人类发展报告2007/2008》的年度研究撰写。对于报告主题，我们的初衷是，在中国改革开放30年背景下，经济持续快速增长的同时，人类发展发生了哪些变化。经过研究和商议，我们认为"惠及13亿人的基本公共服务"是一个比较好的选择。

《中国人类发展报告2007/2008》这份报告撰写耗时一年多，背景报告做了16份。在报告正式发布的第4天，我请参与报告撰写的20多个人吃饭，有人在饭桌上掉下眼泪。的确，为了写这份报告，我们付出了极大的艰辛。这份报告发布前的一个多月，我们集中在一起，不回家，每天晚上也就睡几个小时。为了这份报告，每个人真可以说是苦思冥想，付出了艰辛努力。2008年11月，这份报告出版后得到了广泛好评。联合国系统驻华协调代表及联合国开发计划署驻华代表马和励评价道："我对参与本报告工作的所有专家学者以及迟福林先生带领的中改院的出色团队，为他们经过漫长而充满挑战的撰写过程所取得的成功，表示衷心感谢和热烈祝贺。"中国扶贫基金会会长段应碧也指出："基本公共服务均等化是我国重要的公共政策目标。如何为13亿人提供基本而有保障的公共服务，是迫切需要深入研究的政策、体制、制度和机制创新的重大课题。本报告对该课题进行了广泛而深入的研究，提出了很多针对性很强的政策建议，对许多领域深化改革的政策决策都有重要参考价值。"值得一提的是，当年11月27日全国政协原副主席、中改院董事局名誉主席陈锦华在中改院上报的"关于《中国人类发展报告2007/2008》发布会情况的报告"上也批示道："中国和世界都需要这样的报告。要通过报告吸引、联系和团结海内外关心人类发展事业的专家学者。"这些肯定令我们倍感欣慰和鼓舞。

（一）调研农村基本公共服务现状

农村基本公共服务情况是《中国人类发展报告2007/2008》的重要内容。为了解农村基本公共服务现状及存在的问题，中改院开展了涉及29个省（市、区）230多个村的问卷调查，并于2007年11月正式形成了《农村基本公共服务现状与问题入户问卷调查报告》。这份报告主要分为五个部分：第一部分为"农村基本公共服务的现实需求——农民的声音"，包括当前农民最关心、最需要的基本公共服务，农民对各级政府出台和落实惠农支农政策、履行公共服务职能的满意度分析，各级政府出台的涉及基本公共服务的惠农政策对提高农民收入的作用；第二部分为"民生类农村基本公共服务现状与问题"，包括农村教育、基础医疗、社会保障、农民工就业服务等内容；第三部分为"生产类农村基本公共服务现状与问题",包括土地、基础设施等;第四部分为"公共安全类与环境保护类农村基本公共服务";第五部分为"若干政策建议"。这份调查报告为更好撰写《中国人类发展报告2007/2008》提供了坚实的数据支撑。

(二)建议以城乡公共服务均等化推动城乡一体化

2007年12月中改院举办"新阶段的农村综合改革国际研讨会"。在这次研讨会上,我发表了题为"统筹城乡基本公共服务"的主题演讲。结合专家观点,中改院形成了《以统筹城乡发展为目标推进新阶段的农村综合改革》的建议并上报中央有关部门。2008年12月,中改院举办了"中国农村改革的新起点:基本公共服务均等化与城乡一体化"国际论坛。在这次国际论坛上,我发表了题为"城乡基本公共服务均等化与城乡一体化"的主题演讲。我们认为,新阶段统筹城乡发展的重要目标,是实现广大农民的自身发展和公平发展,其实质在于承认和保障农民的自身发展权益。新阶段农民的自身发展权益集中体现在广大农民的发展能力与发展机会上。这与义务教育、公共卫生和基本医疗、基本社会保障、公共就业服务等基本公共服务直接相关。为此,我们提出了"完善体系、对接制度、提高水平、重点支持"的总体思路,逐步统一城乡基本公共服务制度。

前些年,依托全国政协平台,我相继提出"让农民工成为历史""2020年以实施居住证制度取代城乡二元户籍制度"等改革建言。我国是一个城乡二元结构的大国,要实现社会共享发展,就需要加快相关政策落地,实现人口城镇化的重大突破。

2019年是新中国成立70周年。70年来,我国经济社会发展和人民生活水平发生翻天覆地的、令世界瞩目的历史性变化。但也要看到,我国作为一个拥有近14亿人口的大国,仍处于转型发展的关键时期,经济增长十分重要,养老保障、医疗教育等问题也日益突出。为此，要坚持在发展中保障和改善民生，在树立创新、协调、绿色、开放、共享的发展理念上进一步解放思想，真正实现党的十九大提出的"幼有所育、学有所教、劳有所得、病有所医、老有所养、住有所居、弱有所扶"。

四

建言城镇化：从规模城镇化到人口城镇化

以基本公共服务均等化破解城乡统筹发展的难题[*]

（2008年11月）

2008年是我国改革开放30年，也是改革开放的关键时期。进入新阶段，统筹城乡发展面临着许多新的挑战，尤其要打破城乡二元制度结构，由此解决农村发展中深层次的矛盾和问题。在这一特定背景下，如何"以新的理念和思路破解新阶段农村发展难题"，关键在于以基本公共服务均等化为重点推进城乡一体化。

一 新阶段统筹城乡发展的实质是保障农民的发展权

最近几年，我们一再讲新时期、新阶段。如何具体分析这个新时期、新阶段，如何客观把握新时期新阶段统筹城乡发展的基本特点。我认为，需要把新时期新阶段统筹城乡发展，放在改革开放30年这个大背景下来研究和讨论。

（一）30年的改革开放使我国开始进入发展型社会的新阶段

十七届三中全会提出，要"牢牢把握我国社会主义初级阶段的基本国情和当前发展的阶段性特征"。分析新时期新阶段的基本特

---

[*] 在"纪念改革开放30年——统筹城乡发展论坛"的主旨演讲，2008年11月15日，成都。

征，关键是客观把握改革开放30年后我国发展的阶段性特点。

我国长期的社会主义初级阶段，至少可以大致划分为两个既有联系，又有所不同的发展阶段：一是以解决温饱为主要目标的生存型发展阶段；二是以解决人的自身发展为目标的发展型阶段。依据改革开放30年经济发展水平、消费结构、产业结构、就业结构、城镇化进程等5个方面的主要指标的变化，可以得出这样的结论：进入21世纪以来，我国已经开始由以解决温饱为主要目标的生存型阶段进入以人的发展为目标的发展型阶段。就是说，30年改革开放的巨大贡献集中体现在我国发展阶段的历史性提升。

(二) 发展型阶段的社会矛盾呈现阶段性特征

当前，经济快速增长同发展不平衡、资源环境约束的矛盾越来越突出；全社会公共需求的全面快速增长与公共服务不到位、基本公共产品短缺的矛盾日益凸显；经济发展、社会进步同公共治理建设滞后的矛盾也越来越突出。在社会矛盾发生阶段性变化的现实背景下，应当从基本国情出发，在注重广大社会成员日益增长的物质文化需求同落后的社会生产之间这个主要矛盾的同时，更需要重视社会矛盾变化的阶段性特征。由此，在保持经济增长的同时，积极促进社会进步，促进政治文明，努力解决发展新阶段面临的突出矛盾和问题，把社会矛盾的阶段性特征作为推进改革、谋划发展的根本依据。

(三) 惠及13亿人的基本公共服务是新阶段改革发展的重大任务，也是新阶段统筹城乡发展的实质所在

进入21世纪，全社会公共需求全面快速增长与公共服务不到位、基本公共产品短缺，成为我国新阶段的突出矛盾。能否加快推进城乡基本公共服务均等化，使广大农民共享改革发展成果，已经成为新阶段统筹城乡发展的重大课题。

新阶段统筹城乡发展的实质就在于承认和保障农民的发展权。

新阶段农民的发展权集中反映在广大农民的自身发展,比如教育、医疗、社会保障、就业等,都属于农民实现自身发展权利的基本需求。为此,新阶段统筹城乡发展的目标是实现广大农民自身发展和公平发展,重点是实现城乡基本公共服务均等化。进入发展型社会新阶段,既是改革开放30年的必然结果,也是新阶段统筹城乡发展的重要背景。新阶段解决统筹城乡发展的相关问题和政策选择,都需要从这个特定背景来思考、研究和分析。

二 推进城乡基本公共服务均等化对新阶段统筹城乡发展具有重大作用

城乡基本公共服务供给的失衡,已成为新阶段统筹城乡发展的突出问题。从现实需求看,建立城乡经济社会发展一体化的体制机制,关键在于加快推进城乡基本公共服务均等化,建立城乡统一的公共服务制度,使广大农民平等参与现代化进程,分享改革发展成果进入新阶段,推进城乡基本公共服务均等化是实现统筹城乡发展的关键因素。

(一)推进城乡基本公共服务均等化是缓解并缩小城乡差距的关键因素

2007年,我国城乡居民人均收入比已达3.33∶1,若把基本公共服务,包括义务教育、基本医疗等因素考虑在内,城乡居民人均实际收入比将高达5—6∶1。据此估算,城乡基本公共服务差距对城乡实际收入差距的影响度在30%—40%。2003年,我国第三次全国卫生服务调查发现,疾病是农村居民致贫的首要因素,大约三分之一农村贫困人口都是因病致贫。2006年,我在西部调研中了解到,西部70%—80%的新增贫困人口都是因病致贫、因病返贫。此外,教育对贫富差距的影响在20%—22%。有研究表明,全国平均每万元教育投入可以使12人脱贫,在西部可以达到19人。从这三组数据看,实现基本公共服务均等化已经成为新阶段反贫困战略的重要举措，成为缓解和缩小城乡差距的关键所在。在工业化、城市化进程中，工业和服务业的收益大于农业收益，这是个客观规律，由此带来的差距具有一定的客观性，但政府提供给城乡居民的基本公共服务却不应当有过大的差别，尤其要防止"负福利"现象。从公平正义和制度建设的角度看，缓解和缩小城乡差距重在通过缩小城乡基本公共服务差距以缩小发展机会和发展能力的差距。这是新阶段统筹城乡发展的一个重大课题。

（二）推进城乡基本公共服务均等化是新阶段扩大农村消费需求的关键因素

30 年来，我国农村居民消费率由从最高点 1983 年的 32.3%，下降到最低点 2007 年的 9.1%，下降约 23 个百分点。在社会消费总额中，农村居民消费所占比重从 1978 年的 62.1% 下降到 2007 年的 25.6%，下降近 37 个百分点。这种情况，既与城市和农村收入差距不断扩大相关，也与农村基本公共服务的严重缺失相关。有研究发现，农村消费倾向高于城市，每增加 1 元收入，城市居民消费 0.72 元，农村居民消费 0.85 元。粗略估算，未来 12 年，将基本公共服务财政投入每年提高 1%—1.4%，平均每年投入 0.5 万亿—0.6 万亿元，总计投入财政资金 6.42 万亿元，就可以达到在 2020 年实现城乡基本公共服务均等化的目标。这一投入对于我国未来财政并不会构成太大的负担。这说明，未来 10 年左右我国农村基本公共服务的投资需求是巨大的。

（三）推进城乡基本公共服务均等化是发展现代农业的关键因素

农村现代化的关键是劳动力素质。研究表明，农村家庭主要劳动力平均受教育年限每增加一年，贫困发生风险可以降低 12.9%；家庭非农业收入比重每增加 1 个百分点，贫困发生率可以降低 3.2%。这说明，教育投入对于提高农民的收入水平是极为重要的。

同时，也有研究表明，农村教育投资效益也相当显著。比如说，教育投入对农业产值的贡献率高于农村基础设施的贡献率，每增加1元农村教育投资，可以使农牧业产值增加8.43元，而每增加1元农村基础设施投资，农牧业产值仅增加6.75元。农村教育投入比农村基础设施投入产生的效益高25%。

三 以城乡基本公共服务均等化为主线，推进新阶段的农村改革

从实际情况分析，改革城乡二元制结构是实现广大农民公平发展的首要任务。尤其是城乡二元的基本公共服务体制，使农村居民难以获得基本公共服务。从当前广大农民的公共需求看，新阶段的农村综合改革要以加快推进城乡基本公共服务均等化为主线，破解城乡二元制的结构难题。

（一）以城乡统一的基本公共服务制度为重点促进城乡经济社会一体化制度建设

与改革开放初期的农村改革不同，新阶段的农村改革是站在我国初步建立市场经济体制和开始进入发展型阶段的历史起点上。以城市支持农村，以工业反哺农业，推进城乡一体化，重在通过系统的制度与制度创新安排来实现。

（1）户籍制度改革与城乡基本公共服务制度的统一。现行的城乡二元户籍制度，实际上是在一纸户口上维系着许多不公平的因素。计划经济时代形成的以户口登记为依据，城乡分割的劳动就业、社会保障、计划生育、退伍安置、公务员录用等行政管理工作，给户籍管理附加了过多的不合理社会管理功能，并造成许多的社会不公。例如，在交通事故人身损害赔偿中，依据相关司法解释的规定，即使是在同一起事故中受到同样的伤害，但由于受害人的户籍身份不同，农村居民所得到的赔偿金额往往与城镇居民相差几倍。这种"同命不同价"的现象，是城乡二元户籍制度造成的。不

从根本上解决城乡二元的基本公共服务体制，户籍制度改革将不可能全面突破。就是说，基本公共服务制度的城乡统一，是户籍制度改革的前提和基础。

（2）农村土地制度改革与城乡基本公共服务制度一体化相互结合、相互作用。对广大农民来说，在面对农村基本公共服务严重"缺位"的背景下，他们视土地为自己安身立命的基本生存保障。推进城乡基本公共服务均等化，建立长期而有保障的农村基本公共服务体系，能够明显降低农民对土地保障的依赖程度，促进农民的城乡流动，促进土地合理流转。

（二）在推进城乡基本公共服务均等化中优先解决农民工的基本公共服务

在我国快速工业化、城镇化的背景下，为农民工提供基本而有保障的公共服务，已成为缩小基本公共服务城乡差距和区域差距的焦点问题。农民工的基本公共服务供给问题既涉及地区协调，又涉及城乡对接。这就需要在中央的统筹安排下，明确流入地和流出地政府的责任，以切实地解决农民工群体的基本公共服务。

（三）采用多种形式，积极推进镇（乡）财政管理体制改革

作为与农民最接近的一级政府，镇（乡）政府的职能定位对保障农村基本公共服务供给至关重要。无论是乡镇机构设置、财政体制改革、组织形式调整，还是管理机制、运作机制的改变，都要有利于基本公共服务职能的履行。

进入改革发展新阶段，实现城乡经济社会一体化必须加快建立城乡经济社会发展一体化的制度建设。在这些制度安排中，关键是要尽快建立城乡统一的基本公共服务制度。从现实情况看，实现这一目标，重点在于推进政府转型，在于加快建设公共服务型政府。

城乡基本公共服务均等化与城乡一体化[*]

（2008 年 12 月）

2008 年是我国改革开放 30 年。30 年前，从农村起步的改革取得历史性突破；30 年后，面对经济社会发展的新矛盾和新挑战，面对国际金融危机的严重冲击，我国把统筹城乡发展、推进城乡一体化作为新阶段农村改革的基本目标，作为扩大内需、实现经济持续稳定增长的重大举措。

经过 30 年的改革发展，我国开始由以解决温饱为主要任务的生存型社会向以促进人的全面发展为目标的发展型社会过渡。这个历史性过渡，使全社会的"生存性"压力逐步减弱，"发展性"压力日益凸显。其中，全社会公共需求全面快速增长与公共服务不到位、基本公共产品短缺，成为新阶段的突出矛盾。在这个特定背景下，实现城乡基本公共服务均等化已成为新阶段统筹城乡发展、推进城乡一体化的重要任务。

一 保障农民自身发展权益重在推进城乡基本公共服务均等化

新阶段统筹城乡发展的重要目标，是实现广大农民的自身发展和公平发展，其实质在于承认和保障农民的自身发展权益。新阶段

---

[*] 本文载于《农村工作通讯》2008 年第 24 期。

农民的自身发展权益集中体现在广大农民的发展能力与发展机会上，这与义务教育、公共卫生和基本医疗、基本社会保障、公共就业服务等基本公共服务直接相关。

（一）保障农民发展权益直接依赖于城乡基本公共服务均等化

我国是一个经济转轨的大国。在传统计划经济时代，为加速推进工业化，长期实行城乡分割的二元经济社会体制和政策。农村公共产品的供给主要不是依靠公共财政，而是依靠农民自己。由此，造成城乡居民基本权利和发展机会的不平等，并形成城乡经济社会结构的失衡。改革开放以来，由于城乡二元的公共服务供给体制尚未改变，加之地方政府尤其是乡镇政府缺乏相应的财力，使农村基本公共服务供给严重不足。当前，我国农村新贫困的形成同基本公共服务的严重缺失直接相关。2003年第三次全国卫生服务调查发现，疾病是农村居民致贫的首要因素，大约三分之一的农村贫困人口都是因病致贫。在一些贫困地区，教育负担已经成为致贫的主要原因之一。特别是农村家庭，教育花费是他们的头号家庭开支。近几年，政府教育支出的明显增加对减少贫困具有重大作用。有研究发现，每一万元的教育投入可以使12个人脱贫；在西部地区的效果更加明显，可以使19个人脱贫。由此可见，保障广大农民的自身发展权益直接依赖于基本公共服务。

（二）保障农民自身发展权益关键在于建立城乡统一的基本公共服务制度

由于城乡经济社会发展水平的差异，城乡基本公共服务水平可以有差别，但制度应当统一。未来5—10年，推进城乡基本公共服务均等化，应当按照"完善体系、对接制度、提高水平、重点支持"的总体思路，逐步统一城乡基本公共服务制度。具体建议是有以下几点。

第一步，完善体系，尽快实施农村养老保险制度，使农村基本公共服务体系在1—2年内建立起来。

第二步，实现城乡基本公共服务制度的对接。这是最重要的一步。随着城镇化水平逐步提高，用5年左右的时间实现城乡基本公共服务制度的对接。在经济发达地区，率先建立城乡统一的基本公共服务制度，即鼓励有条件的地区进行改革试点，率先把农村居民全部纳入城镇基本公共服务保障范围；在中等发达地区，加快提高农村基本公共服务水平，为城乡制度对接创造条件，即在统一城乡基本公共服务制度之前，可先出台过渡性办法，预留城乡制度对接的衔接口，在此基础上，借鉴发达地区经验，试点推进，最终实现城乡基本公共服务制度的对接；在欠发达地区，先用2年左右时间，完善农村基本公共服务体系，在政策和制度设计上，预留城乡基本公共服务制度衔接口。

第三步，逐步提高水平。再用3年左右的时间，逐步提高欠发达地区农村基本公共服务水平，将农村基本公共服务体系纳入城镇公共服务体系，最终实现城乡基本公共服务的制度对接和水平差距的逐步缩小。

二 新阶段统筹城乡发展关键在于推进城乡基本公共服务均等化

从现实需求看，新阶段统筹城乡发展至少有三大任务：第一，缩小城乡收入差距。第二，提高农村劳动力素质，发展现代农业。第三，加大农村公共服务投入，刺激和扩大农村消费需求。这三大任务，在相当大程度上都取决于城乡基本公共服务均等化的实现程度。

（一）缩小城乡差距与推进城乡基本公共服务均等化

推进城乡一体化，应当充分估计基本公共服务均等化在缩小城乡居民人均收入差距中的作用。2007年，我国城乡居民人均收入比已达到3.33∶1，若把基本公共服务，包括义务教育、基本医疗等因素考虑在内,城乡居民人均实际收入差距高达5—6倍。据此估算,城乡基本公共服务差距对城乡居民人均实际收入差距的影响度在30%—40%。还有研究表明,农村家庭主要劳动力平均受教育年限每增加一年,贫困发生风险就可以降低12.9%;家庭非农收入比重每增加1个百分点,贫困发生率就可以降低3.2个百分点。这说明,教育投入对于提高农民收入水平是极为重要的。新阶段缓解城乡居民人均收入差距,需要加快推进城乡基本公共服务均等化。

(二)提高农村劳动力素质、发展现代农业与城乡基本公共服务均等化

农业现代化的关键在于劳动力素质的提高。现实情况是,农村基本公共服务的严重缺失制约了农村劳动力素质的提高。国家统计局公布的数字表明,2007年全国农村劳动力文盲率为6.3%,小学和初中文化程度的农村从业人员占78.7%,高中以上文化程度所占比重仅为14.9%,农村人口平均受教育年限不到8年。农村劳动力整体素质的这种状况,制约了农业现代化进程。加快发展现代农业,需要政府的公共支出更多地投向农村教育和科技培训。

(三)扩大农村消费需求与城乡基本公共服务均等化

我国7亿多农村人口的投资和消费需求潜力十分引人注目,被认为是全球经济版图上少有的一个亮点。这个潜力的释放,将对我国经济增长产生巨大的推动作用。问题在于,30年来,我国农村居民的消费率从最高点1983年的32.3%,下降到最低点2007年的9.1%,下降了23个百分点。在居民消费总额中,农村居民消费所占比重从1978年的62.1%下降到2007年的25.6%,下降近37个百分点。这种情况,与城市和农村居民人均收入差距不断扩大相关,更重要的是农村基本公共服务的长期缺失严重抑制了农村居民的消费欲望。由于基本公共服务能够增强广大社会成员的经济安全感和消费预期,因而发挥着巨大的刺激消费、拉动消费需求的潜在

功能。为此，刺激消费、扩大内需，应当充分估计基本公共服务投入的重大作用。我们初步测算，未来12年，将基本公共服务财政投入每年提高1%—1.4%，平均每年投入5000亿—6000亿元，总计投入财政资金6.42万亿元，到2020年就可以初步实现城乡基本公共服务均等化的目标。从刺激消费和保持中长期经济持续稳定增长的客观要求出发，应当逐步把扩大内需的投资重点转到城乡基本公共服务均等化上来。

三 以基本公共服务均等化为主线构建城乡经济社会发展一体化的体制机制

与改革开放初期的农村改革不同，今天的农村改革是站在我国初步建立市场经济体制和开始步入发展型社会的历史新起点上。新阶段统筹城乡发展，推进城乡一体化，重在通过系统的制度安排与制度创新来实现。

（一）以城乡基本公共服务均等化实现城乡户籍制度改革的突破

现行的城乡二元户籍制度，实际上是在一纸户口本上维系着许多不公平的因素。计划经济时代形成的以户口登记为依据，城乡分割的劳动就业、社会保障、计划生育、退伍安置、公务员录用等行政管理制度，给户籍管理附加了过多不合理的社会管理功能，并造成许多的社会不公。例如，在交通事故人身损害赔偿中，依据相关司法解释的规定，即使是在同一起事故中受到同样的伤害，由于受害人的户籍身份不同，农村居民所得到的赔偿金额往往与城镇居民相差几倍。这种"同命不同价"的根源就在于城乡二元户籍制度。不从根本上解决城乡二元的基本公共服务体制，户籍制度改革将不可能有实质性突破。

（二）以城乡基本公共服务均等化促进农村土地制度改革

当前，农村土地的许多矛盾和问题，都在于土地承载了基本的社会保障功能。加快农村土地制度改革与推进城乡基本公共服务均等化是相互结合、相互作用的。

（1）城乡基本公共服务均等化是实现土地物权保护的重要条件。赋予农民充分有保障的土地使用权，关键在于使农民的土地使用权具有物权性质。城市的土地可以抵押，为什么农村土地不能抵押？其中的一个重要原因是担心由此引发的一系列社会问题。实现城乡基本公共服务均等化，不仅会大大减少土地制度变革的约束条件，而且还能为农村土地物权化改革提供更为有利的社会条件。

（2）城乡基本公共服务均等化有利于土地要素功能的发挥。由于农村基本公共服务短缺，土地不仅发挥着生产功能，更重要的还承担着养老保障等社会功能。土地承担社会保障功能，不仅不利于规模经营和农村生产力的提高，而且农业本身固有的风险，使土地保障受到多种因素影响，存在很大的不确定性，难以提供持续稳定的收入增长来源和安全保障。从各地实践看，土地换来的保障难以解决失地农民的长远生计问题，使社会潜在矛盾增大。剥离土地的社会保障功能，需要加快建立农村基本养老保险体系。

（3）城乡基本公共服务均等化有助于土地流转。对广大农民来说，在面对农村基本公共服务严重"缺位"的背景下，他们视土地为自己安身立命的基本生存保障。推进城乡基本公共服务均等化，能够明显降低农民对土地保障的依赖程度，促进土地有效流转和农村劳动力转移，推动农村土地制度改革。

（三）在全国范围统一政策，尽快解决农民工的基本公共服务

城乡基本公共服务的失衡，集中地反映在农民工群体上。由于受城乡二元户籍制度和公共服务体制的限制，农民工融入城市的过程仍然面临诸多问题，如劳动权益得不到充分保障、劳动收益长期偏低、基本社会保障欠缺、子女接受义务教育困难等。有调查表明，当前农民工享受的基本社会保障水平只有城镇居民的25.1%。

在快速工业化、城镇化的背景下，为农民工提供基本而有保障的公共服务，已成为推进城乡基本公共服务均等化的焦点问题。

农民工的基本公共服务供给问题既涉及地区协调，又涉及城乡对接。这就需要中央政府统一政策，在更高层面进行统筹。总的来说，农民工在流入地创造财富，成为流入地政府的纳税人，理应享受到当地居民的基本公共服务。例如，农民工为城市建设做出巨大贡献，在实施城市低保住房、困难家庭住房救助中，应当采取多种办法将农民工纳入城市住房救助的范围。

我国进入新阶段，着力推进城乡基本公共服务均等化，是一个涉及经济社会发展全局的重大问题。正如由中改院承担的联合国开发计划署《中国人类发展报告2007/08》最后结论所指出的："在发展市场经济的背景下，建立惠及13亿人的基本公共服务制度和体系，推进基本公共服务均等化，是我国人类发展的必由之路。就其所涉及的人口规模而言，在世界上是空前的；就其制度建设对于我国全面建设小康社会的意义而言，可以同30年的市场经济体制改革相提并论。我国正在为建立惠及13亿人的基本公共服务体系做出巨大努力。这将对我国人类发展产生巨大而深远的影响。"

以强化公共服务职能为重点推进扩权强县改革[*]

(2009年2月)

当前,国际金融危机持续蔓延,对农业农村发展的冲击不断显现。2009年中央一号文件再次聚焦农村,彰显在反危机中中央对"三农"问题的高度重视。一号文件把"扩权强县,增强县域经济发展活力"作为2009年深入农村改革的重点任务。这不仅对扩大内需、保持经济持续稳定增长具有重要意义,而且也是深化农村改革,统筹城乡发展的重大任务。

一 深化县乡财政体制改革,提高基层政府公共服务能力

推进扩权强县,重要的是使有限的公共资源在县乡政府之间实现优化配置。由于相当多县级财政属于"吃饭财政",加之历史欠账多,发展农村社会事业和公共事业捉襟见肘。为此,需要加快推进县乡财政管理体制改革。

(一) 以完善一般性转移支付为重点,建立辖区财政能力均等化机制

从总体看,中央和省级政府财政能力比较强,县乡财力比较

---

[*] 本文载于《人民论坛》2009年第4期。

弱。在这个财政格局短期内难以改变的情况下，实行政府间一般性转移支付仍是实现财政能力均等化的主要手段。一号文件指出，"调整财政收入分配格局，增加对县乡财政的一般转移，逐步提高县级财政在省以下财力分配中的比重"。近几年，我国已开始减少并逐步取消税收返还，可以考虑将这部分资金作为增加一般性转移支付的来源。在每年的增量上，多安排一般性转移支付，逐步增加其比例。将清理和取消的专项转移支付资金转化为一般性转移支付。在结构调整的同时，规范一般性转移支付分配办法。根据不同地区的经济发展水平和收入差距，以及影响财政收支的客观因素，核定各地区标准化收入和标准化支出，逐步以因素法取代基数法，使转移支付的方向和规模更为合理。严格规范专项转移支付。专项转移支付在相当一段时期仍将在基本公共服务均等化中发挥不可替代的作用。近些年，中央在新型合作医疗、义务教育等方面的专项转移支付就有效地解决了许多问题，这些专项转移支付的力度仍需要加大。与此同时，也要将一些效果不大、不规范的专项转移支付进行清理甚至取消。新设立的专项转移支付应仅限于中央基本公共服务责任内。对由于各部委之间缺乏协调而造成的重复交叉项目，应当进行整合。对于中央全额负担的转移支付项目，取消县政府的配套资金。对专项转移支付的原则、程序进行规范，提高透明度。人大、政府、财政都应采取相应的措施加强对专项转移支付资金的监督。

（二）强化省、市两级财政的辖区责任，保证县级财力

省以下财政体制改革的重点和难点在县财政。县财政承担农村公共服务的责任，但财政能力薄弱。从实际情况看，多数的县域经济不发达，即使赋予县级政府更大的财权，也很难解决县级财政实力薄弱的局面。近年来，中央出台了"三奖一补"方案，加大了中央直接对县的财力补助。这样可以直接缓解基层矛盾，但从长期

看，也容易淡化省、市两级政府的辖区责任。在中央加大对省级的财政转移支付力度的同时，省、市级政府也要按照缺口上移、财力下移的原则，加大对县政府的转移支付力度，以提高县级财政对农村基本公共服务的保障能力。此外，省、市两级政府还要建立有效机制，着力解决县乡财政债务问题。考虑到省以下财源不足的现实，尽可能地赋予省、自治区、直辖市人大、政府必要的地方税收管理权，确保省一级政府能够统筹安排辖区内的财权配置，增强其调剂财力的能力。

（三）把推进财政层级扁平化作为省以下财政体制改革的重要目标

分税制改革以来，中央与省的分税制取得很大进展，但省以下分税制始终难以取得实质性进展，主要原因在于财政层级过多。因此，在省以下各级政府合理的配置财权财力，重在简化财政管理层级。从我国的现实情况看，可以从"省直管县"和"乡财县管乡用"两个环节推进财政层级扁平化。一是在当前"省直管县"财政体制改革探索的基础上，出台相关鼓励和支持政策，以有效地解决"省直管县"财政中显现出来的新矛盾。省级政府要对试点县适当下放一些审批管理权限，既减少省一级的管理事项，又能够调动县的积极性。重新定位市和县的功能，进行市县联动的配套改革。二是积极推进乡镇财政管理体制改革试点，进一步规范和调整县与乡之间的财政关系。对经济欠发达、财政收入规模小的乡镇，试行由县财政统一管理乡镇财政收支的办法；对一般乡镇实行"乡财县管乡用"方式；对经济较发达、财政收入规模较大的乡镇，可以保持现行财政体制不变，并鼓励集体经济投资本地公共产品供给。在目前"乡财县管乡用"试点的基础上，进一步规范县财政对乡镇财政的指导管理，将过去乡镇预算外资金、自筹资金和统筹资金全部纳入乡镇财政管理，拓宽财政管理领域，增强乡镇财政能力。建立严格的审批制度，有效堵塞管理漏洞，控制乡镇不合理支出。在条件成熟的地方，鼓励将乡镇政府转变为县级单位的派出机构，使县乡财政管理模式与行政层级相一致。

二 深化农村综合改革，推进县乡政府社会管理方式的变化

社会管理越往下走，管理的社会性、自治性越强。随着社会发展阶段的变化和农村综合改革的深化，下一步，县以下的行政管理模式，尤其是社会管理模式会逐步发生明显变化。

（一）优化农村公共资源，上下联动，整体设计县乡机构改革

县乡镇机构改革最重要的目标是合理配置农村公共资源，创新农村公共服务体系。湖北咸安的经验表明，在政府合理承担改革成本的前提下，变"以钱养人"为"以钱养事"，不仅可以使县乡机构编制得到有效的控制，还可以降低成本，提高效率，走出一条构建农村公共服务体系的新路。要严格实行政事分开，剥离"七所八站"的行政职能。将原来由"七所八站"承担的行政管理职能，上收到县乡政府直接执行。实现"七所八站"的整体转制。除国税、地税、国土等国家垂直管理的站所和公安、林业、交通等县级延伸派驻单位之外，其他"七所八站"要按照自主经营、自负盈亏、自我约束、自我发展的原则，依法注册登记成为具有企业法人性质的经济实体或社会中介服务组织。建立公共服务委托代理机制，采取政府将基本公共服务"项目化、数量化"的办法，逐项约定服务内容、质量要求、价格标准、考核办法和结算方式等，面向社会公开招标，实行合同管理，结算由政府"埋单"。

（二）建立政府基本公共服务绩效评价体系

这样，可以对公共部门的行为起到约束、引导的作用，提高公共部门在基本公共服务供给方面的效率。尽快把基本公共服务数量和质量指标纳入县政府绩效考核体系中，并逐步增加其权重。建立健全基本公共服务绩效评价体系，绩效评估体系应包括义务教育、

基本医疗和公共卫生、失业保险、养老保险、最低生活保障、社会救助、公共就业服务等方面的单项和综合评估。同时，需要完善评估程序，包括目标制定、执行、评估等环节都需要严格规范。要建立相应的制度框架，保证评估体系发挥其应有的作用。要引入多元化的评估机制，坚持透明性、公开性的原则，以公民为中心，以满意为尺度，积极引入外部评估机制，建立多元化的绩效评估体系。在此基础上，建立基本公共服务严格问责制。将基本公共服务绩效评估与干部选拔、任用和内部激励相联系，结合人事制度改革，把公共服务指标纳入干部考核体系。

（三）充分发挥社区在基本公共服务供给中的作用

随着福利制度、医疗卫生制度等改革，大量与人们日常生活直接相关的问题越来越多地在社区内解决。现阶段兴起的"社区"在属性上理应归于"社会"这一范畴，但在正式的制度框架内既不是行政机构，也非事业单位，但其组织架构、经费管理的行政化又使之类似于政府的执行机构。从现实情况看，社区的发展要避免政社不分的传统模式，促进自治型社区的建立。实践表明，这样更有利于为城乡居民提供高质量的基本公共服务。以县政府为主推动教育、医疗、就业培训等公共服务向社会开放，制定优惠政策，建立竞争机制，吸引和鼓励社会资本参与基本公共服务的提供，更好满足县域人口多样化的公共需求。

三 扩权强县的关键是强化县级政府的公共服务职能

（一）扩权强县不是简单地把上级政府的经济管理权限下放到下级政府

首先，必须对经济管理权限或者经济管理审批权做出正确的评估。如果把经济管理权限按照资金审批额分别划到省、市、县（区）各级政府，是同市场经济发展的趋势、同强县扩权最终要实现的目标不相符。虽然下放经济审批权会调动县（区）级政府发展经济的积极性，但从中长期目标看，将会对市场经济的发展造成某些制度上的障碍，对企业的发展弊大于利。在市场经济条件下，政府有四大职能，经济调节、市场监管、社会管理和公共服务。事实上，经济调节职能在中央，市场监管发展的方向是垂直管理，至于社会管理和公共服务，在统筹城乡发展的背景下，主要的决策和规划至少应当在县级以上政府。县乡政府作为与农民最接近的一级政府，只能是公共服务的执行者和社会事务的管理者，应当把为农民提供基本而有保障的公共服务作为自己的主要职能。

(二) 扩权强县重在提高县级政府的公共服务职能

当前，受国际金融危机的影响，上千万农民工由于经济不景气失去工作返乡。在工资性收入还是农民收入主要来源的情况下，保持农民持续增收的难度加大。县域经济是促进农民就业增收的重要平台，县政府当下极为重要的是提供更多、更优质的经济性公共服务，制定有效政策引导城市资金、技术、人才、管理等要素向县域流动，统筹配置各种资源，有效集成各项支持政策，增强县域经济对农民就业增收的带动能力。积极引导劳动密集型、资源加工型产业，特别是农产品加工业向县域转移，大力培育特色支柱产业。促进乡镇企业健康发展，推进结构调整和技术进步，重点支持成长性好、就业容量大的企业做大做强。加快发展小城镇，依法赋予经济发展快、人口吸纳能力强的小城镇相应行政管理权限，增强小城镇辐射农村、带动就业、促进消费的作用。大力兴办职业教育，加强返乡农民工就业指导和培训，提高当地就业比例，努力保持农民收入增长的势头。从行政管理体制改革总的趋势来说，越往下一级政府，特别是基层政府，公共服务和社会管理职能越是需要强化。适应这种趋势，在强县扩权中如何确立县级政府公共服务和社会管理职能，对于扩权强县方向的把握十分关键。

(三) 扩权强县要有利于扩大农村的消费需求

我国7亿多农村人口的消费潜力十分引人注目，被认为是世界经济版图上少有的一个亮点。这个潜力的释放，将对我国新阶段扩大内需战略产生决定性影响。当前，推进农村改革需要把扩大内需作为重要的出发点。我国农村消费长期低迷与城乡居民人均收入差距不断扩大相关，更深层次的原因在于，农村基本公共服务的长期缺失严重抑制了农村居民的消费欲望。为此，当前应对国际金融危机、扩大内需，要把推进城乡基本公共服务均等化作为一个大战略来全盘考虑。未来几年，努力争取把城乡基本公共服务均等化这件大事情做好，不仅可以在启动农村消费大市场上取得重要突破，还可以从整体上破解城乡二元制结构的难题，把统筹城乡发展全盘搞活。

以城乡一体化为重点推进县域科学发展[*]

（2009年6月）

县域经济是国民经济最基本的运行单元。加快推进以城乡一体化为重点的县域经济社会发展，是实践科学发展观、统筹城乡发展的重要载体，也是在国际金融危机和国内发展方式转型的双重压力下，实现扩内需、保增长的现实要求。中共十七届三中全会明确提出"着力破除城乡二元结构，形成城乡经济社会发展一体化新格局"的目标。未来5—10年，是加快推进城乡一体化进程的关键时期。在国际金融危机的特定背景下，要把推进以城乡一体化为重点的县域科学发展作为一个大战略来全盘考虑。

一 推进城乡一体化已成为县域科学发展的重大课题

（一）当前，我国宏观经济面临国际金融危机与发展转型的双重压力

一方面，国际金融危机对我国经济增长产生前所未有的严重冲击，现行的经济增长方式难以为继，经济增长方式中的矛盾问题全面凸显。另一方面，过去30年的改革发展，我国已由生存型阶段进入发展型阶段，也带来了新时期全面转型的巨大压力。在双重危

---

[*] 本文载于《人民论坛》2009年第12期。

机压力下,保持县域经济社会平稳发展,直接影响宏观经济整体发展水平和质量。在这个特定背景下,统筹城乡发展已成为应对金融危机的重要举措。

(二) 把加快推进经济发展方式转型作为县域科学发展的抓手

国际金融危机对县域经济的冲击不断增大。全国3.1万个农业生产经营单位的生产价格调查结果显示,2009年一季度全国农产品生产价格同比下降5.9%,种植业、林业、畜牧业和渔业产品价格分别下降4.3%、11.2%、7.8%和3.3%。[①] 由于全球市场萎靡,从一季度情况看,我国农产品出口同比下滑9.9%,在出口前六大市场中,除东盟市场同比略有增长外,有五大市场出口均为负增长。[②] 县域经济增长中暴露出来的主要问题集中反映了经济增长方式转变的滞后。进入发展型阶段,在客观上要求实现经济增长由以投资拉动为主转变为以消费拉动为主。从现实的情况看,近些年来县域经济以高投资、高消耗、高污染、低产出为特征的粗放型经济增长方式不仅没有多大改变,而且在某些方面还有一定程度的加强。特别是国际金融危机使县域经济增长的矛盾凸显,以投资驱动为主的粗放型增长方式已经到了难以为继、非改不可的地步。面对现实矛盾,推进县域经济的科学发展要尽快实现经济增长由以投资拉动为主转变为以消费拉动为主,依靠增强自主创新能力来全面推进县域经济转型升级。

(三) 以保增长、扩内需为重点,积极推进县域新型城镇化道路

第一,从抑制经济下滑,尽力摆脱国际金融危机影响角度看,保增长是基本要求。没有8%以上的增长速度,县域就业就比较困

---

① 《2009年一季度农产品生产价格分析》,中国投资咨询网,2009年4月21日。
② 《金融危机下的农产品出口仍将较为严峻》,《经济参考报》2009年5月8日。

难。第二，保增长不是一般性地恢复那种粗放型的增长，而是努力实现"调结构，扩内需"基础上的持续平稳增长。第三，新型城镇化道路是县域经济保增长、扩内需的根本途径。城镇化是工业化的载体，县域城镇化水平低已经成为县域经济发展的重要"瓶颈"，由此大大制约了农民收入的增长。变农村的潜在消费需求为现实消费需求的重要出路就是走新型城镇化道路。

二　把启动农村消费作为金融危机背景下实现县域科学发展的着力点

应对金融危机与增长方式转型的双重压力，无论是短期保增长、保就业，还是中长期发展方式转型，县域科学发展重在启动以拉动农村消费为重点的各项改革。

(一) 当前，推进农村改革需要把扩大内需作为重要出发点

我国农村消费长期低迷与城乡居民人均收入差距不断扩大相关，也在于农村基本公共服务的长期缺失。

(二) 扩大农村消费需求与城乡基本公共服务均等化

我国7亿多农村人口的投资和消费需求潜力十分引人注目，被认为是全球经济版图上少有的一个亮点。这个潜力的释放，将对我国经济增长产生巨大的推动作用。问题在于，30年来，我国农村居民的消费率从最高点1983年的32.3%，下降到最低点2007年的9.1%，下降了23个百分点。在居民消费总额中，农村居民消费所占比重从1978年的62.1%下降到2007年的25.6%，下降近37个百分点。这种情况，与城市和农村居民人均收入差距不断扩大相关，更重要的是农村基本公共服务的长期缺失严重抑制了农村居民的消费欲望。由于基本公共服务能够增强广大社会成员的经济安全感和消费预期，因而发挥着巨大的刺激消费、拉动消费需求的潜在功能。为此，刺激消费、扩大内需，应当充分估计基本公共服务投入的重大作用。我们初步测算，未来12年，将基本公共服务财政

投入每年提高1%—1.4%,平均每年投入5000亿—6000亿元,总计投入财政资金6.42万亿元,到2020年就可以初步实现城乡基本公共服务均等化的目标。从刺激消费和保持中长期经济持续稳定增长的客观要求出发,应当逐步把扩大内需的投资重点转到城乡基本公共服务均等化上来。

(三)扩大农村消费需求与粮食价格改革

保障农产品价格稳中有升,稳定农民的农业收入。农产品价格低是制约农民收入提高的重要因素。30年来,我国价格水平不断提高,2007年居民消费价格指数是1978年的4.94倍,是1990年的2.29倍,但粮食价格基本维持不变。从城市居民的收入来看,1992年我国城镇居民人均可支配收入可以购买1510公斤小麦;2007年我国城镇居民人均可支配收入可购买9847公斤小麦。这清晰地反映出,以生产农产品为对象的农民相对收入水平明显降低,而不是提高。在金融危机背景下,粮食价格的适当提高利大于弊。长期以来我国的粮食价格偏低,违背市场经济规律。在应对国际金融危机中提高粮食价格有多方面的益处:一是可以明显增加农民收入;二是能够更准确地反映城镇居民的生活水平;三是有利于保护耕地;四是有利于形成节约粮食的社会风气。尽管粮食价格提高对城乡居民生活会带来一定负面影响,但总体来看并不大,而且可以通过政府补贴来抵消其对城市低收入者的冲击。为此,适时推进粮食价格改革有利于鼓励农民增加种粮积极性。未来几年也是推进粮食价格改革的较好时机:一方面,国家对农业有巨额补贴,且粮食自给率较高;另一方面,随着社会保障制度的建立和完善,可以缓解粮食价格调整对社会中低收入群体产生的冲击。在国际金融危机下推进粮食价格改革,关键是形成和完善国家宏观调控下的市场价格形成机制。

三 以城乡基本公共服务均等化为重点推进城乡一体化进程

与改革开放初期的农村改革不同，今天的农村改革是站在我国初步建立市场经济体制和开始步入发展型阶段的历史新起点上。新阶段统筹城乡发展，推进城乡一体化，重在通过系统的制度安排与制度创新来实现。

（一）以城乡基本公共服务均等化实现城乡户籍制度改革的突破

现行的城乡二元户籍制度，实际上是在一纸户口本上维系着许多不公平的因素。计划经济时代形成的以户口登记为依据，城乡分割的劳动就业、社会保障、计划生育、退伍安置、公务员录用等行政管理制度，给户籍管理附加了过多不合理的社会管理功能，并造成许多的社会不公。例如，在交通事故人身损害赔偿中，依据相关司法解释的规定，即使是在同一起事故中受到同样的伤害，由于受害人的户籍身份不同，农村居民所得到的赔偿金额往往与城镇居民相差几倍。这种"同命不同价"的根源就在于城乡二元户籍制度。不从根本上解决城乡二元的基本公共服务体制，户籍制度改革将不可能有实质性突破。

（二）以城乡基本公共服务均等化促进农村土地制度改革

当前，农村土地的许多矛盾和问题，都在于土地承载了基本的社会保障功能。加快农村土地制度改革与推进城乡基本公共服务均等化是相互结合、相互作用的。城乡基本公共服务均等化是实现土地物权保护的重要条件。赋予农民充分有保障的土地使用权，关键在于使农民的土地使用权具有物权性质。城市的土地可以抵押，为什么农村土地不能抵押？其中的一个重要原因是担心由此引发一系列社会问题。实现城乡基本公共服务均等化，不仅会大大减少土地制度变革的约束条件，而且还能为农村土地物权化改革提供更为有利的社会条件。城乡基本公共服务均等化有利于土地要素功能的发挥。由于农村基本公共服务短缺，土地不仅发挥着生产功能，更重要的还承担着养老保障等社会功能。土地承担社会保障功能，不仅不利于规模经营和农村生产力的提高，而且农业本身固有的风险，使土地保障受到多种因素影响，存在很大的不确定性，难以提供持续稳定的收入增长来源和安全保障。从各地实践看，土地换来的保障难以解决失地农民的长远生计问题，使社会潜在矛盾增大。剥离土地的社会保障功能，需要加快建立农村基本养老保险体系。城乡基本公共服务均等化有助于土地流转。对广大农民来说，在面对农村基本公共服务严重"缺位"的背景下，他们视土地为自己安身立命的基本生存保障。推进城乡基本公共服务均等化，能够明显降低农民对土地保障的依赖程度，促进土地有效流转和农村劳动力转移，推动农村土地制度改革。

（三）在全国范围统一政策，尽快解决农民工的基本公共服务

城乡基本公共服务的失衡，集中地反映在农民工群体上。由于受城乡二元户籍制度和公共服务体制的限制，农民工融入城市的过程仍然面临诸多问题，如劳动权益得不到充分保障、劳动收益长期偏低、基本社会保障欠缺、子女接受义务教育困难等。有调查表明，当前农民工享受的基本社会保障水平只有城镇居民的25.1%。在快速工业化、城镇化的背景下，为农民工提供基本而有保障的公共服务，已成为推进城乡基本公共服务均等化的焦点问题。

在新的发展阶段，推进县域科学发展的关键是建立公共服务型政府。面对农村基本公共服务的现实压力，县乡镇政府作为与农民最接近的一级政府，应当把为农民提供基本而有保障的公共服务作为自己的主要职能，从而为实现县域科学发展提供制度保障。

人口城镇化的转型与发展[*]

（2013 年 3 月）

在内外环境发生深刻复杂变化的背景下，未来 5—10 年我国还有多大的发展空间，能不能有新的发展路径。正是由此，提出了新型城镇化，即如何实现高质量的人口城镇化。

总的看法是：未来 5—8 年，以人口城镇化为主要载体扩大内需，以制度创新为重点释放城镇化的需求潜力，是我国全面建成小康社会、走向公平可持续发展的战略重点。主要建议是：用 3 年左右时间，在全国范围内基本实现有条件的农民工市民化；用 5—8 年的时间，形成人口城镇化的制度框架；用 8 年左右时间，基本形成人口城镇化的新格局。

一 人口城镇化的战略选择

这里有三点基本分析：（1）从实践分析，改革开放以来，我国走了一条以规模扩张为主要特点的城镇化道路。传统的城镇化模式在推动经济快速增长的同时，也付出了巨大的经济社会代价。突出表现为三大问题：一是地方政府对土地财政的过度依赖，以及由此导致的高房价问题。2008 年，全国土地财政收入为 16255 亿元，到

---

[*] 在《发展讲坛·第九期》的演讲，2013 年 3 月 25 日，北京；载于《中改院简报》总第 941 期，2013 年 3 月。

2011年增加到41545亿元，3年间增长了2倍多。二是环境问题，比如北京的雾霾。三是城市交通问题。根据相关调查，全国667座城市中约2/3的城市交通在高峰时段出现拥堵。(2)从现实情况分析，所谓人口城镇化，是指农民流入城市就业并长期生活，成为城市新市民和逐步融入城市的过程。未来5—10年，以农民工市民化为重点的人口城镇化将成为新型城镇化的首要目标和基本要求。(3)从人口城镇化的战略作用分析，以人口城镇化为支撑，加快消费主导的经济转型，充分释放国内巨大的需求潜力，尤其是消费需求潜力，将形成我国未来5—10年转型发展的突出优势和主要动力。由此，我国将走出一条公平可持续发展的新路。

当前提出新型城镇化，同以往相比，大背景发生了重要变化。首先，我国城镇化还处在快速发展的区间。依照国际经验看，城镇化率处于30%—70%的时期，是城镇化快速发展的阶段。2012年我国的名义城镇化率为52.6%，正处于快速发展的区间。其次，我国城镇化水平滞后于工业化进程至少5—10个百分点，未来5—10年需要在新型城镇化进程中促进工业化转型升级。最后，我国经济已进入拉动消费、扩大内需的历史新阶段，城镇化的作用有其特殊性。从发展的客观趋势看，新型城镇化将在未来10—20年的经济社会转型与发展中扮演重要的历史性角色。这里，需要讨论的重要问题有以下几个。

（一）城镇化能否支撑我国未来10年7%—8%的中速增长？

如果未来10年我国能有7%—8%的经济增长，对世界经济再平衡将是一个重大贡献。人口城镇化承载着释放内需潜力的重大使命。初步估算，到2020年我国消费、投资需求规模可能高达百万亿元。如果这个巨大的内需潜力能够得到充分释放，将成为我国经济未来10年7%—8%中速增长的强力支撑。毫无疑问，人口城镇化是释放内需的最大潜力和主要载体。

（1）人口城镇化蕴含着巨大的消费需求。2010年，我国消费总量是16万亿元。2011年城镇居民与农村居民人均消费支出比约为3.3∶1。未来10年左右，通过彻底打破城乡二元结构，人口城镇化率有望达到50%以上，城乡居民消费需求将有望达到45万亿—50万亿元，居民消费率将达到50%左右，最终消费率将达到60%左右。由此，将基本形成消费主导的经济增长格局。

麦肯锡咨询公司一份报告显示，2011年我国的医疗支出超过3570亿美元。到2020年，我国医疗市场价值预计将高达1万亿美元。我国是全世界增长最强劲的医疗市场之一。现在很多国际服务业企业要进入我国，就是看到了这样一个巨大的市场需求。

为什么消费总量会有这样大的变化？依据国际经验，人均GDP达到5000美元后，消费结构和消费总量将处于升级和释放的重要阶段。过去是以物质型消费为主，现在则开始逐步转变成以服务型消费为主，消费结构发生了重大的变化。

（2）人口城镇化蕴含着巨大的投资需求。未来10年，我国城镇化率若年均提高1.2个百分点，将再增加2亿农民进入城镇，加上现有的1.6亿农民工，新增城镇人口将达4亿左右。按较低口径，农民工市民化以人均10万元的固定资产投资计算，也能够增加40万亿元的投资需求。

（3）人口城镇化将支撑我国未来10年的中速增长。人口城镇化在未来的8—10年将给我国带来百万亿元的需求。即使只有70万亿—80万亿元，未来10年我国也可以保持7%左右的增长。在目前世界经济低迷的状态下，由城镇化所带来的百万亿元的内需，可以说是未来我国经济发展的最大潜力。

（二）人口城镇化能否承担起我国转变经济发展方式的重大使命？

现在情况发生变化，期盼高质量的城镇化，既要解决城市环境污染、房价居高不下等问题，更重要的是又能在推动我国发展方式转变中发挥重大作用。

（1）人口城镇化推动服务业发展。城镇化是以产业为支撑的城镇化，没有产业的城市就变成"空城"；反过来说，没有人口做支撑，如果像过去一样靠重化工业支撑城市，这种发展模式将难以为继。人口城镇化是服务业发展的内在推动力。为什么这些年我国服务业比重长期徘徊在40%左右？原因之一是人口城镇化发展严重滞后。比如，到北京协和、301等医院看病，一大早就要去挂号，并且还常常挂不上。为何出现这种情况？就是因为人们的需求变了。以前靠一个钢铁厂带动一座钢铁城市，是因为过去以工业城镇化为主要特点，靠重化工业拉动城市发展。如今，人口城镇化发展到一定阶段的时候，必然要求城市尽快形成以服务业为主体的产业结构，以适应人在城市生活的需求。人们需要得到好的服务，比如教育、文化、医疗等基本公共服务。当然，更需要好的生态环境。所以，提高城镇化质量，首要的是推动服务业，尤其是现代服务业的发展。

（2）人口城镇化推动工业转型升级。通过北京的雾霾可以看到，环境问题给社会带来了严重影响。人口城镇化将进一步促进工业转型升级。发展低碳经济是人口城镇化的必然要求。

（3）人口城镇化推动农业现代化进程。资本下乡不能跟农民争夺土地，而应主要用于建设农业服务体系，比如流通、运输、包装、加工等，带动农业的现代化进程。

（三）人口城镇化能否承载城乡一体化的重大使命？

总的判断是，我国已进入以城镇化拉动城乡一体化的新阶段。客观地说，前些年建设新农村的投入不少，但总体看成效不明显，并且难以持久。一个重要原因就在于没有把城镇化的因素综合考虑在内。通过城镇化拉动城乡一体化，应当成为城镇化建设的重大任务。党的十八大报告提出"有序推进农业转移人口市民化",要实现这一目标,关键在于以人口城镇化为目标,以农民工市民化为重点,真正解开城乡这个"二元方程"。

综合概括为三句话。第一,以规模扩张为主要特点的城镇化道路难以为继,以促进公平可持续发展为基本目标来提高城镇化的发展质量,是经济现代化的一个追求。第二,未来5—10年,农民工市民化将成为城镇化面临的重大问题。第三,城镇化承载的一个历史使命是转变发展方式,支撑我国公平与可持续发展。

二 人口城镇化的转型

人口城镇化是新型城镇化的核心。2012年我国名义城镇化率达到52.6%,但人口城镇化率只有35%左右,高达2.6亿的农民工尚未真正融入城市。未来5—10年,新型城镇化重在推进人口城镇化的转型发展。

(一) 2020年人口城镇化的目标

(1) 人口城镇化率达到50%以上。目前我国名义城镇化率为52.6%,如果以年均1%—1.2%的速率推进,到2020年名义城镇化率达到60%以上是有可能的。与此相比,目前我国35%的人口城镇化率远低于52%的世界平均水平,也远滞后于我国名义城镇化水平。如果到2020年,人口城镇化率仍然严重滞后于名义城镇化率,那就是不成功的城镇化。考虑到10年后我国的发展前景,人口城镇化率的合理区间应不低于50%。也就是说,未来10年我国人口城镇化率的年均增长率应为1.5个百分点左右。

(2) 以人口城镇化为出发点、落脚点。从现实情况看,只要以农民工市民化为重点的相关改革到位,2020年达到50%以上的人口城镇化水平是有可能的。

(二) "让农民工成为历史"要有时间表

尽快实现农民工市民化是人口城镇化转型与改革的关键。"让农民工成为历史",既关系到城镇化进程,又关系到全面建成小康社会,牵动发展方式转变全局。有关方面提出,未来10年左右初步解决农民工的市民化问题。在我看来,这个规划比较慢,不太符合现实需求。"让农民工成为历史"应当作为"十二五"时期改革发展的约束性目标。

(1) 农民工市民化的时机成熟。一方面,农民工的主体发生了变化。这表现在新生代农民工融入城市的意愿强烈,并且新生代农民工正向"全职非农"转变。现在"80后"的农民工,占农民工总数的70%左右。有调查表明,新生代农民工没有从事过农业劳动的比例高达85%。再过5—10年,2000年后出生的农民工将成为农民工群体的一个重要组成部分,其教育程度、对城市生活的向往、从事的行业等都决定了他们不会再回到农村。农民工主体的变化以及经济社会发展的进程,决定了不能再用10年、20年左右时间来解决农民工问题。这个问题已经到了不能再拖延的时候了。

另一方面,有财力来解决农民工市民化问题。经过30多年的经济发展,2012年我国的财政收入高达11.7万亿元,如果把土地财政、国有资本分红等纳入,财政可支配总量更大。尽管人口很多,想一下子解决也有困难,但通过建立合理的成本分担机制,初步实现农民工市民化应该说是有条件的。

(2) 采取多种办法解决农民工市民化。人口城镇化主要涉及三个大问题:一是就业;二是基本公共服务;三是基本住房保障。就基本公共服务而言,比如义务教育,有的发达地区不愿意做,为什么?他们说,我们这个地方成了一个义务教育的"盆地",都到这里来,再建百所小学也满足不了需求。几年前,我们就提出建议为农民工子女发放义务教育券,中央财政可以根据教育券补贴输入地财力。

当然最大的难题是住房问题。巴西、墨西哥的贫民窟问题十分严重。与国际上的智库交流时，他们很关注我国是怎么解决进城农民的住房问题的。现在农民工租得起房，但买得起房的人比例太低，要采取多种办法解决农民工住房问题。比如，将符合条件的外来务工人员纳入公共租赁住房的保障范围；对招用农民工比较多的企业，在符合规划的前提下，企业可以在依法取得的土地上建设一些农民工的宿舍楼；为农民工缴纳住房公积金等。

（3）3年左右，使有条件的农民工市民化。把解决有相对稳定的工作、有相对固定的居所、有留在城市意愿的农民工市民化作为"十二五"政府转型的约束性指标。当然，北京等大城市的条件可以比中小城市更严格一点，根据不同层次确定不同的条件。

（4）5年左右初步解决农民工市民化。取消"农民工"三个字，流动人口是世界普遍现象，为什么要叫"农民工"，他选择在哪里工作、选择在哪里居住，他就是哪里的居民或流动人口，可以采取城镇居民和流动人口两部分管理办法。

（5）农民工市民化牵动影响全局。推进农民工市民化，让农民工在城市安家，享受与城镇居民同等的权利和义务，从根本上改变农民工的社会环境，避免数量众多的农民工特别是新生代农民工在城市和农村之间游离漂泊，不仅有利于社会稳定，而且其中一部分农民工群体有可能成长为中等收入群体，对我国走向公平可持续发展意义重大。

（三）以人口城镇化促进中等收入群体的持续扩大

（1）中等收入群体倍增是一个大目标。人口城镇化的主要标志是中等收入群体的扩大。党的十八大正式提出2020年城乡居民收入倍增。只要城乡居民收入年实际增长能达到7%—7.3%，这个倍增就没有问题。问题在于，现在人口中只有23%左右是中等收入群体，大部分是低收入群体，如果到2020年还是收入差距扩大基础上的倍增，那么这个"倍增"也没有多大实际意义。第一，不会形成中等收入群体为主的消费群体。第二，不会形成橄榄型社会结构。只有中等收入群体占较大的比重，消费群体才稳定，因为中等收入群体是消费主力军，是消费结构升级的主要推动者。同时，橄榄型社会结构的形成，也是社会稳定的基础。第三，中等收入群体需要更多的公共信息和公共参与。

过去由投资拉动型经济增长方式带来的城镇化，使得低收入群体占大头，贫富差距比较突出。我的理解是，居民收入倍增，不是贫富差距继续扩大基础上的倍增，而是中等收入群体的倍增，即在目前大约23%的基础上，每年提高2个百分点，到2020年努力达到40%以上，由此使中等收入群体规模扩大到6亿人左右。中等收入群体从3亿人增长到6亿人，对我国消费市场的扩大和稳定、优化社会结构、走向共同富裕，都有决定性的影响。

（2）人口城镇化是中等收入群体倍增的重要载体。由于工业收益与服务业收益远高于农业收益，发达国家历史上中产阶层的形成，主要源于人口城镇化及其经济结构的转型升级。从我国的现实看，未来10年实现中等收入群体倍增，重要的基础和支撑在于人口城镇化的转型发展。

第一，人口城镇化的快速发展阶段是中等收入群体快速形成的过程。未来5年左右，只要以农民工市民化为重点的相关改革能够取得突破，新增城镇人口将达4亿左右，成为新增中等收入群体的"后备军"。

第二，人口城镇化必将拉动服务业的快速发展，带动中等收入群体的快速增长，尤其是白领阶层的快速增加。以美国为例，随着由工业主导向服务业主导的经济转型，白领阶层的规模从20世纪40年代的1000万左右上升到20世纪70年代的5000万，30年间扩大了5倍，1980年白领阶层已占全部劳动力的50%以上。如果我国消费主导的经济转型明显加快，未来10年，服务业比重有望达到60%左右，服务业就业占比有望达到50%以上。按照这个预测，到2020年全国劳动就业人口大约为9.3亿，其中在服务业就业的人口将不少于4.5亿。服务业，尤其是现代服务业就业人口规模的扩大，将明显拉动中等收入群体比重的提高。

第三，加快城乡一体化进程。未来几年，如果城乡一体化的相关政策与体制安排到位，将使一定比例的农民工和农民成为中等收入群体的新生力量。

（四）人口城镇化取决于三大突破

（1）收入分配改革的突破。几年前，我提出从国富优先走向民富优先。过去我国很穷，需要通过政府动员，迅速把国家经济总量做大，这个目标做到了。现在，要实现投资驱动向消费驱动转型，建立一个稳定的利益结构和社会结构，靠什么？靠藏富于民，只有相当一部分人成为中等收入群体才能够形成稳定的消费主体，也才能支撑消费驱动型经济增长、公平发展以及社会进步。民富优先是经济社会转型发展的需求，继续过去集中力量把国家总量做大的发展思路，不适合下一步发展的大趋势。

（2）社会保障体系建设的突破。比如养老问题，20年以后我国的老年人口比例大概接近欧洲一些国家的水平。一个稳定的社会保障体系，对消费有明显拉动作用。养老有保障就敢去消费。社会保障体系的建设对消费驱动有着重要作用。

（3）重点领域改革的突破。上面谈的这些事情都取决于改革的突破，也就是说，人口城镇化问题更多涉及户籍等相关的制度变革和创新。

三　人口城镇化的制度创新

城镇化进程中的许多矛盾和问题，都与人口城镇化的体制机制改革滞后直接相关。推进人口城镇化的转型发展，关键是加快体制机制的变革与创新。为此需要尽快在八个方面取得重大突破：一是让农民工成为历史;二是尽快打破二元户籍结构,改革户籍制度;三是推进土地制度改革,尤其是农村土地制度改革;四是调整人口政策;五是推进与人口城镇化相适应的财税体制改革;六是推进农村社区管理体制改革;七是以打破行政主导城镇化为目标,调整行政区划体制;八是推进行政体制改革。这里重点讨论四个方面。

(一)尽快破题户籍制度改革

可以分三步放开户籍限制:1—2年内实现中小城镇户籍制度全面放开,同时加大中小城镇的财政、金融、用地等支持力度,公共资源配置要更多地向小城镇倾斜,为小城镇产业发展和外来人口就业定居创造条件;3—5年内实现大城市和特大城市户籍制度基本放开,东部沿海城市可以率先推进;8年内把城市户口、农村户口、农民"暂住证"等统一为"居住证",实现流动人口在全国范围内的自由流动和统一管理。

(二)实现基本公共服务均等化的制度对接

彻底打破城乡二元结构,建议尽快出台全国统一的基本公共服务均等化政策,不断扩大城镇基本公共服务覆盖范围,把城镇基本公共服务制度对常住人口的全覆盖作为"十二五"的约束性目标。

(三)统筹推进城乡土地制度一体化

1996年我们曾给中央提出建议,"赋予农民长期而有保障的土地使用权",1998年中共十五届三中全会直接引用了这一观点。这个权是物权,不是债权。由于在法律层面上没有解决使用权的属性,就产生了现在征用农村土地的时候,农民不能作为主体参与谈判。土地是农民最基本的生产资料、维持生计的最基本保障,也是农业转移人口市民化的最大资本。要以土地物权化为重点,以保护农民的土地财产权利为核心,深化农村土地管理制度改革,让农民"带资进城""带财产进城"。这首先要明确土地的物权化属性,切实保障农民土地财产权益。为此,建议在不改变农村耕地用途的前提下，明确土地的物权化属性，修改《物权法》，加快完善对农民土地使用权的法律保障体系。同时，要坚持严格的用途管制，耕地用途不能改变，这是一个大前提。

（四）着力改革行政体制

过去十几年我国城镇化制度安排的突出特点是"行政化""行政主导"，按行政级别确定城镇规格，城市被分为市一级、县一级，由此形成某些城镇化发展的行政体制掣肘。例如，十年前的义乌就可以算得上一个中等城市，但因为它是金华地区的一个县级市，发展会受到行政区划体制的影响与制约。城市的发展有自己的规律，不能完全套用行政级别或采用行政强迫的办法发展城镇化。按照经济社会发展需求推进城镇化进程，需要突破"行政化"的束缚，形成经济主导的城镇化的基本格局。并且，适当调整行政区划体制，尤其在经济社会发展较快的区域，需要加快调整行政区划，以适应经济社会发展的大趋势。

城镇化是一个大战略，是最大的发展潜力。未来5—10年，新型城镇化重在推进规模城镇化向人口城镇化的转型。在这个前提下，要着力解决农民工市民化的问题、解决中等收入群体扩大的问题、解决城市产业结构调整问题、解决城市基本公共服务的问题，等等。为此，把城镇化作为主要抓手和重要载体，加快相关的制度变革与创新，是我国未来5—10年转型改革的重大任务。

人口城镇化的转型与改革[*]

（2013 年 7 月）

随着内外发展环境的深刻变化，未来 5—10 年，我国新型城镇化面临重大机遇、拥有巨大潜力，并将在推动经济社会转型发展中扮演重要的历史性角色。当前的突出问题是，如何解决城镇化质量不高、不可持续的矛盾和问题。这就需要"围绕提高城镇化质量，推进人的城镇化"，推进规模城镇化向人口城镇化的转型，以人口城镇化为主要载体、以政策和体制创新为重点，有效释放城镇化的内需潜力，争取到 2020 年基本形成人口城镇化的新格局。

一 规模城镇化发展已难以为继

改革开放以来，城镇化在拉动经济快速增长中扮演了重要角色。问题在于，由于以往的城镇化与传统的经济发展方式直接相关，其规模城镇化的特点比较突出。例如，以工业化为主导、以做大经济总量和承载投资为主要目标、以土地批租为重要手段。例如，1978—2008 年的 30 年间，我国城市建成区面积扩大了 8.2 倍，但城镇常住人口仅增加了 2.5 倍。2008 年，全国土地财政收入为 16255 亿元，到 2011 年增加到 41545 亿元，3 年间增长了 2 倍多。[②]

---

[*] 本文收入张卓元主编《十八大后十年中国经济走向》，广东经济出版社 2013 年版。
[②] 陈锡文：《我国城镇化进程中的"三农"问题》，《国家行政学院学报》2012 年第 6 期。

这种规模城镇化模式主要表现为城镇在空间和外延上的扩张，较少注重城镇本身的内涵与质量，带有粗放型的明显特征。这种规模城镇化在推动经济增长的同时，也积累了产能过剩、资源浪费、环境破坏等突出问题。

总的判断是：进入发展型新阶段，随着我国城镇化面临的条件、需求、角色的深刻变化，这种规模城镇化的矛盾问题日益凸显，已经弊多利少，难以为继。

（一）城镇化约束条件发生深刻变化，低成本扩张模式难以为继

过去30多年的规模城镇化依赖于低成本的资源要素、环境等主要条件。以土地为例，1990—2000年，土地城镇化的速度是人口城镇化速度的1.71倍；2000—2010年，这一指标上升到1.85倍。人均耕地面积由10多年前的1.58亩减少到目前的1.38亩，仅为世界平均水平的一半。[1] 再以资源为例，2010年我国单位国内生产总值能耗是世界平均水平的2.2倍，主要矿产资源对外依存度逐年提高。[2] 此外，环境破坏严重。我国目前大部分城市的地下水不同程度地被污染，城市的空气质量问题十分突出。总的来说，随着发展新阶段资源要素与环境约束条件的深刻变化，规模城镇化的代价和风险逐步增大。

（二）全社会对城镇化的需求和期望发生深刻变化，低质量的城镇化难以为继

近年来，人们反复议论的一个话题就是幸福。应当说，城镇规模的快速扩张，人们的幸福感并未同步提高。这在很大程度上反映了规模城镇化的结构性缺陷。事实上，进入发展型新阶段，全社会

---

[1] 《我国人均耕地不到世界平均水平1/2》，《人民日》（报海外版）2012年12月26日。
[2] 张平：《我国单位GDP能耗是世界平均水平2.2倍》，中国新闻网，2011年12月28日。

对城镇化的需求开始发生质的变化：人们之所以愿意从农村转向城镇，主要在于城镇比农村更能够提高生活质量。与过去生存型阶段相比，人们对城镇的就业、安居、生活品质等需求全面快速增长。

（1）就业需求的变化。在生存型阶段，农民工进城主要是为了挣钱，那时的农民工能够忍受"候鸟式""两地分居"的就业。而今天，农民工更加追求在城镇稳定的就业以及享受到完整的家庭生活。

（2）居住需求的变化。过去"60后"、"70后"的农民工对未来是两手准备，如果在城镇发展比较好，就选择留在城镇；如果在城镇发展得不好，就会返回农村。但是今天，"80后"、"90后"的农民工已经成为农民工的主体，他们中的大多数不懂农业，回不了农村，也不想回农村，更希望在城镇安家。

（3）生活品质需求的变化。随着收入水平的提高和中等收入群体的增加，人们对闲暇的追求逐步增多，比如对城镇吃、穿、行、购、娱等功能的扩展提出新的要求。

（三）城镇化的角色发生深刻变化，规模城镇化难以担当

从国际经验看，进入工业化中后期，城市的角色和功能逐步发生变化。

（1）从生产主导转向生活（消费）主导。规模城镇化与生产主导的城镇化正相关，传统的规模城镇化只将城镇看成一个劳动力聚集的场所、工作的场所，城镇功能集中体现在为生产服务。工业化中后期，单纯生产主导的城镇化模式越来越难以积聚人气并实现持续发展，而生活（消费）型的城镇模式则出现快速发展的后劲，其兴起成为一个客观趋势。

（2）由工业主导转向服务业主导。工业化中后期，城镇可持续发展将伴随着经济结构的深刻变化。主要表现在城镇功能的拓展对服务业的依赖程度加深，对工业的依赖程度减少。第一，工业的转

型升级有赖于生产性服务业的快速发展，包括策划、广告、物流、金融、研发等环节的重要性提升；第二，人们对生活品质的追求有赖于生活性服务业的快速发展，比如餐饮、教育、医疗、旅游等；第三，随着工业逐步转变为资本密集型，工业项目容纳的就业呈减少的趋势，而服务业因具有较高的就业容量成为城镇就业的主要渠道。

（3）由城乡分割转向城乡融合。工业化中后期，随着城镇的人口集聚功能逐步完善和扩大，越来越多的农村居民更加愿意到城镇就业和生活，城镇空间的拓展成为农业文明走向工商文明的重要条件。新型城镇化承担着统筹城乡发展、实现城乡一体化的重大使命。打破城乡二元结构，推动城乡经济一体化、公共服务一体化、管理体制一体化，是城镇化健康发展的重要前提，是新型城镇化的内在要求。

二　人口城镇化是最大的潜力

当前，我国经济转型到了由投资主导向消费主导转变的关节点。如果说前一阶段投资拉动增长还有战略回旋余地，那么在欧美等外部市场需求萎缩呈现中长期趋势、国内产能过剩的今天，回旋余地已大大缩小。在这种形势下，继续靠投资拉动经济增长，不仅会导致投资边际效益下降，还会加大产能过剩的危机。出路在于：增强国内消费需求对经济增长的拉动作用，释放服务业需求的巨大潜力，由此形成未来 10 年以内需支撑 7%—8% 的中速增长新格局。[①]

在这个特定背景下，我们说城镇化是我国的最大潜力，主要是指城镇化所蕴含的巨大内需潜力。这个潜力的释放主要在于人口城镇化，在于人口集聚效应而带来的服务业等相关产业的发展。

[①] 迟福林：《消费主导——我国转型大战略》，中国经济出版社 2012 年版。

总的判断是：我国的城镇化有其他国家难以比拟的优势，就在于虽然开始进入工业化中后期，但是城镇化率仍有很大的提升空间，尤其是人口城镇化的发展空间巨大，有望成为扩大内需、拉动消费，实现经济内生增长的"第一引擎"。

（一）人口城镇化有倍增的空间

人口城镇化发展严重滞后于规模城镇化，是我国城镇化模式不可持续的突出矛盾，但这同时意味着提高人口城镇化水平的空间很大。2012年，我国城镇化率为52.57%，实际的人口城镇化率仅为35%，远低于2011年世界52%的平均水平。考虑到城镇化处于30%—70%的加速发展区间，如果能打破政策与体制掣肘，每年就有可能提高1.5—2个百分点。到2020年，人口城镇化率就有可能接近目前的世界平均水平；到2030年，有望进一步提高到65%—70%的峰值，基本实现人口城镇化。就是说，未来的20年左右，我国的人口城镇化率有望实现倍增。

（二）人口城镇化拉动内需的潜力巨大

人口城镇化能够有效释放消费潜力并引致相关的投资需求。初步估算，到2020年我国人口城镇化进程将带来百万亿元级别的内需规模，成为7%—8%中速增长的重要支撑。以农民工为例，农民只进城务工，人均消费支出将提高171%；但如果农民进城务工并且成为市民，人均消费支出将提高214%。[①] 初步测算表明，1.3亿—1.5亿新增农业转移人口如果能顺利实现市民化，到2020年有望释放至少5万亿元的潜在消费需求。此外，人口城镇化的消费需求还能够带来巨大的投资需求。从这个意义上来说，人口城镇化是扩大内需的重要载体，是推动消费主导经济转型的重点和关键。

---

① 根据我国人口和计划生育委员会流动人口服务管理司《我国流动人口发展报告2012》及国家统计年鉴2012年相关数据测算。

(三) 把人口城镇化作为新型城镇化的出发点、落脚点

（1）坚持以人口城镇化带动产业结构调整。以人口城镇化带动工业化的转型升级，带动生产性服务业和生活性服务业的兴起，形成服务业发展的大环境。估计到 2020 年，如果人口城镇化水平不低于 50%，我国服务业的比重有望提高到 55% 左右。

（2）坚持以人口城镇化带动城乡一体化。客观说，前些年新农村建设投入不少，但总体看成效不明显，并且难以持久。为什么？重要原因在于没有把城镇化的因素综合考虑在内。从国际经验看，人口城镇化在缩小城乡差距中发挥重要作用。例如，东欧国家城镇化水平相对较低，城乡人均 GDP 相差 2—3 倍；欧美国家城镇化率很高，城乡人均 GDP 相差 1—2 倍。[①] 就是说，新农村建设不能脱离城镇化进程，通过人口城镇化拉动城乡一体化，应当成为城镇化转型发展的重大任务。

（3）以人口城镇化带动中等收入群体的持续增加。目前我国中等收入群体规模比例偏低，只占总人口的 23% 左右，很重要的原因是人口城镇化滞后。从国际经验看，大量收益较低的农业人口转化为收益较高的工业和服务业从业人口，是中等收入群体快速扩大的重要条件。如果人口城镇化与收入分配改革相结合，到 2020 年人口城镇化基本格局初步形成，我国有望实现中等收入群体规模倍增，即每年占比提高 2 个百分点左右，到 2020 年达到 40% 左右；人口规模从 3 亿扩大到 6 亿左右。[②]

三 推动由规模城镇化向人口城镇化的转型与改革

随着城镇化在我国经济社会发展中的影响逐步增大，各方面对城镇化作用的理解并未完全形成共识。有人认为，不能人为地搞

---

① 迟福林：《以城市化为重点推动城乡一体化》，《农民日报》2010 年 9 月 20 日。
② 迟福林：《改革红利——十八大后的转型与改革》，中国经济出版社 2013 年版。

"大跃进",如果盲目地铺摊子,城镇化也有可能演变成为一场灾难。

总的判断是:城镇化是个大战略,但城镇化不仅仅是一个发展问题,更是一个转型与改革的问题。在内外环境变化的条件下,如果城镇化仍以土地扩张为主,而不以人口城镇化为主,单纯演变成一场新的"造城运动",不仅不利于结构调整,还会失去经济转型的重大机遇。为此,推动由规模城镇化向人口城镇化的转型与改革,是未来5—8年走向公平可持续发展的战略选择。

(一)确立人口城镇化发展理念

(1)城镇化不应把农民和农民工排除在外。过去30多年来形成的规模城镇化模式难以为继,除了导致经济增长的不可持续之外,更为深刻的原因在于这种城镇化模式以扩大GDP总量为中心,有着"见物而不见人"的突出特点,在很大程度上保留了城乡二元不平等的制度结构,难以从根本上改变农民和农民工的命运。比如,这些年规模城镇化伴随着大规模的征地拆迁,损害了很多农民的利益;一些地方"造城运动"中所形成"新城"贪大求洋,并不适合农民和农民工居住,而且积累了财政金融风险;围绕规模城镇化,一些地方把吸引高级人才到本地作为政策的重点,而对于农民工市民化则一拖再拖。

(2)人口城镇化重在使农民和农民工有条件成为中等收入群体。打破观念、政策与体制的掣肘,加快人口城镇化进程,就是要让更多的农民和农民工有条件享受城市文明,公平地分享城镇化转型发展的收益,逐步成为中等收入群体。从现实看,未来5—8年,如果人口城镇化顺利推进,实质性打破城乡二元制度结构,使农民工的四分之一、农民的五分之一成为中等收入群体是完全有可能的。在这个前提下,才能实现向消费主导、服务业主导、人力资本主导等多个方面的转型升级,才能再造一个公平可持续发展的"黄金 10 年"。

（3）把人口城镇化作为检验新型城镇化的核心目标。进入发展型新阶段，人的自身发展成为发展的主题，新型城镇重在聚焦于人的自身发展，实现公平发展、包容性发展。摒弃经济总量导向的城镇化发展理念，坚持把人口城镇化作为城镇化转型发展的核心，把打破城乡二元的政策与体制结构作为城镇化转型发展的重点。

（二）确立人口城镇化的战略目标

当前，重视规模城镇化、忽视人口城镇化的短视行为，很大程度上在于各级政府有比较明确的经济总量发展、城镇规模扩张的目标，而在人口城镇化上目标并不很明确。这造成了实践中常常把人口城镇化强调为一个长期、复杂的过程尽可能地往后退。考虑到人口城镇化在推动经济社会转型中的全局性作用，建议今年召开的党的十八届三中全会明确提出人口城镇化的中长期战略目标，并作为国家城镇化战略规划制定的依据。考虑到 2030 年完成人口城镇化进程，建议形成分三步走的城镇化发展战略。

（1）第一步：未来 5 年内，加快人口城镇化的制度创新。重点推进城乡经济一体化、社会一体化，解决存量农民工市民化，使人口城镇化年均增长 2 个百分点左右，到 2017 年使人口城镇化率达到 45% 左右，带动经济结构转型升级，初步形成内需支撑 7%—8% 中速增长的新格局。

（2）第二步：未来 8 年左右，初步形成人口城镇化的格局。到 2020 年，基本实现城乡经济、社会、行政体制的融合和一体化，使人口城镇化率提高到 50% 左右，初步实现人口城镇化，并在协调城乡利益关系上取得新突破，初步形成橄榄型社会结构的新格局。

（3）第三步：再用 10 年时间完成人口城镇化。人口城镇化率每年提高 1—1.5 个百分点，使人口城镇化率达到 65%—70%，到 2030 年基本实现人口城镇化，带动经济、社会、文化等各个领域现代化的实现。

(三) 人口城镇化是一场深刻的变革

未来5—8年，数亿农民进入并融入城镇生活，涉及经济、社会、行政等领域深刻的变革。从经济领域看，规模城镇化的背后是行政主导的城镇化，要求通过深化改革打破行政主导的城镇化，使城镇化能够遵循经济规律，形成经济主导的城镇化新格局，也要求适应人口城镇化进程推进投资转型，从而带动经济结构的转型升级；从社会领域看，人口城镇化要成为培育和扩大中等收入群体成长的"摇篮"，需要协调重大利益关系，以"民富优先"破题收入分配改革，赋予农民和农民工与城镇居民平等的社会权利和发展机会，使更多的农村人口有条件享受城镇生活品质，这就要求彻底打破城乡二元的公共服务体制和社会管理体制；从行政领域看，人口城镇化将伴随着大规模农民进城所带来的公共需求全面快速增长，必然要求改变规模城镇化条件下的经济建设型政府模式，形成人口城镇化条件下的公共服务型政府模式，这不仅涉及政府职能的转变，还涉及中央地方财税关系的深刻变革、权力结构的优化调整等一系列重大变革。

四 人口城镇化重在农民工市民化

人口城镇化的过程，是农民进入城镇就业并融入城镇生活的过程。就是说，农民工市民化是推进人口城镇化的核心。城镇化要实现包容性增长，"重头戏"是解决好农民工市民化的问题。当前，我国有2.6亿农民工进入城镇，但未真正成为城镇居民，加上每年还将有1500万左右新增农民工进城，成为人口城镇化最大的挑战。

总的判断是：农民工市民化影响全局。推进农民工市民化，让农民工在城镇安家，享受与城镇居民同等的权利，不仅有利于经济社会稳定，而且由此会赢得转型与发展的主动权。

（一）实现农民工市民化到了临界点

最近有不少人认为，解决农民工市民化不能过于理想化，要等到20年以后。我的看法是，随着城镇化进程的加快，农民工市民化越往后拖越被动。一方面，农民工在城镇居住呈长期化趋势，他们中的八成即使不放开户籍也要留在城镇。如果等到20年后，"80后"的农民工即将面临退休，那时解决问题的成本只会更大而不会更小。就是说，实现农民工市民化有很强的现实需求，农民工长期融不进城市社会，享受不到应有的权利，累积了大量的社会矛盾和风险。面对利益关系的失衡，以及社会矛盾凸显，解决农民工市民化的时间空间约束明显增强。从现实出发，可以考虑通过5—8年的努力，到2020年总体解决农民工市民化，以掌握经济社会转型的主动权。

（二）尽快出台农民工市民化的国家规划

到2020年总体解决农民工市民化，需要财力、政策等相关条件。综合多方面的情况看，关键在于战略判断和政治决心。从多年来各地探索的经验看，农民工市民化涉及跨城乡、区域的利益关系协调，需要从国家层面对流入地和流出地政府责任作出规范，并需要明确中央政府的责任。基于这种考虑，建议尽快出台农民工市民化的国家规划，通过顶层设计加快农民工市民化进程：第一步，2—3年内，通过加快发展中小城镇、放宽大中城市入户限制，初步实现有条件的农民工市民化；第二步，3—5年内，通过改变城乡二元户籍制度和城乡基本公共服务均等化的制度安排，基本解决存量农民工的市民化；第三步，5—8年内，即到2020年总体解决农民工市民化。

（三）多种方式解决农民工基本公共服务均等化

农民工市民化的过程，实质是基本公共服务均等化的过程。有专家建议：以农民工整体融入城市公共服务体系为核心，推动农民工"个人融入企业、子女融入学校、家庭融入社区、群体融入社会",即实现"四个融入"。从现实的情况看,推进基本公共服务对农民工全覆盖,需要充分发挥国家和社会两个积极性。建议在政府承担最终责任的前提下,充分发挥市场机制作用,采取合同外包、特许经营、政府采购、公共服务券等方式鼓励社会力量的参与,增强农民工基本公共服务供给的可持续性。

(1) 多种方式解决农民工子女教育。切实放开民办教育的门槛,鼓励民办义务教育。比如针对农民工子女流动性过大的现实,可以采取义务教育券的办法解决他们的受教育问题。

(2) 多种方式解决农民工的就业。比如,鼓励发展各类实用型的职业教育,采取由政府承担部分甚至全部学费的办法鼓励农民工学习专业技能。还可通过免税等优惠政策鼓励农民工创业。

(3) 充分发挥国家和社会两个积极性解决农民工的住房问题。以住房保障为例,在各级政府将符合条件的外来务工人员纳入公共租赁住房保障范围的同时,对招用农民工比较多的企业,在符合规划的前提下,可以考虑出台政策鼓励支持企业在依法取得的土地上建设农民工的宿舍楼。

(4) 充分发挥社区在解决农民工的公共服务的重要作用。推动工青妇等枢纽型社会组织向社区"下沉",为农民工提供多方面的公益性服务。

五 推进以改变城乡二元户籍为重点的制度创新

当前,城镇化进程中的许多矛盾、问题,大都与人口城镇化的体制机制改革滞后相关。以户籍制度为重点的结构性改革严重滞后于城镇化进程,使得人口城镇化面临难以克服的体制性矛盾。充分释放城镇化巨大的内需潜力,需要以更大的决心和魄力推进户籍制度、土地制度、公共服务制度等方面的改革创新。为此建议:新出台的国家城镇化发展规划明确提出人口城镇化相关制度创新的任务，并明确改革的路线图、时间表。

(一) 打破城乡二元户籍制度

我国城乡二元分割的户籍制度始于20世纪50年代末，至今已有50多年的历史，成为横亘在城乡居民之间的一道难以逾越的制度鸿沟，并由此形成城乡居民之间权利的不平等、享有公共资源和社会福利的不平等。对户籍制度，不是一般的改革创新问题，而是要明确提出取消的目标，并且有时间表。例如，1—2年内，剥离户籍制度的福利分配功能，在中小城镇全面取消户籍制度，建立人口登记制度；3—5年内，除了某些特大城市外，其他大中城市的户籍制度基本放开，全面实施居住证制度；5—8年内，全面实行以身份证代码为唯一标识的人口登记制度。[①]

(二) 实现农地物权化的制度创新，让农民工能够带着土地财产权进城

这些年，城镇化中暴露出来的农地问题，与法律尚未赋予农地使用权完整的物权性质直接相关：一是农村征地强拆、补偿标准过低等问题，深层次的原因在于农地实际上为债权而非物权，农民难以成为征地中的谈判主体；二是农业产业化、规模化经营受制于农村土地交易市场发育滞后；三是企业可以通过自身资产抵押获得银行贷款，但按照《物权法》规定，"耕地、宅基地、自留地、自留山等集体所有的土地使用权不得抵押"，使得农民通过土地使用权抵押获得银行贷款面临法律障碍；四是由于农地和宅基地的物权性质不完整，农民难以通过承包地和宅基地流转，带着资本进城，由此导致人口城镇化严重滞后。

为此，尽快修改相关法律法规，赋予农地使用权以物权性质，可以收获多方面的改革红利：一是有利于农民带着土地财产权或流

---

① 迟福林：《改革红利——十八大后的转型与改革》，中国经济出版社2013年版。

转所得的资本进城，加快人口城镇化进程；二是有利于推动农地流转，推动农业产业化、规模化、集约化经营；三是有利于提高农民在土地出让中的主体地位，保护农民土地权益，提高农民的土地收益。

这里，需要指出的是，土地不是国家无偿给农民的一种福利，不能把"双放弃"（放弃承包地和宅基地）作为农民进城落户的先决条件，更不能强制性要求农民退地。就是说，农民工的市民权利不能以土地权利换取。从法律上保障农地使用权的物权性质，在严格用途管制的前提下，赋予农民工对承包土地、宅基地、农房和集体资产股权更大的处置权，是实现农民工市民化的重要保障。

考虑到2007年出台的《物权法》已经将包括农村土地承包权、建设用地使用权、宅基地使用权等列入用益物权范围，建议：

（1）尽快完成土地确权，保障农民土地用益物权主体地位。近年来，一些地方以统筹城乡发展的改革创新为名，行侵害农民土地权益之实，应尽快予以矫正。建议2—3年内，基本完成全国范围的农村土地确权登记；尽快叫停一些地方"土地换社保"等不合理做法；尽快修改《物权法》，将农村土地使用权明确列为可抵押的财产权。

（2）落实土地承包关系保持稳定并长久不变。土地承包关系调整的预期，对农地的交易、抵押产生很大的制约作用。建议尽快修改《土地管理法》，赋予农民长期而有保障的土地占有、使用、收益和处置权利。

（3）建立城乡统一、同权同价的土地市场。城乡二元的土地制度，突出地表现在城乡同地不同价，降低了农村土地财产权的"含金量"。建议：完善土地交易市场，尽快形成农民承包土地和宅基地使用权的抵押、入股的制度安排；完善征地补偿的法律规定，对失地农民实行公平补偿；严格限定公益性征地范围，主要通过盐碱地、荒地等改造而非占用耕地获得增量建设用地。

(三) 推进城乡基本公共服务制度的对接

近一个时期，又有讨论警惕"高福利"倾向的问题。我国仍是一个发展转型的大国，确实需要考虑基本公共服务的可持续性。问题在于，目前突出的矛盾：一是福利结构不合理。一部分人的确享受了过分的"高福利"，但更多的中低收入者是"低福利"甚至"负福利"。例如2011年农民工参加养老保障的比重仅为13.9%[①]，明显低于城镇户籍居民，形成了"中高收入有保障、中低收入缺保障"的"负福利"现象。二是公共财政支出比例仍然偏低。以社会保障和就业支出占财政支出的比重为例，2010年金砖国家中的巴西和南非分别为35.5%和13%，我国仅为10.2%。[②]

打破城乡二元户籍制度的关键在于解决城乡基本公共服务的差距问题。中央已经明确提出到2020年总体实现基本公共服务均等化的目标，这是解决人口城镇化的重大举措。问题在于，由于城乡经济发展、生活水平上的差距，城乡基本公共服务水平在大致相当的前提下可以有一定的差距，但要尽快解决制度不公平的问题。

面对这个现实，需要坚定到2020年城乡基本公共服务均等化总体实现的目标，尽快出台全国统一的基本公共服务均等化政策，解决农民工面临的最急迫的子女教育、养老与医疗保险、基本住房保障等问题，推动城乡基本公共服务制度的对接、融合。建议按照"完善体系、对接制度、提高水平、重点支持"的总体思路，加快基本公共服务制度一体化。

(1) 第一步：1—3年内，初步实现城乡基本公共服务制度的对接。将城乡基本公共服务纳入一个"篮子"里，探索实现基本公

[①] 国家统计局：《2011年我国农民工调查监测报告》，国家统计局网站，2012年4月27日。

[②] 国家统计局：《金砖国家联合统计手册(2013)》，国家统计局网站，2013年3月29日。

共服务的省级统筹。

（2）第二步：3—5年内，实现区域间、不同社会群体间公共服务转移接续。通过建立中央地方基本公共服务分工体制，深化中央在义务教育、基本医疗与公共卫生、基本社会保障等支出责任，实现基本公共服务的全国统筹。

（3）第三步：5—8年内，基本实现城乡、区域间基本公共服务均等化。逐步缩小城乡、区域基本公共服务差距，最终基本建立全国统一的基本公共服务体制，实现"制度统一、标准统一、水平均衡"。

（四）实现公共资源由按照行政级别配置向按照人口规模配置的转变

人口城镇化严重滞后于规模城镇化，深层次的原因在于公共资源按行政级别配置，而非按人口规模化配置，并由此形成了公共资源配置向大城市集中，中小城镇公共资源严重不足的局面。例如，一、二线城市的高房价，背后是公共资源、优质公共服务在中心城市的集中配置。其结果是，大城市公共服务质量高和就业机会多，但农民工市民化安置成本高；中小城镇农民工市民化安置成本低，但对农民工缺乏吸引力。

（1）推进公共资源配置均等化。按照人口在城镇集聚的规模测算不同城镇公共资源，包括学校、医院、公用基础实施等配置标准，并依据基本公共服务均等化的原则，实现大中小城镇公共资源配置的均等化。

（2）实现财政资金向中小城镇倾斜。确立公共财政理念，改革财税体制，加大各级政府对中小城镇的转移支付力度，实现新增财政城市建设资金主要用于中小城镇，推动不同层级政府的财政能力均等化，实质性地提高中小城镇人口集聚功能。

（3）探索行政层级扁平化。我国多年来沿用的是中央、省

（自治区、直辖市）、地级市、县（县级市）、乡镇五级政府框架，使得公共资源配置链条过长、公共资源向权力中心集中配置的矛盾突出。建议在"省直管县"财政体制的基础上，按照十八大"行政层级扁平化"的要求推动行政体制上的省直管市县，赋予市县在公共资源配置上的平等地位；在"乡财县管乡用"改革的基础上，鼓励有条件的地区探索将乡镇政府转变为县的派出机构。

（4）以公益性为重点优化国有资本配置。人口城镇化的转型与改革，牵动整个经济转型，从而对调整、优化国有资本配置提出新的要求。考虑到人口城镇化面临公共产品短缺矛盾的现实，建议尽快出台调整优化国有资本配置的方案，将更多的竞争性领域国有资本转向人口城镇化相关的公共产品领域，发挥国有资本在提升中小城镇基础设施、公共服务水平上的重大作用，在这个前提下，改善投资环境，激活社会资本在中小城镇的投资。

推进规模城镇化向人口城镇化的转型与改革，伴随着深刻复杂的利益关系调整和政府发展理念的重大变革。对此，需要进一步约束政府自身利益倾向，需要进一步解放思想，打破传统城镇化的旧观念、旧框框，需要进一步改变政府的增长主义倾向，以加快推进规模城镇化向人口城镇化的转型，充分、持续释放人口城镇化的最大潜力。

以人口城镇化为主线的结构调整[*]

（2013年8月）

新型城镇化是转型发展的最大潜力。如何理解这个"最大潜力"，我的基本看法是：

（1）城镇化是未来10年发展的最大潜力。未来10年我国城镇化率还有10—15个百分点的提升空间。这一方面说明我国城镇化发展的相对滞后；另一方面也说明我国城镇化的发展具有后发优势。未来10年，城镇化率年均提高1个百分点是有条件的。

（2）城镇化是推动工业转型升级及其产业结构调整的最大潜力。根据国际经验，进入工业化中后期，城镇化率为65%左右。2012年我国的城镇化率为52.6%，城镇化滞后于工业化10—15个百分点。

（3）人口城镇化是经济社会转型的最大潜力。2012年，我国规模城镇化率为52.6%，人口城镇化率为35%左右，人口城镇化滞后于规模城镇化15个百分点。新型城镇化的关键是实现规模城镇化向人口城镇化的转型和发展，并在人口城镇化的基础上逐步走向人的城镇化。这一过程，必将引起我国经济社会转型的深刻

---

[*] 在长春市政府主办的"长春市新型城镇化建设论坛"的演讲，2013年8月17日，长春；载于《中改院简报》总第956期，2013年8月。

变化。

一 以人口城镇化拉动 13 亿人的消费需求

城镇化是消费释放的主要载体。以往 35 年城镇化的快速发展，主要通过工业化和产业化来拉动。当前，我国进入发展型新阶段，虽然工业化、产业化发展对拉动城镇化仍在发挥着重要的作用，但这个"作用"有逐步减弱的趋势；13 亿人消费结构的变化和消费潜力释放。推动的城镇化有逐步加大的趋势。就是说，工业化、产业发展与消费结构变化、消费释放成为推动城镇化的双重驱动力。但是，后者推动的作用呈现出越来越快、越来越强的趋势。由此，需要充分估计人口城镇化带来的消费需求和消费结构升级的大趋势。

（一）城镇化与消费结构变化

当前，我国消费结构出现以下变化：生存型消费需求减少，发展型消费需求增多；物质型消费需求减少，服务型消费需求增多；一般私人产品短缺矛盾减少，基本公共产品短缺矛盾增多。这些变化说明，要适应消费结构升级和消费释放的大趋势，以人口城镇化为载体推动消费主导的转型与改革。

（二）人口城镇化与中等收入群体的扩大

推进人口城镇化的目的是使越来越多的人成为中等收入群体。人口城镇化的重要标志是中等收入群体的扩大。新型城镇化就是相当比例的人口逐步成为中等收入群体。从这个意义上说，中等收入群体的比重是衡量人口城镇化发展程度的重要标准之一。

（1）人口城镇化的快速发展阶段是中等收入群体快速形成的过程。未来 10 年，以农民工市民化为重点的相关改革能够取得突破，新增城镇人口将达 4 亿左右，成为新增中等收入群体的"后备军"。

（2）以人口城镇化带动中等收入群体的持续增加。由于工业收益与服务业收益远高于农业收益，发达国家历史上中等收入群体的形成，主要源于人口城镇化及其经济结构的转型升级。从我国城镇化的历史来看，城市扩张和城镇人口增长为中等收入群体的扩大创造了良好的基础条件。

（3）未来10年，随着人口城镇化的发展，中等收入群体有望实现倍增。目前，我国中等收入群体规模只占总人口的23%—25%。加快人口城镇化进程，到2020年，就有可能使中等收入群体比重达到40%左右，人口规模扩大到6亿。这样，经过8—10年的努力，我国将形成以中等收入群体为主体的消费结构和社会结构。

（三）人口城镇化与中速增长

测算表明，在长期中，消费增速每提高1个百分点，经济将增长0.76个百分点。由此可以估算消费需求释放不同情景下的经济增长前景：2012—2020年城乡居民消费年均实际增速为7.66%—8.92%，由此推算同期经济年均实际增速可达到7.07%—7.96%。这表明，随着消费需求的有效释放，未来10年实现7%左右的中速经济增长是有可能的。

未来5—10年，以人口城镇化为支撑，推进消费主导的转型改革、充分释放国内最大的消费潜力，将成为我国发展转型的突出优势和主要动力。

二 以人口城镇化推进投资转型

毫无疑问，人口城镇化不仅不排斥投资，还能够带来巨大的投资需求。问题的关键在于，如何适应人口城镇化的大趋势，着力推进投资转型尤其是投资结构的转型。

（一）人口城镇化与投资需求

国家城镇化规划中将户籍制度改革作为政策制度创新中的一个重点，农民工市民化的速度将有所加快。如果到2020年4亿农民工能够实现市民化，按最低口径，农民工市民化以人均10万元的固定资产投资计算,就能够增加40万亿元左右的投资需求。就是说,人口城镇化蕴藏着巨大的投资需求。

(二)人口城镇化与投资结构转型

(1)投资结构需要加快转型。主要的原因:一是目前我国的产能过剩,具有全面性、长期性、某些行业具有绝对性特点。对此,需要高度关注。当前,收入增长跟不上生产扩张的速度;有支付能力的消费跟不上生产扩张的速度,这说明我国增长方式的问题,投资—消费失衡是经济运行的突出矛盾;二是市场的变化。如果说前一阶段投资拉动增长还有战略回旋余地,那么在欧美等外部市场需求萎缩呈现中长期趋势、国内产能过剩的今天,回旋余地已明显缩小。在这个大背景下,如果不启动国内消费,不实现投资主导向消费主导的转型,不实现投资—消费的动态平衡,继续靠投资拉动经济增长,不仅会导致投资边际效益下降,还会继续加大产能过剩的危机,甚至有可能引发经济危机。

(2)以人口城镇化促进投资结构转型。人口城镇化需要加大公益性项目投资和消费供给能力的投资。以文化产业投资需求为例,要实现我国文化产业增加值由目前占GDP的3%上升至2020年8%的目标,估计需要累计投资20万亿元左右。再以城镇的公用设施投资为例,有专家估计:到2020年城市内部的轨道交通至少有3万亿元的投资需求;供气系统有4.4万亿元的投资需求。

(三)调整投资结构重要的是国有资本的转型

适应人口城镇化发展的大趋势,需要推动国有资本从做大总量向以公益性为目标的配置转变。改革开放35年,国有资本在缓解私人产品短缺、做大经济总量等方面功不可没。当前,进入公共产品短缺时代,全社会对公共产品的需求发生了重要变化。在这个大背景下,推动国有资本从一般竞争性领域退出,重点配置到义务教育、基本公共医疗以及基本住房保障等与民生相关的公共产品领域，给社会资本投资腾出更大的市场空间，以发挥国有资本在提升中小城镇基础设施、公共服务水平上的重大作用，在解决公共产品短缺中的独特作用。

三 以人口城镇化促进服务业发展

城镇化进程与产业结构调整直接相关。问题在于，我们不仅要强调产业支撑的城镇化，更要强调人口城镇化对产业结构调整的重要作用，尤其是对服务业发展的巨大需求。

（一）产业城镇化与城镇产业化

总的说，这二者相辅相成，相互促进。一方面产业结构调整的方向和重点，在很大程度上决定着城镇发展的可持续性；另一方面城镇化进程，尤其是人口城镇化的发展，也往往决定着产业结构调整的方向和重点。例如，服务业比重的上升就是城镇化拉动产业结构调整的必然趋势。问题在于，我国过去30多年总体上走了一条以工业城镇化为主要特点、依靠重化工业拉动城镇发展的道路。高度依赖资源开采和重化工业而形成的"工业城镇""工厂城镇"的发展模式，如果不能适应人口城镇化的需求变化尽快转型，城镇支柱产业的衰退必然导致城镇的衰败。

（二）人口城镇化与服务业发展

在工业化、城镇化的过程中，人口集聚、人们生产方式的变革，居民生活水平的提高，都会带来生活性服务业的需求；城市发展要素的配置，社会分工的细化，不同产业的衔接，也会带来生产性服务业的需求。从国际经验看，城镇化率达到50%以后是服务业大发展的时期。例如，日本服务业是工业产值的3倍，德国是2.68倍，我国仅有0.98倍。为什么这些年我国服务业比重长期徘徊在40%左右？原因之一是人口城镇化发展的严重滞后。比如，到北京协和、301等医院看病，经常比菜市场还"热闹"。出现这种情况，我认为主要是两个原因：一是医疗、教育等服务业发展滞后于人口城镇化带来的消费需求变化进程；二是公共资源配置的严重不均衡，尤其是中小城镇的公共资源配置严重滞后。

总体看，我国加快服务业发展有其内在的需求和条件：第一，市场需求巨大。麦肯锡咨询公司一份报告显示，2011年中国的医疗支出超过3570亿美元，到2020年中国医疗市场价值预计将高达1万亿美元，中国将是全世界增长最强劲的医疗市场之一。现在很多国际服务业企业要进入我国，就是看到了这样一个巨大的市场需求空间。第二，有先进制造业的支持条件。发展服务业，不是不要工业，不是"去工业化"，而是需要工业的转型升级。例如，现代服务业的发展在很大程度上依赖先进制造业。应当说，我国进入工业化中后期，依赖先进制造业发展现代生产性服务业是有条件的。

（三）人口城镇化与服务业发展的政策体制创新

面对巨大的需求增长，我国服务业发展潜力巨大。未来10年，服务业比重有望达到60%左右，服务业占比达到50%以上，可新增1.12亿个就业岗位。从现实看，关键是加快服务业的市场开放，加快服务业发展的政策与体制创新。以用地为例，根据《中国国土资源统计年鉴2012》计算，2011年，全国105个主要城市的工业用地价格仅相当于商业用地、居住用地价格的11.53%和14.43%。服务业用地价格长期高于工业用地价格，既导致工业转型升级动力不足，又制约了服务业的发展，降低了土地的整体使用价值。实现服务业用地与工业用地"同地同价"，不仅能推进服务业的发展、工业的转型升级，也会在一定程度上解决房价贵的问题。

四 以人口城镇化带动城乡一体化

我国已进入以城镇化拉动城乡一体化的新阶段。问题的关键在于，需要依赖人口城镇化的转型与改革，拉动城乡一体化进程。

（一）人口城镇化与城乡一体化

当前，在人口城镇化与城乡一体化方面有些不同的主张。我的主要看法是：第一，城乡一体化依赖于人口城镇化。以往30多年规模城镇化是以土地扩张为突出特点，以工业化和非农产业发展推动的城镇化。这种城镇化的发展不仅难以拉动城乡一体化，而且还以牺牲农民利益为代价。第二，人口城镇化能够直接拉动城乡一体化进程。所谓人口城镇化，是指农民流入城市就业并长期生活，成为城市新市民和逐步融入城镇的过程。未来5—10年，以农民工市民化为重点的人口城镇化将成为新型城镇化的首要目标和基本要求。

（二）人口城镇化与中小城镇发展

从现实情况看，大城市接纳大量的农村转移人口的能力逐步减弱，而中小城市和小城镇在吸纳就业、促进城乡基本公共服务均等化的作用逐步显现。在全国已转移的农村劳动力中，乡镇企业等县域中小企业吸纳50%以上，东部经济发达地区农村劳动力在小城镇就地转移的高达90%以上。此外，中小城镇在城乡之间发挥着重要节点作用，使基础教育、社会保障、卫生医药、文化体育事业等基本公共服务进入农村社区，推动了城乡基本公共服务均等化进程。未来10年，大力发展中小城镇，着力提高中小城镇吸纳人口的能力，应当成为我国人口城镇化的重大任务。

（三）人口城镇化与公共资源配置的均等化

人口城镇化严重滞后于规模城镇化，深层次的原因在于公共资源按行政级别配置，而非按人口规模配置，并由此形成了公共资源配置向大城市集中，中小城镇公共资源配置严重不足。例如，一、二线城市的高房价，背后是公共资源、优质公共服务在中心城市的集中配置。目前，大城市集中了我国80%的优质医疗资源，其中的80%又集中在大医院。其结果是，大城市公共服务质量高和就业机会多，但农民工市民化安置成本高；中小城镇农民工市民化安置成本低，但对农民工缺乏吸引力。即使放开中小城镇户籍，由于缺少优质的公共资源和就业机会，农业转移人口还是会涌向大中城市。为此，需要实现公共资源由按照行政级别配置向按照人口规模配置的转变，按照人口在城镇集聚的规模测算不同城镇公共资源配置标准，按照基本公共服务均等化的原则，实现大中小城镇公共资源配置的均等化。

以人口城镇化推动结构调整，需要更大的制度变革、政策创新、理念变革。如果没有理念的变革以及在理念支持下的相关政策规划和城镇化规划，有可能盲目地走上规模城镇化的老路。从这个意义上说，人口城镇化既承载着发展的历史使命，又承载着转型改革的历史使命。我们应当在政策创新、制度变革方面下功夫，应当在发展理念上实现变革，这样才能走出一条人的城镇化发展的新路。

以转型改革破题新型城镇化*

（2014年3月）

新型城镇化是我国经济社会发展的大战略。《国家新型城镇化规划（2014—2020年）》（以下简称《规划》）提出了未来7年我国城镇化发展的目标和任务。从实践看，推进新型城镇化关键是转型与改革。

一　新型城镇化的特定背景正在发生深刻变化

未来5—10年，我国城镇化发展的特定背景将发生显著的变化，其突出特点就是新型城镇化发展与增长、转型、改革高度融合。比如说增长，不仅潜在增长率在下降，增长的条件也正在发生重大的变化。若继续走以做大GDP总量为主要目标、以工业和投资为主导的传统规模城镇化发展的道路，不仅难以走下去，而且也难以支撑未来10年的经济增长。当前，增长直接和转型高度融合，可持续增长越来越依靠转型的实际进程，而经济转型的破题又直接依赖于改革的实质性突破。为什么经济转型很困难，原因在于现行的政府主导型经济增长方式，尤其是地方政府竞争型的经济增长方式尚未发生重大改变。这些年的改革实践说明，改变政府主导型经

---

* 在"发展中国论坛2014年年会"上的发言，2014年3月29日，北京。

济增长方式，如果没有政治体制、经济体制、社会体制等全面改革的重大突破，实现增长转型是十分困难的。

（一）新型城镇化与扩大内需

《规划》提出，扩大内需的最大潜力在于城镇化。我国经济增长已经从原来传统的投资出口拉动型转向内需拉动型、消费驱动型的转变。在新型城镇化加快推进的背景下，内需将成为未来5—10年甚至更长一段时期，我国增长转型的突出优势。预计到2020年，我国消费总规模有可能从现在的25万亿元提高到50万亿元左右。由此引致的投资需求也将达到50万亿元。也就是说，到2020年我国将有高达近百万亿元的内需规模。

释放巨大的内需潜力关键靠人口城镇化。据国家统计局测算，2001—2011年，城镇化率每提高1个百分点，拉动消费增长1.8个百分点；2012年城乡居民人均现金消费支出比为3.08∶1。通过人口城镇化转型与改革，将农民工转变为真正意义上的市民，释放巨大的消费需求和投资需求。

（二）新型城镇化与可持续增长

发展新型城镇化，首先要解决的是环境污染问题。为什么要搞京津冀一体化？如果这个一体化不能很好实现，恐怕北京地区的雾霾都难以解决。此外，面对严重的产能过剩问题，不能再盲目上传统重化工业项目。以工业为主导、以追求GDP总量为目标的规模城镇化已经走不下去了，要加快推进工业主导向现代服务业主导的新型城镇化转变。这样，城镇化和可持续增长才能高度融合，使新型城镇化成为支撑可持续增长的主要因素。

（三）新型城镇化与公平发展

如果过去35年支撑中国53%的城镇化率是以不改变城乡二元结构为前提的，是以劳动力城镇化为突出特点的规模城镇化，今天再走这样的城镇化道路将累积越来越多的问题，这不仅是经济问题,由不公平引发的社会问题也会越来越多。新型城镇化,就是要加快改变城乡二元的户籍制度,加快实现城乡基本公共服务均等化,让"农民工"成为历史,让城乡居民共享改革发展成果。

(四) 新型城镇化与国家治理体系和治理能力现代化

第一,新型城镇化的水平和质量是国家治理体系和治理能力现代化的重要标志。城镇化本质上是一种现代生活方式、消费方式。农民要进城,就是要享受更有质量的生活,享受比较好的教育、医疗、文化等。这既是新型城镇化有质量的核心所在,也是国家治理体系和治理能力现代化的重要标志。第二,公平发展已经成为国家治理体系的重要基础。如果不改变城乡二元结构、不改变不公平的规模城镇化发展模式,国家治理的很多重大矛盾问题不仅难以解决,可能还会越来越突出。

(五) 新型城镇化与全面深化改革

既然城镇化的特定背景发生了变化,新型城镇化发展必须在全面深化改革中才能走出一条新路子。所以,破题新型城镇化不仅仅取决于经济改革,更取决于行政体制、行政区划体制、社会管理体制,甚至是政治体制等重大领域的改革突破。只有这样,才能走出一条以人为核心的新型城镇化发展的新路子。

二 从人口城镇化走向人的城镇化

我国规模城镇化的突出缺陷,是城镇化率明显大于人口城镇化率。2013年,我国的名义城镇化率为53.7%,人口城镇化率仅为35%,低于2011年世界50%的人口城镇化的平均水平。在这种情况下,实现人的城镇化,首先要使人口城镇化率达到一定水平。没有较高的人口城镇化率,何谈人的城镇化。

未来5—10年,加快推进规模城镇化向人口城镇化转型,即以人口城镇化为主要载体、以政策和体制创新为重点,有效释放城镇化的内需潜力,争取到2020年基本形成人口城镇化的新格局,即人口城镇化率不低于50%。如果到2020年人口城镇化率仍然低于2011年世界的平均水平，那就是不成功的城镇化，也很难实现全面建成小康社会的发展目标。因此看来，《规划》制定的到2020年"户籍人口城镇化率达到45%左右"的目标显得保守。只要政策和体制创新到位，到2020年人口城镇化率有可能达到50%以上。

（一）人口城镇化的转型与改革牵动全局

（1）以人口城镇化拉动13亿人口的消费需求。人口城镇化的快速发展就是中等收入群体不断形成的过程。人口城镇化不仅使农民工有序进入城市，而且使进入城镇的人口以及在农村生活的居民中的一部分能够逐步成为中等收入群体倍增的后备力量。预计到2020年，我国中等收入群体将达到40%左右，大约有6亿人成为中等收入群体，这将成为拉动内需、扩大消费的主体力量。

（2）以人口城镇化推进投资转型。从现实情况看，投资结构远不适应人口城镇化转型的需求。适应人口城镇化以及由此带来的消费结构转型升级的要求，不断加大公益性项目投资和消费供给能力的投资，推动投资结构的转型，以实现投资—消费的动态平衡。以文化产业投资需求为例，要实现我国文化产业增加值占GDP的比重由2012年3.5%提高到2020年8%的目标，估计需要累计投资20万亿元左右。再以城镇的公用设施投资为例，到2020年，城市内部的轨道交通至少有3万亿元的投资需求；供气系统大概有4.4万亿元的投资需求。

（3）以人口城镇化促进服务业发展。我国以往的城镇化主要是工业推动的城镇化。进入工业化中后期，随着发展需求的变化，工业化拉动的城镇化有逐步减速的趋势，而消费结构升级拉动的城镇化有加快的大趋势。人口聚集到一定程度就需要有好的消费环境、好的发展环境，需要相适应的教育、医疗、商业、贸易、物流等。从人口城镇化的基本需求来看，毫无疑问对服务业发展提出了更高的要求。为此，要加快实现由工业主导向服务业主导的转变。

以中小城镇为例，为什么我国中小城镇难以留下人，为什么德国的中小城镇能够适应人的居住和生活？很大程度上在于我们注重工业主导拉动的城镇化，而忽略了人口聚集到一定程度对服务业发展的需求。我国中小城镇的服务业和大中城市相比，不仅是数量的差距，更有一个结构和质量的差距，尤其是公共资源配置的差距。

(二) 以人口城镇化破题人的城镇化

破题人的城镇化，首要的是推进人口城镇化的转型。城镇化的本质是农民进入城市，既实现劳动力的城镇化，也同步实现进城农民及家属生活方式和消费方式的城镇化，使他们真正融入城市。今天，推进新型城镇化，必须突出以人为核心，实现公平可持续的城镇化。我认为，如果人口城镇化不解决，就难以做到人的城镇化。在解决好城市的环境问题、交通问题等的同时，关键是解决好提高人口城镇化率的相关问题。只有做好人口城镇化才能走向人的城镇化，我国的城镇化才能转型升级。就是说，未来几年推进人口城镇化是关键。

(三) 人口城镇化重在实现农民工市民化

近年来，我提出"让农民工成为历史"。有人问我农民工能成为历史吗？我说如果农民工不能成为历史，我们何以谈现代化？何以谈公平发展？何以谈新型城镇化？

农民工市民化的过程，实质上是基本公共服务均等化的过程。农民工子女入学难表面是教育问题，实际上反映出社会的鸿沟。我认为，到2020年让农民工成为历史是一个可以实现的目标。有专家建议，以农民工整体融入城市公共服务体系为核心，推动农民工"个人融入企业、子女融入学校、家庭融入社区、群体融入社会"，即实现"四个融入"，以实现基本公共服务对农民工全覆盖。这不仅有利于经济社会稳定发展，而且由此赢得转型发展的主动权。

（四）创造条件让传统户籍制度退出历史舞台

农民工市民化，首先遇到的难题是城乡二元分割的户籍制度。户籍制度承载着城乡居民的福利不平等和权利不平等。一般的改革创新是不够的，需要创造条件，逐步取消。现在，解决城乡二元户籍制度的条件已经成熟。实现农民工市民化，流动人口的管理是城市管理最大的难题。不能人在城里工作但还是农民工，这种制度歧视需要尽快结束。人口在城乡、区域流动是经济社会发展的一个自然现象。人口流动可以有效带动资源、资本、机会和信息的流动，增强市场活力。这个城市适合一个人发展，他就在这里工作；不适合就到另一个城市，从而形成了一部分流动人口。这就需要研究创新流动人口的管理问题。

三 实现从"人口城镇化"到"人的城镇化"的转型

要实现到2020年人口城镇化率达到50%，最终实现人的城镇化的发展目标，有两个问题很重要：一是从城乡二元的基本公共服务制度到城乡一元的基本公共服务制度安排，实现城乡基本公共服务对接；二是从按行政级别配置公共资源到以人口规模为基准配置公共资源，加快大中小城市公共资源配置均等化进程。

（一）建立城乡统一的基本公共服务体制

十八大报告提出，到2020年总体实现城乡基本公共服务均等化。从现实情况看，由于公共服务制度安排不同，城市和农村的公共服务水平和实际收入差距进一步拉大。根据中国社科院发布的2014年《社会蓝皮书》，2012年，城镇职工人均养老金水平已达2.09万元，新农保为859.15元，两者相差24倍之多。2013年城乡居民收入差距是3.03：1，比过去有所缩小，但是如果把公共服务的因素算进去，可能实际收入差距在4.5—5倍。为此，推进城乡基本公共服务均等化首先要实现制度上的统一，在此基础上，实现底线水平上大致相当。这样，人的城镇化才有基本条件。

（二）推进公共资源配置均等化

目前，德国的城镇化率是97%，其中70%的人居住在小城镇。去年，我们到挪威最北的一个不到1000人的村子调研，其中有一个很大的公司总部就设在那里，除老板是本地人以外，其他员工都是外地人。他们居住在那里的一个重要条件就是公共资源配置能够基本满足需求。我到过挪威一个只有两万人的城镇，却建有一个1000人左右的大学，为什么？因为这个城市主要的公共设施和首都奥斯陆没有大的区别。促进大中小城市和小城镇协调发展，加快发展中小城镇，关键在于公共资源配置均等化。

从我国现实情况看，公共资源配置不均成为中小城市和小城镇发展严重滞后的突出因素。县一级公共资源配置和地级市差距大概2倍，与省会城市的差距是4—5倍，与北京等直辖市的实际差距在8—10倍。为什么中关村的房子炒到10万元一平方米？因为那里有好的学校、有好的医院。所以，大中小城市不均衡发展表面上是一个发展水平的问题，实际上反映的是公共资源配置的严重不均衡。当前的公共资源配置是按行政级别而非按照人口规模配置，公共财政投入倾向于行政级别高的城市，中小城市财政投入少。

如何推进公共资源在大中小城市均衡配置，使得中小城镇能够有能力、有条件吸引一部分农民工就业居住。这里我提五点建议：一是根据人口规模配置公共资源；二是改革财税体制，把大中小城镇公共资源配置均等化作为中央地方财税体制改革的重点之一；三是推进行政区划体制改革；四是推进公共资源配置的市场化改革，发挥社会资本在中小城镇公共资源配置中的重要作用；五是重点改善中小城镇的公共基础设施。

四　让农民带着土地财产权进城

以转型与改革破题新型城镇化，毫无疑问是和农村土地连在一起的。农村土地问题不破题，要实现人口城镇化是很困难的。

（一）农民土地使用权是物权，还是债权？

近年来，城镇化中暴露出来的农村土地问题，与法律尚未赋予农地使用权完整的物权性质直接相关：例如，农村征地强拆、补偿标准过低等问题，深层次的原因在于农地实际上为债权而非物权，农民难以成为征地中的谈判主体；由于农地和宅基地的物权性质不完整，农民难以通过承包地和宅基地流转，带着资本进城。建议尽快修改相关法律法规，赋予农村土地使用权以物权性质，使农民真正从法律上享有支配土地使用权的权利。

（二）能不能尽快从法律上赋予农民长期而有保障的土地财产权？

十八届三中全会决定提出"赋予农民更多财产权利"。土地权益是农民最大的财产权，赋予农民更多财产权重在保障农民的土地权益，从法律上把农民土地使用权纳入财产保护范畴。

（三）市场应不应该在农村土地资源配置中起决定性作用？

这是近段时期争论相当激烈的一个问题。我认为，农村土地资源配置虽然具有一定的特殊性，但中央提出建立城乡统一的土地市场，目的就是让市场在农村土地资源配置中发挥决定性作用。农村存在的各种土地乱象，主要是土地规划和土地用途没有管住、管好。农村土地制度改革很复杂，也很敏感，但不能以此为由不去主动推动，而应积极组织试点。为此建议，在严格规划管制和用途管制的前提下，发挥市场在农村土地资源配置中的决定性作用。

（四）农村土地市场化改革的基本目标是不是实现城市用地和农村集体经营性建设用地市场的统一？

为什么城市居民房子有产权证，可以买卖、抵押，而农民祖祖辈辈留下的房子却没有房产证，也不能上市交易？同是公有制，城市的土地是国有，农村的土地是集体所有，但二者所具有的法律内涵却相差很大。核心仍是城乡二元分割。按照十八届三中全会《决定》提出的"建立城乡统一的建设用地市场"的要求，应当尽快出台具体的实施方案，以严格规划和用途管制为前提，建立公开、公正、公平的统一交易平台和交易规则，实现"同地同权、同地同价、同地同市场"，打破目前地方政府独家垄断供地的格局，活跃土地二级市场，促进土地抵押、租赁、出让市场的发展和完善。

（五）关键是不是相信农民？

我认为，农民的短期行为绝不是一种常态。在农村土地资源配置的市场化改革中，关键是相信农民。只要把土地使用权作为物权交给农民，农民就会有自觉的行动，会有中长期的行动，而不会轻易放弃土地。

最后，综合概括为三句话。

一是以规模扩张为主要特点的城镇化道路难以为继，要以公平可持续发展为基本目标来推进新型城镇化。

二是人口城镇化是发展转型的最大红利。未来5—10年，以人口城镇化为支撑，推进转型与改革，充分释放国内巨大的需求潜力，推动经济结构转型升级，形成我国转型发展的突出优势和主要动力，并由此支撑7%左右的中速增长。

三是推进人口城镇化的转型与改革，关键在打破城乡二元制度结构，建立城乡一体化的体制机制。

推进以人为核心的新型城镇化*

（2017年4月）

2016年2月，习近平总书记对深入推进新型城镇化建设作出重要指示：新型城镇化建设一定要站在新起点，以人的城镇化为核心，坚持以创新、协调、绿色、开放、共享的发展理念为引领，更加注重提高户籍人口城镇化率，更加注重城乡基本公共服务均等化，更加注重环境宜居和历史文脉传承，更加注重提升人民群众获得感和幸福感。未来5—10年，我国将进入人口城镇化加快发展的关键时期。提高人口城镇化质量，释放人口城镇化潜力，实现共享发展，关键在于创新以人为核心的新型城镇化的体制机制。

一　以人为核心的城镇化是我国转型发展的"最大红利"

实现人的城镇化是新型城镇化建设的出发点和落脚点。习近平总书记曾在山东调研时指出："城镇化不是土地城镇化，而是人口城镇化。"以人为核心的城镇化，首要任务是推进人口城镇化。面对经济下行压力，加快以人为核心的新型城镇化进程，将释放出新的发展红利，不仅有利于拉动消费，还有利于拓宽投资空间。

---

* 本文载于《经济参考报》2017年4月27日。

（一）人口城镇化是扩大内需的最大优势

首先，人口城镇化是扩大投资的重要载体。2020年，实现户籍人口城镇化率由2016年的41.2%提高至45%—50%，将新增城镇户籍人口1.2亿左右，按农民工市民化人均10万元的固定资产投资估算，将直接带动12万亿元左右的投资需求。另外，农业农村基础设施建设的加快，将为化解钢铁等产能过剩找到一条新路。据测算，供水、道路、电力、通信等农村基础设施建设方面，需要投入的资金约为3.4万亿元。其次，人口城镇化将带来巨大的消费需求。2015年，我国农村居民消费水平仅相当于城镇居民的35.6%，三个农村居民消费只相当于一个城镇居民消费。到2020年，加快推进农村土地制度、户籍制度、基本公共服务制度"三大改革"，城镇新增的农业转移人口将带来2.2万亿元左右的新增消费规模。

（二）人口城镇化蕴含着巨大的人口红利

目前，我国人口红利正在递减，外出农民工人数增长率已从2010年的5.5%下降至2015年的0.4%。打破城乡二元结构，以人口城镇化推进城乡一体化，促进农民工市民化，将明显增加城镇劳动力供给，并由此延长人口红利期。

（三）人口城镇化将显著提高全要素生产率

根据《2015年全国农民工监测调查报告》，2015年，我国农民工接受高中及以上教育的数量占比25.2%。加快破除城乡二元结构，提高农民工尤其是"80后""90后"等新生代农民工受教育程度和技能水平，人口红利将转型升级为人力资源红利，由此推动全要素生产率的提高。

二 以人为核心推进规模城镇化向人口城镇化转型

2013年12月，习近平总书记在中央城镇化工作会议上强调，粗放扩张、人地失衡、举债度日、破坏环境的老路不能再走了，也走不通了。"十三五"是实现以人为核心的新型城镇化目标的关键时段，需要按照创新、协调、绿色、开放和共享的五大发展理念，加快推进规模城镇化向人口城镇化的转型。

（一）人口城镇化发展的空间巨大

目前，户籍人口城镇化率偏低是我国新型城镇化建设的突出矛盾，它与全面建成小康社会的目标不相适应。2016年，我国常住人口城镇化率为57.35%，户籍人口城镇化率仅为41.2%，远低于2011年世界52%的平均水平。如果能打破政策与体制掣肘，通过深化户籍制度改革、加快推动城乡基本公共服务均等化，未来5年常住人口城镇化率有可能以每年2个百分点左右的速度提升。到2020年，我国常住人口城镇化率有可能达到65%左右。与此同时，户籍人口城镇化率将达到50%左右。

（二）让农民工成为历史

2015年2月，习近平总书记在中央财经领导小组第九次会议上强调："推进城镇化的首要任务是促进有能力在城镇稳定就业和生活的常住人口有序实现市民化。"农民工市民化是推进以人为核心的新型城镇化的核心。到2020年"让农民工成为历史"，这不仅是个经济问题，也是个重大的社会问题。总的来看，2020年有条件、有必要让"农民工"这个不合理的称谓退出历史舞台。首先，农民工的结构发生重要变化，"十三五"深化户籍制度改革的重要目标就是要让农民工成为历史。随着"80后""90后"成为农民工的主体，他们中的多数人已经扎根于城市，很难再回到农村。目前，我国半工半耕户占70%。2015年，"80后""90后"农民工占农民工总人数的比重已达55.2%。有调查表明，新生代农民工没有从事过农业劳动的比例高达85%。农民工主体结构的变化、农民需求结构变化决定了农民工市民化很难再往后推10年。为此，到2020年，要将常住人口城镇化率与户籍人口城镇化率差距缩小到10%左右。对于山东、江苏、吉林、黑龙江、青海、宁夏等省份，常住人口城镇化率与户籍人口城镇化率差距已在10%左右，可以相应加快户籍人口城镇化进程。对于二者差距较大的地区，可以设置缓冲时间和采取过渡性办法。对于农业转移人口的主要流入地，缩小常住人口城镇化率与户籍人口城镇化率差距难度较大。对此，建议先实现公共服务由户籍人口向常住人口扩展，逐步消化存量，优先将有稳定就业、稳定住所、连续居住多年和参加当地社会保障的农民工群体实现市民化。对于流动性大的农业转移人口，将其纳入流动人口管理。

（三）实现基本公共服务常住人口全覆盖

2015年，我国农民工"五险一金"的参保率分别为：工伤保险26.2%、医疗保险17.6%、养老保险16.7%、失业保险10.5%、生育保险7.8%、住房公积金5.5%，这与城镇职工之间存在着明显的差距。"十三五"，以提高农民工社会保障参保率为重点，让有稳定就业和生活的农业转移人口平等地享受教育、就业、社会保障、医疗、住房等方面的基本公共服务，努力实现基本公共服务常住人口全覆盖。与此同时，要把进城落户农民工纳入城镇住房保障体系。例如，将符合条件的外来务工人员纳入各级政府公共租赁住房保障范围，对招用农民工比较多的企业，在符合规划的前提下，可以考虑出台政策鼓励支持企业在依法取得的土地上建设农民工的宿舍楼。

（四）基本实现"四个融入"

习近平总书记曾指出，两亿多进城农民工和其他常住人口还没有完全融入城市，没有享受同城市居民完全平等的公共服务和市民权利，"玻璃门"现象较为普遍。农民工市民化就是要逐步实现农民工与城市居民身份统一、权利一致、地位平等，实现农民工及其家属生活方式、消费方式的市民化，最终使农民工融入城镇成为新市民，努力实现农民工"上岗有培训、劳动有合同、子女有教育、生活有改善、政治有参与、维权有渠道、生活有尊严",有效促进农民工及其家属"个人融入企业、子女融入学校、家庭融入社区、群体融入社会"。

三 让城乡二元户籍制度退出历史舞台

2014年6月中央深改组第三次会议上,习近平总书记指出:"推进人的城镇化重要的环节在户籍制度,加快户籍制度改革,是涉及亿万农业转移人口的一项重大举措。"到2020年,实现"推进以人为核心的新型城镇化""实施居住证制度,努力实现基本公共服务常住人口全覆盖"的目标,关键在于深化户籍制度改革,让城乡二元户籍制度退出历史舞台。总的看,让城乡二元户籍制度成为历史的时机条件成熟;与农村土地制度三权分置改革相结合深化户籍制度改革面临重要机遇。

(一)把2020年作为让城乡二元户籍制度退出历史的时间节点

近年来,尽管国家出台了一系列文件推进户籍制度改革,但总的看,并未明确"以全面实行居住证制度取代城乡二元户籍制度"的改革目标。建议尽快明确,2020年全面取消城乡二元户籍制度。要着力推进居住证制度取代城乡二元户籍制度进程和省际居住证制度的相互衔接,到2020年基本建立以身份证号为唯一标识、全国统一的居住证制度,并使人口城镇化率(即居住证率)达到50%以上,由此基本形成人口城镇化的新格局。为此,要尽快制定并实施"废除城乡二元户籍制度,全面实行居住证制度"的具体行动方案,并强化督查督办工作,使这项历史性的重大改革落实、落地。

(二)统筹推进人口管理制度改革

与居住证制度相适应,重在实现人口管理的三个转变:一是由对人口的控制向对人口的服务与管理转变,实现对流动人口的精细化管理和服务;二是按照"扩大覆盖范围、降低申领门槛、提高服务水平、完善技术手段、推进制度并轨"的基本思路,实现由城乡二元户籍制度向居住证制度的转变；三是由治安部门的管理向人口服务部门的管理转变，探索建立多方面共同参与的人口综合服务管理系统。

（三）强化各级政府在基本公共服务上的责任分工

第一，强化中央政府在基本社会保障服务中的责任。由中央统一制度、统一标准，尤其是规范中央和省级政府在养老保障、基础教育、公共卫生和基本医疗服务中的责任。第二，进一步细化中央和省级政府的服务范围、支出比例、管理权限等，按照受益范围确定支出责任分担比例。针对流入地和流出地义务教育经费衔接困难的问题，对义务教育实行全国通用的教育券制度，尽快出台全国统一的异地高考方案。第三，以流动人口变动为基础，建立财力与事权动态匹配的财税体制。完善中央转移支付制度，保障流入地的财力。建立辖区财政责任机制，实现城镇基本公共服务常住人口全覆盖。

四 全面落实农民土地财产权

党的十八届三中全会《决定》提出的"赋予农民更多财产权利"。推进农业供给侧结构性改革，最大的红利是盘活农村土地资源，这将为国内充裕资本找到新的投资空间，形成"三农"发展的巨大新动能。从现实需求看，盘活农村土地资源既有利于农业转型升级，又有利于释放人口城镇化的巨大内需潜力。

（一）赋予农民土地承包使用权的完整产权

第一，从目前的现实情况看，农民土地承包使用权限于集体成员内流转，土地价格不可能反映均衡市场价。集体成员卖者多，买者少，出价能力有限，市场经济中，交易范围越小，成交价偏离均衡价越远，卖出农民使用财产利益受到损害越大。第二，农民土地承包使用权限于集体成员内流转，容易形成新的"地主"。限定交易范围，压低交易价格，农民承包土地容易向少数农村有钱人甚至村霸等势力低价集中。第三，扩大农民土地承包使用权流转范围。建议按照党的十八届三中全会提出的"允许农村集体经营性建设用地出让、租赁、入股，实行与国有土地同等入市、同权同价"的精神，在严格农村土地用途管制和规划限制的前提下，扩大农民土地承包使用权的流转范围，简化农民土地承包使用权流转程序，使农村土地承包人可依法自主决定土地承包使用权流转。第四，从法律上赋予农民长期而有保障的土地财产权。建议修改《土地管理法》：赋予农民土地使用权人的土地用益物权，使其拥有对土地使用权依法享有占有、使用、收益的权利；突破土地承包经营期限为三十年的限制，实现农村土地承包关系稳定并长久不变。

（二）赋予农民宅基地使用权的完整产权

首先，农民宅基地产权的缺失使得多数农民利益受损。按照现有"一户一宅"、农民宅基地只能在本集体内转让的政策规定，实质上缩小了需求范围，难以实现农民宅基地及其住房的市场价值，也是当前我国城市房地产市场价格居高不下的重要原因之一。其次，要做实农民对宅基地的使用权。党的十八届三中全会提出，"保障农户宅基地用益物权，改革完善农村宅基地制度"。按照这一要求，需要做实农民对宅基地使用权这个用益物权，从法律上赋予农民对宅基地使用权用益物权性质，赋予其占有、使用、收益、转让、抵押、继承等在内的完整权利。放宽农民住房流转的限制条件，允许农房抵押、担保、转让，并允许因房地不可分离、随房屋流转而必然产生的宅基地使用权流转。农村集体经济组织作为宅基地的所有者，可向购买农房、从而购买了宅基地使用权的人收取一定的集体土地使用权有偿使用费。

（三）建立城乡统一的用地市场

首先，建立两种所有制土地"同地同价同权利"的平等制度。赋予集体所有土地与国有土地同等的占有、使用、收益和处分权，对两种所有制土地所享有的权利予以平等保护，实现宪法和相关法律保障下的同地同权。其次，打破地方政府行政独家垄断供地的格局。尽快建立公开、公正、公平的统一交易平台和交易规则，实现市场主体平等，让市场供求关系决定价格形成，实现同一交易平台、不同主体平等供地的局面。最后，简化农民土地承包使用权流转程序。建议修改《土地管理法》第十四条规定，允许农村土地承包人依法自主决定土地承包使用权流转，以提高农民土地承包使用权流转的便利性。

（四）统筹推动土地制度和城乡基本公共服务均等化改革

按照党的十八大的要求，到2020年总体实现城乡基本公共服务均等化。实现基本公共服务均等化，不能只是城里人的均等化，更要使农村人享受到与城里人均等化的基本公共服务。就是说，要实现制度统一、底线大致公平的公共服务均等化。实现这一目标，关键在于落实农民土地财产权，尤其是落实农民宅基地完整的财产权。由此，将明显增加农民的财产性收入，增强农业转移人口融入城市的能力，为总体实现城乡社会保障制度统一提供重要条件。

习近平总书记曾在中央城镇化工作会议上指出："在我们这样一个拥有13亿多人口的发展中大国实现城镇化，在人类发展史上没有先例。"我国是一个人口大国，是一个转型发展中的大国，如何走出一条人与自然和谐发展的道路，是摆在新型城镇化建设中的重大课题。在新型城镇化建设的关键路口，以习近平同志为核心的党中央作出了设立雄安新区这一重大的历史性战略选择，探索人口经济密集地区优化开发的新模式，谋求区域发展的新路子，打造经济社会发展新的增长极。这不仅是推进以人为核心的新型城镇化重大举措，也是落实以人民为中心的发展理念的重大实践。

从人口城镇化走向人的城镇化
——推进新型城镇化进程的几个问题[*]

（2017年6月）

实现以"人"为核心的城镇化目标，加快推进人口城镇化进程是重中之重。人口城镇化牵动影响转型发展全局，并成为我国"十三五"转型发展的"最大红利"。要按照十八届五中全会提出"户籍人口城镇化率加快提高"的目标要求，全面实施居住证制度，争取到2020年基本形成人口城镇化的新格局。

一 "十三五"新型城镇化建设的历史关节点

（一）未来5年我国经济转型的基本趋势

（1）我国正处在由工业主导向服务业主导的转型。估计到2020年，我国服务业增加值占GDP的比重将达到58%—60%，基本形成以服务业主导的产业结构。

（2）消费结构正处在由物质型消费为主向服务型消费为主的转型。目前，我国城镇居民的服务型消费占比约为40%，估计未来5年，以教育、旅游、健康、信息等为主的服务型消费将年均提升2个百分点，到2020年，城镇居民服务型消费占比将达到50%以上。

---

[*] 在"第6届中国新型城镇化峰会"上的主旨演讲，2017年6月30日，北京。

也就是说,未来5年我国城镇居民消费的大头是服务型消费。

(3)城镇化结构正处在由规模城镇化向人口城镇化的转型。所说的"新型城镇化",重在实现人口城镇化的扩张,推进以人为核心的城镇化进程。

(二)城乡关系变革的历史"拐点"

城乡一体化不仅是我国扩大内需的最大潜力所在,也是推动产业变革、消费结构变革的焦点。无论从农村内部,还是适应我国经济转型大趋势,城乡一体化到了一个新的"拐点"。

(1)农民结构与需求发生重大变化。目前,我国半工半耕户占70%。[①] 2015年,"80后""90后"农民工占农民工总人数的比重已达55.2%。[②] 有调查表明,新生代农民工没有从事过农业劳动的比例高达85%。[③] 农民工主体结构的变化、农民需求结构的变化,决定了农民工市民化及城乡一体化很难再往后推10年。推进农民工市民化,让农民工在城镇安家,享受与城镇居民同等的权利和义务,不仅有利于我国经济社会稳定,也为转型与发展赢得主动权。当前,我国已进入城镇化加快转型与发展的重要时期,无论是从现实需求还是发展趋势看,"十三五"应当加快推进农民工市民化进程,让"农民工成为历史"。

(2)农村组织发生重大变化。目前,乡村党组织、村民自治组织以及新兴势力等多方展开博弈,各方处于胶着状态,各种矛盾问题很多。如何建立适应农民结构变化、需求变化的新的农村组织和乡村治理模式,还处在探索过程中。

(3)城镇居民对农村的需求发生变化。随着人口老龄化进程加快、生态环境变化,居民的消费结构、需求结构也发生重大变化,

[①] 《七成农民家庭"半工半耕"》,《北京日报》2015年10月26日。
[②] 根据《2015年农民工监测调查报告》计算得出。
[③] 新华社:《一项调查显示:85%的新生代农民工未从事过农业生产》2012年4月24日。

部分城里人愿意到农村生活、养老。

（4）农业结构发生重大变化。随着我国居民消费结构不断升级和新技术革命，城乡居民对农产品需求结构发生重大变化。例如，对绿色农产品、有机农产品需求全面快速增长，这对农业产品的供给提出新的需求。

（三）新型城镇化的巨大潜力

（1）人口城镇化将扩大投资需求。"十三五"，人口城镇化进程将带来城市基础设施、公共服务设施和住宅建设等巨大投资需求。据预测，如果名义城镇化率从2013年的53.73%提高到2020年的60%，带来的投资需求将达到42万亿元人民币。

（2）人口城镇化将拉动13亿人的消费需求。农业转移人口向城镇迁移，将带来巨大的消费"累积效应"，有利于扩大城镇消费群体，推动消费结构升级和消费潜力释放。2014年我国城乡居民消费水平比为2.9∶1，以此推算，到2020年，户籍人口城镇化率提高到50%，城镇将新增近2亿农业转移人口，将带来巨大的新增消费规模。

（3）人口城镇化是经济社会发展的最大潜力。通过人口城镇化提高劳动者素质，有利于提升全要素生产率，并缓解潜在增长率的下降。有研究显示，1982—2009年，在10%左右的年均GDP增长率中，全要素生产率的贡献率为1.0个百分点，而接近一半的贡献来自劳动力从农业转移到非农产业带来的资源重新配置效率的提升。[①] 但随着经济社会的发展，人口红利正在递减，外出农民工已经从2010年的平均增长5.5%下降到2014年的1.3%。农民工在城市难以安家，将会使城镇因劳动力短缺导致发展动力衰减。"十三五"，通过深化户籍制度、基本公共服务制度改革，推进农业转移

---

① 蔡昉：《对人口红利的几点认识》，《经济日报》2015年6月18日。

人口市民化，优化劳动力要素配置，将明显增加城镇劳动力供给，并由此延长人口红利期。

（4）人口城镇化将提高全要素生产率。"十三五"是我国经济结构迈向中高端的关键阶段。国际经验表明，处在越高发展阶段的国家，经济增长越是依靠劳动者素质提高所带来的全要素生产率提高。农民工是未来我国城镇劳动力供给的重要来源，与我国全要素生产率的提高密切相关。总的来看，农民工受教育程度关乎我国经济发展质量和产业结构的转型升级。

二 关键是落实农民土地财产权

我国的农村改革是从解决农民和土地关系开启的。当前，城乡二元结构矛盾大都聚焦在城乡二元土地制度上：城乡收入差距较大的矛盾主要集中在财产性收入；农民土地财产权缺失限制了农民工市民化的能力；农民土地财产权缺失制约了农业现代化进程；农民土地财产权缺失造成土地闲置和资源浪费。全面落实农民土地财产权，牵动影响新型城镇化建设全局。

（一）赋予农民土地承包权的完整产权

（1）农村土地承包权限于集体成员内流转，土地价格不可能反映均衡市场价。集体成员卖者多，买者少，出价能力有限，市场经济中，交易范围越小，成交价偏离均衡价越远，卖出农民使用财产利益受到损害越大。

（2）农村土地承包权限于集体成员内流转，容易形成新的"地主"。限定交易范围，压低交易价格，农村土地容易向少数农村有钱人甚至村霸等势力集中。

（3）扩大农村土地承包权流转范围。建议按照中共十八届三中全会提出的"允许农村集体经营性建设用地出让、租赁、入股，实行与国有土地同等入市、同权同价"的精神，在严格农村土地用途管制和规划限制的前提下，扩大农村土地承包权的流转范围，简化农村土地承包权流转程序，使农村土地承包人可依法自主决定土地承包权流转。

（4）从法律上赋予农民长期而有保障的土地财产权。建议修改《土地管理法》：赋予农村土地使用权人的土地用益物权，使其拥有对土地使用权依法享有占有、使用、收益的权利；突破土地承包经营期限为三十年的限制，实现农村土地承包关系稳定并长久不变。

（二）赋予农民宅基地的完整产权

（1）农民宅基地产权的缺失使得多数农民利益受损。按照现有"一户一宅"、农民宅基地只能在本集体内转让的政策规定，实质上缩小了需求范围，难以实现农民宅基地及其住房的市场价值，也是当前我国城市房地产市场价格居高不下的重要原因之一。

（2）做实农民对宅基地的使用权。中共十八届三中全会提出，"保障农户宅基地用益物权，改革完善农村宅基地制度"。按照这一要求，需要做实农民对宅基地使用权这个用益物权，从法律上赋予农民对宅基地使用权用益物权性质，赋予其占有、使用、收益、转让、抵押、继承等在内的完整权利。

（3）放宽农民住房流转的限制条件。允许农房抵押、担保、转让，并允许因房地不可分离、随房屋流转而必然产生的宅基地使用权流转。农村集体经济组织作为宅基地的所有者，可向购买农房、从而购买了宅基地使用权的人收取一定的集体土地使用权有偿使用费。

（三）建立城乡统一的用地市场

（1）建立两种所有制土地"同地同价同权利"的平等制度。赋予集体所有土地与国有土地同等的占有、使用、收益和处分权，对两种所有制土地所享有的权利予以平等保护，实现宪法和相关法律保障下的同地同权。

（2）打破地方政府独家垄断供地的格局。尽快建立公开、公正、公平的统一交易平台和交易规则，实现市场主体平等，让市场供求关系决定价格形成，实现同一交易平台、不同主体平等供地的局面。

（3）简化农民土地承包使用权流转程序。建议修改《土地管理法》的第十四条规定，允许农村土地承包人依法自主决定土地承包使用权流转，以提高农民土地承包使用权流转的便利性。

（四）统筹推动土地制度和城乡基本公共服务均等化改革

按照党的十八大的要求，到2020年总体实现城乡基本公共服务均等化。实现基本公共服务均等化，不能只是城里人的均等化，更要使农村人享受到与城里人均等化的基本公共服务。就是说，要实现制度统一、底线大致公平的公共服务均等化。实现这一目标，关键在于落实农民土地财产权，尤其是落实农民宅基地完整的财产权。由此，将明显增加农民的财产性收入，增强农业转移人口融入城市的能力，为总体实现城乡社会保障制度统一提供重要条件。

三 让城乡二元户籍制度成为历史

近年来，尽管国家出台了一系列文件推进户籍制度改革，但总的看，并未明确"以全面实行居住证制度取代城乡二元户籍制度"的改革目标，也未明确到2020年即全面建成小康社会时，基本完成户籍制度改革任务。总的判断是：让城乡二元户籍制度成为历史，是推进城乡一体化、扩大内需的最大潜力；让城乡二元户籍制度成为历史的时机条件成熟；与农村土地制度三权分置改革相结合深化户籍制度改革面临重要机遇。

（一）把2020年作为让城乡二元户籍制度退出历史的时间节点

"十三五"深化户籍制度改革，不应只在原有制度上修修补补，不能把"暂住证"换个牌子变成"居住证"，也不能长期实行户籍制度和居住证制度"双轨制"，而是要积极创造条件，到2020年让城乡二元户籍制度退出历史。

（二）全面实行居住证制度，取代城乡二元户籍制度

建议从中央层面下决心，着力推进居住证取代城乡二元户籍制度进程和省际居住证制度的相互衔接，到2020年基本建立以身份证号为唯一标识、全国统一的居住证制度，并使人口城镇化率（即居住证率）达到50%以上，由此基本形成人口城镇化的新格局。

（三）统筹推进人口管理制度改革

与居住证制度相适应，重在实现人口管理的三个转变。

——由对人口的控制向对人口的服务与管理转变，实现对流动人口的精细化管理和服务；

——按照"扩大覆盖范围、降低申领门槛、提高服务水平、完善技术手段、推进制度并轨"的基本思路，实现由城乡二元户籍制度向居住证制度的转变；

——由治安部门的管理向人口服务部门的管理转变，探索建立以民政部门为主，由公安、统计、卫生、工商、教育、社保等部门共同参与的人口综合服务管理系统。

四 实现城乡公共资源配置均等化

国家"十三五"规划纲要明确提出"促进城乡公共资源均衡配置"。建议"十三五"要以中小城镇公共资源均衡配置为重点，加大投资力度，使中小城镇成为吸纳农业转移人口的重要载体。

（一）以县域城镇化为重点推动大中小城市公共资源均衡配置

尽管我国一再强调大中小城市和小城镇协调发展，但现实中不但没有实现城镇化合理布局，反而出现了大城市迅速膨胀、中小城市和小城镇相对萎缩的"两极化"倾向。核心因素是公共资源在大中小城市和小城镇配置的不均衡，并由此造成中小城镇产业发展滞后、人口集聚功能弱化等多方面的问题。"十三五"发挥中小城市和小城镇的重要作用，关键在于推进城乡公共资源配置均等化。

（二）把公共资源均衡配置作为中央地方财税体制改革的重点

未来3—5年，我国需要把县域城镇化作为实现农民工就近城镇化的重要渠道，以减轻对大城市的压力。县级财政对县域城镇化具有决定性影响。从改革实践看，县级财政不能总靠卖地取得收入，县级财政不能只是"吃饭财政"。在新一轮财税体制改革中，要把壮大县级财政作为重要目标，新增地方税尽可能划归县级财政；要提高县级政府增值税分成比例，同时实施消费税共享政策；加大各级政府对中小城镇的转移支付力度，实现新增财政城市建设资金主要用于中小城镇，实质性地提高中小城镇人口集聚功能。

（三）改革用地制度

确保中小城镇发展所需要的土地资源，是中小城镇发展的重要条件。并非所有的中小城镇都有条件吸纳农民工进入。在突出县级市作用的同时，城镇建设用地指标向吸纳人口较多的中小城镇倾斜，引导产业布局向中小城镇转移；同时，用地计划指标要向保障性住房、医疗卫生、教育、社会保障等领域倾斜，提高中小城镇人口承载能力；尽快实施服务业用地与工业用地"同地同价"政策，推动中小城镇服务业发展和乡镇工业转型升级，提高中小城镇吸纳就业的能力。

（四）重点改善中小城镇的公共基础设施

特大城市将交通、供水等基础设施向周边中小城市和小城镇延伸，推进特大城市中心城区公共服务功能向周边中小城市和小城镇扩散，用综合交通网络和信息化网络把大中小城市和小城镇连接起来；设立专项资金，加强中小城市和小城镇基础设施建设，完善公共服务设施；发挥政策性金融的优势，增加对小城镇公共设施、公共服务、城镇民生等公益性领域的金融支持。

以加快城镇化为基础形成区域协调发展新格局[*]

（2017 年 11 月）

讨论区域协调发展，需要研究如何着力解决区域发展不平衡不充分的矛盾。党的十九大报告提出，要"以城市群为主题构建大中小城市和小城镇协调发展的城镇布局"。我认为，当前，要深入研究城镇化与区域协调发展的内在关系。例如，城镇化是不是区域协调发展的本质特征？从实际经济生活看，不同区域发展的程度与城镇化进程、水平、质量、布局是直接相关联的。城镇化是不是区域协调发展的"最大红利"？过去城镇化加快推进成为区域发展的重要动力之一，未来 10 年甚至更长时间，城镇化仍将是我国区域协调发展的"最大红利"所在。要不要把城镇化作为区域协调发展的重大任务？实现区域协调发展，离不开城镇化和城乡一体化的重大制度创新。

一 城镇化发展的不平衡不充分是不是区域协调发展的突出矛盾？

从我国实际经济生活看，区域发展差距有城市之间发展的差

---

[*] 在"中国区域经济 50 人论坛"上的演讲，2017 年 11 月 25 日，北京；载于《中改院简报》总第 1154 期，2017 年 11 月。

距,但更重要的体现在农村发展的差距上。比如,2016年广东珠三角人均GDP达到11.43万元,是贵阳市人均GDP(6.3万元)的1.81倍,却是贵州以农村为主的毕节市(城镇化率仅为30.90%)人均GDP(2.5万元)的4.6倍。城镇化不平衡不充分成为区域协调发展的突出矛盾,这就需要明确以城镇化推动区域统筹协调发展的大思路。

(一)区域协调发展的基础在于城镇化

城镇化的实质是城乡资源的自由流动以及公共服务的平等享受,这两方面都是决定区域协调发展的重大因素。从我国情况看,城镇化发展在很大程度上决定了区域协调发展的进程。我分析了华北、东北、华东、华中、华南、西南、西北七个区域的数据,结果表明,2016年,华北地区城镇化水平最高(68.03%),其人均GDP也最高(76781.80元);西南地区城镇化水平最低(46.11%,低于全国57.35%的平均水平),相应地,其发展程度也最低(人均GDP仅为39605.60元,低于全国53817元的平均水平)。

表1　　　　　　　2016年各区域城镇化率与人均GDP

区域	城镇化率(%)	人均GDP(元)
华北	68.03	76781.80
华东	64.33	74538.00
东北	60.85	48363.67
华南	58.02	52130.00
华中	53.12	48207.33
西北	51.26	41989.40
西南	46.11	39605.60
全国	57.35	53817

资料来源:根据2017年统计年鉴计算得出(城镇化率是指常住人口城镇化率)。

七个区域的对比分析充分说明,我国发展上呈现"东中西"差距,其实质是城镇化进程上也呈现"东中西"差距,也就是说,城镇化水平越高的区域,发展程度越高。

(二)打造合理城市群的基础在于城镇化

党的十九大报告明确提出"以城市群为主体"。什么是合理的城市群格局?不能"进城像欧美,出城像非洲"。从现实情况看,如果缺乏有质量的城镇化支持,城市群发展恐怕会把农村发展的要素吸走,产生"虹吸效应",不仅制约了农村发展,反而扩大了区域差距。比如,珠三角城市群已经形成了规模,但由于粤东西北的城镇化率比较低,2016年粤东西北地区城镇化率分别为60.02%、42.68%和47.85%,远低于珠三角城镇化率84.85%。因此,城市群发展的实质是城镇化,形成合理的城市群格局,离不开高水平、高质量的城镇化。

(三)以城镇化形成合理的区域协调新格局

改革开放以来,我国在推进区域协调发展上,更多的是以做大经济总量为导向,以鼓励地方竞争为途径,以产业布局为突破,城镇化水平滞后于工业化水平。其结果是,我国虽然开始进入工业化后期,但当前不足60%的城镇化水平与中后期应当达到的70%左右的城镇化水平,有很大的差距。

推进新阶段的区域协调发展,需要在城镇化上做文章,形成以城镇化为基础推动区域协调发展的新格局。在这个格局下,尽管不同区域的城镇化水平会有差距,区域发展会有差距,但这是建立在不同要素禀赋、不同产业布局基础上的,以制度基本平等、公共服务水平大致相当为重要特征的区域经济发展新格局。这个格局能够满足不同群体的不同需求,能够保障人民对美好生活的追求。也就是说,未来几年,建立在城镇化基础上的区域协调发展将是一个新的形态。

二 城镇化是不是新时代推动区域协调发展的"最大红利"？

推进区域协调发展的路径，十九大报告已经说得很清楚，就是"以城市群为主体构建大中小城市和小城镇协调发展的城镇格局"，"加快农业转移人口市民化"。从现实情况看，城镇化是当前乃至今后中长期区域协调发展的"最大红利"。

（一）城镇化自身还有巨大空间，而且正处于转型升级的关键期

过去10年来，我国城镇化快速推进，规模城镇化率2016年达到57.35%。尽管如此，我国城镇化率还有相当大的空间。到2020年，规模城镇化率有望达到65%左右，到2030年有望达到70%左右，这是新型城镇化最大的空间所在。综观全球，没有哪个国家还拥有这么大的城镇化发展空间。

（二）城镇化蕴藏着巨大的市场空间

以消费为例，2016年我国城乡居民消费差距已经缩小到2.72∶1（29219∶10752），将近三个农村居民消费才相当于一个城镇居民消费。如果人口城镇化速度能明显提高，并使进城的农民工享受城镇人口的公共服务和公共设施，其消费水平大体达到城镇居民的平均水平，将释放巨大的消费潜力。

（三）城镇化促进经济、社会、文化协调发展还有巨大空间

以产业发展为例，城镇化带来消费结构升级，新型城镇化和乡村振兴的融合，将形成产业结构变革的巨大空间。城镇化比较好的区域，大都能形成城乡联动、产业联动的新格局。前几日，我在佛山看到，传统的加工制造开始退出，以研发为重点的生产性服务业成为发展的重点，这座城市开始从生产制造型城市向服务型城市转变。再以平均教育年限为例，目前城乡劳动力受教育年限差距比较大。有数据显示，我国城镇学生上高中的比例达到93%，但农村仅为37%。在加快城镇化中提高农村劳动力受教育年限，还有相当大

的空间。

三 形成区域协调发展新格局是不是重在推动城镇化的制度创新？

未来几年是我国加快区域协调发展"攻坚期"。以城镇化转型升级尽快形成区域协调发展新格局，关键在于加快城镇化的制度创新。十九大报告提出，要"加快农民转移人口市民化"。面对新情况，要按照十九大报告的要求，推进农民工市民化进程，而不是让农民工再农民化。

（一）以户籍制度为重点推进结构性改革

城镇化核心问题是规模城镇化与人口城镇化的缺口较大，这表明城镇化的质量亟待提高。根据发达国家经验，2016年，我国规模城镇化率已经达到57.35%，已经处于城镇化加速发展的中后期阶段。但我国人口城镇化率仅为41.2%，还处于发达国家城镇化发展的起步阶段。打破掣肘城镇化的因素，关键在于结构性改革，尤其是加快以居住证取代户籍制度改革，并带动相关的结构性改革。从现实情况看，城乡二元户籍制度存在的历史条件发生了根本性变化，到2020年，全面实施居住证制度，让城乡二元户籍制度退出历史舞台的条件总体成熟。关键是在试点基础上，尽快总结经验，在全国有序推开。

（二）同步推进基本公共服务均等化和农村土地改革

推进户籍制度改革，需要具备两个基本条件。一是加快基本公共服务均等化。"十三五"要实现城乡社会保障制度统一和对接，基本形成城乡一体化的基本公共服务体制安排，使得城乡居民可以根据职业选择等在城乡间自由流动，使城乡更多地成为一种职业分工而不是社会分层。

二是农村土地制度改革，尽快落实农民土地财产权。城乡结构问题，是我国经济转型中的重大结构型问题，其中土地制度是最大掣肘。落实农民土地财产权，盘活农村土地资源，可以使农民能够带着财产进城，也能够带着财产推进农业规模化和市场化，由此成为区域协调发展的巨大红利。这就需要加快推进允许农村承包地、宅基地、集体经营性建设用地的法人财产权抵押、担保、转让，由此落实农民土地财产权。

（三）重点在"三中"方面下功夫

一是中西部地区。随着相当多的农民工返乡创业，中国劳动力人口流动有可能出现趋势性变化。中西部地区城镇化将迎来重要的机遇，需要通过政策引导和制度创新加快推进。二是中小城镇。未来几年城镇化水平提升和质量提升的主要空间在于中小城镇。重点在于推动公共资源配置向中小城镇倾斜。三是中小企业。这是吸纳农村转移人口的主要载体。通过市场开放、公平竞争等，使中小企业尽快发展起来，将为中西部地区和中小城镇注入强大动力。

以上提到的这些重大任务，都触及深层次的结构调整，都需要在全面深化改革中破题。这就需要各方在中央顶层设计下，真正沉下心来做改革，为城镇化和区域协调发展奠定重要的制度保障。

五

建言消费导向转型：
中国开始进入消费新时代

从生产主导型向消费主导型的历史转变[*]

（2009年7月）

扩大内需是国家的重大战略，它不仅是短期保增长的重要举措，更是我国发展方式转型升级的主要任务，是后转型时代改革发展的基本目标之一。总体来说，当前扩大内需初见成效，但这个"成效"具有浅表性的特征。客观地说，扩大内需面临的是政策和体制障碍，甚至在某些大的体制和政策安排方面尚未破题。我认为，实现经济增长方式从生产主导型向消费主导型的转变，就是一个亟待破题的重大任务。

从现实情况看，扩大内需在于经济增长方式的转型。这不仅涉及当前的短期政策选择，也涉及中长期的体制安排和制度创新。

一 从生产主导型向消费主导型转变的现实需求

改革开放之初，我国处于生存型阶段，扩大社会产品供给，满足私人产品需求是改革发展的主要任务。为此，经济增长以追求总量为目标，注重投资和出口在经济增长中的拉动作用。具体表现为：过去30年内GDP保持接近10%的年均增长；第二产业比重维持在50%左右的高位；投资和出口在经济增长中有着重要的作用。

---

[*] 本文载于《中国经济时报》2009年7月8日。

经过30年的快速发展,我国开始从生存型阶段进入发展型阶段。发展型阶段的一个重要特点是,随着社会公共需求的全面变化,私人产品过剩而公共产品短缺,满足社会公共需求成为改革发展的重要任务。为此,经济增长要以促进人的发展为基本目标,大力发展第三产业,注重居民消费在拉动经济增长中的作用。

从发展阶段变化的客观要求看,需要显著提高居民消费率,突出消费在经济增长中的重要拉动作用。我国在"十五"计划中就提出把居民消费率提高到50%的目标,但这一目标不仅没有实现,居民消费率反而逐年下降,这在一定程度上强化了生产主导型的增长方式。

国际金融危机全面暴露出我国内需严重不足的问题。回看十年,1998年亚洲金融危机就提出扩大内需的命题;回看五年,2003年SARS疫情凸显经济增长方式转型的迫切性。但是,由于近十年来外需的旺盛,使经济增长方式转型缺乏动力。更重要的是,使生产主导型经济增长方式的弊端不断累积。这次危机,外需大幅萎缩,客观上使增长转型的压力全面加大。与此同时,这次危机为我国经济增长方式从生产主导型向消费主导型转变提供了一次重要的历史机遇。我国能否在后危机时代实现由生产型大国向消费型大国的历史性转变,直接依赖于经济增长方式的转型升级。

二 从生产主导型向消费主导型转变的历史机遇

当前,经济增长方式从生产主导型向消费主导型转变,应当说,面临重要的历史机遇。

一是外部市场的萎缩不仅是短期的,而且有可能是中长期的。退一步说,即便外需总量恢复,结构也将发生重大调整。这意味着过去建立在低成本优势,尤其是低劳动力成本优势基础上的外贸格局将不复存在。二是消费对经济的拉动作用逐步显现。4—5月份社会消费品零售总额分别增长14.8%和15.2%,均明显超过同期

GDP 增速。三是短期内宏观经济逐步稳定。从反危机角度看，在经济信心和宏观形势大幅跳水的情况下，政府政策的重点是救急、救市，防止市场崩溃。当前，4万亿投资和十大产业振兴规划效果开始显现，下一步的重点是针对危机中暴露出来的矛盾和问题，推进一揽子改革，大规模实施结构性调整。

无论是从短期看还是从中长期看，我们如果能抓住这次历史性机遇，切实采取一些大的政策调整和体制改革举措，可以为后30年的可持续发展奠定坚实的基础。例如，未来五年争取把居民消费率提高到50%左右，未来十年把居民消费率进一步提高到55%左右，加上政府消费，使消费率达到70%左右。按照这样的目标要求，需要尽快制定扩大内需的中长期战略规划，需要尽快出台与此相关联的一揽子政策计划，需要尽快推进相关的经济社会体制改革，需要尽快采取有力的行动方案建设公共服务型政府。如此，才能抓住机遇，实现发展方式的转型升级。

三　从生产主导型向消费主导型转变的体制保障

实现从生产主导型向消费主导型的增长方式转变，涉及多方面的改革。例如，推进收入分配体制改革、基本公共服务均等化、城乡一体化、财税金融体制改革等。

从我国的情况看，以扩大内需为主线的改革具有结构性改革的特点。例如，第一，在构建消费主导型增长方式中，要求对收入分配体制做出大的调整。这个调整不仅需要明显提高劳动者报酬在GDP中的比重，而且更需要建立起一个有效的制度，使社会公众能够分享经济社会发展的成果。第二，加快基本公共服务体制建设，推进基本公共服务均等化。这有一个财力的问题，但主要的还是制度设计的问题。近日，中央推出的国有股以转持方式注入社保基金的政策，就是一项制度安排，它有利于推进我国社保体系建设，解决老百姓的后顾之忧。建设基本公共服务体制，还需要更多的类似的政策调整和体制安排。第三，推进城乡一体化，打破城乡二元制度安排。我国城市化水平偏低，是影响消费水平的重要原因。未来5—10年，我国的城镇化将呈现加快发展的大趋势，这是扩大内需的一个最为重要的动力。但这个趋势能否成为现实，取决于能否尽快打破城乡二元体制，加快推进城乡一体化进程。第四，推进财税金融体制改革。要尽快把生产型财税体制转型为公共财税体制，把重点用于扶持生产的金融体系改造为重点用于扶持消费的金融体系。第五，推进政府转型。这是最为重要的体制保障。以扩大总量为目标是GDP政绩观的基础，如果政府不从根源上认识到社会发展阶段的变化，并且适应这个阶段变化调整政府目标，要改变GDP政绩观就很困难。只有在政府理念变化的基础上进一步转变政府职能，约束政府利益，理顺政府行为，增长方式的转型才能取得实质性突破。

走向消费主导的转型与改革[*]

（2012年1月）

未来5—10年，我国转型升级的主要挑战在于能否由投资出口拉动型的经济增长走向消费主导的经济转型。这也是"十二五"经济转型升级的关键和重点。这件事情做得好，就可以支撑中国10—20年8%左右的经济增长；这件事情做得不好，不仅未来5—10年保增长很困难，而且还会面临陷入"发展中陷阱"的风险。

一　消费率不升反降的体制因素

这些年，我国消费率持续下降。2010年，最终消费率下降到47.4%，居民消费率降到33.8%。这些年社会需求总量在全面快速增长，城市化进程明显加快，需求结构发生重要变化，为什么消费率不升反降？我认为有三个重要原因。

（一）不合理的经济增长方式的束缚

政府主导的投资增长方式有两个重要特点：首先是行政主导；其次是工业化主导。改革开放30多年来，尽管城市化率很高，但由于行政主导、工业主导，带来投资率居高不下，去年投资率达到了48.6%的历史最高点，与此同时，消费率降到了历史最低点，投

---

[*] 本文载于《经济参考报》2012年1月18日。

资率甚至超过了消费率。政府主导的投资增长方式使投资消费关系长期失衡,并且到了难以为继的程度。

(二) 不合理国民收入分配格局的抑制

为什么经济长期保持9%左右的增长速度,老百姓的消费仍然比较低? 我认为,主要在于不合理的国民收入分配格局。这些年来,政府、企业收入比重不断上升,居民收入比重逐步下降。1995—2010年,考虑到非预算收入,政府在国民收入初次分配和再分配中所占比重由24.25%上升到30.48%,企业所占比重由9.88%上升到15.82%,而居民所占比重从65.87%下降到53.35%。

(三) 不合理制度安排的制约

以农民工为例,2.3亿农民工的平均工资只相当于城市户籍劳动力平均工资的25%—30%。如果农村平均消费水平能提高到城镇平均消费水平的60%,按2009年数据测算,年新增消费规模将超过3.6万亿元。有研究表明,每转移一个农民工,大概需要10万元的投资。如果每年能有效地转移1000万农民工,由此带来的年投资规模不低于1万亿元。"农民工"是中国特色,带有"过渡性"制度安排的突出特点。现在需要下决心结束这个"过渡性",让农民工成为历史。

二 走向消费主导的经济转型在改革

能否用5—10年的时间实现消费主导的经济转型? 即5年左右初步实现最终消费率由现在的48%提升到55%左右,居民消费率由现在的不到35%提升到45%左右;10年基本实现消费主导的目标,即最终消费率达到60%左右,居民消费率达到50%左右。我认为,这个目标有实现的可能性。我国有巨大的消费潜力和消费需求,并且以促进人的自身发展为重要目标的发展型新阶段正是释放消费需求的重要历史时点。问题在于,转型与改革要突破。

(一) 加快推进收入分配改革

消费能力、消费水平直接依赖于收入分配改革的破题。收入分配领域的矛盾与问题，既存在于初次分配领域，也存在于再分配领域；既有市场经济不完善的原因，也有社会福利体系建设不到位的原因。在我看来，能否打破利益掣肘，成为新阶段收入分配改革的一大难题。要解决这一难题，政府需要有所作为。我认为，已经到了下决心出台收入分配改革总体方案的时候了。

(二) 基本实现基本公共服务均等化

老百姓的消费预期依靠基本公共服务均等化。同时，基本公共服务均等化对缩小社会差距也有明显作用。广东准备率先全国两年实现全省范围内的基本公共服务均等化，"珠三角"计划在2016年前后实现基本公共服务一体化。如果能实现预期目标，将为转型升级提供重要的保障。

欧债危机以来，有学者把问题的根源归结为这些国家的高福利上，并提出我国需要防止高福利风险。我认为，我国仍处于较低的福利阶段，远不是所谓的"高福利"问题，即使有"福利风险"，也只会是"低福利"甚至"负福利"带来的社会风险。为此，按中央的部署，到2020年基本实现基本公共服务均等化，不仅不存在"福利陷阱"的风险，而且十分有利于推动消费主导的经济转型。

(三) 加快以结构性减税为重点的财税体制改革

无论是扩大消费还是理顺收入分配关系，都与现行的财税体制直接相关。走向消费主导，迫切需要加快以结构性减税为重点的财税体制改革。应当说，启动新一轮财税体制改革，社会各方面有高度共识，问题在于改革的决心和魄力上。

(1) 逐步降低中低收入者的税负，扩大中等收入群体。

(2) 逐步降低企业税负，尤其是小微企业税负，使劳动收入有进一步提升的空间。

（3）加快财政公开透明化进程。

（四）以公益性为目标，重新配置国有资本

2005年国有资本只有23万亿元，目前为53万亿元。不到5年的时间国有资本提高了一倍以上。在公共产品短缺时代，强化公益性应当成为国有企业改革的方向之一。总体上看，国有资本尚未在公共产品供给方面发挥重要的作用。对此，建议做出两个大的调整。

（1）把一部分国有资本从经济领域退出，重新配置到社会领域。使国有资本，尤其是资源性国有资本及其收益成为社会福利建设的重要支撑。

（2）加大国有资本的收租分红力度。2010年国有企业累计净利润接近2万亿元，如果收租分红比例提高到50%左右，那么就有1万亿元资金用于社会福利体系建设。

三 走向消费主导的关键是政府转型

新阶段实现从投资主导向消费主导的转型，关键在于推进以公共服务为中心政府转型进程。

（一）改变政府主导型经济增长方式

现在以政府为主导、以GDP为主要目标、以重化工业为重点任务、以土地批租为突出特点、以行政干预为主要手段的"增长主义"到了需要改变的时候了。应当说，"增长主义政府"倾向具有普遍化并进一步加大的趋势。如果继续下去，经济矛盾、社会矛盾将会越积越大，陷入"发展中陷阱"的危险也会越来越大。

（二）加大社会性公共服务的供给

其中最为重要的是推进中央—地方关系从经济总量导向转向公共服务导向。由此，要以公共服务为导向理顺中央—地方关系，并配套推进财税体制改革和干部人事制度改革。

（三）加强政府自身改革，防止权力与市场结合

从现实的情况看，打破利益群体对体制与政策决策的影响，重

在破除行政垄断，防止特权经济。

（四）重要的是约束政府自身利益，强化其作为公共利益代表者的角色

2005年我提出政府是否具有自身利益的问题时，有人不赞成。现在来看，政府自身利益的形成，具有普遍化、加大化的趋势。如果政府的自身利益问题不解决，又难以置于社会监督之下，政府自身在"切蛋糕"中的份额会越来越大。这样，体制机制性腐败是不可避免的。

未来5—10年，转型升级的主题是走向消费主导的经济转型。为此，需要推进以消费为主导、以公平与可持续为目标的二次转型与改革。与一次转型与改革相比，二次转型与改革更具有挑战性。

消费主导的战略选择[*]

（2012年4月）

如果消费潜力能够有效释放，最终消费率达到60%以上，投资率回归到正常水平，即40%以下，那么未来10—20年实现8%左右的经济增长目标是有可能的；如果消费率一直上不去，甚至逐年下降，那么即便投资率上去了，我们也将面临"低消费陷阱"的挑战，不仅很难实现8%的增长，还将面临一系列严重的经济社会矛盾和风险。与西方国家不同，我国并不缺乏消费潜力，不缺乏经济增长点。我国已进入公共产品短缺时代，社会需求结构发生了重大变化，以人的自身发展为重点的发展型需求正在全面快速上升，由此带来了巨大的消费潜力。未来5—10年走向消费主导的经济转型，需要加大以消费为主导、以公平与可持续为目标的二次转型与改革的力度。与一次转型与改革相比，这更具有历史挑战性。

一　走向消费主导的目标选择

我国由生存型阶段进入发展型新阶段，社会需求结构发生了深刻变化，由此将释放城乡居民的巨大消费潜力。能否抓住历史机遇，用5—10年的时间基本实现消费主导的目标至关重要。

---

[*] 本文载于《光明日报》2012年4月6日。

走向消费主导，就是要改变消费率持续下降的趋势，使消费率明显上升。从现实情况看，未来5—10年走向消费主导可以分两步走：第一步是在"十二五"时期初步实现消费主导，主要标志是最终消费率从49%提高到55%、居民消费率从35%提高到45%；第二步是到2020年基本实现消费主导的经济转型，主要标志是最终消费率进一步提高到60%以上、居民消费率提高到50%以上。

应当看到，我国的消费需求增大将是一个中长期的客观趋势，具备以下基础条件。

第一，城市化正处于快速推进中。未来5—10年，我国的城市化至少还有10—15个百分点的提升空间，这将释放巨大的消费能力：城市化水平每提高一个百分点，将拉动最终消费增长约1.6个百分点；如果农村人均消费水平提高到城镇居民平均消费水平的60%，按2009年数据测算，年新增消费规模将超过3.6万亿元；农民工市民化不仅有助于释放2.3亿农民工的消费需求，还能够拉动相关的投资。

第二，服务业有相当大的发展空间。我国的服务业比重只有43%左右，远低于世界60%的平均水平。未来10年左右，如果服务业提高15个百分点，将带来巨大的消费市场。以文化产业为例，2010年我国文化消费仅占GDP总量的2.5%，而日本、韩国为15%左右，美国文化产业比重达到25%，欧洲平均为10%—15%。如果未来五年我国文化消费占GDP比重达到5%以上，将新增约4万亿元的消费规模。

未来我国走向消费主导的增长前景是广阔的。长期以来，由于习惯于投资出口拉动的经济增长，对消费主导的经济增长目前还存在某些疑虑。有学者提出，由于我国已进入经济增长阶段的调整期，中长期潜在增长率将下降，今后2—3年，最多3—5年，经济增长速度将由9%左右回落到6%—7%。在我看来，这个估计的前提值得商榷，因为没有考虑到消费的变化对经济增长的重要影响：如果消费潜力能够有效释放，最终消费率达到60%以上，投资率回归到正常水平，即40%以下，那么未来10—20年实现8%左右的经济增长目标是有可能的；如果消费率一直上不去，甚至逐年下降，那么即便投资率上去了，我们也将面临"低消费陷阱"的挑战，不仅很难实现8%的增长，还将面临一系列严重的经济社会矛盾和风险。

二 走向消费主导的保增长

面对当前的宏观经济形势，保增长成为短期宏观调控的一个重要目标，这就需要保持一定的投资规模。问题在于，保什么样的增长？如何保增长？在笔者看来，与2008年反危机的投资导向有所不同，近期保增长需要在短期依靠投资拉动经济增长的同时，为中长期的消费主导奠定基础、创造条件，原因在于以下几点。

首先，投资与消费失衡的状况难以为继。国家"十五"计划曾提出，居民消费率要提高到50%。由于经济总量导向的增长方式使各级政府把注意力放在了GDP上，这使居民消费率持续下降，到2010年时仅为33.8%，最终消费率仅为47.4%，投资率首次超过消费率。近几年，投资率居高不下对拉动经济增长发挥了重要作用，但我们必须注意到国内市场变化对投资带来的影响：其一，当前无论是工业品还是基础设施均面临着过剩压力，如果这一格局不尽快改变，积累的过剩产能就有可能被迫以经济危机的形式强制性地清理；其二，投资产出率持续下降，从1997年的3.17元下降到2009年的1.52元，这不可避免地带来对投资效益下滑的隐忧；其三，高投资依赖于大量的信贷与货币投放，无疑增大了金融体系的系统性风险。

其次，消费潜力释放正处于重要的历史拐点。与西方国家不同，我国并不缺乏消费潜力，不缺乏经济增长点。我国已进入公共产品短缺时代，社会需求结构发生了重大变化，以人的自身发展为重点的发展型需求正在全面快速上升，由此带来了巨大的消费潜力。例如，这些年城乡居民在教育医疗等方面的支出不断增长，其消费占比分别从1990年的32.3%和33.4%增长到2009年的53.01%和53.22%。从这一现实出发，需要研究社会需求结构变化对投资结构的深刻影响，比如，保障性住房需求加大、教育投资需求不断上升、医疗服务的投资需求还较大，等等。

最后，助推消费增长的投资是有效的投资。保增长需要投资，需要有助于释放消费潜力、助推消费主导的投资，实现投资转型。为此需要：第一，调整投资结构。未来几年的投资应按照需求结构变化的趋势，加大以保障性住房、教育、医疗等为重点的公共性投资。第二，优化投资资金来源。一方面，政府投资要调整存量，重点是调整国有资本配置，以公益性为重要目标加大国有资本对社会领域的投入力度；另一方面，要扩大民间资本投入，尤其是引导民间资本进入教育、医疗、保障性住房建设等领域。

三 走向消费主导的转型与改革

这些年社会需求总量在全面快速增长，需求结构发生了明显变化，为什么消费率不升反降？笔者认为有两个重要原因：一是扩大消费需求被现行的经济结构所束缚，二是城乡居民的消费潜力被不合理的国民收入分配格局及其体制机制所抑制。总体上说，拉动消费重在转型与改革的突破，当前是要在以下几方面的转型与改革上取得突破。

一是加快推进收入分配改革。收入分配领域的矛盾与问题既存在于初次分配领域，也存在于再分配领域；既有市场经济不完善的原因，也有社会福利体系建设不到位的原因。能否打破利益掣肘，成为收入分配制度改革的重大挑战。

二是基本实现基本公共服务均等化。欧债危机以来，有学者把问题的根源归结为这些国家的高福利，并提出我国也需要防止高福利风险。笔者认为，中国仍处于较低的福利阶段，到2020年基本实现基本公共服务均等化，不仅不存在"福利陷阱"的风险，而且十分有利于推动消费主导的经济转型。

三是加快以结构性减税为重点的财税体制改革。无论是扩大消费还是理顺收入分配关系，都与财税体制直接相关，迫切需要加快以结构性减税为重点的财税体制改革。应逐步降低中低收入者的税负，培育中等收入群体；逐步降低企业税负，尤其是小微企业税负，使劳动收入有进一步提升的空间；按照基本公共服务均等化的要求调整中央与地方的财税关系，努力实现各级政府事权与财力的基本平衡；加快财政公开透明化进程。

四是以公益性为目标重新配置国有资本。总体看，国有资本尚未在公共产品供给方面发挥重要的作用。在公共产品短缺时代，强化公益性应当成为国有企业改革的基本导向。为此，应加大国有资本的收租分红力度；让一部分国有资本从经济领域退出，重新配置到社会领域，使国有资本尤其是资源性国有资本及其收益成为社会福利建设的重要支撑。

五是推进以公共服务为中心的政府转型。改变政府主导型经济增长方式，在经济生活领域坚持在市场主导的基础上发挥政府作用，政府在经济领域的定位主要是提供经济性公共服务；加强社会性公共服务的供给，其中最为重要的是推进中央—地方关系导向从经济总量转变为公共服务；加强政府自身改革，约束政府自身利益，强化其作为公共利益代表者的角色。

总体上说，未来5—10年走向消费主导的经济转型，需要加大以消费为主导、以公平与可持续为目标的二次转型与改革的力度。与一次转型与改革相比，这更具有挑战性。

着力推进消费主导经济转型与改革*

（2012年11月）

我国经济增长正处在由高速向中速转换的历史"拐点"。7%—8%的中速增长趋势已经形成。保持10年的中速增长成为实现可持续增长的首要目标。只要消费需求能够有效释放出来，就有可能支撑未来10年7%—8%的中速增长。

尽管近两年内外部经济形势异常复杂，但有三个特点还是日益清晰地显露出来：一是外部需求已发生质的变化，试图依靠外需来拉动经济高速增长的条件已不复存在；二是内部供求关系也在发生结构性变化，在人均GDP超过5000美元之后，内需对经济增长的影响力在迅速上升；三是第三次工业革命浪潮正在暗流涌动，其冲击力如何尚难估计。在这样的背景下，选择什么样的发展战略非同小可，需集思广益、谋定而行。在内需的构成中，消费是很重要一部分，对未来中国经济有什么影响，值得深入探讨。

在内外发展环境发生深刻变化的特定背景下，未来10年我国发展的战略机遇何在？转型与改革的动力何在？我的观点是：释放国内巨大的需求潜力，既是转型发展的重大挑战，又是转型发展的

---

* 本文载于《上海证券报》2012年11月2日。

重大机遇。以人口城镇化释放巨大的内需潜力,尤其是消费需求潜力,是未来5—10年我国转型发展的最大优势和主要动力。把握城镇化发展的历史机遇,需要把扩大消费作为稳增长的战略重点,加快推进消费主导的转型与改革。

一 我国开始进入中速增长的新阶段

当前的经济走势表明,我国的经济增长正处在由高速向中速转换的历史"拐点"。2011年以来的经济放缓,既有短期周期性因素,更有中长期增长条件变化的因素;既是短期经济波动的表现,更是中长期经济增长趋势的反映。由此,需要从长计议,牢牢把握扩大内需的战略基点和拉动消费的战略重点。

(一) 7%—8%的中速增长趋势已经形成

首先,中速增长条件发生趋势性变化。支撑以往两位数高增长的低成本优势逐步消失。例如,劳动力成本明显提高,土地成本快速上升,资源环境的成本与约束明显加大。

其次,潜在经济增长率的下降。经济发展的阶段性变化,对经济增速有一定的影响。经济起飞阶段总量小,经济增速相对偏高;随着经济总量的加大,经济增速难以保持高增长。从国际经验看,二战后成功追赶型国家在实现数十年的高速增长之后,潜在经济增长率大都会下一个台阶。从我国的情况看,潜在经济增长率已开始由10%左右下降到7%—8%。

最后,欧美市场萎缩不是一个短期的趋势。当前的世界经济格局进入全面调整期,发达国家负债消费、新兴经济体出口拉动、资源输出国出口资源的世界经济发展模式被打破,世界经济的不确定性增大,需要在经济结构调整中寻求新的平衡点。欧美市场萎缩不是一两年的事情,有可能是5—10年的中长期趋势。在这些特定背景下,投资出口主导型的经济增长模式已难以为继,扩大内需成为稳增长的立足点和战略重点。

(二) 保持10年的中速增长成为实现可持续增长的首要目标

从总量上看,如果保持10年7%—8%的增长,能使我国的经济总量接近美国的水平。假设未来10年我国GDP年均增长8%,人民币汇率年升值3%,美国GDP年均增长3%,到2020年我国经济总量可望达到美国的97.9%。从人均收入水平看,如果保持10年7%—8%的增长,2019年我国人均GDP将超过11900美元,开始进入高收入国家行列。以扩大国内需求拉动经济7%—8%的增长,既是世界经济再平衡对中国的需求,更是中国对世界经济再平衡的贡献。

(三) 进入中速增长阶段面临着新的挑战

首先,解决好短期与中长期的矛盾,在"稳当前"和"谋长远"之间寻求平衡,防止在保短期增长的同时给中长期增长积累更大隐患。这就需要加快发展实体经济,加快形成内生增长动力,加快创新体系建设。

其次,解决好周期性与结构性的矛盾。2011年以来的经济放缓虽有周期性波动的因素,但根源在于经济发展方式长期滞后而积累的结构性矛盾与问题。从中长期看,保持经济的中速增长,已经难以通过短期的政策刺激来实现,它需要加大结构性转型与改革的力度。

最后,解决好投资与消费的矛盾。从近些年的实践看,经济生活的突出矛盾是投资—消费失衡。例如,产业结构扭曲。我国的服务业比重在40%—43%中徘徊了10多年。要提高服务业比重,不改变投资主导的增长方式很困难;产能过剩的压力加大。

长期过大、过高的投资率,使产能过剩的压力更为凸显。比如,2011年我国钢铁的实际需求不超过6亿吨,但钢铁的实际产能达到8.5亿吨左右;投资边际产出持续下降。比如固定资产投资,每1元的投资产出效应,1997年为3.17元,到2010年下降到1.44

元。

二 以消费释放支撑未来 10 年的中速增长

我国巨大的消费潜力蕴含着新的经济增长动力。与其他国家不同，未来 10 年我国仍处于上升的通道，关键在于拥有巨大的消费潜力这个突出优势。初步的分析说明，只要消费需求能够有效释放出来，就有可能支撑未来 10 年 7%—8% 的中速增长。

（一）我国开始进入消费释放的历史新阶段

国际经验表明，消费对 GDP 拉动的主导地位往往在人均国民收入达到 3000—5000 美元得到确立并逐步加强。2011 年，我国人均 GDP 已超过 5000 美元。从我国的情况看，城乡居民的消费结构不断升级，即由生活必需品到耐用消费品的升级；由私人产品到公共产品的需求升级。

消费结构升级的主要原因在于，经过 30 多年的改革开放，我国已从以人的温饱为目标的生存型阶段全面进入以人的自身发展为目标的发展型新阶段。在这个新阶段，尽管我国仍然处在社会主义初级阶段，人们的物质文化需求同落后的社会生产之间的主要矛盾没有变，但人们的物质文化需求的内涵发生了变化，由主要追求温饱向教育、医疗等转变。

在社会需求结构变化的大趋势下，全社会日益增长的公共需求同公共服务尚不到位、公共产品短缺成为社会生活的突出矛盾。正是在这个背景下，我们把改善民生、加大公共产品供给、提高公共服务水平作为政府的主要职责。

（二）未来 10 年我国潜在的消费规模巨大

首先，我国消费率的提升空间巨大。我国与同等发展水平国家相比（"金砖国家"），消费率相差 15—20 个百分点。如 2011 年我国居民消费率为 33.8%，2010 年印度为 63.2%。与发达国家相比，我国消费率相差得更大一些，有近 30 个百分点。这里，我们看到的不仅是消费率水平的差距，更要看到未来 5—10 年消费率有巨大的提升空间。

其次，我国潜在的消费规模巨大。摩根斯坦利的估计是（2010），未来 10 年中国经济将迎来消费的黄金（1782.38，4.98，0.28%）时期，2020 年中国消费总量将达到美国的三分之二，占世界消费总量的 12%。麦肯锡的估计是（2012），2008 年中国内需市场规模只有美国的六分之一，但到了 2020 年，预计将成为世界第一大市场，占全球消费总额的 25%。

我国中金公司的估计是（2012），2020 年我国居民总消费将达 7.0 万亿美元（约合人民币 44.14 万亿元）。前不久，国家商务部有关方面作出预测，国内消费市场的规模将在 2015 年达到 32 万亿元，比 2010 年的 16 万亿元提高 1 倍。我们的初步分析是：2020 年潜在居民消费需求有可能达到 45 万亿—50 万亿元。这个初步分析的数字表明，10 年左右我国有望从投资生产大国转型为消费大国。

（三）消费需求释放能够支撑未来 10 年 7%—8% 的经济增长

有效需求规模的大小，在一定程度上决定一个国家或地区增长的潜力与增长的前景。我国潜在的巨大消费需求能否支撑中长期增长，在理论和实践上都有不少质疑。理论上，把消费纳入增长模型分析的文献不多见；实践上，对消费拉动增长的效应仍持怀疑态度。有学者指出，我国改革开放以来两次扩大内需，都是为了应对外部危机对经济增长的冲击。这说明我国扩大消费的政策都是针对短期问题的，尚未形成中长期扩大消费的政策体系。

如果未来 10 年，人口城镇化蕴含的 45 万亿—50 万亿的消费潜力能比较充分地释放，能够支撑 7%—8% 的经济增长。就是说，分析我国未来 5—10 年的经济增长趋势，需要建立在对消费需求增长规模的客观判断和相关政策上。

(四) 把拉动消费作为扩大内需的战略重点

首先,要消除"过度消费"的疑虑。有人担心,欧美就是因为过度消费出的问题,中国走消费主导会不会导致过度消费。客观讲,我国仍处在消费较低的水平,尤其是广大农村居民消费水平明显偏低。例如,2009年我国的人均消费水平不及世界平均水平的1/3,仅为美国的4%和日本的5.5%。此外,尚未形成以中等收入者为主体的消费群体。从总体情况看,我国目前不存在"过度消费"的情况。

其次,要制定国家促进消费战略规划,明确未来10年扩大消费的预期目标。总的建议是:2016年初步实现消费主导,最终消费率从47.4%提高到55%左右,居民消费率从33.8%提高到40%左右,消费初步成为经济增长的内生动力;2020年基本实现消费主导,最终消费率提高到60%左右,居民消费率提高到50%左右,消费基本成为经济增长的内生动力。

最后,着眼于释放消费需求推进相关的政策调整。这就需要把改善消费环境、提高消费率作为政府工作的重点任务;需要创新消费政策,引导培育消费,拓宽消费领域,并且把提高消费率作为衡量发展方式转变的重要指标。

三 关键是加快推进消费主导的经济转型

着眼于未来10年我国的中速增长目标,加快推进消费主导的经济转型,既是短期政策的着力点,又是中长期发展的重点;既是发展面临的突出矛盾,又是改革面临的重大挑战。

(一) 推进新型城镇化是一个大战略

释放消费,需要一个坚实的平台作为依托。从我国现实情况看,城镇化蕴藏着巨大的需求潜力,成为扩大内需的重要平台支撑。第一,城镇化拉动投资需求。初步估计:每增加一个市民,需新增综合投资至少10万元;城镇化率每提高1—1.5个百分点,需新增1500万—2000万人，年综合投资在1.5万亿—2万亿元。第二，城镇化拉动消费需求。我国城镇居民与农村居民人均消费比约为3.3∶1，农村劳动力和人口合理转入城镇就业和生活，其收入与消费必然会明显增加。

我国以城镇化为主要依托的需求潜力释放，是未来10年可持续发展的一大优势。如果说未来10年仍有战略机遇期，主要在于城镇化发展所带来的内需释放，有可能使我国掌握发展的主动权，继续创造一个大有可为的"黄金10年"。为此，破题新型城镇化，充分释放城镇化的需求潜力，是扩大内需的战略性选择。

未来10年，我国城镇化仍处在快速发展阶段。从国际经验看，城镇化率在30%—70%的时期，是城镇化快速发展的阶段。2011年中国城镇化率达到51.3%，正处于加速发展区间，未来10年发展的空间仍然很大。具体来看，中西部城镇化率与东部相比，仍有明显差距。未来10年中、西部城镇化率仍有15—20个百分点的提升空间，有可能成为我国城镇化加快发展的重要亮点。总的估计是，未来10年我国城镇化率有可能每年提高1个或1.2个百分点，2020年将达到60%以上。

推进规模城镇化向人口城镇化的转型。人口城镇化是新型城镇化的本质特点。这是因为，城镇化意味着农民变市民，农村人口向城镇的迁移和集聚；城镇化为中等收入者的逐步增多创造了条件，它是中等收入群体形成和发展的主要载体。从实际情况看，我国人口城镇化率的水平是比较低的。2011年城镇化率为51.3%，其中包括了1.6亿的农民工，若按户籍计算只有35%左右。这个比重，明显低于世界银行统计的中等收入国家平均48.5%的水平。这也表明：一方面我国人口城镇化的转型大有空间，大有可为；另一方面我国人口城镇化的差距尚大，还有很长的路要走。

关键是新型城镇化的体制机制创新。释放城镇化的内需潜力，重在改变传统的城乡二元结构,真正解开这个"二元方程"。这涉及多方面的体制问题,需要统筹解决。例如,能不能在未来的5年左右初步解决农民工市民化问题,并由此为流动人口管理寻求新路。此外,还包括户籍制度改革、土地制度改革、人口政策的调整、行政区域调整、行政体制改革、财税体制改革、农村社区体制建设等多个方面的制度创新。只有这些方面的改革破题了,才能为人口城镇化的转型发展提供动力和条件。

(二) 以扩大消费促进投资转型

关键是以消费拉动投资,并形成投资转型的动力。消费既是增长的目的,也是增长的动力。消费对经济的促进作用,不仅在于消费能够直接拉动增长,而且消费可以带动投资增长,引导投资结构优化调整。

尽快改变投资结构。我国尚处在转型发展过程中,保持一定的投资率是符合基本国情的。问题在于,现行的投资率长期偏高,投资规模增长长期过快,是不可持续的。当前,适应全社会消费需求规模增长与结构升级的大趋势,需要尽快改变投资结构。首先,要增加公益性项目的投资。应当说,这方面的投资增长潜力很大。其次,要加大消费供给能力的投资力度。以文化产业为例,未来5年文化产业增加值占GDP的比重要由2011年的3%上升为5%左右,估计需要4万亿元的投资。最后,要加大城镇化建设的投资力度。

优化投资资金来源。投资的可持续取决于社会资本是否成为投资的主体。在市场经济条件下,只有社会资本的投资占大头,例如70%以上,经济才有活力,投资才可持续。当前的突出问题在于,政府与国有企业的投资增长过快,民营资本的投资意愿不足、投资信心不足。

中央政府一再强调加大社会资本投资,拓宽民营资本的投资空间,就在于稳增长首要的条件是社会资本有稳定的投资信心。尽管前不久国家相关部委出台了四十余项民间投资实施细则，应当说有一定的力度。问题在于，由于垄断行业改革的滞后，社会资本进入公益性领域和垄断性行业尚未有实质性破题。从具体情况来看，当前民营经济发展的主要障碍既有"政策玻璃门"的阻碍，更有"利益玻璃门"的阻力。垄断行业的改革不尽快破题，民营资本的进入是很困难的。

改变国有资本配置格局。当前，公共产品短缺取代私人产品短缺成为社会经济社会生活的突出矛盾，在这个特定背景下，国有资本到底应当主要扮演什么角色？应当说，国有经济在做大总量上功不可没，今天在加快消费主导的经济转型中，国有资本要充分有效地发挥作用，就在于要以公益性为目标推进国有经济的战略性调整。国有资本不是追求利润最大化的资本，哪里有盈利就往哪里去。把国有资本主要配置在公益性领域，是进入公共产品短缺时代社会需求结构变化升级的客观要求。

为此，需要以强化国有资本的公益性为目标，调整国有资本战略性配置：逐步从一般竞争性领域退出，重点转移到公共产品领域；把竞争性领域的国有资本，集中配置在事关中长期国民经济持续快速增长的能源、资源和高科技等新兴战略产业，充分发挥国有资本的优势，支持国有资本参与更高层次的国际竞争，以提升国家竞争力；对确有必要保留在其他竞争性领域的国有资本，要提高收租分红比例，并将收租分红收益主要投入社会公益领域，使城乡居民直接受益。如果国有资本的收支分红比例能够在未来5年左右提高到25%左右，将会有数万亿元资金，这能大大弥补养老金的缺口。

（三）尽快破题收入分配改革

收入分配改革是牵动经济社会发展全局的大事情。这些年，收入分配差距总体上仍处于一个扩大的趋势。收入分配差距的逐步拉大，既容易导致社会矛盾和社会风险的增大，又直接导致社会总需求不足，投资—消费失衡的矛盾进一步突出。改革走到今天，如何通过收入分配改革调整利益关系，解决利益矛盾、利益失衡问题，是老百姓普遍关注的大问题。

以民富优先破题收入分配改革。

首先，要调整国民收入分配结构，加大国民收入分配结构的调整力度。例如，尽快提高劳动报酬的比重和居民收入的比重。

其次，扩大中等收入群体。2008年我国中等收入者比重为23%左右，远低于发达国家甚至是新兴经济体国家的水平，争取每年提高1—2个百分点，到2020年将有可能达到40%以上。如果这个目标能实现，经济转型、社会转型就有了主要的基础和条件。

最后，加快建立收入分配基础制度。居民收入登记制度与完善的纳税申报制度、官员财产公开、财政预决算公开等，都是收入分配基础制度建设的重要内容。综合各方面的情况来看，尽快推进官员财产公开，已成为收入分配基础制度建设的关键。

重在实现二次转型与改革的突破。未来5—10年，以城镇化为支撑，加快消费主导的经济转型，走向公平可持续，是中国现代化进程中二次转型与改革的战略目标。把握发展与转型的重要历史机遇，需要我们在转型改革上取得共识，更需要转型改革有实质性突破。

以改革红利释放消费潜力[*]

（2013 年 1 月）

分析我国中长期经济增长的基本趋势，需要客观判断国内市场需求，尤其是消费需求的增长趋势。随着我国由生存型阶段进入发展型新阶段，城乡居民物质文化需求的内涵、结构与规模都在发生着深刻的变化，消费结构正在由生存型需求为主向发展型需求为主、由物质性消费为主向服务性消费为主的转变。在这个特定背景下，我国未来5—10年消费潜力释放与结构升级的空间巨大。初步测算表明，到2020年，城乡居民名义消费总量规模有望达到45万亿元左右；加上消费潜力释放创造的投资需求，2020年内需规模有可能接近百万亿元的级数。如果潜在的消费需求能够得到比较充分释放，就有条件支撑未来10年7%—8%的增长。

能否抓住国内需求潜力释放的重要战略机遇，取决于消费主导转型与改革的实际进程，即能不能用5—8年的时间形成以释放国内需求支撑可持续增长的基本格局。正是基于此，我们说"改革是我国的最大红利"，就在于以改革的实质性突破，抓住国内巨大需求潜力释放的重要机遇、发掘人口城镇化的最大潜力。

---

[*] 本文收入高尚全主编的《改革是中国最大的红利》，人民出版社2013年版。

一 以改革破题投资转型，实现投资与消费的动态平衡

未来5—10年的经济增长，究竟是继续高度依赖投资还是以扩大消费为主？我的看法是，我国尚处在转型发展过程中，保持一定的、合理的投资率符合基本国情。问题在于，多年来投资率居高不下，投资规模增长过快，使投资消费失衡成为经济运行的突出问题。实践证明，长期依赖投资驱动的增长是不可持续的。没有消费需求支撑和引导的投资，在保短期增长的同时，会给中长期的增长积累更多的结构性矛盾。适应消费需求释放和消费需求结构变化的大趋势，着力推进消费主导的经济转型，重在以改革破题投资转型。

（一）改变投资结构

消费是投资的最终目标，消费结构的改变将对投资结构带来深远影响。总的来看，如果投资不转型，投资消费失衡的突出矛盾难以解决，经济社会发展失衡的局面也难以改变优化投资来源。适应我国进入公共产品短缺时代公共需求全面快速增长的基本趋势，把投资的重点转向教育、医疗、社会保障等公共产品领域上，将会起到多方面的积极效果：能够切实推动人口城镇化进程；能够提振国内消费预期；能够有效缩小城乡差距和化解社会矛盾。随着发展型需求的快速增长，为满足发展型需求的基本公共服务投资也将快速增长。应当说，在这方面的投资空间很大。比如，未来10年，估计城乡基本公共服务均等化需要大概20万亿元的投资规模。未来5年，切实完成3600万套保障性住房需要约4.68万亿元的投资；未来5年，按照一般的要求，环境治理至少需要5.4万亿元的投资。此外，要加大消费供给能力投资。由于经济结构调整的滞后，许多发展型消费需求并不能得到有效满足。以文化产业为例。要实现我国文化产业增加值由目前占GDP的3%上升至2015年的5%、2020年8%的目标，需要大量的投资。目前，美国的文化增加值占GDP

比重高达 20% 左右，韩国、日本是 15% 以上。从现实看，我国文化消费的供给结构和供给能力与城乡居民的消费需求是不相适应的。如果能够加大文化产业的投资，不仅可以将潜在的文化消费需求转化为现实的经济增长，还有望在加快服务业主导的经济结构转型升级方面取得重要突破。

（二）优化投资来源

市场经济条件下，健康的投资结构需要建立在市场主导的基础之上，使投资能够反映市场真实的消费需求。实现投资转型，不仅要改变投资结构，而且还要优化投资来源，让社会资本逐步成为投资的主要来源。从现实情况看，政府主导的投资模式越来越难以持续。比如产能过剩加剧、投资的边际效益递减、金融风险增大等。为此，今后不能继续将政府投资作为投资的主渠道。一方面，政府投资要调整存量，重点是调整国有资本配置，以公益性为重要目标加大对社会领域的投入力度；另一方面，要扩大民间资本投入，尤其是引导民间资本进入教育、医疗、保障性住房建设等领域。由此，逐步解决长期以来以政府投资为主积累的矛盾与问题。

投资的可持续性取决于社会资本能否成为投资主体。在市场经济条件下，投资的可持续取决于社会资本是否成为投资的主体。只有社会资本的投资占大头，经济才有活力，投资才可持续。当前的突出问题在于，政府与国有企业的投资增长过快，民营资本的投资明显不足。稳增长的首要条件是社会资本有稳定的投资信心。尽管实践中有一定的推进，但由于垄断行业改革的滞后，社会资本进入公益性领域和垄断性行业尚未有实质性破题。为此，需要进一步拓宽民营资本投资空间，稳定社会投资信心。投资需求增长会给社会资本带来巨大的投资空间。优化投资来源一个很重要的方面就是以政府投资带动社会资本的投入。初步估计，新增投资的 70% 左右需要社会资本投入，未来的发展需求给社会资本投入提供了巨大空间。从具体情况来看，当前民营经济发展的主要障碍既有"政策玻璃门"的障碍，更有"利益玻璃门"的阻力。垄断行业的改革不尽快破题，民营资本的进入是很困难的。为此，需要鼓励社会资本进入公益性领域和垄断行业，促进民间资本进入金融、能源、交通和社会事业等领域，尤其是引导和鼓励更多的社会资本和符合一定标准的外来资本进入教育、医疗、保障性住房建设等领域。

二 以公益性为重点调整国有资本配置

国有企业改革和国有资本调整，日益成为影响和牵动经济社会发展全局的重大问题：调整经济结构，优化投资结构，重在国有资本的合理配置；改变国民收入分配格局，理顺利益关系，需要国有资本及其收益尽快成为社会福利的重要来源，使广大社会成员能够分享国有资本增值创造的社会福利。着眼于转型发展的全局，需要以强化公益性为重点推进国有资本的战略性调整。

（一）全社会公共需求变化对国有资本配置的公益性需求

当前，群众对保障性住房、医疗、社保、教育等领域的基本公共服务高度关注，认为这些基本公共服务的供给现状和发展水平难以适应公共需求全面快速增长的趋势。公共产品短缺很大程度上在于国有资本并未真正用于最急需的公共服务领域，社会对国有资本作用的关注和期待，主要不在于国有资本规模增大了多少、利润增长了多少，而在于能够在多大程度上让广大社会成员普遍分享国有资本增值创造的社会福利，在多大程度上有利于国计民生。总体上看，国有资本尚未在公共产品供给方面发挥重要作用，所以强化公益性应该成为国有企业改革的方向之一。为此，国有资本不能等同于一般的社会资本，哪里有利就往哪里去。在市场经济体制框架初步建立的背景下，国有资本继续依靠行政力量，参与一般市场领域的竞争，将在一定程度上破坏平等竞争的市场环境，不利于多种所有制经济的共同发展。而且，国有资本作为全民共有的资本，本身就具有公共属性，需要把提高社会公众普遍福利作为其主要目标追求。如果任由其进入营利性领域，将失去公共属性。同时，我国是社会主义国家，国有资本配置与国家政权、政府职能等紧密相连，若国有资本长期偏离公益性，则不利于国家长治久安。进一步来看，国有资本私有化是不现实的，当前的核心问题不在于国有资本所占比例和数量的增减，关键问题在于国有资本发挥什么作用。

（二）确立国有资本在提高普遍福利水平上的目标

新时期国有资本的主导作用，应当更加显著地体现为全社会福利水平的普遍提高，为此，应当确立国有资本在提高普遍福利上的目标。同时，国有资本要发挥社会稳定功能，需要带头进行收入分配改革，在调节收入分配差距上有所作为。国有资本的盈利，不能主要服务于国有资本规模的扩张，而应当服务于公益性支出的增加。例如，需要明确国有资本在促进就业上的目标。早在2009年"两会"期间，就有专家建议调整分配结构以促进就业。按照国家发改委分配司有关报告列举的18个行政性垄断行业的工资总额推算，以2007年行业平均工资为基数，节省下来的1/3工资福利可以多容纳700万人就业。如果把行业差距缩小到多数市场经济国家合理的差距，达到最高与最低比为2∶1左右，节省下来的工资福利可以多容纳1000万人就业。因此，加快国有企业，尤其是垄断行业收入分配体制改革，对于促进就业具有重要意义。另外，需要明确国有资本在收入分配调节上的目标。考虑到我国行业间工资差距过大的垄断因素，"十二五"期间应重点控制垄断行业的过高收入，控制垄断行业工资总额增长。

（三）国有资本重点逐步转移到公共产品领域

当前，我国国有资产快速增长引起了多方面关注。其中十分重要的是，相当多的国有企业在国有资本运营上缺乏应有的公益性。从我国进入公共产品短缺时代的基本国情出发，服务于未来5年走向消费主导的战略目标，亟须以公益性为重点调整国有资本配置。为此，需要逐步增大公益性国有资本的比重。制定提高公益性国有资本比例的约束性指标，制定严格的日程表，通过5年左右的努力，使一定的国有资本从竞争性领域退出，并与事业单位改革相配套，投入教育、医疗、社会保障、基本住房保障等社会公益领域，解决公共服务投入面临的资金短缺问题。例如，第一，将更多的国有资本投资到随着市场范围扩展而出现的公益性领域，这将有利于降低交易成本，有利于提高以普遍福利为目标的投资效率。第二，将更多的国有资本投资到与人的基本生存权、发展权相对应的公共产品和准公共产品领域，提高劳动者素质，促进产业发展由物质资本投入为主转向以人力资本投入为主，比如教育、医疗等基本公共服务。第三，将更多的国有资本投资到环境保护等具有正外部性的领域，促进产业结构的优化调整和发展方式转型。第四，将更多的国有资本投资到事关国计民生和国家安全的战略性领域，强化国有资本对非国有资本的引导和支持作用。

（四）提高国有资本收租分红比例

建立常态化的国有企业收租分红机制迫在眉睫。这既是切实维护出资人权益的必然要求，也有助于降低居民和非公经济税负，促进消费主导的经济转型。强化国有资本公益性，重要的途径是通过对国有资本收租分红，扩大公益性支出，使国有企业分红能够逐步承担基本公共服务均等化新增财力需求的30%—40%，即承担2.8万亿—3.7万亿元。国有企业"十二五"累计利润预期为10.8万亿元，要承担起2.8万亿—3.7万亿元的社会福利建设新增支出，国有企业平均分红比例在"十二五"期间需要提高到30%左右。为此，需要尽快出台国有企业支付资源使用租金和利润分红的法律法规。可以根据《关于试行国有资本经营预算的意见》和《中央企业国有资本收益收取管理办法》等相关规定，制定详细的、可操作的利润分配方案。

三 以形成 6 亿中等收入群体为重要目标破题收入分配改革

到 2020 年实现城乡居民人均收入倍增,关键在于中等收入群体的倍增,即在目前大约 23% 的基础上,每年提高 2 个百分点,到 2020 年努力使中等收入群体占比达到 40% 以上,由此使中等收入群体规模扩大到 6 亿人左右。实现这一目标是个大战略：意味着消费主体的形成与稳定；意味着利益关系调整的新突破；意味着走向共同富裕的大趋势；意味着橄榄型社会结构的初步形成。

（一）人口城镇化是扩大中等收入群体的重要载体,城镇化的发展转型将为中等收入群体倍增提供巨大空间

由于工业收益与服务业收益远高于农业收益,发达国家历史上中产阶层的形成,主要源于人口城镇化及其经济结构的转型升级。从我国的现实看,未来 10 年实现中等收入群体倍增,重要的基础和支撑在于人口城镇化的发展转型。人口城镇化的快速发展阶段是中等收入群体快速形成的过程。一般来说,城镇化率处于 30%—70% 的时期,是城镇化加快发展的阶段。2011 年,我国的城镇化率为 51.3%,但人口城镇化率只有 35% 左右,远低于世界银行统计的中等收入国家 48.5% 的平均水平。未来 5 年左右,只要以农民工市民化为重点的相关改革能够取得突破,我国的城镇化率有望以年均 1%—1.2% 的速度推进,人口城镇化率有望以年均 1.3%—1.5% 的速度推进。这样,到 2020 年人口城镇化率有望达到 50%—55%,初步接近 60% 左右的名义城镇化率。届时,新增城镇人口将达 4 亿左右,成为新增中等收入群体的"后备军"。

加快服务业主导的经济转型,将扩大中等收入者的就业机会。人口城镇化必然拉动服务业的快速发展,带来中等收入群体的快速增长,尤其是白领阶层的快速增加。以美国为例,随着由工业主导向服务业主导的经济转型,白领阶层的规模从 20 世纪 40 年代的

1000万左右上升到20世纪70年代的5000万，30年间扩大了5倍，1980年白领阶层已占全部劳动力的50%以上。从现实情况看，接受过高等教育的大学生是白领阶层和中等收入者的重要来源。今年，我国大学毕业生估计为680万人左右，到2020年累计新增大学毕业生将接近4000万人。当前，大学生就业难，并很难成为中等收入者，主要原因是服务业发展滞后。2011年，我国服务业比重为43.1%，服务业就业占比为35.7%，就业人口仅为2.7亿左右。如果消费主导的经济转型明显加快，未来5年，服务业比重有望提高到50%左右，服务业就业占比有望达到40%以上；未来10年，服务业比重有望达到60%左右，服务业就业占比有望达到50%以上。按照这个预测，到2020年全国劳动就业人口大约为9.3亿，其中在服务业就业的人口将不少于4.5亿。服务业，尤其是现代服务业就业人口规模的扩大，将明显拉动中等收入者比重的提高。

加快城乡一体化进程，将使一定比例的农民工和农民成为中等收入群体的新生力量。按照中共十八大的要求，未来几年，如果城乡一体化的相关政策与体制安排到位，到2020年，城乡居民收入翻番顺利实现，新增4亿城镇户籍人口中的40%，大约1.6亿人有可能进入中等收入群体行列；考虑到2020年人口总量将接近15亿，人口城镇化率可能达到或超过50%，届时如果7.5亿农村户籍人口有20%成为中等收入者，新增中等收入群体将有1.5亿。两项相加，保守地估计，到2020年，新增中等收入群体大概在3.1亿以上，中等收入群体的总规模有望达到6亿人左右。为实现2020年形成6亿中等收入群体的目标，建议结合国民收入倍增计划，尽快制定中等收入群体倍增的具体行动方案。例如，第一，加快教育结构调整，提高有效的人力资本积累，突出人力资本在扩大中等收入群体中的重要作用。第二，尽快出台农民工市民化的日程表，争取经过3—5年的努力，初步实现农民工市民化，使一部分农民在真正融入城市后成为中等收入群体。第三，尽快改革征地制度，保障农民征地谈判的主体地位，提高农民在土地增值收益中的分配比例，为一部分农民成为中等收入者创造条件。

（二）以民富优先为导向破题收入分配改革，为广大中低收入者进入中等收入群体创造条件

从目前的情况看，在贫富差距尚未明显改变的情况下，即使城乡居民收入整体翻番的目标实现了，也并不能保证中等收入群体规模的倍增。以民富优先破题收入分配改革，就是要尽快扭转贫富差距不断扩大的趋势，为广大中低收入者向上流动创造更多的机会和条件。首先，要尽快提高城乡居民的实际收入水平。居民收入倍增不是现有国民收入分配格局下的倍增，而是向城乡居民倾斜、向劳动者报酬倾斜条件下的倍增。例如，第一，确保城乡居民收入增长同步并略快于 GDP 增长。未来 10 年，在 GDP 年均增速为 7%—8% 的条件下，城乡居民实际收入增长年均应不低于 7.5%。第二，加快建立工资谈判协商机制，确保劳动者报酬与劳动生产率增长同步，使劳动报酬占 GDP 比重从目前大约 40% 提高到 50% 左右。第三，确定缩小城乡差距的约束性指标，努力使城乡居民收入差距从 2011 年的 3.13∶1 下降到 2020 年的 2.8∶1 以内。其次，以制度公平为重点推进基本公共服务均等化。我国政府承诺，到 2020 年基本公共服务均等化总体实现。虽然过去几年城乡基本公共服务均等化取得重要的历史性进展，但由于某些制度安排得不公平，使城乡、不同群体间公共资源配置仍然存在比较严重的失衡，由此加大了中低收入群体在住房、养老、医疗、子女教育等方面的负担，他们的实际生活质量很难随着收入水平的提高而同步提高，并由此拉大了实际收入差距。这说明，基本公共服务均等化实现过程中能否保障中低收入者的权益，已成为扩大中等收入群体的重要因素之一。这就需要：第一，严格限制经济适用房的受益范围，把住房领

域的公共资源主要用于中低收入者,建立完善以廉租房为重点的住房保障体系,在这个前提下进一步推进住房领域的市场化改革。第二,推进城乡、不同群体基本公共服务制度的统一,尤其是医疗保险、养老保障的制度统一。第三,努力缩小财政用于不同社会群体基本公共服务的投入差距,并建立公开的约束性指标。另外,要加快推进结构性减税。推行结构性减税是打破制度性约束、藏富于民的重大举措,有利于增强经济活力,有利于减轻中低收入者负担。未来几年,重点是:第一,中小企业是创造就业的主力军,降低中小企业税负,不仅可以鼓励创业,防止资本外流,还能够为提高劳动者报酬创造条件。第二,建议未来1—2年,全面推行服务业税制由营业税向增值税转型,切实减轻服务业的税负,使在服务业就业的白领阶层尽快成为中等收入者。第三,考虑通胀因素和提高中低收入者生活水平的客观要求,建议在进一步提高个人所得税起征点的同时,同步降低个人所得税税率,减轻中等收入群体的实际税负。

(三) 建立公开、透明的收入分配基础制度

良好的收入分配秩序是扩大中等收入群体的基本保障,也是中等收入者认同感逐步增强的重要条件。要使工薪阶层为主体的中等收入者普遍认同自己的经济社会地位,迫切要求以公开、透明为重点,加快建立收入分配的基础制度;理顺利益关系,形成公正有序的分配秩序。

以全口径预算决算管理改革为契机,全面推进政府预算公开。扩大中等收入群体客观上要求建设低成本的廉洁政府,这对财政预算公开提出了新的要求。应当说,将所有政府性收入纳入预算管理、全面取消预算外资金、推进全口径财政预算公开的条件已经成熟。为此建议:第一,加大"三公"经费公开力度。在中央行政单位、事业单位和其他单位的"三公"经费公开取得阶段性成果的基

础上，进一步公布其明细账目，并通过3—5年的努力，使各级政府全面实现"三公"经费的公开。第二，拓展财政预算公开范围，将公共预算、政府性基金预算和国有资产经营预算、社会保障预算、土地出让金等全部纳入预算公开范围。第三，加快《预算法》的修订工作，为推进全口径预算决算的审查和监督提供法律依据。

以官员财产公开为重点，逐步形成覆盖全民的财产申报制度。当前，推进官员财产公开已成为各方面普遍关注的重大问题，成为解决机制性寻租腐败、提振社会信心的重大举措。为此建议：第一，尽快实现官员个人和家庭财产从内部申报转向社会公开。第二，拟新提拔的官员、新当选的各级人大代表和政协委员率先实行财产公开。第三，通过3年左右的努力，将财产公开覆盖至全部官员，争取5年左右的时间建立覆盖全民的财产申报制度，并建成完善的收入分配基础数据信息体系。

建立公职人员的收入、财产动态监察制度。对公职人员进行收入和财产监督是杜绝"灰色收入"、取缔非法收入、规范收入分配秩序的关键所在。建议在推行阳光政府建设的过程中，加快设计建立公职人员的收入、财产监察体系。其中的重要措施是：第一，加强对腐败高发领域公职人员的收入及财产监督，在推动反腐倡廉上取得新突破；第二，强化各级人大对同级官员的收入及财产监察；第三，强化社会监督、舆论监督，建立完善对公职人员非法收入及财产的举报制度。

四 着力推进政府的转型与改革

经济体制改革的核心问题是处理好政府与市场的关系，需要改变"增长主义"政府倾向，在经济生活领域坚持市场主导下有效发挥政府的作用，而不是政府主导下有限发挥市场的作用；社会体制改革的核心问题是处理好政府与社会的关系，需要改变"大政府、小社会"局面，建立有活力的"大社会"，逐步走向社会公共治理。

(一) 改变增长主义政府倾向，理顺政府与市场的关系

在我国经济起飞阶段，政府主导型经济增长方式把社会资源有效集中在投资建设上，在推动经济持续快速增长中发挥了重要作用。问题在于，这种经济增长方式以追求 GDP 增长速度为首要目标、以扩大投资规模为重要途径、以土地批租和上重化工业项目为突出特点、以资源配置的行政控制和行政干预为主要手段，在带来投资增长过快、投资—消费失衡、资源环境矛盾突出等问题的同时，还造成政府在市场经济条件下公共服务的缺位。这就需要：第一，改变政府理念。是以公共服务为中心还是以经济建设为中心，是改变政府理念的首要问题。在市场经济体制初步形成的条件下，经济建设的主体是企业，是社会，政府的主要职能是要创造公平竞争的市场环境，为企业、社会以经济建设为中心提供重要保障。也就是说，在社会主义市场经济体制基本形成、企业成为市场竞争主体的条件下，政府以公共服务为中心是保证企业、社会以经济建设为中心的基本前提和重要条件。第二，推进结构性改革。实践证明，把以改变"增长主义"政府倾向为重点的行政体制改革作为全面改革的重点和关键，如此才能实现财税体制改革、社会体制改革、干部选拔机制改革以及其他政治体制改革的破题。第三，改变政府自身利益倾向。与"增长主义"政府倾向直接相联系的问题是现存的部门利益、行业利益、地方利益等政府自身利益。政府是公共利益的代表者，如果不解决"增长主义"政府倾向，要使各级政府坚守公共利益代表者的定位，使其在经济发展方式转变与和谐社会建设中充分有效地发挥作用，是比较困难的。

(二) 以"放权、分权、限权"为重点优化行政权力结构

为什么这些年尽管政府职能转变一再成为改革的重点，但是进程缓慢、成效甚微？重要原因之一是行政权力结构不合理。这就需

要：第一，以增强市场和社会活力为目标实现政府放权。政府要向市场与社会放权，在更大程度和更广范围发挥市场在资源配置中的基础性作用，在激发社会活力的基础上创新社会管理，由此实质性推进政府职能转变。第二，以权力有效制约和协调为目标实现政府分权。在改变经济总量导向的中央—地方关系、建立中央—地方公共职责分工体制的同时，通过有效地建立决策权、执行权、监督权既相互制约又相互协调的体制机制，以确保国家机关按照法定权限和程序行使权力。第三，以权力运行公开透明为目标实现政府限权。实现权力运行的公开化、规范化，有效约束政府自身利益。

（三）尽快形成行政体制改革的行动计划

与全面深化经济体制改革有机结合，加快推动行政审批制度改革，实现垄断行业改革、资源要素价格改革的新突破，推动政府经济职能的转变；与加快社会体制改革有机结合，通过几年的努力，把部分政府职能交给社会组织和社区自治组织，实现创新社会管理的新突破；与政治体制改革的实际进程相结合，通过几年的努力，全面推进政务公开、财政预算公开，加快推进官员财产公开、司法公开。

未来5—8年的转型与改革与过去有很大的不同。以更大的政治勇气和智慧推进改革，既需要改革的顶层设计和总体协调；也需要地方层面的改革试验，允许摸着石头过河；更需要尽快成立中央层面的改革协调机构，出台中长期改革规划，合理选择改革的主攻方向和优先顺序，创新改革的推进方式，有序有效地推进改革。

消费主导的经济转型与经济增长前景[*]

（2013年2月）

在内外发展环境发生深刻变化的特定背景下，未来10年我国发展的战略机遇何在？转型与改革的动力何在？我的观点是：释放国内巨大的需求潜力，既是转型发展的重大挑战，又是转型发展的重大机遇。以人口城镇化释放巨大的内需潜力，尤其是消费需求潜力，是未来5—10年我国转型发展的最大优势和主要动力。把握城镇化发展的历史机遇，需要把扩大消费作为稳增长的战略重点，加快推进消费主导的转型与改革，以支撑未来10年的中速增长。

一　我国开始进入中速增长的新阶段

当前的经济走势表明，我国的经济增长正处在由高速向中速转换的历史"拐点"。2011年以来的经济放缓，既有短期周期性因素，更有中长期增长条件变化的因素；既是短期经济波动的表现，更是中长期经济增长趋势的反映。由此，需要从长计议，牢牢把握扩大内需的战略基点和拉动消费的战略重点。

（一）7%—8%的中速增长趋势已经形成

首先，中速增长条件发生趋势性变化。支撑以往两位数高增长

---

[*] 本文载于《中国党政干部论坛》2013年第2期。

的低成本优势逐步消失。例如，劳动力成本明显提高，土地成本快速上升，资源环境的成本与约束明显加大。其次，潜在经济增长率的下降。经济发展的阶段性变化，对经济增速有一定的影响。经济起飞阶段总量小，经济增速相对偏高；随着经济总量的加大，经济增速难以保持高增长。从国际经验看，二战后成功追赶型国家在实现数十年的高速增长之后，潜在经济增长率大都会下一个台阶。从我国的情况看，潜在经济增长率已开始由10%左右下降到7%—8%。最后，欧美市场萎缩不是一个短期的趋势。当前的世界经济格局进入全面调整期，发达国家负债消费、新兴经济体出口拉动、资源输出国出口资源的世界经济发展模式被打破，世界经济的不确定性增大，需要在经济结构调整中寻求新的平衡点。欧美市场萎缩不是一两年的事情，有可能是5—10年的中长期趋势。在这些特定背景下，投资出口主导型的经济增长模式已难以为继，扩大内需成为稳增长的立足点和战略重点。

（二）保持10年的中速增长成为实现可持续增长的首要目标

从总量上看，如果保持10年7%—8%的增长，能使我国的经济总量接近美国的水平。假设未来10年我国GDP年均增长8%，人民币汇率年升值3%，美国GDP年均增长3%，到2020年我国经济总量可望达到美国的97.9%。从人均收入水平看，如果保持10年7%—8%的增长，2019年我国人均GDP将超过11900美元，开始进入高收入国家行列。[1] 以扩大国内需求拉动经济7%—8%的增长，既是世界经济再平衡对中国的需求，更是中国对世界经济再平衡的贡献。

（三）进入中速增长阶段面临着新的挑战

首先，解决好短期与中长期的矛盾，在"稳当前"和"谋长

---

[1] 中改院课题组：《未来5—10年城乡居民消费增长率与消费规模测算》，2012年7月。

远"之间寻求平衡,防止在保短期增长的同时给中长期增长积累更大隐患。这就需要加快发展实体经济,加快形成内生增长动力,加快创新体系建设。其次,解决好周期性与结构性的矛盾。2011年以来的经济放缓虽有周期性波动的因素,但根源在于经济发展方式长期滞后而积累的结构性矛盾与问题。从中长期看,保持经济的中速增长,已经难以通过短期的政策刺激来实现,它需要加大结构性转型与改革的力度。最后,解决好投资与消费的矛盾。从近些年的实践看,经济生活的突出矛盾是投资—消费失衡。例如,产业结构扭曲。我国的服务业比重在40%—43%中徘徊了10多年。要提高服务业比重,不改变投资主导的增长方式很困难;产能过剩的压力加大。长期过大、过高的投资率,使产能过剩的压力更为凸显。比如,2011年我国钢铁的实际需求不超过6亿吨,但钢铁的实际产能达到8.5亿吨左右;投资边际产出持续下降。比如固定资产投资,每1元的投资产出效应,1997年为3.17元,到2010年下降到1.44元。[①]

二 以消费释放支撑未来10年的中速增长

我国巨大的消费潜力蕴含着新的经济增长动力。与其他国家不同,未来10年我国仍处于上升的通道,关键在于拥有巨大的消费潜力这个突出优势。初步的分析说明,只要消费需求能够有效释放出来,就有可能支撑未来10年7%—8%的中速增长。

(一) 我国开始进入消费释放的历史新阶段

国际经验表明,消费对GDP拉动的主导地位往往在人均国民收入达到3000—5000美元得到确立并逐步加强。2011年,我国人均GDP已超过5000美元。从我国的情况看,城乡居民的消费结构不断升级,即由生活必需品到耐用消费品的升级;由私人产品到公

---

① 迟福林:《消费主导》,中国经济出版社2012年版。

共产品的需求升级。消费结构升级的主要原因在于，经过 30 多年的改革开放，我国已从以人的温饱为目标的生存型阶段全面进入以人的自身发展为目标的发展型新阶段。在这个新阶段，尽管我国仍然处在社会主义初级阶段，人们的物质文化需求同落后的社会生产之间的主要矛盾没有变，但人们的物质文化需求的内涵发生了变化，由主要追求温饱向教育、医疗等转变。在社会需求结构变化的大趋势下，全社会日益增长的公共需求同公共服务尚不到位、公共产品短缺成为社会生活的突出矛盾。正是在这个背景下，我们把改善民生、加大公共产品供给、提高公共服务水平作为政府的主要职责。

（二）未来 10 年我国潜在的消费规模巨大

首先，我国消费率的提升空间巨大。我国与同等发展水平国家相比（金砖国家），消费率相差 15—20 个百分点。如 2011 年我国居民消费率为 33.8%，2010 年印度为 63.2%。[1] 与发达国家相比，我国消费率相差得更大一些，有近 30 个百分点。这里，我们看到的不仅是消费率水平的差距，更要看到未来 5—10 年消费率有巨大的提升空间。其次，我国潜在的消费规模巨大。摩根士丹利的估计是（2010），未来 10 年中国经济将迎来消费的黄金时期，2020 年中国消费总量将达到美国的三分之二，占世界消费总量的 12%。[2] 麦肯锡的估计是（2012），2008 年中国内需市场规模只有美国的六分之一，但到了 2020 年，预计将成为世界第一大市场，占全球消费总额的 25%。[3] 我国中金公司的估计是（2012），2020 年我国居民总消费将达 7.0 万亿美元（约合人民币 44.14 万亿元）。[4] 前不

---

[1] 国家统计局：《国际统计年鉴 2012》，中国统计出版社 2012 年版。
[2] 摩根士丹利：《2020 年中国消费总量将占世界 12%》，财经网，2010 年 11 月 23 日。
[3] 麦肯锡：《近六成中国中产阶层相信收入将上涨》，《羊城晚报》2011 年 11 月 2 日。
[4] 彭文生：《经济转型的消费轨道》，《中金公司宏观经济报告》2012 年 5 月 6 日。

久，国家商务部有关方面作出预测，国内消费市场的规模将在2015年达到32万亿元，比2010年的16万亿元提高1倍。① 我们的初步分析是：2020年潜在居民消费需求有可能达到45万亿—50万亿元。② 这个初步分析的数字表明，10年左右我国有望从投资生产大国转型为消费大国。

（三）消费需求释放能够支撑未来10年7%—8%的经济增长

有效需求规模的大小，在一定程度上决定一个国家或地区增长的潜力与增长的前景。我国潜在的巨大消费需求能否支撑中长期增长，在理论和实践上都有不少质疑。理论上，把消费纳入增长模型分析的文献不多见；实践上，对消费拉动增长的效应仍持怀疑态度。有学者指出，我国改革开放以来两次扩大内需，都是为了应对外部危机对经济增长的冲击。这说明我国扩大消费的政策都是针对短期问题的，尚未形成中长期扩大消费的政策体系。如果未来10年，人口城镇化蕴含的45万亿—50万亿的消费潜力能比较充分地释放，能够支撑7%—8%的经济增长。就是说，分析我国未来5—10年的经济增长趋势，需要建立在对消费需求增长规模的客观判断和相关政策上。

（四）把拉动消费作为扩大内需的战略重点

首先，要消除"过度消费"的疑虑。有人担心，欧美就是因为过度消费出的问题，中国走消费主导会不会导致过度消费。客观讲，我国仍处在消费较低的水平，尤其是广大农村居民消费水平明显偏低。例如，2009年我国的人均消费水平不及世界平均水平的1/3，仅为美国的4%和日本的5.5%。③ 此外，尚未形成以中等收

---

① 商务部：《2015年社会消费品零售总额望达32万亿元》，中国新闻网，2012年1月4日。
② 中改院课题组：《未来5—10年城乡居民消费增长率与消费规模测算》2012年7月。
③ 刘世锦：《中国的"发展中国家"身份问题》，《中国经济时报》2012年4月25日。

入者为主体的消费群体。从总体情况看，我国目前不存在"过度消费"的情况。其次，要制定国家促进消费战略规划，明确未来10年扩大消费的预期目标。总的建议是：2016年初步实现消费主导，最终消费率从47.4%提高到55%左右，居民消费率从33.8%提高到40%左右，消费初步成为经济增长的内生动力；2020年基本实现消费主导，最终消费率提高到60%左右，居民消费率提高到50%左右，消费基本成为经济增长的内生动力。最后，着眼于释放消费需求推进相关的政策调整。这就需要把改善消费环境、提高消费率作为政府工作的重点任务；需要创新消费政策，引导培育消费，拓宽消费领域，并且把提高消费率作为衡量发展方式转变的重要指标。

三 关键是加快推进消费主导的经济转型

着眼于未来10年我国的中速增长目标，加快推进消费主导的经济转型，既是短期政策的着力点，又是中长期发展的重点；既是发展面临的突出矛盾，又是改革面临的重大挑战。

（一）推进新型城镇化是一个大战略

释放消费，需要一个坚实的平台作为依托。从我国现实情况看，城镇化蕴藏着巨大的需求潜力，成为扩大内需的重要平台支撑。第一，城镇化拉动投资需求。初步估计：每增加一个市民，需新增综合投资至少10万元；城镇化率每提高1—1.5个百分点，需新增1500万—2000万人，年综合投资在1.5万亿—2万亿元。第二，城镇化拉动消费需求。我国城镇居民与农村居民人均消费比约为3.3∶1，农村劳动力和人口合理转入城镇就业和生活，其收入与消费必然会明显增加。

我国以城镇化为主要依托的需求潜力释放，是未来10年可持续发展的一大优势。如果说未来10年仍有战略机遇期，主要在于城镇化发展所带来的内需释放，有可能使我国掌握发展的主动权，继续创造一个大有可为的"黄金10年"。为此,破题新型城镇化,充分释放城镇化的需求潜力,是扩大内需的战略性选择。

未来10年,我国城镇化仍处在快速发展阶段。从国际经验看,城镇化率在30%—70%的时期,是城镇化快速发展的阶段。2011年中国城镇化率达到51.3%[①],正处于加速发展区间,未来10年发展的空间仍然很大。具体来看,中西部城镇化率与东部相比,仍有明显差距。未来10年中西部城镇化率仍有15—20个百分点的提升空间,有可能成为我国城镇化加快发展的重要亮点。总的估计是,未来10年我国城镇化率有可能每年提高1个或1.2个百分点,2020年将达到60%以上。

推进规模城镇化向人口城镇化的转型。人口城镇化是新型城镇化的本质特点。这是因为,城镇化意味着农民变市民,农村人口向城镇的迁移和集聚;城镇化为中等收入者的逐步增多创造了条件,它是中等收入群体形成和发展的主要载体。从实际情况看,我国人口城镇化率的水平是比较低的。2011年城镇化率为51.3%,其中包括了1.6亿的农民工,若按户籍计算只有35%左右。这个比重,明显低于世界银行统计的中等收入国家平均48.5%的水平。这也表明:一方面我国人口城镇化的转型大有空间,大有可为;另一方面我国人口城镇化的差距尚大,还有很长的路要走。

关键是新型城镇化的体制机制创新。释放城镇化的内需潜力,重在改变传统的城乡二元结构,真正解开这个"二元方程"。这涉及多方面的体制问题,需要统筹解决。例如,能不能在未来的5年左右初步解决农民工市民化问题,并由此为流动人口管理寻求新路。此外,还包括户籍制度改革、土地制度改革、人口政策的调整、行政区域调整、行政体制改革、财税体制改革、农村社区体制

---

① 国家统计局:《中国统计年鉴2012》,中国统计出版社2012年版。

建设等多个方面的制度创新。只有这些方面的改革破题了，才能为人口城镇化的转型发展提供动力和条件。

（二）以扩大消费促进投资转型

关键是以消费拉动投资，并形成投资转型的动力。消费既是增长的目的，也是增长的动力。消费对经济的促进作用，不仅在于消费能够直接拉动增长，而且消费可以带动投资增长，引导投资结构优化调整。

尽快改变投资结构。我国尚处在转型发展过程中，保持一定的投资率是符合基本国情的。问题在于，现行的投资率长期偏高，投资规模增长长期过快，是不可持续的。当前，适应全社会消费需求规模增长与结构升级的大趋势，需要尽快改变投资结构。首先，要加大公益性项目的投资。应当说，这方面的投资增长潜力很大。其次，要加大消费供给能力的投资。以文化产业为例，未来5年文化产业增加值占GDP的比重要由2011年的3%上升为5%左右，估计需要4万亿元的投资。最后，要加大城镇化建设的投资力度。

优化投资资金来源。投资的可持续取决于社会资本是否成为投资的主体。在市场经济条件下，只有社会资本的投资占大头，例如70%以上，经济才有活力，投资才可持续。当前的突出问题在于，政府与国有企业的投资增长过快，民营资本的投资意愿不足、投资信心不足。中央政府一再强调加大社会资本投资，拓宽民营资本的投资空间，就在于稳增长首要的条件是社会资本有稳定的投资信心。尽管前不久国家相关部委出台了四十余项民间投资实施细则，应当说有一定的力度。问题在于，由于垄断行业改革的滞后，社会资本进入公益性领域和垄断性行业尚未有实质性破题。从具体情况来看，当前民营经济发展的主要障碍既有"政策玻璃门"的阻碍，更有"利益玻璃门"的阻力。垄断行业的改革不尽快破题，民营资本的进入是很困难的。

改变国有资本配置格局。当前，公共产品短缺取代私人产品短缺成为社会经济社会生活的突出矛盾，在这个特定背景下，国有资本到底应当主要扮演什么角色？应当说，国有经济在做大总量上功不可没，今天在加快消费主导的经济转型中，国有资本要充分有效地发挥作用，就在于要以公益性为目标推进国有经济的战略性调整。国有资本不是追求利润最大化的资本，哪里有盈利就往哪里去。把国有资本主要配置在公益性领域，是进入公共产品短缺时代社会需求结构变化升级的客观要求。为此，需要以强化国有资本的公益性为目标，调整国有资本战略性配置：逐步从一般竞争性领域退出，重点转移到公共产品领域；把竞争性领域的国有资本，集中配置在事关中长期国民经济持续快速增长的能源、资源和高科技等新兴战略产业，充分发挥国有资本的优势，支持国有资本参与更高层次的国际竞争，以提升国家竞争力；对确有必要保留在其他竞争性领域的国有资本，要提高收租分红比例，并将收租分红收益主要投入社会公益领域，使城乡居民直接受益。如果国有资本的收支分红比例能够在未来5年左右提高到25%左右，将会有数万亿元资金，这能大大弥补养老金的缺口。

（三）尽快破题收入分配改革

收入分配改革是牵动经济社会发展全局的大事情。这些年，收入分配差距总体上仍处于一个扩大的趋势。收入分配差距的逐步拉大，既容易导致社会矛盾和社会风险的增大，又直接导致社会总需求不足，投资—消费失衡的矛盾进一步突出。改革走到今天，如何通过收入分配改革调整利益关系，解决利益矛盾、利益失衡问题，是老百姓普遍关注的大问题。

以民富优先破题收入分配改革。首先，要调整国民收入分配结构，加大国民收入分配结构的调整力度。例如，尽快提高劳动报酬的比重和居民收入的比重。其次，扩大中等收入群体。2008年我国中等收入者比重约为23％,远低于发达国家甚至是新兴经济体国家的水平,争取每年提高1—2个百分点,到2020年将有可能达到40％以上。如果这个目标能实现,经济转型、社会转型就有了主要的基础和条件。最后,加快建立收入分配基础制度。居民收入登记制度与完善的纳税申报制度、官员财产公开、财政预决算公开等,都是收入分配基础制度建设的重要内容。综合各方面的情况来看,尽快推进官员财产公开,已成为收入分配基础制度建设的关键。

重在实现二次转型与改革的突破。未来5—10年,以城镇化为支撑,加快消费主导的经济转型,走向公平可持续,是中国现代化进程中二次转型与改革的战略目标。把握发展与转型的重要历史机遇,需要我们在转型改革上取得共识,更需要转型改革有实质性突破。

消费新时代的转型与改革[*]

（2014年5月）

80年代初我参与改革调研的第一站就来到了广州和深圳，在广州的历次调研对我30多年的改革研究有重要的作用。我是一个从事改革研究的学者，穿了20年的军装，80年代初从中央党校做改革研究，以后在中南海工作过两年，1987年底海南建省办特区我就来到了海南，做了几年海南体改委负责人，以后就一直做学者做改革研究。大家从我的研究中更多是想了解下一步改革发展的大趋势。在我看来，我国现在的改革，比照过去有三个突出的特点。

第一，改革的难度明显增大。80年代初我到广东调研，和现在看到的改革情况应该说有很大的不同，一项改革措施，上下都能够很快形成共识，而今天，可能任何一项重大的改革出台，大家都会有不同的想法、考虑和建议。为什么？改革开放36年来，利益关系固化，利益矛盾、利益冲突的形成已经成为一个基本现实，任何一项改革，尤其是重大改革，难免触及方方面面利益的调整，所以改革的难度明显加大。

第二，从现在开始到未来5—10年的改革，增长、转型、改革

---

[*] 在"岭南大讲坛·公众论坛"上的发言，2014年5月24日，广州。

交织融合。当前，我国的经济社会发展正处于一个重大的历史转折时期，增长的发展趋势如何，与经济增长方式的转型、社会转型联系在一起，而这些转型背后涉及的都是重大的体制机制的改革。

第三，时间空间约束明显增强。未来的 10 年将是中华民族历史上可能最重要的 10 年，是一个历史性的转型时期和改革时期。如果一两年改革没有重大的突破，三五年改革没有全面突破，五年到十年改革没有多方面的重大突破，我国经济社会的危机难以避免。反之，我国就会赢得 10 年、20 年，甚至 30 年发展的好前景。

今天，改革的三大突出特点中最重要的就是增长、转型、改革交织融合。大家普遍关注未来的房价如何、未来我国的经济增长前景如何，这样一些对于短期增长、中期增长的前景判断，都离不开转型和改革。在增长、转型、改革直接融合背景下，有几个问题非常重要。

（1）短期与中长期。现在增长的压力很大，但是我国经济增长的问题已经不仅仅是这一两年的问题，更重要的是一个中长期的问题。短期很重要，要想尽办法保持短期经济的稳定增长，但是更需要着眼于中长期经济增长，来考虑短期的问题。为什么？严格来说从 2013 年开始，我国的增长、转型都处于正在拐弯中，车在爬坡拐弯时速度太快会出现问题，太慢了也会出现问题，所以拐弯的目的不在于拐弯，而是找到拐弯之后的一条大道。我们要的是中长期的发展，就需要着眼中长期来解决短期问题，使得短期问题的解决不再给中长期经济发展制造更多的矛盾和问题。今天只能采用微刺激，不太可能采用强刺激，就在于此。如何将短期和中长期结合起来，这是一门艺术。

（2）速度与结构。预计未来几年，我国经济仍能保持 7% 左右的增长，更重要的是在保持 7% 左右经济增长的同时来实现发展方式的转变，也就是说，取决于能不能在调整经济结构上有大的作为，使得短期拐弯的时候找到中长期发展的路子，而且走到这个路子上。

（3）消费与投资。继续沿着过去以投资、出口为主导拉动经济增长，还是抓住当前的机遇扩大内需，尤其是拉动消费，这是解决短期与中长期结合中速度与结构问题的核心。

（4）转型与改革。要解决这些问题，表面是增长问题，实质是发展方式和体制机制的转型升级问题，如果没有改革在多方面的突破，想要处理好投资与消费的关系很困难。

（5）政府与市场。而在转型与改革的过程中，其核心问题是解决政府与市场关系。

在这样的背景下，今天我想概要地与大家探讨一下消费新时代的转型与改革这个大题目。

一 我国进入消费新时代

2008年国际金融危机后，我开始提出来，也算是国内比较早提出来的，我国需要由生产大国向消费大国转型。这几年引起了广泛关注，在国务院座谈会上也有讨论，到这两年的政府工作报告都有一个表述——消费是基础、投资是关键。我在总理座谈会和全国政协大会上都提出，对是不是进入消费新时代、这个新时代涉及哪些转型和改革，需要做广泛的探讨。

经过36年的改革开放，我国由生存型阶段进入发展型新阶段，全社会消费释放的大趋势正在形成，消费新时代已经到来。未来5—10年经济增长的前景，在很大程度上取决于能否充分释放13亿人消费需求的巨大潜力，能否有效实现从投资出口拉动向消费主导新增长方式的转变，走出一条消费主导经济转型的新路子。在这个背景下，既给我国的增长转型提出了一个重大课题，又是一个重要机遇。尤其是2008年国际金融危机之后，我们始终在探讨一个问题，中国和欧美的情况有什么不一样？就在于我国还有一个巨大的内需空间。未来5—10年,我国的增长转型在相当大程度上取决于能不能够适应13亿人消费的大需求,将这个优势发挥出来。一些国际专家认为中国13亿人消费需求是未来5—10年,甚至更长一段时间里的世界经济再平衡的一个重点,也是全世界经济增长的关注点。

现在很多国际服务业企业要进入我国,就是看到了这样一个巨大的市场需求。麦肯锡咨询公司一份报告显示,2011年我国的医疗支出超过3570亿美元。到2020年,我国医疗市场价值预计将高达1万亿美元。未来10年,中国医疗消费市场将是全世界增长最强劲的医疗市场之一。这种判断和研究就会引导很多投资进入我国。

(一)消费释放的大趋势

进入发展型新阶段,随着人口城镇化的推进、人口结构的变化、服务业主导地位的形成,13亿人的消费结构不断升级,消费需求巨大,消费潜力全面释放。

1. 消费结构升级

(1)生存性消费需求减少,发展性消费需求增多。具体来看有两大指标。

——消费结构:第一,城镇居民由工业消费品为主向服务消费为主转变。十年前,或者二十年前,大家买彩电、冰箱、空调是大趋势,而今天大家是将钱花在教育、健康、旅游等方面。第二,农村居民由生活必需品为主向工业消费品为主转变。所以家电下乡不仅是国务院的刺激政策,更是农民消费结构变化的基本需求。

——恩格尔系数。家庭收入中用于购买食物支出的比例越小,说明消费结构升级越快。2001—2013年,我国城镇居民家庭恩格尔系数从38.2%降低到35.0%;农村居民家庭恩格尔系数从47.7%降低到37.7%。

(2)物质性消费需求减少,服务性消费需求明显增多。现在强调发展服务业，正是以老百姓消费需求结构变化为前提。第一，2001—2012 年，城镇居民家庭人均服务性消费支出占现金消费支出的比重从 40.36% 增长到 45.3%，年均增长 0.45 个百分点。第二，1985—2012 年，城镇居民人均消费性支出年均增长 12.62%，其中医疗保健、交通通信、文教娱乐这三大类支出的年均增速为 16.69%，超过人均消费性支出增速 4 个百分点以上。第三，城镇居民人均医疗保健、交通通信、文教娱乐三大类消费支出占人均消费性支出的比重从 1985 年的 12.79% 上升到 2012 年的 33.3%。

到目前为止，服务性的消费需求不仅在增长，而且缺少相关的产品。比如，健康保健。我国在城镇化快速发展、人口老龄化的背景下，健康保健产品的需求很大。按照国外的分析，到 2020 年中国在医疗市场的总规模大概是 1 万亿美金，也就是 6 万亿元人民币左右。而估计到 2020 年，健康保健需求将超过医疗的总费用，高达 8 万亿元人民币左右。这个市场估计十分重要，因此健康保健从医疗市场的分离、健康保健市场需求的增大，这是促使服务业发展的一个重要需求。

（3）一般私人产品短缺矛盾减少，公共产品短缺矛盾增多。现在城乡收入差距、贫富差距，主要在于公共产品需求与供给上的矛盾。前不久我到湖南调研，问领导干部未来农村最大的问题是什么？他们不约而同地都说了一件事：养老。我去了湖南中部山区的五个县，土地 80% 以上都流转了，90% 以上的年轻人都已经不在那里了。2012 年，城镇职工人均养老金水平已达 2.06 万元，新农保为 859.15 元，两者养老金水平相差 24 倍之多。而现在城市和农村的收入差距大概只有 3.21 倍。解决公共产品的供给问题，将是我国未来消费需求的一个重要方面。我正在主持研究一个国际项目课题，就是研究我国到 2020 年能不能奠定公平、可持续的社会保障制度。现在事业单位的养老开始向社会并轨，逐步向党政机关并轨，能不能形成适合我国基本国情的公平、可持续的社会保障制度，这就是对我国社会发展转型升级的重大考验。

2. 消费需求增大

（1）医疗健康产业的需求巨大。目前我国健康产业仅占国内生产总值的5%左右，而美国2009年就达到了17.6%。如果我国健康产业占比达到10%，按2012年经济总量估算，也将有2.6万亿元的增量空间。

（2）教育培训产业的需求巨大。全社会对教育的需求正在不断升级，人们对高质量、多元化的教育培训服务的需求不断释放。尤其是经济结构调整升级的步伐加快，使无论是初级教育、高等教育还是职业培训服务的需求都进一步加大。报告显示，我国是全球最大留学生输出国，预计2014年底，我国出国留学人员总数将达50万人。教育"需求外流"的情形反映了国内的教育培训产业发展的巨大空间。

（3）文化产业发展的潜力巨大。当前，我国潜在的文化消费能力是4万多亿元，2013年仅为1.6万亿元左右，大约有3万亿元的空间没有释放出来。

（4）养老服务产业发展有巨大需求。我国已经开始进入老龄化社会。2010年，我国老年人医疗服务市场的年需求达1万亿元。但目前我国每年为老年人提供的产品还不足1000亿元，存在巨大的供给缺口。估计：2020年老年人市场消费年需求2万亿元；2030年老年人市场消费年需求8万亿元。

3. 消费总量巨大

（1）人均消费水平增大。1978—2012年，全国平均消费水平从184元增长到14098元，以1978年为基数增长了1334.1%。

（2）消费总规模扩大。

——1978—2012年，城乡居民最终消费支出从1759.1亿元增长到19.04万亿元，2013年接近24万亿元。

——2012年，农村居民消费总规模达到4.23万亿元，城镇居民消费总规模达到14.81万亿元。

(3) 新增消费加大。2012年城乡居民消费增量超过2万亿元，相当于20世纪90年代中期一年的总消费量。

(二) 消费释放的增长前景

在内外发展环境深刻变化的特定背景下，未来5—10年，13亿人的消费需求是我国经济增长的突出优势，并在很大程度上决定经济增长的空间与速度。

1. 消费总规模

到底消费能不能拉动增长、如何拉动增长，经济学界有很多的争论。首先，从生活现实来看，到2020年消费总规模到底会有多少？根据测算，我国2013年消费总规模大概接近24万亿元。估计到2016年，"十二五"结束的时候能够达到30万亿元，甚至达到32万亿—35万亿。到2020年，我国潜在的消费总需求将达到45万亿—50万亿元。估计消费引致的投资需求至少是1∶1，也就是说，到2020年我国的内需总规模将达到上百万亿元。如果这个数字是准确的，那么未来十年左右，中国经济保持7%左右的增长是有条件、有基础的。摩根士丹利预计中国到2020年消费总规模将达到美国的2/3，麦肯锡预计到2020年中国消费总规模可能会超过美国。这两个估计当然有很明显的差距，总体来说，世界高度关注未来7—8年中国消费增长的大趋势。

2. 消费拉动的经济增长

(1) 2020年，我国最终消费率估计达到60%左右；居民消费率接近50%。

(2) 未来5—10年，消费需求拉动7%左右的增长是有条件、有可能的。

（3）释放13亿人的巨大消费需求是实现7%左右中速增长的关键所在。我国未来10年的增长前景，很大程度上和对消费大趋势的判断是直接连在一起的。在这个背景下，推动由投资主导向消费主导的经济转型是大势所趋。

（三）推进消费主导的经济转型

消费拉动增长的趋势正在形成，13亿人消费需求的释放成为经济转型的新动力，又成为经济转型的新课题。

1. 以消费拉动投资转型

（1）投资消费失衡的突出矛盾。经济运行中的投资消费失衡的突出问题表现在产能过剩。过去为了做大GDP，很大比重的投资是为了做大经济总量，和消费需求在某些方面相脱离，所以消费投资失衡成为经济运行中的突出矛盾。一方面，有的方面消费需求很大，但产品很少，比如说在北京儿童医院无法满足需求。另一方面，钢材、水泥等产能过剩严重。不是不要投资，关键是要解决投资消费失衡。

（2）投资结构转型。2013年我国出国留学人员总数为41.39万人，有教育质量的因素，总体来说消费需求也很大。

——投资的产业结构。

——投资的主体结构。

——投资的效率提升。

（3）实现投资与消费的动态平衡。

2. 以消费拉动经济结构调整

（1）产业结构。

（2）就业结构。

（3）分配结构。

3. 以消费拉动人口城镇化的转型

（1）规模城镇化。

(2) 劳动力城镇化。

(3) 人口城镇化。

我国的消费内需和城镇化相关联。从国际经验来看，到了工业化中后期，城镇化率至少应该达到60%，而现在我国的城镇化率只有53%，人口城镇化率只有35%。广东有2700多万的农民工，创造条件使他们有条件的人能够逐步融入城市的发展中来，不仅是城镇的劳动力，而且成为城镇人口的一部分，这会带来巨大的消费需求。现在广州这样的大城市，人口城镇化有空间，服务业的发展会吸纳很多的就业。但是更重要的是中小城镇，如果中小城镇基础设施做得比较好，在医疗、教育、文化等各个方面跟大城市大体差不多，同时生活成本也相对低一些，我想一些人就会选择在中小城市生活。欧洲很多仅仅几万人的小城市都有一个大学，说明它公共资源配置很好。所以有很多企业的总部不设在大城市，反而在中小城市。一是因为交通比较便捷；二是因为公共资源对劳动力具有吸引力，公共设施可以基本满足大家的需求。以公共资源配置均等化来增强中小城镇的吸引力，这是我国实现人口城镇化很重要的方面。

二 推进由工业主导向服务业主导的经济转型

国内经济学界有一种议论，说消费主导将影响甚至造成中国巨大的经济危机；另外，现在越来越多的学者谈到中国的优势正是消费，消费市场将是中国在世界经济中保持自身优势的一个突出方面。怎样认识投资和消费的关系？如何理解消费在促进增长中的作用？马克思说的两句话对今天的问题很有意义：第一，生产的目的是消费；第二，消费生产着生产。有了消费才有市场需求、才有投资、才有投资结构的转变、才有经济发展的动力，消费成为拉动经济增长的内生动力，所以消费生产着生产。

进入消费新时代，我国城乡居民消费需求规模扩大与结构调整中，重要的特征就是多方面的服务需求明显扩大。在这个特定背景下，服务供给不适应服务需求变化的矛盾逐步突出。为此，我国经济转型的重点就是推进从工业主导向服务业主导的转变。广东下一步的发展出路何在？如果广东的服务业、服务贸易领域能够跟香港对接，恐怕就能够形成广东未来10年、20年发展的新优势，就能适应广东的发展需求，就能使广东在我国的转型发展中走在前列。

（一）消费新时代服务业发展的大趋势

我国改革开放之初的经济增长中，工业主导发挥了重要作用。它扩大了私人产品供给，满足了生存型需求。进入发展型新阶段，随着服务需求的不断扩大，迫切需要推进以服务业为主导的经济转型。客观看，我国服务大发展的趋势已经形成；关键在于抓住这一历史趋势，确立服务业在发展中的主导地位。

1. 工业化、城镇化带来的服务业需求巨大

（1）在工业化、城镇化过程中，人口集聚、人们生产方式的变革，居民生活水平的提高，都会带来生活性服务业的需求；城市发展要素的配置，社会分工的细化，不同产业的衔接，也会带来生产性服务业的需求。以健康服务业为例，预计到2020年，我国健康服务业总规模将达到8万亿元以上，市场潜力巨大。生活性服务业、生产性服务业是从工业化进入中后期，城镇化在快速发展当中带来的必然需求。产业发展是城镇化、人口聚集的基础，人口聚集到一定程度又是产业发展的条件，人口聚集到一定的程度对生活性服务业就有要求，尤其是市场经济条件下，有需求服务产业就会很快建立起来，二者是相辅相成的。

（2）从国际经验看，城镇化率达到50%以上是服务业加快发展的重要时期。2013年我国服务业增加值比重仅为46.1%，与发达国家74%的平均水平相距甚远，与中等收入国家53%的平均水平也有较大差距。

2. 服务业呈现加快发展的势头

（1）2013年，我国的服务业增加值比重为46.1%，超过工业（比重为43.9%）成为第一大产业。同时也要看到，香港服务业增加值占GDP的比重超过90%，新兴经济体国家服务业增加值比重为55%左右，德国是一个先进制造业国家，它的服务业占GDP的比重达到70%以上。也就是说，我国跟新兴经济体国家相比，服务业比重相差约10个百分点；跟欧美发达国家相比，相差约30个百分点。

（2）如果我国能够在调结构上有进展，2020年我国服务业比重将达到60%左右。

（3）服务业结构逐步改变。

（4）扩大就业的主渠道。在服务业加快发展的背景下，与老百姓直接相关的就业是怎样的呢？2008年我国GDP每增加1个百分点，新增加就业80万人。2013年GDP每增加1个百分点，新增就业高达150万左右。大家要看到，服务业增加值的比重提高了。服务业是扩大就业的主渠道，服务业也是中产阶层成长的一个主渠道。在这样的背景下，我想我国转型的主要目标就是确立服务业的主导地位。

（二）确立服务业的主导地位

从全社会服务需求不断扩大的趋势出发，需要加快推进从工业主导向服务业主导的经济转型，尽快形成服务业拉动经济增长的新格局。

1. 服务业发展比重

（1）到2015年服务业发展比重达到50%是没有问题的，而国家"十二五"确立的目标为47.2%，对经济增长的贡献率将达到45%—50%，就业在40%左右。

（2）到了2020年，如果我国的服务业发展比重能够达到60%左右，那么服务业对整个经济增长的贡献率至少达到50%以上，就业率能够达到45%—50%。

2. 推进服务业结构的优化调整

（1）生产性服务业重点发展。我国作为一个世界性的大工厂，制造业是优势，制造业转型升级离不开生产性的服务业，比如物流、信息流等。

（2）生活性服务业持续上升。

（3）加快新兴服务业发展。

3. 把服务业作为新兴产业发展的重点

（1）消费需求是衡量新兴产业的标准之一。

（2）加快发展服务性新兴产业。战略性新兴产业不仅仅定义为国家的七大产业，适合我国发展的有战略性意义的服务业也应当列入国家战略性新兴产业，如教育服务业、健康保健业、通信服务业等。以健康保健业为例，我国进入人口老龄化社会，健康保健产业的发展，应当是具有战略性意义的一个重要产业，它适合老龄化发展的需求，同时也是拉动发展的重要需求。人的自身发展到了一个阶段，消费支出、消费结构升级变化是一个大需求。

（3）提升生产性服务业。

（三）服务业的市场开放

客观地看，当前我国服务业供给不能满足社会需求，不是资本短缺形成的投资缺口，而是由于服务业市场开放滞后形成的投资缺口。大力发展服务业，关键在于打破行政垄断与行政管制，激发社会资本的活力。

1. 加快服务业市场对内开放进程

（1）放开对社会资本的准入限制。举一个例子，社会资本办医院为企业单位，限制条件很多，政府办医院为事业单位。

（2）加快垄断行业改革。可以看到，现在的市场问题，在基础领域形成垄断是十分严重的，因此国家推出80个项目向社会资本开放，力图打破资源垄断行业，打开这种市场开放局面。但是现在的垄断，尤其是行政垄断，更多是在服务业。

（3）把中小企业作为主体。

2. 加快服务业市场对外开放进程

（1）放宽投资准入。现在社会资本进入服务业，办医院、办健康保健，限制条件很多。社会资本目前进入教育领域，尤其是职业教育领域，比外资企业还要困难。服务业的用地和工业用地的价格差5倍左右。

（2）把金融、健康服务、教育、文化娱乐作为重点。

（3）加快服务业发展的体制与政策创新。推进工业主导向服务业主导的转型，需要进行多方面的结构性的调整，比如财政政策（消费者补贴）、税制改革、消费性金融、土地政策。

进入消费新时代，关键是推进工业主导向服务业主导的转型。首先是要看到服务业发展的大趋势，最重要的就是服务业市场开放。前两天我参加全国政协在中国（上海）自贸区的调研，什么是新型自贸区，我认为就是三句话：第一，以服务贸易领域开放为主要目标，不再是过去简单的保税区、拉网制。第二，以金融创新，尤其是人民币国际化作为重点。第三，服务于这两条，政府转型以走向负面清单管理为主要特点，能够规范化、制度化。

广东正处在工业主导向服务业主导的转型时期，在这个时期全国对广东服务业的需求是巨大的，广东的内在需求也很巨大，这个需求有一个大市场。广东应该在服务业开放上走在全国的前列，广东争取自贸区确实很重要，但是服务领域的开发可能比争取自贸区更重要。如果广东能与香港实现服务业的紧密对接，广东将在新一轮的转型升级中保持自身优势，并将成为今后广东发展的发力点。

三　关键是激发社会资本活力

社会资本与政府资本相比，更能够迅速地依据消费需求变化灵活地进行投资结构上的调整,由此使消费真正能够在经济结构调整中发挥引领作用。使13亿人的消费大市场潜力转化为现实的增长动力,加快发展服务业重在通过激活社会资本,实现结构优化、提高经济效益的目的。

(一)发展服务业的关键是激活社会资本

如何激活社会资本?比如全面实施企业自主登记、打破服务业领域的行政垄断。服务业市场的开放,取决于率先向社会资本开放。中小企业是服务业的主体,在社会资本开放下支持中小企业,需要建立服务于中小企业的金融市场体系。第一,以社会资本为主发展小微金融。第二,发展面向中小企业的债券市场。第三,做大做实国家中小企业发展基金。

(二)消费新时代的国有资本角色

适应公共需求全面快速增长的大趋势,将一部分国有资本配置在公益性领域,不仅可以使国有资本增加公益性企业投入,在提供公共服务方面做出更大贡献,还有利于为社会资本投资创造更大的制度空间。

1. 公共产品短缺时代国有资本的公益性角色

(1)国有资本需要在克服公共产品短缺中扮演重要角色。这几年,在国有企业改革方面学术界有不同的思路,中改院主张以公益性为重点优化国有资本配置。在工业化主导时期,国有资本在做大经济总量上发挥了重大的历史性作用。进入消费新时代,在公共产品严重短缺的背景下,全社会对国有资本需求的一个重要方面,希望它能够提供公共产品,在全社会公益性服务方面扮演重要角色。比如,2009年国资委分管的129家央企中超过70%的企业涉足房地产业,而央企开发建设的保障性住房,到2011年仅占全国已建成保障性住房面积的13%—15%。

(2)国有资本的本质特征是公益属性。国有资本作为全民共有的资本，最本质的特征是公益属性。回归公益性，国有资本才能真正成为社会主义国家的经济基础。国有资本以公益性为目标才能走向共同富裕。

（3）把国有资本重点配置在公益性领域。国有资本主要通过公益性克服市场失灵，需要实现国有资本与社会资本的优势互补。

2. 以发展公益性国有企业为重点调整优化国有资本配置

（1）增大公益性国有资本比重。第一，国有资本从一般性竞争性领域退出。第二，重点增加三类公益性企业投资。明确界定涉及国家安全的行业，设立投资目录，增加国家安全类国企投资；明确界定国家必须重点支持的技术和产业创新领域，增加基础创新类国企投资；与到2020年实现基本公共服务均等化目标相适应，增加社会公共服务类国企投资。

（2）部分国有资本划归社保基金。我国老龄化社会的到来，需要一部分国有资本划归社保基金，适应老龄化社会的需求。

（3）提高国有资本收租分红上缴国家财政比例。据国资委统计，国有企业收租分红的比重综合起来达到20%。按照国际惯例，上市公司股东分红比例为税后可分配利润的30%—40%。相比而言，央企上缴红利明显偏低。在我看来，国有资本向以民生为重点的公共领域的投入是一个主要方向。

3. 尽快形成分类推进国有企业改革的行动方案

（1）以公益性为重点。按照国有资本涉及的不同行业属性，严格区分公益性与非公益性领域，依据强化公益性的方向确定国有资本布局调整方案。

（2）政府购买公共服务。公益性领域还可划分为可竞争性环节与不可竞争性环节，可竞争性环节尽可能对社会资本放开，不可竞争性环节可由国有资本控股，但要尽可能鼓励社会资本参股投资。

（3）明确规定国有资本控股的范围和比例。在公益性领域不追求绝对控股，可以扩大国有资本的杠杆效应，尽可能撬动更多的社会资本投资。

四 消费新时代的政府角色

在我看来，党的十八届三中全会在全面深化改革方面有三大方面对我国的转型与改革至关重要。

第一，推进国家治理体系和治理能力现代化。从一般的社会管理、社会控制，提升到社会治理，国家治理体系和治理能力现代化，这里有很多问题还没有解决，但是能够将国家治理、治理体系现代化作为全面深化改革的总目标，我想这是实现国家长治久安的一个重大的历史性突破。从我国的情况来看，稳定十分重要，但核心是通过民主、法治走向国家治理的现代化，这样才是寻求国家长治久安的根本之策。

第二，市场在资源配置中起决定性作用。是实现市场主导下有效的发挥政府作用，还是政府主导下有限的发挥市场作用，这是市场化改革不可避免的一个大问题。市场在资源配置中起决定性作用，就是针对政府在资源配置中的权力过大造成很多突出的问题，更是形成体制机制性腐败的重要根源。市场作用从基础性作用到决定性作用，这不仅是反映了市场经济的一般规律，也是我国市场化改革取得历史性突破的重要标志，更在于改变了我国多年来实行的政府主导的经济增长方式，尽管政府主导的经济增长方式在推动经济增长中发挥了重要作用，但是在市场经济条件下具有不可持续性，矛盾、问题逐步增多。现在走向权力清单的政府管理，目的就是在市场主导下政府有效地更好地发挥自己的作用，反之不仅经济社会中的很多矛盾无法解决，甚至政治生活中很多的矛盾和问题也很难解决。

第三，中央明确提出突破利益固化的藩篱。党的十八届三中全会明确地提出来，将突破利益固化的藩篱作为改革攻坚的一项重大任务。这就正视了一个现实,不调整利益关系,在改革上不敢勇于突破各种利益关系,改革是很难的。

正是在这样的背景下,政府与市场的关系成为我们走向消费新时代改革的一个核心问题。总的来看,政府需要在消费新时代扮演三大角色:(1) 适应公共需求全面快速增长的大趋势,政府要成为促进公共消费的主体。(2) 适应消费者主权时代到来的大趋势,政府要成为有效市场监管和消费环境创造的主体。(3) 适应激活社会资本的大趋势,政府要成为创造良好营商环境的主体。

(一) 消费新时代政府主导型的增长方式非改不可

改革开放 36 年来,我国形成了一套政府主导的经济增长方式。这种经济增长方式在推动短期内经济快速增长的同时,严重抑制消费市场在引导资源配置中的决定性作用,并带来投资消费失衡的重大隐患。走向消费新时代的政府转型,首要的任务是改变政府主导的经济增长方式。

1. 投资消费失衡的体制根源是政府主导型的经济增长方式

(1) 政府主导型的经济增长方式助推投资主导。政府主导经济增长方式的主要特点是:以追求 GDP 为主要目标;以扩大投资规模为主要任务;以上重化工业项目和热衷批租土地为主要特点;以行政推动和行政干预为主要手段。

(2) 政府主导的经济增长方式抑制居民消费。第一,依赖于政府对财富和资源的支配,由此导致在国民收入分配大格局上,政府所得占比过高,居民收入增长缓慢,由此导致抑制居民消费。第二,高度依赖于投资,具有"亲资本"倾向,由此导致企业收入占比偏高,劳动报酬占比偏低,降低居民消费能力。第三,重生产建设、忽视基本公共服务供给,降低了居民消费倾向。第四,重投资数量扩张,忽视消费市场监管和消费者权益保护,导致消费环境不断恶化。

（3）竞争性地方政府带来的经济运行风险越来越大。第一，竞争性地方政府助推产能过剩。第二，竞争性地方政府加剧地方债务风险。第三，竞争性地方政府加剧房地产风险。

2. 实现资源配置由政府主导向市场决定的转变

（1）让市场决定资源要素价格。未来2—3年形成资源要素、环境成本内部化的制度安排，从体制上改变企业低成本投资扩张的状况：逐步放开资源要素价格，理顺能源价格，加快形成电水气居民阶梯价格，实现工商业用水、用电、用油气价格完全市场化，实现存款利率市场化；加快碳排放交易改革、排污权交易改革、资源环境税改革，实现环境成本内部化。

（2）让市场决定投资消费关系。要以逐步减少出口退税为重点，尽快出台清理和取消各种不合理税收优惠的行动方案，避免因政府的产业政策扭曲投资消费关系。

（3）宏观调控以市场决定为前提。第一，简化宏观调控目标。第二，宏观调控以财政政策和货币政策为主。第三，实现宏观调控手段市场化。

3. 改变竞争性地方政府模式

（1）实现地方政府由市场竞争主体转向公共服务主体的角色回归。第一，竞争性地方政府不能继续扮演经济主体的角色。否则，将为中长期发展积累更大的矛盾和问题。第二，地方政府不能继续充当投资主体。如果继续充当投资主体，继续扭曲市场，产能过剩的问题是难以解决的。第三，只有地方政府向公共服务主体回归，才能适应公共需求变化，让市场决定投资消费关系，并创造良好的消费预期。

（2）建立公共服务导向的中央—地方财税关系。

（3）形成地方政府市场行为的制度约束。

——尽快让土地这个"第二财政"退出历史舞台。

——形成地方政府债务的制度约束。

——改变地方政府"以 GDP 论英雄"。

(二) 政府要成为促进公共消费的主体

我国进入消费新时代的一个重要标志是公共需求的全面快速增长,伴随着政府在公共服务领域投入的快速增加,公共消费将在拉动经济增长、推动经济结构由工业主导向服务业主导中扮演重要角色。在这个特定背景下,政府由主导投资的主体转变为促进公共消费的主体,如此才能在扩大内需、拉动消费上有大的作为。

1. 公共消费可以有效带动私人消费需求的释放,并有助于在服务业领域培育新的支柱产业

(1) 健康消费。2013 年我国卫生总费用占 GDP 的比重已达到 5.1%,但仍低于低收入国家的平均比重 (6.2%);2016 年,这个比重有望提高到 6.5% 左右;2020 年,有望提高到 8% 左右。

(2) 教育消费。2012 年我国国家财政性教育经费支出占比达 4.28%,实现了《国家中长期教育改革和发展规划纲要 (2010—2020)》中财政性教育经费支出占 GDP 总量 4% 的目标。2016 年,财政性教育经费支出达到 4.5%;2020 年,财政性教育经费支出有望达到 5%。昨天我看到一个材料,讲中国的小学教育普遍好于美国,但中国的大学教育远不如美国。原因在哪里? 比如说在小学做了一个测试,14 的二分之一是多少,美国孩子 1/3 答不出来,而中国的孩子张口就回答了。美国教育最重要的是在高中阶段,美国的高中教育是四年制,开始将孩子的内在潜力、特长发挥出来,高中阶段这样一种释放机会,就为大学的选择奠定了最好的基础。而中国孩子高中三年,一年半左右还是一些基础教育,一年多的时间准备高考,到了大学以后孩子就放松了,大学一、二年级再开始选,大学毕业之后很难形成自己的优势。所以中美教育很重要的差别就是在高中阶段。如果政府在促进教育发展方面,尤其是在中学的教

育方面加大投资力度，加大师资的培养，可能是改变中国大学教育的一个重要环节。这种公共投资对于释放整个社会的消费至关重要。

（3）养老消费。养老基金占 GDP 的比例最高的是挪威，为 83% 左右，日本是 25%，美国是 15%，我国目前只占到 GDP 的 2%。随着人口老龄化的加快，2016 年，养老基金占 GDP 的比例至少应当达到 3% 左右；2020 年，这一比例至少应当达到 5% 以上。

（4）文化消费。目前我国的文化产业在 GDP 中的比例不到 4%，美国是 25%，日本和英国都超过了 15%。2016 年，文化产业增加值将由 2013 年占 GDP 的 3.77% 上升至 2015 年的 5%，使文化产业成为国民经济的支柱产业；2020 年，文化产业增加值占 GDP 的比例不低于 8%，使文化产业成为拉动经济持续增长的重要引擎。

2. 以基本公共服务均等化为重点促进基本消费平等

（1）把实现城乡基本公共服务消费平等作为基本消费平等的重要目标。

（2）到 2016 年，以制度统一为重点加快城乡基本公共服务均等化进程。

（3）到 2020 年，总体实现城乡基本公共服务均等化。

3. 大幅度增加基本公共服务投入

4. 形成政府购买公共服务的制度安排

（1）扩大政府购买公共服务的比例。

（2）全面放开公共资源市场。

——放开民生类公共资源市场。

——放开城镇化发展的公共资源市场。

——放开政府后勤类公共资源市场。

（3）将政府购买公共服务纳入政府采购的范围。

（4）加快形成政府向社会组织购买服务的制度安排。

——发展公益性社会组织。

——实现公平竞争机制。

——出台政府购买公共服务清单。

(5) 建立法治化的公共服务监管体制。

(三) 政府要成为有效市场监管和消费环境创造的主体

消费环境在本质上是一种公共产品,消费环境的创造离不开政府的有效作用。走向消费主导的经济转型,需要政府在营造消费环境中扮演重要角色。现在的监管机构建立了很多,却九个部门管不了"一头猪",九龙治水各管一段,消费市场食品药品安全越来越突出。消费市场监管不到位。

1. 推进市场监管由行政监管为主向法治监管为主的转型

(1) 行政监管为主的市场监管体制难以为继。

(2) 有效的市场监管以法治监管为主。

(3) 把建立法治监管作为新阶段市场监管体制改革的基本目标。

2. 建立以事后监管为主的新体制

(1) 政府的市场监管不能以前置性的审批为主。

(2) 现代市场经济条件下,有效的监管主要是事后监管。

(3) 把行政审批与市场监管严格分开。市场监管和行政审批一定要分开,在体制机制腐败比较普遍的情况下,更难以做好。放开市场的竞争、加大市场的监管,但是在市场审批权和监管权不分的情况下,重审批轻监管的现象很普遍。

3. 调整市场监管权力结构

4. 形成政府监管与行业自律、社会监管的合力

鼓励支持行业协会、行业自律、行业监管,同时支持社会监管,尤其是媒体监管,这样才能实现行政、社会力量和监管的结合,我国才能营造一个适应消费需求、放心的消费环境。

（1）形成市场监管中的社会合力。

（2）由行业协会承接政府下放的行业管理职能，重点强化行业自律和社会监督。

（3）加快行业协会去行政化改革。

5. 建立消费市场监管的法律框架

赋予市场监管法律地位，分离出来依法监管，然后实现公开化、透明化、社会化，赋予监管机构法律地位，依法组建综合性、专业性监管体系。

（四）政府要成为创造良好营商环境的主体

我国进入消费新时代，增加消费供给能力更需要充分发挥社会资本的有效作用。这就需要政府成为创造良好营商环境的主体，以打造法治化营商环境为重点，尽快在建立法治市场经济上取得重要突破。

1. 创造法治化营商环境

（1）尽快形成国家层面改善法治营商环境的行动方案。

（2）把营商环境国际化作为构建开放型经济新体制的重要目标。

（3）鼓励地方以经济立法的形式探索营商环境国际化。

2. 严格保护私人财产权

（1）公有财产与私有财产同等受法律保护。

（2）用列举法明确界定"公共利益"。

（3）强化《国家赔偿法》的落实。

3. 全面实施负面清单管理

（1）尽快推动负面清单管理对内外资同步实施。

（2）从中央到地方明确各级政府权力清单。

（3）推动负面清单管理在更多地区实验。

4. 完善反垄断法律制度

（1）反垄断的主要矛盾是反行政垄断。

（2）反行政垄断应纳入《反垄断法》。

（3）建立对行政部门立法的反垄断审查制度。

5. 建设法治政府

（1）将政府不适当干预市场的权力关进法治的"笼子"里。

（2）将负面清单和权力清单制度纳入《行政许可法》。

（3）加快公共资源配置立法。

（4）推动经济司法去地方化、去行政化改革。

消费需求释放拉动未来经济增长[*]

（2014年10月）

经过36年的改革开放，全社会消费需求释放的大趋势正在形成，我国开始进入消费新时代是一个客观现实。当前，我国正处在增长转型改革的重要历史时期，经济增长的前景在很大程度上取决于能否充分释放13亿人消费需求的巨大潜力，取决于能否有效实现从投资出口拉动向消费驱动的增长方式的转变。

一　消费释放将对经济增长产生重大影响

消费需求对经济增长至关重要。从现实来看，未来10年，我国经济增长与13亿人消费需求释放的大趋势直接相关。

（一）拉动未来5—10年7%左右的经济增长

初步估算，到2020年，我国潜在消费需求将达到50万亿元左右，加上引致的投资需求，内需总规模有望达到上百万亿元。如果百万亿元的内需规模释放程度达到75%—80%，我国到2020年的潜在经济增长速度就有可能达到7.2%—7.3%；如果超过80%，达到90%，潜在的增长率将有可能达到7.3%—7.8%。也就是说，我国的内需总规模将成为我国经济发展最突出的优势。

---

[*] 本文载于《社会科学报》2014年10月16日。

（二）将带动经济结构调整

消费需求释放对服务业的发展提出直接需求。2012年，我国服务业比重为43.01%，2013年达到46.1%，2014年6月底达到46.6%。"十二五"规划中提出的目标是47.5%，预计到2015年有可能超出这个目标，接近49%左右。我国以服务业为重点的经济结构调整将成为经济发展方式转变的一大趋势。

（三）将支撑我国进入高收入国家行列

2013年，我国人均国内生产总值已超过6700美元，正处在中等收入国家发展的一个关键阶段。未来7年，若保持7%左右的增长速度，到2020年人均GDP将达到11506—15270美元。未来10年，是我国跨越"中等收入陷阱"进入高收入国家行列的重要历史时期。

二 经济转型面临着哪些重大任务

未来几年之所以是我国经济转型的最后阶段，就在于进入消费新时代经济转型面临着新的重大课题。

（一）工业主导向服务业主导的转型

（1）消费新时代服务业发展的大趋势。第一，它将形成经济增长的新动力。第二，它将形成以改善资源环境为重点的可持续发展的基本条件。第三，增加人们的福祉。第四，扩大就业。

（2）确立服务业的主导地位。到2015年占GDP的比重接近50%（"十二五"：47.2%），增长贡献率45%—50%；就业占比超过40%。到2020年占GDP的比重达到55%—60%，增长贡献率50%以上，就业占比50%左右。到2030年，服务业的比重将超过60%。经过15年的努力，服务业将成为我国的主导产业。

（3）服务业结构调整优化。第一，重点发展生产性服务业。如金融保险业、电子信息业、法律专业和商务服务业等生产性服务业进入快速发展期。第二，明显提升生活性服务业。例如，文化、旅游、健康、家庭服务、养老服务等生活性服务业快速提升。第三，加快新兴服务业发展。如到2015年，信息消费占GDP的比重将会超过4.5%，拉动GDP增长0.55个百分点，带动相关产业新增产出超过1.2万亿元。

（4）服务业的市场开放。适应全社会的消费需求，关键是要加快服务业的市场开放。第一，放宽社会资本的准入限制，使社会资本进入医疗、教育等服务领域。第二，放宽外来资本的投资准入。第三，发展中小企业。中小企业在服务业发展中占有主体地位。估计未来几年，我国在医疗、教育等服务业的发展将会出台一系列相关政策。

（5）服务业发展的制度与政策创新。例如，财政政策（消费者补贴）、税制改革（营转增）等。

（二）规模城镇化向人口城镇化的转型

（1）规模城镇化难以持续。第一，全社会对城镇化的需求和期望发生深刻变化，低质量的劳动力城镇化难以为继。第二，城镇化约束条件发生深刻变化，低成本扩张模式难以为继。第三，城镇化的角色发生深刻变化，规模城镇化难以担当。

（2）人口城镇化的重大任务。第一，2020年人口城镇化率达到50%。第二，加快农民工市民化。第三，加快户籍制度改革。

（3）中小城镇均衡发展。人口城镇化中人口流动的规律很重要：一是与就业相联系；二是与公共资源配置的优劣相关。推动规模城镇化向人口城镇化的转型，除了户籍制度改革、产业结构调整外，重要的是公共资源的配置要逐步实现大中小城市的均等化。这就需要：第一，公共资源配置向中小城镇倾斜。第二，制订中小城镇国家发展规划。

（三）投资主导向消费主导的转型

（1）消费拉动的产业投资结构转型。如果消费拉动投资的体制和政策调整到位,到 2020 年,服务业投资的比重会明显提高,一个基本现实是,相当多的服务业领域需要大规模投资。

(2) 消费拉动的投资主体结构转型。消费拉动投资的关键在于释放社会资本的活力。当前,民间投资已经成为固定资产投资的主要组成。但是,更多的民间投资是在第二产业而不是第三产业,这反映了民间资本进入服务业还存在多方面的体制与政策障碍。

(3) 消费拉动的投资效率提升。消费主导的投资实质上是适应消费需求的有效供给和有效投资,这就要求生产者适应消费需求的变化以提供新的产品或服务。这将提高资本要素的使用效率,使经济增长由依靠宽松货币条件下的廉价资金供应到依靠提高投资的质量和效率。

三 消费新时代政府应当扮演什么角色

我国经济增长方式的一个突出矛盾,在地方层面尤其突出,即政府主导型的经济增长方式,尤其是竞争性的地方政府增长方式。它也造成了:第一,生态环境严重破坏。第二,产能过剩。只管投资,不问效益。第三,扭曲了产业结构。第四,形成了现实经济生活中一些突出的难题,甚至形成了经济风险、经济矛盾,比如房地产、地方债、"影子银行"等问题。

在我看来,我国经济增长方式转变的核心在于,以理顺政府市场关系为重点,以改变政府主导型的经济增长方式为关键,以发展服务业为主要方向。其中,关键在于改变政府主导型的增长方式,改变发展型政府的行为模式,使政府成为公共服务的主体,成为促进公共消费的主体。

(一) 政府要成为促进公共消费的主体

公共消费可以有效带动私人消费需求的释放,并有助于在服务业领域培育新的支柱产业。第一,健康公共消费。2013 年,我国卫生总费用占 GDP 的比重已达到 5.1%,但仍低于低收入国家的平均比重（6.2%）；2016年，这一比重有望提高到6.5%左右；2020年，有望提高到8%左右。第二，教育公共消费。2012年我国国家财政性教育经费支出占比达4.28%。2016年，财政性教育经费支出占GDP的比重预计达到4.5%；2020年，这一比重有望达到5%。第三，养老公共消费。随着人口老龄化的加快，2016年，养老基金占GDP的比例至少应当达到3%左右；2020年，这一比例至少应当达到5%以上。第四，文化公共消费。我国公共财政的文化支出约占财政支出的0.3%—0.4%。2016年，至少将这一比重提高到0.5%以上；2020年，这一比重至少应当提高到0.8%以上。

以基本公共服务均等化为重点促进基本消费平等。如果我国能建立公平可持续的社会保障制度，它将是拉动消费、促进消费的一个基本条件。若到2016年以制度统一为重点加快城乡基本公共服务均等化进程，到2020年总体实现城乡基本公共服务均等化，那么由此创造拉动消费的社会环境，将使人们敢于消费。

形成政府购买公共服务的制度安排。第一，扩大政府购买公共服务的比例。重要的是创造机制，拿钱买服务，谁做得好就叫谁来做。第二，全面放开公共资源市场。第三，将政府购买公共服务纳入政府采购范围。购买公共服务不仅是后勤类的，更重要的是扩展到公共服务类，如教育、医疗等，购买公共服务的范围要逐步扩大。第四，加快形成政府向社会组织购买服务的制度安排。随着公共需求的增大，我国需要加快公益法人的相关立法。

（二）政府要成为促进消费环境形成的主体

推进市场监管由行政监管为主向法治监管为主的转型。当前行政监管为主的市场监管体制难以为继，把行政审批和监管合在一起，监管就失去了客观性、独立性，也就失去了权威性。由此，社会不信服，企业不信服。我的建议是：推进市场监管由行政为主向法治为主的转型，由法律赋予市场监管权力。为此，要把建立法治监管体系作为新阶段市场监管体制改革的重要目标。

形成政府监管与行业自律、社会监管的合力。第一，形成市场监管中的社会合力。第二，由行业协会承接政府下放的行业管理职能，重点强化行业自律和社会监督。第三，加快行业协会去行政化改革。一方面，一些社会力量，如社会性的中介组织、行业组织、公益性组织发展很慢；另一方面，现存的一些行业协会官办色彩太重，起不到应起的作用。

（三）政府要成为创造良好营商环境的主体

创造法治化营商环境。第一，尽快形成国家层面改善法治营商环境的行动方案。第二，把营商环境国际化作为构建开放型经济新体制的重要目标。第三，鼓励地方以经济立法的形式探索营商环境的国际化。

严格保护私人财产权。社会资本发展的一个重要条件是使产权要有可靠的法律保障。第一，确保公有财产与私有财产同等受到法律保护。第二，用列举法明确界定"公共利益"。第三，强化《国家赔偿法》的落实。

全面实施负面清单管理。上海自贸区可扶持可推广有两条很重要：一是上海自贸区是推进服务贸易领域全方位对外开放的新型自贸区。现在是以金融开放为重点，逐步实现服务领域的全面开放，也为全国服务业的开放探路。二是加快全面实施负面清单管理，为我国的政府改革、行政审批制度改革和政府放权提供经验。

完善反垄断法律制度。开放服务业市场、激活社会资本，在很大程度上要求打破垄断。第一，反垄断的主要矛盾是反行政垄断。第二，将反行政垄断纳入《反垄断法》。第三，建立对行政部门立法的反垄断审查制度。

从工业大国走向服务业大国[*]

（2014 年 11 月）

到 2020 年中国能否从工业大国走向服务业大国，既是经济转型升级的关键点，又是主攻方向。实现这一转型，可以在结构升级的基础上形成 7% 左右的中速增长新常态，从而为从中等收入国家迈入高收入国家创造有利条件。

要实现从工业大国向服务业大国的转型升级，根本在于改革。尤其是在增长、转型、改革高度融合的大背景下，改革面临利益固化的"硬骨头"。在转型升级的时间、空间约束不断加强的背景下，既要客观把握改革的历史定位和历史使命，更要突出改革的历史自觉和历史信念，把全面深化改革和全面推进依法治国落到实处。

能不能跨越"中等收入陷阱"，进入高收入国家，关键就在 2020 年这个中期。如果把握和谋划好这个中期，加快以转型升级为主线、以确立服务业主导格局为重点、以理顺政府与市场关系为主线的改革，不仅能有效化解短期的矛盾风险，而且将为中长期的可持续发展奠定坚实基础；如果失去中期这个历史机遇，我们就失去了主动权。

---

[*] 本文载于《上海证券报》2014 年 11 月 18 日。

我的总的判断是：2020年是中国转型升级的历史关节点，是经济转型的最后窗口期，是全面深化改革的时间节点，是跨越"中等收入陷阱"的临界点。为什么这么说？第一，在内外发展环境深刻复杂的变化下，增长、转型、改革高度融合成为这一阶段最为突出的特点，经济增长新常态的形成，高度依赖于以转型升级为主线的深化全面改革的重大突破。第二，以转变发展方式为主线的经济转型处于最后窗口期。立足中期化解短期矛盾，形成长期公平可持续发展的新格局，成为最为现实的选择。也就是说，能不能跨越中等收入陷阱，进入高收入国家，关键就在2020年这个中期。如果把握和谋划好这个中期，加快以转型升级为主线、以确立服务业主导格局为重点、以理顺政府与市场关系为主线的改革，不仅能有效化解短期的矛盾风险，而且将为中长期的可持续发展奠定坚实基础；如果失去中期这个历史机遇，我们就失去了主动权。第三，当前伴随着我国经济进入新常态，增长的前景、增长的动力关键是转型，转型需要改革破题。在增长、转型和改革高度融合的特定背景下，"十三五"转型改革的时间空间约束全面增强，需要以转型升级为主线，以改革为支撑，以实现并保持中速增长的新常态。

一 2020年实现经济转型升级阶段目标

到2020年中国能否从工业大国走向服务业大国，既是经济转型升级的关键点，又是主攻方向。实现这一转型，可以在结构升级的基础上形成7%左右的中速增长新常态，从而为从中等收入国家迈入高收入国家创造有利条件。

（一）消费结构升级的大趋势

经过36年的经济快速增长，中国已经成功地跨越了以解决温饱问题为主要目标的生存型阶段，进入以解决人的自身发展为重要目标的发展型新阶段。这个新阶段，由于人口城镇化的较快发展、老龄化时代的到来，全社会的消费需求结构升级呈现阶段性特征。

特征一是从生存型消费向发展型消费升级。生存型消费主要是吃饭穿衣的消费,发展型消费主要是教育、医疗、健康、文化等服务消费。当前,城镇居民的消费需求正由工业消费品为主向服务消费为主转变;农村居民的消费需求正由生活必需品为主向工业消费品为主转变。

特征二是从物质消费向服务消费升级。2010年中国服务性消费需求占比为40%左右,与过去相比明显提高。

特征三是从传统消费向新型消费的升级。伴随着互联网的兴起和电子商务、物流快递等新型服务业态的快速发展,新型消费的增长很快。

(二) 服务业较快增长的大趋势

消费升级伴随着消费规模的快速扩张,形成走向服务业大国的市场潜力与市场空间,推动服务业成为国民经济的主导产业。消费增长推动服务业快速增长的趋势正在形成。2008年金融危机以后,中国从一个生产大国向消费大国的转型会不会成为现实?我认为已经成为一个客观趋势。因为,新增消费不断加大。例如,2012年城乡居民新增消费量超过2万亿元,这相当于20世纪90年代中期一年的消费总量。其次,消费总规模逐步扩大。

(三) 由工业大国走向服务业大国的大趋势

13亿人的潜在消费需求成为中国增长转型的突出优势;13亿人服务需求释放的规模与速度,在很大程度上决定了经济结构、利益结构、城乡结构调整的进程和由工业大国走向服务业大国的趋势。

中国增长动力正在发生明显变化。今年第三季度GDP同比增速放缓至7.3%,创2009年第一季度以来的新低;另一方面经济结构升级的态势初步形成。今年前三季度,服务业增加值占国内生产总值的比重达到46.7%,创历史新高。这些年工业增加值占比逐年下降，从2006年的42.2%下降到2013年的37%。同期，服务业占比从40.9%提高到46.1%，2013年服务业占比首次超过第二产业。估计到2015年，有可能达到48%以上，超过国家"十二五"规划目标。这表明，中国经济增长动力正在发生重大变化。

到2020年服务业规模有望实现倍增。2008—2013年，即国际金融危机以来的5年中，中国服务业增加值从13.1万亿元增长到26.2万亿元，实现了规模上的倍增。未来6年，如果服务业增加值年均增速保持在10%左右，服务业总规模有望扩大到48万亿—53万亿元。

二 形成服务业主导格局是"十三五"转型升级的重大任务

"十二五"最后两年服务业将呈现较快发展的大趋势，但是还没有呈现服务业主导的格局。"十三五"期间，释放13亿人的服务消费需求，推进由工业主导向服务业主导的转变，既是"十三五"经济转型升级的大趋势，又是决定增长、转型与改革的关键所在，牵动影响经济社会发展的全局。

（一）加快形成服务业主导的经济结构新常态

从工业经济向服务业经济的转型与人均GDP水平有着内在联系。中国从人均GDP 6500美元到1万美元的过渡阶段中，服务业的比重至少会提高10个百分点。应当说，到2020年中国服务业占比达到55%以上是有条件、有可能的。

人口城镇化为生活性服务业发展提供了重要载体。从国际经验看，城镇化进入快速发展阶段，满足人们日益增长的发展型消费需求越来越依赖于教育、健康、医疗等生活性服务业的发展。2013年中国的名义城镇化率为53.7%，而人口城镇化率仅为36%左右。从新型城镇化的进展看，2020年名义城镇化率有可能达到60%左右，人口城镇化率有可能达到50%以上。这几年城镇化率每提高1个百分点，可以带动服务业增加值比重提高0.77个百分点。以此估算，未来6年即使人口城镇化率仅提高10个百分点左右，也有可能带动服务业比重提高7—8个百分点。

工业转型升级为生产性服务业发展注入内在动力。从国际经验看，进入工业化中后期，经济转型升级的一个突出特点是工业经济向服务业经济的转变。传统农业和工业的转型升级直接依赖于生产性服务业的发展，由此形成对生产性服务业的巨大市场需求。新一轮工业革命最为突出的特征是，信息、研发、设计、物流、销售、大数据等生产性服务业引领传统制造业向高端制造业的升级。就是说，高端制造业与现代服务业的相互融合是一个大趋势，生产性服务业已成为提升制造业竞争力的主要推动力。

（二）以形成服务业主导的新格局为重点，走向经济新常态

服务业的发展程度是形成经济新常态的重要标志。它不仅成为经济转型的主要推动力，而且也将不断释放经济增长的新动力。

一是形成中速增长的新常态。中国仍是一个经济转型大国，经济增长新常态取决于尽快形成服务业主导的经济结构。近几年，中国服务业每增长1个百分点，可以带动GDP增长约0.4个百分点。如果未来6年服务业增加值年均增长10%，可以带动经济增长4个百分点左右，为中速增长的新常态奠定重要基础。

二是形成新增就业不断扩大的新常态。形成服务业主导的经济结构是扩大就业的主渠道。从近两年的情况看，服务业增加值每增长1个百分点能创造上百万个新的就业岗位。未来6年服务业增加值按年均10%增长估计，每年新增就业将达到1000万人左右。

三是形成全社会创新创业的新常态。进入工业化中后期，生产性服务业直接融入制造业转型升级的全过程。为此，服务业主导不仅是形成新一轮创新创业潮的主要推动力，而且将为创新创业开辟巨大的市场空间，由此形成创新驱动新格局的重要条件。

四是形成利益结构和社会结构优化的新常态。从国际经验看，

服务业快速发展将带来中产阶层规模的不断扩大。

五是形成绿色发展的新常态。发达国家在由中等收入阶段迈向高收入阶段的重要历史时期，之所以能够系统地解决生态环境问题，重要的原因在于经济结构普遍经历了一个由工业主导向服务业主导的结构变迁。目前发达国家服务业比例普遍稳定在70%—80%，大大减轻了资源环境的压力。当前，向雾霾宣战，建设美丽中国最重要的挑战是经济发展对工业尤其是重化工业的严重依赖。通过提高服务业比例，可以有效地摆脱经济增长对重化工业的路径依赖，以形成绿色发展的新常态。

（三）把实质性提高服务业占比作为"十三五"规划的约束性目标

第一，明显提高服务业比重。建议国家"十三五"规划明确把服务业占GDP比重达到55%、生产性服务业占服务业比重达到30%作为主要的约束性目标，以此作为衡量结构调整优化的主要标准。

第二，加快推进投资转型。与服务需求快速增长趋势相适应，重点加大教育、医疗、健康、文化、体育等生活性服务领域的投资力度；从工业转型升级的现实需求出发，重点加大信息、研发、设计、物流等生产性服务业投资。

第三，实现发展理念的深刻转变。由工业大国走向服务业大国，无论企业、社会还是政府，都将面临前所未有的考验，尤其是需要改变某些传统的发展理念。例如，走向服务业大国，形成服务业主导的新格局，不是不要制造业，不是不要工业，而恰恰是通过生产性服务业提升传统工业，推动"中国制造"向"中国创造"的升级。更根本的在于，要改变过去政府主导的经济发展方式、终结GDP为中心的增长主义、以增长代替发展的理念。

三 关键在于加快服务业市场开放与制度创新

中国由工业大国走向服务业大国，关键在于加快服务业市场开放和制度创新。这些年，服务业供给"瓶颈"问题突出，难以满足社会服务需求，根源不在于国内资本短缺，而在于服务业市场开放的严重滞后。

（一）尽快使社会资本成为服务业发展的主体力量

发展服务业，主体是中小企业，关键是放开市场，重点是激活社会资本。从国际经验看，服务业大多是从小企业开始成长的，大资本的优势并不明显。比如，亚马逊、谷歌、脸书等国际服务业巨头，都是在车库中创业出来的；从国内实践看，以大企业为主做强服务业并不成功，某些大企业靠做大规模进入世界500强，但缺乏对市场需求变化的灵敏反应，在国际市场的竞争力不强；恰恰是阿里巴巴这样创立初始仅仅是小企业的，却在市场竞争中成长为市值接近3000亿美元的大企业。从产业发展规律看，服务业门类繁多，个性化、差异化程度高，恰恰是中小服务企业更能够灵敏地反映市场需求，并通过公平竞争激活、做大服务业市场。这在客观上要求尽快出台相关政策，加快服务业市场对社会资本的开放。

一是加快市场准入的开放。在银行、证券、保险、电信、邮政快递等行业进一步放开市场准入，取消不合理的经营范围限制。

二是实质性打破对社会资本的限制。鼓励支持社会资本进入教育、医疗、健康、文化等领域投资。以发展政府购买服务为重点，支持公益性社会组织在公共服务领域发挥独特的作用。

三是加快公共资源配置市场化进程。当前加快营转增改革，客观上降低了服务业的成本，问题在于，当前公共资源配置多方面对服务业发展形成掣肘。以用地成本为例，服务业用地是工业用地的4—5倍。再例如，城镇公用事业领域向社会资本开放不足。为此，土地等公共资源配置要向服务业倾斜或者至少是与工业一视同仁；

要在城镇公用事业领域特许经营权的出让方面引入竞争机制,加快市场化配置进程;在行政系统服务资源配置方面规范完善政府采购。

(二) 着力打破服务业领域的行政垄断

过去两年来,中央政府出台了不少鼓励服务业发展的政策,但这些政策的落地,关键在于打破服务业的行政垄断。虽然全社会的服务需求不断上升,但从近几年实际情况看,由于教育、医疗、健康、金融等服务业领域仍然保持一定程度的行政垄断,市场主体难以有效进入,使得服务行业的供给能力、供给质量和供给效率远不能满足社会需求,成为社会反映突出的问题。

一是尽快修改《反垄断法》。把党的十八届三中全会《决定》提出的"进一步破除各种形式的行政垄断"纳入《反垄断法》。

二是向社会资本推出一批有吸引力的服务业重大项目。在已经推出一批重大项目的基础上,尽快在电信、教育、医疗、金融等服务业垄断领域再推出一批向社会资本开放的重大项目。

三是加大反行政垄断力度。与混合所有制改革相配套,尽快建立国有企业的反垄断审查机制。与推行负面清单管理的改革相配套,尽快对现行行政法规进行系统的反垄断审查,废除各类行政垄断的行政法规。

四是加强政府市场监管有效性。推进由行政监管为主向法治监管为主的转型,强化以法治为基础的市场监管。建议组建权威性、综合性的市场监管机构;调整市场监管权力结构,建立决策和执行严格分开的执法监督机构。比如,未来国家发改委的重要职能,既不是审批项目,也不是反垄断监管,而是管理好全国的中长期规划,保持宏观经济政策的稳定性。

(三) 尽快提高服务贸易比重

我国以往开放重点是制造业领域,服务业开放相对滞后。有研究表明，开放对我国制造业增长的贡献约为28%，而对服务业增长的贡献仅为7%。由于服务业领域的对外开放严重滞后，服务业难以利用国际先进技术和服务管理经验，制约了服务业的有效供给。其结果是，国内的教育、医疗等服务消费外流的问题比较突出。这次 APEC 领导人非正式会议，中国提出了设立亚太自贸区的设想，其中服务贸易和服务业开放将成为重点，这既是中国开放发展的一个重要趋势，也是中国主导亚太自贸区建设的一张王牌。未来 6 年提高服务贸易比重的紧迫性全面加强，这就需要加快服务贸易对外开放进程。

一是明确服务贸易占比提高到 20% 的目标。2014 年上半年中国服务贸易占贸易总量比重仅为 12.3%，明显低于全球 2012 年 18.7% 的水平，更低于印度 25% 的水平。为此，建议明确提出，把服务贸易占比到 2020 年要提高到 20% 作为"十三五"对外开放的重要目标，以此倒逼服务业开放进程。

二是实施负面清单管理制度和外商投资准入前国民待遇。加快推进金融市场有序开放，扩大教育、医疗、健康市场开放，推进文化、体育、娱乐市场开放。

三是逐步把服务业外商投资审批制改为登记备案制。除国家规定的重大和限制类项目外，对外资企业投资项目的审批，逐步实施备案制度。

四是加快扩大双边和区域服务贸易协定，打破一些国家对中国服务贸易的壁垒。中国加快服务贸易对外开放，同时也要求贸易伙伴尤其是某些发达经济体打破或减少对中国的贸易壁垒。在这方面，可以率先在新兴经济体、亚太地区、欧洲等国家和地区取得突破，加快拓展与这些国家在金融、信息、物流业等服务领域的开放合作，把服务业开放和服务贸易自由化作为双边或区域合作的重点。

到 2020 年，中国实现由工业大国向服务业大国的转型，意味着中国经济的全面转型升级。它不仅是一个增长新常态的形成过程，还伴随着经济结构新常态、利益结构新常态、创新创业新常态、绿色增长新常态的形成；不仅涉及经济领域的改革，还涉及社会、政治、文化、生态等各个领域的改革。要实现从工业大国向服务业大国的转型升级，根本在于改革。尤其是在增长、转型、改革高度融合的大背景下，改革面临利益固化的"硬骨头"。在转型升级的时间、空间约束不断加强的背景下，既要客观把握改革的历史定位和历史使命，更要突出改革的历史自觉和历史信念，把全面深化改革和全面推进依法治国落到实处。

消费新时代的产业变革[*]

（2018年4月）

关注新商业革命，需要客观判断我国经济转型升级的基本趋势。未来5—10年，我国城乡居民的消费结构升级是一个大趋势。由此，正在或即将产生一系列的产业结构性变革，将成为新商业革命的重要土壤。

一 我国开始进入消费新时代

过去几年，我国经济生活领域中的消费升级在快速推进，新消费、新需求不断涌现。我国开始进入消费新时代，既是经济转型发展的必然结果，也为转向高质量发展奠定了重要基础。

（一）服务型消费需求较快增长，消费结构持续升级

进入消费新时代，突出的特征是消费结构升级。2017年，我国居民恩格尔系数为29.3%，首次低于30%。其重要原因在于，服务型消费需求较快增长。初步测算结果表明，2013—2016年，我国居民人均服务型消费支出年均增长10.2%，其中城乡居民人均服务型消费支出年均增速分别为9.3%和10.8%。在消费支出结构中，2016年城镇居民服务型消费支出占比达到45.5%，比2013年提高

---

[*] 在"2018网易经济学家年会·中改院论坛"上的发言，2018年4月8日，海口；载于《中改院简报》总第1169期，2018年4月。

了2个百分点，年均提升0.5个百分点左右。估计到2020年，城镇居民服务型消费占比有望达到50%。大家从实际生活中也可以感受到，即便是传统的物质产品，其生产和最终消费环节也开始嵌入越来越多的新型服务，个性化、高端化的趋势明显，这与传统消费有明显区别。

（二）消费规模不断增长带来市场空间的拓展

进入消费新时代，消费规模在持续扩大。2013—2017年这5年，社会消费品零售总额年均增长11.39%。2017年，我国社会消费品零售总额达到36.6万亿元，当年消费增量为3.4万亿元。近几年，我国扭转了消费率不断走低的态势，2017年消费率达到53.6%。消费规模不断增长，消费市场空间不断扩大。

（三）消费升级拉动消费增长，消费总量明显提升

进入消费新时代，消费对经济增长的贡献明显提升。估计到2020年，我国的消费规模将达到45万亿—50万亿元，消费率将达到55%—60%，2017年消费率为53.6%，消费对经济增长的贡献率为58.8%。消费对经济增长的贡献率还将明显提升。

从各方面情况看，13亿人消费规模的扩大和消费结构的升级，不仅成为我国经济转型发展最大的优势，而且也成为我国扩大内需、应对贸易保护主义挑战的立足点。

二 消费新时代蕴藏着新产业革命的土壤

消费引领供给，潜在消费引领潜在供给。我国进入消费新时代，消费结构升级给新的产业革命和商业革命提供了丰富的营养，给企业带来新商机，形成了新商业革命的土壤。

（一）消费新时代催生新供给和新模式

过去几年，一些想不到的新商业形态不断涌现，其基础就是消费需求的升级。例如，除了BAT外，一些传统的服装厂商，开始用VR、大数据等为客户提供定制服务、个性化服务。再比如，数

字经济快速发展,已经成为产业升级的重要动力。以共享经济为例,2017年,共享经济市场交易额达49205亿元,比上年增长47.2%。其中,非金融共享领域交易额为20941亿元,比上年增长66.8%;参与共享经济活动的人数超过7亿,比上年增加1亿人左右。最近,大家热议的"独角兽"企业,2017年全球224家"独角兽"企业中我国有60家。其中,具有典型共享经济属性的中国企业有31家。

(二)消费新时代,新产业革命将保持快速推进态势

依托服务型消费需求的较快增长,我国服务业结构快速变化并较快发展。2017年,服务业占比达到51.6%,比第二产业高出11.2个百分点。预计到2020年,服务业占比有望达到55%以上,形成服务业主导的增长态势。在这个产业革命的趋势下,新业态还将不断涌现,新的竞争形态还将不断出现。有些变化,可能出乎人们的预料。

更重要的是,服务型消费需求开始推动传统产业改造升级,越来越多的传统制造业正在加快推进其服务化进程。例如,制造业服务化成为一个新趋势,由此形成制造业一场新的变革。最近,我呼吁,2020年在海南率先推进无燃油车产业与服务,利用岛屿的独特优势,加快新能源行业的变革,形成新的产业业态。

三 消费新时代的新供给变革

当前,消费结构升级及其新消费需求的日益增长,使供给体系不相适应的矛盾比较突出,"有需求缺供给、有供给缺质量、有质量缺品牌"等挑战还相当严峻。从现实看,无论产业如何变革,商业模式如何创新,都需要牢牢抓住消费需求这个根本,都需要新消费为导向推动新的供给变革。

(一)创新供给体系,加大服务供给

这就要求加大服务业开放力度,吸引更多的社会资本进入服务

领域，形成有效的供给，满足不断增长的服务型消费需求。比如，我国老年健康管理服务、老年康复护理、老年家政服务等产业，每年大约有1万亿元的产值，但实际为老年人提供的产品与服务不足1000亿元。优化供给结构，就是要抓住这个巨大的供给短缺的矛盾，加大有效服务供给。对企业来说，当前教育、医疗、健康、护理、个性化、绿色化消费等，都存在巨大的市场缺口，都是有可能产生新商业革命的领域。

（二）优化投资结构，加大服务投资

破解消费需求增长与消费供给不相适应的结构性矛盾，关键是适应消费结构的新变化推动投资结构转型。在坚持"三去一降一补"的同时，促进消费结构与投资结构的动态平衡。进入消费新时代，投资需求将在消费结构升级尤其是服务型消费需求不断增长的趋势下大幅提升。以健康服务业为例，2016年我国大健康产业规模为5.6万亿元；估计到2020年，国内大健康产业的产值规模有望超过10万亿—15万亿元。未来几年，大健康产业将成为投资的热土。

（三）推动服务业市场全面开放，鼓励支持社会资本投资服务业

从现实情况看，供给不适应消费需求，突出的矛盾是服务业市场开放滞后。党的十九大报告提出，"放宽服务业准入限制"，"扩大服务业对外开放"。加快服务业市场开放，扩大服务的有效供给，是消费结构升级引领投资结构和供给结构升级的重点，是深化供给侧结构性改革要啃下的"硬骨头"。估计近期在推进服务业市场向包括外资在内的各类资本全面开放上，我国将出台一些大的举措，为企业带来重要的商业机遇。

（四）以消费市场监管创新优化消费环境

在消费新时代，消费者对消费市场监管的需求日益增大。比

如，在数字经济中，消费者的隐私如何保障？消费者的权益如何保障？这些都是新问题。新一轮机构改革，把过去分散的市场监管职能整合到统一的国家市场监督管理总局，在统一监管上迈出关键性一步。下一步，需要针对消费新时代的新特点，进一步强化消费市场监管，营造安全、放心、便捷的消费环境，引导消费结构向更加合理、更加绿色、更加健康和可持续的方向发展。

任何变革，最终都需要通过企业这个微观主体来实现。在经济转型升级大趋势下，企业不是赢在起点，而是赢在转折点。我国消费结构升级在过去几年已经在一些领域中形成了转折点，不少企业抓住了这个机遇，赢得了发展的市场空间。未来几年，随着消费结构的持续升级，更多的领域会出现更多的转折点，希望更多的企业能够抓住这个机遇，不仅成为"独角兽"企业，而且成为引领新商业变革的重要力量。

扩大内需要处理好政府与市场关系[*]

（2018年7月）

当前，面对复杂的国际形势，面对贸易保护主义、单边主义挑战，我们的有利因素在于有巨大的内需市场。如果能够做好扩大内需这篇大文章，充分挖掘内需潜力，我们就有条件打赢这场贸易战，保持未来10年、20年的可持续增长，从而在经济全球化中把握主动，有效应对内外部挑战。

扩大内需要加快消费结构变革，逐步提升全社会服务型消费的比重。随着我国社会主要矛盾发生历史性变化，服务型消费比重的提升处在历史关节点。比如，我国服务业占比至少还有20%左右的提升空间，就蕴藏着数十万亿元的消费需求。当前，我国社会消费品零售总额达到36.6万亿元，估计到2020年有可能达到45万亿—50万亿元人民币。

消费结构的变化蕴藏着巨大的增长潜力。例如，文化、教育、健康、医疗、旅游等为重点的服务型消费。现在城镇居民服务型消费占比为40%—45%，农村居民大约占30%。如果未来5—10年，13亿人的服务型消费占比接近或达到50%左右，将产生数十万亿

---

[*] 本文载于《经济参考报》2018年7月19日。

元的消费需求,这将明显改善供给结构,进一步拉动全球消费市场。

扩大内需要通过全面深化改革开放促进经济转型升级,而经济转型关键在于优化营商环境。要努力打造国际化、法治化的营商环境,就要以扩大内需为重要目标处理好政府与市场关系。

首先,积极发展实体经济。发展实体经济重在大幅降低企业成本,尤其是税收成本与制度性交易成本。应当承认,我国在经济转型时期,无论是税收成本,还是制度性交易成本,都处于较高水平,这对经济转型升级、对制造业转型升级会造成某些不利影响。为此,创造良好营商环境,重点任务就是要明显降低企业的税收成本与制度性交易成本。

其次,创新体制机制。产权保护应尽快制度化、法治化,稳定社会资本预期,同时,形成激励创新的体制机制。如果没有体制机制上的突破,就很难使创新成为扩大内需、拉动经济增长的第一推动力。改革开放40年的实践可以总结为三句话:"把门打开,把市场搞活,把激励搞对。"要在科研领域做出更多创新,核心是要把激励机制做完善。所以,改革教育体制、科研体制,是发挥创新在实现高质量发展中第一推动力作用的关键所在。

最后,放开服务业市场。要加快形成服务型经济,在经济全球化中赢得主动,重点是加快服务业市场开放。目前,工业领域的市场已经基本放开,但服务领域的行政垄断、市场垄断还比较突出,由此制约了服务业发展,制约了以服务贸易为重点的对外贸易的发展。据统计,2016年,全球服务贸易占比为23.8%,而2017年我国服务贸易占比仅为14.5%,与全球平均水平相差近10个百分点。究其原因,不能不说与服务业市场开放滞后直接相关。

处理好政府与市场关系是政府信用建设的基础。我国要实现高质量发展,面临着贸易保护主义的挑战,面临着各种经济社会矛盾。以处理好政府与市场关系为重点，实现扩大内需与优化营商环境的有机结合，政府信用建设就会上一个新的台阶，并由此加快推进经济转型升级进程，有效应对贸易保护主义挑战。

消费新时代的发展逻辑与改革选择*

（2019年1月）

党的十九大报告提出，中国特色社会主义进入新时代，我国社会主要矛盾已经转化为人民日益增长的美好生活需要和不平衡不充分的发展之间的矛盾。①40年来，通过对内改革与对外开放，我国在建立并不断完善社会主义市场经济体制进程中释放了发展的活力，经济社会发展取得巨大成就，从一个典型的短缺经济社会进入一个丰裕的消费新时代。从消费上看，城乡居民的消费规模不断扩大、消费结构持续升级、消费贡献不断增长。更重要的是，消费的这个趋势还在持续之中。尽管某些领域的消费出现波动，但从物质型消费需求向服务型消费需求升级的基本趋势仍然明显。这不仅对我国中长期经济增长形成重要支撑，而且对全球经济结构调整与再平衡有着重要影响。适应这个趋势，加快释放消费结构升级所蕴藏的巨大潜力，形成经济社会发展的强大动力，迫切需要加快推进相关的政策调整与体制变革。

---

* 本文载于《人民论坛》2019年第1期。

① 习近平：《决胜全面建成小康社会夺取新时代中国特色社会主义伟大胜利》，人民出版社2017年版。

一　我国开始进入消费新时代

目前，各方对消费有比较多的议论。有人认为出现了消费降级，有人认为消费在实际生活中的作用并没有那么大，有人认为有些领域的消费甚至在下降。如果放在40年的大背景下，从以下几个方面看，可以得出一个总的判断，即我国开始进入消费新时代。

（一）消费规模较快增长

十余年来，我国消费需求强劲，购销活跃，消费总量持续扩大，"十一五"时期年均增长18.1%，"十二五"时期年均增长13.8%。2009—2017年，我国社会消费品零售总额由13.3万亿元提高到36.6万亿元。仅2017年一年我国的社会消费品零售总额增量就达到3.4万亿元，约合5200亿美元。2017年，我国最终消费支出占GDP的比重为53.6%。2018年1—10月，社会消费品零售总额仍然保持9.2%的增速。

（二）消费主体稳步扩大

以中等收入群体为例，国家统计局相关数据显示，我国的中等收入群体约占总人口的30%，至少是4亿人左右。我国中等收入群体构成了世界最大的中等收入群体，约占全球中等收入群体（10.5亿人）的30%，而且我国中等收入群体的消费水平已经初步接近有些发达国家中产阶层的消费水准。再以老年人为例，2017年我国65岁以上的人口占比达到11.4%，按照国际标准，开始进入老龄化社会。预计到2027年，我国65岁以上人口占总人口的比例将达到14%，2047年这一比例将达到27%。这将会带来老年人消费市场规模的不断扩大。初步估计，到2020年我国老年人消费规模至少将达到8万亿元，到2030年有可能增加到22万亿元，2050年可能达到48万亿元。

（三）消费业态不断丰富

在传统消费得到满足后，新型消费业态不断丰富。比如，在绿色消费上，2017年，我国新能源汽车保有量为80万辆，保守估计到2020年可能会达到200万辆；在信息消费上，2017年，我国的信息消费规模达到了4.5万亿元，估计到2025年，将达到12万亿元；在健康消费上，估计到2021年我国健康消费规模将超过医疗消费的总规模。从这几年"双11"的消费增长态势中可以看到。

（四）消费结构持续升级

具体看，有三个方面。一是食品支出占比明显下降。2017年，我国城乡居民恩格尔系数下降到29.3%，首次低于30%；2018年前三季度，恩格尔系数进一步下降到28.5%。二是耐用品基本饱和。我国城镇居民90%以上家庭都已经用上了洗衣机、电视机、空调等耐用品，现在每个家庭平均拥有2.4部手机，耐用消费品基本上进入饱和阶段。从这个趋势可以看到，乘用车等耐用品的销售增速出现了比较大的下滑。三是服务型消费快速增长。我国居民家庭中旅游、电信、医疗、健康、文化等服务型消费快速增长。2018年前三季度的数据表明，全国居民人均家政服务支出增长38.7%，交通费支出增长24.1%，旅馆住宿支出增长38.6%，体育健身活动支出增长36.5%。初步估算表明，我国城镇居民的服务型消费占比在2016年为45.5%左右，预计到2020年将接近或达到50%左右，消费结构正由物质型消费为主向服务型消费为主转型升级。

二 进入消费新时代的发展新逻辑

我国进入消费新时代。数十万亿元级消费需求与不断开放的国内市场相结合，意味着消费不仅将拉动我国经济转型升级、推动我国经济发展方式转变，而且将对世界经济增长做出重要贡献。

（一）消费升级将成为我国经济中速增长的重要支撑

从2014年开始，我国消费对经济增长的贡献率始终高于投资的贡献率。2017年，我国最终消费支出对GDP的贡献率为58.8%。2018年上半年，我国消费对经济增长的贡献率达到78.5%，比上年同期提高了14.2个百分点。① 从未来趋势看，按照现在的增长速度，预计到2020年消费总规模将达到48万亿—50万亿元，消费拉动经济增长的贡献率将稳定在60%以上。未来几年，我国保持6%以上的增长，有条件，有可能。同时，消费还将对我国经济走向高质量发展发挥重要作用。比如，消费升级将引领投资结构变化。随着制造业服务化的特点越来越突出，投资结构也在发生着变化，投资趋向于高新技术。2018年第一季度，我国新兴服务业领域的"独角兽"企业数量已占到全部"独角兽"企业数量的56%，这些领域包括电子商务、大健康、文化娱乐等，其根本原因在于，需求的上升使得产业结构发生明显变化。再比如，服务型消费的增长带动服务业的快速发展，使经济增长对资源环境的依赖下降，有助于我国走向绿色发展。

（二）消费升级将提升城乡居民的生活品质

比如，现在人们不但能够出去旅游，而且越来越多的家庭还能到国外去过节度假。2017年，国内旅游总量和旅游收入分别达到50亿人次和45661亿元，比1994年分别增长8.5倍和43.6倍。此外，消费升级也带动了城乡居民生活方式的变革。比如，过去人们难以想象共享单车、移动支付等，现在移动支付将引领我国进入无现金社会；共享经济丰富了人们的消费业态；电商快速发展，迅速缩小了城乡的数据鸿沟。

（三）消费升级为企业创造巨大的市场空间

当前，随着我国城乡居民消费结构的升级，老百姓更加注重服务，更看好有比较好的服务标准、服务供给体系的产品。比如，海底捞、珠海长隆公园就是值得深入研究的成功案例。这表明，企业

---

① 《国家统计局新闻发言人就2018年上半年国民经济运行情况答记者问》，国家统计局网，2018年7月16日。

只要能够适应消费结构升级，在服务标准、服务质量上多下功夫，就有巨大的市场空间。同时，进入经济全球化，进入发展新时代，尤其是在消费结构变化的背景下，制造业服务化的特点越来越突出，如从3D打印机到工业用机器人，再到家庭用机器人。总之，适应消费结构变化的服务标准、服务产品、服务体系的创新，将决定企业的成败。

同时，消费结构升级也对企业提出新的要求。企业如果还是生产原来那些虽然有一定市场占有额，但不适合新消费结构变化的产品，那么可能就要被市场淘汰。从发展趋势看，在我国经济转型升级与消费结构变化的背景下，任何一个企业都不是赢在起点，而是要赢在转折点，谁能够适应经济转型大趋势，谁能够适应消费结构升级的大趋势，谁就能有好的发展前景。

（四）消费升级将对全球形成重大利好

当前，全球关注中国消费大市场。有研究预测，2016—2021年这几年中国的消费增量将达到1.8万亿美元，相当于2021年英国的消费市场规模。在全球经济需求不足的大背景下，我国几年的消费增量就将相当于一个英国市场，这一市场开放将对全球经济增长带来重大影响。[1] 从实际经济生活看，近些年，出境旅游成为部分中产家庭的首选，由此也成为一些经济体重要的增长动力。2017年，我国出境游规模突破1.3亿人次[2]，消费额达2580亿美元，居全球首位，是排名第二的美国（1350亿美元）的近2倍[3]。

中国消费规模已经成为拉动世界消费增长的重要因素。近几年，中国最终消费对世界消费增长的年均贡献率已经是世界第一，

---

[1] 阿里研究院、波士顿咨询公司（BCG）：《中国消费新趋势：三大动力塑造中国消费新客群》。
[2] 《2017出境游大数据：中国公民出境游突破1.3亿人次》，中国网，2018年4月27日。
[3] 世界旅游组织：《2017年中国游客对国际旅游市场贡献最大》，新华网，2018年4月25日。

中国消费成为拉动世界经济增长的第一贡献力量。国家统计局数据显示，2013—2016年，按照不变美元价格计算，中国最终消费对世界消费增长年均贡献率达到23.4%，高于美国的23%、欧元区的7.9%和日本的2.1%。①

总的来看，中国消费结构的变化和消费潜力的释放不仅深刻改变了中国，而且日益影响了世界，我国已经成为全球经济增长再平衡的重要大市场。这是未来发展的新逻辑。

三　推进以服务业市场开放为重点的供给侧结构性改革

进入"消费新时代"，重在抓住近14亿人消费结构升级的历史机遇，深化供给侧结构性改革，把提高供给体系质量作为主攻方向，以此破解消费需求增长与消费供给短缺的结构性矛盾，释放近14亿人的巨大消费潜力。

（一）抓住"有需求、缺供给"的突出矛盾，把服务业市场开放作为深化供给侧结构性改革的"重头戏"

消费结构变化以及消费升级，使"有需求、缺供给"在日常生活中逐步成为一个突出的矛盾。比如，我国老年用品市场需求规模当前已经达到1.6万亿元，但有效的市场供给规模仅为4000亿元，存在巨大的供需缺口。②服务型消费供给难以满足城乡居民的消费需求，相当一部分购买力外流。比如，我国越来越多的中等以上收入者到日本去做医疗健康检查。日本的统计显示，2016—2021年，到日本做健康检查、医疗检查的中国游客的花费将达到350亿美元。此外，我国自费出国留学人数由2011年的31.48万人增长到2017年的54.13万人，年均增长9.7%。③以人均支出10万元保守

---

① 国家统计局：《中国经济平稳增长降低了世界经济波动风险》，中国新闻网，2018年4月12日。
② 《养老产业迎来全面开花　养老日用品市场前景广阔》，前瞻网，2017年10月26日。
③ 《出国留学人数首次突破60万人　高层次人才回流趋势明显　2017年出国留学、回国服务规模双增长》，国家教育部网，2018年3月30日。

估算，相关支出超过 540 亿元人民币。同时，留学低龄化的趋势比较明显。2017 年，我国出国留学人数达到 60.84 万人，同比增长 11.74%，首次突破 60 万人大关，我国仍然是全球最大留学生生源国。① 因此，破解"有需求、缺供给"的突出矛盾，成为深化供给侧结构性改革的重大任务之一。

之所以出现矛盾，根源在于我国服务业市场开放滞后。改革开放以来，我国制造业发展得很快，成为全球第一大制造业大国。其中一个重要的原因就在于我国制造业领域或者是工业领域，基本上已经实现了市场开放。但是，服务业领域的市场开放度同制造业领域相比，存在明显的差距，服务业市场开放严重滞后，具体表现在"三低一高"，即服务业市场化水平低、服务业对外开放水平低、服务水平低、服务价格偏高。要解决这个突出矛盾，关键是加快服务业市场开放，把这一开放作为深化供给侧结构性改革的"重头戏"，在服务业市场开放中扩大服务供给规模，优化服务供给结构，推动供求动态平衡。争取到 2020 年，服务业领域的市场化程度明显提升，达到 70% 左右。

（二）着力打破垄断，加快服务业市场开放

一是尽快破除服务业领域比较严重的市场垄断和行政垄断。推动服务业领域国有资本战略性调整。在一般竞争性的服务业领域，国有资本原则性退出，为社会资本留下更大的市场空间；将更多国有资本配置在公共服务领域；在公共服务领域，通过发展混合所有制吸纳社会资本参与，形成有效做大公共服务业的社会合力。全面推进垄断行业向社会资本开放；打破服务业市场分割和区域壁垒。二是全面推进服务业对内对外开放。凡是对外资开放的服务业领

---

① 《出国留学人数首次突破 60 万人 高层次人才回流趋势明显 2017 年出国留学、回国服务规模双增长》，国家教育部网，2018 年 3 月 30 日。

域，均应对国内社会资本同等开放；对社会资本开放的，在保障国家安全的前提下扩大对外资的开放程度。三是尽快形成市场决定服务价格的新机制。区分基本公共服务与非基本公共服务，实施差别定价机制。对基本公共服务领域，政府仍保留定价权以保障公益性；对非基本公共服务，全面放开价格管制。[①]

（三）加快服务业相关政策调整

一是在用地政策上实现服务业与工业的平等。加大现代服务业用地供给，鼓励地方试点，对列入国家鼓励类的服务业在供地上予以倾斜，以大幅降低服务业的用地价格，逐步缩小服务业与工业用地价格差距，争取尽快实现服务业与工业"同地同价"。二是在人才政策上实现体制内外平等。推动职称制度与用人制度有效衔接，实现民办机构人才在户籍、住房、子女就学等方面享受与当地同级同类公办机构同等的人才待遇。加快改革科研体制，鼓励事业单位人员在现代服务业领域创新创业。三是在政府采购上实现体制内外平等。出台政府采购负面清单，清单外的项目均向社会资本开放，对各类所有制企业一视同仁，实现同等待遇。

四 扩大服务业对外开放，打造服务贸易新高地

在国内加快服务业市场开放的同时，需要扩大服务业的对外开放。尤其在当前经济全球化新的背景下，应积极主动扩大以金融为重点的服务领域开放，这既是满足国内老百姓对美好生活需求的一个重要举措，更是我国主动推动经济全球化的一个重要举措。

（一）适应消费需求升级主动扩大进口

加快建立与主动扩大进口相适应的制度与政策体系。随着我国总体上进入工业化后期，在工业化初期和中期所形成的进口结构在

---

① 中改院课题组：《释放内需的巨大增长潜力——加快完善社会主义市场经济体制的重大任务》，《经济参考报》2018年8月22日。

多方面与居民消费结构升级的趋势脱节，进口不适应城乡居民消费尤其是服务型消费的现实需求的矛盾比较突出。《2018年中国消费市场发展报告》显示，在我国进口总额中，消费品比重不足10%。如果消费品进口占比提高到20%的水平，将不仅有利于我国居民的消费结构升级，而且给其他国家带来年均约4000亿美元的出口机会。以药品为例，2017年关税税率最新调整后，我国进口药品最惠国税率为2%—4%，进入销售环节还需要再征收16%的增值税，使进口药品价格上升30%左右。[1] 目前，大部分发达国家减免了药品的进口增值税，欧洲平均税率为8.8%。[2] 建议在进一步降低关税水平的同时，下大力气降低或取消药品、常见病医疗器械、重要日用消费品的进口增值税；尽快实现以癌症治疗为主的医疗器械进口零关税；有条件引进欧美国家的药品质量安全标准，扩大医疗技术等服务进口，倒逼国内医药企业提高质量，满足全社会日益增长的服务型消费需求。

（二）推进"一带一路"国际产能合作与服务贸易融合发展[3]

从实践看，以金融业为重点的服务业企业"走出去"滞后于制造业企业"走出去"，也滞后于产能合作的实际需求。2017年，我国与"一带一路"沿线国家和地区的服务贸易额占贸易总额的比重仅为8.2%。[4] 推动共建"一带一路"高质量发展，要在开展国际产能合作的同时，更加注重以服务贸易合作提升产能合作水平。在有条件的地方，探索实行服务业产业项下的自由贸易政策。从不同区域的独特优势出发，重点与"一带一路"沿线国家和地区开展教

---

[1] 《下月起抗癌药等28项药品零关税，从税率调整看患者受益多少》，凤凰网，2018年4月25日。

[2] 任泽平、贺晨、甘源：《中国对外开放的进展评估与变革展望——中美贸易战系列研究》2018年5月29日。

[3] 迟福林：《以全面深化改革开放赢得未来》，《经济日报》2018年11月6日。

[4] 根据商务部数据测算。

育、健康、医疗、旅游、文化、金融、会展等服务业项下的自由贸易试点。

（三）加快形成以服务贸易为重点的开放新高地[①]

一是以服务贸易为重点加快国内自贸试验区的转型升级。适应经济全球化新形势，国内自贸试验区需要在服务贸易和服务业市场开放上先行探索，更好发挥对外开放压力测试的重要作用。二是以服务贸易一体化推进粤港澳大湾区建设。打好粤港澳大湾区这张牌，重要的是尽快实现粤港澳服务贸易一体化体制机制创新的实质性突破。这不仅将对我国形成全面开放新格局提供有益探索，也将为港澳更好融入国家发展大局提供重要平台。三是尽快形成海南自由贸易港服务贸易新高地。海南应以服务国家重大战略为目标，以自由贸易港为主题，以服务贸易创新发展为主导，以开放为先、制度创新为核心，以顶层设计、顶层协调为保障，利用建设自由贸易港的契机，加快形成海南服务贸易新高地。四是以服务贸易为重点加快构建双边、多边自由贸易区网络。在主动大幅降低关税的同时，务实推进与欧盟、日本、东盟等经济体的服务贸易自由化、便利化进程。

五　以扩大中等收入群体为重点着力提升城乡居民消费能力

释放消费潜力是一项系统性工程，涉及居民收入，也涉及消费环境等一系列的政策调整与体制创新。总的看来，至少以下几个方面需要加快落实，尽快取得突破。

（一）保持城乡居民收入持续增长，着力扩大中等收入群体

适应我国消费结构升级以及服务业市场开放的需求，需要将继续扩大中等收入群体作为经济社会发展的一个重要目标。比如，通过保护和激发企业家精神、员工持股、知识产权保护等措施，调整

[①] 迟福林：《以全面深化改革开放赢得未来》，《经济日报》2018年11月6日。

利益关系，形成巨大的中等收入群体，以适应我国消费结构升级的需要，这对我国拉动全球经济增长产生重要影响。从当前实际看，关键在于扭转实体经济的结构性失衡，防止虚拟经济和房地产异常波动冲击城乡居民收入的增长。这就需要加快振兴实体经济，促进虚拟经济回归服务实体经济的本位，同时保持资本市场、房地产市场的平稳发展。

（二）推动新型城镇化和乡村振兴的双轮驱动

2017年，我国一个城镇居民的消费规模相当于2.23个农民的消费规模。我国农村蕴藏着巨大的消费潜力，目前尚未有效释放出来。其中的最大掣肘在于农民土地财产权未得到完全落实，农民财产性收入占比太低。统计数据表明，2017年，全国居民财产性收入占可支配收入的比重为8.11%，而农民仅为2.26%。这就需要加快城乡一体化进程，着力提升农民收入水平。为此，需要在严格农村土地用途管制和规划限制的前提下，尽快赋予农民土地使用权及宅基地使用权的物权性质，在法律上明确农民土地使用权的物权属性；改变农村土地流转限于集体成员内流转的相关规定；尽快统一城乡用地市场，打破城乡建设用地的市场分割。与此同时，加快城乡二元的户籍制度改革，使户籍制度尽快退出历史，为城乡基本公共服务制度对接创造条件。由此使部分农民进入中等收入群体，释放出农村巨大的消费潜力。

（三）加快税收结构变革，降低居民税负，增强居民消费能力[①]

合理的税收结构能够降低中低收入者的税负，并且增强中等收入群体的自我认同感。当前，我国税制仍以间接税为主，这既加大了企业税收负担，90%的税从企业征收；同时也带来了税收的逆向

[①] 迟福林：《在转型升级中实现中等收入群体倍增》，《经济参考报》2017年3月29日。

调节，中低收入群体实际承担的流转税税负要高于高收入群体。适应经济转型升级大趋势、培育中等收入群体，需要改变以间接税为主的税制结构，尽快提高直接税比重。

（四）以市场监管创新优化消费环境

近几年来，我国整个消费环境都得到明显改善，过去比较突出的消费不安全问题、消费安全隐患问题，现在都有所改善。但消费环境仍然存在一些突出的矛盾。通过市场监管改革来优化消费环境仍然至关重要。新组建的国家市场监督管理总局有利于统一市场监管，并提供重要的监管力量。与此同时，随着现代技术的发展，有可能通过各种现代技术，如建立大数据，通过各种信息手段，实现社会普遍参与监管。同时，需要加强相关立法，依法严厉打击消费领域的各种犯罪行为。

以消费结构升级推动构建新发展格局[*]

（2020年12月）

2020年中央经济工作会议提出："坚持扩大内需这个战略基点。形成强大国内市场是构建新发展格局的重要支撑，必须在合理引导消费、储蓄、投资等方面进行有效制度安排。"作为拥有14亿人口的大国，我国经济社会发展的战略基点是释放巨大的内需潜力。随着我国进入消费新时代，未来几年，坚持扩大内需这个战略基点，关键在于抓住居民消费升级的大趋势，从供给和需求两端协同推进相关政策调整与体制变革。由此，我国巨大内需潜力释放不仅将有利于短期经济增长，而且将成为夯实中长期经济增长的重要基础。

我国消费结构呈现升级态势。扩大消费最根本的是促进就业，完善社保，优化收入分配结构，扩大中等收入群体，扎实推进共同富裕。当前，随着城乡居民收入的不断增长，我国居民消费水平呈现较快增长态势。2015—2019年，人均消费水平从18929元提升到27563元；不考虑价格因素，人均消费水平年均增长9.8%。2020年，受新冠肺炎疫情冲击，前三季度全国居民人均消费支出14923

---

[*] 本文载于《光明日报》2020年12月23日。

元，同比名义下降了3.5个百分点，预计居民消费水平的回升还需要一段时间。但从消费结构看，疫情冲击下，服务型消费等新型消费反而呈现加快增长态势。比如，2020年前11个月，全国网上零售额105374亿元，同比增长11.5%。在传统接触式线下消费受到较大冲击的同时，新型消费逆势增长对于推动疫情期间的经济增长发挥了重要作用。

紧紧扭住供给侧结构性改革这条主线，注重需求侧管理，关键是适应消费升级的趋势。要使强大国内市场成为构建新发展格局的重要支撑，关键是释放巨大的内需潜力。中央经济工作会议明确提出"紧紧扭住供给侧结构性改革这条主线，注重需求侧管理"，是适应消费结构升级、释放消费潜力的重大改革部署。应当说，当前我国消费潜力的释放还面临多方面的挑战，从需求侧看，要进一步营造和优化"能消费、敢消费、愿消费"的消费环境，以收入为核心的政策调整与制度变革相比以往更为迫切。

作为拥有14亿人口的大国，在实际经济生活中需要妥善处理好需求侧和供给侧的关系，形成需求牵引供给、供给创造需求的更高水平动态平衡。需求侧管理是宏观经济调控的手段，重点是通过财政货币政策调控需求，熨平经济周期波动，这是一个短期相机抉择的政策工具。需求侧改革则是全面深化改革的重要组成，重点是通过收入分配改革、公共服务体制建设等体制机制改革与完善，打破抑制消费潜力释放的政策与制度障碍，这是深层次、结构性的改革。

"十四五"时期，加快释放服务型消费需求，需要在需求侧领域多措并举。比如，有序取消一些行政性限制消费购买的规定；合理增加公共消费，提高教育、医疗、养老、育幼等公共服务支出效率；以激发中小企业活力为重点加快形成扩大就业的体制机制；加快收入分配改革，力争未来15年国民收入实现倍增、中等收入群体实现倍增；等等。

以服务业市场开放为重点着力扩大服务型消费供给。当前，我国居民消费需求尤其是服务型消费需求向高品质升级，但主要产品供给体系仍处于中低端。解决服务型消费"有需求、缺供给"的矛盾，要按照中央经济工作会议提出的"以改革创新为根本动力"，加快以服务业市场开放为重点的供给侧结构性改革，通过更大的市场开放、加快优化营商环境，改善消费供给。

推动服务业市场向社会资本全面开放。要按照"非禁即准"的要求，凡是法律、行政法规未明令禁止进入的服务业领域，应全部向社会资本开放，不再对社会资本设置歧视性障碍，大幅减少前置审批和资质认定项目，鼓励引导社会资本参与发展服务业，并在打破服务业的市场垄断方面实现实质性破题。在这方面，中小企业和社会资本有着比较大的需求。加快推进服务业对外开放进程，推进以服务业开放为重点的高水平开放进程。在加快服务业市场化改革的同时，大幅缩减外资准入负面清单限制性条目，尽快实现教育、医疗、养老、旅游等服务业全面开放，取消外资股比及经营范围限制，并且在规则、管理、标准等方面加快与国际对接。优化投资结构，加大服务领域的投资，适应消费结构升级趋势，推动投资结构转型。以改善民生为导向扩大消费和有效投资，更加注重民生基础设施补短板。

14亿人口的消费结构升级，不仅将对我国经济增长形成重要支撑，而且有利于全球经济复苏与增长。"十四五"时期，要紧紧扭住供给侧结构性改革这条主线，注重需求侧管理，加快形成释放我国巨大内需潜力的政策与制度环境。

中国消费大趋势[*]

(2021 年 5 月)

我就"中国消费大趋势"跟大家做个简单的交流,我的看法是:"十四五"是我国迈向现代化新征程的第一个五年,也是我国进入消费新时代的重要五年。全面促进消费是我国加快构建以国内大循环为主体,国内国际双循环相互促进的新发展格局的重大任务,是我国赢得国际竞争合作新优势的关键所在。

前不久我和我的同事们编写了《中国消费——构建双循环新发展格局》这本书,一共有八章,我就这本书对中国消费趋势的三个基本判断跟大家做个简要的交流。

一 "十四五"我国将成为全球最大的商品消费市场

居民消费水平的较快提升。2019 年居民人均消费支出首次突破 2 万元,改革开放以来人均消费支出稳步提升,党的十八大以来,居民人均消费支出从 2013 年的 13220 元增长到 2019 年的 21559 元,年均增长 8.5%。预计到 2025 年居民人均消费支出有望接近 3 万元,尽管 2020 年第四季度我国居民消费支出水平没有恢复到原有的增长水平,但是恢复到了 98.4% 的程度,中改院经过定量预测表

---

[*] 在"2021 中国新消费发展论坛"上的演讲,2021 年 5 月 8 日,海口;载于《中改院简报》总第 1406 期,2021 年 5 月。

明，居民人均消费支出在 2021 年第二季度以后有可能恢复到原有增长水平，如果以 2020 年消费支出的 21210 元为起点，采取中性预期，即 2021 年第三季度增长速度将恢复到原有水平。

消费规模持续扩大。从 2012 年到 2019 年，我国社会消费品零售总额从 21 万亿元增长到 40 万亿元，年均增长 10.94%。疫情没有改变消费升级趋势，2020 年全年社会消费品零售总额较 2019 年同比下降 3.93%，2021 年 1—2 月，社会消费品零售总额同比增长 33.8%，预计今年年底社会消费品零售总额增长速度有可能恢复到 2020 年前的速度。消费已经成为经济增长的第一拉动力，1978 年我国最终消费支出对 GDP 增长的贡献仅为 38.7%，而资本形成总额对 GDP 增长的贡献率达到 66.7%，随着我国经济由高速增长转向高质量发展阶段，消费对经济增长的拉动作用开始趋于稳定，2014—2019 年消费对经济增长的拉动点数均高于投资，消费已连续 6 年成为拉动经济增长的第一动力。

我国快速成为全球第二大实物商品消费市场，2021 年我国社会消费品零售总额相当于美国的 96%，我国在不少单项领域的消费市场已达到全球第一，比如全球最大的网络零售市场，我国的网络购物、直播等新模式快速发展，已经连续 8 年成为全球第一大网络零售市场。

全球最大的跨境电商消费市场，从数字来看，2019 年我国进口跨境电商交易规模达 2.64 万亿元人民币，同比上升 17.3%，2020 年进口跨境电商市场交易规模达 3.07 万亿元，2021 年将达到 3.55 万亿元。

全球最大的移动支付市场，2020 年上半年，我国移动支付金额达到 196.78 万亿元，同比增长 18.61%，我国移动支付规模连续三年居全球首位。

预计 2025 年社会消费品零售总额有望达到 55 万亿—60 万亿

元,未来5年我国社会消费品零售总额有望保持9.5%左右的年均增长,这意味着我国社会消费品零售总额将于2021年超过美国,成为全球最大的消费市场。

二 我国将成为全球最大的服务业市场和服务型消费新增市场

服务业与服务型消费同步增长,服务业呈现较快发展模式,2020年我国第三产业在国民经济中的比重上升到54.5%,超过第二产业16.7个百分点。服务型消费占比超过45%,服务型消费是本院在6年前提出的,两年前国家提出了服务消费。据统计,2013—2019年我国居民服务型消费支出占比由39.7%提升至45.9%,年均提升约1个百分点,其中城镇居民服务型消费支出占比由41.7%提升到48.2%,年均提升1.1个百分点。

服务业占比提升与服务型消费需求增长同步,从统计数字来看,2013—2019年我国服务业占GDP的比重由46.9%提升到53.9%,提升了7个百分点,同期居民服务型消费支出占比由39.7%提升到45.9%,提高了6.2个百分点,也就是说,服务业占GDP比重的提升与服务型消费占居民消费的提升实现了同步变化。

我国将成为全球最大的服务业市场。首先,我国成为全球服务业增速最快的国家,2000—2019年,我国服务业增加值是15.8%,是同期世界平均增速的3.8倍,从占比看,我国服务业增加值在全球服务业发展格局中有较快提升,2000—2019年我国服务业增加值占世界比重由2.1%上升到12.7%,年均增长0.56个百分点。

其次,从2013年开始我们成为全球第二大服务业市场,2000年我国服务业增加值仅相当于日本的15%、德国的35%、英国的38%,2009年、2010年、2013年我国服务业增加值分别超过了英国、德国、日本,2019年我国服务业增加值达到7.73万亿元,分别是日本、德国、英国的22倍、28倍、33倍。

我国成为全球最大服务业市场,2010—2019年按美元计我国服务业年均增长12.5%，美国服务业年均增长4.3%。据统计，我国服务业年均名义增速按11%、美国按4.3%计算，到2032年我国服务业增加值将达到美国当年的水平，成为全球最大的服务业工厂。

我国将成为全球最大的服务型消费市场，这条特别关键。什么叫服务型消费？健康、旅游、信息等，未来5—15年，我国14亿人服务型消费的提升对全球市场将产生重要影响，2035年我国新增服务性消费规模累计近70万亿美元，未来随着居民消费结构的变化，我国服务业市场开放和服务型消费提升是大趋势。

三　我国将成为全球最大规模的服务贸易国

消费结构升级拉动服务贸易较快增长。首先，服务型消费拉动服务贸易较快增长，近年来，我国服务贸易占对外贸易总额的比重上升趋势明显，2010—2019年，我国服务贸易额由3717.4亿美元增长到7850亿美元，占外贸总额的比重由11.1%提高至14.6%，提高了3.5个百分点，2020年在疫情冲击下全球服务贸易估计下降20%，我国下降15.7%。

传统服务贸易较快增长。在城乡居民消费型增长的推动下，旅行、文化娱乐、信息金融等服务贸易实现较快发展，例如2010—2018年旅游贸易增长17.3%，对服务贸易增长的贡献率达到54%，占服务贸易总额的比重由24%上升到40.1%。2019年我国旅行服务贸易额虽有所下降，但占比仍高达37.9%，2015—2019年个人文化娱乐服务进出口、金融服务进出口年均增速分别为33.5%、18.5%，这表明我国城乡居民对国际优质服务有强劲需求。

新兴服务贸易成为新亮点。近年来，利用数字经济发展优势，我国在数字服务贸易上有比较突出的亮点，比如2019年全球云计算服务外包规模达788亿美元，同比增长31.3%，2015—2019年，我国云计算服务外包规模从47.2亿元增长到394.5亿元，增长近

9.5倍，年均增速将近80%。

消费结构升级助推服务贸易结构优化，传统服务贸易占比逐渐下降，从占比看，2015—2019年我国传统服务贸易额占服务贸易总额的比重由68.1%下降到60.4%，下降了7.7个百分点，2020年1月至9月，传统服务贸易额占比下降10.3个百分点。

高端服务贸易占比较快增长，2015—2019年我国知识密集型服务进出口由1794.4亿美元增长至2718.1亿美元，年均增长11%，是服务贸易额整体增速的2.4倍，占服务贸易的比重由27.4%上升到34.7%，提升了7.3个百分点，其中个人文化娱乐服务进出口、金融服务进出口年均增速分别高达33.5%、18.5%，这说明我国服务型消费对国际优质服务的需求更为强烈。

疫情冲击提速我国服务贸易结构优化进程，2020年1—9月，我国知识密集型出口额为7795.3亿元，同比增长8.6%，与服务整体出口增速-1.5%的水平形成鲜明对比。占服务进出口的比重进一步提升至55.7%，知识密集型服务进口在服务出口中的主导地位进一步提升。

2035年，我国将成为全球最大规模的服务贸易国。2010—2019年服务贸易额年均增长8.7%，是美国服务贸易年均增速的2倍以上，考虑我国服务型消费增长空间、服务市场开放空间等因素，未来有条件实现年均8%左右的增速，到2035年我国服务贸易额有望达到2.7万亿美元，成为全球最大规模的服务贸易国，占全球服务贸易比重达到12%。

最后有一条总结，中国消费潜力的释放与市场的开放将成为世界经济增长的重大利好，预计未来5—10年，我国对全球经济增长的贡献率仍有望保持在25%—30%，也是拉动全球经济增长的主引擎，14亿人的消费大市场开始成为世界的市场、共享的市场、大家的市场。最后我简单说一句话，我们从2008年开始研究消费，到2012年出版了消费主题的书稿,我认为消费为我们提供了一个机遇,需要认真地讨论消费,消费能不能拉动增长,虽然已经连续6年拉动经济,消费升级对我们的产业变革意味着什么,对科技变革意味着什么,这也需要探讨。在这样的探讨下,对消费在经济增长、社会变革中扮演什么角色,我们愿意听听大家的意见,继续深入讨论,为新发展阶段下我国构建双循环格局贡献我们的智慧,谢谢大家!

以促进消费为重点加快构建新发展格局[*]

（2021 年 5 月）

面对日益复杂多变的国际形势，赢得我国发展新的战略机遇期，需要客观把握我国进入消费新时代的大趋势。城乡居民消费结构升级，是人民对美好生活向往和追求的重要内容，是我国走向高质量发展的重要标志。构建以国内大循环为主体，国内国际双循环相互促进的新发展格局，重大任务之一是全面促进消费，务实推进消费导向的经济转型与结构性改革，加快建设强大国内市场，加快推进高水平开放进程。

一 "十四五"时期我国消费的大趋势

"十四五"时期是我国开启全面建设社会主义现代化国家新征程的第一个 5 年，也是我国进入消费新时代的重要 5 年。全面促进消费，是我国加快构建以国内大循环为主体、国内国际双循环相互促进的新发展格局的重大任务，是我国赢得国际竞争合作新优势的关键所在。

（一）"十四五"时期我国将成为全球最大的商品消费市场

（1）居民消费水平的较快提升。自改革开放以来，我国人均消

---

[*] 本文载于《上海证券报》2021 年 5 月 18 日。

费支出稳步提升，到 2019 年，我国居民人均消费支出首次突破 2 万元。尽管 2020 年第四季度我国居民消费支出水平没有恢复到原有的增长水平，但据中改院课题组通过定量预测表明，居民人均消费支出将在 2021 年第二季度以后恢复到原有增长水平。如果以 2020 年消费支出水平 21210 元为起点，采取中性预期，即 2021 年三季度增长速度恢复至疫情前的水平，那么到 2025 年，居民人均消费支出将接近 3 万元。

（2）消费规模持续扩大。从 2012 年到 2019 年，我国社会消费品零售总额从 21.03 万亿元增长到 40.80 万亿元，基本实现规模倍增，年均增长 10.94%。新冠肺炎疫情没有改变消费升级趋势。2020 年全年社会消费品零售总额较 2019 年同比下降 3.93%，但增速逐季反弹，2021 年 1—2 月，社会消费品零售总额同比增长 33.8%，并且升级类消费品在疫情中逆势增长。预计 2021 年底，社会消费品零售总额增长速度有可能恢复至 2020 年前的水平。

（3）消费成为经济增长的第一拉动力。随着我国经济由高速增长阶段转向高质量发展阶段，消费对经济增长的拉动作用开始趋于稳定。2014 年至 2019 年，消费对经济增长的拉动点数均高于投资，消费已连续 6 年成为拉动经济增长的第一动力。

（4）"十四五"时期我国将成为全球最大的商品消费市场。2019 年，我国社会消费品零售总额相当于美国的 96%，比 2009 年提升了 1 倍，已成为全球第二大商品消费市场。同时，我国已在不少单项领域的消费市场达到全球第一。例如，我国已是全球最大的网络零售市场、跨境电商消费市场和移动支付市场。预计到 2025 年社会消费品零售总额有望达到 55 万亿元至 60 万亿元。乐观估计，未来 5 年，我国社会消费品零售总额有望保持 9.5% 左右的年均增速。保守估计，未来 5 年，我国社会消费品零售总额年均增速为 5% 左右，社会消费品零售总额将于 2025 年前超过美国，成为全球最大的商品消费市场。

(二) 我国将成为全球最大服务业市场和服务型消费新增市场

(1) 服务业与服务型消费同步增长。首先，服务业呈现较快发展态势。2020年，我国第三产业在国民经济中的比重上升到54.5%，超出第二产业16.7个百分点。其次，服务型消费占比超过45%。伴随服务型消费规模的扩大，服务型消费支出占居民消费支出的比重呈现稳步提升的态势。据统计，2013年至2019年，我国居民服务型消费支出占比由39.7%提升至45.9%，年均提升约1个百分点。最后，服务业占比提升与服务型消费需求增长同步。从2013年至2019年，我国服务业占GDP的比重由46.9%提升至53.9%，提高了7个百分点；同期居民服务型消费支出占比由39.7%提升至45.9%，提高了6.2个百分点。也就是说，服务业占GDP比重的提升与服务型消费占居民消费比重的提升实现了同步变化。

(2) 我国将成为全球最大服务业市场。首先，我国是全球服务业增速最快的国家。从2000年至2019年，我国服务业增加值年均增长15.8%，是同期世界平均增速的3.8倍。从占比看，我国服务业增加值在全球服务业发展格局中的比重较快提升。从2000年至2019年，我国服务业增加值占世界的比重由2.1%上升至12.7%，年均提升0.56个百分点。其次，从2013年开始我国成为全球服务业第二大国。到了2019年，我国服务业增加值达到7.73万亿元，分别是日本、德国、英国的2.2倍、2.8倍、3.3倍，稳居全球服务业第二大国地位。最后，我国将成为全球最大服务业市场。从2010年至2019年，按美元计算，我国服务业年均名义增长12.5%，美国服务业年均名义增长4.3%。以我国服务业年均名义增速为11%、美国为4.3%计算，到2032年，我国服务业增加值将达到美国当年的水平，成为全球最大的服务业市场。

(3) 我国将成为全球最大的服务型消费新增市场。未来，我国 14 亿人服务型消费的提升，将对全球市场产生重要影响。中改院课题组分三种不同情况对未来 10 年至 15 年我国服务型消费规模做了定量预计。乐观估计，到 2035 年，我国新增服务型消费规模累计近 70 万亿美元。中性估计，到 2035 年，我国新增服务型消费规模累计达到 60 万亿美元。保守估计，到 2035 年，我国新增服务型消费规模累计将达到 46 万亿美元。

(三) 2035 年我国将成为全球最大规模的服务贸易国

(1) 消费结构升级拉动服务贸易较快增长。首先，服务型消费拉动服务贸易较快增长。近年来，我国服务贸易占对外贸易总额的比重上升趋势明显。从 2010 年至 2019 年，我国服务贸易额由 3717.4 亿美元增长至 7850 亿美元；占外贸总额的比重由 11.1% 提高至 14.6%，提高了 3.5 个百分点。2020 年，在疫情影响下，全球服务贸易估计下降 20% 以上，我国服务贸易下降 15.7%。

其次，传统服务贸易较快增长。在城乡居民服务型消费增长的推动下，旅行、文化娱乐、信息金融等服务贸易实现较快发展。例如，从 2015 年至 2019 年，个人文化娱乐服务进出口、金融服务进出口年均增速分别为 33.5%、18.5%。这表明我国城乡居民对国际优质服务有强劲需求。

最后，新兴服务贸易成为新亮点。近年来，利用数字经济发展优势，我国在数字服务贸易上有比较突出的亮点。例如，2019 年全球云计算服务外包规模达 788 亿美元，同比增长 31.3%。从 2015 年至 2019 年，我国云计算服务外包规模从 47.2 亿元增长至 494.5 亿元，增长近 9.5 倍，年均增速高达 79.9%。

(2) 消费结构升级助推服务贸易结构优化。首先，传统服务贸易占比逐步下降。从 2015 年至 2019 年，我国传统服务贸易额占服务贸易总额的比重由 68.1% 下降至 60.4%，下降了 7.7 个百分点。

2020年1—9月，传统服务贸易额占比下降10.3个百分点至50.7%。其次，高端服务贸易占比较快增长。从2015年至2019年，我国知识密集型服务进出口额由1794.4亿美元增长至2718.1亿美元，年均增长10.9%，是服务贸易额整体增速的2.4倍；占服务贸易额的比重由27.4%上升至34.7%，提升了7.3个百分点。最后，服务贸易结构优化进程加快。2020年1—9月，我国知识密集型服务出口额为7795.3亿元，同比增长8.6%，与服务整体出口增速-1.5%的水平形成鲜明对比；占服务出口额的比重进一步提升至55.7%，知识密集型服务出口在服务出口中的主导地位进一步显现。

（3）我国将成为全球最大规模的服务贸易国。从2010年至2019年，我国服务贸易额年均增长8.7%，是美国服务贸易年均增速的2倍以上。考虑到我国服务型消费增长空间、服务业市场开放空间等因素，从2020年至2035年，我国服务贸易有条件实现年均8%左右的增速。到2035年，我国服务贸易额将达到2.7万亿美元，成为全球最大规模的服务贸易国，占世界服务贸易总额的比重达到12%左右。

二 推进消费导向的经济转型

我国进入消费新时代，消费在经济增长中的作用明显增强，消费对产业变革的牵引作用和对投资结构的引领作用日益提升。要以消费导向的经济转型促进经济高质量发展。

（一）消费结构升级带动产业结构变革

（1）14亿人服务型消费的全面快速增长，不仅将促进消费规模的快速扩大，也将拓展投资空间、优化投资结构、提高投资效率。2020年，我国服务业完成固定资产投资同比增长24.1%；服务业实际使用外资2377.9亿元，同比增长51.5%，占全国实际使用外资的近八成。其中，电信、教育、医疗健康等与服务型消费领域的投资均有明显增长。

(2) 消费结构升级助推现代服务业发展。从 2013 年至 2020 年，我国服务业占 GDP 的比重由 46.9% 提升至 54.5%，提高了近 8 个百分点。特别是在疫情影响下，线上消费带动相关服务业数字化转型态势进一步增强。2020 年 1—11 月，我国规模以上互联网和相关服务、软件和信息技术服务业企业营业收入同比分别增长 20.7% 和 15.7%，增速分别快于规模以上服务业企业 19.1 个和 14.1 个百分点。

(3) 绿色消费促进绿色产业发展。《中国公众绿色消费现状调查研究报告（2019 年版）》显示，消费者对"中国环境标志"的认知度从 2014 年的 38.60% 上升到 70.95%。未来，我国居民绿色消费潜力的快速释放，将为传统产业绿色低碳转型及生态环保技术产业化发展提供重要动力，并为我国实现碳达峰和碳中和目标打下重要基础。

(二) 消费结构升级助力科技创新进程

(1) 14 亿人的消费大市场为科技创新提供了巨大的应用市场。电子商务、人工智能、金融科技、软件服务、共享经济、健康科技、大数据、教育科技、传媒娱乐、生物科技成为我国"独角兽"企业分布最为广泛的十个领域。究其深层次原因，就在于我国拥有全球最大最有潜力的创新应用大市场。截至 2020 年 12 月，我国网民规模达 9.89 亿，较 2020 年 3 月增长 8540 万，互联网普及率达 70.4%；2020 年，我国居民信息消费达 6 万亿元左右。

(2) 从潜力看，消费结构升级仍蕴藏着巨大创新应用空间。2020 年我国服务业数字经济渗透率为 40.7%，而生活性服务业数字经济渗透率明显偏低，仅为 20% 左右。估计到 2025 年，我国智慧医疗行业投资规模将达到 2100 亿元左右，车联网行业规模将接近万亿元。更重要的是，预计 2023 年以后，5G 技术将进入大规模商用阶段，我国超大规模的数字技术应用大市场的优势更加突出。服务型消费大市场和新一轮科技革命的交汇融合，不仅将为我国制造业智能化转型提供重要条件，也将明显提升我国对全球创新要素的吸引力，增强我国中长期创新发展能力。

(三) 消费结构升级形成经济增长的重要动力

(1) 消费在拉动经济增长中的作用突出，是新发展阶段经济增长的重要特征。从实际看，消费拉动经济增长不仅是大国经济的一般特征，更是近年来我国经济增长的实际体现。2020年，尽管受到疫情的影响，但最终消费支出占GDP的比重仍然达到54.3%，高于资本形成总额11.2个百分点，为近年来的最高水平。

(2) 消费对经济增长的拉动作用逐季回升。2020年随着我国疫情防控工作取得积极成效，消费市场逐步恢复，我国超大规模市场的潜力得以不断释放，消费对经济增长的拉动作用逐季回升。数据显示，2020年一至四季度，最终消费支出对GDP增长的拉动点数分别为-4.3个、-2.3个、1.4个和2.6个百分点。也就是说，从去年第三季度开始，最终消费支出对经济增长的拉动作用由负转正，这表明最终消费支出已经从前两个季度下拉态势中恢复过来，并呈现持续恢复的势头。

(3) 从潜力看，我国最终消费支出对经济增长的贡献率仍有10个百分点左右的提升空间。2019年，我国最终消费支出对经济增长的贡献率为57.8%。用好大国经济纵深广阔的优势，使规模效应和集聚效应充分发挥，最终消费支出对经济增长的贡献率将达到70%左右。也就是说，未来5—10年我国最终消费支出对经济增长的贡献率仍有10—15个百分点的提升空间。这一潜力的释放将支撑我国经济中长期可持续增长。

(4) 消费对经济增长的贡献率开始趋于稳定。从发展阶段看，一个经济体经过前工业化、工业化、后工业化阶段，消费率呈现

"U"形曲线走势。与改革开放初期有很大不同的是，近10年来，伴随着服务型消费的快速增长，投资与消费在拉动经济增长中的作用发生历史性变化，消费在拉动经济增长中的"主角"地位逐步确立。从2011年至2019年，消费对经济增长的贡献率平均为60.5%，而同期投资对经济增长的贡献率平均仅为39.9%，低于消费20个百分点以上。

三 推动消费导向的结构性改革

形成14亿人消费潜力释放、消费结构升级的长效机制，涉及经济领域重大关系的再平衡，涉及社会结构的深刻变化，涉及重大利益关系的调整。要在坚持供给侧结构性改革为主线的同时，从供给侧和需求侧两端发力，着力破解制约消费潜力释放、消费结构升级的结构性矛盾。

（一）把服务业市场全面开放作为深化供给侧结构性改革的重大任务

（1）用市场的办法扩大消费有效供给。我国从短缺时代跨越到消费新时代，主要的实践经验就是充分利用市场的力量，在市场作用范围不断扩大中增加商品与服务供给。全面促进消费，关键是要用市场的办法来扩大消费有效供给。市场在资源配置中的决定性作用发挥得越好，就越能满足城乡居民不断升级的消费需求。

（2）加快服务业市场全面开放。按照"非禁即准"的要求，凡是法律、行政法规未明令禁止进入的服务业领域，应向社会资本开放，鼓励引导社会资本参与发展服务业，打破服务业领域市场垄断与行政垄断。要进一步完善公平竞争的市场环境，消除不同产业间政策的差异，为服务业平等发展创造社会环境。

（3）加大优质国际服务和商品供给。满足城乡居民消费结构升级的趋势，既要依靠国内市场，也离不开国际市场。这就需要加快推进服务业对外开放进程。在加快服务业市场化改革基础上，大幅缩减外资准入负面清单中的限制性条目,清理并大幅削减服务业领域的边境内壁垒。在有条件的地区,如海南,率先引入国际先进的医疗药品、旅游娱乐、体育养老等重点服务业的管理标准,并实现资格互认;全面推广跨境服务贸易负面清单,允许负面清单外的境外企业在我国提供相关服务。

(二)扩大中等收入群体比重

(1)中等收入群体是消费的主力军。目前,我国中等收入群体占全国总人口的比重为29.4%,其消费总支出占比达到46.5%,远高于人口规模占比。研究结果表明,从2014年至2018年,中等收入群体消费率上升了10个百分点左右,远高于同期居民消费率3个百分点的上升幅度。全面释放14亿人消费升级的巨大市场潜力,要在扩大优质产品和服务供给的同时,着力扩大中等收入群体。

(2)要实现中等收入群体倍增。国家"十四五"规划和2035年远景目标纲要明确提出"中等收入群体显著扩大"。建议把中等收入群体倍增作为重要的政策目标,在制定促进共同富裕行动纲要时,明确扩大中等收入群体的阶段性目标:争取到2035年,中等收入群体提升到55%左右,实现倍增。

(3)要推动更多农民和农民工成为中等收入群体。农民和农民工是扩大中等收入群体的重要来源。从现实情况看,农民最大的财产是土地,土地财产性收入是农民最重要的收入增长来源。中长期内,我国农村改革的主线仍然是处理好农民和土地的关系。为此,要在严格农村土地用途管制和规划限制的前提下,在法律上明确并做实农民土地使用权的物权属性;尽快打破城乡建设用地的市场分割,统一城乡用地市场。同时,深化户籍制度改革,使城乡二元户籍制度尽快退出历史,全面实施居住证制度,统一城乡基本公共服务制度,为农民工融入城市创造条件。

（三）全面增加公共消费

（1）我国仍处于公共消费相对不足阶段。近年来，我国居民公共产品短缺问题实现了较大程度的缓解，但人均公共消费支出不足的矛盾依然突出。据统计，2014年至2019年，城乡居民教育文化娱乐、医疗保健的人均消费支出年均增长分别达到10.3%、12.7%，高于其他消费支出项目；教育文化娱乐、医疗保健居民人均消费支出占消费支出总额的比重从2014年的17.8%提高到2019年的20.5%。社会保障体系建设直接影响城乡居民的消费预期。例如，2020年底，我国家庭储蓄率从2019年的30%左右跃升至33.9%。

（2）全面促进消费对公共消费提出新要求。进入消费新时代，增加公共消费，既是扩大消费的需求，也是稳定消费预期的重大任务。人口老龄化需要公共消费较快增长。根据联合国人口署预测，2025年中国65岁及以上人口占总人口比例将达到14.03%，进入深度老龄化社会。面对快速增大的养老保障需求，既需要退休政策的调整，也需要政府适当增加养老公共消费。

（3）"十四五"时期要完善公共消费体系。要加大公共消费支出力度，同时要进一步优化公共消费结构。争取到2025年，教育、医疗卫生、社保就业、保障性住房四项基本公共服务的财政支出占全国财政总支出的比重，由2020年的38%提高到45%左右，占GDP的比重由9%提高到12%左右。

（四）推进需求侧管理与需求侧改革

（1）要把稳定就业作为促进消费的重中之重。继续在宏观政策层面强化就业优先政策，巩固就业作为居民收入主要来源的基础作用。一是加强对重点群体的就业支持。帮扶贫困家庭、零就业家庭高校毕业生尽快就业；畅通农民外出务工渠道，支持农民就近就业创业；做好退役军人安置和就业保障；保持对零工经济、自由职业的包容审慎管理。二是不断提高居民就业质量。培育适度规模经营主体，促进小农户和现代农业发展有机衔接；保持制造业比重基本稳定，加快发展现代服务业，推进数字产业化和产业数字化，创造更多技术型专业化就业岗位；落实2021年职业技能培训和高职院校扩招政策，提升居民就业能力。

（2）要加快制定促进消费的中长期规划。明确提出最终消费和居民消费率等指标的增长目标，明确提出分类解决不同收入群体消费潜力释放的制约因素。例如，对中低收入群体要通过加快收入分配制度改革和完善社保体制，提升其消费能力；对中高收入群体，重点解决不便消费、无处消费、畸形消费问题；加强消费设施建设和市场体系及社保体系建设，优化消费结构，促进便利消费；通过培育信用消费、服务消费、网络消费、文化消费、绿色消费、低碳消费等新的消费增长点，引导居民转变消费观念，科学合理地消费和放心大胆地消费。

（3）继续实施结构性减税。近几年来，我国每年减税降费超2万亿元，政策重点在企业。未来要扩大消费，应该更注重减轻居民负担。2020年增值税、企业所得税都呈下降态势，但个人所得税仍然同比增长11.4%。建议研究提升个税起征点的相关影响，加大专项附加扣除的力度，拓展专项附加扣除范围，实质性降低居民税费负担。与此同时，切实落实社保缴费降费政策措施，确保企业负担只降不升。

（五）以高水平制度型开放形成消费新环境

（1）适应消费升级优化消费环境。从2015年至2020年，我国消费者服务类投诉数量由18.7万件增加到49.9万件，年均增速达到21.6%，是消费者投诉数量平均增速的2.4倍；占消费者投诉数量的比重由29.3%提升至50.9%。2021年政府工作报告提出，要稳步提高消费能力，改善消费环境，让居民能消费、愿消费，以促进民生改善和经济发展。随着城乡居民服务型消费需求的全面快速增长，推动包括市场监管在内的消费环境建设，成为消费导向转型的重大任务。

（2）要推进规则、规制、标准与国际对接。近年来，我国消费领域的一些现象，比如海外就医、求学等，深刻反映了我国产品、服务等领域的规则、规制、标准等在某些方面仍不适应消费者不断升级的消费需求。尤其在医疗、健康、旅游、金融、会计等领域内一部分行业仍低于国际标准，由此造成一定的服务型消费外流。要加快制定与国际标准相衔接的服务业管理标准，在大幅放宽市场准入的同时，最大限度取消准入后限制，建立既准入又准营的服务规则、标准，并分类推进服务业领域规则、规制、管理、标准等对接。

（3）推动市场监管主要对象由商品为主向服务为主转变。全面加强医疗健康、文化、教育、养老等服务业领域的市场监管，并尽快提升市场监管的国际化水平。完善服务业重点领域标准认证认可制度，以服务贸易为重点，大力推行高端品质认证，在旅游、健康、教育、金融、电商等领域加快探索推进服务认证活动。鼓励各类服务业企业参与服务认证，引导各类服务业企业特别是中小型服务企业获得服务认证，帮助更多服务业企业提升管理水平。

中国消费潜力的释放与市场的开放，将成为世界经济增长的重大利好。从2013年至2018年，我国对世界经济增长的年均贡献率达到28.1%，居世界第一位。2006年以来，我国对世界经济增长的贡献率连续14年全球排名第一。其中，2019年、2020年连续两年超过30%。2020年，我国经济在遭遇疫情严重影响的情况下实现快速复苏，成为世界经济的突出亮点。预计未来5—10年，我国对全球经济增长的贡献率仍有望保持在25%—30%，仍是拉动全球经济增长的"主引擎"。14亿人的消费大市场是"世界的市场、共享的市场、大家的市场"。

"十四五"时期是我国开启全面建设社会主义现代化国家新征程的第一个5年,也是我国进入消费新时代的重要5年。全面促进消费,是我国加快构建以国内大循环为主体、国内国际双循环相互促进的新发展格局的重大任务,是我国赢得国际竞争合作新优势的关键所在。

我国进入消费新时代,消费在经济增长中的作用明显增强,消费对产业变革的牵引作用和对投资结构的引领作用日益提升,要以消费导向的经济转型促进经济高质量发展。

形成14亿人消费潜力释放、消费结构升级的长效机制,涉及经济领域重大关系的再平衡,涉及社会结构的深刻变化,涉及重大利益关系的调整。要在坚持供给侧结构性改革为主线的同时,从供给侧和需求侧两端发力,着力破解制约消费潜力释放、消费结构升级的结构性矛盾。

六

建言公共卫生体制变革：
以人民健康为中心

中国经济转型趋势下的健康产业发展[*]

(2016年7月)

未来5—10年，我国正处于经济社会转型的关键阶段。人们日益增长的健康需求，既是人们自身发展需求的提升，也是经济社会转型的客观趋势。因此，发展健康产业和健康服务业，不仅是消费结构升级的重大任务，也是经济社会转型发展的重大课题。

一 我国健康产业发展的三大背景

为什么健康服务供给与全社会日益快速增长的健康服务需求不相适应日益成为经济社会转型发展的突出矛盾？总的看，消费结构的变化使健康需求的现实性不断增加；人口结构的变化使健康需求的迫切性日益加大；城乡结构的变化使健康需求的广泛性明显扩大。就是说，把握健康服务业发展的大背景，是推进"健康中国"进程的重要前提。

（一）消费结构的变化

（1）消费规模快速增长。预计未来5年，我国消费需求将保持年均10%左右的速度增长，消费规模有可能从2014年的32.9万亿元人民币扩大到2020年的50万亿元人民币左右。这不仅成为支撑

---

[*] 在"中国贵州大健康医药产业发展峰会"上的主旨演讲，2016年7月8日，贵阳；载于《中改院简报》总第1072期，2016年7月。

我国经济中速增长的重要因素，也是全球经济增长的重要利好。

（2）服务型消费将成为城镇居民消费的大头。未来5年，以健康、医疗、旅游为重点的服务型消费将保持年均2个百分点左右的增长速度。预计到2020年，城镇居民服务型消费需求占比将由目前的40%左右提升到50%以上。

（3）形成服务业拉动、消费驱动经济增长的新格局。估计到2020年，消费对经济增长的贡献率将稳定在65%—70%。

（4）基本形成以服务业为主导的产业结构。在服务型消费需求全面快速增长的特定背景下，估计服务业增加值占GDP的比重将从2015年的50.5%提升到2020年的58%—60%。

（二）人口结构的变化

（1）我国开始进入老龄化社会。2015年，我国60岁及以上人口达到2.22亿人，占总人口的比重为16.15%；65岁及以上人口达到1.44亿人，占总人口的比重为10.47%。估计到2020年，我国60岁以上人口占比将达到20%左右。

（2）部分地区开始进入深度老龄化社会。如果以60岁以上人口占总人口的比重超过20%为深度老龄化社会的衡量标准（国际老龄化标准的2倍），国内一些发达省份已经开始进入深度老龄化社会。例如，2015年，北京60岁及以上户籍人口占户籍总人口的比重为23.4%；江苏、辽宁、浙江等省份60岁及以上人口占比分别达到21.36%、20.6%和20.19%；上海60岁及以上人口占比已经首次突破30%。

（3）养老服务供给不足的矛盾突出。从2015年的情况看，我国养老服务的市场需求已超过1万亿元人民币，而实际供给不到2000亿元人民币，相差甚远。

（三）城乡结构的变化

（1）常住人口城镇化率不断提高。2015年，我国常住人口城镇化率达到56.1%。未来5年，如果常住人口城镇化率每年提高1个百分点，到2020年，我国常住人口城镇化率将超过60%。届时，城镇常住人口将超过8亿。

（2）户籍人口城镇化率较快增长。伴随深化户籍制度改革及全面实施居住证制度，未来5年，我国户籍人口城镇化率有可能以每年不低于2个百分点的速度提升。估计到2020年，户籍人口城镇化率将由现在的39.9%提高到50%左右。

二 健康产业发展的大趋势

发展健康产业、推进"健康中国"进程，不仅是经济社会转型升级的客观需求，也是实现全面小康社会目标的重大任务。在这个背景下，我国健康产业发展面临着前所未有的重要机遇和巨大的市场空间。

（一）健康产业的快速发展

（1）未来5年，我国大健康产业增速将保持在13%—15%，产值规模有可能达到10万亿元人民币。

（2）未来10年，我国将成为全球医疗健康产业增长速度最快、产值规模最大的国家之一。

（二）健康服务业将产生大量的新业态

（1）老年护理、健康咨询、健康体检、健康教育、健康文化等新型健康服务业态将快速发展。

（2）与健康服务业直接相关的保健品、生物医药、医疗器械等新型健康产品将快速发展。《中国健康产业蓝皮书2016版》数据显示，2015年我国医疗器械产业市场规模在3000亿元人民币左右，预计到2019年将达到6000亿元人民币左右的规模。

（3）随着健康产业与其他产业的融合，互联网+健康服务、健康旅游、健康保险等新业态将快速发展。以健康旅游为例，它开始成为全球增长最快的新产业。

（三）健康服务业市场潜力巨大

（1）健康产业将成为社会资本、外来资本投资的重点领域之一。一是"健康中国"上升为国家战略提升其投资价值；二是健康产业自身成长性高、受经济周期影响小、防御性强等特点提升其投资价值；三是人口老龄化进程提升其投资价值。这些为中外资本投资健康产业创造了良好的机遇。

（2）健康产业将成为资本市场的突出亮点之一。目前，健康产业开始成为资本市场关注的热点，未来几年各类企业以及各类健康投资基金将快速出现。据业内人士分析，目前国内已有数百家药企进入大健康产业，其中30多家为上市公司。

三 健康产业发展的三大课题

"十三五"，适应城乡居民日益增长的健康服务需求，要加快形成具有中国特色的健康产业体系，有序扩大对社会资本和外来资本的开放，并加强市场监管。

（一）加快形成具有中国特色的健康产业体系

（1）推进健康产业与医疗的适度分离。健康产业与医疗直接相关，但又与一般医疗不同。如果仍把健康产业的发展简单等同于医院、医药管理，将很难发展出新业态。推进健康产业与医疗的适度分离是需要研究的一个大课题。

（2）培育健康产业的相关产业。以"苗药"为例，目前它的主要用途是作为药品，下一步可以将其培养成老百姓消费得起的、具有实际作用的各类健康食疗产品，这将是"苗药"转型发展的一个重要方向。

（3）加快健康职业人才供给。健康管理、健康服务等相关的中高端技能型职业人才供给严重不足是制约健康服务业发展突出"短板"。为此，要鼓励和支持社会资本举办健康服务类职业院校和培训机构，全面扩大健康服务业人才的培养。

（二）加快以健康服务业为重点市场开放，营造健康产业发展的市场大环境

（1）鼓励支持社会资本发展健康服务业。打破健康服务业市场的行政垄断和市场垄断，提高社会资本投资占健康服务业固定资产投资总额的比重，使社会资本成为健康服务业发展的重要力量。

（2）有序对外来资本开放。正如习近平主席2015年在G20峰会上提出的"以服务业为重点放宽外资准入领域"，这也是适应我国健康服务型消费需求快速增长而供给严重短缺的重大举措。

（3）创新健康服务业的投融资政策。建议抓住机会，创建健康产业投资专项基金；支持符合条件的健康服务企业申办健康保险业，这对于发展健康服务业将产生重要作用。

（三）加强健康产业的市场监管

（1）尽快出台监管健康产业的相关监管标准。当务之急是尽快出台健康产业的相关监管标准，在此基础上加强市场监管，规范健康产业发展，切实维护消费者的合法权益。

（2）完善中央与地方的相关监管体制。明确界定中央与地方健康产业监管的职责和风险处置责任，做到权责对等；防止中央与地方监管权力的交织，杜绝"多头监管"或"监管空白"；在此基础上推行审批权和监管权的分离，保证监管的独立性、专业性和有效性。

（3）发挥行业组织的独特作用。

四 关于贵州健康产业发展的三点建议

贵州在强力推进生态立省的同时，加快发展大数据，现在正在着力发展大健康产业，相信贵州将为全国健康服务业发展提供重要经验。

（1）加强顶层设计，把大生态、大数据、大健康产业有机、内在地结合起来。这将是贵州发展健康产业的独特优势和突出亮点。

（2）在现有基础上，形成具有中国特色、贵州特点的健康产业体系。

（3）在以健康服务业为重点的服务业市场开放上取得突破。采取更多的措施，吸引更多的资本，形成贵州全省投资健康产业的高地。由此，使"健康贵州，贵在健康"具有广泛的影响力。

疫情严重冲击经济全球化[*]

(2020年3月)

新冠肺炎疫情在全球大流行,对全球经济造成严重冲击,很可能重创全球经济增长,影响到经济全球化走势。这里,提出3个问题与大家交流讨论。

一 如何判断疫情对全球经济冲击的严重程度?

(一)疫情重创全球经济增长

(1)疫情严重冲击全球供应链、产业链。疫情持续的时间越长,对全球供应链的影响和冲击越大,有可能导致某些产业供应链的中断。一方面,中国是全球制造业的重要生产基地,加快全面复工复产,对全球制造业发展有着重要的拉动作用。另一方面,随着疫情在全球的蔓延,美欧等国的一些制造业企业相继停工停产,有可能严重冲击全球的供应链、产业链,并由此严重打击全球的生产能力,使世界经济增长动力严重不足。有专家估计,2020年全球经济增速将是2008年国际金融危机以来的最低水平。

(2)疫情严重冲击部分行业。例如,由于人流受到限制,疫情对旅游业、餐饮业和交通运输业等行业的冲击相当严重,某些航空

---

[*] 在"疫情冲击下的经济全球化"专家网络座谈会上的讲话,2020年3月14日,海口;载于《中改院简报》第1313期,2020年3月。

公司可能面临毁灭性的打击;由于疫情影响导致关键零部件等中间产品生产停工,对汽车制造、电气电子、医药等行业的整体需求和供应链造成严重冲击,加大汽车等行业的下行压力。

(3)疫情严重冲击重大国际性项目的推进。疫情在全球范围的扩散,将导致重大国际合作项目在合同履约、执行、融资、雇员返岗等方面面临诸多挑战,一些重大的国际性项目将拖延甚至停滞和取消。

(二)疫情导致今年全球经济陷入衰退

一方面,疫情重创国际贸易。根据世贸组织数据,2020年2月,全球进出口跨境贸易同比负增长约10%。[①]另一方面,贸易下降将直接导致全球经济增长速度下降。2020年3月2日,经合组织(OECD)发布经济预测报告,把美国今年的经济增长预期由2%降至1.9%,日本由0.6%降至0.2%,欧元区从1.1%降至0.9%,中国由5.7%降至4.9%[②]。从疫情蔓延的趋势看,以上预测相对乐观,2020年的全球经济增速可能比这个预测还要低。

(三)疫情蔓延增大全球经济危机的可能性

疫情的全球性蔓延,导致全球经贸活动大受影响,经济活力会严重下降,全球经济将遭受重创。从近日的情况看,疫情的全球大流行,全球资本市场信心受到严重冲击,再加上国际油价暴跌重挫全球股市,短期内世界性的经济衰退开始成为现实。如果疫情继续一段时间,如果世界主要大国应对措施不力,如果全球性的协调行动迟缓,短期内的世界性经济衰退就有可能演变成全球经济危机。应当说,这个危险性正在加大。对此,需要客观判断并保持高度警惕。

---

① 世界贸易组织:《货物贸易晴雨表》2020年2月19日。
② 经济合作与发展组织:《全球经济展望报告》2020年3月2日。

二 如何判断疫情冲击经济全球化进程的严重程度？

（一）疫情蔓延助推某些孤立主义、单边主义、民族主义和贸易保护主义思潮

疫情的全球大流行、全球经济的短期衰退，使得生产者、消费者信心严重受挫。在这个特定背景下，某些逆全球化思潮重新抬头，甚至更为盛行。孤立主义、单边主义、民族主义和贸易保护主义盛行，有可能使经济全球化进程出现倒退。

（二）疫情蔓延严重影响双边、区域贸易投资自由化和经济一体化进程

例如，疫情的全球性大流行，使疫情暴发国无暇顾外。更重要的是，各种逆全球化思潮、主张严重冲击经济全球化，由此使双边、多边的自由贸易安排与区域经济一体化进程受到严重影响。在这个背景下，对按计划实施中美第一阶段经济贸易协议，对2020年完成中欧投资协定谈判并启动中欧自贸区可行性研究，对加快中日韩自贸区谈判进程、推动三国和区域全方位经贸合作、共同推动区域全面经济伙伴关系（RCEP）协定如期签署生效等，都有可能带来新的变数。

（三）疫情蔓延使大国经贸关系面临更为复杂的变化

一是在新冠肺炎疫情影响下，中美关系有可能出现更为复杂的局面；二是在疫情全球蔓延下中欧经贸关系变数增多、不确定性加大；三是美欧经贸关系也不容乐观。2019年美欧之间的贸易冲突使欧盟经济已然疲软，在疫情的冲击下，在空客波音互诉案和"数字服务税"等纷争影响下，美欧原定在3月内签署迷你贸易协议的愿景恐怕有可能再次落空。[①]

[①] 《新冠疫情叠加美欧贸易冲突》，《第一财经》2020年3月9日。

三 应对疫情对经济全球化的严重冲击，中国如何选择？

（一）以积极主动合作抗击疫情，加快完善全球公共卫生治理

疫情不分国界和种族。共同抗击疫情是全球治理面临着的重大挑战。打造人类命运共同体，在抵抗威胁人类的天敌中形成有效的合作机制，成为直接的、紧迫的现实需求。建议积极主动推动建立更高层次的公共卫生全球行动协调机制，例如建立由G20首脑或卫生部部长组成的协调与合作机制，使各国在面对公共卫生危机时共同采取更为及时、有效的措施和行动。建议将公共卫生安全纳入世界安全战略，以各国联合行动减少突发公共卫生危机对全球经济社会的严重冲击。当务之急是，呼吁美国和欧盟与我国共同推动G20以视频会议方式尽快举行临时紧急首脑峰会，凝聚共识，摒弃冲突，共同协调采取各种举措应对新冠肺炎疫情蔓延。

（二）主动开展防止疫情蔓延的国际和地区合作

我国疫情蔓延基本控制，并积累了可供国际社会借鉴的某些实践经验。当前，中国已派出多支医疗队。在疫情在其他国家加快蔓延的背景下，我国应加快组建多支疫情应急救治国际医疗队或专家组，支援相关国家和地区抗击疫情。

（三）加大对世界卫生组织的支持力度

推动大国共同加大对世界卫生组织的支持力度，在疫情走势和判断等方面协调全球合作，共享疫情数据和技术进展，合作开展病毒探源、疫苗研究、药物开发等；推动世界银行和其他国际多边开发银行联合发起成立一个或多个全球抗疫基金等。

（四）以稳住自己作为承担大国责任的首要前提

中国稳住了，以全面复工复产恢复经济秩序，就有条件、有能力支持其他国家和地区抗击疫情，并对稳定全球经济秩序产生重要影响。第一，在不断巩固和继续抗击疫情成果的同时，严防疫情"倒灌"，不获全胜决不轻言成功。第二，进一步加快全面复工复产，稳定和扩大就业，保持经济的稳定增长。第三，根据全球和国内抗击疫情的需求，加快医疗物资的生产和出口，支持全球应急医疗物资供给。第四，要有底线思维，要有在最坏情况下保证民生需求的充足生活物质准备。第五，全面深化改革开放，扩大内需。要加快城乡一体化进程，释放巨大的消费潜力。要加快市场开放进程，重点是服务业领域的开放，在海南等地全面实行医疗健康产业项下的自由贸易政策，以在抗击疫情的同时力争在扩大开放方面有新的突破。

以人民健康为中心深化公共卫生体系改革[*]

（2020年3月）

新冠肺炎疫情，是新中国成立以来在我国发生的传播速度最快、感染范围最广、防控难度最大的一次重大突发公共卫生事件。这是一次危机，也是一次大考。在这场大考中，我们展现出了应对危机的强大能力，也暴露出了在重大疫情防控体制机制、公共卫生应急管理体系等方面的短板和不足。近年来，我国在公共卫生体系重构等方面取得了重要进展，但从实践看仍然存在一些结构性、制度性的不足。以人民健康为中心推进公共卫生体系改革，成为我国经济社会发展和全面深化改革的重大任务之一。

一 按照"健康中国"目标深化公共卫生体系变革

当前，客观判断我国公共卫生体系建设面临的突出矛盾，深化以人民健康为中心的公共卫生体系改革，是我国走向现代化进程中亟须解决的重大课题。

回望历史，自新中国成立至20世纪70年代末，我国初步建立了覆盖县、乡、村三级医疗预防保健网的公共卫生体系。2003年

---

[*] 本文载于《经济日报》2020年3月25日。

"非典"疫情后，我国加大对公共卫生体系建设的投入力度。近年来，随着"健康中国"战略的提出和实施，我国公共卫生体系从"以治病为中心"向"以人民健康为中心"转变。经过多年努力，我国建立起以疾控体系为龙头，以公共卫生监管部门、专业公共卫生机构、相关医疗服务机构等为主体，覆盖城乡的公共卫生体系。

但也要看到，我国公共卫生体系仍面临着一些结构性的突出矛盾。一是我国公共卫生应急管理体系仍然比较薄弱。从抗击新冠肺炎疫情的情况看，现有公共卫生体系对突发公共卫生事件的预警能力、应对能力还存在短板。二是公共卫生管理体制和运行机制不到位，特别是公共卫生管理碎片化、资源分散化的矛盾比较突出。三是"重医轻卫""重医轻防"的矛盾还比较突出。四是公共卫生法律体系不健全。破解这些难题，需要我们补齐短板，以人民健康为中心深化公共卫生体系改革。

总的来看，在广大人民对卫生健康需求全面快速增长的背景下，建设公共卫生体系、扩大公共卫生基础设施建设、提高公共卫生发展水平仍有较大空间。要按照健康中国战略目标的要求，全面提升我国公共卫生体系的水平和质量。一方面，要理顺公共卫生体制，以体制创新提升公共卫生体系的效能。比如，建议整合各种公共卫生议事协调机构，理顺各级政府公共卫生职责；建立健全公共卫生经费财政保障制度；深化专业公共卫生机构改革等。另一方面，要深化公共卫生体系变革。着力解决公共卫生，尤其是重大疫情防控在体制机制方面的不足；着力深化相关改革，加大公共卫生领域投入力度，提升公共卫生领域的供给质量。

二 以统一、高效为目标加快深化疾控体系改革

目前，我国初步建立了疾控机构、医院、基层医疗卫生机构分工协作、上下联动的重大疾病防、治、管服务体系，但结构不合理、体制机制不健全的矛盾仍然比较突出。比如，各级疾控中心难

以有效发挥疾病防控作用；缺乏有效运行的财力保障；人力资源普遍不足、结构不合理等。从这次抗击新冠肺炎疫情的实践看，以统一、高效为目标加快推进疾控体系改革，成为我国改革完善公共卫生体系的重要任务。

疾病预防控制是公共卫生工作的基本内容，关系人民群众健康，造福千家万户，是保障国家社会稳定、维护经济持续发展的重要方面。加快推进疾控体系改革，首先，要把疾病预防控制工作明确为政府应优先保障的基本公共服务，重新界定各级疾控中心的机构性质。其次，要健全公共卫生应急管理体系。比如，改革和完善疫情预警信息发布机制，不断提高突发事件的应对能力。再次，要创新疾控体系运行机制。完善重大疫情防控体制机制，建立多部门联合协作的疾病防控工作模式。最后，要健全疾控体系的财政投入保障机制。此外，还可考虑实施疾控体系特殊的人才政策，加大疾控专业技术人员比例，充分调动广大疾控专业技术人员的积极性、主动性和创造性。

三 以公益性、专业性为导向深化公立医院改革

公立医院是我国公共卫生与基本医疗的中坚力量，是实现健康中国战略目标的重要专业技术主体。在此次抗击疫情中，"白衣战士"展现了救死扶伤、医者仁心的崇高精神。为此，强化公立医院在公共卫生中的重要职责，以公益性、专业性为导向深化公立医院改革，至关重要。

改革开放后，我国公立医院历经多轮改革。党的十八大以来，公立医院改革与基层医疗卫生体制改革、医药体制改革和医疗保险保障制度改革有机衔接，通过健全城乡医疗基本保障等制度，公立医院改革在强化基本医疗卫生服务上取得突破性进展。当然也要看到，目前公立医院履行公共卫生职责还面临着一系列制度性"瓶颈"，为此，要加大力度，以强化公益性、专业性为导向深化公立

医院改革。一是通过完善公共卫生科室、增加公共卫生资源投入，强化公立医院的公共卫生职能。二是强化突发公共卫生事件应急机制的健全和完善。比如，公立医院应健全突发公共卫生事件应急响应机制，制定配套应急预案，定期模拟演练，并对医务人员进行专项培训，以提高全员应急意识和应急能力。三是完善对公立医院履行公共卫生职能的补偿机制。建议健全财政补偿机制，确定补偿标准及补偿方式，制定完善的补偿政策；完善各级医院公共卫生服务专项评价考核机制，由第三方进行绩效评估，考核结果与财政补偿标准挂钩。此外，还要以专业化为导向加快优化公立医院治理结构。

四 以增加投入为重点提高公共卫生领域供给质量

从抗击新冠肺炎疫情的实践看，公共卫生领域的投入尚不适应实际需求，这是我国公共卫生体系的重要短板之一。建设现代化的公共卫生体系，仍需大幅增加公共卫生财政投入，进一步加快公共卫生基础设施建设，提高公共卫生领域的供给质量。

在这一过程中，一是要加大卫生经费投入。通过扩大财政卫生经费支出等措施，争取到"十四五"末，相关费用占 GDP 的比例达到 10% 左右。二是要扩大公共卫生领域的财政投入，保障疾控体系和基层公共卫生体系正常运转的资金支持。三是要推动公共卫生支出向农村和落后地区倾斜，由此缩小城乡和地区间基本公共卫生服务的差距，加快基本公共卫生服务均等化进程。

五 以"大卫生、大健康"为导向强化政府公共卫生管理职能

服务型政府是现代国家治理的一个重要标志，建设服务型政府也是国家治理现代化的一项基本要求。这些年来，我国深入推进服务型政府建设。在公共卫生方面，通过扩大公共卫生投入，推动形成公共卫生体系，建立公共卫生管理体制框架，不断完善公共卫生法律法规体系，政府公共卫生职能不断加强。但也要看到，比照

"健康中国"战略的目标要求,我们在这方面仍有很多不足。特别是此次抗击新冠肺炎疫情实践也暴露出了某些短板和薄弱环节。对此,我们要冷静思考、辩证分析,既要立足当前,更要着眼长远,抓紧补短板、堵漏洞、强弱项,把该完善的完善好,该建立的建立好,该落实的落实好,以"大卫生、大健康"为导向强化政府公共卫生管理职能。

当前和今后一个时期,我们要强化顶层设计,适应全生命周期健康管理服务的要求,建立完善功能互补、协作密切、权责清晰的公共卫生管理体制;要坚持于法有据,明确公共卫生领域各级政府的法定支出责任,理顺公共卫生领域的中央与地方权责分工。此外,还要完善政府购买基本公共卫生服务的机制,充分发挥社会力量的作用。

当前,我国疫情防控形势持续向好、生产生活秩序加快恢复的态势不断巩固和拓展,统筹推进疫情防控和经济社会发展工作取得积极成效。统筹抓好疫情防控和经济社会发展重点工作,实现高质量发展,要坚持人民健康至上;实施健康中国战略,更要把公共卫生体系改革摆在重要位置。在努力打赢疫情防控的人民战争、总体战、阻击战的同时,更应深刻反思,从长计议,以更大的决心和魄力化解公共卫生治理中的顽瘴痼疾,从而在这场大考中加快改革公共卫生体系,加快完善重大疫情防控体制机制,健全国家公共卫生应急管理体系,为建设"健康中国"提供重要保障。

应对疫情冲击重在加快产业结构调整*

（2020 年 3 月）

新冠肺炎疫情在全球蔓延对各国产业发展带来明显冲击和严峻挑战。当前，我国经济转型与经济结构调整正处于重要阶段，经济发展的阶段性特征比较突出，疫情对产业发展的冲击，加大了产业结构调整的压力。

一 疫情对经济增长的冲击可能是短期的，但对产业结构的影响将是长期的

（一）疫情对产业发展的供给和需求产生双重冲击

疫情的全球大流行对正常的世界经济循环造成冲击，所产生的短期效应已超越以往任何一种内生性的、扰动性的冲击。例如，疫情严重冲击产业发展的供应链，造成一段时间内产品、服务或生产要素的供给减少甚至中断。另外，疫情严重冲击消费需求，2020 年 1—2 月我国社会消费品零售总额下降 20.5%。[①] 应当说，疫情导致产业链的暂时中断和市场需求的短期抑制，对短期经济增长的冲击是相当严重的。虽然不同机构对 2020 年全球经济增长预测不同，但均大幅下调了增长预期。

---

* 在"疫情冲击下的产业发展"专家网络座谈会上的讲话，2020 年 3 月 25 日，海口；载于《中改院简报》第 1325 期，2020 年 3 月。

① 《国家统计局公布数据》，国家统计局网站，2020 年 3 月 16 日。

(二) 疫情给产业发展带来巨大的结构性压力

一方面,传统产业在疫情中受到严重冲击。如2020年1—2月,我国餐饮收入同比下降43.1%。[①] 另一方面,疫情催生和促进了某些新型产业和新型业态的发展。2月份,爱奇艺、芒果TV和腾讯视频会员数量环比分别增长了1079%、708%和319%。[②] 再例如,云娱乐、云直播、云看展等新业态用户高涨,各地博物馆推出了2000余项网上展览,春节期间总浏览量超过50亿人次,众多5A级景区开辟了线上游览功能。[③] 总体上看,疫情加快了相关行业从线下向线上的转移进程。需要高度关注的是,由于经济下行等因素叠加,疫情对产业结构调整的冲击更为深刻、更为严重,某些结构性矛盾有可能进一步加大。

(三) 将短期经济政策支持与中长期结构调整有机结合

应对疫情冲击,要以稳增长、调结构为指向,重视具有基础性、先导性、战略性、引领性的基础设施和产业发展。第一,坚持底线思维,稳定和保障基本生产秩序和基本生活相关产业的正常运行,如吃穿、医疗、防护物资、住行等。第二,大力发展现代公共服务业尤其是健康医疗服务业,规划建设重大公共卫生基础设施,以带动相关产业发展。第三,促进信息通信、线上教育、智慧物流等依托于互联网的数字产业发展。

二 全球供给链重塑对产业发展将带来严重冲击,但对我国基于内需的产业结构调整会形成重大推动力

(一) 产业结构调整要高度关注疫情对全球供给链的严重冲击以及带来的产业安全隐患

在经济全球化形势复杂变化的特定背景下,上下游产业链、产

[①] 《国家统计局公布数据》,国家统计局网站,2020年3月16日。
[②] 《返利网数据》,返利网,2020年2月16日。
[③] 《提振消费信心 新业态加把劲》,《经济日报》2020年3月19日。

业链各环节间的联系日益增强。2017 年，我国芯片对外依存度达到 70.67%[1]，大豆对外依存度超过 80%[2]；2018 年，我国石油对外依存度达 72%，天然气对外依存度为 43%[3]。疫情严重冲击经济全球化，重大风险隐患之一是加大了全球供应链的脆弱性。有的发达国家力图重建已放弃的某些产业，如最近日本政府要求其海外制造企业回迁本国；美加墨新贸易协定（USMCA）试图通过税收优惠等措施，把三国制造的汽车零部件比例提高到 75%。应对疫情冲击下的产业链变局，有效防范全球产业链切割和供应链节点的重新布局可能带来的风险，已经成为我国产业结构调整的重大任务。

（二）产业结构调整要以内需为导向，与经济转型升级的中长期趋势相适应

应当说，尽管受疫情严重冲击，我国经济长期向好的基本面没有改变，经济韧性强、潜力大、回旋余地大等特征突出。目前，我国工业化、信息化、城镇化和农业现代化仍在持续较快推进。在产业结构上，2018 年新产业、新业态、新商业模式等"三新"产业占比为 16.1%[4]，预计"十四五"将会有一个比较明显的增长。未来 10 年左右，我国的消费结构、产业结构和城乡结构还有 10—15 个百分点的提升空间。基于内需的产业结构调整，是疫情冲击下产业发展战略的重要选择，是我国经济转型升级的内在需求，是经济基本面仍然看好的最大底气。

（三）基于内需的产业结构调整是产业发展的独特优势

稳增长最重要的是稳内需，这是推动产业结构调整升级的主要着力点。我国拥有超大规模市场优势和内需潜力，面对疫情对产业

---

[1]《我国芯片对外依存度依然很高 "缺人"是最大短板》，中国产业经济网，2019 年 4 月 28 日。
[2]《我国每年粮食进口超亿吨大豆对外依存度超 80%》，《经济日报》2019 年 7 月 15 日。
[3] BP 中国：《BP 世界能源统计年鉴》2019 中文版。
[4] 国家统计局：《中国统计年鉴》，中国统计出版社 2019 年版。

发展的严重冲击，基于扩大内需的产业结构调整具有某些方面的突出优势。例如，2019 年，内需对经济增长贡献率为 89.0%，其中，最终消费支出贡献率为 57.8%。[①] 2019 年我国 GDP 规模接近 100 万亿元，消费率预计为 54%—55%，消费规模为 54 万亿—55 万亿元。到 2025 年，如果消费率进一步提升到 60% 左右，至少还有 25 万亿—30 万亿元的消费增长空间。

三 产业结构调整需要经济政策的刺激，但更需要以结构性改革形成新动力、激发新活力

（一）以竞争政策为基础推动产业结构调整

例如，以竞争政策形成优化营商环境的基础制度，统领和调整其他相关政策。应当说，在这方面还有很大的改进空间。比如，民营经济贡献了 60% 以上的国内生产总值，但民营企业获得的融资仅占企业融资总额的 20%，且融资成本高于国有企业 1.5—2.5 个百分点。[②] 这就需要在服务业为重点的领域强化竞争政策的基础性地位，用市场的活力激发服务业发展的潜力，用产业结构调整破解某些服务型消费"有需求、缺供给"的突出矛盾。

（二）以深化供给侧结构性改革形成产业结构调整的新动力

第一，鼓励创新创业，推动中小企业发展。在疫情冲击下，对中小企业采取特殊扶持政策极为重要。与此同时，更需要加快优化制度环境，降低制度性交易成本，以激发中小企业发展的活力，释放创新创业的潜力。适应信息化的大趋势，尤其需要加快推进数字化进程，加快形成有利于创新创业的数字化发展环境。第二，加快推进以土地等为重点的要素市场化改革。有研究表明，农村承包耕

[①]《国家统计局公布数据》，国家统计局网站，2020 年 3 月 16 日。
[②] 中国人民大学课题组：《改革开放新征程中的中国宏观经济》2018 年 11 月。

地流转每年将撬动 1.3 万亿元资金。[①] 如果建立城乡统一的建设用地市场，农村建设用地可能释放上百万亿元的资金需求。农村宅基地是一块巨大的"沉睡资产"，在宅基地等重大制度改革上实质性突破，将加快盘活这块资产，显著提升资产配置效率，加快农村产业发展。为此，要真正落实农民土地财产权，在严格土地规划和严格用途管制下，尽快建立城乡统一的土地产权市场交易制度。

（三）以推动市场开放增强产业结构调整的内在动力

例如，面对疫情对服务业的巨大冲击，要加快推动服务业市场开放进程，尽快打破服务业市场的行政垄断与市场垄断，全面放开竞争性领域服务市场价格，尽快形成统一开放、公平竞争的市场环境。这些年来，由于服务业领域向社会资本开放进程加快，服务业领域的投资规模不断扩大。2012—2018 年，服务业固定资产投资（不含农户）由 19.8 万亿元增长到 37.5 万亿元，服务业固定资产投资占全社会固定资产投资的比重由 54.3% 提高到 59%。[②] 如果加大服务业市场的开放力度，服务业领域的投资规模将会进一步扩大。

[①] 《三中全会将激活 15 亿亩农地　每年或撬动 1.3 万亿资金》，《中国经济周刊》2019 年 11 月 27 日。

[②] 国家统计局：《中国统计年鉴》，中国统计出版社 2013—2019 年版。

以人民健康至上的理念推进公共卫生治理体系变革[*]

（2020年4月）

习近平总书记在湖北省考察新冠肺炎疫情防控工作时强调："这次新冠肺炎疫情防控，是对治理体系和治理能力的一次大考。"此次新冠肺炎疫情，不仅暴露出我国在重大疫情防控体制机制、公共卫生应急管理体系等方面存在明显短板，更暴露出我国应对重大公共卫生事件的治理理念和治理举措还存在多方面问题。以人民健康至上的理念推进以疾控为重点的公共卫生治理体系变革，成为我国经济社会发展与全面深化改革的重大任务之一。

一 推进以人民健康为中心的公共卫生体系变革

从抗击新冠肺炎疫情的情况来看，我国公共卫生体系建设存在多方面的突出矛盾。例如，应对突发性公共卫生危机的治理理念、治理体系存在多方面短板；公共卫生领域队伍建设不完善等。推进以人民健康为中心的公共卫生体系变革，成为我国走向现代化进程中亟须解决的重大课题。

---

[*] 本文载于《行政管理改革》2020年第4期。

(一) 我国已初步建立覆盖城乡的公共卫生体系

(1) 公共卫生体系以促进国民健康为基本目标。20世纪50年代，世界卫生组织将"公共卫生"定义为"预防疾病、延长生命、促进生理和心理健康的学科、制度和社会行动"。我国公共卫生体系主要是以预防控制疾病、减少疾病发生、维护和促进国民健康为共同目标，以政府公共卫生监管部门、专业公共卫生机构、承担公共卫生医防整合法定责任的医疗机构和城乡基层医疗卫生机构为主体构成的工作体系和协作网络。

(2) 新中国成立以来的公共卫生体系建设历程。自新中国成立至20世纪70年代末，我国初步建立起覆盖县、乡、村三级医疗预防保健网的公共卫生体系。从20世纪80年代后期到爆发SARS危机的2003年，由于过于偏重经济效益，医疗卫生体制改革的核心思想是"放权让利"和扩大医院自主权。虽然缓解了医疗服务机构经费不足的压力，提高了医疗服务机构的自我发展能力，但客观上使"医疗为中心"的倾向得到强化，政府公共卫生服务职能明显弱化。2003年SARS危机以后，我国加大了公共卫生体系建设投入，初步建立了"国家—省—市—县"四级以疾病预防控制为龙头的专业公共卫生工作体系、卫生监督体系和城乡基层公共卫生体系。党的十八大以来，随着"健康中国"目标的提出和战略规划实施，我国公共卫生体系开始从"以治病为中心"向"以人民健康为中心"转变，突出强调"预防为主、关口前移、资源下沉、全方位全周期维护和保障人民健康"。

(3) 基本形成覆盖城乡的公共卫生体系框架。经过多年努力，我国基本形成以疾控体系为龙头，以公共卫生监管部门、专业公共卫生机构、承担医防整合法定责任的医疗服务机构和城乡基层医疗卫生机构为主体，以财政经费保障体系为支撑，覆盖城乡的公共卫生体系。截至2018年年末，我国有3443个疾病预防控制中心，

2949个卫生监督机构，3080个妇幼保健机构，34997个城镇社区卫生服务中心（站），36461个乡镇卫生院；54.2万个行政村共设立村卫生室62.2万个，村卫生室人员达到144.1万人。

（二）公共卫生体系仍存在一些结构性、制度性的突出矛盾

（1）公共卫生应急管理体系仍然比较薄弱。从新冠肺炎疫情暴发与应对来看，现行公共卫生体系的突发公共卫生事件预警能力、应对能力和处置能力等方面存在短板。例如，抗击疫情初期，医护人员所急需的防护服、口罩等出现严重短缺，反映出公共卫生基本应急物资储备体系不健全。

（2）公共卫生管理体制和运行机制还不完善。虽然公共卫生体系"四梁八柱"的基本制度框架已经建立，但其管理碎片化、资源分散化的矛盾还相当突出。例如，公共卫生资源分散在公共卫生监管部门、专业公共卫生机构、各类医疗服务机构等部门，难以有效整合；特别是在发生突发公共卫生事件时，难以迅速形成强大合力。

（3）"重医轻卫""重医轻防"的倾向还比较突出。医疗卫生领域中财政资源、人才资源和基础设施等资源配置，存在"重医轻卫""重医轻防"的倾向。例如，疾控体系建设投入"财神跟着瘟神走"的特点还比较突出。专业公共卫生人员不足、基层公共卫生队伍不稳定的矛盾比较突出，并直接影响到传染病防控能力。

（4）公共卫生法律体系不健全。目前，我国公共卫生领域有13部法律，但主要侧重微观技术层面，部门立法和管理型立法特征明显，立法碎片化问题突出。

（三）以人民健康为中心推进公共卫生体系变革

（1）确立国家公共卫生安全战略、提升公共卫生体系的战略定位。国务院2019年7月印发的《关于实施健康中国行动的意见》和《健康中国行动（2019—2030年）》，都强调坚持以人民为中心

的健康发展思想，牢固树立"大卫生、大健康"理念，坚持预防为主、防治结合的原则。把这些要求落到实处，需要系统总结此次疫情应对处置的经验教训，以确立国家公共卫生安全战略、提升公共卫生体系的战略定位为重点，对健康中国行动规划做出修改，把公共卫生安全战略、疾控体系改革、"平战结合"等战略安排纳入其中。

2020年是"十四五"规划谋篇布局之年，建议把完善公共卫生体系、应对公共卫生危机作为制定"十四五"规划纲要的重大课题，制定出台《公共卫生体系建设"十四五"规划》。

（2）以"健康中国2030"为目标，全面提升我国公共卫生体系的水平和质量。从国际比较看，美国有3亿多人口，卫生人员总数达到1900万；我国有14亿人口，到2018年年末卫生人员总数仅为1230万人。进入发展新阶段，在广大社会成员的卫生健康需求全面快速增长的时代背景下，建设公共卫生体系、扩大公共卫生基础设施建设、提高公共卫生发展水平有巨大的需求，仍有巨大的发展空间。

（3）理顺公共卫生体制，提升公共卫生体系的效能。例如，整合各种公共卫生议事协调机构，设立自上而下的政府公共卫生委员会，理顺各级政府公共卫生职责；建立健全公共卫生经费财政保障制度；深化专业公共卫生机构改革，以"公益性和营利性分离"为原则，重构专业公共卫生组织网络；改革完善公共卫生人才培养体系与人才管理体制；构建老龄化社会中公共卫生的社会保险制度支撑等。

（4）深化公共卫生体系变革。着力解决公共卫生，尤其是重大疫情防控的体制机制缺陷；着力深化基层公共卫生体系、公立医院等方面的改革；着力加大公共卫生领域的政府投资，提升公共卫生领域的供给质量。

（5）组建以"白衣战士"为主体的公共卫生应急队伍。按照"平战结合"的安排，从财政投入、基础设施建设、人才队伍、教育培训等多个方面加快公共卫生应急队伍建设。

（6）充分发挥中医药在公共卫生体系建设中的独特优势。习近平总书记在2016年的全国卫生与健康大会上明确提出："要着力推动中医药振兴发展，坚持中西医并重，推动中医药和西医药相互补充、协调发展，努力实现中医药健康养生文化的创造性转化、创新性发展。"《"健康中国2030"规划纲要》对充分发挥中医药独特优势作出了部署。落实这个战略部署，要把发展中医药作为国家公共卫生体系建设的重要任务，从提高中医药服务能力、发展中医药养生保健治未病服务、推进中医药继承创新等方面，加大投入力度，促进中医药发展，使中医药在"健康中国"建设中发挥重要作用。

二 以统一、高效为目标加快推进疾控体系变革

自2003年SARS疫情以来，我国加快推进疾控体系建设，初步建立了疾控机构、医院、基层医疗卫生机构分工协作、上下联动的重大疾病防、治、管服务体系。例如，建成全球最大、"横向到边、纵向到底"、具备72小时内检测300余种病原体能力的传染病疫情和突发公共卫生事件网络直报系统。由此，有专家估计，我国不大可能再发生类似SARS的疫情，但新冠肺炎疫情的暴发表明这一判断过于乐观。加快推进疾病防控体系变革，突出疾控中心在疾病预防控制和突发公共卫生事件中的重要作用，成为我国改革完善公共卫生体系的核心任务。

（一）建立起自上而下的疾控体系

（1）疾病预防控制体系建设的起步。我国于1949年成立中央防疫委员会及其下设的防疫总队；到1965年，全国形成了覆盖城乡的卫生防疫体系。

（2）疾病预防控制网络的建立。1978年后，我国相继颁布

《中华人民共和国急性传染病管理条例》《全国卫生防疫站工作条例》。1982年卫生部成立直属的预防医学中心，1985年成立中国预防医学中心，2002年组建成立中国疾病预防控制中心（CDC）。随后，全国省级、市级和县级疾控中心相继成立，形成了全国疾控体系。

（3）疾病预防控制体系建设的提速。2003年后，各级政府加大财力投入和政策倾斜，进一步强化突发公共卫生事件应急管理体系、疾病预防控制体系和卫生执法监督体系建设。目前，我国初步建成了以"国家—省—市—县"四级疾控中心为基础的疾病预防控制体系，基本形成由各级疾控中心、其他专业公共卫生机构、承担公共卫生医防整合法定责任的医疗机构和基层医疗卫生机构组成的、覆盖城乡的全国疾病预防控制网络。

（二）疾病预防控制体系结构不合理、体制机制不健全的矛盾突出

（1）各级疾控中心的疾病防控作用还有很大提升空间。我国各级疾控中心是以疾病信息收集分析、疾病检测、疾病防治研究为主要业务的公益性事业单位。一方面，作为公益性事业单位，疾控中心开展具有行政行为特征的疾控工作时，尤其是面对新冠肺炎疫情这样的重大公共卫生事件，虽然可以部分发挥"侦察兵"和"哨兵"作用，但仍然受到很多非专业因素的干扰从而可能出现失灵，同时其预警信息对行政决策的影响仍存在很大变数。另一方面，各级疾控中心既无权也无力协调共同承担疾病预防控制职责的其他同级专业公共卫生机构，也难以协调同级医疗机构。

（2）疾控体系可持续运行的财力保障机制不健全。SARS危机后，各级财政对疾控体系进行了大规模投入，但尚未转化成为制度性安排。2002—2012年，政府对疾控中心的财政投入占同级财政支出的比例呈现下降趋势，从1.27‰下降到1.05‰。同期，我国疾

控人均人员经费增长290.6%，人均公用经费增长190.8%，不仅低于同期全国财政支出增长幅度（471.1%），而且也低于人均GDP的增长幅度（308.8%）；距离疾控中心全额投入的标准仍有31.1%的缺口。财政投入保障不足直接影响到疾控职能的履行，研究显示，疾控职责总体完成度只有76.6%。

（3）人力资源总量普遍不足、结构不合理的矛盾突出。2014年，中央编办等部门印发的《关于印发疾病预防控制中心机构编制标准指导意见的通知》提出，疾病预防控制中心的人员编制原则上按照各省、自治区、直辖市常住人口（以第六次全国人口普查数据为准）万分之1.75的标准核定。根据这一标准，我国四级疾控中心需配备23.5万人。但2018年，我国疾控中心系统的人员只有18.8万人，而且还在不断流失。与2017年相比，2018年我国疾控中心系统人员数净减少了0.3万人。

（三）建立统一、高效的疾控体系

（1）将强化疾控体系作为政府保障基本公共服务的重要职能。疾控体系不应该仅成为以科学研究、监测评价、技术培训、咨询建议等为主要职责的科研机构、监测机构，更应该成为保障全社会公共卫生安全的"警察局"。在公共卫生危机突发和扩散时，疾控体系能够迅速了解信息、检测、上报并有权果断采取措施。为此，要把疾病预防控制明确为政府优先保障的基本公共服务，把疾控工作明确为行政行为，重新界定各级疾控中心的机构性质，创新管理体制机制，赋予充分的法定权力，使其在一定情境和事项范围能够管理、组织和协调其他专业公共卫生机构和医疗机构。

（2）强化疾病疫情预防应急能力建设。改革和完善疫情预警信息发布机制，加强应急机制、应急队伍、应急储备、应急救治基础设施建设，不断完善公共卫生危机应急预案体系、应急联动体系、信息报告体系，不断提高突发公共卫生事件的应对能力。

（3）创新疾控体系运行机制。一是建立完善专业公共卫生机构、综合医院和专科医院、基层医疗卫生机构"三位一体"的疾病防控机制，建立信息共享、互联互通机制，推进慢性病的防、治、管整体发展，强化医防结合。二是建立多部门联合协作的疾病防控工作模式，探索医疗机构等多部门与疾控机构有效结合、防治疾病的工作机制和工作模式，加强疾病联防联控。三是加快探索建立基本公共卫生服务项目、分级诊疗、家庭医生签约服务与慢性病防治相融合的新型疾病防控体系。

（4）健全疾控体系的财政投入保障机制。提升政府财政对各级疾控中心基础设施建设和疾控人员待遇的保障程度；显著缩小疾控与医疗服务专业技术人员之间的待遇鸿沟；拓宽疾控人员晋升通道，显著提高各级疾控中心对高素质人才的吸引力。

（5）实施疾控体系特殊的人才政策。加大疾控专业技术人员比例，及时调整人才结构，补齐基层疾病控制专业人员缺口；在各级疾控中心建立有别于一般行政单位公务员和事业单位的薪酬制度，建立薪酬标准不低于同级医疗机构人员平均水平的激励机制，出台经费支持等相关政策，探索建立符合疾控行业特点的薪酬和绩效工资等制度，充分调动广大疾控专业技术人员的积极性、主动性和创造性，明显提升疾控人员的专业技术能力。

三 以公益性、专业性为导向深化公立医院改革

面对抗击新冠肺炎疫情的严峻考验，"白衣战士"展现了救死扶伤、医者仁心的崇高精神。公立医院是我国公共卫生与基本医疗的中坚力量，是实现"健康中国2030"目标重要的专业技术主体。强化公立医院在公共卫生服务供给方面的重要职责，要以公益性、专业性为导向深化公立医院改革。

（一）公立医院改革在强化基本医疗卫生服务上取得重要进展

（1）改革开放后公立医院开展了多轮改革。第一阶段是1979

年至1998年，主要特征是推行医疗服务的社会化、市场化。第二阶段是1998年至2003年，主要特征是卫生机构实行并完善院（所、站）长负责制，进一步扩大医疗机构的经营管理自主权，建立和完善任期目标责任制，明确院（站、所）长的责、权、利。第三阶段是2003年的SARS危机至今，主要特征是提升公立医院的公益性，围绕集中解决"看病难、看病贵"推动"三医联动"改革，公立医院改革进入"快车道"。

（2）公立医院在强化基本医疗卫生服务供给上取得重要进展。党的十八大以来，公立医院改革与基层医疗卫生体制改革、医药体制改革和医疗保险保障制度改革有机衔接，健全城乡医疗基本保障，取消药品加成等制度，实施进口抗癌药零关税等政策，公立医院在强化基本医疗服务供给上取得突破性进展并发挥了重要作用。

（3）公立医院承担诸多公共卫生职责。在公共卫生领域，公立医院与其他各类各级医疗服务机构处在传染病及部分突发公共卫生事件早发现、早报告、早处置的前沿阵地。除了保障基本医疗服务外，以公立医院为主体的各类医疗服务机构还承担着突发公共卫生应急、传染病防治、妇幼保健、慢性非传染性疾病管理、健康教育与促进等诸多公共卫生职责。

（二）公立医院履行公共卫生职责面临着制度性"瓶颈"

（1）公立医院履行公共卫生法定职责的补偿机制不健全。政府对公立医院的补偿机制，更多地倾向于医疗服务，而公立医院履行公共卫生职能的补偿机制相对不到位。除了医疗服务，公立医院承担的诸多公共卫生工作，难以创造直接经济效益，经费来源主要是医院自筹，由此导致公立医院"重医轻卫"的严重倾向。调研显示，有的公立医院公共卫生部门的人力配置平均不足4人，其中专业技术人员占比还不到10%。

（2）公立医院的公益性和专业性制度保障不足。例如，在一定时期内，有的公立医院片面强调创收目标，医生开药和开出检查项目越多，收费越高，其个人收入也就越高。这种激励机制调动了医务人员创收的积极性，但导致公立医院的公益性、专业性在一定程度上受到影响。

（3）基本医疗与公共卫生脱节。例如，公立医院临床医学与公共卫生两个体系各自发展而难以有效结合，缺乏有效的沟通与协作，二者之间存在脱节。此外，医疗机构与专业公共卫生机构之间缺乏有效的协调联动机制，难以实现"防"与"治"的有机融合，难以满足广大群众日益增长的公共卫生和健康需求。

（三）以强化公益性、专业性为导向深化公立医院改革

（1）强化公立医院的公共卫生职能。在公立医院管理层面，明确公共卫生与临床医疗的同等地位，完善公共卫生科室，加大公共卫生资源投入力度，健全公立医院履行公共卫生职责的运作机制、评价机制、监督机制，强化公立医院的公共卫生职能。

（2）把公共卫生事件应急作为公立医院重要的公共卫生职能。公立医院要建立健全突发公共卫生事件应急响应机制，建立完整常备的突发公共卫生事件应急指挥机构，制定配套应急预案，定期模拟演练，并对医务人员进行专项培训，以提高全员应急意识和应急能力。

（3）完善对公立医院履行公共卫生职能的补偿机制。进一步明确公立医院承担公共卫生职责的范围、实施标准。建立健全财政补偿机制，确定补偿标准及补偿方式，把公共卫生服务补偿纳入政府财政支出的年度预算，制定完善的补偿政策；完善各级医院公共卫生服务专项评价考核机制，由第三方进行绩效评估，考核结果与财政补偿标准挂钩。

（4）以专业化为导向加快优化公立医院治理结构。例如，以专业化为导向改革公立医院绩效管理制度，明确把专业性作为医务人

员绩效考核的主要硬约束指标。

四 加大公共卫生投入力度，提高公共卫生供给质量

从抗击新冠肺炎疫情的实践看，公共卫生的建设质量远不适应实际需求，成为我国公共卫生体系的重要短板之一。建设现代化的公共卫生体系，需要大幅增加公共卫生财政投入，进一步加快公共卫生基础设施建设，由此明显提高公共卫生领域相关服务的供给质量。

（一）医疗卫生投入不断加大

（1）医疗卫生总费用快速增长。2001—2018年，我国医疗卫生总费用从2001年的5025.93亿元增长至2018年的59121.90亿元，年复合增长率达15.60%。2018年，我国人均卫生费用达4148.1元。

（2）医疗卫生总费用占GDP的比重有较大提升。2001—2018年，我国医疗卫生总费用占GDP的比重由2001年的4.53%增长至2018年的6.57%，保持上升趋势。

（3）政府卫生支出加大，个人卫生支出占比明显下降。2001年，政府卫生支出占卫生总费用的比重为15.93%，个人卫生支出占卫生总费用比重为59.97%。随着财政投入的不断加大和医保体系的不断完善，到2018年，我国政府卫生支出占卫生总费用的比重提升到27.74%，提升了约11个百分点；个人卫生支出占卫生总费用比重下降到28.61%，下降了约30个百分点。

（4）公共卫生项目人均经费补助标准不断提高。国家及地方财政补助力度不断加大，服务覆盖面不断扩展，逐步形成了包括14大类55项服务的综合性服务包。国家基本公共卫生服务项目的人均经费补助标准逐年提高。从2017年的50元逐步提高至2018年的

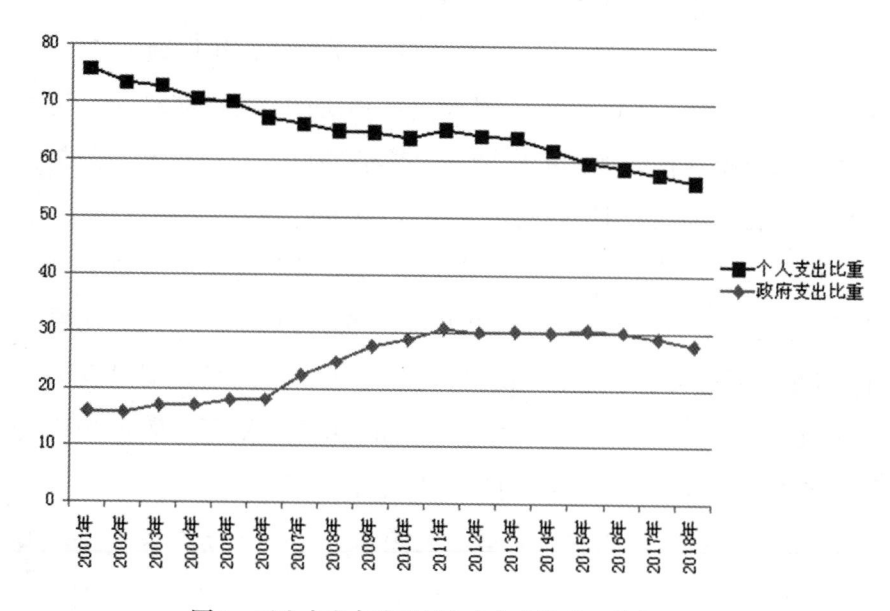

图1 卫生支出中政府与个人支出比重（单位:%）

资料来源：《中国统计年鉴2019》。

55元、2019年的69元①。

（二）政府公共卫生投入与"健康中国"建设目标仍有较大差距

（1）卫生筹资总体水平偏低。世界银行数据显示，2014年世界卫生费用支出占GDP比重平均为9.9%。其中，美国达到17.1%。瑞典、瑞士、法国和德国占比分别达到11.9%、11.7%、11.5%和11.3%。在亚洲，日本和韩国的卫生费用占GDP比重为10.2%和7.4%。"金砖国家"中的巴西和印度，卫生费用占GDP比重分别达到9%和8.9%。2018年，我国卫生总费用占GDP的百分比为6.57%，低于世界平均水平。从国别比较看，不仅低于欧美

---

① 注：参见国卫基层发〔2017〕46号、国卫基层发〔2018〕18号、国卫基层发〔2019〕52号。

国家,也低于亚洲国家和"金砖国家"。

(2)卫生经费的支出结构不合理。2013年,我国政府卫生支出中65.19%用于疾病治疗,用于疾病预防的仅占14.59%,而直接用于重点疾病预防控制的经费(基本公共卫生服务和重大公共卫生服务项目),仅占当年政府卫生投入总额的7.91%。

(3)专业公共卫生机构获得的经费支持比重偏低。2018年,我国专业公共卫生机构获得的财政补助收入为1243亿元,基层卫生医疗机构获得的财政补贴收入为1977亿元。两者分别只有医疗卫生机构财政补助收入(6065亿元)的20.5%和32.6%。相比之下,各类医院获得的财政补助收入占比高达44.47%。

(三)适应建设"健康中国"的要求,加大政府对公共卫生的投入力度

(1)加大卫生经费投入力度。通过扩大财政卫生经费支出等措施,争取到"十四五"末期,我国卫生总费用占GDP的比例达到10%左右,接近2014年世界平均水平。

(2)扩大公共卫生领域的财政投入。调整财政支持结构,进一步提升公共卫生财政投入的比重,保障疾控体系和基层公共卫生体系正常运转的资金支持。

(3)公共卫生支出向农村和落后地区倾斜。缩小城乡和地区间基本公共卫生服务的差距,加快基本公共卫生服务均等化进程。

五 推进以人民健康至上的政府公共卫生职能转变

自2003年SARS危机以来,加快建设公共服务型政府成为多方面的共识,政府的公共卫生职能有所加强。《"健康中国2030"规划纲要》提出,要把健康摆在优先发展的战略地位。中央一再要求,把人民群众生命安全和身体健康放在第一位。从实施《"健康中国2030"规划纲要》的要求看,以人民健康至上的政府公共卫生职能履行和公共卫生治理亟待加强。

(一) 政府公共卫生职能不断加强

（1）政府公共卫生职能在多方面强化。一是扩大了公共卫生投入；二是推动形成了公共卫生体系；三是推动形成了公共卫生多元筹资机制；四是建立了公共卫生管理体制框架；五是初步形成了公共卫生法律法规体系。

（2）"健康中国2030"提出公共卫生体系建设目标。《"健康中国2030"规划纲要》提出，到2020年，建立覆盖城乡居民的中国特色基本医疗卫生制度，健康素养水平持续提高，健康服务体系完善高效，人人享有基本医疗卫生服务和基本体育健身服务，基本形成内涵丰富、结构合理的健康产业体系，主要健康指标居于中高收入国家前列。到2030年，主要健康指标进入高收入国家行列，建立起覆盖全国、较为完善的紧急医学救援网络，突发事件卫生应急处置能力和紧急医学救援能力达到发达国家水平。

（3）把人民健康摆在优先发展的战略地位。《"健康中国2030"规划纲要》提出，把健康摆在优先发展的战略地位，立足国情，将促进健康的理念融入公共政策制定实施的全过程，加快形成有利于健康的生活方式、生态环境和经济社会发展模式，实现健康与经济社会良性协调发展。这就要求形成覆盖全生命周期、针对生命不同阶段的主要健康问题及主要影响因素的医疗卫生服务体系。

(二) 比照"健康中国2030"目标要求，政府公共卫生职能的履行远不到位

（1）难以适应全面快速增长的公共卫生需求。一是公共卫生领域存在较多的历史欠账，某些传统传染性疾病和公共卫生问题尚未得到有效控制；二是在新发传染病出现时，突发公共卫生事件应急能力不强仍是突出短板；三是随着我国加速进入老龄化社会，慢性病出现"井喷"状态，但尚未形成有效应对慢性病的公共卫生管理体系。

（2）政府卫生支出占比仍然偏低。世界卫生组织《2010年世界卫生报告》中提倡的卫生支出目标为：广义政府卫生支出占GDP的比重不低于5%，个人卫生现金支出占全国卫生总支出的比重为15%—20%。2018年我国政府卫生支出占GDP比重仅约为1.82%；个人现金卫生支出占卫生总费用的比重高达28.61%。

（3）"大卫生、大健康"的公共卫生管理框架还不完善。由于缺乏顶层设计，国民全生命周期健康管理服务的框架尚未形成。一是公共卫生领域的中央—地方关系尚未理顺，公共卫生服务均等化尚未实现；二是公共卫生各专业机构高度组织化、属地化，医疗机构承担公共卫生职能定位不明确，公共卫生机构、医疗机构分工协作机制不健全；三是疾病预防控制网底不牢、职责不清；四是基层医疗卫生机构无法获取应有的公共卫生资源等。

（三）以"大卫生、大健康"为导向创新政府公共卫生管理体制

（1）强化"大卫生、大健康"公共卫生管理体制的顶层设计。适应全生命周期健康管理服务的要求，重新定位政府公共卫生职责和专业公共卫生机构、综合医院和专科医院、基层医疗卫生机构的职责，将慢性病纳入公共卫生管理框架，建立完善功能互补、协作密切、权责清晰的公共卫生管理体制，实现防治结合。

（2）实现政府履行公共卫生职责法定化。第一，以立法的形式明确界定政府公共卫生职能，确保政府履行公共卫生服务职能于法有据。第二，明确公共卫生领域的各级政府的法定支出责任，理顺公共卫生领域的中央地方权责分工。第三，依法规范公共卫生行政部门、公共卫生专业机构和公立医院的职责。

（3）完善政府购买公共卫生服务的机制，充分发挥社会力量的作用。注重提升公共卫生投入的效率，制定国家基本公共卫生服务项目成本或标准价格；完善政府采购，形成包括公立医院、民营医

院、公共卫生机构等在内的多元供给主体；形成充分调动各方面积极性、以结果为导向的公共卫生服务供给体系。

当前，我国正处于抗击新冠肺炎疫情的关键时期，更处于迈向高质量发展的重要历史关口。实现高质量发展，要以人民健康至上为前提；实施"健康中国2030"战略，要把以疾病防控体系为重点的公共卫生体系变革摆在突出位置。在努力打赢抗击新冠肺炎疫情攻坚战的同时，更应深刻反思，将公共卫生体系变革和建设纳入国家"十四五"发展规划纲要，以更大的决心和魄力化解公共卫生治理中的顽瘴痼疾。由此，在疫情防控的治理体系和治理能力大考中加快改革完善适应高质量发展的公共卫生体系、国家重大疫情防控体制机制、国家公共卫生应急管理体系。

以人民健康为中心推进公共卫生体系变革[*]

（2020年8月）

习近平总书记指出："没有全民健康，就没有全面小康。要把人民健康放在优先发展的战略地位。"2020年初，面对新中国成立以来发生的传播速度最快、感染范围最广、防控难度最大的一次重大突发公共卫生事件，我国打响了抗击新冠肺炎疫情的人民战争。作为长期关注我国公共卫生体系改革的中国（海南）改革发展研究院，近期以"人民健康至上"为主题撰写并拟推出三册图书。第一册《人民健康至上——SARS危机催生制度变革》，将2003年研究报告《警钟》予以重新再版，既是回顾历史，也是知鉴未来；第二册《人民健康至上——公共卫生体系变革挑战》，分析研究我国公共卫生体系变革的重要问题；第三册《人民健康至上——抗击疫情：治理体系和治理能力大考》，研究提出应对新冠肺炎疫情中的某些重要问题。现将《人民健康至上——公共卫生体系变革挑战》的绪论摘要编发如下。

2020年初暴发的新冠肺炎疫情，暴露出我国在重大疫情防控体

---

[*] 本文收入《全球"搏疫"与中国策》，中国社会科学出版社2020年版。

制机制、公共卫生应急管理体系等方面存在的明显短板。近年来，我国在公共卫生体系重构等方面取得了重要进展，但从实践看仍然存在某些结构性、制度性的缺陷。以人民健康至上的理念推进以疾控为重点的公共卫生体系变革，成为我国经济社会发展与全面深化改革的重大任务之一。

一 推进以人民健康为中心的公共卫生体系变革

当前，客观判断我国公共卫生体系建设面临着的突出矛盾，推进以人民健康为中心的公共卫生体系变革，是我国走向现代化进程中亟须解决的重大课题。

（一）我国已初步建立覆盖城乡的公共卫生体系

自新中国成立至20世纪70年代末，我国初步建立覆盖县、乡、村三级医疗预防保健网的公共卫生体系。SARS危机后，我国加大对公共卫生体系建设的投入力度。党的十八大以来，随着"健康中国"目标的提出和实施，我国公共卫生体系开始从"以治病为中心"向"以人民健康为中心"转变。经过多年努力，我国建立起以疾控体系为龙头，以公共卫生监管部门、专业公共卫生机构、承担医防整合法定责任的医疗服务机构为主体，覆盖城乡的公共卫生体系。

（二）公共卫生体系仍面临着某些结构性、制度性的突出矛盾

一是我国公共卫生应急管理体系仍然比较薄弱。从抗击新冠肺炎疫情的情况看，现有公共卫生体系对突发公共卫生危机事件的预警能力、应对能力存在短板。二是公共卫生管理体制和运行机制不到位。例如，公共卫生管理碎片化、资源分散化的矛盾比较突出。三是"重医轻卫""重医轻防"的矛盾还比较突出。四是公共卫生法律体系不健全。

（三）以人民健康为中心推进公共卫生体系变革

第一，以"健康中国2030"为目标全面提升我国公共卫生体

系的水平和质量。在广大社会成员的卫生健康需求全面快速增长的时代背景下，建设公共卫生体系、扩大公共卫生基础设施建设、提高公共卫生发展水平仍有巨大空间。第二，理顺公共卫生体制，以体制创新提升公共卫生体系的效能。例如，整合各种公共卫生议事协调机构，设立自上而下的政府公共卫生委员会，理顺各级政府公共卫生职责；建立健全公共卫生经费财政保障制度；深化专业公共卫生机构改革等。第三，深化公共卫生体系变革。着力解决公共卫生，尤其是重大疫情防控的体制机制缺陷；着力深化公共卫生体系、公立医院等方面的改革；着力加大公共卫生领域的政府投资，提升公共卫生领域的供给质量。第四，充分发挥中医药在公共体系建设中的独特优势。把发展中医药作为国家公共卫生体系建设的重要任务，使中医药在"健康中国"建设中发挥重要作用。

二 以统一、高效为目标加快推进疾控体系变革

目前，我国初步建立了疾控机构、医院、基层医疗卫生机构分工协作、上下联动的重大疾病防、治、管服务体系，但结构不合理、体制机制不健全的矛盾仍然比较突出。从这次抗击新冠肺炎疫情的实践看，加快推进疾控体系变革，成为我国改革完善公共卫生体系的核心任务。

（一）建立自上而下的疾控体系

我国于2002年组建成立中国疾病预防控制中心（CDC）。随后，全国省级、市级和县级疾控中心相继成立。2003年后，各级政府进一步强化突发公共卫生事件应急管理体系、疾病预防控制体系和卫生执法监督体系建设。目前，我国初步建成了以"国家—省—市—县"四级疾控中心为基础的疾病预防控制网络。

（二）疾病预防控制体系结构不合理、体制机制不健全的矛盾突出

一是各级疾控中心难以有效发挥疾病防控作用。作为公益性事

业单位，疾控中心开展具有行政行为特征的疾控工作时，尤其是面对新冠肺炎疫情这样的重大公共卫生事件时，难以有效发挥其应当发挥的重要作用；二是缺乏有效运行的财力保障；三是人力资源总量普遍不足、结构不合理。例如，2018年我国疾控人员只有18.8万人，而且还在不断流失，与2017年相比净减少了0.3万人。①

（三）建立统一、高效的疾控体系

第一，确立并强化疾控体系作为政府履行基本公共服务责任主体的重要地位。把疾病预防控制明确为政府优先保障的基本公共服务，把疾控工作明确为行政行为，重新界定各级疾控中心的机构性质。第二，健全公共卫生应急管理体系。例如，改革和完善疫情预警信息发布机制，不断提高突发事件的应对能力。第三，创新疾控体系运行机制。完善重大疫情防控体制机制，建立多部门联合协作的疾病防控工作模式。第四，健全疾控体系的财政投入保障机制。第五，实施疾控体系特殊的人才政策。例如，加大疾控专业技术人员比例，建立有别于一般行政单位公务员和事业单位的薪酬制度等，充分调动广大疾控专业技术人员的积极性、主动性和创造性。

三　以公益性、专业性为导向深化公立医院改革

面对抗击新冠肺炎疫情的严峻考验，"白衣战士"展现了救死扶伤、医者仁心的崇高精神。公立医院是我国公共卫生与基本医疗的中坚力量，是实现"健康中国2030"目标重要的专业技术主体。为此，强化公立医院在公共卫生中的重要职责，以公益性、专业性为导向深化公立医院改革至关重要。

（一）公立医院改革在强化基本医疗卫生服务上取得重要进展

改革开放后，我国公立医院历经多轮改革。党的十八大以来，公立医院改革与基层医疗卫生体制改革、医药体制改革和医疗保险

---

① 国家卫生健康委：《2018年我国卫生健康事业发展统计公报》2019年5月22日。

保障制度改革有机衔接，健全城乡医疗基本保障，取消药品加成等制度，实施进口抗癌药零关税等政策，公立医院在强化基本医疗服务供给上取得突破性进展并发挥了重要作用。此外，除了保障基本医疗服务外，公立医院还承担着突发公共卫生应急、传染病防治等公共卫生职责。

（二）公立医院履行公共卫生职责面临着制度性"瓶颈"

一是公立医院履行公共卫生法定职责的补偿机制不健全。政府对公立医院的补偿机制，更多地倾向于医疗服务，而公立医院履行公共卫生职能的补偿机制相对不到位。二是公立医院的公益性和专业性的制度保障不足。例如，在一定时期内，有的公立医院片面强调创收目标，公益性、专业性在一定程度上受到影响。三是基本医疗与公共卫生脱节。例如，公立医院临床医学与公共卫生两个体系各自发展而难以有效结合，医疗机构与专业公共卫生机构之间缺乏有效的协调联动机制。

（三）以强化公益性、专业性为导向深化公立医院改革

第一，强化公立医院的公共卫生职能。例如，明确公共卫生与临床医疗的同等地位，完善公共卫生科室，加大公共卫生资源投入，强化公立医院的公共卫生职能。第二，将公共卫生事件应急作为公立医院重要的公共卫生职能。例如，公立医院要建立健全突发公共卫生事件应急响应机制，制定配套应急预案，定期模拟演练，并对医务人员进行专项培训，以提高全员应急意识和应急能力。第三，完善对公立医院履行公共卫生职能的补偿机制。建立健全财政补偿机制，确定补偿标准及补偿方式，制定完善的补偿政策；完善各级医院公共卫生服务专项评价考核机制，由第三方进行绩效评估，考核结果与财政补偿标准挂钩。第四，以专业化为导向加快优化公立医院治理结构。例如，以专业化为导向改革公立医院绩效管理制度，明确把专业性作为医务人员绩

效考核的主要硬约束指标。

四　增加公共卫生投入，提高公共卫生领域供给质量

从抗击新冠肺炎疫情的实践看，我国公共卫生体系的重要短板之一，是公共卫生领域的投入远不适应实际需求。尽管2003年SARS危机后我国增大了公共卫生投入，但投入不足、结构不合理的矛盾仍然比较突出。建设现代化的公共卫生体系，仍需要大幅增加公共卫生财政投入，进一步加快公共卫生基础设施建设，由此提高公共卫生领域的供给质量。

（一）政府公共卫生投入与实现"健康中国"目标仍有较大差距

第一，2001—2018年，我国医疗卫生总费用从2001年的5025.93亿元增长至2018年的59121.90亿元，年复合增长率达15.60%。[①] 第二，医疗卫生总费用占GDP的比重有较大提升，由2001年的4.53%增长到2018年的6.57%。[②] 第三，政府卫生支出加大，个人卫生支出占比明显下降。目前的突出问题是，一方面我国卫生筹资总体水平偏低。2018年，我国卫生总费用占GDP的百分比为6.57%，但仍低于世界平均水平。[③] 另一方面卫生经费的支出结构不合理。以2013年为例，我国政府卫生支出中有65.19%用于疾病治疗，用于疾病预防的仅占14.59%，而直接用于重点疾病预防控制的经费，仅占当年政府卫生投入总额的7.91%。[④] 此外，专业公共卫生机构获得的经费支持比重偏低。2018年，我国专业公共卫生机构获得的财政补助收入为1243亿元，基层卫生医疗机构获得的财政补贴收入为1977亿元，分别约占医疗卫生机构财政补

[①] 国家统计局：《中国统计年鉴2019》，中国统计出版社2019年9月版。
[②] 国家统计局：《中国统计年鉴2019》，中国统计出版社2019年9月版。
[③] 国家统计局：《中国统计年鉴2019》，中国统计出版社2019年9月版。
[④] 邓峰、吕菊红、高建民：《推进"健康中国"建设的主要策略分析》，《中国公共卫生管理》2016年第6期。

助收入（6065亿元）的20.5%和32.6%。①

（二）适应"健康中国"的要求，加大政府对公共卫生的投入力度

一是加大卫生经费投入力度。通过扩大财政卫生经费支出等措施，争取到"十四五"末期，我国卫生总费用占GDP的比例达到10%左右。二是扩大公共卫生领域的财政投入，保障疾控体系和基层公共卫生体系正常运转的资金支持。三是公共卫生支出向农村和落后地区倾斜。由此，缩小城乡和地区间基本公共卫生服务的差距，加快基本公共卫生服务均等化进程。

五 推进以人民健康至上的政府公共卫生职能转变

自2003年SARS危机以来，加快建设公共服务型政府成为多方面的共识，政府的公共卫生职能有所加强。但是，无论从此次抗击新冠肺炎疫情的情况看，还是从实施《"健康中国2030"规划纲要》的要求看，政府的公共卫生职能履行仍严重不到位，公共卫生治理亟待加强。

（一）比照"健康中国2030"目标要求，政府的公共卫生职能履行远不到位

SARS危机以来，我国政府公共卫生职能不断加强，一是扩大公共卫生投入；二是推动形成公共卫生体系；三是推动形成公共卫生多元筹资机制；四是推动建立公共卫生管理体制框架；五是初步形成了公共卫生法律法规体系。《"健康中国2030"规划纲要》进一步提出，要把健康摆在优先发展的战略地位。此次抗击新冠肺炎疫情反映出政府履行公共卫生职能仍存在某些突出矛盾。一是难以适应全面快速增长的公共卫生需求。例如，突发公共卫生事件应急能力不强仍是突出短板。二是政府卫生支出占比仍然偏低。2018年

---

① 国家卫生健康委员会：《中国卫生健康统计年鉴2019》，中国协和医科大学出版社2019年9月版。

我国政府卫生支出占 GDP 比重仅约为 1.82%；个人现金卫生支出占卫生总费用的比重达 28.61%。① 三是尚未形成"大卫生、大健康"的公共卫生管理框架。例如，公共卫生领域的中央与地方关系尚未理顺，公共卫生服务均等化尚未实现；公共卫生各专业机构高度组织化、属地化，医疗机构承担公共卫生职能定位不明确，公共卫生机构、医疗机构分工协作机制不健全等。

（二）以"大卫生、大健康"为导向创新政府公共卫生管理体制

第一，强化"大卫生、大健康"公共卫生管理体制的顶层设计。适应全生命周期健康管理服务的要求，建立完善功能互补、协作密切、权责清晰的公共卫生管理体制。第二，实现政府履行公共卫生职责法定化。例如，以立法的形式明确界定政府公共卫生职能，确保政府履行公共卫生职能于法有据；明确公共卫生领域各级政府的法定支出责任，理顺公共卫生领域的中央与地方权责分工。第三，完善政府购买基本公共卫生服务的机制，充分发挥社会力量的作用。

当前，我国正处于抗击新冠肺炎疫情的关键时期，更处于迈向高质量发展的重要历史关口。实现高质量发展，要以人民健康至上为前提；实施"健康中国 2030"战略，更要把以疾病防控体系为重点的公共卫生体系变革摆在突出位置。在努力打赢抗击新冠肺炎疫情攻坚战的同时，更应深刻反思，从长计议，将公共卫生体系变革纳入国家"十四五"发展规划纲要，以更大的决心和魄力化解公共卫生治理中的顽瘴痼疾。由此，在疫情防控的治理体系和治理能力大考中加快改革完善公共卫生体系，加快改革完善国家重大疫情防控体制机制，加快改革完善国家公共卫生应急管理体系。

---

① 国家统计局：《中国统计年鉴 2019》，中国统计出版社 2019 年版。

推进以人民健康至上的公共卫生治理现代化*

（2020 年 9 月）

习近平总书记指出，这次抗击新冠肺炎疫情是对国家治理体系和治理能力现代化的一次大考。"大考"在什么地方？面对百年不遇的疫情，我们能不能赢得大考？习近平总书记一再强调，人民至上，生命至上。我认为，今天的会议以疫情防控与社会治理现代化为主题，不仅需要在技术路线方面做一些总结，更重要的是要在人民健康至上理念下于公共卫生治理现代化研究方面取得某些重要成果。

（1）人民健康至上的政府治理理念与社会治理理念的变革。在 2003 年 SARS 危机中，中改院提出"从经济建设型政府向公共服务型政府转型"等政策建议。2003 年 7 月 12 日，中改院在京召开了"建设公共服务型政府"改革形势分析会。在国内首次提出了建设公共服务型政府的概念。在当时的背景下，有的专家和官员并不赞成。实践证明，我国进入新的发展阶段，如果政府治理理念不转

---

* 在第九届中国南方智库论坛上的发言，2020 年 9 月 25 日，广州；载于《中改院简报》总第 1361 期，2020 年 9 月。

变，政府作为社会性公共服务主体缺失，将产生多方面的严重问题。

目前，第一波新冠肺炎疫情过去了，第二波会不会来、什么时候来还不确定。不管如何，我们需要深入研讨，后疫情时代将面临哪些突出矛盾与问题。比如，疫情防控专业人才队伍建设解决如何？拿出具体办法了吗？现行的公共卫生治理体制理顺了吗？2020年上半年疫情期间，我向广东提出了《广东省加强公共卫生体系改革与建设的建议》，建议广东、海南等有条件的省份成立由省政府主要领导直接领导的公共卫生委员会，并以法定机构为重点，改革完善公共卫生治理体制。去年，我到了几个省的疾控中心调研。在西部一个省了解到，省级疾控中心的一名公共卫生专业的硕士毕业生一个月工资才3000元，青年专业人才大部分流失。如果没有专业化的人才队伍，如何再次应对疫情挑战？刚才几位针对社区治理提出了很多具体意见，但核心的问题是，我们有没有以人民健康至上的理念来看待问题，在这方面是不是过关了呢？我想，这些事情都需要深入研究，深入讨论。

（2）人民健康至上的公共卫生体系建设。刚才田雪原老师在发言中提出，《"健康中国2030"规划纲要》很好，但是人民健康至上的理念、规划和行动显然还很不够。今天，如果真的把人民健康至上的理念、规划和行动做起来，真的使得公共卫生体系和人民的美好生活需要相适应，还需要做很多大文章。

（3）人民健康至上的信息治理。疫情初期，最令人着急的是，湖北有些领导没有按人民利益至上的理念来办，照常召开春节团拜会，举办万人宴。实践一再说明，应对突发性事件，尤其是公共卫生事件，信息的及时、有效、公开是最大的安全，是老百姓的第一需求，是避免更大灾情发生的第一要务。如果这些理念不转变，这样的问题还随时有可能发生。

这次会议上，彭森会长等几位专家都提出严控个人信息泄露问题。前几天，我出差从海口到西安、沈阳、北京，然后再到广州，看到健康码的管理仍然面临着一些问题。今天，如何以人民健康至上和人民至上的理念设计有效的公共卫生信息系统，需要找到行之有效的科学管理办法。

（4）人民健康至上的公共卫生基础建设。疫情期间，我在给广东的建议中提出，比如从防范公共卫生危机的现实需求出发，建议尽快成立一所高水平的公共卫生学院，批量培养高层次、专业化的公共卫生人才。这次疫情暴露出在公共卫生专业人才严重欠缺。现在各地都在制定"十四五"发展规划，可是在公共卫生基础建设、人才投入上，有多少个省份将其纳入"十四五"发展规划基础建设的重点任务之一呢？

（5）人民健康至上的区域合作机制建设。我给广东的建议中第一条就提出，广东在粤港澳大湾区的公共卫生治理当中应该发挥重要作用。广东推进公共卫生体系改革与建设，要与大湾区建设统筹考虑，与香港、澳门协商，尽快提出粤港澳大湾区疾控体系建设的行动方案。现在看，加快推进粤港澳大湾区建设，对广东省公共卫生体系建设提出了更高要求。如何形成区域性的公共卫生合作机制，需要尽快出台相关措施。再比如海南自贸港，重大任务之一是加强与东南亚国家的交流合作。如何利用自贸港政策和东南亚国家形成区域性、一体化的疫情联防联控机制？这些都是需要深入研究的重要问题。

（6）人民健康至上的研发问题。习近平总书记在第七十三届世界卫生大会讲话中提出："中国新冠疫苗研发完成并投入使用后，将作为全球公共产品。"我们能不能以这样的理念，把人们已经认可的、有效的、先进的、严格的、高质量的医药标准、卫生标准、管理标准、服务标准引进来，推进医疗健康产业项下的自由贸易，从而使全国人民普遍受益。比如，能不能在医疗健康、养老等方面在有条件的省份实行产业项下的自由贸易政策。

从这些重大现实问题的需求看，应当说我们的研究仍与之不相适应，甚至有较大差距。现在的研究有三种倾向：第一种倾向是以某些大V为主的"舆论"导向的研究。现在单边主义、民族主义、民粹主义上升，这些"舆论"有没有误导社会？这种"研究"尽管关注者众多，尽管有"粉丝"捧场，好像得到了大量点赞，但最后历史将证明这是不符合趋势的，不是研究的本质，并且这种"舆论"导向的研究，容易在多方面产生误导。这样的研究目的是不纯的，也不是一个研究者应有的行为。第二种倾向是技术导向的研究。刚才几位专家学者讲的，技术导向的特点很突出。但在技术研究之外，能不能和第三种研究结合起来，就是问题导向的行动研究。比如，疫情以后有哪些重大问题需要研究？这需要继续攻关。在问题导向的行动研究当中，需要某些技术研究的支撑，这样我们才能发挥社科界在服务决策、推动实践、服务经济社会发展中的重要作用。

田雪原老师在推动健康发展方面做了相当多的工作。作为一个社会科学研究者，有责任为这场百年不遇的疫情后的治理现代化寻求解决方案，这样才不愧为一个新时代的社会科学研究者。

疫情暴发后，我从大年初八就坐在办公室，提出"人民健康至上"并以此为主题反思疫情，研究我国公共卫生体系变革的重大问题和治理现代化。前不久，中改院出版了两本书，一本是海南出版社出版的《人民健康至上——公共卫生体系变革挑战》；一本是中国社会科学出版社出版的《全球"搏疫"与中国策》。3月7日至4月10日期间，围绕疫情后的若干重大问题，中改院先后召开5次高层次线上学术论坛,形成了一些研讨成果。有人问,老迟你怎么总有这么大精神劲头?我说,我们这个年代的人就8个字:"家国情怀、执着精神。"

迟福林
改革研究文选

下卷

迟福林 著

中国社会科学出版社

下卷目录

引　言 …………………………………………………………（1225）

一　开放是最大的改革 ………………………………………（1227）
转轨时期中国经济特区的发展（1995年8月）……………（1229）
中国：加入WTO与改革的新突破（2002年11月）…………（1245）
中国加入WTO与亚洲区域经济合作（2003年10月）……（1259）
以开放促发展，全面提高中国经济的国际化水平
　　（2003年10月）………………………………………（1266）
以开放促改革，推动中国经济体制转轨进程
　　（2003年10月）………………………………………（1278）
改革开放30年中国社会发展阶段的历史性变化
　　（2010年10月）………………………………………（1283）
中国对外开放的历史新使命（2015年3月）………………（1295）
改革开放四十年：历史跨越与时代课题
　　（2018年7月）…………………………………………（1298）
以全面深化改革开放赢得未来（2018年11月）……………（1324）
开放是最大的改革（2019年9月）…………………………（1330）
新型开放大国的选择（2019年9月）………………………（1334）
以高水平开放赢得未来（2020年11月）……………………（1341）

二 建言开放转型:从"一次开放"到"二次开放" …………（1347）

以服务贸易为重点的开放转型(2016年11月) ………… （1349）

以开放转型赢得国内发展和国际竞争的主动
（2016年12月） ………………………………………（1357）

推进以自由贸易为主线的开放转型(2017年2月) ………（1363）

"二次开放"——全球化十字路口的中国选择
（2017年5月） ………………………………………（1370）

推动形成更高层次改革开放新格局(2018年4月) ………（1379）

以服务贸易为重点打开对外开放的全新局面
（2018年6月） ………………………………………（1386）

以高水平开放形成改革发展新布局
——对"十四五"深化改革的几点建议
（2019年9月） ………………………………………（1407）

以服务贸易为重点建设高水平开放型经济新体制
（2020年9月） ………………………………………（1413）

"十四五"时期中国服务贸易发展的三大趋势
（2021年2月） ………………………………………（1418）

建设更高水平开放型经济新体制(2021年3月) …………（1424）

持续推进高水平开放为发展注入新动能
（2021年4月） ………………………………………（1427）

三 建言制度型开放:商品和要素转向规则和标准 …………（1431）

加快推进文化产业开放进程(2019年11月) ……………（1433）

推进高水平开放与提升政府治理效能(2020年2月) ……（1436）

以调整优化功能区布局促进经济高质量发展
（2020年4月） ………………………………………（1441）

以制度型开放深化服务业市场化改革(2020年7月) ……（1443）

在大变局中加快构建开放型经济新体制
　　（2020 年 8 月）……………………………………（1448）
以扩大内需为基本导向的高水平开放
　　（2020 年 12 月）…………………………………（1470）
打造对外开放新高地的三大任务（2020 年 12 月）………（1477）
高水平开放与深层次市场化改革的互促共进
　　（2020 年 12 月）…………………………………（1484）

四　建言区域开放：推动区域开放布局与区域协调

发展 ……………………………………………（1491）
以改革开放的实质性突破加快西部大开发进程
　　（2001 年 12 月）…………………………………（1493）
西部大开发，非国有经济将成为主体力量
　　（2001 年 12 月）…………………………………（1509）
广东率先实现基本公共服务均等化的建议
　　（2008 年 8 月）……………………………………（1523）
城市化主导下的中部崛起（2010 年 6 月）……………（1529）
形成"一带一路"东北开放的大格局
　　（2016 年 8 月）……………………………………（1532）
东北振兴，以改革新突破形成发展新动力
　　（2016 年 10 月）…………………………………（1539）
服务于"一国两制"大局，加快推进粤港澳服务
　　贸易一体化（2017 年 3 月）………………………（1542）
以服务贸易为重点推进粤港澳大湾区一体化
　　（2018 年 4 月）……………………………………（1546）
推动区域开放布局与区域协调发展（2018 年 5 月）………（1553）

以推进粤港澳服务贸易一体化为重点形成新阶段广东
　　对外开放新优势(2018年7月) ……………………(1557)
中国区域协调发展的进程与挑战(2018年9月)………(1561)
"一国两制"是粤港澳大湾区的独特优势
　　(2018年10月) ……………………………………(1566)
以扩大开放形成东北振兴新动力(2019年1月)………(1570)
加快粤港澳大湾区服务贸易一体化进程
　　(2019年2月) ………………………………………(1575)
提升服务贸易自由化水平促进粤港澳大湾区建设
　　(2019年3月) ………………………………………(1579)
加快推动横澳融合发展的几点建议(2019年11月) ……(1585)
以高水平开放形成广东改革发展新优势
　　(2019年12月) ……………………………………(1590)
以高水平开放形成东北振兴新动力(2019年12月) ……(1598)
立足扩大内需促进区域经济一体化(2020年4月)………(1604)
东北亚区域经济合作与东北振兴(2021年3月)…………(1608)

五　建言海南自由贸易港：对标世界最高水平开放
　　形态 ………………………………………………(1611)
以促进旅游一体化为重点推进海南—济州经济合作
　　进程(2018年7月) …………………………………(1613)
加快建设具有世界影响力的国际旅游消费中心
　　(2019年1月) ………………………………………(1617)
自由贸易港建设事关改革开放全局(2019年3月)………(1622)
实行服务业项下的自由贸易
　　——加快探索建设中国特色自由贸易港进程的
　　　建议(2019年4月) ………………………………(1630)

探索建设中国特色自由贸易港及其司法体制改革
　　（2019年6月）………………………………………（1637）
加快探索建设海南自由贸易港进程（2019年8月）……（1643）
海南自由贸易港的重大使命（2019年10月）…………（1649）
以"早期安排"取得"早期收获"
　　——加快海南自由贸易港建设进程的建议
　　（2019年10月）……………………………………（1655）
实现海南自由贸易港开局新突破（2020年4月）………（1661）
推进海南免税购物市场的全面开放（2020年5月）……（1666）
以制度集成创新建设高水平自由贸易港
　　（2020年6月）………………………………………（1673）
推进海南自由贸易港与东南亚合作进程
　　（2020年8月）………………………………………（1675）
推进海南自由贸易港建设的十大思考（2020年8月）……（1679）
赋予海南充分的改革开放自主权
　　——关于海南自由贸易港立法的建议（2020年8月）……（1686）
加快建立海南自由贸易港开放型经济新体制
　　（2020年8月）………………………………………（1690）
对标世界最高水平开放形态的海南自由贸易港
　　（2020年10月）………………………………………（1700）
以加强与东南亚国家交流合作为重大任务的海南自由
　　贸易港（2020年11月）………………………………（1704）
高水平开放的海南自由贸易港
　　——讲讲大家关心的几个问题（2020年12月）………（1708）
形成一部"最高水平开放法"
　　——关于《中华人民共和国海南自由贸易港法
　　（草案）》的几点建议（2021年1月）………………（1716）

建立面向东盟的区域性市场是推进海南自由贸易港建设的

　　关键之举(2021年4月) ·················· (1720)

高水平开放的法治保障

　　——海南自由贸易港法治化营商环境建设需要研究的几个

　　问题(2021年5月) ·················· (1727)

海南自由贸易港有条件成为中国与东盟经贸合作的

　　交汇点(2021年6月) ·················· (1749)

以行政管理体制改革创新为重点营造海南自由贸易港

　　法治化营商环境

　　——贯彻《中华人民共和国海南自由贸易港法》的

　　重大任务(2021年6月) ·················· (1757)

六　建言自由贸易：大变局下的中国与世界 ·················· (1765)

经济全球化与中国改革的下一步(2002年4月) ········ (1767)

欧亚共建"一带一路"中的诺曼底(2015年6月) ········ (1774)

适应大趋势建立大市场形成大格局(2016年7月) ········ (1778)

以中欧自贸区形成中欧合作大市场(2016年12月) ······ (1783)

以构建自由贸易区网络为目标推进"一带一路"进程

　　(2017年3月) ·················· (1787)

"一带一路"：引领新的经济全球化(2017年5月) ········ (1792)

务实推进"一带一路"中欧经贸合作

　　(2017年6月) ·················· (1796)

"一带一路"——经济全球化的新主角与开放转型的

　　新动力(2017年9月) ·················· (1801)

抓住新机遇，推进东北亚区域经济一体化进程

　　(2018年4月) ·················· (1814)

全面深化改革开放的中国与中欧合作
（2018年12月） ………………………………………（1821）
新环境下的中日韩经济合作（2018年12月）……………（1826）
释放服务贸易潜力推进中日韩自由贸易进程
（2018年12月）……………………………………（1831）
在中国经济发展趋势下看待未来中美关系前景
（2019年4月）………………………………………（1834）
新型开放大国的中国（2019年5月）……………………（1839）
新时代的中国开放观发展观和全球观（2019年6月）……（1843）
加快推进东北亚经贸合作新进程（2019年8月）…………（1847）
中国扩大开放趋势及其对东北亚经贸合作进程的影响
（2019年10月）……………………………………（1849）
新型开放大国的全球观（2019年12月）…………………（1865）
中国"双循环"新发展格局与中欧经贸合作
（2020年9月）………………………………………（1871）
以高水平开放构建"双循环"新发展格局
（2020年9月）………………………………………（1874）
构建更加开放的国内国际双循环（2020年11月）………（1877）
中国消费导向转型新趋势对中美经贸的影响
（2021年2月）………………………………………（1880）
中国消费导向转型新趋势给全球发展带来新机遇
（2021年3月）………………………………………（1884）
RCEP：区域经济一体化的重大利好（2021年6月）………（1886）

引 言

本卷汇集1992—2021年期间关于扩大开放的相关研究文稿。分六个部分。

第一，开放是最大的改革。21世纪之初提出"以开放促改革"，到近几年关于"新型开放大国的选择""以高水平开放赢得未来"等方面的研究文稿。

第二，建言开放转型。汇集2016年以来以服务贸易为重点推进二次开放的相关研究文稿。

第三，建言制度型开放。汇集近两年来关于"在大变局中加快建立开放型经济新体制""以高水平开放促进深层次市场化改革"等相关研究文稿。

第四，建言区域开放。汇集2001年以来关于以区域开放布局推动区域协调发展，并在西部大开放、东北振兴、粤港澳大湾区等相关研究文稿。

第五，建言海南自由贸易港。汇集我33年逐梦自由贸易港的几篇研究文稿。

第六，建言自由贸易。汇集1996年以来个人关于推进中欧自由贸易区建设、加快中日韩自由贸易进程、促进与东南亚国家自由贸易进程、构建更加开放的国内国际双循环等方面的研究文稿。

一

开放是最大的改革

转轨时期中国经济特区的发展[*]

（1995 年 8 月）

中国经济特区从设立、开发到逐步壮大，已经走过了 15 个年头。经过 15 年艰苦的探索与奋斗，经济特区取得了巨大的成功，为推进中国的经济体制改革、对外开放和经济发展做出了重大贡献，充分发挥了"窗口""试验田""排头兵"的作用。实践证明，邓小平同志和党中央做出的兴办经济特区的决策是英明正确的。

由于国内和国际形势的发展，中国经济特区目前正处于发展的关键时期。不久前，江泽民对经济特区的发展提出新的要求：经济特区要为加快建立全国的社会主义市场经济体制，继续积极探索和创造更好的经验；经济特区要通过深化改革和扩大开放，保持经济又好又快地向前发展；经济特区要继续发展外引内联，为带动和促进全国其他地区的共同发展、共同繁荣做出新的贡献；经济特区尤其是深圳、珠海特区要继续为国家对香港、澳门恢复行使主权和保持香港、澳门的长期繁荣做出更大的贡献。经济特区如何适应国际国内发展的新形势，从现实出发，再创新优势；如何按照国际惯例确立新的发展目标，寻求新的发展模式或战略，开创新的发展阶

---

[*] 本文载于《新东方》1995 年第 4 期。

段，这是事关中国改革开放全局的重大问题。

一 如何判断经济特区在我国今后改革开放总格局中的地位和作用

平等竞争是社会主义市场经济的一个基本原则。在我国加快向市场经济过渡中，各地区的改革都有重大进展和突破，全国范围内平等竞争的市场环境正在形成。在这种背景下，要不要继续保留经济特区的各项基本政策？经济特区在我国今后改革开放的总格局中地位和作用何在？这是我们面临的一个十分现实、十分重大的问题。

我国经济特区实行特殊政策的根本点，是允许在改革开放方面有更大的灵活性和在经济管理方面有更大的自主权。实行这个特殊政策，使经济特区肩负全国改革试验区的重大使命，起到全国改革的试验和示范作用。目前的问题在于，全国加快向市场经济过渡，经济特区在改革试验方面的责任和任务是重了还是轻了，甚至经济特区有没有存在的必要。这里有两点是可以肯定的：第一，我国向市场经济过渡是一个很长的过程，随着改革的深入，深层次的利益关系和矛盾将更加复杂，更需要经济特区在先行一步的改革试验中提供更成熟的经验；第二，经济特区目前和今后继续深入进行的经济改革、社会改革、行政改革，以及民主法制建设，更具深刻性和复杂性，对全国的改革能够继续起到示范作用，对我国的体制转轨提供全面的经验。由此看来，全国加快向市场经济过渡，赋予经济特区在改革试验方面的责任更重，任务更为艰巨。保持经济特区在改革方面更大的灵活性和经济管理方面更大自主权的基本政策不变，就显得十分必要。

经济特区实行某些特殊的优惠政策的出发点，是让经济特区率先面向国际市场，参与国际间的平等竞争。我国对外开放在80年代的主要目标，是提高贸易依存度，即提高进出口贸易占国民生产总值的比重。进入90年代，我国对外开放的目标已开始逐步向参与国际分工转化。适应我国扩大开放的新形势，经济特区要从发挥对外开放的"窗口"作用，转变成为我国积极参与国际分工合作和竞争的"排头兵"。

在全球经济贸易自由化和区域经济一体化的大趋势中，国际经济分工中的合作机遇增多，但竞争也更加激烈。中国经济特区由于它独特的区位优势，已有的体制优势和基础环境，已经形成的外向型经济结构，以及与内地经济的密切联系和合作，它在参与国际分工合作中，比中国其他地区更具有潜在的优势和竞争力。经济特区在参与国际经济合作和竞争中应当担负更多的责任和义务，并带动国内其他地区更好地参与国际竞争。

以香港、珠江三角洲为中心的华南地区是当今亚太区域经济发展最有生命力的增长带。保持这一地区的发展势头，有利于我国在亚太区域经济格局中占据有利的竞争位置。经济特区在带动和促进华南地区经济快速增长中发挥了巨大作用。经济特区的进一步发展仍然是华南经济持续增长的重要因素。同时，经济特区的发展对于稳定和促进港澳地区的长期繁荣有着特殊的作用。应当从我国在亚太区域经济合作的总体要求出发，确立经济特区发展的新目标，推动经济特区的进一步发展。

经济特区要率先与香港、澳门实现经济一体化，与台湾结成更紧密的经济联系，在促进内地与港澳台的经济协作和协调发展中，扮演更重要的角色。

香港是亚太地区世界级的经济中心，1997年香港回归后，为了使香港在国际经济特别是亚太经济中的地位更加巩固，并带动国内各地区更好地参与国际经济合作与竞争，深圳、珠海以及其他经济特区应率先与香港澳门实行经济对接，逐步实现区域经济一体化战略，形成以香港为龙头的国际性城市群和国际经济中心。

积极推进大陆同台湾的经济联系与合作，对于提高我国在亚太区域经济中的地位十分重要。厦门、海南等经济特区，经过努力能够成为台湾与大陆经济联系的结合区，在两岸经济协作关系中可以发挥更大的作用。

中国恢复关贸总协定缔约国地位，加入世界贸易组织，与经济特区的存在和发展是不矛盾的。我国经济特区已从某些特殊的政策照顾转而实行更加开放的政策和体制，这与关贸总协定的宗旨是一致的。加入关贸总协定的国家和地区，另外，开辟更加自由的经济特区，这是世界普遍做法，也是一种国际惯例。

中国的"复关"，必然面临着国内市场打开后的冲击和压力。这一方面需要通过壮大国内企业的实力，迅速提高竞争力，来稳住国内市场；另一方面要积极打出去，更多地占领国际市场。经济特区在引进外资，加强资本实力，运用国际先进技术、设备和管理经验方面，已经具备较好的基础。到1994年底，5个经济特区实际引进外资达168亿美元，约占全国实际利用外资总额的18.4%。外商投资企业在经济特区工业产值中的比重已超过50%。1994年深圳高新技术产品产值达130亿元，占全市工业总产值的20%。在经济特区出口产品中，自产产品已超过60%，工业制成品的出口率也达到60%左右。因此，十分有必要在此基础上，利用经济特区的优势条件，积极支持经济特区企业提高实力，增强经济特区企业"外引内联"功能，走"实业化、集团化、国际化"的道路，不断提高自身竞争能力和市场占有率，以应付外部集团竞争的挑战。

当前整个世界出现了开放的新格局，贸易自由化和区域经济一体化的趋势更加明显。1994年亚太经合组织的《茂物宣言》宣布："不迟于2020年在亚太地区实现自由、开放的贸易和投资这一目标。"欧洲共同市场的建立，美、加、墨自由贸易区的形成，华南地区与港澳台经济协作区的逐步形成以及经济一体化的发展趋势，都显示了这一世界目标的实现进程。我国经济特区作为一种更高程度开放的模式,在引导中国走向世界统一大市场、参与国际经济循环中,将起到重要的沟通、桥梁和示范作用。我们应当把经济特区的发展,放在整个世界开放的大格局中来考虑。世界经济形势的发展逼迫我们必须按照国际惯例,提出经济特区发展的更高目标,真正让经济特区率先参与世界范围内更高层次的平等竞争。这是中国坚定地实行市场经济原则,加快走向国际市场的正确选择。

因此,我们讨论的中心问题,既不是经济特区要不要特下去,要不要市场经济的平等竞争原则的问题,也不是经济特区要不要存在下去的问题。我们面对的问题更具长远性、深刻性,即在国际国内形势新发展的背景下,怎样从我国改革开放的总格局中来考虑经济特区的地位和作用,寻求经济特区在市场经济原则基础上,按照国际惯例向更高目标迈进的战略方针和政策措施。

二 如何判断经济特区在我国宏观经济稳定中的影响和作用

我国要顺利实现向市场经济的过渡,必须保持宏观经济的稳定。经济特区率先进行以市场化为目标的经济改革,对全国的经济形势和统一的宏观调控都有某些重要影响。因此,在着眼于全国宏观经济稳定的前提下,客观地分析判断经济特区在我国宏观经济稳定中的影响和作用,是关系经济特区发展的重大问题。

首先,如何分析经济特区在全国物价上涨中的影响。总的来说,经济特区并不是拉动内陆价格上涨的因素。我国创办经济特区已有十几年,我国发生通货膨胀、物价大幅上涨并不是随着经济特区的出现而出现的。我国的通货膨胀是有规律性的,而且每次发生的原因也是不同的,经济特区的物价对全国物价的影响很小。1994年全国的物价上涨,突出的是粮食价格上涨幅度较大。粮食价格上涨的原因是多方面的。在这个问题上,经济特区的"贡献"份额是很小的。一是经济特区和沿海开放地区率先进行的粮食购销体制改革，不但没有引起全国的粮价上涨，而且推动了全国的粮食购销体制改革。早在 1990 年，海南就进行了粮价改革，放开了粮食市场，粮价却稳中有降。二是广东等沿海开放地区近年来水稻种植面积有所减少，这对全国稻谷价格的上涨有些影响，但这个影响是十分有限的，不要看不到这些有限的影响，但也不要夸大。从短时期来讲，要求沿海和经济特区加大粮食尤其是水稻种植面积，有利于弥补供给短缺，保持粮食市场的稳定。但从长远来看，应当让经济特区、沿海和内地按照市场经济规律，选择各自资源优势和产业优势，实现优势互补。如果实行地区封锁，反而会造成粮价上涨。同时，应当允许沿海和经济特区适当进口粮食，以平衡市场价格，这对全国市场的稳定同样是十分重要的。

其次，如何分析经济特区引进外资对通货膨胀的影响。引进外资对经济特区的发展十分重要，经济特区的快速发展有赖于外资的大量投入。近年来，相对于世界经济的不景气，中国经济的持续高速增长提供了吸引外资的极好机遇，外资流入量大幅度增加。国际资本的大量流入引起本币和外币的供应量相对增加，对通货膨胀有一定的影响。但应当看到，外资投入在全社会总投资中的比例很小，由国家直接投资占据了社会总投资额的 60%—70%。到 1994 年底，经济特区实际引进外资额只占全国实际利用外资总额的 18.4%，通货膨胀的影响更是微乎其微。对外资流入进行宏观调控，关键是要对外资进入投机性领域进行必要限制，以免引起经济大幅波动。对外资直接投入生产领域不但不应进行限制，而且要鼓励支持出口导向型的外商直接投资。因此，经济特区目前的主要矛盾仍然在于通过采取各种有效措施，加快和加大吸引外资。这对目前全国宏观经济形势的稳定与发展都是十分重要的。

再次，如何在经济特区实施有效的宏观调控。市场经济的发展，需要进行宏观调控，经济特区也不例外。因为统一而有力的宏观调控是保持全国宏观经济稳定的重要条件。问题在于，宏观调控的力度是以经济发展的程度为主要衡量标准的，在统一的宏观调控下，允许各地采取符合实际的有效措施是十分必要的。就是说，对经济特区市场经济实行必要的宏观调控，要能促进特区经济的快速发展，这是问题的关键所在。对经济特区的宏观调控，应当着眼于经济特区怎样做才更有利于为全国的宏观调控做贡献。比如，通过发挥经济特区的优势加快特区经济的更快发展，为中央财政做出贡献；通过经济特区与内地的优势互补，更多地带动内地的经济发展，促进全国宏观经济的稳定；通过经济特区的改革试验，建立更加有效的宏观调控体系等。为此，对经济特区的宏观调控措施，应当有更大的灵活性，要有利于经济特区的更大发展，有利于中央宏观调控目标的实现。经济特区的各项基本政策不应当收，也不应当变。某些具体政策的必要调整，也应当有个过渡，避免突然收缩引起过大的冲击，产生不良效应。

三　如何判断经济特区在我国由不平衡发展向均衡发展过渡中的作用

目前，中国正处在区域经济发展不平衡向区域经济均衡发展过渡的起步阶段。不平衡发展仍是一个客观现实。中国区域经济发展的不平衡及其引发的矛盾和问题，越来越引起各方面的高度重视。由此也引起人们对经济特区作用的重新判断。

第一，经济特区在我国经济不平衡发展中究竟扮演了什么角色。中国经济转型进程中，不平衡发展在某种程度上是区域经济发展中效率优先原则和经济增长极理论的体现，即把有限的资源在空间上实行最优配置，优先发展优势地区，实现国民经济总体效益的最大化，同时通过经济增长点实力的强化，通过市场经济机制中的传导媒介力量引导周围区域经济的发展。中国在改革过程中，首先通过倾斜政策，在沿海和经济特区形成了一系列经济增长带，这些地区的经济快速发展，对外具有带动和扩散作用，有力地推动其他地区的发展。邓小平指出："一部分地区有条件先发展起来，一部分地区发展慢点，先发展起来的地区带动后发展地区，最终达到共同富裕。"经济特区作为先发展起来的地区，已经具有带动内地发展的重要作用，这种带动作用将越来越大。它有利于经济特区的进一步发展；有利于实现"效率优先，兼顾公平"的原则；有利于解决中国经济不平衡发展所带来的矛盾。这是最本质的内容，分析判断经济特区在全国经济不平衡发展中的作用，应当紧紧把握住这个本质点。

改革开放前，经济特区所在的华南地区，经济增长率长期低于全国平均水平，1978年，华南四省区GDP仅占全国的10%，人均国民收入也低于全国平均水平。经过十几年的发展，在经济特区发展的带动下，华南地区经济赶上并超过了全国平均水平，1993年华南四省区的总体经济实力和人均GDP，已与长江三角洲相当。中国沿海地区人口占全国总人口的50%，这一地区经济发展水平的迅速提高和发展差距如此快地缩小，是一个相当了不起的成就。应当说，经济特区从总体上促进了中国宏观经济的平衡和稳定发展。

经济特区的发展已经在很大程度上带动和促进了大陆的发展，如特区对大陆的直接投资和间接投资，特区企业向大陆的转移，特区与大陆形成的优势互补关系，特区的发展为大陆提供了广泛的就业机会等。今后，经济特区在广泛参与国际经济合作和竞争中，离不开与内地的经济联系和协作，它需要依靠内地的资源、技术、人才等多方面的广泛支持，需要与大陆有更密切的经济联合，以增强国际竞争力。在建立全国统一大市场的过程中，经济特区与大陆的资源、要素和产业发展的各自优势互补性越来越强。特区在与大陆所形成的更紧密的经济联系中，将会有力地带动和促进中国经济由不平衡发展向均衡发展的过渡。经济特区在进一步发展过程中可以逐步提高上缴中央财政的比例，以财政转移支持大陆的建设，通过与大陆的对口支持和直接援助，帮助大陆的经济发展。

第二，经济特区在建立全国统一大市场中究竟起到什么作用。中国经济由不平衡发展向均衡发展的过渡，重要的是打破地区封锁，逐步建立全国统一的大市场，在建立全国统一大市场的过程中，加强区域间的经济联系与合作。统一的大市场使产品和要素能够自由流动，从而实现资源的优化配置，发挥各地的比较优势。从资源配置和产业发展的优势互补来讲，经济特区的产业发展到一定程度后，需要进行产业结构调整，进行产业的升级换代，或者将产业转移到成本低、资源多的地方。在统一大市场建立的过程中，特区与大陆正好形成了这种资源和产业互补的优势，这对大陆是十分有利的，一批资金从特区引进到大陆，一批特区企业转移到大陆，一批管理人才倒流向大陆，内地与特区逐步形成紧密合作关系，共同面向国际市场。由此可见，经济特区与广大大陆在建立统一大市场过程中的互补性越来越强。随着统一大市场的建立，特区经济越发展，对西部资源和市场的需求越大，内地经济发展也迫切需要沿海和特区的资金、技术、管理经验和国际市场信息。因此，在建立统一的大市场过程中，经济特区与大陆并不构成不平等竞争的矛盾基础。相反，经济特区与大陆的经济联系会日益加强。

经济特区的进一步发展还将通过其他途径对内地的发展做出贡献。例如，更多地上缴财政，通过财政转移支持内地的建设；特区与大陆结成对口经济区，在优势互补中发挥特区对大陆的传、帮、带作用；特区主动对大陆援助，开展人才培训等。

四 如何按照国际惯例确定我国经济特区进一步发展的新目标，并迈向更高的发展阶段

毫无疑问，我国经济特区的进一步发展，必须要符合国际惯例。世界各国的经济特区，又称为自由经济区，通常都是海关监督下的非关税区。中国"复关"以后，全国对外开放的程度会加大。在这个大背景下，为了保持和发展经济特区的功能和作用，应当按照国际惯例来明确它的发展目标，即关境外的经济特区。至于何时把经济特区提升为非关税区，则是另外的问题。

我国从自己的基本国情出发设立经济特区，规定经济特区在我国的改革开放和经济发展中发挥"窗口""试验田"和"排头兵"的作用，强调经济特区作为宏观政策工具的作用。我国在经济特区目标设定上，同世界上许多经济特区都有重大区别。各国设立经济特区的政策目标是多种多样的，大致可以归纳为三种：一是经济增长政策目标，二是地区发展政策目标，三是经济转型政策目标。大部分经济特区的设定都是以促进地方发展为主要政策目标。

1993年，中国5个经济特区的总面积仅占全国的0.35%，居住人口仅占全国总人口的0.8%，国内生产总值仅占全国的3.16%。虽然特区的经济增长速度很快，但它在全国经济增长中的比例是很小的。因此，中国经济特区的创设并不是全国经济增长的直接手段，但是经济特区的发展对全国经济的带动和促进作用却是很大的。中国经济特区从一开始也不是仅仅作为地区发展目标提出来的。中国经济特区最大的功能和作用，是作为对外开放的"窗口"，作为经济转型的"试验田"和"排头兵"，并在十几年的探索中，获得了巨大成功。

中国经济特区原定的"窗口"和"试验田"目标，在很大程度上已经实现。今后经济特区的发展，要更加突出宏观经济政策工具的作用，即它在迎接国际经济竞争的挑战，积极参与国际分工，率先与国际经济接轨，实施有效的宏观经济调节方面，扮演更重要的角色。经济特区的经济转型政策目标，比过去更加突出，更具有实质性。

经济特区要进一步增强吸引外资的能力，继续充当我国吸引外资的主力军。经济特区由于它所具有的基础条件和优势，在引进外资上有比其他地区更多的吸引力。1994年底，5个经济特区累计吸引外资接近全国的1/5，它所批准的外商直接投资项目3万多项，约占全国的1/7。由于国际和国内形势的发展变化，工业国家过去投资于发展中国家的资金开始有所回流。中国自1994年以来，外来直接投资有明显减少。1994年美国接受外来直接投资金额达到410亿美元，超过中国，成为世界首要的外来直接投资地。1993—1994年，印度接受外来投资40亿美元。远远超出其1990—1991年间的1.65亿美元。越南1995年首季核准的外来投资达14.8亿美元，比1994年同期增长1倍。印尼1995年仅头2个月核准的外来投资高达104亿美元，较1994年同期的18亿美元有巨幅增长，已超越1993年全年80亿美元的外来投资额，几乎达到1994年全年核准投资额237亿美元的一半。由此可见，中国吸引和利用外资的形势是十分严峻的，迫切需要通过经济特区作为吸引外资的重要渠道来进一步加强对外资的吸引力，进一步增强中国在吸引外资中的竞争地位。

经济特区要在积极参与国际交换和竞争中，大力发展对外贸易，扩大出口创汇。我国经济特区具有毗邻港澳、信息灵通、运输方便、体制政策灵活等优势，发展对外贸易有较好的基础和条件。1994年，5个经济特区外贸出口总额达263亿美元，比上年增长34.2%，占到全国外贸出口总额的21.7%。目前世界上经济特区已经超过1000个，比70年代增长2倍多，经济特区的贸易额已占世界贸易的20%—30%，特区在世界经济中的地位不断上升。今后，中国经济特区要充分利用已有的优势，进一步发展对外贸易，扩大出口创汇，在积极参与国际交换与竞争中发挥更大的作用。

随着经济特区发展目标和功能的转化，经济特区不可能也不应当再依赖于特殊优惠政策，它需要依靠经济体制的率先转轨和国家宏观政策的引导。经济特区起步阶段的快速发展，在很大程度上得益于优惠政策。今后经济特区的发展，从依靠具体的优惠政策转向体制与制度的进一步创新，这就需要国家在宏观政策上的支持，保证经济特区再造新优势。国家宏观政策的支持，主要是国家在政策上允许和在立法上保障特区经济体制率先与世界经济体制接轨，以使经济特区进一步参与国际分工、合作与竞争。

国家要真正赋予经济特区自主的经济管理权限。国家曾赋予经济特区一定的经济管理权限，从执行的情况来看，它存在三个方面的问题：一是由于国家没有制定一部经济特区法，特区自主权缺乏统一的国家立法保障；二是由于"条块分割"的体制原因，经济特区自主权难以落实，或落实不到位；三是经济特区自主权依据的是国家有关政策，由于国家宏观经济形势发生变化，特区自主权容易处于波动状态中。

经济特区今后要真正参与到国际分工合作和竞争中去，需要长期稳定、自主灵活的管理权限。为此建议：（1）要在现有的基础上，赋予经济特区更大的经济管理自主权，包括地方特别立法权，行政审批权和经济调控权。（2）要制定国家统一的《经济特区法》或《经济特区条例》，从立法上将经济特区在新形势下的地位、作用和自主管理权限确定下来，并保障其得以实施。（3）在赋予经济特区自主权的同时，要从体制上解决经济特区与国家各主管部门的条块矛盾，保证经济特区自主权的实际落实。

要保障经济特区有在符合国家法律法规基本原则下的地方特别立法权。目前，海南省已有全国人大授予的特别立法权，在立法实践中也取得了很大成效。深圳和厦门也取得了全国人大授予的地方立法权。适应经济特区进一步发展的需要，今后应当更多地授予或统一授予经济特区有地方特别立法权，即只要符合国家法律法规的基本原则，经济特区完全可以结合当地的情况和需要，制定经济特区特有的法规，特别是符合国际惯例的法规。

要赋予经济特区在体制改革上有更大的灵活性，保障特区体制率先与世界现代市场经济体制接轨。目前经济特区在体制改革上有一定的优势，但特区经济体制与现代市场经济体制还有不小的差距，还不能完全适应与国际市场经济接轨的要求。改革是特区的生命，没有经济体制的率先改革和彻底改革，经济特区就不可能实现下一步的发展目标。

经济特区今后的改革任务还十分繁重和复杂，一方面要加快建立符合国际惯例的市场经济体制，加快企业产权制度改革，建立现代企业制度，加快培育和发展市场体系，彻底转变政府职能；与此相适应，另一方面要加快行政体制改革，加强民主法制建设，大胆推进各项社会改革。

按照国际惯例，改革经济特区现行的对外经济贸易管理体制。我国经济特区的对外经济贸易管理体制，与国际惯例还有很大差距。尤其是目前国家加快了特区与非特区之间的政策、体制统一化进程，对特区外贸商品价格、信贷、出口退税、进口减税等方面的政策配套兼顾不够。在通货膨胀和资金紧缺、出口退税指标压缩与换汇成本居高不下等矛盾的交互作用下，特区外贸企业陷入困境。因此，要从加速改革特区现行对外经济贸易体制上，缩小与世界经济体制的差距，解决特区外贸面临的困难和问题：（1）在特区外贸体制上，要在信贷规模、出口退税、许可证分配、配额切块等方面给予倾斜政策指导，并逐步过渡到按照国际惯例放弃配额与许可证管理。（2）在引进外来投资上，要逐步实行货物、资本、人员的自由进出，保证企业自主经营。特区过去沿用的外汇留成、投资限制、外销比例、利润汇回等规定，都必须相应改革。（3）适应上述需要，在口岸管理体制上也要进行相应改革，保障特区尽快与国际经济对接。

对经济特区的外资企业，率先实行国民待遇。国民待遇是关贸总协定的一项基本原则，它要求对外资企业要与国内企业同等待遇，给予同样的保护，不得有任何歧视和限制。我国"复关"以后，必须遵循这一原则。目前，可以在经济特区率先实行对外资企业的"国民待遇"，以逐步过渡到内地。

对经济特区实行产业政策引导，促进特区产业结构优化以及产业升级换代。目前，各经济特区之间，产业差距相当明显。我国经济特区与世界发达国家和地区相比，产业结构差距更大。在区域经济增长与国际市场区域出口生产体系和国际分工交换之间，尚没有形成一种积极的、稳定的依赖关系，而且各经济特区普遍存在着工业发展水平不高的问题。今后，经济特区要积极广泛地参与国际分工和竞争，必须大力实行产业结构的优化和相应的产业升级换代。要通过国家产业政策引导，进一步发展和调整特区已经形成的外向型产业结构，形成特区在外向型经济发展中，利用国际资源和占领市场方面领先一步的动态优势。

要将经济特区现有的保税区范围适当扩大，更多地用足用好保税政策。在逐步向自由经济贸易发展的过程中，经济特区可以把现有的保税政策用足用好。从发展保税工厂、保税仓库、保税市场、保税运输、保税区开始，扩大对外开放度，增强对外经济联系的吸引力。可考虑把经济特区现行的保税区范围适当扩大，并采用更多的保税方式。

海南经济特区由于独特的地理位置、资源状况和经济发展现状，应把地区发展政策作为基本目标，并逐步向关境外经济特区的目标过渡。我国5个经济特区，只有海南经济特区由于独特的地理位置和资源状况，以及目前的经济发展水平，可把地区发展政策作为基本目标，创造条件，尽快建设关境外经济特区，率先实现与亚太地区的经济一体化和国际贸易自由化的对接。

世界各国的经济特区，又称为自由经济区，通常都是关境外的经济特区，即海关监督下的非关税区。中国经济特区既要有自己的特色，又不排除在中国"复关"以后，根据自身的不同情况而发展不同的模式。从国际经贸关系和全国经济发展战略上考虑，除海南以外的其他4个经济特区由于多种情况的制约，今后一个时期应当继续执行宏观政策工具的功能。海南经济特区可加快向关境外经济特区目标模式过渡，加大开放力度，在参与国际经济合作与竞争中尽快把本地区的经济快速发展上去。

海南经济特区向关境外经济特区过渡，具有优势条件。海南具有优越的地理位置，它处于拥有世界半数人口、发展前景最被看好的亚太地区的中心位置，极富国际发展潜力。

——海南经济特区是一个与内地隔离的海岛，易于封闭，成本很低。

——海南已经具备较好的投资硬环境。

——海南建省办经济特区以来，在建立与国际惯例相符的市场经济体制上，已经迈出较大步伐。

——更重要的是，海南本身具有丰富的资源优势，大规模投资开发、引进国际大资本、发展对外贸易、参与国际合作与竞争，有相当优越的自然条件。

海南经济特区在全国经济的比重很小，建立关境外经济特区，不会形成对全国经济的冲击。相反，它对带动全国经济更好地参与国际分工，对于稳定和促进南中国海资源的合作开发，对于密切与台湾的经济联系和协作，促进祖国和平统一大业，却有非常重要的意义和作用。正如邓小平早就指出的："海南岛和台湾的面积差不多，那里有许多资源，有富铁矿，有石油天然气，还有橡胶和别的热带亚热带作物。海南岛好好发展起来，是很了不起的。"

海南经济特区下一步发展的具体目标应当是：建立综合型的关

境外经济特区,即贸、农、旅、工综合发展,多元化、多功能的自由贸易区,尤其要在发展现代农业和国际旅游方面走出新路子。

海南经济特区目前要积极创造条件,向新的目标过渡。

——洋浦开发区应当率先按照"自由港"模式运作,担当先行试验的功能。

——扩大琼台经济合作,形成两岛自由贸易中的互补关系。(1)要实现琼台农业合作的全面突破。(2)要积极推进琼台金融合作。(3)要争取率先实现两岛"三通"。(4)加强两岛对南中国海资源开发的合作。

——利用资源优势,积极进行资源产业的开发。(1)以更加开放的政策,加大旅游开发的力度。(2)发展和扩大农业开发区,大力发展现代农业。(3)加快海洋产业开发,建设海洋大省。(4)利用资源优势,积极发展以农产品为主的加工业,可以同时发展劳动密集型、资金和技术密集型产业。

中国:加入 WTO 与改革的新突破[*]

（2002 年 11 月）

我国加入 WTO，改革开放进入新阶段。短短的一年时间证明，加入 WTO，既为我国提供了新的改革动力，例如以行政审批为重点的政府改革取得重大进展；又进一步形成了"开放倒逼改革"新的改革特点。以全面开放推进市场化改革进程，大大破除生产力发展的制度障碍，已成为今天改革的主要路径依赖。

我国正处在经济体制转轨的关键时期，同以往的 20 多年相比，今天的改革更具深刻性、复杂性和严峻性。我国加入 WTO，最具实质意义的是通过开放市场来解决经济体制转轨中的深层次矛盾和问题。适应经济全球化和加入 WTO 的新形势，党的十六大明确提出了"以开放促改革促发展"的重要指导思想。我们要按照党的十六大的要求，继续以加入 WTO 为新动力，实现改革的新突破。

一 发展混合所有制经济，实现企业改革的新突破

我国加入 WTO 意味着全面的市场竞争，加快企业改革，提高企业的国际竞争力越来越具紧迫性。事实证明，党的十六大报告提出的"积极推行股份制，发展混合所有制经济"，是增强企业竞争

---

[*] 为"中国经济体制改革研究会 2002 年青岛年会"提供的论文，2002 年 11 月 23 日；载于《中改院简报》总第 424 期，2002 年 11 月。

力的主要途径。在社会主义市场经济条件下,"各种所有制经济完全可以在市场竞争中发挥各自优势,相互促进,共同发展"。我国20多年的改革,经历了由承认非公有制经济发展到发展混合经济,再到鼓励和支持混合所有制经济发展的几个阶段。尤其是党的十五大以来,初步实现了由发展多种经济成分的混合经济向以股份制为主的混合所有制经济的快速发展。到1999年,混合所有制经济在各类所有制经济成分中所占比例已达到33%,大大高于1990年9.8%的比例。

(一)混合所有制经济是适应我国现代生产力发展要求的所有制的主要实现形式

"混合经济"的概念是由西方经济学家萨缪尔森在论述"经济增长的趋势与源泉"时提出的,以后西方新制度经济学家们又丰富了它的含义。今天我们借用"混合经济",更在于从我国国情出发,赋予它在中国经济增长和经济转轨方面的特殊意义。实际上,我国确定的"以公有制为主体,多种经济成分共同发展的基本经济制度",就是一种混合经济。这里提出的"混合所有制经济",主要是指企业股权的混合状态,即各种所有制经济能够融为一体,形成以股份制为主要形式的混合所有制经济。

未来几年,我国混合所有制经济将加快发展,就在于它比照其他所有制经济更适应现代生产力的发展要求。我们要放胆发展混合所有制经济,重要的问题在于,要打破传统所有制观念的束缚。在特定的经济社会制度下,国有企业多一点未必是社会主义,少一点也未必是资本主义。全面发展混合所有制经济,就在于它既有利于经济社会的发展,又有利于实现多数人的利益。未来5—10年,混合所有制经济若能占到整体经济的60%—80%,我国经济发展的微观基础就是十分可靠的。可以说,发展混合所有制经济是我国经济持续快速增长的长久动力。

(二) 改革进入新阶段，发展混合所有制经济是实现企业改革新突破的重要出路

发展混合所有制经济是加快国有企业改革的重要出路。前不久，中国企业联合会组织评出中国企业的 500 强。结果表明，中国企业 500 强与世界企业 500 强相比，无论是规模还是效益都尚有相当大的差距。尤其是 500 强中国有和国有控股企业的效益远低于外商企业和私营企业。要把国有企业做强做大，重要的出路是加快以股份制为主的公司制改革。最近，上海和深圳都将推出一批国有企业允许内外投资者并购，这反映出今后外来投资和民间投资并购国有企业是一个大趋势，在企业并购中国有企业将向混合所有制经济的方向发展。特别是党的十六大报告明确提出，国有资产由中央政府与地方政府共同行使出资人职责，享有所有者权益，这为加快国有资产管理体制改革指明了方向，并有利于搞活国有资产，有利于加快发展以股份制为重点的混合所有制经济。

发展混合所有制经济是提高民营经济发展水平的重要出路。我国社会资本储蓄率很高，民私营经济发展也很快。但从总体上看，民私营经济发展的规模还比较小，竞争实力不强。为适应开放和市场竞争的需要，要尽快扩大规模、提高效益，并由此提高竞争力，出路就在于各种所有制企业之间相互建立在市场经济基础之上的重组、并购。这样，我国的民私营经济就能够在重组的过程中尽快形成一批有规模、有实力从而有国际竞争力的企业集团。

二 以培育和发展中等收入群体为重点，实现收入分配制度改革的新突破

经济全球化正面临着一个严峻的课题，即如何防止全球范围内贫富差距的进一步扩大。我国加入 WTO，改革已进入以全面调整利益关系为重点的新阶段。"理顺分配关系，事关广大群众的切身利益和积极性的发挥"。党的十六大报告明确提出，"以共同富裕为

目标,扩大中等收入者比重,提高低收入者收入水平"。按照这一要求,要在保护合法致富的高收入群体的同时,着力研究解决如何建立有效的低收入群体的社会保障机制、中等收入群体形成和扩大的激励机制,以逐步提高中等收入群体在全社会所占的比重。无疑,这是我国全面建设小康社会的一项重大任务,这也是一个比一部分人先富起来更高而更为艰巨的目标。

(一)培育和发展中等收入群体是我国收入分配制度改革的重要目标

从国际经验看,一个比较优化的社会结构往往取决于合理的收入分配结构。中等收入群体占全社会成员的多数,便是一种较为成熟的社会结构。我国农村人口比重大,城乡分割由来已久。由于这种特殊的国情,我国低收入群体所占比重较大。据估计,到1999年全国城镇居民中低收入户占31.79%,中等偏下收入户占32.36%,中等收入户占19.67%,中等偏上收入户占8.95%,高收入户占7.23%,中等偏下收入和低收入群体加在一起已达64%。从我国的情况看,培育和发展中等收入群体,并使之成为社会的主体力量,是一个长期艰巨的任务。

我国正处在经济转轨时期,"中等收入群体"是一个动态的概念,其具体的含义在不同的发展阶段会有所不同。从我国目前的情况看,有固定的财产和稳定的收入,实际收入高于人均收入水平以上的中等收入者、中等偏上收入者大体可算作中等收入群体。这是一个粗略的划分,并同我国现阶段的收入水平和消费水平直接相联系。在这里,使用"中等收入群体"而不使用"中产阶层"的概念,目的是强调我国经济转轨时期收入群体变化的客观实际。我国社会的各阶层、社会的各利益群体在改革阶段尚处在一个变动的时期。在这样一个时期,各个利益群体中既有高收入者又有中等收入者和低收入者。按经济收入水平划为低收入群体、中等收入群体、高收入群体，是比较现实的动态概括。从我国的基本国情出发，使用"中等收入群体"的概念，有别于西方发达国家的"中产阶级"或"中产阶层"，它具有中国的特色。首先，它是我国现阶段收入水平的划分，反映的只是现阶段不同收入水平的群体结构；其次，它反映了我国市场化改革中群体利益结构不断调整变化的特点。

(二) 我国经济转轨中发展中等收入群体的关键是实现产权主体的社会化

我国正处在经济转轨时期，要使更多的劳动者成为中等收入群体，既要以经济的持续快速增长为前提，又要通过市场化改革实现产权主体社会化为重要条件。党的十六大报告提出，"确立劳动、资本、技术和管理等生产要素按贡献参与分配的原则，完善按劳分配为主体、多种分配方式并存的分配制度"。这是加快收入分配制度改革，培育和扩大中等收入群体的重要依据。传统计划经济体制完全排斥技术、资本、管理等各类生产要素参与分配的权利，根本否认劳动者作为劳动力产权的拥有者参与剩余分配的权利。传统计划经济体制只有一个产权主体即国家，而单一产权主体的制度安排是实行平均主义大锅饭分配政策的根源，也是长期使广大劳动者成为低收入群体的深层次制度因素。因此，收入分配制度改革的一项重要任务，是由单一的产权主体向产权主体的社会化转变。在产权制度的激励下，使越来越多的人从低收入群体变为中等收入群体。

(三) 政府要放开所有制，调控收入分配

各类所有制经济的发展，取决于稳定的社会环境和平等的市场竞争机制。政府的主要作用不是管企业，而是创造企业发展的经济社会环境。在市场经济条件下，尤其是在以全面调整利益关系为重点的改革新阶段，政府应当优先实现社会发展目标。其中重要的是，政府运用税收、财政、金融等"看得见的手"，在调控全社会收入分配中正确而有效地发挥作用，是培育和扩大中等收入群体的重要条件。由于我国正处在经济转轨的关键时期，在收入分配和社会重大利益关系调整方面，现在面临的情况要比改革开放初期复杂得多、困难得多。在这种情况下，政府的作用是十分重要的。

三　以提高农民收入为目标，实现农村改革的新突破

我国加入WTO农业所受的影响，说明主要矛盾不是农产品的供求，而在于农民的就业和收入。党的十六大报告明确提出，"建设现代农业，发展农村经济，增加农民收入，是全面建设小康社会的重大任务"。当前，农村经济和农民收入已成为相当突出的问题，也是呼声最强烈的问题。主要在于，第一，自1997年以来，农民实际收入增长不仅缓慢，甚至出现下滑的趋势。第二，近几年农村富余劳动力转移越来越困难，形势很严峻。转移农村劳动力，减少农村人口，是提高农民收入的基本性问题。到2001年，我国纯农业就业人数已达3.25亿人，比1978年还增加了4000万人。第三，农村人口与城镇居民之间的收入差距在逐年扩大。目前的收入差距已接近3∶1。若把城市的一部分福利计算在内，有人估计实际收入差距已高达6∶1。我国目前的城乡收入差距，大大高于国际水平，也明显高于发展中国家的一般水平。

在我国全面建设小康社会阶段，以纯农业发展解决农民收入问题有极大难度，原因在于恩格尔系数明显下降。近十年间，城镇居民的恩格尔系数大约减少了15个百分点，城镇居民增加收入中用于食品的开支比例下降，这使得农产品市场难以扩大，农民从农业中增收变得越来越困难。由此看来，现阶段增加农民收入要有新的思路，应当从城乡结构及其相关的制度中寻求出路，寻求农村改革发展的新突破。

（一）适应现阶段农村经济社会发展要求，改革农村的财政税收制度，逐步取消对农民的不合理税收

目前，农户直接承担的主要有农业税、特产税和屠宰税三大税

种，税收总额全部加起来只有近400亿元，仅占全国财政收入的两个百分点左右。但是，这近400亿元的税收对广大农民来说是一个极大的负担，如果再加上农民每年要拿出600亿元承担农村的义务教育，以及某些不合理的摊派费用，农民的实际负担是相当沉重的。广大农民已为国家的工业化进程进行了50年的积累，做出巨大贡献。有数字表明，计划经济时代实行的"剪刀差"让农民付出了6000亿—8000亿元的代价，改革开放以来通过低价征用农民土地至少使农民受到了2万亿元的损失。现在，当工商业的产值已占到GDP总量85%左右的情况下，占GDP总量15%的农业，再去养活占劳动总人口50%的人是有巨大难度的。在这种背景下，再长期让农民承担着不合理的税费，广大农民是难以提高收入水平的，也难以进一步调动广大农民的积极性。

为此，应当加快改革农村的税收制度。要在条件成熟的情况下，逐步取消农民的税收负担。可考虑，第一，采取分步走的措施，先取消屠宰税、特产税，再取消农业税。第二，鉴于西部农村地区比较落后的状况，以及中央关于西部大开发的基本政策，可先行在西部落后的农村地区全面取消各种农业税收。近一两年若能在农村税收制度改革上有所突破，会大大调动农民的积极性，为农民增收创造重要条件。与此同时，国家应承担农村的义务教育费用，以及采取措施大大精简乡镇一级机构，为减轻农民负担创造条件。

（二）加快农村土地的产权制度改革

前不久刚刚出台的《中华人民共和国农村土地承包法》是一部很好的法律，第一次明确了农民对土地的某些带有产权性质的权利。遗憾的是，农户对土地的抵押权并未在该法律中确认。明确确立农户对土地完整的产权关系，由此农民才会享有对土地的永久使用权，从而稳定农村的土地关系，防止以"规模经营"等理由侵犯农民的土地使用权；由此才能为农村土地的市场交易、农村股份合作制奠定坚实的基础。今后随着条件的成熟，应当赋予农民包括土地抵押权在内的比较完整的产权，这对于稳定农民，调动农民的积极性，发挥土地的功能以及农村劳动力转移都会起到十分重要的作用。

(三) 加快农村基层民主进程

在我国农村基层民主建设的实践中，经济民主与政治民主如何协调发展面临着需要深入解决的矛盾和问题。

第一，村一级直选明显推动了农村基层民主政治建设，目前的矛盾是，农村"公共产品"的提供者主要是乡镇一级政府，村社及农民如何同乡镇一级政府打交道，乡镇政府如何能够正确反映广大农民的利益要求，在这方面时常发生各种各样的问题。这就涉及村社一级农民与乡镇政府之间关系的制度安排问题。解决问题的出路有两条可供选择：一是乡镇由一级政权改为县政府派出的乡公所；二是尽快由村一级直选向乡镇一级直选过渡。

第二，广大农民需要有自己利益的代表者去反映和表达他们的要求，代表他们作为谈判的主体，代表他们反映农村的市场化改革要求。虽然村、乡的相关组织可以在这方面发挥一定的作用，但是要直接地、广泛地反映农民自己的利益要求，应当有能够真正代表农民利益的农民组织。随着农村市场化改革进程的推进，为自下而上建立农民自己的利益代表者——农会，提出了客观要求。

第三，伴随着农村市场化改革和农村经济的发展，有关农民利益纠纷的案件将越来越多。其中相当一部分案件与农民的土地使用权有着直接或间接的关系，也有一部分案件涉及农村组织之间以及农民同相关组织之间的经济纠纷。而目前农村的现状说明，农民在处理经济纠纷中常常处在被动和不利的境况。他们缺乏打官司的自身能力，他们尚不具备同有关经济行政组织协商、谈判的能力。这就说明出，在处理多种农村的经济纠纷中，如何保护农民利益，如何为农民提供法律援助，已成为相当迫切的一个现实问题。

（四）实现县一级改革的新突破至关重要

由于未来 10—20 年，农村 1 亿左右劳动力要向城镇转移，城市化的快速发展成为相当迫切的战略问题。推进我国的城市化进程，一要发展大城市，二要加快以县一级为重点的中小城市和中心城镇建设。尽管县域经济在产业规模、社会资本和人力资源等要素禀赋方面与大中城市有明显差距，但县域经济与农村经济结合得非常紧密，在相当大的程度上，发展县域经济就是发展农村经济。同时，县域经济又是城乡经济的接合部，发展县域经济对解决当前农民就业压力，减轻农民负担都有着极其重要的意义。要从有利于农村发展、有利于农民增收、有利于农村劳动力转移等方面，深入讨论县一级的改革发展问题。

第一，如何打破县级改革发展的"沉闷"局面。80 年代中期以来，我国县一级的改革比较活跃，这为农村的改革创造了重要条件。但近几年来，县一级改革的呼声越来越小，与此相关联，县域经济发展越发困难。从我国农村改革发展的大局出发，应当把县一级的改革发展问题作为一项重要的发展战略。实现县一级改革的新突破，农村的改革发展才有希望。

第二，从农村发展稳定的需要出发，赋予县一级经济社会发展以一定权利，调动县一级发展经济的积极性。我国是一个城乡二元结构的大国，城市化水平低，农村占有相当大比例。因此，县一级发展经济的积极性十分重要。不应当以防止地方分权为理由，取消县一级某些应当具备的功能和权利。以金融制度的安排为例，县一级得到金融支持的力度越来越小，这种金融制度的缺陷制约县级经济发展，从而也严重影响了农业产业和非农产业的发展。应当说，目前金融的制度安排是造成农村资金短缺的主要原因。

第三，从我国的实际情况出发，并总结近几年的实践经验，应当把我国小城镇发展的战略重点尽快转移到发展以县城为重点的中心城镇建设上来，并相应采取必要的支持措施和实行相关的鼓励政策。

四　适应对外开放的需要，实现以金融为重点的服务业改革的新突破

我国加入WTO最重要的一项承诺就是放开金融、保险、电信、电力、航空等服务业的市场。这对外国投资者来说是一个很大的吸引力。由于我国的服务业改革相对滞后，国有经济垄断的格局尚未完全打破，发展缓慢，效益比较差。"以开放促改革促发展"是今后几年服务业的一大趋势。

（一）在全面解决不良债务中实现国有商业银行改革的实质性突破

我国改革进入新阶段，防范金融风险仍然是改革的一项重大任务。到目前为止，我国不良贷款的比例仍高达23%左右。并且，我国金融体制存在严重的结构性矛盾和问题。国有商业银行大约2/3的贷款给了国有企业，国有企业的效益问题又是国有商业银行制度缺陷的重要原因。这种企业与银行的结构性问题，是可能引发金融风险的重要因素。为什么日本的经济10多年走不出低谷，韩国经济在过去高速增长的时候突然发生了金融危机，其中主要原因是企业和金融业的关系没有处理好。企业集团和金融完全扭合在一起，一旦企业出了问题，整个金融体系也将随之垮台。

借鉴韩国、日本的经验，应当实行结构性改革，在加快国有企业改革的同时，大胆推进国有银行的股份制改革，彻底打破国有商业银行自身改革的局限性。一方面，寻求彻底处理不良债权的途径，例如，实行债务全面托管的一揽子办法，由政府组织建立一个从中央到地方具有权威性和过渡性的债务托管机构，一揽子负责经营、管理和处置目前国有商业银行的不良资产，并进而推动国有资产的重组；四大银行以处理不良资产为主营业务的资产管理公司可以从民营化的新思路去安排，让民间资金以实收货币资本的形式进入资产管理公司；一家国有独资商业银行的不良资产可以卖给多家资产管理公司，在严格监管的基础上给民营资产管理公司较大的业务活动范围和适当的优惠政策。另一方面，对国有商业银行进行全面的股份制改革。股份制的产权安排或结构上的一个重要特征在于它有效地实现了所有权与法人财产权、出资人的"剩余索取权"与资本直接支配权及企业管理权的有效分离，使企业获得了独立的产权形式和法人地位。由此决定了商业银行从股东到董事会，再到经理、职工的决策和治理结构，并进而衍生出追求利润最大化的动力机制。在这个基础上，适应加入WTO的要求，加快金融立法，建立严格、有效的金融监管体系，并适时推进利率市场化，完善我国的资本市场建设。

（二）WTO背景下的基础领域改革应当加快进行

最近两年，我国的基础领域改革取得某些重要进展。下一步改革的主要任务有四项：第一，加快建立和完善基础领域的公司治理结构。目前，基础领域在实行政企分开方面已有重要进展，突出的问题是，公司制改革在多方面还相当不到位。应当严格按照《公司法》的要求，尽快实行严格的公司治理结构。第二，国家应当尽快出台支持和鼓励民间和社会投资基础领域的相关政策。例如，通过贴息、补贴、委托经营等，为社会资本进入基础领域提供条件。要采取多种措施，充分调动民间和社会各方面投资的积极性，让民间资本逐步大规模地进入基础领域，加快改变基础设施的落后面貌，为经济的长期稳定发展奠定基础。第三，建立基础领域科学、有效的管制体系。有效的政府管制是维护自然垄断性行业有效竞争的前提和基础。目前，中国的管制部门对垄断部门缺少足够的管制，管制方式也缺少法律法规等依据。政府规制改革的目标是，"取消市场准入，维护公平竞争"。第四，关于基础领域的反垄断及其立法。基础领域反垄断的任务很重，适应加入WTO的需要，我国即将出台《反垄断法》，与此同时，应当抓紧出台或修订《电信法》《航空法》《电力法》和《铁路法》。

五 以加强对行政权力的制约和监督为重点，实现政府改革的新突破

我国加入WTO挑战政府改革。一年的实践说明，把政府改革作为全面开放条件下改革的重点，是我国加入WTO的客观要求。党的十六大报告强调，"加强对权力的制约和监督，建立结构合理、配置科学、程序严密、制约有效的权力运行机制，从决策和执行等环节加强对权力的监督，保证把人民赋予的权力真正用来为人民谋取利益"。按照党的十六大报告的要求，适应加入WTO的新形势，采取改革措施，限制权力，制约权力，监督权力，以真正实现政府职能的实质性转变。

第一，从政府主导型经济向市场主导型经济转变。由政府命令型经济到政府主导型经济再到市场主导型经济，这个粗略的划分大致反映出我国经济转轨的进程。日本、韩国的经验证明，政府主导型经济增长不是一个成功的模式。我国的改革实践也说明，按照市场经济的要求根本转变政府的职能及管理手段，是经济转轨中最具实质性的问题，同时也是难以彻底解决的问题。我国从改革的一开始，就明确提出转变政府职能，实行政企分开，但是目前政府部门的许多改革还没有到位，政府职能还没有实现根本性转变，政资不分、政企不分依然存在。政府职能缺位、错位与越位并存，政府经济管理方式尚未发生实质性的变化。适应加入WTO的要求，必须加大政府自身的改革以真正实现职能转变，提高政府服务效率。

第二，从优先于经济目标向优先于社会目标转变。我国市场化改革进程和现实的矛盾和问题已清楚地说明，政府能否为经济的持

续增长起到有效的作用，关键是能否很好地解决失业问题、收入分配差距问题、教育问题，以及社会信用与市场秩序问题等。这些问题解决得好，经济发展就有了一个可靠的社会环境。相反，政府不能有效地解决这些社会问题，经济的持续增长就很困难。适应我国经济社会发展的新形势，政府职能应当以实现社会发展目标为重点。

第三，从审批型经济向服务型经济转变。建立"统一、开放、竞争、有序的大市场"，是我国加入WTO、参与经济全球化的重要体制保证。要尽快清理并大幅削减政府行政性审批，打破行政垄断，为各类企业创造公平的竞争环境，促进生产要素的流动，使企业和生产要素在市场竞争中优胜劣汰，优化组合。要重构政府与企业、政府与市场、政府与社会中介组织的关系，将政府管不了、管不好的事情交给市场主体和中介组织去做。今后，政府的主要作用是完善立法，推动政府工作的法制化，规范市场经济条件下财产关系、信用关系和契约关系，维护市场秩序，保证公平竞争，建立和完善社会保障制度和社会服务体系等社会公共产品和公共服务。

第四，从行政控制体制向依法行政型体制转变。我国的行政管理体制具有自上而下的控制型特点。适应我国改革新阶段的要求，应当加快社会主义市场经济法制建设，严格依法行政。为确保市场竞争的效率与公平，政府应该加强公正严明的立法和执法，规范社会各角色的行为，惩治违法行为。

第五，从权力社会向能力社会的转变，弱化权力在资源配置中的决定性作用，强化市场机制在资源配置中的基础性作用。在发展社会主义市场经济中，使广大劳动者都能够在法律、政策允许的范围内以自己的能力来获取资源，并取得自身的提高和发展。

第六，要逐步从单向控制的行政体制向协商、合作的管理机制转变，在健全有效的层级管理的同时，更要努力建立网络化、扁平型的管理机制。

第七，要逐步从国家社会向公民社会转变，变革计划经济体制条件下人们已经固化了的"政府部门""企事业单位""干部""就业"等某些不合时宜的传统概念，开展社区自治、行业自律，鼓励自谋职业、自主创业，树立公民自尊、自立、自强的独立人格。

两年前我提出，加入WTO是我国的第二次改革。实践证明，加入WTO把我国的改革开放推向了新阶段。按照党的十六大报告的要求，适应经济全球化和加入WTO的新形势，以"三个代表"的重要思想为指导推进新时期的经济体制改革、政治体制改革，我国就一定会建立一个以民主法制为基础、富有活力和效率的社会主义市场经济新体制。

中国加入 WTO 与亚洲区域经济合作[*]

（2003 年 10 月）

伴随着经济全球化，区域经济一体化的进程大大加快，并成为推进经济全球化进程的重要力量。事实上，世界贸易的 55%—60% 是在各类区域组织内进行的。从 WTO 的规则来看，区域经济合作同 WTO 所制定和推动的多边贸易规则不仅是相容的，而且是相辅相成的。现实的情况是，各个国家在参与经济全球化的过程中，首先遇到的问题就是要参与到与本国经济更紧密联系的本区域经济的交流与合作。90 年代亚洲金融危机以来，越来越多的亚洲国家认识到区域合作在应对危机，促进经济增长中的重要作用，为此，近几年亚洲区域经济合作呈现加快发展的大趋势。中国加入 WTO，已采取若干措施，以更加积极的姿态加快推动亚洲区域经济合作进程。

一　中国加入 WTO 对亚洲区域经济合作有重要影响

由于人口、资源、经济总量以及在国际政治、经济中的地位，中国对亚洲区域经济合作有着举足轻重的影响。亚洲金融危机后，中国坚持人民币不贬值，表明了中国在亚洲经济合作的积极姿态和

---

[*] 本文收录于王梦奎主编《回顾和前瞻：走向市场经济的中国》，中国经济出版社 2003 年版。

重要作用。加入 WTO 后，中国进一步开放市场和开放投资领域，将使各国及地区有更多机会和更广泛的领域同中国开展经贸合作，使亚洲尤其是东南亚地区能够逐步减少对欧美市场的依赖，中国在亚洲区域经济合作中的作用更为重要。可以说，中国加入 WTO 对亚洲区域经济合作有着多方面的重要影响。

（一）有利于亚洲国家和地区有更多机会进入中国市场

首先，中国加入 WTO 将有力推动经济的持续增长。未来 20 年左右中国经济能保持 7% 的年增长率，其整体经济将翻一番，经济结构也将迈向工业化。因此，中国对资本、能源、原料等的国内需求将有所增加，以满足工业化建设的需要。其次，中国在今后几年内将大幅度降低关税，取消数量限制，使亚洲各国和地区对中国的出口从中受益。由于中国劳动密集型产品生产及出口的扩张，将对资本及技术密集型产品和原料产生更多需求，而这些需求的大部分都是从亚洲国家和地区中进口。由此可见，中国加入 WTO，亚洲各国和地区将首先获益。

（二）有利于促进亚洲贸易及投资开放

为了保障亚洲经济长期、稳定发展，区内贸易的扩大和区内市场的扩张对促进区域经济合作至关重要。亚洲国家和地区经济发展的不同阶段为贸易和投资的发展提供了广阔空间。随着经济的重组和产业转移，产业内和公司内贸易有广阔的前景。由于地区性的要求，亚洲的企业普遍希望加强合作，促进贸易和投资开放。尽管对于地区主义和多边主义的关系存在着争议，通常地区贸易协议比多边贸易协议对于开放的义务有更高的要求，但作为 WTO 成员国，中国可在地区贸易协议基础上参加双边或多边谈判。中国加入 WTO 后，更深入地进入中国市场可能会成为其他国家与中国或中国邻国（地区贸易协议基础上）进行谈判的一个重要动机，这对亚洲国家与地区之间的贸易便利化也是有着重要影响的。

（三）有利于亚洲国家和地区在多边贸易体系中协调其观点和立场

在美国、欧盟、日本、加拿大等西方发达国家占主导地位的世界多边贸易体系下，亚洲发展中国家始终扮演着非常次要的角色。随着中国加入 WTO，发展中国家可通过磋商及合作在世界贸易中加强影响，在多边贸易体系中更加活跃，为促进世界贸易的发展做出贡献。

二 加入 WTO，中国更加积极参与亚洲区域经济合作与交流

加入 WTO，中国在亚洲区域合作中扮演的角色越来越重要。在这种情况下，中国以更加积极的姿态加强同亚洲各国及地区的经济合作与交流。例如，在 WTO 框架下建立各种类型的区域经济合作组织，同区域经济进行有效的互动，从而推动亚洲经济长足发展。

（一）积极推进与东盟的贸易自由化进程

自由贸易区是经济全球化的一种重要形式，它有两个重要特点：一是集团内成员相互取消关税或其他贸易限制；二是各个成员又各自独立地保留自己的对外贸易政策，尤其是关税政策。建立自由贸易区是符合 WTO 规则的，十分有利于促进区域内贸易自由化，也有利于经济全球化。

东盟是中国的近邻，其成员国同属发展中国家。近年来，中国与东盟之间的贸易关系得到比较迅速的发展。到 2000 年，双方贸易额达到 395 亿美元，东盟在中国的商品贸易市场上的份额提高到 8.3%，为中国的第五大贸易伙伴，中国在东盟的对外贸易份额提高到 3.9%，为东盟的第六大贸易伙伴。中国和东盟共有 17 亿人口，目前国内生产总值为 2 万亿美元。据研究，在中国与东盟之间建立自由贸易区，可以使东盟向中国的投资增加 48%，使东盟的 GDP 增加 0.9%；使中国向东盟的出口增加 55%，使中国的 GDP

增加0.2%。事实上，中国—东盟自由贸易区不仅可以增加区内贸易，而且会促进外部对区内的投资以及区内本身的投资，从发展区内的角度来看，中国对东盟国家的投资会大大增加。

2002年11月4日，中国政府首脑同东盟十国领导人共同签署了《中国—东盟全面经济合作框架协议》，这标志着中国与东盟的经贸合作进入了一个新的历史阶段。建设中国—东盟自由贸易区，关键是要严格遵循WTO规则，尽可能消除区域经济联盟的排他性，并且要积极创造条件，加快中国—东盟自由贸易区的进程。在自由贸易区的框架内，争取近两年在农业产业、旅游产业、金融服务业等方面的贸易自由化实现实质性的突破。

(二) 积极参与东北亚次区域合作

以中国、日本和韩国为中心的东北亚经济圈与欧洲、北美经济圈一起，构成世界三大经济圈。2000年中、日、韩国的总生产值高达6万亿美元，而东南亚十国的总生产值才6750亿美元。东北亚经济圈的市场规模和增长潜力巨大，东北亚区域经济合作对于中国、日本、韩国来说都十分重要。

东北亚的几个主要国家之间存在着坚实的区域合作基础。中日经贸关系在中国整个对外经贸关系中占有重要地位，双方互为重要经贸合作伙伴，日本已连续7年为中国最大贸易伙伴，中国为日本第二大贸易对象国；日本是中国吸收外资、引进技术的主要来源国之一；中韩1992年建交以来，双边贸易发展迅速，贸易额由1992年的50.6亿美元猛增至1997年的240.4亿美元，年均递增36.7%，1998年受金融危机影响贸易额有所回落，1999年以来，双边贸易再度呈现良好增长态势，韩国是中国的第四大贸易伙伴。中、日、韩三国完全可以在区域经济关系、战略和安全上进一步合作。

中国加入WTO，有利于促进东北亚区域经济合作的进程。据此，有的学者建议，中国同东北亚之间建立更紧密的区域经济合作关系可以分为三个步骤。第一步，通过贸易部长会晤机制，促进三国的经贸合作、金融合作，以及研究预防贸易摩擦的对策，与此同时，也要加强工商企业界人士的交流与合作，成立三国经济界人士组成的商业论坛，主要结合三国的资本、技术与人才来共同参与一些大规模开发计划，另外要组织经贸、投资及环保调查团进行交流互访，以达到密切区域内经济联系的目的。第二步是建立和深化区域内的产业分工关系，实现产业结构互补和资源共享，可以在中日韩三国间的一些城市中形成尝试性的自由贸易带，为建立区域联盟做出铺垫和准备。第三步是正式建立自由贸易区，最终实现东北亚经济共同体，或建立共同市场。

（三）加强同俄罗斯、南亚、中亚的区域经济关系

中国同俄罗斯的经济合作，应当着眼于长远。在俄罗斯加入WTO前，中俄之间应在经贸合作发展迅速的基础上，进一步扩大贸易领域和贸易总额，加强经济技术合作和技术贸易，启动能源、航空等领域的大型经贸合作项目，相互进行并扩大双方的直接投资。应当积极创造条件，争取俄罗斯加入亚洲一些多边性区域经济合作组织，这对亚洲区域经济合作有利，对中、俄两国的经贸合作也有利。

中国与南亚具有较好的区域经济合作基础，以加入WTO为契机，进一步加强和拓宽中国同南亚的经贸关系。近年来，南亚同东南亚正在毗邻中国边境地带拟建自由贸易区，对此，中国应积极参与，利用泛亚铁路的修建，为南亚自由贸易区提供必要的基础设施，并继续提供力所能及的经济援助。

中国加入WTO，还为中国同中亚六国的区域经济合作提供了重要的机遇和条件。中国与中亚六国共同建立的"上海合作组织"，横跨欧亚大陆拥有巨大的市场空间和丰富的资源。在WTO框架的

基础上，中国同中亚六国有可能为深入发展经贸合作关系，探讨建立实质性的区域经济合作组织的可能性。

三　WTO 框架下中国内地与港、澳、台的经贸关系

祖国大陆和台湾相继加入 WTO，加上中国单独关税区的香港、澳门，WTO 就有四个中国会员。由于中国的特殊情况，祖国大陆和台湾入世将使祖国大陆、台湾、香港和澳门四地之间的经贸关系逐步发生重大变化。这需要我们面对现实，从长计议，客观地探讨 WTO 框架下海峡两岸暨香港、澳门经贸关系的走势。

（一）适应亚洲区域经济合作的大趋势，加快海峡两岸暨香港、澳门更紧密的经贸合作进程

第一，海峡两岸暨香港、澳门的自由贸易安排应当先于也有可能先于亚洲区域经济合作的实践进程，在这个方面需要各方达成共识，并尽快采取具体措施。

第二，海峡两岸暨香港、澳门在产业项下的自由贸易可以先行一步，无论是旅游还是农业、金融都有可能实现实质性突破。

第三，"一国两制"的实践要坚持原则性，同时对一些经贸合作问题又要有一定的灵活性。例如，澳门行政特区同珠海特区联手开发横琴岛就有可能在坚持"一国两制"基本原则的前提下，采取共同合作的办法进行开发。

第四，祖国大陆同台湾的自由贸易安排应面对亚洲区域经济合作的大趋势，从祖国大陆和台湾可持续发展的大局出发，寻求在坚持"一个中国"的大原则前提下，尽快寻求某些方面的突破。这对两岸的发展都有利。

（二）加强海峡两岸暨香港、澳门的经贸合作关系，为促进亚洲区域经济合作做出重要贡献

中国的持续快速增长，是对亚洲经济发展的贡献，它更有利于发挥中国在亚洲区域合作中的重要作用。加强海峡两岸暨香港、澳

门的经贸合作，并逐步建立更为紧密的经贸合作关系，将大大提升中国在亚洲区域经济合作中的地位和作用。如果把祖国大陆、香港和台湾的国民生产总值相加，总量为 15319 亿美元，大于亚洲主要国家（除日本外）的国民生产总值之和 14250 亿美元，超过英国、法国和意大利的总量。海峡两岸暨香港、澳门进行经济整合之后，其经济实力可望上升至世界第四位的水平。进出口总额相加后，将达到 10599 亿美元，相当于亚洲除日本外主要国家进出口总额之和，略高于德国 1999 年的进出口总额数字。这从一个侧面反映了海峡两岸暨香港、澳门联合起来的经济实力。同时，这也反映出海峡两岸暨香港、澳门加强经贸合作，会对亚洲区域经济合作做出重大贡献。

坚定地实行对外开放，是中国长期的基本国策，是加快实现经济社会现代化，提高国家竞争力的必由之路。中国加入 WTO，既是过去 20 多年改革开放的重大成果，又是未来加快改革开放的重要动力。按照党的十六大确定的正确方针，以开放促改革促发展，加快发展开放型经济，全面提高对外开放水平，就会在开放与改革的推动下，在更大范围和更深程度上参与国际竞争与合作，由此大大提高国家的竞争力。

以开放促发展,全面提高中国经济的国际化水平[*]

(2003 年 10 月)

中国加入 WTO,将对经济发展产生重大而深远的影响,其实质就是适应经济全球化的大趋势,加快发展开放型经济,全面提升中国经济的国际化水平。可以说,中国加入 WTO,由一般性的对外开放,即以发展外向型经济为主的对外开放,重点转向以发展开放型经济为主要目标的对外开放新阶段。

从一般概念上说,外向型经济主要指出口导向型经济。开放型经济,它的实质是国家间经济的内在联系和合作。由此可见,中国的对外开放要由发展外向型到全面发展开放型经济,这个转变是深刻的,具有由量到质的转变特征。它说明,加入 WTO,中国经济与世界经济的联系更加紧密,决定中国国民经济运行的重要因素在主要取决于国内因素的同时,还取决于国际因素。中国实施的一系列实现经济政策和宏观调控措施,在主要考虑本国情况的同时,也需要综合权衡世界经济的走势和变化。

---

[*] 本文收录于王梦奎主编《回顾和前瞻:走向市场经济的中国》,中国经济出版社 2003 年版。

一 发展开放型经济，要进一步吸引外商直接投资

积极合理有效地利用外资，是中国对外开放政策的重要组成部分。改革开放 20 多年来，尤其是最近几年，中国吸引外资连续 9 年居发展中国家首位。加入 WTO，中国从建立开放型经济结构的需求出发，更需要扩大外商直接投资规模，更注意优化利用外资结构，提高外资的质量和水平，充分发挥外资在促进经济结构调整、经济增长、扩大就业等方面的重要作用。以开放促发展，重要任务之一是进一步吸引外商直接投资。从近一两年的实践看，加入 WTO，中国进一步吸引外来投资逐步出现新的发展趋势。

（一）加入 WTO，中国吸引外资规模扩大，结构优化

加入 WTO，中国明显地增强了对外资的吸引力。随着中国投资环境的进一步优化，估计未来几年中国利用外资将进入一个比较明显的增长期。有专家预测，今后 5 年中国年均吸引外资不低于 500 亿美元。联合国贸易和发展会议 9 月份公布的最新《2002 年世界投资报告》说，中国吸收外国直接投资继续位于发展中国家和地区的首位，并且有望在未来几年继续保持稳定增长的势头。

吸收外资规模不断扩大。2001 年中国实际吸引外资 469 亿美元，比 1989 年增长了 12.8 倍，年均增速达 24%。2002 年中国实际利用外资为 527.43 亿美元，比上年增长 12.6%，第一次超过美国，成为全球境外直接投资流入最多的国家。

吸收外资结构不断优化。外商投资企业出口占中国出口总额的比重，已由 1989 年的 9.4% 上升到 2001 年的 50%；外商投资项目的平均规模，已由 1989 年的 97 万美元提高到 2001 年的 265 万美元；外商投资的重点，已从一般制造业发展到基础产业、基础设施和高新技术产业。加入 WTO，中国逐步开放服务贸易领域后，商业、外贸、电信、金融、保险等服务业已成为外商新一轮投资的热点，大型跨国公司来中国投资活跃，世界 500 强中已有 400 多家来

中国投资，跨国公司已在中国设立各类研发中心近400家。

（二）加入WTO，中国吸引外资由注重总量增长效应向注重结构升级效应转变

照目前的发展情形看，今后5—10年，中国吸收外商直接投资将继续增长，并有望保持年均5%—10%的增长速度。这就是说，未来的若干年中国吸引外资的规模有不断增加的趋势，但是，中国吸收外资快速增长的历史时期已经基本结束，今后将进入稳定增长的阶段。从这一现实估计出发，为保持利用外资对经济增长的拉动效果，必须通过优化产业分布结构来提高经济整体的产出效率，弥补总量增长趋缓的不利影响。这实际上意味着吸引外资推动经济增长的发展战略，必须由注重总量增长效应向注重结构升级效应转变。

按照加入WTO的承诺，今后3—5年中国将加大服务贸易领域的对外开放。如金融保险、批发零售商业、对外贸易、电信、运输和技术服务等领域。中国服务市场的巨大规模和潜力对于外资企业具有非常强大的吸引力。为此，进入服务业的投资增长将明显快于其他行业。在外商直接投资的推动下，中国服务业的市场化改革进程也将大大加快，由此服务业的发展也将比以前有相当明显的增长。

国务院发展研究中心在2001年对136家欧盟在华投资企业进行了调查，结果显示欧盟企业的对华投资的产业结构今后几年可能会出现新的变化。第一，最有可能选择的行业首先是制造业。第二，与电信服务和交通运输有关的服务业投资将出现快速增长，在全部投资中的比重也会明显提高。现有企业中，邮电通信、交通运输业的比重仅有3%，估计今后几年欧盟企业将会选择该行业进行投资的企业高达57.4%。第三，金融保险业投资将成为优先选择的领域之一，仅次于制造业、邮电通信运输业居第三位。第四，电

力、煤气生产供应、商业批发零售等行业的投资也可能出现较快增长，比重将有所上升。

（三）加入WTO，外商投资的地区分布将由南向北、由东向西进一步扩展

加入WTO后，中国东南沿海地区具有优越的区位、比较完备的基础设施和体制优势，特别是上海及其周围地区，仍是外商直接投资的重点。在实施西部大开发战略的推动下，中西部地区加快改革开放步伐，加强基础设施、生态环境建设，大力发展科技教育，投资环境将有较大改善。加之中西部地区尤其是西部地区有些投资领域的外资准入条件比东部地区更为宽松，政策也更为优惠，可以预料，今后中西部地区吸收外资将出现较大幅度的增长，在全国利用外资总量中的比重会逐步有所提高。

（四）加入WTO，外资将更广泛地参与国有大中型企业的改组改造，并与更多的民私营企业相融合

国有大中型企业特别是竞争性领域的国有企业实行产权多元化和股份制的改组改造，会吸纳更多的外资参与进来。外商投资特别是跨国公司的战略投资，会把参与国有大企业的改组改造作为他们的重要选择之一，包括用并购方式将中国企业纳入其全球生产经营体系。同时，民私营企业为适应国际竞争的需要，也将积极寻求外资参与，特别是一些成长较快、规模较大的民私营企业和科技创新型民营企业，将成为外商关注的投资对象。

二 发展开放型经济，要抓住机遇，积极稳妥地实施"走出去"的战略

近几年，适应经济全球化的大趋势，中国政府把"走出去"正式确定为新时期的重要开放战略。加入WTO，中国更加鼓励和支持有条件的企业"走出去"，大力开拓海外市场。可以说，"走出去"是中国企业参与经济全球化、拓展经济发展空间的迫切需要，

也是中国全面提高对外开放水平的需要，更是中国企业增强国际竞争力的需要。为此，中国政府将"走出去"与对外贸易、利用外资并列为发展开放型经济的三大支柱。中国加入WTO，实施"走出去"战略不仅条件具备，而且也更具迫切性。因此，应当抓住机遇，积极实施"走出去"的战略。

（一）中国企业"走出去"初见成效，但距发展开放型经济的差距甚大

截至2002年底，中国累计设立境外非金融类企业6960家，协议投资总额137.8亿美元。签订对外承包工程合同额1147.8亿美元，完成营业额827.2亿美元。签订对外劳务合作合同额295.2亿美元，完成营业额237.6亿美元，外派劳务273.4万人次。此外，境外资源开发、跨国并购，设立研发中心、开展农业合作等其他形式的经济合作业务也开始起步并有初步进展。

"走出去"的领域不断拓宽。已由初期简单从事进出口贸易、航运和餐饮等少数领域，逐步拓展到生产加工、资源开发、工程承包、农业合作和研究开发等领域。目前，中国已在50多个国家和地区参与油气、矿产、林业、渔业等资源合作开发项目200多个。派出去的劳务人员从最初的普工、技工发展到各类专业技术人员和高科技与经营管理人员。

"走出去"的层次不断提升。对外投资已由早期的建点开办"窗口"，发展到投资办厂带动国产设备材料出口、跨国购并、股权转换、境外上市、设立研发中心、创办工业园区、建立国际营销网络等多种形式。对外工程承包的经营方式，从初期的土建分包逐步向总承包、项目管理承包、交钥匙工程、BOT等方式发展。中国企业"走出去"是初步的，差距是相当明显的。有数据显示，20世纪末，全球对外投资总额约为1万亿美元，而在引进外资居世界最前列的中国，企业对外投资仅6亿多美元，占全球对外投资的比例

不到1％。根据国际资本输出规律，输出国际直接投资和引进国际直接投资的比例，发达国家平均为166：100，发展中国家平均为18：100，而中国这一比例仅为1.5：100。目前，全世界每年国际工程承包的总金额在1万亿美元左右，中国也只有1％多一点。

（二）鼓励和支持有条件的各种所有制企业"走出去"

在现代市场经济条件下，实施"走出去"的战略，关键是以企业为主体，调动和发挥各类企业"走出去"的积极性。允许并支持国有企业和民营企业通过合资、合作、控股、参股、收购兼并、技术转让等各种形式"走出去"开展跨国经营。支持企业"走出去"投资办厂，开展多种形式的经济技术合作，更多地利用国外的资源和市场带动技术、设备、商品和劳务出口。支持企业"走出去"开展对外设计咨询、工程承包和劳务合作，重点发展能带动成套设备、技术和服务出口的总承包项目、大型工程项目和"交钥匙"工程，推动对外工程承包与劳务合作上规模、上层次。

（三）政府要为企业"走出去"创造各种有利的条件

在加入WTO的新形势下，中国要更快地提高国际竞争力，就必须抓紧培育一批有国际竞争能力的跨国公司。总的来说，中国企业的规模和竞争力同"走出去"还有一定的差距。为此，对一些可以"走出去"的大型企业，要尽快在企业内部形成适应国际市场竞争的管理体制和竞争机制。以资本为纽带，积极推行跨行业、跨区域、跨所有制的企业重组，逐步形成一批拥有自主知识产权、核心竞争力的大企业集团，全面提高参与国际竞争的能力。

逐步形成一批有实力的跨国企业，是中国加入WTO，全面建立开放型经济体系的重要任务。为此，政府部门有责任也有义务为企业"走出去"提供各种有利的条件。例如，要抓紧制定和完善相应的法律法规，依法对企业"走出去"进行有效的指导和管理；要制定相应的政策措施，努力为企业"走出去"营造良好的外部环境；要尽快建立和完善鼓励、保障和监管体系，推动企业加快改革，实现机制和管理转换，以适应"走出去"的需要。

三　抓住机遇，加快制造业的发展，努力建设"世界工厂"

制造业，特别是装备制造业的整体能力和水平将决定各国的经济实力、国防实力、综合国力和在全球经济中的竞争与合作能力，决定着一个国家，特别是发展中国家实现现代化和民族复兴的进程。中国作为刚刚进入工业化中期的发展中国家，必须清醒地认识到全面提高制造业，特别是装备制造业整体能力和综合竞争能力对于自身发展的重要性。中国加入WTO，为中国制造业加速发展提供了最重要的条件，并且成为中国制造业提升国际化水平的直接推动力。根据现有的发展趋势和经济全球化大背景，可以预料今后的10—15年，中国的制造业将以自己独特的国际竞争优势吸引全球制造业，"世界工厂"将在中国落户，并将长期发展。应当说，经济全球化的日益加快和中国加入WTO，给中国制造业的发展提供了十分难得的历史机遇。

（一）中国还不是"世界工厂"，但中国有条件经过努力建设成为"世界工厂"

客观地说，目前，中国离"世界工厂"还有相当大的差距，目前还不是"世界工厂"。主要的差距在于：一是经济总量还很小，占世界总量的比例还比较低。按中国的统计，1999年中国第二产业产值将近5000亿美元（包括建筑业），占制造业产值的比重仅为5%左右。二是企业规模不够大，中国目前真正在全世界处于领先水平的制造业企业还太少。2001年世界500强企业排名，中国企业有11家，但没有一家是制造业企业。三是中国企业的技术水平不高。机械产品达到国际水平的不到5%，高新技术产业增加值占GDP比重仅为4%，传统产业劳动生产率也只有世界平均水平的1/3和发达国家的几十分之一。

但是，中国有条件、有基础经过努力建设成为"世界工厂"。加入WTO后，中国将在进一步发挥比较优势的基础上，加快建立"世界工厂"的步伐。

（1）中国具有建立"世界工厂"的综合优势和巨大的发展空间，并且在全球化背景下成为"世界工厂"的趋势日益显现。再经过10—15年的努力，中国初步成为"世界工厂"是一个现实的、客观的判断。

（2）中国有建立"世界工厂"的内在需求，并且这种需求越来越迫切。不仅工业化要以制造业的国际化水平为基础，而且经济社会发展，尤其是就业等也在多方面依赖制造业的大发展。中国经过长期努力建设成为"世界工厂"，是经济社会发展的战略选择。

（3）中国在全面开放市场中逐步建立"世界工厂"，给亚洲和全世界不仅提供物美价廉的制造业商品，而且还提供了巨大的国内市场需求。中国成为"世界工厂"，是发挥自己比较优势参与国际竞争的结果，它有利于加强中国同各国的经贸合作。

（二）抓住机遇，开拓创新，努力建设制造业强国

目前，中国制造业的发展面临新的机遇，正处在关键时期。在这个特殊背景和现实的需求下，需要深入地研究如何顺应经济全球化的大趋势，发挥自己的综合优势，实行以制造业为主体的工业化战略。当务之急是按照建立"世界工厂"的要求，进一步改善中国制造业发展的政策、制度和社会环境，以加入WTO为动力，开拓创新，走出一条符合中国国情的制造业强国之路。

（1）未来的20—30年，制造业是中国工业化的主体产业。国家需要确立以制造业发展为重点、适应经济全球化挑战的工业化战略，并制定制造业发展的中长期规划。这个工业化规划同以往不同，它有两个基本前提：一是建立"世界工厂"的目标，二是国际国内市场的预测。

一是制定和推行相关产业政策，例如加快重型制造业尤其是装备工业的发展，加快工业设备更新和技术改造，加快技术密集型产业和高新技术产业的发展，以促进中国制造业的结构升级。

二是建立和完善中国制造业信息化系统，以信息化带动制造业的发展。

三是按照建立"世界工厂"的目标要求，科学制订中国制造业发展的资源使用战略计划。

四是研究和提出中国制造业组织结构优化方案，推动制造业的产业重组，加快培育企业核心竞争力。

（2）中国建立"世界工厂"，关键在发挥自身比较优势的基础上大量吸引外来投资。国家有关方面需推出相关的政策措施，鼓励和支持外国投资者在中国发展制造业，促进全球制造产业向中国转移。

一是抓住历史机遇，进一步改善以制造业为重点吸引外资的政策环境。例如：打破行政垄断，放开市场准入，吸引外来投资进入为制造业服务的基础设施领域；开放培训市场，鼓励和支持外来投资进入高端和低端培训市场，以有利于对制造业企业的智力支持等。

二是在有条件的地区，采取符合国际惯例的多种形式，设立制造业的自由贸易区或自由出口加工区。有选择地在某些制造业的密集地区，如上海和珠江三角洲等地采取 WTO 框架下的自由贸易区政策，实行低关税和零限制，重点推进，使这些地区尽快成为中国建立"世界工厂"的"桥头堡"和基地。

此外，在实施西部大开发战略中也可考虑在西部部分城市如成都、重庆、西安等设立以制造业为主业的自由贸易区或自由出口加工区，吸引外来投资发展西部制造中心，使之成为承接海外和东部地区产业梯度转移的"二传手"和西部地区经济加速发展的"增长极"和"发动机"。

三是在海峡两岸暨香港、澳门开展制造业领域的广泛合作，形成优势互补。要采取广泛措施推进海峡两岸暨香港、澳门在制造业方面的产业互补、产业转移。有关部门应尽快争取与台、港、澳达成"原产地原则共识"与区域内贸易保护，降低交易壁垒，促进工业制成品在区域内的自由流通。海峡两岸暨香港、澳门应当大力发展中介服务业，降低交易成本尤其是信息交易成本，提高中国工业制成品的国际市场竞争力。

(3) 中国成为"世界工厂"的基本条件是培养制造业行业的整体创新能力。国家要特别重视制造业方面的教育发展和研发工作。

一是国家应当大力发展制造业方面的职业技术教育，加大对职业技术教育的投资，扩大职业劳动力的供给。应当开放职业技术教育领域，吸引外资和社会资本参与职业技术教育，形成投资主体的多元化。此外，国家应采取税收减免等办法鼓励企业在工程教育方面的投资，建立继续教育体系。

二是国家应当重视制造业行业的研发工作。政府有关部门应当尽快建立全球制造业研究中心，在有条件的地方，政府应当设立工业制成品的研发基金，并采取税收减免等办法支持企业设立研发基金，培养企业技术创新能力。此外，采取相关优惠措施鼓励跨国企业在中国设立研发中心。要采取某些税收优惠政策，支持高校和科研院所与企业进行产学研相结合，加快用高新技术和先进技术改造传统制造业。

三是工程技术人员是应用型科技人才。应当特别重视发挥中国工程技术人员的作用，运用多种形式鼓励工程技术人员，对工程技术人员的发明创造给予适当奖励。同时，加大知识产权保护和执法力度，创造有利于先进制造技术有偿转移的制度环境，加快技术扩散速度。

(4) 外来投资和民间投资是中国制造业发展的重要力量。要进一步放宽政策，鼓励和支持民间投资，积极发挥民间投资在制造业中的作用。

一是适应中国加入 WTO 的新形势，在放宽外来投资进入制造业的同时，应当全面放开民间企业在某些制造业及相关领域的各种准入限制，要降低企业尤其是民办制造业企业的设立门槛。

二是从金融、税收、资本市场等多方面支持民办制造业企业的发展，要坚决取消对民办制造业的各种歧视政策，为民办制造业企业发展创造良好的政策、制度环境，以尽快改变中国制造业的某些产业国有经济长期垄断的局面。

(5) 从总体上说，国有企业仍是中国制造业的"龙头老大"，作用很大。要以提高核心竞争力为目标加快国有制造业企业的改革。

一是加快国有制造业企业的产权制度改革，通过产权主体社会化逐步降低制造业企业国有股的比重，并在股权多元化的基础上，建立和完善有效的法人治理结构。

二是尽快打破中国制造业的条块分割，促进企业跨地区兼并重组。一是要改革和完善国有资产管理体制，切实解决国有资产出资人的缺位问题，企业要成为真正独立的市场竞争主体；二是鼓励和支持企业的兼并重组，把制造业企业尽快做强做大，以提升中国制造业企业的规模效益和核心竞争力。

(6) 建立"世界工厂"，需要自由、高效的外贸环境。要加快改革外贸体制，逐步创造有利于制造业企业进出口的国际贸易环境。

一是以加入 WTO 为契机，加快实现外贸经营权由审批制向登记制的过渡，让不同所有制的制造业企业最终具有自营工业制成品出口权，直接参与国际竞争。根据中国加入 WTO 的承诺，在加入 WTO 后 3 年的过渡期内，将全面推行外贸经营权登记制。当前，应尽快取消某些不合理的规定，建立符合国际惯例的外贸经营权登记制。

二是按照国有经济战略性调整的总体部署，对国有外贸企业进行分类重组。除极少数必须由国家指定专营的商品外，国有独资经营方式应尽快退出外贸领域。

三是在当前国际贸易竞争日趋激烈、商品价格波动十分频繁而极易丧失贸易机会的情况下，政府有关部门应建立快速、平衡的反馈机制和动态调整机制，以及在更高层次上的各部委协作的对贸易壁垒的预警、监测及应对系统。

四是依据 WTO 的保障措施协议，对未来国民经济发展具有重大战略意义的某些新兴产业，根据不断变化的国际市场给予适时的保护和扶持。当然，由于 WTO 保障措施的适用带有附加的补偿条件，在适用时应持积极慎重的态度。

抓住历史机遇，及时制定正确的战略规划，实行灵活有效的政策措施，就可以使中国制造业充分发挥综合优势，获得快速发展。这是中国工业化发展的大事，也是牵动中国经济社会发展全局的大事。

以开放促改革,推动中国经济体制转轨进程[*]

(2003年10月)

中国加入WTO,为什么会引起国内国际相当广泛的影响?入世一周年,国际上各个方面的评价是正面的、积极的、肯定的。我认为这个原因应该概括为两个方面:第一,中国是一个发展中的大国,是有着庞大国内市场需求且又保持经济持续增长的一个大国。第二,中国又是一个从传统计划经济向市场经济转轨的大国。中国作为经济体制转轨的大国能够在不长的时间内,被纳入世界市场经济的主流,这本身就是一个奇迹。因此,中国加入WTO,最深刻、最有实质性或者最有长远意义的,我把它叫作中国的第二次改革、第二次开放。中国加入WTO,开放进入新阶段,改革也进入新阶段。加入WTO,是中国政府为推动本国的改革开放进程而主动做出的战略选择,目的是通过更深层次的市场开放来解决经济转轨的深层次矛盾和结构性问题,进一步获得体制转轨和结构升级带来的经济持续增长的动力,从而在以开放促改革中提高国家的竞争力。

---

[*] 本文收录于王梦奎主编《回顾和前瞻:走向市场经济的中国》,中国经济出版社2003年版。

在中国经济体制转轨的关键时期，加入 WTO 将为加快市场化改革进程提供新的推动力。其一是开放"倒逼"改革。近一两年包括政府改革在内的多项改革有明显进展，就充分说明加入 WTO 是推动中国改革的新动力，而且是转轨过程中非常重要的推动力。其二是按照国际经济通行的规则提升经济改革水平，推进市场化改革在更高层面上的全面展开，以加快建立与国际多边贸易体制相衔接、与国际管理相适应的市场经济体制。可见，中国加入 WTO，最大的挑战是市场化改革；最重要的行动也是加快市场化改革进程。

中国加入 WTO，由一般竞争性领域的开放走向以服务业为重点的全面的产业开放。因此，国有垄断行业面临巨大的挑战。由此判断，未来几年国有垄断行业及服务业的改革进程将大大加快。可以说，几年以前，电信、民航、铁路、银行、保险等国有经济垄断的服务行业或者是基础领域的改革是十分困难的。但是在最近两年，这方面的改革有了一个很大的突破。不管电信南北分拆符不符合市场经济的原则，但毕竟在打破垄断方面走出了一大步。为推进这方面的改革，中国反垄断法的制定也正在积极进行之中。预料未来的三年左右，在加入 WTO 的推动之下，中国的基础领域改革、服务行业的改革会有一个比较大的进展。

一 加快国有商业银行改革

加入 WTO，国有商业银行由于历史包袱比较沉重，经营机制转变缓慢，将面临巨大的压力与挑战。中国国有金融企业，特别是国有商业银行能否经受谁入世的考验，将取决于：（1）能否在过渡期内处理好大量的不良资产问题，从而有效地化解金融风险。（2）能否在处理不良资产的前提下，形成新的金融体制，并加快金融业的市场化进程，增强中国银行业的国际竞争能力。

二 加快推进基础领域改革

加入 WTO，中国的电信、铁路、电力、民航等基础领域产业将在有限的过渡期内逐步实现对外开放。适应形势，加快基础领域改革的任务十分艰巨：既要加快打破基础领域政企合一的行政性垄断，又要防止过渡过程中形成新的市场性垄断；既要重视政府职能的转变和调整，又要重视基础领域市场竞争主体的培育和形成；既要适时打破传统的经济管理体制，又要尽快建立适应市场竞争的新的政府管制体系和框架。从中国加入 WTO 基础领域改革面临的现实矛盾出发，借鉴国际经验，要加快解决开放市场、反垄断、重塑竞争主体、加快政府管制体系改革和建立有效的公司治理结构等重大问题。

三 以加入 WTO 为契机，消除市场分割，建立统一、开放的市场秩序

经济全球化的过程也是世界范围内统一大市场加快形成的过程。建立"统一、开放、竞争、有序的大市场"，是中国加入 WTO、参与经济全球化的重要体制保障。目前由于行政垄断造成的某些市场分割和市场秩序的混乱，阻碍了市场机制在资源优化配置中的作用，妨碍经济结构调整和竞争力的提高，不利于中国参与国际竞争。消除行政垄断与市场分割，整顿和规范市场秩序已成为刻不容缓的任务。一是消除市场分割，形成全国统一、开放的市场；二是按照建立统一、开放、公平竞争的要求，大力整顿和规范市场秩序；三是加强规范市场秩序的立法与执法。

四 加入 WTO，政府改革成为重点之一

在现代市场经济条件下，政府改革、政府职能转变适应于不断参与经济全球化的进程之中。中国加入 WTO，从一年的实践以及从未来几年的分析看，政府的改革将是改革的重点之一。这是中国市场化改革进程的需要，是加入 WTO 的需要，更是改革深化的需要。中国市场经济走到今天，特别是加入 WTO 以后，要按照国际通行的经济规则办事，要从制度安排上改变计划经济条件下或者彻

底改变计划经济的"游戏规则",最重要的是政府角色的根本转变。例如,第一,政府扮演的某种市场主体的角色要改变。到目前为止,国有垄断部门和国有经济部门,政府还在扮演着部分的主体角色。第二,政府的职能要转变。我们一再讲政府要履行公共职能,什么叫公共职能?制定规则、执行规则就是公共职能的重要内容。第三,中国经济转轨走到今天,无论是政府的角色转换、作用发挥,还是出于当前社会稳定的需要,都把政府改革提到比企业改革更为突出的位置。

五 WTO 背景下的法制建设

WTO 多边贸易协定的宗旨,是要尽快消除成员方政府以关税、数量限制、管制立法和其他国内立法及行政措施设置的贸易壁垒,以及其他影响国际自由贸易平等竞争的不当行为,逐步推进贸易自由化进程。这些协议的法律意义,在于要求和约束成员方政府根据正确使用 WTO 规则所允许的国内保护措施。加入 WTO,保证 WTO 协议在国内的正确使用,使国内法律和规章及行政程序与 WTO 协议相一致,会推动中国法制建设的重大变革。

首先,要按照 WTO 要求,加快修改国内相关法律法规。中国加入 WTO,主要是经济改革的法制化和规范化问题,保证有关法律、法规、规章和政策措施符合 WTO 规则和中国对外承诺,并使这些法律、法规和政策措施在全国得到统一实施。因此,需要按照 WTO 的规则和中国的承诺,对现行法律法规进行有针对性的清理,对那些明显不符合 WTO 规则和中国对外承诺的法律、行政法规和规章的有关规定,要如期完成修订或废止工作。近一年多来,中国政府在这方面做了大量的工作,并得到国际社会广泛的好评。

其次,要加快入世进程中的立法保护。加入 WTO,还要针对市场准入承诺出台一批规范新开放领域经济活动的法律法规,以完善法律体系,不留下法律空白,以免为一些不法企业利用"灰色区域"钻法律漏洞留下隐患。为保护国内产业，必须充分利用WTO的相关条款和灰色区域，通过国内立法的方式确立下来，在减轻国外产业冲击的情况下，加快国内产业的发展。例如根据WTO《保障措施协议》制定中国的《保障措施法（条例）》以及《反倾销反补贴条例》，建立产业投诉机制和规范的调查程序，增强法律的可操作性。

此外，要加强入世过程中的执法。加入WTO，必然要求减少经济活动中的人为因素，提高法制化程度。改革现行的行政管理体制，提高行政效率，增强透明度，依法行政，加强执法是加入WTO对政府提出的更高要求。

六 加入WTO与加快形成吸引和使用人才的制度环境

现代经济技术的竞争归根到底是人才的竞争，开发和利用人力资源的战略是国家与企业经济增长的源泉。加入WTO后，人才竞争是中国面临的最直接的挑战。例如，人才争夺的战场将从留学生扩大到国内优秀人才的争夺上。如何保住人才，形成有利于吸引和使用人才的制度环境，是一项十分紧迫的任务。因此，加快人力资源开发，是中国应对WTO挑战的重大战略。

加入WTO推动了中国改革开放进入新阶段。相信今后几年，中国的市场化改革会比原来预料的要快，由此会对中国的经济和社会发展起到重要的促进作用。

改革开放 30 年中国社会发展阶段的历史性变化[*]

（2010 年 10 月）

始于 20 世纪 70 年代末的改革开放，是中国 30 年来经济社会发展的基本背景。30 年来中国社会发展阶段的变化，相当大程度上得益于改革开放带来的经济发展和社会进步。

一 中国开始从生存型社会步入发展型社会的新阶段

从生存型社会向发展型社会过渡，是中国 30 年改革发展的必然结果，也是新阶段中国改革发展的重要背景。

（一）社会发展阶段变化的基本趋势

人类社会经历了从较低水平向较高水平发展的不同阶段。一个国家（地区）的社会需求结构，以及满足这些社会需求的经济结构、社会结构和制度结构等，可以作为判断发展阶段的基础，其中一个分析视角是把发展阶段划分为生存型社会和发展型社会。

在生存型社会，发展的主要目标之一是解决温饱问题；进入发展型社会，尽管经济发展水平还有待提高，但全社会大多数人的温

---

[*] 本文载于《学会》2010 年第 10 期。

饱问题已得到初步解决，发展的目标逐步聚焦于人的全面发展。在社会发展的新阶段，广大社会成员要求加快经济、社会与政治体制的全面创新，使之与发展型社会的消费结构、经济结构和社会结构相适应（见表1）。

表1　　　　　　　生存型社会与发展型社会的结构特征

	消费结构特征	经济结构特征	社会结构特征
生存型社会	经济发展水平不高，以温饱为特征的衣食住行等基本物质需求是整个消费需求的主体	农业在国民经济中的比例比较高，工业、服务业的比例较低，经济发展对人力资本的要求程度低	多数社会成员从事农业，社会贫困发生率较高，社会分化不明显
发展型社会	经济发展水平逐步提高。以人的全面发展为特征的消费需求多样化，基本物质需求比例明显降低	农业比例较小，工业、服务业在国民经济中占主导地位，经济发展对人力资本的需求程度较高	多数社会成员从事工业和服务业，由于市场和分工的拓展，社会群体开始分化

资料来源：中国（海南）改革发展研究院课题组。

（二）中国已步入发展型社会新阶段

经济发展水平、消费结构、产业结构、就业结构、城镇化率五个方面，可以作为判断中国开始从生存型社会向发展型社会过渡的参考性指标（见表2）。按照这些指标，中国在21世纪初（2000—2003年）开始由生存型社会向发展型社会过渡。这与中国在21世纪初"实现了由解决温饱到总体上达到小康的历史性跨越"的判断相一致。

表2 判断生存型社会与发展型社会的基础性标志

判断标准	判断指标	指标参考值	中国首次达到参考值的时间	2007年指标实际值
经济发展水平	人均GDP	超过1000美元	1100美元（2002年）	2456美元
消费结构	恩格尔系数	低于50%	39.4%（城镇，2000年） 49.1%（农村，2000年）	36.3%（城镇） 43.1%（农村）
产业结构	一、二、三次产业比重	第一产业比不超过15%；第三产业比不低于40%	14.1%（第一产业，2001年） 45.2%（第二产业，2001年） 40.7%（第三产业，2001年）	11.3%（第一产业） 48.6%（第二产业） 40.1%（第三产业）
就业结构	第一产业就业比重	低于50%	50%（2000年）	40.8%
城镇化	城镇化率	不低于40%	40.53%（2003年）	44.94%

（1）经济发展水平。30年来，中国经济领域取得的成就举世共瞩。1978—2007年，中国GDP总量年均增长9.8%，由3645.2亿元增加到2251481.2亿元。国家财政收入由1132.26亿元增加到51304.03亿元，扣除物价因素实际增长700%。

从发展阶段分析，人均GDP是一个国家经济发展水平的重要指标。按照邓小平的设想，中国要实现小康，一个重要标准就是人均国民总收入达到1000美元。这也是一个国家消费结构升级的重要起点。2002年，中国人均国民总收入达到1100美元，首次超过1000美元。2007年提高到2456美元。

（2）消费结构。根据联合国粮农组织的标准，恩格尔系数在59%以上为贫困；50%—59%为温饱；40%—50%为小康；30%—40%为富裕。中国城镇居民恩格尔系数在1996年降到50%以下，农村居民恩格尔系数在2000年降到50%以下，这表明中国城乡居民生活整体上已达到小康水平。2007年中国城乡恩格尔系数进一步下降到36.3%和43.1%。

（3）产业结构。用产业结构分析一个国家或地区的发展阶段时，通常把第一产业的产值不超过10%（亚洲国家不超过15%）、第三产业的产值超过40%作为参考指标。2001年，中国第一产业产值降到15%以下，第三产业产值首次超过40%，2007年，这一比重已经下降到11.3%。

（4）就业结构。按照国际通行的标准，工业化初期结束的标志之一是农业劳动力比重不超过55%；工业化中期结束时农业劳动力比重低于30%。中国的农业劳动力比重在2000年低于50%；2007年进一步下降到40.8%。

（5）城镇化进程。城镇化水平是衡量一个国家或地区现代化程度的重要标志。世界银行对全球133个国家的统计研究表明，当人均国内生产总值从700美元提高到1000—1500美元、步入中等发展中国家行列时，城镇人口占总人口比重将达到40%—60%。2003年城镇化率首次超过了40%，2007年进一步提高到44.94%。

（6）社会发展。从国民健康状况与教育事业发展看，改革开放前，中国在发展中国家就已经处于较高水平，几乎所有指标都远远超过发展中国家的平均水平。这些指标在1978年后继续加速改善。

第一，国民健康水平持续提高。根据国家卫生部公布的数据，1949年以前，中国人均预期寿命仅为35岁，2000年上升到71.4岁。2005年中国人口预期寿命为72.4岁，超过了世界平均预期寿命（67岁）。

第二，国民教育事业不断发展。中国早已普及九年义务教育。2000—2005年，小学学龄儿童入学率稳定在99%以上；初中阶段毛入学率从88.6%提高到95%；小学辍学率在2005年不到1%。成人识字率不断上升，从1981年的67.1%上升到2005年的近

89%，超过了 2004 年全世界平均成人识字率（78%）和发展中国家平均成人识字率（77%）；15 岁及以上人口平均受教育年限由 1982 年的 5.33 年提高到 2005 年的 8.5 年左右。

二　中国社会发展阶段历史性变化的主要特点

中国既是一个发展中大国，也是一个转轨大国，社会发展阶段的提升与改革开放进程紧密相连。在这一进程中，中国逐步由计划经济体制向市场经济体制转轨，由封闭社会向开放社会转型。

（一）社会发展阶段的变化与 30 年市场化改革进程同步

2003 年左右，中国初步建立了社会主义市场经济体制框架；正是在 2000—2003 年期间，中国开始进入发展新阶段。

（1）单一的公有制被多种所有制的共同发展所取代。与 30 年前相比，公有制经济的主体地位不再仅仅是量的优势，更注重质的提高，其主导作用集中体现在控制力上；同时，在体制创新的背景下，非公有制经济已经成为国民经济的重要组成部分。

（2）政府集中管制的价格机制为供求关系决定的价格机制所取代。经过 30 年的改革开放，中国实现了从政府集中管制的价格机制向市场决定的价格机制转变，政府定价和政府指导价的比重持续下降，市场调节价的比重不断上升。2006 年市场调节价在社会商品零售总额、农产品收购总额和生产资料销售总额中所占比重分别达 95.3%、97.1% 和 92.1%。

（3）政府运用行政手段调控经济的格局为主要运用经济手段的宏观调控所取代。30 年来，中国宏观调控思路和方式已由过去"一收就紧、一放就乱"的"一刀切"，逐步转变为宽严相济的"微调"和"点刹"；调控手段也从过去依靠行政命令和计划手段，转变为经济手段、法律手段和行政手段的综合运用和灵活配合。

（4）市场化改革对社会发展阶段提升的总体因素分析。从 2000—2005 年中国人类发展指数（HDI）的增幅看，GDP 指数增长贡献率达52%左右，超过预期寿命指数与教育指数增长贡献率的总和。这表明，近年中国人类发展水平的提高在很大程度上受惠于市场化改革带来的经济持续快速增长。

再例如，国民经济研究所研究表明，1987—2005年，在中国经济年均9.5%的增长中，全要素生产率贡献达3.8%—4.2%，远远超过大多数发展中国家1%和发达国家3%的贡献率。这表明，由市场配置资源引发的全要素生产率的提高，在经济增长中具有非常突出的贡献。

（二）社会发展阶段的变化与30年国际化进程相适应

对外开放在中国社会发展阶段变化中扮演着极为重要的角色。通过对外开放，中国成功地抓住第三次经济全球化的重要机遇，通过积极参与国际分工以提高自身发展能力。

（1）弥补自身发展资本不足。改革开放之初，中国自身发展资本不足，但在短短的16年间（1978—1994年），实现了从资金不足到资金相对充裕的转变。在这个过程中，对外开放引进外资发挥了重要的作用。

（2）利用外部市场缓解就业压力。中国的就业压力比较大。通过对外开放吸纳劳动力，在过去30年中一直发挥缓解就业压力的作用。以纺织业为例，2004年国内纺织业现有直接就业者1900万人，出口企业3.5万家，其中就业者约630万人，每出口1.5万美元，就创造1个就业岗位。再例如，2007年底，在港澳台投资企业和外商投资企业中的从业人员分别达到659.9万人和846.7万人，两者合计占全国从业人员总数的13.18%。

（3）有效推动国内体制的改革进程。30年的对外开放，尤其是加入WTO后，全方位的、制度性的对外开放极大地促进了中国国内体制的变革。中国在实现经济管理职能转变、产业结构调整、现代企业制度的建立以及立法司法体制改革等战略目标的同时，也在推动其他各项配套体制的改革与完善，如财税体制、社会保障以及劳动力市场体制等。

（三）社会发展阶段的变化伴随着社会转型进程

中国发展阶段的变化，也是在社会快速转型背景下发生的。

1. 社会流动带来社会活力

改革开放以来，特别是近20年来，农民向城市的流动和迁移速度加快。1990年，中国流动人口数不足3000万。到了2006年，农村外出务工劳动力超过1.3亿人。规模庞大的农民向城市迁移，一方面，每年为城市创造巨大财富；另一方面，他们在城市工作和生活带来的消费需求，有力地促进了城市经济的发展。

2. 利益分化既带来贫富分化，又带来发展动力

改革开放30年来，市场化取向的经济体制改革使利益主体开始多元化，利益分化趋势明显。这带来了两方面影响。一方面，利益分化直接导致贫富差距的扩大。例如，最高20%的城镇居民家庭人均可支配收入与最低20%的差距，从2001年的3.81倍扩大到2007年的5.50倍。另一方面，在中国特定的文化背景下，利益分化又带来了发展的动力和改革的动力。中国改革开放中的"自我归因"的文化，使贫富差距更多地体现为激励中低阶层向上流动。客观地说，没有这种利益分化带来的发展动力，中国经济发展不可能如此高速，改革也很难获得最大限度的支持。

三 中国社会发展新阶段改革发展面临的突出矛盾和主要任务

从生存型社会步入发展型社会，表明中国经济社会发展开始进入新的历史时期，这也是改革发展的关键时期。当前，中国的经济体制、社会结构和发展方式等，都在发生深刻变革。这种变革带来了巨大的发展活力，也蕴含着深刻的社会矛盾。经济体制改革引发社会利益关系的重大调整和重组；多种所有制经济发展和市场竞争导致收入差距扩大和社会分化；二元经济结构转型伴随着大规模的

人口流动，使千百年来处于停滞状态的农民生存方式发生革命性变化；经济增长方式转变和产业结构变化增加了就业的复杂性。这些变化，为中国经济社会发展提供了机遇，也提出了挑战。由此，改革发展的主要任务也发生了重大变化，需要在进一步深化市场化改革的同时，加快推进基本公共服务均等化进程。

（一）发展型社会新阶段面临日益突出的两大矛盾

中国社会发展阶段实现历史性提升，社会矛盾也随之发生明显变化。

1. 经济快速增长同发展不平衡、资源环境约束的突出矛盾

进入新世纪新阶段以来，中国经济保持旺盛的发展势头。与此同时，在温饱阶段尚未出现或者并不突出的问题，包括资源和环境约束，开始集中地显现出来。

第一，经济持续快速增长同资源环境约束的矛盾呈现出逐步扩大的趋势。一方面，尽管中国资源总量丰富，但许多关键资源的人均占有量要低于世界平均水平。耕地总量已降到18.3亿亩，人均只有1.4亩，不足世界平均水平的40%；水资源、石油、铁矿石、铜的人均占有量分别只有世界平均水平的25%、8%、45%和26%。另一方面，现阶段经济增长方式粗放，以高物质资源消耗为主，没有充分利用人力资源。2007年中国GDP占世界总量的6%，却消耗了世界钢材消费总量的30%，能源消费总量的15%，水泥消费总量的54%。

第二，环境条件的日益恶化使得经济发展的实际成效不断降低。当前中国的环境形势十分严峻。与20世纪80年代相比，中国生态与环境问题无论在类型、规模、结构、性质以及影响程度上都发生了深刻变化。能源、资源利用率低，污染物排放强度高，全国范围内主要污染物排放已超过环境承载能力。根据相关测算，这些年来中国每年因为环境污染造成的损失约占当年新增GDP的10%

左右。世界银行最新研究报告也指出，当前中国环境损失占当年GDP总量的3%，如果不改变现有发展方式，2020年将上升到13%以上。

第三，资源环境压力开始成为诸多社会矛盾和问题产生的重要原因。例如，目前中国新增的上访事件中有很大比例和环境问题相联系，2007年上半年国家环保总局的来访比上年同期增长26%；再例如，越来越多的群体性事件与环境问题直接相关。

2. 公共需求的全面快速增长与公共服务不到位、基本公共产品短缺的突出矛盾

第一，社会公共需求呈现快速增长趋势。尤其是近几年来，全社会公共需求增长速度相当快，个人用于公共产品的年均支出，大概是90年代中期以前的5年的支出规模。以城乡居民在医疗保健和教育等方面的支出为例，1990—2006年，这些满足公共需求的支出在个人消费总支出中的比重呈现明显上升的趋势。

第二，社会公共需求的结构正在发生变化。一方面，公共需求主体快速扩大，广大农民和城镇中低收入者逐步成为公共需求的主体。另一方面，公共服务项目不断扩大。新阶段广大社会成员的公共需求，不仅包括义务教育、公共卫生、基本医疗、社会保障等基本公共服务项目，还涉及中低收入群体的基本住房问题，环境保护问题和食品安全、卫生安全等公共安全问题。

第三，基本公共服务的均等化的重要性不断凸显。首先，满足基本公共服务有助于缩小收入差距。根据相关分析，教育因素对贫富差距的影响比重是20%—25%。当前中国城乡名义差距为3.33倍，如果把城乡各种社会福利因素考虑进去，实际城乡差距大概在6倍左右。这表明基本公共服务因素在城乡实际差距当中占45%左右的权重。其次，满足基本公共需求对新阶段反贫困具有重要作用。以甘肃为例，当地贫困人口相对较多，但新增贫困人口的80%

左右是因病致贫和因病返贫。只要把农民基本公共服务问题解决好，就能解决绝大部分新增贫困人口问题。再次，满足基本公共需求有助于扩大消费，促进可持续发展。在基本公共服务体制没有建立的情况下，想要老百姓把自己当期收入主要用于消费的难度很大。尽快建立稳定的、有保障的基本公共服务体制，对扩大内需，启动消费非常关键。

(二) 以市场化改革支持可持续发展

从新阶段矛盾变化的现实看，市场化改革仍然是支持可持续发展的主要动力。应对资源环境约束，需要深化市场化改革，在关键环节取得实质性突破。

1. 尽快解决资源环境制度安排的内在缺陷

当前中国要保持经济的可持续发展，关键在于理顺资源环境的体制机制。现在资源价格体系既不反映市场需求程度，也不反映市场供给状态，这导致资源利用效率低下。例如，2000年中国火电供电煤耗比日本高24.1%，吨钢可比能耗高20.9%，水泥综合能耗高44.0%，乙烯综合能耗高69.7%，合成氨综合能耗高44.2%。此外，环境制度的缺陷使得环境的外部成本无法内部化。只有尽快解决制度安排问题，资源节约型、环境友好型社会才会有较好的制度保障。

2. 加快资源要素市场化改革进程

保持经济可持续发展，必须理顺资源要素价格，提高市场化程度。当前中国资源要素市场化程度明显偏低。例如，中国石油价格与国际价格有很大差距，这与石油市场化程度不高直接相关。因此，新阶段的改革必须理顺资源要素价格。从现实情况看，如果没有大的宏观经济波动，宜尽快理顺能源价格。此外，垄断行业的改革和价格改革联系紧密，资源要素的价格管制一旦放开，垄断行业改革必须加快推进。

3. 实现环境保护和利用的"三个转变"

在应对环境挑战方面，当前，中国环保事业的发展正处于十分艰难和被动的时期。日益严峻的环保形势和不断增大的环保压力，说明环境不再是软约束，靠"拼环境求经济增长"的路不能再走。为此，要加快实现"三个转变"：一是从重经济增长轻环境保护转变为保护环境与经济增长并重；二是从环境保护滞后于经济发展转变为环境保护和经济发展同步；三是从主要用行政办法保护环境转变为综合运用法律、经济、技术和必要的行政办法解决环境问题。

（三）以基本公共服务均等化促进社会和谐

面对广大社会成员公共需求全面、快速增长与基本公共服务不到位、公共产品短缺的突出矛盾，要以解决人民最关心、最直接、最现实的利益问题为重点，使经济发展成果更多体现到改善民生上。尤其要注重优先发展教育，实施扩大就业的发展战略，深化收入分配制度改革，基本建立覆盖城乡居民的社会保障体系，建立基本医疗卫生制度，提高全民健康水平，完善社会管理，维护社会安定团结，努力使全体人民学有所教、劳有所得、病有所医、老有所养、住有所居，推动建设和谐社会。

1. 完善国民教育体系，实现由人口大国向人力资源强国的转变

中国正在实施科教兴国战略和人才强国战略，坚持教育优先发展、促进教育公平，构建现代国民教育体系和终身教育体系，努力提高学前三年毛入园率和高中阶段的毛入学率，全面普及义务教育，力争在 2010 年之前，使高等教育在学总规模达到 3000 万人。

2. 加快医疗卫生体制改革，使人人公平享有基本卫生保健

当前，中国在建立健全公共卫生服务和基本医疗保健服务的同时，需要加快建立覆盖全民的基本医疗保险制度，包括新型农村合作医疗制度和城镇居民基本医疗保险制度。新型农村合作医疗已基本覆盖农村；城镇居民基本医疗保险计划在 2010 年全面推开，使

城镇中 2 亿多没有医疗保障的非就业人员得到基本医疗保障。

3. 加快完善基本社会保障体系

中国已进入老龄化社会，养老保险、医疗保险等社会保障基金承载着巨大的支付压力。为此，需要尽快建立健全与国民经济和社会发展相适应的比较完善的劳动保障制度及运行机制，以实现体系比较完善、管理服务规范高效的社会保障事业发展目标。

4. 实施积极的就业政策，加强公共就业服务

公共就业服务是中国现阶段基本公共服务的重要内容之一。未来较长时期，中国劳动力供大于求的矛盾仍将存在。新增劳动力就业问题突出，体制转轨时期遗留的国有、集体企业下岗失业人员再就业问题尚未全部解决，部分困难地区、困难行业和困难群体的就业问题仍然存在。高校毕业生等新成长劳动力就业问题、农村劳动力转移就业问题和被征地农民就业问题全面凸显出来。为此，需要加快实施积极的就业政策，加强公共就业服务。

近年，中国关于改善义务教育、公共卫生和基本医疗、基本社会保障和公共就业服务等政策目标和政策措施，有力地推进了基本公共服务均等化进程，促进发展水平的进一步提高。从现实矛盾与问题看，还需要加快建立比较完善的公共服务体制，构建坚实的体制保障。

中国对外开放的历史新使命[*]

（2015 年 3 月）

适应我国经济转型升级的现实需求，未来几年的对外开放，要在我国走向服务业大国中承担新的历史使命，发挥新的历史作用。

一 把"一带一路"作为未来几年扩大对外开放的总抓手

在国际环境复杂多变、博弈竞争更加激烈的特定背景下，我国未来几年扩大对外开放，关键在于牢牢抓住"一带一路"这个总抓手。一方面，"一带一路"扩大了我国经济转型升级的战略空间。"十三五"我国经济转型升级面临两大任务：一是在工业3.0、工业4.0的趋势下，加快工业转型升级，尽快解决国内产能过剩问题。二是寻求服务业发展的新动力。"一带一路"沿线是一个有着60多个国家和地区、46亿总人口、20万亿美元经济规模的大市场。加快"一带一路"建设，可以为实现这两大任务提供广阔的战略空间。初步估算，亚洲各经济体基础设施到2020年要达到世界平均水平，需要8万亿美元的投资，这将成为我国中高端富裕产能"走出去"的主要目的地。另一方面，"一带一路"为我国扩大服务贸易比重，促进现代服务业发展提供新的引擎。"一带一路"不仅仅

---

[*] 本文载于《人民政协报》2015年3月9日。

是制造环节"走出去",更是设计、研发、物流、销售等高端生产性服务业的"走出去",这为我国生产性服务业带来巨大市场,成为我国扩大服务贸易的重要领域。以服务外包为例,2014年前11个月,我国服务外包合同金额和执行金额同比分别增长10.5%和29.2%。其中,承接"一带一路"地区服务外包合同金额和执行金额分别同比增长22.3%和31.5%,明显超出服务外包的增速。"一带一路"在促进我国服务贸易上有着巨大的潜力。

二 把服务业开放作为扩大对外开放的重点

从全球趋势看,服务贸易已成为新的增长点,并开始成为衡量大国经济竞争力与现代化水平的重要标志。过去十多年来,我国服务贸易规模快速提升。但总的看,我国服务贸易规模仍然偏低。2013年我国服务贸易占贸易总额比重仅为11.5%,低于全球20%的平均水平。服务业吸引外资规模和比重偏小,领域偏窄、结构低端的问题还比较突出。究其根源,我国服务业开放的程度还远不够。在内外环境深刻复杂变化下,我国对外开放面临历史性的转型抉择。加快发展服务贸易,走向服务大国,是我国对外开放的基本方向。为此,需要对"十三五"对外开放提出约束性的目标。建议:到2020年服务贸易总额达到1万亿美元以上,在2013年基础上实现规模倍增;服务贸易占贸易总额比重提高至20%,达到2013年世界平均水平。

三 努力实现对外开放的新突破

内外环境变化下,我国对外开放转型升级的时间、空间约束全面增强,以"一带一路"为总抓手,未来几年的对外开放重在实现四个方面的实质性突破。一是实现基础设施互联互通的新突破。充分发挥亚洲基础设施投资银行和丝路基金的作用,统筹规划,重点推进,尽快形成欧亚海陆立体大通道。陆上依托国际大通道,打造若干国际经济合作走廊;海上依托重点港口城市,打造通畅安全高效的运输大通道。二是实现企业"走出去"的新突破。加快推动以高铁为代表的中高端产能向东盟、中亚、非洲等"走出去";积极探索在"一路一带"地区组建研发中心、物流中心,推进研发、营销与制造等本土化;改革完善对外开放的政策与体制,尽快建立适应国际新环境的对外开放应急机制。三是实现人民币国际化的新突破。以产能合作的大项目融资为龙头,加快推进人民币自由兑换与跨境贸易结算,深化人民币的国际使用。尽快打通人民币离岸市场和在岸市场,把上海自贸区金融改革实验与"一带一路"金融开放有机结合起来。四是实现国际投资贸易规则和标准制定主导权的新突破。以金砖国家开发银行、亚洲基础设施投资银行、丝路基金等为依托,在区域、双边贸易谈判中,逐步形成中国版国际贸易新规则,增强我国在国际贸易新规则制定中的主导权。

改革开放四十年：历史跨越与时代课题[*]

（2018年7月）

习近平总书记强调指出，"改革开放是决定当代中国命运的关键一招"。具体来说，可以概括为以下三点。第一，改革开放四十年是当代中国发展的必由之路。第二，改革开放四十年是中国特色的伟大社会主义实践。改革开放把握中国国情，顺应了时代发展潮流，探索形成了中国特色社会主义的成功之路。建立了社会主义市场经济体制，极大地调动了全社会发展经济的积极性，并创造了经济发展的活力。第三，改革开放四十年是实现民族复兴的关键抉择。为此，魏礼群、张卓元和我为编委会主任、副主任，出版了《复兴之路——中国改革开放40年回顾与展望丛书》，共13本，其中我主编了《伟大的历程——中国改革开放实录》，作为迎接改革开放四十年的献礼。

一 我国开始进入工业化后期，推进以现代服务业为重点的产业变革

总的看法：改革开放40年，实现从工业化初期到工业化后期的历史性跨越，根本在于社会主义市场经济体制逐步确立并不断完

---

[*] 在第九届全国政府参事研修班上的专题报告，2018年7月16日。

善，在于由计划作为资源配置的主要手段逐步转变为由市场在资源配置中起决定性作用、更好发挥政府作用。

我国开始进入工业化后期，改革开放既站在历史新起点，又面临历史新挑战。推进以制造业转型升级为重点的产业变革，是进一步完善社会主义市场经济体制的重大任务和重大课题。

（一）改革开放40年，从工业化初期到工业化后期的历史性跨越

我国工业化初期以轻工业为主，工业化中期以重工业为主，而现在我国经济进入以服务业为主的阶段。对此，很多人有不同的看法，有人说我国已经进入工业化后期，也有人持反对意见。

从总体上来看，我认为我国已经进入工业化后期。以2017年数据为例。第一，从人均GDP指标来看，按照联合国标准，工业化后期以人均GDP（美元）7000美元为标准，2017年我国人均GDP为8836美元。第二，从产业结构看，要求第一产业占比小于10%，且第三产业占比超过第二产业占比。2017年我国第一产业占比7.9%，第二产业占比40.5%，第三产业占比51.6%。第三，城镇化率在50%—70%。2017年我国城镇化率是58.52%。第四，第一产业就业占比符合低于30%的标准。2017年我国第一产业就业占比为26.98%。从以上数据可以看出，尽管存在一些矛盾和问题，但我国开始进入工业化后期。

实现经济现代化跨越的首要原因就是，我国经过四十年的改革开放，实现了从工业化初期到工业化后期的历史性跨越。这是改革开放四十年的重大历史成就。我国刚刚进入工业化后期，可能还需要几十年时间完成工业化的任务。

改革开放40年以来，我国实现从工业化初期到工业化后期的历史性跨越，最根本原因就在于计划经济向市场经济的转变以及处理好以政府与市场关系为重点的经济体制变革。总的来说，改革开

放 40 年：一是从计划作为资源配置的主要手段逐步转向市场在资源配置中起决定性作用、更好发挥政府作用的过程；二是社会主义市场经济体制逐步确立并不断完善的过程；三是对政府与市场关系的认识不断深化的过程。

（二）改革开放 40 年政府与市场关系的重大突破

改革开放 40 年政府与市场关系的重大突破有五个方面。

——价格改革：从计划决定价格到市场供求关系决定价格。

——市场体系：从引入竞争机制到构建公平竞争的现代市场体系。

——民营企业：从"必要补充"到"重要组成部分和重要基础"。这是处理好政府与市场关系最重要的一点。而且，民营经济在国民经济中的地位作用举足轻重。民营企业在国民经济发展格局中的地位可以概括为"56789"：税收贡献超过 50%，国内生产总值（GDP）、固定资产投资、对外直接投资占比均超过 60%，高新技术企业占比超过 70%，吸纳城镇就业超过 80%，对新增就业的贡献达到 90%。[1]

——国有企业：从 20 世纪 80 年代初的"放权让利"，到党的十九大强调的"做强做优做大国有资本"。

——宏观体制改革：从指令性计划管理到宏观调控。

我国实现从工业化初期到工业化后期的跨越原因很多，但重要原因在于，改革开放处理好了政府与市场的关系，建立起了社会主义市场经济体制。

（三）工业化后期走向服务业主导的产业变革大趋势

进入工业化后期，从国内和国际上看，产业变革面临三大突出趋势。

---

[1] 孙太利：《锻造新时代优秀民营企业家队伍（建言）》，《人民日报》2018 年 4 月 4 日。

（1）由工业主导走向服务业主导的新趋势。2017年，我国服务业增加值42.7万亿元，增长8%，高于第二产业1.9个百分点，占GDP的比重为51.6%，高出第二产业11.1个百分点。从对经济的贡献率来看，2017年，服务业对经济增长的贡献率达到58.8%，高于第二产业22.5个百分点。预计到2020年，服务业规模将超过50万亿元，占GDP的比重有可能达到55%—60%，基本形成以现代服务业为主导的产业结构。

（2）第四次工业革命引领新经济发展新趋势。在第四次工业革命背景下，新技术、新经济、新业态、新模式将成为新的产业革命的重要元素，数字经济引领产业变革将成为大趋势，数字开始成为重要的生产资料。从我国的情况来看，2017年我国数字经济规模达到27.2万亿元，同比增长20.3%，占GDP的比重达到32.9%，数字经济开始成为驱动经济转型升级与产业变革的重要引擎。预计到2020年，我国数字经济规模将超过32万亿元，占GDP比重有可能达到35%；到2030年，数字经济占GDP比重将超过50%，开始全面步入数字经济时代。

（3）从要素投入转向创新驱动的新趋势。从我国的情况来看，2016年，我国实体经济中原材料、用地、用工以及物流成本分别比2015年上涨了7.2%、9.7%、6.8%、4.9%，均明显高于企业营业收入2%的增速。2017年，我国科技进步对经济增长贡献率达到57.5%，比2016年上升1.3个百分点。预计到2020年，我国科技进步对经济增长的贡献率将达到60%以上，初步形成创新驱动经济增长新格局。

（四）工业化后期处理好政府与市场关系面临的挑战

在这样的大趋势下，制造业转型升级是我国进入工业化后期的时代性课题。

1. 制造业转型升级关系实体经济振兴成败的关键

——制造业是实体经济的主体和骨干,也是振兴实体经济的主战场。制造业的优化升级决定实体经济的发展水平、发展程度和竞争优势。

——在第四次工业革命背景下,服务型制造、智能制造是全球制造业的制高点,代表着未来制造业发展的方向和经济结构高级化的趋势,也已成为当今世界各国技术创新和制造业竞争的焦点。在新的背景下,制造业全球化、智能化、服务化、信息化的特点比较突出。

——把握2020年的时间窗口,要将制造业优化升级作为振兴实体经济的主战场,加快推动我国由生产型制造向服务型制造转型,由"中国制造"向"中国智造"转变。

可以看出,制造业是我国工业化后期实体经济发展的决定性因素。

2. 制造业大而不强的矛盾突出

目前,我国制造业增加值约占世界制造业20%的份额,已成为全球制造业第一大国,但我国生产性服务业占服务业的比重为50%左右,与发达国家74%的平均水平相差20个百分点以上。[①] 但从整体产出效率来看,我国制造业增加值率约为20%,远低于工业发达国家35%的水平;制造业人均增加值仅为3000美元,仅为发达国家平均水平的1/3。[②] 目前,我国在核心技术、关键技术上对外依存度高达50%,高端产品开发70%技术要靠外援,重要零部件有80%需要进口。[③] 中兴事件突出地揭示了我国制造业缺芯的现状。从以上数据可以看出,我国制造业大而不强,与发达国家相比,还

[①] 《我国提出实现服务业增加值"十年倍增"年》,新华社,2017年6月15日。
[②] 燕玉:《中国制造业为何"大而不强"》,人民论坛,2017年5月8日。
[③] 《专家:我国核心关键技术对外依存度高达50%》,《经济参考报》2015年12月22日。

有较大的差距。

3. 制造业大而不强的关键在于生产性服务业发展滞后

我国制造业大而不强关键在于生产性服务业发展滞后。初步估算，2016年，我国生产性服务业占GDP的比重仅为25.75%。生产性服务业占服务业的比重为49%，与发达国家相差20个百分点以上。未来，加快生产性服务业发展成为我国制造业转型升级的关键。争取到2035年，我国服务业比重达到65%左右，生产性服务业占服务业的比重达到65%—70%。以德国为例，服务业占德国经济重量的比重达到70%，生产性服务业占服务业的比重达到70%，德国是制造业强国，这两个70%值得深思。

(五) 以服务业市场开放为重点进一步调整政府与市场关系的基本思路

在这个大背景下，推动以制造业转型升级为重点的产业变革，需要从以下几个方面着手。

1. 把创新作为推动产业变革的第一推动力

改革开放40年可以概括为"把门打开、把市场搞活、激励搞对"。最早的激励是农村激励，家庭联产承包责任制。1979年小岗村实行改革第一年的粮食生产总量等于过去16年粮食产量总和。产业变革的关键在于激励人，尤其是激励科研创新人才。然而，在激励方面仍面临着相当多的体制障碍和矛盾问题，直到现在还没有解决，仍需要破题。这是影响我国制造业转型升级的突出问题，需要把创新作为推动产业变革的第一推动力。党的十九大报告指出，创新是引领发展的第一动力。

——强化企业在应用创新中的主导作用，增强企业在应用创新体系中的话语权，进一步发挥政府在基础创新与制度创新中的主导作用。

——强化人才体制机制改革，建立科学合理的人才评价体系，进一步打破人才流动的制度藩篱，发挥市场在人才资源配置中的决定性作用。以培育创新型科技人才队伍作为教育变革的重大任务，实现教育由应试型向能力型转变。前些年我提出教育的二次改革，教育体制确实面临着一个极大的转变。

——坚持开放创新与自主创新并重，在开放中整合利用全球资源，形成开放创新新格局。现在一些地方非常重视创新，比如说佛山，过去佛山生产陶瓷，现在来看他把生产性研发、金融作为重要抓手。很多企业家把自己的小孩送到新加坡等地学习美术、设计，毕业后回来搞产品的研发。预计用不了太长时间，佛山将成为世界有名的陶瓷研发基地。江苏无锡、江阴，在一个镇和一个村就可以办护照，配套体系比较完备；更重要的是，他们都认识到了创新的重要性，并利用一切机会将具有创造性的研究机构、大学引进来，开始把创新作为推动产业变革的第一推动力。

2. 以更大的决心和魄力降低实体经济成本

我国经济成本主要包括三大成本，税负成本、融资成本以及制度性交易成本。第一，要把企业的成本降下来。如果不能把较高的税负成本明显降下来，要实现从制造业大国向制造业强国的转变，从低端制造业向高端制造业的转变将受到极大的挑战。建议在短期控制企业税收成本增长速度的同时，加快税收结构调整，逐步实现由间接税为主向直接税为主转变，切实把企业的成本降下来。第二，切实降低企业融资成本。发达国家的融资成本都很低，一些国家只有1%—2%。我国民营经济的融资成本有的都达到了两位数，是发达国家的几倍。所以在这个情况下，深化金融体制改革，增强金融服务实体经济，尤其是服务产业变革的能力至关重要。第三，降低制度性交易成本要有实招。需要尽快实施企业自主登记制度，适时取消企业一般投资项目备案制等。

现在的企业生很难，死更难。所以，海南建设自由贸易区、自由贸易港，需要：第一，对标新加坡、中国香港，尽快实行企业注册登记制度，企业在几个小时之内就能注册成立；第二，企业的一般投资项目取消备案制度，但政府要对投资项目进行严格监管。

3. 推进产权保护制度化和法治化进程

需要以产权保护激发企业家精神。企业家是经济活动中的重要主体，企业家精神是经济发展的重要动力。通过深化要素市场改革，理顺生产要素价格形成机制，确立企业家产权的保护机制；完善政府守信践诺机制；要严格避免以公权侵犯私权，制裁各类利用公权力侵犯私有产权的违法犯罪行为。在改革的特定阶段，纠正一些历史性案件是必要的。在尊重历史的基础上，从法律上保护产权，走向产权的制度化和法治化，从而给民营经济一个稳定预期。

4. 加快发展混合所有制经济

从党的十八大到党的十九届三中全会都提出来要加快发展混合所有制经济。要按照公益类和商业类的划分，改进对国有企业的管理，特别是放开放活大量处于竞争领域的国有企业和垄断行业的竞争性业务。持续向社会资本推出一批重大项目，敢于让利，引导和鼓励扩大社会资本参与，在发展混合所有制结构中给民间投资提供市场空间。混合所有制在实践中不能仅停留在形式上，要有实质性的突破。

5. 推动国有资本做强做优做大

1992年我发表过一篇文章《从国有企业到国有资本的过渡》，主要谈搞活国有资本。几十年过去了，在国有企业改革上有很多的讨论。党的十九大提出，要推动国有资本做强、做优、做大。为此要改革国有资本的管理体制和运营机制，探索新型国有经济管理体制。要发挥好国有资本投资运营公司的引导性作用，从传统的重资产、高杠杆的行业中逐步转型，将国有资本集中于支柱产业、战略性新兴制造业和信息技术产业，促进国有资本合理流动。要加快推动国有企业数字化改造，激活国有企业长期"沉睡"的数据资源，使国有企业数据资源变为重要资本与现实生产力。

重工业化时期，资本发挥了重要的作用，制造业服务化时期装备制造业仍然是重点，但是将其做强、做优、做大的核心问题要从资本的方面考虑。现在可以看到，东北的装备制造业也处在严重的债务链当中，面临着很多的现实矛盾。从体制上来说，混合所有制是一个重要的出路，而国有资本是解决这一问题的重要一环。

二 我国进入消费新时代，深化以服务业市场开放为重点的供给侧结构性改革

改革开放40年，由于在解决政府与市场经济方面有重大突破，我国实现了由工业化初期向工业化后期的历史性跨越。与此同时，我国进入消费新时代，需要深化以服务业市场开放为重点的供给侧结构性改革（见表1）。

基本判断：党的十九大报告提出，新时代我国社会主要矛盾是人民日益增长的美好生活需要和不平衡不充分的发展之间的矛盾。经过40年改革开放，我国发展取得了巨大进步。生存型需求、物质型需求得到初步满足，全社会对品质消费、服务型消费明显增长。我国成功实现从短缺经济时代到消费新时代的历史性提升，其根本原因在于以协调利益关系为重点的改革不断深化。

进入消费新时代，13亿人的消费市场是我国赢得国内发展与国际竞争主动的最大底气。以服务业市场开放为重点，以释放巨大内需潜力、实现经济可持续增长为基本目标，是全面深化改革开放的重大任务。

（一）改革开放40年，我国从短缺经济时代到消费新时代的历史性提升

1. 改革开放40年，人民生活总体达到小康水平，综合国力迈上新台阶

1978—2017年，全国城镇居民人均可支配收入由343元增加到

36396元,增加近100倍;我国农民人均收入由133.6(农民人均纯收入)元增加到13432元(人均可支配收入);城镇化水平不断提升,2017年我国常住人口城镇化率达到58.52%。随着我国社会主要矛盾的历史性变化,经过改革开放40年实践,我国开始进入消费新时代。

表1　　　　　　　　进入消费新时代的主要判断指标

判断指标	1978年	2012年	2017年
社会消费品零售总额(亿元)	1559	214432.7	366262
服务型消费占比(%)	—	43.71	45.2%(2016)
居民消费率(%)	48.4	36.7	39.1
最终消费率(%)	61.4	50.1	53.6
消费对经济增长的贡献率(%)	38.3	54.9	58.8

资料来源:(1)国家统计局:《中国统计摘要-2018》,中国统计出版社2018年版,第5页。(2)国家统计局:《2017中国住户调查年鉴》,中国统计出版社2017年版。

2. 进入消费新时代的最大变化是城乡居民消费结构的重大变化

——消费结构开始由物质型消费为主向服务型消费为主转型。例如改革开放初期,城乡居民每赚100元钱,60—70元用于购买食品;2017年,城乡居民恩格尔系数为29.3%,首次低于30%。我国消费结构由温饱社会、生存型社会开始发生了较大变化。

——消费结构开始由物质型消费为主向服务型消费为主转型。目前,物质型消费产品基本饱和,服务型消费较快增长。初步测算结果表明,2013—2016年,我国居民人均服务型消费支出年均增长10.2%;在消费支出结构中,2016年城镇居民服务型消费支出占比达到45.2%。估计到2020年,城镇居民服务型消费占比有望达到50%以上。

——消费将成为释放内需的最大潜力。2017年,我国社会消费品零售总额达到 36.6 万亿元人民币，消费品市场规模稳居世界第二。估计到 2020 年，我国的消费规模将达到 45 万亿—50 万亿元人民币。消费对经济增长的贡献率将保持在 60% 左右。2017 年，最终消费支出对 GDP 的贡献率为 58.8%，比 2013 年高出 11.8 个百分点。从 2014 年起，消费对经济增长的贡献率已连续 4 年超过投资，消费已成为拉动经济增长的重要推动力。

——消费水平和发展阶段相联系，一定的发展阶段，才能有一定的消费水平。我国改革开放之初取得的最大一个成绩之一就是解决了十几亿人吃饱饭的问题。改革开放 40 年以来，人们经历了从"吃不饱—吃饱—吃得香—吃得有特色—吃的环境—吃的质量—追求吃的文化"的巨大变化。生产的目的是消费，消费是生产中的生产。估计未来几年，我国最终消费支出对 GDP 的贡献率可能维持在 60% 左右。尽管 2018 年 1—5 月的消费增长率降到了两位数以内，5 月份是 8.5%，但未来还应该可以保持接近两位数的增长。

——我国已经成为世界第一消费大国。不仅国内十分关注消费，国际上也在高度关注中国的消费，因为中国消费对全球经济增长做出了重要贡献。近几年，中国最终消费对世界消费增长的年均贡献率世界第一。2013—2016 年，按照不变美元价格计算，中国最终消费对世界消费增长的年均贡献率为 23.4%，美国是 23%，欧元区是 7.9%，日本是 2.1%。中国的大市场对美国以及世界都是有吸引力的。日本的统计数字显示，中国到日本的游客已达将近 800 万人，占日本游客总数的近 45%。日本除了商场有大药房外，旅游景点也都有大药房，而且大药房的很多药品都有中文标识。买保健品、非处方药的主要是中国人。日本在 2016 年有一个统计数字预计，到 2020 年，中国到日本进行健康体检的消费额将达到 350 亿美元。

(二) 发展社会主义市场经济中协调利益关系的重大突破

改革开放40年，我国在协调利益关系方面实现了重大突破。

(1) 城乡利益关系的协调：从城乡二元经济社会结构逐步转为统筹城乡协调发展。比如形成从"包产到户"到"乡村振兴"的局面，从农民进城务工到以人为本的新型城镇化，从推行新型合作医疗到逐步建立覆盖城乡居民的公共服务体系。

(2) 区域利益关系协调：从非均衡发展走向协调发展。20世纪八九十年代鼓励一部分地区、一部分人先发展起来，从东部沿海地区率先发展，现在逐步地到促进地区经济合理布局和协调发展，深入实施区域协调发展战略，打造区域协调发展新格局。虽然现在还有差距，但是我国正在朝这个方向努力。我国区域协调发展的总格局开始形成，但是还面临着一些重大问题。比如东北的社会结构面临着很大的问题，青年人、技术性工人的外流现象十分突出。

(3) 群体利益关系的协调：从一部分人、地区先富起来到逐步走向共同富裕。打破平均主义大锅饭，实行按劳分配为主体和按生产要素分配相结合的分配方式，推进基本服务均等化，基本建立起世界上覆盖人口最多的社会保障体系等。在改革开放四十年中，通过协调利益关系，不断提高人们的生活水平，使我国开始进入以消费结构变化为主要特征的消费新时代。

(三) 以供给侧结构性改革破解"有需求、缺供给"的突出矛盾

进入消费新时代以及社会主要矛盾发生历史性变化，需要以扩大服务业市场开放为重点推进供给侧结构性改革。

1. "有需求、缺供给"是进入消费新时代面临的一个突出的结构性矛盾

——最终消费支出占GDP比重。我国2017年是53.6%，美国是83%，英国是85%。我国与发达国家还存在将近30个百分点的

差距。

——服务型消费支出占比。我国城镇居民服务型消费支出占比在45%左右,农村居民在30%—35%;而美国是67.9%,现在将近70%。

——健康产业占GDP的比重。我国目前是4%—5%,而美国是17.8%,发达国家平均至少在10%以上。

从以上对比可以看出,我国和发达国家之间存在较大的差距,我国具有巨大的市场发展空间。比如我国在教育、养老、健康、文化等服务型消费供给短缺的矛盾比较突出。目前,我国老年用品市场需求达1.6万亿元,但市场供给规模仅为4000亿元,存在1.2万亿元的供需缺口。

2. 服务型消费供给不足导致消费外流

我国自费出国留学人数由2011年的31.48万人增长到2017年的54.13万人,年均增长9.7%。[1] 如果按人均支出10万元估算,需要支出540多亿元人民币,而且留学人员逐步呈现低龄化趋势。据教育部网站消息,2017年,我国出国留学人数首次突破60万大关,达60.84万人,同比增长11.74%,持续保持世界最大留学生生源国地位。[2]

3. 服务业市场开放比较滞后

我国"有需求、缺供给"的关键问题就在于服务业市场开放比较滞后。我国服务业市场开放滞后,突出反映在"三低一高"上。

——服务业市场化水平低。改革开放40年来,我国在工业领域的市场基本实现对内对外开放,但服务业市场开放严重滞后。估计工业部门尤其是制造业95%左右已市场化,服务业估计50%左

---

[1] 《出国留学人数首次突破60万人高层次人才回流趋势明显 2017年出国留学、回国服务规模双增长》,2018年3月30日,国家教育部网站。
[2] 教育部:《2017年出国留学、回国服务规模双增长》,2018年3月30日,央视网。

右仍被行政垄断和市场垄断。比如电信就是市场垄断。服务业市场化开放程度低,使得我国服务领域供给短缺、供给不适应消费的矛盾日益突出。

——服务业对外开放水平比较低。目前,在国内服务业市场开放滞后的情况下,服务业还难以实现有序对外开放。从国际上看,发达国家对服务业的限制一般比较少,约在30项以内;发展中国家会多一些限制,但一般也在40项以内。[①] 而在我国国内自贸区负面清单的45项特别管理措施中,有31项针对服务业,占到68.89%,由此制约了服务贸易的发展。由于对内市场化程度低,对外开放程度比较低,所以服务贸易开始成为中国推动经济全球化与自由贸易的一个重点。

——服务水平低。我国在硬件方面建设得相当好,但是服务水平确实比较低,硬件和服务水平不相适应。开放竞争才是改善服务质量、提升服务标准的一个重要动力,但由于我国市场化开放程度不够,我国服务水平处在较低的水平。我国出境旅游人数不断增长,并成为第一旅游消费大国,就是非常直观的体现。

——服务价格高。在价格管制、缺乏有效竞争的情况下,某些服务业领域价格居高不下。比如,2016年,我国工业用气价格是美国的近3倍,居民用气价格则高出25%。在缺乏有效竞争的情况下,服务价格偏高是一件不可避免的事情。

在这个背景下,服务业市场开放滞后使得我国服务领域"有需求、缺供给"的矛盾比较突出。

4. 破解"有需求、缺供给"的矛盾,关键在于实现供求动态平衡的供给体系

解决这些结构性问题,关键在于实现供求动态平衡的供给体

[①] 《发展服务经济 增进人民福祉》,2018年1月23日,新华网。

系。需要深化供给侧结构性改革,破解"有需求、缺供给"的矛盾,满足人民对美好生活的需要,不断提升产品与服务的供给水平,持续释放巨大内需增长潜力。

以旅游消费为例。随着消费结构的变化,国人对旅游消费的国际化要求的内涵发生了重要变化,现在更注重国际化产品的供给、国际化服务标准、国际化的服务体系以及产品的安全性保障等。比如珠海长隆国际马戏表演,由来自澳大利亚、荷兰、美国、朝鲜、俄罗斯、蒙古国等十多个国家的演员表演,而现场的观众几乎100%是中国人。

在国内如果能够有国际化产品的供给,能够有国际化的服务体系、服务标准,能有国际化的产品安全保障,这些消费的一部分就可能在国内实现。因此,需要从更广的视野,从社会主要矛盾历史变化、消费结构的变化来考虑供给侧结构性改革。

——以打破垄断为重点,推进服务业市场开放。在以电力、电信、石油、民航、邮政等为重点的垄断行业,进一步破除各种形式的行政垄断。除基础设施部分外,相当多的竞争性生产环节都可以放开市场引入社会资本。推动服务业领域国有资本战略性调整,对可以完全市场化的自然垄断行业和企业,能退出的全部退出。暂时不能退出,或退出条件不具备的领域,可以通过出让国有控股权,发展混合所有制。在这样的条件下,力争1—2年内全面放开竞争性领域、非基本公共服务领域价格管制,到2020年使服务业领域市场化程度有明显提高。

——推动服务业向社会资本的全面开放。需要在服务业领域全面放开社会资本市场准入,取消某些不合理的经营范围限制,使社会资本逐步成为服务业市场的主体力量。

——以政府购买公共服务为重点,加快公共服务业市场开放。2016年,我国政府服务类采购规模占采购总规模的比重仅为

18.9%,与发达国家30%以上的水平有明显差距。适应13亿人公共需求变化的大趋势,要把形成多元供给主体、多元竞争主体作为发展和完善政府购买公共服务的基本目标,争取使政府采购中服务类占比提高到30%左右。政府购买服务,应该遵循"谁的产品好,谁的价格低就向谁开放"的大原则,在这个前提下实现充分竞争,使得政府购买服务的价格变得更合理。

——推进服务业市场开放的相关政策体制调整。例如,2018年第一季度,全国主要监测城市地价总体水平为4148元/平方米,商服、住宅、工业地价水平分别为每平方米7350元、6666元和813元。① 商服用地价格是工业用地价格的9倍。不合理的用地成本不仅制约了服务业的快速发展,也影响我国工业转型升级进程。同时,在服务业领域仍面临着体制内外的人才待遇、政府采购政策等方面的不平等。争取到2020年,全国基本实现服务业用地与工业用地"同地同价",实现体制内外人才政策待遇平等,实现各类所有制企业平等参与政府采购。

——建立与主动扩大进口相适应的政策体系。习近平总书记4月10日在博鳌亚洲论坛上的主旨演讲,被国际上解读为新阶段中国对外开放的一个重大战略信号或者战略部署。中国以金融为重点的服务业开始实行全面开放,并提出四大举措,其中有一条是主动扩大进口。以药品为例,我国进口药品最惠国税率为2%—4%,而进入销售还需要在此基础上加征17%的增值税,较高药品税赋使得进口药品价格上升30%左右。目前大部分发达国家对药品进口增值税进行减免,欧洲的平均水平为8.8%,美国和澳大利亚、英国、瑞士等国家将药品增值税降低为0,而我国对此并无减免。建议在

---

① 《2018年第一季度全国城市地价动态监测具体情况》,2018年4月17日,自然资源部门户网站。

进一步降低关税的同时,逐步取消药品、常见病所使用的医疗器械进口增值税及重要日用消费品进口环节增值税,切实提升老百姓的幸福感、满足感。国务院随后公布,自2018年5月1日起,以暂定税率方式将包括抗癌药在内的所有普通药品、具有抗癌作用的生物碱类药品及有实际进口的中成药进口关税降为零。尤其最近有部电影叫《我不是药神》,大家议论得特别大,相关评论也很多。因此,需要落实好国务院的决定。据统计,我国宫颈癌每年新增病例约13.5万,死亡人数约有8万。[1] 根据2018年国家癌症中心公布的最新癌症报告,2014年全国癌症死亡数229.6万例,同时新增发病例数380.4万例。[2]

(四) 以扩大中等收入群体为重点加快利益结构调整

适应我国消费结构升级以及服务业市场开放的需求,需要将继续扩大中等收入群体作为经济社会发展的一个重要目标。

(1) 中等收入群体比重过低。据统计,我国中等收入群体占总人口比重在20%—30%,而发达国家中等收入群体占总人口比重为60%—70%。与发达国家相比,我国中等收入群体比重尚有相当大的差距。

(2) 确立扩大中等收入群体的发展目标。到2020年前后,我国中等收入群体占人口比重从现在的30%左右提升到35%;到2025年,我国中等收入群体占人口比重提升到40%—45%;到2035年,我国中等收入群体占人口比重达到50%以上;到21世纪中叶,我国中等收入群体占人口比重达到70%左右。

(3) 扩大中等收入群体,需以稳定制度预期为重点,深化收入分配改革。通过保护和激发企业家精神、员工持股、知识产权保护

---

[1] 《中国内地首个宫颈癌疫苗上市》,2017年7月31日,澎湃新闻网。
[2] 《新一期中国恶性肿瘤发病和死亡分析报告:2014年新发恶性肿瘤380.4万例》,2018年4月6日,央视网。

等措施，调整我国的利益关系，形成巨大的中等收入群体，以适应我国消费结构升级的需要，并对中国拉动全球经济增长产生重要影响。

三 进入对外开放新阶段，形成以服务贸易创新发展为重点的对外开放新格局

基本判断：改革开放40年，是中国走向世界、世界走向中国的40年。40年来，我国成功把握经济全球化浪潮所带来的历史机遇，始终坚持对外开放的基本国策，成功实现从封闭半封闭到全方位开放的伟大转折，不仅实现了自身的较快发展，而且为全球经济可持续发展做出了重大贡献。其根本原因在于伴随开放进程的不断深入，我国逐步探索建立开放型经济体制，并由此走出一条以扩大开放倒逼改革、以深化改革促进扩大开放的路子。

在经济全球化新的特定背景下，积极推动以自由贸易为主线的"二次开放"，形成以服务贸易为重点的对外开放新格局，是新阶段扩大开放的重大任务。

（一）对外开放不仅深刻改变中国，也深刻影响世界

习近平总书记指出，对外开放不仅深刻改变中国，也深刻影响世界。

1. 40年对外开放深刻改变中国

——我国成为世界第一大货物贸易国。1978—2017年，我国货物贸易总额由206.4亿美元增长到4.1万亿美元，年均增长14.5%，占全球货物贸易的比重由0.77%提高到10%左右。[1] 世界贸易组织统计数据显示，2013年，我国超越美国成为货物贸易第一大国，进出口总额比美国高出2500亿美元。[2]

---

[1] 海关总署：《中国从不刻意追求贸易顺差》，《法制日报》2018年4月14日。
[2] 《中国成为世界第一货物贸易大国》，2014年5月4日，国家商务部网站。

——我国成为吸引外资最多的发展中国家。1983—2017 年，我国外商直接投资由 9.2 亿美元[①]增长到 1310.4 亿美元[②]，既是吸引外资最多的发展中国家，也是继美国之后全球第二大外资流入国。

——我国成为全球对外投资大国。2017 年，我国对外投资达1250 亿美元，成为全球第三大对外投资国和发展中国家中最大的对外投资国。

2. 40 年对外开放深刻影响世界经济发展

——我国成为世界经济增长的主要稳定器和动力源。2013—2016 年，我国经济实现了年均 7.2% 的增长速度，远高于同期美国、欧元区和日本三大发达经济体 2.1%、1.2% 和 1.1% 的年均增速[③]。据世界银行测算，2013—2017 年，我国对世界经济增长的平均贡献率超过 30%，超过美国、欧元区和日本贡献率的总和。[④]

——推动经济全球化进程。40 年来，我国贸易伙伴已经由 1978 年的几十个发展到目前的 231 个，并已成为超过 130 个国家和地区的最大贸易伙伴。21 世纪以来，我国与新兴市场和发展中国家的贸易持续较快增长。例如，2000—2017 年，东盟在中国出口市场中的占比从 7.0% 提高到 12.5%，非洲地区从 2.0% 提高到 4.1%。

——推动构建人类命运共同体。对外开放 40 年影响深刻，不仅影响中国，还影响世界。核心的问题就是建立开放型经济体制。

（二）建立开放型经济体制的重大突破

（1）引入外资：从"超国民待遇"到准入前国民待遇 + 负面

---

① 《改革开放 30 年报告之一：大改革大开放大发展》，2008 年 10 月 27 日，国家统计局。
② 《2017 年 1—12 月全国吸收外商直接投资快讯》，2018 年 1 月 29 日，国家商务部网站。
③ 统计局：《2013—2016 年中国经济年均增长速度为 7.2%》，《中国证券报》2018 年 4 月 12 日。
④ 《中国对世界经济增长的贡献率超过 30%　超过美国、欧元区和日本的总和》，《人民日报》2018 年 4 月 16 日。

清单。改革开放40年来，外资企业不断发展，已经成为我国经济的重要组成部分。利用外资的巨大成就既源于我国自身资源要素禀赋优势，更依托于我国不断扩大开放的外资政策调整与管理体制改革。比如说设立经济特区与吸引外商投资；比如说产业开放，不断完善外商投资准入的"正面清单"；再比如说我们的营商环境：以"准入前国民待遇加负面清单"管理制度为重点改善营商环境。

（2）加入WTO，开启全面开放进程。实践表明，"入世"给我国经济发展带来的机遇远大于挑战。比如说加入WTO与国际接轨，我国开放进入了不可逆转阶段。再比如说，我国落实加入WTO的承诺，推动制造业与服务业扩大开放。我国制造业基本实现对外开放，现在关键是服务业对外开放。截至目前，在世界贸易组织定义的160个服务贸易行业中，中国入世时承诺开放100个，已经开放了120个，占比75%，超额兑现承诺。在这个背景下，我国也不断降低自己的关税水平，在入世中推动外贸体制改革。

（3）"一带一路"成为推进经济全球化的新主角。"一带一路"建设要以基础设施为依托，以产能合作和以服务贸易为重点，以建立多种形式的自由贸易网络为目标。现在"一带一路"倡议已成为反对贸易保护主义，构建开放、包容、普惠、平衡、共赢的经济全球化的新主角。

（三）推动形成以服务贸易为重点的全面开放新格局

在经济全球化与国内经济转型升级历史交汇的大背景下，推进以自由贸易为主线的开放转型，不仅为经济转型与供给侧结构性改革注入强大动力，而且将给全球自由贸易和经济全球化带来重要影响，使我国由经济全球化的重要参与者转变为主要引领者。

服务贸易和服务业市场开放，这是相互依存的。服务贸易既是适应国内消费结构变化，适应国内社会主要矛盾历史性变化的重大举措，也是扩大进口，推动全球经济增长的一个重大举措。

1. 服务贸易较快发展成为经济全球化的一个基本趋势

——全球服务贸易较快发展。2012—2016年,全球货物贸易增速低于全球服务贸易增速。全球服务贸易占比由2012年的20%上升至2016年的近24%。服务贸易在全球自由贸易进程中的地位和作用日益凸显。

——服务贸易成为多边、双边贸易投资协定的焦点。已有48个国家加入了国际服务贸易谈判（TISA），覆盖全球70%的服务贸易；无论是区域全面经济合作伙伴关系（RCEP）、中日韩自贸区等多边自贸区谈判，还是中欧等双边投资协定谈判，相当一部分涉及服务贸易，矛盾与分歧大都集中在服务贸易方面。

2. 服务贸易发展已经成为我国经济转型升级当中对外开放或者开放转型的重点

——我国经济转型升级蕴藏着巨大的服务贸易需求。消费新时代对服务贸易需求很大，估计到2020年，我国服务贸易总额将达到1万亿美元，占外贸总额比重将由2017年的14.5%提升到20%左右，占全球服务贸易的比重将由2016年的7%提升到10%左右。到2030年，我国将成为全球最大的服务进口国，占全球服务进口总额的13.4%，约为目前的3倍，领先于美国（7.7%）和德国（5.8%）。

——服务贸易发展滞后成为我国对外贸易的突出短板。2016年服务贸易占贸易总额的比重，世界的平均水平为23.7%，印度为31.4%，美国为25.5%，日本为22.7%，德国为20%，英国为34.6%。在制造业服务化的背景下，货物贸易的40%—50%由服务贸易带动，尽管服务贸易仅占23.7%，但是在全球的贸易增长当中在某种意义上起决定性作用。2017年，我国服务贸易占外贸总额的比重仅为14.5%，比上年下降了0.6个百分点，比2016年全球平均水平低了近10个百分点。服务贸易发展滞后成为我国对外贸易的突出短板。

——"走出去"中服务贸易滞后于产能合作的实际需要。以金融业为重点的服务业企业"走出去"滞后于实体企业"走出去"步伐,也滞后于产能合作的实际需求。2016年,我国与"一带一路"沿线国家和地区服务贸易额占其贸易总额的比重仅为11.4%(见表2)。①

表2　　　　2016年我国服务贸易额与世界相关国家的对比

国家	服务贸易总额(亿美元)	服务贸易额占贸易总额的比重
中国	6575	15.1%(2017年为14.5%)
世界平均	—	23.7%
印度	2956	31.4%
美国	12555	25.5%
日本	3585	22.7%
德国	5848	20.0%
英国	5258	34.6%

资料来源:《中国统计年鉴2017》、联合国贸发会议数据库(UNCTADSTAT)。

3. 以服务贸易为重点形成全面开放的重大举措

——推进"一带一路"产能合作与服务贸易开放融合的进程。2016年,我国与"一带一路"沿线国家或地区服务贸易额占其贸易总额的比重仅为11.4%。为此,在深化产能合作的同时,要以服务贸易为重点,加快构建"一带一路"多种形式的自贸区网络。

——以服务贸易为重点加快国内自贸区转型。2015年公布的自贸区负面清单是122项,83项是限制服务贸易的。2017年6月我国自贸区负面清单从122项缩减到95项,其中限制服务贸易的有70项。今年6月30日发布的2018年版自贸区负面清单已经缩减到

---

① 迟福林:《以改革开放的新突破助推经济转型升级》,《光明日报》2018年6月25日。

45项。国内自贸区的核心问题，就在于能不能在服务业市场开放与服务贸易方面走在全国前面，真正起到先行先试的作用。

——探索开展服务业产业项下的自由贸易政策。支持具备条件的地区率先实行旅游、健康、医疗、文化、职业教育等产业项下的自由贸易政策，走出一条以开放转型提升经济发展质量，适应消费结构升级的新路子。如果这些服务贸易政策能够有突破，可能比现在自贸区的作用更强。

——加快推进粤港澳服务贸易一体化。实现粤港澳服务贸易一体化，尤其在粤港澳大湾区率先进行服务贸易一体化，这样既可以使港澳分享国家改革发展的成果，更重要的是有利于促进我国服务贸易水平的提升，促进广东省对外开放水平的提升。由此，使得我国以服务贸易为重点的开放新格局在广东实现重要突破，从而带动全国的重大突破。

——尽快形成海南自由贸易区（港）服务贸易新高地。4月13日，习近平总书记在庆祝海南建省办经济特区30周年大会上的讲话中郑重宣布，党中央决定支持海南全岛建设自由贸易试验区，支持海南逐步探索、稳步推进中国特色自由贸易港建设，分步骤、分阶段建立自由贸易港政策和制度体系。同时宣布，海南自由贸易港建设，不以转口贸易和加工制造为重点，而以发展旅游业、现代服务业和高新技术产业为主导。

海南自由贸易区（港）的产业定位是以服务贸易为主导，符合新的阶段经济全球化的大趋势，有利于从全国的大局出发做海南定位，突出海南的优势。

第一，以服务国家重大战略为目标。海南搞自由贸易试验区、自由贸易港，绝不仅仅是海南区域发展战略，更是国家重大战略。正像中央12号文件提出的，这是习近平总书记亲自谋划、亲自部署、亲自推动的重大国家战略，必将对构建我国改革开放新格局产生重大而深远影响。把海南打造成为21世纪海上丝绸之路的重要战略支点,把海南打造成为我国面向太平洋和印度洋的重要对外开放门户。如果能形成泛南海23个国家和地区的经济圈,海南的战略地位对我国未来对外开放将有重大的作用。

第二,以自由贸易港为主题。现在中央要求海南到2020年,自由贸易试验区取得重要进展,到2025年自由贸易港体系初步建立,到2035年自由贸易港的制度体系与运作模式基本成熟。按照中央的要求,要以自由贸易港建设为主题,高标准高质量推进自由贸易试验区进程。海南自由贸易区跟全国其他11个自由贸易区最大的不同,是明确了它是建设自由贸易港的一个准备阶段。

第三,以服务贸易创新发展为主导。服务贸易创新发展是海南的鲜明特点。这既是符合国家战略需求的方向,也是海南这个岛屿经济体实现跨越式发展的现实选择。海南完全有条件在服务业市场开放和服务贸易创新上推出重大举措,形成独特优势。2017年,海南服务业占比为55.7%,高出全国4.1个百分点;海南服务业对经济增长的贡献率为79.5%,高出全国20.7个百分点。海南发展服务贸易潜力巨大。海南要加快在服务贸易发展上大胆突破。学习借鉴国际自由贸易港的成熟做法,只要符合海南发展趋势就可以大胆探索。

第四,以制度创新为核心,打造全面深化改革开放的新标杆。习近平总书记提出的两句话特别重要:以开放为先,以制度创新为核心。这对于海南来讲极为重要。制度创新有巨大的红利。海南岛资源丰富,但是资源利用效率并不高。2017年底,海南的土地利用面积、利用价值只等于广东全省的26%;若能达到广东全省的50%左右,将产生出接近上万亿元的资本需求。按照中央要求,调整行政区划,打破行政体制束缚,以最大限度利用资源效益为目标,实现土地利用统一、产业布局统一、基础设施统一、社会政策统一、环境保护统一等,将极大地提升海南的资源利用价值。

第五,以中央的顶层协调、顶层推动为保障。中央成立了推进海南全面深化改革开放领导小组,办公室设在国家发改委。

习近平总书记在庆祝海南建省办经济特区 30 周年大会上的讲话中强调:当前,改革又到了一个新的历史关头,推进改革的复杂程度、敏感程度、艰巨程度不亚于 40 年前。因循守旧没有出路,畏缩不前坐失良机。改革开放的过程就是思想解放的过程。没有思想大解放,就不会有改革大突破。

——我国改革开放 40 年建立与完善社会主义市场经济体制上的改革实践,是人类发展史上独特而又重大的创举。改革开放 40 年,实现了中国走向经济现代化的历史性跨越。

——我国经济转型升级蕴藏着巨大增长潜力。以释放内需潜力为基本目标谋划下一步的改革开放。从我国和全球来看,中国都是个最大的市场,我国经济转型升级至少还要 10 年、20 年的时间。我国第三产业 GDP 占比 51.6%,离 70% 还有 20 个百分点;我国服务型消费需求现在只有 45.5%,离 70% 还有将近 30 个百分点的差距;现在我国户籍人口城镇化率只有 42.35%,常住人口城镇化率只有 58.52%,中国是个大国,不可能有 90% 以上城镇人口,但是城镇化率至少可以达到 70% 左右,现在离这个差距还有 20 个百分点左右。

——面对内外的挑战,释放内需潜力,实现可持续增长,要作为我国改革开放的重要目标。要把全面改革与扩大开放高度融合,相互促进,创造在全球标准下比较好的营商环境。我国现在营商环境排在全球第 78 位,排在 G20 中的倒数第 5 位。营商环境一定要从全球的角度看,因为资本是全球流动的。如果营商环境有问题,很难留住民营资本。

——没有思想大解放,就不会改革大突破。交易成本、融资成本、制度性交易成本要降下来,很多事情需要改革突破。在这个大解放当中政府职责位于首位。

以全面深化改革开放赢得未来[*]

（2018年11月）

改革开放40年来，我国通过建立并不断完善社会主义市场经济体制，极大地激发了市场活力与经济活力：实现了GDP年均9.5%、人均GDP年均8.5%的增长，经济总量占全球的比重由1.8%上升至15%；近年来，我国对世界经济增长的贡献率超过30%，日益成为世界经济增长的动力之源、稳定之锚。实践证明，"改革开放这场中国的第二次革命，不仅深刻改变了中国，也深刻影响了世界！"。

当前，我国经济发展面临着内外环境重大变化带来的新矛盾、新挑战。今天，总结改革开放40年的基本实践，不是为了简单地彰显过去，而是为了实现新阶段全面深化改革开放的重要突破，以赢得国际竞争合作与国内稳定发展的主动。

一 我国开始进入工业化后期，推动制造业转型升级，关键在于改善实体经济发展的大环境

改革开放40年来，我国成功实现从工业化前期到工业化后期的历史性跨越，主要得益于以处理好政府与市场关系为重点的市场

---

[*] 本文载于《经济日报》2018年11月1日。

化改革；得益于打开国门积极融入全球市场。当前，我国开始进入工业化后期，推进制造业转型升级，成为全面深化改革开放的一个重要任务。

以产权保护为重点强化民营经济发展的法治保障。民营经济的发展是改革开放40年的重大成果，是推进制造业转型升级的主体力量。推动制造业转型升级离不开民营经济健康发展的支撑和支持。目前，民营经济发展面临一系列压力和挑战，这种状况不利于制造业转型升级，也不利于推动经济高质量发展。对此，既需要采取强有力的举措，应对民营经济面临的困难与挑战；更需要抓紧研究制定相关法律法规，为民营经济稳定发展奠定更为坚实的法治保障基础。

以降低制度性交易成本为重点重塑"中国制造"的竞争优势。过去40年，"中国制造"依托低成本优势快速崛起；今天"中国制造"的低要素成本优势正在逐步减弱。"中国制造"要重塑新的综合成本优势，关键在于通过系统的制度变革，着力降低制度性交易成本。一是着力大幅降低企业税收负担、社保费用负担，以支持民营企业渡过难关、发展壮大；二是着力解决与实体经济融资需求相匹配的普惠金融问题，降低中小微企业融资成本；三是着力破除能源、交通等领域的垄断格局和利益藩篱，为民营企业发展提供公平竞争的市场环境。

以激活创新要素为重点发展中高端制造业。当前，制造业向服务化、数字化、智能化转型升级的趋势明显，迫切需要加大创新发展力度。我国拥有世界第一的人才规模和世界第二的研发投入，但受多种因素影响，人才规模和研发投入规模优势还难以充分转化为自主创新优势和市场竞争优势；科技成果转化率较低，与发达国家相比差距甚大。这就迫切需要把提高科技要素配置的市场化程度作为全面深化改革的重要任务，推动科研领域不断深化改革；迫切需要采取员工持股等多种形式激励科技创新，建立科技成果转化的有效激励机制；迫切需要鼓励科研机构探索建立法人治理结构，形成以科研为中心的创新管理新体制和激励创新的新机制；迫切需要推动教育改革，推动开放型、创新型教育改革的实质性突破。

二 我国进入消费升级新时期，释放巨大内需潜力，关键在于以服务业市场开放为重点深化供给侧结构性改革

改革开放40年来，我国在释放市场活力的同时，注重协调利益关系和增强改革普惠性，实现了从短缺经济社会到消费升级新时期的历史性提升。当前，我国城乡居民的消费结构正由物质型消费为主向服务型消费为主转型升级，并蕴藏着巨大的内需潜力。预计到2020年，城镇居民服务型消费比重将由目前的45%左右提高到50%左右。以服务业市场开放为重点深化供给侧结构性改革，既是适应我国社会主要矛盾变化、满足全社会服务型消费需求的重大举措，也是把巨大内需潜力转化为产业变革新优势的关键所在。

把服务业市场开放作为深化供给侧结构性改革的重大任务。在服务型消费快速增长的条件下，我们预计到2020年，我国居民消费需求规模将由2017年的37万亿元左右增长到50万亿元左右。我国日益扩大的巨大消费潜力是未来10年保持经济平稳健康发展的重要基础。需要看到的是，当前，由于服务业市场开放滞后，服务型消费"有需求、缺供给"的矛盾较为突出。适应消费结构升级的大趋势，关键要以服务业市场开放释放市场化改革的新红利。特别要打破服务业领域的行政垄断与市场垄断，推动服务业向社会资本全面开放，形成市场决定服务价格的新机制。

在政府保基本的前提下，公共服务领域要放开市场、引入竞争。教育、健康、养老、文化、体育等服务型消费都是消费升级的热点领域，都带有公共服务的属性。在消费个性化、差异化、多元化的今天，这些服务领域的市场放开后，可以创造巨大的细分市场，成为新的增长动力。为此，要在突出强调政府保基本公共服务的同时，在公共服务领域尽快、尽量引入竞争机制，优化公共服务供给体系：在公共服务领域的供给环节，引入竞争性供给主体，形成多元供给主体、多元主体竞争的新格局；改革和完善政府购买公共服务的政策体系，尽快扩大政府购买公共服务的范围，以降低成本，提高政府公共服务效率。

以扩大中等收入群体为重点加快利益结构调整。2020年到2035年是我国由中高收入阶段迈进高收入阶段的关键时期，要形成合理的利益结构，中等收入群体比例需要从现在的30%左右提高到50%以上。为此，要把以扩大中等收入群体为重点的收入分配制度改革作为全面深化改革的一项重大任务，并形成推进改革的行动路线。比如，尽快建立并完善有利于企业家创新创业的激励约束机制，依法保护企业家财产权和创新收益；在条件成熟的企业实行规范的员工持股，让更多有能力的企业员工能够凭借自身的技术、管理获得财产性收入，并形成企业与员工的利益共同体；加大知识产权保护力度，形成知识产权保护的制度环境；多渠道增加农民收入，重要的是保障农民财产权益，增加农民财产收益，使部分农民和农民工逐步成为"扩中"的生力军；等等。

三 我国开始进入对外开放新阶段，应对经济全球化新变局，需要坚定推进以自由贸易为主线的全面开放

改革开放40年来，我国抓住经济全球化浪潮带来的历史机遇，始终坚持对外开放的基本国策，成功实现从封闭半封闭到全方位开放的伟大转折。今天，我国经济转型升级蕴藏着巨大的内需潜力，这是我国融入全球经济、进一步扩大开放的突出优势。立足近14亿人的内需大市场，保持战略定力，以高水平的开放倒逼高难度的改革，我国就有条件、有能力应对外部环境变化的挑战。

建立与主动扩大进口相适应的制度与政策体系。以往在快速工业化的过程中，进口结构与居民消费结构脱节，进口不适应城乡居民消费尤其是服务型消费现实需求的状况较为突出。比如，有报告指出，我国进口总额中，消费品比重不足10%。伴随我国居民消费升级，对高品质商品和服务的需求日渐强烈，积极主动扩大进口，同时建立与之相适应的制度与政策体系，可以更有效、更直接地增加相关供给，满足人民群众日益增长的美好生活需要。未来几年，如果消费品进口比重达到20%的水平，不仅会给我国消费结构升级创造市场条件，而且每年将给其他国家带来约4000亿美元的出口机会。

推进"一带一路"国际产能合作与服务贸易融合发展。从实践看，以金融业为重点的服务业企业"走出去"较为滞后。推动共建"一带一路"高质量发展，要在开展国际产能合作的同时，更加注重推动服务贸易合作，提升产能合作水平。在有条件的地方，探索实行服务业产业项下的自由贸易政策。从不同区域的独特优势出发，重点与"一带一路"沿线国家和地区开展以教育、健康、医疗、旅游、文化、金融、会展为重点的服务业项下的自由贸易试点。

以服务贸易为重点打造对外开放新高地。比如，以服务贸易为重点促进国内自贸试验区转型升级，不断创新负面清单管理制度，更大范围扩大服务业市场开放，加快推进粤港澳服务贸易一体化进程，着力实现粤港澳服务贸易自由化体制无缝对接的突破；以服务贸易为重点，以服务业市场全面开放为引领，着力建设具有世界影响力的海南国际旅游消费中心，探索形成海南自贸试验区服务贸易新高地。

当前，我国的改革开放又到了一个新的历史关头，推进改革的复杂程度、敏感程度、艰巨程度不亚于40年前。在经济转型升级趋势与外部环境深刻变化交织的新形势下，改革发展面临着新任务新挑战。以全面深化改革开放赢得主动，关键是进一步解放思想，重行动、抓落实、见成效。坚定地以处理好政府与市场关系为主线加快完善社会主义市场经济体制，释放近14亿人的巨大内需潜力，不仅将赢得未来10年乃至更长时间我国经济的健康稳定发展，也将更大地惠及整个世界。

开放是最大的改革[*]

（2019年9月）

通过扩大开放，在更大范围内参与竞争，明显提升经济运行效率，以高水平开放推动经济转型升级。

经过40多年的改革开放，我国从打开国门到全方位开放；从制造业领域为主的开放到服务贸易领域为重点的开放；从货物和服务为重点的开放到制度型、结构性开放；从经济全球化的参与者到经济全球化的推动者，走出了一条令世界瞩目的新型开放大国之路。当前，面对世界百年未有之大变局，作为新型开放大国，我国坚持全面深化改革开放，正以高水平开放推动形成新时代改革发展的新格局。

改革开放40多年来，我国坚持打开国门搞建设，释放了巨大的发展潜能，在促进自身经济社会快速发展的同时，将本国的发展与世界各国的发展相融合。

40多年改革开放之路也是新型开放大国的成长之路。目前，我国已经成为世界第二大经济体，成为第一大工业国、第一大货物贸易国、第一大外汇储备国。无论从综合国力看，还是从国际影响

---

[*] 本文载于《人民政协报》2019年9月12日。

力看，都达到了新中国成立以来的历史新高度。新型开放大国，不仅是对我国 40 多年改革开放发展成就的一个客观概括，更是观察、分析中国在全球经济新格局中的一个新的视角。

作为新型开放大国，我国正在从"世界工厂"向"世界市场"转变，在促进和引领全球自由贸易进程中扮演更加重要的角色。例如：成为全球经济增长的重要贡献者；成为全球自由贸易进程的重要推动者；成为拉动全球就业的重要促进者；成为推动全球数字革命的领先者之一等。2013—2018 年，中国对世界经济增长的年均贡献率达到 28.1%，成为世界经济增长的第一引擎。

党的十八大以来，适应经济全球化新形势，我国加快建立开放型经济体系。由此，扩大开放呈现新的趋势。一方面，从货物贸易为主逐步向服务贸易为重点的开放转型。近两年，我国服务贸易对全球服务贸易增长的贡献率达到 25% 左右。另一方面，以建立高水平的开放型经济体系为重点，从一般性市场开放向制度性、结构性开放深化。由此，开放领域与范围不断扩大，从制造业领域向以金融等为重点的服务业领域的开放不断拓展。

"一个人可以走得快，一群人才能走得远。"近些年，我国通过扩大自身开放，在实现自身发展的同时，积极推动各国共同发展。例如，我国提出并推动的"一带一路"倡议，主张以共商共建共享原则为引领，以基础设施建设互联互通为依托、以产能合作与服务贸易为重点，构建全球互联互通的伙伴关系。

作为具有世界影响力的新型开放大国，面对百年未有之大变局，中国如何看世界，世界如何看中国，成为国际国内广泛关注的重大问题。

中国以构建人类命运共同体为时代目标，主张构建新型国际关系、完善全球治理以携手应对人类面临的各种风险挑战，推动自身与全球经济更深度地融合，实现共赢共享。中国以维护经济全球化为重要使命，主张开放、包容、普惠、平衡、共赢的经济全球化。面对单边主义、贸易保护主义的挑战，主张通过更高水平开放，促进贸易与投资自由化便利化，推动建设开放型世界经济。中国坚定维护以规则为基础的多边贸易体制。坚定维护以规则为基础的多边贸易体制，推动贸易和投资自由化、便利化不停步，主张在坚持开放与非歧视等核心价值前提下推动世贸组织改革。

未来10年将是中美关系的关键时期。重塑合作共赢的大国关系，需要双方以相互尊重、平等互利的原则妥善处理经贸摩擦；需要双方把握趋势，以维护世界稳定发展的大局为重，处理好双边关系；需要双方基于长远的共同利益，解决好双方竞争与合作中的矛盾与冲突。

开放是最大的改革。作为新型开放大国，开放牵动影响全局、开放与改革直接融合、开放倒逼改革的时代特征十分突出。我们要以开放统筹国内国际两个大局，形成自身全面深化改革的新动力。

建设高质量市场经济，需要推进高水平开放，在扩大开放中充分发挥市场在资源配置中的决定性作用和更好发挥政府作用。例如：对国企、民企、外企一视同仁，为企业平等竞争提供制度保障，使企业在公开公平竞争中转型升级；加快服务业市场开放进程，使服务业开放水平逐步赶上制造业的开放水平等。

竞争是市场经济的本质，竞争政策在经济政策中发挥基础作用是高水平市场经济的重要标志。强化竞争政策的基础性地位需要在高水平开放上出实招，为各类市场主体创造一个公平竞争的市场环境。

我们应以高水平开放加快完善国际化、法治化、便利化的营商环境。这就要求大幅缩减边境内壁垒与制度性交易成本，完善"准入前国民待遇＋负面清单"管理制度，保护企业财产权保护与知识产权，以减税降费为重点降低制度性交易成本，推进政府采购公开化、市场化进程。

  我国已经深度融入世界经济，经济转型发展中的问题需要在扩大开放的条件下解决。适应经济全球化及新科技革命的大趋势，要在扩大开放中有效释放创新活力，形成开放创新的新格局。通过扩大开放，在更大范围内参与竞争，明显提升经济运行效率，以高水平开放推动经济转型升级。由此，不仅奠定走向高质量发展的坚实基础，而且将同世界经济形成更加良性的互动，带来更加进步繁荣的中国和世界。

新型开放大国的选择[*]

（2019 年 9 月）

进入发展新阶段，中国经济已经深度融入世界，经济转型发展中的问题更需要在扩大开放的条件下解决。面对世界百年未有之大变局，如何应对复杂多变的外部形势，如何维护多边贸易体制、推进开放包容普惠平衡共赢的经济全球化，如何以开放统筹国内国际两个大局、形成自身全面深化改革的新动力，成为当下洞察和判断大变局下的中国与世界的重大课题。9 月 10 日，中国（海南）改革发展研究院在京发布 2019 改革研究报告《新型开放大国——共建开放型世界经济的中国选择》，现将该报告总论摘要刊发如下，以飨读者。

2019 年是中华人民共和国成立 70 周年。新中国成立以来，特别是改革开放 40 年来，我国从打开国门到全方位开放；从制造业领域为主的开放到服务贸易领域为重点的开放；从货物和服务为重点的开放到制度性、结构性开放；从经济全球化的参与者到经济全球化的推动者，走出了一条令世界刮目相看的新型开放大国之路。

当今世界正处于大发展、大变革、大调整时期。作为新型开放

---

[*] 本文载于《经济参考报》2019 年 9 月 11 日。

大国的中国，面对百年未有之大变局。第一，坚持以构建人类命运共同体为时代目标，主张构建新型国际关系、完善全球治理，以携手应对人类面临的各种风险挑战。第二，以维护经济全球化为重要使命，主张开放、包容、普惠、平衡、共赢的经济全球化。第三，以平等互利、相互尊重为基本原则，妥善处理中美关系，主张立足长期重塑合作共赢的大国关系。第四，以推进"一带一路"为重要载体，主张通过平等协商协作实现互利共赢，构建全球互联互通的伙伴关系。作为新型开放大国，中国以深化自身改革开放为重要基础，进一步将本国的发展与世界各国的发展相融合。一个更加开放的中国，将同世界形成更加良性的互动，带来更加进步繁荣的中国和世界。

一 对外开放的基本国策

当今世界处于百年未有之大变局。作为具有世界影响力的新型开放大国，中国以何种方式影响世界，世界如何客观看待中国，成为国际国内广泛关注的重大问题。面对单边主义、贸易保护主义挑战，中国坚持改革开放不动摇，加快推出扩大开放的重大举措，坚定维护多边贸易体制，推动贸易和投资自由化便利化不停步，"坚持走开放融通、互利共赢之路，构建开放型世界经济"。我国主动开放、扩大开放，将赢得与世界共同发展、融合发展的未来。

开放的大门越开越大。改革开放 40 年来，我国坚持打开国门搞建设，释放了巨大的发展潜能，改变了我国在全球经济格局中的地位。当前，我国已经成为世界第二大经济体、第一大工业国、第一大货物贸易国、第一大外汇储备国。无论从综合国力看，还是从国际影响力看，都达到了新中国成立以来的历史新高度。作为新型开放大国，中国通过更高水平开放使全球分享自身经济转型与改革发展成果。

开始成为世界大市场。作为新型开放大国，中国从"世界工厂"向"世界市场"转变，在促进和引领全球自由贸易进程中扮演更为重要的角色：成为全球经济增长的重要贡献者。近几年来，中国对世界经济增长的贡献率持续保持在30%左右；成为全球自由贸易进程的重要推动者。《2017年度中国对外直接投资统计公报》显示，2017年末，中国对外直接投资存量超过1.8万亿美元，在全球排名跃升至第二位，较上年提升了四位；成为增加全球就业的重要贡献者。

从货物贸易为主逐步向服务贸易为重点的开放转型。适应全球服务贸易快速发展的大趋势，近年来，我国采取一系列服务贸易开放举措，加快服务业市场开放。近两年，我国服务贸易对全球服务贸易增长贡献率达到25%左右。由此，不仅适应国内居民日益增长的服务型消费需求，而且为推动全球经济增长做出重要贡献。第一，中国成为推动全球数字革命的领先者之一。2018年中国数字经济规模达到31.3万亿元，增长20.9%，占GDP比重为34.8%。第二，中国服务贸易增长潜力巨大。我国服务贸易平均增速高于全球，2018年服务进出口额达到5.24万亿元人民币，同比增长11.5%，已连续5年位居世界第二。如果服务贸易潜力充分释放，到2030年，我国将成为全球最大的服务进口国，占全球服务进口总额的13.4%，约为目前的3倍。

从一般性市场开放向制度性、结构性开放深化。制度是各类行为的规范。所谓"制度性开放"，其重点是公开市场、公平竞争，对标国际规则，建立并完善以公开、规范为主要标志的开放型经济体系。结构是各种要素相互关联的方式。所谓"结构性开放"，其重点是开放领域与范围的扩大，即从一般制造业领域向以金融等为重点的服务业领域的开放。制度性、结构性开放的重要目标是建立高水平的开放型经济体系。一方面，中国从"世界工厂"走向"世界市场"，主动与世界经贸规则对接。另一方面，按照公开市场、公平竞争的原则，推进国有企业改革、知识产权保护、产业政策、政府补贴、环保标准等与世界经贸规则的对接，成为我国以扩大开放倒逼深化改革的重大任务。

二 主动融入世界的开放观

当今世界，随着经济全球化与科技革命进程加快，无论是发达国家还是发展中国家，各国的发展联系日益紧密、共同需求日益增加。适应这个大趋势，中国主张构建人类命运共同体和构建新型国际关系，推动建设人类共同的"未来社区"。

坚持融合发展，共同发展。"一个人可以走得快，一群人才能走得远。"近些年，中国在扩大自身开放的同时，积极主动推动各国的共同发展。中国提出共建"一带一路"倡议，主张以共商共建共享原则为引领，以基础设施建设互联互通为依托、以产能合作为重点，构建全球互联互通的伙伴关系。面对气候变化等共同挑战，中国坚持经济、生态、社会效益相统一，坚持绿色发展理念。

坚定推动经济全球化进程。改革开放之初，中国更多是作为适应者、参与者融入经济全球化；今天，中国正在成为经济全球化的重要推动者。中国开放的大门越开越大，成为全球自由贸易进程的坚定维护者、推动者。

坚定维护以规则为基础的多边贸易体制。面对单边主义、贸易保护主义的挑战，中国坚定维护以规则为基础的多边贸易体制。当前，一系列"本国优先"的贸易保护政策严重威胁以规则为基础的全球自由贸易体系。2019年，全球新增不利贸易干预数量达388项，是2009年的30倍；2018年，全球新增贸易限制政策占新增贸易政策的34%，比上一年大幅提升了10个百分点。在此背景下，坚定维护以规则为基础的多边贸易体制不仅是中国扩大开放的重要目标，也是新型开放大国的全球责任。

主张平等参与、共治共享的全球经济治理。虽然现有国际经济治理体系并不完善，需要加以改革，但推倒重来、"另起炉灶"不仅将破坏现有的国际经济秩序，还将破坏世界的和平稳定。作为新型开放大国，中国捍卫以联合国为核心、以国际法为基础的国际体系。在这个重要前提下，改革现有的国际经济治理体系，完善全球经济治理机制。目前，世界经济增量部分有80%来自新兴市场国家和发展中国家，但新兴市场国家和发展中国家全球治理地位的实际改善有限，在全球经济治理中话语权不足。这就需要以提升代表性、公平性和有效性为目标，加快推动世贸组织、国际货币基金组织、世界银行等国际经济治理机制的改革。

重塑合作共赢的新型大国关系。未来10年将是中美关系的关键时期。中美关系的妥善处理需要立足长期，以多边主义为基础，避免陷入战略误区，避免零和博弈，更要避免陷入冷战与对抗。重塑合作共赢的大国关系，需要双方以相互尊重、平等互利的原则妥善处理经贸摩擦；需要双方把握趋势，以维护世界稳定发展的大局为重，处理好双边关系；需要双方基于长远的共同利益，解决好双方竞争与合作中的矛盾与冲突。美国商会等机构发布的报告预测，受中美经贸摩擦影响，2019年及未来4年美国国内生产总值比不打贸易战的基准情景每年要少增长640亿—910亿美元，占国内生产总值总额的0.3%—0.5%；如果美国对所有中国输美商品征收25%关税，未来10年美国国内生产总值将累计少增长1万亿美元。当前，在两国经济体量差距有所缩小的情况下，出现竞争加大的态势是不可避免的。但中美更应当看到双方互补性和合作共赢的空间和潜力巨大，尽快形成合作共赢的新型大国关系。

三 开放是最大的改革

进入发展新阶段，我国经济已经深度融入世界，经济转型发展中的问题更需要在扩大开放的条件下解决。作为新型开放大国，开放牵动影响全局、开放与改革直接融合、开放倒逼改革的时代特征十分突出。为此，要以开放统筹国内国际两个大局，形成自身全面深化改革的新动力。

强化竞争政策的基础性地位。竞争是现代市场经济的本质，竞争政策在经济政策中发挥基础作用是高水平市场经济的重要标志。当前，强化竞争政策的基础性地位，有利于充分发挥市场在资源配置中的决定性作用和更好地发挥政府作用，是处理好政府与市场关系的关键与重点。例如，加强与国际经贸规则对接，关键是强化竞争政策的基础性地位，创造各类市场主体公平竞争的市场环境。从实践看，靠政府扶持和政府补贴发展起来的产业难以形成较强的竞争力。强化竞争政策的基础性地位，就是要保障各类市场主体之间的公平竞争，就是要最大限度地激发企业家精神，在此基础上形成开放创新的新格局。

实现经济活动由地方政府间竞争向企业主体间竞争的转变。当前，地方政府间的某些竞争仍然存在，并成为影响企业主体公平竞争的重要因素。从现实看，不同市场主体在竞争中仍然存在着某些事实上不平等甚至严重不平等的问题。这就需要按照竞争中性原则，改变某些不平等的政策与规定，使各类企业平等获得资源要素；在强化知识产权保护的同时，建立完善产权保护的相关制度，以稳定企业预期，激发企业家精神和创新活力；以"管资本"为主建立国有资本管理新体制，推动混合所有制改革的实质性突破；推进地方政府简政放权，废除经济领域不合时宜的行政审批和行政管制，创造公平竞争的市场环境。

实现经济政策由产业政策为导向向竞争政策为基础的转变。产业政策对促进经济增长的作用功不可没，问题在于，随着市场经济体制基本建立，某些产业政策带来抑制创新及不公平竞争等负面效应日渐显现。例如，2019年一季度商服用地价格是工业的9.1倍。服务业用地成本大幅高于工业用地成本，很大程度上制约了现代服务业的发展进程。再比如,"去产能"过程中某些地方采取强制清除、限制开工等行政性手段,"有保有压"的选择性、差异性特征明显。强化竞争政策的基础性地位,就是要把产业政策建立在竞争政策基础上,慎用、少用以行政手段为主的产业政策,更多采取改革的办法,更多运用市场化的手段。由此,为建立国际化、法治化、便利化的营商环境创造有利条件。

实现市场监管的重点由一般市场行为监管向公平竞争审查的转变。现代市场经济条件下,市场监管是实现公平竞争的重要手段。当前,市场监管领域的改革仍处于探索阶段,监管盲区、监管缺位及监管过度等问题仍然存在。强化竞争政策的基础性地位,需要把市场监管转型作为重中之重。为此,适应服务型经济以及服务型消费快速增长的新趋势,要实现市场监管的主要对象由商品为主向服务为主过渡。例如,参照国际先进经验优化监管标准体系,加快形成数字经济领域的监管体系,尽快在人民群众高度关注的食品、药品、金融等服务业领域实现监管标准、行业标准与国际接轨。此外,强化市场监管机构对经济政策的公平竞争审查,建立对各类政策、各级政府进行专门的公平竞争审查制度。

以高水平开放赢得未来[*]

（2020年11月）

当前，世界进入动荡变革期。单边主义、保护主义使经济全球化逆潮涌动，疫情大流行使世界经济不稳定、不确定因素增多，国际社会正在经历多边和单边、开放和封闭、合作和对抗的重大考验。在这个特定背景下，中国致力于全面深化改革开放，推动建设更高水平开放型经济新体制；致力于推进合作共赢、合作共担、合作共治的共同开放，推动建设开放型世界经济。

总的来看，进入发展新阶段，中国高水平开放有着其鲜明的特征：以构建国内国际双循环新发展格局为基本要求；以推动自由贸易进程为战略目标；以服务贸易发展为重大任务；以打造高水平对外开放新高地为重要突破；以制度型开放为突出特点；以构建高水平社会主义市场体制为重要保障。这些都需要我们在坚定不移推动高水平开放中深入把握。

一　以扩大内需为导向推进高水平开放

中国有14亿人口，中等收入群体超过4亿，是全球最具潜力的大市场。展望未来，中国广阔的内需市场将继续激发源源不断的

---

[*] 本文载于《经济日报》2020年11月18日。

开放和创新潜能。把扩大内需作为推进高水平开放的重要导向是大势所趋。

要看到，14亿人的巨大内需潜力是形成强大国内市场的重要基础。未来5—10年，中国经济转型升级处于关键时期并蕴藏着巨大的内需潜力。从消费结构看，2019年，中国城乡居民服务型消费占比为45.9%，估计到2025年将达到52%左右，开始进入服务型消费社会。从产业结构看，2019年，中国服务业占比约为53.9%，估计到2025年，中国服务业占比有可能接近60%。有研究预测，中国的数字经济规模有望突破60万亿元人民币，占GDP比重将达到55%左右。从城乡结构看，随着城镇化和城市群的发展，估计到2025年中国常住人口城镇化率将达到66%左右。"十四五"时期，中国广阔内需市场的潜力将不断释放，激发创新潜能，将继续支撑长期可持续的经济增长。

进一步看，进入新发展阶段，我国对外开放的环境、条件都有新的变化，高水平开放呈现历史性新特点，扩大内需在引领高水平开放中的重要导向作用全面凸显。一方面，14亿人口的内需大市场成为推进高水平开放的独特优势和基本条件。到2030年，中国累计商品进口额有望超过22万亿美元。另一方面，随着中国经济深度融入世界，内需潜力不断释放，需要以更高水平开放融入国际经济循环。中国提出的构建新发展格局是基于内需大市场做出的战略选择。以扩大内需为重要导向的高水平开放，就是要实现内外市场联通、要素资源共享，就是要构建更加开放的国内国际双循环。

还要看到，14亿人的内需大市场是世界的市场、共享的市场、大家的市场。超大规模内需市场潜力的释放，将为中国实现高质量发展提供更大空间，也将为经济全球化注入更多正能量。初步测算，百万亿元级别的新增内需规模将为未来5—15年中国实现4%—5%的经济增长打下重要基础。2006年以来，中国对世界经济增长的贡献率连续 10 多年全球排名第一，2019 年达 30% 左右。预计未来 5—10 年，中国对全球经济增长的贡献率仍有望保持在 25%—30%。适应新形势新要求，我们提出构建以国内大循环为主体、国内国际双循环相互促进的新发展格局，这绝不是封闭的国内循环，而是更加开放的国内国际双循环；绝不是短期举措，而是与中国经济转型升级趋势相适应的中长期发展战略。

二　以制度型开放与制度性变革全面激发市场活力

实行高水平对外开放，需要全面激发市场活力，要找准重点，在制度型开放和制度性变革上实现重大突破。

一是以服务业开放和服务贸易发展为重点推进高水平开放。进入新发展阶段，释放 14 亿人消费潜力的重点是发展服务型消费，关键是扩大服务业市场开放和加快服务贸易发展。从经济全球化趋势看，服务贸易已经成为全球自由贸易的焦点。2010 年至 2019 年，全球服务贸易额由 7.8 万亿美元增长至 11.9 万亿美元，年均名义增长 4.8%，是同期货物贸易增速的 2 倍；服务贸易额占贸易总额的比重由 20.3% 提高至 23.8%，预计 2040 年将提升到 50%。从中国经济发展趋势看，服务贸易开始成为经济转型升级的重点。2014 年至 2019 年，中国服务贸易额年均增长 7.8%，是货物贸易增速的 2.2 倍，是外贸整体增速的 1.9 倍。转向高质量发展阶段，产业结构升级对研发、设计等生产性服务业领域贸易的需求日益提升；消费结构升级、城乡结构升级对教育、医疗、健康、旅游、文化、信息等生活性服务业领域贸易的需求日益提升。

适应经济全球化大趋势与国内经济转型升级的需求，协同推进强大国内市场和贸易强国建设，关键是加快补齐服务贸易发展的突出短板。"十四五"时期，我们要同步推进生活性服务业和生产性服务业领域的服务贸易开放进程，争取到 2025 年服务贸易额占外贸总额的比重由目前的 14.6% 提高至 20% 以上；适应创新型国家建设进程，要实现知识密集型服务贸易占服务贸易比重的明显提升；要明显提升旅游、文化、健康、教育等生活性服务贸易以及研发、设计、金融等生产性服务贸易的国际竞争力。

二是以制度型开放促进制度性变革。开放也是改革，制度性变革依赖于制度型开放。推进规则、规制、标准、管理等制度型开放，是形成以服务贸易为重点的高水平开放新格局的基本需求，也是推动服务业领域制度性变革的重大任务。"十四五"时期建设更高水平开放型经济新体制，需要在服务业领域的制度型开放和制度性变革上实现重大突破。一方面，要推进服务贸易领域规则、规制、管理、标准等更大程度与国际接轨。比如，率先在医疗健康、教育等社会需求较大的服务业领域引入国际先进管理标准。另一方面，要实质性推动服务业领域市场对内对外开放进程，尽快打破服务业领域的各类市场垄断与行政垄断。由此，既为释放民营企业的强大活力创造市场条件，又为外资企业发展拓展更大投资空间。

三是深化以要素市场化改革为重点的深层次市场化改革。高水平开放有赖于高标准市场体系的建设。构建高水平社会主义市场经济体制，核心在于深化要素市场化改革，充分发挥市场在资源配置中的决定性作用。包括深化土地要素市场化改革，建立城乡统一的土地要素市场；着眼于释放人才活力，尤其是科研人员的活力，加快改革人才管理体制，建立以人为中心的科技创新激励机制，释放巨大的创新潜能；保护企业家人身安全和财产安全，激发企业家潜能，充分发挥企业家在资源优化配置中的重要作用；打造市场化、法治化、国际化营商环境，在竞争中性、市场透明、知识产权、环保标准等方面做好制度安排，切实减少不必要的行政干预。

三 以强大国内市场推动全球自由贸易进程

未来，中国开放强大的国内市场将成为推动全球自由贸易进程的重要力量。中国的服务贸易发展，不仅适应国内服务型消费需求，而且将形成与各国、各地区合作共赢的巨大市场空间，成为推动双边多边自由贸易的重要引擎。

要以打造高水平对外开放新高地为重要突破。深圳经济特区、粤港澳大湾区等，是中国建设更高水平开放型经济新体制的"试验田"，肩负着服务贸易和服务业市场开放的历史使命。要赋予其更大改革开放自主权，率先对标国际高水平经贸规则，加大在市场准入、管理标准、透明度、知识产权保护、监管规则等重要领域的先行先试和压力测试。比如，对标世界最高开放水平形态加快推进海南自由贸易港建设，聚焦贸易投资自由化便利化建立自贸港政策与制度体系，打造引领中国新时代对外开放的鲜明旗帜；以服务贸易一体化为重点加快推进粤港澳大湾区建设，推动建立三地互认衔接的服务业管理标准与人才资格要求，以实现粤港澳服务业产业深度合作、市场体系直接融合、服务体系全面对接；分类推进自贸试验区服务贸易开放，推动上海等自贸试验区率先对标全球高标准自由贸易园区；等等。

要以推进全球自由贸易进程为重要目标。推进合作共赢、合作共担、合作共治的共同开放，建设开放型世界经济，是各国的共同责任。经济全球化的大势没有改变，各国走向开放、走向合作的大势没有改变。中国将坚持高水平开放，主动推进双边多边自由贸易进程。比如，尽快完成中欧投资协定谈判，加快推进中日韩自贸协定谈判进程等。总的来看，中国坚定不移全面扩大开放，坚定不移推进全球自由贸易进程，坚定不移参与全球经济治理变革，将为国际社会注入更多正能量。

作为拥有14亿人口的新型开放大国，中国的市场既是中国的，也是世界的。中国坚持推进以内需为导向的高水平开放，不仅能够有效释放14亿人口的超大规模市场潜力，而且有利于全球共享中国市场；不仅有利于推动中国实现高质量发展，而且将对疫情冲击下的世界经济复苏产生重要影响；不仅有利于中国以高水平开放促进深层次市场化改革，而且有利于全球分享中国全面深化改革开放的红利。

二

建言开放转型：从"一次开放"到"二次开放"

以服务贸易为重点的开放转型[*]

（2016年11月）

在世界经济深刻复杂变化和我国经济转型的新形势下，我国对外开放面临着历史机遇与挑战。把握机遇，加快推进以服务贸易为重点的开放转型，成为我国经济转型升级的重大课题。

一　新阶段开放转型的特定背景

（一）全球经济一体化面临严峻挑战

（1）全球可持续增长面临严重挑战。

（2）各种形式的贸易保护主义抬头，使经济全球化受到挑战。

（3）全球经济治理结构不适应经济全球化进程，也面临严重挑战。

（4）无论是实现全球可持续增长，还是推进全球经济一体化，又或是改善全球经济治理结构，都凸显中国的责任和作用。

（二）我国经济转型正处在历史关节点

（1）经济结构调整到了最后"窗口期"。"十三五"，如果经济结构调整没有实质性突破，我国就会陷入十分被动的局面，各类经济风险就会明显增大。

---

[*] 在"以开放促改革"改革开放理论与实践研讨会上的主旨演讲，2016年11月8日，上海；载于《中改院简报》总第1097期，2016年11月。

（2）经济转型蕴藏巨大的经济增长潜力，产业结构、消费结构、城镇化结构的升级，蕴藏着巨大的市场空间。

（3）国际市场和国内市场高度融合是个大趋势。所以，考虑国内的问题，必须和国际的问题紧密结合。不仅要"引进来"，更需要"走出去"。

（三）加快推进以服务贸易为重点的开放转型，成为我国经济转型的重大任务

（1）开放转型的焦点是发展服务贸易。当前，国内服务型消费需求快速增长，国际经济服务化趋势明显。在内外发展环境深刻变化的大背景下，推进以货物贸易为主向以服务贸易为重点的开放转型，不仅对我国产业转型升级有重要促进作用，而且对促进全球经济再平衡也有重要影响。

（2）我国对外开放的短板集中在服务贸易。2014年全球服务贸易占全球贸易比重为20.6%，我国仅为12.3%，2015年提高到15.4%，但仍有不少差距。由于我国服务业对外开放严重滞后，服务业难以充分引入国际先进技术和管理经验，制约了服务业的有效供给，导致国内服务型消费外流的问题逐步凸显。国家"十三五"规划纲要明确提出到2020年我国服务贸易占比要达到16%。事实上，今年1—5月，我国服务贸易占比已经达到18.5%，超过"十三五"规划目标。

（3）我国在新一轮全球经济一体化中发挥重要作用的关键是发展服务贸易。未来5年，把握我国服务业市场双向开放与新一轮全球自由贸易历史交汇带来的机遇，加快服务贸易开放，将给全球经济和贸易持续增长注入新动力。估计2020年我国服务贸易规模将达到1万亿美元，占对外贸易总额比重将达到或超过20%；我国服务贸易占全球服务贸易比重也将从2014年的6.2%左右提升到10%左右。

二 务实推进开放转型

（一）推动国内服务业市场开放与服务贸易开放的融合

（1）我国进入服务贸易快速发展的新阶段。估计"十三五"期间，我国服务业增加值年均增长8%以上，到2010年，服务业占比有可能达到58%—60%，基本形成以服务业为主导的产业结构，由此推动我国经济结构再上一个新台阶。

（2）服务业市场开放不足成为开放转型的突出短板。我国工业领域的市场开放程度已经达到90%左右，而服务业领域50%左右仍是行政垄断或市场垄断。由于服务领域开放不足，服务供给短缺、价格不低、质量不高已经成为经济生活中的突出矛盾。

（3）同步推进国内服务业市场开放与服务贸易开放。一方面，适应国内服务型消费快速增长的趋势，破除国内服务业行政垄断和市场垄断，推进服务业市场的便利化改革，使社会资本进入相关的服务领域，激发服务业领域的市场活力。另一方面，适应快速上升的服务贸易需求，有序推进服务业市场双向开放。从综合情况看，目前，我国城镇居民的服务型消费占比已经达到40%左右，估计未来5年年均提高两个百分点，到2020年高达50%左右。也就是说，城镇8亿人的消费需求，一半以上是服务型消费，这不仅对我国转型升级，而且对全球经济再平衡都是一个重大利好。

（二）推动以双边多边自由贸易区建设为重点的全球一体化进程

1. 经济全球化面临严峻挑战

由于贸易保护主义抬头，全球贸易增速已经连续数年低于全球经济增长，2012—2015年的4年，全球贸易增长率分别为0.86%、2.44%、0.25%和-13.23%，低于同期全球经济增长率，预计2016年也仍将继续这一趋势。这打破了过去几十年来贸易增长一直高于 GDP 增长的发展格局。在经济全球化面临严重挑战的情况下，我国需要主动承担起加快投资贸易自由化的引领者责任，通过"一带一路"等重大举措反对贸易保护主义。

2. 多变、双边自贸区直接涉及服务贸易

总的来看，国际投资协定与国际贸易协定呈现出相互融合的趋势。无论是中美投资谈判，还是中欧贸易谈判，相当一部分都涉及服务贸易。从目前情况看，世贸谈判的重点是国际服务贸易谈判（TiSA）。全球已有48个国家加入了服务贸易谈判，覆盖全球70%的服务贸易。因此，投资贸易越来越不可分离，投资协定中相当部分涉及服务贸易条款。

3. 重点推进中欧自贸区的突破

从战略看，在英国脱欧的背景下，如果中欧自贸区在2020年能原则上达成协议，这对改善全球经济治理格局是一个重大的突破，对改善中美经贸关系也将是一个新的契机。从实际情况看，如果2020年初步形成中欧一体化的服务大市场，中国服务贸易总额有望达到1.2万亿美元，服务进口额将由2015年的4248.1亿美元增加至6000亿—7000亿美元；中欧服务贸易总额将达到2000亿—2200亿欧元的规模，占中国服务贸易总额的比重由13.2%提高到20%。总的看，把2020年建立中欧自贸区作为深化中欧合作的重大选项，是中欧携手推进全球化和贸易自由化的重大抉择，是中欧深化全面战略伙伴关系的重大抉择，是推进中欧经济转型增长和改善全球经济治理结构的重大抉择。

（三）在"一带一路"建设中加快构建自贸区网络

1. 以"一带一路"为重点构建自贸区网络

中央深改领导小组第十八次会议明确提出把"一带一路"和自贸区结合起来。在新的阶段，"一带一路"建设是以基础设施为依托、以产能合作为重点、以建立多种形式的自由贸易区网络为目标。以"一带一路"促进、推动新一轮的全球自由贸易进程，我国就能在新一轮全球贸易自由化中发挥更大的作用。

2. 务实推动"一带一路"多种形式的自贸进程

——积极建设上合组织自贸区。上合组织最早是一个安全合作组织，现在正变成一个经济合作组织。可以预计，上合组织自贸区有可能成为"一带一路"中的一个重大突破。

——我国与中东欧 16+1 加强自贸合作；与某些中欧国家建立能源经济圈；在亚洲建设旅游经济圈等。"一带一路"沿线 65 个国家情况各有不同，难以在较短的时间内建立自贸区。但是，在 65 个"一带一路"沿线国家完全可以采取多边、双边、区域和产业项下的自由贸易。

3. 推进"一带一路"产能合作全球布局与服务贸易开放

例如，产能全球布局要和金融发展相结合。目前，我国企业已经在"一带一路"沿线 30 多年国家建立了 56 个跨境经济合作区。这可以作为服务贸易的重要战略支点，通过服务贸易，更好地为产能全球布局服务。

（四）以服务贸易为重点的国内自贸区转型

1. 国内自贸区建设重在服务贸易开放

上海自贸区确实在负面清单、改革开放先行先试上发挥了重要作用。总的判断是，在全球进入以服务贸易为重点的对外开放新阶段，在国内以服务贸易为重点的开放转型中，自贸区难以起到重要的示范作用，自贸区正处在一个"尴尬"的境地。国务院发布的自贸区负面清单有 122 项，其中有 80 余项是针对服务贸易。在新阶段，以服务贸易为重点加快自贸区的转型升级，使之承担起服务业市场开放先行先试的重要职责。建议到 2020 年，负面清单中服务贸易项目缩小到 40 项以内，为其他地区实施负面清单管理提供可复制、可推广的重要经验。

2. 加快对服务贸易和服务业市场开放制度的先行先试

——打破开业权、人员流动、技术性等服务贸易壁垒。

——大幅放宽服务业市场准入。

——在先行实践的基础上尽快提出服务贸易新规则。

3. 以服务贸易为重点推进自贸试验区转型

——继续在以服务业为主导、服务业发展较快的其他沿海、沿边和内陆建设侧重点不同的自贸试验区。

——把跨境经济合作区、跨境特区和跨境产业园区升级为自贸区。

——与贸易伙伴合作建设境外贸易合作园区，为扩大服务贸易和企业"走出去"搭建平台。

（五）以服务贸易为重点的区域开放

1. 推进产业项下自由贸易进程条件成熟

从开放趋势看，区域开放的主要矛盾不在于再增加多少个自贸区，某些产业项下的自由贸易可能更加重要。比如旅游业项下的自由贸易，建议加强与周边国家的旅游贸易一体化；比如健康医疗产业项下的自由贸易。无论是沿边、内陆的区域开放，都需要适应全球服务贸易全面快速增长的新形势，适应13亿人服务型消费快速增长的新需求，尽快实现服务贸易与区域开放有机融合。

2. 根据区域不同禀赋，加快产业项下的自由贸易进程

——广东与香港、澳门的某些服务贸易可以采取更为开放的政策，按照"对照国际最高标准、最好水平自由贸易区"的要求，推动粤港澳经济一体化。这样，能够有效放大广东自贸区的开放效应，能够使广东在推动"一国两制"中扮演更为重要的角色。

——推动海南等区域在医疗、健康项下的自由贸易。

——甘肃、新疆等西部地区，可以在某些矿产资源项下与中亚国家发展自由贸易，实现优势互补、互惠互利。

3. 发挥产业项下自由贸易对"一国两制"有重要促进作用

以横琴自贸区为例,如果横琴自贸区在全国扩大服务贸易规模、降低服务贸易成本、扩大服务业市场开放、创新服务贸易开放制度上取得新的突破,不仅将对粤港澳服务贸易一体化形成更大的推动,也将对新阶段如何有效实施"一国两制",如何推动以服务业贸易为重点的"二次开放"提供重要经验、发挥重要作用。

三 以开放转型形成结构性改革的新动力

(一)开放转型和结构性改革需要全球视野

例如,化解工业领域产能过剩和服务业领域产品供给短缺的双重矛盾,既需要有全球化的眼光,按照市场原则在全球范围内配置资源,由此促进国际产能合作布局和优势互补;又需要加快自身结构性改革进程,实现供给结构与需求结构的动态平衡。所以,开放转型既是结构性改革的内在需求,又是结构性改革的动力之一。

(二)以开放转型促进结构升级

当前,服务业市场开放逐步成为中国结构性改革的重要红利来源和动力来源。2015年服务业实际使用外资4770.5亿元人民币,在全国总量中的比重为61.1%,而制造业实际使用外资2452.3亿元人民币,在全国总量中的比重为31.4%。在民间投资增速下滑的今天,推动服务业市场开放对社会资本开放的同时,加快服务贸易开放的步伐,不仅有利于拓宽国内投资渠道,而且有利于拓宽外来投资空间,并利用社会资本和外资做大服务业"蛋糕"、促进服务业发展水平和结构升级。

(三)结构性改革提供了"中国方案"和"中国思路"

G20杭州峰会提出了结构性改革的九大优先领域。在结构性改革形成全球共识后,需要的是务实行动。如果能够聚焦于服务业市场开放,形成有利于服务业发展的财税、金融、土地、教育等体制结构,就能够为逐步形成服务领域全面开放的新格局奠定重要基础。

在新一轮全球经济一体化的特定背景下，提出"以开放转型促改革发展"，和十年前、二十年前相比有很大的不同。从实践来看，我们还缺少共识、缺乏准备。所以，当前需要认清形势、增强共识。

今天，国际经济格局、国际经济形势给我国提供了难得的历史机遇。作为全球第二大经济体，以开放转型促进结构性改革，不仅决定我国经济发展的未来，而且将对全球经济增长和经济治理格局的改善产生重大影响。

以开放转型赢得国内发展和国际竞争的主动[*]

（2016年12月）

无论是英国脱欧，还是特朗普当选美国总统，贸易保护主义成为经济全球化的严峻挑战。在这个背景下，如何客观分析扩大开放的趋势至关重要。有人提出，开放的空间已经没有了，开放不是动力是压力。对此，不能不对扩大开放有清醒的估计。

中央经济工作会议提出要坚定地扩大开放，并且需要在更深层次、更高水平的双向开放上赢得国内发展和国际竞争的主动。为什么？我想有三条很重要：第一，我们要高举自由贸易战略的旗帜，坚定地反对贸易保护主义。第二，要把发展自由贸易和经济转型升级相融合，提升国内发展的主动性。第三，要以"一带一路"为重点扩大开放，形成结构性改革的新动力。

广东是我国开放最早的一个省份，在我国的对外开放中扮演着重要的角色。这里，我就学习理解中央经济工作会议精神，以"以开放转型赢得国内发展和国际竞争的主动"为题提5点建议，与大

---

[*] 在第十五届南方改革论坛上的主旨演讲，2016年12月25日，广东广州；载于《中改院简报》总第1104期，2017年1月。

家交流讨论。

一 适应服务贸易发展趋势，推进服务业市场开放

总的看法是，适应经济全球化的新形势与国内经济转型升级新趋势，推进工业领域的市场开放向服务领域市场开放的转型。

（一）全球服务贸易发展对服务业市场开放提出客观需求

这几年，无论是全球还是我国进出口都明显下降。但服务贸易却较快发展。例如，2000—2014年，服务贸易增长5.8倍。并且，服务贸易已经成为双边、多边自由贸易谈判的焦点。服务贸易也成为我国扩大开放的重点。

（二）国内经济转型对服务业市场开放的需求增大

当前，在经济转型中消费结构升级、服务型消费在全社会消费的比重明显提升。例如，目前城镇居民在服务型消费中约占40个百分点，估计"十三五"每年会提升2个百分点。到2020年，服务型消费在城镇居民消费中的比重将占到一半左右。在服务型消费明显提升的同时，消费供给严重短缺，比如养老市场至少有上万亿元的市场潜在需求，目前，实际供给只有两千亿元左右，缺口巨大。为什么？就在于服务业市场开放严重不足，由此形成了服务业的"三低一高"：市场化水平低，有数据显示，我国工业部门80%以上属于高度市场化部门，而服务业50%左右仍为行政垄断、市场垄断；对外开放程度低；服务水平低；服务价格高。

（三）服务业市场开放，既是应对经济全球化新趋势的一个重大的举措，又是适应国内消费结构升级的一个重大任务

（1）市场在服务业领域资源配置中起决定性作用，并以此破除服务业领域各种形式的行政垄断、市场垄断。

（2）服务业领域政策体制上的平等。例如，服务业用地比工业用地价格高出几倍，社会资本难以平等地进入服务业领域。当然，最重要的仍是解放思想，消除不必要的顾虑，尤其是不能把服务业

市场开放意识形态化。

在经济全球化新的大背景下，在国内消费结构升级快速变化的今天，如果服务业市场垄断局面不打破，就难以通过扩大开放，赢得国内发展和国际竞争的主动。适应内外发展变化的现实需求，深化以服务业市场开放为重点的结构性改革，是提升硬实力的一个重大举措，是赢得国际竞争主动的一个重大选择，是提升国内软实力、全面发展以人为本的经济的重大任务。

二 推进以建立自由贸易网络为重要目标的"一带一路"进程

我认为，"一带一路"有三大内涵：一是以建立自由贸易区网络为重要目标；二是以产能合作和服务贸易发展为主要任务；三是以基础设施建设为主要依托。

（一）要把"一带一路"同建立自由贸易区网络相融合

当前，在经济全球化处在新的十字路口、贸易保护主义抬头的背景下，坚定地采取多种方式推进"一带一路"的自由贸易区网络建设有着多方面的重要作用。例如，推进"一带一路"建设可以和一些相关国家实现多边自由贸易，经过多方努力近期有可能使上海合作组织建成"一带一路"区域性多边的自由贸易区；还有可能在"一带一路"沿线和相关国家建立自由贸易区；更有可能在"一带一路"的相关国家合作建设自由贸易区；也有可能同相关国家建立某些产业项下的自由贸易安排。

（二）"一带一路"在自由贸易区网络建设上取得重要突破，是推进经济全球化的"重头戏"

由此，"一带一路"将成为推进经济全球化的新主角。

（1）对于反对贸易保护主义、推进经济全球化，"一带一路"将成为新的主角。

（2）将形成"一带一路"的自由贸易制度安排，这个制度安排极为重要。自由贸易区网络就是制度安排的主要形式。

三 推进双边、多边自由贸易进程

当前，推进双边、多边的自由贸易进程成为我国扩大开放、高举自由贸易战略旗帜的重大任务。

（一）以开放、包容、共享为目标，推进亚太自贸区建设

这是多边合作的一个重要方略。与此同时，在某些条件成熟的时候，"10＋1"、"16＋1"（中国和东欧）可能会发展为多边的自由贸易区。

（二）推进双边自由贸易的突破是建立中欧自贸区

这一年多，我去了几次欧盟，与相关机构、专家交流建立中欧自贸区的相关问题，中改院也发布了中欧自贸区研究报告，并在欧洲议会、欧盟政策中心和中欧友好协会召开了若干次研讨会。为什么建立中欧自贸区是双边自贸的重中之重？

（1）双方的需求极大。欧盟充分认识到中国是欧盟的巨大市场，我国的消费结构升级，服务业市场开放，与欧盟有相当大的互补性。

（2）对于经济全球化大格局有重大影响。如果中欧自贸区这件事情能做成，完善全球经济治理结构格局将产生重大影响。

（3）具有很强的现实性。前几天我刚从欧洲回来，欧洲相关专家和政要认为，若没有重大意外，估计法国的菲永和德国的默克尔2017年当选没有太大悬念。这样，对欧盟保持稳定性会有帮助。重要的现实性在于把中国和欧盟正在进行双边投资贸易协定谈判与服务贸易协定谈判融合起来。在这个前提下，实质性启动中欧自贸区的重要准备工作，宣布启动双边自贸区的可行性研究。法国前总理拉法兰先生与我交谈也认为可能性很大。当然，需要我国有序地开放服务业市场。这样，我国就能在双边、多边的自由贸易谈判中取得主动。

四　推进以服务贸易为重点的国内自贸区转型

这几年，国内自贸区在以负面清单为重点的改革方面起到了重要的示范作用。但是，面对经济全球化的新挑战，自贸区要在以服务贸易发展为重点的转型中起到先行先试的作用。

（一）客观分析自贸区的现状

我认为，在新的形势下，自贸区处在一个比较尴尬的状态。例如，自由贸易区122项负面清单，80余项是限制服务贸易的。以广东为例，2016年我两次去珠海横琴自贸区，有"一喜一忧"："一喜"是横琴自贸区的启示：一台马戏由10多个国家的演员表演，观众99%是国内游客；长隆公园大部分娱乐节目由外国人表演，绝大部分人是国内游客。什么叫国际化？不在于境外进来多少游客，而在于能给国人提供多少国际化的、现代化的产品与服务。这是新阶段"国际化"的突出矛盾。那么"一忧"是什么？澳门在珠海横琴设立的澳门大学分校，有一堵高墙。澳门大学分校的学生和老师，没有一个人能够进入珠海横琴自贸区。"一国两制"本来应当是在严格货物管理前提下充分放开人文交流。可是，目前这样一种安排是不利于"一国两制"的，更不利于自贸区的发展。

（二）自贸区以服务贸易发展为重点的转型有迫切性

如果国内的自贸区不能够适应服务业市场开放与服务贸易发展的大趋势，并在服务贸易开放方面先行先试，就难以在新一轮的对外开放中扮演重要角色。所以，我在多种场合呼吁，尽快地以服务贸易为重点推进国内自贸区转型。要赋予国内自贸区在服务贸易开放方面先行先试，为全国服务贸易和服务业市场开放起到重要的示范作用。

五　推进粤港澳服务贸易一体化

推进各地区自由贸易进程，需要把握全局，采取务实的行动路线。

二 建言开放转型:从"一次开放"到"二次开放"

（一）在条件成熟的地区实行产业项下的自由贸易

比如说海南，是不是可以探讨"泛南海经济合作圈"，或者实行旅游项下的自由贸易。再比如甘肃，可不可以和中亚国家实现能源项下的自由贸易。如果这种产业项下的自由贸易政策能够落地，可能比多批几个自贸区的影响作用要大得多，实际得多，务实得多。

（二）加快推进粤港澳服务贸易一体化

（1）这是广东在新阶段扩大开放、加快经济转型升级的重大选项。

（2）这件事情的现实可能性是极大的，可以充分发挥广东在"一国两制"中的特殊作用。

（3）全面实现粤港澳服务贸易一体化时机条件成熟，这件事越早推开，对广东的开放转型就越有利；对解决"一国两制"某些方面的问题越有利；对广东，对全国的服务贸易、市场开放，有着重大的作用。

在中央政府的支持下，只要广东能够在粤港澳服务贸易一体化方面尽快推开、全面推开，广东就会在我国新一轮的对外开放中扮演着重要角色，广东就会在"一国两制"中发挥着特殊的作用，广东就会在经济转型升级中走在全国前列。

推进以自由贸易为主线的开放转型[*]

（2017年2月）

2017年是经济全球化转折年。一方面，发达国家贸易保护主义、民粹主义、孤立主义等倾向加剧，经济全球化逆潮形成，严重冲击国际经济政治秩序，严重恶化处于不稳定的世界经济形势，使经济全球化的不确定性上升。另一方面，我国扛起了自由贸易旗帜，坚定推进自由贸易进程，坚持在扩大开放中谋求与世界各国共同发展。由此，国际社会对中国成为经济全球化的推动者、引领者抱有高度期待。我国推进以自由贸易为主线的开放转型，既是引领经济全球化进程的重大举措，又是推进自身经济转型与结构性改革的务实行动。

一 适应经济全球化新变局，重在推进以自由贸易为主线的开放转型

当前，经济全球化到了一个新的十字路口，面临的不确定性明显增大，并有可能步入一个与以往"和平与发展"迥异的时代。在这个特定背景下，需要客观判断我国扩大开放面临的机遇与挑战以及战略角色的转变。

---

[*] 在"经济全球化十字路口的中国选择"高峰论坛暨《二次开放》新书发布会上的主旨演讲，2017年2月26日，北京；载于《中改院简报》总第1109期，2017年2月。

（一）经济全球化新变局下自由贸易的大趋势难以逆转

首先，全球自由贸易正遭遇严峻考验。特朗普采取"美国优先"战略导向，贸易保护主义和孤立主义政策倾向更加明显。继英国脱欧后，欧盟仍面临着出现新"黑天鹅"的严峻挑战，区域一体化受到严重冲击。其次，经济全球化新动力正在孕育形成。例如，全球贸易中服务贸易占比持续提高，服务贸易成为自由贸易的重点和焦点。2015年，服务贸易占全球贸易比重达到23%；若按附加值计算，这一比重估计已达到50%左右。最后，新技术革命和信息革命大大降低了经济全球化成本。总的来看，短期内自由贸易将经历一个重大调整，中长期内自由贸易的大趋势难以改变。

（二）我国经济转型与结构性改革是应对经济全球化的"王牌"

当前，经济全球化面临着全球需求不足的突出矛盾。我国正在发生的产业结构变革、消费结构变革、城镇化结构变革，蕴藏着巨大的增长潜力；正在推进的经济转型与结构性改革将释放巨大的经济增长潜力，并形成新的经济增长动能。以消费为例，"十三五"我国消费规模将不断扩大，消费结构不断升级。预计到2020年，消费需求规模将达到50万亿元左右，城镇居民服务型消费需求占比有可能达到50%。依托巨大的内需市场，未来5年，中国对世界经济增长的贡献率将保持在25%—30%。也就是说，13亿人的消费大市场尤其是服务型消费大市场是促进世界经济增长的重要因素，是我国引领经济全球化的突出优势。

（三）以自由贸易为主线的开放转型将使我国赢得国内转型与国际竞争的主动

在经济全球化与国内经济转型历史交汇的大背景下，推进以自由贸易为主线的开放转型，形成自由贸易的制度安排，牵动影响转型改革全局。2020年是经济转型升级的历史"窗口期"，适应产业结构变革、消费结构变革和城镇化结构变革的大趋势，要以开放转型倒逼经济转型，形成新的竞争优势和发展动能。例如，从货物贸易为主转向以服务贸易为重点，使 2020 年服务贸易占我国对外贸易比重达到 20% 以上，占全球服务贸易的比重达到 10% 以上；从以工业为主的市场开放转向以服务业市场为主的双向市场开放，在开放转型中释放大国服务贸易的巨大潜力，厚植经济转型与结构性改革的新动力。就是说，以自由贸易为主线的开放转型，不仅将给我国经济转型与改革发展带来强大动力，而且将对经济全球化产生重大影响。

二　适应经济全球化新变局，推进"一带一路"与自由贸易战略的深度融合

在经济全球化新变局的大背景下，"一带一路"在推进全球自由贸易进程中将扮演更为重要的角色。未来几年，在推进"一带一路"基础设施互联互通与产能合作的同时，需要加快构建多种形式的自贸区网络，加快形成"一带一路"自由贸易制度安排。

（一）以"一带一路"引领开放、包容、共享、均衡的经济全球化

在经济全球化新的背景下，"一带一路"承载着反对贸易保护主义、构建全球自由贸易区网络的新使命，成为经济全球化的新主角。世界银行数据显示，2010—2013 年，"一带一路"沿线国家和地区对外贸易、外资净流入年均增速分别达到 13.9% 和 6.2%，比全球平均水平高出 4.6 个和 3.4 个百分点。国际货币基金组织预测，到 2020 年，"一带一路"沿线国家和地区货物贸易总额将达到 19.6 万亿美元，占全球货物贸易总额的 38.9%。从现实看，"一带一路"沿线部分国家和地区基础设施落后，各种形式的贸易壁垒比较严重，重货物贸易而轻服务贸易，贸易自由化程度比较低，导致贸易成本居高不下。这就需要采取先易后难、循序渐进的方式，通

过"早期收获计划"、框架协议、双边投资协定等多种形式,与"一带一路"沿线国家和地区共建形式多样的双边、多边自贸区,推进全球自由贸易进程。

(二)加快推进"一带一路"双边、多边自贸区建设

目前,我国已与"一带一路"沿线40多个国家签订了相关合作协议,但贸易投资自由化尚未取得大的突破。这就需要务实推进"一带一路"与自由贸易区网络的融合联动,以点连线、以线带面,重点突破,成熟一个推进一个。对条件成熟的国家,采取自由贸易区的形式。比如,加快推进上海合作组织自由贸易区建设,使之成为"一带一路"中多边自由贸易区典范;打造"10+1升级版",推动与东南亚国家的"一带一路"合作进程。对条件尚不成熟的国家,争取实行基础设施项下、产能项下、旅游项下的自由贸易政策安排,以实现自由贸易的突破。比如,在能源、旅游、医疗健康、数字经济和电子商务、科技创新等领域,建立"一带一路"沿线国家和地区广泛参与的经济合作圈,在产业项下的自由贸易制度创新上先行先试。

(三)积极与"一带一路"沿线国家和地区共建跨境经济合作区

例如,在主要港口和口岸建立边境经济合作区;沿"六大经济走廊"建立境外经贸合作区;在主要节点建立一批跨境经济合作区;争取将基本具备条件的跨境经济合作区提升为双边自由贸易区。由此,形成"一带一路"多种形式的经济合作圈,务实推进"一带一路"自由贸易区网络建设。

三 适应经济全球化新变局,加快推进以服务贸易为重点的开放转型

在经济全球化新变局下,我国实行自由贸易战略,重点在服务贸易,难点在国内;国内的难点在服务业市场开放;服务业市场开

放的难点在理念、在政策体制。2015年，我国服务贸易占比低于全球平均水平8个百分点左右，比发达国家低10个百分点以上。重要原因在于，我国服务业市场开放严重滞后。为此，要加快服务贸易与服务业市场开放的融合，以形成开放转型的重要推动力。

（一）加快服务业市场开放，推进服务贸易发展

服务业市场开放是服务贸易发展的基础。当前，我国服务业领域行政垄断和市场垄断的特点仍然比较突出，社会资本、外资进入面临诸多政策体制障碍。当务之急是加快出台服务业市场开放的改革行动方案，打破各类垄断，稳定、增强社会资本和外资的预期。以服务业市场开放为重点深化结构性改革，能够形成转型增长的新动力。第一，可以拓宽社会资本投资空间，有效激发市场活力，扩大服务型消费的有效供给。第二，可以有效对接国际国内市场，拉动外来投资，做强服务业这个经济增长的"第一引擎"。第三，可以促进"一带一路"自由贸易区网络建设，推动双边、多边投资贸易谈判进程。以中国—欧盟自贸区为例，如果双方能在服务贸易上达成共识，就有可能把目前正在进行的中欧投资协定谈判与服务贸易谈判相结合，实质性推进中欧自贸区进程。

（二）以服务贸易为重点加快国内自贸区转型

这几年，国内自贸区以负面清单为重点的改革取得重要进展。目前，负面清单仍有122项，其中80余项针对服务贸易。适应经济全球化新变局，要把服务贸易开放先行先试作为国内自贸区建设的重要目标。当前，重点不在于多批几个自贸区，而是现有11个自贸区要适应新形势的需要，在服务贸易发展和服务业市场开放上发挥更重要的作用。建议尽快研究推出相关的行动方案，推进自贸区以服务贸易为重点的开放转型进程。与此同时，大幅缩减负面清单，争取到2020年把自贸区服务贸易负面清单压缩到40项以内。

（三）支持具备条件的地区实施产业项下的自由贸易政策

从不同区域的特定优势出发，支持具备条件的地区率先实行旅游、健康、医疗、文化、职业教育等产业项下的自由贸易政策，走出一条开放转型的新路子。比如，海南可以探索健康、旅游项下的自由贸易；甘肃可以和中亚国家推进能源项下的自由贸易。如果产业项下的自由贸易政策能尽快在一些地区落地，其影响和带动效应是相当可观的。

（四）推进粤港澳服务贸易一体化

加快推进粤港澳服务贸易一体化，不仅对粤港澳区域经济一体化，而且对促进和服务于"一国两制"将产生重要影响。当前，重要的是在管住货物贸易的同时全面放开人文交流，尤其是鼓励并支持粤港澳三地青年积极开展多种形式的沟通、对话、交流。从这几年地方推进的情况看，粤港澳服务贸易一体化涉及多方面的协调，仅靠三地自身力量难以取得突破。这就需要在中央层面尽快制定并出台粤港澳服务贸易一体化的总体方案，加大顶层设计与顶层推动。同时，在比较成熟的旅游、健康、教育、医疗、文化等领域，赋予广东更大的开放管理权限。

以自由贸易为主线的开放转型，实质是我国的"二次开放"。面对世界经济的深刻复杂变化，我国加快推进由"一次开放"向"二次开放"的转型，将形成转型改革发展的新动力。去年初，中改院在年度改革研究报告《转型闯关》中提出了"二次开放"。面对2016年经济全球化的新变局，中改院以"二次开放——全球化十字路口的中国选择"为主题，形成了2017年的年度改革研究报告，本书由绪论和三大部分组成。

——绪论从经济全球化新变局和经济转型的趋势判断出发，提出我国经济转型、开放转型、结构性改革的相关建议。

——第一部分包括1—2章，力图在分析经济全球化客观趋势的基础上，提出走向"二次开放"的中国选择。

——第二部分包括3—5章，提出"二次开放"的三大部分，即自由贸易战略、"一带一路"倡议和服务贸易战略。

——第三部分包括6—8章，提出在"二次开放"中深化经济转型与结构性改革的"三大任务"，即以经济转型为目标的结构性改革、服务业市场开放和监管变革。

希望《二次开放》这本书的出版，能引发大家对经济全球化新变局下我国开放转型的进一步思考和讨论，并为相关决策提供参考。

"二次开放"——全球化十字路口的中国选择[*]

（2017年5月）

这10年来，中改院每年都会推出一本年度改革研究报告。今年春节后，中国工人出版社出版了2017中国改革研究报告《二次开放——全球化十字路口的中国选择》。本书由我和我的同事一起完成，由绪论和八章组成，主要探讨三个问题。

第一，如何看待经济全球化的新趋势。当前，关于经济全球化的讨论很多，有的说是逆全球化，有的说是经济全球化进入新阶段。我们认为，"全球化十字路口的中国选择"的概括可能更客观。本书绪论基于经济全球化新挑战的分析，对我国经济转型与结构性改革提出相关判断和建议。第一、第二章在分析经济全球化客观趋势与全球化新十字路口的基础上，提出走向"二次开放"的中国选择。

第二，经济全球化新十字路口的重大战略性问题。这是本书第三、第四、第五章的内容。第三章提出，如何实行自由贸易战略？

---

[*] 在第九届海南书香节名家海南行"经济全球化十字路口的中国选择"读书报告会上的主题演讲，2017年5月6日，海口；载于《中改院简报》总第1125期，2017年5月。

第四章探讨"一带一路"在新一轮经济全球化中的地位和作用。第五章探讨新一轮经济全球化下的自由贸易战略重点和战略选择。

第三，我国的转型改革。这是第六、第七、第八章的主要内容。首先，具有决定性意义的是以经济转型为目标的结构性改革；其次，重点是服务业市场开放；再次，监管变革中的政府担当。

下面我重点从五个方面，与大家进行交流。

一 "二次开放"的中国选择

（一）从"一次开放"到"二次开放"

总的来看，"一次开放"与"二次开放"有几点不同。第一，"一次开放"以"引进来"为主，实行出口导向的开放战略，"二次开放"是"引进来"和"走出去"相结合，全面实行自由贸易战略。第二，"二次开放"是以货物贸易为主逐步向以服务贸易为重点的开放转型。第三，我国由经济全球化的重要参与者变成了主要引领者、重要推动者。2017年1月，习近平主席在达沃斯世界经济论坛上的演讲，表明了我国坚定推进经济全球化的鲜明立场，标志着我国在经济全球化中的战略角色发生了历史性的重大变化。5月14日举行的"一带一路"国际合作高峰论坛将更加证明，我国已经成为经济全球化的重要推动者和引领者。

（二）倡导新全球化观

"二次开放"是以构建人类命运共同体为目标，倡导开放、共享、包容、均衡的新全球化观。开放不是跨太平洋伙伴关系协定（TPP）排他式的开放，而是像"一带一路"倡议的非排他性开放；共享是在不同层面实行开放政策，使发展中国家、发达国家、新兴经济体可以共享经济全球化的好处；包容是在经济全球化的进程中，不同国家、不同阶层对经济全球化产生不同的看法，要实现开放、共享，需要包容；均衡是促进经济全球化的均衡发展，通过"一带一路"基础设施互联互通、贸易投资便利化、经济技术合作等安排,促进世界经济的均衡发展。

(三)"二次开放"的大国责任

(1)促进全球经济增长。通过经济转型实现可持续增长,以此推动全球经济新一轮复苏,为全球经济增长起到大国的责任和贡献。估计未来10年,我国经济将保持6%的年均增速,对全球经济增长的贡献率保持在30%左右。

(2)推进全球经济一体化。在经济全球化处于新十字路口的背景下,以"一带一路"为主要依托,以自由贸易战略为主要战略,我国在推进全球经济一体化进程中扮演越来越重要的角色。

(3)推动全球经济治理变革。通过去年举行的G20杭州峰会,以及今年7月即将在德国举行的G20峰会、9月份即将在厦门举行的金砖国家峰会可以看出:一是G20的作用正在逐步扩大,G7的作用在明显减弱。我认为,未来G20取代G7的可能性很大。二是在全球经济治理中,中国的声音、中国的角色、中国的主张越来越重要。

二 "二次开放"的重大战略

(一)"一带一路":经济全球化的新主角

2013年,习近平主席提出"一带一路"倡议,不到4年时间,"一带一路"的进程、角色和作用都超出各方的预期。5月14日即将在北京召开的"一带一路"国际合作高峰论坛吸引众多国家首脑、专家、企业家参加。在这个特定背景下,需要客观把握"一带一路"在经济全球化中的内涵外延、角色定位、目标任务等。

(1)"一带一路"经济外延的扩大。去年12月14日,我在巴黎与法国前总理拉法兰交谈时,他谈到中国应在适当的时候,促使美国参与到"一带一路"中来,美国的参与对"一带一路"很重要。今年4月,习近平主席与特朗普总统会晤时,正式向特朗普总统提出欢迎美国参与"一带一路",发挥美国在"一带一路"中的作用。今年4月2—6日，应中国驻韩国大使馆的要求，我与几位同事在韩国开展了三场学术交流活动。受"萨德"的影响，韩方为逐步摆脱对我国的贸易依赖，提出贸易多元化战略。我对韩方说，未来10—20年，没有一个市场可以取代我国市场对于韩国的重要地位。目前，没有比"一带一路"更能代表经济全球化发展方向的形式。在经济全球化的新背景下，"一带一路"已经从以65个国家为主体、以亚欧合作为重点，逐步扩大到全球的"65＋"。

（2）"一带一路"经济内涵的升级。在经济全球化新的十字路口，"一带一路"是我国"二次开放"的重大布局，是反对贸易保护主义，构建开放、包容、共享、均衡的经济全球化新主角。它承载着三大历史性任务：一是以基础设施互联互通为依托；二是以产能合作和服务贸易为重点；三是以建立多层次、多种形式的自由贸易区网络为目标，实现以自由贸易为主线、以实施自由贸易战略为重点的经济全球化新格局。

（3）"一带一路"倡议地位的提升。2017年"两会"期间，我提出，"一带一路"倡议不仅是三大区域性倡议，还是一个全球化大倡议。因此，不宜将"一带一路"倡议与京津冀、长江经济带两大国内区域性战略平列。"一带一路"倡议是引领开放、包容、共享、均衡的经济全球化大倡议，有助于构建内外互动、相互融合的新发展大格局。

（二）坚定推进自由贸易战略

面对全球化逆潮，依托"一带一路"，加快实施自由贸易战略，将成为全球经济持续增长的重要动力。我国坚定推进自由贸易战略，不仅将提升我国参与全球经济治理的制度性话语权，也将为我国经济转型和结构性改革营造有利的外部环境。

（1）加快双边、多边自由贸易进程。比如，加快中日韩自贸区谈判，争取在复杂的情况下早日达成共识；加快推进上海合作组织自由贸易区建设，使之从区域性安全合作组织转型成为"一带一路"多边自由贸易区；打造"10+1升级版"，推动与东南亚国家的"一带一路"合作进程。

（2）建立中欧自贸区。今年6月26—27日，中改院将与中国驻欧盟使团、欧洲之友合作举办第七届中欧论坛。为什么要建立中欧自贸区？第一，中欧间贸易互补性明显增强。随着我国居民消费结构快速升级，中欧服务贸易潜力巨大。中欧在健康、医疗、文化、教育、旅游、信息等服务贸易方面的相互需求、依赖会逐渐增强。第二，在当前复杂的经济形势下，如果中欧自贸区有突破，中国大市场和欧洲大市场的联结将对经济全球化和全球经济治理变革起到多方面的促进作用。第三，时间空间约束。在经济全球化新背景，尤其是欧洲"黑天鹅"事件频出，以及"一带一路"的亚欧合作新进程，使中欧自贸的时间约束明显增强。适时建立中欧自贸区，不仅有利于中国经济转型升级与欧洲经济可持续发展，而且对维护欧洲经济一体化以及推进全球自由贸易进程有重大影响。

（3）以自由贸易战略作为大国合作的基石。经济全球化使各国经济紧密依存，大国经济"你中有我、我中有你"的格局已经形成。如中美携手应对贸易保护主义，巩固经济合作的自由贸易基石，不仅能实现"双赢"，也将为世界经济复苏增长和经济全球化注入大国力量。

（三）服务贸易：全球自由贸易的战略重点

随着我国消费结构快速升级和对外开放进程加快，未来几年，服务贸易将快速增长。实际情况是，2016年底服务贸易占全国对外贸易的比重已经超过了18%，一年就超过了"十三五"规划16%的预期目标。

（1）服务贸易呈现较快发展的大趋势。

——2005—2015年，全球服务贸易年均增长率为6.2%，而全球经济年均增长率为4%。

——2005—2015年，服务贸易的规模从5万亿元增加到9.6万亿元。

——2016年，服务贸易占全球对外贸易的比重为23%，如果按附加值来计算，服务贸易占全球进出口贸易比重达到50%。

(2) 服务贸易成为全球自由贸易的焦点。服务贸易成为全球双边、多边自由贸易谈判的焦点。比如，我国与美国、欧盟的双边投资协定谈判的焦点，很大程度上集中在服务贸易。如果双方的药物标准不对接，制药企业就会面临很大的问题。

(3) 形成以服务贸易为重点的开放新格局。到2020年，我国服务贸易总额将至少达到1.1万亿美元，占对外贸易的比重将达到20%以上，占全球服务贸易中的比重达到10%以上，初步形成以服务贸易为重点的对外贸易新格局。

三　推进以服务贸易为重点的开放转型

(一) 推进以服务贸易为重点的国内自贸区转型

习近平总书记在主持召开的第三十三次深改领导小组会议上提出，建立更高标准的上海自贸区。前不久，汪洋副总理也在浦东干部学院讲话时提出，自贸区在负面清单和某些方面的先行先试发挥了重要作用。目前的突出矛盾是负面清单较长，主要集中在服务贸易。比如122项的负面清单中，有80余项限制服务贸易。

(二) 加快推进产业项下的自由贸易进程

从不同区域的特定优势出发，支持具备条件的地区率先实行旅游、健康、医疗、文化娱乐、职业教育等产业项下的自由贸易政策，走出一条开放转型的新路子，为全国范围内更大程度的开放积累经验。我认为，推进产业项下的自由贸易进程比多建立几个自贸区的实际效果可能会更好、更务实。

（三）全面推进粤港澳服务贸易一体化

我举两个案例说明。一个案例是，珠海横琴自贸区的长隆公园内，70%以上的节目是由外国人提供。一台马戏，由10多个国家的演员来表演，质量很高。这给我一个启示，衡量国际化的标准不光是外国游客的数量，更重要的是给游客提供国际化的产品，实行国际化的服务标准。另一个案例是，我在珠海横琴自贸区调研时看到，澳门大学珠海校区外建了一堵高墙，据说，以前还有一道铁丝网。澳门大学珠海校区内的师生不能进入珠海市，也不能进入珠海横琴自贸区。我认为，这不利于粤港澳一体化发展。

我的建议是，在管住货物贸易的前提下，应逐步全面放开人文交流，尤其是鼓励支持粤、港、澳三地青年积极开展多种形式的沟通、对话、交流。在中央层面尽快制定并出台粤港澳服务贸易一体化的总体方案，加大顶层设计与顶层推动。粤港澳服务贸易一体化不仅将为港澳地区提供巨大市场，而且对提升广东的服务贸易水平，从而带动全国服务业市场开放具有重要作用。

四 实现经济转型与开放转型的融合

（一）以经济转型升级释放经济增长潜力

（1）产业结构转型升级的趋势。服务业占比有可能由2016年的51.6%提高到2020年的58%—60%，基本形成以服务业为主导的产业结构。

（2）消费结构转型升级的趋势。我国正处在消费结构升级的重要"拐点"。发达国家高度关注我国消费结构升级对全球服务贸易市场带来的影响。以健康产业为例，美国保险公司高度关注我国健康保险业的发展。未来，健康保险有可能成为我国的"第一大险"。

（3）城镇化结构转型升级的趋势。估计到2020年，我国常住人口城镇化率将达到65%左右，其主要取决于城乡二元户籍制度改革能否取得实质性突破。

(4) 开放结构转型升级的趋势。我国对外贸易结构正以货物贸易为主向以服务贸易为重点转变。这取决于服务贸易和服务业市场的双向开放。

未来10—20年,我国正处于结构转型升级的重要关节点,一定要根据内外环境变化把握中长期趋势,实现转型改革,化解短期矛盾问题。

(二) 以开放转型促进服务业市场开放

目前,最大的问题是服务业市场开放严重滞后。我国工业市场化程度为90%,而服务业领域只有50%左右,大量服务行业存在行政垄断、市场垄断。在这个背景下,许多服务水平较低,价格比较高。比如电信服务的费用,我国高于发达国家不止一倍。

(三) 以处理好政府与市场关系为重点深化供给侧结构性改革

党的十八届三中全会明确了"使市场在资源配置中起决定性作用和更好发挥政府作用"的改革方向与重点。当前,由于政府与市场关系尚未完全理顺,经济增长面临着体制成本过高、市场开放不足等突出问题。深化供给侧结构性改革,重在处理好政府与市场关系。

五 "二次开放"的海南选择

按照邓小平关于海南大开放的战略构想,希望将海南建设成为特别关税区,在内地再造一个香港。但是由于种种因素,这个战略构想并没有落地。海南建省办特区初期,就提出"大开放、大改革、大开发",海南省第一次党代会报告的题目就是《放胆发展生产力,开创海南发展新局面》。刚刚闭幕的海南省第七次党代会,对海南的国际化发展提出了新的要求。海南要抓住"一带一路"新机遇,抓住新一轮经济全球化的趋势,实现新的发展,我提几点初步建议。

（一）建立"泛南海经济合作圈"

2015年，中改院提出了建立"泛南海经济合作圈"，引起各方面的重视。今年，"泛南海经济合作圈"被写入政府工作报告。海南省第七次党代会提出，积极争取将"泛南海旅游经济合作圈"上升为国家战略。当前，要务实推进"岛屿旅游经济圈"，实行岛屿间免签政策等。

（二）加快服务贸易项下的自由贸易进程

比如，把博鳌乐城医疗示范区的九条政策拓展至全岛。在经济全球化新背景下，建议在海南探索健康、医疗、旅游、职业教育项下的自由贸易政策。如果服务贸易项下的某些自由贸易政策能够尽快落地，将对提升海南国际化水平、推进海南国际旅游岛建设起到重要的作用。

（三）按照"全岛一个大城市"深化"多规合一"改革

尽快通过"多规合一"改革在全省实现"六个统一"，即统一规划、统一土地利用、统一产业布局、统一基础设施建设、统一社会政策、统一生态环境保护。这将大大提升海南的资源利用效率，使得海南在开放中自身的资源优势最大化。

推动形成更高层次改革开放新格局[*]

（2018年4月）

2018年是我国改革开放40周年，也是海南建省办经济特区30周年。4月13日，习近平总书记在庆祝海南建省办经济特区30周年大会上的讲话中强调："党中央决定支持海南全岛建设自由贸易试验区，支持海南逐步探索、稳步推进中国特色自由贸易港建设，分步骤、分阶段建立自由贸易港政策和制度体系。这是党中央着眼于国际国内发展大局，深入研究、统筹考虑、科学谋划作出的重大决策，是彰显我国扩大对外开放、积极推动经济全球化决心的重大举措。"随后，《中共中央国务院关于支持海南全面深化改革开放的指导意见》指出："在中国特色社会主义进入新时代的大背景下，赋予海南经济特区改革开放新的使命，是习近平总书记亲自谋划、亲自部署、亲自推动的重大国家战略，必将对构建我国改革开放新格局产生重大而深远影响。"

以习近平同志为核心的党中央对海南改革开放发展寄予的厚望，是庆祝海南建省办经济特区30周年的最好方式，是庆祝我国改革开放40周年的重大举措。站在新的历史起点，实现"两个一

---

[*] 本文载于《经济日报》2018年4月28日。

百年"奋斗目标,就是要按照习近平总书记的要求,"以更大的力度、更实的措施全面深化改革、扩大对外开放"。

一 40年的改革开放,不仅深刻改变中国,也深刻影响世界

习近平总书记在博鳌亚洲论坛2018年年会开幕式上的主旨演讲中强调:"改革开放这场中国的第二次革命,不仅深刻改变了中国,也深刻影响了世界。"我们要充分认识改革开放40年的伟大历史贡献,深刻总结改革开放的伟大历程和历史性成就。

(一) 改革开放40年的伟大历程

1978年12月18日,党的十一届三中全会隆重召开,是新中国成立以来我们党历史上具有深远意义的伟大转折,开启了我国改革开放的历史新时期。党的十八大以来,在以习近平同志为核心的党中央的领导下,全面深化改革的大潮涌起。2013年11月,党的十八届三中全会《中共中央关于全面深化改革若干重大问题的决定》指出:"全面深化改革的总目标是完善和发展中国特色社会主义制度,推进国家治理体系和治理能力现代化。"《决定》紧紧围绕经济、政治、文化、社会、生态文明、党建六大改革主线,涵盖15个领域,包括60个具体任务、330多项重大改革措施。2017年10月18日,党的十九大报告做出了"经过长期努力,中国特色社会主义进入了新时代"的重大判断,并提出"中国特色社会主义进入新时代,我国社会主要矛盾已经转化为人民日益增长的美好生活需要和不平衡不充分的发展之间的矛盾"的论断。客观地看,40年来,从思想解放到改革实践,从农村到城市,从封闭半封闭到全方位开放,从试点到推广,从经济体制改革到全面深化改革,中国人民开启了锐意进取、团结创新的改革开放强国之路。

(二) 改革开放40年经济社会发展取得历史性成就

我国改革开放的40年,是发生翻天覆地变化的40年,也是中国走向世界,世界走向中国的40年。一方面,综合国力迈上新台阶。40年来,我国经济快速增长,增速高于世界经济年均增长水平。按可比价格计算,我国人均GDP年均增长约9.5%。根据世界银行国家分类标准,我国于2009年开始进入中上收入国家行列;2017年我国人均GDP超过8800美元,与高收入国家行列的差距越来越小。另一方面,人民生活总体上达到小康水平。40年来,我国实现了由以解决温饱问题为主要特征的生存型阶段迈向以解决人的自身发展问题为主要特征的发展型新阶段。1978—2017年,我国城镇居民人均可支配收入由343元增加到36396元,增加近100倍;我国农民人均纯收入由134元增加到13432元。40年来,我国逐步建立起覆盖城乡的基本公共服务体系,基本建立起世界上覆盖人口最多的社会保障体系。

(三) 改革开放深刻影响世界经济发展

40年来,我国始终坚持对外开放的基本国策,成功地把握了经济全球化浪潮所带来的历史机遇,从封闭半封闭到全方位开放,从"引进来"到"走出去",从加入WTO到提出"一带一路"倡议,主动融入并积极推动经济全球化,利用国际国内两个市场、两种资源,为全球经济可持续发展做出了重大贡献。经过40年的艰苦奋斗,我国已经成为世界第二大经济体、第一大工业国、第一大货物贸易国、第一大外汇储备国。尤其是2008年国际金融危机以来,我国经济持续保持中高速增长,连续多年对世界经济增长贡献率超过30%,成为全球经济复苏和可持续发展的稳定器和动力源。

二 40年的伟大实践为全面深化改革积累重要经验

我们党团结带领人民进行改革开放新的伟大革命,破除阻碍国家和民族发展的一切思想和体制障碍,开辟了中国特色社会主义道路,使中国大踏步赶上时代。正如习近平总书记所强调的:"中国人民坚持立足国情、放眼世界,既强调独立自主、自力更生又注重对外开放、合作共赢,既坚持社会主义制度又坚持社会主义市场经济改革方向,既'摸着石头过河'又加强顶层设计,不断研究新情况、解决新问题、总结新经验,成功开辟出一条中国特色社会主义道路。"

(一) 从摸着石头过河到注重改革的顶层设计、顶层推动

改革开放之初,在当时复杂的内外环境下,改革没有现成经验可借鉴,只能采取"摸着石头过河"的办法。40年来,随着部分改革领域基本完成,剩下的都是改革的"硬骨头",面对的大多是深层次的结构性矛盾。在这个特定的历史阶段,中央成立了全面深化改革领导小组,负责改革总体设计、统筹协调、整体推进、督促落实。小组由总书记亲任组长,无论是从规格还是从力度上,都前所未有。改革推进方式的创新,使得重大改革面临的矛盾与问题可以在统筹协调中得到解决。到2018年全国"两会",《党和国家机构改革方案》将中央全面深化改革领导小组改为中央全面深化改革委员会,有利于从顶层设计上推进全面深化改革,确保改革决策和规划的系统性、整体性和协调性。

(二) 以问题为导向为突出特点

40年来,我国改革从经济领域起步,逐步扩大至政治、文化、社会、生态领域的"五位一体"格局,始终坚持以问题为导向,先易后难、逐步深化、渐进式推进,走出了一条符合我国基本国情的改革开放之路。尤其是过去5年,我国推出多项改革措施,一些重要领域和关键环节改革取得突破性进展,主要领域改革主体框架基本确立,改革呈现出全面发力、多点突破、纵深推进的态势。

(三) 以增强人民群众获得感为出发点

无论是改革开放之初的家庭联产承包责任制,还是今天的全面深化改革,都以增强人民群众获得感为出发点。例如,当前针对扶贫攻坚、人口城镇化、控制房价、环境治理、简政放权、产权保护等相关改革,都反映了广大社会成员最直接的利益诉求。比如,在

精准扶贫上，不仅明确提出了改革目标，而且建立了自上而下的一整套精准扶贫体系，形成了政府—企业—社会共同参与的、立体式的扶贫体系，体现了以人民利益为重的改革思维。

（四）始终坚持党的领导

40年来，尤其是党的十八大以来，中央反复强调，全面深化改革是全党的一项重要工作，各级党委（党组）都要强化责任担当。党委（党组）书记作为第一责任人，既要亲自抓部署、抓方案、抓协调，又要亲自抓改革方案督办督察。强调"一把手"在改革中的政治责任，强化主责部门和"一把手"责任，使得改革形成了强大的动力，破解常规推进下难以突破的硬骨头。

三 推动形成更高层次改革开放新格局

实践证明，改革开放是当代中国发展进步的必由之路，是实现中国梦的必由之路。习近平总书记在庆祝海南建省办经济特区30周年大会的讲话中深刻指出："当前，改革又到了一个新的历史关头，推进改革的复杂程度、敏感程度、艰巨程度不亚于40年前。"这就需要按照习近平总书记所强调的"逢山开路，遇水架桥，将改革进行到底。"

（一）以全面深化改革实现中华民族伟大复兴的中国梦

当前，国内外形势正在发生深刻复杂变化，我国发展仍处于重要战略机遇期，前景十分光明，挑战也十分严峻。为此，要准确把握战略机遇期内涵的深刻变化，更加有效地应对各种风险和挑战，要继续集中力量把自己的事情办好，不断开拓发展新境界，确保到2020年全面建成小康社会，实现"第一个百年"奋斗目标。

党的十九大报告指出，从十九大到二十大，是"两个一百年"奋斗目标的历史交汇期。我们既要全面建成小康社会、实现第一个百年奋斗目标，又要乘势而上开启全面建设社会主义现代化国家新征程，向第二个百年奋斗目标进军。并强调，坚持全面深化改革。

二 建言开放转型：从"一次开放"到"二次开放"

这一系列表述，鲜明地阐述了实现"两个一百年"的奋斗目标、实现中华民族伟大复兴的中国梦，就是要立足我国基本国情，全面深化改革；就是要看到改革的长期性、艰巨性，牢牢把握改革这一发展要义不动摇；就是要坚持以经济体制改革为中心，牵引和带动其他领域改革，使各方面改革协同推进、形成合力。

（二）要下大气力破除体制弊端，不断解放和发展社会生产力

面对新时代、新矛盾、新需求，习近平总书记强调："在新时代，中国人民将继续自强不息、自我革新，坚定不移全面深化改革，逢山开路，遇水架桥，敢于向顽瘴痼疾开刀，勇于突破利益固化藩篱，将改革进行到底。"当前，一方面，我国经济增长正处于新旧动能转换的关键时期，结构性矛盾凸显，不可避免会带来下行压力及某些"阵痛"；另一方面，经济全球化不确定性明显加大，贸易保护主义抬头，经济增长的外部挑战更为严峻。因此，实现更高质量、更有效率、更加公平、更可持续的发展，关键在于以改革破解经济转型升级中的各种矛盾与问题；关键在于要以思想大解放，实现改革大突破。

（三）推动形成全面开放新格局

党的十九大报告强调："中国开放的大门不会关闭，只会越开越大。"习近平总书记强调："中国人民将继续扩大开放、加强合作，坚定不移奉行互利共赢的开放战略，坚持"引进来"和"走出去"并重，推动形成陆海内外联动、东西双向互济的开放格局，实行高水平的贸易和投资自由化便利化政策，探索建设中国特色自由贸易港。"在经济全球化与国内经济转型升级历史交汇的大背景下，推进以自由贸易为主线的开放转型，不仅为经济转型与供给侧结构性改革注入强大动力，而且将给全球自由贸易和经济全球化带来重要影响，使我国由经济全球化的重要参与者转变为主要引领者。

改革开放是决定当代中国命运的关键一招，也是决定实现"两个一百年"奋斗目标、实现中华民族伟大复兴的关键一招。面对新形势、新任务，全面建成小康社会，进而建成富强民主文明和谐美丽的社会主义现代化强国、实现中华民族伟大复兴的中国梦，必须在新的历史起点上继续推进改革开放，把改革开放的大旗一扛到底。

以服务贸易为重点打开对外开放的全新局面[*]

（2018 年 6 月）

总的判断：（1）从封闭半封闭到全方位开放的伟大转折。中国成为世界第二大经济体、第一大工业国、第一大货物贸易国、第一大外汇储备国；连续多年对世界经济增长贡献率超过30%；40年我国坚持扩大开放与深化改革相互促进。以扩大开放倒逼改革；以深化改革促进扩大开放。

（2）经济全球化到了一个新的十字路口。经济全球化的大趋势不可逆转，但在当前面临复杂局面。突出表现在三个方面：一是在经济全球化理念上，逆全球化思潮返潮，贸易保护主义兴起，全球价值链视角缺位；二是在经济全球化治理机制上，传统多边机制的作用在下降；三是在经济全球化进程上，"黑天鹅"不断，从英国脱欧到特朗普上台，多边贸易体制与经济全球化面临巨大挑战，成为全球经济复苏的最大不确定性。

从短期看，自由贸易和经济全球化进程将经历一个重大调整；从中长期看，自由贸易大趋势、经济全球化的大趋势难以逆转。适

---

[*] 在广东省政协第十二期"国是学堂"上的专题报告，2018年6月8日，广州。

应经济全球化的新变局，推进以货物贸易为主的"一次开放"转向以服务贸易为重点的"二次开放"，不仅将为我国经济转型升级与结构性改革注入强大动力，而且将对全球自由贸易和经济全球化带来重要影响，使我国由经济全球化的重要参与者转变为主要引领者。

（3）中国对外开放的大门只会越开越大。（见表1）

表1　　　　2018年4月10日以来我国对外开放的重大举措

4月11日	取消银行和金融资产管理公司的外资持股比例限制，内外资一视同仁；将证券公司、基金公司、期货公司、人身保险公司外资持股比例上限放宽至51%，三年后不再设限。
4月23日	国务院宣布，自5月1日起将以暂定税率方式取消抗癌药等药品进口关税。
5月22日	国务院宣布，自2018年7月1日起，降低汽车整车及零部件进口关税。将汽车整车税率为25%的135个税号和税率为20%的4个税号的税率降至15%，将汽车零部件税率分别为8%、10%、15%、20%、25%的共79个税号的税率降至6%。
5月30日	国务院常务会议决定7月1日前，完成修订出台外商投资准入负面清单工作；自7月1日期，较大范围下调日用消费品进口关税，更好满足群众多样化消费需求。
5月30日	国务院常务会议原则通过《关于积极有效利用外资推动经济高质量发展若干措施》，其中提出要加大自贸试验区的压力测试力度，拓展电信、文化、旅游等领域开放试点。
6月8日	国务院印发《关于同意深化服务贸易创新发展试点的批复》，提出"打造服务贸易制度创新高地"。并提出一系列开放举措。如，为与服务贸易相关的货物进出口、人才流动等提供通关和签证便利，对服务出口实行免税，符合条件的可视性零税率等。

一　服务贸易既是全球自由贸易的焦点，也是我国扩大开放的重点

总的判断：服务贸易不仅是衡量一个国家现代化水平的标志之

一,也日益成为全球自由贸易进程的重点与焦点。以服务贸易为重点形成全面开放新格局,不仅是新阶段我国经济转型升级的重大任务,也是我国经济在中长期持续释放巨大内需潜力的重要推动力,更是提升我国在全球经济治理地位及全球贸易制度性话语权的重要条件。

(一)服务贸易成为全球自由贸易的焦点

1. 全球服务贸易较快发展的基本趋势

在经济全球化面临挑战的同时,全球服务贸易呈现较快发展的趋势。2008年国际金融危机之后,全球货物贸易增长率虽然有所反弹,但总体来看,货物贸易增速低于全球服务贸易增速,打破了过去货物贸易增速一直高于全球贸易与服务贸易增速的发展格局。

2010—2016年,全球服务贸易年均增长3.8%,快于货物贸易2.9个百分点;服务贸易占全球贸易总额的比重由20%上升至23.8%,提高了3.8个百分点。

与服务经济占全球经济总量70%的比重相比,服务贸易占全球贸易的比重明显偏低,还有巨大提升空间。尤其是新兴经济体的经济服务化进程加快,将进一步释放服务贸易增长的潜力。

2. 服务贸易成为全球价值链中的重要部分

一方面,如果按增加值统计,目前服务贸易占全球贸易额的比重为50%左右;另一方面,虽然目前全球服务贸易占贸易总额的24%左右,但占全球贸易80%左右比重的货物贸易中,有30%是服务贸易带动的。

随着产品的服务化趋势日益明显,越来越多的服务被包含在货物中,并以货物贸易为载体实现跨境流动。服务贸易发展水平在很大程度上影响着货物贸易的发展。

3. 服务贸易已成为全球经贸规则重构的焦点

随着服务贸易在全球自由贸易进程中的地位和作用快速提升,

全球贸易投资规则的重心正加快从货物贸易领域转向服务贸易领域。

——全球贸易的主要障碍已不是货物贸易领域内的关税,而是服务贸易与投资领域内的监管、非关税壁垒以及市场的开放度,服务贸易自由化和便利化在很大程度上决定着全球自由贸易进程。

——服务贸易自由化便利化水平将在越来越大的程度上影响和决定全球和区域自由贸易的进程和格局。从目前情况看,无论是区域全面经济合作伙伴关系(RCEP)、中日韩自贸区等多边自贸区谈判,还是中美、中欧等双边投资协定谈判,相当一部分都涉及服务贸易。

——全球已有48个国家加入了国际服务贸易谈判(TISA),覆盖全球70%的服务贸易。

(二)服务贸易成为我国扩大开放的重点

1. 过去几年我国服务贸易发展势头比较好

——2016年,我国服务贸易总额为43726.6亿元,服务贸易世界排名上升至第2位。

——2012—2016年,我国服务贸易年均增速9.6%(以人民币计价),高于同期货物贸易9.7个百分点,高于同期GDP增速2.3个百分点。

——以美元计算,2016年我国服务贸易为6575亿美元,其中出口2083亿美元,进口4492亿美元。

2. 服务贸易占比仍然偏低

我国服务贸易占对外贸易总额的比重由2012年的11.1%提升至2016年的15.1%。

——2017年,我国服务贸易占外贸总额的比重仅为14.5%,比上一年下降了0.6个百分点。

——我国服务贸易占比还明显低于全球平均水平。2017年我国服务贸易占比低于2016年全球平均水平9.3个百分点。

3. 服务贸易结构有进一步优化的空间

以2017年为例：

——我国旅行、运输、建筑三大传统服务贸易占比为65.6%。

——金融、保险、知识产权、技术、电信、计算机和通信等技术含量相对较高的服务贸易额仅占14.4%。

——个人、文化和娱乐服务仅占0.5%。

4. 我国服务贸易逆差较大

——我国已连续7年成为全球第一大服务贸易逆差国，且服务贸易逆差额不断扩大。

——2017年，我国服务贸易逆差占服务贸易总额的比重高达34.4%，比2010年提高了28.4个百分点；服务贸易逆差额是排名第二德国的5.6倍。

（三）服务贸易成为我国推动引领新一轮经济全球化的关键

1. 服务贸易成为"一带一路"产能合作与区域合作的重点

我认为，"一带一路"要以基础设施为依托，以产能合作和服务贸易为重点，以建立多层次、多种形式的自由贸易区网络为目标，已成为新时期推动经济全球化的新主角。

——2017年，我国对"一带一路"沿线国家承包工程业务完成营业额760亿美元，增长9.7%，占对外承包工程业务完成营业额比重为47.7%。

——以金融业为重点的服务业企业"走出去"滞后于实体企业"走出去"步伐，也滞后于产能合作的实际需求。2017年，我国与"一带一路"沿线国家或地区服务贸易额占其贸易总额的比重仅为8.2%。

2. 服务贸易成为我国推动区域经济一体化的重点

——近年来，适应区域经济一体化大趋势，我国积极推进双边、多边等自贸协定谈判进程。从现实情况看，无论是中欧、中美双边贸易谈判，还是中日韩与 RCEP 等多边自贸谈判，都因为无法在服务贸易领域达成一致，导致谈判进展缓慢。

——如果在服务贸易谈判方面实现重要突破，将加快促进我国形成高标准自贸区网络进程。例如，中日韩在服务贸易领域具有较强的互补性，如果中日韩服务贸易合作实现重要突破，不仅将加速中日韩自贸区谈判进程，也将对推进东北亚区域经济一体化提供重要支撑。

3. 服务贸易成为我国自贸区转型发展的重点

——目前的突出矛盾是，负面清单的 95 项中仍有 70 项针对服务贸易。这就使得国内自贸区在对标国际最高标准的经贸规则方面难以实现重要突破。

——适应经济全球化的新形势，自贸区需要在服务贸易发展和服务业市场开放上发挥先行先试的重要作用。例如，大幅缩减服务贸易负面清单，争取到 2020 年把自贸区服务贸易负面清单压缩到 30 项左右。

（四）加快推动我国由服务贸易大国向服务贸易强国转变

1. 我国经济转型升级蕴藏着巨大的服务贸易需求

习近平主席在 2017 年达沃斯论坛上指出："预计未来 5 年，中国将进口 8 万亿美元的商品、吸收 6000 亿美元的外来投资，对外投资总额将达到 7500 亿美元，出境旅游将达到 7 亿人次。这将为世界各国提供更广阔市场、更充足资本、更丰富产品、更宝贵合作契机。"

从我国经济转型升级的趋势看，无论是消费结构升级还是产业结构升级，都蕴藏着对服务贸易的巨大需求。

——估计到 2020 年，中国城镇居民服务型消费占比将由目前的 45% 左右提高至 50% 左右，服务业占比将由 2017 年的 51.6% 提高到55%—60%。

——到2030年,我国将成为全球最大的服务进口国,占全球服务进口总额的13.4%,约为目前的3倍,领先于美国(7.7%)和德国(5.8%)。

2. 2020:形成服务贸易为重点的开放新格局

——争取到2020年,我国服务贸易总额达到1万亿美元以上,占对外贸易的比重超过20%,占全球服务贸易总额的比重达到10%左右,初步形成以服务贸易为重点的对外贸易新格局。

——在以服务贸易为重点的全球双边、多边和区域贸易规则重构中发挥更重要的作用。

3. 服务贸易结构不断优化

——在提升传统服务贸易竞争优势的基础上,进一步拓展金融、保险、研发、设计、咨询、法律保障、文化等新兴服务贸易领域,加快高附加值服务出口,以服务贸易结构的优化提升我国在全球服务贸易中的竞争力。

——估计到2020年,知识密集、技术密集和高附加值服务出口占服务出口总额的比重有望达到60%左右。

二 以服务业市场开放推进服务贸易发展进程

总的判断:我国服务业市场开放与服务贸易发展高度融合。从多方面情况看,形成全面开放新格局,重点在服务贸易,难点在国内。国内的难点在服务业市场开放,服务业市场开放的难点在理念和政策体制。

(一)我国服务业市场开放的实践探索

1. 第一阶段:初始期(1978—2000年)

20世纪90年代前后,我国开启了服务业开放进程。

——1987年底,国家计委颁发了《指导吸收外商投资方向暂行规定》,对旅游、房地产和餐饮服务等领域对外资的限制相对较松。

——党的十四大正式确定"中国经济体制改革目标是建立社会主义市场经济体制",党的十五大又提出了"有步骤地推进服务业的对外开放"。我国放开服务业市场价格的同时,开始对商业零售、金融保险等敏感服务业行业引进外资进行试点性开放。

——总的来看,这一阶段我国服务业开放程度较低,受到的限制也较多。

2. 第二阶段:迅速发展期(2001—2012年)

2001年入世后,我国接受了《服务贸易总协定》,并做出了服务贸易具体承诺表,承诺在入世后的3—5年内逐步开放服务业市场,放宽服务业的市场准入限制,并给予外国投资者国民待遇。

——截至2006年以后,我国入世谈判中服务业开放的承诺已全部到位。2007年3月,国务院颁布了《关于加快发展服务业的若干意见》,提出了服务业进一步扩大开放的战略任务和要求,并分别于2007年、2011年再次修订了《外商投资产业指导目录》,对服务业相关行业增加了鼓励类条目,减少了限制类和禁止类条目。

——数据显示,2001—2012年,我国服务业实际吸收外资由111.7亿美元增加至572.0亿美元,占我国实际吸收外资总额的比例由23.8%上升至51.2%。服务业成为吸收外商投资的主导产业。

3. 第三阶段:全面开放期(2013年至今)

党的十八届三中全会提出,要构建开放型经济新体制,着力推进金融、教育、文化、医疗等服务业领域有序开放,放开育幼养老、建筑设计、会计审计、商贸物流、电子商务等服务业领域外资准入限制。

——2017年,我国对《外商投资产业指导目录》进一步修订,首次形成了全国统一的外商投资准入负面清单。2017年8月,商务部出台了《国务院关于促进外资增长若干措施的通知》,进一步减少了服务业外资准入的限制,并在12个领域进一步放宽外资准入。

——我国服务业外商直接投资快速增长。2016年和2017年服务业利用外资的占比更是超过了70%。

——近期,我国已陆续推出了包括逐步取消金融保险领域外资股比限制等一系列开放举措,预计未来一段时间内,服务业开放进程将明显加快。

(二)服务业市场开放滞后制约服务贸易发展

1. 服务业市场开放滞后,突出反映在"三低一高"上

——服务业市场化水平低。改革开放40年来,我国在工业领域的市场基本实现对内对外开放,但服务业市场开放严重滞后。估计工业部门尤其是制造业90%以上已高度市场化,服务业估计50%左右仍被行政垄断和市场垄断。

——服务业对外开放水平低。OECD服务贸易限制指数显示,除航空运输服务与建筑服务外,我国其他服务贸易领域的限制程度均高于OECD平均水平。以银行为例,外资银行自20世纪90年代以来,资产占比一直在2%左右徘徊,2017年已降至1.3%,远低于OECD国家平均高于10%的水平。

——服务水平低。例如,由于我国旅游业发展相对粗放,缺乏多元化、复合型、高质量的旅游产品。出境旅游成为部分中产家庭的首选。2017年,我国出境游人数突破1.3亿人次,消费额达2580亿美元,居全球首位,是排名第二美国的近2倍。

——服务价格偏高。在价格管制、缺乏有效竞争的情况下,不少服务业领域价格居高不下。例如,2016年,我国工业用气价格是美国的近3倍,居民用气价格则高出25%。

2. 服务业市场开放滞后使得服务领域"有需求、缺供给"矛盾突出

——"有供给、无需求"的矛盾在某些领域还比较突出,这反

映在过剩产能行业。

——更重要的是,"有需求、缺供给"的矛盾更为突出,尤其是表现在服务业领域。

以健康养老产业为例,我国进入人口老龄化社会,老年健康管理服务业、老年康复护理业、老年家政服务业等需求全面快速增长,在一些特大城市,老人进公立养老院,如果从 50 岁开始排队,要排上 30 年,甚至 40 年,养老服务供给严重不足。

3. 服务业市场开放滞后制约服务贸易发展进程

服务业市场开放与服务贸易发展高度融合,服务业市场开放度决定着服务贸易发展的广度与深度。当前,对服务业市场开放的主要顾虑在于担心冲击国内服务业企业。但实践表明扩大服务业市场开放并不如想象中严重。例如,中国—新西兰 FTA 谈判中,对服务业领域的开放程度已与 TISA 谈判要求相当;中韩 FTA 中,在电信与金融领域的开放方面均有实质性突破。未来,扩大服务业市场开放,不仅要在名义上进一步放宽服务业市场准入条件,更重要的是推进边境后措施的自由化和便利化,促进国内规则与国际规则的对接。

(三)把加快推进服务业市场的全面开放作为新时代全面深化改革的突破口

1. 打破服务业领域的行政垄断与市场垄断

力争 1—2 年内全面放开竞争性领域、非基本公共服务领域价格管制,到 2020 年使服务业领域市场化程度接近工业领域的水平。

——推进垄断行业竞争环节对社会资本全面放开。社会资本投资增速的大幅下滑,重要原因与垄断行业改革滞后相关。推进服务业市场开放,关键是破除服务业领域各种形式的行政垄断和市场垄断。

在以电力、电信、石油、民航、邮政等为重点的行业,进一步破除各种形式的行政垄断。除基础设施部分外，相当多的竞争性生产环节都可以放开市场引入社会资本。

——垄断行业的自然垄断环节吸纳社会资本广泛参与。推进银行、保险、航空等行业全面向社会资本放开。对可以完全市场化的自然垄断行业和企业，能退出的全部退出；暂时不能退出，或退出条件不具备的领域，可以通过出让国有控股权，发展混合所有制。对国有资本继续控股经营的自然垄断行业，实行网运分离、放开竞争性业务。在自然垄断环节，通过 BOT、TOT 等多种形式鼓励社会资本参与投资。

——健全城市公用事业的特许经营制度，积极引导社会资本参与。

2. 推动服务业领域对社会资本全面开放

——加快生产性服务业市场的开放进程。

• 鼓励社会资本以多种形式进入生产性服务业领域。按照"非禁即准"的要求，凡是法律、行政法规未明令禁止进入的生产性服务业领域，全部向社会资本开放，不再对社会资本设置歧视性障碍，大幅减少前置审批和资质认定项目，鼓励社会资本参与生产性服务业。

• 鼓励社会资本参与应用型技术研发机构市场化改革。支持企业与科研院所、高等院校等联合建立应用型技术研发机构，并给予财税、金融等政策支持。鼓励国有技术研发机构的科研基础设施和科技项目信息资料向社会开放，提供研发实验等技术服务。实施技术成果转化、转让奖励制度，鼓励企业研发人员以技术成果入股企业并参与收益分配，充分调动研发人员的积极性。

• 鼓励社会资本参与国家服务业综合改革试点。发挥社会资本的活力，大力发展研发设计、商务服务、市场营销、售后服务等生产性服务业，推动生产性服务业向专业化和价值链高端延伸。

——推进生活性服务业市场的全面放开。全面放开职业教育、医疗健康、养老等生活性服务业。在教育领域，加快放宽市场办学准入，鼓励支持社会力量在各教育层次举办民办学校，参与教育基础设施建设和运营管理。在医疗健康领域，积极引导社会资本发展医药卫生事业，进一步放宽社会力量办医准入。在养老领域，全面放开养老服务市场，积极引导社会资本进入养老服务业，加快推动公办养老机构改革，充分发挥各类市场主体活力。

——以政府购买公共服务为重点扩大公共服务领域对社会资本的开放。2016年，我国政府服务类采购规模占采购总规模的比重仅为18.9%，与发达国家30%以上的水平有明显差距。适应13亿人公共需求变化的大趋势，要把形成多元供给主体、多元竞争主体作为发展和完善政府购买公共服务的基本目标，争取使政府采购中服务类占比提高到30%左右。

3. 推进服务业市场开放的相关政策体制调整

——2018年第一季度，我国商服用地平均价格是工业用地的9倍。不合理的用地成本不仅制约了服务业的快速发展，也影响了我国工业转型升级进程。此外，在服务业领域仍面临这体制内外的人才待遇、政府采购政策等方面的不平等。

——争取到2020年，全国基本实现服务业用地与工业用地"同地同价"，实现体制内外人才政策待遇平等，实现各类所有制企业平等参与政府采购。

三 以服务业市场开放推动形成扩大开放新局面

总的判断：扩大服务业对外开放，是我国深化供给侧结构性改革的重大任务。这就要在继续深化制造业开放的同时，重点推进金融、教育、文化、医疗等服务业领域的有序开放，放开育幼养老、建筑设计、会计审计、商贸物流、电子商务等服务业领域外资准入限制。以服务业市场的双向开放为重点，加快形成全方位开放新格局。

（一）加快推动服务贸易负面清单的"瘦身"

（1）大幅缩减负面清单数量。立足国内现有自贸区负面清单，以服务贸易为重点，制定更加精简的、具有国际标准的负面清单，争取到2020年，负面清单中对服务贸易的限制范围缩小到40项左右。

——对于建筑服务、运输等具有国际先进水平且目前市场竞争比较充分的服务业领域，不再列入负面清单，尽量减少限制性措施。如取消负面清单中"轨道交通运输设备制造限于合资、合作"的规定，不再限制外资在轨道交通运输设备中的占股份额。

——对于教育、养老、健康等市场开放程度不高、国际竞争力不强、政策法规较多，但对外开放风险较小的领域，应积极扩大开放，仅保留部分必要的限制性措施，如不再将医疗机构列入限制类领域。

——对金融、保险等远未达到充分市场竞争、市场开放度低、对外开放风险复杂的领域，将现有限制措施尽量纳入负面清单，积极有序地推进开放进程。在开放的同时，加快完善监管体制。党的十九大后，中央加大了金融开放力度，对全球来说是一个积极的信号。

（2）提高负面清单的透明度。

——尽快与国际接轨，对负面清单内的每一项限制性措施都要标明国内法律依据，并明确限制性措施的具体内容和详细要求。

——负面清单的体例应更加明了，如将限制性措施和禁止性措施分开规定。

——尽快完善一些无具体限制条件的特别管理措施，最大限度消除市场开放的隐性壁垒，减少"寻租"空间。

（3）实现内外资同等待遇。尽快实现包括市场准入、准入后和经营过程中民企、外资和国企享受同等待遇。按照党的十九大报告要求，凡是在我国境内注册的企业，都要一视同仁、平等对待。

（4）以金融业为重点大幅放宽服务业市场准入，扩大服务业对外开放。

（二）以服务贸易和产能合作为重点构建"一带一路"自贸区网络

1. 构建自由贸易区网络是"一带一路"建设的重要目标之一

受国际经济政治因素的影响，"一带一路"推进过程中面临的政治、经济、社会环境风险将明显增多，不确定性增强；同时，由于"一带一路"沿线国家和地区经济发展水平差距较大，部分国家采取贸易壁垒来维护本国市场，使得"一带一路"沿线国家和地区之间贸易成本居高不下，自由贸易程度较低。从现实情况看，加强制度安排可以一定程度上保障"一带一路"经济合作的稳定性与贸易的便利化，其载体就是多种形式的自由贸易区网络。

2. 以服务贸易为重点加快构建自由贸易区网络

与"一带一路"沿线国家和地区相比，我国在数字经济、信息技术等多个服务业领域具有比较明显的优势。积极开展服务贸易及重点服务业领域的合作不仅有利于提升产能合作的稳定性，提高沿线国家与地区经济发展水平，而且可以在服务业国际分工中占据主动，减缓服务贸易逆差的进一步扩大。需要加快构建自由贸易区网络，推动我国与"一带一路"沿线国家与地区在旅游、交通、信息技术、电子商务、金融保险、文化教育等服务贸易领域的合作。

3. 分类推进自由贸易进程

对条件成熟的国家，可以直接采取自由贸易区的形式。比如，加快推进上海合作组织自由贸易区建设，使之成为"一带一路"中多边自由贸易区典范；打造"10+1升级版"，推动与东南亚国家的"一带一路"合作进程。对条件尚不成熟的国家,争取实行基础设施项下、产能项下、旅游项下的自由贸易政策安排,以实现自由贸易的突破。比如,在能源、旅游、医疗健康、数字经济和电子商务、科技创新等领域,建立"一带一路"沿线国家和地区广泛参与的经济合作圈,在产业项下的自由贸易制度创新上先行先试。

4. 积极与"一带一路"沿线国家和地区共建跨境经济合作区

例如,在主要港口和口岸建立边境经济合作区;沿"六大经济走廊"建立境外经贸合作区;在主要节点建立一批跨境经济合作区;争取将基本具备条件的跨境经济合作区提升为双边自由贸易区。由此,形成"一带一路"多种形式的经济合作圈,务实推进"一带一路"自由贸易区网络建设。

(三)积极推动服务业市场双向开放进程

(1)推动发达国家放开对华高新技术出口管制。中国与发达国家存在贸易逆差,在很大程度上是因为贸易伙伴对华出口禁令导致的。例如,商务部预测,如果美国放宽对中国出口限制,对华贸易逆差可以减少35%左右。

(2)显著降低技术性贸易壁垒。目前,美国、欧盟等国家对中国的许多领域设置了技术壁垒,电子技术、航空、信息通信技术、生命科学技术、能源环境等领域尚未对发展中国家开放,并且缺乏统一的投资审批程序,容易滥用反垄断调查。国家质检总局数据显示,2016年国外技术性贸易措施给我国出口企业造成的损失共计5300多亿元,较2013年增加近30%。为此,需要多方努力,扭转美国、欧盟单独设置针对中国企业的技术壁垒、国家安全审查壁垒的格局。进一步向中国开放服务市场,包括高新技术产业。

(3)推动发展中国家向中国开放服务业。尤其是在"一带一路"沿线国家和地区,要进一步降低旅游、医疗、教育、文化娱乐等准入门槛,加强服务业合作,实现"一带一路"服务贸易的重要突破。例如，针对人员自由流动，可考虑对符合条件的申请人，实施更加便利的签证审发程序；探索发放电子签证，增加有效期年限和多次入境签证的发放，延长签证的停留期。

四 以服务贸易一体化为重点推进粤港澳大湾区建设

总的判断：改革开放 40 年来，广东始终在我国改革开放进程中走在前列，成为我国改革开放的重要窗口。随着我国开放进入新阶段，加快推进以服务贸易为重点推进粤港澳大湾区一体化进程，不仅可以加快形成广东开放新优势，也可以进一步突出广东在全国开放改革发展全局中的战略作用。

（一）大湾区建设要以粤港澳服务贸易一体化为重要支撑

1. 服务业加快发展是粤港澳大湾区的必然趋势

——2015 年，粤港澳大湾区服务业占比达到 62.2%，高于全国平均水平 12 个百分点。

——从发展规律看，全球湾区经济的发展一般呈现出由港口经济、工业经济向服务经济、创新经济演化的过程。世界著名湾区无不是以高度发达的现代服务业为重要支撑。例如，2015 年，东京湾区服务业占比达 82.3%，旧金山湾区为 82.8%，纽约湾区为 89.4%。可以看到，粤港澳大湾区服务业占比与旧金山湾区、东京湾区和纽约湾区等仍有 20 个百分点以上的差距。也就是说，无论是从工业化进程看，还是从全球湾区发展的规律看，服务业加快发展都是粤港澳大湾区的必然趋势。

2. 服务贸易是推进粤港澳大湾区一体化的重点与难点

从现实情况看，推进粤港澳大湾区一体化，基础设施容易，产业融合相对较难。在港珠澳大桥等一批重大基础设施项目相继完工后，推进粤港澳大湾区一体化重点与难点在于以服务贸易实现服务业市场一体化。

——广东与港澳地区服务业互补性强。目前，广东 9 市服务业占比为56.1%，香港和澳门分别为92.2%和9.34%，广东9市明显偏低。如果加快推进广东与港澳地区服务贸易发展，不断提升广东服务业发展质量和水平，就能补齐广东服务业占比偏低的突出短板。初步估算，若广东9市服务业占比达到70%左右，粤港澳大湾区服务业占比有可能提升至80%左右，由此为粤港澳大湾区迈进国际一流湾区提供重要支撑。

——粤港澳大湾区产业一体化面临"一个国家、两种制度、三个关税区"的多元制度格局。近年来，中央在广东设立了自由贸易试验区，在推动广东与港澳地区服务贸易发展方面取得了重要进展。但受多种因素制约，粤港澳服务贸易领域深层次的体制矛盾尚未破题。可以说，推进粤港澳大湾区一体化，重点以服务贸易，难点也在服务贸易。

3. 以服务贸易为重点推进粤港澳一体化将释放巨大经济增长潜力

——从经济增速来看，2016年粤港澳大湾区经济增长7.9%，分别是纽约湾区、东京湾区、旧金山湾区的2.26倍、2.19倍和2.93倍。有研究显示，如果按照这种趋势，粤港澳大湾区只需要6年就可以超越东京湾区，成为全球经济总量第一的湾区，真正成为世界级的大湾区。

——从资源产出效率来看，粤港澳大湾区与其他湾区仍有较大差距。例如，2015年，粤港澳大湾区人均GDP为2.04万美元，分别是纽约、旧金山、东京湾区的49.3%、18.1%、34.1%；地均GDP为每平方公里0.24亿美元，分别是纽约、旧金山、东京湾区的37.3%、49.7%、59.3%。可以判断，未来几年，加快实现粤港澳服务贸易项下的人员、资金、技术、信息等要素的自由流动将释放巨大的经济增长潜力。

(二) 以服务贸易为重点推进粤港澳一体化将实现粤港澳地区高质量发展

1. 以服务贸易推动广东制造业转型升级

高质量的生产性服务业是制造业转型升级的主要支撑。但广东生产性服务业发展滞后成为其制造业转型升级的突出短板。2017年上半年，广东生产性服务业增加值占GDP的比重仅为28.1%，占服务业的比重为50%，与德国等制造业强国相差20个百分点左右。与此相对应的是，2016年，广东制造业全员劳动生产率23.24万元/人，仅为2013年美国的24%。广东出口产品中自主品牌占比不到20%。在这种情况下，加强广东与港澳在研发、设计、金融等服务贸易显得尤为迫切。

2. 以服务贸易拓展港澳发展空间

香港要稳固提升其国际金融、贸易、航运中心地位，澳门要解决博彩业一业独大的问题，最直接、最有效的途径就是依托广东作为港澳重要经济腹地和进入内地的重要桥梁，通过与广东合作发展服务贸易，拓宽其服务业发展空间，并由此为更好融入国家发展大局提供重要支撑。

3. 以服务贸易释放粤港澳大湾区巨大的内需潜力

从人均GDP来看，粤港澳大湾区已进入高收入阶段，这意味着这个地区的教育、健康、医疗等服务型需求全面快速增长。问题在于，广东服务型消费产品供给难以满足广大居民消费快速升级的需求，由此导致居民购买力外流。例如，2016年，广东组团出境旅游人数达到1000万人以上，比2010年上升了131%，其中40%以上进入港澳地区。加快粤港澳服务贸易发展，不仅能提升广东服务型消费产品的供给水平与质量，而且为港澳经济发展注入新动力。

(三) 推进粤港澳服务贸易一体化的时机条件总体成熟

(1) 粤港澳服务贸易发展呈现加快的趋势。自2003年CEPA

签署以来,粤港服务贸易年均增长20%。2016年,粤港服务贸易进出口额突破千亿美元。广东服务业吸引港资大幅增长。2007年,广东服务业实际吸收港资比重为33.67%,到2016年达到76.36%,增长超过四成。

(2) 粤港澳基础设施互联互通进程较快。目前,粤港澳大湾区一批重大基础设施项目相继完成,如港珠澳大桥已建成并基本具备通车条件,广深港高铁基本建成,将港澳纳入广东"一小时生活圈",为加快推进粤港澳一体化奠定了重要基础。

(3) 粤港澳创新能力明显增强。有数据显示,2012—2016年,粤港澳大湾区历年发明专利总量年均增长33.1%。2016年,粤港澳大湾区发明专利总量约为旧金山湾区的3倍。(见表2)

(四) 关键是加快广东服务业对港澳的全面开放

表2 粤港澳服务贸易自由化相关举措

1	对港澳在金融、法律、建筑、航运等领域进一步开放;
2	拓展金融IC卡和移动金融在自贸试验区公共服务领域的应用,为粤港澳居民跨境往来提供便捷的支付服务;
3	研究推进在自贸试验区工作的港澳金融专业人士通过培训测试的方式申请获得内地从业资格,其在港澳的从业经历可视同内地从业经历;
4	允许自贸试验区内港澳与内地合伙联营律师事务所的内地律师受理、承办内地法律适用的行政诉讼法律事务;
5	允许自贸试验区内港澳与内地合伙联营律师事务所以本所名义聘用港澳律师;
6	研究在建设领域(包括规划、工程咨询、设计、测量和建造等)取得香港执业资格的专业人士在自贸试验区港商独资或控股的开发建设项目直接执业或开办工程技术服务有关企业的模式;
7	允许港商独资或控股的开发建设项目试点采用香港工程建设管理模式;

续表

8	支持自贸试验区探索制定香港规划、建筑、设计、测量、工程、园境等顾问公司和工程承建商在自贸试验区注册成立公司或提供服务的准入标准和业务范围界定标准，以及香港企业参与自贸试验区内项目投标的资格条件；
9	将自贸试验区内港澳航线作为国内特殊航线管理。

资料来源：《国务院关于印发进一步深化中国（广东）自由贸易试验区改革开放方案的通知》，2018年5月4日。

（1）率先将广东自贸区开放政策扩大到整个大湾区。

（2）为港澳制定"极简版"负面清单。

（3）加快实现粤港澳金融服务一体化。没有金融服务体系一体化的支撑就难以实现粤港澳大湾区服务贸易一体化。一是扩大广东金融业对港澳开放。二是创新粤港澳地区跨境货币业务。建立粤港澳货币结算系统，形成人民币与港币、澳币联系汇率制度，逐步实现人民币在港澳的自由流动、自由兑换。三是建立粤港澳金融风险共同防范机制。

（五）全面放开粤港澳人文交流

率先在广东9市实行对港澳居民的自由落户政策，保证港澳人才在享受当地教育医疗、社会保障、公积金缴纳、税制税率、购买住房资格等方面的同等待遇。推进粤港澳职业资格互认试点。尽快落实和完善专业资格互认，逐步取消对港澳专业人员的各种限制，允许港澳地区取得专业资格的人员到广东提供专业服务。推行高科技人才的绿卡，鼓励港澳人才到广东自贸试验区就业创业。

（六）推进粤港澳服务业行业标准与管理规则的对接

（1）推进服务行业管理标准和规范全面对接。适应粤港澳服务业市场开放的趋势，将体制对接融合的范围从经济体制扩大到社会体制乃至行政体制。

（2）推进粤港澳市场监管执法标准对接。针对与港澳市场监管执法标准差异问题，制定与港澳市场经营行为差异化责任豁免目录。

（3）充分发挥行业协会在对接行业管理标准和规范中的作用。借鉴港澳服务行业协会管理机制，探索把服务相关行业的管理职能交由社会组织承担，强化行业自律，探索与港澳的行业管理标准和规范衔接。进一步发挥香港中介组织的桥梁作用，加强两地合作，拓展服务范围，为广东企业提供包括产品开发、研究咨询、人才培训、检验检测、金融等服务，有效推动广东服务业标准与国际接轨。

以高水平开放形成改革发展新布局

——对"十四五"深化改革的几点建议*

（2019年9月）

"十四五"是我国经济发展的一个关键时期。构建开放型经济体系、转变经济发展方式、完善市场经济体制，重在把握"十四五"时期的特定背景。

一 以高水平开放推动"十四五"时期全面深化改革

推进高水平开放对建设高质量市场经济发展具有重大影响，完善市场经济体制有助于发展更高层次开放型经济。"十四五"需要把握推进高水平开放的重要机遇期，在高水平开放中形成全面深化改革新动力。

（一）"十四五"时期扩大开放的特定背景

第一，经济全球化正处在发展、调整、变化的关键时期。第二，我国在维护和推动经济全球化中的地位作用明显提升。第三，在新一轮科技革命和产业变革的背景下，经济形态将发生某些重要变化。第四，中美经贸摩擦的影响给我国经济和全球经济增长带来

---

* 在由国家发改委连维良副主任召开的座谈会上的发言，2019年9月19日，海口；载于《中改院简报》第1261期，2019年9月。

不确定性。总的判断是，高水平开放是"十四五"改革发展的关键。

（二）开放是最大的改革

"十四五"时期，扩大开放的特定背景将发生重要变化。比如，以"三零"为重点的国际经贸规则变革在"十四五"时期有可能成为重要趋势。我国市场经济体制要适应以零关税、零壁垒、零补贴为重点的这一趋势，这不仅涉及制度变革，还涉及我国在国际经贸规则制定中的发言权和主导权。在此背景下，开放与改革直接融合，开放倒逼改革，开放是最大的改革。

（1）打造与高水平开放相适应的宏观体制。比如，"十四五"期间的海关体制、财税体制、金融体制，需要适应国际经贸规则的趋势性变化并做出某些调整。

（2）构建区域全面开放发展新格局。"十四五"时期，我国打造对外开放新高地，对区域发展和开放方面提出新的要求。

——推动粤港澳大湾区服务贸易一体化进程。如果粤港澳大湾区能在服务贸易一体化上实现重要突破，在体制、政策、法律等方面能够实现对接，将对整个区域开放发展格局产生重大影响。

——以东北一体化促进东北亚一体化进程。东北亚资源禀赋条件良好，经贸联系比较密切。在我国全面振兴东北的背景下，东北一体化的区域布局、体制变革将和东北亚经济一体化进程产生良性互动。

——在推动泛南海经济合作中确定海南战略定位，同时在海南实现服务贸易的全面自由化。海南要以开放为先，以服务贸易为主导，以制度创新为核心。例如，在海南制度创新方面，建议关税体制分两步走，第一步设立特殊监管区，第二步走向单独关税区；建议中央赋予海南财税自主权，逐步在海南建立单独的财税体制；加快探索建设海南自由贸易港进程，需要在行政体制上有特别的改革举措。

研究深化市场化改革和实现经济体制变革，需要把握扩大开放这个趋势，把高水平开放作为"十四五"规则的主线，以高水平开放形成"十四五"改革发展新布局。

二 以扩大内需促进"十四五"时期的体制机制改革

我国作为一个发展中大国，正处在经济转型升级的新阶段。在这个背景下，内需是拉动经济增长的重要力量。"十四五"时期，我国在产业结构、消费结构、城乡结构等方面预计每年至少提升1个百分点。能否实现，关键取决于体制机制改革与经济转型升级。

（一）实现制造业由大变强

习近平总书记在河南考察时提出，一定要把我国制造业搞上去。生产性服务业是助推实体经济发展的新动能，如果我国研发体制、科技创新体制的问题不解决，制造业要实现由大变强的难度就比较大。因此，需要加快完善市场经济体制，建立激发创新的体制机制。

（二）推进消费结构不断升级

我国进入"消费新时代"，消费结构正由物质型消费为主向服务型消费为主转型。由于我国服务业市场开放度较低，难以适应国内消费结构升级的需求，所以在服务型消费上出现某些供不应求的突出矛盾。因此，"十四五"时期，服务业市场开放是我国深化供给侧结构性改革的重大任务，也是深化市场化改革的重大任务。

（三）推动城乡体制改革

2018年，我国户籍人口城镇化率达到43.37%，常住人口城镇化率为59.58%。逐渐缩小常住人口城镇化率与户籍人口城镇化率之间的差距，逐步弥合流动人口与户籍人口之间的基本公共服务差距，成为"十四五"时期推进城乡体制改革的重要任务之一，成为释放内需潜力的重点之一。

（1）实现传统户籍制度变革。随着市场经济体制的不断完善，现行传统户籍制度的弊端越发显现。建议在"十四五"时期，基本完成从传统的城乡二元户籍制度到人口居住证制度的转变。

（2）统一城市农村建设用地市场。从现行的土地法律制度来看，城乡二元土地制度不利于新型城镇化和城乡融合发展。如果在统一城乡建设用地上能够有制度和法律上的安排，将有助于释放农村土地资本需求，缓解土地要素市场在城乡之间的不平衡、不统一。

（3）解决宅基地确权和流转问题。逐步创造条件解决宅基地确权和流转问题，是释放农村巨大内需潜力的重大课题。

（4）推进农业工业化进程。以海南为例，虽然实现了大部分农业品种的革命，但是农业的组织形式、生产方式的变革严重滞后，由此热带农产品的价值难以明显提升。我认为，重要原因在于农业的工业化程度低。海南在热带农产品保鲜、加工、储藏、运输、销售等方面工业化程度严重滞后，难以带动传统农业组织形式、生产方式的变革。建议海南面向东南亚，在推动农产品保鲜、加工、包装、储存、运输等方面采取一些大的政策。比如，政府提供资金补贴，吸引大型工业企业参与和提升海南农业的工业化，并成为农业工业化的主体力量。

三 着力破解"十四五"时期市场化改革面临的矛盾与问题

党的十八届三中全会提出，使市场在资源配置中起决定性作用和更好发挥政府作用。从实践看，我国市场化改革在有些方面有突破性进展，但在某些方面有所退后。

（一）民营企业预期存在问题

前一段时间我在宁波考察了解到，相当一部分企业尤其是出口型企业处境比较困难。也常听有民营企业家谈到，国家融资政策很好，但实际上民营企业贷款却很困难。现在亟须稳定民营经济的市场预期，多措并举切实支持民营企业发展。

（二）地方政府的行政干预现象比较突出

在经济下行压力加大、某些经济矛盾问题出现的时候，有些地方政府习惯于采取行政干预手段，不断采取某些"限"的措施。由此，导致市场活力不足，经济增速下滑。滥用行政手段，成为当前某些地区市场化改革中的一个突出问题。

（三）垄断尤其是行政垄断较为突出

尽管我国制造业领域基本实现了市场化，但在服务贸易等方面的行政垄断和市场垄断没有真正破题。服务业市场不开放和行政垄断是直接联系在一起的。建议尽快将反行政垄断纳入反垄断范围。

2019年《政府工作报告》提出，按照竞争中性原则，在要素获取、准入许可、经营运行、政府采购和招投标等方面，对各类所有制企业平等对待。中央经济工作会议提出，要强化竞争政策的基础性地位，创造公平竞争的制度环境。面对我国民营企业发展的机遇与挑战，"十四五"时期，要适应经济全球化大趋势、着眼于我国改革开放大战略，继续完善市场经济体制，营造支持民营企业发展的体制环境，稳定民营经济的发展预期，消除民营企业家的疑虑，以形成稳定经济增长的合力和动力。

四　要高度重视"十四五"时期的监管体制变革与社会体制改革

"十四五"需要把握经济社会发展大趋势，准确地应对内外部形势的新变化，推进经济体制、社会体制、监管体制变革。

（一）"十四五"形成以数字革命、科技革命为主体的监管体制安排

在数字革命和新一轮科技革命背景下，新技术、新应用、新手段快速涌现。一方面，监管盲区增大、增多，需要建立与之相适应的监管方式；另一方面，数字革命为创新监管体制提供了可能性和

便利性。例如,如果在区块链技术能够实现突破的情况下,海南率先以开放性数字货币为主,既可以严格监管,又能充分放开,金融制度创新就会取得重大突破。

(二)"十四五"形成以应对老龄化为重点的政策与体制安排

研究预测,在养老金和退休制度不变的情况下,我国养老金缺口将逐年扩大,假设 GDP 年增长率为 6%,到 2033 年养老金缺口将达到 68.2 万亿元,占当年 GDP 的 38.7%,届时将面临养老金支出危机。为此,加快选择合适的延退制度以提升养老金可持续性,是立足短期着眼中长期的关键之一。但解决老龄化社会的问题不简单是依靠延迟退休,而是涉及法律、税收、财政、养老金、老年人就业、生育等一系列的政策与制度调整,在政策和制度的组织实施方面也应有相应的体制机制保障。例如,实施老年人积极就业政策;完善鼓励老年人积极就业的法律法规、建立以居家养老为主的养老服务体系、形成支持延退的财政政策与制度安排等。

以服务贸易为重点建设高水平
开放型经济新体制[*]

（2020年9月）

习近平主席在2020年中国国际服务贸易交易会全球服务贸易峰会上的致辞中指出，"放眼未来，服务业开放合作正日益成为推动发展的重要力量"。全球进入服务经济时代，服务贸易不仅是衡量经济高质量发展的重要标志，也是推动产业链、价值链向中高端迈进的关键因素。以服务贸易为重点构建更高层次开放合作新格局，是加快建立高水平开放型经济新体制的重要目标，是充分发挥我国超大规模市场优势和释放经济转型升级内需潜力的重大举措，是构建国内国际双循环新发展格局的重大任务。

一　服务贸易已成为全球自由贸易的重点、焦点

当前，服务贸易正成为全球自由贸易的重点。2010年至2019年，全球服务贸易额由7.8万亿美元增长至11.9万亿美元，年均名义增长4.8%，是货物贸易增速的2倍；服务贸易额占贸易总额的比重由20.3%提高至23.8%。有报告预测，到2040年，全球服务贸易在贸易中的占比将提升到50%。

---

[*] 本文载于《经济日报》2020年9月7日。

疫情全球大流行加快数字服务贸易发展。疫情加速消费者与服务提供者由线下向线上转移。线上办公、线上教育、线上医疗、电子商务等线上服务业务高速发展，在带动传统服务贸易数字化转型的同时，促进数字技术在新兴服务贸易领域的应用，实现新兴服务贸易的数字化与智能化。目前，全球服务贸易中有50%以上已经实现数字化；2008年至2018年，全球数字交付贸易出口年均增长5.83%，在服务贸易出口中的占比达到50.15%。未来，新一轮科技革命和产业变革将进一步拓展服务贸易发展空间，并深刻改变全球服务贸易发展形态。

数字革命拓展服务贸易发展空间。一方面，信息技术在服务业领域的广泛应用，使服务产品生产与消费跨越不可分离的障碍，为服务业全球化和服务贸易发展提供了客观条件。教育、健康、医疗、文化等传统不可贸易的"服务"逐渐变得可贸易，并逐渐成为服务贸易的重要内容。另一方面，科技革命为全球产业分工的进一步细化提供技术支撑，众多服务型企业只将核心服务保留，而将非核心服务或中间服务通过服务外包、自然人流动、服务资本的流动等方式进行全球再布局，由此将众多发展中国家纳入全球服务贸易进程中，进一步拓展全球服务贸易发展空间。

服务贸易成为全球经贸规则重构的焦点。服务贸易在双边、区域贸易投资谈判中的比重逐渐增大，高标准、广覆盖、边境内的服务贸易规则在区域自贸协定中逐步增多。尤其是在疫情全球大流行的背景下，数字服务贸易重要性凸显。未来，围绕跨境数据流动、数据本地化、消费者权益与隐私保护等标准与规则竞争将日趋激烈，高新技术服务也成为部分国家采取保护主义、单边主义措施的主要领域，加强多边、区域等层面服务规则协调的重要性、紧迫性全面提升。

二 推进以服务贸易为重点的开放转型

我国服务贸易具有巨大发展潜力，推进以服务贸易为重点的开放转型是大势所趋。

服务贸易快速发展成为我国对外贸易的突出亮点。2014年至2019年，我国服务贸易额年均增长7.8%，是货物贸易增速的2.2倍，是外贸整体增速的1.9倍，在拉动我国外贸平稳增长中做出了重要贡献。2018年以来全球贸易摩擦加剧，世界服务贸易增速显著放缓。同期，我国服务贸易出口同比增长17.0%，对世界服务出口的贡献率达9.3%；进口同比增长12.3%，对世界服务进口的贡献率达14.9%，成为推动全球服务进口增长的最大贡献者。

消费结构与产业结构升级对服务贸易发展提出新要求。进入新时代，人民日益增长的美好生活需要对扩大优质服务进口提出多方面的现实需求。比如，2019年我国居民人均服务性消费支出增长12.6%，占全国居民人均消费支出的比重为45.9%，比上年提高1.7个百分点。随着我国城乡居民服务型消费的快速增长以及扩大优质服务进口政策效应的逐步显现，我国服务贸易仍具有巨大发展潜力。此外，随着我国服务业开放水平不断提升，以及制造业服务化、智能化及数字经济的快速发展，将形成服务贸易快速发展的重要支撑。

加快形成以服务贸易为重点的开放新格局。首先，要尽快补齐服务贸易发展滞后的突出短板，争取到2025年，服务贸易占外贸总额比重由2019年的14.6%提高至20%以上。其次，要明显提升服务贸易国际竞争力，在保持制造服务、建筑服务、计算机与信息等领域优势的基础上，大幅提升我国知识产权、金融等生产性服务贸易以及旅游等生活性服务贸易的国际竞争力，尤其要形成数字服务贸易国际竞争新优势。最后，加快推动多边、区域等层面服务规则、规制、管理、标准等的协调，积极参与全球经济治理，提升我国在全球服务贸易规则制定中的话语权。

三 以高水平开放推进服务贸易高质量发展

推动服务贸易高质量发展，离不开更高水平开放环境的支撑。加快推进服务业对内对外开放进程。在服务业市场开放与服务贸易发展直接融合的背景下，形成以服务贸易为重点的高水平对外开放新格局，关键在于加快推进服务业市场开放。一是打破服务业领域的市场垄断与行政垄断，推进垄断行业向社会资本开放与服务业领域国有资本布局优化和结构调整，把反垄断尤其是反服务业行政垄断作为市场监管变革的重大举措；二是加快推进服务业对外开放进程，完善"准入前国民待遇+负面清单"管理制度，并探索开展负面清单外无审批试点；三是强化服务业领域的竞争政策基础性地位，全面清理服务业领域妨碍公平竞争的产业政策，完善垄断服务业行业价格形成机制。

强化服务贸易自由便利的制度安排。形成服务贸易高质量发展新动力，涉及多方面制度创新。一是加快制定并实行全国跨境服务贸易负面清单，建议减少和降低跨境交付、境外消费、自然人移动等服务贸易模式下的"边境后"壁垒，对负面清单外的领域给予境外服务提供者国民待遇；二是形成与国际接轨的服务贸易标准等，率先在医疗健康领域引入国际先进标准，在倒逼企业转型的同时，提升服务监管的国际化水平；三是制定探索符合我国实际的职业资格互认制度，形成服务贸易项下人员自由流动的制度安排。

打造服务贸易开放新高地，形成服务贸易高质量发展的引领示范。一是对接国际高水平经贸规则，形成与最高水平开放形态相适应的服务贸易自由化便利化的制度体系，进一步规范影响服务贸易自由便利的国内规制。二是加快推进粤港澳服务贸易一体化进程，在提升服务市场一体化水平基础上，进一步减少限制条件，加快在与服务贸易相关的人才培养、资格互认、标准制定等方面加强合作，在拓宽港澳服务业发展空间的同时，带动广东形成更高层次改革发展新格局。三是加快设立以科技创新、服务业开放、数字经济为主要特征的自由贸易试验区，构建京津冀协同发展的高水平开放平台，并持续深化其他自由贸易试验区差别化探索，加大压力测试，促进国内服务贸易高质量发展。

"十四五"时期中国服务贸易发展的三大趋势[*]

(2021年2月)

我国经济转型升级正处于关键时期,对服务贸易需求明显加大。要顺应发展趋势,形成以服务贸易为重点的开放新格局。

我国服务业市场开放进程呈现加快的大趋势。有序扩大服务业对外开放,要着力实现服务业市场开放的重要突破,同时以制度型开放推进制度性变革。

整体上看,推动服务贸易高质量发展,离不开更高水平开放环境的支撑,我们既要着力打造以服务贸易为重点的制度型开放新高地,还要推进以服务贸易为重点的区域性自由贸易进程。

我国将进入新发展阶段,高水平开放有着鲜明的特征,其中一个就是以服务贸易高质量发展为重大任务。党的十九届五中全会对扩大服务业对外开放做出了重要部署,指明了重要方向。"十四五"时期,加快推进以服务贸易为重点的高水平开放,是我国加快建立高水平开放型经济新体制的一个重要目标,也是构建新发展格局的重要任务。总的来看,我们要牢牢把握好服务贸易发展的三大趋

---

[*] 本文载于《经济日报》2021年2月5日。

势，在提高对外开放水平上下功夫，为经济高质量发展注入源源不断的动力。

趋势一：经济转型升级推动服务贸易高质量发展

当前，我国经济转型升级正处于关键时期。首先，进入工业化后期，产业结构正由工业主导向服务业主导转型升级。从国际经验看，进入工业化后期，服务业将呈现较快发展态势。预计到2025年，我国服务业占比有望从2019年的53.9%提高到60%左右，基本形成以服务业为主导的产业结构。其次，我国进入"消费新时代"，消费结构正由物质型消费为主向服务型消费为主转型升级。预计到2025年，我国消费规模将达到60万亿至65万亿元；城镇居民服务型消费占比有望达到55%左右，城乡居民服务型消费需求占比有望达到52%。我国开始进入服务型消费社会。再次，新一轮科技革命和产业变革正在重塑服务贸易发展业态。随着新一代信息技术不断突破和广泛应用，数字经济发展迅速。预计到2025年，我国数字经济规模有望突破60万亿元，占GDP比重达到55%左右；到2035年，数字经济总量有望超过百万亿元。

要看到，经济转型升级对服务贸易需求明显加大。一方面，消费结构升级对服务贸易需求明显增强。到2025年，我国服务型消费占比将达到52.5%左右。另一方面，产业结构升级对服务贸易的需求明显加大。我国服务业发展仍存在较大空间。未来5—10年，我国服务业占比有可能提高到55%以上。此外，我国产业升级与服务贸易发展将深度融合。比如，服务产业数字化和数字产业服务化，有助于推动服务贸易向价值链高端发展。

过去几年，我国服务贸易呈现快速发展态势。预计到2025年，我国服务贸易规模将达到1万亿美元左右，占外贸总额比重将由2019年的14.6%提升到20%左右。"十四五"时期，我们要顺应发展趋势，着力形成以服务贸易为重点的开放新格局。一是要进一步优化服务贸易结构。争取到2025年，我国知识密集型服务贸易占服务贸易的比重提升至40%以上；保险、计算机和信息、知识产权等高端生产性服务贸易占比提高至30%以上。二是要明显提升服务贸易国际竞争力。比如，到2025年，估计我国服务贸易逆差占服务贸易额比重将下降到15%左右；在保持制造服务、建筑服务、计算机与信息服务等优势的基础上，明显提升我国知识产权、金融等生产性服务贸易以及旅游等生活性服务贸易的国际竞争力。三是推动形成数字服务贸易发展新优势。争取到2025年，在进一步扩大电信、计算机、信息等服务贸易优势基础上，实现知识产权与数字技术等服务贸易顺差。此外，还要提升数字相关服务贸易出口比重，争取到2025年提升至30%左右。

趋势二：服务业市场开放推动服务贸易较快发展

《中共中央关于制定国民经济和社会发展第十四个五年规划和二〇三五年远景目标的建议》提出，要"有序扩大服务业对外开放"。当前，我国服务业市场开放进程呈现加快的大趋势，不仅开放程度不断深化，而且重点领域开放实现重大突破。

"十四五"时期，推动服务贸易较快发展，一方面，要着力实现服务业市场开放的重要突破。一是推动服务业市场向社会资本全面开放。鼓励引导社会资本参与发展服务业，并在打破服务业市场垄断方面实现实质性破题。二是加快推进服务业对外开放进程。争取在近两年，率先实现教育、医疗、养老、旅游等服务业市场全面开放；按照外商投资法的相关规定，基本完善外商投资的服务体系。三是清理并大幅削减服务业领域边境内壁垒。建议在有条件的地区率先引入相关发达国家对旅游娱乐、体育养老等重点生活性服务业的管理标准，并实现资格互认；建议全面推广跨境服务贸易负面清单，允许负面清单外的境外企业在我国提供相关服务，逐步在人员流动、资格互认、市场监管等领域实现与国际接轨。

另一方面，还要以制度型开放推进制度性变革。一是强化服务业领域的竞争政策基础性地位。比如，全面清理服务业领域妨碍公平竞争的产业政策，减少行政力量对市场资源的直接配置，全面实施普惠化的产业政策；减少选择性补贴、投资补助等举措，建议将产业政策严格限定在具有重大外溢效应或关键核心技术的领域；更多采用普惠性减税、政府采购、消费者补贴等手段，维护市场公平竞争；加强服务业领域的公平竞争审查，重点强化要素获取、准入许可、经营运行、政府采购和招投标等方面的公平竞争审查；等等。二是推进服务业领域内外标准对接。要加快推进与发达国家在相关服务领域的职业资格互认，逐步建立与国际接轨的服务业管理标准体系，推进与服务业市场开放相适应的监管变革。

趋势三：服务贸易在推动自由贸易进程中的作用提升

当前，服务贸易发展已成为经济全球化的重点、焦点。2010年至2019年，全球服务贸易额年均名义增长4.8%，是同期货物贸易增速的2倍；服务贸易额占贸易总额的比重由20.3%提高至23.8%，提升了3.5个百分点。有报告预测，到2040年服务贸易在贸易中的占比将提升到50%左右。整体上看，推动服务贸易高质量发展，离不开更高水平开放环境的支撑，我们既要着力打造以服务贸易为重点的制度型开放新高地，还要推进以服务贸易为重点的区域性自由贸易进程。

着力打造以服务贸易为重点的制度型开放新高地。一是对标世界最高开放标准推进海南自贸港建设。海南自贸港建设，要充分学习借鉴国际自由贸易港的先进经营方式、管理方法和制度安排，聚焦贸易投资自由化便利化，建立与高水平自由贸易港相适应的政策制度体系。建议对标世界最高水平的经贸规则，借鉴并率先实施国际最新投资贸易协定的相关条款，尽快开展电信、环保、政府采购等领域的先行先试；对标国际一流营商环境标准，全面实施自由企业制度，建立严格的产权保护与知识产权保护制度，构建与国际接轨的多元化纠纷解决机制，为全世界投资者、创业者打造开放层次更高、营商环境更优、辐射作用更强的开放新高地。此外，建议率先在服务贸易领域实行自贸港政策与制度的早期安排。比如，加快推进教育、医疗健康、文化体育等领域的更大开放政策，取得自贸港产业发展的早期收获；建议对医疗健康、文化娱乐、旅游、教育、科技研发、会展等服务业行业发展所需原材料、基础设施配套的用品设备的进口实施"零关税"，并免除进口环节增值税。

二是加快推进粤港澳服务贸易一体化。随着广东制造业转型升级以及港澳拓展发展空间的需求日益迫切，粤港澳服务贸易互补性明显增强。加快实现粤港澳服务贸易一体化，在拓宽港澳服务业发展空间的同时，将带动广东制造业的转型升级。一方面，要推动粤港澳服务业产业深度合作。在这一过程中，建议将广东自贸试验区内的开放政策扩大到整个大湾区，实现广东对港澳服务业开放的重要突破；赋予广东在负面清单制定中更大自主权，实行更加开放的市场准入政策；加快实行与港澳在旅游、金融、教育、文化娱乐、医疗健康等产业项下的自由贸易政策。另一方面，要推动粤港澳服务业市场体系直接融合。比如，可考虑逐步建立与港澳对接的、以信用机制为基础的市场管理体系与资格互认体系，允许符合港澳标准的服务业企业、具备相关职业资格的人员，在广东备案审核后直接开展相关业务活动；加快推进产权保护制度化、法治化，并逐步加强粤港澳产权保护规则的对接，形成产权保护的合力和法治基础。

推进以服务贸易为重点的区域性自由贸易进程。一是尽快实现中日韩服务贸易发展新突破。在疫情冲击下，以共同维护供应链安全稳定为目标，推动形成中日韩服务贸易优势互补的分工合作新机制，其迫切性、现实性全面增强。一方面，建议以服务贸易为重点率先打造中韩自贸区升级版。在这一过程中,既要进一步降低货物贸易关税,还要逐步推进双边服务标准的对接、服务市场的融合。另一方面,还要率先实施服务业项下自由贸易政策,取得中日韩服务贸易发展的早期收获。比如,适应我国消费结构升级大趋势,积极开展旅游、教育、文化娱乐等产业项下的自由贸易;适应人口老龄化趋势,积极推进医疗、健康、养老产业项下的自由贸易;适应数字经济引领产业变革大趋势,开展智能制造产业项下的深度合作。二是要抓住机遇,以服务贸易合作为重点形成中欧经贸合作新局面。

总之,推动服务贸易发展,不仅适应国内服务型消费需求,而且有利于形成与各国、各地区合作共赢的巨大市场空间,成为推动双边多边自由贸易的重要引擎。我们要找准关键点,不断推动自由贸易进程,从而更好助力高水平对外开放。

建设更高水平开放型经济新体制[*]

(2021年3月)

"十四五"规划纲要草案提出:"建设更高水平开放型经济新体制。"当前,在国际环境日趋复杂、不稳定性不确定性明显增加的大背景下,我国实行高水平对外开放,坚持实施更大范围、更宽领域、更深层次的对外开放,建设更高水平开放型经济新体制,是构建新发展格局的客观要求,是发挥我国14亿人口大市场优势推动全球自由贸易进程、建设开放型世界经济的重大举措。

一 把扩大内需作为推进高水平开放的基本导向

进入发展新阶段,我国对外开放的环境、条件都有新的变化,高水平开放呈现历史性新特点,扩大内需在引领高水平开放中的基本导向作用全面凸显。一方面,14亿人口的内需大市场成为推进高水平开放的独特优势和基本条件;另一方面,随着我国经济融入世界,内需潜力的释放需要以更高水平开放融入国际经济循环。就是说,双循环新发展格局,绝不是封闭的国内循环,而是应对复杂多变国内外环境实行的战略转型;绝不是短期举措,而是与我国经

---

[*] 本文载于《经济参考报》2021年3月10日。

济转型升级趋势相适应的中长期发展战略。以扩大内需为基本导向的高水平开放，就是要实现内外市场联通、要素资源共享，就是要构建更加开放的国内国际双循环。

二　以制度型开放与制度性变革全面激发市场活力

进入新发展阶段，释放14亿人消费潜力的重点是服务型消费，关键是扩大服务业市场开放和加快服务贸易发展。从经济全球化趋势看，服务贸易已经成为全球自由贸易的焦点。从我国经济发展趋势看，服务贸易开始成为经济转型升级的重点。特别是进入高质量发展阶段，产业结构升级对研发、设计等生产性服务业领域贸易的需求日益提升；消费结构升级、城乡结构升级对教育、医疗、健康、旅游、文化、信息等生活性服务业领域贸易的需求日益提升。适应经济全球化大趋势与国内经济转型升级的需求，协同推进强大国内市场和贸易强国建设，关键是加快服务业市场开放进程与提高服务贸易发展水平。

三　以制度型开放促进制度型变革

开放是最大改革，制度性变革依赖于高水平制度型开放。推进规则、规制、标准、管理等制度型开放，是形成以服务贸易为重点高水平开放新格局的基本需求，并成为服务业领域制度性变革的重大任务。"十四五"建设更高水平开放型经济新体制，需要在服务业领域的制度型开放和制度性变革上实现重大突破。一方面，要推进服务贸易领域规则、规制、管理、标准等更大程度与国际接轨。例如，率先在医疗健康、教育等社会需求较大的服务业领域引入国际先进管理标准。另一方面，要实质性推动服务业领域市场对内对外开放进程，尽快打破服务业领域的各类市场垄断与行政垄断。由此，既为释放民营企业的强大活力创造市场条件，又为外资企业拓展更大投资空间。

四　高水平开放的中国已成为推动全球自由贸易进程的重要力量

我国的服务贸易发展，不仅适应国内服务型消费需求，而且将形成与各国、各地区合作共赢的巨大市场空间，成为多边、双边自由贸易的重要引擎。深圳经济特区、海南自由贸易港、自由贸易试验区、粤港澳大湾区等，是我国建设更高水平开放型经济新体制的"试验田"，肩负着服务贸易和服务业市场开放的历史使命。要赋予其更大改革开放自主权，率先对标国际高水平经贸规则，加大在市场准入、管理标准、透明度、知识产权保护、监管规则等重要领域的先行先试和压力测试。

我国坚持推进以扩大内需为导向的高水平开放，不仅能够有效释放超大规模市场潜力，而且有利于全球共享14亿人的大市场；不仅有利于推动我国实现高质量发展，也将对疫情冲击下的世界经济复苏产生重要影响；不仅有利于我国以高水平开放促进深层次市场化改革，而且有利于全球分享我国全面深化改革开放的红利。我国坚定不移全面扩大开放，坚定不移建设更高水平开放型经济新体制，坚定不移推进全球自由贸易进程，坚定不移地参与全球经济治理变革，将为国际社会注入更多正能量。

持续推进高水平开放为发展注入新动能[*]

（2021年4月）

当今世界正经历百年未有之大变局，新冠肺炎疫情全球大流行加剧了变局的演变，单边主义、保护主义上升，国际经济、科技、文化、安全、政治等格局发生深刻调整，世界进入动荡变革期。面对深刻复杂变化的环境，我国更需坚定推进高水平开放进程。

以扩大内需为导向推进高水平开放，需要构建更加开放的国内国际双循环，实现内外市场联通、要素资源共享，这就要求发挥超大规模市场优势，加快形成与大国经济相适应的开放型市场体系。进入发展新阶段，扩大内需在引领高水平开放中的基本导向作用全面凸显：一方面，消费结构升级对世界多样化高品质的产品、服务产生更多需求。到2030年，我国累计商品进口额有望超过22万亿美元。另一方面，随着我国经济全面深度融入世界，释放14亿人的超大规模市场潜力，既是我国推进高水平开放的独特优势和基本条件，又是我国以更高水平开放融入国际经济循环的基本条件。

以强大国内市场推动全球自由贸易进程。依托强大国内市场，

---

[*] 本文载于《经济参考报》2021年4月16日。

加快推进多边双边自由贸易进程，有效应对单边主义与贸易保护主义，为推动建设开放型世界经济与全球经济复苏注入中国动力。

首先，要推进高水平双边区域自由贸易进程。要按照区域全面经济伙伴关系协定（RCEP）的相关开放承诺，加快出台相关配套措施，推动海关、监管、投资等国内相关政策、制度调整，以此推动RCEP尽快落地。与此同时，积极考虑加入全面与进步跨太平洋伙伴关系协定（CPTPP）。要在服务贸易、知识产权协定、竞争中立、电子商务、政府采购、国有企业和指定垄断、中小企业、投资者—国家争端解决机制（ISDS）等方面加快形成新的制度安排，在新时期国际产业合作中把握更大主动权，并由此形成深化市场化改革的新动力。

其次，推动共建"一带一路"高质量发展。要统筹产能合作与服务贸易，形成"一带一路"产业链与供应链新布局。

以服务贸易和数字贸易为重点积极参与全球经贸规则制定。服务贸易与数字贸易快速增长，逐渐成为全球经贸规则重构的焦点。从推进全球自由贸易进程出发，积极参与和引领建设开放、包容、共享、均衡的区域性和全球性服务贸易协定，引领新兴经济体和发展中国家平等参与区域和全球服务贸易体系建设，提出符合发展中国家实际的服务贸易与数字贸易规则，释放全球服务贸易需求潜力。

以制度型开放推动构建高水平市场经济体制。在国际环境日趋复杂、不稳定性不确定性明显上升的特定背景下，保持战略定力，办好自己的事，关键在于把握高水平开放与深层次市场化改革互促共进的时代特征，走出一条以高水平开放促进深层次市场化改革的新路子。

我国实现高水平开放新突破重在加强制度性、结构性安排。所谓"制度性"，其重点是开放市场、公平竞争，建立与国际基本经贸规则相衔接的开放型经济体系。所谓"结构性",重点是扩大对外开放的领域和范围,即从一般制造业领域的开放扩大到以金融等为重点的服务业领域开放。这就需要加快推动以货物贸易为主向以服务贸易为重点的开放转型进程,需要加快推动由商品和要素流动型开放向规则等制度型开放的转型进程。

开放是最大的改革,制度性变革依赖于制度型开放。推进规则、规制、标准、管理等制度型开放,是形成以服务贸易为重点高水平开放新格局的基本需求,并成为服务业领域制度性变革的重大任务。

"十四五"时期,建设更高水平开放型经济新体制,需要在服务业领域的制度型开放和制度性变革上实现重大突破。一方面,要推进服务贸易领域规则、规制、管理、标准等更大程度与国际接轨;另一方面,要实质性推动服务业领域市场对内对外开放进程,尽快打破服务业领域的各类市场垄断与行政垄断。

三

建言制度型开放：
商品和要素转向规则和标准

加快推进文化产业开放进程[*]

（2019 年 11 月）

党的十九届四中全会指出："发展社会主义先进文化、广泛凝聚人民精神力量，是国家治理体系和治理能力现代化的深厚支撑。"适应经济全球化大趋势和我国高水平开放新要求，满足人民日益增长的美好生活需要，要把加快文化产业开放进程作为推进我国文化事业繁荣、文化产业发展的重大任务。

当前，文化产业在国民经济中的作用明显提升。2018 年我国文化产业实现增加值 38737 亿元，比 2004 年增长 10.3 倍，2005—2018 年文化产业增加值年均增长 18.9%，高于同期 GDP 现价年均增速 6.9 个百分点。从对经济增长的贡献看，2004—2012 年文化产业对 GDP 增量的年均贡献率为 3.9%，2013—2018 年进一步提高到 5.5%。

展望未来，我国城乡居民消费结构正处于快速升级之中，文化产业有巨大的发展空间。2018 年我国居民人均消费支出中，服务消费占比达到 44.2%。其中，人均教育文化娱乐消费支出增速为 6.7%。未来 10 年左右，我国服务型消费比重的不断提升，尤其是

---

[*] 本文载于《经济参考报》2019 年 11 月 26 日。

城乡居民文化需求快速上升成为一个基本趋势，由此为文化产业发展提供了巨大空间。数据显示，2018年全国居民用于文化娱乐的人均消费支出为827元，文化娱乐支出占全部消费支出比重为4.2%。适应我国产业结构、消费结构升级的大趋势，估计未来10年文化产业的需求仍将快速提升，文化产业对GDP增长的年均贡献率有可能提高到10%左右。

从现实情况来看，文化供给短缺是我国文化领域面临的突出矛盾。虽然我国文化产业增加值占GDP的比重由2012年的2.36%快速提高到2018年的4.30%，但与发达国家相比仍有较大差距。此外，无论从规模还是从质量看，高水平的文化产品供给与全国人民日益增长的文化消费需求仍存在较大差距。

当前，适应世界百年未有之大变局，把握全球经济服务化与服务贸易进程历史交汇的新机遇，需要把加快推进文化产业市场开放作为推动服务业市场开放进程的重大任务。一方面，要在文化领域实行"极简版"负面清单管理制度。明确文化领域扩大对外开放的底线，实行文化开放"极简版"负面清单管理，加快建立"文化产业市场全面开放+极简版负面清单"管理模式。进一步细化准入前负面清单管理措施和相关描述，规范准入后负面清单管理，提升负面清单透明度。另一方面，要鼓励社会资本、外资平等进入和参与文化产业开发、运营，创造公开市场、公平竞争的市场环境。

加快推进中国特色自由贸易港建设，是新时代中央赋予海南的重大战略使命。海南自贸港以发展旅游业、现代服务业、高新技术产业为主导产业，其中推动发展文化产业是影响牵动旅游及现代服务业发展全局的重大任务。提高海南旅游的国际化水平，增强竞争力，关键在于推进文化、体育、娱乐、创意等市场的高度开放。建议加快取消外商投资文化、娱乐企业的股比限制，率先在这些领域实行"零关税"及"低税率"的"早期安排"；在严格用途管制、使用范围管制的前提下，率先实现文化娱乐、旅游、会展业等领域原材料、配套用品和设备的零关税；引进具有国际竞争力和知名度的文化娱乐企业进驻海南，通过独资、合资、合作等多种途径，有效吸引社会资本和外资将海南文化体育娱乐产业做大做强，将海南打造成我国文化产业开放新高地。

推进高水平开放与提升政府治理效能[*]

（2020年2月）

政府治理是国家治理的一项重要内容。改革开放以来，我国坚持正确处理好政府与市场的关系，不断提高政府治理能力。当前，面对世界百年未有之大变局，推进高水平开放成为影响我国改革发展全局的关键因素，是布局改革发展的一条主线。适应高水平开放的重要趋势，"构建职责明确、依法行政的政府治理体系"，提升政府治理效能，是推进国家治理体系和治理能力现代化的重要任务之一。

一 推进以服务贸易为重点的开放与提升政府治理效能

当前，我国正从制造业领域为主的开放转向服务贸易为重点的开放。总的来看，我国在服务贸易领域的政府治理还存在一些不相适应的情况，亟待不断完善和改进，以更好提升政府治理效能。

其一，适应转向服务贸易为重点的开放趋势，要把反垄断尤其是反行政垄断作为提升政府治理效能的重大任务之一。目前，我国服务业的市场开放远低于制造业开放水平。比如，2018年我国服务业实际使用外资占服务业固定资产投资的比重很低。究其原因，市

---

[*] 本文载于《经济日报》2020年2月20日。

场垄断与行政垄断成为各类资本进入服务业领域的一个突出障碍。通过政府治理变革推进反垄断尤其是反行政垄断的必要性、迫切性更为凸显。为破解这些"瓶颈",当前和今后一个时期,建议尽快修订《反垄断法》,增加、细化反行政垄断的内容,并将竞争政策以及相应的公平竞争审查制度纳入《反垄断法》;加快推进与服务业市场开放进程相适应的行政管理体制改革;等等。

其二,适应转向服务贸易为重点的开放趋势,要推动市场监管主要对象由商品为主向服务为主转变。当前,在服务业市场走向全面开放、服务型消费快速增长的背景下,作为政府治理的重要组成部分,市场监管的主要对象应尽快由商品为主向服务为主转变。要以标准对接提升服务监管的国际化水平,建议尽快在人民群众高度关注的食品药品、金融等领域实现监管标准、行业标准与国际接轨;在省级层面建立统一权威的市场监管协调机构,进一步处理好综合监管与专业化监管的关系,提升市场监管尤其是专业服务领域监管的有效性。

其三,适应转向服务贸易为重点的开放趋势,相关措施可由设立园区等向推动企业公平竞争转变。从实践看,医疗健康、文化娱乐、电信研发等服务业开放政策及制度安排,如果仅限于某一产业园区或者特定区域,难以充分释放其效应,也难以形成相关的产业链、价值链。比如,以海南博鳌乐城国际医疗旅游先行区为例,中央赋予其医疗开放政策在推动医疗开放方面取得了进展,但由于相关配套设施不完善等,这些医疗开放政策的效力并未全面释放。可考虑尽快采取相关推广措施,形成医疗健康产业发展的整体优势,让更多的居民享受到开放政策的红利。

二 转向规则等制度型开放与提升政府治理效能

当前,我国正由商品和要素流动型开放转向规则等制度型开放,更加注重制度性、结构性安排。适应这一开放趋势提升政府治理效能，重点是建立并完善以公开、规范为主要标志的开放型经济体系，并加快推动与国际基本经贸规则对接。

其一，适应转向规则等制度型开放的要求，要正确处理好政府和市场的关系，把加快建设高标准市场经济作为重要目标。这需要在市场化改革的关键性、基础性领域尽快实现重大突破。比如，对国企、民企、外企一视同仁，使市场在资源配置中起决定性作用；全面深化以土地为重点的要素市场化配置改革，实现已入市集体土地与国有土地在资本市场同地同权，建议赋予农民宅基地完整的用益物权；适应金融业加速开放的趋势，加快推进金融领域市场化改革进程；等等。

其二，适应转向规则等制度型开放的要求，要把强化竞争政策的基础性地位、推进产业政策转型作为重要举措。推进规则等制度型开放，需要强化竞争政策的基础性地位，按照竞争中性原则推进产业政策转型。比如，明确产业政策应以不妨碍公平竞争为基本原则，减少产业补贴与扶持项目；加强对新出台产业政策的公平竞争审查等。

其三，适应转向规则等制度型开放的要求，要把打造市场化、法治化、国际化的营商环境作为提升政府治理效能的重要导向。近几年我国营商环境有明显改善、在全球排名明显上升，世界银行发布的《2020年营商环境报告》显示，中国总体排名第31位，比2018年上升15位，比2017年上升47位。但也要看到，我国仍有部分指标与国际先进水平有较大的差距。比如，我国纳税排名全球第105位、获得信贷第80位，办理破产成本远高于经合组织高收入经济体。适应规则等制度型开放要求，需要在营商环境上对标国际先进水平，进一步补齐短板。比如，以减税降费为重点降低制度性交易成本，进一步下调或取消各种费用；全面推行"最多跑一次"等。

三　转向经济全球化的重要推动者与提升政府治理效能

当前，我国正从经济全球化的重要参与者转向经济全球化的重要推动者，并在一些全球经贸规则的构建中发挥主导性作用。适应这个趋势，提升政府治理效能要统筹国内国际两个大局，把二者有机结合起来。

其一，适应转向经济全球化重要推动者的要求，要尽快完善"准入前国民待遇＋负面清单"管理制度。当前，我国仍面临着市场准入负面清单、外商投资准入负面清单、鼓励类产业目录等"多单共存"的局面；市场准入负面清单还有进一步压缩的空间；自贸试验区外商投资准入负面清单虽然已缩减至37项，但可操作性、透明度仍有待进一步提升。适应经济全球化新形势提升政府治理效能，要尽快形成全国统一的、内外资一致的负面清单；进一步缩减市场准入负面清单限制措施，并取消外资准入负面清单之外的限制；详细列明负面清单管理措施与相关描述，大幅清理准入前认证，进一步明确细化外商准入前国民待遇等内容。

其二，适应转向经济全球化重要推动者的要求，政府治理的重点要尽快由边境措施向边境内措施拓展。当前世界经济进入更高层次的合作和竞争新阶段：从强调要素流动到强调规则升级，从强调硬件竞争到强调营商环境等软环境竞争，从强调边境措施向强调劳工标准、环境标准、竞争政策等边境内措施延伸。

适应这一趋势提升政府治理效能，要以参与更高层次国际合作和竞争为导向，加快在相关方面形成制度性、结构性安排。比如，确立竞争中性原则，保障各类市场主体在要素获取、准入许可、经营运行、政府采购和招投标等方面一视同仁、平等对待；统筹强化知识产权保护与产权保护，建立与国际接轨的知识产权保护制度以及产权平等保护的长效机制和纠错机制；尽快加入世贸组织《政府采购协定》，改革完善政府采购制度，提升政府采购全过程的公开透明度；加快探索"零关税、零补贴、零壁垒"等国际经贸新规则与电子商务等新兴领域的治理模式、治理规则；等等。

其三，适应转向经济全球化重要推动者的要求，要更加重视国际宏观经济政策协调。作为一个 GDP 占全球 16% 左右、货物贸易额占世界 12% 左右的新型开放大国，中国的宏观经济政策不仅对自身经济发展有重要影响，而且对全球经济有重要的"溢出效应"。这就需要密切跟踪国际经济金融形势和主要经济体宏观经济政策变化，加强与主要经济体和国际机构的沟通对话，强化宏观经济政策的内外协调。比如，适应"一带一路"由产能合作为主向产能合作与服务贸易并重转变的趋势，进一步拓展各国合作内容，强化同沿线国家和地区的宏观经济政策协调；适应我国企业"走出去"大趋势，要主动与有条件的国家签订相应的税收抵免文件等。

此外，适应经济高水平开放大趋势推动政府治理变革、提升治理效能，是一个系统工程，不仅涉及政府组织架构的进一步调整，也需要在公务员管理制度、人才制度等诸多方面实现变革。比如，适应我国推进互利共赢的开放战略，可考虑进一步整合、优化对外经济政策机构与职能；适应高效率运转要求，可考虑改革现行干部考核机制等，从而更好满足高水平开放的需要，不断提升国家治理效能。

以调整优化功能区布局促进经济高质量发展[*]

（2020 年 4 月）

2018 年 6 月 12 日至 14 日，习近平总书记在山东考察时提出："要坚持腾笼换鸟、凤凰涅槃的思路，推动产业优化升级，推动创新驱动发展，推动基础设施提升，推动海洋强省建设，推动深化改革开放，推动高质量发展取得有效进展。"淄博正处于"腾笼换鸟"的关键时期，以调整优化功能区布局促进经济结构转型升级，对于促进经济高质量发展具有重要意义。

以经济转型升级助推高质量发展进程。经济的高质量发展，既取决于把握内外环境的趋势变化，又取决于顺应趋势实现经济转型升级的实际进程。我国正处于经济转型升级的历史关节点，产业结构从工业主导向服务业主导转型升级，消费结构从物质型消费向服务型消费升级，城乡结构从规模城镇化向人口城镇化升级。经济转型升级蕴藏着巨大的增长潜力，是转向高质量发展的最大底气。淄博在产业结构、消费结构、城乡结构等方面，仍有调整优化的空间。例如，2019 年，淄博工业占 GDP 的比重为 49.9%，高于全国

---

[*] 本文载于《淄博日报》2020 年 4 月 13 日。

水平（39.0%）。这就需要利用调整优化功能区布局契机，转变经济发展方式，提高全要素生产率，释放资源活力，培育高质量发展的新动力。

以功能区调整优化助力促进经济转型升级。经济由高速增长阶段转向高质量发展阶段的新背景，对完善空间治理、培育经济发展新动能提出了新要求。淄博大胆探索、积极作为，通过优化调整功能区管理范围和机构设置，以统筹整合资源要素助力经济转型升级，起到了示范、突破和带动作用。例如，通过设立淄博先进制造业创新示范区，有利于以制造业优化升级发展高质量实体经济，促进产业结构优化升级、培育经济增长的内生动力；通过淄博新城区的发展，有利于推动基础设施提升，拉动投资和消费增长；通过加强区县边界地带的产城融合，有利于突破各功能区地域分割和行政分割，推动城乡融合发展，优化城市发展空间格局。

"十四五"以全面深化改革加快推进经济转型升级进程。今年是"十三五"规划收官之年，是"十四五"规划谋篇布局之年。淄博立足自身实际和独特优势，以调整优化功能区布局为抓手，转变发展方式、优化经济结构、转换增长动力，必将在推动经济高质量发展上取得有效进展。例如，加快推进传统产业与高新技术的深度融合，推动生产型制造向服务型制造转型，大力发展生产性和生活性服务业；加快完善促进消费的体制机制，优化消费环境，把提高供给体系质量作为主攻方向，以减少消费外溢；以完善产权制度和要素市场化配置为重点，加快建立健全城乡融合发展体制机制和政策体系，推进农业农村现代化进程。

以制度型开放深化服务业市场化改革[*]

(2020年7月)

以高水平开放促进深层次市场化改革,重在推动商品和要素流动型开放向规则等制度型开放转变。制度型开放有两个突出特点。其一,改革与开放的内在统一。扩大开放的重点向国内规则、标准等层面延伸,使开放与改革直接融合。其二,促进深层次市场化改革。规则、标准等对接,将使服务业市场开放、竞争政策基础性地位等关键性、基础性深层次体制机制改革取得重要突破,推动建立高标准市场经济体系。

一 深化服务业市场化改革既是国内市场与国际市场的连接点,又是开放与改革的连接点

(一)深化服务业市场化改革既是释放巨大内需潜力的重点,也是释放服务贸易优势以赢得国际合作竞争新优势的关键

首先,我国服务消费的快速增长及由此带来的新兴消费市场的扩大,是我国释放内需、赢得主动的关键。2019年,我国居民人均服务消费增长12.6%,高于居民整体消费增速4.0个百分点,占比提高到45.9%。估计到2025年,我国居民服务消费占比将达到

---

[*] 本文载于《经济参考报》2020年7月21日。

52%—55%，由此将释放数万亿元的消费潜力。此外，服务贸易开始成为全球自由贸易以及全球经贸规则重构的重点、焦点。2010—2019年，全球服务贸易年均名义增长是货物贸易增速的2倍。未来几年，释放14亿人不断升级的消费需求，参与国际合作和竞争，关键在于服务消费释放和服务贸易发展，在于加快推进服务业市场化改革进程。

（二）深化服务业市场化改革既是推进高水平开放的重大举措，也是深化市场化改革的重大任务

一方面，我国正由制造业领域为主的开放向服务领域为重点的开放转变。另一方面，服务业领域成为深化市场化改革的突出短板。以《市场准入负面清单（2019年版）》为例，服务业领域禁止性措施106项，占比73.1%；服务业领域限制性措施90项，占比71.4%。对比国际尤其是发达国家，我国服务业限制指数仍然较高。为此，深化服务业市场化改革，推动服务业对内对外开放，成为统筹推进高水平开放与深化市场化改革的重大任务。

（三）以制度型开放深化服务业市场化改革既是应对变局的主动之举，也是开拓新局的主动之举

一方面，深化服务业市场化改革是立足14亿人内需大市场，牢牢把握"中国消费"的巨大潜力，形成应对变局的坚实基础与战略优势。另一方面，服务业市场化改革既涉及市场准入制度，更涉及公平竞争制度、市场监管制度及规则、规制、管理、标准等方面的制度性、结构性安排，其复杂程度与敏感程度远超制造业。推动服务业领域的制度型开放，加快服务贸易发展，是面对经济全球化严峻挑战、开拓自由贸易发展新局面的重要条件和竞争优势。

二 以制度型开放深化服务业市场化改革的当务之急是形成公开市场、公平竞争的市场环境

（一）打破社会资本进入服务业的各类有形和无形壁垒，全面实现服务领域的平等竞争

随着我国市场准入负面清单的不断完善，社会资本进入服务业的门槛正在逐步降低。但从实践中看，社会资本进入服务业，在服务领域开展平等竞争，仍面临着某些体制性障碍。例如，由于体制内外人才等政策的差异，民营教育、医疗等服务业企业的活力远未释放。打破不合理政策体制对社会资本的束缚，尽快实现体制内外服务业企业政策平等，以充分发挥社会资本在服务业市场的重要作用。

（二）以产业政策转型促进服务业市场化改革

随着市场经济体制的建立，产业政策与经济转型升级趋势不相适应的矛盾日益突出，并由此带来某些不公平竞争及抑制创新等负面效果。以通信为例，有关研究表明，我国通信的基础性成本，比某些发达国家高出1—2倍。其原因除了资源禀赋外，也与产业政策直接相关的行政性垄断所导致的竞争不足、效率不高直接相关。深化服务业市场化改革，需要强化竞争政策的基础性地位，并由此实现产业政策转型。例如，尽快修订《反垄断法》，将竞争政策以及相应的公平竞争审查制度、反行政垄断制度纳入《反垄断法》；大幅减少产业补贴与扶持项目，以竞争政策为基础加快推进产业政策转型，并用竞争政策有效协调产业政策及相关经济政策。

（三）充分发挥科技革命对深化服务业市场化改革的推动作用

在5G、人工智能等新技术驱动下，数字经济等将带来新的业态，推动产业变革与社会变革。据麦肯锡测算，疫情期间线上消费所增加的每1个单位，61%为替代原有需求，39%为新增需求。当前，我国服务业与数字经济融合水平仍比较低。2019年，我国服务

业数字经济增加值占行业增加值的比重仅为37.8%，与发达国家接近60%的水平相比还有较大差距。从过去几年的实践看，一方面，科技革命和数字经济充满不确定性，不能机械地理解"只有管得住，才能放得开"，要鼓励新业态先发展后规范、边发展边规范。另一方面，要充分利用科技革命推动服务领域的市场开放。比如，过去几年，我国金融领域的市场开放与金融科技创新直接相关。以制度型开放深化服务业市场改革，要以更大的市场开放鼓励和支持服务业数字化转型与创新，并充分利用科技革命的成果，推动服务领域监管变革。

三　以制度型开放深化服务业市场化改革，关键是推进规则、规制、管理、标准等与国际对接

（一）规则、规制、管理、标准等不完善成为深化服务业市场化改革的突出掣肘

近几年，我国服务业对内对外开放进程明显加快。但客观看，服务领域的制度性、结构性安排，无论是规则、规制、标准还是管理能力建设，都相对滞后。例如，在电商平台不断做大的背景下，市场份额是不是判定新经济垄断的重要指标，如何判定新经济的垄断和不正当竞争？如何避免用"旧制度管理新经济"？这些都是需要深入研究的重大课题。

（二）以规则、规制、管理、标准等国际对接中形成倒逼服务业市场化改革的压力

"非禁即入+过程监管"是高水平市场经济的基本做法，也是高标准经贸规则的基本要求。推进服务业市场开放，需要在大幅放宽市场准入的同时，最大限度取消准入后限制，建立既准入又准营的服务业企业管理规则，并带动监管模式、监管体制的系统性变革。2019年，我国出境旅行服务（旅游、留学、就医等）消费1.7万亿元人民币。释放服务消费潜力，需要尽快在广大居民急需的领

域引入国际现代服务业管理标准,在倒逼国内服务业企业转型的同时,明显提升服务行业监管的现代化水平。

(三)在医疗健康领域引入国际管理与标准,推动这些领域的制度型开放

适应疫情冲击下国内医疗健康消费回流及全社会日益增加的医疗健康需求,要加快引进国际现代医疗药品管理标准,使国内居民不出国门就可以享受到国际先进的医疗健康服务。例如,实行单向认可清单制度,符合清单内国家或地区标准的药品与医疗器械可自动获得认证,无须开展临床试验直接使用,逐步实现已经上市但未达到新标的药品退市;允许符合当地标准且高于我国现行标准的服务业企业、具备相关职业资格的人员,经备案审核后直接开展相关经营与业务活动。

在大变局中加快构建开放型经济新体制*

（2020 年 8 月）

中央全面深化改革委员会第十四次会议强调，依靠改革应对变局、开拓新局。深圳经济特区 40 年的实践表明，改革开放是坚持和发展中国特色社会主义，实现中华民族伟大复兴的必由之路。当前，在国际政治经济格局深刻复杂变化，经济全球化面临严峻挑战的新形势下，以制度型开放建立高水平开放型经济新体制，是适应新时代我国高水平开放新要求的重大任务，是以开放促改革、促发展的重大举措，是以改革应对变局、开拓新局的现实路径，是以实际行动支持经济全球化，积极参与全球经济治理体系变革的重要基础。

一 处于大变局中的经济全球化

当前，新冠肺炎疫情严重冲击经济全球化，深刻影响经济全球化走向。在此背景下，加快建立开放型经济新体制，既具有迫切性、战略性，又凸显严峻性、挑战性。

---

* 本文与郭达合作，载于《开放导报》2020 年第 4 期。

（一）疫情给全球化带来严峻挑战

1. 疫情助推逆全球化思潮，威胁全球自由贸易进程

近年来，贸易保护主义与单边主义抬头，并威胁全球自由贸易进程。根据世界贸易预警网站数据，2019年，全球新增不利自由贸易措施619项，达到2008年国际金融危机以来的最高点，是2009年的近14倍。[①] 在疫情全球蔓延的大背景下，孤立主义、单边主义和贸易保护主义更为盛行，有可能使经济全球化进程出现倒退。

2. 疫情严重冲击全球供应链、产业链

当前，国际分工已深入以产品不同价值增值环节为基础的全球价值链分工，全球化程度大幅提升，全球价值链参与度已由20世纪90年代的47.6%提高至2018年的56.5%。[②] 疫情蔓延对全球供应链、产业链产生系统性冲击，有可能造成全球供应链大范围中断。一方面，疫情在美国、德国两大供应链中心的蔓延，将对航空航天、光学医疗、信息设备等全球供应链上游产生严重冲击；另一方面，随着全球疫情影响的逐步扩散及长期化，全球供应链中游和下游的影响逐步显现并增强，同时对全球粮食安全等带来严峻挑战。

3. 疫情后，"零关税、零壁垒、零补贴"有可能成为美欧日等发达国家推进经贸规则变革的基本框架

目前美欧日之间已经就零关税贸易开展谈判，欧日之间已经达成共识，美欧零关税谈判正在加快推进。在疫情对全球生产网络产生严重冲击的情况下，欧美等发达国家很有可能加速这一趋势，在引领新一轮全球经贸规则，保持自身国际竞争力的同时，将许多发展中国家排除在外。

[①] 全球贸易预警信息网（www.globaltradealert.org），截至2020年7月7日。
[②] 根据联合国贸易和发展组织（UNCTAD）全球价值链（GVC）数据库相关数据测算。

(二) 疫情重创全球经济

1. 疫情导致全球经济陷入衰退

根据联合国贸发会议最新数据，2020—2021年全球FDI将缩减5%—15%，[①] 与此前预测的5%的正增长降幅明显。贸易与投资下降将直接导致今年全球经济衰退。根据国际货币基金组织（IMF）最新修订的《世界经济展望》，2020年全球经济增长率将下降4.9个百分点，比今年4月份的预测（-3.0%）下调了1.9个百分点[②]。

2. 疫情加大全球经济危机的可能性

2008年国际金融危机以来，全球大部分国家普遍采取以刺激性财政政策与量化宽松货币政策替代结构性改革，由此使得全球经济负债率持续上升。截至2019年9月底，全球非金融部门债务率达到221.4%，比2008年年底提高了49个百分点。[③] 当前，为有效缓解疫情对本国经济的冲击，各国政府和央行纷纷采取更大力度的救助、刺激政策，全球债务风险明显上升，世界金融脆弱性进一步增强。

（三）区域一体化的趋势和作用日益凸显

1. 全球产业链价值链及供应链区域化、本土化布局趋势明显

疫情后无论是各国政府还是企业，都将改变以往基于低成本、零库存导向的全球产业链、价值链、供应链布局，而更加重视供应链安全与可控。由此造成：一方面，宏观政策将更加强调内向发展和自主发展，关键技术与核心环节技术与服务管控力度将进一步加大；另一方面，全球价值链服务链本地化、区域化、碎片化趋势日

[①] Coronavirus could shrink global FDI by 5% to 15%，联合国贸易和发展会议，2020年3月8日，https://unctad.org/en/pages/newsdetails.aspx?OriginalVersionID=2299。

[②] 国际货币基金组织（IMF）《世界经济展望》2020年6月24日。

[③] 国际清算银行数据库。

益明显,全球区域内贸易份额不断上升将是长期趋势。

2. 区域自贸协定成为各国参与新一轮国际经贸规则制定的重要平台

在全球多边贸易体制面临严峻挑战,全球产业链价值链供应链区域化、本土化双重驱动下,区域经贸协定成为各国参与全球治理、推动经贸合作的一个重要选项。一方面,发达国家依托其市场体系相对成熟等优势,签署高标准、广覆盖的贸易与投资协定,以此在新一轮全球经贸规则重构中占据主导地位;另一方面,越南等部分发展中国家也积极参与双边、区域自贸协定,以期增加其在全球经贸格局中的地位与规则制度话语权。

(四)疫情将加速全球数字经济发展

1. 疫情加速线上经济发展

一方面,疫情严重冲击旅游、运输等传统服务业。据国际航空运输协会最新分析预计,2020年全球航空运输客运收入可能下降2520亿美元,比2019年下降44%;全球航空运输客运需求比2019年下降38%。[1] 据WTTC(世界旅游及旅行理事会)预计,全球旅游业将有多达1亿人面临失业,损失将近2.7万亿美元。[2] 另一方面,疫情加速线上经济发展。2018年,全球电商B2C市场规模达到6750亿美元,估计到2020年底,规模将达到9940亿美元,年均增长30%左右。[3]

2. 疫情催生新兴产业

根据麦肯锡测算,疫情时期线上消费每增加1个单位,61%为替代原有需求,39%为新增需求。[4] 新增需求不断影响现有业态,

---

[1] 国际航协:《3月全球航空客运需求断崖式暴跌》,2020年5月7日,凤凰网。
[2] 《受疫情影响全球旅游业将有多达1亿人面临失业》,《央视财经》2020年5月11日。
[3] 中国信息通信研究院:《中国数字经济发展白皮书(2020)》2020年7月。
[4] 《"云端经济"彰显中国"韧性"——疫情下的经济新动向观察》,2020年4月21日,中国新闻网,http://www.chinanews.com/sh/2020/04-21/9163676.shtml。

同时也激发大量创新业态，促进生产生活朝着数字化、智能化方向发展。估计到疫情后，全球将加速进入数字时代，并重塑全球产业分工格局。

3. 疫情后国家间以数字技术为重点的科技竞争将日趋激烈

疫情后，主要科技大国将进一步加强出口管制，并强化技术转移、投资、移民等管控力度，全球科技并购、高科技贸易以及以跨国公司为主导的科技价值链网络，将出现停滞甚至下降趋势，科技"逆全球化"趋势可能全面凸显。

二 以制度型开放为重点，加快建立我国开放型经济新体制

由商品和要素流动型开放向规则等制度型开放转变，符合全球经贸规则重构新形势，符合我国新阶段高水平开放新要求，体现了开放与改革的内在融合。以规则、规制、管理、标准等与国际通行做法对接为重点，推进制度型开放进程，是加快建立开放型经济新体制的重大举措，促进我国更深度融入全球经济体系的战略选择。

（一）适应全球经贸规则重构新趋势，以规则对接进一步融入世界经济并增强话语权

改革开放以来，我国商品要素开放进程不断加快，开放型经济体制不断建立完善，商品和要素流动型开放取得巨大成就。当前，作为新型开放大国，制度型开放成为我国扩大开放的鲜明时代特征与重要标志，加快推进制度型开放已成为我国建立高水平开放型经济新体制的重大任务。

1. 以制度型开放形成国际合作竞争新优势

加快推进"零关税"进程，对于推动我国消费结构升级，降低企业成本，提升对全球产业链、供应链、价值链的掌控能力和全球化运营能力，降低边境内市场壁垒，改善投资环境，在公平竞争中增强企业竞争力，具有十分重要的意义。

2. 把握疫情冲击下国际经贸规则重构新趋势

一是货物贸易朝着零关税规则演进。日本与欧盟签署经济伙伴关系协定（EPA），自2019年2月1日起开始生效，日本将逐步对从欧盟进口的约94%的产品实施零关税，欧盟将逐步对从日本进口的约99%的产品实施零关税；[①] CPTPP等相关成员国也将逐步取消98%的农业和工业产品关税。[②]

二是服务贸易成为全球自由贸易规则重构的重点。2007年底前签订的区域双边自由贸易协定中，涉及服务贸易内容的仅有56个，占同期区域贸易协定数量的33.9%；[③] 2008—2020年签订的区域双边自由贸易协定中，涉及服务贸易内容的增加至998个，占比71.7%。[④]

三是数字贸易规则成为全球经贸规则重构的新兴领域。2019年达沃斯全球经济论坛上，欧盟28国和其他47个世贸组织成员决定启动谈判，以制定全球电子商务规则；2019年G20财长会议也提出，将针对大型跨国信息技术企业制定全球统一"数字税"课税规则。

四是规则措施由"边境上"向"边境内"转移。从最新签订的区域贸易协定内容看，不仅涵盖传统的关税、配额、数量限制、海关监管等"边境上"措施，也更多强调知识产权、国有企业、政府采购、劳工标准、环境标准、竞争中性等"边境内规则"。

3. 主动适应并对接全球高标准经贸规则

要按照把握主动、补齐短板、强化优势的基本思路，分步推进与全球高标准经贸规则对接。

一是持续降低关税。争取到2025年，我国关税总水平由目前

[①] 《日欧经济合作协定将从2月1日起生效》，2019年1月3日，中国经济网。
[②] 《越南正式实施CPTPP》，商务部网站（http://www.mofcom.gov.cn/article/i/jyjl/j/201901/20190102827490.shtml）。
[③] 根据世界贸易组织区域贸易协定数据库相关数据测算得出。
[④] 根据世界贸易组织区域贸易协定数据库相关数据测算得出。

的7.5%下降至4%左右；其中，零关税商品占比由目前的7%左右提升至20%以上。

二是大幅降低以服务业为重点的边境内市场壁垒。争取到2025年，在进一步缩减外商投资准入负面清单限制措施数量的同时，推动负面清单相关配套措施与国际接轨；强化竞争政策基础性地位，各类市场主体平等参与市场竞争、平等享受政策待遇；营商环境排名进入全球前10位；商事制度改革取得重大进展，基本实现企业"准入即准营"；建立与发达国家相衔接的知识产权保护制度；以混合所有制为重点的国企改革全面推开，基本形成以"管资本"为主的新格局。

三是推进补贴政策向普惠化和功能性转变。争取到2025年，建立并实施补贴"正面清单"管理制度，清理清单之外的中央各部门、地方的产业补贴与扶持项目；对标WTO规则建立补贴审查机制；推动财政补贴政策向公共服务、技术研发、支持中小微企业创新、绿色生态、基础设施、人才培养等方面转变。

（二）加快形成以服务贸易为重点的全面开放新格局

2010—2019年，全球服务贸易额由7.8万亿美元增长至11.9万亿美元，年均名义增长4.8%，是货物贸易增速的2倍；服务贸易额占贸易总额的比重由20.3%提高至23.8%，提升了2.5个百分点。[①] 估计到2040年，全球服务贸易占比将达到50%。[②]

1. 尽快补齐服务贸易发展滞后的突出短板

一是大力提升服务贸易比重。争取到2025年，服务贸易占外贸总额比重由目前的14.6%提高至20%以上。

二是进一步优化服务贸易结构。争取到2025年，我国知识密

[①] 根据世界贸易组织（WTO）数据库相关数据测算。
[②] 商务部与世界贸易组织：《2019年世界贸易报告》中文版，2019年11月9日。

集型服务贸易占服务贸易的比重由目前的32.4%提升至40%以上。

三是明显提升服务贸易国际竞争力。争取到2025年，我国服务贸易逆差占服务贸易额的比重由目前的27.7%下降到15%左右；在保持制造服务、建筑服务、计算机与信息等优势基础上，大幅提升我国知识产权、金融等生产性服务贸易以及旅游等生活性服务贸易的国际竞争力。

2. 形成数字贸易国际竞争新优势

一是形成数字服务出口新优势。争取到2025年，在进一步扩大电信、计算机、信息等服务贸易优势基础上，实现知识产权与数字技术等服务贸易顺差；进一步提升数字相关服务贸易出口比重，由目前的23.5%提升至30%左右。

二是构建数字贸易大网络。对"一带一路"沿线国家和地区，实施数字旅游、数字医疗、数字健康、数字教育、数字基础设施等项下的自由贸易政策；对俄罗斯、巴西、印度等数字服务贸易规则态度与我国较为接近的国家，加快数字服务贸易协定谈判，形成关于跨境数据流动、数据本地化、消费者保护等一揽子协定。

三是积极参与全球数字贸易规则制定。依托我国数字经济规模优势，积极参与WTO、G20等多边数字贸易规则制定，主动提出有利于维护多边贸易体制、有利于维护发展中国家利益的数字贸易规则；更加重视双边、区域自贸协定中数字规则内容，提升我国在全球数字贸易规则制定中的话语权。

（三）适应产业链供应链区域化、本土化新趋势，以推进区域经济一体化拓展国际合作新空间

1. 进一步推进区域合作

面对产业链、供应链发展新趋势，要以产业链、供应链的调整为抓手，以加强同东北亚、东南亚的区域合作及推进RCEP、中日韩自贸区作为区域经济一体化的重点，形成合理分工、有竞争力的

区域一体化布局，并为疫情后有效应对单边主义、民族主义、贸易保护主义等提供重要条件。

2. 加快形成立足周边、辐射"一带一路"、面向全球的高标准自贸区网络

一是争取到2025年，实现对亚太、东北亚、中欧等区域自由贸易安排的重要突破。二是显著提升现有区域自贸协定服务贸易与数字贸易自由化、便利化水平。目前，在我国已签署的自贸协定中，仍有部分未涉及金融服务电子商务等新兴领域。争取到2025年，以负面清单为主要模式尽快实现现有区域自贸协定升级，涵盖金融服务与电子商务议题的区域自贸协定数量占比提升至50%左右。三是显著提升区域自贸协定对贸易的实际带动作用。提升区域自贸协定自由化、便利化水平，进一步拓展涵盖议题等。争取到2025年，我国与已签署区域自贸协定对象国（地区）间的贸易额占贸易总额的比重，由2019年的35.2%提升至50%以上；在加强边境内措施与制度的对接与协调，积极推动与自贸伙伴的贸易投资管理体制的对接合作，在政府监管制度协同与合作等方面取得重要突破。

3. 以"一带一路"为载体，尽快形成"陆海内外联动、东西双向开放"的全面开放新格局

统筹国内区域经济一体化与周边区域合作进程，与"一带一路"建设支点国家和地区共建灵活多样的双边多边自贸区。如东北要利用与东北亚地缘和经贸联系更加接近的条件，在对接东北亚中促进东北振兴；以海南自由贸易港为平台，打造国内市场与国际市场的连接点。

三 加快推进双边、区域自由贸易进程

在区域一体化趋势与作用日益凸显的背景下，加快实现中欧、中日韩及亚太区域贸易投资自由化、便利化安排的实质性突破，有

利于加快形成国内国际双循环相互促进的新发展格局，是应对单边主义、贸易保护主义严峻挑战的重大举措，是积极参与全球经贸规则制定的有效途径，将进一步提升我国参与全球经济治理的影响力和制度性话语权，并在规范影响国内规制方面发挥重要作用。

（一）尽快实现中日韩经贸合作的新突破

1. 推动形成中日韩制造业分工合作新机制

中日韩产业互补性强，制造业产业内的分工协作紧密。在疫情全球大流行给中日韩制造业供应链带来严重冲击的背景下，中日韩应以共同维护制造业供应链安全稳定为重点，推动形成三国制造业分工合作新机制。如推进公共卫生领域的医药、医疗设备、重要物资等行业形成分工合作新机制，共同维护区域医药医疗产品和公共卫生物资供应链的安全稳定；构建跨境电商、线上零售等领域形成分工合作新机制，共同打造制造业跨境网络销售平台和跨境网络服务平台等，加强三国供应和销售网络安全监管协调机制建设，促进三国制造业产品在彼此市场的流通和消费。

2. 建立中日韩制造业供应链安全稳定三方协调、联合评估及风险预警等机制

一是建立中日韩制造业供应链安全三方信息沟通和协调机制。建议中日韩政府相关部门或相关行业协会牵头，建立维护中日韩制造业供应链稳定的三方信息沟通与协调机制，重点提升三国在汽车制造、电子通信、机械设备、工业机器人等重点领域的贸易投资自由化和便利化水平。二是建立中日韩制造业供应链安全三方联合评估和风险预警机制。建议中日韩政府相关部门或相关行业协会牵头，对中日韩制造业供应链安全稳定进行定期联合评估，形成供应链安全报告，及时向政府、企业发出供应链中断风险预警，并及时向政府提出防范供应链安全危机的建议报告，为三国政府决策提供参考。三是务实推进中日韩自贸进程。应对经济全球化新变局，务

实推进中日韩自贸进程,是东亚区域经济一体化进程的重大战略选择。建议采取灵活方式实现中日韩自贸区谈判的突破。如以服务贸易为重点打造中韩自贸区升级版,在医疗、健康、养老、环保、旅游、电子商务、研发、工业设计和数据处理等领域实现双边开放的重要突破。同时,启动中日贸易投资协定的可行性研究,力争早日达成全面自由贸易与投资协定为目标。四是务实推进"中日韩+"合作。充分发挥三国各自比较优势,以能源、旅游、制造业、绿色技术等为重点,积极开拓面向东北亚的第三方市场合作,在进一步拓展三国合作空间的同时,带动东北亚经贸合作进程。

(二) 以中欧一体化大市场为目标形成中欧经贸合作新格局

1. 坚定维护多边原则是中欧经贸合作的战略选择

疫情正在深刻改变中欧经贸合作的内外环境与条件。如果疫情再次引发欧元区债务危机,那么欧盟一体化将有可能陷入危机;疫情已对中国扩大开放进程带来严峻挑战,并对中国的经济转型与改革进程产生影响。在这个历史关头,中欧坚定维护多边主义原则,合作应对疫情加剧的经济全球化逆潮,是中欧经贸合作的战略选项。

2. 以一体化大市场为目标是中欧务实的战略选择

欧盟总体已进入后工业化时期,中国正进入工业化后期,2018年欧盟人均GDP接近中国的4倍;欧盟整体服务业比重(78.8%)比中国服务业比重(52.2%)高出许多。[①] 中欧经济结构的互补性远大于竞争性,中欧间贸易投资需求潜力特别是服务贸易潜力远未释放。未来10—15年,中国人口城镇化与产业转型升级蕴含中欧经贸合作的巨大市场空间。自2010年来中国已是欧盟服务出口增速最快的市场,随着中国服务消费需求的快速释放,以一体化大市场为目标推进形成中欧经贸合作新格局,将极大释放中欧贸易投资

---

① 世界银行数据库,https://data.worldbank.org.cn/。

需求潜力。这既可以刺激欧盟经济复苏从而为欧盟的稳定发展提供助力,也将释放中国巨大的消费潜力。

3. 加快由投资协定谈判转向自贸协定谈判进程,是中欧深化经贸合作的战略选项

中欧一体化大市场需求潜力的释放,取决于双方接下来自由贸易的制度安排。客观看,中欧贸易投资潜力的释放越来越受限于双方缺乏自由贸易的制度安排。立足实现中欧一体化大市场,尽快推动中欧投资协定谈判转向中欧自贸协定谈判,对中国、欧盟均是现实的战略选项。建议中欧双方努力在2020年完成投资协定谈判,同时启动中欧自贸区可行性联合研究。这将向全球释放世界两大主要经济体推进自由贸易进程的强有力信号,将对受疫情严重冲击的世界经济注入新的信心和能量。

(三) 以区域全面经济伙伴关系协定为基础推进亚太经济一体化进程

1. 推进亚太经济一体化具有全局影响

亚太自贸区是全球涵盖人口最多、发展前景最广阔的地区之一。亚太自贸区若建成,将成为全球覆盖面积最广、纳入成员最多、包容性最强、体量最大的区域性多边自贸区,对维护以世贸组织为核心的多边贸易体制,促进全球经济平衡增长,探索形成更加包容普惠的经贸规则都将产生重要影响。如建成亚太自贸区,2025年将给亚太经合组织(APEC)成员带来2万亿美元的经济收益,超过任何一个现有的区域自贸安排。[1]

2. 在区域全面经济伙伴关系协定基础上推动建立亚太自贸区进程

考虑到发达国家与发展中国家开放水平差距较大,亚太自贸区

---

[1] 谈践:《亚太自贸区:梦想照进现实》,2016年11月10日,光明网。

可建立多层次的自贸协定，不同层次对应不同开放标准，使亚太地区经济发展水平不同的经济体可以在其中选择适合自己的层级加入，并明确过渡期，以加快协商进程。

——高标准：除深化货物贸易、服务贸易、投资和知识产权等传统议题之外，在海关监管与贸易便利化、政府采购、透明度与反腐败等新兴议题方面，实现与高水平自贸协定大致相同标准的制度安排。

——中标准：进一步深化货物贸易、服务贸易、知识产权保护等传统议题，提升货物贸易中零关税商品覆盖率，以区域内规则对接为重点提升服务贸易自由化、便利化水平。

——低标准：在区域全面经济伙伴关系协定谈判基础上，实行制造业、服务业及能源、基础设施、旅游、环保等项下的自由贸易政策，在不要求全面降低关税、全面市场开放基础上，实现在重点领域自由贸易与投资的实质性破题。

3. 争取在服务贸易自由化、便利化方面实现重要安排

2017 年，亚太区域服务业占比 57.2%，[①] 大部分国家仍处于工业化前中期，蕴藏着巨大的服务贸易与投资需求。从近年来的实际看，2005—2018 年，亚太经合组织国家服务贸易额由 1.9 万亿美元增长至 4.5 万亿美元，年均增长 6.7%，高于全球平均增速 0.5 个百分点，占全球服务贸易额的比重由 36.8% 提升到 39.9%。[②] 从服务贸易自由化、便利化的需求来看，目前只有 4 名区域全面经济伙伴关系协定成员加入了世贸组织服务贸易协定。适应全球服务贸易快速发展的大趋势与亚太区域大部分经济体推进工业化的现实需求，要力求在服务贸易自由化、便利化方面实现重要制度安排，为

[①] 数据来源：根据联合国贸易和发展会议数据库（UNCTAD）数据库测算得出。

[②] 数据来源：根据联合国贸易和发展会议数据库（UNCTAD）数据库测算得出。

未来达成亚太自贸区奠定重要基础。

（四）构建"一带一路"产能合作与服务贸易发展新模式

在疫情全球蔓延的背景下，发展中国家产业链和供应链遭受严重冲击，一些"一带一路"沿线国家和地区有可能经受不住疫情的冲击。例如，很多"一带一路"相关国家的商业、工厂和建筑工地关闭，导致一些投资项目推迟或搁置；石油等国际大宗商品的市场需求减少和价格大幅度下跌，旅游业和外汇收入减少，以及国内经济活动的放慢，大部分发展中国家将面临财政和国际收支"双赤字"与经济衰退。

1. 加快构建"一带一路"自由贸易大网络

在经济全球化的新形势下，以构建自贸网络为重点，在基础设施、产能合作、服务贸易等领域形成一系列制度性、机制性安排，这不仅有利于提升疫情冲击下产能合作的稳定性，而且有助于在服务业国际分工中占据主动，并对促进全球经济一体化和改善全球经济治理结构有重要影响。

2. 统筹产能合作与服务贸易，形成"一带一路"产业链与供应链新布局

一是推进国际产能合作与服务贸易协同发展。当前，我国开展国际产能合作，要更加注重同时推动工程承包、研发设计、相关咨询、第三方认证、金融、保险、物流、采购等服务业企业"走出去"，以服务贸易合作提升产能合作水平，带动关联产业的上下游国际市场需求。

二是以统筹产能合作与服务贸易进一步建立健全区域合作的供应链、产业链和价值链。通过技术服务贸易，促进制造业同信息技术密集型服务业高度融合，以服务型制造为核心的新业态参与全球产业链的结构再调整和价值链重构，把生产要素的国内合理配置提升到全球范围配置，促进形成制造业的全球布局，提升我国制造业

的国际竞争力。

三是促进"一带一路"沿线国家和地区间的优势互补。依托我国的基建技术、工程能力、工业和价格结构等优势，结合西方发达国家企业在国际基建项目方面的可行性论证、规划实施、风险管控、后期整合运营等经验，合作开发第三方市场。

四 以高水平开放带动深层次市场化改革

当前，开放与改革直接融合、开放倒逼改革、开放是最大的改革特点十分突出。适应经济全球化新形势和我国制度型开放新要求，全面深化改革要推进相关政策转型与深层次体制机制变革，以在国内国际规则对接融合中建立高水平的开放型经济体制，进一步提升我国经济国际竞争力。这就需要加快形成公开市场、公平竞争的市场环境，以充分发挥市场在资源配置中的决定性作用，建设高标准市场经济。

（一）加快推进服务业市场开放

1. 把服务业市场开放作为释放服务型消费需求的重大举措

释放我国巨大的消费潜力，不仅是疫情冲击下短期宏观政策调整的任务，更是供给侧结构性改革的重大任务。从现实情况看，服务型消费"有需求、缺供给"的矛盾突出。这需要加快推进服务业市场全面开放，有效解决服务型消费供给短缺的状况。

2. 加快推进服务业市场对内对外开放进程

一是推动服务业市场向社会资本全面开放。按照"非禁即入"的要求，凡是法律法规未明令禁止进入的服务业领域，全部向社会资本开放，大幅减少前置审批和资质认定项目，实施"准入即准营"；鼓励引导社会资本参与发展服务业，并在打破服务业市场垄断方面实现实质性破题。

二是加快推进服务业对外开放进程。在加快服务业市场化改革基础上，大幅缩减外资准入负面清单内服务业限制性条目，降低限制措施的限制强度。按照《外商投资法》的相关规定，基本完善外商投资的服务体系。争取到2025年，在运输、保险、法律、研发设计等重点领域全面对接国际高标准开放水平。

3. 以标准对接为重点，形成扩大服务进口的政策与制度体系

在有条件的地区率先引入日美欧等在医疗药品、旅游娱乐、体育养老等重点生活性服务业的管理标准，并实现资格互认；全面推广跨境服务贸易负面清单，破除跨境交付、境外消费、自然人移动等服务贸易模式下存在的各种壁垒，给予境外服务提供者国民待遇，逐步在人员流动、资格互认、市场监管等领域实现与国际接轨。

(二) 以高水平开放促进深层次市场化改革进程

高水平开放带动并促进改革的全面深化，建立并完善以公开、规范为主要标志的开放型经济体系，在主动对接国际通行经贸规则中形成深化市场化改革的重要推动力。

(1) 以高水平开放推动形成市场决定资源配置的新格局推进制度型开放与建设高标准的市场经济，核心是充分发挥市场在资源配置中的决定性作用和更好发挥政府作用。

(2) 以高水平开放加快推进要素市场化改革进程。

适应制度型开放的趋势，需要着力在土地、户籍、金融等相关领域实现深层次市场化改革的新突破，由此释放强大的市场活力，以形成高水平开放的重要基础。

(3) 以混合所有制为重点推进国企改革。

第一，加快从"管企业"走向"管资本"，形成以"管资本"为主的国有资本管理格局。明确国有资产监管机构的职能主要是优化国有资本布局和实现国有资本保值增值；加快建立"管资本"主体的权责清单，尽快形成全国统一的国有资本投资、运营公司权责清单；进一步理顺财政部、国资委、国有资本投资及运营公司之间

的关系。

第二，以发展混合所有制为重点鼓励社会资本参与。率先在能源、运输、民航、电信等一般竞争性领域，支持鼓励社会资本控股，注重发挥民营企业家作用，实现国有资本保值增值。同时，同步推进公司治理结构、内部运行机制等配套改革，进一步增强社会资本信心。

第三，加快推进国有资本的战略性调整。尽快形成"关系国家安全和国民经济命脉的重要行业和关键领域"的目录与标准，加快形成与之配套的投资清单。新增国有资本投资重点向教育、医疗、养老、环保等民生领域和基础设施领域倾斜，一般不再以独资的方式进入完全竞争领域和市场竞争较充分的领域；加快推进国有资本划拨社保进程，为进一步降低企业缴纳税费比重拓宽空间。

(三) 不断完善市场化、法治化、国际化的营商环境

1. 强化竞争政策基础性地位

这有利于充分发挥市场在资源配置中的决定性作用和更好地发挥政府作用，是处理好政府与市场关系的关键与重点。在以数字技术为重点的新科技革命兴起的背景下，产业政策和产业补贴的正面效应逐步减小。要全面清理妨碍公平竞争的产业政策，在要素获取、准入许可、经营运行、政府采购和招投标等方面，对各类所有制企业平等对待。

2. 完善"准入前国民待遇+负面清单"管理制度

一是进一步提升负面清单透明度与可操作性。建议参照国际经贸谈判负面清单模板，详细列明负面清单管理措施与相关描述，建立健全外资投诉机制；管理措施描述尽可能细化到具体业务，以提高负面清单的可操作性；更多采取比例限制、岗位限制、差别待遇等方式，降低负面清单的行业限制强度；完善负面清单的附件体

系；为关键领域及未来新业态预留空间。

二是开展负面清单外无审批试点，实现"准入即准营"。在自贸试验区、海南自贸港等便于管理、企业相对集中的区域实行负面清单外无审批试点，率先在商贸物流、批发零售、交通运输等开放风险较小的领域实行企业"自由生、自主营、自由死"等政策，最大限度提高企业自主权；对必须保留审批的事项，由监管部门向申请企业提供责任承诺书和审批要件清单，企业法人签署对材料真实性负责和对虚假材料承担责任的法人承诺书后，审批部门可当场或当天发放批件和许可证。事后，监管部门定期或不定期组织现场核查，如发现企业造假，对其进行严厉惩处。

三是明确并细化国民待遇标准。进一步细化准入阶段的管理权力、要素供给、融资方式、进出口权、税收政策、法律保护、司法救济等一系列待遇标准，给内外企业明确预期。

3. 统筹强化知识产权保护与产权保护

一是依法保护企业家的财产权和创新收益。严格规范行政机关和执法机关的执法行为，完善赔偿与救济机制，形成防范以公权侵犯私权行为的制度约束。

二是出台《知识产权法》，实现知识产权保护与国际对接。将现有的《专利法》《商标法》《著作权法》等纳入《知识产权法》中；参考《建立世界知识产权组织公约》与《与贸易有关的知识产权协定》，尽快实现知识产权保护规则与国际接轨。

4. 降低企业制度性交易成本

一是加大减税降费力度。进一步下调或取消广义税负中的各种费用、土地出让金和社保费用，切实减轻企业税费负担。逐步推进由间接税为主向直接税为主转变。

二是全面实施企业自主登记与简易注销制度。尽快建立全国统一的企业自主注册登记网络平台，充分运用大数据，推行"注册易"一站式服务；加快推进企业简易注销制度改革，尽快形成全国统一的企业简易注销方案，最大限度提高企业自主权，实现企业"自由生、自由死"。

三是全面推行"最多跑一次"。全面推广浙江"最多跑一次"的经验，着力推进"一窗办、一网办、简化办、马上办"改革，拓展告知承诺制适用范围，大幅提升政府办事效率。

五 打造开放型经济新体制的"深圳标杆"

40年来，深圳弘扬敢闯敢试、敢为人先、埋头苦干的特区精神，始终在我国改革开放进程中扮演重要窗口与试验田的特殊作用，成为最能代表改革开放形象的地区。当前，中央赋予深圳经济特区建设中国特色社会主义先行示范区的重大战略使命，要求在更高起点、更高层次、更高目标上推进改革开放，形成全面深化改革、全面扩大开放新格局。这就需要深圳继续发扬特区精神，在破除体制机制弊端、调整深层次利益格局上再啃下一些"硬骨头"，为全国深化改革开放继续探路开路。

（一）以规则对接为重点打造我国制度型开放新高地

1. 围绕贸易投资自由化便利化，主动对接国际高水平经贸规则，提升区域性、全球性影响力

主动适应国际经贸规则重构新趋势，率先探索"零关税、零壁垒、零补贴"；强化竞争政策基础性地位，实质性打破市场垄断与行政垄断，全面实现在要素获取、准入许可、经营运行、政府采购和招投标等方面，对各类所有制企业平等对待；以广东自贸试验区前海蛇口片区为载体，先行试验CPTPP、USMCA等最新经贸协定的某些核心议题，在关税缩减、服务贸易标准对接、政府采购、电子商务、金融服务、监管适用、争端解决机制等领域开展更大力度的探索与压力测试。

2. 积极探索以数字贸易为重点的全球新兴贸易规则

深圳已初步成为我国乃至全球数字经济发展的领先者。为此，依托深圳数字经济发展优势与全球数字贸易规则制定的时间窗口期，加大在数据安全有序流动等方面的先行探索，积极促进数字领域的产品与服务出口，探索高水平经贸协定中跨境数据流动、数据本地化、消费者保护等领域的规则标准，探索构建一套能够反映发展中国家利益和诉求的数字贸易规则体系。

（二）以服务贸易开放为重点，强化制度集成创新

1. 以制定跨境服务贸易负面清单为重点，推进服务贸易自由化便利化争取中央支持，制定并实施更加精简透明的跨境服务贸易负面清单，实现"既准入又准营"

结合深圳产业调整的现实需求，大幅降低金融、教育、医疗、电信等领域的准入门槛；借鉴国际经验，探索形成以跨境服务贸易负面清单为核心的附件与政策体系，并在告知、资格要求、技术标准、透明度、监管一致性等方面，进一步规范影响服务贸易自由便利的国内规制。

2. 全面推行服务贸易项下的自由贸易政策

制定服务贸易"认可经济营运商"认证标准，对符合条件的境内外服务贸易企业所需的货物给予包括减少或优先接受海关查验等优惠；以现代服务业与高新技术产业为重点，制定深圳职业人才单向认可清单，对清单内的人员经备案后即可开展相关业务，最大限度降低人员流动壁垒；积极发展与服务贸易相配套的资金支付与转移业务，探索在服务贸易企业跨境支付领域实行法人承诺制，推广跨境人民币结算在区域内服务贸易中的使用，打造便捷的服务贸易支付通道；在个人跨进交易领域，进一步放开汇兑环节，逐步满足居民个人投资和用汇需求。

（三）以推进粤港澳深度合作为重点，形成深圳制度型开放的突破口

1. 在推进粤港澳深度合作中拓展深圳发展空间

目前，深圳制造业优势与港澳现代服务业优势仍具有较大的互补性。提升深圳现代服务业发展国际竞争力与全球影响力，最直接、最有效的途径就是依托港澳国际自由贸易港的突出优势，打造成为连接港澳市场与内地市场的连接点，集聚全球优质创新要素，更好参与全球经济竞争与合作，更深融入全球经济体系，提升在全球创新链、产业链、供应链中的地位和管理水平，在进一步拓展自身产业发展空间的同时，不断深化探索和丰富"一国两制"新实践。

2. 加快推进深港、深澳服务业深度合作

在《内地在广东省向香港开放服务贸易的具体承诺》《内地在广东省向澳门开放服务贸易的具体承诺》的框架下，推动旅游、金融、教育、研发、医疗健康等重点服务贸易领域更大的开放。

3. 加快推进深港、深澳创新体系的全面对接

全面实现创新人才、企业在三地的资格互认；以港深创新及科技园为载体，加快推进重大科技基础设施、交叉研究平台和前沿学科建设；在明确标准前提下，全面取消深圳对港澳高校、科研机构申请科技项目的限制；对标国际最高标准，打造深港澳科技成果转化一体化市场；加快推进深圳产权保护制度化、法治化，逐步实现粤港澳产权保护规则与司法规则的对接。

（四）赋予深圳更大改革开放自主权

当前，深圳在推进制度型开放、促进粤港澳服务贸易一体化中仍面临某些政策与体制的突出矛盾。从支持深圳建设中国特色社会主义先行示范区的大局出发，从法律上赋予深圳在数字贸易、服务

贸易开放及投资制度、贸易制度、金融制度、人员流动制度等方面先行探索的自主权，将使深圳继续扮演新时代我国全面深化改革开放鲜明旗帜的重要角色。

以扩大内需为基本导向的高水平开放[*]

（2020 年 12 月）

未来 5 年至 15 年，超大规模内需市场潜力的释放，将为我国走向高质量发展提供更大空间，也将为经济全球化注入更多正能量。初步测算，百万亿元级别的新增内需规模将为未来 5 年至 15 年我国实现 4%—5% 的经济增长打下重要基础。

"十四五"时期我国将进入新发展阶段，我国高水平开放有着其鲜明的特征：以构建国内国际双循环新发展格局为基本要求；以推动自由贸易进程为战略目标；以服务贸易发展为重大任务；以打造高水平对外开放新高地为重要突破；以制度型开放为突出特点；以构建高水平社会主义市场体制为重要保障。

一 扩大内需在推进高水平开放中的导向作用

首先，未来 5 年至 10 年，我国经济转型升级蕴藏着的巨大内需潜力是形成国内大市场的重要基础。一是消费结构升级。2019 年，我国服务型消费占比为 45.9%。估计到 2025 年将达到 52% 左右，开始进入服务型消费社会。二是产业结构升级。2019 年，我国服务业占比为 53.9%。估计到 2025 年，我国服务业占比有可能接

---

[*] 本文载于《经济参考报》2020 年 12 月 8 日。

近60%。有研究预测，我国的数字经济规模有望突破60万亿元人民币，占GDP比重将达到55%左右。三是城乡结构升级。随着城市化进程的推进，尤其是高铁时代带动的城市群发展，估计到2025年我国常住人口城镇化率将达到66%左右。

其次，扩大内需在引领高水平开放中的导向作用凸显。14亿人的内需大市场成为推进高水平开放的独特优势和基本条件。到2030年，我国累计商品进口额有望超过22万亿美元。未来15年，我国累计服务进口额有望超过10万亿美元。随着中国经济深度融入世界，内需潜力的释放需要以更高水平开放融入国际经济循环。

最后，以扩大内需为基本导向的高水平开放支撑新发展格局形成。

（一）支撑国内大循环

据统计，2019年，我国消费对经济增长贡献率为57.8%，拉动GDP增长3.5个百分点，连续6年成为经济增长第一拉动力。未来5年至15年，超大规模内需市场潜力的释放，将为我国走向高质量发展提供更大空间，也将为经济全球化注入更多正能量。初步测算，百万亿元级别的新增内需规模将为未来5年至15年我国实现4%—5%的经济增长打下重要基础。

（二）支撑国际大循环

2006年以来，我国对世界经济增长的贡献率连续14年全球排名第一，2019年超过30%。预计未来5年至10年，我国对全球经济增长的贡献率仍有望保持在25%—30%。更重要的是，我国内需市场的释放，推动我国出口大国与进口大国并重，将对尽快实现全球经济再平衡起到重要作用，由此为解决经济全球化某些深层次的矛盾与问题创造条件。

（三）支撑创新潜能的释放

以扩大内需为基本导向，不是关起门来搞创新，而是要开放创新,并以开放创新释放创新潜能。当前,新一轮科技革命和产业变革正在改变人类生产生活方式,任何一个国家、任何一个企业的重大科技创新,都不可能再"闭门造车",而是需要跨地区、跨国界的联合创新、开放创新。其突出特征是全球性开放创新。我国经济转型与新一轮科技革命交织融合,需要以提高创新能力为重点厚植创新引领发展的根基,增强创新引领发展的技术支撑,构建研发—市场一体化体系,形成支持、鼓励企业创新的政策和制度环境、全面激发企业的创新活力、创新潜力。

总体看,"构建以国内大循环为主体、国内国际双循环",绝不是封闭的国内循环,而是应对复杂多变国内外环境实行的战略转型;绝不是短期举措,而是与我国经济转型升级趋势相适应的中长期发展战略。

二 扩大内需重点是服务业市场和服务贸易发展

第一,推进"双循环"的关键是加快服务贸易发展。

服务贸易发展成为自由贸易的焦点。2010年至2019年,全球服务贸易额由7.8万亿美元增长至11.9万亿美元,年均名义增长4.8%,是同期货物贸易增速的2倍;服务贸易额占贸易总额的比重由20.3%提高至23.8%,预计2040年将提升到50%。

服务贸易发展成为我国经济转型升级的重点。2014年至2019年,我国服务贸易额年均增长7.8%,是货物贸易的2.2倍,是外贸整体增速的1.9倍。进入高质量发展阶段,产业结构升级对研发、设计等生产性服务业领域的贸易需求日益提升;消费结构升级对教育、医疗、健康、旅游、文化、信息等生活性服务业领域的贸易需求日益提升。

服务贸易发展仍是"短板"。我国已成为全球第二大服务贸易国,但无论总量还是占比,仍有比较大的差距。2019年,我国服务贸易额仅为排名第一的美国的54.4%(按美元计),服务贸易额占外贸总额的比重仅为14.6%，低于世界23.9%的平均水平。"十四五"要同步推进生活性服务业和生产性服务业领域的服务贸易开放进程。

第二，关键是全面扩大服务业市场开放。

加快服务业市场开放进程。目前，我国制造业领域约95%以上实现市场化，服务业领域这几年的开放尽管在提速，但与制造业相比仍有较大差距。从现实情况看，市场垄断与行政垄断成为服务业市场准入放开后民营企业难以进入的突出障碍。为此，要将服务业市场对内对外开放作为深化供给侧结构性改革的重大任务，实质性打破服务业领域的各类市场垄断与行政垄断，推进服务业与新经济的深度融合。

深化要素市场化改革。建设高水平市场经济体制，核心在于深化要素市场化改革，充分发挥市场在资源配置中的决定性作用。例如，深化土地要素市场化改革，建立城乡统一的土地要素市场；着眼于释放人力资本活力，尤其是科研人员的活力，加快改革人才管理体制，建立以人为中心的科技创新激励机制，释放巨大的创新潜能；深化户籍制度改革，实行以身份证号码为唯一标识的居住证制度，充分释放新型城镇化的巨大潜能；深化利率市场化改革，推进市场利率与基准利率的"两轨并一轨"，疏通货币市场和债券市场利率向信贷市场传导的渠道等。

第三，以制度型开放促进制度性变革。

推进制度型开放是一场深刻的革命性变革。一方面，适应扩大服务贸易的现实需求，需要将市场决定资源配置的范围从工业领域拓展到服务业领域，在推进服务业市场全面开放的前提下形成新的市场经济规则；另一方面，适应全球经贸规则加速重构的新态势，需要实现开放层次向制度层面延伸，需要主动推进规则、规制、管理、标准等更大程度与国际接轨。

三 建言制度型开放：商品和要素转向规则和标准

制度型开放的本质是实行竞争中性原则。当前，世界经济进入更高层次的合作和竞争新阶段：从强调要素流动到强调规则升级；从强调硬件竞争到强调营商环境等软环境竞争；从强调边境措施向强调劳工标准、环境标准、竞争政策等边境内措施延伸。适应这一趋势推进制度性变革，从本质上讲，是要实行竞争中性原则，保障各类市场主体在要素获取、准入许可、经营运行、政府采购和招投标等方面一视同仁、平等对待。

制度型开放倒逼监管体制变革。新一轮国际经贸规则重构凸显跨境数据自由流动的重要性。比如，适应服务贸易发展趋势，要在市场开放中加快构建适应服务特点的监管体系，实现从商品监管向服务监管的提升。再例如，在数字经济上，美欧日等发达经济体凭借技术领先优势主导全球数字贸易规则制定，并在国际谈判中坚持数字贸易开放原则。2019年我国数字经济增加值规模已达35.8万亿元，数字经济占GDP比重已提升到36.2%。适应新经济加快发展的趋势，以制度型开放倒逼推进监管体制变革，需要对新经济领域实行包容审慎监管。参照国际先进经验，加快形成新经济领域垄断标准，形成新经济领域反垄断的规则体系；加快出台《数据安全法》，保障数据安全、自由流动，规范跨境数据流动，加快以5G为重点的新基建建设。

三 高水平开放对推动全球自由贸易影响深远

首先，我国14亿人口大市场对推动全球自由贸易进程有重要作用。

我国服务贸易发展的前景。如果服务业市场开放和服务贸易创新发展相关举措能够到位，预计到2025年，我国服务贸易占外贸总额比重有望由目前的14.6%提高至20%以上；知识密集型服务贸易占服务贸易的比重有望由目前的32.4%提升至40%以上；保险、计算机和信息、知识产权等高端生产性服务贸易占比有望由目前的23.8%提高至30%以上；服务贸易逆差占服务贸易额的比重有望由目前的27.7%下降到15%左右。

以服务贸易为重点推进双边、多边自由贸易进程。例如，以共同维护制造业供应链安全稳定为重点，推动形成中日韩制造业分工合作新机制，并在RCEP签署基础上，采取健康、养老、旅游、环保、文化娱乐等产业项下的自由贸易政策，加快中日韩自贸协定谈判进程；努力在今年完成中欧投资协定谈判，同时抓紧启动中欧自贸区可行性联合研究，加快构建以一体化大市场为目标的中欧经贸合作新格局。

以RCEP与主动加入CPTPP为契机，提升服务贸易发展水平。目前，RCEP已经正式签署，中国政府表示将积极考虑加入CPTPP。未来几年，以主动加入CPTPP为契机，加快推进服务业领域的规则、规制、管理、标准等更大程度与国际接轨，不断提升我国服务贸易竞争力。例如，率先在医疗健康等社会需求强烈的服务业领域引入国际先进管理标准；加快完善"准入前国民待遇+负面清单"管理制度，全面取消外资准入负面清单之外的限制；降低"边境后"市场壁垒，推动贸易和投资自由化便利化等。

其次，以服务贸易一体化为重点打造高水平开放新高地。

以服务贸易发展为主导的海南自由贸易港建设。随着RCEP协定的落实，海南自由贸易港建设要尽快打造面向东盟的重要门户，在引领区域经济合作中扮演新角色。例如，从法律上赋予海南在数字贸易、服务贸易开放及劳工、环保、司法等敏感领域先行探索的自主权，支持海南按照国际通行规则或经贸协定条款制定开放、改革及经济运行的相关政策，为我国更好参与国际贸易与投资规则重构加强压力测试。

以服务贸易一体化为主导的粤港澳大湾区建设。推进粤港澳大湾区建设突破口在于能否加快粤港澳服务贸易一体化进程。未来几年，需要加快推动建立三地互认衔接的服务业管理标准与人才资格要求，实现粤港澳服务业产业深度合作、市场体系直接融合、服务体系全面对接。

以服务贸易项下的自由贸易分步推进自贸试验区转型发展。要以新的思路推动自贸试验区探索，分类推进自贸试验区服务贸易开放。例如，推动上海、广东部分自贸试验区率先对标全球高标准自由贸易园区，赋予其"零关税、低税率、区内流转免征增值税"等某些国际自由贸易园区通行的相关政策，并加快在数字贸易、服务贸易等新兴贸易领域的规则探索，为形成中国版的全球数字贸易与服务贸易新规则做出新贡献。同时对不具备全面开放条件的自贸试验区，根据自身特点加快实行产业项下的自由贸易政策。

最后，14亿人的内需大市场是世界的市场、共享的市场、大家的市场。

改革开放40多年来，我国从打开国门到全方位开放，从制造业领域为主的开放到服务贸易为重点的开放，从要素市场开放到制度型开放，走出了一条新型开放大国之路。今天，作为拥有14亿人口、4亿中等收入群体的新型开放大国，是全球最具潜力的大市场；中国的大市场既是中国的，也是世界的；中国坚持推进以扩大内需为基本导向的高水平开放，不仅能够有效释放14亿人口的超大规模市场潜力，而且有利于全球共享中国市场。

打造对外开放新高地的三大任务[*]

（2020 年 12 月）

中央经济工作会议强调，"构建新发展格局，必须构建高水平社会主义市场经济体制，实行高水平对外开放，推动改革和开放相互促进"。深圳经济特区、自由贸易港、自由贸易试验区、粤港澳大湾区等开放新高地，是我国建设更高水平开放型经济新体制的"试验田"，肩负着先行先试的历史使命。

一 以推动自由贸易进程为重要目标打造开放新高地

（一）适应自由贸易发展大趋势，以扩大内需为导向加快推进高水平开放进程

进入发展新阶段，我国对外开放的环境、条件都有新的变化，高水平开放呈现历史性新特点，扩大内需在引领高水平开放中的基本导向作用全面凸显。

1. 自由贸易面临严重挑战，但仍是大势所趋

尽管这次疫情放大了国内国外反全球化的声音，但是从中长期的趋势来看，经济全球化仍然是世界发展的大势。经济全球化的具体形式可能会变化，呈现新的特点，各国政策也可能会调整，但经

---

[*] 在2020世界经济特区（深圳）论坛上的主题演讲，2020年12月19日，广东深圳；载于《中改院简报》第1386期，2020年12月。

济全球化进程和趋势无法阻挡。最近 RCEP 的成功签署,就是重要的标志。

2. 经济转型升级处于关键时期并蕴藏着巨大的内需潜力

——从消费结构看,2019 年,我国服务型消费占比为 45.9%,估计到 2025 年将达到 52% 左右,开始进入服务型消费社会。

——从产业结构看,2019 年,我国服务业占比为 53.9%,估计到 2025 年,服务业占比有可能接近 60%。届时,数字经济规模有望突破 60 万亿元人民币,占 GDP 比重将达到 55% 左右。

——从城乡结构看,随着城市化和城市群的发展,估计到 2025 年常住人口城镇化率将达到 66% 左右。

"十四五"时期,我国广阔内需市场潜力的释放将继续激发源源不断的创新潜能,继续支撑长期可持续的经济增长。

3. 把扩大内需作为推进高水平开放的基本导向

——14 亿人口的内需大市场成为推进高水平开放的独特优势和基本条件。到 2030 年,我国累计商品进口额有望超过 22 万亿美元。

——随着我国经济深度融入世界,内需潜力的释放,需要以更高水平开放融入国际经济循环。例如,目前中国 95% 的高端专用芯片、70% 以上智能终端处理器以及绝大多数存储芯片依赖进口。[①]

——我国提出的"双循环"是基于内需大市场做出的战略选择。以扩大内需为基本导向的高水平开放,就是要实现内外市场联通、要素资源共享,就是要构建更加开放的国内国际双循环。

4. 我国强大的国内市场开放将成为推动全球自由贸易进程的重要力量

——以中欧经贸合作为例,如果中国与欧盟(不包括英国)服

---

① 吕庆喆:《靠科技创新规避"卡脖子"风险》,《经济日报》2019 年 10 月 31 日。

务贸易占比由 2018 年的 12.6% 提升到 23.8% 的全球平均水平，估计中欧服务贸易规模将达 1678 亿美元，增长近 1 倍。

——以中日医疗合作为例，我国不断扩大的医疗健康市场，将为深化中日医疗健康产业合作、释放中日经济贸易合作潜力提供巨大市场空间。

（二）发挥开放新高地在"双循环"中的独特作用

——打造粤港澳大湾区这个开放新高地，能够使国际社会分享我国 14 亿人的服务型大市场，也更能使大湾区更好地融入国际市场。

——海南自由贸易港背靠超大规模国内市场和腹地经济优势，是我国面向太平洋和印度洋的重要对外开放门户。加快推进海南自由贸易港建设，发挥海南在我国与东盟国家合作交流中的独特作用，将成为构建双循环的重要组成部分。

二 以加快服务贸易创新发展为重大任务打造开放新高地

（一）服务贸易成为新阶段扩大开放的重点和焦点

1. 服务贸易规模不断扩大，在贸易中的作用逐步凸显

2014—2019 年，我国服务贸易额由 37120.9 亿元人民币增长至 54153.0 亿元人民币，占我国外贸总额的比重由 12.3% 提高至 14.6%。以人民币计算，2014—2019 年，我国服务贸易额年均增长 7.8%，是货物贸易增速的 2.2 倍，是外贸整体增速的 1.9 倍。[①] 服务贸易增长在拉动我国外贸平稳增长中做出了重要贡献。

2. 经济社会转型对服务贸易的需求不断增长

——从服务型消费看，预计到 2025 年，我国服务型消费占比将达到 52% 左右，开始进入服务型社会。

---

① 2014—2018 年数据来源于《中国统计年鉴 2019》；2019 年数据来源于《中华人民共和国 2019 年国民经济和社会发展统计公报》。

——服务产业数字化和数字产业服务化,有助于推动服务贸易向价值链高端发展。

——实现科技革命的突破离不开开放创新,离不开服务贸易。例如,美国出口商品中,55%的增加值来自服务业;荷兰的服务价值占其总出口价值的70%。[1]

3. 2025年:服务贸易占比有望提升到20%左右,并且结构有望得到不断优化

——预计"十四五"服务贸易规模将达到1万亿美元左右,占外贸总额比重提升到20%左右,初步形成以服务贸易为重点的对外开放新格局。

——服务贸易结构有望不断优化,国际竞争力持续提升。争取到2025年,我国知识密集型服务贸易占服务贸易的比重由目前的32.4%提升至40%以上;保险、计算机和信息、知识产权等高端生产性服务贸易占比由目前的23.8%提高至30%以上;数字相关服务贸易出口比重,由目前的23.5%提升至30%左右。

(二)"十四五":以服务业市场开放加快推动服务贸易发展

(1) 推动服务业市场向社会资本全面开放。当前,需要尽快实现服务业市场对社会资本的全面开放。这需要按照"非禁即准"的要求,凡是法律、行政法规未明令禁止进入的服务业领域,应全部向社会资本开放,不再对社会资本设置歧视性障碍,大幅减少前置审批和资质认定项目,鼓励引导社会资本参与发展服务业,并在打破服务业市场垄断方面实现实质性破题。

(2) 加快推进服务业对外开放进程。要大幅缩减外资准入负面清单限制性条目,率先实现教育、医疗、养老、旅游等服务业全面

---

[1] 世界银行集团、IDE-JETRO、OECD、对外经济贸易大学、WTO:《全球价值链发展报告2017:全球价值链对经济发展影响分析》,2017年。

开放，取消对外资股比限制及经营范围限制。

（3）清理并大幅削减服务业领域边境内壁垒。在有条件的地区率先引入日美欧等在医疗药品、旅游娱乐、体育养老等重点生活性服务业的管理标准，并实现资格互认；全面推广跨境服务贸易负面清单，允许负面清单外的境外企业在我国提供相关服务，逐步在人员流动、资格互认、市场监管等领域实现与国际接轨。

（三）打造高水平开放新高地在发展服务贸易中具有独特作用

以服务贸易为重点分类推进自贸试验区转型升级。

——推动部分自贸试验区率先对标全球高标准自由贸易园区。

——按着"持续深化差别化探索"的基本思路，形成多层次的探索经验。

——加快推进粤港澳服务贸易一体化。将广东自贸试验区内的开放政策扩大到整个大湾区，实现广东对港澳服务业开放的重要突破。

三 以制度型开放为突出特点打造开放新高地

（一）把握疫情后以"三零"为重点的经贸规则重构新趋势

中央经济工作会议提出，"要积极考虑加入全面与进步跨太平洋伙伴关系协定"。我国推进高水平开放，要把握当前及未来全球经贸规则向着以"三零"（零关税、零壁垒、零补贴）为重点的调整和变革趋势，并做好充分准备。

（1）货物贸易向着零关税规则演进。例如，日本与欧盟签署经济伙伴关系协定（EPA），日本逐步对从欧盟进口的约94%的产品实施零关税，欧盟将逐步对从日本进口的约99%的产品实施零关税；CPTPP等相关成员国也将逐步取消98%的农业和工业产品关税。

（2）服务贸易成为全球自由贸易规则重构的重点。比如，2007年底前签订的区域双边自由贸易协定中，涉及服务贸易内容的仅有

56个，占同期区域贸易协定数量的33.9%；2008—2020年签订的区域双边自由贸易协定中，涉及服务贸易内容的增加至998个，占比71.7%。

（3）规则措施由"边境上"向"边境内"转移。从最新签订的区域贸易协定内容看，不仅涵盖传统的关税、配额、数量限制、海关监管等"边境上"措施，也更多强调知识产权、国有企业、政府采购、劳工标准、环境标准、竞争中性等"边境内规则"。

（二）适应全球经贸规则变化趋势加快推进规则、规制、管理、标准的对接

（1）持续降低关税。争取到2025年，我国关税总水平由目前的7.5%下降至4%左右；其中，零关税商品占比由目前的7%左右提升至20%以上。

（2）大幅降低以服务业为重点的边境内市场壁垒。强化竞争政策基础性地位，各类市场主体按着竞争中性原则平等参与市场竞争、平等享受政策待遇；建立与发达国家相衔接的知识产权保护制度；以混合所有制为重点的国企改革全面推开等。

（3）推进补贴政策向普惠化和功能性转变。争取到2025年，建立并实施补贴"正面清单"管理制度，清理清单之外的部门、地方的产业补贴与扶持项目，推动财政补贴政策由补贴价格、补贴企业向补贴公共服务、技术研发、支持中小微企业创新、绿色生态、基础设施、人才培养以及应对结构性失业等方面转变。

（三）在开放新高地率先以制度型开放推动制度性变革

（1）率先探索实施"三零"的经贸新规则，做好压力测试。要以对接高标准自贸区规则，形成与之相衔接的高标准市场经济体系。比如，大幅消除关税壁垒、减少各种非关税壁垒，改革与国际规则不相适应的补贴方式。推动货物、服务、资本、人员、信息、数据等要素跨境自由流动，加快市场准入、知识产权保护、环境保

护、竞争中性、监管一致性、争端解决机制等方面的改革。

（2）以制度型开放率先形成市场决定资源配置的新格局。制度型开放的本质特点是竞争中性。打造开放新高地，全面对国企、民企、外企一视同仁，全面实现各类企业平等竞争。

（3）以制度型开放倒逼要素市场化改革。

高水平开放与深层次市场化改革的互促共进

（2020 年 12 月）

党的十九届五中全会提出"构建高水平社会主义市场经济体制""建设更高水平开放型经济新体制"。这是我国进入新发展阶段，在更高起点、更高层次、更高目标上全面深化改革开放的重大部署。当前，在国际环境日趋复杂，不稳定性不确定性明显增加的特定背景下，14 亿人口的大国，保持战略定力，办好自己的事，关键在于把握高水平开放与深层次市场化改革互促共进，以构建新发展格局为基本要求，走出一条以高水平开放促进深层次市场化改革的新路子。

一 高水平开放与深层次市场化改革的直接融合

改革开放 40 多年来，我国坚持对外开放，坚持深化市场化改革，推动了自身的转型和发展。例如，适应全球制造业转移的趋势，我国在制造业领域率先开放，引进外资，市场化改革取得了历史性突破。但从现实需求看，适应经济转型升级趋势，我国服务业领域的市场化改革还相对滞后。随着经济服务化进程的加快，高水

---

* 本文载于《人民论坛》2020 年第 35 期。

平的对外开放与高质量市场经济直接融合并呈现出新的时代特征。

我国进入高水平开放的新阶段。进入新发展阶段，14亿人口的高水平开放，是以构建新发展格局为基本要求，以服务贸易发展为重大任务，以推动区域性、全球性自由贸易进程为战略目标，以打造高水平开放新高地为重要突破，以制度型开放为突出特点，以构建高水平社会主义市场体制为重要保障。这是观察中国中长期改革发展的一个参考框架。

例如，我国消费结构与产业结构升级对服务贸易发展提出新要求。2019年我国居民人均服务性消费支出比上年增长12.6%，高于全国居民人均消费支出增速4.0个百分点，占全国居民人均消费支出的比重提高到45.9%。[①]我国城乡居民服务型消费的快速增长，对推动服务贸易创新发展的需求全面增强。未来5年，如果在高水平开放中加快补齐服务贸易发展的突出短板，我国服务贸易额占外贸总额比重可能会由2019年的14.6%提高至2025年的20%以上。这不仅将为我国释放巨大服务型消费潜力创造重要的市场空间，还将为推动新冠肺炎疫情冲击下全球经济复苏与增长做出积极贡献。

高水平开放依赖于高标准市场经济。我国进入新发展阶段，加快形成以服务贸易为重点的开放新格局，构建更高水平开放型经济新体制，直接依赖于高水平社会主义市场经济体制。一方面，适应扩大服务贸易的现实需求，要加快推进以研发为重点的生产性服务业市场开放，尽快打破服务业市场的行政垄断与市场垄断，以形成统一开放、公平竞争的市场环境；另一方面，适应全球经贸规则加速重构的新趋势，实现制度型开放的重大突破，需要主动推进规则、规制、管理、标准等更大程度与国际对接。

以高水平开放形成全面深化改革的强大动力。开放是最大的改革，我国构建高水平社会主义市场经济体制，离不开高水平开放。比如，第一，要把市场在资源配置中的决定性作用做实，由此才能明显提升资源配置效率,拓展并充分发挥增长潜力。第二,在高水平开放中优化营商环境。国际化、便利化、法治化的营商环境是高水平开放型经济新体制的重要特征,也是高水平社会主义市场经济体制的重要标志。要把打造国际一流营商环境摆在突出位置,采取重大举措取得重大进展。第三,在开放新高地采取特别举措,加大竞争中性、市场透明度、环保标准等方面的制度安排,逐步实现与高标准国际经贸规则的对接,推动制度集成创新。

二 以高水平开放赢得国内发展与国际竞争的主动

加快建设更高水平开放型经济新体制,实行更加积极主动的开放战略,不仅是适应新时代我国高水平开放新要求的重大任务,是以开放促改革、促发展的重大举措,也是支持经济全球化、积极参与全球经济治理体系变革的实际行动。

以服务贸易发展为重大任务。随着全球进入服务经济时代,服务贸易不仅是衡量经济高质量发展的重要标志,也是推动产业链、价值链向中高端迈进的关键因素。为此,形成以服务贸易为重点的高水平对外开放新格局,关键在于加快推进服务业市场开放。一方面,要打破服务业领域的市场垄断与行政垄断,推进垄断行业向社会资本开放与服务业领域国有资本布局优化和结构调整,并把反垄断尤其是反服务业行政垄断作为市场监管变革的重大举措;另一方面,要加快推进服务业市场开放进程,大幅放宽服务业领域外商投资限制,在对标国际规则、管理经验和标准中提升服务业发展水平。

以制度型开放为突出特点。改革开放以来,我国商品要素流动型开放取得历史性成就。例如,我国平均关税水平由加入 WTO 时的 15.3% 降至目前的 7.5%;[②]我国货物进出口总额由 1978 年的 206 亿美元到 2018 年规模超过 4.6 万亿美元,占全球份额由 0.8% 提升至 11.8%;外商直接投资额由 1983 年的 9.16 亿美元增长至 2019

年的 1381 亿美元。

当前，随着全球经贸规则加速重构，开放范围由"边境上"向"边境后"拓展，推进规则、标准等制度型开放，不仅有利于为经济实现高质量发展提供重要动力，也有利于我国推动建设开放型世界经济，更好维护多边贸易体制。这就需要国内市场规则形成体系化、规范化、法治化的制度安排，与先进的国际经贸规则体系有效衔接。例如，加快完善"准入前国民待遇+负面清单"管理制度，全面取消外资准入负面清单之外的限制；降低"边境后"市场壁垒，推动贸易和投资自由化便利化等。

以推动区域性、全球性自由贸易进程为战略目标。当前，保护主义、单边主义上升，以 WTO 为基石的多边贸易体系受到严重冲击。加上新冠肺炎疫情等叠加因素，全球产业链供应链布局由低成本、零库存为导向向更加安全、更有弹性转变。建设更高水平开放型经济新体制，关键是在加快区域性、全球性自由贸易进程，构建双边、多边自由贸易区网络上取得重要进展，因此，需要积极推动经济全球化。经过各方努力，2020 年 11 月 15 日，东盟十国以及中国、日本、韩国、澳大利亚、新西兰 15 个国家，正式签署区域全面经济伙伴关系协定（RCEP）。在经济全球化面临逆潮冲击的特定背景下，RCEP 的正式签署将带来多方面的积极效果。在正式签署后，需要推进相关举措的加快落实，尽快在投资、贸易等领域取得"早期收获"。与此同时，还需要加快实现中欧、中日韩及亚太区域贸易投资自由化便利化安排的实质性突破，采取产业项下的自由贸易政策、框架协议、贸易和投资协定等多种方式务实举措推进双边、多边自由贸易进程。例如，以共同维护制造业供应链安全稳定为重点，推动形成中日韩制造业分工合作新机制，采取健康、养老、旅游、环保、文化娱乐等产业项下的自由贸易政策，加快中日韩自贸协定谈判进程；努力在 2020 年完成中欧投资协定谈判，适时启动中欧自贸区可行性联合研究，加快构建以一体化大市场为目标的中欧经贸合作新格局。

以打造高水平开放新高地为重要突破。自由贸易试验区、自由贸易港、粤港澳大湾区等，是我国建设更高水平开放型经济新体制的"试验田"。要率先对标国际高水平经贸规则，加大在市场准入、管理标准、透明度、知识产权保护、监管规则等重要领域的先行先试和压力测试。一是要对标国际最高开放水平形态，加快推进海南自由贸易港建设，聚焦贸易投资自由化便利化，建立自贸港政策与制度体系，打造引领我国新时代对外开放的鲜明旗帜和重要开放门户。二是要探索和分类推进自贸试验区服务贸易开放。例如，推动上海、广东部分自贸试验区率先对标全球高标准自由贸易园区，同时对不具备全面开放条件的自贸试验区，根据自身特点加快实行产业项下的自由贸易政策。三是要加快以粤港澳服务贸易一体化为重点推进大湾区建设，推动建立三地互认衔接的服务业管理标准与人才资格要求，实现粤港澳服务业产业深度合作、市场体系直接融合、服务体系全面对接。

三 加快构建高水平社会主义市场经济体制

构建高水平社会主义市场经济体制，是我国新时代经济体制改革的目标取向，是推进高水平开放的根本保障。从现实情况看，构建高水平社会主义市场经济体制，既需要充分发挥市场在资源配置中的决定性作用，充分激发国内市场活力，又要在适应国际经贸规则重构中建设高标准市场体系。

完善公平竞争制度。公开市场、公平竞争是高标准市场经济体系的重要特征，也是高水平开放的重要前提。构建高水平社会主义市场经济体制，首要任务是完善公平竞争制度。一是要重点强化竞争政策的基础性地位，对各类所有制企业一视同仁，实现各类所有制企业平等竞争。二是要实现经济政策由产业政策为主向竞争政策为基础的转变，明确产业政策以不妨碍公平竞争为基本原则，制定适用产业扶持政策的负面清单，将产业政策严格限定在具有重大外溢效应或关键核心技术的领域。三是要实现市场监管的重点由一般市场行为监管向公平竞争审查的转变，推动市场监管的主要对象由商品为主向服务为主的过渡，并强化对经济政策的公平竞争审查。

全面实施市场准入负面清单制度。未来5年，构建高水平社会主义市场经济体制，需要以全面实施市场准入负面清单制度取代传统行政审批制度，在激发市场主体活力的制度创新上实现新突破。一是要尽快形成全国统一的、内外资一致的负面清单。加快推动现有负面清单与正面清单的合并对接。二是要进一步提升负面清单的可操作性，建议参照国际经贸谈判负面清单模板，详细列明负面清单管理措施与相关描述，建立健全外资投诉机制。三是要明确国民待遇标准，进一步细化准入阶段的管理权力、要素供给、融资方式、进出口权、税收政策、法律保护、司法救济等一系列待遇标准，给予内外资企业明确预期。

以知识产权保护为重点推进产权制度改革。新一轮科技革命和产业变革深入推进，以数字经济为重要特征的新经济发展，对知识产权保护为重点的产权制度变革提出新的要求。我国进入经济转型升级的关键时期，面向经济主战场，以创新引领高水平市场经济发展，关键在于形成产权保护的制度基础。一是要突出强化知识产权保护，逐步推进知识产权标准与国际接轨。二是要实现不同所有制经济产权平等保护，尽快梳理和消除各种隐性壁垒，支持各种所有制经济依法平等使用生产要素、公平参与市场竞争、同等受到法律保护、共同履行社会责任。三是要依法保护企业家的财产权和创新收益，形成防范以公权侵犯私权行为的制度约束。

实现要素市场化配置改革的重大进展。要素市场化配置是高水平社会主义市场经济体制的重要特征，也是我国实现高质量发展的重要保障。要更好利用国际国内两个市场、两种资源，实现要素市场化配置改革的重要突破。一是要加快推进土地要素市场化改革，形成城乡建设用地"同地同价同权利"的制度安排，形成公开公正公平的统一交易平台和交易规则。二是要深化户籍制度改革，扩大劳动力的城乡、地域流动性，充分释放城乡一体化的巨大潜能。三是要推进利率市场化改革，加快推进市场利率与基准利率的"两轨并一轨"，尽快实现银行体系与实体信用环节的贷款利率由市场决定。

四

建言区域开放：推动区域开放布局与区域协调发展

以改革开放的实质性突破加快西部大开发进程[*]

（2001年12月）

西部大开发需要项目、资本、技术、人才，需要特殊的扶持政策。这里提出的问题是：西部大开发更需要一种新的机制。

有两个基本判断很重要：一是东西部发展的差距根源于体制差距，而这个差距主要是改革开放的区域不平衡推进所致。二是西部地区体制差距是多方面的，其中西部农村改革发展落后是最大的掣肘。

做出上述判断的根据：

1953—1978年，中央政府通过大规模转移财政支付使西部国民收入净流入1452亿元，占同期西部地区国民收入总额的23%，国民收入积累额的71%，但是并没有从根本上改变西部经济落后的面貌。

东西部的差距是在1979年以后的改革开放中逐渐拉大的："一五"时期东西部差距全面缩小，西部地区国民收入年平均增长速度

---

[*] 在"西部建设与可持续发展国际研讨会"上的演讲，2001年12月17日，四川成都；载于《中改院简报》总第367期，2001年12月。

为13.94%，分别是东部和全国的1.31倍、1.49倍；"二五"及调整时期东西部差距有所扩大，此时西部平均增长率只有4.75%，分别相当于东部的98.24%，全国的87.32%；"三线建设"时期国家累计投入2000多亿元，建成10条总长8000多公里铁路干线，1000多个大中型骨干企业、科研单位和大专院校，形成了45个大型生产科研基地和批一批新兴工业城市，奠定了西部工业化的基础。问题在于，1979—1995年（按可比价计算）东部地区经济增长年均12.8%，西部地区为8.7%，近几年的国民生产总值东部地区占65%以上，西部地区仅占15%，人均国民生产总值，东部地区超过平均数四成以上，西部地区只有平均数的一半。

大多数改革政策及措施先行在东部地区试验，然后逐步向西部推广，使市场经济体制发育程度由东向西出现了梯次差别，西部地区市场基础、商品和要素市场体系明显弱于东部。

开放更是由东部沿海地区向内陆和西部地区逐步推进的。例如，各类国家级开发区共360多个，沿海地区占85.3%，西部地区只占6.2%。

西部非国有经济发展滞后，农业、农村的发展相对更加落后。

生产力上述状况和改革开放程度上的差异，同时还形成了东西部观念上的明显差距，西部地区干部尤其领导干部的观念、政府职能、行为方式等与东部地区存在较为明显的差异。

这里，简要地提出加快西部改革开放的15个问题，并据此提出这样一个结论：西部大开发，体制改革是根本；通过制度创新推进西部大开发的进程最为紧迫。

一　以大开放促进西部大开发

（一）在我国加入WTO的背景下，西部大开发的重要出路在于扩大开放

以我国加入WTO为契机，加快西部的比较优势转化为现实优

势以形成更好的经济增长点，是西部地区加快发展的一次历史性机遇。加入WTO，国家将赋予西部地区在扩大对外开放方面更大的自主权和相应优惠政策，西部吸引外来投资的比重将有明显增加。应当鼓励外商直接投资于西部基础设施建设、生态环境建设和优势资源的开发，并在此过程中，加快西部地区的经济改革和经济结构调整。

（二）在我国加入WTO条件下，应当允许和鼓励西部地区在某些领域优先开放

由于东、中、西部利用外商直接投资所占比重差距甚大，例如1997年分别为84%、10%和6%，1999年分别为86%、9%和5%。因此，西部大开发中的外资政策取向，不在于实行减免税等优惠措施，关键是要在市场准入等方面实行优先开放。第一，在加入WTO后的过渡期内，在适合西部发展实际的前提下，选择西部几个重要城市，先于全国的开放时间表，加快区域开放步伐。第二，采取措施，实现西部资源性产业和行业的优先开放。第三，在人力资源开发、教育及旅游等领域，应当提高外资持股比例。第四，选择条件成熟的城市，建立出口加工区和高科技园区，为西部地区引进高层次的管理、技术、人才、信息等要素。

二 以产权主体的社会化为目标，加快西部地区国有企业改革进程

（一）与东部的相比较，西部国有经济的比重过高。加快西部国有企业改革，对促进西部发展有重要影响

以工业部门产值为例，根据历史资料，我国工业产值中国有工业所占的比重，1978年全国为77.63%，东部地区为76.19%，西部地区为83.89%，到1999年全国降为28.20%，东部地区为13.46%，西部地区仍有48.22%。

（二）我国大量已有的改革实践证明，实现投资主体多元化和产权主体社会化，加快国有企业的产权制度改革是建立现代企业制度的根本途径

西部地区国有企业的改革相对于东部有所滞后。在加入 WTO 的条件下，推进西部地区国有企业改革，股份制将扮演重要角色。对西部地区国有企业，应当采取多种形式，分类推进各类企业的股份制改革。

三 创造条件，促进民营经济的大发展是西部大开发的重头戏

（一）东西部市场化进程的差距突出地反映在非国有经济发展的程度

研究表明，影响西部市场化改革进程和经济发展有三大重要因素，即"非国有经济发展""产品和要素市场的发育程度""政府与市场的关系"，其中起决定性作用的是非国有经济发展严重滞后。

到1999年，西部地区非国有工业企业生产总值只占当地工业企业总产值的29%；而同期东部非国有工业企业生产总值占当地工业企业总产值高达62.66%；西部非国有工业企业总产值只相当于东部的7.0%。要改变西部经济发展活力不足的现状，必须以培育长久的区域自我发展能力为核心，采取特殊的政策措施，大量吸引国内外民间和社会资本进入西部参与大开发，大大提高西部地区非国有经济的比重。

（二）西部地区民营经济的发展，在于打破行政性垄断，为民间资本提供更大空间

——在基础设施建设方面，由国家投资为主向非国有经济投资为主转变。应当打破垄断，放开市场准入，逐步使非国有经济成为西部基础领域改革发展的主力军。第一，打破基础设施领域的行政垄断和国有垄断，为非国有经济的进入提供投资空间。第二，采取多种形式，加快基础领域的股份制改革。第三，国家在继续加大对西部财政支出的同

时，应转变政策的着力点，采取贴息、提供担保等办法，鼓励和吸引更多的非国有投资参与西部基础设施建设。

——在环境保护方面，由政府行为为主向政府行为和社会行为相结合转变。应当调动多方面的积极性，采取公开招标、公开竞争等办法，发挥非国有经济在环境保护方面的重要作用。由于西部生态环境保护任务十分繁重，需要巨额投资，按照以往的做法，完全由国家统包统揽生态环境建设和投资是不可能的。同时，由于单一国家投资行为容易造成只重投资，不重建设，生态环境的管理效率低下，实际效果并不好。为此，西部生态再造应该作为一大产业，从头抓起。要采取若干措施支持和鼓励社会各方面参与投资和经营。比如国家采取补贴、奖励和贴息贷款方式，向全社会公开招标、公开竞争等办法鼓励非国有经济在生态环境建设方面发挥重要作用。

——在资源开发方面，由国有经济垄断向市场经济转变。创造条件尽快使非国有经济成为西部资源开发的重要力量。应当允许资源开发中的平等竞争，在平等竞争中加快西部资源优势向经济优势的转化。

——在大力发展科技教育方面，由主要发挥国家一方面的积极性向发挥全社会的积极性转变，使非国有经济在西部的科技教育发展中发挥重要作用。

（三）以市场为基础，建立东部带动西部、东西部共同发展的机制

——东部资本参与西部大开发应充分发挥非国有经济的主体力量。加快西部体制创新，尽快形成东西部统一的大市场，就会吸引东部非国有经济大量进入西部，成为东部支援西部开发的主体力量。

——西部地区应加强对东部非国有经济的招商力度，吸引东部

地区的企业和其他非国有经济力量，到西部投资设厂、开发资源、改造老企业。

——为东部的资本进入西部建立金融机构提供政策支持。

四　以打破垄断为重点，加快西部地区的基础领域改革

（一）加大西部基础建设投资，应当与加快基础领域的改革同步进行

基础设施落后是制约西部地区发展的主要"瓶颈"之一。加大对西部基础设施建设投资是实施西部大开发战略的重要举措。重点是水资源的保护开发与节约利用，公路、铁路、机场、内河运输、天然气管道干线建设，推进西电东送、西气东输，优化能源结构，加强通信、广播电视和城市基础设施建设。

近几年通过发行建设国债，实施扩张性财政政策，重点投向西部地区的基础设施建设对改善西部地区落后状况，促进地区发展起到明显作用。问题在于，在财政投入的同时，民间投资没有启动和跟进，这是扩大内需政策实施中面临的、迫切需要解决的问题。

（二）从多方面加快推进西部地区的基础领域改革

——提高财政投资的效率，对国有投资项目应当采取多种管理方式，如可通过国有民营方式，以及招标投标制制度。

——改革财政直接投资的方式，采取以提供补贴的方式，鼓励和引导民间资本的投资，更加注重对民间资本的启动，发挥财政资金"四两拨千斤"的作用。

——打破垄断，放开市场准入。西部地区可以在消除市场准入障碍方面进行大胆实验，鼓励非国有经济参与基础设施建设，如交通、电信、供气、供热、桥梁、公交、城市建设、污水处理等重大工程项目，应当让民间资本提前进入。

——通过联合、联营、集资、入股以及 BOT 和 TOT 等方式鼓励民间资本进入基础设施领域，加快实现基础设施建设领域的投资

主体多元化，促进基础领域投资主体的转换。

——采取多种形式加快基础领域的股份制改革。首先，对未来一些营利性的运输、通信、能源等基础产业和基础设施，应根据条件成熟程度，逐步地进行股份制改造。第二，对于能够改造为规范的股份公司的，应争取早日上市。第三，对不能整体改制的企业，应采取分类、分解的办法，逐步实现股份制改造。第四，对条件暂不成熟的企业应通过发行可转换债券的方式，分阶段实现股份制改革。第五，在条件成熟时，应扩大社会债券发行的范围，以多种形式实现基础领域投资的社会化，为基础领域的股份制改革创造条件。

五　加快西部地区市场体系建设

（一）建立健全市场体系对缩小东、西部市场化程度的差距有重要意义

——市场体系的健全程度和发育程度是衡量一个地区市场化程度的重要指标。西部地区产品市场和要素市场的发展状况较东部地区滞后是造成西部市场化程度低、制约经济发展的主要因素。

——西部地区的市场体系不健全。就产品市场而言，主要集中在各地中心城市，中心城市之外的许多地区市场建设落后，尤其是许多农村地区没有固定的集贸市场，缺少较完整的商业网点供销体系。就要素市场而言，缺少完整意义上的资本市场、技术市场、劳动力市场、信息市场、产权交易市场等。

——西部市场体系发育程度低，主要反映在地方贸易保护，劳动力流动性弱，各类要素市场的功能残缺。

（二）结合西部实际，加快西部产品市场和要素市场建设

——加快西部地区市场体系建设，目前的重点应当是以建立健全和完善要素市场的功能为重点，以尽快为促进西部开发创造条件。

——建立西部资本市场，为西部建设多渠道筹集资金。第一，在外资引进上，西部地区可先于其他地区，适度提高外资进入资本市场的比例；第二，在充分论证的基础上，可考虑在西部地区设立一家证券交易所；第三，可先在西部地区进行风险投资基金的试点，促进西部高科技企业成长。

——以中心城市为依托，加快西部区域特色市场建设。适应西部开发需要，应当积极引导，科学规划，建立健全西部市场体系，形成西部大开发的基础市场格局。

六　收入分配制度改革有着重要作用

（一）充分估计收入分配制度改革在促进西部大开发中的积极作用

——西部地区在收入分配领域存在的突出问题是，城乡差别比东部大；贫困人口比例高于东部；在收入分配问题的认识及观念上落后于东部；国有企业比重较高，企业经营困难对职工收入和生活影响较大等。

——限于经济发展水平，企业收入水平低于东部。实际上，由于收入分配制度改革不到位，报酬制度不合理，西部地区各类人才向区外的流失还在继续发生。

——加快西部收入分配制度改革，将有利于缩小不合理的收入分配差距；有利于调动多方面参与开发的积极性；有利于逐步实现共同富裕；有利于留住人才、吸引人才。

（二）结合实际，加快西部地区收入分配制度改革

——按劳分配和按要素分配相结合，允许西部地区率先进行管理、技术等生产要素参与企业剩余收益分配的试验，积极探索适应现代企业制度和市场经济的收入分配制度。

——结合国有企业改革的深化，加大产权制度改革，用产权激励的办法，鼓励各类管理、技术人才拥有股权，以此发挥他们在西

部大开发中的作用。

——鼓励探索职工依据劳动力产权持有企业股份的多种实现形式，形成职工与企业的利益共同体。

——在农村实行更长期的农村土地使用权制度。

——加快建立适合西部的多层次的社会保障体系，实施最低生活保障制度。

七 人力资源开发是一个大课题

人才严重缺乏和技术水平制约是影响西部大开发的两大重要因素。从西部大开发的需要出发，关键是对人才尤其是高级管理人才、技术人才有优于东部的吸引力。

——允许西部地区率先在管理、技术等生产要素参与分配方面进行试验，率先建立产权激励制度。

——加快在知识产权方面形成具体的制度规定。

——打破非国有经济投资教育和科技实体的某些体制性制约，加快形成以国家为主体社会各方面投资兴办科技教育的新局面。

——适当放宽民办教育和民办科技的门槛，加快发展社会性、民间性教育的科技实体。同时，允许西部地区运用社会力量创办教育基金和高新产业投资基金，用于支持民办教育和民办科技实体的发展。

——加快人事制度改革，形成吸引和使用人才的制度环境。

八 农村改革和发展滞后是整个西部落后的最大制约，农业和农村开发应该作为西部大开发第一阶段的战略重点

（一）西部地区的农民组织程度、农村市场化发育状况、产业结构、土地产出和劳动生产率、经济总量、人均收入等方面都大大落后于东部

——西部农民人均纯收入处于全国城乡居民收入水平的最底层，1999年西部地区农民的人均纯收入为1501.50元，分别相当于

全国平均水平（2210.34元）的67.9%、东部沿海10省份平均水平（2929.28元）的51.26%。

——在区域内部比较，农村居民收入也是处于最底层，陕、甘、宁、青、疆、蒙、滇、黔、川、渝、桂、藏12省份农村居民收入分别只相当于本省城镇居民收入的31.1%、30.1%、38.9%、31%、27.5%、41.7%、23.1%、27.5%、33.5%、29.4%、36.3%、18.8%。

——与东部的比较差距就更大，1999年甘肃农民人均纯收入（1357.28元）只相当于上海（5409.11元）的25%。

（二）在西部大开发的起始阶段，应该以治水和土地开发为核心，以农业开发为主体，与工业和高新技术综合开发相结合

——进行土地开发和基础设施建设，应当走投资多元化、多渠道融资的道路。以政府为后盾，以企业和公司为主体，鼓励移民跟进，向西部的荒山、沙漠进军，各种力量共同进行土地整治，造地引水。

——创造长久的利益机制，吸引东部企业和农民进入西部开发和整治国土。比如，将待开发的土地、草原、荒漠、山地等进行规划，以低价、无偿或先期注入资金扶持的方式，长期承包或批租给经营者，组织企业或大批农民以家庭和联户为单位西进，开发出来的耕地的使用权100年不变。对开发治理取得成效者，给予奖励。

——在西部地区广大农村坚决贯彻执行现行的土地政策和法律，实行农村土地承包制度至少30年不变，按照农户承包土地使用权物权化、资本化、市场化的改革方向，抓紧制定法律法规，真正赋予农民长期而有保障的土地使用权。

——鼓励农户个体和私有经济参与西部地区生态建设，在退耕还林还草、植树造林中，政策应体现开发人和受益人一致的原则，实行谁开发经营、谁拥有土地使用权和林草所有权的土地政策，为

西部地区荒山、荒地造林种草及坡耕地退耕还林还草提供利益机制和制度保障。

——积极推行和发展西部的土地市场，建立土地使用权的准入制度和流转的管理规则，建立完善地价地租体系，推行土地有形市场的建设，切实加强土地市场的监管。

九　西部大开发应把城市化、城镇化建设作为新的经济增长点

（一）东、中、西部城市建设差距的拉大，既是经济发展差距的表现，又是经济发展差距的成因

——东西部差距同时体现在城镇化的差距上。据统计，东部及沿海地区城市数在全国占50.4%，市辖区占55.2%；西部地区城市数占21.4%，市辖区占18.29%。

——西部地区城市化水平低。统计表明，东部乡村人口比重只有53.8%，而西部乡村人口比例高达71.27%。人口居住过于分散，不利于保护生态环境。

（二）提高西部地区的城市化水平对促进我国地域经济发展差距的缩小和区域经济的协调发展，有着极为重要的功能

——西部地区的城市布局体系和城镇化发展道路可以选择为：充分发挥大城市和中心城市的作用，同时加快中小城市发展。

——以大城市和小城镇为重点，通过人口和经济活动空间分布的大调整，形成与生态环境相适应的城市布局模式。建设好西安、重庆、成都、昆明、兰州、乌鲁木齐等西部的中心大城市，发挥它们的辐射、扩散和带动效应。同时，放宽审批条件，适当集中西部过于分散的工业布局，开辟新的开发试验区，以形成新兴的城镇。

——在城市化的过程中加快相关改革（比如户籍制度），迅速启动中、小城市的经济活力，提高区域整体经济水平。

——大力发展乡镇企业和第三产业，加快城市工业发展，为人口集中和城镇化提供依托和载体。

十　推进金融体制改革对西部大开发有着特别重要的作用

（一）建立健全西部地区多元化的金融支持组织机构体系

——从总体布局上，在西部地区增加政策性金融机构的设立，保证政策性资金的融通渠道畅通。可考虑组建西部开发银行，集中使用国家提供的中长期重点建设项目的投资和扶贫开发资金。

——增设一些区域性商业银行机构，解决西部地区资金的内引外联，打通与疏导商业融资渠道。

——对已有的金融机构网点按"经济、合理、精简、高效"的原则进行归并整合优化，提高经营网点的整体服务水平。

——进一步规范和发展证券公司、信托投资公司和财务公司，扩展其业务范围，提高融资能力。

——吸收社会闲散资金，发展资源开发、科技开发、旅游开发等区域性投资发展基金。可考虑组建西部风险投资公司和风险投资基金，引导外资和民间资本投入高新技术产业，培育新的经济增长点。

（二）在加强国家宏观调控的条件下，西部地区应放宽金融业的准入条件

——允许西部有选择地放开地方金融，允许非国有经济投资经营某些金融业务，建立民间股份制和合作制金融机构。

——先期以财政拨款为主，并吸收社会捐赠，或者通过发行债券、上市等途径筹集西部建设资金。

——加快利率市场化改革步伐，调动银行为非国有经济融资的积极性。

十一　深化财政体制改革

（1）目前，国家财政在提高西部地区政府提供公共服务水平的基础上，将进一步加大资金投入力度和实行更优惠的财税政策。

——进一步加大基础设施建设资金投入力度，提高西部地区所

占的比例，资金分配向西部地区倾斜；同时，在按贷款原则投放的条件下，尽可能多地安排国际金融组织和外国政府优惠贷款投向西部地区的项目。

——中央对地方专项资金补助向西部地区倾斜，将逐步加大对西部地区的农业科技、扶贫、环境保护、社会保障体系建设、科技教育、文化卫生等方面投入力度，以支持西部地区的投资软环境的改善。

——逐步加大对西部地区尤其是民族地区的一般性转移支付的规模，在一般性转移支付资金分配方面，对民族自治地区和非民族省区的民族自治州给予适度倾斜。

——促进西部地区的生态环境的改善和保护，积极支持退耕还林（草），中央财政将按照标准给予补助。

——实行优惠的税收政策，如，对设在西部地区从事国家鼓励发展产业的内资企业和外商投资企业，在一定期限内减按15%的税率征收企业所得税，允许企业提高折旧率和技术开发经费提取比例等。

（2）应更充分发挥财政补贴在扩大投资中的诱导作用。运用投资奖励和税收优惠政策，诱导社会资源参与西部大开发，实现包括税收减免、加速折旧、贴息贷款和投资补贴在内的投资奖励政策，财政补贴标准按照投资性质、地区等级和就业人数来确定。

（3）充分发挥资本市场的作用。包括加强利用中长期国家建设债券、产业投资基金、证券投资、创业投资、固定资产融资租赁等投资品种吸引民间闲散资金。

——建设为非国有经济服务的与投资和贸易相关的政策、技术信息系统，加强对资本市场的监督，依法保护非国有经济的投资权益。

——加快发展民间金融服务体系，包括在二板上市以及发行企业债券方面对民营企业放宽条件。

十二　中央应向西部地方政府和民间开放资源开采权

（1）要给西部地方政府和民间部分当地资源的所有权。或者，如果中央有关部门继续维持对西部地方资源的垄断，在资源开发中，应该允许地方政府持有一定比例的股权和使用资源的较大配额，以形成地方政府在资源开发中对当地企业的支持和促进，加速西部地区资本积累过程。

（2）西部有独特而又丰富的矿产资源，实现矿藏资源价值的资本化，应将矿藏所有权作为产权、资本或债权投资，租借给矿藏开发企业。

（3）我国加入WTO，将给西部旅游业带来极大的发展空间、客源和资金来源，西部地区完全有条件获得快速的发展。在坚持统一规划和保持特色的前提下，允许非国经济投资旅游基础设施建设，开发旅游资源，在条件成熟时积极发展外商独资或合资的旅行社。

十三　通过改革有效地发挥政府在西部大开发中的作用

（1）政府在西部大开发中的作用主要是两个方面：一方面提供制度和政策供给，以保障各种市场主体参与西部大开发的顺利实现，诱导资金、技术、人才向西部流动；另一方面是通过转移支付实现对西部地区的基础设施建设和利用国家财力进行一些特殊项目的直接援助。

——在西部大开发中政府应在下列方面发挥作用：通过制度创新为西部大开发提供良好的"软环境"；加强基础设施建设为西部地区经济发展提供硬环境；强化生态建设和环境保护，鼓励生态建设、防范及惩罚生态环境破坏和环境污染行为；为非国有经济参与西部开发提供法律制度保障；加强规划，培育具有地方特色的优势产业；协调省际利益关系，比如协调西电东送、西气东输工程中的省际利益矛盾等。

(2) 西部地区政府尤其是领导干部要倡导解放思想，转变观念。

——要克服计划经济的影响和局限，克服地方保护主义，尤其要克服利益关系造成的思想观念及其政策原则的局限性，树立适应经济全球化的现代市场经济观念、竞争观念、开拓创新观念、效益观念、可持续发展观念、以人为本的观念等。

——开发内容和领域要有新的转变，由过去主要开发物转变为既开发物又开发人，且以开发人为主；由过去主要开发自然资源转变为既开发自然资源又开发教育、技术、信息、市场等各类要素，且以优先开发各类软要素为主。

——开发的方法和手段要有新的转变，开发方法由过去以计划和政府行为为主转变为以市场导向为主；开发手段由过去单纯靠有形资本投入转变为既靠有形资本投入又靠无形资本投入。

(3) 以减少政府审批、提高效率、增强政府信用为重点，加快政府机构改革和政府职能转变。

——改革审批制度，审批应严格限制于国有投资项目，对非国有投资要尽量放开，改审批制为登记注册制。对必须保留的审批事项应明确审批机构与审批时限，接受公众监督。通过行政审批制度的改革，从根本上解决"办事效率低下、抑制创新、助长与滋生制度性腐败"的弊端。

——加快政府机构改革，转变政府职能，加强服务功能，降低政府为企业服务的成本。特别是要加强政府信用，认真履行各项优惠政策和措施。

——鼓励企业自主投资、自主创业，并在政策上创造各种所有制公平竞争的市场环境。西部开发必须彻底清理那些妨碍公平竞争的法规、规章与政策，加强反行政垄断的立法和执法力度，破除地方保护主义。

十四　通过立法，加强产权保护，为西部非国有经济大发展提供法律依据和法制环境

（1）借鉴 WTO 成员开发欠发达地区"先立法、后开发"的经验，以法律保障中央政府对西部开发政策的权威性、连续性。

（2）政府特别要加强产权保护在内的立法和执法，提供非国有经济发展的法律保障。

——竞争法为各种市场主体创造一个公平的竞争环境。

——投资法要保障民间资本、来自区外的社会资本以及外资，在西部地区可以比东部地区有更宽的产业领域以及享受更优惠的政策。

——保障私人部门的法律要保证参与西部开发的民间人士、来自区外的人士、外商的正当权益不受侵犯。

（3）以单项立法和综合立法相结合的方式，加快立法进程。

——如《西部植树法》《退耕还林还草法》以及综合性的《西部开发法》等法律。

——通过立法，为西部非国有经济大发展提供法律依据和法制环境。

十五　建议国务院成立西部开发部

我们认为，为协调东西部利益关系，有效领导和组织西部大开发战略实施，有必要将国务院西部开发领导小组办公室从国家发展计划委员会独立出来，成立国务院西部开发部。这样做，既是对当年国务院成立经济特区办成功领导经济特区建设的经验的借鉴，也适应于西部大开发的长期性、艰巨性、重要性的客观要求。

西部大开发，非国有经济将成为主体力量[*]

（2001 年 12 月）

我国正处在经济体制转轨的特殊时期。在经济全球化进程日益加速，我国即将加入世界贸易组织的情况下，西部大开发有着独特的历史背景和战略背景。因此，它比照我国以往的区域开发有许多不同的特点。我们既要重视政策扶持对地区经济发展的积极作用，又要重视经济改革和体制创新对地区经济发展的根本性影响；既要关注国内资源的流动与配置，又要关注通过实施更有效的对外开放引导国外投资；既要重视政府推动和国有投资在西部大开发中的主导性地位，更要重视非国有经济在促进地区经济发展中的重要作用。基于西部大开发特定的背景，我们要特别注重政策和体制的调整变化对西部大开发的激励作用，并由此明确西部大开发的新思路，加快西部地区改革开放的步伐。

一 未来几年，西部地区市场化改革的主要任务是发展非国有经济，并使其尽快成为西部大开发的主体力量

从国际经验看，世贸组织成员开发欠发达地区的政策和手段是

---

[*] 本文载于《杭州师范学院学报》2001 年第 6 期。

多方面的，各有不同的特点，但政策导向是基本相同的，即培育欠发达地区自我发展的能力，鼓励地方和民间力量参与开发。从我国的情况看，中央政府关于加快西部大开发的战略和政策，核心是为提高西部地区自我发展能力提供支持。由于我国市场化改革和对外开放的推进基本上是沿着从东到西的顺利进行的，近20多年来，尽管西部地区的改革开放取得了巨大成就，但与东部地区相比较，西部地区的市场化程度还相对较弱，因此，西部大开发的各种制约，如市场制约、资金投入的制约、技术水平的制约、人才缺乏的制约等，都同西部地区的市场化改革相对滞后相关联。

非国有经济的发展程度是市场化改革程度的重要标志。加快西部地区的市场化改革，应当放手大胆地发展非国有经济，并尽快使非国有经济成为西部大开发的主体力量。在这个问题上，解放思想、统一认识，对加快西部大开发是极其重要的。加快西部的改革开放，是提高西部地区自我发展能力的根本性措施。从这个意义上说，加快西部大开发的过程是提高西部市场化程度的过程。

（一）我国加入WTO，将为非国有经济尽快成为西部大开发的主体力量提供重要机遇

以我国加入WTO为契机，加快把自己的比较优势转化为现实的经济优势，以形成更好的经济增长点，是西部地区加快发展的一次历史性机遇。尤其是我国加入WTO，将大大促进西部地区非国有经济的发展，并使其成为西部大开发中的真正亮点。

其一，在我国加入WTO的背景下，西部地区的对外开放会有重大进展，吸引外来投资的比重将有明显增加。资本要素不足，尤其是外来投资很少，是西部发展的重要制约因素。从存量数据看，东、中、西部利用外商直接投资所占比重1997年分别为84%、10%和6%，1999年分别为86%、9%、5%。根据有关研究，按1997年全国各地区外商直接投资对地区经济增长的贡献率的排序来

看，排在前6位的都是东部省份：福建（43.48）、广东（41.28）、海南（36.18）、江苏（22.03）、上海（16.38），排在后6位的都是西部省份：西藏（0）、青海（0.11）、宁夏（0.64）、云南（1.19）、贵州（1.35）、新疆（1.36）。适应我国即将加入WTO的新形势，国家赋予西部地区在对外开放方面更大的自主权和优惠政策，这十分有利于西部地区吸引外来直接投资。

此外，西部周边邻国，如俄罗斯、越南等均在申请加入世界贸易组织。随着这些国家加入WTO，西部地区与这些国家的边境贸易可望得到发展。估计在未来几年，西部地区吸引外资的比例会有较大的提高。

其二，在我国加入WTO的背景下，西部地区的市场化改革会有重大突破，非国有经济的发展比以往要快得多。加入WTO，企业面临的激烈竞争，表面上是产品之争，实质上是企业体制与企业管理之争，同时也是政府管理企业的方式之争。西部地区由于受传统计划经济体制的影响比较深，地方政府对国有企业依然管得太多，统得"太死"，对非国有企业重视不够，支持不力。我国加入WTO，将促进西部地区以股份制、租赁、破产等多种形式加快改造国有企业，同时，大力鼓励和支持非国有企业的发展。可以预料，今后几年西部地区非国有经济将得到快速发展，并开始成为国民经济增长的主力军。

（二）东部地区非国有经济的快速发展，为东部支援西部创造了重要条件

在市场经济条件下，东部地区的经济发展在很大程度上得益于非国有经济的快速增长。据统计，1999年在东部地区固定资产投资总额中，非国有投资的比重已达到53.1%（1978年为21.2%），而西部地区国有经济投资部分在总额中的比重依然高达61.5%。与西部地区相比，东部非国有投资明显处于领先地位。可以说，非国有

投资是拉动东部经济增长的主要因素。从近些年的工业发展来看，非国有工业发展是东部工业发展的主要力量。如1999年在浙江、福建、广东，非国有经济在各省工业总产值中所占的比重分别达到77%、66%和71%。而在西部各省份中，非国有企业所占的比重都很低。如果不包括广西和内蒙古，西部10个省份非国有企业创造的工业产值占该省的比重接近或超过30%的只有重庆（29%）和四川（37%）。因此，非国有经济发展不平衡成为地区差距加大的重要原因。缩小地区差距，最重要的就是要从所有制结构、培育成熟市场主体、规范市场秩序、完善市场机制等方面加快西部的体制创新，缩小地区间的体制差距。东部支援西部，主力军是非国有经济。加快形成非国有经济发展的制度环境，加之十分优惠的政策，就会吸引东部的非国有企业到西部投资经营。

东部地区非国有经济已经积累了相当的资本、技术和管理要素，随着西部地区经济比较优势的显现，其有意愿也有能力参与西部的大开发。这里，有两个重要的条件：其一是加快形成东、西部统一的大市场。建立"统一、开放、竞争、有序"的大市场，是我国加入WTO、参与经济全球化的重要体制保障，也是东部非国有经济向西部转移的重要条件。目前，由于行政垄断造成的市场分割和市场秩序的混乱，阻碍了市场机制在资源优化配置中的作用，不利于东部非国有经济参与西部的市场竞争。因此，消除行政垄断与市场分割，整顿和规范市场秩序已成为吸引东部非国有经济参与西部大开发的重要任务。其二是加快西部投融资体制改革。这里，仅以资本市场为例。目前，西部地区资本市场的发育程度比照东部地区有相当大的差距。例如，我国证券公司主要分布在东部地区，为58%，而西部地区仅为18%；在全国深、沪两市上市公司中，东部的比例比较高，为60%，西部的比例很少，仅为20%，平均西部每个省份只有15家左右上市公司。西部地区资本市场的现状，对吸引东部地区非国有经济投资十分不利。随着西部市场化程度的提高，在资本市场建立和审核企业上市方面，应在严格的标准下，对西部地区有所倾斜。

在社会主义市场经济条件下，缩小地区差距要缩小东西部非国有经济发展的差距，以充分发挥非国有经济在平衡地区发展差距方面的特殊作用；我们强调西部地区的体制创新，要强调能够吸引东部非国有经济及外商的直接投资，促进西部非国有经济发挥作用的制度创新；我们强调对西部的政策倾斜，要强调有利于吸引非国有经济投资和发展的扶持政策。只有这样，才能真正让西部的非国有经济发展起来，让东部的非国有经济快步走进来。

（三）西部非国有经济经过数十年的发展和积累，为发挥西部大开发的主体作用奠定了重要基础

静态地看，目前西部非国有经济的成长在速度、规模以及对地区经济贡献的比重上，与东部地区相比有明显差距。但经过数十年的发展和参与市场竞争，西部非国有经济已成为推动经济增长的重要力量。

第一，非国有经济已成为西部地区经济中最具活力的经济增长点。据统计，1999年，西部地区非公有制经济的固定资产投资总额比1995年增长了67.44%。西部地区非公有制经济固定资产投资占全国非公有制经济固定资产投资总额的比重从1995年的13.63%上升为1999年的15.96%，上升了2.33个百分点。西部地区个体工商户、私营企业在西部境外投资、创造产值、实现销售收入和社会消费品零售总额等方面所占比重都在快速增长。近年来，西部地区经济每年都以8%左右的速度增长，这与西部非国有经济的快速增长是分不开的。

第二，非国有经济已成为西部地区增加社会资本和财政收入的重要来源之一。税收是财政收入增加的主要途径。据统计，1998

年，西部地区非公有制经济共为国家和地方提供税收194.6亿元，其中国税111.11亿元，地税83.52亿元。

第三，非国有经济为西部地区创造就业机会、增加人均收入做出了重要贡献。1995—1999年，西部地区非公有制经济从业人员由1027.6万人增加到1624.8万人，年均增长12.14%；非公有制经济从业人员占全社会从业人员的比重由5.7%上升为9%，提高了3.3个百分点。

第四，西部地区非国有经济已积累了参与市场竞争的经验，成长了一批掌握先进经营理念、具备国际竞争力的非国有企业。如新疆德隆作为一家1986年开始创业的民营企业，从创业之初的400多元发展成为资产上百亿元、控股3家上市公司、业务延伸到美国、欧洲等国家和地区的大型民营企业。陕西东盛集团作为一家民营科技企业，成功地重组了2家东部地区的知名企业，成为颇具实力的医药企业。由此可见，西部地区非国有经济的发展已有一定的基础，并有相当潜力和后发优势。

二 解放思想，大胆改革，拓宽非国有经济在西部大开发中的发展空间

在社会主义经济体制下，解决区域经济的平衡发展问题，政府的作用是十分重要的。西部大开发中的某些重大的基础性建设项目，在起步阶段政府要发挥主要作用。但是，西部大开发归根结底是一个经济行为、市场行为，要按经济规律和市场规律来办事。政府推动不是搞政府经济，政府的投资不可能代替企业的投资，最主要的是西部能否营造一个有利于企业生产经营的社会环境和市场环境，以及能够吸引内外投资者赢利的机会。我赞成这样的观点，西部大开发，要以国有经济为主导，非国有经济为主体。当然，这要经历一个过程，而缩短这一过程的关键是要解放思想，在加快改革中使非国有经济尽快成为西部大开发的投资主体、竞争主体和对外

合作的主体。

（一）在基础设施建设方面，由国家投资为主逐步向非国有经济投资为主转变

应当打破垄断，放开产业准入，逐步使非国有经济成为西部基础领域改革发展的主力军。近几年，国家为西部地区的水利、交通、能源、通信等基础设施建设投入了较大财力，并取得了初步成效。我们说国家对西部大开发的作用是第一位的，重要的是指国家在西部大开发初始阶段对基础设施的大量投资。但我们也要看到，与西部建设的实际需要相比，国家的财力投入是有限的。另外，在国有投资和国家财政投入加大的同时，民间资本的投资不活跃，投资的效率不高。从改革的长远目标看，无论从投资，还是从基础领域市场化改革来说，政府都不可能成为基础领域的投资经营主体。只有充分调动社会民间资本的积极性，吸引民间资本投资基础设施，才是解决这一矛盾的根本途径。因此，加快基础设施投资主体的转换，是目前我国基础领域改革面临的最为突出的深层次矛盾，只有从根本上解决这一矛盾，才能使基础领域改革有实质性进展。为此：第一，依据我国改革开放的实际需要和国际趋势，应当打破基础设施领域的行政垄断和国有垄断，为非国有经济的进入提供投资空间。第二，采取多种形式，加快基础领域的股份制改革，如对未来一些营利性的运输、通信、能源等基础产业和基础设施，应根据条件成熟程度，逐步地、普遍地进行股份制改造；对于能够改造为规范的股份公司的，应争取早日上市；对不能整体改制的企业，应采取分类、分解的办法，逐步实现股份制改造；对条件暂不成熟的企业应通过发行可转换债券的方式，分阶段实现股份制改造；在条件成熟时，应扩大社会债券发行的范围，以多种形式实现基础领域投资的社会化，为基础领域的股份制改革创造条件。第三，适应于西部基础领域改革的需要，国家在继续加大对西部财政投资的同

时，应当转变政策的着力点，采取贴息、提供补贴、提供担保等办法，鼓励和吸引更多非国有投资参与西部基础设施建设。民营企业参与基础设施建设，在西部也有成功的案例。根据国务院西部开发办的资料，四川民营企业汉龙投资发展有限公司注入启动资金2亿元，与阿坝黄龙电力公司签订合同，开发天龙湖电站。内蒙古东达蒙古王羊绒集团公司近3年来投资3亿多元，在内蒙古修建公路和桥梁，修路总里程达230多公里。内蒙古在近3年共吸引21.3亿元民间资本投入公路建设上。据预测，"十五"期间内蒙古每年的公路投资中将有1/3—1/2来自民营企业。

（二）在环境保护方面，由主要的政府行为向政府行为与社会行为相结合转变

应当调动多方面的积极性，采取公开招标、公开竞争等办法，发挥非国有经济在环境保护方面的重要作用。我国西部地区水土流失面积占全国的80%以上，荒漠化面积占全国的90%以上。建设西部生态环境，关系着西部地区各族人民的生存和发展，也关系到全国的发展。我们应当牢牢记取世贸组织有的成员国"先开发，再保护"的教训，将西部大开发与保护生态环境紧密结合，走出一条可持续发展的新路。由于西部生态环境保护的任务十分繁重，需要巨额的投资。按照以往的做法，完全由国家统包统揽生态环境建设和投资是不可能的。同时，由于单一国家投资行为造成只重投资，不重建设，生态环境的管理效率低下，实际效果并不好。为此，要将西部生态环境建设作为一项重要产业，采取若干措施支持和鼓励社会各方面参与投资与经营。例如：国家采取补贴奖励和贴息贷款的方式，鼓励非国有经济投资生态环境建设；向全社会公开招标，对"六荒地"可全社会公开拍卖，允许企业或个人承包或兴办造林、治荒等生态建设项目。有的大的生态建设项目，也可采取相关政策和措施，允许和鼓励社会资金的进入。

（三）在资源开发方面，由国有经济垄断向市场竞争转变，创造条件尽快使非国有经济成为西部资源开发的重要力量

应当允许资源开发中的平等竞争，在平等竞争中加快西部资源优势向经济优势的转化。

（四）西部有辽阔的土地资源，为促进土地资源的开发和保持生态环境，应采取各种优惠政策鼓励开发西部的土地

我国虽然不能像美国实行《宅地法》那样优惠的奖励政策，但完全可以采取更灵活的土地政策，鼓励移民开发。比如，将待开发的土地、草原、荒漠、山地以低价、无偿或先期注入资金扶持的方式，长期承包或批租给经营者。在开发治理前期给予贷款、补贴、雇工工资、医疗保障等优惠政策。对开发治理取得成效者再给予奖励，鼓励经营者扩大土地面积的治理开发，形成良性循环。

（五）矿产资源丰富是西部的一大优势。应确立资源就是财富的观念，实现矿产资源价值的资本化

所谓资源资本化，就是资源"所有权价值权益化、发现权价值商品化、开采权价值有偿化"的经营运作机制。在西方，矿产资源投资者需要买下矿产资源所有权才能进行矿产资源的开发。其购买价值列作"递耗资产"，分期从矿产品收入中得到补偿，因而矿产资源价值是矿产品成本的重要组成内容。我国矿产资源不计价值，矿产品成本中没有矿产资源的价值，由此造成我国矿产资源的大量浪费。因此，应将矿产所有权作为产权、资本或债权投资、租赁或租借给矿山开发企业。

（六）西部有独特而又丰富的旅游资源

我国加入 WTO，将给西部旅游业带来极大的政策发展空间、客源和资金来源，西部地区旅游业完全有条件获得超常的发展。在坚持统一规划和保持特色的前提下，允许非国有经济投资旅游基础设施建设，开发旅游资源。在条件成熟的情况下，积极发展独资或

全资的旅行社，由此扩大客源，提升旅游管理水平。

（七）在大力发展科技教育方面，由主要发挥国家一方面的积极性向发挥全社会的积极性转变，使非国有经济在西部的科技教育发展中发挥重要作用

应当解放思想，更新观念，为非国有经济参与科技教育事业提供政策和体制保障。

人才的严重缺乏和技术水平的制约，是影响西部大开发的两大重要因素。从西部大开发的需要出发，国家应支持和鼓励西部地区大力发展民办教育和民办科技：一是允许西部地区率先打破非国有经济投资教育和科技实体的某些体制性制约，加快形成以国家为主体，社会各方面投资兴办教育科技事业的新局面；二是适当放宽民办教育和民办科技的门槛，以加快发展社会性、民间性的教育、科技实体；三是要对民办教育和民办科技给予一定时期内的政策扶持，为社会力量参与教育科技事业提供宽松的条件；四是允许西部地区运用社会力量创办教育基金和高新产业投资基金，用以支持民办教育和民办科技实体的发展。

三　加快市场化改革进程，为非国有经济尽快成为西部大开发的主体力量提供制度环境

西部大开发中非国有经济在多大程度上和多大范围内发挥重要作用，这取决于西部地区的制度环境和社会环境。解放思想，抓住机遇，关键在于西部地区的市场化改革能不能有大的突破，切实解决非国有经济发展的体制性障碍。

（一）以减少政府审批和提高效率为重点，加快推进政府职能转变和政府机构改革

改革的实践证明，按照市场经济的要求彻底转变政府的职能及管理手段，是经济转轨中最具实质性的问题。从改革的一开始，就明确提出转变政府职能，实行政企分开，但是目前政府部门的许多

改革还没有到位，政府职能还没有实现根本性转变，政资不分、政企不分依然存在。政府职能缺位、错位与越位并存，政府经济管理方式未发生实质性的变化。政府要为企业，尤其是民营企业的发展创造良好的社会环境，关键是政府要改变对企业的管理方式，以市场为中心，为所有企业创造一个公平竞争的市场环境。

第一，按照政企分开的原则，确立企业在市场经济中的主体地位，尽可能地减少行政审批的范围和环节。在发展经济方面，政府为确保市场竞争的效率与公平，应该加强公正严明的立法和执法，规范社会各角色的行为，惩治违法行为；为加强服务功能，政府有义务为社会提供基本的公共产品和信息服务，创造和维护公开和公平的社会经济环境。必须根据新的职能定位，改变政府管理方式，由直接管制向监控方向转变，将政府目前的"行政控制型"管理彻底地转变为"规则服务型"管理。

第二，加快政府机构改革，减少非国有投资的非生产经营的成本。有关资料显示，西部地区人均财政上缴和政府预算外上缴负担要比东部地区高得多。财政供养人口过多，企业负担系数过高，不仅严重影响西部发展的内部积累能力，降低政府工作效率，也会抑制西部非国有经济发展，并对外来投资形成较高壁垒。因此，西部地区政府机构改革的任务比较重。要采取多种形式鼓励政府工作人员参与创业，压缩党政系统的规模，精减人员和支出。

第三，加强法治，推动西部地区形成良好的社会环境。合法的投资及其合法的权益能否得到公开、公正和有透明度的法律保护，是投资者进行投资决策时需要考虑的重要因素。许多事实说明，对于投资者，一个地区的投资软环境甚至比硬环境更具有决定性。切实保护投资者的合法权益，首先，要建立和完善非国有经济的产权保护制度，明确个人合法财产不受侵犯。其次，应当清理和消除对非国有经济的不公允和歧视性规定，切实在法律上赋予非国有经济主体同等的国民待遇。

（二）以股份制改革和提高企业核心竞争能力为重点，加快西部地区的企业改革

在我国加入WTO的背景下，从体制上、制度上进行有利于增强企业竞争优势的创新，成为西部非国有企业发展和国有企业改革的重要内容。第一，以股份制改革为核心，把企业做强做大。股份制不仅是企业进行快速规模扩张的重要途径，也是建立有效的公司治理结构，把企业做强做大的组织制度基础。国有企业的股份制改革已有不少成功的案例，需要在总结经验的基础上，加快国有企业股份制改革的步伐，并且要尽量减持国有股，以形成合理的股权结构。民营企业更要突破传统的企业管理模式，通过引进现代企业制度的因素，逐步使企业股份化和社会化，建立起现代企业的合理的利益结合机制；参照现代企业制度，建立和改进法人治理结构，逐步实现董事会、监事会和总经理之间合理的权力制衡，形成科学的治理结构和管理制度。

第二，加快推进国有经济的结构调整和战略重组，放开搞活非国有经济容易进入的中小企业，充分释放非国有经济在这些领域的优势和潜力。

第三，加快发展民间金融机构。融资难是非国有经济发展过程中的突出矛盾。发展民间金融机构，有利于发展金融业的市场竞争和改善市场管理，增强西部金融业在市场开放后的竞争能力。因此，国家有关方面应放宽西部地区金融业的市场准入标准，允许西部地区的非国有经济投资经营某些金融领域业务，以解决西部大开发中融资难的突出矛盾。

（三）大力开发人力资源，加快形成吸引和使用人才的制度环境

西部大开发，关键是对人才尤其是高级管理人才、高级技术人

才有优于东部的吸引力，建立能够发挥人力资本潜力的激励机制和制度安排。按照国家的有关规定，西部地区完全有可能在这方面进行大胆的探索。例如：一是在管理、技术等生产要素参与分配方面进行先行试验，率先建立产权激励制度，这对于抓住机遇，吸引人才尤为重要。二是在加强知识产权的保护方面形成具体的制度规定，并建立无门槛的创业登记制度，这两个制度的结合是有效激励创新、创业的必要条件，是发挥科技人才作用的重要制度保障。

（四）赋予西部更大的开放自主权，以大开放带动非国有经济的大发展

在我国加入WTO、参与经济全球化的背景下，西部大开发必然伴随着西部的大开放。因此，应当允许西部地区在对外开放方面有更大的自主权和试验权。西部地区在能源、矿产、旅游、土地等自然资源方面具有优势，拥有巨大的市场潜力。充分利用这些优势，西部应进一步扩大外商投资领域，拓宽外资利用的渠道，积极利用国外贷款，大力发展对外经济贸易。同时，创造有利条件，进一步扩大对内的开放。应当在加强西部地区与东部地区的经济协作和对口支援的基础上，进一步消除地区封锁和限制，吸引东部地区的企业和其他非国有投资，到西部投资办厂、开发资源、改造老企业。

（五）中央扶持政策要与西部地区非国有经济的体制创新相结合

国家要为西部大开发创造良好的政策环境，政策的出发点应该是促进非国有经济的发展，充分调动非国有经济参与西部大开发的积极性。

第一，优惠的扶持政策必须有利于启动民间资本投资。西部地区经济发展水平低、市场发育不足、投资回报率低是吸引非国有经济投资的主要制约因素。现阶段，只有实施比东部更优惠的政策才

能吸引投资者。在我国加入 WTO 的形势下,应当实施更为普遍的优惠政策,给予外资的优惠政策同时给予国内民间企业。要充分发挥财政补贴在扩大投资中的诱导作用,对在中西部投资的企业和基础设施项目给予适当比例的投资奖励,并根据当地收入水平给予不同的就业补贴,提高其投资回报率。同时,通过设立西部大开发基金及各种针对性较强的专项基金,为投资西部的企业提供长期无息贷款和低息贷款,鼓励国内外企业向西部投资。

第二,中央政府的援助措施与促进非国有经济发展相结合。西部生态环境的改善、交通通信等基础设施的建设、教育和医疗卫生水平的提高、重大引水工程、持续的反贫困等问题,都需要中央政府大量投资。为了保证中央政府的投资充分发挥其支持西部发展的先导作用,中央财政投资的运转既需要更多的透明度,也需要按照市场经济体制的原则进行运作。这些举措应与促进非国有经济发展的措施结合起来,通过财政投资拉动民间投资,充分调动非国有经济的投资热情,有效地提升中央政府援助政策的投资效率。

广东率先实现基本公共服务均等化的建议[*]

（2008年8月）

经过30年的改革开放，我国已进入以促进人的全面发展为目标的发展型社会。人的全面发展，既取决于经济发展水平，也取决于基本公共服务的供给水平和均等化程度。新时期新阶段，着力推进基本公共服务均等化，已成为科学发展、和谐发展的重大战略任务，成为各级政府的基本职责。

改革开放以来，广东省的经济社会发展取得巨大成就：经济总量迅速增加，已相继超过新加坡、中国香港和中国台湾；社会事业快速发展，多项基本公共服务指标居全国前列。广东率先在全国实现基本公共服务均等化，有着比较扎实的基础。并且，会使广东在我国新时期的改革发展中发挥更大的作用。

一 强化政府公共服务职责，率先建立地方基本公共服务分工及问责体系

从改革的实践看，着力推进基本公共服务均等化，关键在于实现政府转型，强化各级政府在基本公共服务中的主体地位和主导作

---

[*] 本文载于《新经济杂志》2008年第8期。

用,加快建设公共服务型政府。

(一) 合理划分省与市、县政府在基本公共服务中的职责分工

近几年来,中央及地方逐步加大了对基本公共服务的投入力度,在解决民生问题方面有明显成效。但从总体上看,基本公共服务在城乡、区域和不同群体之间失衡的问题尚未根本改观。其中的原因是,在基本公共服务领域缺乏中央及地方各级政府明确的职责划分。这就需要在积极主动探索与中央政府在基本公共服务职责分工的同时,进一步合理界定省、市、县各级政府的责任,由此加强上下级政府之间的分工协作,改变公共服务机构"上下一般粗"、职能趋同化以及在同一区域内由多级政府管理同一公共服务事项的现象。应当说,明确划分各级政府公共服务职责,提高基本公共服务供给效率,是新阶段行政管理体制改革的重大课题。

(二) 建立以基本公共服务为导向的政府绩效评估体系

在明确责任的基础上,需要建立比较完善的评估考核机制。以基本公共服务为导向的政绩考核体系,不单是一套指标体系,还包括目标制定、执行、评估等环节,涉及评估主体、评估方法、沟通反馈等过程。综合性政绩考核体系发挥作用,必须有相应的制度规范,引入多元化的评估机制。坚持透明性、公开性的原则,积极引入外部评估机制,保证评估体系发挥应有的作用,而不是流于形式。

(三) 建立基本公共服务严格的问责制

要将基本公共服务绩效评估与干部选拔、任用和内部激励相联系,把公共服务指标纳入干部考核体系,在此基础上建立相应的问责制。以此加强政府对基本公共服务供给的监管职责,改变干部考核中事实上仍然把 GDP 视为重要的刚性指标,把公共服务供给当成软指标,重对上负责、而忽视社会成员实际需求的倾向,建立以公共服务为导向的干部考核制度。

二 改革完善公共财政制度，率先推进新阶段的财税体制改革

近几年来，我国财政支出结构明显优化。但从实际看，缩减政府的经济建设支出和行政管理支出还有一定空间。应当尽快调整财政支出结构，使更多的财力用于保障基本公共服务，以基本公共服务均等化为导向，完善公共财政制度建设。

（一）基本公共服务均等化对新阶段的财税体制改革提出客观要求

1994年的财税体制改革，在我国特定的改革发展阶段发挥了重要作用。进入新阶段，推进基本公共服务均等化，基础和前提是财政能力均等化，这就必然要求对现行的财税体制进行改革和调整。广东能否在全国率先推进基本公共服务均等化，关键的是能否在新一轮财税体制改革方面首先取得突破。为此，建议把新一轮财税体制改革试点放在广东。对于广东来说，新一轮财税体制改革的重点是，提高县级政府提供基本公共服务的能力，建立省内转移支付的合理模式，为地方政府实现基本公共服务均等化奠定规范、稳定、可持续的财源。

（二）以基本公共服务均等化为导向，进一步推进省以下财政管理体制改革

当前，尤为迫切的是要增强基层政府公共服务的财政保障能力，并且以此为重点，推进县乡财政管理体制改革。例如：（1）建立比较完善的省直管县的财政管理体制。（2）采用多种形式，积极推进乡镇财政管理体制改革。（3）进一步加强省级政府均衡地方财力的责任，探索创新省对市县财政一般性转移支付制度，以逐步强化基层政府基本公共服务供给的财力保障。

（三）在新一轮财税体制改革中妥善解决农民工基本公共服务供给

保障农民工的基本公共服务，既涉及地区间协调，又涉及城乡

对接，具有一定的复杂性，是当前实现基本公共服务均等化的焦点问题。这就需要统一政策，在更高层面进行统筹。一般来说，作为农民工的主要流入地，发达地区应当在为农民工提供基本公共服务中承担更多的责任。但我去年在江浙等地考察时了解到，发达地区为农民工提供基本公共服务，容易形成"盆地效应"，使流入地政府无法承受。因此，在新一轮的财税体制改革中，需要中央统一制定政策，并支持广东等发达地区先行先试，探索实施包括义务教育券、基本医疗券等在内的公共服务券制度，以统筹解决农民工基本公共服务供给。

三 加强基本公共服务均等化的制度建设，率先创新公共服务体制

基本公共服务均等化，是扩大公共财政覆盖面，让全体社会成员共享改革发展成果的制度安排。从现实情况分析，我国基本公共服务领域存在着水平低、不均衡、体系建设滞后等突出问题，究其根源，都与公共服务制度缺失相关。例如，城乡基本公共服务的严重失衡，根源是城乡二元的公共服务制度安排；公共服务体系建设滞后，很大程度上反映出行政管理体制改革的不到位。

（一）率先建立城乡统一的公共服务体制

城乡基本公共服务供给的失衡，已成为新阶段统筹城乡发展的突出问题。在城乡实际差距中，经济发展差距固然是重要的，但城乡基本公共服务的过大差距同样重要。基本公共服务制度的缺失和供给失衡，使农村居民，尤其是农村贫困群体难以获得基本的公共服务，严重制约他们可行能力的扩展。为此，要统筹考虑，尽快创造条件建立城乡统一的公共服务体制。例如：全面推进以落实教育经费保障机制为重点的农村义务教育体制改革。把改革目标拓宽到提高师资力量和教学质量方面；不断完善新型农村合作医疗制度，尽快提高新型农村合作医疗水平，加快农村医疗卫生服务体系建

设；积极探索和推进新型农村社会养老保险；全面整合各项惠农政策，加强民政、教育、劳动保障、人口卫生等部门的沟通与协作，实现由单项救助向综合救助的转变。

（二）率先构建公共服务体系

事业单位是我国公共服务体系的重要组成部分。自20世纪80年代以来，我国就开始进行事业单位改革，但总体成效并不大。其主要原因是，改革的目标不明，定位不准，因而改革难免局限于"减少开支、缩减人员"，而实际上，事业单位应当成为公共服务的主要供给主体。事业单位改革的基本目标应当是建立统一、有效的公共服务体系。为此，应当转变传统的事业单位改革思路，以基本公共服务均等化为目标，积极推进事业单位改革，把事业单位建设成依法独立行使职能、高效运作的公共服务供给主体。

（三）率先在基本公共服务供给中引入市场机制

实践证明，只要制度安排有效，市场的竞争机制和信息发现机制可以提高基本公共服务的供给效率。因此，在确立政府公共服务供给中的主体地位和主导作用的基础上，广东可以充分利用市场化程度比较高的优势，促进基本公共服务均等化。例如，可以通过招标采购、合约出租、特许经营、政府参股、财政贴息等形式，将原由政府承担的部分公共服务职能交由市场主体行使。同时，消除社会资本进入障碍，营造有利于各类投资主体公平有序竞争的社会环境。

（四）率先建立基本公共服务的社会参与机制

其中，重要的是充分发挥社区与社会组织的作用。以社区为例，随着我国市场经济体制的建立，涉及家庭和个人的许多福利事项已从原单位剥离出来，逐步进入社区，大量与人们日常生活直接相关的问题都可以在社区内解决。但目前我国社区定位、组织架构、经费管理还不能适应社区在保障基本公共服务方面的定位需求。探索发展自治型社区，已成为实现基本公共服务均等化的重大课题之一。再以社会组织为例，与市场力量相比，大多数社会组织具有非营利性的基本特征，它们在消除贫困、尊老扶幼、帮助下岗职工再就业、环境保护、教育培训和卫生保健等方面做了大量工作。这有利于满足社会成员多样性和多层次的需求，推进社会公益事业的发展。而且，社会组织还可以利用其组织形式灵活、多样、自发等优势，在其他主体无法充分发挥作用的某些基本公共服务供给环节起到更为重要的作用。为此，鼓励和引导社会组织广泛参与基本公共服务供给，能够实现公共服务投入和效益的最大化。

最后，引用联合国开发计划署委托中改院撰写的以"惠及13亿人的基本公共服务"为主题的《2007—2008中国人类发展报告》结尾的一段话，作为我发言的结束语，"在发展市场经济的背景下，建立惠及13亿人的基本公共服务制度和体系，推进基本公共服务均等化，是中国人类发展的必由之路。就其所涉及的人口规模而言，在世界上是空前的；就其制度建设对于实现全面小康社会目标的意义而言，可以同30年的市场经济体制改革相提并论"。可以相信，广东率先实现基本公共服务均等化，将对新时期我国的经济社会发展产生广泛而深远的影响。

城市化主导下的中部崛起

（2010年6月）

由工业化主导向城市化主导，这是我国经济发展方式转型的大趋势。并且，"十二五"将是实现这一转变的关键阶段。在这个大背景下，讨论"中部崛起与大城市效应"，我认为应当重点讨论大城市发展与中部崛起。在我看来，中部崛起的关键在于能不能尽快形成一两个或两三个国家性、区域性的大城市。

一 中部崛起的突出矛盾是城市化进程滞后

从经济总量看，中部地区明显落后东部。落后的重要原因既有工业化发展相对滞后的因素，更有城市化水平不高的因素。就工业化率而言，2008年中部比东部低2.9个百分点，比西部高3.72个百分点，比全国平均水平高1.9个百分点。但就城市化而言，从对2008年度统计数据的分析来看，东、中、西部地区的城市化进程差距很大。

东部地区2008年人均国民生产总值5365.64美元，同期城市化率为55.90%；中部地区人均国民生产总值4303.32美元，同期城市化率为40.90%；西部地区人均国民生产总值2308.83美元，

---

* 本文载于《新世纪周刊》2010年第24期。

同期城市化率为41.50%。中部大概落后于全国所有地区，比东部低15个百分点，甚至比西部低0.6个百分点，比全国平均水平低4.8个百分点。从这些数字中可以看出，中部地区城市化水平最低，事实上已成为我国城市化的"洼地"。由此表明，中部发展相对滞后的重要原因在于城市化的落后。

二　中部城市化率偏低的原因之一，在于中部大城市发展的相对滞后

中部地区城市群首位城市规模小、带动作用不足。中部地区城市化主导的突出矛盾在于省会城市的规模小。至今，中部没有一个中心城市进入全国竞争力前十位，同长三角、珠三角等大城市的拉动作用对比来看中部明显不足。

由于首位城市规模偏小，形成中部城市发展处于群龙无首的状态；而由地改市形成的一些中等城市，规模相差不大，城市之间的分工合作、角色定位很难，城市的功能结构不合理，行政中心的特征突出。中部六省的城市化水平低，缺乏可以统领区域经济发展的超大城市。这使得城镇体系不合理，城乡二元结构突出，成为区域经济发展的制约因素。从发展趋势看，大城市拉动的城市群，已经成为我国城市化时代区域经济竞争力的重要组成部分。如果没有大城市的发展，没有一两个中心城市发挥大城市的效应，中部城市化的发展是很困难的，由此中部崛起也会受到制约。

三　形成中部大城市的关键是否在于行政的一体化

中部事实上已成为我国城市化进程的"洼地"。尽快改变这一现状的出路何在？我的建议是，关键在于行政体制改革以及行政区域体制改革。以"长株潭"城市群为例，三个城市的"行政扁平化"特点突出，由此三市分工定位很难快速推进。从近两年的实践看，经济社会的一体化直接依赖行政一体化。这个"槛"是绕不过的，回避不了。越早解决，就越有利于"长株潭"走出城市化主导

下的发展新路子。

因此，应以行政一体化加快推进中部两三个大城市的发展。"长株潭"要形成"3+5"，要成为中部崛起的中心城市之一，重点在于实现行政一体化。在现行的行政管理体制下，将"长株潭"三个平行的地级市合并成为一个城市，是一项复杂的系统工程。既需要考虑三市经济发展水平，又涉及区域行政结构、权力格局和利益格局的全面调整。

考虑到改革成本和三市的经济发展、社会稳定，宜采取循序渐进的措施分步推进。第一步，尽快建立权威性协调机制，尽可能实现经济社会一体化关键领域的突破；第二步，在有条件统一又迫切需要统一的部门，尽快推进三市部分职能部门的整合；第三步，在三市经济社会一体化程度比较高、行政区横向联系比较紧密的情况下，不失时机地推进三市行政机构的合并，最终将三市合并成为一个特大城市。

形成"一带一路"东北开放的大格局[*]

(2016年8月)

东北经济增长乏力、民营经济活力不足,市场化水平不仅低于东部省份,而且低于很多中西部省份。这不仅反映出东北市场活力和增长动力的缺失,也反映出东北对外开放水平的滞后。

东北地区应加快融入"一带一路"建设,以中俄蒙经济走廊建设为抓手,以推进基础设施投资合作和互联互通为依托,以制造业产业园区为平台,以建立东北亚自贸区网络为目标,以发展生产性服务贸易和服务业市场开放为重点,加快构建东北对外开放的大通道、大平台、大布局,由此形成东北振兴的新动力。

在"一带一路"建设中,东北等老工业基地应以制造业转型升级为目标,根据资源分布特点,加快构建双向性、开放型、跨区域、连内外的多个产业园区组成的大平台,为东北老工业基地全面振兴提供产业发展载体、创新合作机制、拓展对外开放空间。

8月17日,习近平总书记在推进"一带一路"建设工作座谈会上强调,对外开放是推动我国经济社会发展的重要动力;加强"一带一路"建设同京津冀协同发展、长江经济带发展等国家战略

---

[*] 本文载于《经济参考报》2016年8月25日。

的对接，同西部开发、东北振兴、中部崛起、东部率先发展、沿边开发开放的结合，带动形成全方位开放、东中西部联动发展的局面。

总的来看，东北经济增长乏力、民营经济活力不足，市场化水平不仅低于东部省份，而且低于很多中西部省份。这不仅反映东北市场活力和增长动力的缺失，也反映东北对外开放水平的滞后。我的看法是，开放度低、开放进程滞后是东北振兴需要突破的"短板"之一。这里，简要说三组数字。

（1）东北三省的对外贸易依存度，从2003年的24.7%下降到2015年的14.6%，低于全国平均水平21.8个百分点；（2）2015年，东北三省GDP占全国比重约8.6%，但其进出口总额仅占全国的3.4%；（3）2015年，辽宁、吉林高新技术产品进出口额占外贸进出口总额的比重分别为9.6%、10.9%，分别低于全国平均水平20.8个、19.6个百分点。这说明，振兴东北需要着力扩大开放，由此形成倒逼深化改革和转型增长的新动力。

总的建议是，东北地区应加快融入"一带一路"建设，以中俄蒙经济走廊建设为抓手，以推进基础设施投资合作和互联互通为依托，以制造业产业园区为平台，以建立东北亚自贸区网络为目标，以发展生产性服务贸易和服务业市场开放为重点，加快构建东北对外开放的大通道、大平台、大布局，由此形成东北振兴的新动力。

一 形成"一带一路"东北大通道

总的建议是：以沈阳、长春、吉林、哈尔滨、大连五市为战略支点，协同推动外接俄罗斯、蒙古、韩国、日本、朝鲜和欧洲，内联国内腹地的贸易大通道建设，以实现"一带一路"建设与俄罗斯"欧亚联盟"建设和蒙古"草原丝绸之路"建设的对接，实现与"京津冀一体化"协同发展，吸引内地面向欧洲出口的产业和资金向东北转移。

(一) 加快推进"中俄蒙"大通道建设

东北应紧紧抓住"一带一路"建设的重大机遇,以基础设施互联互通为重点,加快推进"中俄蒙"大通道建设。利用俄罗斯的扎鲁比诺港实现"借港出海",将大通道建设纳入中俄两国总理定期会晤内容;加强中俄蒙在科技、能源、金融、农业、人文等领域的交流合作;创新三国产业合作方式,积极创设、推进跨境和境外产业园建设,开辟三方新的统一市场,形成资金供给、能源矿产开发和销售市场一体化链条。

(二) 加快推进中日韩大通道建设

相对于东北地区与日韩之间的经济互补性和广阔的合作空间,目前东北地区对日韩开放和合作的潜力还远未释放。2014年,辽宁、黑龙江二省来源于日韩的外商直接投资占比分别只有19.0%和2.4%。东北地区应发挥作为东北亚中心的区位优势与辽宁的港口优势,以加快推进中日韩自贸区进程为契机,实行全面开放政策。可借鉴云南主导湄公河流域开发、广西主导环北部湾经济区开发的经验,充分发挥东北地方政府在推进中日韩跨境经济合作中的积极性。在中日韩投资协定基础上,加大东北对日韩在金融、技术等生产性服务业领域的开放力度,积极吸引日韩资本、技术、人才等要素进入东北工业领域。

(三) 尽快启动东北东部快速铁路专线建设

积极争取亚投行资金支持,将东北东部5条东西走向的客运专线连通,加快建设哈大客运专线之外的第二条南北走向快速铁路专线,形成两纵五横快速铁路网络,尽快将东北地区打造成中国向北开放的重要窗口和东北亚地区合作的中心枢纽。

(四) 打造江海联运水上丝绸之路

东北地区应进一步加大界河航道维护和航道疏通,维护通航水深在三级以上;构建黑龙江中下游、松花江干流高等级航道,畅通水上对俄经贸大通道,打造东北亚黄金水道。

二 形成"一带一路"东北大平台

总的建议是:在"一带一路"建设中,东北等老工业基地应以制造业转型升级为目标,根据资源分布特点,加快构建双向性、开放型、跨区域、连内外的多个产业园区组成的大平台,为东北老工业基地全面振兴提供产业发展载体、创新合作机制、拓展对外开放空间。

(一)以中德高端装备制造业园区为平台,以生产性服务业为重点,创新产业园区合作机制

服务业尤其是生产性服务业发展滞后,是制约东北制造业转型升级的突出问题。建议以中德(沈阳)高端装备制造产业园为平台,以生产性服务业为重点,破除体制机制障碍,降低行政管制导致的各种市场进入壁垒,探索建立委托经营、独资经营、股份合作等多种形式的合作机制,为东北制造业转型升级提供示范。

(二)创立"中韩服务业合作园区"

东北地区应发挥作为东北亚经济合作中心的区位优势,结合推进中韩自贸区进程亟待扩大服务贸易的客观要求,积极推动东北地区金融、商贸物流、研发等生产性服务业和旅游、教育、文化、医疗等生活性服务业开放,营造有利于各类投资者平等准入的市场营商环境,以服务业领域的深度合作,加快中韩自贸区进程,推动中韩贸易投资自由化不断跨越新台阶。

(三)探索发展"飞地型跨区域特别合作区"

借鉴广东深汕特别合作区的体制飞地经验,通过引入市场机制,创新东北对外开放体制、机制、政策和管理模式,与东北地区向北开放的广阔空间相互融合,探索设立"辽沪特别合作区""吉浙特别合作区""黑苏特别合作区"等,共同打造对外开放的新平台,加快建设中国向北开放的重要窗口和东北亚地区合作的中心

枢纽。

（四）推进跨境经济合作园区创新发展

发挥中、韩、俄、蒙四国紧密合作基础扎实的优势，按照自贸区标准推进黑龙江绥芬河—东宁重点开发开放试验区和图们江跨境经济合作区等沿边重点开发开放试验区建设，探索跨境经济合作区的运营模式、管理体制机制与多层次跨境协调机制。

（五）以国际产能合作为重点，建立境外合作园区

推动境外合作园区建设，是主动融入"一带一路"建设的重要突破口，也是推动有条件、有需求的企业抱团"走出去"，共同开拓新兴市场，培育形成贸易新增长点的有效路径。东北地区应积极探索在俄罗斯、蒙古等建设若干境外经贸合作园区，组织推动企业抱团"走出去"，形成一批境外产能和装备制造业合作集聚区，培育一批具有较强国际竞争力的本土装备制造跨国公司，与边境经济合作区相结合，形成跨国产业链。鼓励依托互联网积极打造企业"走出去"的综合服务平台，支持装备制造业企业到海外设立生产基地、研发中心和营销中心，培育一批具有全球竞争力的装备制造业企业。

（六）在东北设立国有企业综合改革试验区

国企改革破题闯关，采取一般性常规做法很难奏效。东北老工业基地应积极申报设立国有企业综合改革试验区，重点开展混合所有制改革，通过多种形式使社会资本、国外资本能够参与国企改革，搞活国有企业。

三　形成"一带一路"东北大布局

总的建议是：以建立东北亚自由贸易区网络、延伸推进"一带一路"建设为目标，努力将东北地区打造成为我国向北开放的重要窗口和东北亚地区合作的中心枢纽，明显提升东北地区的对外开放水平。

（一）设立大连自由贸易试验区

围绕东北地区融入"一带一路"建设、形成扩大对外开放大布局的总目标，借鉴上海、天津、广东、福建自由贸易试验区建设经验，立足东北地区对外开放的广阔空间及其开放目的国家和地区的特点，选择金融服务、航运服务、商贸服务、文化服务以及社会服务作为扩大开放的重点领域，全面实施负面清单管理。通过扩大对外开放，促进现代服务业尤其是现代生产性服务业大发展，带动东北地区装备制造业的转型升级。

（二）打造沿边迷你型"自由贸易试验区"

东北仅黑龙江对俄口岸就有15个，数量位居全国之首。适时选择辽宁丹东口岸、黑龙江绥芬河口岸、吉林珲春口岸等地全面实施贸易投资自由化政策，建设丹东对朝、绥芬河对俄、珲春对俄朝的迷你型"沿边自由贸易试验区"，由此打造扩大沿边开放的新高地。

（三）按照自贸试验区标准推进各类园区建设

在经济领域探索建立与国际通行规则接轨的制度框架体系，使保税区、出口加工区、边境合作区、国家级新区等各类园区成为"准自贸区"，进一步改善各类园区发展的体制政策环境，探索把各类园区作为国家实施自贸区战略的重要途径。

（四）全面推进服务业市场开放

2015年，东北三省第三产业占比为44.7%，与全国平均水平相差近6个百分点；2014年，东北三省第三产业外商直接投资占比为44%，比全国平均水平大约低18个百分点。建议加快向社会资本和外资开放服务业市场。以金融开放为例，东北亚地区货币金融合作空间很大，有条件吸引俄罗斯、韩国、日本等国金融机构在东北地区设立分支机构，发展相关金融业务。

（五）助力企业"走出去"

东北三省装备制造业增加值占三省工业的比重超过20%。建议国家出台相关政策，支持东北装备制造业并购海外科技型企业；支持建立跨境生产和营销网络；支持企业到海外设立研发中心；提高"东北制造"的全球竞争力。

东北振兴,以改革新突破形成发展新动力[*]

(2016 年 10 月)

东北地区在国家发展全局中具有举足轻重的地位。习近平同志强调,要增强东北地区内生发展活力和动力,精准发力,扎实工作,加快老工业基地振兴发展。从实践看,东北振兴的关键在于推进市场化改革,以改革新突破形成发展新动力。

形成转方式、调结构的新动力。目前,东北地区的市场环境与沿海地区相比有较大差距,这是制约东北振兴的重要因素。形成转方式、调结构的新动力,关键在于理顺政府和市场的关系,营造有利于市场经济发展的大环境。这需要从两方面着手:一是向市场放权,减少政府对市场的干预,更多采用经济手段解决经济结构扭曲问题;二是给企业"松绑",激发企业主体的积极性,尤其是大力支持民营企业和中小企业发展。

形成国有企业改革的新动力。东北地区国有经济比重较高,国企改革因此成为东北振兴的重头戏。应以盘活国有资产为目标深化国企改革。一是紧紧围绕服务国家战略优化国有资本重点投资方向

---

[*] 本文载于《人民日报》2016 年 10 月 9 日。

和领域，更多投向公共服务、前瞻性战略性产业、科技创新、生态环保、国家安全等重点领域。二是将部分国有资本和部分国企红利划归社保基金，合理解决国企职工养老金历史欠账问题。三是推进混合所有制改革，探索实行员工持股，鼓励社会资本参与国企改革。四是采取兼并重组、债务重组和破产清算等方式让"僵尸企业"退出市场，尽快剥离企业办社会、厂办大集体等国企非主业。

形成改善投资营商环境的新动力。东北地区民营经济发展相对滞后，民间投资规模占全国的比重近年来有所下降，民间投资增速2015年以来大幅下滑。推动东北地区民营经济发展，破解"投资不过山海关"难题，不能光靠政策和资金、项目扶持，而应着力为经济运行营造国际化、法治化、公平高效的市场环境，为企业和创业者提供稳定的宏观经济政策环境，让各类市场主体公平公正参与市场竞争。

形成扩大开放的新动力。总体来看，东北地区的开放进程较慢、开放程度较低。这既不利于东北地区经济发展，也有碍产业结构调整和体制机制改革。新形势下，要把扩大市场开放与扩大对外开放有机结合起来，进一步放开服务业领域的市场准入，向外资开放法律法规未明令禁入的领域，同等对待内外资、内外地企业；鼓励支持外资企业来东北设立生产性服务业企业、各类功能性总部和分支机构、研发中心等。重点扩大金融市场开放，吸引俄罗斯、韩国、日本等国的金融机构在东北地区设立分支机构；促进跨境贸易人民币结算便利化，发展人民币离岸市场。以建立东北亚自由贸易区为目标，努力将东北地区打造成我国向北开放的重要窗口和东北亚地区经贸合作的中心枢纽。

形成政府转型的新动力。充分发挥政府在东北振兴中的重要作用，关键在于简政放权，让政府成为营造良好市场经济环境的主体。应借鉴国际商事制度经验，在东北地区进行企业简易注销改革试点。推进制度创新,除了涉及国家安全和利益、全国重大生产力布局、战略性资源开发和重大公共利益等的项目外,其他一般投资项目应给予企业更大的自主决策权。加快推进垄断行业改革,以做大做强民营经济为突破口,破除行政垄断,规范自然垄断,打破市场垄断。

服务于"一国两制"大局，加快推进粤港澳服务贸易一体化[*]

（2017年3月）

粤港澳服务贸易一体化，是指通过实行国际通行的自由贸易政策和更加开放的体制机制，实现"三地"之间跨境服务贸易自由化，以在服务领域推动"三地"打破境内外的各种体制壁垒，促进服务和与服务有关的人员、资本、货物、信息等要素自由流动。今年是香港回归20周年、澳门回归18周年，加快推进粤港澳服务贸易一体化，不仅对实现粤港澳区域经济一体化有着重要作用，而且对"一国两制"将产生重要影响。

（1）粤港澳服务贸易一体化有利于实现"一国"前提下的"两制"深度对接。"一国两制"的核心目的是在凸显"一国"共同利益的前提下，突出两种制度之间的协调、互补、共生、共享、相融。由于粤港澳分属不同的独立关税区，推进粤港澳服务贸易一体化，重点是推进"三地"的服务业投资自由化，由此扩大港澳在广东省服务业投资自由化的覆盖范围，并通过促进粤港澳区域经济一体化实现"两制"的有效衔接。

---

[*] 在全国政协十二届五次会议第二次全体会议上的提案，2017年3月9日。

（2）粤港澳服务贸易一体化成为区域经济一体化的重大选项和现实选择。以服务贸易为重点，推进粤港澳服务贸易一体化，有利于实现"三地"生产要素无障碍自由流通；有利于拓宽港澳服务业发展空间，推进广东产业转型升级，提升"三地"产业国际竞争力。这是"一国两制"方针下发挥各自优势、创新区域合作模式、深化区域合作领域、谋求利益共同体的重要举措。

（3）粤港澳服务贸易一体化有利于保持港澳政治稳定和长治久安。以服务贸易为重点推进粤港澳区域经济一体化，将带动港澳与内地社会融合和政治融合，为保持港澳政治长期稳定和经济繁荣发展提供重要条件。

从现实情况看，粤港澳服务贸易一体化合作基础良好、合作潜力大，有条件率先突破，但需要从中央层面加大顶层设计与顶层推动。为此，提出以下 6 条建议。

一 在管住货物贸易的同时全面放开人文交流

（1）全面放开人文交流。尤其是鼓励并支持粤港澳三地青年积极开展多种形式的沟通、对话、交流。

（2）率先在广东实行对港澳居民的自由落户政策。广东率先对港澳居民全面实行居住证制度，保证港澳人才在广东享受当地教育、医疗等公共服务。

（3）鼓励港澳人才到广东就业创业。设立港澳青年创业园，为港澳青年的创业项目提供孵化器等支持；探索在广东自贸试验区工作、居住的港澳人士社会保障与港澳有效衔接；专门制定港澳人才认定办法，给予项目申报、创新创业、评价激励、服务保障等方面政策支持。

二 创新粤港澳服务贸易负面清单管理模式

（1）对港澳地区全面放开服务业市场。广东在教育、医疗卫生、基本住房、公共文化等公共服务行业向港澳全面放开；在金融、电信、铁路、民航等垄断服务行业进一步向港澳开放，实现粤港澳服务业市场一体化。

（2）为港澳制定优惠的准入负面清单。在现有对全球投资者负面清单的基础上，梳理对港澳服务提供者更开放的措施，实行更加开放的服务贸易市场准入机制，对港澳投资服务贸易制定实施准入前国民待遇＋负面清单的特别管理措施。

（3）赋予广东自贸试验区在负面清单管理上更大的试点权。放宽服务领域投资准入，对负面清单以外的外商投资项目实行备案制，同步实施内资投资项目负面清单。建议尽快在广东自贸试验区实现按照港澳服务业投资标准对港澳企业放开服务业投资。

三　推进粤港澳通关体制一体化

（1）推行通关监管服务一体化。在广州南沙保税港区、深圳前海湾保税港区等海关特殊监管区域，实行"一线放开""二线安全高效管住"的通关模式。

（2）简化检验检疫流程。推进二线监管模式与一线监管模式相衔接，在一线实施"进境检疫，适当放宽进出口检验"模式，在二线推行"方便进出，严密防范质量安全风险"的检验检疫监管模式。

（3）对于海关特殊监管区域规划面积不能满足发展需求的，可根据实际情况适当扩大区域面积。

四　推进粤港澳行业标准与管理规则相对接

（1）在深圳前海、珠海横琴、广州南沙三大粤港澳合作平台全面试点制度创新。

（2）在广东自贸试验区内实行"一次认证、一次检测、三地通行"。放开港澳认证机构进入自贸试验区开展相关业务，并享受与内地认证机构、检查机构和实验室同等待遇；加强粤港澳产品检验检测技术和标准的研究合作，推动粤港澳现代服务业标准体系建设。

（3）充分发挥行业协会在对接行业管理标准和规范中的作用。针对与港澳市场监管执法标准差异问题，制定与港澳市场经营行为差异化责任豁免目录。

五 建立粤港澳服务贸易一体化协调机制

（1）成立粤港澳服务贸易一体化领导小组。粤港澳服务贸易一体化涉及广东与香港、澳门之间的有效协调，建议从中央层面建立协调机制，加强对粤港澳服务贸易一体化的指导、督办、落实。

（2）形成粤港澳三地共同参与的联席会议制度。建立粤港澳高层定期会晤机制，推动重大合作事项，协调各方利益关系，形成发展共识；以推动粤港澳服务贸易一体化为重点建立粤港澳三方联席会议制度，形成粤港澳三地服务贸易一体化的长效合作机制。

（3）推动粤港澳三地社会组织的合作。支持粤港澳三地不同的商会、行业协会等社会组织加强交流与合作，形成粤港澳区域经济一体化的社会合力。

六 赋予广东更大的开放管理权限

（1）在比较成熟的领域，比如旅游、健康、教育、医疗、文化等方面，赋予广东更大的开放管理权限。

（2）以横琴自贸区为突破口，率先实现横琴、澳门旅游贸易一体化，逐步将横琴自贸区由28平方公里扩容到横琴整个管理区。

（3）实行更加便利开放的出入境政策。广东自贸试验区内地人才赴港澳实行"一签多行"。自贸试验区对广东居民往来澳门、澳门居民往来内地推行"一地两检""合作查验""一次放行"等查验方式，并逐步扩大适用范围。

以服务贸易为重点推进粤港澳大湾区一体化[*]

（2018 年 4 月）

党的十九大报告明确提出，"要支持香港、澳门融入国家发展大局，以粤港澳大湾区建设、粤港澳合作、泛珠三角区域合作等为重点，全面推进内地同香港、澳门互利合作"。推进粤港澳大湾区建设，不仅是中国区域经济发展的战略重点之一，也是新阶段支持港澳融入国家发展大局的重大举措。加快推进粤港澳大湾区一体化进程，关键在于尽快实现粤港澳服务贸易一体化。

一 服务贸易是粤港澳大湾区一体化的关键

无论从现实需求还是发展趋势看，以服务贸易为重点推进粤港澳大湾区一体化，都有利于加快粤港澳大湾区一体化进程，有利于提升粤港澳大湾区的国际竞争力。

（一）服务贸易发展滞后是粤港澳大湾区的突出短板

粤港澳大湾区与其他三个大湾区发展水平差距明显。2015年，粤港澳大湾区人均GDP为2.04万美元，分别是纽约、旧金山、东京湾区的49.3%、18.1%、34.1%；地均GDP为每平方公里0.24

---

[*] 本文载于《南方都市报》2018 年 4 月 8 日。

亿美元，分别是纽约、旧金山、东京湾区的 37.3%、49.7%、59.3%。可以判断，未来几年，加快实现粤港澳服务贸易项下的人员、资金、技术、信息等要素的自由流动将释放巨大的经济增长潜力。

粤港澳大湾区与其他三个大湾区产业发展水平差距明显。全球湾区经济的发展一般呈现出由港口经济、工业经济向服务经济、创新经济演化的过程。例如，2015 年，东京湾区服务业占比达82.3%，旧金山湾区为 82.8%，纽约湾区为 89.4%。粤港澳大湾区服务业占比与旧金山湾区、东京湾区和纽约湾区等仍有 20 个百分点以上的差距。

（二）服务贸易发展的严重不均衡是粤港澳大湾区的突出矛盾

在港珠澳大桥等一批重大基础设施项目相继完工后，推进粤港澳大湾区一体化的重点与难点在于以服务贸易实现服务业市场一体化。为什么这么讲？首先，广东服务业发展水平明显低于港、澳。目前，珠三角九市服务业占比为 56.1%，香港和澳门分别为92.2% 和 93.4%，珠三角九市服务业发展水平明显偏低。初步估算，若九市服务业占比达到 70% 左右，粤港澳大湾区服务业占比有可能提升至 80% 左右，由此为粤港澳大湾区迈进国际一流湾区提供重要支撑。其次，由于受多种因素制约，粤港澳服务贸易领域合作深层次的政策体制矛盾尚未破题。例如，《内地在广东省向香港开放服务贸易的具体承诺》中，仅"商业存在"实行负面清单管理，共有 134 项限制措施，集中在教育、金融、会计等专业服务领域，而在跨境服务及文化、电信领域仍实行正面清单管理；广东自贸区负面清单中的 95 项限制措施中有 70 项是针对服务贸易的。可以说，推进粤港澳大湾区一体化，重点在服务贸易，难点也在服务贸易。

（三）服务贸易的互补性是粤港澳大湾区的突出优势

首先，互补性的空间巨大。广东生产性服务业发展滞后成为制造业转型升级的突出短板。2017年上半年，广东生产性服务业增加值占GDP的比重仅为28.1%，占服务业的比重为50%，与德国等制造业强国相差20个百分点左右。与此相对应的是，2016年，广东制造业全员劳动生产率23.24万元/人，仅为2013年美国的24%。广东出口产品中自主品牌占比不到20%。在这种情况下，加强广东与港澳在研发、设计、金融等服务贸易合作的空间潜力巨大。其次，合作的市场潜力巨大。香港要稳固提升其国际金融、贸易、航运中心地位，澳门要解决博彩业一业独大的问题，最直接、最有效的途径就是依托广东作为港澳重要经济腹地和进入内地的重要桥梁，通过与广东合作发展服务贸易，拓宽其服务业发展空间，并由此为更好融入国家发展大局提供重要支撑。

二 服务贸易一体化对推进粤港澳大湾区一体化有决定性影响

以服务贸易为重点，推进粤港澳大湾区服务贸易一体化，是"一国两制"方针下发挥各自优势、创新区域合作模式、深化区域合作领域、谋求利益共同体的重大举措。它不仅能加快推进广东经济转型升级，而且将拓宽港澳的发展空间。

（一）推动广东在服务贸易开放方面走在全国前列

在过去40年的改革开放中，广东一直走在全国前列，成为对外开放的重要窗口。近年来，广东在与"一带一路"沿线各国开展贸易、推动企业"走出去"方面取得了积极进展。问题在于，以金融业为重点的服务业企业"走出去"滞后于实体企业"走出去"步伐，企业对跨境保险、融资、法律、会计等商业服务业仍具有巨大需求。加快推进粤港澳服务贸易一体化，推动粤港澳大湾区内实体企业与金融、会计、法律等服务业企业抱团"走出去"，将显著降低企业风险与"一带一路"建设成本。

港澳是全球公认的自由港，在服务贸易发展方面有着非常成功的经验。在这个大背景下，加快推进粤港澳大湾区服务贸易一体化，率先在广东对标世界最高标准的服务贸易新规则与服务贸易管理新举措，不仅能使广东继续在对外开放新格局中扮演重要角色，也将使中国在以服务贸易为重点的新一轮全球自由贸易中赢得主动。

（二）推动粤港澳经济合作的深度对接

由于粤港澳分属不同的独立关税区，推进粤港澳大湾区服务贸易一体化，重点是推进"三地"的服务业投资自由化，由此扩大港澳在广东省服务业投资自由化的覆盖范围，并通过促进粤港澳区域经济一体化实现"两制"的有效衔接。它将带动港澳与内地进一步的经济联系与合作，为保持港澳经济繁荣发展提供重要条件。

（三）提升粤港澳大湾区的国际竞争力，使其在对外开放新格局中扮演重要的战略角色

研究表明，供应链的顺畅衔接将可能令全球 GDP 增长 5%，比落实现存所有世贸协议使 GDP 增速高 4 个百分点。按此估算，若在服务贸易一体化的体制机制方面实现重要突破，实现"三地"生产要素无障碍自由流通，将使得粤港澳大湾区经济总量在不太长的时间内超过东京湾区，成为全球第一大湾区，并进一步强化其作为中国经济增长极的重要作用。

三　推进粤港澳大湾区服务贸易一体化的时机条件已成熟

当前，无论是从经济全球化、区域一体化的趋势看，还是从推动形成对外开放新格局的趋势看，推进粤港澳服务贸易一体化，无论是时机还是条件，应当说总体成熟。

（一）条件具备

第一，粤港澳服务贸易发展呈现加快趋势。自 2003 年 CEPA 签署以来，粤港服务贸易年均增长 20%，2007 年，广东服务业实

际吸收港资比重为33.67%，到2016年达到76.36%。第二，粤港澳基础设施互联互通进程较快。目前，粤港澳大湾区一批重大基础设施项目相继完成，为加快推进粤港澳大湾区一体化奠定了重要基础。第三，粤港澳创新能力明显增强。有数据显示，2012—2016年，粤港澳大湾区历年发明专利总量年均增长33.1%。2016年，粤港澳大湾区发明专利总量约为旧金山湾区的3倍。

(二) 时机成熟

在推动形成对外开放新格局的大背景下，加快推进粤港澳大湾区一体化进程已成为基本共识。第一，率先将广东自贸区开放政策扩大到整个大湾区。近年来，南沙、前海、横琴三大片区在推动服务业对外开放方面取得了重要成果。在这个基础上，将珠三角九市作为一个整体来考虑，将原来赋予三个片区的服务业市场开放政策扩展到整个大湾区，从而实现广东对港澳服务业开放的全面突破。第二，率先将港澳资本视为内资。按照党的十九大报告提出的"凡是在我国境内注册的企业，都要一视同仁、平等对待"的要求，率先在广东将港澳资本纳入内资范畴，实现粤港澳资本在市场准入与经营范围的"一视同仁、平等对待"。第三，为港澳制定"极简版"负面清单。尽快改变现有在跨境服务提供、电信、文化等领域的正面清单管理模式，在整合广东自贸试验区与CEPA负面清单基础上，赋予粤港澳大湾区在负面清单制定中更大的试点权，实行更加开放的服务贸易市场准入机制，取消或放宽对港澳投资者的资质要求、股比限制、经营范围等准入限制，为港澳制定"极简版"负面清单。

(三) 政策落地

首先，全面放开粤港澳人文交流。例如，率先在珠三角九市实行对港澳居民的自由落户政策。广东率先对港澳居民全面实行居住证制度，保证港澳人才在广东获得与当地居民同等的待遇。例如，享受当地教育医疗、社会保障、公积金缴纳、税制税率、购买住房资格等方面的同等待遇；推进粤港澳职业资格互认试点。尽快落实和完善专业资格互认，逐步取消对港澳专业人员的各种限制，允许港澳地区取得专业资格的人员到广东提供专业服务；鼓励港澳人才到广东自贸试验区就业创业。比如，推行高科技人才绿卡，让高端人才的流动和跨地域的发展能更加便捷。尽快形成粤港澳三地人才流动综合管理平台，消除人才跨境服务重复征税等问题。降低港澳企业在湾区的设立门槛，适用人口范围从只针对精英、优秀人才，到覆盖符合基本条件的普通港澳居民，同时对港澳人员在湾区的执业范围逐步放宽。

其次，加快实现粤港澳金融服务一体化。没有金融服务体系一体化的支撑就难以实现粤港澳大湾区服务贸易一体化。例如，扩大广东金融业对港澳开放。进一步取消或放宽港澳资本进入粤港澳大湾区内金融服务市场的资质要求、股比限制、经营范围等准入限制，简化金融机构和企业办理业务的流程和方式，放宽金融业务范围；创新粤港澳地区跨境货币业务。推动粤港澳人民币信贷市场对接，开展广东与港澳地区双向人民币融资业务和跨境人民币信贷资产转让业务，建立粤港澳货币结算系统，形成人民币与港币、澳币联系汇率制度，逐步实现人民币在港澳的自由流动、自由兑换；建立粤港澳金融风险共同防范机制。成立粤港澳金融协调监管委员会，协调处理三地之间有关互设金融机构、货币互换和汇兑机制、互相信用支持、金融信息交换、金融风险防范和合作监管机制等金融事务；建立粤港澳金融调解与仲裁、诉讼的对接机制，依法维护金融消费者合法权益；建立粤港澳反洗钱和反恐怖融资监管合作机制，防范非法资金跨境、跨区流动。

再次，推进粤港澳服务业行业标准与管理规则的对接。一是推进服务行业管理标准和规范全面对接。适应粤港澳服务业市场开放的趋势，将体制对接融合的范围从经济体制扩大到社会体制乃至行政体制。二是推进粤港澳市场监管执法标准对接。针对与港澳市场监管执法标准差异问题，制定与港澳市场经营行为差异化责任豁免目录。三是充分发挥行业协会在对接行业管理标准和规范中的作用。借鉴港澳服务行业协会管理机制，探索把服务相关行业的管理职能交由社会组织承担，强化行业自律，探索与港澳的行业管理标准和规范衔接。进一步发挥香港中介组织的桥梁作用，加强两地合作，拓展服务范围，为广东企业提供包括产品开发、研究咨询、人才培训、检验检测、金融等服务，有效推动广东服务业标准与国际接轨。

最后，建立粤港澳大湾区服务贸易一体化通关监管体制。建议将"一签多行"政策扩大到广东全省，加快实施港澳车辆在粤港澳三地便利进出，探索"一地两检"和"单边验放"，充分利用智能识别技术实现电子化通关等。实现与服务贸易相关的货物通关便利化。目前广东海关将港澳科研机构认定为"境外法人事业单位"，对港澳科研设备入境仍然征收高关税。未来，能否考虑对进入粤港澳大湾区内的教育、研发、健康、医疗等重点服务业领域的基础设备，在严格用途管制、使用范围管制的前提下，实行免关税或保税政策？

加快推进粤港澳大湾区服务贸易一体化涉及开放理念、相关的政策与制度衔接等重要问题，需要加大顶层设计与顶层推动。

推动区域开放布局与区域协调发展[*]

（2018年5月）

推动区域开放布局与区域协调发展推动形成我国对外开放新格局，从国内来说，重点和难点大部分集中在服务贸易领域。在这个特定背景下，如何把区域发展和服务贸易开放相融合，打造区域开放新高地的同时，推动形成区域开放与区域发展新格局？如何在推动形成开放新格局当中提升区域发展水平和质量，发挥不同区域在开放中的不同作用？这既是我国扩大对外开放的需求，又是促进区域协调发展的需求。

一 以"一带一路"建设促进区域协调发展

"一带一路"建设，既是推动形成我国全面开放新格局的战略重点，也是促进西部等欠发达地区加快发展与区域协调发展的重要机遇。

第一，"一带一路"建设为西部等欠发达地区与发展提供了重要机遇。例如"一带一路"沿线国家的基础设施等方面的刚需较大，成为新时期西部企业"走出去"的重要驱动力。2017年，陕西省对外承包工程和出口货物比2016年增长2.2倍，特别是对

---

[*] 本文载于《中国外资》2018年第9期。

"一带一路"和地区出口增长了5.3倍,这成为陕西加快发展的一个重要推动力。这说明推动西部区域发展需要"一带一路"为重点优化区域开放布局、释放区域发展的潜力。

第二,以"一带一路"建设为重点,形成以区域开放、推动区域转型升级的新动力。比如说,推进东北振兴"一带一路"建设的融合,能不能以中俄蒙经济走廊建设为抓手,以推进基础设施投资合作和互联互通为依托,以制造业产业园区为平台,以发展生产型服务业为重点,加快构建东北对外开放的大通道、大平台、大布局。由此,来形成东北振兴的一个新动力。再比如,推进西部大开发"一带一路"建设的融合力度,提升西部开放水平。例如,加快推进新欧亚大陆桥、中国东南半岛、中巴等国际经济走廊建设。

第三,深入研究如何以"一带一路"建设为重点优化区域开放布局,促进区域协调发展的重要问题。例如,西部与东北地区如何在"一带一路"中发挥自身作用,比如"一带一路"沿线国家人均发电装机仅为世界平均水平的54%,这说明,西部地区与中亚地区能源合作的空间还是很巨大的。如何在"一带一路"建设中推进西部与沿海地区的合作,落实党的十九大报告提出的,要以"一带一路"建设为重点,形成陆海内外联动,东西双向互济的开放格局。由此,形成新阶段区域协调发展的一条新路子。

二 以服务贸易推动形成区域开放新高地

推动形成我国对外开放新格局,从国内来说,重点和难点大部分集中在服务贸易领域,估计我国将陆续采取某些重大的开放举措。所以在这个特定背景下,如何把区域发展和服务贸易开放相融合,打造区域开放新高地的同时推动形成区域开放与区域发展新格局,建议:

第一,在东部地区实施更加高水平的服务贸易开放,提升东部地区在扩大开放中的引领作用。例如广东,如何在服务业开放方面先行先试,在上海,金融如何有重要的实质性突破。当前,需要东部地区加快在更加精简的负面清单等重大举措方面先行先试,并由此带动服务贸易快速发展,推动东部地区经济的高质量发展,并在我国新阶段区域发展中扮演更重要的角色。

第二,以服务贸易为重点,推进粤港澳大湾区一体化进程,从现实情况看,相比于港澳,广东在服务贸易发展中的短板比较突出,例如2016年广东GDP是新加坡的2.9倍,香港的2.7倍;同年广东服务贸易规模仅为新加坡的35%,香港的85%;服务贸易占对外贸易的比重仅为13.4%,低于全国平均水平1.7个百分点,比新加坡低了将近20个百分点。所以,当前推进粤港澳服务贸易一体化,无论是时间、条件,总的看是比较成熟的。服务贸易发展滞后是粤港澳大湾区一体化的一个突出短板;服务贸易发展严重的不平衡,是粤港澳大湾区一体化的突出矛盾;服务贸易发展的互补性是粤港澳大湾区一体化的突出优势。在这个背景下,加快推进粤港澳大湾区服务贸易一体化,率先在广东对标世界标准,率先推进服务贸易的开放,不仅能使广东继续在我国对外开放新格局中扮演重要角色,而且会使我国在以服务贸易为重点的新一轮全球自由贸易中赢得主动。

第三,研究如何在东部地区率先实现服务贸易项下的自由贸易政策。从不同区域的区位、资源优势出发,建议支持具备条件的东部地区率先实行旅游、健康、医疗、文化教育、金融等产业项下的自由贸易政策。从区域发展角度看,如果产业项下的政策能尽快在东部一些地区落地,其影响和带动作用可能会比建几个自贸区要大得多。

三 以区域开放推动形成区域发展新格局

在贸易保护主义不断"抬头"形成严峻挑战的今天,双边、多边区域一体化已成为经济全球化的重要载体和重大任务,由此也给我国不同地区发挥自己在开放中的优势提供了重要机遇,这就需要把区域一体化与地区开放结合起来,以地区开放推动区域一体化,以区域一体化来促进我国区域的协调发展。

第一,在经济全球化的新趋势下,既要研究区域一体化对地区发展的重要影响,也要研究区域一体化背景下不同地区的机遇与角色。一个总的看法是我国地区发展与区域发展合作的融合,在未来几年,将成为一个重要的趋势,例如,东北地区的发展与东北亚经济一体化的进程有直接联系。如果东北亚经济一体化有重大的突破,东北振兴就会有一个比较重要的发展机遇。

第二,在加快推进"一带一路"的新趋势下,需要研究区域一体化的新特点以及对地区开放提出的新要求。海南建省办经济特区30周年,海南有条件在探索建设自由贸易港方面率先发力,这样可以发挥海南在南海先导的作用,进而促进形成泛南海经济合作圈。再比如,着眼于推动形成上海合作组织的自贸区进程,东北和西北地区可以在特定产业下来加快开放进程,推动上合组织投资贸易自由化的进程。

第三,在区域一体化的新趋势下,需要务实推进地区开放与区域一体化的融合,我国地区开放的紧迫性不仅来自地区发展的压力,也来自区域一体化的压力。这就需要把推进区域一体化进程与地区开放突破有机融合在一起,例如,粤港澳服务贸易一体化的时机条件比较成熟,要把推动粤港澳大湾区与广东全面实行服务业市场相融合,尽快形成区域一体化的新格局。在这方面有许多重要的问题需要顶层设计、顶层推动。

以推进粤港澳服务贸易一体化为重点形成新阶段广东对外开放新优势*

（2018年7月）

过去40年，广东的改革开放始终走在全国前列。当前，广东的对外开放正处于一个重要的历史关节点。新阶段，广东对外开放能否再上一个新台阶，能否继续在全国对外开放中扮演重要角色，重点是推动以服务贸易为重点的开放转型。服务贸易不仅成为全球自由贸易的焦点，也成为我国开放转型的重点。从现实情况看，2017年，广东服务贸易占外贸总额的比重仅为10.9%，[①] 低于全国3.6个百分点，与全球2016年24%左右的平均水平差距更大。

广东推动以服务贸易为重点的开放转型，在一定程度上取决于与港澳服务业市场对接，取决于能否全面实现粤港澳服务贸易一体化。由此，不仅能明显提升广东的开放水平，而且将更好在促进"一国两制"中发挥重要作用。

这里，我就推进粤港澳服务贸易一体化提出以下三个问题，与大家交流讨论。

---

* 在第七届中国南方智库论坛上的点评发言，2018年7月26日，广东广州；载于《中改院简报》总第1184期，2018年7月。

① 商务部：《2017年我国服务贸易情况》，2018年2月7日，商务部网站。

（一）推进粤港澳服务贸易一体化的关键是不是在于更大程度的思想解放？

习近平总书记在庆祝海南建省办特区 30 周年大会提出，"没有思想大解放，就不会有改革大突破"。他强调，"按照国家发展新要求，顺应人民新期待，发扬敢闯敢试、敢为人先、埋头苦干的特区精神，始终站在改革开放最前沿"。新阶段继续发扬特区精神，更需要把重点放在处理好市场和政府关系上。40 年前，广东的改革开放起步于放开市场、积极发展民营经济。广东的实践为全国逐步建立并完善社会主义市场经济、逐步实现市场在资源配置中起决定性作用提供了成功经验。就全国来说，40 年来，民营经济对税收的贡献率超过 50%；对 GDP、固定资产投资、对外投资增加额的贡献超过 60%；贡献了 70% 以上的新技术和新产品开发；吸纳城镇就业超过 80%；对新增就业的贡献率超过 90%。[①] 改革实践证明，民营经济已经成为我国国民经济的重要组成部分。

当前，在内外环境深刻复杂变化的背景下，我国民营经济的发展环境也面临一系列新的矛盾问题，突出表现于税负成本、融资成本、制度性交易成本相对较高，产权保护的制度化、法治化不完善等。以税收为例，2017 年，我国企业税负成本占利润的比重为 67.3%，远高于发达国家 45% 左右的水平（美国为 43.8%，日本为 47.4%，德国为 48.9%）。[②] 在国际国内市场高度融合的背景下，如果不尽快解决这个问题，资本外流难以避免。更重要的是，如果不下大决心降低企业成本，以制造业转型升级为重点的实体经济就难以有重要突破，实现创新发展、高质量发展就缺乏重要条件。新阶段广东要在推进粤港澳服务贸易一体化中扮演重要角色，要敢于

[①] 庄聪生：《深刻领会十九大关于支持民营经济发展的重要论述》，《经济日报》2017 年 10 月 31 日。

[②] OECD Doing Business 统计数据库。

面对实际问题,解放思想,发扬习近平总书记提出的"敢闯敢试、敢为人先、埋头苦干"的特区精神。这样,才有可能继续闯出一条全面深化改革开放的新路。

(二)推进粤港澳服务贸易一体化的突破口是不是体制机制?

我举一个案例说明。澳门大学珠海校区内的部分学生来自内地,但所有师生不能自由进入横琴,更不能自由进入珠海市。据我了解,想去澳门上大学的内地人员比例在增加,需求也有所增加。例如,2016年,澳门高校中非本地居民学生的比例由2013年的36.8%上升至2016年的45.3%,[①]来自内地的硕士生、博士生比例甚至已超过澳门当地学生。目前的管理体制却限制了内地与澳门之间的人文交流,也难以充分发挥澳门大学在人文交流方面的桥梁作用。我认为,这不利于全面实行"一国两制",也不利于港澳更好地融入国家发展大局。新时期,广东有责任、有使命加快推进粤港澳服务贸易一体化。从现实情况看,需要在服务贸易领域一体化的体制机制方面实现重大突破。例如,在管住货物贸易的前提下,逐步放开人文交流,尤其是支持并鼓励粤港澳三地青年积极开展多种形式的沟通、对话、交流。

(三)广东在实现粤港澳服务贸易一体化中发挥重要作用的关键是不是坚持走国际化道路?

第一,加快形成国际化的供给体系。我曾多次讲到的一个例子就是珠海横琴长隆海洋公园。长隆公园有许多节目是由国际表演团队提供的,一台马戏由十来个国家的演员表演,90%以上的观众是国内游客。随着我国社会主要矛盾的变化及居民消费结构的不断升级,对国际化标准、国际化的服务、国际化的产品、国际化的安全

---

① 黄发来:《澳门高等教育国际化的历史与现状探析》,《世界教育信息》2016年第13期,第62—68页。

体系（如药品）的需求日益增大。抓住粤港澳服务贸易一体化对广东现代服务业发展的重大机遇，要在广东率先实施国际化服务贸易新规则与管理新举措，率先走出一条服务业国际化发展新路子。

第二，对标香港，加快推动法治化、国际化的营商环境建设。比如，在开设企业方面，借鉴中国香港、新加坡等"注册易"的经验，在广东全面实行企业自主登记制度，并逐步建立以信用机制为基础的市场管理体系；在企业税负方面，适应全球减税降费的大趋势，尽快形成简单低税率的税收制度，明显降低企业的税收成本，提高广东竞争力；在创新方面，产权保护应尽快实现制度化、法治化，以稳定社会资本预期。同时，加快推进教育体制、科研体制改革，把人的激励机制搞对、搞活。

第三，尽快实现广东对港澳的服务业市场全面开放。2017年，香港、澳门服务业占比均在90%以上，广东仅为52.8%。[①] 总的看，广东在金融、旅游、文化娱乐等现代服务业发展方面与港澳仍有较大差距。为什么？突出矛盾在于广东服务业开放滞后。为此，加快推动广东服务业对港澳的全面开放，逐步实现广东服务业行业标准与管理规则与港澳对接，这将大幅提升广东服务业发展的质量与水平。例如，按照党的十九大报告提出的"凡是在我国境内注册的企业，都要一视同仁、平等对待"的要求，率先在广东将港澳资本纳入内资范畴，实现粤港澳资本在市场准入与经营范围的"一视同仁、平等对待"。

---

① 广东数据来源于《2017年广东国民经济和社会发展统计公报》；香港数据来源于香港政府统计处；澳门数据来源于澳门政府统计暨普查局。

中国区域协调发展的进程与挑战[*]

（2018年9月）

我国是一个区域发展不平衡的大国。改革开放40年，是我国由区域资源不平衡发展走向协调发展的重要时期。2017年，党的十九大报告提出"实施区域协调发展战略"，并把它作为实现高质量发展的重大任务。未来几年，我国将逐步形成区域协调发展的新机制，逐步解决区域发展不平衡问题。

一　改革开放40年区域协调发展的基本实践

改革开放40年来，从一部分地区率先发展到区域协调发展，大体经历了三个阶段，探索建立区域协调发展的新机制。

（一）从东部沿海地区率先发展

1978年，邓小平同志提出，允许一部分地区、一部分企业、一部分工人农民先发展起来，再逐步实现共同富裕。改革开放之初，我国实施非均衡发展战略，重点鼓励东部地区率先发展。由此，东西部地区发展差距逐步增大。1978年，我国东部地区GDP最高省（市）中，上海GDP达到272.81亿元，西部地区GDP最高省份的四川，GDP为184.81亿元，相当于上海的67.7%。到1999年，东

---

[*] 在"国家均衡发展的政策与实践"国际研讨会上的主旨演讲，2018年9月7日，韩国大田；载于《中改院简报》第1190期，2018年9月。

部地区GDP最高省份广东GDP达到9250.68亿元，西部地区GDP最高省份四川为5312.32亿元，仅相当于广东的57.4%。[①]

（二）促进地区经济合理布局和协调发展

2000年以来，中央先后提出并实施西部大开发战略、振兴东北等老工业基地战略及中部地区崛起战略，加大对欠发达地区和困难地区的扶持力度。到2017年，东部地区GDP最高省份的广东GDP为89879亿元，西部地区最高省份的四川为56480亿元，相当于广东的62.8%。总的看，除甘肃与广东的GDP差距拉大外，西部地区其他省份与广东的差距均有所缩小。

（三）实施区域协调发展战略

2013年以来，我国开始突出国家重大区域发展战略的引领带动作用，先后以"一带一路"建设、京津冀协同发展、长江经济带发展、粤港澳大湾区为引领，形成沿海沿江沿线经济带为主的纵向横向经济轴带，塑造要素有序自由流动、主体功能约束有效、基本公共服务均等、资源环境可承载的区域协调发展新格局。估计未来5—10年，随着经济转型升级进程加快，区域发展的协调性将明显增强。

二 以城乡融合为重点的区域协调发展

我国是一个农业大国，区域协调发展的重点在处理好城乡关系。改革开放以来，实行从"包产到户"到"乡村振兴"、从农民进城务工到以人为本的新型城镇化、从推行新型合作医疗到逐步建立覆盖城乡居民的公共服务体系等重大政策举措，实际上是城乡关系不断改善、城乡差距不断缩小的过程。

[①] 蔡之兵：《改革开放以来中国区域发展战略演变的十个特征》，《区域经济评论》2018年第4期。

(一) 区域差距主要表现为城乡差距

我国是一个城乡二元结构的大国,农村人口占多数,区域发展差距重要的是城乡发展的差距。例如,2016年广东珠三角人均GDP达到11.43万元,是贵州省贵阳市人均GDP的1.81倍,更是贵州以农村为主的毕节市(城镇化率仅为30.9%)人均GDP的4.6倍。[①] 城乡发展不平衡、农村发展不充分是当前区域协调发展始终面临的突出矛盾。

(二) 推动区域协调发展与人口城镇化进程相融合

目前,我国正处在城镇化转型的关键时期,城镇化结构正由规模城镇化向人口城镇化转型。预计到2020年,常住人口城镇化率有可能由2017年的58.52%提高到60%以上。在这个大背景下,区域协调发展要与人口城镇化相融合,以人口城镇化形成区域协调发展的新动力。

(三) 区域协调发展与乡村振兴进程相融合

据测算,未来几年我国农村供水、道路、电力、通信等基础设施建设需要投入的资金将达到3.4万亿元;到2020年,如果农村居民消费水平提高到城市居民现有水平的50%,农村新增消费规模将达到2.3万亿元左右。[②] 也就是说,乡村振兴带来的新增消费与投资将为我国高质量发展注入巨大动能。为此,我国把乡村振兴作为实现区域协调发展的重大任务。

三 新阶段区域协调发展面临的突出挑战

我国作为一个发展不平衡的大国,形成区域协调发展的基本格局,是一项系统工程,需要处理好方方面面的关系。从现实情况看,要形成区域协调发展的新机制,仍然面临着三大突出挑战。

---

① 迟福林:《动力变革——推动高质量发展的历史跨越》,中国工人出版社2018年版。
② 迟福林:《动力变革——推动高质量发展的历史跨越》,中国工人出版社2018年版。

（一）东部地区与中西部地区协调发展的挑战

改革开放40年的实践证明，区域开放与区域发展直接相关。开放程度高的区域，其发展水平一般都比较高；反之亦然。例如，2017年东部地区外贸依存度达到61.4%，分别是中部、西部、东北地区的6倍、5倍和3.7倍。[①] 在这个大背景下，中央政府提出"优化区域开放布局"的区域开放战略。例如：推进东北振兴与"一带一路"建设的融合。以中俄蒙经济走廊建设为抓手，以推进基础设施投资合作和互联互通为依托，以制造业产业园区为平台，以发展生产性服务贸易和服务业市场开放为重点，加快构建东北对外开放的大通道、大平台、大布局，由此形成东北振兴的新动力；推进西部大开发与"一带一路"建设的融合，提升西部开放水平。例如，加快推进中蒙俄、新亚欧大陆桥、中国—中南半岛、中巴、孟中印缅等国际经济走廊建设；推进中部地区崛起与"一带一路"建设的融合。例如，依托武汉、郑州等国际航空港，打通"一带一路"沿线主要城市空中通道；加强中部地区在钢铁、工程机械、装备制造、化工等领域与"一带一路"沿线国家和地区的合作。

（二）城市与农村协调发展的挑战

数据显示，2013—2017年，城乡居民人均可支配收入差距由2.81倍下降至2.71倍，加上基本公共服务领域的差距，城乡居民的实际差距就更大。在这个特定背景下，中央政府提出以乡村振兴为重点促进城乡融合的发展战略。目前，需要突破的是：改革城乡二元户籍制度，全面实施居住证制度。实施乡村振兴战略，推动城乡融合发展，提高人口城镇化质量，需要让传统的城乡二元户籍制度退出历史舞台，在全国范围内全面实行统一的居住证制度。再例

[①] 迟福林：《推动形成对外开放新格局下的区域开放布局与区域协调发展》，《中改院简报》总第1167期，2018年4月3日。

如，要加快落实农民土地财产权。近些年来，我国农村承包地"分权分置"改革取得重大进展。新形势下实施乡村振兴战略，重点仍是处理好农民和土地的关系。这就需要在法律上明确农民土地使用权的物权属性、赋予农民宅基地使用权的完整产权、加快建立城乡统一的建设用地市场等。

（三）经济与社会协调发展的挑战

当前，经济与社会协调发展已经成为制约区域协调发展的重要掣肘。以社会结构为例，中等收入群体比重偏低是区域发展不平衡不充分的一个重要体现。例如，2016年我国中等收入群体比重约为34.79%，明显低于发达国家60%左右的平均水平。这就需要着力解决区域不平衡不充分的矛盾，尽快提高中等收入群体比重；以解决社会保障问题为重点推动区域协调发展。以东北为例，2016年吉林、辽宁和黑龙江养老保险当期收不抵支分别达到52亿元、254亿元和320亿元，东北地区养老保险当年全部穿底。这就需要加大中央对解决东北历史遗留问题的支持力度，减轻东北制造业企业的负担。

"一国两制"是粤港澳大湾区的独特优势[*]

（2018年10月）

在以港珠澳大桥通车为标志的基础设施互联互通的背景下，推进粤港澳大湾区建设进程，要充分发挥"一国两制"的独特优势，立足13亿人的内需大市场与港澳国际对接的大平台，把"一国"做足，把"两制"用好，通过体制机制创新实现粤港澳产业间的优势互补、要素自由流动与服务贸易一体化，把粤港澳大湾区建设成为全球发展速度最快、发展规模最大、最具特点的世界一流湾区。

一　以产业深度合作形成粤港澳协同发展新格局

建设粤港澳大湾区，需要依托粤港澳已经形成并不断增强的产业互补性，加快推进粤港澳产业的全面深度合作。

粤港澳产业合作仍具有巨大潜力。自香港、澳门回归以来，依托"一国两制"的制度优势，粤港澳不仅实现了三地经济的较快发展，而且进一步巩固了香港作为国际金融、航运、商贸中心的地位，澳门作为世界旅游休闲中心的地位，广东作为全球制造业中心

---

[*] 在深圳市马洪经济研究发展基金会等机构主办的"2018粤港澳大湾区创新发展峰会"上的主题演讲，2018年10月21日，广东深圳；载于《中改院简报》第1194期，2018年10月。

的地位。当前,广东具备雄厚的制造业基础,港澳也在金融、文化娱乐、航运等现代服务业领域具有明显的优势。这一优势互补的发展格局在大湾区建设中仍具有巨大潜力。

粤港澳产业互补性明显增强。在广东制造业转型升级以及港澳拓展发展与创新空间的需求日益迫切的背景下,粤港澳产业间互补性不是减弱,而是明显增强。加强粤港澳在研发、设计、金融等服务业领域合作的需求日益增大。

服务业互补性是粤港澳大湾区的突出优势。从全球湾区经济发展的一般规律看,湾区经济的发展一般呈现出由港口经济、工业经济向服务经济、创新经济演化的过程。总的来看,粤港澳大湾区目前正处于由工业经济向服务经济迈进的关键阶段。2017年,粤港澳大湾区服务业占比为65.6%,与纽约湾区等其他三个湾区仍存在15个百分点以上的差距,其中,突出短板在广东。充分利用港澳现代服务业与广东制造业各自的比较优势,加强广东与港澳在金融、商贸、法律、会计、物流、医疗健康、文化娱乐等高端服务业合作的同时,尽快实现粤港澳服务业行业标准与规则的对接,不断提升粤港澳三地服务业发展的质量和空间,为粤港澳大湾区迈向服务湾区、创新湾区提供重要支撑。

二 以市场直接融合拓展港澳发展新空间

我国城乡居民由物质型消费为主向服务型消费为主的消费结构升级蕴藏着巨大的内需潜力。这一潜力不仅是我国应对外部环境变化、保持经济增长的最大底气,也是新阶段港澳进一步拓展发展空间的最大机遇。未来,港澳最大的服务型消费市场仍在内地。

以消费市场融合为重点拓展港澳发展空间。在港澳消费市场基本饱和的情况下,香港要稳固提升其国际金融、贸易、航运中心地位,澳门要解决博彩业一业独大的问题,最直接、最有效的途径就是依托广东作为港澳重要经济腹地和进入内地的重要桥梁,通过与大湾区的市场融合，拓宽其服务业发展空间。例如，澳门的多所高校在中医药研发方面实力较强，但澳门并无制药厂，而医药制造业是广东的支柱产业之一。如果能尽快实施医疗健康产业项下的自由贸易，将大大拓宽珠澳医疗健康产业合作，促进珠海医疗健康产业的转型升级。

关键是实现市场制度与管理规则的对接。以药品为例，目前，香港的医疗市场与国际水平接轨。只要国际上有新型特效药出现，香港大都可以立即使用。适应13亿人的健康医疗需求，在粤港澳大湾区推进健康医疗市场在管理制度与规则领域的全面对接。

三　以服务贸易一体化形成粤港澳大湾区开放新高地

推进粤港澳服务贸易一体化进程，率先形成我国对外开放新高地，不仅能为港澳融入国家发展大局提供重要抓手，也会为将粤港澳大湾区打造成国际一流湾区和世界级城市群提供重要动力。

粤港澳大湾区服务贸易一体化将加快形成全面开放新格局。港澳地区是全球公认的自由港，在服务贸易发展方面积累了诸多可供借鉴的经验。加快推进粤港澳大湾区服务贸易一体化，在广东率先实施国际化服务贸易新规则与管理新举措，不仅可以使得我国在以服务贸易为重点的新一轮全球自由贸易中赢得主动，而且可以使粤港澳大湾区在我国对外开放新格局中扮演重要角色。

以开放为先，推动广东服务业向港澳的全面开放。近年来，南沙、前海、横琴三大片区在推动服务业对港澳开放方面取得初步成果。但从整体来看，广东服务业开放相对滞后的矛盾比较突出。加快推进服务业市场开放进程，既是广东全面深化改革开放的重大任务，也是加快粤港澳大湾区建设的关键之举。一是将广东自贸试验区内的开放政策扩大到整个大湾区，实现广东对港澳服务业开放的重要突破；二是赋予广东自贸试验区在负面清单制定中更大自主权，实行更加开放的服务贸易市场准入机制，取消或放宽对港澳投资者股比限制、经营范围限制等条件；三是在广东自贸试验区外的其他有条件的地区实行与港澳在旅游、金融、教育、文化娱乐、医疗健康等产业项下的自由贸易政策。

四　以要素自由流动形成粤港澳大湾区经济一体化新动力

在"一国两制"的大背景下，粤港澳三地初步实现生产要素和生活要素的自由流动，由此形成了粤港澳三地经济日益融合的局面。未来，建设好粤港澳大湾区，需要进一步优化资源配置，关键是实现中高级生产要素与生活要素的自由流动，并由此释放巨大增长潜力。

粤港澳要素自由流动仍面临一系列体制机制障碍。由于受到两种制度、三个关税区等因素的影响，"三地"经济领域的人才、资金、技术等中高级要素仍然难以实现自由流动。这些相关规定，既限制了内地与港澳之间的人文交流，也限制了粤港澳三地资源的优化配置水平。它不利于全面实行"一国两制"，也不利于港澳更好地融入国家发展大局。

以制度创新为核心推进生产要素和生活要素的自由流动。建议在粤港澳大湾区全面实行"港人港税、澳人澳税"政策；实行更加便利的人员出入境政策；允许港澳地区取得专业资格的人员到广东等地提供专业服务；推进服务行业管理标准、规范及市场监管执法标准的全面对接；放开港澳认证机构进入大湾区开展相关业务；创新粤港澳地区跨境货币业务，逐步实现人民币在港澳的自由流动、自由兑换。

以扩大开放形成东北振兴新动力[*]

（2019年1月）

习近平总书记在东北三省考察时，就深入推进东北振兴提出6个方面的要求，其中一个就是"深度融入共建'一带一路'，建设开放合作高地"。在新形势下，扩大东北对外开放，不仅将在东北振兴中起到重要推动作用，而且将对深化东北亚区域经济合作产生深刻影响。

一　开放度低、开放进程滞后是东北地区的突出短板

东北地区是全国经济的重要增长极，在国家发展全局中举足轻重，在全国现代化建设中至关重要。目前，东北经济增长虽有起色，但民营经济活力不足，市场化水平不仅低于东部省份，而且低于很多中西部省份。这不仅反映出东北市场化改革的滞后，也反映出了东北对外开放的滞后。

一是对外开放程度低。40年来，我国不断扩大开放，逐步探索建立开放型经济体制，由此走出了一条以扩大开放倒逼改革、以深化改革促进扩大开放的路子。相对于全国平均和东部沿海地区的开放水平，东北地区的对外开放，应当说是相对滞后的。以对外贸

---

[*] 本文载于《经济日报》2019年1月22日。

易为例，2017年东北三省的对外贸易依存度约是全国平均水平的一半；东北三省GDP占全国的比重约为6.7%，但其进出口总额仅占全国的3.3%左右。

二是市场开放进程滞后。相比全国而言，东北地区的市场开放程度较低，民营经济发展较为滞后。在全国工商联发布的2017年中国民企500强中，东北仅有9家，占比1.8%，与东部地区相比差距较大，民营经济还有相当大的发展空间。

三是产业开放程度低。总的来看，东北地区仍未完全改变国有经济占主导地位的以传统工业为主的产业格局。东北地区产业市场向民营经济开放的程度尚未达到全国平均水平。

二 东北亚区域经济合作新趋势是东北振兴的新机遇

东北三省和内蒙古东部五市盟位于东北亚的核心地带。目前，东北亚地区局势日趋稳定，区域合作的意愿和动力明显增强。在这个大背景下，深化东北亚区域经济合作成为大趋势。东北地区作为我国向北开放的最前沿，面临着扩大对外开放的新机遇。

其一，东北亚区域经济合作将为东北制造业转型升级提供新动力。东北地区拥有良好的装备制造业基础，是我国冶金矿山、数控机床、重型机械、轨道交通、汽车及零部件等重大装备的产业基地，但由于转型升级较为滞后，制造业的优势尚未完全发挥出来。客观地看，生产性服务业发展滞后是东北制造业转型升级的一个突出短板。目前，东北三省生产性服务业占服务业的比重远低于全国平均水平。而同在东北亚地区的日本和韩国，其生产性服务业占服务业的比重都在70%左右。如果未来中日韩自贸区进程能在以生产性服务业为重点的服务贸易上取得突破，将为东北制造业的转型升级注入新动力。

其二，"一带一路"建设将为东北地区参与东北亚区域经贸合作带来新机遇。东北亚是"一带一路"建设的重要节点之一，基础设施互联互通将创造巨大收益，东北亚地区在产能合作与服务贸易方面将大有可为。东北地区应加快融入"一带一路"建设，以中俄蒙经济走廊建设为抓手，以推进基础设施投资合作和互联互通为依托，以制造业产业园区为平台，以建立东北亚自贸区网络为目标，加快构建东北对外开放的大通道、大平台、大布局。

其三，中日韩自贸区建设将为东北地区参与东北亚区域经济合作提供新的市场空间。当前，面对经济全球化逆潮冲击的新变局，中日韩携手维护全球多边贸易体制和推进自由贸易进程的现实性、迫切性、重要性都明显上升。中、日、韩三国经济总量占东北亚经济总量的90%以上。如果中日韩自贸区谈判能够尽快取得突破，将释放东北亚地区的巨大合作潜力和发展红利。由此，将为东北地区创造新的市场空间，带来新的发展动力。

三 如何以扩大开放形成东北振兴的重要动力

这些年，东北地区转型发展相对滞后的重要原因之一，就是开放进程相对滞后。当前和今后一个时期，抓住新机遇，以制造业转型升级为重点，以扩大开放倒逼改革为突破，可望由此形成有利于东北经济转型升级的市场环境。

第一，以扩大开放提升制造业竞争力。东北三省需要扩大与制造业强国和国内发达地区的技术合作，以市场换技术、以资源换管理，提升重大技术装备自主化，加强核心技术与关键零部件研发，加快制造业转型升级。比如，创新中德（沈阳）高端装备制造产业园等中外产业合作园区的合作机制；借鉴相关经验，通过引入市场机制，探索设立"辽沪特别合作区""吉浙特别合作区""黑苏特别合作区"等，共同打造对外开放新平台。此外，还要推进沿边重点开发开放试验区创新发展。比如，按照自贸区标准推进黑龙江绥芬河—东宁重点开发开放试验区等沿边重点开发开放试验区建设，加快探索跨境经济合作区的运营模式、管理体制与多层次跨境协调机制。

第二，以服务贸易为重点，形成"一带一路"东北开放大布局。伴随着"一带一路"倡议的实施，东北地区与东北亚、俄、蒙等基础设施互联互通的进程正在加快。要抓住这个重要机遇，加强与俄罗斯及东北亚地区其他国家的经贸合作。一是全面推进服务业市场开放。建议加快向社会资本和外资开放服务业市场。二是借鉴上海等国内自由贸易试验区建设经验，加快建设中国（辽宁）自由贸易试验区，选择金融服务、航运服务、商贸服务、文化服务以及社会服务作为扩大开放的重点领域，全面实施负面清单管理。三是按照自贸试验区标准推进各类园区建设。建议在经济领域探索建立与国际通行规则接轨的制度框架体系，使保税区、出口加工区、边境合作区、国家级新区等各类园区成为"准自贸区"，进一步改善各类园区发展的体制政策环境。

第三，以开放倒逼改革，形成全面深化改革的新动力。建议东北地区以深度融入东北亚区域投资贸易自由化进程为重要目标，以开放倒逼改革，形成东北全面深化改革的新动力。一是以竞争中性为原则深化国企改革，做强做优做大国有资本。既要按照公益类和商业类的划分，改进对国有企业的管理，还要通过混合所有制改革，更好解决对国有企业的行政化管理等问题。此外，还要探索新型的国有经济管理体制，以"管资本"为主实现国有资产的有效监管；进一步完善企业法人治理结构，提高治理的有效性。二是尽快形成民营经济大发展的经济社会环境。要通过产权制度安排，稳定民企预期，保障其合法权益，更好激发民企活力和创造力；要优化民企发展环境，降低实体经济领域企业成本，增强营利能力；要激发企业家精神，依法保护其财产权和创新收益。三是形成改善营商环境的新动力。一方面，要通过开放为经济运行营造国际化、法治化、公平高效的市场环境，形成各类市场主体公平公正参与市场竞争的新格局。另一方面，要着力推动行政管理体制、金融体制和科研管理体制等领域改革，促进更多的智力成果转化为技术成果和产业成果，消除创新机制障碍、资源合理流动和配置障碍，使人才、土地、资本等资源要素向新经济聚集，为新经济发展营造宽松环境。此外，还要加快推动政府职能转变，要通过全面深化改革和简政放权，从财政、税收、金融及服务等方面为创新创业提供最大限度的支持，使东北老工业基地成为创新创业的沃土。

加快粤港澳大湾区服务贸易一体化进程[*]

（2019年2月）

中共中央、国务院近日印发的《粤港澳大湾区发展规划纲要》（以下简称《规划纲要》），对粤港澳大湾区建设的重大意义、机遇挑战、战略定位、发展目标、重点任务等做了全面规划，描绘了大湾区建设的宏伟蓝图，是指导大湾区当前和今后一个时期合作发展的纲领性文件。围绕如何学习领会和贯彻落实《规划纲要》，本专栏特邀专家解读阐释、建言献策。

未来，香港要稳固其国际金融、航运、贸易三大中心地位，澳门要破解"一业独大"的产业弊端，广东要实现制造业转型升级的现实需要，最直接、最有效的途径就是依托广东作为港澳重要经济腹地和进入内地的重要桥梁，加快实现粤港澳服务贸易一体化。实现粤港澳服务贸易一体化，需要服务业产业体系的深度合作、市场体系的直接融合、服务体系的全面对接，这很大程度上依赖于广东服务业市场的全面开放，依赖于各方面体制机制的全面创新。

建设粤港澳大湾区，是新时代推动形成全面开放新格局的新尝

---

[*] 本文载于《南方日报》2019年2月25日。

试，也是推动"一国两制"事业发展的新实践。粤港澳大湾区是一个大战略，推进粤港澳大湾区建设，突破口在于加快粤港澳服务贸易一体化进程。由此，不仅将释放粤港澳大湾区巨大经济增长潜力，为大湾区实现协同发展和深度合作提供重要切入点，更能推动港澳融入国家发展大局，并在全国新一轮对外开放中扮演重要角色。

一 粤港澳大湾区服务贸易一体化蕴藏巨大经济增长潜力

《规划纲要》提出"提升大湾区市场一体化水平，全面对接国际高标准市场规则体系，加快构建开放型经济新体制，形成全方位开放格局"。当前，在经济服务化与服务贸易较快发展的大趋势下，服务贸易发展相对滞后已成为粤港澳大湾区建设的突出矛盾。由此，需要尽快实现粤港澳服务贸易一体化，释放三地服务贸易深化合作的巨大增长潜力。

从当前现实情况看，粤港澳服务贸易项下的各类要素难以高效便捷流动，使得大湾区资源潜力难以充分释放，成为实现这一目标的突出障碍。2017年，粤港澳大湾区的人均GDP为2.2万美元，相当于2016年东京湾区的47%、纽约湾区的31%、旧金山湾区的21%。未来几年，实现粤港澳服务贸易项下的人员、资金、技术、信息等要素自由流动，将释放巨大的经济增长潜力。初步估计，若粤港澳大湾区人均GDP达到东京湾区2016年水平，其GDP总量将为3.3万亿美元，是东京湾区与纽约湾区2016年GDP的总和。

总的看，粤港澳大湾区服务贸易发展空间巨大。2017年，广东、香港服务贸易占对外贸易比重分别为10.9%与14.9%，远低于全球24%的比重。在经济服务化与服务贸易较快发展的大趋势下，需要尽快实现粤港澳服务贸易一体化。例如，广东加快实现服务业对港澳的全面开放，在教育、医疗、健康、信息、金融、物流等领域与港澳实现政策与体制的对接。由此，在粤港澳大湾区基础设施互联互通取得重要进展的背景下,充分释放粤港澳大湾区经济合作的巨大潜力,并使得广东在粤港澳大湾区服务业合作中形成全面开放的新优势。

二 粤港澳服务贸易一体化将带动大湾区转型发展进程

《规划纲要》提道,"香港经济增长缺乏持续稳固支撑,澳门经济结构相对单一、发展资源有限,珠三角九市市场经济体制有待完善"。也就是说,无论是珠三角九市还是港澳地区,都面临着转型发展的重大任务。随着广东制造业转型升级以及港澳拓展发展空间的需求日益迫切,粤港澳服务贸易互补性明显增强。一方面,香港在以金融、研发、商务服务等为重点的现代服务业方面具有明显优势。另一方面,广东已经进入工业化后期,但产业结构与工业化后期的现实需求不相适应,突出表现在生产性服务业发展相对滞后。2018 年,广东服务业占比仅为 54.2%,与工业化后期的一般水平相比至少低 10 个百分点;生产性服务业占 GDP 的比重为 27.8%,与发达经济体相差 20 个百分点左右。

未来,香港要稳固其国际金融、航运、贸易三大中心地位,澳门要破解"一业独大"的产业弊端,广东要实现制造业转型升级的现实需要,最直接、最有效的途径就是依托广东作为港澳重要经济腹地和进入内地的重要桥梁,加快实现粤港澳服务贸易一体化,在拓宽港澳服务业发展空间的同时,带动广东制造业转型升级。因此,充分利用港澳现代服务业与广东制造业各自的比较优势,加强粤港澳在研发、设计、金融等服务贸易合作的空间潜力巨大,合作的需求巨大,转型升级红利巨大。

三 关键在于推进以服务贸易为重点的市场与体制对接

近年来,广东不断扩大对港澳服务业市场的开放,尤其是 2015 年广东自贸试验区获批以来,南沙、前海、横琴作为粤港澳服务贸易一体化重要平台的作用进一步凸显。2017 年,粤港服务进出口

839亿美元，同比增长32.12%，占全省比重达46.62%；粤澳服务进出口53亿美元，同比增长19.9%。2016年，广东服务业实际吸收港资比重由2007年的33.67%提升至76.36%。可以说，在以港珠澳大桥为重点的基础设施互联互通项目相继完成的条件下，推进粤港澳服务贸易一体化的时机条件总体成熟。

《规划纲要》提出，"创新完善各领域开放合作体制机制，深化内地与港澳互利合作"，并进一步将"推进投资便利化""推动贸易自由化""促进人员货物往来便利化"作为提升市场一体化水平的举措。具体来看，粤港澳涉及两种制度、三个关税区。实现粤港澳服务贸易一体化，需要服务业产业体系的深度合作、市场体系的直接融合、服务体系的全面对接，这很大程度上依赖于广东服务业市场的全面开放，依赖于各方面体制机制的全面创新。例如，赋予广东在负面清单制定中更大自主权，实行更加开放的市场准入政策，并率先将港澳资本视为内资，取消或放宽对港澳投资者股比限制、经营范围限制；借鉴香港的经验，在广东全面实行企业自主登记制度与企业简易退出机制，逐步建立与港澳对接的、以信用机制为基础的市场管理体系与资格互认体系，允许符合港澳标准的服务业企业、具备相关职业资格的人员，在广东备案审核后开展相关业务活动；加快实现服务贸易项下货物通关、融资汇兑、税收征管、法律仲裁等服务的对接，最大限度减少跨境企业服务的制度性成本。

…

提升服务贸易自由化水平
促进粤港澳大湾区建设*

（2019年3月）

习近平总书记指出，"实施粤港澳大湾区建设，是我们立足全局和长远作出的重大谋划，也是保持香港、澳门长期繁荣稳定的重大决策"。并强调，"大湾区是在一个国家、两种制度、三个关税区、三种货币的条件下建设的，国际上没有先例。要大胆闯、大胆试，开出一条新路来"。日前，中共中央、国务院正式印发了《粤港澳大湾区发展规划纲要》（以下简称《纲要》），明确提出"加快发展现代服务业"，包括落实内地与香港、澳门CEPA服务贸易协议，进一步减少限制条件，有序推进制定与国际接轨的服务业标准化体系，促进粤港澳在与服务贸易相关的人才培养、资格互认、标准制定等方面加强合作。

在经济全球化与我国改革开放新阶段的背景下，不断提升内地与港澳服务贸易自由化水平，实现粤港澳服务贸易一体化，是加快粤港澳大湾区建设的重要内容。由此，不仅能为港澳融入国家发展大局提供重要抓手，而且能为建设富有活力和国际竞争力的一流湾

---

* 本文载于《光明日报》2019年3月19日。

区和世界级城市群提供重要动力。

一 我国巨大内需潜力成为粤港澳大湾区建设的重大机遇

在过去的40年间,香港和澳门抓住了内地经济快速发展的重大机遇,充分发挥粤港澳三地各自的比较优势,加快推动以制造业为重点的产业合作,不仅推动广东成为内地第一大制造业省与第一大货物出口省,也实现了香港和澳门之间金融、文化娱乐、航运商务等现代服务业的快速发展。当前,世界经济深度调整,保护主义、单边主义抬头,经济全球化遭遇波折。在此背景下,国内近14亿人的内需大市场成为粤港澳经济转型发展的"压舱石",也成为粤港澳大湾区建设的重大机遇。

我国经济转型升级蕴藏着巨大的内需潜力。首先,我国开始进入工业化中后期,产业结构正由工业主导向服务业主导转型升级。预计到2020年,服务业占比有望从2017年的51.6%提高到55%左右,服务业规模将有望达到50万亿元左右,新增市场空间将达10万亿—12万亿元。其次,我国进入消费新时代,消费结构正在由物质型消费为主转向服务型消费为主。预计到2020年,城镇居民服务型消费比重将提升到50%左右。届时,消费规模将达到45万亿—50万亿元,新增市场空间将达10万亿元以上。再次,我国新型城镇化建设进入重要发展时期,人口城镇化和乡村振兴蕴藏巨大潜力。预计到2020年,常住人口城镇化率将由2017年的58.52%提高到60%—65%,并将带来巨大的投资与消费需求。最后,我国进入全面开放新阶段,开放结构正由货物贸易为主向服务贸易为重点转型。预计到2020年,服务贸易规模有可能增长到1万亿美元左右,占外贸总额的比重将提升到20%左右。

巨大的内需潜力是粤港澳大湾区建设的突出优势。在当前香港和澳门境内消费市场基本饱和的情况下,依托广东作为香港、澳门的重要经济腹地和进入内地的重要桥梁,提升粤港澳服务贸易自由化水平，尽快实现粤港澳服务贸易一体化，不仅有利于香港、澳门延长服务业产业链，分享内地消费大市场，也将对我国释放内需潜力具有示范性影响，是破解《纲要》中提到的"产能过剩""供给与需求结构不平衡不匹配""经济增长内生动力有待增强"等突出矛盾和问题的重大举措。当前，正如《纲要》中提到的，作为我国外向度最高的经济区域和对外开放的重要窗口，粤港澳大湾区正面临着"世界经济不确定不稳定因素增多，保护主义倾向抬头"等重大外部挑战。从中长期来看，抓住巨大内需潜力释放的重大机遇，形成国际竞争的主动，是有效应对经济全球化新变局的最大底气。

二 不断提升粤港澳服务贸易自由化水平是粤港澳大湾区建设的重大任务

提升粤港澳服务贸易自由化水平将释放大湾区巨大经济增长潜力。《纲要》提出"2022年，粤港澳大湾区综合实力显著增强，粤港澳合作更加深入广泛，区域内生发展动力进一步提升"。从现实情况看，目前粤港澳服务贸易项下的各类要素难以高效便捷流动，使得粤港澳大湾区的资源潜力尚未充分释放。2017年，粤港澳大湾区的人均GDP为2.2万美元，相当于2016年东京湾区的47%，纽约湾区的31%，旧金山湾区的21%。未来几年，实现粤港澳服务贸易项下的人员、资金、技术、信息等要素的自由流动，将释放巨大的经济增长潜力。初步估计，若粤港澳大湾区人均GDP达到东京湾区2016年的水平，其GDP总量将为3.3万亿美元，是东京湾区与纽约湾区2016年GDP的总和。

提升粤港澳服务贸易自由化水平将带动大湾区转型发展进程。随着广东制造业转型升级以及港澳拓展发展空间的需求日益迫切，粤港澳服务贸易互补性明显增强。一方面，香港在以金融、研发、商务服务等为重点的现代服务业方面具有明显优势；另一方面，广东已经进入工业化后期，但产业结构与工业化后期的现实需求不相适应，突出表现在生产性服务业发展相对滞后。2018年，广东服务业占比仅为54.2%，与工业化后期的一般水平至少低10个百分点；生产性服务业占GDP的比重为27.8%，与发达经济体相差20个百分点以上。未来，香港要稳固其金融、航运、贸易三大中心地位，澳门要破解"一业独大"的产业弊端，广东要实现制造业转型升级现实需要，最直接、最有效的途径就是依托广东作为港澳重要经济腹地和进入内地的重要桥梁，加快实现粤港澳服务贸易一体化，在拓宽港澳服务业发展空间的同时，带动广东制造业转型升级，由此实现《纲要》提出的"打造高质量发展的典范"。

提升粤港澳服务贸易自由化水平将带动形成我国全面开放新格局。《纲要》提出"打造高水平开放平台，对接高标准贸易投资规则，加快培育国际合作和竞争新优势"的重大要求。当前，在全球经济服务化与服务贸易较快发展的大趋势下，服务贸易不仅成为全球自由贸易进程的重点与焦点，也日益成为衡量一个国家、一个地区经济发展水平的重要标志。从现实情况看，2017年，广东省的服务贸易额占外贸总额的比重为10.9%，香港的服务贸易额占外贸总额的比重为14.6%，均低于全球同期24%左右的平均水平。港澳地区是全球公认的自由港，在服务贸易发展方面积累了诸多可供借鉴的经验。加快推进粤港澳大湾区服务贸易一体化，在广东率先对标国际服务贸易新规则与管理新举措，由此闯出一条服务贸易创新发展的新路子，成为开放层次更高、营商环境更优、辐射作用更强的开放新高地，将带动我国在以服务贸易为重点的新一轮全球自由贸易中赢得主动。

三 关键在于推进以服务贸易为重点的市场与体制对接

《纲要》将"推进投资便利化""推动贸易自由化""推动人员货物往来便利化"作为提升市场一体化的重要举措。总的来看，粤港澳涉及两种制度、三个关税区。不断提升粤港澳服务贸易自由化水平，逐步实现粤港澳服务贸易一体化，需要服务业产业体系的深度合作、市场体系的直接融合、服务体系的全面对接，这很大程度上依赖于广东服务业市场的全面开放，依赖于各方面体制机制的全面创新。

以开放为先，推动粤港澳服务业产业体系的深度合作。近年来，南沙、前海、横琴三大片区在推动服务业对港澳开放方面取得初步成果。但从粤港澳大湾区整体来看，服务业市场开放相对滞后仍然是粤港澳服务业产业体系深度合作的突出障碍。为此建议：一是将广东自贸试验区内的开放政策扩大到整个大湾区，实现广东对港澳服务业开放的重要突破；二是赋予广东在负面清单制定中更大自主权，实行更加开放的市场准入政策；三是加快实行与港澳在旅游、金融、教育、文化娱乐、医疗健康等产业项下的自由贸易政策。

以制度创新为核心，推动粤港澳服务业市场体系直接融合。总的来看，与港澳相比，珠三角的市场经济体制仍有待完善，粤港澳服务贸易自由化水平的提升仍面临较高的边境内壁垒。例如，2018年，广州开设企业所需天数为28天，而香港仅为1.5天；粤港澳三地实行不同的市场管理规则，使得粤港澳服务贸易项下的人员、技术、信息等中高端要素难以自由流动。为此建议：逐步建立与港澳对接的、以信用机制为基础的市场管理体系与资格互认体系，允许符合港澳标准的服务业企业、具备相关职业资格的人员，在广东备案审核后直接开展相关业务活动；在创新方面，加快推进产权保护制度化、法治化，并逐步加强粤港澳产权保护法律体系的对接，形成产权保护的合力。

以体制机制创新为重点，推动粤港澳服务体系全面对接。提升粤港澳服务贸易自由化水平，逐步实现粤港澳大湾区服务贸易一体化，不仅涉及服务标准、制度规则的对接，还涉及服务贸易项下货物通关、融资汇兑、税收征管等服务的对接。例如，根据现有税法，在内地停留183天后，须按照内地标准征收个人所得税，造成了对港澳科研人员双重征税的问题。为此建议，一是在大湾区内全面实行"港人港税、澳人澳税"政策，避免高层次人才重复征税问题；二是推行粤港澳通关监管服务一体化，实行货物"一次认证、一次检测、三地通行"，尽快将人员"一签多行"政策扩大到广东全省，加快粤港澳通关电子平台建设，推进三地信息互换和执法互助；三是成立粤港澳金融协调监管委员会，协调处理三地之间有关互设金融机构、货币互换和汇兑机制、互相信用支持、金融信息交换、金融风险防范和合作监管机制等金融事务，推进粤港澳金融服务一体化。

加快推动横澳融合发展的几点建议*

（2019 年 11 月）

在世界百年未有之大变局下，我国下一步扩大开放至少有三大基本趋势：从以制造业为主的开放向服务贸易为重点的开放转变；从以商品要素流动性型开放向规则等制度型开放的转变；从经济全球化的重要参与者到重要推动者的转变。在这个特定背景下，"十四五"我国将以高水平开放形成改革发展新布局。在我国对外开放新格局和"一国两制"的新形势下，以推动横澳融合发展为突破加快粤港澳大湾区建设，具有重要的特殊意义。

一　务实推动横澳融合发展进程

在经济全球化新趋势和粤港澳大湾区建设新实践的背景下，积极推动横澳融合发展，有利于促进横琴和澳门优势互补和产业多元化发展，有利于澳门融入国家发展大局，对于全面落实"一国两制"方针具有重要意义。

（一）以服务贸易为主导加快横澳融合发展

以扩大服务贸易开放为主导，实现横澳市场体系的深度融合和服务体系的全面对接，有利于促进横琴产业转型升级，有利于扩大

---

* 在第三届珠海市横琴新区发展咨询委员会第一次会议上的研讨发言，2019 年 11 月 21 日，广东珠海；载于《中改院简报》第 1291 期，2019 年 11 月。

澳门的发展空间，有利于推动澳门与内地融合发展。

1. 推进横澳高新技术协同创新

昨天，我在调研时听一位在珠海中星微科技公司工作的澳门青年说，选择到横琴工作的原因主要有两条：一是这里高科技产业发展能力和潜力比较强；二是我国内地的大市场蕴含着重要的发展机遇。的确，我国产业结构、消费结构、城乡结构转型升级蕴藏着巨大的需求潜力，为高新技术发展提供了巨大的市场空间。在此背景下，以横澳融合发展为载体，吸引港澳青年人才到横琴创新创业，推进高新技术协同发展，具有现实性和重要性。

2. 推进横澳文化娱乐产业融合发展

文化娱乐产业是珠海横琴的软名片。我在若干场合包括中央广播电视总台的中国经济大讲堂栏目在内，多次引用珠海长隆作为案例。长隆国际马戏节目有90%左右的观众是国内游客，90%左右的演职人员都是外国演员，昨天晚上，我在长隆观看了由22个国家演员参加的第六届中国国际马戏节。正是有这样的"国际化"特色，使得它成为游客数量增长最快的世界十大主题公园之一。由此，使我对旅游"国际化"的内涵有新启示：旅游"国际化"的主要标志，不在于国外游客数量，而在于适应国内消费结构变化，为游客提供具有国际水准的旅游产品和服务。澳门具有国际化的文化娱乐服务和旅游消费产品。所以，横澳有条件在文化创意、休闲娱乐、旅游消费等方面加快对接，对横澳旅游资源进行整体规划，深化区域旅游合作共建，推动形成以服务贸易为主导的融合发展新格局。

（二）以推进服务业市场高度开放加快横澳融合发展

从去年4月博鳌亚洲论坛到今年11月第二届中国国际进口博览会，习近平总书记多次在重要国际场合强调，加快金融、教育、医疗、文化等领域开放进程。作为港澳进入内地的重要桥梁，横琴应率先提升服务业市场开放水平,放宽市场准入。当前,横澳在服务业市场开放方面要尽快采取举措,优化营商环境,加强标准对接和体制机制融合,提高服务贸易便利化、自由化水平。横澳有条件在服务业市场高度开放、高度对接上走在全国前列。

(三) 推动横澳社会公共服务对接和民生融合发展

我到澳门街坊会横琴服务中心参观调研很有感触。横琴通过引进澳门街坊会的专业化社会服务,改善了社区建设理念,提升了服务业水平;推动了横澳公共服务对接和民生融合,为澳门居民和社会工作者进入横琴提供便利,有助于打造横澳深度合作、融合发展的生活圈。

(四) 横澳融合发展要突破横琴自贸片区范围

横澳融合发展,不仅要突破5平方公里粤澳合作产业园区概念,也要突破横琴自贸片区28平方公里的地理概念。要适应"一国两制"新形势,借助粤港澳服务贸易一体化进程,破解横澳融合发展的"瓶颈",并逐步拓展其内涵和外延。

二 以建立横澳特别经济区为目标创新政策和体制

建议横琴与澳门合作,共同设立"高度开放、高效运转"的横澳特别经济区,在中央授权下赋予其新的自由贸易内涵。

(一) 实行"零关税、低税率、简税制"

提升贸易和投资自由化便利化水平,需要优化营商环境,降低企业和人员的税费负担。建议在横澳特别经济区实行高水平开放的自由贸易政策,对医疗健康、文化娱乐、旅游、教育、会展等服务业及相关服务贸易领域实行"零关税";尽快降低相关企业和从业人员所得税税率;简化税制,拓宽税基等。

(二) 关键是突破现行体制,创新制度安排

例如,传统的"分线管理"如果不在海关监管和边境管理上取得突破,容易导致"二线管住了,一线没放开"的情况。建议在横

琴建立国家特别海关监管区，对于文化娱乐、医疗健康、高科技的产品实行零关税，将海关监管的重点逐步转向防范外部输入性风险。此外，提升横琴在财税、税收和金融方面的一定自主权，构建与横澳融合发展相适应的财税体制、税收体制和金融体制等。

（三）经济管理自主权

在"一国两制"前提下，从横澳融合发展大局出发，建议设立横澳特别经济区。今年是澳门回归20周年，要适时提出横澳特别经济区的某些授权内容，未来可以分步骤提出一揽子需要中央授权的内容。例如，本着高度开放、高效运转的目标创新行政体制，突出特点是珠海与澳门要共同参与，打造横澳融合发展的体制环境。

三 当务之急是以青年交流为重点促进粤港澳大湾区建设

鼓励并支持粤港澳青年积极开展多种人文交流活动，使港澳青年尽快融入国家发展大局，共享发展机遇，为维护和推动"一国两制"实践发挥青年的重要作用。

（一）尽快放开青年人文交流

当前，加强青少年的交流合作，塑造共同的青年人文精神，对推进和稳定横澳及湾区融合发展意义重大。澳门大学横琴校区三分之一以上是内地学生，但澳门大学横琴校区四周都是围墙、铁丝网，学生无法出入横琴新区。我认为，这不符合"一国两制"的精神。建议将澳门大学横琴校区的学生可以进出横琴作为突破口，加强青年学生的人文交流，实现横澳两地优势互补、协同并进。

（二）为青年创新创业提供良好环境

建议横琴新区"粤澳青年创新创业基地"在零关税外，实行一定的低税率甚至免税的政策等。由此，为粤港澳大湾区青年，尤其是澳门的青年创新创业提供优惠条件，并通过澳门青年来横琴创新创业吸引香港、台湾青年和港澳高校毕业的内地学生。

(三）横琴有条件设立国际性青年论坛

前几天，有一位从国外回来的青年人找到我，想在大湾区、重点是横琴举办世界青年论坛。我认为，澳门具有专业化的会展服务和技术支持，横琴有条件与澳门相关专业机构联合做这件事。以横琴国际青年论坛为重点带动粤港澳大湾区青年交流，将横澳搭建成为一个认识大湾区、体验大湾区、融入大湾区的交流平台，十分必要且具有特殊意义。

在何厚铧主席牵头下，横琴新区发展咨询委员会在横澳经济合作中可能会发挥特殊作用。建议以何厚铧主席为主任委员的横琴新区发展咨询委员会协助横琴管委会形成一个总体建议方案；制订近期的行动计划，例如放开澳门大学珠海校区学生出入横琴的限制；解放思想，对于一切有利于增强澳门的经济活力、一切有利于横澳融合发展、一切有利于"一国两制"的事情要尽快去做。

以高水平开放形成广东
改革发展新优势[*]

（2019 年 12 月）

当前，我国对外开放正呈现三大趋势：从制造业领域为主的开放转向以服务领域为重点的开放；从商品和要素流动型开放转向规则等制度型开放；从经济全球化的积极参与者转向经济全球化的重要推动者。

适应我国扩大开放的新趋势，广东有条件率先实现高水平开放的重要突破，由此形成自身改革发展的新优势，并为全国深化改革开放提供重要示范。

一　以高水平开放形成广东市场化改革的新优势

当前，开放牵动全局，开放与改革直接融合，开放倒逼改革，开放是最大改革的特点相当突出。广东作为我国改革开放的先行地区之一，需要加快推动以货物贸易为主向服务贸易为重点的开放转型进程，需要加快推动由商品和要素流动型开放向规则等制度型开放转型进程。

---

[*] 本文载于《南方日报》2019 年 12 月 9 日。

(一) 以高水平开放率先形成市场决定资源配置的新格局

当前，无论是全国还是广东，制造业领域已基本实现市场化，但在服务业领域仍面临不同程度的市场垄断与行政垄断，突出表现在市场化水平低和对外开放水平低。例如，2018年，广东服务业实际使用外资占固定资产投资的比重仅为3%，全国为2.3%。面向"十四五"，深化以处理好政府与市场关系为重点的市场化改革仍然需要在关键性、基础性领域实现重大突破，尤其是要强化服务业市场开放的制度性、结构性安排。例如：全面系统修改、清理、废除导致服务业领域行政垄断的地方性规章制度；把服务业为重点的反垄断尤其是反行政垄断作为市场监管的重大举措。广东要加快推进服务业对外开放进程，今后1—2年内率先实现教育、医疗、养老、旅游等服务业市场的全面开放；"十四五"末期，在运输、保险、研发设计等重点领域全面对接国际高标准开放水平。

(二) 以高水平开放确立竞争中性原则

竞争中性是高质量市场经济的重要基础，也是全球经贸规则演变的基本趋势，更是优化营商环境的重大举措。谋划广东"十四五"的市场化改革，要以参与更高层次国际合作和竞争为导向，以全面确立竞争中性为原则，以边境内规则对接为重点，率先形成市场化、法治化、国际化的营商环境。例如：加快完善"准入前国民待遇＋负面清单"管理制度，大幅减少准入前认证，明确并细化国民待遇标准，探索形成内外资一致的、更加精简的、与国际相衔接的市场准入负面清单；实现各类市场主体在要素获取、准入许可、经营运行、政府采购和招投标等方面一视同仁、平等对待。

(三) 以高水平开放率先强化竞争政策基础性地位

2019年上半年，广东民间固定资产投资增速低于全省固定资产投资平均增速3个百分点。这就需要广东率先强化竞争政策的基础性地位，着力实现三大转变：一是实现经济政策由产业政策为主向竞争政策为基础的转变,以竞争政策为基础推进某些经济政策的调整与转型,大幅减少地方产业补贴与扶持项目,严格限定产业政策实施范围;二是实现市场监管的重点由一般市场行为监管向公平竞争审查的转变,强化市场监管机构对各类经济政策的公平竞争审查;三是实现市场监管的主要对象由商品为主向服务为主的过渡。

二 以高水平开放形成广东经济高质量发展的新优势

面对外部环境的变化与挑战,广东要实现高质量发展,关键在于以高水平开放促进制造业转型升级,并在高水平开放中实现开放创新的重要突破。

(一)以高水平开放促进广东制造业转型升级

当前,广东正处于制造业转型发展的攻关期。2018年,广东规模以上工业企业增加值率为25.2%,发达国家平均为35%—40%;广东规模以上工业企业利润率为6.15%,美国则是8%;目前,广东在机器人、芯片、高档数控机床、精密模具、核心工业软件等关键技术和零部件中90%以上依赖进口。2018年,广东生产性服务业占服务业的比重仅为51.2%,低于德国等国家20个百分点左右。在制造业服务化、智能化的大趋势下,广东制造业转型升级重在加快推进现代服务业与制造业融合,需尽快补齐生产性服务业发展的短板。这就需要再进一步降低高新技术产品与生产性服务等进口的制度性成本,并加快推进生产性服务业与制造业的融合进程;进一步放开生产性服务业领域的市场准入,鼓励社会资本与民营企业参与各类技术研发机构的市场化改革,形成研发与制造业一体化发展新格局。

(二)以高水平开放实现开放创新的重大突破

在科技革命快速改变传统产业格局、企业格局的大趋势下,任何一个国家、任何一个地区、任何一个企业的科技创新,都不可能再"闭门造车",而是需要跨地区、跨国界的联合创新。过去几年,广东创新能力得到逐步提升，尤其是深圳已逐渐成为全球创新中心。面对中美经贸摩擦中暴露出来的某些科技软肋，广东亟须进一步实现开放创新的重大突破，为全国创新引领高质量发展提供重要示范。例如，进一步放宽科研人员进出及落户政策，加快探索"技术移民"制度，最大限度吸引全球科技研发人员；主动开展高水平的国际科技合作，积极发展知识产权、研发设计等服务贸易；加快科研体制与制度改革，有效释放科技创新的潜力与活力。

（三）以高水平开放赢得全球新一轮科技竞争与产业变革的主动

人工智能、5G通信、工业互联网等新一代信息技术集中突破，并加速向传统产业渗透融合，推动产业链、价值链、供应链重构。目前，广东数字经济规模超过4万亿元，为全国第一；数字经济占GDP的比重为41.2%，高于全国6.4个百分点。适应科技革命的发展趋势，依托广东数字经济优势与产业发展基础，加快推进数字经济与传统产业的融合，这主要依赖于市场开放的突破。例如，没有电信市场的开放，社会资本就难以参与5G等基础设施建设；没有医疗、金融、数据等领域的市场开放安排，这些领域就很难实现数字化转型的重要突破。

三 以粤港澳服务贸易一体化形成广东高水平开放新优势

在世界经济政治格局深刻变化、"一带一路"深入推进、"一国两制"面临新形势的特定背景下，粤港澳大湾区承载着推动形成高水平开放新格局、引领开放型经济的新使命；承载着为21世纪海上丝绸之路建设提供重要支撑的新任务；承载着打造世界级城市群的新目标；承载着在实践"一国两制"中发挥重要作用的新角色。

（一）粤港澳大湾区在 21 世纪海上丝绸之路建设中的战略作用

1. 21 世纪海上丝绸之路建设重在构建形成"泛南海经济合作圈"

它的主要含义是：充分发挥粤港澳大湾区的开放引领作用，以海上基础设施互联互通为依托，以海洋产业和服务贸易合作为主题，以建立泛南海自由贸易网络为目标，以开放性次区域经济合作原则为导向，打造包括 23 个国家和地区在内的"泛南海经济合作圈"，促进区域内生产要素和商品服务的自由流动，增强大湾区对 21 世纪海上丝绸之路沿线供应链、产业链、价值链创新发展的原动力和支撑力，推动 21 世纪海上丝绸之路建设进程。

2. 粤港澳大湾区有条件在构建"泛南海经济合作圈"中发挥重要的推动作用

粤港澳大湾区是我国综合经济实力最强、开放程度最高、经济最具活力的区域之一，且地处太平洋和印度洋的航运要冲，不仅是东南亚乃至亚太区域的重要交通枢纽，更是全球创新中心、世界金融中心及泛南海区域的经贸合作中心。2018 年，粤港澳大湾区货物贸易占泛南海区域的 32%。充分发挥粤港澳大湾区发达的制造业、高科技、海洋经济和现代服务业等产业优势，以及"一国两制"、三个独立关税区等制度优势，必将有力推动泛南海区域内海洋产业合作与服务贸易自由化进程，并在构建泛南海双边多边自由贸易网络中发挥独特作用。

3. 以务实举措推动形成"泛南海经济合作圈"

例如，发挥广东先进的制造业、海洋产业与香港的金融、航运优势，携手推进泛南海海洋产业、产能合作、服务贸易、基础设施等项下的自由贸易进程；依托香港遍布亚太地区乃至全球的商业网络及澳门作为葡语地区的经贸服务平台，发挥港澳单独关税区的特殊作用，加快构建泛南海双边多边自贸网络，促进泛南海互联互通伙伴关系的形成。依托广东制造业与科技创新的优势，推动21世纪海上丝绸之路沿线的科技创新合作与数字贸易发展等进程。

（二）以广东服务业市场开放为重点推动粤港澳服务贸易一体化进程

1. 服务贸易是我国高水平开放的重点，也是粤港澳三地的最大互补领域

当前，服务贸易在全球产业链、价值链、供应链中的作用明显提升，服务贸易快速发展已成为全球贸易格局变化的突出特征。数据显示，服务贸易占全球贸易的比重已从1970年的9%上升至目前的23%以上。若按增加值计算，服务贸易占比高达51%，超过货物贸易所占比重，尤其是在新一轮科技革命的背景下，贸易的对象、内容、方式等数字化、服务化的趋势更加显著。适应经济全球化新趋势以及我国消费结构新变化，以服务贸易为重点强化制度性、结构性安排，成为促进我国高水平开放的重大任务。

近年来，粤港澳服务贸易一体化取得重要进展。2018年，粤港之间的服务贸易占其贸易总额的比重为33%左右。但总体来看，粤港澳服务业市场互联互通水平仍有巨大的提升空间，服务业领域的生产要素仍难以实现高效便捷流动，产业互补优势与资源潜力尚未得到充分释放。同年，粤港澳大湾区人均GDP仅为2017年旧金山湾区的20%、纽约湾区的26%。初步估算，如果粤港澳服务贸易一体化取得突破性进展，未来几年粤港澳大湾区有条件保持7%以上的GDP增速，其GDP将在2022年左右超过东京湾区。

2. 加快推进广东服务业对港澳的全面开放

相比于港澳，广东服务业市场开放相对滞后，成为粤港澳服务贸易一体化的重要"瓶颈"。为此建议，广东应尽快将港澳资本视为内资，给予完全的国民待遇；全面实施更加精简的粤港澳服务贸易负面清单，大幅缩减负面清单事项数量，进一步放宽港澳资本准

入的限制性前置条件，放宽或取消对港澳投资者股比限制、经营范围限制；最大限度在市场准入后的管理过程中坚持竞争中性原则，在要素获取、准入许可、经营运行、政府采购和招投标等方面平等对待港澳资本；率先实行与港澳在旅游、金融、教育、文化娱乐、医疗健康等产业项下的自由贸易政策，实现准入时的极简审批、准入后的一视同仁待遇。由此，倒逼广东的改革开放进程，使广东在我国全面深化改革开放中继续发挥示范作用。

3. 全面放开人员进出与人文交流

建议广东率先对港澳居民实行居住证制度，保证港澳人才在广东获得与当地居民同等的待遇；推进粤港澳职业资格与资历的互认；全面推行"一签多行"政策，搭建粤港澳三地人才流动综合管理服务平台，为港澳人员提供投资、经营、纳税等咨询服务，让港澳人才更为方便地在自贸试验区就业创业；全面放开人文交流，尤其是鼓励和支持粤港澳三地青年积极开展多种形式的沟通、对话、交流。

（三）实现广东与港澳经贸规则的全面对接

1. 国际经贸规则与全球经济治理结构正处于重构的关键时期

当前，部分发达国家以双边、区域谈判方式构建高标准、广覆盖的经贸规则，力图在新一轮经济全球化进程中占据主导地位。在此背景下，我国"十四五"要以高水平开放为主线形成改革发展新布局，以在推动经济全球化中发挥更为重要的作用。广东是我国对外开放前沿，"十四五"有条件、有能力在实现高水平开放方面走在全国前列。港澳是全球公认的自由贸易港，已与国际市场完全接轨。在取得服务贸易一体化实质性突破的基础上，粤港澳大湾区有条件参与更高层次国际经济合作和竞争，并在推动全球经贸规则重构中发挥重要作用。

2. 实现广东与港澳市场制度、规则的对接

——实现粤港澳服务业行业标准与管理规则的对接。例如，在粤港澳实行服务业企业"一次认证、一次检测、三地通行"。在过渡阶段制定市场经营行为差异化责任豁免目录，最大限度减少因标准差异而产生的企业成本。

——实现粤港澳企业制度的对接。例如，在广东全面实行企业自主登记制度与企业简易退出机制；率先在广东自贸试验区内推行负面清单外无审批制度，最大限度降低区内制度性壁垒，待条件成熟时推广至广东全省。

——实现粤港澳营商环境的对接。例如，以强化竞争政策基础性地位为重点深化市场化改革；建立与港澳对接的知识产权保护与财产权保护制度、税收制度及司法制度；以竞争政策为基础加快推进产业政策转型，并强化市场监管机构对经济政策的公平竞争审查；把反垄断尤其是反行政垄断作为市场监管变革的重大举措。

3. 把握全球经贸规则重构和升级趋势

在粤港澳大湾区内探索实施"零关税、零壁垒、零补贴"，大胆借鉴并率先实施CPTPP等国际最新投资贸易协定相关条款，在电信、环保、劳工、政府采购、知识产权保护等领域先行先试，并加快在数字贸易、服务贸易等新兴贸易领域的规则探索，为形成中国版的全球数字贸易与构建服务贸易新规则做出新贡献。

以高水平开放形成东北振兴新动力[*]

（2019年12月）

"十四五"，面对世界百年未有之大变局，开放倒逼改革、开放是最大改革的特点比较突出，推进高水平开放成为新阶段布局改革发展的一条主线。前不久，中央经济工作会议提出，对外开放要继续往更大范围、更宽领域、更深层次的方向走。从东北的现实情况看，开放度低、开放滞后是制约东北经济发展的突出"短板"。为此，以高水平开放推进东北振兴进程，努力把东北地区打造成对外开放新前沿。

一 把握我国高水平开放大趋势，形成东北对外开放新格局

（一）"十四五"我国扩大开放的基本趋势

当前，我国推进高水平开放有三大基本趋势。一是从制造业为主的开放转向以服务贸易为重点的开放。预计到2025年，我国服务贸易占外贸总额比重将由2019年上半年的15.1%提高至20%以上，并有望成为全球最大的服务进口国。二是从商品和要素流动型开放转向规则等制度型开放。其重点是对标国际规则，建立并完善以公开、规范为主要标志的开放型经济体系。三是从经济全球化的

---

[*] 在"2019东北振兴论坛"上的发言，2019年12月16日，辽宁沈阳；载于《中改院简报》第1294期，2019年12月。

积极参与者转向经济全球化的重要推动者。2013—2018年,我国进口增长对全球进口增长的贡献率达22.7%。未来,我国高水平开放将在促进和引领全球自由贸易进程、推动世贸组织改革中扮演更为重要的角色,在某些领域将发挥主导作用。

(二)我国高水平开放为东北亚经贸合作提供重大机遇

2008年金融危机以来,日、韩、俄、蒙四国对我国的出口年均增长4.5%,是其整体出口增速的3.5倍,占其出口比重由15.1%上升至20.5%。目前,我国已经成为东北亚地区五国最大贸易伙伴,与东北亚五国贸易额占中国贸易总额的近四分之一。未来10年左右,我国内需潜力的不断释放及国内市场的进一步开放,不仅为东北亚经贸合作提供重大机遇,也为东北地区向北开放提供最大条件。

(三)在深度融入东北亚经贸合作中补齐东北对外开放的突出短板

2018年,东北地区的对外贸易依存度为18.78%,低于全国平均水平15个百分点,低于东部地区34个百分点;东北地区GDP占全国比重约6.2%,但其进出口总额仅占全国的3.5%。抓住东北亚地区局势日趋稳定的有利时机,依托自身位于东北亚核心地带的区位优势,加快东北对外开放进程,努力成为我国与东北亚开放合作的新高地。例如,以基础设施互联互通为依托提升东北融入"一带一路",围绕中俄蒙经济走廊,构筑"东向出海、南联内陆"的大通道;立足辽宁自贸试验区及各类产业园区,开展能源、旅游、制造业、农业、金融服务等产业项下的自由贸易政策,加快构建东北对外开放的大平台;发挥东北口岸优势,加快同东北亚各国打造以服务贸易与制造业合作为主题的自贸区,建立东北亚自贸区网络,形成东北对外开放的大布局。

二 开放是最大的改革，以高水平开放形成东北市场化改革新动力

（一）以高水平开放倒逼全面深化改革

推进高水平开放与建设高质量市场经济，核心是充分发挥市场在资源配置中的决定性作用和更好发挥政府作用。例如，只有真正对国企、民企、外企一视同仁，全面实现各类企业平等竞争，才能充分激发市场活力；只有加快服务业市场化进程，使市场在服务业领域的要素配置中起决定性作用，才能形成现代服务业加快发展的重要动力。从实际情况看，以处理好政府与市场关系为重点的市场化改革仍然需要在关键性、基础性领域实现重大突破。例如，全面推进产权制度改革，严格保护民营经济产权，建立完善知识产权侵犯的赔偿制度等；尽快打破服务业领域的市场垄断与行政垄断，修订《反垄断法》，把反垄断尤其是反行政垄断作为市场监管的重大举措；全面深化以土地为重点的要素市场化配置改革，加快建立国有与集体两种所有制土地"同地同价同权"的制度，赋予农民宅基地完整的用益物权；适应金融业加速开放的趋势，加快推进金融领域市场化改革进程。

（二）以高水平开放推动东北市场化改革的重要突破

2018年，东北国有及控股工业企业资产占工业企业资产总值的比重为52.3%，高于中部地区11个百分点，高于全国平均水平14个百分点，高于东部地区22个百分点；东北国有及控股工业企业工业产成品价值占比为43.8%，高于中部地区18个百分点，高于全国平均水平22个百分点，高于东部地区29个百分点。在当前东北经济下行压力依然较大的背景下，东北需要在市场化改革的关键性、基础性领域实现重大突破。例如，以混合所有制为重点深化东北国企改革，率先在能源、运输、民航、电信等一般竞争性领域，支持鼓励社会资本控股；加快探索国有资本管理新模式，形成国有

资本控股行业"正面清单",推进国有资本多元化布局;同步推进公司治理结构、内部运行机制、民营资本保护与申诉机制等配套改革,进一步增强社会资本参与混改的信心。

(三)在高水平开放中实现东北营商环境的实质性改善

《2018中国城市营商环境质量报告》显示,哈尔滨、沈阳、长春在全国30个主要城市中的营商环境质量指数分别排名22位、23位、24位;2019年1—10月,在全国固定资产投资增长5.2%的背景下,东北地区下降4.5%。未来,进一步优化东北营商环境,仍然需要在规则等制度型开放上采取大的举措,在对标国内、国际先进水平中进一步补短板。例如,改变"有保有压"的差异化、选择性的产业政策,以强化竞争政策为基础加快产业政策转型;制定适用产业扶持政策的负面清单,将产业政策严格限定在具有重大外溢效应或关键核心技术的领域;强化市场监管机构对经济政策的公平竞争审查,并把反垄断尤其是反行政垄断与国企垄断作为市场监管变革的重大举措;尽快制定《民营经济促进条例》,全面推进产权制度改革,严格保护民营经济产权。同时,加快推进国有资本划拨社保进程,为进一步降低企业税费负担拓宽空间。

三 高水平开放与高质量发展相融合,以高水平开放形成东北制造业转型升级的新机遇

(一)以高水平开放释放经济转型升级的内需潜力,促进高质量发展大趋势

在国际国内两个市场日益融合的大背景下,我国巨大内需潜力的释放,关键是要在更大开放条件下促进经济转型升级。例如,预计到2025年,我国居民服务型消费将由2018年的44.2%提高至52%—55%,形成以服务型消费为主导的消费结构。从现实情况看,我国服务领域"有需求、缺供给"的矛盾突出。2018年,我国居民出国享受旅游、教育、医疗等服务金额约1.8万亿元人民

币。适应我国居民服务型消费快速增长大趋势,迫切需要加快推进服务业市场全面开放,扩大服务进口,倒逼国内服务业企业转型升级,形成强大国内市场。

(二) 在高水平开放中促进东北制造业转型升级

目前,东北生产性服务业占服务业的比重仅为40%左右,低于全国10个百分点左右,低于德国等制造业强国20—30个百分点。在制造业服务化、智能化的大趋势下,东北制造业转型升级需要在高水平开放中加快推进现代服务业与制造业的直接融合。例如,进一步降低高新技术产品与生产性服务等进口的制度性成本,加快放开研发、教育、金融、设计等生产性服务业领域的市场准入,鼓励社会资本与民营企业参与各类技术研发机构的市场化改革,形成研发与制造业一体化发展新格局。同时,适应新一轮科技革命引领产业变革大趋势,率先在工业机器人、3D打印、工业互联网等具备基础的领域实现突破,赢得全球新一轮科技竞争与制造业变革的主动。

(三) 以高水平开放实现东北开放创新的重大突破

在科技革命快速改变传统产业链、价值链、供应链的大趋势下,任何一个国家、任何一个地区、任何一个企业的科技创新,都不可能再闭门造车,而是需要跨地区、跨国界的联合创新。2018年,东北研发经费投入占GDP的比重为1.25%,远低于全国2.19%的平均水平;每万人专利授权量为6.31件,仅为全国平均水平的1/3。为此,东北要在进一步强化自主创新基础上,实现开放创新的重大突破。例如,加快实现基础研究与基础创新的突破,推进产业关键核心共性技术研发和转化;加快推进科技项目向外国专家开放,探索"技术移民"制度,加大对人才落户东北的改革力度与补贴力度,最大限度吸引国内及全球科技研发人员;主动开展高水平的国际科技合作,积极发展知识产权、研发设计等科技服务产业，填补科技成果转化及产业化的中间地带，推动科技成果转化。同时，深化科研体制改革，全面下放科技成果使用、处置和收益权，加大对科研人员的股权激励，释放创新资源的潜力与活力。

打造东北地区对外开放新前沿，关键在于解放思想，转变观念，大胆去闯，由此形成东北振兴新动力。

立足扩大内需促进区域经济一体化[*]

（2020年4月）

我国幅员辽阔、人口众多，统筹区域发展从来都是一个重大问题。我国经济由高速增长阶段转向高质量发展阶段，对区域协调发展提出了新的要求。正如习近平总书记指出的，新形势下促进区域协调发展，要"发挥各地区比较优势，促进各类要素合理流动和高效集聚，增强创新发展动力""形成优势互补、高质量发展的区域经济布局"。当前受新冠肺炎疫情的影响，我国区域经济发展呈现一些新趋势。如何立足扩大内需，推动区域经济一体化，成为当下我们需要深入讨论和研究的重要课题。

一　推进区域产业一体化进程

总的来看，受新冠肺炎疫情冲击，产业链、供应链的区域化、本土化可能是一个新趋势。为此，区域经济一体化要以产业链、供应链的调整为抓手，形成合理分工、有竞争力的区域产业一体化布局。要看到，疫情冲击下，区域产业一体化需求增大。区域产业同构和同质竞争，是导致产业核心竞争力不强和企业成本高企不下的重要因素之一。

---

[*] 本文载于《经济日报》2020年4月30日。

以东北为例，哈尔滨、长春、沈阳都建有汽车制造厂，长春与哈尔滨都曾提出要延伸汽车产业链条。2018年，我国汽车零部件市场规模4万亿元左右，但最大的几家汽车零部件企业，却没有一家在东北地区，其中或有这方面的原因。受疫情冲击，在全球可能出现产业链、供应链区域化、本土化的趋势下，要统筹调整优化区域产业布局，提高产业区域集聚和全要素生产率。进一步看，为有效防范全球产业链切割和供应链节点重新布局可能带来的经济风险，推进区域产业一体化至关重要。一方面，产业链、供应链的区域化倾向突出，不同环节的衔接需要以区域经济一体化为基础，破解区域产业同构和同质竞争问题。另一方面，区域经济一体化着眼于资源配置的优化和共享，需降低生产成本，提高产业竞争力，从而促进产业结构优化升级。

我国是一个发展不平衡的大国，要注重发挥区域资源禀赋优势，优化区域产业结构和空间布局，形成具有区域特色的产业链、供应链，推进区域产业一体化的协同发展，并在推进区域产业一体化中促进经济转型升级。

首先，推进区域产业一体化重在实现区域产业转型升级。以东北为例，其产业发展高度依赖资源，资源产品与延伸加工产值之比与全国水平差距较大，整体上，东北地区产业结构单一，产品技术含量和附加值较低。应对疫情冲击，迫切需要东北地区推进立足扩大内需的产业转型升级，形成具有区域特色的产业链、供应链。在工业领域，可考虑推进东北制造业的跨区域优化重组，形成东北三省的纵向分工，重构以装备制造业为重点的产业链，提升东北制造业的核心竞争力；在农业领域，可考虑以推动农业跨区域合作拉长东北地区农业产业链，推进东北农业与工业、服务业的融合发展。

其次，要推动形成区域基础设施一体化新格局。在这方面，我国大有潜力。要统筹谋划新老基础设施的合理布局，打破行政壁垒和地区分割，共建共享基础设施，优化资源配置，加强分工协作，统筹推动区域基础设施一体化进程。

二 推进区域城乡一体化进程

未来几年，我国城乡结构至少还有 10 个百分点的提升空间。以城市群、都市圈发展为重点推动区域城乡一体化，是挖掘内需潜力的重要抓手，也是支撑经济可持续发展的重要条件。眼下，新冠肺炎疫情在全球持续蔓延肆虐，受疫情影响，各国大量削减进口商品，我国务工农民主要从事的以外贸为主的劳动密集型产业亦因此受到严重冲击，农民工及农民的整体收入受到严重影响。

应对疫情冲击，一方面要通过破除城乡二元壁垒，推动农村人力资本、土地等要素融入城市，从而释放巨大的内需潜力。另一方面，要通过统筹城乡基础设施建设，引导优质资源向农村流动，从而拉动农村内需市场提质扩容。比如，农村公共设施的人均投资远低于城市，如果促进城乡基础设施和基本公共服务一体化发展，将会开辟巨大的投资空间。还要看到的是，城市群、都市圈成为城乡一体化的载体，对于释放消费潜力、稳定经济增长具有重要作用。当前和今后一个时期，要把城市群和中心城市作为发展的重要载体，统筹推进城乡基本公共服务均等化以及加大城乡新老基础设施建设的投资。

总的来看，城乡一体化的关键在于推进城乡要素市场化配置。立足扩大内需，加快城乡一体化进程，要加快深化要素特别是土地要素市场化改革，建设城乡统一用地市场，促进城乡要素双向流动。要看到的是，如果建立城乡统一的建设用地市场，农村建设用地估计将释放规模可观的资金需求。因此，可拓展宅基地制度改革试点范围，完善农民闲置宅基地和闲置农房政策等，从实践出发，加快盘活这块重要资产，显著提升资产配置效率，以更好挖掘内需潜力，推动经济高质量发展。

三 推进区域经济一体化进程

在国际疫情持续蔓延的背景下，我国在立足扩大内需的同时，要以抗疫互动合作为重要契机，强化和周边国家在全球产业链和供应链中的分工合作，在坚持高水平对外开放中推进区域经济一体化进程。

其一，在疫情严重冲击的背景下，区域合作将成为一个重要选项，以中日韩为重点的东北亚区域合作进程有可能加快推进。以东北为例，作为我国向北开放的最前沿，东北与东北亚地区的经贸联系十分密切。东北可利用与东北亚地缘政治和经贸联系更加接近的条件，在对接东北亚共同发展过程中促进东北振兴。

其二，以国内区域经济一体化促进区域合作进程。有效应对经济全球化新变局，要把加强同东北亚、东南亚的区域合作等作为区域经济一体化的重点。通过区域功能重构和合作，构建更加开放、合理的国内区域经济发展新格局，进而更加有效参与区域合作。比如，东北与日韩运输距离较近，具有一定的合作基础，可利用东北三省经济一体化发展的地域优势和产业条件，加强与东北亚周边国家的产业链、供应链合作，推进东北地区产业结构转型升级。

其三，以高水平对外开放形成区域合作新布局。要充分发挥京津冀、长三角、粤港澳、海南自贸港等处于开放前沿的优势，主动对接周边国家和地区，为区域经济高水平开放发展注入区域经济合作的新动力。比如，以产业项下自由贸易为重点推进与周边国家和地区之间的贸易便利化，以培育具有竞争力的区域产业集群为目标，在重点产业领域自由贸易上尽快取得突破，从而在高水平对外开放中更好推进区域经济一体化进程。

东北亚区域经济合作与东北振兴[*]

（2021 年 3 月）

面对经济全球化逆潮以及疫情冲击的双重影响，我国东北地区如何利用与东北亚更加接近的地缘条件，在推进区域经济合作进程中打造国内市场与东北亚市场的重要连接点，并形成东北扩大开放的新优势？

一　以推进中日韩自贸进程为契机形成东北扩大开放新动力

中、日、韩三国产业联系深度嵌入、产业内分工协作紧密。后疫情时代，需要加快推动日中韩自由贸易区谈判，尽快达成全面、高水平、互惠互利的三边自贸协定；需要尽早出台中日韩自由贸易区早期收获清单，在医疗、养老、环保、能源、电子商务等现代服务业项下率先实行自由贸易政策，全面拓展和深化三方合作；需要以共同维护制造业供应链安全稳定为重点，推动形成三国制造业分工合作新机制。例如，明显提升汽车制造、电子通信、机械设备、工业机器人等制造业领域的贸易投资自由化和便利化水平。

开放度低、开放滞后是制约东北经济发展的突出因素，也是东北地区构建以国内大循环为主体、国际国内双循环相互促进新发展

---

[*] 本文载于《北方经济》2021 年第 3 期。

格局的突出掣肘。这就要求东北以扩大开放倒逼改革，形成东北经济转型和可持续增长的新动力。作为东北唯一既沿海又沿边，且GDP占45%、外贸总额占80%的省份，辽宁有条件带动东北扩大开放进程，打造我国向北开放的最前沿，并在对接东北亚区域经济合作中发挥重要的平台作用，成为连接东北与东北亚其他国家和地区的重要枢纽。

作为我国的老工业基地，东北地区传统制造业实力雄厚，但总体上还处于全球制造业产业链的中低端，正处在转型升级进程中。日韩制造业大多处在全球产业链的中高端，与东北地区制造业互补性较强。东北地区要抓住中日韩推进自贸与产业链、供应链区域化的重要机遇，实现与东北亚产业对接。例如，适应疫情防控常态化需要，在医疗物资、医疗药品器械等领域加快与日韩共建装备、设备制造业产业链；适应疫情后日韩等拓展外部市场需要，加快建立自贸区性质的跨境合作产业园，在汽车制造、电子通信、机械设备、工业机器人等制造业领域形成分工合作新机制，提升这些产业领域的贸易投资自由化和便利化水平。

二 适应服务贸易发展合作大趋势，务实推进东北地区与日韩在服务业项下的自由贸易进程

东北地区突出的短板是服务业尤其是现代服务业发展相对滞后，而日韩的生产性服务业、生活性服务业和社会性服务业都比较发达。无论是从东北亚经贸合作趋势看，还是从东北振兴的现实需求看，服务贸易已成为促进东北亚深化区域经贸合作的重点，也成为东北地区加强与日韩经贸合作的重点。

从现实需求出发，东北地区要争取以产业项下的自由贸易参与东北亚区域服务贸易合作。例如，率先在研发、设计、商务、金融等生产性服务业领域对日韩人才实行职业资格单向认可制度，最大限度打破人员流动壁垒；率先在辽宁自由贸易试验区内探索实行跨

境服务贸易负面清单管理制度,给予境外服务提供者国民待遇,打破"边境后"壁垒。

适应全球经济数字化发展大趋势,推动中日韩数字经济合作进程。目前,东北三省数字经济占 GDP 比重仅为 28.2%,明显低于全国平均水平(36.2%)。辽宁占比刚超过 30%,黑龙江和吉林占比只有 23% 左右,与西部欠发达省份排在全国的第四梯队。东北三省需要抓住中日韩数字经济发展的机遇,着力推进产业数字化转型。例如,推动数字经济基础设施、数字经济规则、规制、管理和标准等的对接和互通,开展数据确权、数据认证、数据定价、数据监管、数据交易、数据安全等标准规则制定及其相互对接,支持数字经济企业打造数字产业发展联盟,率先在通信产业、计算机基础技术产业、软件产业、互联网产业和电子商务产业项下实行零关税、零补贴、零壁垒的自由贸易政策。由此,使数字经济发展成为与中日韩服务贸易合作的突破点,成为东北地区实现高质量发展的着力点。

三 适应东北亚合作新趋势,加快推进基础设施一体化进程

中、日、韩三国地理位置相邻,但基础设施互联互通水平偏低。携手推进东北亚基础设施一体化,可以考虑推进中国东北、日本、韩国、俄罗斯远东地区临海港口群之间的集装箱远洋干线业务、海内支线业务、国际邮轮业务的共同开发运营;共同参与中俄蒙经济走廊建设,促进东北亚各国之间跨境大桥、跨境铁路和跨境公路建设,提高中、朝、韩、俄、蒙陆路交通运输网络的互联互通水平。

依托东北地区独特的地理区位条件,在加快东北亚基础设施互联互通中实现东北亚陆海联运,需要以东北经济一体化为目标加大东北地区基础设施建设的力度。例如,围绕中蒙俄经济走廊构筑东向出海、南联内陆的大通道,加快建设面向东北亚其他国家和地区互联互通的基础设施网络,推进"图们江开发开放"等。

五

建言海南自由贸易港：
对标世界最高水平开放形态

以促进旅游一体化为重点推进海南—济州经济合作进程[*]

（2018 年 7 月）

当前，中韩经贸合作的重点在服务贸易，服务贸易的重点之一在旅游业。海南省和济州特别自治道分别是中、韩两国的经济特区，也都是知名的国际旅游岛，有条件加快推进海南—济州旅游一体化进程。

一 推进旅游一体化应成为海南—济州经济合作的重要选项

发挥海南与济州各自在旅游业的比较优势，推进旅游一体化进程，将促进以服务贸易为重点的中韩经贸合作，同时也将为海南自由贸易港建设、济州国际自由城市建设提供新动力。

服务贸易成为深化中韩经贸合作的重点。在经济全球化新的背景下，服务贸易开始成为影响全球自由贸易进程的重点，成为全球双边、多边自由贸易的焦点。从中韩服务贸易发展情况看，2016 年中韩服务贸易额占双边贸易总额的比重仅为 14.8%，远低于全球服务贸易 23.8% 的平均水平。中韩 FTA（自由贸易区）在服务业和投资领域的后续谈判将进一步拓宽两国服务贸易领域的合作空间。

---

[*] 本文载于《海南日报》2018 年 7 月 18 日。

从中长期看，中国经济转型升级将使中韩两国服务业的互补性、依存性明显增强，中韩服务贸易的需求将不断增大。

旅游业成为中韩服务贸易发展的重要突破口。近年来，旅游业已成为中韩服务贸易发展的突出亮点。2017年，受"萨德"事件影响，中韩旅游业虽受到一定冲击，但中韩仍然互为重要旅游客源国。中国赴韩国旅游规模417万人次，占韩国入境游客数量的31.3%；韩国赴中国旅游规模386万人次，占中国入境游客数量的13.2%。

从发展趋势看，中韩旅游合作仍将是中韩经贸合作的重点。随着中国消费结构升级，预计到2020年，中国居民服务型消费占比将达到50%以上。其中，旅游消费总额将达到7万亿元人民币。如果能把握住中韩关系回暖、东北亚局势趋缓、中国居民消费结构快速升级等重大机遇，充分发挥韩国旅游业的比较优势与中国旅游市场的规模优势，推动旅游产业合作的自由化、便利化进程，并以旅游产业合作带动免税购物、医疗健康、商贸物流、文化娱乐等旅游相关产业合作，将为中韩加强经贸合作、促进服务贸易发展奠定重要基础。

加快推进海南—济州旅游一体化进程。总的来看，海南—济州旅游一体化的条件总体成熟。海南岛和济州岛都是国际旅游岛。1995年10月，海南与济州正式签署建立友好关系协议书，至今将近23周年。同时，济州也是中国游客最喜爱的旅游目的地之一。此外，海南正探索建设自由贸易港，济州也正在向国际自由城市发展，海南与济州有条件率先实现旅游一体化，成为沟通中韩以旅游业为重点的服务业合作和经贸往来的桥梁，在中韩海上互联互通和加快东亚自由贸易进程中扮演重要角色。

二 加快推进海南—济州旅游一体化进程

进入新时期，"大旅游"特点日益凸显。适应旅游业发展新趋势，有条件实质性推进海南—济州在旅游产业体系、市场体系、服务体系等领域的全面对接与高度融合。

推进海南—济州旅游产业深度合作。例如，合作开发文化旅游产品；联合开展海南—济州美食节、旅游节、特色文化节、购物节、影视节等活动；建立海南—济州健康服务业合作示范基地，联合培育一批国际健康养生社区，合作建立两地健康养生休闲联盟，探索建立海南—济州休闲养生互换互助计划，探索以独资、合资、合作等形式开展岛际健康服务产业、健康管理、健康职业教育、健康技术研发等领域的合作；实施海南—济州旅游产业项下的自由贸易政策；对海南与济州互相进口的旅游、文化娱乐等产业发展所需原材料、大型设施设备实行零关税；合作开展免税消费品保税物流、保税展示、免税消费品制造、加工和维修业务，发展旅游商品贸易，发展旅游装备制造业。

推动海南—济州旅游市场直接融合。海南最大的消费市场在国内，济州最大的旅游消费市场也在中国。海南与济州共同面临13亿中国人的消费大市场，这需要进一步实现旅游市场相融合。建议海南—济州在中韩自由贸易区框架内，多层面探索旅游业交流合作领域。如共同发起两岛旅游卡发展计划，本着分步实施的原则，实现两岛间旅游互通免签；双方互免对方国民入境旅游签证或实行一签多行、定期免签等政策；实施两岛游客互换、资源共享计划与国际旅游市场共同营销计划，互相在当地设立旅游推介分支机构等。

推动海南—济州旅游服务全面对接。近年来，由观光式旅游向体验式、休闲式旅游转型的趋势日益明显，国际化的旅游服务成为旅游国际竞争的核心。要发挥济州在国际化服务水平相对较高等优势，推进两岛旅游服务标准、管理标准等方面的对接。例如，搭建海南—济州的旅游信息、数据、服务综合共享平台，实现旅游信息互联互通。

三 以海南—济州海洋旅游一体化为重点推动21世纪海上丝绸之路岛屿经济体合作进程

从陆地旅游合作走向海洋旅游合作，符合海南—济州旅游业发展特点，符合海南—济州共同拓展国际市场的现实需求，也是韩国济州参与21世纪海上丝绸之路建设的重要切入点之一。

以旅游业为重点的海洋经济合作是推进21世纪海上丝绸之路建设的重点方向。泛南海旅游经济合作圈涉及9.5亿人的旅游消费大市场，区域内GDP总量超过4万亿美元，占世界GDP总量的6%。未来以建设21世纪海上丝绸之路为目标，以旅游业等低敏感产业为先导，以海上基础设施互联互通为依托，构建开放性的旅游经济合作网络，共同开发南海旅游大市场，是推进21世纪海上丝绸之路建设的重点方向。

以海南—济州为重要载体，联合打造21世纪海上丝绸之路邮轮旅游产品。海南和济州都有邮轮港，因此建议，海南与济州采取务实行动共同开发泛南海邮轮旅游大市场。例如，尽快开通海南与济州邮轮旅游航线，打造两岛间"一程多站"精品旅游线路，立足于双方需求，由海南与济州作为发起方，组建21世纪海上丝绸之路邮轮旅游发展联盟，推进沿线国家和地区之间相互实行通关便利化等。

联合推进21世纪海上丝绸之路沿线岛屿间基础设施互联互通。完善海南与济州交通合作网络，加强建设岛际间运输通道；加强海南岛与济州岛在港口、国际中转、运输航线、物流配送等方面的合作；争取早日开通海南—济州直飞航线；联合提出基础设施互联互通的重大项目清单；建议共同利用亚投行、丝路基金，在扩建、兴建港口的同时，组建港口联盟，提升海上基础设施互联互通水平。

加快建设具有世界影响力的国际旅游消费中心[*]

（2019年1月）

习近平总书记"4·13"重要讲话中提出："推动海南建设具有世界影响力的国际旅游消费中心，是高质量发展要求在海南的具体体现。"中央全面深化改革委员会第五次会议审议通过的《海南省建设国际旅游消费中心的实施方案》（以下简称《实施方案》），进一步明确了未来发展的目标和任务，加大了对海南开放的支持力度。这是做实海南以服务业为主导的产业基础、打造国际旅游岛升级版的重大举措，是高标准高质量建设自贸试验区的重大任务。从现实情况和未来发展需求出发，海南要以国际化为目标，把扩大国际化旅游产品及相关服务供给作为建设国际旅游消费中心的重点突破。

一 提供国际化的产品与服务是关键

当前，海南建设国际旅游消费中心面临的突出矛盾在于国内不断上涨的旅游及相关服务型消费需求与海南国际化产品和服务供给的严重不足。根据海南旅游部门抽样调查，2018年第三季度，海南

---

[*] 本文载于《海南日报》2019年1月23日。

国内过夜游客人均每天花费 814.85 元,其中交通、住宿、餐饮三项基本性消费占比为 69.27%,购物、娱乐、专项服务、租赁服务支出仅占 21.68%。这个数字,反映出海南可选择的旅游产品很少,游客的消费需求难以满足。为此,建设国际旅游消费中心的着力点要放在扩大国际化旅游产品及相关服务供给上,由此明显提升旅游国际竞争力。

根据《实施方案》部署,加快建设具有世界影响力的国际旅游消费中心,要按照高质量发展要求,深入推进国际旅游岛建设,创新体制机制,不断优化发展环境,进一步开放旅游消费领域,积极培育旅游消费新业态、新热点,提升高端旅游消费水平,推动旅游消费提质升级,进一步释放旅游消费潜力,积极探索消费型经济发展的新路径,打造业态丰富、品牌集聚、环境舒适、特色鲜明、生态良好的国际旅游消费胜地。

二 拓展旅游消费空间培育旅游消费新热点

在国内消费升级的大背景下,人们对养生度假、健康医疗、文化体育等高端消费旅游服务的要求更高。在高质量发展阶段,最本质的消费要求也是国际化服务和产品。《实施方案》把"拓展旅游消费发展空间,构建丰富多彩的旅游消费新业态""提升旅游消费服务质量,创建国际一流的旅游消费环境""推进旅游消费国际化,建设世界知名的旅游消费目的地"等作为建设国际旅游消费中心的重大任务,适应了国内外旅游消费升级的趋势,抓住了当前海南面临的突出问题。从现实需求看,海南至少有条件打造多个消费热点。

一是加快海南离岛免税购物政策的重大调整,满足游客购物需求。截至 2018 年 11 月 27 日,海南离岛免税购物政策实施 7 年来销售额累计达到 392.59 亿元,虽在带动海南旅游业发展上取得一定效果,但总体来看,释放购物消费的潜能远未发挥。服务于国际旅游消费中心建设，需要对标香港，在离岛免税购物政策上做出调整，由此进一步释放消费潜力。《实施方案》赋予了海南更加开放的离岛免税购物政策。例如，海南离岛旅客免税购物限额已增至3万元，不限次，这对于释放中高端收入群体的旅游购物需求将产生重要作用，这也在相当程度上扩大国内消费、吸引境外消费回流。下一步，建议根据试点情况，进一步强化离岛免税购物政策开放力度，例如，争取中央下放免税特许经营权给海南，所有符合条件的企业都可以经营免税业务；全面放开日用消费品的品种限制，实行离岛免税商品负面清单管理；在确保自用的前提下，全面放开对本岛居民购买免税产品的限制；与香港联手打造免税购物的产业链、消费链；推动琼港服务管理标准、规范及市场监管执法标准的全面对接。

二是以健康医疗市场全面开放为重点培育旅游消费新热点。健康是人们日益增长的美好生活需要的重要组成部分。适应消费结构升级、人口老龄化和人口城镇化进程加快的大趋势，抓住全国对海南不断上涨的健康服务需求的重大机遇，以医疗健康产业的全面开放为重点，创新健康服务业发展的体制机制，健康旅游有望成为海南的一张"王牌"，也将为全国加快发展健康服务业、扩大健康旅游消费提供示范。《实施方案》把"壮大健康旅游消费"作为培育旅游消费新业态的首要任务，赋予了海南特殊的政策支持。例如，对于博鳌乐城国际医疗旅游先行区医疗机构因临床急需进口少量药品（不含疫苗）的，由海南省人民政府实施进口批准；去年12月1日起实施的海南离岛免税购物政策中，离岛免税商品清单增加了部分家用医疗器械商品，包括视力训练仪、助听器、矫形固定器械、家用呼吸支持设备。这些健康医疗领域的开放政策，对释放国内外健康旅游消费潜力将产生重要的推动作用。

从当前和未来健康医疗需求看，海南壮大健康旅游消费还有相当大的开放空间。第一，应实现进口药品、医疗器械市场开放的重要突破。率先在海南免征进口药品增值税；支持海南引进美国、欧盟的药品质量安全标准，将在欧盟、美国、日本已批准上市但在国内尚未获准注册的药品审批权下放给海南；争取在以癌症治疗为主的医疗器械进口方面实行零关税。第二，可以将博鳌乐城国际医疗旅游先行区的某些优惠政策扩大到全省。例如，将境外医师在先行区内执业时间放宽至3年、允许境外资本在先行区举办医疗机构等政策放宽至全省。第三，鼓励发展与国际接轨的各类商业医疗健康保险；在海南探索建立长期护理保险制度。

三是以邮轮旅游为重点构建"泛南海旅游经济合作圈"。《实施方案》提出要拓展邮轮旅游、发展游艇旅游，这不仅可以大大丰富提升海南国际旅游产品供给，也为以海南为中心构建"泛南海旅游经济合作圈"产生推动作用。这就要加快推进三亚向邮轮母港方向发展；支持开通环海南岛和跨国邮轮旅游航线；与世界著名邮轮公司合作，将海南纳入国际旅游"一站多程"航线，使海南邮轮旅游产业成为"泛南海旅游经济合作圈"的先导产业，打造21世纪海上丝绸之路旅游交流平台。

三 加快体制机制创新提高重要资源利用效益

海南拥有区位、资源、生态环境等独特优势，具备建立国际旅游消费中心的诸多有利条件。但受体制机制制约，海南旅游资源价值潜力远未释放。2017年海南旅游总收入为811.99亿元，仅为云南的11.7%、贵州的11.4%、广东的6.8%。如何把潜在的旅游、土地资源优势转化为现实的竞争优势是建设国际旅游消费中心的重中之重，也是高标准高质量建设自贸试验区要着力解决的重大问题。

对此，《实施方案》提出建设"旅游体制机制创新试验区"。创新旅游体制机制，关键是要按照"全岛一个大城市"推进行政区划和行政体制改革,深化"多规合一"改革,在全省规划统一的基础上,加快推进土地利用统一、基础设施统一、产业布局统一、城乡发展统一、环境保护统一、社会政策统一,形成全域旅游发展的体制机制,由此显著提升全省重要资源利用效益和政府行政效率。

自由贸易港建设事关改革开放全局

（2019年3月）

建设海南自由贸易港绝不只是海南的"自娱自乐"，也不只是地区经济发展战略，而是新时期事关我国改革开放发展全局的重大国家战略。这个重大国家战略，首要的是"把海南打造成为我国面向太平洋和印度洋的重要对外开放门户"。

海南发展以服务贸易为主导，符合经济全球化大趋势，符合我国开放转型的大趋势，符合海南自身特点，是海南自由贸易港建设的最大特色与突出优势。

海南自由贸易港建设，要紧紧围绕服务贸易主导的特定要求，在服务业市场全面开放与服务贸易自由化便利化等方面先行突破，为我国加快医疗健康、金融、电信、教育文化等领域开放承担高强度压力测试功能，并进一步推动与之相适应的制度变革，由此闯出一条服务贸易创新发展的新路子，成为开放层次更高、营商环境更优、辐射作用更强的开放新高地。

海南分步骤、分阶段建设自由贸易港政策和制度体系，加快探索建设中国特色自由贸易港进程，是新时代中央赋予海南的重大战

---

* 本文载于《经济参考报》2019年3月4日。

略使命，是新阶段彰显我国扩大对外开放、积极推动经济全球化决心的重大战略举措，是更高起点谋划和推进改革开放的重大战略决策。当前，在各方高度关注的背景下，在经济全球化新背景与我国改革开放新阶段，加快海南自由贸易港建设进程，需要以服务国家重大战略为目标，以服务贸易为主导，以开放为先、制度创新为核心，打造新时期对外开放的新高地，努力成为新时代全面深化改革开放的新标杆，并由此带动形成我国更高层次改革开放新格局。

一 以服务国家重大战略为目标，打造我国面向太平洋和印度洋的重要对外开放门户

建设海南自由贸易港绝不只是海南的"自娱自乐"，也不只是地区经济发展战略，而是新时期事关我国改革开放发展全局的重大国家战略。这个重大国家战略，首要的是"把海南打造成为我国面向太平洋和印度洋的重要对外开放门户"。

以打造我国面向太平洋和印度洋的重要对外开放门户为战略目标。与31年前相比，当前加快海南自由贸易港建设进程，不仅要实现海南"更好发展起来"，更要在内外环境明显变化的背景下，充分发挥海南地处太平洋和印度洋要冲的独有区位和地理优势，利用建设自由贸易港的契机，努力将海南打造成为我国面向太平洋和印度洋的重要对外开放门户与21世纪海上丝绸之路的重要支点，通过经济合作带动两洋区域内全方位合作，这不仅有利于更好地服务国家海洋强国建设和共建"一带一路"倡议，更将在稳定我国周边发展环境、推动区域经济一体化等方面产生重大影响。

关键是加快构建"泛南海经济合作圈"。加强泛南海区域经济一体化既是大势所趋，也有利于泛南海区域内国家和地区"共享中国发展机遇、共享中国改革成果"。打造我国面向太平洋和印度洋的重要对外开放门户，首要任务就是要充分利用南海局面日益缓和的契机，发挥海南自由贸易港的开放引领作用，以海上基础设施互联互通为依托,以海洋产业和服务贸易合作为主题,以建立泛南海自由贸易区网络为重点,以开放性的次区域经济合作为导向,打造包括23个国家和地区的泛南海经济合作圈,促进区域内生产要素和商品服务的自由流动,以此促进亚太区域一体化乃至经济全球化进程,并在维护全球多边贸易体制中发挥更大作用。

以"泛南海旅游经济合作圈"作为"泛南海经济合作圈"的突破口。以旅游业及相关服务业合作为先导,率先实现"泛南海旅游经济合作圈"的重要突破,既有牵动影响全局的作用,又有现实的可行性。例如,依托近14亿人旅游消费大市场,以邮轮旅游为重点,以资本、人才和服务合作为纽带,积极开展旅游业项下的自由贸易,加快建立泛南海岛屿旅游经济合作体,为未来泛南海自由贸易网络的形成打下重要基础。

二 以服务贸易为主导,形成海南自由贸易港建设的突出特色与最大优势

中央要求,海南发展不能以转口贸易和加工制造为重点,而要以发展旅游业、现代服务业、高新技术产业为主导。总体看,以服务贸易为主导,符合经济全球化大趋势,符合我国开放转型的大趋势,符合海南自身特点,是海南自由贸易港建设的最大特色与突出优势。

服务贸易已成为新阶段经济全球化的焦点和重点。2010—2017年,全球服务贸易年均增长4.4%,是货物贸易增速的2倍;服务贸易占全球贸易总额的比重由20%上升至24%左右。服务贸易的快速增长,不仅成为贸易发展的重要动力,也日益成为双边、多边投资协定谈判的焦点。无论是RCEP、中日韩自贸区等多边自贸区谈判,还是中欧、中美等双边贸易投资协定谈判,很大程度上涉及服务贸易领域,矛盾与分歧也大都集中于服务贸易。

服务贸易成为我国开放转型的重点。2017年,我国服务贸易占贸易总额的比重仅为14.5%，比全球平均水平低10个百分点左右。未来几年，如果我国服务贸易占比能提高到世界平均水平，对拉动全球的自由贸易进程将发挥重大作用。更重要的是，我国城乡居民消费结构升级为企业加快服务贸易发展，扩大服务贸易开放提供了最重要的推动力。估计到2020年，我国城镇居民服务型消费比重将由目前的45%左右提到50%以上。到2025年，我国14亿人口的50%的消费将会集中在教育、医疗、健康、信息等服务领域，这不仅对我国的开放结构、产业结构与贸易结构变革产生重大影响，也是全球市场的一个重大利好。

以服务贸易为主导，形成海南自由贸易港的鲜明特点和突出优势。国际上知名的自由贸易港，起步阶段无一例外以转口贸易和加工制造为主。随着发展水平的提升，大多都向服务贸易转型升级。与其他自由贸易港不同，海南自由贸易港建设起步阶段就要以发展旅游业、现代服务业、高新技术产业为重点。从现实情况看，海南发展服务贸易潜力巨大，空间巨大，且具备一定优势。2018年，海南服务业占比56.6%，高于全国平均水平4.4个百分点；2017年，海南服务贸易占比15.3%，高于全国平均水平0.8个百分点。从服务贸易总量来看，2017年海南服务贸易额仅为香港的1%。此外，海南岛独立的地理单元使得其完全有条件在服务贸易创新上推出重大举措，打造面向全球的服务贸易中心。

三 以开放为先、制度创新为核心，打造我国全面深化改革开放新标杆

中央要求，海南要深化现代农业、高新技术产业、现代服务业对外开放。海南自由贸易港建设，要紧紧围绕服务贸易主导的特定要求，在服务业市场全面开放与服务贸易自由化便利化等方面先行突破，为我国加快医疗健康、金融、电信、教育文化等领域开放承担高强度压力测试功能，并进一步推动与之相适应的制度变革，由

此闯出一条服务贸易创新发展的新路子，成为开放层次更高、营商环境更优、辐射作用更强的开放新高地。

第一，率先实现服务业市场的全面开放。

以旅游业全面开放为重点建设具有世界影响力的国际旅游消费中心。建设具有世界影响力的国际旅游消费中心是一个大战略，主要问题不是再多建几个免税店或者免税额度提高多少，关键是通过加快旅游及相关文化体育娱乐产业市场全面开放，提升国际化旅游产品及服务供给质量。建议，争取中央将免税特许经营权下放给海南；尽快实现所有符合条件的企业都可以经营免税业务；全面放开日用消费品的品种限制；与香港联手建设免税购物链；在严禁"黄赌毒"的前提下，加快探索文化娱乐领域更大程度的开放。

以医疗健康市场全面开放为重点破题现代服务业发展。在全国对海南健康服务消费的刚性需求不断增强的背景下，医疗健康产业有望成为海南发展的一张"王牌"。打好这张"王牌"，关键是实现医疗健康市场的全面开放。为此，首要的是要处理好局部发展与全岛发展的关系，加快把博鳌乐城打造成为国际化高端医疗合作中心的同时，尽快把国家赋予博鳌乐城医疗旅游先行区的某些政策向全岛推开，在更大范围内探索医疗健康产业项下的资金、人员、技术等的自由流动，并在股比限制、审批程序等领域进一步拓展政策深度。

以扩大电信、互联网等特定服务业市场开放为重点推动新兴服务业发展。在数字经济引领产业变革大趋势下，高新技术产业发展很大程度上依赖于电信、互联网等产业开放。例如，没有数据的跨境自由流动就难以实现数字贸易、远程服务等新兴业态发展，也难以将海南打造成为全球数字技术、数字人才、数字企业集聚中心。此外，尽快在全岛取消燃油车，全面推广使用新能源汽车，以此带动物联网、机器人、人工智能、新材料等一系列科技创新和产业变革。

以金融业市场开放形成以外资、社会资本为主体的金融体系。推动金融业市场开放，形成以外资、社会资本为主体的金融体系，既是海南服务贸易发展的客观需求，也是打破海南企业发展与资本市场相脱节的现状，改善企业投融资环境，提高整体金融服务能力的重大举措。适时全面取消外资金融机构与内资不同的资格条件限制与经营范围限制，在现有海南自由贸易账户（HNFT）基础上探索实行人民币资本项目自由可兑换，鼓励与支持内外资金融机构在海南开展离岸金融业务。

第二，以大幅降低边境内壁垒为重点促进服务贸易自由化便利化进程。

尽快实现服务贸易投资自由化便利化。例如，争取到2025年，除出版印刷、广播电视等特殊领域外，全面取消现有投资准入负面清单与跨境服务贸易负面清单中禁止性与限制性措施，实现内外投资者准入前后的同等待遇。推动企业进出与经营自由化便利化，允许外国（地区）正常存续的企业在海南直接经营其主营业务；取消一般企业投资项目备案制；设计企业简易退出机制，摆脱"进来易出去难"的困扰，让外国企业进出更加便捷自由。

建立与国际接轨的服务业管理标准体系。服务业行业管理标准差异成为市场开放后制约服务贸易发展的最大障碍。建议在率先全面引进欧美日医疗药品管理标准基础上，对标发达国家在旅游、教育、金融及商务服务业行业的管理标准，逐步形成与国际接轨的服务业管理标准体系。在短期内可考虑允许符合当地标准的服务业企业、具备相关职业资格的人员，在海南备案审核后直接开展相关经营与业务活动。

推进服务贸易项下货物进出口自由化便利化。在用途和使用范围严格管制的前提下，尽快实现对医疗健康、文化娱乐、旅游、教育、科技研发等服务业发展所需原材料、基础设施配套的用品设备的进口实行零关税，并大幅免除进口环节增值税。对旅游、健康、文化娱乐、研发设计等服务贸易项下的自用商品与相关设备采取豁免查验政策，将审核环节后退至市场监管领域。

全面实行服务贸易项下人员自由流动政策。在现有59国免签政策基础上，适时并在严控风险的前提下，逐步放宽免签政策。降低"绿卡"申请门槛，实行工作签证分类管理。建立高效灵活的用人机制，全面打破体制内外人才流动壁垒，以专业性、开放型为重点重构人才管理体制。

第三，加快形成与服务业市场全面开放与服务贸易创新发展相适应的体制机制安排。

例如，适应服务贸易自由化便利化的特定要求，需要在海南设立由国家海关总署垂直管理的国家海关特殊监管区，通过制度安排实行"分线管理、分类监管"。形成以旅游业、现代服务业、高新技术产业为主导的产业结构，需要在服务业市场的全面开放基础上，充分发挥财税政策在产业引导、要素集聚等方面的重要作用，加快构建以直接税为主的，以简税制、低税率、零关税为突出特点的，有别于内地、具有国际竞争力的财税体制。适应金融市场全面开放的趋势，需要加快建立离岸在岸分离型金融体系，建立综合型的海南金融监管局，实行混业监管，并加强对国内其他省份资金进出海南的监管。适应海南打造国际一流营商环境的要求，需要加快调整行政组织机构和运行机制，优化行政权力结构，深入推进政府职能转变，打造高效、精简的行政体制。

建设中国特色自由贸易港，没有现成的经验可供模仿，没有现成的路径可供循迹，关键是要以思想大解放实现改革大突破。例如，按照"全岛一个大城市"推进行政区划和行政体制改革加快推进"六个统一"，不仅可以显著提升全省资源利用效益和政府行政效率，而且能为推进海南国际化基础设施建设及基本公共服务均等化等提供重要财力基础。在由自由贸易试验区向自由贸易港过渡的关键阶段，海南要解放思想，就是要以建成中国特色自由贸易港为最高原则，学习借鉴国际自贸港的先进经营方式、管理方法，对一切有利于实现既定目标的改革举措、开放政策、制度创新，大胆闯、大胆试、大胆用，始终使海南站在改革开放最前沿，多出可复制可推广的经验，带动全国改革开放的步伐。

实行服务业项下的自由贸易[*]

——加快探索建设中国特色自由贸易港进程的建议

(2019 年 4 月)

加快推进服务业项下的自由贸易进程，既适应我国扩大开放的大趋势，又符合海南的发展定位；既能尽快形成海南扩大开放的新优势，又能明显提升海南的产业发展基础；既是政策需求的基点，也是体制机制创新的重点。

海南加快推进旅游、互联网、医疗健康、金融、会展等现代服务业项下的自由贸易进程，实现现代服务业项下的人员、资本、信息、技术、货物等要素的自由高效流动，不仅能加快形成服务型经济为主的产业结构，而且能走出一条以服务贸易创新发展为主导的中国特色自由贸易港建设的新路子。

加快探索建设中国特色自由贸易港进程，是新时代中央赋予海南的战略使命，也是海南发展的重大历史机遇。从近一年的实践看，海南要想抓住今后两三年的时间窗口期，实现从自由贸易试验区到中国特色自由贸易港的实质性破题，关键在于加快推进服务业

---

[*] 本文载于《海南日报》2019 年 4 月 3 日。

项下的自由贸易进程。

一 加快推进服务业项下的自由贸易进程，既适应我国扩大开放的大趋势，又符合海南的发展定位

以服务贸易为主导是海南建设自贸港的独特优势和突出特色。当前，服务贸易已成为经济全球化的焦点和重点，同时，也是我国扩大开放的重中之重。数据显示，2010年至2018年，我国服务贸易年均增速快于货物贸易近1倍。从全球自贸港发展看，服务贸易是当下自贸港转型的基本方向。2005年至2017年，新加坡服务贸易占贸易总额的比重由19.2%提高至32.4%。

事实上，海南有条件在服务贸易创新发展方面形成独特优势。2018年，海南服务贸易占比18.1%，高于全国平均水平3.4个百分点。在服务贸易与服务业市场开放直接融合的背景下，海南要想形成以服务贸易为主导的独特优势和突出特色，重点、难点、焦点大都集中在服务业市场开放的广度和深度上。

加快推进服务业项下的自由贸易进程是海南服务贸易创新发展的务实举措。习近平总书记指出："现代服务业是产业发展的趋势，符合海南发展实际，海南在这方面要发挥示范引领作用。"按照习近平总书记的要求，海南要加快推进旅游、互联网、医疗健康、金融、会展等现代服务业项下的自由贸易进程，实现现代服务业项下的人员、资本、信息、技术、货物等要素的自由高效流动，不仅能加快形成服务型经济为主的产业结构，而且能走出一条以服务贸易创新发展为主导的中国特色自由贸易港建设的新路子。

海南有条件实现服务业项下自由贸易的重要突破。与香港联手共建具有世界影响力的国际旅游消费中心。解决海南国际化产品与服务供给不足的突出问题，切实可行的办法是全面引入香港旅游消费的产业链、供应链，尽快推动琼港旅游购物服务管理和市场监管标准规范的全面对接，并由此带动文化娱乐、金融保险、物流等相关服务业转型升级。

尽快将博鳌乐城国际医疗旅游先行区部分政策的实施范围扩大到全岛，并进一步拓展政策深度。在全国对海南健康服务消费的刚性需求不断增强，国家加快推进医疗健康产业开放的大背景下，医疗健康产业要成为海南发展的一张"王牌"，关键是抓住有利时机，在博鳌乐城作为国际化高端医疗合作中心的前提下，尽快在全岛范围内实行医疗健康产业项下的资金、人员、技术等要素的自由流动，把海南建成全国医疗健康消费的重要承接地，由此使全岛居民与广大旅游消费者受益。

加快推动教育市场开放。教育发展滞后严重制约海南经济社会发展。要允许和支持社会资本与外资投资教育领域。允许境内外具备条件的研发机构、教育组织、高水平企业在海南独资创办医疗健康、旅游、文化创意等职业院校，为自贸港建设培养中高端实用性、技能型、服务型人才。

二　加快推进服务业项下的自由贸易进程，既能尽快形成海南扩大开放的新优势，又能明显提升海南的产业发展基础

没有产业大开放就没有产业大发展。海南30年建省办经济特区的经验表明，产业基础薄弱是制约海南发展的突出问题。以会展业为例，2017年海南的展览面积在全国占比仅为0.34%，在31个省区市中排名第26位，落后于内蒙古、贵州等。为什么？一个重要原因是会展产业开放程度严重滞后。再以农业为例。推进农业现代化是农业工业化和农业产业服务化的过程。海南热带农业高度依赖于保鲜、加工、运输，但由于开放程度不够，虽然初步实现了农业品种的革命，但生产方式、组织方式、服务体系建设严重滞后，使得热带农业资源价值潜力远未释放。目前，海南农产品加工转化率仅为32%，与发达国家的90%、国内的40%—50%相比还有明显差距。发展海南热带高效农业，出路在于加快推进物流、加工包

装等生产性服务业及其产业项下的自由贸易进程，由此补上农业工业化程度低的短板。

以推进服务业项下的自由贸易加快形成以服务性消费为主的产业格局。

以旅游文化产业项下的自由贸易加快提升海南旅游文化国际竞争力。以文化产业为例。2017 年，海南文化产业增加值占 GDP 比重仅为 3.18%，低于全国平均水平 1 个百分点，比上海 2016 年的 12.1% 低了近 9 个百分点。提高海南旅游文化的竞争力，关键在于加快推进旅游及文化体育娱乐产业市场的全面开放。

以进一步扩大金融市场开放加快形成以外资、社会资本为主体的金融体系。2018 年，海南金融业占 GDP 比重仅为 6.4%，不仅低于全国 7.7% 的平均水平，与国内发达地区如上海（17.7%）、北京（16.6%）等相比差距更大。应推动金融业市场开放，加快形成以外资、社会资本为主体的金融体系，放宽外资金融机构的业务范围，允许支持内外资金融机构在海南开展离岸业务，由此明显改善海南的投融资环境。

以扩大电信、互联网等特定服务业市场开放为重点推动新兴服务业发展。在数字经济引领产业变革的大趋势下，高新技术产业发展很大程度上依赖于电信、互联网等产业的开放，自贸港建设也高度依赖于信息流动的自由、高效。例如，没有数据的跨境自由流动，就难以实现数字贸易、远程服务等新兴业态发展，也难以将海南打造成为全球数字技术、数字人才、数字企业集聚中心。

以服务业项下的自由贸易带动海南特色产业发展。海南的海洋、生态环境是独特的宝贵资源。但总的来看，海南的资源利用效益、产业附加值还相当低。这就需要通过扩大开放，引进外来资本与技术，加快港口、航道等基础设施建设。例如，与香港合作，发展多样化的船舶租赁、航运保险、航运衍生品等航运金融业务；加快建立以海南为基地的泛南海区域航运枢纽，进一步深化与泛南海沿线岛屿地区在港口、码头建设、邮轮客运等方面的合作，提升海上基础设施互联互通和航运服务水平。到2020年，若海南单位海岸线海洋经济密度达到浙江的50%，则海南海洋生产总值将超过3000亿元；若达到广东或山东的50%，则海南海洋生产总值将超过4000亿元。由此可见，海南海洋经济还有相当大的发展空间。

三 加快推进服务业项下的自由贸易进程，既是政策需求的基点，也是体制机制创新的重点

突出服务业市场全面开放与服务贸易自由化便利化的政策需求。海南探索建设中国特色自由贸易港，要以服务贸易为主导突出特色，实施全球最高开放标准的市场准入政策与贸易投资自由化便利化政策。

实施全球最高开放标准的服务业市场准入政策。要尽快制定实施海南版服务贸易负面清单，除出版印刷、广播电视等特殊领域外，全面取消现有投资准入负面清单与跨境服务贸易负面清单中禁止性与限制性措施，实现内外投资者准入前后的同等待遇，加快服务业市场全面开放进程，由此打造服务贸易创新发展的新高地。

适应服务业市场全面开放的需求，实施不亚于香港、新加坡等国际知名自贸港的税收政策。建议在现代服务业领域率先实行15%的企业所得税；尽快对健康、旅游、文化娱乐、研发设计等服务业项下的生产要素实行零关税；对海南岛内的现代服务业企业之间的交易适用增值税税率为零的政策。

实施服务贸易自由化便利化政策。例如，实行人员自由流动政策，在现有59国人员来琼免签政策基础上，适时并在严控风险的前提下，逐步放宽免签政策；降低"绿卡"申请门槛，取消对专业技能人才申请永久居留的最短居住时间限制；取消对获得工作签证的外籍人员就业限制等；对标国际管理标准降低服务贸易边境内壁

垄，全面实行服务业管理的国际标准。

按照加快推进服务业项下的自由贸易要求，争取中央给予海南充分授权。例如，设立国家海关特殊监管区。以服务贸易为主导探索建设中国特色自由贸易港，既要面向国际市场，又要服务国内近14亿人的内需大市场。这就需要海南探索建立一套全新的海关监管制度，在保障自贸港的开放政策得以全面贯彻实施的同时，也能有效防范各类风险。建议研究制定《海南自由贸易港海关特殊监管条例》，明确海南特殊监管区的法律地位、性质、职能和管理体制。再如，适应国际旅游消费中心建设的需要，将国内消费税由中央税调整为地方税；提高海南在共享税的收入分成比例，包括企业所得税、个人所得税的分成比例；扩大海南省级税收管辖权。通过赋予海南更大的税收自主权，加快构建以直接税为主、以"简税制、低税率、零关税"为突出特点、有别于内地、具有国际竞争力的财税体制。

四 以全面推进服务业项下的自由贸易带动全面深化改革的重要突破

深化市场化改革推进营商环境优化。按照竞争中性的原则，赋予各类市场主体更大的自主权，在创新民营经济发展方面走出一条制度化、法治化之路，有效激发市场活力。要把提高政府效率作为优化营商环境的重中之重，尽快改变经济生活中市场活力不足与行政效率低下的突出矛盾。

坚持以制度创新为核心。在深化行政体制、区划体制、司法体制改革等方面有重大突破，为加快探索建设中国特色自由贸易港提供重要保障。

深化人才发展体制机制改革。服务贸易创新发展关键靠人才。"吸引人才、留住人才、用好人才，最好的环境是良好体制机制。"海南既要以服务业市场全面开放吸引各类人才，也要在深化人才发展体制机制改革上有所突破，以留住人才、用好人才。例如，以法定机构为主要平台吸引国际化人才，建立各级政府外籍高级顾问制度，赋予法定机构法定自主权，包括内设机构设定权、人才聘用权、薪酬制定权等。

习近平总书记强调："没有思想大解放，就不会有改革大突破。"未来两三年是海南自贸试验区向自贸港过渡的关键阶段。要以加快探索建设中国特色自由贸易港为目标，学习借鉴国际自贸港的先进经营方式、管理方法，对一切有利于实现既定目标的改革举措、开放政策、制度创新，大胆试、大胆用，努力使海南站在改革开放最前沿，对推动形成我国对外开放新格局产生重要影响。

探索建设中国特色自由贸易港及其司法体制改革[*]

（2019年6月）

高度自由、高度便利、高度法治是探索建设中国特色自由贸易港的基本要求。其中，高度法治不仅是基本要求，而且是重要保障。为此，我们需要深入研究、积极探索与中国特色自由贸易港建设相适应的司法体制改革。

一　推动泛南海经济合作进程及其司法体制改革

"把海南打造成为我国面向太平洋和印度洋的重要对外开放门户。"这是中央决定建立海南自由贸易港的重大战略目标，是中央赋予海南的新的重大历史使命，是海南实现海洋强省的历史性机遇。

与31年前相比，当前加快海南自由贸易港建设进程，不仅要让海南"更好发展起来"，更要在内外环境明显变化的背景下，充分发挥海南地处太平洋和印度洋要冲的独特区位和地理优势，利用建设自由贸易港的契机，努力将海南打造成为我国面向太平洋和印度洋的重要对外开放门户与21世纪海上丝绸之路的重要支点。

---

[*] 本文载于《金融经济》2019年第11期。

海南要实现海洋经济发展的重要突破,要着力提高海洋经济效益。海南的海洋面积占全国的三分之二,但2017年海南省海洋生产总值仅为浙江的16.6%、山东的8.5%、广东的7.0%;海南单位海岸线海洋经济密度仅为浙江的18.3%、广东和山东的14.5%。

海南建立自由贸易港要在推进泛南海区域经济合作和海洋领域的投资贸易自由化、便利化上发挥作用;通过扩大开放,引进外来资本与技术,加快港口、航道等基础设施建设,在提高海洋经济效益方面取得重大突破,推动海洋经济向质量效益型转变。

初步预测,到2020年,若海南单位海岸线海洋经济密度达到浙江的50%,则海南全省海洋生产总值将超过3000亿元;若达到广东或山东的50%,则海南全省海洋生产总值将超过4000亿元。海南的海洋经济有相当大的发展空间。

海南还要以"泛南海旅游经济合作圈"作为"泛南海经济合作圈"的突破口。这既有牵动影响全局的作用,又有现实的可行性。例如,依托近14亿人的旅游消费大市场,以邮轮旅游为重点,以资本、人才和服务合作为纽带,积极开展旅游业项下的自由贸易,加快建立泛南海岛屿旅游经济合作体,为未来形成泛南海自由贸易网络打下重要基础。

围绕海南全岛建设自由贸易试验区和中国特色自由贸易港的目标,其司法改革首先要强化海事司法管辖,重点关注涉海旅游、航运船舶、海洋资源开发、海岸带开发、海洋环保、海事行政等领域纠纷,以有效的海事司法管辖为发展壮大海洋经济、保护海洋生态环境、维护国家海洋权益、促进海洋区域合作营造安全有序的法治环境。

其次,要创新海事审判工作机制。推进海上巡回审判和岛屿审判点建设;推动将涉海刑事案件纳入海事法院专门管辖;探索国际商事纠纷案件集中审判机制,探索设立涉外专门审批机构,组建涉外审批团队；探索符合海事纠纷特点的多元纠纷解决机制，鼓励当事人尤其是境外市场主体通过仲裁、调解等非诉方式解决海商海事纠纷。

最后，要探索建立服务泛南海旅游经济合作圈建设的司法服务机制。例如，成立涉海旅游巡回审判点，推进司法服务关口前移，将巡回审判点逐步延伸至邮轮等旅游纠纷的易发地、易发点。

二 以服务贸易为主导建设海南自由贸易港及其司法体制改革

加快推进服务业项下的自由贸易进程，既适应我国扩大开放的大趋势，又符合海南的发展定位。司法体制改革则要为以服务贸易为主导的海南自贸港的发展提供法律保障。

以服务贸易为主导符合经济全球化的大趋势，是我国开放转型的重点。当前，世界经济正在向服务型经济转型，服务业的国际化和跨国转移成为经济发展的新趋势，服务贸易已成为引领世界经济复苏增长的新动力。

发展服务贸易是我国扩大开放的重大任务。全球贸易结构的变化为我国形成服务贸易主导的新优势提供了重要机遇。现在重要的是推动我国高水平开放的战略布局，以开放促改革、促转型、促增长。

从现状看，近几年海南服务贸易尽管发展较快，但仍然面临不少挑战，发展相对落后。海南服务业中相当一部分是餐饮、住宿、交通等传统服务业，金融、保险、信息等现代服务业占比较小。

海南发展服务贸易，可以重点从以下几个方面着手：

以建设具有世界影响力的国际旅游消费中心为目标，加快生活服务业的发展。建设具有世界影响力的国际旅游消费中心，应对标香港，充分开放旅游业市场，引入香港旅游消费的产业链、供应链，尽快推动琼港旅游购物服务管理和市场监管标准规范的全面对接。

加快医疗健康市场开放进程。博鳌乐城国际医疗旅游先行区的定位应是医疗创新的"硅谷",是以干细胞等为重点的国际性科研合作基地。在此基础上,应尽快将医疗开放政策实施范围扩大到全省,使广大消费者在海南能够广泛享受到先进的医疗服务。

加快推进教育开放。海南教育资源短缺、教育发展水平落后,这也成为制约海南经济社会发展的一个突出短板。建议在中央相关部委的支持下,把海南建成我国第一个教育开放岛,允许各种有资质的高水平机构来海南办学。

大力发展航运、物流产业。与香港合作,发展多样化的船舶租赁、航运保险、航运衍生品等航运金融业务;加快建立以海南为基地的泛南海区域航运枢纽,进一步深化与泛南海沿线岛屿地区在港口、码头建设、邮轮客运等方面的合作,提升海上基础设施互联互通和航运服务水平。与此同时,支持海南开辟更多国际航线。

金融开放、数字领域的开放要有实质性突破。金融开放是海南探索建设自由贸易港的重中之重。如果金融开放没有大的突破,会影响和制约相关产业发展。

此外,抓住数字化、网络化、智能化等信息通信技术深刻改变国际贸易规则的历史机遇,把握好大部分国家基本处于同一起跑线的时机,制定跨境电子商务规则、法律和标准。海南有条件成为"数字经济岛""数字服务贸易岛"。

海南发展服务贸易对司法体制改革的需求主要体现在以下几个方面:

提供司法服务和司法保障。依法加强对旅游、医疗、教育、体育、电信、互联网、文化、维修、金融、航运等重点服务业开放领域的民商事案件审理,推动旅游业、现代服务业、高新技术产业对外开放,推动海南构建法治化、国际化、便利化的营商环境。

创建专业法庭。例如,创建海南自由贸易港"数字法庭"、知识产权法庭、金融法庭等。

创新涉外商事案件审判方式。平等保护中外当事人合法权益，切实维护国际交易秩序。

此外，还需要完善国际商事纠纷多元化解机制，建立与国际接轨的仲裁制度，培育多元化法律服务市场。

三 建设全域型的自由贸易港及其司法体制改革

与国内11个自贸试验区不同，海南是在全岛3.54万平方公里范围内探索建设中国特色自由贸易港；与普通的国际自由贸易港不同，海南是在还有广大农村的情况下建设自由贸易港的。

从海南省情出发，要从全岛建设自贸区、自贸港的整体布局出发，优化司法资源配置，提高司法效率。

首先，把提高资源利用效益作为全面深化改革开放的重要目标。海南土地资源、农业资源、海洋资源、生态资源是最宝贵的。但总的来说，海南的资源利用效益还相当低。从岛屿比较看，海南与台湾的土地面积差不多，但海南约2/3是平原，台湾约2/3是丘陵和山地，此外海南的地质条件也比台湾好得多。但2017年，海南每平方公里土地产出的GDP只等于台湾的11.7%。

其次，以推进"六个统一"为重点深化"多规合一"改革。按照"全岛一个大城市"的思路，在不改变行政区划的同时，深化"多规合一"改革。在全省规划统一的基础上，加快推进土地利用统一、基础设施统一、产业布局统一、城乡发展统一、环境保护统一、社会政策统一，由此显著提升全省资源利用效益和政府行政效率，形成海南发展的整体优势。

最后，加快城乡一体化进程，释放农村资源价值潜力。从海南的发展前景看，最大潜力和后劲在农村。海南有条件在城乡融合发展、乡村振兴方面走在全国前列。例如，率先取消城乡二元户籍制度，实施全省统一的居住证管理制度，实现城乡、区域人才的自由流动。

海南建设全域型的自由贸易港对司法体制改革的需求主要体现在以下几个方面：

首先，需要积极探索与行政体制改革相适应的司法体制改革，按照优化协同高效原则，扎实推进法院内设机构改革。

其次，要处理好与农村土地征收、集体经营性建设用地入市、宅基地制度改革相关的案件，服务相关改革政策落地。

再次，要加强行政审判，依法支持政府职能转变。要支持海南法院探索行政案件跨区域集中管辖，依法服务、保障行政体制改革，推动深化简政放权、放管结合，优化服务改革，助力政府提升治理能力。

最后，要支持海南在建立完善自然资源资产产权制度和有偿使用制度等方面先行探索。

加快探索建设海南自由贸易港进程[*]

（2019年8月）

在刚刚结束的G20大阪峰会上，习近平主席提出，中国要"加快探索海南自由贸易港进程"。这是继2018年4月13日习近平重要讲话后，第三次在重要国际场合提出加快探索建设海南自由贸易港：第一次是2018年11月5日在首届中国国际进口博览会开幕式上；第二次是今年4月26日在第二届"一带一路"国际合作高峰论坛开幕式上。"加快探索建设海南自由贸易港进程"，不仅是我国扩大开放的重大举措，而且是我国政府向国际社会做出的正式承诺。习近平主席重要讲话中一再提出要"加快"，对探索建设海南自由贸易港提出了更高要求。

一 "加快探索建设海南自由贸易港进程"，这是一篇大文章

在当前单边主义和贸易保护主义盛行、经济全球化面对严峻挑战的大背景下，"加快探索建设海南自由贸易港进程"，是彰显我国扩大对外开放决心、积极推动经济全球化的重大举措。

---

[*] 本文载于《经济研究参考》2019年第16期。

（一）加快探索建设海南自由贸易港进程，是我国向国际社会郑重承诺的一件大事情

面对全球百年未有之大变局，加快建设海南自贸港，是我国主动开放、扩大开放的重大举措，成为国际社会关注我国主动扩大开放的重点之一。目前，国内外对海南建设自由贸易港提出各种疑虑。能不能加快探索海南自由贸易港进程，给各方以信心，不仅事关海南的发展全局，而且关乎我国扩大开放的国际形象和国际影响。这就需要我们把握大局看海南、跳出海南谈海南。

（二）加快探索建设海南自由贸易港进程，要有大思路，不宜搞"港中港、区中区"

是先搞几个试验区，几年后再向全岛推开，还是抓住关键，在重点领域突破从而推动全岛开放？海南建省之初想推全岛大开放，提出设立特别关税区。由于多种原因，确定以建立洋浦经济开发区为重点带动全岛大开放。结果是，洋浦开放没有实现重大突破，海南大开放也一再错过重要历史机遇。2010年建设国际旅游岛，又按照这个思路，建立了国际旅游岛先行试验区。10年过去了，国际旅游岛建设虽有好的进展，但尚未有实质性突破。"加快建设海南自由贸易港进程"，要认真总结历史经验教训，抓住当前的重大机遇，努力在制度创新、某些政策、产业发展方面实现大的突破，并由此加快全岛的开放进程。若按照先搞几个试验区，过些年再全面推开的传统路子，有可能错过重大机遇，可能难以达到"加快"的目标要求。

（三）加快探索建设海南自由贸易港进程，要做好泛南海这篇大文章

海南与国内其他地区相比，最大的优势是区位和地理优势。为什么要"加快探索海南自由贸易港"？就是要充分利用海南独有的区位和地理优势，做好"泛南海经济合作圈"这篇大文章。中央提

出把海南打造成为面向太平洋和印度洋的重要对外开放门户，在21世纪海上丝绸之路重要建设支点上迈出更加坚实的步伐的目标要求。实现这一重大目标，就是要以海南为先导构建泛南海经济合作圈，推动泛南海23个国家和地区的经济合作，由此带动泛南海的自由贸易进程。例如，当前要加快形成泛南海旅游合作圈，一艘邮轮就可以带去一个大市场，一艘大型旅游船可以把环保技术、通信技术等都带去，由此推动海上基础设施的互联互通。如果在泛南海区域有十几艘10万吨、20万吨的邮轮航行，泛南海的形势将会发生重要变化。

二 "加快探索建设海南自由贸易港进程"，要全面推进大开放

自由贸易港是当今世界最高水平的开放形态。按照习总书记的要求，海南要坚持以开放为先，实行更加积极主动的开放战略，加快建立开放型经济新体制，推动形成我国全面开放新格局。习总书记"4·13"重要讲话中明确指出，"海南发展不能以转口贸易和加工制造为重点，而要以发展旅游业、现代服务业、高新技术产业为主导"。海南以服务贸易为主导，符合全球自由贸易发展大趋势，符合我国形成对外开放新高地的战略安排，符合海南自身发展定位。为此，要加快以医疗、教育、文化、金融、电信等为重点的服务业全面开放进程。

（一）推进教育市场的全面开放

海南的经济社会发展主要落后在教育方面。加快建设自由贸易港，对海南提高教育质量和水平提出迫切需求。这就需要全面放开教育市场准入。例如，只要符合条件和标准，谁都可以在海南办教育，市场主体不受限制。由此，使海南成为"教育开放岛"，在开放中加快教育发展进程，提升教育发展质量。

（二）尽快将博鳌乐城医疗旅游先行区的相关政策向全省推开

医疗健康全面开放是海南的一张"王牌"。能不能抓住机遇，在确保博鳌乐城成为干细胞等国际医疗技术研发试验区的前提下，尽快将相关政策向全岛推开。此事再拖下去，很可能会失去机遇与优势。建设"医疗健康岛"，需要大开放。例如，尽快在海南引入日本、欧洲、美国的医药标准，这不仅有利于促进海南自由贸易港的建设进程，更是造福百姓的大好事。这样，不仅能以医疗政策的全面开放带动全省的开放进程，而且能使更多国人从中受益。

（三）加快推进金融市场开放

加快建设海南自由贸易港，一个制约因素是货币自由流动。海南能不能利用区块链技术研发和创新应用，解决海南货币自由流动的问题？若一两年内在这件事上有重大突破，将有利于加快海南自贸港建设进程。

（四）稳步、有序放开电信市场和互联网限制

信息自由流动是国际成功自由贸易港的基本要素。海南自由贸易港要逐步有序放宽电信市场准入，实现电信领域充分竞争；在条件成熟时稳步放开互联网访问限制，实现跨境互联网数据和信息自由流动。

（五）与香港联手建立国际购物中心

海南免税购物政策实行了快10年，离中央定的建设国际购物中心的发展目标仍有相当大的差距。当前，能不能和香港联手建立国际购物中心，发挥香港在免税购物方面的优势，全面引入香港旅游消费的产业链、供应链，推动琼港旅游购物服务管理和市场监管标准规范的全面对接，由此提升海南旅游消费的国际化、标准化水平？这件事对海南有利，对香港有利，对全局有利，而且有可行性。

三 "加快探索建设海南自由贸易港进程"，要在制度创新上实现大突破

习总书记"4·13"重要讲话强调，海南要以制度创新为核心，

赋予更大改革自主权，支持海南大胆试、大胆闯、自主改，加快形成法治化、国际化、便利化的营商环境和公平开放统一高效的市场环境。无论从哪方面看，加快探索建设海南自由贸易港进程，关键都取决于制度创新上要有"非常之举"。

（一）建立海南特别经济区是行政体制改革的"非常之举"

目前，多方担心疑虑的焦点在于海南现行的政府管理体制与政府工作效率能否有效担负起建设自由贸易港的重任。从现状看，确实面临着难以解决的突出矛盾。例如，行政体制与高度开放的需求如何相适应；现行的中央与地方经济关系如何有利于全面开放政策的落地；等等。为使海南的行政体制与加快探索建设自由贸易港进程相适应，一个重要的建议是建立海南特别经济区，即划定海南省为特别经济区，在中央统一领导下、在保持基本制度不变的前提下、在海南省委的领导下，建立中央授权的行政管理体制，以为"加快探索建设自由贸易港进程"提供重要的体制保障。这是"制度创新"的重大突破。由此，将在多方面产生重大影响。

（二）以深化"多规合一"改革为重点推行行政区划体制改革

按照《中共中央国务院关于支持海南全面深化改革开放的指导意见》提出的"推进海南行政区划改革创新，优化行政区划设置和行政区划结构体系"要求，以深化"多规合一"改革为主线，在现有行政区划不做大调整的前提下，尽快形成"六个统一"（统一规划、统一土地利用、统一基础设施、统一社会政策、统一环境保护、统一重要的资源开发）的整体格局，建立以省级统筹为主、市县具体落实的行政管理新体制，由此实现全岛资源利用效益最大化。从现实基础看，推进"六个统一"的改革见效快、阻力小，是务实推进行政区划改革的重要举措。

（三）在城乡一体化的体制机制上有重大突破

土地资源是海南最稀缺、最宝贵的资源。建设海南自由贸易港客观要求海南加快推进城乡一体化。从现实情况看，海南最有条件在城乡一体化进程上走在全国前列。现在，海南房地产是全国热议的重点。房地产健康有序发展的出路在哪儿？笔者认为，海南只有加快建立城乡统一的建设用地市场，通过扩大土地供应，才能有效调控海南房地产价格，由此实现房地产健康发展的大目标，走上良性发展的路子。

四 "加快探索建设海南自由贸易港进程"，要尽快形成大环境

没有思想大解放，就不会有改革大突破。加快探索建设海南自由贸易港，打造世界最高水平的开放形态，需要思想大解放，发扬敢闯敢试、敢为人先的特区精神。

（一）优化营商环境成为首要任务

营商环境不优是国内外投资者诟病海南的集中点。改善营商环境的当务之急是明显提高政府办事效率。海南要在这方面尽快出实招、下猛药。

（二）形成人才发展的大环境

习总书记提出"吸引人才、留住人才、用好人才，最好的环境是良好体制机制"。海南建省办经济特区之初的"十万人才下海南"，在体制创新上主要就一条，人才不要档案，在海南可以重建档案。这对当时的人才引进起了重大作用。今天，建设海南自由贸易港，在人才引进上需要采取非常之举。例如，现在选拔干部，能不能在有些岗位主要采取市场招聘的方式，不要统统纳入公务员系统，不要一进来就是"铁饭碗"。在人事管理上，形成一些能在国际社会上引起反响的特殊体制与政策安排。

海南自由贸易港的重大使命[*]

（2019 年 10 月）

习近平总书记在海南建省办经济特区 30 周年大会上发表重要讲话以后，几次在重要国际场合提出"加快探索建设海南自由贸易港进程"。为什么强调要"加快"？笔者的理解是，面对世界百年未有之大变局，加快探索建设海南自由贸易港进程，就是要充分借鉴学习国际自由贸易港的成功经验、适应国际经贸规则的变革趋势，建立对标世界最高水平开放形态的经济体系。由此，使海南在实行世界最高水平开放政策、推动经济全球化中承担重大使命。

一　战略定位：把海南打造成为我国面向太平洋和印度洋的重要对外开放门户

把海南打造成为我国面向太平洋和印度洋的重要对外开放门户，这是中央明确赋予海南自由贸易港的战略定位。这个战略定位，既要求海南以开放为先，以制度创新为核心，打造最高水平开放形态；也要求上上下下、方方面面把认识与行动统一到这个战略定位上来，解放思想、抓住机遇、形成合力。

---

[*] 本文载于《中国经济时报》2019 年 10 月 16 日。

(一)落实"战略定位"重在推进泛南海经贸合作进程

南海地处两大洋和两大陆的交汇地带,是太平洋通往印度洋的海上走廊,是多条国际海运线和航空运输线必经之地,是连接亚太地区与世界的最主要的海上运输通道之一,海南是我国面向南海中最大的岛屿。落实中央关于海南自由贸易港的"战略定位",服务于我国高水平开放的大局,重中之重是海南要在南海经贸合作中扮演重要的战略角色。

(二)落实"战略定位",关键是尽快把海南建成泛南海经贸合作的重要平台

一是加快推进南海区域互联互通进程。以海上基础设施互联互通为依托,加强海南与区域内国家和地区在港口、国际中转、海运航线、物流配送、邮轮客运等方面的密切合作;积极融入国际陆海贸易新通道,成为连接"一带"和"一路"的重要枢纽。二是加快建设南海区域人文交流平台。例如,构建南海区域高端交流对话平台,充分发挥博鳌亚洲论坛的带动力、影响力。

(三)落实"战略定位"的重大举措是把海南建成泛南海经贸合作的先导区

海南有条件在推进"泛南海旅游经济合作圈"的形成中发挥特殊作用。例如,加快开通海南到东南亚国家和21世纪海上丝绸之路沿线国家和地区的邮轮旅游航线,加快三亚邮轮母港建设;建立泛南海岛屿经济合作体,推动海南岛与泛南海国家、地区等旅游经济合作体建设;把洋浦打造成为南海油气资源勘探、开发、加工、储备、交易为主要业务的自由工业港区;加快三沙前沿基地建设等。

二 产业定位:以服务贸易为主导

在服务贸易与服务业市场开放直接融合的背景下,海南自由贸易港要形成以服务贸易为主导的独特优势和突出特色,重点、难

点、焦点大都集中在服务业市场开放的广度和深度方面。

（一）加快服务业市场开放

一是以旅游文化产业开放提升海南旅游文化国际竞争力。2018年，海南文化产业增加值占 GDP 比重仅为 3.30%。提高海南旅游文化的竞争力，关键在于加快推进文化、旅游、体育、娱乐等服务业市场全面开放。二是以扩大金融市场开放加快形成以外资、社会资本为主体的金融体系，放宽外资金融机构的业务范围，允许支持内外资金融机构在海南开展离岸业务，由此明显改善海南的投融资环境。三是以扩大电信、互联网等特定服务业市场开放为重点推动新兴服务业发展。

（二）关键取决于服务业项下的自由贸易进程

从服务业项下的自由贸易走向全岛全面开放，是海南从自由贸易试验区向自由贸易港过渡的重要行动，是加快形成以服务贸易为主导产业保障的重大举措，海南有条件在这方面先行先试。例如，与香港联手共建具有世界影响力的国际旅游消费中心；尽快将博鳌乐城国际医疗旅游先行区部分政策的实施范围扩大到全岛，并进一步拓展政策深度；加快推动教育市场开放进程，将海南打造成为"教育开放岛"。

三 制度创新：赋予海南自由贸易港更大改革自主权

海南建省办经济特区 30 多年的实践一再说明，优惠政策固然十分重要，但如果没有制度创新，这些政策实施效果也会大打折扣。只有在制度创新的前提下才能激发政策效果，为政策落地提供根本保障。

（一）海关制度创新

海南自由贸易港要打造世界最高水平开放形态，一是要对标国际知名自由贸易港，创新海关监管制度；二是要适应经济全球化大趋势，尤其是"零关税、零壁垒、零补贴"的国际经贸变革趋势。

建议海南海关制度创新分两步走。

第一步是建立特殊海关监管制度。一是在海南设立国家海关特殊监管区。这个特殊监管区，虽然不是一个完整的单独关税区的概念，但又执行国家赋予类似于香港、澳门"单独关税区"的海关监管职能，由此保障海南自由贸易港的开放政策得以全面贯彻实施，并有效防范各类风险。此外，以服务贸易为主导的海南自由贸易港，难以严格划定"境内关外"的物理边界，但必须有清晰的"境内关外"制度边界，通过制度安排实行"分线管理、分类监管"。二是以实现"双自由、双便利"为目标。海南自由贸易港以服务贸易为主导，需要以强大的内地市场作为依托。"二线高效管住"并不是管死，而是要加快推进"放管服"改革，实现高效监管、物畅其流、人便于行。为此建议，海南海关特殊监管体制的设计要在有效防范风险的前提下，既面向国际市场又服务国内近14亿人的内需大市场；既保证海南与境外市场在各要素流动上的自由和便利，也保证海南与内地市场在各要素流动上的自由和便利。三是探索实行"分线管理、分类监管"的新模式。创新自由贸易港"一线放开，二线管住"的传统监管模式，需要在"境内关外"的基础上界定好人员、货物、服务和资金的"进出境、进出岛、进境出岛、进岛出境"四个流向各自的海关监管状态，按此实行分类监管。根据四个流向分别实行进出境都放开、进出岛都要管、进境出岛和进岛出境实行管住与放开相结合的监管方式。

第二步是争取设立海南单独关税区。服务于高水平开放以及国家对海南自由贸易港的战略定位，适应经济全球化大趋势，海南特殊海关体制的设计，不是简单的"一线放开，二线管住"，而是要适时建立单独关税区。一是在海关法授权的领域内实施法定的海关监管权；二是授权处理相关经贸事务，享有对域内经济法人、个人的经济行为的管辖权；三是赋予海南在处理对外经贸关系上的自主权。

（二）财税制度创新

对标国际自由贸易港，重要的是对标先进的、优惠的税收制度。海南自由贸易港起点低，财税制度如何设计有着重大的影响作用。建议分两步推进财税制度创新。第一步：实行低税率。对标国际自由贸易港，海南的税率要低。此外，考虑最初几年海南财政的状况，建议中央财政给予海南一定的财政补贴，支持海南自由贸易港起步阶段的基础设施建设等。第二步：建立相对独立的财税制度。如果在财政和税收上没有相对独立的制度安排，将难以适应自由贸易港建设的需求。建议在国家的严格监管下，实行相对独立的财税体制。例如，明确将地方税收的税种开征、停征权和税收减免权、税率调整权下放给海南；通过赋予海南更大的税收自主权，支持海南加快自由贸易港建设。

（三）金融制度创新

建立与市场主体投融资需求相适应的金融体制，在促进境外资金、社会资金自由流动的同时，有效防范金融风险。考虑海南的金融制度绝不能仅仅从海南条件出发，而应更多地从金融开放的制度性安排上考虑。例如，海南有可能成为我国数字货币的重要试验基地。如果区块链技术能够实现突破，海南有可能成为我国数字货币的重要试验基地，既可以严格监管，又能充分放开，金融制度创新就会取得重大突破。

四 关键所在：实行特殊的行政体制安排

从实践看，在海南打造最高水平开放形态，需要建立与之相适应的行政架构，需要行政体制的重大改革。建议在中央统一领导下，把海南全岛划定为全新意义的"特别经济区"，建立与高度开放型经济形态相适应的高效率的、特殊的行政体制。

（一）赋予海南经济社会行政管理权

经中央授权，建立适应海南自由贸易港建设发展需求的高效率行政管理体制；赋予海南较大的经济自主权、行政管理权、社会治理权等。这样，既有利于协调海南与中央各部委的关系，更好地利用国内资源，也有利于提升海南行政运行效率。

（二）授权海南按照境内关外的原则处理与境外的经贸关系

建议在条件成熟时，中央授权海南在投资、贸易、金融、航运、通信、旅游、文化、体育、医疗等领域以"中国海南"的名义，同相关国家、地区保持和发展经贸关系，由此全面对接国际市场。

（三）积极探索与行政体制改革相适应的司法体制改革

以改革实现与国际惯例接轨的司法体制和统一高效的行政体制相融合，推动海南形成法治化、国际化、便利化的营商环境和公平统一高效的市场环境。

（四）为海南自由贸易港实施特殊行政体制提供法律保障

建议在《海南自由贸易港法》中明确在海南实行特殊的行政体制。在《海南自由贸易港法》尚未颁布前，为使海南自由贸易港建设尽快取得重要突破，建议由国务院授权海南采取特殊的行政体制安排。习近平总书记要求海南"要站在更高起点谋划和推进改革，下大气力破除体制机制弊端，不断解放和发展社会生产力"。加快探索建设海南自由贸易港进程，要尽快形成高度开放、公平竞争的市场环境；要尽快在产业项下的自由贸易方面取得实质性突破；要尽快在制度创新方面有重要突破；要尽快形成良好的社会环境、工作环境。

以"早期安排"取得"早期收获"

——加快海南自由贸易港建设进程的建议[*]

（2019 年 10 月）

习近平总书记指出，现代服务业是产业发展的趋势，符合海南发展实际，海南在这方面要发挥示范引领作用。为此，中国（海南）改革发展研究院院长迟福林具体提出三项"早期安排"的建议：第一，以扩大服务业市场开放的"早期安排"取得产业发展的"早期收获"；第二，以实施"零关税"的"早期安排"取得制度创新的"早期收获"；第三，以人才制度创新的"早期安排"取得广揽人才的"早期收获"。

当前，国内外对海南自由贸易港建设高度关注，期望值很高。同时，也存在某些观望和疑虑。在这种情况下，大家期盼尽快以"早期安排"获得自贸港建设的"早期收获"，以坚定信心形成加快探索建设海南自由贸易港进程的合力。

一　以扩大服务业市场开放的"早期安排"取得产业发展的"早期收获"

习近平总书记指出，现代服务业是产业发展的趋势，符合海南

---

[*] 本文载于《经济参考报》2019 年 10 月 28 日。

发展实际，海南在这方面要发挥示范引领作用。长期以来，产业基础薄弱是制约海南发展的突出问题。海南多年的实践证明，没有产业的大开放就没有产业的大发展。加快推进自由贸易港建设，迫切任务是产业的高度开放。从现实情况看，在服务贸易发展与服务业市场开放直接融合的背景下，海南有条件在扩大服务业市场开放和服务贸易创新发展方面做"早期安排"，以尽快取得自由贸易港建设的"早期收获"。

第一，以文化产业市场开放的"早期安排"取得旅游国际化水平提升的"早期收获"。

长期以来，海南面临内外不断增长的国际化、服务型、个性化消费需求与国际化产品供给严重不足、国际化服务不优的突出矛盾。其中，文化娱乐产业发展滞后是一个突出问题。2018年，海南文化产业增加值占GDP比重仅为3.3%，低于全国平均水平1个百分点，比北京（12.9%）低了9.6个百分点。提高海南旅游的国际化水平，增强竞争力，关键在于文化、体育、娱乐、创意等市场的高度开放。建议争取今年底明年初出台行动方案，明确提出从2020年开始，取消外商投资文化、体育、娱乐企业的股比限制，率先在这些领域实行"零关税"的"早期安排"，以取得文化娱乐与旅游融合发展的"早期收获"，并由此促进海南现代服务业的较快发展。

第二，以教育市场开放的"早期安排"取得"教育开放创新岛"的"早期收获"。

教育发展滞后是海南的"软肋"。作为一个开放岛屿，海南有条件在扩大教育市场开放上做出"早期安排"。例如，在符合条件和标准，有严格监管的前提下，允许境外资本在高等教育、普通高中、学前教育等领域独立办学。此外，建议对从事教育的人才尽快实行不高于10%的个人所得税。由此，取得海南"教育开放创新岛"建设的"早期收获"。

第三，以医疗健康市场开放的"早期安排"取得"医疗健康岛"的"早期收获"。

海南在医疗健康方面的突出矛盾是：全国及本省居民对海南医疗健康服务消费的刚性需求日益增大，但由于基础差、底子薄，海南医疗健康服务水平同发达省相比有明显差距。尽管近几年有明显改善，但矛盾和问题依然比较突出。当前，医疗健康服务业的高度开放既有极大需求，又有现实可行性。海南加快探索建设自由贸易港进程，最有可能在医疗健康方面实现重大突破，以便把这张"王牌"用好。建议把博鳌乐城国际医疗旅游先行区建设成为"国际性医疗硅谷"的同时，尽快把其某些政策逐步在全省实施，以努力在医疗健康产业的高度开放方面取得"早期收获"。

第四，以高新技术产业开放的"早期安排"取得"智慧海南"建设的"早期收获"。

推进高新技术产业开放，促进大数据、区块链、云平台等新兴技术与传统产业融合，不仅对提升海南产业发展水平有重要作用，也有利于促进更高水平开放。从现实看，海南高新技术产业发展较为滞后。2017年，海南高新技术产业增加值仅为212.3亿元，不足同期深圳的3%。抓住新一轮产业变革和科技革命的新机遇，海南要以高新技术产业全面开放的"早期安排"取得"智慧海南"建设的"早期收获"。例如，为支持在海南生态软件园引入国际知名互联网企业，开展区块链技术研发和创新应用，设立区块链技术国家级实验室，建议从2020年开始对园区内的高科技企业从获利年度起5年内免征企业所得税，对科技人员实行不超过10%的个人所得税。

二 以实施"零关税"的"早期安排"取得制度创新的"早期收获"

尽快在海南全面实施"零关税"，符合全球自由贸易大趋势，符合我国开放战略实施的新要求，符合海南自由贸易港建设的基本需求。建议把某些领域的"零关税"作为海南自由贸易港制度建设"早期安排"的重点，由此取得相关制度创新和产业开放的"早期收获"。

第一，从2020年开始在相关服务贸易领域取得"零关税"的"早期收获"。

其重点：一是对医疗健康、文化娱乐、旅游、教育、科技研发、会展等服务业发展所需原材料、基础设施配套的用品设备的进口实施"零关税"，并免除进口环节增值税。二是对事关民生的重点行业实施"零关税"。例如，对国外已经上市但国内尚未注册的抗癌药品以及与癌症治疗相关的医疗器械进口实施"零关税"，进一步扩大适用"零关税"药品范围。

第二，把日用消费品"零关税"作为"早期安排"的重中之重。

尽快在日用消费品领域做"零关税"的"早期安排"，有利于解决本岛居民收入不高但生活成本却高企不下的突出问题。在这方面，使海南广大城乡居民取得"早期收获"，其需求更为迫切、条件也比较成熟。同时，这也是加快建设具有世界影响力的国际旅游消费中心的重大举措。

第三，把防止走私和保障公众安全作为海南自由贸易港海关监管的基本要求。

中央12号文件要求："优化海关监管方式，强化进出境安全准入管理，完善对国家禁止和限制入境货物、物品的监管，高效精准打击走私活动。"随着全球"零关税"政策的逐步实施，"防止走私"虽然仍是海关监管的一项重要任务，但更重要的是如何有效处理海南与内地的关系，如何有效防范因产业开放，尤其是金融等服务业市场全面开放带来的外部输入性风险，如何在高度开放下有效防止经济、政治、社会等安全风险。尤其是作为一个相对独立的岛屿，加上现代科技监管手段的应用，海南也有能力、有条件把"零关税"的风险降至最低。

三 以人才制度创新的"早期安排"取得广揽人才的"早期收获"

海南自由贸易港建设，关键靠人才。未来1—2年，能不能以非常之举尽快形成吸引人才、留住人才、用好人才的体制机制和独特优势，是海南加快探索建设自由贸易港进程的决定性因素之一。

第一，创新人才发展制度的"早期安排"。

总结实践经验，要使各类人才真正发挥其才能，关键靠人才发展的制度创新。例如，探索实行政务官和事务官分类管理制度，事务官参照国际标准实行市场化薪酬待遇；除党政部门外，事业单位、社会组织等从业人员全部取消编制管理，全面实行聘用制。由此，打破人才管理行政化、封闭化的传统格局，建立以专业性、开放性为重点的人才管理体制。

第二，出台吸引人才的特殊政策的"早期安排"。

比如，尽快改变海南教育、医疗、高新技术产业相对落后的现状，要力争在税收政策上率先实现突破。建议：从2020年开始对医疗、教育、高新技术等行业的人才来源于海南的综合所得，个人所得税按照最高不超过10%的税率征收；对新引进的和本地的医疗、教育、高新技术等行业高层次人才，在海南取得的劳动所得，在一定时期内可以实行更低的个人所得税。

第三，取得人才发展的"早期收获"。

海南建省之初在什么都短缺的情况下，吸引"十万人才下海南"，靠的就是鼓励创新、创业的大环境。今天建设海南自由贸易港，更需要一个能让各类人才充分施展才能的大环境。一是以建立多种类型的平台为主体吸引海内外人才。例如，以法定机构为重要平台吸引各类人才，赋予法定机构自主权，包括内设机构设定权、人才聘用权、薪酬制定权等。二是营造创新创业的良好环境。创新工作室制度，赋予科研人才充分的自主权，并鼓励高校、科研院所、企业通过股权、期权、分红等方式激励科技创新。三是建立并完善国际化人才服务及用工环境。例如，建立海南移民事务管理机构，为国外人才提供住房、医疗、子女教育等服务；有序放开菲佣等外籍劳工入琼，为海内外的中高层次人才提供良好的家政服务。

实现海南自由贸易港开局新突破[*]

（2020年4月）

建设自由贸易港，是海南建省办经济特区30多年来的梦想与追求。两年前的4月13日，我在庆祝海南建省办经济特区30周年大会现场聆听总书记的重要讲话，很激动。两年后，海南开始进入加快自由贸易港建设的开局之年。

面对疫情的严重冲击，加快推进海南自贸港建设进程，就是要按照中央"以开放为先""以制度创新为核心"的基本要求，对标当今世界最高水平开放形态，尽快形成既有中国特色、又有较强国际竞争力的自贸港开放型经济新体制；形成疫情冲击下自贸港开局的新亮点。

一 以开放为先，加快推进服务业项下的自由贸易进程

中央提出"加快服务贸易创新发展，促进服务业优化升级，形成以服务型经济为主的产业结构"。面对新形势、新挑战，当务之急是以服务业项下自由贸易的"早期安排"尽快实现服务型经济发展的新突破。

第一，以产业大开放形成产业大发展的新格局。产业基础薄弱

---

[*] 本文载于《经济参考报》2020年4月14日。

是海南自贸港建设的突出矛盾。例如，2019年海南旅游业增加值仅相当于上海2018年的1/5；高新技术产业增加值不足北京的1/30。海南建省30多年的实践表明，没有产业大开放就没有产业大发展。加快建立以旅游业、现代服务业与高新技术产业为主导的自贸港产业体系，重在加快推进服务业项下的自由贸易进程。例如，建设国际旅游消费中心，关键在于加快推进旅游、文化、体育、娱乐、免税购物等产业项下的自由贸易进程；发展海南热带现代农业，出路在于通过加快推进物流、加工、包装、仓储等生产性服务业项下的自由贸易进程以及中央赋予的海南原产地政策等，将海南打造成为背靠14亿国人大市场，面向泛南海区域的热带农产品加工、储藏、交易中心。

第二，以高水平开放推进教育、医疗与公共卫生的高质量发展。发展现代服务业与高新技术产业，重在引用人才。进入发展新时代，在以事业吸引人才的同时，高水平的教育、医疗与公共卫生发展水平成为吸引人才、留住人才的重要基础条件。从现实情况看，海南有一流的生态环境，但教育、医疗与公共卫生发展水平仍比较落后。为此，要以高水平开放，大力引进国内外优质医疗资源、教育资源。若经过5年至10年的努力，使海南的教育、医疗与公共卫生发展水平接近或达到国内发达地区的水平，海南发展现代服务业、高新技术产业就有了重要基础和条件，海南人民的幸福感、获得感就会明显增强。

第三，要着眼于加快现代服务业与高新技术产业发展，形成开放政策的"早期安排"。从多年的实践看，自贸港开放政策的"早期安排"向园区倾斜固然十分重要，但是，与上海等发达地区不同，海南工业体系和现代服务业发展严重滞后，园区对全省产业发展的拉动作用很有限。从海南的省情出发，自贸港"早期安排"设计，要立足于现代服务业、高新技术产业基础十分薄弱的现实情况，把园区和产业发展结合起来，在注重园区发展的同时，尽可能将开放政策与"零关税、低税率、简税制"等特殊政策的"早期安排"向全省重点产业倾斜。

二　以制度创新为核心，加快形成法治化、国际化、便利化的营商环境

"要以制度创新为核心，赋予更大改革自主权，支持海南大胆试、大胆闯、自主改，加快形成法治化、国际化、便利化的营商环境和公平开放统一高效的市场环境。"加快海南自贸港建设，要着力在推动制度创新、培育增长动能、全面深化改革等方面取得重要突破。

一是对标世界最高水平开放形态强化制度创新。以制度型开放加快建立开放型经济新体制，是海南自贸港制度创新的重大任务。为此，海南要全方位、大力度推进改革创新，深入推进商品和要素流动型开放，加快推动规则等制度型开放，以高水平开放带动全面深化改革。尤其是在全球经贸规则加速重构、世界经济格局深刻复杂变化的大背景下，要在对标世界最高水平开放形态中形成具有国际竞争力的开放制度安排，尽快把海南打造成为我国深度融入全球经济体系的新前沿。

二是制度型开放需要赋予海南更大改革自主权。从我在海南工作32年的体会看，政策和体制的不协调始终是海南经济特区发展的突出矛盾。例如，海南离岛免税购物政策实施10年来，受制于现行财税体制，其政策效应远未释放，离中央要求的建设具有世界影响力的国际旅游消费中心差距甚远。充分学习借鉴国际自由贸易港的先进经营方式、管理方法和制度安排，形成具有国际竞争力的开放政策和制度，要尽快授权海南制定出台自由贸易港的相关条例，加快出台海南自由贸易港法。

三是制度型开放要有利于充分激发市场活力。市场活力不足、市场主体薄弱,是海南经济实力弱的主要原因。加快自贸港建设,关键是要尽快集聚一批具有较强竞争力的市场主体。要以制度型开放推动自贸港的开放政策、税收政策等政策优势与制度创新相结合,由此充分激发市场活力,形成市场环境的突出优势。例如,在实行产业开放政策的同时,全面实行企业法人承诺制,全面推行"极简审批"制度与公平竞争制度,明显提高政府效能,打造制度性交易成本的"洼地",在最大限度吸引全球优质要素与资源集聚中形成自贸港产业体系。

三 以特别之举形成疫情冲击下自贸港经济增长新动能

抓住14亿人的内需大市场,立足短期、着眼中长期,以特别之举有效应对疫情短期冲击,实现海南自贸港开局的新突破。

首先,依托14亿人的内需大市场,促进海南形成基于内需市场的经济增长新动能。将海南优美的生态环境优势与自贸港"早期安排"政策相结合,使海南成为国内居民国际化服务型消费的重要承接地。当前,要打好"两张牌":一是以健康"王牌"形成疫情下自贸港开局新亮点。疫情在对旅游业等服务业产生严重冲击的同时,也对"健康海南"提出迫切需求。建议:尽快在医疗健康领域推出某些"特别之举",从而形成自贸港开局的新亮点;着眼于建设高质量公共卫生防控救治体系,争取"十四五"末期将卫生支出占财政支出比提升至10%以上,其中公共卫生支出比重显著提升。二是以免税购物"王牌"尽快在日用消费品领域实行"零关税"的"早期安排"。2018年,海南人均旅游花费仅为大陆居民出境旅游平均花费的23%。建议尽快在日用消费品领域实现"零关税",使免税购物政策惠及全体游客和全省居民;同时推进免税购物市场的全面开放。由此,促进形成"大旅游"发展的新格局。

其次,提高资源利用效益是海南"更好发展起来"的最大条件。土地、热带农业、海洋、生态环境等是海南独特的宝贵资源。

但总的看，海南的资源利用效益还相当低。2019年，海南每平方公里土地产出的GDP只等于广东的1/4，不足新加坡、香港特别行政区2018年的0.45%、0.69%。若2025年，海南单位土地面积产出达到广东2019年的50%，将带来超过1万亿元的资本需求。另外，从海洋资源利用效益看，2018年海南单位海岸线海洋经济密度仅为广东的15.5%、山东的15.1%。若2025年海南单位海岸线海洋经济密度达到广东或山东的50%，则全省海洋生产总值有望达到5000亿元左右。把潜在的巨大资源优势转化为现实的增长动力，关键是制度创新。要按照"全岛一个大城市"深化"多规合一"改革，在全省规划统一的基础上，加快推进土地利用统一、基础设施统一、产业布局统一、城乡发展统一、环境保护统一、社会政策统一，由此大大提升全省的资源利用效益。

最后，把缓解经济下行压力与中长期发展相结合，加大战略性、基础性领域的投资力度。初步估计，若2025年海南全岛取消燃油车，充电基础设施累计投资规模将达到250亿元以上；若2025年海南教育与医疗硬件设施接近国内发达地区水平，将新增投资规模800亿元左右。为此，要加大对海南基础设施建设的财政支持力度，大幅提升海南地方政府专项债券发行额度，依托海南自贸港建设的良好前景与资源价值潜力，面向全球发行公共卫生、医疗健康、教育、现代农业、"智慧海南"、"绿色海南"等领域的专项政府债券，用于基础领域投资与"新基建"项目建设。以政府投资撬动社会投资，在有效缓解经济下行压力的同时，实现到2025年海南医疗、教育水平与5G等基础设施接近或达到国内一流水平的目标。

推进海南免税购物市场的全面开放[*]

(2020年5月)

在新冠肺炎疫情严重冲击旅游等服务业、严重冲击经济增长的特定背景下，海南自由贸易港建设如何开好头，以增强各方预期。我认为，重在打好"健康海南""免税购物"这两张牌，由此形成海南国际旅游消费中心建设的独特优势。

2月中旬，中改院形成"以'健康海南'的特别之举形成疫情后自贸港开局的新亮点（8条建议）"。总的考虑是：第一，疫情在对旅游及相关服务业产生严重冲击的同时，各界也对"健康海南"提出迫切需求。疫情后，海南将会成为健康旅游的热点区域。第二，以特别之举打好"健康海南"王牌，将形成疫情冲击下海南自贸港开局的新亮点。依托海南资源环境优势和自贸港政策制度优势，加快提升海南医疗与公共卫生服务的专业化、标准化、国际化水平。第三，"特别之举"的重中之重是开放。加快医疗与公共卫生的全面、高度开放，既是补齐海南公共卫生与基本医疗服务这一突出短板的关键之举，也是在冲击、压力下形成海南自贸港良好开局的关键之举。

加快推进海南国际旅游消费中心建设，重大举措之一是加快免

---

[*] 在国务院参事室主办的"拓展海南离岛免税销售，发挥自贸试验区（港）优势扩大内需"线上视频研讨会上的发言，2020年5月20日；载于《中改院简报》总第1341期，2020年5月。

税购物项下的自由贸易进程。海南自由贸易港建设要对标世界最高水平开放形态,其中条件比较成熟、各方需求较大的是免税购物。

一 在建设海南自由贸易港背景下讨论免税购物,首先要客观分析免税购物的现状

(一)旅游消费水平的比较

2018年,海南旅游总收入在31个省市区中排名第28位,其中娱乐花费占总花费的比重仅为3%、购物花费占比为13%,与中国香港、新加坡20%以上的水平有较大差距。表1为海南人均旅游花费情况。

表1　　　　　　　　　　2018年海南人均旅游花费情况

	中国居民出境人均花费	中国居民赴韩国人均花费	中国居民赴夏威夷人均花费	中国居民赴新加坡人均花费	内地居民赴香港人均花费	祖国大陆居民赴台湾人均花费
海南人均旅游花费相当于	23%	10%	11%	17%	21%	28%

(二)免税购物政策的调整(见表2)

表2　　　　　　　　　2011年以来海南免税购物政策的四次调整

	年份	额度	商品种类	对象	免税店数量	免税品销售额(亿元)
首次实施	2011年	5000元	18种	乘飞机离岛旅客	2家(海口1家、三亚1家)	9.86
第一次调整	2012年	8000元	21种	乘飞机离岛旅客	2家	23.67

续表

	年份	额度	商品种类	对象	免税店数量	免税品销售额（亿元）
第二次调整	2015年	8000元	38种	乘飞机、火车离岛旅客	2家	55.4
第三次调整	2016年	16000元	38种	乘飞机、火车离岛旅客	2家，允许网上销售	60.7
第四次调整	2018年	30000元	38种	乘飞机、火车、轮船离岛旅客	4家（海口2家、三亚1家、博鳌1家）	101

（三）海南免税购物与中国香港、韩国济州岛的比较（见表3）

表3　海南与中国香港、韩国济州岛免税购物政策比较

	海南	中国香港	韩国济州岛
销售对象	年满16周岁、乘飞机离开海南本岛但不离境的国内外旅客，包括海南省居民（即岛内居民）	旅客及本地居民	从济州岛乘飞机或船舶前往济州特别自治道以外地区的19岁以上的本国及外国人
销售品种	2015年3月20日，离岛免税政策再度调整，离岛免税品类由21大类增至38大类	除烟酒、碳氢油及甲醇四类商品外的各类免税商品	酒类、烟草、计时表、化妆品、香水、手包等15大类商品（含进口品和国产品，但不包括济州岛纪念品和土特产品）

续表

	海南	中国香港	韩国济州岛
销售额度、次数及数量	海南岛内外居民旅客每人每年可享受3万元的免税额度且不限购物次数。购物数量方面,根据不同物品规定最高购物数量	没有购物限制	在指定免税店每人每次免税购物总额40万韩元以内。一年可免税购物6次。对于免税酒类,赴济州特别自治道游客每人每次可限购1瓶,对于免税烟草,赴济州特别自治道游客每人每次可购10盒(1条)以下
提货方式	1. 即购即提 在海口美兰机场可以即购即提 在三亚国际免税城购物,只需加付10%—30%的税款担保金便可直接带走商品,并至少离岛前1小时持身份证件、免税品核对单、登机牌/车票和行李托运小票在机场或火车站的提货点办理退税 购买后若无法及时带走,还可选择免税城的邮寄服务 2. 机场/火车站提货 在三亚国际免税店购物的旅客,为确保商品准时送至提货点,从海口美兰机场及火车站出发的游客,需至少离岛前24小时完成购买,从三亚凤凰机场出发则需至少提前6小时,然后至少于离岛前1小时完成提货	即买即提	店内购物,离境口岸提货

续表

	海南	中国香港	韩国济州岛
免税税种	离岛免税政策免税税种为关税、进口环节增值税和消费税	免关税、附加税、增值税、一般服务税	免征增值税、个别消费税、酒税、关税及烟草消费税

资料来源：中改院课题组整理。

（四）海南免税品销售额与香港比较

2019 年海南离岛免税销售额 134.9 亿元，购物人数 386 万人次，人均免税购物金额为 3494.8 元/人次。

尼尔森发布的《2016 内地游客报告》显示，2016 年有 4280 万内地游客到香港旅行，人均消费 2 万港元，占当地零售业 35% 的营业额。若按零售业销售总额 35% 的比重估算，则 2018 年内地游客赴港购物消费总额达到 1670 亿港元（1434 亿元人民币），相当于海南 2019 年免税销售额的 10.6 倍。

从上面 4 类数据比较中看出，海南免税购物政策的实施效果并不理想，对拉动旅游国际化水平的作用比较有限。其主要原因是免税购物的市场开放不到位。

二 实现海南自由贸易港建设背景下免税购物市场的全面开放的几点建议

（一）推进免税购物市场全面开放

强化竞争政策的基础性地位，确保各类所有制市场主体在要素获取、标准制定、准入许可、经营运营、优惠政策等方面享受平等待遇，打破行政性壁垒，防止市场垄断，维护公平竞争市场秩序，是海南自由贸易港创新完善投资自由制度的基本要求，免税购物也不例外。例如，在严格监管和市场准入的情况下，允许更多有实力、有条件的企业进入海南免税市场；进一步拓展免税购物区域，将购物免税区域由现有的海口、三亚、博鳌扩展到全省；免税品种由国外产品扩大到国内名优产品。

(二) 免税购物的对象是所有消费者

即不仅离岛的旅游者，也包括岛内的消费群体，都享有免税购物政策。我曾在2009年提出在海南全岛建立日用消费品免税区的建议，分别在全国政协十一届二次会议和五次会议上提交了提案，呼吁这件事情。现在看，建设海南自由贸易港，对于岛内居民消费的商品，要在实行正面清单管理的前提下，允许岛内居民免税购买。此外，尽快在日用消费品领域实行"零关税"的"早期安排"，全面放开本岛居民购物次数及金额限制，允许本岛常住人口无论是否离岛，均可购买免税商品，增强海南广大城乡居民获得感，其需求更为迫切、条件更加成熟。

(三) 与香港等联手共建免税购物产业链、供应链、价值链

我曾在2018年第十二届泛珠三角区域合作与发展论坛与"9＋2"主要行政首长对话交流中提出这个建议。据我了解，香港对此寄予希望。建议国家支持在海南建立琼港、琼澳服务业合作园区，重点合作开展免税消费品物流、展示、免税消费品制造、加工和维修业务；探索建立委托经营、独资经营等多种形式的合作机制，引进港澳资本以及先进的经营、管理和人才，提升海南免税购物产业的国际化水平。我认为，此事可"一举两得"：一是有利于海南免税业加快发展，提高其免税服务业的国际化水平；二是有利于拉动香港的免税业发展，建立香港—海南免税购物供应链。

(四) 在国家严格监管下，把免税购物的管理权下放给海南

中央要求，建设海南自由贸易港，要赋予海南更大改革自主权，支持海南全方位、大力度推进改革创新。从我在海南工作32年的体会看，政策和体制的不协调始终是海南经济特区发展的突出

矛盾。例如，海南离岛免税购物政策实施近10年来，受制于现行财税体制，其政策效应远未释放，离中央要求的建设具有世界影响力的国际旅游消费中心差距甚远。充分学习借鉴国际自由贸易港的先进经营方式、管理方法和制度安排，形成具有国际竞争力的免税购物开放政策和制度，需要在国家的严格监管下，赋予海南免税购物的管理权。

海南具有全国免税购物政策的独特优势。依托海南自由贸易港的政策优势及旅游资源环境优势，进一步拓展相关市场的开放政策，使更多的国人不出国就可在海南享受免税购物的便利，使符合条件的国内外企业在海南平等经营，由此丰富海南国际化旅游消费内涵，使免税购物成为海南的"王牌"，在吸引消费回流、促进内需潜力释放中发挥重要作用。

以制度集成创新建设高水平自由贸易港[*]

（2020年6月）

自由贸易港是当今世界最高水平的开放形态。加快建立高水平开放型经济新体制，高质量高标准建设海南自由贸易港，要把制度集成创新摆在突出位置。

对标世界最高水平的开放形态，推进制度集成创新。《海南自由贸易港建设总体方案》提出了对标世界最高水平开放形态的制度设计和具体举措：一是贸易自由化便利化，突出"一线放开、二线管住、岛内自由"的特点；二是投资自由化便利化，严格落实"非禁即入"，全面放宽市场准入，最大限度降低准入后壁垒，建立健全公平竞争制度，实质性降低企业制度性交易成本，进一步激发各类市场主体活力；三是跨境资金流动自由便利，分阶段开放资本项目，扩大金融业对内对外开放，创新金融监管的体制机制；四是人员进出自由便利，在引用人才方面打破传统体制机制束缚；五是运输来往自由，实施高度自由便利开放的运输政策。此外，实现数据安全有序流动，实行"零关税、低税率、简税制"的税收制度。由

---

[*] 本文载于《经济参考报》2020年6月10日。

此，以制度集成创新为重点，建立对标世界最高水平的开放形态、与高水平自由贸易港相适应的政策和制度体系。

以制度集成创新带动改革开放全面深化，形成既有中国特色又有较强国际竞争力和广泛影响力的政策与制度体系：一是以"五大自由+数据安全有序流动+特殊税收制度"为重点，形成自由贸易港基本经济政策与制度安排；二是以着力推进政府机构改革和政府职能转变、打造共建共治共享的社会治理格局为重点，推进自由贸易港社会治理体系和治理能力现代化；三是以自由贸易港法为基础，构建自由贸易港法治体系，营造国际一流的自由贸易港法治环境，为海南自由贸易港的制度集成创新提供法治保障。

以制度集成创新打造国际化、法治化、便利化的营商环境。加快海南自由贸易港建设，关键是尽快集聚一批具有较强竞争力的市场主体。进一步激发各类市场主体活力，在市场准入承诺即入制、投资自由制度、公平竞争制度、产权保护制度等方面，探索符合自由贸易港发展的制度安排。为此，要以制度型开放为重点充分激发市场活力。以高水平开放带动改革全面深化，建立并完善以公开、规范为主要标志的开放型经济体制，打造国际化、法治化、便利化营商环境。要以制度型开放推动自由贸易港的开放政策、税收政策等政策优势与制度创新相结合，由此充分激发市场活力，形成市场环境的突出优势。与此同时，要以建设高效率政府为重点深化行政体制改革。解决行政层级多办事效率低、职责划分不清晰、授权不充分等问题，建立与自由贸易港发展相适应的行政管理体制。

推进海南自由贸易港与东南亚合作进程[*]

（2020年8月）

海南自由贸易港将成为中国国内市场与以东南亚为重点的区域市场的重要连接点，将在促进中国与东南亚区域经贸合作、人文交流中扮演重要角色。

一 高水平建设海南自由贸易港的战略目标

"将海南自由贸易港打造成为引领我国新时代对外开放的鲜明旗帜和重要开放门户"，是中央建立海南自由贸易港的战略目标与重大任务。

（一）重要开放门户

海南是中国最大的经济特区，地处泛南海经济合作圈的中心位置，且具有宝贵的资源环境优势。

在全球经济政治格局深刻复杂变化的背景下，建设海南自由贸易港，充分发挥海南地理区位独特优势以及背靠超大规模国内市场和腹地经济等优势，率先对接国际高水平经贸规则，实施全面深化

---

[*] 在"海南—新加坡线上专家研讨会"上的发言，2020年8月6日，海口；载于《中改院简报》第1353期，2020年8月。

改革和最高水平开放的政策和制度，促进区域内生产要素自由便利流动，使海南成为中国深度融入全球经济体系的前沿地带，并在推进区域合作方面发挥独特作用。

（二）海南自由贸易港的政策与制度安排

《海南自由贸易港建设总体方案》形成了以贸易投资自由化便利化为重点的自由贸易港政策制度体系。可概括为"5+1+1"：

——"5大自由便利"。即"一线"放开、"二线"管住，实现贸易自由便利；大幅放宽市场准入，实现投资自由便利；实行"三大自由"（即跨境资金、贸易结算、投融资等自由），实现跨境资金流动自由便利；实行更加开放的出入境管理政策，实现人员进出自由便利；以建设"中国洋浦港"船籍港为重点实行更加自由开放的航运制度，实现运输来往自由便利。

——"1"即扩大数据领域开放，实现数据安全有序流动。

——"1"即实行以"零关税、低税率、简税制"为重点的税收制度安排。

（三）海南自由贸易港的制度集成创新

推进海南自由贸易港的制度集成创新，其重点在于：一是推进以"五大自由便利"为重点的制度集成创新，提高政策与制度安排的整体效益；二是打造与最高水平开放形态相适应的高效率行政体制；三是建立与国际接轨的司法体制，完善海南自由贸易港仲裁体制机制；四是建立专业、高效、权威的立法体制，并尽快制定出台《海南自由贸易港法》。

二 重在推进海南自由贸易港与东南亚经贸合作

当前，面对全球性、区域性政治经济格局的深刻复杂变化，需要加快构建海南自由贸易港与东南亚国家的交流合作大网络，携手应对贸易保护主义与单边主义，合力做大区域经贸合作的"蛋糕"，共同打造泛南海经济合作圈。

（一）加强数字经济合作，携手共建海南自由贸易港与东南亚数字自由贸易区

推动海南与东南亚国家间的数字经济合作与数字贸易，空间大、需求大。建议：合作共建数字自由贸易区，率先在跨境电商、数字支付等领域取得双方合作的"早期收获"；积极开展数字技术、数字基础设施、数字服务等项下的自由贸易；探索在数据确权、数据认证、数据定价、数据监管、数据交易、数据安全等领域形成区域性标准规则。

（二）以邮轮旅游为重点推进海南与东南亚共建泛南海旅游经济合作圈

以邮轮旅游为重点共建泛南海旅游经济合作圈，有利于加快形成基础设施互联互通、市场双向开放、人文交流全面开展的新格局。例如，建立区域岛屿邮轮旅游合作体，推动实现客源共享和互送，邮轮航线的联合营销等；借鉴 APEC 商务旅行卡的成熟模式，探索发起泛南海岛屿旅游卡发展计划；加强海南和东南亚地区航空港、海港方面的合作，强化海洋旅游服务的标准对接，构建海南与东南亚地区的海洋经济大走廊。

（三）促进海南与东南亚地区间热带农业项下的自由贸易

随着海南"零关税"与原产地规则等政策的落地，东南亚国家的农产品及加工制品在中国有很大的市场潜力。建议：进一步破除农业投资和农产品贸易的隐性壁垒，加快市场双向开放、技术合作、标准对接、监管协同的进程，率先实行农业项下更高标准的贸易自由化便利化政策，合力打造集种植、加工、包装、保鲜、物流、研发等于一体的跨境农业产业链。

三 共同促进中新交流合作的新突破

2020 年 1 月 10 日，新加坡前外交部部长杨荣文建议，在中国海南岛成立一个东盟跟中国之间的南海经济合作区。从现实情况

看，深化海南自由贸易港与新加坡经贸合作、人文交流，共同促进"南海经济合作圈"，意义十分重大。

（一）推进海南自由贸易港与新加坡服务贸易全面合作

例如，加快建立服务贸易人才互认清单，推进服务贸易项下人员自由流动；推进海南与新加坡服务贸易领域的资格要求、技术标准对接，最大限度降低服务贸易边境内壁垒；全面实行服务贸易项下生产设备与货物"零关税"，推进海南与新加坡口岸数据互联互通互用等。

（二）推动共建以区域合作为主题的高端对话交流机制

例如，共同发起设立"南海经济合作圈高峰论坛"，向各方推介"南海经济合作圈"的初步构想，充分阐释加强区域交流合作的必要性、可行性和未来蓝图展望。适应高度开放下公共卫生风险防控的新需求，携手打造公共卫生信息交流机制、协同防控机制与重要物资合作保障机制等。

（三）以人员自由便利流动为重点深化合作交流

例如，尽快研究形成双方人文交流与民生合作的重点项目清单；共建人才合作培养、学术交流，支持双方高校、智库和研究机构间开展学术互访、合作研究、互派学者和留学生等多方面的合作。

当前，海南自由贸易港建设正处于起步阶段，在优化营商环境建设以及行政体制、立法体制、司法体制等重大制度安排方面需要研究学习新加坡的经验。希望中改院与东亚研究所就自由贸易港建设、区域交流合作等双方共同关注的重大课题开展合作研究和对话交流，以为深化中新合作、推动区域一体化进程提供智力支持。

推进海南自由贸易港建设的十大思考[*]

（2020年8月）

推动制度集成创新是建设海南自由贸易港的重大任务。从海南的实际情况看，要把制度集成创新摆在突出位置，重在解放思想，重在大胆创新。

自由贸易港是高水平开放政策与制度体系安排，推动制度集成创新是建设海南自由贸易港的重大任务。从海南的实际情况看，要把制度集成创新摆在突出位置，重在解放思想，重在大胆创新。

一 处理好"重要开放门户"战略目标与"三区一中心"战略定位的内在关系

打造引领我国新时代对外开放的鲜明旗帜和重要开放门户，是中央建立海南自由贸易港的重大战略目标，是海南自由贸易港的重大战略任务。"三区一中心"是海南自由贸易港的战略定位，是实现战略目标的基本要求与行动目标。

海南自由贸易港作为我国的"重要开放门户"，就是要充分发挥海南独特的区位优势以及背靠超大规模国内市场的优势，以加强

---

[*] 本文载于《中国经济时报》2020年8月7日。

海南和东南亚产业合作为重点，提升海南面向泛南海区域的重要影响力。尽快形成"重要影响力"是打造"重要开放门户"的重大任务。比如以构建数字经济网络为重点打造数字经济制高点；以泛南海邮轮旅游为重点形成对东南亚旅游市场的辐射力、影响力；以建立面向东南亚的热带农产品保鲜、加工、储藏基地为重点打造热带农业产业发展制高点；以洋浦港为依托，打造以油气为重点的海上运输、储藏、加工、交易中心；充分发挥博鳌亚洲论坛的带动力、影响力，打造区域性人文交流平台。由此，把握大局，自觉服务国家重大战略实施，才能赢得海南发展的重要机遇，才能开拓海南自由贸易港建设新局面，在服务重大国家战略中拓展自身发展空间。

二 把握好高水平开放与制度集成创新的融合关系

海南自由贸易港要建立以贸易和投资自由便利为重点的政策与制度体系，打造我国新时代对外开放新高地。当前，我国扩大开放的重点是制度型开放。制度型开放是更高水平的开放，是以服务业为重点的开放，是以适应国际经贸规则重构为特点的开放。从海南的实际出发，海南有条件、有能力在全国以服务贸易为重点的开放转型中扮演重要角色，发挥示范引领作用。推进海南自由贸易港建设，就是要主动适应国际经贸规则重构等新趋势，对标世界最高水平开放形态，打造制度型开放新高地。

制度集成创新是高水平开放的内在需求。制度集成创新具有系统性、融合性的主要特点。把握制度集成创新的着力点，核心是"集成"，以形成制度创新的放大效应。

三 利用好国内与国际两个市场的优势

如何处理好海南自由贸易港建设中的国内与国际两个大市场，这是十分重要的事情。第一，要发挥背靠14亿人国内大市场的突出优势，使国人不出国门就能享受国际化产品与服务。第二，海南自由贸易港要面向国际市场。从长远看，要形成具有国际竞争力的开放政策和制度，积极吸引全世界投资者到海南投资兴业，集聚全球优质生产要素与企业，提升对全球及区域产业链、供应链、价值链的管理服务能力。从短期看，要尽快提升海南经济流量，形成以东南亚为重点的境外经济腹地，在加快自身经济和产业发展的同时，尽快培育具有海南特色的合作竞争新优势。第三，充分利用特殊的政策与制度安排，使海南自由贸易港逐步成为国内市场与国际市场的重要连接点。一方面，充分利用特殊开放政策与制度安排，有效破解国内居民对服务型消费"有需求、缺供给"的突出矛盾，使海南成为释放内需潜力的重要地区；另一方面，要充分利用中央赋予海南的贸易投资自由化便利化、税收等政策与制度，更加积极地参与国际分工、拓展国际市场，推动自身产业转型升级。

四 处理好海南自由贸易港建设中政府与市场的关系

政府在经济领域的主要职责是制定规则、标准，推动市场有序放开。以免税购物为例，未来，政府的主要职责是制定免税购物市场标准、严格监管，实现企业间的充分竞争。只有这样，才能尽快形成免税购物的市场体系。

要在维护公平竞争的市场环境中更好发挥政府作用，同时，最大限度激发各类市场主体活力。经济活动要遵循市场经济规律，尤其是要搞活市场、搞活经济，更要注重遵循市场经济规律。

五 把握好"放得开"与"管得住"的关系

一方面，"一线完全放开、二线高效管理"是国际自由贸易港的突出特征；另一方面，"放开、搞活"是海南自由贸易港建设最大的实际需求。"管得住才能放得开"，这句话从原则上讲是对的，但"管住"不是"管死"，不能把"管得住才能放得开"绝对化。

海南自由贸易港建设初期的突出矛盾是"一线"全面放开更具迫切性、战略性。海南是一个岛屿经济体，在缺乏市场流量、产业基础比较薄弱的情况下，如果将"二线管住"作为开局阶段的首要任务，就难以实现海南自由贸易港建设开篇布局的突破。未来，我国面临的国际形势将更加复杂。能否利用重要时间窗口期，在海南自由贸易港开局的头几年实现"一线"全面放开，是搞活市场、搞活经济，提升物流、人流、资金流的关键。

此外，要在"一线"放开中逐步形成"二线"高效、科学管住的制度安排。这需要从实际出发，处理好"一线"与"二线"的关系，在"一线"放开中逐步明确"二线"管理的重点、措施、制度。

六 处理好"早期安排"中重点园区建设与全岛产业发展的关系

当前，产业基础仍然薄弱是海南自由贸易港建设面临的突出矛盾。2019年，海南服务业增加值3129.54亿元，仅相当于上海的11.2%、北京的10.6%、广东的5.2%。为此，要把重点推进园区建设与加快产业发展，尤其是服务业市场开放作为"早期安排"的重中之重。

"早期安排"政策向重点园区倾斜的目的是拉动相关产业发展。一方面，由于海南市场体系不完善，以重点园区为主承接"早期安排"政策对产业发展具有一定的带动作用；另一方面，园区发展的关键也在于产业。

"早期安排"要注重产业发展的全岛布局，调动全岛各个方面，尤其是调动市县的积极性。要以产业为重点统一规划全岛资源和空间布局，优化整体资源配置、完善城乡分工体系，实现"六个统一"，显著提升包括市县、农村在内的全省资源利用效益，形成海南发展的整体优势。

七 着力处理好海南自由贸易港建设中城市与农村的关系

海南自由贸易港的实施范围为海南岛全岛，意味着包括农村。

但是海南农业现代化程度较低,尽管已经基本实现了"品种革命",但是农业的生产方式、组织方式、运输方式尚未发生重要变革。工业化程度低,严重影响了生产关系、生产方式的变革,并使热带农业价值大打折扣。落实中共中央、国务院印发的《海南自由贸易港建设总体方案》所提出的"打造全球热带农业中心",仍是一篇需要着力破题的大文章。

海南80%的土地、60%的户籍人口、20%的产业在农村。由于发展相对滞后,再加上城乡关系尚未有实质性突破,使土地资源利用效率比较低下。充分释放农村资源潜力,关键是制度创新。现代农业产业是农村发展的主线,土地是核心,人才是关键。在建设海南自由贸易港的背景下,如果农村改革不出大招、实招,如果不采取某些特殊办法,就难以真正搞活农村市场,难以充分释放海南巨大的土地资源潜力。

八 客观判断海南自由贸易港建设面临的短期风险与中长期风险

当前,海南自由贸易港开局确实面临某些风险,但从服务国家重大战略出发,客观判断自由贸易港建设面临的风险,还需要研究:在海南产业基础薄弱、市场流量不大、营商环境有待改善的特定背景下,如何尽快改善营商环境、如何尽快采取相关重大举措,增强海南自由贸易港的吸引力。

在疫情严重冲击经济全球化和国际政治经济格局深刻复杂变化的特定背景下,吸引境外投资者,尤其是有实力的企业来海南自由贸易港投资,存在很大的不确定性。在这样一个大环境下,建设海南自由贸易港既具有迫切性、战略性,又凸显严峻性、挑战性。

客观、清醒地估计海南自由贸易港建设的短期风险和中长期风险至关重要。要在把握什么是短期风险、什么是中期风险的基础上从长计议;客观分析判断哪些是主要矛盾、哪些是次要矛盾,哪些是常规性问题、哪些是突出问题，不能把常规性问题变成主要问题。唯有这样，才有利于客观分析矛盾与问题，从而找出解决这些矛盾与问题的有效办法。

九 解决好现行体制与政策落实的关系

政策与体制不协调是海南改革发展的突出矛盾。从海南建省办经济特区30多年的实践看，只赋予某些政策和推进产业开放而没有重大制度创新，没有充分的改革开放自主权，很多特殊政策是难以落实到位的。

关键是形成想干事、能干事的发展环境与制度安排。海南要在中央和国家有关部门的支持下，"大胆试、大胆闯、自主改"，开创海南自由贸易港建设新局面。要尽快形成与建设海南自由贸易港相适应的发展环境。同时，加快在行政体制改革、公务员管理制度改革等方面推出重大举措，形成行政效率明显提升的体制保障。

此外，尽快出台《海南自由贸易港法》。《海南自由贸易港法》是海南自由贸易港建设的主体法，具有海南自由贸易港建设"基本法""授权法""框架法""创新法"的突出特点。

十 客观总结建省办经济特区的历史经验与全面吸取历史教训

建省办经济特区之初，产生海南"房地产泡沫"的重要原因在于当初走向大开放期望的落空。1988—1992年，每年大约有上万家或者数万家企业来海南登记注册。在这种情况下，解决办公用房成为突出矛盾，才出现了炒办公楼的现象。1993年以后，海南开放政策发生变化，大批企业逐步撤出海南，造成"房地产泡沫"。客观地讲，房地产是一个表层现象而不是问题根源。如果只是把"板子"打在"房地产泡沫"上，就很难抓住问题的本质。实践一再说明，扩大开放才是海南最大的希望。

产业开放与产业发展是吸引人才、投资的基础与前提。1990—1992年，每年大约有200亿—250亿元的短期资本进入海南。但是，没有产业项目，难以找到产业投资机会，使得大多数短期资本炒股票、炒房地产。目前，有一部分短期资本已开始进入海南，要尽快出台产业项目清单，引导投资，发展产业。

重在政策与制度创新。"十万人才下海南"，当时一项制度创新起了重大作用，即只要是专业人才，来海南可以重建档案。就这样一项政策与制度创新，在吸引人才中产生了较大作用。总结实践经验，要吸引大批人才并真正发挥其才能，关键靠人才发展的制度创新，靠企业主体，靠市场活力。

抓住重大机遇，不要重蹈历史覆辙，需要的是：解放思想，大胆创新；抓住机遇，重在落实；时不我待，主动作为。

赋予海南充分的改革开放自主权[*]

——关于海南自由贸易港立法的建议

（2020年8月）

总的考虑：按照习近平总书记"解放思想、大胆创新"的总体要求，海南自由贸易港立法的重要目标是，赋予海南充分的改革开放自主权；基本功能是：（1）对标世界最高水平的开放形态；（2）突出自由贸易港建设"母法"和"基本法"的特点；（3）推动制度集成创新的重要突破。

一 对标世界最高水平的开放形态

自由贸易港的本质是高度开放。海南自由贸易港立法，重在对标世界最高水平的开放形态，服务于将海南打造成为引领我国新时代对外开放的鲜明旗帜和重要开放门户的战略目标。为此，《海南自由贸易港法》应是一部"最高水平开放法"。

（一）对标国际自由贸易港的通行规则，形成以贸易投资自由化便利化为重点的法律框架

海南自由贸易港立法，要按照"境内关外"的基本要求，聚焦

---

[*] 在"海南自由贸易港立法与司法体制创新"研讨会上的讲话，2020年8月15日，海口；载于《中改院简报》第1354期，2020年8月。

贸易投资自由化便利化，保障货物、资金、服务、人员、信息等要素的自由便利流动，以有利于释放海南地理、区位和资源优势，充分发挥海南在我国高水平开放大局中的特殊作用。

（二）对标世界最新经贸规则，打造我国"重要开放门户"

在疫情严重冲击经济全球化、国际政治经济格局发生深刻复杂变化的特定背景下，海南自由贸易港立法，既要为对标当前国际高水平经贸规则提供法律保障，又要着眼长远、把握趋势，为对标全球未来最高水平开放形态预留法律制度空间。

（三）对标具有一流国际竞争力的营商环境，着力改善海南自由贸易港的营商环境

建设一流的营商环境，不仅是海南自由贸易港建设的当务之急，也是长远建设的重大任务。海南自由贸易港立法，要把推动法治化、国际化、便利化的营商环境和公平开放统一高效的市场环境作为重大任务之一。

二 突出海南自由贸易港建设"母法"和"基本法"的特点

《海南自由贸易港法》具有"母法"或"基本法"、授权法、框架法、创新法等突出特点。由于《海南自由贸易港法》具有自由贸易港建设的"母法"性质，把握其"基本法"的主要特点至关重要。一方面，界定海南自由贸易港的性质和法律地位、特殊管理体制等，以保障中央对海南自由贸易港的基本方针政策的实施和战略目标的实现；另一方面，规范、明确《海南自由贸易港法》和国内其他现行法律的关系，对赋予海南充分的改革开放自主权等重大问题做出法律规定。

（一）突出"基本法"的特点，有利于处理好政策与制度的关系

首先，推进海南自由贸易港立法，主要任务是确保海南自由贸易港的政策与制度在法律框架内高效落地；其次，海南自由贸易港

立法要明确经济领域的制度安排,并对其行政体制、立法体制、司法体制等重大问题做出原则性安排。

(二)突出"基本法"的特点,有利于处理好中央与地方的经济关系

建设具有中国特色的自由贸易港,是我国改革开放进程中的重大创举。在实践中尤其是在最初阶段,许多开放政策落实与制度创新难免会触碰到某些法律与政策的"红线"。这就需要按着习近平总书记强调的"中央和国家有关部门要从大局出发,支持海南大胆改革创新"的要求,理顺中央与地方关系,赋予海南在财税、金融、海关、行政、司法、监管等方面的相关立法权。

(三)突出"基本法"的特点,有利于处理好《海南自由贸易港法》与其他法律法规的关系

例如,建议在《海南自由贸易港法》中明确规定,"在海南自由贸易港区域内,现有法律如与本法抵触,可依照本法规定的程序修改或停止生效",并明确海南自由贸易港法的法律效力高于部门规章制度及政府规定。

三 推动制度集成创新的重要突破

海南自由贸易港立法,与自由贸易试验区以行政授权为主、法律暂停实施的方式不同,而是要通过在法律上"一揽子"授权的方式做成国内其他地区没有条件做的事情,以为海南自由贸易港制度集成创新提供法律保障。

(一)推动制度集成创新,重大任务之一是建立与最高水平开放形态相适应的高效率行政体制

当前,营商环境不优是各方诟病海南的焦点,其中突出矛盾之一是行政效率低下。建议借鉴新加坡等国际成功自由贸易港以"精简扁平的政府机构+专业高效灵活的法定机构"建立专业高效行政体制的普遍经验,加快建立以法定机构为主体的专业高效的执行系

统。例如，建议在《海南自由贸易港法》中予以明确或授权海南省人大决定，建立海南自由贸易港经济委员会，在法定职权范围内依法开展相关业务，独立承担法律责任，在经费总额控制与职责明确的前提下享有充分的行政管理、人事聘用和财务自主权。

（二）推动制度集成创新，重在建立与最高水平开放相适应的立法与司法体制

专业、高效、权威是自由贸易港建设对立法和司法体制的基本需求。为此，《海南自由贸易港法》要对立法与司法体制做出框架性安排，并赋予海南立法体制改革自主权与特殊的司法权。

（三）推动制度集成创新，要在法律执行方面探索创新

从国际经验看，新加坡既有同国际法接轨的法律，又有适合本国国情的独特法规；迪拜除刑法和反洗钱方面受阿联酋联邦法律监管外，在商业法规、贸易规则、劳工保护法等方面都和英美法系保持了一定的一致性。从打造一流法治环境的目标出发，建议考虑赋予海南自由贸易港一定的法律适用特权。例如，建议考虑在金融等专业领域适度引进普通法系的相关判例；对国际民商事案件，建议以清单形式赋予相应的适用法律选择权；对服务贸易、数字贸易、知识产权保护等领域，建议赋予海南一定的全球最新经贸规则协定内容的适用权。由此，探索建立中国特色自由贸易港的法律体系。

加快建立海南自由贸易港
开放型经济新体制[*]

（2020年8月）

2020年6月1日，习近平总书记对海南自由贸易港建设做出重要指示，强调"在海南建设自由贸易港，是党中央着眼于国内国际两个大局、为推动中国特色社会主义创新发展作出的一个重大战略决策，是我国新时代改革开放进程中的一件大事"。

当前，在全球经济格局发生复杂深刻变化的背景下，加快建立海南自由贸易港开放型经济新体制，是形成法治化、国际化、便利化的营商环境的重大举措，是我国积极推进经济全球化、坚定不移扩大开放的实际行动，是我国高水平开放的重要标志。加快推进海南自由贸易港建设进程，就是要按照习近平总书记"把制度集成创新摆在突出位置"的要求，对标当今世界最高水平开放形态，尽快形成既有中国特色、又有较强国际竞争力的自由贸易港开放型经济新体制。

一　建设海南自由贸易港的战略意义

新冠肺炎疫情全球大流行对全球经济造成严重冲击，并将影响

---

[*] 本文载于《行政管理改革》2020年第8期。

经济全球化的现有格局。在这个特定背景下，要加快推进海南自由贸易港建设，以彰显我国"坚定不移扩大对外开放"的决心。

（一）经济全球化面临严峻挑战

（1）"挑战性全球化"，并且挑战前所未有。疫情在全球蔓延，"挑战性全球化"的特点日益突出。例如，逆全球化的思潮抬头，全球化面临倒退的挑战、结构性重组的挑战。

（2）重创全球经济增长，并将导致全球经济陷入衰退。疫情严重冲击全球供应链、产业链，严重冲击部分行业；疫情重创国际贸易，导致全球经济增长速度下降；疫情导致全球经济衰退，并增大全球经济危机的可能性。

（3）改变全球化既有格局，并将形成全球化的新范式。疫情蔓延助推了某些孤立主义、单边主义、民族主义和贸易保护主义思潮；疫情蔓延严重影响双边、区域贸易投资自由化和经济一体化进程，增大了某些自贸协定谈判的变数；疫情蔓延使大国经贸关系面临更为复杂的变化。

（二）建立高水平开放型经济新体制

1. 从制造业领域为主的开放到服务领域为重点的开放

一方面，服务领域已成为我国扩大开放的重点。2005—2018年，我国服务业实际利用外资规模由149.1亿美元增长到931.2亿美元，年均增速达到15%，高于我国实际使用外资平均增速10个百分点；在全国实际使用外资总量中的比重达到69%，是制造业的2.25倍。另一方面，服务贸易仍是我国开放的突出短板。目前，我国服务贸易占贸易总额的比重低于全球23.1%的平均水平。"十四五"时期，从制造业领域为主的开放到服务领域为重点的开放转型将成为一个基本趋势。海南自由贸易港产业定位在符合自身特点的基础上，要适应服务业开放的大趋势。

2. 从商品和要素流动型开放到规则等制度型开放

当前，我国正由要素流动型开放向规则等制度型开放转变，包括按照公开市场、公平竞争的原则，推进国有企业改革、知识产权保护、产业政策、政府补贴、环保标准等与世界经贸规则的对接，并形成与之相适应的制度与政策体系。自由贸易港是制度型开放的最高形态，海南应在制度型开放方面取得重要突破。

（三）打造引领我国新时代高水平开放的鲜明旗帜

1. 建设海南自由贸易港是我国推动经济全球化的实际行动

在经济全球化受到严重冲击的背景下，加快推进海南自由贸易港建设，彰显了我国进一步扩大开放、更深程度融入世界经济的决心，是支持经济全球化、构建人类命运共同体的实际行动。以高水平开放吸引全世界投资者到海南投资兴业，实现各方共享中国发展机遇、共享中国改革成果；率先探索实行世界最新、最高经贸规则，将海南自由贸易港打造成为我国融入世界经济的前沿地带。

2. 以制度型开放率先推动建立高水平开放型经济新体制

海南自由贸易港以制度型开放为重要标志，主动适应全球经贸规则重构新趋势，充分学习借鉴国际自由贸易港的先进经营方式、管理方法，将开放政策与制度创新结合起来，形成具有国际竞争力的自由贸易港政策与制度体系，为我国推进制度型开放提供先行先试经验。

3. 推进区域一体化进程，打造我国面向太平洋、印度洋的对外开放门户

充分发挥海南地处太平洋和印度洋要冲的特殊区位和地理优势，利用建设自由贸易港的契机，通过制度型开放、全方位开放，使海南成为我国面向太平洋和印度洋的重要对外开放门户与21世纪海上丝绸之路的重要支点。由此，增强海南自由贸易港的区域辐射带动作用，打造我国深度融入全球经济体系的前沿。

二　建设海南自由贸易港的战略任务

以制度型开放加快建立开放型经济新体制，是海南自由贸易港制度创新的战略任务。海南要全方位、大力度推进改革创新，以高水平开放促进全面深化改革。

（一）对标世界最高水平开放形态

1. 对标国际自由贸易港的一般特征

按照"一线放开、二线管住"的基本要求，在海南实行高水平贸易和投资自由化便利化政策，完善"准入前国民待遇＋负面清单"管理制度，保障货物、服务、资金、人员、信息等要素流动自由化和便利化。

2. 对标世界最高水平的经贸规则

率先在海南探索实施"零关税、低税率、简税制"，提升自由贸易港的全球资源配置能力和全球服务能力；借鉴并率先实施国际最新投资贸易协定的相关条款，尽快开展电信、环保、劳工、政府采购等领域的先行先试；引入发达经济体的服务业管理标准与人才互认标准，在服务贸易、数字贸易等重点领域加快探索形成高标准"中国版"经贸规则。

3. 对标国际一流营商环境标准

聚焦贸易投资自由化便利化，要全面实施自由企业制度，保障市场主体实现在负面清单外自主注册、自主变更、自主注销、自主经营；要强化竞争政策的基础性地位，形成公开市场、公平竞争大环境；要建立严格的产权保护与知识产权保护制度，构建与国际接轨的多元化纠纷解决机制，为全世界投资者、创业者打造开放层次更高、营商环境更优、辐射作用更强的开放新高地。

（二）以制度型开放为主要举措的制度创新

（1）以贸易自由便利为目标的海关监管制度创新。实行"一线"放开，"二线"管住，岛内自由。例如，在严格监管下实现自由贸易港内企业自由生产经营；产品附加值增加30%可作为岛内产品进入14亿人国内大市场。

（2）以大幅放宽市场准入为重点的投资自由便利制度创新。例如，"非禁即入"，实施市场准入承诺即入制；创新自由投资的相关制度；完善产权保护；平等待遇，公平竞争。

（3）以扩大金融开放为重点的跨境资金自由便利制度创新。海南金融开放需要一个过程，需要在高水平开放中加快海南金融体制创新。要扩大金融业开放范围；加快金融改革创新；积极发展离岸金融业务。

（4）以加快开放的人才政策为重点的人员进出自由便利制度创新。例如，提供高水平的人才移民服务；实行更加便利的出入境管理政策，有序扩大签证范围。

（5）以高度自由便利开放政策为重点的运输往来自由便利。要实行更加开放的航运制度；加快建设"中国洋浦港"，把洋浦港打造成为以油气资源储藏、加工、运输、交易为重点的国际性航运枢纽。

（三）打造国际化、法治化、便利化的营商环境

1. 以制度型开放为重点充分激发市场活力

市场活力不足、市场主体薄弱，是海南经济实力弱的突出表现。加快自由贸易港建设，关键是要尽快集聚一批具有较强竞争力的市场主体。要进一步激发各类市场主体活力，在市场准入承诺即入制、投资自由制度、公平竞争制度、产权保护制度等方面探索符合自由贸易港发展的制度安排。以制度型开放推动自由贸易港的开放政策、税收政策等政策优势与制度创新相结合，形成市场环境建设的突出优势。

2. 以建设高效率政府为重点的行政体制改革

要采取特别举措，建立与最高水平开放形态相适应的高效率行

政体制；要建立政府政策诚信制度，强化对政府政策执行的约束，提高政府效能，降低企业办事成本；要进一步提升政府公信力，引领其他领域信用建设，推动建设诚信社会，打造国际一流的营商环境。

三 建设海南自由贸易港的战略行动

面对新形势、新挑战，当务之急是以服务业项下自由贸易的"早期安排"，实现服务型经济发展的新突破，以吸引更多境内外企业到海南创新创业。

（一）以"早期安排"取得"早期收获"

1. 以扩大服务业市场开放的"早期安排"取得产业发展的"早期收获"

——以文化产业市场开放的"早期安排"取得旅游国际化水平提升的"早期收获"。例如，取消外商投资文化、体育、娱乐企业的股比限制，率先在这些领域实行"零关税"的"早期安排"，以取得文化娱乐与旅游融合发展的"早期收获"，并由此促进海南现代服务业的较快发展。

——以教育市场开放的"早期安排"取得"教育开放创新岛"的"早期收获"。要在符合条件和标准、严格监管的前提下，允许并鼓励境外资本在理工农医类等领域独立办学。

——以医疗健康市场开放的"早期安排"取得"医疗健康岛"的"早期收获"。把博鳌乐城国际医疗旅游先行区建设成为"国际性医疗硅谷"的同时，尽快把其中某些政策逐步在全省推广实施，以努力在医疗健康产业的高度开放方面取得"早期收获"。

——以高新技术产业开放的"早期安排"取得"智慧海南"建设的"早期收获"。推进高新技术产业开放，促进大数据、区块链、云平台等新兴技术与传统产业融合。

2. 以实施"零关税"的"早期安排"取得制度创新的"早期收获"

——对医疗健康、文化娱乐、旅游、教育、科技研发、会展等服务业行业发展所需原材料、基础设施配套的用品设备进口实施"零关税",并免除进口环节增值税;对事关民生的重点行业实施"零关税"。

——把日用消费品"零关税"作为"早期安排"的重中之重。尽快在日用消费品领域做"零关税"的"早期安排",这有利于解决本岛居民收入不高但生活成本却高企不下的突出问题。

——把防止走私和保障公众安全作为海南自由贸易港海关监管的基本要求。作为一个相对独立的岛屿,加上现代科技监管手段的有效应用,海南有能力、有条件把"零关税"的风险降至最低。

3. 以人才制度创新的"早期安排"取得广揽人才的"早期收获"

——创新人才发展制度的"早期安排"。探索实行政务官和事务官分类管理制度,事务官参照国际标准实行市场化薪酬待遇;除党政部门外,事业单位、社会组织等从业人员取消编制管理,全面实行聘用制。由此,打破人才管理行政化、封闭化的传统格局,建立以专业性、开放性为导向的人才管理体制。

——出台吸引人才的特殊政策的"早期安排"。尽快改变海南教育、医疗、高新技术产业相对落后的现状,要力争在税收政策上率先实现突破。

——建设服务人才发展环境的"早期安排"。以建立多种类型的平台为主体吸引海内外人才,营造创新创业的良好环境,建立并完善国际化人才服务及用工环境。

(二)2025年初步形成自由贸易港的政策与制度体系

例如,加快营造国内一流的营商环境,助推市场主体数量增长,明显提高重点产业竞争力,不断提升经济社会发展的质量和效益；有力有效防范和化解各种风险；加快建立与自由贸易港建设相适应的法律法规。

（三）2035年自由贸易港政策与制度体系更加完整、更加成熟

例如，建立自由化、公平化、法治化的高水平贸易投资规则；实现贸易自由便利、投资自由便利、跨境资金自由便利、人员进出自由便利、运输来往自由便利和数据安全有序流动；营商环境更加优化，法律法规体系更加健全，风险防控体系更加严密，现代社会治理格局基本形成，成为我国开放型经济新高地。

四 疫情冲击下海南自由贸易港建设的战略举措

适应高水平开放新趋势，要赋予海南更大改革自主权，支持海南全方位、大力度推进制度集成创新，积极探索建立适应自由贸易港建设的体制机制安排。

（一）以产业项下的自由贸易推进产业发展进程

1. 以产业大开放形成产业大发展的新格局

产业基础薄弱是海南自由贸易港建设的突出问题。2019年海南旅游业增加值仅相当于上海2018年的1/5；高新技术产业增加值不足北京的1/30。海南建省30多年的实践表明，没有产业大开放就没有产业大发展。加快建立以旅游业、现代服务业与高新技术产业为主导的自由贸易港产业体系，重在加快推进服务业项下的自由贸易进程。例如，建设国际旅游消费中心，关键在于加快推进旅游、文化、体育、娱乐、免税购物等产业项下的自由贸易进程；发展海南热带现代农业，出路在于通过加快推进物流、加工、包装、仓储等生产性服务业项下的自由贸易进程以及中央赋予的海南原产地政策等，将海南打造成为背靠14亿人的国内大市场、面向泛南海区域的热带农产品加工、储藏、交易中心。

2. 以高水平开放推进教育、医疗与公共卫生的高质量发展

发展现代服务业与高新技术产业，重在引用人才。进入发展新

时代，在以事业吸引人才的同时，高水平的教育、医疗与公共卫生发展水平成为吸引人才、留住人才的重要基础条件。从现实情况看，海南有一流的生态环境，但教育、医疗与公共卫生发展水平仍比较落后。为此，要以高水平开放，大力引进国内外优质医疗资源、教育资源。若经过5—10年的努力，使海南的教育、医疗与公共卫生发展水平接近或达到国内发达地区的水平，海南发展现代服务业、高新技术产业就有了重要基础和条件，海南人民的幸福感、获得感就会明显增强。

3. 要着眼于加快现代服务业与高新技术产业发展，形成开放政策的"早期安排"

与上海等发达地区不同，海南工业体系和现代服务业发展严重滞后，各类产业园区对全省产业发展的拉动作用有限。从海南的省情出发，自由贸易港"早期安排"设计，要立足于现代服务业、高新技术产业基础十分薄弱的现实情况，在注重园区发展的同时，尽可能将开放政策与"零关税、低税率、简税制"等特殊政策的"早期安排"向全省重点产业倾斜。

（二）打好两张"王牌"

1. 以健康"王牌"形成疫情下自由贸易港开局新亮点

疫情在对旅游业等服务业产生严重冲击的同时，也对"健康海南"提出迫切需求。建议尽快在医疗健康领域推出某些"特别之举"，着眼于建设高质量公共卫生防控救治体系，争取"十四五"末期将卫生支出占财政支出比提升至10%以上，其中公共卫生支出比重显著提升。

2. 以免税购物"王牌"尽快在日用消费品领域实行"零关税"的"早期安排"

2018年，海南人均旅游花费仅为大陆居民出境旅游平均花费的23%，是大陆居民赴夏威夷旅游的11%、香港的21%、台湾的

28%。建议尽快在日用消费品领域实现"零关税",使免税购物政策惠及全体游客和全省居民;同时推进免税购物市场的全面开放,由此,加快国际旅游消费中心建设进程。

(三)打造国际化、法治化、便利化的营商环境

形成以旅游业、现代服务业和高新技术产业为主导的海南自由贸易港产业体系,加快培育具有海南特色的合作竞争新优势,关键是要尽快集聚一批具有较强竞争力的市场主体。要以制度型开放为重点打造公开、透明、可预期的投资环境,充分激发市场活力。

1. 要建立健全公平竞争市场制度,强化竞争政策的基础性地位

打破市场垄断与行政垄断,确保各类所有制市场主体在要素获取、标准制定、准入许可、经营运营、优惠政策等方面享受平等待遇。政府采购对内外资企业一视同仁。

2. 统筹强化产权保护与知识产权保护

加快产权保护制度化、法治化进程,依法保护私人和以民营企业与中小企业为重点的法人财产的取得、使用、处置和继承的权利,以严格的法治维护商业自由和市场秩序;加大知识产权侵权惩罚力度,实现知识产权保护标准、规则等与国际接轨。

3. 要着力推进政府机构改革和政府职能转变

进一步推动大部门制改革,明显提升政府政策执行效率,打通政策落实的"最后一公里";加快推动政府向市场、社会放权,实质性转变政府职能。

对标世界最高水平开放形态的海南自由贸易港[*]

(2020年10月)

在国际政治经济格局发生深刻调整、世界进入动荡变革期的大背景下，中央决定在海南高质量高标准建设自由贸易港，对标世界最高水平的开放形态，将海南打造成为引领我国新时代对外开放的鲜明旗帜和重要开放门户。

一　建设海南自由贸易港是重大国家战略

高质量高标准建设海南自由贸易港，不仅将对我国全面扩大开放具有重大引领示范作用，也将在某些方面发挥国内其他地区难以发挥的特殊的重大作用。

（一）以加强与东南亚国家交流合作为重点打造重要开放门户

在亚太区域政治经济格局某些重要变化的特定背景下，充分发挥海南自然资源丰富、地理区位独特以及背靠超大规模国内市场和腹地经济等优势，全面加强与东南亚交流合作进程，并尽快在某些方面取得重要进展，明显增强区域辐射带动作用，为稳定并促进我国与东盟合作关系发挥特殊作用。

---

[*] 本文载于《公关世界》2020年第19期。

（二）以实施全面深化改革和最高水平开放政策打造我国深度融入全球经济体系的前沿地带

在我国发展面临的外部环境更加不确定不稳定的背景下，实施全面深化改革和最高水平开放政策与制度，积极吸引全世界投资者到海南投资兴业，集聚全球优质生产要素与企业，拓展国际市场，使海南成为我国深度融入经济全球化、开展更高层次区域经贸合作竞争的重要平台，并在促进国内市场与国际市场循环发展中发挥重要枢纽作用。

（三）以制度型开放为重点打造我国开放型经济新高地

当前，我国正积极推进以服务贸易为重点，以规则标准等制度型开放为突出特点的高水平开放进程。推进海南自由贸易港建设，就是要主动适应国际经贸规则重构等新趋势，加快推进与高水平经贸规则、规制、管理、标准等对接，以高水平开放带动改革全面深化，走出一条制度型开放新路子，成为引领我国新时代对外开放的鲜明旗帜。

二 对标世界最高水平的开放形态

海南自由贸易港本质在于对标世界最高水平的开放形态，加快建立与之相适应的一整套比较完整的、具有国际竞争力的开放政策和制度体系安排。

（一）对标国际自由贸易港的通行规则

例如，按着"境内关外"的基本要求，《海南自由贸易港建设总体方案》（下简称《总体方案》）聚焦贸易投资自由化便利化，在贸易、投资、资金、人员、运输等领域实行自由便利的政策制度安排与推进数据安全有序流动的相关举措，实行"零关税、低税率、简税制"的税收制度。

（二）对接国际高水平经贸规则

例如，《总体方案》及对标目前国际高水平经贸规则，形成了覆盖"边境上"与"边境内"开放的政策与制度体系，也对一些条件尚不完全具备的领域，通过过渡性、长远性及原则性的相关安排为对标全球未来最高水平开放形态预留空间。

（三）对标具有一流国际竞争力的营商环境

中央要求海南自由贸易港到2025年营商环境总体达到国内一流水平，到2035年营商环境更加优化，法律法规体系更加健全。海南自由贸易港将强化竞争政策基础性作用，努力在行政、立法、司法体制改革创新方面取得重大突破，加快建立法治化、国际化、便利化的营商环境和公平开放统一高效的市场环境。

三 加快推进制度集成创新

习近平对海南自由贸易港建设做出重要指示，强调要把制度集成创新摆在突出位置，解放思想、大胆创新。推进制度集成创新既是海南自由贸易港政策制度体系落实的基本要求，也是与其他自由贸易试验区或经济特区相比的突出特点。

（一）制度集成创新是海南自由贸易港政策与制度的鲜明特点

从国内自由贸易试验区的实践实际看，虽然在制度创新的某些方面取得明显成效，但也面临制度创新成果碎片化、集成度不高等共性问题。海南自由贸易港建设涉及各领域各方面政策与制度的系统性变革，具有制度集成性创新的鲜明特点，并以制度集成创新释放开放政策的叠加放大效应。

（二）制度集成创新既涉及经济领域，也涉及行政、立法、司法等领域

把握制度集成创新的着力点，核心是"集成"。这不仅涉及内外贸、投融资、财政税务、金融创新、出入境等经济领域，更涉及高效率行政体制与专业、高效、权威的立法司法体制等领域的制度创新。

（三）《海南自由贸易港法》将赋予海南充分的自主权

不久由全国人大出台的《海南自由贸易港法》，我理解：一是

将界定海南自由贸易港的法律地位、特殊管理体制等,以保障中央对海南自由贸易港的基本方针政策的实施和战略目标的实现;二是将规范、明确《海南自由贸易港法》和国内其他现行法律的关系;三是将与其他地区以行政授权为主、法律暂停实施的方式不同,而是要通过在法律上"一揽子"授权的方式做成国内其他地区没有条件做到的事情,以为海南自由贸易港制度集成创新提供法律保障。

以加强与东南亚国家交流合作为重大任务的海南自由贸易港[*]

（2020 年 11 月）

建设开放新高地，是中国实行高水平开放的重大举措。11 月 4 日，习近平主席在第三届中国国际进口博览会开幕式上的主旨演讲中指出，中国将"坚定不移全面扩大开放，将更有效率地实现内外市场联通、要素资源共享，让中国市场成为世界的市场、共享的市场、大家的市场，为国际社会注入更多正能量"。在中国加快构建以国内大循环为主体、国内国际双循环相互促进新发展格局的特定背景下，将海南自由贸易港打造成为区域性"重要开放门户"，就是要使海南在促进中国与东南亚国家更深程度经贸合作与更广范围人文交流中扮演独特角色，发挥重要作用。

一　加强与东南亚国家的交流合作是建设海南自由贸易港的重大任务

面对经济全球化逆潮挑战，面对复杂多变的南海形势，面对各方促进疫后经济复苏、联动发展的共同需求，加强海南自由贸易港与东南亚国家的交流与合作，既具有现实性又有迫切性。

---

[*] 本文载于《经济日报》2020 年 11 月 13 日。

（一）面对南海地区形势，加强海南自由贸易港与东南亚国家交流合作具有重大现实意义

南海是域内国家的共同家园，求和平、促发展是中国与东南亚诸国的共同心愿；把南海打造成为和平之海、友谊之海、合作之海，符合各方的共同利益。4年前，我曾提出加快构建"泛南海经济合作圈"的构想，旨在以海上基础设施互联互通为依托，以自由贸易和区域开放合作为主题，以海洋经济和产业合作为重点，构建开放型区域经济合作网络，促进区域内生产要素和商品服务的自由流动，共同打造泛南海地区命运共同体。当前，在域外大国的干扰下，南海形势更加复杂多变，中国和东南亚各国发展面临更加不稳定、不确定的外部环境，泛南海地区比以往任何时候都更需要紧密的交流合作。在这个特定背景下，要着眼于南海长期和平发展，着眼于各方的共同利益，着眼于各方共同的社会需求，加强海南自由贸易港与东南亚国家经贸合作与人文交流，共同打造"泛南海经济合作圈"。

（二）海南自由贸易港要在促进中国与东南亚更高水平区域合作中发挥独特作用

海南地处"泛南海经济合作圈"中心位置，具有自然资源丰富、地理区位独特以及背靠超大规模国内市场和腹地经济等优势。以海南自由贸易港为重要平台，加强中国与东南亚深层次、多领域的区域合作，实行更加灵活的产业项下自由贸易政策等，不仅有利于推动中国—东盟经贸合作的巩固与发展，而且有利于携手应对贸易保护主义与单边主义的挑战，共同推进区域经济一体化进程。

二　海南自由贸易港要成为连接中国国内市场与东南亚市场的重要枢纽

未来5—10年，中国14亿人口的巨大内需市场潜力释放将为包括东南亚在内的全球经济注入重要动力。建设海南自由贸易港，

就是要充分发挥其在连接两个市场、两种资源中的重要门户作用，尤其是促进东南亚国家与中国双循环发展的有效对接。

（一）海南自由贸易港要逐步成为中国与东南亚国家商品与要素双向流动的大通道

例如，依托海南自由贸易港"零关税"及"原产地规则"，鼓励支持东南亚企业围绕农产品加工、旅游商品、新能源设备、医疗器械、通信设备、工业机器人的加工制造等在海南投资设厂；依托服务贸易自由便利政策，强化服务业管理标准规则对接，积极引进优质的旅游、医疗健康、文化娱乐等资源，共同服务中国国内服务型消费大市场；依托"中国洋浦港"的特殊政策，通过共建港口联盟、共同制定豁免查验商品目录、共同实施"认可经营商计划"等方式加强与东南亚国家港口的对接，打造连接两个市场的航运枢纽港。

（二）海南自由贸易港要成为连接中国与东南亚国家优质要素的中转、交易、配置大平台

例如，共建国际数据交易所，开展数字版权确权、估价、交易、结算交付、安全保障、数据资产管理等服务功能；共建知识产权交易所，立足各自创新发展需求，推进区域内知识产权交易；建设热带农产品现货期货交易所，为区域内国家和地区提供农产品交易、定价、价格指数发布、金融保险等服务。

三 以务实举措尽快实现海南自由贸易港与东南亚国家交流合作的重要突破

当前，在全球性、区域性政治经济格局面临深刻复杂变化的形势下，把握区域经济一体化大趋势与中国—东盟经贸联系日益紧密的新要求，发挥各自比较优势，以更加务实的举措实现海南自由贸易港与东南亚国家交流合作的重要突破。

（一）推进以数字经济为重点的产业合作，共同打造稳定安全的区域性产业链、供应链

例如，在海南自由贸易港合作共建数字自由贸易区，共同推动数字经济领域的开放进程；以企业为主体共同建立"跨境电商自由贸易园区""数字经济合作园区""智能制造合作园区""飞地数字产业园"等。依托东南亚农产品优势与海南自由贸易港原产地政策，加快农业市场双向开放、技术合作、标准对接，合力打造集种植、加工、包装、保鲜、物流、研发等跨境农业产业链。适应东南亚国家疫后经济复苏的现实需求，以邮轮旅游为重点共同建立岛屿旅游合作体，实现客源共享和互送、邮轮航线的联合营销、邮轮旅游危机管理合作、人员入境相互免签等。

（二）推进企业深化合作，共同开拓区域市场

例如，支持中国国内及东南亚国家的企业在海南设立区域性总部，并以此为基地共同开拓区域内大市场；支持旅游、农业、医疗健康、数字经济、研发设计等领域的企业共同打造发展联盟，推进实现资格互认、资源共享；鼓励支持各方企业，以比较优势为基础开展双向投资；充分发挥政府的引导支持作用，共同建立国别信息库和企业信息库，定期发布经贸合作需求清单，促进企业合作的有效对接。

（三）推进更广范围和更加多元的人文交流，强化各方利益纽带与民间互信

例如，条件具备时率先在海南有序引入菲佣等技能型外籍劳工，合作建立跨境劳务合作管理协调机制与信息服务平台；共同推动区域内高校、智库和研究机构间开展学术互访、合作研究、互派学者和留学生等多方面的合作；充分利用博鳌亚洲论坛等平台深化双边、区域合作交流。

高水平开放的海南自由贸易港[*]

——讲讲大家关心的几个问题

（2020 年 12 月）

在我国推进高水平开放的特定背景下，如何对标世界最高水平的开放形态，把海南打造成为我国高水平开放的新高地？对此，各方有不同的议论。这里，我就大家关心的几个问题，简要谈几点看法。

一　打造我国新时代的重要开放门户

——为什么我对海南自由贸易港建设前景有信心？

（一）将海南自由贸易港打造成为我国面向太平洋、印度洋的重要开放门户是国家重大战略

近一两年，有的老领导和老朋友问我，为什么你对海南自由贸易港建设比较乐观？我说，30 多年来，海南从特别关税区、国际旅游岛到自由贸易港，尽管都是采用特殊的政策和体制，但特别关

---

[*] 在仁恒置地项目发布会上的主题演讲，2020 年 12 月 23 日，海口；载于《中改院简报》总第 1389 期，2021 年 1 月。

税区、国际旅游岛总体上是一个区域发展战略，主要着力点是要推进海南区域发展。《海南自由贸易港建设总体方案》明确提出"将海南自由贸易港打造成为引领我国新时代对外开放的鲜明旗帜和重要开放门户"。中央决定建设海南自由贸易港，着力点是打造我国面向太平洋、印度洋的重要开放门户，这是国家重大战略。实现这个重大战略目标，不仅是海南的历史责任，而且是国家的重大战略需求。

（二）加强与东南亚国家经贸合作、人文交流是实现国家战略目标的重大任务

实现海南自由贸易港建设的战略目标，突破口在哪里？我认为，这个突破口和着力点是加强与东南亚国家的经贸合作和人文交流。首先，海南自由贸易港要成为中国与东盟国家商品与要素双向流动的大通道；其次，海南自由贸易港要成为连接中国与东盟国家优质要素中转、交易、配置的大平台。由此，不仅将实现海南自由贸易港与东盟国家经贸合作的重要突破，而且将为打造"泛南海经济合作圈"创造重要条件。

（三）海南"三区一中心"建设是实现国家重大战略的基本要求

建设"三区一中心"，即全面深化改革开放试验区、国家生态文明试验区、国家重大战略服务保障区和国际旅游消费中心，是新形势下中央赋予海南改革发展的战略定位，是实现自由贸易港战略目标的基础和条件。"打造重要开放门户"的战略目标是建设"三区一中心"的目标和动力。我国主张管辖海域有300万平方公里，其中国家授权海南管辖的海域面积约200万平方公里。此外，我国80%的对外贸易量是通过海上运输完成的，其中80%需要经过南海。建设海南自由贸易港，就是要充分发挥海南的资源优势和地理区位优势，使海南成为泛南海区域合作的重要基地。

我的乐观与信心来自于"国家重大战略"。海南自由贸易港建设作为国家重大战略需要倾注国家之力,共同做好世界上最大的自由贸易港这篇大文章,以使海南在泛南海经济合作、在整个亚太区域合作中扮演越来越重要的角色,成为引领我国新时代对外开放的鲜明旗帜。

二 对标世界最高水平开放形态

——为什么说未来海南的开放水平是最高的?

(一)最高水平开放的政策与制度体系安排

有一种议论,认为海南的政策虽然有些"特",但是总体上看还没有深圳的"特",中央给深圳的授权比海南大得多。从现实看,目前深圳的营商环境、改革发展程度是海南难以与之比较的。但是,从政策和制度安排看,从长远发展目标看,中央要求海南自由贸易港要对标世界最高水平的开放形态,加快建立与之相适应的一整套比较完整的、具有国际竞争力的开放政策和制度体系安排。什么叫世界最高水平的开放形态?我概括了5条:(1)实施自由便利的贸易投资政策;(2)实行"三大自由"的金融制度(跨境资金、贸易结算和投融资等自由);(3)实行以"零关税、低税率、简税制"等为突出特点的税收制度;(4)实行与国际接轨的法律体系与具有国际公信力的司法制度;(5)实行便利、高效、透明的监管制度。《海南自由贸易港建设总体方案》中的"五大自由便利"+"数据安全有序"+"零关税、低税率、简税制",基本反映了"最高水平开放形态"的一般特征。

(二)RCEP签署是重大机遇

RCEP的签署,是在经济全球化特定背景下的一个重大战略性突破。RCEP确立了逐步实施"零关税"的原则。未来,东南亚的低成本产品特别是农产品将会对海南相关产业产生一定的冲击。但总的看,机遇大于挑战,关键是海南如何发挥自己的优势,如何抓住机遇期。中央经济工作会议提出要积极考虑加入CPTPP。CPTPP是一个更高水平的自由贸易协定，涉及补贴政策、环境保护、劳工标准等竞争中性的一些重要安排。在这样一个背景下，海南既要抓住RCEP提供的重大机遇，又要主动对标CPTPP先行先试。

（三）用好政策是关键

第一，不能把过渡性政策作为长远政策。比如，目前实行的部分人才15%个人所得税政策，我理解这是一个过渡性政策，未来要实行的是普惠制的个人所得税政策。也就是说，2020—2025年是海南自由贸易港的开局和过渡阶段，是打基础阶段，不能把这几年过渡阶段的政策安排看成是海南自由贸易港的长期政策。第二，不能把阶段性政策作为长期政策。比如，近期对某些有条件的企业进口原辅料实行"零关税"，未来所有企业都将适用"零关税"政策。此外，建议企业进口自用的生产设备"零关税"政策尽快落地。我认为，在现有的海关监管条件下，不可能发生20世纪80年代初期的"海南汽车事件"，"走私"问题是能控制住的。再如，严控房地产市场是不得已而为之的阶段性办法，长期来看，更有效的方法是制定严格的规则标准，推动房地产市场有序开发。第三，有些原则性的政策安排需要创造条件寻求具体突破。比如金融开放方面，跨境资金自由进出、资本账户下货币自由兑换是自由贸易港的重要特点。由于海南的经济基础相对比较薄弱，金融发展相对滞后，金融管理面临各种各样的问题，目前还不具备金融全面开放的条件。怎么办？要创造条件走出金融开放这一步。当然，政策的落地关键在人，要加快引进培养一批懂专业、懂管理的金融人才。

三 海南产业发展要突出特色

——海南的产业发展有没有前景？

经常听到有人说，海南有什么产业？无非是搞点旅游、免税购物；海南是一个工业化最不发达的地区，没有工业文明能够发展起来吗？这涉及一个如何客观分析海南产业发展前景的问题。

（一）高质量发展服务贸易

服务贸易发展是一个大趋势。几天前，我在重庆召开的"2020中国服务业开放与发展论坛"的演讲中提出，"十四五"时期我国服务贸易发展的三大趋势：一是经济转型升级推动服务贸易高质量发展；二是服务业市场开放推动服务贸易较快发展；三是服务贸易在推进自由贸易进程中的作用明显提升。总的看法是，加快推进以服务贸易为重点的高水平开放，是构建国内国际双循环新发展格局的重大任务。"十四五"，随着消费结构、产业结构的升级，尤其是科技变革，我国的服务贸易将呈现较快的发展态势。

在这个背景下，现代服务业以及制造业服务化是未来经济发展的一大突出特点。海南以服务贸易为主导的产业发展符合经济发展大趋势。海南发展旅游业、现代服务业、高新技术产业，符合经济全球化大趋势以及服务贸易发展大趋势，更符合海南的实际。2019年我国数字经济占GDP的比重达到36.2%，估计未来几年可能会提高到50%左右，这为海南构建现代产业体系提供了重要条件。未来，海南要牢牢把握现代服务业的发展方向，适应全国居民消费结构升级趋势，适应高新技术、数字经济发展的趋势，在发展以服务贸易为主导的产业上走出一条新路。

（二）产业发展的两张"王牌"

第一张"王牌"是免税购物。在疫情冲击下，2020年海南离岛免税购物实现了翻倍增长。未来，海南离岛免税购物市场还会加快发展。建议在政府明确条件、严格规制的前提下，引入竞争，放宽免税经营主体限制，允许支持符合条件的国有、民营企业经营免税购物业务。此外，海南要与香港联手打造免税购物的产业链、供应链，以提升海南免税产品的质量、服务的标准并降低价格。第二张"王牌"是医疗健康。应当说，教育、医疗是海南的"短腿"，这几年虽然有较快发展，但由于基础差，与广东等发达地区相比差距还很大。海南的教育、医疗不仅是基础产业，而且是基础产业发展的重中之重，是影响带动其他产业的产业。如果未来5—10年，海南能够在教育、医疗健康方面上一个大台阶，就会极大地拉动相关产业发展。

（三）建设全球热带农业中心

热带农业高度依赖于先进制造业、现代服务业、高新技术产业。应当说，建省办经济特区30多年来海南的热带农业有了较大变化，突出反映在品种革命上。以芒果为例，30年前海南芒果主要是小小的"鸡蛋芒"。今天，外面有的品种海南基本都有。但是，虽然品种革命了，生产方式却没有发生重大变革。为什么？一句话，海南农业的工业化水平太低。在实现"零关税"的背景下，海南要把我国先进的制造业和热带农业相结合，建设成为面向全球尤其是东南亚的热带农产品保鲜、加工、储藏、运输的重要基地，由此带动热带农业生产方式、组织方式的革命，明显提升海南热带农业的附加值。

四　要把制度集成创新摆在突出位置

——如何看待海南的营商环境？

建设自由贸易港以来，海南的营商环境有某些方面的改善，但问题和矛盾仍然突出。有人说，你们这样一个营商环境，能建设自由贸易港吗？中央要求海南到2025年营商环境总体达到国内一流水平；到2035年营商环境更加优化。对此，要有信心。

（一）制度集成创新的核心是赋予海南更大的改革开放自主权

30多年的实践一再证明，政策与体制的不适应是海南改革发展的突出矛盾。例如，国际旅游岛赋予了海南离岛免税购物政策，但决定权不在海南，每增加一分钱、一个品种，都要由相关部委批准决定。就是说，要赋予海南更充分的改革开放自主权，由此从制度安排上解决长期以来存在的政策与体制不协调的突出矛盾。

（二）制度集成创新与营商环境建设

全国人大常委会第二十四次会议对《中华人民共和国海南自由贸易港法（草案）》进行审议。我认为，这个法应当成为海南自由贸易港建设的基本法，用该法协调除宪法外的其他法律法规；应当对标自由贸易港的一般特征，成为一部最高开放水平的法；应当成为一个授权法，使海南有更大、更充分的改革开放和经济发展自主权；应当成为适应经济全球化大趋势，适应全球自由贸易发展大趋势的一部创新法。

（三）制度集成创新的重大突破

自由贸易港的制度集成创新，既涉及经济运行的体制机制，又涉及行政体制、司法体制、立法体制等。以新加坡为例，它有16个政府部门、65个法定机构，建立了一个专业、权威、高效的行政体制、司法体制和立法体制。这些重要的体制安排，值得海南研究、借鉴。

五　33年的几点体会

今天，是我来海南33周年。33年来，我经历了海南建省办经济特区的全过程。这里我简要谈谈4点体会，与大家交流。

（一）解放思想，大胆创新

人做任何事情都要有激情。要做成事需要几年、若干年。我在央视《朗读者》节目中说了一句话，那个年代（建省办经济特区之初）什么都缺，唯独不缺改革的激情。要建设自由贸易港这么一件大事，没有一批有激情、有责任、有家国情怀的人是做不到的。要按照习总书记的要求，"解放思想、大胆创新"。若强调这个不能干、那个不能干，这个不行、那个不行，就难以做成事情。

（二）牢牢把握战略机遇期

30多年来，海南的经济社会发展取得了重要成就，但也失去了几次重要的发展机遇。我正在以《从特别关税区到自由贸易港——我在海南的33年》为主题编写一本书，希望使大家了解海南自由贸易港来之不易，千万要抓住这个重大的历史机遇。中央在海南建省办经济特区之初，曾提出海南要用3—5年的时间赶上当时全国经济发展的平均水平。今天，海南人均GDP还不到全国平均水平的80%。建设海南自由贸易港，赋予了海南新的历史性机遇，也是海南一份沉甸甸的责任。

（三）提升用好政策的能力与水平

建省之初，省委、省政府提出"用政策、打基础、抓落实"九个字的工作方针。30多年过去了，我认为这九个字的工作方针仍具有指导性。海南一定要把政策用好，一定要扎扎实实打好基础，一定要一项一项抓好落实。如何充分用好政策，如何扎扎实实打好基础，如何打破惰性、抓好落实，仍是今天海南需要着力解决的突出问题。

（四）加快形成一流的人才发展环境

30多年的实践一再证明，海南的发展关键靠人，靠各类人才。政策再好，但是没有一批能干的人，没有一批专业人才也未必能做出一篇好文章。加快形成一流的人才发展环境，加快培养各类专业管理人才，是海南自由贸易港建设的当务之急。

形成一部"最高水平开放法"*
——关于《中华人民共和国海南自由贸易港法（草案）》的几点建议
（2021年1月）

习近平总书记指出，在海南建设自由贸易港，是党中央着眼于国内国际两个大局、为推动中国特色社会主义创新发展做出的一个重大战略决策，是我国新时代改革开放进程中的一件大事。

《海南自由贸易港法》要按照习总书记的重要指示，突出抓住三个关键：一是"对标世界最高水平开放形态"；二是"要把制度集成创新摆在突出位置"；三是"解放思想、大胆创新"。

近两个月，中改院向全国人大提交了《〈海南自由贸易港法〉立法的思路性建议》《关于〈中华人民共和国海南自由贸易港法（草案）〉的建议（18条）》《关于〈中华人民共和国海南自由贸易港法（草案）〉的修改建议》3份材料。

这里，我就立法草案简要谈3点意见。

---

* 在"海南自由贸易港法草案两委座谈会"上的发言，2021年1月26日，海口；载于《中改院简报》第1397期，2021年1月。

一 立足国家重大战略需求,进一步明确本法的战略目标、立法目的和功能定位

(一) 在总则中明确战略目标和立法目的,提升本法地位

建设海南自由贸易港,就是要发挥海南独特的地理和区位优势,打造我国面向太平洋、印度洋的重要开放门户,使海南在泛南海区域合作、亚太区域合作中扮演特殊角色、发挥重大作用。对此,建议在总则中明确提出"将海南自由贸易港打造成为引领我国新时代对外开放的鲜明旗帜和重要开放门户"的战略目标,"对标世界最高水平开放形态"的基本要求。

(二) 在总则中明确本法的效力位阶

建议在总则中提出"在海南自由贸易港区域内,现有法律法规、部门规章如与本法相抵触,应当优先适用本法规定,或依据本法规定暂停实施",体现本法作为海南自由贸易港"基本法"的特殊地位。

(三) 明确集中授权的基本原则,赋予海南更大的改革开放自主权

建议修改第6、7、8、10条相关表述,明确赋予海南自由贸易港在投资、贸易、税务、金融等方面的经济管理权限以及行政体制、立法体制、司法体制的改革自主权。

二 对标当今世界最高水平开放形态,形成具有国际竞争力的开放政策与制度的法律安排

(一) 对标国际自由贸易港贸易与投资领域的一般特征

"自由便利的投资贸易制度+零关税、简税制、低税率"是国际自由贸易港的突出特征。建议对草案中贸易、投资、税收、运输往来等制度进一步整合,形成框架性安排,并就重点内容进行调整。例如,在第12条中明确"零关税、配额和贸易管制的商品实行负面清单管理",并删除此条第2款;第18条第2款修改为"海

南自由贸易港全面放开投资准入，实行'标准制+承诺制'的投资制度，实现既准入又准营"；明确第19、20条中涉及的2个负面清单适用对象、相互关系等，使市场准入条件清晰、透明。同时，应确保该立法开放标准不低于《总体方案》，如第40条第2段中的"办学"修改为"独立办学"等。

（二）对标国际自由贸易港"零关税、简税制、低税率"的一般做法

例如，将第30条第1款修改为"海南自由贸易港实行特殊的税收制度，对注册在海南自由贸易港的企业实行低税率政策，对个人取得来源于海南自由贸易港范围内的综合所得和经营所得实行低税率政策"，以体现税收政策的普惠性。建议将本条第2款中"全岛封关运作、简并税制前"等限定条件删除。

（三）新增"金融制度"章节

跨境资金自由进出不仅是国际自由贸易港的一般特征，也是实现贸易投资自由化便利化的重大任务和主要条件。建议新增"金融制度"章节，将草案中第49—51条纳入，并增加资本项目开放、外汇管理体制改革等关键事项。

三 把握国际经贸规则发展趋势，形成对标国际高水平经贸规则的法律保障

（一）把握由"边境上"向"边境后"转换大趋势，强化竞争政策、知识产权保护等规则安排

本法要服务于更大力度开放探索与压力测试的需求，对标CPTPP、中欧全面投资协定等，率先推动相关规则在海南自由贸易港内单边实施，使海南在亚太区域经贸合作中扮演越来越重要的角色。建议除明确全面"零关税"、全面负面清单管理模式等"边境措施"外，更加强调竞争政策、知识产权保护、政府采购、监管透明度、劳工标准等WTO未能覆盖的"边境后规则"。例如，在第

11条中增加"完善海关查验监管和卫生防疫检验等规则，消除非关税壁垒"；在第23条中强调"海南自由贸易港应建立与国际接轨的知识产权保护体系，强化知识产权执法"；拓展第24条内容，明确各类企业在招投标、融资获得、监管、退出等环节的同等待遇，同时就"国有企业和行政垄断""补贴透明度""监管透明度"等事项做出原则性安排。

（二）把握区域经贸规则"强排他"的趋势，为未来对标高水平经贸规则预留空间

"高标准、广覆盖、强排他"的区域经济合作安排将成为新一轮国际经贸规则演变的基本特征。建议第9条中增加"支持海南自由贸易港在投资、贸易、知识产权保护等领域对接国际高水平经贸规则，以实现引领我国高水平制度型开放与打造重要开放门户"等原则性安排。

（三）把握新兴经贸领域规则加速构建趋势，强化服务贸易与数字贸易领域高水平开放的法律安排

建议在第17条第1款中增加"破除跨境交付、境外消费、自然人移动等服务贸易模式下存在的各种壁垒，给予境外服务提供者国民待遇"等，在第42条中增加"支持海南自由贸易港探索数据本地化、个人信息保护、数字产品非歧视待遇规则，支持海南自由贸易港参与国际数字治理合作"等。

本法是在尽可能加快立法程序的情况下起草并出台的，要兼顾海南自由贸易港过渡时期与长远建设的法律保障需求，应当说有一定难度。可否考虑采取"决定+立法"的方式，由全国人大常委会在2021年"两会"或"4·13"前后出台决定，为海南自由贸易港过渡期内的相关重大事项提供法律保障。同时，抓紧出台一部对海南自由贸易港长远建设具有基础性法律保障的"最高水平开放法"。

建立面向东盟的区域性市场是推进海南自由贸易港建设的关键之举*

(2021年4月)

打造成为引领我国新时代对外开放的鲜明旗帜和重要开放门户是中央建立海南自由贸易港的战略目标。实现这个战略目标的重大任务是推进海南自由贸易港与东南亚国家交流合作，关键之举是在海南建立面向东盟的区域性市场。

一 海南自由贸易港建设的重要抓手是尽快建立面向东盟的区域性市场

（一）建设面向东盟区域性市场的战略意义

一方面，面对经济全球化逆潮挑战，面对各方促进疫后经济复苏、联动发展的共同需求，建立面向东盟的区域性市场，有利于加强海南自由贸易港与东盟国家的经贸合作与人文交流；另一方面，东盟日益成为中美战略竞争的利益交汇点。海南加快建设面向东盟的区域性市场，将在实现国家建设海南自由贸易港的战略目标、服务国家战略全局中发挥独特作用。

---

* 在"建立面向东盟的区域性市场——加强海南自由贸易港与东南亚交流合作"为主题的研讨会上的演讲，2021年4月13日，海口；载于《中改院简报》第1401期，2021年4月。

（二）建设面向东盟区域性市场的全局作用

一方面，未来5—10年，中国14亿人巨大内需市场潜力释放将为包括东南亚国家在内的全球经济注入重要动力；另一方面，东盟已成为全球最具活力、最有潜力的市场之一。2014—2019年，东盟GDP年均增长5%左右，远高于世界2.9%、欧盟2.1%的水平。[1] 预计到2030年，东盟GDP总量将达到6.6万亿美元，成为仅次于美国、中国、欧盟的全球第四大经济体。[2] 在海南建立面向东盟的区域性市场，就是要充分发挥其在连接两个市场、两种资源中的重要枢纽、重要交汇点的独特作用。

（三）建立面向东盟区域性市场的重大影响

相比于内陆经济体而言，岛屿经济体大都有市场空间小、物流成本高、产业体系不完善、自我循环能力弱等先天短板。截至2020年11月30日，海南市场主体总量为115.9万户，仅相当于广东的8.9%；[3] 2020年，海南与东盟贸易额为34.3亿美元，[4] 仅占我国与东盟贸易额的0.5%。适应东盟市场在我国开放发展中的地位日益提升的大趋势，吸引人流、物流、资金流，做大海南经济流量，并取得中央方方面面的支持，使自由贸易港政策顺利落地，关键之举在于尽快建立面向东盟的区域性市场。到2025年，若我国与东盟贸易额与直接投资有20%左右在海南实现，将带来1400亿美元的货物流与近50亿美元的资金流，在明显提升海南经济流量的同时，也将使东盟成为海南自由贸易港的重要经济腹地，并为吸引国内外各类总部型企业集聚海南并开展相关业务形成"决定性"

---

[1] 根据世界银行数据库相关数据计算。
[2] 《东盟市场商机有多大?》，2019年11月27日，智的跨境人才网。
[3] 《海南自贸港建设方案公布逾半年新增市场主体达19.1万户》，《证券日报》2020年12月17日。
[4] 《"海口海关支持海南自由贸易港建设成效初显2020年海南外贸增速快于全国"新闻发布会》，2021年1月29日，海南省人民政府网。

影响。

二 努力实现建立面向东盟的区域性市场的重要突破

（一）依托国内旅游消费大市场，建立面向东盟的双边、多边旅游经济合作网络

受疫情影响，2020年东盟国家国际游客数量与2019年相比大幅下降：马来西亚减少83.4%、泰国减少83.2%、新加坡减少85.7%、越南减少78.7%、印尼减少75%。[1] 中国旅游消费大市场成为东盟国家关注的重点。近两年，我在中马关系研讨会、中菲关系圆桌会等会议上倡议中马、中菲率先携手共建海洋旅游合作圈，他们对此有极大兴趣。

建议：加快三亚国际邮轮母港建设，开通面向东盟国家的邮轮航线，为疫后构建国际邮轮旅游大网络创造条件；在疫情稳定的情况下，争取中央相关方面支持，率先与马来西亚、菲律宾、新加坡、越南、泰国等国家的岛屿地区开展邮轮旅游、滨海度假、海洋公园、海岛娱乐等形式的海洋旅游合作，构建双边、多边旅游合作网络；充分利用近期中央赋予的特殊开放政策，争取中央支持并协调与香港共建旅游消费产业链，使海南尽快成为面向国内及东盟的中高端免税购物消费、医美消费、文化娱乐消费等的主要承接地。

（二）抓住RCEP时间窗口期，在海南建立面向东盟的热带农产品保鲜、加工、储藏、出口基地

RCEP生效后，我国对东南亚国家大部分的产品将实现零关税。届时，东南亚国家的产品尤其是农产品的成本将低于海南。抓住这一时间窗口期，通过零关税和原产地政策进口东南亚国家的农产品在海南进行精深加工，使产品增值30%以上再免关税进入内地；利

---

[1] 《马来西亚2020年国际游客入境数量较2019年减少83.4%》，2021年3月11日，中国侨网。

用海南自由贸易港低税率政策吸引国内外龙头企业建立一批集加工、包装、保鲜、物流、研发、示范、服务等相互融合和全产业链的农业产业化项目，在明显提升海南热带农业竞争优势的同时，形成对东南亚热带农业的影响力和辐射力。

（三）依托特殊的开放政策，建立面向东盟的各类交易市场

1. 争取中国证监会支持，在海南建立以天然橡胶为重点的热带农产品交易所

2019年，泰国、印度尼西亚、越南三国天然橡胶产量合计约占全球的70%。2019年，我国橡胶消费量占全球的40%。[①] 目前，天然橡胶期货交易在上海期货交易所，其年成交金额13.10万亿元。[②] 建议积极争取证监会支持在海南建立天然橡胶交易所，为东盟国家提供交易、交割、定价、结算、风控等一站式服务，使海南成为区域性天然橡胶的交易与定价中心。由此，带动形成覆盖热带农产品种类的期货现货交易所，服务全球热带农业中心建设。

2. 落实发改体改〔2021〕479号文件，加快建立海南国际文物艺术品交易中心

2019年全球艺术品市场交易量达到4050万美元，创十年新高。[③] 目前，我国可进一步挖掘的艺术品投资市场潜在需求大约2万亿美元，是目前全球艺术品市场总成交额的4—5倍。[④] 抓住建设海南国际文物艺术品交易中心的重大机遇，依托海南自由贸易港低税率政策，引入艺术品行业的展览、交易、拍卖等国际规则，加快建立中国海南国际文物艺术品交易中心，吸引国内外知名拍卖机构及投资者在交易中心开展业务，在通关便利、保税货物监管、仓储

[①] 数据来自国际橡胶研究组织（IRSG）数据。
[②] 《2020年上海期货交易所天然橡胶衍生品市场运行情况》，《期货与金融衍生品》2020年第115期。
[③] 数据来自2020年《巴塞尔艺术展与瑞银集团环球艺术市场报告》。
[④] 《未来中国最大的投资机会来自艺术品市场》，2019年5月18日，盛世品今。

物流等方面给予政策支持。对此，建议海南尽快出台行动规划。

3. 支持海南建立区域性知识产权交易市场

争取中央支持在海南全面适用《新加坡公约》等国际高标准知识产权保护规则，建立区域性知识产权交易所，积极吸引东盟国家的知识产权在海南开展定价、交易、融资等服务，并推动知识产权在海南或内地成果转化，以此吸引更多创新要素在海南集聚。

（4）研究在海南创建国际数据交易市场。依托中央赋予海南跨境数据安全有序流动的政策优势，研究建立面向东盟的数据交易所，开展数字版权确权、估价、交易、结算交付、安全保障、数据资产管理等服务，并争取中央支持赋予海南更加开放的跨境数据流动政策等。

（四）用好银发〔2021〕84号文件政策，抓紧在海南等建区域性金融市场

1. 利用"支持符合条件的海南企业首发上市"政策，在海南建立面向"一带一路"的国际资本市场

建议尽快出台实施该项政策的行动方案，并使之尽快落地。由此，吸引有关国家尤其是东盟国家高成长性的企业进岛挂牌，打造对外投资便捷通道，服务包括东盟在内的企业投融资需求。这不仅可以吸引内外金融机构和金融人才集聚海南，建设区域性金融总部基地，而且可以探索一套资本市场运作新模式。

2. 利用"探索开展跨境资产管理业务试点"政策，在海南建立区域性的离岸财富管理中心

建议利用海南自由贸易港的金融开放政策以及FT账户，尽快开展个人跨境财富管理试点。这既有需求，也有可操作性。建议积极争取中央相关部委支持，允许欧美知名理财公司在海南以独资、合资、合作等形式开办私人银行等财富管理机构；允许在FT账户内自由投资境外市场；条件成熟时，建立面向国内市场与东盟市场

的离岸财富管理中心。

（五）适时放开面向东盟的劳务市场

菲律宾、印度尼西亚、柬埔寨等是全球劳务派遣服务大国。据了解，受疫情影响，菲律宾马尼拉有40万—60万名菲佣失业。2019年，中改院受省公安厅委托专门对海南引入外籍家政人员做可行性研究。通过调研发现，无论是吸引中高端人才集聚还是海南本地中高等收入群体，对家政、养老、护理等领域的劳务服务都有很大的需求。建议通过配额管理、完善社会治安管理制度等方式，在海南率先引入菲佣等技能型外籍劳工，为国际化人才和海南中高收入家庭提供优质家政服务。

三　建立区域性市场的政策需求与制度创新

（一）以完善支持政策为重点鼓励企业走出去

例如，对到东盟开展农业种植、资源加工等企业，考虑到其投资成本高，建设周期长，风险大，建议给予一定的财政贴息或一次性财政资金支持；针对"走出去"企业，设立海南自由贸易港对外投资基金；实行更加灵活的原产地政策，对在海南研发设计，在东盟国家生产、加工的产品，经海南进入内地免征进口关税；放宽"新增境外直接投资取得的所得，免征企业所得税"政策，将农业等企业纳入适用范围；对总部设在海南、主要业务在东盟国家的相关企业人才，将其在东盟国家开展商务活动的时间视为在海南居住时间，以此突破居住满183天的限制，享受最高不超过15%的个人所得税政策；对面向东盟的区域性总部企业在办公场所和重大项目的建设用地上给予保障。

（二）对标CPTPP协定，在竞争中性、产业补贴、知识产权保护、环境标准等敏感领域形成探索性安排

建设国际一流的营商环境是吸引国内外要素集聚海南的关键所在。总的看，RCEP协定的开放水平与CPTPP相比，仍有一定差

距，突出表现在竞争中性、产业补贴、知识产权保护、环境标准等领域，这也成为我国加入 CPTPP 的主要掣肘。海南自由贸易港建设，对标世界最高水平开放形态，有可能、有条件率先探索 CPTPP 的相关规定，以高水平开放倒逼深层次市场化改革。

建议：明确提出海南自由贸易港在政府资金安排、土地供应、税费减免、资质许可、标准制定、项目申报、人力资源政策及政府采购、法律保护等方面，依法保障各类主体在非歧视环境下公平竞争；政府不得对国有企业与指定垄断企业进行差异化、选择性产业补贴；海南自由贸易港应借鉴产权保护与知识产权保护领域的国际公约、条约及协定等制定海南自由贸易港产权保护与知识产权保护规则；允许海南自由贸易港对标 CPTPP 环境规则，建立涉及濒危野生动植物贸易、臭氧层保护等的相关机制。建议海南主动取得中央相关方面支持，并尽快出台具体行动方案。

（三）以专业、高效、便利为目标构建区域性市场的服务体系

聚焦贸易投资自由化便利化，在海南专门成立区域性市场开发管理局，其性质为法定机构，实行企业化管理、市场化运作、目标绩效考核；为"走出去"企业开展融资、担保、争议解决等服务；用好"跨境资金池业务试点"政策，率先支持旅游、数字经济、商贸物流、医疗健康等领域企业跨境人民币余缺调剂和归集业务，建立重点行业境外投资及资金出入境审批的绿色通道，以此吸引东盟及欧美财团入驻海南。

高水平开放的法治保障[*]

——海南自由贸易港法治化营商环境建设需要研究的几个问题

（2021年5月）

形成高水平开放的法治保障、推进海南自由贸易港法治化营商环境建设，要充分体现中央对海南自由贸易港建设的基本要求。第一，对标世界最高水平开放形态。既要对标国际成功自由贸易港的一般特征，也要对标国际最高水平经贸规则。第二，要把制度集成创新摆在突出位置。着眼于更好地发挥和释放制度创新的集成效应，形成贸易投资等经济体制以及行政体制、立法体制、司法体制等相关创新性安排。第三，解放思想、大胆创新。要在重要领域、关键环节上解放思想、勇于实践、大胆创新，形成支持海南大胆改革创新的法律保障。

一 对标世界最高水平开放形态的立法需求

海南自由贸易港立法，重在对标世界最高水平的开放形态，服务于将海南打造成为引领我国新时代对外开放的鲜明旗帜和重要开

---

[*] 在2021年中国博鳌海南自由贸易港法治化营商环境高端论坛上的发言，2021年5月9日，博鳌；载于《中改院简报》第1408期，2021年5月。

放门户的战略目标。为此,《海南自由贸易港法》是一部"最高水平开放法",并具有自由贸易港建设"基本法"的突出特点。应以此法为基础,逐步形成以地方性法规和商事纠纷解决机制为重点的高水平开放的法律保障体系。

(一)对标世界最高水平开放形态,在法律上赋予海南更大改革开放自主权

《海南自由贸易港法》具有"基本法"的特点,主要在于它的效力位阶。例如"在海南自由贸易港区域内,现有法律法规、部门规章如与本法相抵触,应当优先适用本法规定,或依据本法规定暂停实施"。

从法律上赋予海南自由贸易港在投资、贸易、税务、金融等方面的经济管理权限以及行政体制、立法体制、司法体制等方面的改革自主权。

(二)对标世界最高水平开放形态,形成具有国际竞争力的开放政策与制度的相关法律安排

1. 对标国际成功自由贸易港贸易投资领域法律法规安排的一般做法

——中国香港。条例和附属立法有1000多件,而经济法规约占总数的45%。

——新加坡。除《自由贸易区法》和《自由贸易区条例》外,通过适用一系列成熟的商事法律规范,为市场主体提供全方位、无盲区、高位阶的法治保障。

——迪拜。迪拜国际金融中心层面发布的法律29项、条例26项。其中,2019年6月新颁布的《破产法》,在破产管理和债务重组上的制度创新已处于全球最前沿。

建议:要从法律上明确"五大自由便利+数据安全有序流动"的制度框架;围绕"五大自由便利+数据安全有序流动"开展专项

立法；形成降低"边境后"壁垒的法治保障。例如，明确"零关税、配额和贸易管制的商品实行负面清单管理""海南自由贸易港全面放开投资准入，实行'标准制＋承诺制'的投资制度，实现既准入又准营""完善海关查验监管和卫生防疫检验等规则，消除非关税壁垒""合理实施原产地规则以及相关贸易政策，以保障货物的流动自由"等。

2. 对标国际成功自由贸易港"零关税、简税制、低税率"相关法律法规安排的一般做法

——新加坡。新加坡优惠政策的主要依据是《公司所得税法案》和《经济扩展法案》以及每年政府财政预算案中涉及的一些优惠政策。

——中国香港。香港基本法中明确"香港特别行政区参照原在香港实行的低税政策，自行立法规定税种、税率、税收宽免和其他税务事项"。

建议：从法律上明确"海南自由贸易港实行特殊的税收制度，对注册在海南自由贸易港的企业实行低税率政策，对个人取得来源于海南自由贸易港范围内的综合所得和经营所得实行低税率政策"。条件成熟时，赋予海南自由贸易港在税收制度改革的自主权，确保海南自由贸易港实行具有国际竞争力的税收政策。

（三）对标世界最高水平开放形态，适时出台与国际高水平经贸规则相适应的法律安排

1. 把握由"边境上"转向"边境后"的趋势，强化竞争政策、知识产权保护等法律安排

从最新签订的区域贸易协定内容看，不仅涵盖传统的关税、配额、数量限制、海关监管等"边境上"措施，也更多强调知识产权、国有企业、政府采购、劳工标准、环境标准、竞争中性等"边境内规则"。

海南自由贸易港要服务于更大力度开放探索与压力测试的需求，对标CPTPP、中欧全面投资协定等，率先推动竞争政策、知识产权保护等相关规则在海南自由贸易港内单边实施。同时，尽快出台《海南自由贸易港知识产权保护条例》《海南自由贸易港公平竞争条例》等。

2. 把握区域经贸规则"强排他"的趋势，为未来对标高水平经贸规则预留法律空间

相比于RCEP，CPTPP的贸易协定规则更加严格，在劳工和环境规则、竞争政策、国有企业、知识产权监管、互联网规则和数字经济等方面设定了更高的标准。

建议：在海南自由贸易港的相关立法中明确"支持海南自由贸易港在投资、贸易、知识产权保护等领域对接国际高水平经贸规则，以实现引领我国高水平制度型开放与打造重要开放门户"等原则性安排，为未来海南开展更大力度的开放探索提供空间。

3. 把握国际新兴经贸领域规则加速构建趋势，强化服务贸易与数字贸易领域高水平开放的法律安排

——服务贸易与数字贸易成为规则重构的重点、焦点。2008—2020年签订的区域双边自由贸易协定中，涉及服务贸易的内容增加至99个，占比71.7%；2007年底前，这一数字仅为56个，占比33.9%。

——以数字贸易为主的经贸协定正在兴起。美墨加协定是以数字经济为重点的自由贸易协定。2020年以来，新加坡—智利—新西兰、英国—日本、新加坡—澳大利亚先后签署数字经济（伙伴关系）协定。

建议：海南自由贸易港的相关立法明确"破除跨境交付、境外消费、自然人移动等服务贸易模式下存在的各种壁垒，给予境外服务提供者国民待遇""支持海南自由贸易港探索数据本地化、个人

信息保护、数字产品非歧视待遇规则,支持海南自由贸易港参与国际数字治理合作"等。

二 高水平开放下市场环境建设的法治保障

打造成为引领我国新时代对外开放的鲜明旗帜和重要开放门户是中央建立海南自由贸易港的战略目标。实现这个战略目标的重大任务是推进海南自由贸易港与东南亚国家交流合作,关键之举是在海南建立面向东盟的区域性市场。为此,海南自由贸易港法治化营商环境建设,要着眼于全面加强与东南亚交流合作,服务于发挥海南在连接两个市场、两种资源中的重要枢纽、重要交汇点的独特作用。

(一)海南高水平开放的重要抓手是建立面向东盟的区域性市场

1. 建立面向东盟区域性市场的全局作用

——未来5—10年,中国14亿人巨大内需市场潜力释放将为包括东南亚国家在内的全球经济注入重要动力。

——东盟已成为全球最具活力、最有潜力的市场之一。2014—2019年,东盟GDP年均增长5%左右,远高于世界2.9%、欧盟2.1%的水平。预计到2030年,东盟GDP总量将达到6.6万亿美元,成为仅次于美国、中国、欧盟的全球第四大经济体。

2. 建立面向东盟区域性市场的战略意义

——面对经济全球化逆潮挑战,面对各方促进疫后经济复苏、联动发展的共同需求,建立面向东盟的区域性市场,有利于加强海南自由贸易港与东盟国家的经贸合作与人文交流。

——东盟日益成为中美战略竞争的利益交汇点。海南加快建设面向东盟的区域性市场,将在实现国家战略目标、服务国家战略全局中发挥独特作用。

3. 建立面向东盟区域性市场的重大影响

——截至2020年11月30日,海南市场主体总量为115.9万户，仅相当于广东的8.9%；2020年，海南与东盟贸易额为34.3亿美元，① 仅占我国与东盟贸易额的0.5%。

——适应东盟市场在我国开放发展中的地位日益提升的大趋势，吸引人流、物流、资金流，做大海南经济流量，并取得中央方方面面的支持，使自由贸易港政策顺利落地，关键之举在于尽快建立面向东盟的区域性市场。

——预测到2025年，若我国与东盟贸易额与直接投资有20%左右在海南实现，将带来1400亿美元的货物流与近50亿美元的资金流，有效破解海南作为岛屿经济体市场空间小、物流成本高、产业体系不完善的先天短板，并加快形成产业发展和区域合作的良性互动。

(二) 建立面向东盟的区域性市场的关键是把相关政策法律化

1. 将鼓励企业走出去的政策具体化、法律化

——考虑出台《海南自由贸易港企业对外投资条例》《海南自由贸易港吸引外资条例》。

——明确对总部设在海南、主要业务在东盟国家的相关企业人才，将其在东盟国家开展商务活动的时间视为在海南居住时间，以此突破居住满183天的限制，享受最高不超过15%的个人所得税政策。

——明确对到东盟开展农业种植、资源加工等投资成本高、建设周期长、风险大的企业给予一定的财政贴息或一次性财政资金支持。

2. 尽快将原产地政策具体化、法律化

——RCEP生效后，超过90%的产品将免除关税，自由贸易港

---

① 《"海口海关支持海南自由贸易港建设成效初显 2020年海南外贸增速快于全国"新闻发布会》，2021年1月29日，海南省人民政府网。

"零关税"政策对于企业的吸引力将逐步减弱。

——原产地政策涉及的计算标准不具体,将降低企业对该项政策的利用率。例如,我国签订的中智、中巴、中—新西兰、RCEP等自贸协定中均使用累积计算规则。如果海南增值30%不适用累积规则,则该政策对东盟等与中国有自贸协定的国家吸引力不强。

——出台《海南自由贸易港原产地认定办法》,在明确"加工增值超过30%"计算公式的基础上,进一步明确在东南亚区域内的累积原则和加工工序认定标准。

——实行更加灵活的原产地政策,对在海南研发设计,在东盟国家生产、加工的产品,经海南进入内地免征进口关税。

3. 以专业、高效、便利为目标构建区域性市场的法定服务体系

——聚焦贸易投资自由化便利化,在海南专门成立区域性市场开发管理局,其性质为法定机构,实行企业化管理、市场化运作、目标绩效考核。

——用好"跨境资金池业务试点"政策,率先支持旅游、数字经济、商贸物流、医疗健康等领域企业跨境人民币余缺调剂和归集业务,建立重点行业境外投资及资金出入境审批的绿色通道,以此吸引东盟及欧美财团入驻海南。

(三)推进面向东盟区域性市场的政策与法律创新

1. 率先实现区域性旅游市场建设的重要突破

——受疫情影响,2020年东盟国家国际游客数量与2019年相比大幅下降:马来西亚减少83.4%、泰国减少83.2%、新加坡减少85.7%、越南减少78.7%、印尼减少75%。[1] 中国旅游消费大市场成为东盟国家关注的重点。

---

[1] 《马来西亚2020年国际游客入境数量较2019年减少83.4%》,2021年3月11日,中国侨网。

——倡议中马、中新等率先携手共建海洋旅游合作圈。

——建议加快三亚国际邮轮母港建设，开通面向东盟国家的邮轮航线，为疫后构建国际邮轮旅游大网络创造条件；出台《海南自由贸易港邮轮旅游发展办法》，率先与马来西亚、菲律宾、新加坡、越南、泰国等国家的岛屿地区开展邮轮旅游合作，构建双边多边旅游合作网络。

2. 抓住RCEP时间窗口期，在海南建立面向东盟的热带农产品保鲜、加工、储藏、出口基地

——RCEP生效后，我国对东南亚国家大部分的产品将实现零关税。届时，东南亚国家的产品尤其是农产品的成本将低于海南。

——抓住时间窗口期，通过零关税和原产地政策进口东南亚国家的农产品在海南进行精深加工，使产品增值30%以上再免关税进入内地。

——利用海南自由贸易港低税率政策吸引国内外龙头企业建立一批集加工、包装、保鲜、物流、研发、示范、服务等相互融合和全产业链的农业产业化项目，在明显提升海南热带农业竞争优势的同时，形成对东南亚热带农业的影响力和辐射力。

3. 出台相关方案、条例，支持海南加快建立面向东盟的各类交易市场

——争取中国证监会支持，在海南建立以天然橡胶为重点的热带农产品交易所。2019年，泰国、印度尼西亚、越南三国天然橡胶产量合计约占全球的70%。2019年，我国橡胶消费量占全球的40%。目前，天然橡胶期货交易在上海期货交易所，其年成交金额为13.10万亿元。建议积极争取证监会支持在海南建立天然橡胶交易所，为东盟国家提供交易、交割、定价、结算、风控等一站式服务，为建设全球热带农业中心奠定基础。

——落实发改体改〔2021〕479号文件，尽快出台行动规划加

快建立海南国际文物艺术品交易中心。2019年全球艺术品市场交易量达到4050万美元，创十年新高。目前，我国可进一步挖掘的艺术品投资市场潜在需求大约2万亿美元，是目前全球艺术品市场总成交额的4—5倍。引入艺术品行业的展览、交易、拍卖等国际规则，加快建立中国海南国际文物艺术品交易中心。

——利用"支持符合条件的海南企业首发上市"政策，尽快出台实施方案，在海南建立面向"一带一路"的国际资本市场，吸引有关国家尤其是东盟国家高成长性的企业进海南挂牌。

4. 适时放开面向东盟的劳务市场

——2019年，中改院受省公安厅委托专门对海南引入外籍家政人员做可行性研究。通过调研发现，无论是吸引中高端人才集聚还是海南本地中高等收入群体，对家政、养老、护理等领域的劳务服务都有很大的需求。

——建议通过配额管理、完善社会治安管理制度等方式，在海南率先引入菲佣等技能型外籍劳工，为国际化人才和海南中高收入家庭提供优质家政服务。

三 推进以制度集成创新为核心的司法改革

着眼于更好发挥制度创新的集成效应推进司法改革、提供司法保障，以此形成海南自由贸易港法治建设的大环境。

（一）建立与最高水平开放形态相适应的高效率行政体制

1. 行政高效运转是实现经济高度开放的内在要求

——新加坡。2019年新加坡全球竞争力居世界第一，其行政服务可靠度、政策稳定性、政府透明度、行政效率等指标均居世界前三。

——中国香港。全球竞争力居世界第三，行政服务可靠度、政策稳定性、政府透明度、行政效率等指标均位于全球前十。

也就是说，高效透明诚信的政务环境是自由贸易港建设的基本

要求。(见表1)

表1　　新加坡、中国香港全球竞争力部分指标排名

国家(地区)	世界竞争力排名	行政服务可靠度	政策稳定性	政府透明度	行政效率
新加坡	1	2	2	3	1
香港	3	6	6	7	2

数据来源：《全球竞争力报告2019》。

2. "精简扁平的政府机构+专业高效灵活的法定机构"是国际成功自由贸易港的一般经验

——新加坡。新加坡政府的主要组成部分是16个政府部门和67个法定机构。较少的行政部门保证了决策的统一高效，较多的法定机构保证了政策执行的专业性和高效率。

——中国香港。香港政府架构由决策层、执行层构成。在决策层面，主要包括政务司、财政司和律政司三个司，并形成13个决策局；在执行层面，形成56个执行部门，它们大部分以"署""处"来命名。

3. 建议设立海南自由贸易港经济委员会并承担自由贸易港的开发经营职能

——在省级层面建立海南自由贸易港经济委员会，其性质为法定机构，并争取出台相关法律予以明确并赋予相应的经济开发经营职能。

——按着因需设立原则，加快建立以法定机构为主体的高效执行系统。

4. 加快推动"大部门制"改革，打造精简、扁平的政府机构

例如，构建社会发展的"大部门制"、自然资源和环境保护的"大部门制"、财政与国有资产管理的"大部门制"等。

5. 当务之急是以政府政策承诺诚信制度为重点建设公开透明守信政府

——政府失信是海南营商环境不优的突出矛盾。就企业对某市政府政策落实稳定性与持续性的评价进行问卷调查结果显示：累计35.88%的民营企业反映存在"政策变化较快""一刀切""政府部门负责人更换导致政策执行受阻"等情况。

——借鉴国际经验形成诚信政府的制度化、法律化约束。新加坡、中国香港等自由贸易港通过建立以"信赖保护制度"为重点的政府诚信制度体系、完善公务员管理制度与监督惩戒制度等途径，致力于打造高效透明诚信的政务环境，并将其作为营造一流营商环境、提高经济竞争力的重大举措。

——建立政府政策承诺诚信制度。以推动自贸港政策落实为主要目标，通过政策承诺公开公示、政策承诺兑现服务标准化、全流程管理、政策落实质量考核与社会监督等制度建设，形成包含组织定诺、公开承诺、专员践诺、监督评诺四个环节在内的政府政策承诺诚信全流程。

6. 立法赋予海南充分的行政体制改革自主权

在明确海南自由贸易港行政体制与运行机制基本原则的前提下，赋予政府机构调整与法定机构设置的自主权；明确海南省政府可设立法定机构作为具体执行机构，赋予其行政权限，并明确必要的条件、义务。

（二）以专业、高效为目标推进立法体制改革

（1）专业、高效的立法体制是自由贸易港的基本要求。

——新加坡。以适用一系列成熟的商事法律规范为主要立法模式，能够有效维持法律体系的稳定和法律适用的统一，避免了自贸区规则过于烦琐或碎片化，赢得了投资者的信任。

——迪拜。迪拜经授权在自由区内民商事领域采用普通法的法

律体系，地方政府立法权限足、空间大、灵活性高。在立法周期上，一部法律从有立法意向到形成草案再到最终生效，最快只需要六个月，最慢不超过一年，修法周期不超过半年。

（2）建议在海南省人大组建专业高效的自由贸易港立法机构。例如，将海南省人大法制工作委员会改为海南自由贸易港立法工作委员会。按着因需立法的原则，向国内招录聘任知名法律专家组建专业性立法团队，以提升省人大常委会的立法质量与效率。

（3）赋予海南自由贸易港立法工作委员会一定的经济立法权。海南省人大授予海南自由贸易港立法工作委员会一定的经济立法权。例如，凡涉及投资、贸易、金融、仲裁、海关等领域的专业性法律法规，授权该机构制定。

（三）以专业、权威为目标建立海南自由贸易港仲裁体制

1. 借鉴新加坡经验，建立与国际接轨的仲裁体制

第一，新加坡于1994年颁布《新加坡国际仲裁法》。第二，《新加坡国际仲裁法》与处理国内仲裁的《新加坡仲裁法》实行双轨制，使其仲裁制度更具灵活性。第三，新加坡国际仲裁业务受国家法院监督，司法机关不可做出不利于国际仲裁程序的事项。

2. 对标新加坡，建立与国际接轨的仲裁规则

——参考联合国国际贸易法委员会仲裁规则，建立海南自由贸易港的仲裁规则。

——对国际仲裁案件，允许当事人自主选择两大法系仲裁模式裁决。

——尽快以"仲裁地"标准取代"仲裁机构所在地"标准，建立海南自由贸易港临时仲裁制度。

——明确商事仲裁的法律效力，限制司法机关干预仲裁程序、推翻仲裁裁决等行为，确保仲裁结果的权威性。

3. 赋予海南一定的司法体制改革自主权

主要包括：

——一定的司法机构设置权，重点是对金融、知识产权、海事、运输等专门法院的设置权限。

——一定的国际惯例、国际规则适用特权等。例如，明确设置专门法院对特定案件实施集中管辖的条件、程序、原则等。

四 以高水平制度型开放推进海南自由贸易港法治创新

高水平开放就是适应国际发展趋势与国内发展需求，推进以服务贸易为重点的开放。这就要求推进以规则、规制、管理、标准为重点的制度型开放，并在内外制度、法律衔接协调中推进法治创新。

（一）以服务贸易为主导建设海南自由贸易港

（1）经济全球化大趋势。2010—2019 年，全球服务贸易额由7.8 万亿美元增长至 11.9 万亿美元，增幅 53%；服务贸易额占贸易总额的比重由 20.3% 提高至 23.8%，提升了 2.5 个百分点。预计到 2040 年，服务贸易在贸易中的占比将提升到 50%。

（2）我国服务贸易快速发展大趋势。2010—2019 年，我国服务贸易额年均增长 8.7%，快于货物贸易增速 3.8 个百分点，是货物贸易增速的 1.8 倍；快于外贸整体增速 3.3 个百分点。我国服务贸易占比与世界平均水平相比，仍有 9 个百分点的提升空间，与发达国家相比，仍有 10—20 个百分点的提升空间。

（3）自由贸易港服务贸易发展大趋势。2005—2019 年，新加坡服务业占 GDP 的比重由 67.5% 提高至 73.8%；服务贸易占贸易总额的比重由 19.2% 提高至 32.1%；服务贸易占 GDP 的比重由 80% 提高至 106.8%。

（4）海南服务贸易发展的巨大空间。2019 年，海南服务贸易为 219.7 亿元人民币，仅相当于 2018 年武汉的 25.5%、苏州的 13.5%、杭州的 9.3%、广州的 5.7%、北京的 2.1%、上海的

1.9%，与中国香港、新加坡等地的差距更大。

（二）服务贸易开放关键在于规则、规制、管理、标准与国际对接

1. 服务贸易开放直接依赖于制度型开放进程

与制造业为主的开放不同，服务贸易开放既涉及市场准入制度，更涉及公平竞争制度、市场监管制度及规则、规制、标准等方面的制度性、结构性安排，其复杂程度与敏感程度远超制造业。

2. 以规则、规制、管理、标准对接推进服务贸易开放进程

——标准不对接，提高了服务贸易自由化便利化壁垒。以粤港澳大湾区为例。粤港澳仅在建筑、商业银行等少数行业实现了资质互认，而较为重要的专业服务领域，如法律、会计、医疗、专利代理等，港澳专业人士必须通过内地相关资格考试后，才能进入内地执业。

——部分标准低于国际，制约消费潜力释放。目前我国产品领域国家标准采用国际标准的比率为85.47%，但在医疗、健康、旅游、金融、会计等领域内相当一部分行业仍低于国际标准，由此造成大量服务性消费外流。

3. 以制度型开放推进海南自由贸易港服务贸易发展

——尽快实施跨境服务贸易负面清单，大幅缩减跨境服务贸易负面清单数量，并进一步细化跨境服务贸易负面清单限制性措施，增强透明度与可操作性。

——破除跨境交付、境外消费、自然人移动等服务贸易模式下的边境内壁垒，率先在金融、教育、医疗、养老等国内急需的服务领域给予境外服务提供者国民待遇，实行"准入即准营"。

——加强同中国香港、欧盟、日本、韩国等发达经济体专业技术人员的资格互认及服务业监管标准对接，加快开展服务贸易"经认证的经营者"试点，尽快实现人员、资金等要素自由流动。

（三）率先在重点服务业领域实现与国际标准对接

1. 推进海南自由贸易港职业教育标准与国际对接

——海南教育水平滞后。例如，2019年，台湾就业人口中，高中及以上学历人口占比达82.7%，而2019年海南这一比重不足30%。

——在职业教育领域引入国际标准。例如，主动与国外教育和培训机构互商共议，就双方互相认证的问题达成共识，相互认可毕业文凭和专业技能证书，扫除认证障碍。同时，吸引境内外具备条件的研发机构、教育组织、高水平企业在海南独立举办健康、旅游、文化创意等职业院校。

——加强教育国际合作与交流。开展中外联合培养项目；通过教师互访、学生互换、学分互认和学位互授等形式，加强教育国际合作与交流，鼓励优势学科"走出去"。

2. 在医疗健康领域率先对标日本标准

——在海南采用日本医药标准。例如，对已在日本通过标准评估的药品与医疗器械，在海南可自动获得认证；采用日本的医药使用标准，对已在日本上市的药品无须开展临床试验直接在海南使用；允许海南健康医疗机构与日本相关机构合作，同步开展国外药品与医疗技术的临床试验。

——争取与日本联手共建医药与器械设备制造产业链。例如，建立海南与日本医疗健康合作园区，园区内药企根据日方标准开展药品、器械、设备等生产；鼓励园区内企业与日方开展设备保税租赁、外包服务等多种形式的合作，全面引进日本先进医疗技术、设备和人才等。

3. 尽快与香港联手共建免税购物产业链、供应链

——香港具有完善免税购物的法治体系与服务体系。香港形成了《消费者权益保护法》《商品说明条例》《消费品安全条例》等

为主体的法律保障体系，并且在品牌建设保护、免税商品质保、市场授权授牌、消费场所设计等方面具有明显优势。

——香港在免税购物供应链方面具有明显优势。

——海南具有背靠14亿人内地大市场优势。

——全面引入香港免税购物消费管理标准，建立以消费者保护为核心的法治环境。

五　探索适应数字经济快速发展趋势的法治政府建设

在全球加快进入数字经济时代的背景下，高起点谋划数字自由贸易港建设，并逐步探索形成数字经济领域的监管体制、监管标准、监管规则等，为我国参与全球数字贸易规则制定提供压力测试。由此，探索适应数字经济快速发展趋势的法治政府建设。

（一）数字经济快速发展对监管提出新要求

1. 数字经济快速发展

中国信通院发布的《中国数字经济发展白皮书（2021）》显示，2020年我国数字经济规模达到39.2万亿元，占GDP比重为38.6%，目前位居世界第二，数字经济增速达到GDP增速3倍以上，成为稳定经济增长的关键动力。

2. 政府监管滞后于数字经济发展进程

——监管规则缺失带来重大风险。例如，金融科技监管规则缺失，监管部门难以在事前与事中发现问题，使得部分金融科技公司无序扩张，带来"大而不能倒"的风险。例如，蚂蚁金服2019年全年累计发放贷款1.7万亿元，占联合贷款市场规模的50%。

——法律规定较为宏观，降低监管有效性。我国尚未建立起与高标准数字贸易规则对应的法律体系，特别是数据安全的相关法律制度。《网络安全法》的实施细则尚未通过；《个人信息保护法（草案）》《数据安全法（草案）》已经提请全国人大常委会审议，但尚未生效。国内相关法律体系不健全，将严重影响依据我国法律进行数据跨境传输，以及数据出境后获得相应保护。

——《反垄断法》难以有效监管平台经济的垄断行为。例如，《反垄断法》规定，"一个经营者在相关市场的市场份额达到二分之一的；两个经营者在相关市场的市场份额合计达到三分之二的，可被认定为具有市场支配地位"。目前，在我国 B2C 网络零售市场，天猫及京东占据 80% 以上的市场份额。

（二）支持海南加快构建数字经济监管规则及法律体系

（1）构建数字经济监管标准体系。以推动服务业标准化建设为契机，尽快加入数字经济领域的监管标准，尤其要强化质量监管、税收征管等重点内容。同时，制定数字经济信用黑名单、标准格式合同管理、安全协议限制和跨境数据流动风险评估机制等配套监管手段。

（2）构建海南数字经济领域的法律法规体系。在《电子商务法》《网络安全法》等法律基础上，尽快研究出台《海南自由贸易港数字贸易条例》《海南自由贸易港网络安全条例》等地方法规，为数字经济发展及监管提供法律保障。

（3）构建数据交易、传输的规则体系，建立面向东盟的区域性数据交易所。支持海南开展数据确权、数据认证、数据定价、数据监管、数据交易、数据安全等标准规则探索。

（三）支持海南在跨境数据安全有序流动方面加大压力测试

（1）分类推动跨境数据流动便利化。将数据区分为不同类型，如政府数据、技术数据、商业数据和个人数据，采取绝对禁止流动、一定限制流动和无限制流动等不同的规制措施，以实现数据安全、有条件、有秩序地跨境流动。

（2）分级推动数据跨境流动。借鉴国外数据分类经验，按照重要行业和信息主题分类标准，合理确定海南自由贸易港"重要数据""敏感数据"内涵和范围，开展风险评估和梯度管理。

（3）分流向推动数据跨境流动。借鉴新加坡经验，对提供给家庭与公司企业、儿童与成年人、公共大众与个人消费者的互联网内容区别对待，进行不同程度的审查。

六 支持海南在低碳、知识产权等领域率先进行立法探索

海南自由贸易港既需要在贸易投资自由化便利化方面实现立法的重要突破，也需要争取国家支持在低碳发展、知识产权保护等方面实现创新性立法。

（一）支持海南在低碳发展的法治化环境建设方面率先探索

1. 低碳发展的立法重要性全面凸显

——碳达峰和碳交易将成为未来中国与世界竞争合作的焦点问题，也是中国和欧美最有可能合作的领域。

——《环境保护法》等法律法规存在内容滞后、条文较为笼统和简单不明确等问题。

——部分环境法规规定的行政处罚方式以罚款为主，而且数额过低。如我国《大气污染防治法》对超标排污行为规定罚款最高限额 10 万元，远低于违法收益。

2. 借鉴欧盟等成功经验开展低碳发展立法

欧盟应对气候变化的政策、法律如表 2 所示：

表 2　　　　　　　　欧盟应对气候变化的政策、法律

时间	名称	主要内容
2002 年	第六个"环境行动计划"（6thEAP）	该计划确定了四个优先发展领域的政策发展：气候变化、自然和生物多样性、环境与健康、废物和自然资源。
2005 年 10 月	第二个"欧洲气候变化计划"（ECCPⅡ）	从 2011 年起将航空业纳入欧盟排放交易体系，制定降低新车 CO_2 排放量的相关法律，审查现行欧盟排放交易体系并将于 2013 年进行修订，制定碳埋存技术安全使用的立法框架等。

续表

时间	名称	主要内容
2007年3月	能源和气候一体化决议	承诺到2020年：将温室气体排放量在1990年基础上减少20%，如果能达成新的国际气候协议，欧盟将承诺减少30%；将可再生能源在总能源消费中的占比提高到20%的约束性目标，其中生物质燃料占总燃料消费的比例不低于10%；将能源效率提高20%。
2008年12月	气候行动和可再生能源一揽子计划（欧盟气候变化扩展政策）	该计划是2007年决议的具体落实，是欧盟通过气候和能源一体化政策实现减缓气候变化目标实现的重要法律基础。
2013年	欧盟气候变化适应战略	旨在引导成员国对气候变化的负面影响做出反应，增强气候变化的适应性。
2013年	发展气候适应战略指导方针	目的在于强化气候变化适应支持工具的可操作性。

欧盟有关碳市场的主要政策法律如表3所示：

表3　　　　欧盟有关碳市场的主要政策法律

颁布时间	名称	主要内容
2003年10月	Directive2003/87/EC	实施期间、交易涵盖范围、许可和配额发放、APs、MRV义务、联营、灵活机制、罚则等。
2004年	Directive2004/101/EC	规定了项目行为、排放削减单位（ERU）、核定减排量（CER）等主要术语的定义。
2008年	Directive2008/101/EC	把航空行为纳入到温室气体排放交易机制。
2009年	Directive2009/29/EC	确立了碳市场第三阶段的新制度。

3. 在重点领域开展立法探索

例如：

——制定《海南自由贸易港低碳发展促进条例》。

——制定《海南自由贸易港新能源开发利用促进条例》《海南自由贸易港垃圾分类管理条例》。

——制定《海南自由贸易港海洋生态环境保护条例》，并积极同泛南海地区共同签署《海洋环境保护公约》等。

——在上位法的框架下，围绕大气污染、水土保持、清洁生产、野生动物保护等领域，制定更加严格的地方性法规。

4. 建立区域性碳交易市场

——有业内人士预计，2021年，我国碳交易市场成交量或达到2.5亿吨，为2020年各个试点交易所交易总量的3倍，成交金额将达60亿元。

——借鉴欧盟做法，制定出台《海南自由贸易港碳交易条例》。

——建立海南碳汇交易市场。同时，加强与国际碳汇交易市场的合作，完善信息共享与沟通机制，尤其加强与发展中地区交易市场的合作，谋求国际碳汇交易定价权。

(二) 支持海南在知识产权保护的法治化方面先行先试

(1) 国际知识产权保护规则向严格化、高级化演进（见表4）。例如，CPTPP与WTO《与贸易有关的知识产权协定》（TRIPs）相比较：

——明显扩大知识产权保护的对象、扩大知识产权所有者的权利内容等。

——随着知识产权规则在双边、区域自贸协定中大量出现，知识产权保护的执法程序和法律责任进一步趋严。

——由于数字经济、服务贸易等的快速发展，知识产权规则与司法保护的复杂度全面提升。

表4　　　　　　　部分自由贸易协定中关于知识产权的条款

名称	相关内容
全面与进步跨太平洋伙伴关系协定（CPTPP）	协定对知识产权保护与鼓励创新投资，支持创新型产业，杜绝盗版和假冒产品，促进信息、知识与技术的传播和推广做出了规定。 与知识产权相关的规定建立在世界贸易组织《TRIPs协定》的基础之上，涵盖版权、商标、地理标志、专利权、工业品外观设计、保密信息、植物多样性保护、民事执法、边境执法和刑事执法等。 协定还包括有关药品、域名抢注、盗窃贸易秘密等方面的条款。
中国—东盟自由贸易协定	双方重申各自作为缔约方加入的已有国际协定中有关知识产权的既有承诺，包括WTO、世界知识产权组织（WIPO）和其他有关纪律。
新加坡—欧盟自由贸易协定	第10章以《TRIPs协定》为基础，通过保护知识产权和实施相关措施，推动创新和创意产品的生产和商业化，提高贸易和投资利益。
区域全面经济伙伴关系协定（RCEP）	旨在通过加强知识产权使用、保护和执法方面的经济融合与合作，减少与知识产权相关的贸易和投资壁垒。

（2）知识产权已成为大国博弈的焦点。例如，知识产权保护成为中美第一阶段经贸协议首项内容，双方就商业秘密保护、与药品相关的知识产权问题、专利有效期延长、地理标志、加强知识产权司法执行和程序等十个方面达成共识。

（3）借鉴中国香港、新加坡关于知识产权保护的法律体系。国际知名自由贸易港通常都设立了较为完善的知识产权保护法律体系，同时也是世界知识产权组织等众多与知识产权相关的公约和国际组织的成员。（见表5）

表5　　　　　　　中国香港、新加坡知识产权保护法律法规

	知识产权保护范围	知识产权保护法律法规
中国香港	商标、专利、版权、外观设计、植物品种及集成电路的布图设计	主要有《专利条例》《商标条例》《注册外观设计条例》《版权条例》《集成电路的布图设计（拓扑图）条例》《植物品种保护条例》《防止盗用版权条例》等
新加坡	专利、商标、注册外观设计、版权（著作权）、集成电路设计、地理标识、商业秘密和机密信息以及植物品种等	《专利法》《商标法》《注册外观设计法》《版权法》《植物品种保护法》《地理标志法》《集成电路布图设计法》等

（4）对标国际标准，推进知识产权保护法治化。

——出台《海南自由贸易港知识产权保护条例》。一是主动借鉴参考CPTPP、USMCA等最新经贸协定中的知识产权保护规则。二是高度关注互联网+等数字经济领域的知识产权，并在加紧研究的基础上，率先开展数字经济领域的知识产权立法探索。

——探索与新加坡实行跨境知识产权多元化纠纷解决结果的互认。例如，率先在海南全面适用《新加坡公约》，明确多元化纠纷解决机制及其法律效力；率先建立与新加坡间的知识产权特别审查机制，通过定期审议，提升海南与新加坡知识产权保护标准统一与规则一致。

——借鉴新加坡等经验，进一步明确知识产权保护的多元纠纷解决机制。一是明确多元化纠纷解决机制的程序、标准、规则、法律效力等。二是积极吸引世界知识产权组织等在海南设立分支机构，并加强与海南自贸港知识产权仲裁调解中心的合作。三是完善专利行政保护、司法保护及调解、仲裁等方面的对接机制，强化知识产权纠纷处理结果的司法执行；对跨境知识产权多元化纠纷解决结果的互认。

海南自由贸易港有条件成为中国与东盟经贸合作的交汇点[*]

(2021 年 6 月)

总的判断:"将海南自由贸易港打造成为引领我国新时代对外开放的鲜明旗帜和重要开放门户",是中央建立海南自由贸易港的战略目标与重大任务,抓手与突破口是建立面向东盟的区域性市场。

一方面,建立面向东盟的区域性市场,使海南自由贸易港成为区域内商品要素配置、整合的大平台,以此明显提升海南自由贸易港的区域影响力辐射力。

另一方面,在亚太区域不稳定性、不确定性上升的情况下,充分发挥海南自由贸易港在促进经济交往中的独特作用,加强与东南亚深层次、多领域的区域合作,为区域经济一体化奠定重要基础。

一 加强海南与东盟经贸合作的需求与条件

主要观点:在海南建立面向东盟的区域性市场,就是要充分发挥海南自由贸易港在连接两个市场、两种资源中的重要枢纽、重要

---

[*] 在中国(海南)自由贸易港双循环与对外开放新格局高层咨询会上的主旨演讲,2021 年 6 月 23 日,海口。

交汇点的独特作用，并服务于国内大循环的效率和水平的提升。为此，需要把建立面向东盟的区域性市场作为推进海南自由贸易港建设的重要抓手。

（一）现实需求

1. 东盟国家的需求

2020年1月，新加坡时任外长杨荣文在东盟高级研讨会上建议："一旦《南海行为准则》谈成后，东盟各国可考虑在部分或整个海南岛成立一个南海经济合作区。"特别是在疫情冲击下，以外向型经济为主导的东盟国家对借助中国市场实现自身经济复苏的需求有所增强。

2. 企业走出去的需求

在大国博弈加剧、我国经济进一步转型升级等内外因素共同影响下，东盟成为承接我国对外投资与产业转移的主要区域。2019年，我国对外直接投资前20位国家中，有7个是东盟国家。特别是RCEP签署后，以东盟为重点的对外投资合作趋势更加明显。2021年1—4月，我国企业在"一带一路"沿线对54个国家非金融类直接投资387亿元人民币，同比增长5.7%，占同期总额的17.4%，较上年上升1.8个百分点，主要投向新加坡、印度尼西亚、越南、马来西亚、老挝、阿拉伯联合酋长国、哈萨克斯坦、巴基斯坦、柬埔寨和孟加拉国等国家。

3. 海南做大经济流量的需求

2020年，海南外贸依存度为16.9%，与全国31.6%、新加坡207.4%、中国香港301.7%的水平差距较大；货物贸易和服务贸易额仅占全国的0.29%、0.41%。建立面向东盟的区域性市场，将明显做大海南自由贸易港经济流量、做活市场，着力破解海南作为岛屿经济体市场空间小、物流成本高、产业体系不完善的先天短板，并加快形成产业发展和区域合作的良性互动。

(二) 突出优势

(1) 区位优势。海南具有自然资源丰富、地理区位独特以及背靠超大规模国内市场和腹地经济等优势，有条件成为连接中国市场与东盟市场的重要枢纽。

(2) 政策优势。

——以贸易投资自由化、便利化为重要特点的政策体系。

——法律保障。《中华人民共和国海南自由贸易港法》的颁布与实施。

(3) 良好基础。2018年4月到2020年3月，海南对东盟进出口额达到512.6亿元，与上个两年相比增长60.2%，是外贸整体增速（31.8%）的近2倍。同时，海南同乡会、海南会馆等海南元素社会团体遍布东盟地区，200多个东南亚华人华侨组织与海南保持着经常性友好往来。

(三) 战略机遇

1. RCEP生效将强化海南区位优势

从RCEP成员国地理分布看，海南位于成员国中心，向北通过海陆空与中国内地紧密相连；向东、向南与东亚两国、东盟10国、澳大利亚和新西兰通过航空与海运便捷地连接。作为中国的重要开放门户，东亚、东南亚各国都在海南4小时飞行圈内，澳大利亚也在海南8小时飞行圈内。

2. RCEP生效将为海南自由贸易港构建面向东盟的产业链、供应链提供重要契机

近年来，海南与RCEP国家间贸易占比稳定在40%以上，其中与东盟国家间的贸易占比稳定在四分之一左右。RCEP生效后，海南将成为我国唯一一个三元供应链[①]都可以实现"零关税"的地

---

① 三元供应链，即国内供应链、RCEP区域内供应链、区域外供应链。

区，对丰富海南产业结构、促进产业升级、稳定供应链区域布局具有重要意义。

3. RCEP生效将为构建区域内统一大市场提供更高水平制度保障

将重点产业发展和RCEP贸易和自由化便利化规则结合，形成构建区域内统一大市场的重要动力。例如，海南可利用政策优势吸引国内高水平企业"走出去"，也可以积极吸引包括东盟及日本、韩国、澳大利亚等国先进企业引进来，促进国内产业转型升级。

4. RCEP生效将为海南自由贸易港高水平开放带来倒逼压力

例如，在服务贸易领域，中国在RCEP中承诺6年内将实现服务贸易开放由正面清单向负面清单的过渡，这就需要海南自由贸易港在6年内更大力度开展服务贸易开放探索，为我国全面实行跨境服务贸易负面清单提供标杆。

二 建立面向东盟区域性市场的重大任务

主要观点：抓住RCEP全面落实前的时间窗口期，率先实现面向东盟的农产品、旅游、金融等区域性市场的重要突破，形成海南自由贸易港在中国与东盟经贸合作中的先发优势。

（一）区域性商品市场

（1）抓住RCEP时间窗口期，吸引国内外龙头企业在海南投资一批集加工、包装、保鲜、物流、研发、示范、服务等相互融合和全产业链的农业产业化项目，通过零关税和原产地政策进口东南亚国家的农产品在海南进行精深加工，使产品增值30%以上再免关税进入内地。

（2）落实发改体改〔2021〕479号文件，尽快出台建立海南国际文物艺术品交易中心的行动规划，引入艺术品行业的展览、交易、拍卖等国际规则，吸引国内外知名拍卖机构及投资者在交易中心开展业务，在通关便利、保税货物监管、仓储物流等方面给予政策支持。

（3）争取将燕窝纳入国人离岛免税购物清单和岛内居民日用消费品免税清单，培育旅游消费新增长点；鼓励国内和东盟有实力的燕窝企业在海南发展销售和深加工等高增值环节，并逐步建立海南版燕窝品质标准、交易规则。

（二）区域性旅游市场

（1）加快三亚国际邮轮母港建设，支持三亚邮轮母港建设主体通过在境外发行人民币债券方式筹集建设资金，为疫后构建国际邮轮旅游大网络创造条件。

（2）在疫情稳定的情况下，争取中央支持海南率先与马来西亚、菲律宾、新加坡、越南、泰国等国家的岛屿地区开展邮轮旅游合作，推动实现客源共享和互送、邮轮航线联合营销、邮轮旅游危机管理合作、人员入境相互免签、旅游人才联合培养等，构建双边多边旅游合作网络。

（3）争取中央支持并协调与香港共建免税购物消费产业链，使海南成为面向国内及东盟的中高端免税购物消费中心。

（4）用好发改体改〔2021〕479号文件相关政策，培育海南旅游消费新的吸引力和增长点，建成区域性医美、健康、教育、文化娱乐等服务型消费市场。

（三）区域性金融市场

（1）争取中国证监会支持，在海南建立以天然橡胶为重点的热带农产品交易所，为东盟国家提供交易、交割、定价、结算、风控等一站式服务，使海南成为区域性天然橡胶的交易与定价中心。以此为基础，带动形成覆盖热带农产品种类的期货现货交易所，服务全球热带农业中心建设。

（2）利用"支持符合条件的海南企业首发上市"政策，尽快出台行动方案，支持在海南设立证券经纪、投资银行、证券投资咨询等证券服务机构与融资性金融机构，建立面向"一带一路"的国际债券市场与资本市场。

（3）利用"探索开展跨境资产管理业务试点"政策，尽快开展个人跨境财富管理试点，允许欧美知名理财公司在海南以独资、合资、合作等形式开办私人银行等财富管理机构，建立面向国内市场与东盟市场的财富管理中心。

（四）区域性创新要素市场

（1）争取中央支持率先在海南对民事主体、商事主体适用《新加坡公约》等国际高标准知识产权保护规则，建立区域性知识产权交易所，积极吸引东盟国家的知识产权在海南开展定价、交易、融资等服务，并推动知识产权在海南或内地成果转化，以此吸引更多创新要素在海南集聚。

（2）依托中央赋予海南跨境数据安全有序流动的政策优势，研究建立面向东盟的数据交易所，开展数字版权确权、估价、交易、结算交付、安全保障、数据资产管理等服务。

（3）依托海南碳汇资源，研究建立海南国际碳汇交易所，在全国率先实现碳达峰、碳中和。

（五）区域性人才、劳务市场

（1）适时放开面向东盟的家政服务市场，通过配额管理、完善社会治安管理制度等方式，在海南率先引入菲佣等技能型外籍劳工，为国际化人才和海南中高收入家庭提供优质家政服务。

（2）在海南率先探索开展职业技术移民积分制，取消现有"聘用外国人从事的岗位应是有特殊需要、国内暂缺适当人选"等规定，开设面向东南亚国家的来华留学生学习、实习、就业绿色通道，吸引留学生落户海南。

三　建立面向东盟区域性市场的政策需求

主要观点：《总体方案》形成了海南自由贸易港政策制度体系

的基本框架，并为建立面向东盟的区域性市场提供重要条件。但部分政策具体化进程滞后掣肘区域性市场建设。例如，《总体方案》提出"支持建设邮轮旅游试验区"。从实际情况看，海南邮轮产业支持政策主要以补贴为主，既缺乏产业发展规划指导，也在邮轮购置、航线开辟、邮轮船供、产业基金设置等方面缺乏针对性具体政策，与上海、天津、广州等发达地区相比，政策竞争力明显不足。

（一）原产地政策

（1）从现实情况看，由于该政策涉及的计算标准不具体，到现在为止还没有落地。例如，我国签订的中智、中巴、中国—新西兰、RCEP等自贸协定中均使用累积计算规则。

（2）要尽快出台《海南自由贸易港加工增值政策实施细则》，在明确"加工增值超过30%"计算公式的基础上，进一步明确在东南亚区域内的累积原则和加工工序认定标准。

（3）实行更加灵活的原产地政策，对在海南研发设计，在东盟国家生产、加工的产品，经海南进入内地免征进口关税。

（二）企业走出去政策

（1）适应建立面向东盟的热带农产品保鲜、加工、储藏、出口基地需要，将农业等纳入"新增境外直接投资取得的所得，免征企业所得税"政策适用范围。

（2）设立海南自由贸易港对外投资基金，对到东盟开展农业种植、资源加工等投资成本高、建设周期长、风险大的企业，给予一定的财政贴息或一次性财政资金支持。

（3）对总部设在海南，主要业务在东盟国家的相关企业的人才，将其在东盟国家开展商务活动的时间视为在海南居住时间，享受最高不超过15%的个人所得税政策。

（三）区域性总部建设的政策

（1）对面向东盟的区域性总部企业在办公场所和重大项目的建

设用地上给予保障。

（2）对注册在海南的区域性总部企业，通过加速折旧和摊销等多种方式使其企业所得税下降至15%以下。

（3）尽快明确海南区域性总部企业在境外发行人民币债券的基本条件与相关程序规则。

（4）积极引进境外优质的旅游、医疗健康、教育、文化娱乐等企业在海南设立区域性总部，并尽快形成与跨境服务贸易配套的资金支付与转移制度。

（5）政策的落地、有效的执行还取决于以专业、高效、便利为目标构建企业服务体系。

——支持在海南成立法定机构性质的区域性市场开发管理局，专门负责区域性市场建设与区域性总部企业的服务管理，并实行企业化管理、市场化运作、目标绩效考核。

——积极争取中央支持，在海南设立融资性金融机构，为"走出去"企业开展"信保+担保"融资，助力企业"走出去"参与区域产业链调整。

——支持以社会组织为平台建立企业"走出去"服务联盟，吸引专业的担保机构、会计与律师事务所、投资咨询公司、资产评估公司等企业入驻，对走向东盟的企业提供一揽子专业服务。

以行政管理体制改革创新为重点营造海南自由贸易港法治化营商环境[*]

——贯彻《中华人民共和国海南自由贸易港法》的重大任务

（2021年6月）

《海南自由贸易港法》规定，"国家建立海南自由贸易港建设领导机制"和"与海南自由贸易港建设相适应的行政管理体制"。无论是从现实性看，还是从中长期发展看，以法律为依据的行政管理体制改革创新是海南自由贸易港建设的核心要素和重要标志，是营造海南自由贸易港法治化营商环境的首要关键和重大任务。（见表1）

表1　　　　《中华人民共和国海南自由贸易港法》
涉及行政管理体制改革的条款及内容

领域	条款	具体内容
行政管理体制	第6条	国家建立海南自由贸易港建设领导机制，统筹协调海南自由贸易港建设重大政策和重大事项 国家建立与海南自由贸易港建设相适应的行政管理体制，创新监管模式

---

[*] 在"营造自由贸易港法治环境"研讨会开幕式上的演讲，2021年6月25日，海口。

续表

领域	条款	具体内容
行政管理体制	第8条	海南自由贸易港构建系统完备、科学规范、运行有效的海南自由贸易港治理体系，推动政府机构改革和职能转变，规范政府服务标准 国家推进海南自由贸易港行政区划改革创新，优化行政区划设置和行政区划结构体系
	第21条	海南自由贸易港按照便利、高效、透明的原则，简化办事程序，提高办事效率，优化政务服务
	第44条	海南自由贸易港深化人才发展体制机制改革，创新人才培养支持机制，建立科学合理的人才引进、认定、使用和待遇保障机制
司法体制	第54条	国家支持探索与海南自由贸易港相适应的司法体制改革 海南自由贸易港建立多元化商事纠纷解决机制，完善国际商事纠纷案件集中审判机制，支持通过仲裁、调解等多种非诉讼方式解决纠纷
自主权	第7条	国家支持海南自由贸易港建设发展，支持海南省依照中央要求和法律规定行使改革自主权 国务院及其有关部门根据海南自由贸易港建设的实际需要，及时依法授权或者委托海南省人民政府及其有关部门行使相关管理职权
	第10条	海南省人民代表大会及其常务委员会可以根据本法，结合海南自由贸易港建设的具体情况和实际需要，遵循宪法规定和法律、行政法规的基本原则，就贸易、投资及相关管理活动制定法规（以下称海南自由贸易港法规），在海南自由贸易港范围内实施

一 明显提升行政效能和政策执行力成为海南自由贸易港法治化营商环境建设的首要任务

（一）明显提升行政效能成为海南自由贸易港营商环境建设的重中之重

客观讲，一方面，海南已出台多项措施优化营商环境，在激发市场活力方面取得了初步成效；另一方面，海南目前的行政管理体制缺乏自身特点,效率和专业性与自由贸易港建设不相适应的矛盾比较突出,并成为海南自由贸易港营商环境建设的突出掣肘。

(二) 行政效率不高掣肘政策执行力提升

1. 行政效率不高掣肘企业对自由贸易港建设信心的提升

根据中改院课题组对海口的问卷调查,52.59%的企业受访者表示"政府信息查找不到",56.03%的企业受访者认为"政府信息获取费时、费力"。沈晓明书记前不久在省委七届十次全会上的讲话中指出:"朝令夕改,有的新官不理旧账,有的虑事不周、决策摇摆、大放之后又大收,还美其名曰打补丁,比如有的市县对某些投资项目条件答应得很好,企业也做了不少投入,换个领导又变卦了,甚至还想方设法把企业赶走,给企业造成重大损失,使政府遭受严重失信。"

2. 行政效率不高掣肘自由贸易港政策落地效果

截至2021年5月20日,海南仅有631家企业享受15%企业所得税优惠政策,占全省企业总量的比重为0.05%;实际享受个人所得税优惠政策的共3978人,占2020年全省引进人才总量(12.2万人)的3.26%。从"零关税"政策落地效果看,"一负三正"四张清单目前已出台原辅料、交通工具及游艇、生产设备三张清单。但截至2021年3月,享受三张"零关税"清单的企业仅有5家。

(三) 海南具备推进自由贸易港行政管理体制改革的主要条件

三十年前,海南"小政府、大社会"的改革力度大、影响广:一是"政府机构少而精"。改革后,海南省属机构比建省前作为一个行政区时还少25个,人员少了420人。二是"大社会活跃"。1988年4月到1990年3月,全省申请成立的社会团体有101个,已批准成立的有50多家。为什么"小政府、大社会"的改革成果未能延续至今?就是因为缺少两个主要条件:第一,大开放。海南当初搞"小政府、大社会"就是希望海南能够走向大开放，建立特别关税区，但是由于多种原因丧失了这一机遇。第二，法律保障。过去"小政府、大社会"改革主要依靠行政推动。现在这两个条件都具备了：自由贸易港和《海南自由贸易港法》成为海南行政管理体制改革的两个至关重要的条件和保障。《海南自由贸易港法》赋予海南的行政管理体制改革自主权，十分重要。

二 《海南自由贸易港法》对海南行政管理体制创新赋予充分改革自主权

（一）总体要求

《海南自由贸易港法》第6条明确提出，"国家建立与海南自由贸易港建设相适应的行政管理体制"。自由贸易港是当今世界最高水平开放形态，行政高效运转是其内在要求。例如，新加坡在实行贸易投资自由化便利化的经济制度的同时，建立起与经济高度开放相适应的"精简扁平的政府机构＋专业高效灵活的法定机构"。海南自由贸易港对标世界最高水平开放形态，要充分借鉴国际高水平自由贸易港的经验，形成具有国际竞争力的特殊行政管理体制安排。

（二）基本目标

《海南自由贸易港法》第8条提出"构建系统完备、科学规范、运行有效的海南自由贸易港治理体系……"。海南自由贸易港行政管理体制改革的核心目标是四个字：高效、专业。对比新加坡、中国香港来看，2019年，新加坡行政服务可靠度、政策稳定性、政府透明度、行政效率等指标均居世界前三；中国香港行政服务可靠度、政策稳定性、政府透明度、行政效率等指标均位于全球前十。（见表2）

表2　　　　　新加坡、中国香港全球竞争力部分指标排名

国家（地区）	世界竞争力排名	行政服务可靠度	政策稳定性	政府透明度	行政效率
新加坡	1	2	2	3	1
中国香港	3	6	6	7	2

数据来源：《全球竞争力报告2019》，2020年。

（三）重大任务

1. 政府机构改革

《海南自由贸易港法》第8条规定，"推动政府机构改革和职能转变"。这就需要按着本法要求，加大政府机构和部门设置的制度集成创新力度，优化行政组织结构和职责体系。从国际经验看，精简、扁平的决策系统与高效专业的执行系统是国际自由贸易港的一般特征。例如，新加坡现有16个政府部门以及67个法定机构，较少的行政部门保证了决策的统一高效，较多的法定机构保证了政策执行的专业性和高效率。

2. 行政区划改革

《海南自由贸易港法》第8条规定，"国家推进海南自由贸易港行政区划改革创新，优化行政区划设置和行政区划结构体系"。从实际看，受制于区域分割的行政区划体制格局，海南的资源优势尚未转化为现实的经济效益。以土地为例。2020年海南每平方公里土地产出的GDP为0.16亿元，只等于台湾的12.3%、广东全省的25.5%、香港的0.72%、新加坡的0.49%。再以海洋资源为例。2020年海南海洋生产总值（1536亿元）仅为广东（17245亿元）的8.9%；海南单位海岸线海洋经济密度仅为0.79亿元/公里，仅相当于广东（4.0亿元/公里）的19.8%。为此，要以全岛资源利用效益最大化为目标推进行政区划体制改革创新。

3. 人事薪酬管理制度改革

提高行政效率要求实行"能上能下、能进能出"开放灵活的人事制度。《海南自由贸易港法》第44条规定,"海南自由贸易港深化人才发展体制机制改革,创新人才培养支持机制,建立科学合理的人才引进、认定、使用和待遇保障机制"。从实际看,在推进行政管理体制改革创新的同时,若不改变现行的人事薪酬管理制度,吸引国际国内高层次人才参与海南自由贸易港建设仍将面临较大挑战。

三 按《海南自由贸易港法》要求推进行政管理体制改革创新进程

(一)出台《海南自由贸易港行政管理体制改革总体方案》

以《海南自由贸易港法》为基础,与"2025年初步建立以贸易自由便利和投资自由便利为重点的自由贸易港政策制度体系""2035年,自由贸易港制度体系和运作模式更加成熟"的阶段目标相适应,尽快研究形成海南自由贸易港行政管理体制改革创新的具体方案。

(二)建立以法定机构为主体的高效执行系统

1. 适时设立海南自由贸易港经济委员会

建议在时机条件成熟时,在省级层面建立海南自由贸易港经济委员会,其性质为法定机构,并赋予其相应的贸易投资等管理职能,在法定职权范围内依法开展相关业务,独立承担法律责任。该机构在经费总额控制与职责明确的前提下享有充分的管理、人事聘用和财务自主权等。

2. 建立以法定机构为主体的高效专业执行系统

聚焦贸易投资自由化便利化,在专业性要求比较强、自由贸易港建设需求急迫的领域设立法定机构,作为海南自由贸易港的具体执行部门,实行企业化管理、市场化运作、目标绩效考核,防止法定机构行政化。例如，研究设立贸易与投资促进局、旅游业发展促进局、现代服务业发展促进局、高新技术产业发展促进局、公平竞争促进局等。

（三）加快形成"大部门制"的行政架构

按照精简扁平的原则，以公共服务与社会管理为重点，整合分散在各部门相近或相似的功能职责，推动相近部门合并，尽快形成"大部门制"的行政架构。

（四）按着《海南自由贸易港法》的要求，加快推动海南自由贸易港行政区划改革创新

与全岛建设自由贸易港相适应，以实现全岛资源利用效益最大化为目标，推进行政区划改革创新，优化行政区划设置和行政区划结构体系。建议加快形成海南自由贸易港行政区划改革总体方案，在破除资源利用的行政分割和地区壁垒方面实现重要突破。

（五）与行政管理体制改革相适应，推进立法司法体制创新

海南自由贸易港建设需要以完备的法治体系为保障。中央要求建立与自由贸易港相适应的行政管理体制，这既包含政府机构设置，也包含立法、司法机构设置与体制变革，是一个"大行政体制"，并以此发挥制度创新的"集成"效益。在《海南自由贸易港法》公布实施的背景下，海南一方面要加快推进调法调规工作，另一方面要充分利用《海南自由贸易港法》赋予的海南自由贸易港法规制定权，尽快形成与自由贸易港相适应的法规体系。这就要求海南以立法体制创新的特别之举提高地方立法能力。建议海南省人大新设海南自由贸易港立法工作委员会，向国内招录聘任知名法律专家组建专业性立法团队，组建若干立法小组，以提升立法的质量与效率。

同时，适应各类民商事纠纷与案件不断增多的实际情况，加快完善以仲裁为重点的多元化商事纠纷解决机制。例如，参考联合国

国际贸易法委员会仲裁规则，建立海南自由贸易港的仲裁规则；建立海南自由贸易港临时仲裁制度；明确商事仲裁的法律效力，确保仲裁结果的权威性等。

（六）以专业性、开放性、灵活性为导向推进人事管理制度创新

例如，深化公务人员分类改革，尽快形成以专业技术类和行政执法类为主体的公务人员队伍；全面推行专业技术类公务人员聘任制，并实行市场化薪酬；逐步完善聘任制公务人员管理制度，拓展公务员聘任制实施范围，强化对聘任制公务员的市场化考核等。

六

建言自由贸易：
大变局下的中国与世界

经济全球化与中国改革的下一步[*]

（2002年4月）

经济全球化的本质是资源配置和市场的全球化。20世纪80年代以来的国际经验说明，经济转轨是经济全球化的产物：一方面经济全球化为经济转轨国家提供了历史机遇，大大推动经济转轨进程；另一方面经济全球化又对经济转轨国家提出严峻挑战，要纳入国际通行的市场经济体系，必须开放经济，加快市场化改革。我国正处在经济转轨的关键时期，积极参与经济全球化，重要的任务是加快市场化改革，实现改革的实质性突破，并继续分享经济全球化的好处。

一 经济全球化将推动经济转轨进程。以加入WTO为标志，我国的改革进入新阶段

经济全球化将推动我国的改革进入新阶段。例如：经济全球化大大增加了对政府的压力，彻底的政府改革不可避免；经济全球化意味着全面的市场竞争，加快企业改革，提升企业的竞争力越来越具紧迫性；经济全球化强调金融的国际化，金融部门的市场化改革将首当其冲。

---

[*] 本文载于《改革》2002年第4期。

加入WTO为我国提供了新的改革动力。加入WTO是我国经济与世界经济接轨并参与经济全球化的必然选择。加入WTO意味着我国对外开放进入了一个新阶段,即全面开放阶段,逐步放开包括金融、保险、电信、会计、咨询、旅游等国民经济中的重要产业。我国加入WTO,目的是通过开放市场来解决经济转轨中的深层次矛盾和问题。开放倒逼改革是未来几年我国经济转轨的新特点,以全面开放推进市场化改革,大大破除生产力发展的制度障碍,以形成经济持续增长的动力,从而在改革开放中提高国家的竞争力。

加入WTO,给我国经济改革留下的时间和空间都十分有限。进入21世纪,改革更具紧迫性。加入WTO,参与经济全球化,我国经济转轨的紧迫性从来没有像今天这样强烈,改革受到严格的时间限制。同时,改革又要面临国内外的双向压力。前20年我们的改革虽然存在国际压力,但是因为没有加入WTO,一些规则的遵守带有很大弹性,今后不遵守就要受到惩罚。因此,改革的内容必须符合现代市场经济的规则。从这个意义说,加入WTO是我国的第二次开放,第二次改革。

二 经济全球化将促进经济转轨国家产业结构和资源配置方式的结构性重大变化。适应经济全球化的新形势,我国应当积极推进结构性改革

我国按照WTO的规则参与经济全球化,必然使原有的产业结构、体制结构发生重大变化,为此,未来几年,我国经济转轨的重要任务在于结构性改革的实质性推进。在保持宏观经济和社会稳定的前提下,抓住机遇,适时地实施和推进结构性改革,就能加快体制创新,从而为促进我国的经济结构调整和经济的较快发展提供真正动力。

结构性改革是改革推进到一定阶段的必然要求,它强调制度框架的改革和经济调控规则的改变,主要目的是为企业创新发展提供一个良好的制度及规制环境。我国经过20多年的市场化改革，经济体制转轨正面临许多新的矛盾和挑战：其一，我们采取的渐进式改革的方法在实践中取得历史性成就，同时改革中积累和遗留下来的深层次问题、结构性矛盾日益集中地凸显出来，日益对改革进程和经济社会的稳定发展形成制约。其二，无论是在宏观经济层面或经济运行层面，结构性调整和结构性改革交织在一起，结构调整在相当大程度上依赖于结构性改革，结构性改革为结构调整注入新的动力与活力。这是我国经济转型时期的重要特点。其三，经济全球化趋势的加快和我国正式成为世贸组织成员，从外部对我国结构性改革的目标和进程提出新的要求，带来新的动力和压力。

由于体制性的结构问题成为改革的突出矛盾，因而实行并加快结构性改革是新形势下改革的重要选择。推进结构性改革，对我国"十五"时期的经济结构调整，对促进经济的较快增长，对保持社会的长期稳定，都会产生重要的作用。应当说，20多年的改革实践已为结构性改革创造了很好的基础。在当前宏观经济和社会都比较稳定的情况下，实施结构性改革的条件也是比较有利的。

推进结构性改革是实现制度创新的关键所在。经济转轨是一个长期的过程，它不仅仅是一种运行机制代替另一种运行机制，它实质上是体制创新与新体制结构逐渐积累的过程，并且这个过程又是经济结构、社会结构和政治结构转轨有机联系在一起的整体。实施并推进结构性改革，就是面对新旧两种体制的结构性矛盾，加快培育发展新体制因素，并逐渐形成新体制的合理结构，以充分发挥新体制结构的整体优势和作用。因此，结构性改革阶段既同以往的改革相联系，又表现出这一阶段改革的重要特征：

——强调体制创新在推动经济改革中的根本性作用。结构性改革不仅仅在于注重一项新制度的安排，更重要的是重视制度结构的合理性。因为任何一项制度都有其结构性，都以其他制度安排为补充。制度的互补性及其合理结构是一项新制度充分发挥效应的基础和前提。

——强调改革的配套性。由于体制的结构性特点，配套改革的结构性改革阶段具有决定性的作用。结构性改革注重整体改革的配套性、系统性。我国现阶段的改革实践充分证明了这一点：国有企业要与建立完善的社会保障制度改革相配套；深化农村改革要与加快城市化改革相配套；经济体制改革要与政治体制改革相配套。结构性改革既要求与经济体制改革的相互配套，同时也要求与社会改革、政治改革的密切结合。伴随经济改革产生的矛盾和问题，已超越了经济本身。全面的配套改革越来成为一个大趋势。

——强调法制化建设对推进改革的作用。以立法来保证体制创新的自觉性和目的性，同时制度化、法制化又是结构性改革的基本目标。没有法治的体制创新，社会主义市场经济的新体制就难以确定。保护已有的改革成果，规范未来的改革行为是结构性改革对法制化提出的基本要求。一是与产权保护（包括知识产权）相关的法制建设对结构性改革的成败具有关键作用；二是依法行政，用法律和制度约束政府行为是法制建设的重要内容和任务；三是加快与重大改革措施相关的法律制度建设。例如，从法律上进一步明确地划分中央与地方的事权，这对我国这样一个大国来说十分重要。

经济体制转轨是一个长期的过程，它不仅是一种运行机制代替另一种运行机制，它本质上是体制创新与新体制结构因素不断积累的过程，并且这个转轨过程必然是经济结构、社会结构以及政治结构有机结合、整体转变的过程。顺应效率和发展的要求逐步推进和实现这种结构性的调整和改革，对经济转轨国家来说最具实质意义。事实上，在经济全球化背景下，适应于发展环境的深刻变化，推进结构性改革，为经济的持续稳定增长寻求出路，也是当今许多发展中国家和发达国家正在共同致力实现的目标。

作为发展中的大国和经济体制转轨国家，我国推进结构性改革既有与其他国家相同的共性，又有特殊的规定性。当前，我们既要解决制约经济发展的经济结构矛盾，比如城乡结构、产业结构、就业结构等，但更要关注在我国经济转轨的特定时期，优化制度性结构对经济发展和社会稳定的根本性作用。

三 把握经济全球化背景下经济转轨的特点，我国应当通过重大利益关系的调整，逐步实现共同富裕的改革目标

已有的实践证明，经济全球化正面临一个严峻的问题，即如何防止全球范围内贫富差距的进一步扩大。我国的经济转轨已把缩小收入分配的不合理差距提到重要议程。为此，要把对重大社会利益关系进行有效协调作为结构性改革的重要任务，并由此使经济结构与社会结构、政治结构之间相适应。经济改革在某种意义上是经济利益关系的变革和重新调整，在此过程中必然有人受益，有人受损。关键是经济改革能够兼顾利益相关各方，并通过相应的社会改革对利益受损者以及社会弱势群体给予合理的补偿和救助。伴随改革开放的过程，我国原有的社会利益机制、利益格局以及相应的社会结构发生了重大的变化。改革新阶段，迫切需要对重大社会利益关系做出主动的、积极的调整。这已成为当前我国改革所面临的突出矛盾。

以人民群众的利益为根本出发点和最终的归宿，将在新时期改革进程中更加突出。使人民群众在改革过程中受益和得到实惠，是过去20多年我国经济改革取得成功的重要经验。我国改革的最终目的是要实现广大百姓的共同富裕。随着改革的逐渐深入，原有的利益格局已经发生了重要变化。现实生活中与人民群众利益相背离的现象和问题越来越突出，严重影响了人们对改革的预期，挫伤了人们理解、支持和参与改革进程的积极性。这突出地表现在各种收入差距不合理拉大；政府部门利益集团化和非公共机构倾向突出，腐败蔓延；伴随结构调整和国有企业改革的深化，下岗职工和失业人口增多，城市贫困人口增加；农民收入增长缓慢等，并由此产生种种结构性矛盾和问题。

在错综复杂的外部环境下，在不确定性因素日益增多的情况下，我们的改革更需要广大人民群众的理解和支持，这是进一步推进改革，并保持社会稳定的关键。实施并推进结构性改革，应当客观地分析改革的基础和条件，注重分析和把握改革的主要推动力。新时期推进结构性改革，需要格外强调广大群众在改革中的地位和作用，高度重视广大群众拥护改革的程度和参与改革的热情。按照"三个代表"的要求，将人民群众的根本利益放在首位，应当始终是改革的根本出发点。

市场经济的优势在于它在不同社会及文化中的差异性及适应性。在某种意义上，我国社会主义市场经济的本质是人民市场经济，是广大人民群众作为主要获益者的市场经济。因而它的根本优势在于广大人民群众不断获取利益基础上的广泛参与。作为顺利推进我国结构性改革的重要保证，明确结构性改革的目标，增强改革的透明度，让广大群众了解改革的进程和内容，并使他们中的多数在改革中获益，过去是、下一步仍然是我们顺利推进结构性改革应予坚持的重要原则。

加快推进产权制度改革，打造与新体制有效运行相适应的制度性、社会化的基础。改革进入新的阶段，实现产权制度改革的突破至关重要。产品短缺是计划经济体制突出的特征和现象。但从制度的缺陷讲，传统计划经济体制最大的短缺是产权主体的短缺，它的基本特点是产权主体的单一化。这是传统经济体制下不可能产生竞争、没有经济活力的制度原因。经过20多年的改革进程，我国的产权制度改革在某些方面已经有所突破，已形成以公有制为主体、多种经济成分共同发展的基本格局。但同时也应看到，我国产权制度改革的任务还远未完成。随着市场经济的逐渐展开和深入，产权主体的社会化成为一个必然的要求和趋势。结合我国经济改革的实际进程，以无偿和有偿相结合的原则，多种途径实现企业家尤其是创业型企业家的价值，规范推进具有我国特色的职工持股制度，有效构建企业与职工的利益共同体，由此推进产权主体由单一化向多元化、社会化转变，打造社会主义市场经济的微观制度基础，是新时期经济改革的重要任务。此外，要从法律上赋予和保障农村土地产权关系，为农民增收创造根本性的制度条件。

加快推进产权制度改革，需要尽快明确两个政策层面上的问题。一是结合我国国有企业改革的实际进程，对国有资产的量化问题应当具体分析、分类对待。经过客观的评估和严格的程序，从国有净资产的增值部分拿出一块来实现企业家价值和推进职工持股制度，这不能算作国有资产的流失，而是对企业家和职工付出劳动的应有报偿，是对其所做贡献的充分承认和肯定，有利于对企业家和职工形成更大的激励，有利于企业稳定和社会稳定，更有利于国有资产的保值增值。二是对于"谁投资、谁所有"的原则应当给予新的、全面的解释。在产权改革过程中，只强调物质资本投资者的控制权和剩余索取权，而不承认人力资本投资者的收益权，是不全面的，也不符合技术、管理等生产要素参与分配的原则。

中国，改革决定未来。对于我国这样的转轨国家来说，应对经济全球化的挑战，真正起决定作用的是改革，加快市场经济制度和民主法治社会的建设。由此，更加务实地解决我国经济发展、社会稳定的制度性障碍，更加务实地强化市场力量，富有成效地推动我国经济的国际化并在更高的层次上参与经济全球化。

欧亚共建"一带一路"中的诺曼底[*]

（2015年6月）

"一带一路"通过深化互联互通，将把发达的欧洲经济圈与活跃的东亚经济圈更紧密地联结在一起。诺曼底曾是古代陆上丝绸之路和海上丝绸之路在欧洲大陆的重要节点之一，也是中国与欧洲贸易往来和人文交流的重要枢纽之一。今天，诺曼底在欧亚共建"一带一路"中，仍然能够发挥重要的枢纽作用。

一 诺曼底在推进中欧自贸区进程中的枢纽作用

从连接欧亚两个大陆的实际需求看，加快构建中国与"一带一路"沿线国家之间和中欧之间的自贸区网络，将为不断扩大中欧之间的投资贸易搭建重要合作平台。

（一）"一带一路"的重要目标是在更大范围推进自贸区进程

面对世界经济复杂深刻的变化，欧亚共建"一带一路"将促进形成统一的欧亚大市场，进而推进欧亚大陆之间的投资贸易自由化进程。未来5—10年，以"一带一路"基础设施的互通互联为依托，加快建设欧亚自贸区网络，是务实推动欧亚经济一体化的重要实施路径。

---

[*] 在中国—诺曼底论坛上的演讲，2015年6月12日，法国鲁昂；《中改院简报》总第1025期，2015年。

（二）加快推进中欧自贸区进程

中欧作为世界两大经济体，相比于中欧经济总量占世界经济总量的1/3而言，双方贸易总量在全球贸易总量中占比仅为1.5%左右，中欧经贸合作还有很大拓展空间。未来几年通过加快推进中欧自贸区进程，进一步提升投资贸易便利化水平，预计双方贸易将以每年9%左右的速度增长，2020年有望实现1万亿美元的目标。根据汇丰银行（HSBC）研究报告，法国企业在中国市场的经济增长值在2016—2020年将达到8%左右。一旦中欧自由贸易协定成功签订，法国、德国等欧盟国家对中国的出口总额还会明显增长。

（三）发挥诺曼底在加快中欧自贸区进程中的桥梁作用

诺曼底是欧洲大陆和中国往来交通的重要连接点。目前，上诺曼底大区和下诺曼底大区已经分别与中国浙江省和福建省建立了友好省区关系，在港口、航运、海洋经济等海上丝绸之路建设领域不断深化合作。依托良好的地理区位优势和海陆空四通八达的交通条件，诺曼底有条件在更大程度、更广范围参与"一带一路"建设，在中欧互联互通建设和加快中欧自贸区进程中扮演重要角色。

二 诺曼底在深化中欧服务贸易合作中的枢纽作用

中国"十三五"经济转型升级的基本方向，是基本形成服务业主导的经济新格局。"中国服务市场"蕴含中欧深化合作的巨大空间。未来几年中欧共建"一带一路"，要以服务市场开放和服务贸易自由化为重点，加快推进中欧自由贸易进程。

（一）中国将扩大服务贸易开放

中国作为第二经济大国，服务贸易无论在规模上还是比重上都明显偏低。2013年全球服务贸易占全球贸易总额的比重达到20%，中国服务贸易占对外贸易总额的比重仅为11.5%，低于全球平均水平8.5个百分点。服务贸易市场的开放既是中国经济转型升级的内在需求，也是中国市场连接欧洲市场、连接全球市场的一个新亮点,更是推进中欧自由贸易进程的决定性因素之一。"一带一路"能够有效提升中国服务贸易比重,预计未来6年,中国的服务贸易将保持10%以上的增长速度;到2020年达到1万亿美元以上,在2013年5400亿美元基础上实现规模倍增;服务贸易占对外贸易比重将提高至20%,达到2013年世界平均水平。当然,这既取决于中国服务贸易市场开放的程度,也取决于发达经济体打破某些服务贸易壁垒的程度。

(二)服务贸易市场开放将为中欧合作带来巨大空间

2001—2013年中国服务业增加值年均实际增长10.6%。预计2015—2020年这6年服务业增加值增速仍不会低于10%,服务业规模有可能从2014年的30.7万亿元人民币扩大到2020年的54万亿元人民币。中国巨大的服务型消费需求将成为包括欧盟经济在内的世界经济增长的重要动力。

未来6年,如果中欧协力推进以服务业合作为重点的中欧自贸区进程,放宽市场准入,促进中国巨大的服务需求市场与欧洲充沛的服务业人力资本、生产能力和先进技术相结合,将形成欧洲经济复苏和增长的新动力。如果中国服务贸易到2020年达到1.2万亿美元、中欧服务贸易比重由2013年的13.2%提高到20%的情况下,2020年中欧服务贸易总额将达到2000亿—2200亿欧元的规模。

(三)诺曼底在中欧服务贸易合作中的重要角色

诺曼底可以依托自身在尖端科技、化工电子、农牧业、高等教育等领域的优势,加强与中国上海、福建、天津及广东等自由贸易试验区的经贸往来与合作,特别是推进在服务贸易领域的便利化和自由化进程,开展先期探索与实践,争取成为中法、中欧自贸区建设的先行地区,在推动中法、中欧自贸区进程中发挥独特的作用。

三　诺曼底在形成"一带一路"中欧智库合作网络中的枢纽作用

欧亚共建"一带一路",推动欧亚投资贸易自由化进程,面临相当多的矛盾与问题,这为欧亚智库在"一带一路"建设中发挥作用提出了现实需求。

(一)成立中法、中欧智库联盟,为共建"一带一路"提供智力支撑

在本次诺曼底会议的基础上,建议成立"一带一路"中法、中欧智库联盟,搭建双方多层次的交流联动机制和合作平台,使会议机制化。例如,可共同举办中欧"一带一路"智库论坛,合作研究多边、双边"一带一路"共建规划和工作机制等,为中欧围绕"一带一路"建设开展多边、双边合作提供决策咨询服务。

(二)双方智库尽快就中欧自贸区建设开展独立的合作研究

建议尽快启动中欧自贸区的可行性研究,在战略研判国际经济贸易发展趋势与客观分析中欧贸易投资潜力的基础上,向双方政府提出独立客观的建议。

(三)诺曼底在促进中欧智库合作中具有独特优势

一方面,诺曼底大区与中国的联系与合作广泛,有条件成为中法、中欧智库合作的桥梁;另一方面,诺曼底大区与中国省区之间已经开展的人文交流的某些优势,有促进中法、中欧智库合作的重要条件。

作为全球经济发达国家之一,法国历来是世界自由市场经济的标杆,也是欧洲经济一体化的重要力量。法国未来在推动中欧投资贸易自由化进程中将发挥不可或缺的重要作用,期待诺曼底成为推动中法、中欧自由贸易进程的先行者。

适应大趋势建立大市场形成大格局[*]

（2016年7月）

我想谈谈，从现在到2020年的未来5年，对中欧深化合作意味着什么？这里，我用三个"大"字来做简要发言。

2020：中国经济转型大趋势。我认为，未来5年中国经济转型有三大趋势。

一　服务型消费全面快速增长的大趋势

（1）服务型消费将成为中国城镇居民消费的大头。当前，中国城镇居民的服务型消费需求比重大约为40%，估计到2020年这个比重有望超过50%。也就是说，到2020年，中国8亿多城镇居民消费的大头是服务型消费。

（2）基本形成以服务业为主导的产业结构。在服务型消费需求全面快速增长的特定背景下，估计服务业增加值占GDP的比重将从2015年的50.5%达到2020年的58%—60%。

（3）服务型消费新供给将推动中国由投资主导向消费主导的经济转型。预计中国的消费总规模有可能从2014年的32.8万亿人民币提高到2020年的50万亿人民币，消费对经济增长的贡献率将稳

---

[*] 本文载于《经济参考报》2016年7月4日。

定在65%—70%。

中国服务型消费全面快速增长是中国经济转型的大趋势，对中欧深化合作将带来多方面重大利好。

（一）服务业市场全面开放的大趋势

服务业市场不仅对国内社会资本开放，而且对外来资本也将有序开放。估计到2020年，社会资本投资占服务业固定资产投资的总额比重有可能从2015年的52.7%提高到60%以上；服务业市场的开放度将由目前的50%左右提高到2020年的80%左右，并由此使中国的市场化程度明显提升。

（二）服务贸易快速发展的大趋势

当前，中国经济下行压力加大，但2015年和2016年前3个月，中国服务贸易增速都在14—15个百分点。按这个速度，估计中国服务贸易占对外贸易比重将由2014年的12.3%提高到2020年的20%以上。

二 未来5年建立中欧深化合作的大市场

到2020年建立中欧合作的大市场，不仅对中国经济转型，而且对欧盟经济复苏与可持续发展都有重要影响。

（一）中国与欧盟互补性明显增强

随着中国服务贸易的加快发展，中欧互补性明显增强。

（二）中欧服务贸易比重将明显提升

估计到2020年，中国服务贸易总额有望从现在的7000亿美元左右提高到1.2万亿美元以上，其中进口额将由4200亿美元以上扩大到6000亿—7000亿美元。在这个大趋势下，中欧服务贸易合作将迎来巨大商机。中欧双方应该共同关注这个大市场，这是我们讨论中欧经贸合作的基本判断或基本前提。

（三）中欧服务贸易突破的重点领域

未来5—10年，在服务贸易全面快速增长的大背景下，中欧服务贸易突破的重点在哪儿？在我看来，这个重点源于需求的提升。我主张加快服务贸易市场开放，目的是为了适应中国城乡居民服务型消费需求全面快速增长的趋势。例如：

（1）健康产业。未来5—10年，中国医疗健康产业增长速度在全球最快。据麦肯锡估计，到2020年中国潜在的健康产业市场规模将达到8万亿元人民币。有的机构预测，如果把健康设备等算上，估计将达到15万亿元人民币左右。

（2）教育。当前，出国留学有两个变化：一是过去以大学为主，现在小学、中学和大学都有。二是增长速度较快。比如，过去3年赴美留学人数每年以25%左右的速度增长。

（3）旅游。未来5年，每年将有1亿—1.2亿人出国旅游。估计到2020年，中国仅旅游业服务进口就将高达5000亿美元。未来5—10年，中国将成为全球最大的旅游贸易大国。

（4）金融。估计未来2—3年，中国的金融服务开放程度将明显加快。德瓦先生刚才提出，中国保险是否会向欧盟开放？据我了解，中国正在提高保险业合资的比例。

（四）欧盟对中国出口的市场潜力巨大

欧盟在旅游贸易、运输服务、专利使用权和特许权、保险服务等领域，对中国出口服务的空间很大。

三　未来5年形成中欧深化合作的大格局

到2020年建立中欧自贸区，不仅对中国经济转型升级、欧盟经济可持续增长有重大作用，而且对完善世界经济治理机制也有重要意义。

（一）以建立中欧自贸区为重点形成中欧合作的大格局

不可否认，中欧深化合作的确面临不少技术性的问题。但应当看到，如果局限于这些问题的纠结，就会使双方错失历史机遇。相反，如果能够从大处着眼，尽快确立2020年建立中欧自贸区的战略目标，就能使得某些技术层面的问题比较容易得到解决。

（二）以建立中欧自贸区为动力形成中欧结构性改革的大格局

当前，中欧都面临深化结构性改革、增强市场活力的重大任务。对中欧双方来说，都需要通过开放倒逼结构性改革。我的看法是，中欧双方都应以更大的决心和魄力深化结构性改革和提升企业竞争力，而不是简单地把某些问题归咎于自由贸易。例如，产能过剩问题。中国的产能过剩问题一定要放在中国经济转型的大背景下来讨论。20年前，中国成为世界工厂，消化了欧洲大量的过剩产能。今天中国正处在转型过程中，毫无疑问，钢铁、煤炭、水泥等行业产能过剩是个突出问题与挑战。比如钢材，中国实际生产能力是8亿吨，但市场大概在5亿—6亿吨。目前，中国决心把解决钢材等过剩产能问题作为供给侧结构性改革的重大任务，这对企业会带来巨大压力。就是说，第一，中国产能过剩是经济转型过程中一个阶段性现象。第二，中国在消化产能过剩方面面临巨大压力，既要有效发挥政府在解决产能过剩中的重要作用，又主要用市场的办法来解决。第三，解决这个问题面临巨大的社会压力，主要是几百万人的失业问题。

反对贸易保护主义，是深化中欧经济合作的共同任务。对中欧双方来说，贸易保护都是当前面临的最大问题。对于中国来说，要说服相关的行业及部门主动开放市场，要向他们说明服务贸易开放是一个大势。在这个背景下，中欧双方都应以更大的决心和魄力深化结构性改革、提升企业竞争力，而不要把问题简单归咎于自由贸易。反对贸易保护主义，是深化中欧合作的共同任务。

从中欧深化合作的大趋势、大格局出发，增强主动性，有可能在2020年建立中欧自贸区。

（1）2020年既是中国经济转型的窗口期，也是欧盟经济复苏与可持续增长的关键期。

（2）要把2020年作为深化中欧合作的重要时间节点。从现在到2020年的这5年，双方应抓住机遇推动合作上一个新台阶至关重要，中欧有望形成深化合作的大市场。

（3）深化中欧经贸合作要顺应大趋势，把握新机遇，形成大格局。全球已进入以服务贸易为重点的自由贸易新进程，中欧投资谈判涉及越来越多的服务贸易。有没有可能把投资谈判与服务贸易谈判结合起来一起谈？这样，可以为中欧FTA打开一个重要突破口。

最后，我简要归纳一句话：在新的复杂背景下，适应大趋势，建立大市场，形成大格局，是中欧双方共同关注和讨论的问题。

以中欧自贸区形成中欧合作大市场[*]

（2016年12月）

中改院自2015年以来，开始围绕中欧自贸区进行研究，今年5月形成了研究报告。这一年多的时间里，我飞了七八次欧洲，不断就这个事情与欧盟的智库、学者、官员进行交谈。

我认为，在英国脱欧、特朗普上台、法德等欧盟核心国右翼势力走强从而导致明年大选面临很大不确定性的形势下，尽快建立中欧自贸区，不仅是个重大选择，而且也是深化中欧合作的务实选择。

我想就中欧自贸区提出四个问题与各位探讨：

一　为什么提出要把2020作为建立中欧自贸区的重要时机？

（1）从现在到2020年，是世界经济再平衡和中欧经济转型的关节点。

（2）随着中国居民服务型消费需求的加快释放，中欧经济互补性明显增强，现在到2020年，中国经济转型趋势蕴含中欧合作的巨大潜力。

（3）随着全球地缘政治的深刻复杂变化，中欧关系对全球和地

---

[*] 在第三届中国企业全球化论坛上的主题演讲，2016年12月2日，三亚；载于《中改院简报》总第1101期，2016年12月。

区的安全、稳定、繁荣至关重要。

从变化看,2017年的世界和欧盟面临更大的不确定性。由此,中欧需要在未来几个月内有实质性动作,尽快达成框架协议,明确谈判目标、谈判主要内容、谈判时间框架、谈判机构以及早期收获计划。再用1—2年时间,完成服务贸易、投资等重点领域的谈判,同时加快收获早期项目成果。争取2020年甚至更早,双方签署全面协议。

二 为什么提出中欧自贸区要以服务贸易为重点?

(一) 服务贸易已成为新一轮全球化和全球贸易自由化的重要引擎

过去15年,全球服务贸易增速在大多数年份高于GDP增速和货物贸易增速。随着服务贸易的加快发展,全球投资贸易的热点和重点转向服务贸易领域;全球双边、多边自贸协定谈判的焦点也转向服务贸易。以货物贸易为重点的"第一代"贸易规则正在向以服务贸易为重点的"第二代"贸易规则升级。在这个趋势下,服务贸易已成为深化中欧经济合作的焦点所在。

(二) 服务贸易成为贸易保护主义的重灾区

与货物贸易壁垒相比,服务贸易壁垒更具隐蔽性,壁垒消除更困难、更缓慢,这将不可避免地制约服务贸易的发展。在这种情况下,中欧应把扩大服务贸易合作作为反对贸易保护主义的重点,打破服务贸易领域的贸易壁垒,尤其是技术性贸易壁垒。

(三) 中欧双方互补性明显增强

初步估算表明,如果2020年前初步形成中欧一体化的服务业大市场,当年中欧服务贸易总额将达到2000亿—2200亿欧元,占中国服务贸易总额的比重将由201年的13.2%提高到20%左右。欧盟可以充分利用近14亿人的服务业大市场,应对挑战,实现经济复苏和可持续发展。

三 为什么提出合并投资协定谈判和自贸协定谈判？

（1）这是 2020 年建立中欧自贸区的实现路径选择。当前，中欧正在推进 BIT 谈判。从实际进展看，中欧只谈 BIT 而不谈 FTA，困难大且成果有限。中欧双方在 BIT 谈判中直接涉及的服务贸易开放等分歧，需要在 FTA 的框架下解决。由于中欧 BIT 谈判实际上已经开始纳入部分服务贸易的内容，合并谈判具有现实可操作性。

（2）随着中国加快服务业市场的有序开放，以服务贸易为重点的二次开放大趋势开始形成，合并谈判的条件逐步成熟。

（3）尽快合并推进中欧 BIT 谈判与 FTA 谈判是可能的。现在各方对 2017 年完成中欧投资协定谈判有很大期望。现在看，最好是在完成 BIT 谈判之前即公布启动中欧自贸区可行性联合研究。

四 为什么提出中欧共同深化结构性改革？

（一）贸易保护主义的重要根源在于结构性改革

客观看，贸易保护主义是一个经济体体制内深层次结构性矛盾的综合反映。以欧盟为例，劳动力市场僵化、某些制造业（钢铁等）技术更新缓慢、过度福利化等结构性矛盾突出，客观上削弱了企业的国际竞争力。有些人寄希望于通过贸易保护主义保住增长、就业与福利。但从经济发展史看，如果结构性矛盾不消除，企业的竞争力就得不到明显提升，劳动生产率和经济增长最终还会下降，从而就业和福利也不可持续。

（二）破题结构性改革是建立中欧自贸区的关键

建立中欧自贸区，需要中欧双方破解制约市场活力和企业创新的结构性矛盾，以提升企业竞争力。比如，中国需要深化以扩大服务业开放为重点的市场化改革；需要国企改革有突破性进展；推进以结构性减税为重点的财税体制改革；推进产权保护法治化，突出各种所有制经济产权平等保护、知识产权保护、土地产权保护的制度创新；加快以监管转型为重点的监管变革等。欧盟需要推进劳动力市场改革；尽快放开对华高新技术出口管制；显著降低技术性贸易壁垒；推进劳务合作中的人员便捷流动等。

(三) 中欧深化结构性改革面临挑战

推进结构性改革不可避免地触及既有的利益格局，从而面临巨大阻力。在这种情况下，有的国家希望通过适当削减福利减轻企业负担，但往往带来游行、罢工甚至社会骚乱。因此，包括欧盟在内的不少国家在结构性改革上长期难以有所作为。同样，中国以服务业市场开放为重点的结构性改革，也面临能不能突破既有利益格局阻碍的挑战。

美国和中国是欧盟第一、第二大贸易伙伴。特朗普当选后，欧盟与美国的 TTIP 面临更大困难。如果欧盟仍在纠结于要不要给予中国市场经济地位，如果在这个关键时候，欧盟采取贸易保护主义、向中国筑起高墙，那么欧盟将不仅错过进入近 14 亿人服务大市场的有利时机，也将错过推动内部结构性改革以形成增长新动力的重要机遇。在新的形势下，中欧如何选择，需要大智慧、大视野、大胸怀，由此形成中欧经济合作的大市场、大格局。

以构建自由贸易区网络为目标推进"一带一路"进程[*]

（2017年3月）

当前，经济全球化正处于新十字路口。面对保护主义、民粹主义、孤立主义等全球化逆潮的严峻挑战，我国坚定自由贸易战略，重在务实推进"一带一路"进程。从现实情况看，在推进"一带一路"基础设施互联互通与产能合作的同时，要加快构建自贸区网络，以形成"一带一路"的制度安排。

一 以自贸区网络建设深化"一带一路"建设

从现实看，"一带一路"沿线部分国家基础设施落后，各种形式贸易壁垒盛行，重货物贸易而轻服务贸易，导致沿线国家贸易自由化程度比较低，贸易成本居高不下。推进"一带一路"进程，要以基础设施为依托，以产能合作和服务贸易为重点，以建立多层次、多种形式自由贸易区网络为重要目标。

（一）以建立自由贸易区网络为目标

建立自由贸易区网络是"一带一路"沿线国家和地区的共同需求。世界银行数据显示，2010—2013年，"一带一路"沿线对外贸

---

[*] 提交全国政协十二届五次会议书面发言，2017年3月。

易、外资净流入年均增速分别达到13.9%和6.2%，比全球平均水平高出4.6和3.4个百分点。① 国际货币基金组织预测，到2020年，"一带一路"沿线国家和地区货物贸易总额将达到19.6万亿美元，占全球货物贸易总额的38.9%。② 在全球化新变局中，"一带一路"实施面临的国际环境更加复杂，干扰因素明显增多。为此，要先易后难、循序渐进，采用"早期收获计划"、框架协议、双边投资协定等多种形式，与"一带一路"沿线国家和地区共建灵活多样的双边、多边自贸区。

（二）以服务贸易和产能合作为重点

"一带一路"倡议提出三年多来，我国与沿线区域的产能合作已在多个领域展开，但以金融业为重点的服务业企业"走出去"滞后于实体企业"走出去"的实际需求。建议在深化产能合作的同时，把加快服务贸易作为"一带一路"可持续发展的重大任务。

（三）以基础设施互联互通为依托

目前"一带一路"框架内的基础设施在建项目已经覆盖了44个国家。③ 未来10年，需要积极探索实行基础设施项下的自由贸易政策，加快推进"一带一路"沿线铁路、公路、油气管道、电网、信息网等关键基础设施的"无缝衔接"，为推进双边、多边自由贸易区建设创造条件。

二 成熟一个推进一个，加快双边、多边自贸区进程

当前，我国与"一带一路"沿线40多个国家签订了各种相关合作协议，但贸易投资自由化进程尚未取得大的突破。在经济全球化新形势下，应采取多种形式，加快构建自由贸易的制度安排。

---

① 张莱楠：《"一带一路"重构全球经济增长格局》，《发展研究》2015年第5期。

② 刘华芹：《贸易畅通与发展："一带一路"建设的基点》，《光明日报》2015年10月29日。

③ 《"一带一路"，通向共同繁荣的未来》，2016年12月28日，人民网。

（一）与"一带一路"沿线区域建立多种形式的双边自由贸易区

对条件成熟的国家，采取双边自由贸易区的形式；对条件尚不成熟的国家，实行基础设施项下、产能项下、旅游项下等方面的自由贸易政策安排，以实现双边自由贸易的突破。

（二）探索建立多边自由贸易区网络

比如，加快推进上海合作组织自由贸易进程，使之成为"一带一路"中多边自由贸易区典范；打造"10+1升级版"，推动与东南亚国家的"一带一路"合作进程；把形成灵活多样、多种形式的自由贸易安排，作为推进与中东欧（"16+1"）合作的重点之一。

（三）把跨境经济合作区和产业园区提升为自贸区

我国企业已经在"一带一路"沿线30多个国家建立了56个跨境经济合作区。[①] 建议将"一带一路"六大经济走廊上有条件的跨境经济合作区提升为自由贸易区，消除生产要素跨境流动的障碍，推进资金流、物流、人员流动的便利化。一是依托中巴经济走廊，逐步将瓜达尔港打造成以能源资源储备加工为重点的自由贸易区；二是依托中俄蒙经济走廊，推进以能源矿产电力等产业为重点的中俄、中蒙跨境自由贸易示范区建设；三是把黑龙江绥芬河、云南临沧等跨境经济合作区上升为跨境自由贸易区。

三 推进产业项下、灵活多样的自由贸易进程

从实际情况看，"一带一路"沿线区域构建自由贸易区网络，重要的突破口之一是在旅游、医疗健康、能源等产业项下推进双边、多边的自由贸易进程。

（一）加快推进能源项下、旅游项下等多种形式的自由贸易进程

重点与"一带一路"沿线国家和地区开展以教育、健康、医

[①] 《"一带一路"，通向共同繁荣的未来》，2016年12月17日，人民网。

疗、旅游、文化、金融、免税购物、会展为重点的服务业项下的自由贸易试点。

（二）构建形式多样的经济合作圈，对产业项下贸易投资自由化、便利化的制度安排先行先试

在能源、旅游、医疗健康、数字经济和电子商务、科技创新等领域建立广泛的经济合作圈，提升双向开放水平。比如，与沿线能源生产国签订双边、多边能源自由贸易与产业合作协议，稳步推进能源项下的双边、多边自由贸易合作，加强能源安全合作，深入推进能源技术合作，构建"一带一路"能源治理新机制。

四 推进基础设施互联互通、产能合作与服务贸易的相互融合

推进基础设施互联互通以及直接投资项目、国际产能合作，不仅将在当地市场衍生出大量的工业品和消费品等长期而稳定的市场需求，还将衍生出大量相关服务贸易需求。

（一）通过服务贸易合作，优化提升区域供应链、产业链和价值链，引领和促进基础设施互联互通、产能合作

2016年前3季度，我国与"一带一路"沿线国家和地区服务贸易额超过4400亿元，同比增长30%。[①] 我国通过服务贸易开放推动自身服务型制造业发展，带动更多国家参与区域产业链、供应链和价值链，将为"一带一路"基础设施互联互通和产能合作带来新的需求和空间。

（二）统筹推进基础设施合作、产能合作和自由贸易区网络建设

构建基础设施合作的多边机制，把整合全球性、区域性的基础设施投资计划作为加快实施自由贸易区战略的重要任务。在"一带

[①]《中国与"一带一路"沿线国服务贸易额同比增长30%》，《中国贸易报》2016年12月29日。

一路"自贸区网络建设的大框架下对基础设施投资、产能合作、服务贸易进行战略布局，形成基础设施互联互通、产能合作与服务贸易互为依托、互为促进、统筹推进的新格局。

五 鼓励和支持建立"一带一路"智库合作国际联盟

推进"一带一路"进程，需要智力支持。建议设立"一带一路"智库合作国际联盟，各国政府、企业予以相应的资金支持，形成联盟研究基金。一是支持沿线智库对"一带一路"以及全球化基本趋势与共同挑战，开展前瞻性的合作研究；二是支持沿线智库联合召开各种形式的论坛，提交政策建议，供相关政府参考；三是支持沿线智库的人员相互交流，促进智库间以及国别间的相互了解；四是支持"一带一路"智库信息平台或云平台建设，促进信息共享和政策沟通。

"一带一路":引领新的经济全球化[*]

（2017年5月）

当前，经济全球化站在了新的十字路口。"一带一路"反对贸易保护主义，提倡构建开放、包容、共享、均衡的全球经济，承载着以构建自由贸易区网络为目标、促进全球自由贸易进程的新使命，为经济全球化带来了新的理念，将成为经济全球化的新主角。我国也将以"一带一路"为总抓手，加快形成对外开放的大平台、大通道、大布局，进一步赢得国内经济转型和国际市场竞争的主动。

目前我国发展的内外部环境正在发生深刻的变化。从外部环境看，发达国家贸易保护主义、孤立主义等倾向加剧，使经济全球化的不确定性上升；从内部看，我国经济转型升级的趋势基本形成，并且国内的经济转型与国际经济格局的变化日益交织在一起，转型的双向影响明显增强。在这个特定背景下，需要客观把握"一带一路"在经济全球化中的内涵外延及角色定位、目标任务等内容。

首先，"一带一路"的外延正不断扩大。"一带一路"秉持的开放、包容、共享、均衡的理念，是一个开放式的倡议，将逐步跨

---

[*] 本文载于《光明日报》2017年5月19日。

越"一带一路"沿线国家,成为包括发达国家在内的全球共商、共建、共享的大平台,由此在推进新的经济全球化中承担重要角色。

其次,"一带一路"的内涵正逐渐升级。为什么"一带一路"倡议能够赢得广泛的国际共识?重要原因在于,"一带一路"承载着推进新的经济全球化的重要使命,这提升了"一带一路"的内涵。具体表现在:其一,基础设施互联互通是实现"一带一路"倡议"五通"的关节点,满足"一带一路"沿线国家和地区基础设施建设的巨大需求,不仅可以增加当地的就业与收入,而且对实现沿线相关国家、地区发展战略对接具有关键性作用。其二,目前"一带一路"沿线国家和地区间的产能合作和服务贸易合作已经展开,总的来看,服务贸易滞后于货物贸易及企业"走出去"进程,滞后于产能合作的实际需求。重货物贸易而轻服务贸易,加上贸易自由化、便利化程度还比较低,导致"一带一路"沿线国家和地区贸易成本居高不下。未来,在深化产能合作的同时,拓展服务业领域的合作,成为"一带一路"可持续发展面临的重大任务。其三,在全球贸易保护主义抬头的特定背景下,推进"一带一路"自由贸易区网络建设,对促进经济全球化和改善全球经济治理结构有重要影响。有利于增强各方对全球经济一体化的信心,共同反对各种形式的贸易保护主义。

最后,"一带一路"的地位正在提升。"一带一路"既包括对新兴市场、发展中国家和转型国家的开放,也包括对西方发达国家的开放,而且将"一带一路"沿线国家和地区与我国区域开放开发直接融合。因此,"一带一路"不仅仅是国家区域性倡议,更是一个引领开放、包容、共享、均衡的经济全球化大倡议,有助于构建内外互动、相互融合的新发展大格局。

从国际来看,"一带一路"为经济全球化提供了开放、包容、共享、均衡的新理念,在未来的建设中将采取灵活多样的多边、双边合作形式，加快构建多种形式的自贸区网络，以"一带一路"自由贸易制度安排为重点，继续推进全球自由贸易的进程。一是务实推进"一带一路"与自由贸易区网络的融合。以点连线、以线带面、重点突破，成熟一个推进一个。对条件成熟的国家，采取自由贸易区的形式。对条件尚不成熟的国家，争取实行基础设施项下、服务业项下的自由贸易政策安排，以在一定程度上实现自由贸易的突破。二是推进以中欧自贸区为重点的双边自贸区建设。随着中国居民消费结构快速升级，中欧间贸易互补性将明显增强，中欧服务贸易潜力巨大。建立中欧自贸区，不仅有利于中国经济转型升级与欧洲经济可持续发展，而且对维护欧洲经济一体化以及推进全球自由贸易进程将产生重大影响。三是建立多种形式的"一带一路"经济合作圈。通过建立多种形式的经济合作圈，实施产业项下的自由贸易政策，对贸易和投资自由化、便利化的制度安排先行先试，打造区域贸易中心。四是积极与"一带一路"沿线国家和地区共建跨境经济合作区。截至 2016 年底，我国企业在 36 个国家建成 77 个初具规模的境外经贸合作区，其中 56 个分布在 20 个"一带一路"沿线国家。境外经贸合作区已成为推进"一带一路"的重要载体之一，需要加快积极推进。

从国内来看，务实推进"一带一路"多种形式的自由贸易进程，将形成国内经济开放转型的重要推动力。适应经济全球化新变局，我国需要主动推进以"一带一路"为主要载体、以服务贸易为重点的开放转型。一是推动国内服务业市场开放与服务贸易开放的融合。服务业市场开放是服务贸易发展的一个重要基础。我国实行自由贸易战略，重点在服务贸易，难点在国内；国内的难点在服务业市场开放；服务业市场开放的难点在理念，在政策体制。因此，要以服务业市场开放为重点深化结构性改革，破除垄断，拓宽社会资本投资空间，有效激发市场活力，扩大服务型消费的有效供给，做大做强服务业这个经济增长的"第一引擎"。二是以服务贸易为重点加快国内自贸区转型。这几年,国内自贸区以负面清单为重点的改革取得重要进展。但目前国内自贸区的负面清单仍有122项,其中80余项针对服务贸易。当务之急是大幅缩减负面清单,争取到2020年把服务贸易负面清单压缩到40项以内。三是积极开展产业项下的自由贸易政策。从不同区域的特定优势出发,支持具备条件的地区率先实行旅游、健康、医疗、文化、职业教育等产业项下的自由贸易政策,走出一条开放转型的新路子。四是推进粤港澳服务贸易一体化,这不仅有利于拓展港澳发展,加快广东经济转型升级,推动粤港澳区域经济一体化,充分发挥三地在服务贸易方面的优势,而且对促进和服务于"一国两制"将产生重要影响。

总之,以服务贸易为重点的开放转型,不仅将为我国经济转型与改革发展带来强大动力,而且将对经济全球化产生重大影响。

务实推进"一带一路"中欧经贸合作[*]

（2017年6月）

在第十九次中国—欧盟领导人会晤的成果清单中，双方同意加强"一带一路"倡议与欧洲投资计划的对接，促进相关合作。这里，我就务实深化"一带一路"中欧经贸合作，提几点建议。

一 推进"一带一路"中欧合作与深化亚欧合作的融合

（一）"一带一路"蕴藏着全球最大市场

"一带一路"涉及国家近70个，主要是亚欧国家，人口约46亿，占全球的比重达六成以上（63%左右）。据世界银行数据，2016年亚洲和欧洲的GDP合计占全球的62%左右（亚洲的占比为33.84%，欧洲的占比为21.37%）。[①] 同时，"一带一路"沿线国家有3/4（72.3%）属于新兴经济体和发展中国家，仍有很大的发展潜力。亚欧加强"一带一路"建设，将进一步释放亚欧发展潜力，为全球新一轮经济增长做出巨大贡献。以投资为例，2015年亚洲吸收外国直接投资（FDI）的金额达到5407亿美元，占全球的比重为

---

[*] 在第七届中欧论坛上的书面发言，2017年6月27日，比利时布鲁塞尔；载于《中改院简报》总第1130期，2017年6月。

[①] 世界银行报告：《全球GDP总量达74万亿美元各国占比排行榜公布》，2017年2月24日，凤凰财经（http://news.10jqka.com.cn/20170224/c596602586.shtml）。

30.7%左右，亚洲加上欧盟和欧洲其他发达国家吸收的FDI，合计占全球对外直接投资的近六成。未来几年，随着"一带一路"进程的推进，亚欧市场需求将进入一个快速释放期。

（二）"一带一路"亚欧合作将放大中欧贸易投资合作的空间

对中欧而言，"一带一路"不仅为深化中欧双边合作提供重大机遇，而且蕴含潜力巨大的第三方市场。中欧可以通过共同开发第三方市场来实现互利共赢。目前，中国与中东欧16国中的13个国家已经签署了推进"一带一路"建设的合作文件。2010—2016年，中国与中东欧16国贸易额从439亿美元增至587亿美元，增长了33.7%。

（三）"一带一路"中欧合作有利于加快亚欧大市场的一体化进程

有学者测算，仅是中欧交通基础设施互联互通和便利化一项，就可以降低中欧陆路运输成本50%，提高通关速度30%以上，带动欧盟国际贸易增长超过6%，带动"一带一路"沿线亚洲国家贸易增长3%以上。如果中欧把握"一带一路"亚欧合作的新机遇，加快形成中欧贸易投资自由化和便利化的制度安排，将为加快亚欧大市场的一体化进程做出重大贡献，并释放出更大的市场需求。

二 以建立中欧自贸区为重点深化"一带一路"中欧经贸合作

（一）共建自贸区是深化中欧经贸合作的现实选择

在贸易保护主义和极端保守主义抬头的背景下，深化中欧经贸合作取决于进一步提升双方贸易自由化和便利化的制度安排，取决于以开放、包容、普惠、均衡为导向加快建立中欧自贸区。这将塑造全球贸易投资治理中南北合作的典范，使中欧在维护经济全球化和多边贸易体系中做出更大贡献。

（二）服务贸易是建立中欧自贸区的关键

一方面，中欧经济的互补性主要体现为双边服务贸易的巨大空间。欧盟在电子技术、航空、信息通信技术、生命科学技术、能源环境技术等生产性服务业领域，以及在健康管理、健康医疗服务等生活性服务业领域都有独特的优势，而中国在这些领域有着巨大的市场需求。据汇丰银行预测，到2030年，中国将成为全球最大的服务进口国，服务进口总额占全球服务进口总额的13.4%，约为目前的3倍。另一方面，中欧服务贸易潜力远未释放。近一两年，中国服务贸易占对外贸易的比重由15.3%提高到18%。中国的服务贸易在过去4年以年均两位数的速度持续增长，但中欧服务贸易增速却出现放缓的趋势。2016年中欧服务贸易为651亿欧元，增速仅为5.4%，比同期中国服务贸易增速低了近9个百分点。2016年中欧货物贸易占欧盟对外货物贸易的15%，而中欧服务贸易仅占欧盟对外服务贸易的4.3%。

作为全球最具潜力的服务消费市场和全球最大的服务供给市场，中欧扩大服务贸易合作是双方的共同需求。中欧服务贸易已成为欧盟贸易顺差的重要来源。2010—2016年，欧盟对中国的服务贸易顺差从20亿欧元增加到110亿欧元。如果中欧服务贸易自由化和便利化取得重大突破，欧盟将获得率先进入中国服务贸易大市场的先入者红利，赢得13亿人的巨大服务消费市场，从而为欧盟各经济体的经济发展和就业增长创造空间。

(三) 合并中欧投资协定谈判和服务贸易协定谈判

首先，投资协定与服务贸易协定融合是一个大趋势。随着全球经济服务化发展，服务业成为对外投资的重要领域，由此使得服务贸易规则与投资规则日益融合。比如，WTO框架下《服务贸易总协定》的条款主要集中在市场准入、国民待遇等方面，同时涉及机构设置、利润汇出等投资条款，从本质上说，它既是服务贸易自由化协定，也是服务业投资自由化和便利化协定。其次，服务贸易是中欧投资协定谈判的焦点。事实上，中欧投资协定谈判，已经有相当一部分内容涉及服务贸易。最后，关键在于，中国需要对欧盟开放服务产业市场，欧盟需要对华放开服务出口市场。就是说，中国需要加快推进以服务业市场开放为重点的结构性改革，出台服务业市场开放的具体行动方案；欧盟需要在开放市场特别是放开对华服务出口市场上有务实行动，如降低和取消隐蔽的技术性贸易壁垒，放开除涉及安全以外的高新技术出口管制等。

三 2020：建立中欧自贸区的时间窗口期

（一）2020：经济全球化的关节点

当前，经济全球化正处于历史拐点，美欧正面临日益严峻的民粹主义和极端民族主义的挑战。中欧的GDP占全球的1/3以上，中欧贸易加起来也占全球的1/3以上。构建开放型世界经济，维护WTO多边贸易体系，坚持贸易自由化和投资便利化，需要中欧联手应对。尤其在美国淡出多边贸易体系、退出《巴黎协定》等情况下，中欧联手推动经济全球化、改善全球经济治理，从来没有像今天这样紧迫和重要。正是基于这个考虑，建议把2020作为建立中欧自贸区的时间窗口。若等到2030年以后，就会错失历史机遇，就有可能使中欧自贸的"明日丝路"成为"明日黄花"。

（二）2020：中国正处于经济转型升级的关节点

中国的产业结构、消费结构、城镇化结构、开放结构都处于转型升级的关键时期。预计到2020年，中国城镇居民服务型消费占比将由目前的40%左右提高至50%左右，服务业占比将由51.6%提高到60%左右。在这样的趋势下，中国的开放结构正处于由货物贸易为主向服务贸易为重点转型的关节点。过去的5年，中国服务贸易年均增长14%以上。今后几年若持续保持10%以上的增速，到2020年中国服务贸易总额将至少达到1.1万亿美元，占对外贸易的比重将达到20%以上。由此，到2020年，中国将成为全球最大的服务贸易市场之一。目前，中欧服务贸易占中国服务贸易的比重只有10%左右,如果建立中欧自由贸易区,显著提高中欧服务贸易自由化便利化水平,中欧服务贸易占比有望提高到20%以上,意味着中欧服务贸易总额将达到2000亿欧元左右。

(三)2020:欧盟一体化进程的关节点

客观讲,欧盟一体化的风险在加大。未来几年,欧盟一体化仍将面对贸易保护主义、民粹主义、极端民族主义的巨大挑战,并使欧盟经济复苏面临的困难增大。未来几年,欧盟将处于寻求市场新空间的关节点。在这个背景下,中欧尽快朝自贸区方向发展,将为欧盟就业增长和民生发展拓宽空间。

2020:建立中欧自贸区,无论是对中国经济转型升级,还是对欧盟经济复苏以及经济全球化进程,都将产生重大影响。期盼中欧双方适应趋势,抓住机遇,尽快形成建立中欧自贸区的务实行动路线。

"一带一路"——经济全球化的新主角与开放转型的新动力[*]

（2017年9月）

在经济全球化新的十字路口，"一带一路"承载着推进新型经济全球化的历史使命。

以"一带一路"为总抓手，加快形成我国对外开放的大平台、大通道、大布局，赢得国内经济转型和国际市场竞争的主动。

一 "一带一路"：二次开放的重大布局

适应经济全球化的新变局，我国需要主动推进从"一次开放"向"二次开放"的开放转型，以"一带一路"为重点务实推进更深层次、更高水平的双向开放。

（一）从"一次开放"走向"二次开放"

我国以扩大开放赢得国内发展和国际竞争的主动，关键在于以"一带一路"为总抓手，加快开放转型，实现从"一次开放"向"二次开放"的跨越。

（二）以"一带一路"为重点的二次开放

在经济全球化新的十字路口，"一带一路"是我国"二次开

---

[*] 在"2017秋季马洪基金会理事报告会"上的主题报告，2017年9月10日，深圳。

放"的重大布局,成为反对贸易保护主义、构建开放、包容、共享的经济全球化的新主角。

1. "一带一路"外延在不断扩大

——"一带一路"提出之初时主要覆盖65个国家和地区。

——外延在不断扩大。今年4月,习近平主席与特朗普总统会晤时,正式向特朗普总统提出欢迎美国参与"一带一路",发挥美国在"一带一路"中的作用。

2017年"一带一路"国际合作高峰论坛,来自29个国家的国家元首、政府首脑与会,来自130多个国家和70多个国际组织的1500多名代表参会,覆盖了五大洲各大区域。

在经济全球化的新背景下,"一带一路"已经从以65个国家为主体、以亚欧合作为重点,逐步扩大到全球的"65+"。

2. "一带一路"经济内涵在不断丰富

——以基础设施互联互通为依托。目前,"一带一路"框架内的基础设施在建项目已经覆盖了44个国家。未来10年,要加快打通"一带一路"在陆上、海上、空中的贸易流、物流、人流、信息流通道,形成放射性、网络化的交通布局,着力构建连接我国与自由贸易伙伴的经济大走廊,提升贸易物流便利化水平。

我国与"一带一路"沿线国家和地区共建基础设施对相关国家和地区经济发展带来的"溢出效应"已经超过基础设施投资收益本身,也必将带动我国经济的长远发展。例如,中国投资460亿美元与巴基斯坦共建的瓜达尔港,不仅对保障我国能源安全、降低运输成本具有重要的经济意义,也对我国突破马六甲海峡困局、保障地缘政治安全具有重要战略意义。

——以产能合作和服务贸易为重点。从趋势看,"一带一路"沿线国家和地区的经济互补性较强,在国际产能和装备制造业合作方面潜力巨大。据国家发改委预测,我国对外产业投资将从2015

年的1200亿美元增加到2018年的1600亿美元。中改院课题组初步估算，2014—2020年我国对"一带一路"国家和地区投资规模预计达到9600亿美元。（见表1）

表1　2014—2020年我国对"一带一路"沿线国家和地区投资规模预测

年份	对外直接投资（亿美元）	增速（%）	沿线国家占比	投资规模（亿美元）
2013	1078.4	—	13%	
2014	1401.92	30%	17%	238.3264
2015	1962.688	40%	20%	392.5376
2016	2747.763	40%	25%	686.9408
2017	3846.868	40%	30%	1154.061
2018	5193.272	35%	30%	1557.982
2019	7010.918	35%	35%	2453.821
2020	9114.193	30%	35%	3189.968
累计	—	—	—	9673.636

数据来源：中改院课题组测算。

同时，国际产能合作带来巨大服务贸易需求。基础设施互联互通以及直接投资项目、国际产能合作，不仅将在当地市场衍生出大量的工业品和消费品等长期而稳定的市场需求，而且还将衍生出大量相关服务贸易需求。尤其是在以信息技术为重点的高科技迅猛发展的背景下，各国在数字经济、服务贸易、智能制造等新兴产业与技术合作的空间巨大。这是"一带一路"可持续发展面临的重大任务。

——以建立自由贸易区网络为目标。未来"一带一路"面临的国际环境更加复杂，干扰因素将明显增多。这既是"一带一路"的重大挑战，也是重要机遇。不管形势如何变化，制度性安排可以保障"一带一路"的稳定性，而多种形式的自由贸易区网络就是主要的制度安排。同时，通过构建"一带一路"自由贸易区网络，巩固我国与周边及沿线国家的经贸合作关系，拓展国际合作领域，创新合作机制，使"一带一路"在全球经济治理中发挥重要作用。

（三）"一带一路"成为引领经济全球化的新主角

"一带一路"倡议来自中国，但成效惠及世界。从4年来的实践看，"一带一路"秉承共商、共建、共享原则，践行开放包容、平等互利的务实行动，成为反对贸易保护主义、推动全球经济治理变革的新引擎，成为引领包容性经济全球化的新主角。

1. 既为发达国家、也为新兴经济体提供新机遇

——从市场规模看，2020年，中国消费规模将达到50万亿元人民币，加上引致的投资需求，内需规模将达到百万亿元人民币规模。这个规模无疑将为"一带一路"沿线国家提供重要的市场。

——从区域范围看，中国推进的"一带一路"国际合作，受益者既有西欧发达国家，也有东南亚欠发达国家。以"一带一路"国际合作高峰会议为例：向丝路基金新增1000亿元人民币；鼓励金融机构开展人民海外基金业务，规模约3000亿元人民币；国开行、进出口行分别提供2500亿元和1300亿元等值人民币专项贷款；与30多个国家签署经贸合作协定，明年起举办中国国际进口博览会；三年内向沿线国家提供600亿元人民币援助，向有关国际组织提供10亿美元落实合作项目。

2. 开始形成某些重要的治理机制

——以亚投行和丝路基金为重点，逐步建立解决基础设施投融资问题的机制。

——以金砖国家合作对话机制引领南南对话机制。

——以G20取代G7的趋势明显。

3. "一带一路"从双边向多边推进的趋势明显

从"一带一路"倡议提出到目前，不到4年时间，"一带一

路"的进程、角色和作用都超出各方的预期。

二 "一带一路"：推进自由贸易进程的重大举措

加快"一带一路"建设，就是要按照开放、包容、共享、均衡的新经济全球化观，加快构建多种形式的自贸区网络。以"一带一路"自由贸易制度安排为重点，务实推进全球自由贸易进程。（见表2）

（一）建立"一带一路"自由贸易区网络

1. 务实推进"一带一路"与自由贸易区网络的融合

以点连线、以线带面、重点突破，成熟一个推进一个，对条件成熟的国家，采取自由贸易区的形式。例如：

——推进上海合作组织自由贸易区建设，使之成为"一带一路"的多边自由贸易区。

——推进中国—中东欧16+1合作进程。

表2　　　　建立"一带一路"自由贸易区网络的总体思路

总体要求	主要内容	重点突破
目标任务	立足周边、辐射"一带一路"、面向全球的高标准自由贸易区网络	（1）加快推进亚太自贸区 （2）加快推进中欧自贸区 （3）打造中国—东盟自由贸易区升级版 （4）落实中韩、中澳自由贸易区
基本思路	相互促进、融合联动	（1）推进"一带一路"进程与建立自贸区网络相融合 （2）自由贸易区建设和推进国际产能合作相融合 （3）基础设施互联互通与发展战略对接相融合
发展原则	开放包容、互利共享	（1）最大程度增强自由贸易安排的开放性和包容性 （2）坚定地维护多边贸易体制 （3）推进贸易投资自由化、便利化
建设布局	立足周边、优化布局	（1）力争与所有毗邻国家和地区建立自由贸易区 （2）积极推进"一带一路"沿线自由贸易区 （3）争取同大部分新兴经济体、发展中大国、主要区域经济集团和部分发达国家建立自由贸易区

续表

总体要求	主要内容	重点突破
推进方式	分类实施，灵活多样	(1) 双边、多边自由贸易区 (2) 基础设施项下、产能项下、产业项下自由贸易 (3) 跨境经济合作区 (4) 多种类型的经济合作圈
推进步骤	短中结合、重点突破	(1) 近期：加快正在进行的自由贸易区谈判进程，逐步提升已有自由贸易区的自由化水平，积极推动与我国周边大部分国家和地区建立自由贸易区 (2) 中长期：形成包括邻近国家和地区、涵盖"一带一路"沿线国家以及辐射五大洲重要国家的全球自由贸易区网络
方案选择	高低结合，务实推进	(1) 高方案：多边、双边自贸区 (2) 中方案：实行产业项下自由贸易政策；合作建立跨境经济合作区和产业园区 (3) 低方案：建立旅游经济圈、能源经济圈等各种形式的经济合作圈

2. 建立多种形式的"一带一路"自由贸易合作圈

——实施产业项下的自由贸易政策，对贸易和投资自由化、便利化的制度安排先行先试，打造区域贸易中心。

——在某些具备一定条件的国家或地区，争取实现基础设施项下、服务业项下的自由贸易政策安排，以实现自由贸易的突破。

3. 与"一带一路"沿线国家和地区共建跨境经济合作区

——在主要港口和口岸建立边境经济合作区。

——沿"六大经济走廊"建立境外经贸合作区。

——在主要节点建立一批跨境经济合作区。

——争取将基本具备条件的跨境经济合作区提升为双边自由贸易区。

(二) 推进"一带一路"多层次、多种形式的自由贸易进程

1. 破题中日韩自由贸易区

——以金融、旅游、教育、文化、医疗、商贸物流等服务贸易产业项下的深度合作为重点,推进中韩自贸区上一个新台阶。

——深化韩国与中国胶东半岛的地方合作,推动海南岛和济州岛建立中韩自由旅游合作体。

——以提升中韩自贸合作带动中日韩自贸区建设的新突破。

2. 推进中国—东盟10+1自由贸易区升级版

以亚太经济一体化为目标,以建立区域全面经济伙伴关系协定(RCEP)为突破,建立低门槛、非排他的亚太自由贸易区。

3. 加快泛南海经济合作圈建设

——在经济全球化面临新趋势、新挑战的背景下,南海及其周边地区作为亚太经济最具活力和发展潜力的区域之一,在全球经济格局中的地位日益提升。

泛南海地区:涵盖南海、东南亚周边及太平洋、印度洋等局部地区,包含中国、中国台湾、越南、马来西亚、印尼、菲律宾、新加坡、文莱、泰国、柬埔寨、缅甸、东帝汶、澳大利亚、印度、斯里兰卡、孟加拉国等十多个国家和地区,区域总面积2565万平方公里,涵盖人口9.5亿人,2015年人均GDP为13172美元,约为世界平均水平的1.3倍。

——构建泛南海经济合作圈,重点开展经济领域的自由贸易,不仅是建设21世纪海上丝绸之路的重大突破口,也是促进泛南海地区区域一体化,形成海上自由贸易大网络的重要途径。

——以海南为中心构建"泛南海旅游经济合作圈",加强基础设施互联互通,进而打造泛南海经济合作圈建设。

（三）务实推进"一带一路"的中欧合作

1. 推进"一带一路"中欧合作与亚欧合作的融合

"一带一路"亚欧合作将放大中欧经贸合作的空间，有利于加快亚欧经济一体化进程。与此同时，也有利于消除欧盟官员的某些疑虑，促进欧洲一体化进程。推进"一带一路"中欧合作与亚欧合作的融合，是一个务实选择。

——亚欧一体化蕴藏着巨大市场。据世界银行数据，2016年亚洲和欧洲的GDP合计占全球的55.2%左右（亚洲占比为33.84%，欧洲占比为21.37%）。"一带一路"沿线国家有近3/4属于新兴经济体和发展中国家，是一个巨大的市场，拥有巨大的发展潜力。

——亚欧一体化给欧盟一体化形成强大压力。欧盟正面临"多速欧洲"的现实，即并非每个欧盟国家会同时参与欧洲一体化进程的每一阶段。目前，中东欧国家普遍缺乏投资、缺乏项目，他们参与"一带一路"的热情很高。我们要善于利用欧洲各方力量，形成参与"一带一路"的合力。

——中国和欧盟要在亚欧一体化中扮演重要角色。比如，中欧合作开发第三方市场的重点在亚欧，潜力也在亚欧。共同开发第三方市场，可以使欧盟获得包括中国在内的巨大市场，形成主动参与"一带一路"的动力。

2. 加快完成中欧投资协定谈判

深化"一带一路"中欧合作的关键选项是中欧自贸区。但欧盟对此有较大疑虑，并且实际上采取了拖延的办法。虽然不排除中欧自贸协定在特定的情况下有可能实现突破，但短期内突破有很大困难。在这种情况下，尽快达成中欧投资协定，是"一带一路"中欧合作的当务之急。

3. 抓紧准备自贸协定谈判

当前，欧盟面对的问题比较多，不排除在某些特定背景下，欧盟愿意谈自贸协定。同时,我们也要积极主动,为早日启动中欧自贸协定谈判做好准备。

三 "一带一路":开放转型的重大机遇

务实推进"一带一路"多种形式的自由贸易进程,将形成国内的开放转型的重要推动力。适应经济全球化新变局,我国需要主动推进以"一带一路"为主要载体、以服务贸易为重点的开放转型。

(一)推动国内服务业市场开放与服务贸易开放的融合

(1)我国实行自由贸易战略,重点在服务贸易,难点在国内;国内的难点在服务业市场开放;服务业市场开放的难点在理念,在政策体制。

(2)要以服务业市场开放为重点深化结构性改革,做大做强服务业这个经济增长的"第一引擎"。

(二)以服务贸易为重点加快自贸区转型

(1)国内自贸区建设处于"尴尬"境地。目前,国内自贸区的负面清单仍有95项,其中70余项针对服务贸易。

(2)重在服务贸易开放的突破。适应新形势的需要,应当鼓励支持现有的自贸区在服务贸易发展和服务业市场开放上先行先试。

(三)积极开展产业项下的自由贸易政策

从不同区域的特定优势出发,支持具备条件的地区率先实行旅游、医疗、健康、文化、职业教育等产业项下的自由贸易政策,走出一条开放转型的新路子。

(四)推进粤港澳服务贸易一体化

(1)粤港澳区域一体化的重大选项。这不仅有利于推动粤港澳区域经济一体化,充分发挥三地在服务贸易方面的优势,而且对促进和服务于"一国两制"将产生重要影响。

（2）当前，重要的是在管住货物贸易的同时全面放开人文交流。

（五）以"一带一路"形成国内区域开放新格局

"一带一路"为国内区域开放提供了重要载体和重要平台，充分发挥国内各地区比较优势，通过对接"一带一路"倡议，实行更加主动的开放政策，加强东中西部的互动合作，促进国内各地区开放型经济协同发展（见表3）。

表3　　　　　　　　六大经济走廊与国内区域开放布局

序号	名称	范围		包含的具体地区
1	新欧亚大陆桥	江苏和山东沿海—哈萨克斯坦、俄罗斯、白俄罗斯—地中海	国内城市	连云港、青岛、日照、徐州、郑州、洛阳、西安、兰州、乌鲁木齐
			境外资源	里海盆地、南图尔盖盆地油气田，图尔盖洼地铁矿带、楚河—萨雷苏河铀矿区
			国内重点园区	霍尔果斯经济开发区、哈萨克斯坦阿斯塔纳—新城经济特区
2	中蒙俄经济走廊	天津、大连经二连浩特、满洲里、绥芬河经蒙古、俄罗斯抵达波罗的海	国内城市	北京、天津、大连、沈阳、长春、哈尔滨
			境外资源	西西伯利亚油气田、蒙古戈壁煤矿铜矿、蒙古乔巴山铀铅锌矿、俄罗斯远东金铁多金属成矿区
			国内重点园区	满洲里、二连浩特和绥芬河（东宁）、吉林延吉（长白）重点开发试验区

续表

序号	名称	范围		包含的具体地区
3	中国—中亚—西亚经济走廊	乌鲁木齐，经哈萨克斯坦、吉尔吉斯斯坦、塔吉克斯坦、乌兹别克斯坦、土库曼斯坦、伊朗、土耳其，抵达波斯湾、地中海和阿拉伯半岛	国内城市	西宁、银川、喀什、乌鲁木齐
			境外资源	卡拉库姆、费尔干纳、中里海、北乌斯秋尔特、南北阿扎德甘、雅达瓦兰、南北帕斯油气区，楚伊犁、境外天山金属矿带、高尔达克海盆地大型钾盐矿
			国内重点园区	喀什经济开发区、二连浩特和绥芬河（东宁）、吉林延吉（长白）重点开发试验区
			境外重点园区	哈萨克斯坦阿拉木图信息科技园、吉尔吉斯斯坦比什凯克、塔吉克斯坦所哥特自由经济区、乌兹别克斯坦吉扎克特区、鹏盛工业园
4	中国—中南半岛经济走廊	昆明和南宁，分别经老挝、越南、柬埔寨，联通泰国、马来西亚，抵达新加坡	国内城市	昆明、南宁、贵阳、重庆、成都，向东至广州、深圳
			境外资源	马来盆地、泰国盆地油气区，越北断块—长山有色金属成矿带，红远—上传龙铝土矿产带
			国内重点园区	广西东兴、凭祥和云南勐腊重点开发开放区，中新（广州）知识城，中码钦州产业园
			境外重点园区	老挝赛色塔综合开发区、马中关丹产业园区、印尼—中国综合园区、新加坡裕廊工业园区

续表

序号	名称	范围	包含的具体地区	
5	中巴经济走廊	新疆喀什经红其拉甫山口，伊斯兰堡，瓜达尔港	国内城市	西宁、银川、乌鲁木齐、喀什
			巴基斯坦园区	卡拉奇出口加工区（信德省） Risalpur 出口加工区（沙浦） Sialkot 出口加工区（旁遮普省） Gujranwala 出口加工区（旁遮普省） Khairpur 经济特区（信德省）
6	海上丝绸之路	六个布点，连线，输出，吸纳，结对，搭台，地方抓手	线路（1）	沿海港口（福建）过南海、马六甲海峡，到印度洋，延伸至欧洲
			线路（2）	沿海港口、过南海，经印尼抵达南太平洋
			线路（3）	远期考虑北冰洋方向
			海上战略支点	西哈努克港、雅加达港、比通港、新加坡港、皎漂港、瓜达尔港、关丹港、吉大港、塞拉莱港、索纳迪亚港、汉班托塔港、科伦坡港、亚丁港、赛得港

"一带一路"新趋势：

（1）"一带一路"的全球化的共识正在形成。

——"一带一路"需要全球各国的共同参与，共商共建共享。

——"一带一路"不是替代现有全球化秩序，而是改善现有全球的经济治理结构。

（2）"一带一路"与经济全球化的关系发生了变化，"一带一路"开始成为经济全球化的新主角。

（3）"一带一路"从双边合作向多边合作发展的趋势比较明显。

（4）"一带一路"的推进将比以往明显加快。

（5）加快"一带一路"共同治理平台建设。

（6）更大程度地发挥智库作用，加大交流合作。

抓住新机遇,推进东北亚区域经济一体化进程[*]

(2018 年 4 月)

在当前半岛局势总体趋好的形势下,各方需要排除干扰,抓住机遇,发挥各自比较优势,以开放市场为重点,努力实现东北亚区域合作的突破,加快形成东北亚区域经济一体化的新格局。

一 以扩大区域内市场开放为重点推进东北亚区域经济一体化进程

东北亚地区各国经济结构具有互补性,市场规模达到18.8万亿美元,超过了欧盟 GDP 的总和,但东北亚的区域经济一体化进程严重滞后于欧盟。这与区域内各经济体市场开放滞后有着很大的关系。

(一)区域内市场开放滞后成为制约东北亚区域经济一体化的突出矛盾

2016 年,除朝鲜外,东北亚五国 GDP 总量占全球的比重为 24.8%,但贸易总额仅占全球的 18%。其中,中日韩三国之间贸易

---

[*] 在中日韩首尔进程2018年会上的主题演讲,2018 年 4 月 27 日,首尔;载于《中改院简报》总第1176期,2018 年 4 月。

仅占三国贸易总量的19%，低于东盟（24%）、北美（42%）、欧盟（65%）;[①] 俄罗斯前五大贸易伙伴中，位于东北亚区域的只有中国。这与东北亚地区内部相互开放程度偏低有着直接关系。例如，日韩在农产品、法律、会计等领域仍存在较高的市场准入限制；蒙古国对出口仍实行许可证管理；俄罗斯不允许外资进入保险、银行等领域。只有东北亚区域在进一步降低市场准入、扩大内部市场开放上实现突破，东北亚区域经济一体化才会有实质性进展。

（二）采取多种形式推进东北亚区内市场开放进程

由于东北亚各国发展水平、发展需求、制度安排、承受能力各不相同，推动域内市场开放需要充分考虑各国实际，本着先易后难、循序渐进的原则，采用包括"早期收获计划"、框架协议、多边投资协定等多种合作形式，各方共商共建灵活多样的双边、多边、区域性自由贸易区，协同推进东北亚区域内部市场开放进程。例如，对于中日韩等条件成熟的，尽快发展成为多边自由贸易区，为更大范围的区域经济一体化奠定基础；对于俄蒙等条件尚不成熟的，加快实行基础设施项下、产能项下、旅游项下、能源项下等多种自由贸易政策安排，实现双边、多边自由贸易的突破；抓住半岛局势缓和的有利时机，鼓励东北亚其他国家对朝鲜19个经济开发区的投资合作，推动朝鲜改革开放进程，不断提升朝鲜与东北亚其他国家的经济往来与合作。

（三）以"一带一路"倡议为重要载体推进东北亚区域经济一体化

在经济全球化的新背景下，"一带一路"倡议秉承开放、包容、普惠、平衡、共赢的发展理念，已成为反对贸易保护主义、推动经济全球化的新主角。东北亚地处"丝绸之路经济带"和"海上丝

[①] 《加强区域供应链互联互通提升中日韩经贸合作水平》，2017年9月7日，新浪财经。

绸之路"的交汇点,在基础设施互联互通中可以获得巨大收益,在产能合作与服务贸易方面大有可为。例如,日本企业借助"一带一路"合作成果的中欧班列,运输成本可以降低50%;中日韩在俄、蒙、朝等第四国开展产能合作方面具有巨大空间。为此,我建议,推进东北亚区域经济一体化,要把"一带一路"作为重要载体。这就需要以基础设施互联互通为目标,加快打造"一带一路"东北亚能源大通道、物流大通道;以制造业产业园区、跨境经济合作区等为依托,加快形成"一带一路"东北亚区域经贸合作的大平台;以形成东北亚自由贸易区网络为目标,根据资源分布与产业特点,加快打造若干个高标准的跨境自由贸易区,由此实现"一带一路"东北亚区域经贸合作的大布局。

二 以建设中日韩自贸区为重点实现中日韩经贸合作的新突破

面对经济全球化的新背景,东北亚各个国家需要以推进区域经济一体化进程共同应对贸易保护主义的严峻挑战。从现实情况看,东北亚区域经济一体化重在中日韩经贸合作的重大突破,关键是建立中日韩自贸区。

(一)中日韩三国肩负着推动东北亚区域经济一体化的重任

当前,中日韩三国经济总量占东北亚经济总量的93%,对外贸易总量占比92%,人口占比91%。面对经济全球化逆潮和贸易保护主义抬头的挑战,如果中日韩自贸区谈判能够尽快取得突破,将释放东北亚地区的巨大潜力。据中国商务部预测,中日韩自贸区建成后,中国的GDP获益将增长1.1%—2.9%,日本获益将增长0.1%—0.5%,韩国获益增长2.5%—3.1%。英国《金融时报》也预测,如果中日韩自贸区建成,对中国经济的拉动效应将占GDP的2.9%、对日本和韩国的拉动效应将分别占到其GDP的0.5%和3.1%。[①] 因此,我建议,

---

① 王晓玲:《想看中日韩FTA对阵TPP? 早了点》,2015年11月5日,观察者网。

以加快中日韩自贸区建设为重点,务实推进三国贸易和投资便利化进程,为东亚经济区域经济一体化打下具有决定性意义的基础。

(二) 建立中日韩自贸区的时机条件总体成熟

当前,中日韩三国经济的互补性、依存性不是下降,而是明显增强。此外,半岛局势迎来难得的缓和势头,为深化中日韩经贸合作提供了有利的政治环境。在上个月刚刚完成的中日韩自贸区第13轮谈判中,三方一致认为,尽快完成中日韩自贸区谈判符合三方共同利益,对深化区域经济合作,实现东亚地区贸易投资自由化、便利化具有重要意义。在这个背景下,需要三方尽早达成一份全面的、高水平的、互惠互利的自贸协定。

(三) 以服务贸易为重点务实推进中日韩自贸区谈判进程

总的来看,中日韩经贸合作最大的空间在服务贸易,中日韩自贸区谈判的难点与焦点也在服务贸易。为此,一是要以服务贸易为重点保证中韩自贸区的高水平和高标准,提升中日韩自贸区谈判对整个东北亚区域经济一体化的示范和带动作用。二是在服务贸易领域的一揽子、高水平贸易投资协议达成之前,可以考虑未来1—2年内在医疗健康、文化娱乐、教育、数字经济、金融保险等现代服务业重点领域,尽快形成贸易投资自由化、便利化的制度安排。这是推进中日韩经贸合作的务实选择,也将为高水平、高标准的中日韩自贸区谈判逐步创造坚实的基础。

三 中国更大程度的开放为东北亚区域经济一体化提供新的市场空间

在博鳌亚洲论坛2018年年会上,中国国家主席习近平向全世界宣布:"中国开放的大门不会关闭,只会越开越大!"并明确提出大幅度放宽市场准入、创造更有吸引力的投资环境、加强知识产权保护和主动扩大进口等具体举措。中国进一步扩大市场开放,不仅为中国经济转型升级和高质量发展注入强大动力,而且将为推进东北亚区域经济一体化进程带来巨大市场空间。

（一）中国是东北亚区域内最大的消费市场，现在是，今后也是

当前，中国已有4亿多中等收入群体，位居世界第一，而且还在快速增长中，由此形成体量巨大且不断增长的消费市场。预计到2021年，中国一年的消费增量达1.8万亿美元，相当于2021年英国或德国的消费市场总规模。① 也就是说，届时中国一年的消费增量就将相当于一个英国或德国市场。更重要的是，中国居民消费结构正由物质型消费向服务型消费转变。预计未来5年，中国新增消费的50%左右都是服务型消费，到2020年，城镇居民服务型消费占比将达到50%左右，中国将进入一个"消费新时代"。例如，估计到2020年，中国老年人市场消费潜力将提高到1.2万亿美元左右，健康产业的投资潜力将高达1.5万亿美元左右。到2025年，中国信息消费总额将达到1.8万亿美元左右，电子商务交易规模高达10万亿美元左右。② 在这个大趋势下，中国主动扩大市场开放，意味着这些潜在需求都对东北亚区域各国开放、对推进东北亚区域经济一体化来说，是一个重大利好。能不能抓住中国消费潜力释放的关键时期，实现东北亚区域经济一体化的重要突破，需要各方客观判断，理性选择。

（二）中国是东北亚区域内最大的服务贸易进口国，现在是，今后也是

2016年，中国服务贸易进口达4500亿美元，位居世界第二，占全球的比重为9.6%，仅低于美国0.7个百分点。2017年，初步估算，中国全年服务进出口总额为6939.87亿美元，同比增长

---

① 波士顿咨询公司（BCG）、阿里研究院：《中国消费新趋势：三大动力塑造中国消费新客群》2017年5月。
② 按现行汇率换算。

5.55%；其中进口4664.52亿美元，出口2275.35亿美元。预计到2030年，中国将成为全球最大的服务进口国，中国服务贸易进口额占全球服务进口总额的比重有望达到13.4%，约为目前的3倍，领先于美国（7.7%）和德国（5.8%）。[①] 中国扩大开放，意味着带来了一个巨大的新的服务市场，将给东北亚乃至全球贸易结构调整注入新的动力。

（三）中国是东北亚区域内最大的高端制造业投资国，现在是，今后也是

从发展趋势看，大数据、云计算、物联网、互联网技术等新经济深度融入传统制造业，对中国的制造业变革带来重要动力。目前，中国每1万名制造业工人只有36部机器人，预计到2020年，这一数额将达到150部，是目前的4倍多。从市场规模来看，预计到2020年，中国工业机器人存量将达到95万台，是2016年的2.8倍，年均增长29.3%，占全球的比重达到31.1%。届时，这一存量将是欧洲的1.6倍，是美洲的2.1倍，是日本的3倍。此外，中国正在加快推进制造业服务化进程。到2020年，如果生产性服务业占GDP的比重增加10个百分点，将带来1.8万亿美元的新增投资空间。[②] 中国进一步扩大开放，将明显推动东北亚的产业格局优化进程。

（四）中国是东北亚区域内最大的清洁能源消费市场，现在是，今后也是

2016年，中国清洁能源消费量达到397.4百万吨油当量，比2015年增长11.9%；占全球的20.7%，贡献了全球可再生能源增长的40%。在全球可再生能源发展缓慢的情况下，中国可再生能源

[①] 汇丰银行：《全球贸易展望》2016年12月21日。
[②] 《抓住生产性服务业这个"牛鼻子"（创新故事）——访传化集团董事长徐冠巨委员》，《人民日报》2017年3月5日。

增长超过经合组织总增量，超越美国，成为了全球最大的可再生能源生产国与消费国。预计2020年中国天然气产量将达到1894亿立方米，但天然气消费量将达到3522亿立方米。供需缺口达到1628亿立方米。未来5年，中国在可再生能源领域仍有近4000亿美元的投资空间。这将对俄罗斯、蒙古等国的天然气出口带来重大利好。

全面深化改革开放的中国与中欧合作[*]

（2018 年 12 月）

改革开放 40 年，中国通过建立并不断完善社会主义市场经济体制，极大地激发了市场活力与经济活力：实现了 GDP 年均 9.5%、人均 GDP 年均 8.5% 的增长，经济总量占全球的比重由 1.8% 上升至 15%；2013—2017 年，中国对世界经济增长的年均贡献率超过 30%。实践证明，"改革开放这场中国的第二次革命，不仅深刻改变了中国，也深刻影响了世界"！

一 中国开始进入工业化后期，推动制造业转型升级为中欧合作提供新机遇

改革开放 40 年，中国成功实现从工业化前期到工业化后期的历史性跨越，主要得益于以处理好政府与市场关系为重点的市场化改革；得益于打开国门积极融入全球市场。

以产权保护为重点强化民营经济发展的法治保障。民营经济的发展是改革开放 40 年的重大成果，是推进制造业转型升级的主体力量。当前，制造业转型升级的突出矛盾在于民营经济发展的不确定性加大，有些民营企业面临生存和发展的严重困难。对此，既需

---

[*] 本文载于《中国经济时报》2018 年 12 月 3 日。

要采取强有力的政策与举措,应对民营经济面临的困难与危机;更需要抓紧研究制定一部《民营经济促进法》,奠定民营经济稳定发展的法治保障基础。与此同时,以降低制度性交易成本为重点重塑"中国制造"的竞争优势。过去40年,"中国制造"依托低成本优势快速崛起;今天"中国制造"的低要素成本优势正在逐步减弱。"中国制造"要重塑新的综合成本优势,关键在于通过系统的制度变革着力降低制度性交易成本。例如:一是着力大幅降低民营企业税收负担、社保费用负担,以支持民营企业尤其是民营中小企业"活下去";二是着力解决与实体经济融资需求相匹配的普惠金融问题,降低民营企业融资成本;三是着力破除能源、交通等领域的垄断格局和利益藩篱,为民营企业提供公平竞争的市场环境。

中国制造业转型升级为中欧经济合作提供新的机遇。中国拥有世界第一的人才规模和世界第二的研发投入,但受体制政策因素的束缚,人才规模和研发投入规模优势还难以充分转化为自主创新优势和市场竞争优势。科技成果转化率30%左右的现状与欧盟国家60%—70%的水平[1]相比,差距甚大。由此,需要中欧在数字化、智能化等方面加强合作;需要中国为此做出贸易投资自由化、便利化的制度与政策安排;需要尽快促进中欧达成投资协定。

二 中国开始进入消费新时代,释放巨大内需潜力,将为中欧服务贸易发展创造巨大的市场空间

40年来,中国实现了从短缺经济社会到消费新时代的历史性提升。进入消费新时代,城乡居民的消费结构正由物质型消费为主向服务型消费为主转型升级,并蕴藏着巨大的内需潜力。预计到2020年,城镇居民服务型消费比重将由目前的45%左右提高到50%左右。

---

[1]《有关数据显示我国科技成果转化率不足30%》,2016年1月25日,中国网。

把服务业市场开放作为深化供给侧结构性改革的重大任务。在服务型消费快速增长的条件下，预计到 2020 年，中国居民消费需求规模将由 2017 年的 37 万亿元增长到 48 万亿—50 万亿元。适应消费结构升级的大趋势，关键要以服务业市场开放释放市场化改革的新红利：打破服务业领域的行政垄断与市场垄断，推动服务业向社会资本全面开放；推动服务业领域国有资本战略性调整；形成市场决定服务价格的新机制。

中国进入消费新时代，中欧服务业市场双向开放，为服务贸易领域的双方合作提供重要机遇。如果 2020 年前能初步形成中欧一体化的服务业大市场，中欧服务贸易总额将达到 2000 亿—2200 亿欧元，占中国服务贸易总额的比重将由 2013 年的 13.2% 提高到 20% 左右。以健康产业为例，中欧如果在健康领域加强开放合作，降低关税和非关税壁垒，中国扩大对欧盟国家的医疗技术等服务进口，引进欧盟国家的药品质量安全标准等，欧洲的药企和相关健康服务业企业将获得先行进入 13 亿人健康市场的红利。

三 中国开始进入对外开放新阶段，应对经济全球化新变局，需要中欧合作推进自由贸易进程

40 年来，中国抓住经济全球化浪潮带来的历史机遇，坚持打开国门的基本国策，成功实现从封闭半封闭到全方位开放的伟大转折。今天，中国经济转型升级蕴藏着的巨大内需潜力成为中国融入全球经济、进一步扩大开放的突出优势和最大本钱。立足 13 亿人的内需大市场，保持战略定力，"以高水平的开放倒逼高难度的改革"，中国就有条件、有能力应对外部环境变化的挑战。

建立与主动扩大进口相适应的制度与政策体系。以往在快速工业化的过程中，进口结构与居民消费结构脱节，进口不适应城乡居民消费尤其是服务型消费的现实需求。例如，《2018 年中国消费市场发展报告》显示，中国进口总额中，消费品比重不足 10%。未来几年，如果消费品进口比重达到20%的水平，不仅会给中国消费结构升级创造市场条件，而且每年将给其他国家带来约4000亿美元的出口机会。以药品为例，根据财政部2017年最新关税税率调整，中国进口药品最惠国税率为2%—4%，进入销售环节还需要在此基础上征收16%的增值税，这使得进口药品价格上升约30%。[1] 目前，大部分发达国家对药品进口增值税进行减免，欧洲的平均水平为8.8%，有的国家为0。[2] 建议在进一步降低关税总水平的同时，大幅降低或取消药品、常见病所使用的医疗器械进口增值税及重要日用消费品进口环节增值税；尽快实现以癌症治疗为主的医疗器械进口零关税；有条件引进欧美国家的药品质量安全标准，扩大医疗技术等服务进口，倒逼国内医药企业提高质量，以适应和满足全社会日益增长的服务型消费需求。

在经济全球化新变局与中国开放的新需求的大背景下，中欧要以坚持自由贸易和多边主义为重点，携手应对经济全球化新变局。中欧GDP占全球的1/3以上，中欧贸易也占全球1/3以上，中欧产业结构的互补性远远大于竞争性。加快多边双边自由贸易进程，不仅能释放中欧合作的巨大潜力，也是经济全球化和世界经济的福音。一是加强协作，携手维护WTO多边贸易体系，共同推进WTO改革，共同应对逆全球化挑战。二是增进理解，加强"一带一路"多边双边合作，加强双方在非洲等欠发达地区的合作。三是加快中欧自由贸易进程，尽快完成中欧双边投资协定谈判和启动中欧自贸区的谈判。

中国改革开放40年来，中欧关系不断发展，基本形成了以经

---

[1] 《下月起抗癌药等28项药品零关税，从税率调整看患者受益多少》，2018年4月25日，凤凰网。
[2] 任泽平、贺晨、甘源：《中国对外开放的进展评估与变革展望——中美贸易战系列研究》，2018年5月29日，搜狐网。

贸合作为重点的全面合作的格局。今年恰逢中欧建立全面战略伙伴关系15周年，在经济全球化面临贸易保护主义和单边主义严峻挑战的背景下，中国全面深化改革开放将对中欧合作带来重要影响。中国释放13亿人的巨大内需潜力，不仅将赢得未来10年甚至更长时间中国经济的稳定增长，也将更大地惠及欧洲及整个世界。

新环境下的中日韩经济合作[*]

（2018 年 12 月）

对中日韩三国来说，2018 年是一个特殊的年份：中国改革开放 40 周年、中日和平友好条约缔结 40 周年、中韩战略合作伙伴关系建立 10 周年。

当前，在贸易保护主义和单边主义挑战的新背景下，中日韩三国如何携手维护多边贸易体制，如何推进自由贸易进程，成为十分现实而紧迫的课题。

一 新环境下携手维护多边贸易体制、推进自由贸易进程是深化中日韩合作的共同目标

新环境下，维护多边贸易体制对推进经济全球化与区域经济合作进程具有决定性影响。世贸组织最新报告显示，G20 国家 2018 年 5 月以来实施的新的贸易保护措施涉及 4810 亿美元，是 2012 年开始统计以来的最大规模。当前，中日韩面临的共同挑战是美国单边贸易限制措施升级的风险。例如，美国对中国商品加征关税在冲击相当一部分中国企业的同时，也直接冲击相融于同一条供应链和价值链上的日本、韩国企业。中国是韩国的第一大出口市场，2017

---

[*] 在"新环境下的中日韩合作——第五届中日韩合作对话"上的主旨演讲，2018 年 12 月 8 日，海口；载于《中改院简报》第 1209 期，2018 年 12 月。

年，韩国总出口额中超过 1/4 的份额依赖中国市场；中国是日本的第二大出口市场，日本对美国的出口占日本总出口的 19.3%，对中国的出口占其总出口的 19%。以目前两位数的增长速度看，中国很快就会超过美国成为日本最大的出口市场。

面对经济全球化逆潮冲击的新变局，中日韩携手维护全球多边贸易体制，对推进三国自由贸易进程的现实性、迫切性、重要性都明显上升。2016 年，中日韩三国间的贸易总额达到 5230 亿美元左右。中国是东亚地区最大的服务贸易进口国、最大的高端制造业投资国、最大的清洁能源消费市场。日本是制造业强国，在许多领域拥有尖端技术。韩国在许多制造业领域也有很强的竞争力，产业升级积累了比较丰富的经验。三国需要深化相互间的市场开放，消除贸易投资壁垒，进一步扩大和深化三方合作，提升各自的产业竞争力，将带动促进东亚地区和全球的产业链、价值链的进一步升级。

东亚地区是全球经济最具活力和最具增长潜力的地区之一。从现实情况看，在东亚区域内，东盟一体化的程度较高，东北亚地区一体化进程则相对滞后，重要原因之一在于中日韩自由贸易进程相对滞后。中日韩三国经济总量占东北亚经济总量的 93%，对外贸易总量占比为 92%，人口占比为 91%。但是，目前中日韩三国之间贸易仅占三国贸易总量的 19%，低于东盟（24%）、北美（42%）、欧盟（65%）的水平。深化中日韩合作，显著提升三国之间的贸易和投资便利化水平，对东亚区域经济一体化进程，对维护多边贸易体制，将产生多方面的重要影响。

二　新环境下着力务实推进自由贸易区进程是中日韩深化合作的重要选项

新环境下，建立多边自由贸易区是维护多边贸易体制的关键所在。中国、日本、韩国处于工业化、城市化发展的不同阶段，三国经济互补性远远大于竞争性，建立中日韩自贸区将全面释放目前被三国之间各种市场壁垒禁锢和抑制的贸易投资需求。尽管近年来在一些领域中日韩相互间的竞争性上升，但三国经济相互依赖程度依然较高，经济结构互补性远远大于竞争性。例如：从产业结构看，2017年，中国的一次产业比重为7.9%，服务业比重只有51.6%；2016年日本和韩国一次产业比重分别为1.1%和2.2%，服务业比重分别为70%和59.2%，日本、韩国的经济工业化和服务化水平高于中国。从城市化水平看，2017年中国的城市化率为58.5%，日本和韩国的城市化率已经分别达到93.9%和82.6%。基于中日韩经济的互补性，建立中日韩自贸区，将充分发挥各自的比较优势，释放中日韩一体化市场的巨大潜力。

经过40年的改革开放，中国已开始从短缺经济社会进入消费新时代，中国的消费结构升级为中日韩之间的自由贸易创造了巨大的市场空间。预计到2020年，中国城镇居民服务型消费比重将由目前的45%左右提高到50%左右。未来几年，如果中国消费品进口比重从当前的10%提高到20%的水平，将给其他国家带来约4000亿美元的出口机会。随着国内产业结构和消费结构的互动升级，中国的对外开放开始从以货物贸易为主向以服务贸易为重点转型升级。预计到2020年，中国服务贸易总额占全球服务贸易的比重将由2016年的7%提升到10%左右；到2030年，中国将成为全球最大的服务进口国，服务进口规模约为目前的3倍，占全球服务进口总额的13.4%，超过美国的7.7%和德国的5.8%。把握中国开放结构升级的历史机遇，尽快达成中日韩自贸协定，将为日本和韩国的产品、服务和企业带来更多的机会和更大的市场空间。

2018年以来，东北亚地区局势日趋稳定，区域合作的意愿和动力明显增强。可以说，东北亚格局正处于历史拐点，在维护自由贸易和地区秩序的共同需求和共同愿望的驱动下，强化东北亚区域合作成为大势所趋。在这个特定背景下，推进建立中日韩自贸区将有利于促进东北亚区域合作进程。

三 新环境下加快服务贸易发展是深化中日韩合作的最大潜力

当前,服务贸易发展已开始成为经济全球化、区域经济一体化的重点所在。中日韩三国经济的一个共同特点是,制造业和货物出口贸易长期以来都是经济增长的重要动力,服务贸易的潜力远未释放。无论是相对于产业结构和消费结构,还是相对于同等发展水平国家,三国服务贸易占对外贸易的比重都偏低。2016年,中国、日本、韩国的服务出口占总出口的比重分别为7.8%、21.5%和15.3%,远低于经合组织成员国29.1%的平均比重。

在服务贸易日益成为全球自由贸易进程的重点和焦点的背景下,中日韩在服务贸易领域的互补性全面增强。未来5—10年,中国新技术革命与13亿人的消费大市场的结合,将推动健康、文化、旅游、信息等服务型消费需求快速增长。预计2015—2020年,中国服务型消费年均增长将达到11%,比物质型消费的增长速度快3个百分点左右。服务贸易已开始成为中日韩自由贸易最大的市场潜力所在。适应服务贸易发展的大趋势,中日韩都应以开放包容和可持续发展为基本原则,加快三国在服务贸易及与此密切相关的投资、知识产权、竞争中性、可持续发展等领域的谈判。

从现实看,在一揽子、高水平贸易投资协议达成之前,中日韩三国应尽快在医疗健康、文化娱乐、数字经济、金融保险等现代服务业重点领域实施"早期收获"项目,加快形成贸易投资自由化和便利化的制度安排。例如,在电子商务领域相互取消和减少贸易投资限制,加快医疗、健康、养老、职业教育、旅游、文化等服务市场相互开放,并深化这些领域的投资制度、竞争制度、产权制度、知识产权保护制度、财税制度和市场监管制度等方面的改革。

当前，处在探索建设中国特色自由贸易港进程的海南，正在以服务贸易为主导产业全面深化服务业市场开放，这将为新环境下的中日韩合作提供新的机遇。

释放服务贸易潜力推进中日韩自由贸易进程[*]

（2018年12月）

当前，在贸易保护主义和单边主义挑战的新背景下，中日韩推进三国自由贸易进程的现实性、迫切性、重要性都明显上升。在服务贸易日益成为全球自由贸易进程的重点和焦点的背景下，中日韩在服务贸易领域的互补性全面增强。中日韩应以开放包容和可持续发展为基本原则，加快三国在服务贸易及与此密切相关的投资、知识产权、竞争中性、可持续发展等领域的谈判。

一　新环境下，维护以规则为基础的多边贸易体制对推进经济全球化与区域经济合作的进程具有决定性影响，同时，维护多边贸易体制、推进自由贸易进程也是深化中日韩合作的共同目标

2016年，中日韩三国间的贸易总额达到5230亿美元左右。中国是东亚地区最大的服务贸易进口国、最大的高端制造业投资国、最大的清洁能源消费市场。日本是制造业强国，在许多领域拥有尖端技术。韩国在许多制造业领域也有很强的竞争力，产业升级积累了比较丰富的经验。三国需要深化相互间的市场开放，消除贸易投

---

[*] 本文载于《经济参考报》2018年12月12日。

资壁垒,进一步扩大和深化三方合作,提升各自的产业竞争力,带动促进东亚地区和全球的产业链、价值链的进一步发展。

二 新环境下,建立多边自由贸易区是维护多边贸易体制的关键所在

中国、日本、韩国处于工业化、城市化发展的不同阶段,三国经济互补性远远大于竞争性,建立中日韩自贸区将全面释放贸易投资需求。经过40年的改革开放,中国已开始从短缺经济社会进入消费新时代,预计到2020年,中国服务贸易总额占全球服务贸易的比重将由2016年的7%提升到10%左右;到2030年,中国将成为全球最大的服务进口国,服务进口规模约为目前的3倍,占全球服务进口总额的13.4%,超过美国的7.7%和德国的5.8%。把握中国开放结构升级的历史机遇,尽快达成中日韩自贸协定,将为日本和韩国的产品、服务和企业带来更多的机会和更大的市场空间。

三 新环境下,服务贸易发展已开始成为经济全球化、区域经济一体化的重点所在

中日韩经济的一个共同特点是,制造业和货物出口贸易长期以来都是经济增长的重要动力,服务贸易的潜力远未释放。在服务贸易日益成为全球自由贸易进程的重点和焦点的背景下,中日韩在服务贸易领域的互补性全面增强。未来5—10年,中国新技术革命与13亿人的消费大市场的结合,将推动健康、文化、旅游、信息等服务型消费需求快速增长。服务贸易已开始成为中日韩自由贸易最大的市场潜力所在。适应服务贸易发展的大趋势,中日韩都应以开放包容和可持续发展为基本原则,加快三国在服务贸易及与此密切相关的投资、知识产权、竞争中性、可持续发展等领域的谈判。

从现实看,在一揽子、高水平贸易投资协议达成之前,中日韩三国可尽快在医疗健康、文化娱乐、数字经济、金融保险等现代服务业重点领域实施"早期收获"项目,加快形成贸易投资自由化和便利化的制度安排。例如，在电子商务领域相互取消和减少贸易投资限制，加快医疗、健康、养老、职业教育、旅游、文化等服务市场相互开放，并深化这些领域的投资制度、竞争制度、产权制度、知识产权保护制度、财税制度和市场监管制度等方面的改革。

当前，处在探索建设中国特色自由贸易港进程的海南，正在以服务贸易为主导产业全面深化服务业市场开放，这将为新环境下的中日韩合作提供新的重要机遇。

在中国经济发展趋势下看待未来中美关系前景*

（2019年4月）

中国正处于经济转型和经济增长的关键时期，内部和外部环境都面临机遇和挑战。这里，提出几个问题与各位交流。

一 中国经济的前景到底如何

中国是一个转型大国，未来5—10年，中国在产业结构、城乡结构、消费结构、贸易结构方面的转型都将释放巨大的内需潜力，从而支撑中国未来5—10年5%—6%的经济增长。

几年前，中国社会消费品零售总额都保持两位数的增长，近两年增速有所下降，从2017年的10.2%下降到2018年的9.0%，今年第一季度为8.3%。为什么消费增速会下降，消费还会拉动经济增长吗？这里，不仅要看经济增速，更要看消费结构转型。目前，中国城镇居民服务型消费占比为45%左右，农村居民比城镇居民低10个百分点左右。预计到2025年，中国城乡居民平均服务型消费占比将达到50%左右。如果近14亿人平均50%的消费支出用于服务型消费，将对中国的产业变革、社会结构变革产生重要影响，对

---

* 与美中跨太平洋基金会美国会议员助手代表团的交流，2019年4月17日，海口。

世界经济的拉动作用将会明显增强。未来5—10年，中国处于经济转型和经济增长的关键时期，经济转型蕴藏着巨大增长潜力。

二　中国的改革开放前景如何

在内外部环境复杂变化的背景下，中国需要推动更高水平的开放，激发各类市场主体的活力，以保持经济中长期增长的动力。

（一）以服务贸易为重点的开放进程会越来越快

习近平主席在2018年4月10日博鳌亚洲论坛和去年11月5日首届中国国际进口博览会的演讲中提出，加快电信、金融、教育、文化的开放进程。海南从自由贸易试验区走向自由贸易港，就是以服务贸易为主导，实现服务业的全面开放。中国服务业市场加快开放意味着一场深刻的革命，首先是观念的革命，其次是利益的调整。未来3—5年，我相信海南岛将成为中国的教育开放岛，允许有资质的外国学校和教育机构到这里独资、合资办学。

（二）以竞争中性为原则的市场化改革进程明显加快

当前，中国制造业的市场化程度达到了95%，随着服务业市场进一步开放，服务业的市场化程度也会不断提升。竞争中性原则作为今年政府工作报告重要内容，引起了中外关注。在竞争中性原则下，公开市场、平等竞争，允许各类所有制参与政府的购买；以混合所有制为重点的国企改革进程会明显加快。

（三）以知识产权保护的制度化法治化为重点改善营商环境

一方面，2019年6月底之前，中国将再次修订发布外商投资准入负面清单、自由贸易试验区外商投资准入负面清单、鼓励外商投资产业指导目录；另一方面，中国政府已启动配套法规、规章制定工作，细化《外商投资法》确定的主要法律制度，形成可操作的具体规则，确保明年1月1日与《外商投资法》同时实施。

三　中美如何创造相对公平的贸易环境

中国市场的开放，既顺应经济全球化的趋势，也符合中美经贸合作的要求。下一步中美应共同努力,营造开放有序的市场大环境,为公平竞争的自由贸易打下良好的基础。

(一) 关税在贸易谈判中影响逐渐下降,不应成为双边贸易的主要矛盾

2018年,中国关税总水平已降至7.5%。未来,在一定背景下、在一定领域内,零关税将是一个大趋势。美国通过关税威胁,目的是为了中国市场的开放,尤其服务业市场的开放。同时,这也符合中国扩大对外开放的要求。

(二) 中国市场的开放将为中美经贸合作带来历史性机遇

中国近14亿人的消费结构转型为美国服务业企业提供了巨大的市场潜力;中国的自费留学人数突破60万人,加上公费留学人数已接近66万人,5年间增加1倍以上,其中很大一部分人前往美国留学。

(三) 中美双方公平竞争、规则统一

一是以竞争中性原则推动市场化的改革;二是以知识产权为重点改善营商环境。中国具有巨大的医疗健康市场,医药市场开放对中美双方的药品贸易是巨大的机遇,也会倒逼中国药企加大研发投入和提高药品质量。因此,中美市场开放、公平竞争、规则统一,是创造公平贸易环境的基础。

四 使世界分享中国发展的成果

在经济全球化背景下,各国经济紧密联系。中国的经济转型和市场开放为美国及全世界的发展提供了新的机遇,也有利于世界的发展与稳定。

(一) 欧洲、中国及全球的发展对美国是好事

美国有人议论中国什么时候取代美国当老大,这是个伪问题。第一,美国在未来若干年依然是老大,中国还难以在短时间内赶上美国,中国也没想当老大。第二,中国的发展、世界的发展会为美

国提供更大的市场，带来更多的利益，这对双方都是好事。第三，即使多年后中国发展起来了，世界也会是朝着进步的方向走，不会出现历史倒退。因此，以中国市场开放促进全球共同发展，对美国、对世界都是一件好事情。提高关税只会增加老百姓的生活成本和企业的生产成本，从而成为双输的结果。

（二）以市场开放促进合作共赢

海南探索建设自由贸易港，把海南打造成为面向太平洋印度洋的对外开放门户，是希望泛南海地区成为经济合作圈和自由贸易网络，给周边23个国家和地区带来巨大的市场，同时促进周边合作，减少军事冲突。海南自由贸易港以服务贸易为主导，开放包括教育、医疗、信息、金融在内的服务业市场，这对中美双方合作有重要影响。

（三）"一带一路"成为全球自由贸易的重要载体

我对"一带一路"概括为三句话，在基础设施为依托的前提下，以产能合作走向服务贸易，由双边合作走向多边自由贸易网络。在多边贸易规则下探讨双边合作，以多种形式的市场开放构建自由贸易网络。因此，"一带一路"对经济全球化是一个重要的贡献。

五 中国是一个"特殊"的发展中国家

经济发展提升了中国的全球地位，但中国又具备发展中国家的基本特征。首先，虽然中国经济总量仅次于美国，但根据世界银行2017年的统计，中国人均GDP以8827美元的水平仅排在世界第74名。不仅低于世界平均水平，而且存在突出的贫富差距。其次，中国发展严重不平衡。例如，城乡差距巨大，部分农村地区相当落后，生活比较艰难；很多年轻人离开农村，而农村养老体系不健全，农村孤寡老人的养老问题难以解决。最后，中国是一个开放的大国，国内市场与国际市场高度融合。因此中国积极参与国际事务和多边合作,是为了自身更好的发展,不涉及军事扩张和地缘政治。从未来的趋势看,对中国和平发展有两个基本判断:一是对外扩大开放,使世界共享中国发展的成果;二是对内均衡发展,让更多人过上更好的生活。

新型开放大国的中国[*]

（2019 年 5 月）

中国作为世界第二大经济体和最大的发展中国家，国内市场与国际市场高度融合。在经济全球化形势深刻复杂变化背景下，中国需要携手各方，营造更加开放有序、公平竞争的经济秩序。这既有利于中国的转型发展，也有利于世界的发展与稳定。

一 经济全球化下的中国

作为新型开放大国，中国谋求的不是世界霸权和地缘政治，而是提倡区域和全球的平等合作、和平发展。

（一）中国的全球观

中国不断地在经济全球化上表明了自己的观点，比如提出人类命运共同体，坚定维护多边主义和自由贸易，参与全球治理体系改革和建设。

（1）主张文明交流对话。中国不赞成文明冲突，反对种族主义，主张和谐共存、开放包容的文明对话，提倡打造人类命运共同体。

（2）主张以多边主义为基础的贸易自由化。特朗普宣扬"美

---

[*] 在 2019 第四届中国全球智库创新年会上的发言，2019 年 5 月 28 日，北京。

国优先"，致使美国对经济全球化造成了严重的威胁，拖累了全球对经济增长的预期。尽管中国在执行 WTO 规则和改善营商环境方面仍有改进空间，但中国反对贸易保护主义和单边主义，主张以多边为基础的自由贸易，高举经济全球化旗帜的全球观正在逐步形成，这主张代表了未来世界发展的主流方向。

（3）主张平等合理的全球治理新结构。中国主张在全球化过程中，逐步改变现有的全球治理结构，使其与经济全球化新趋势相适应，从而形成平等合理的全球治理新结构。

（二）中国的发展观

（1）共享发展。改革开放 40 年来，中国面临很多现实矛盾和问题，但追求共享发展的方向仍很明确。比如，通过城乡一体化来实现城乡经济社会全面、协调、可持续发展；通过区域一体化使各个国家及地区在经济方面都能互惠互利、共同发展。

（2）绿色发展。中国过去传统的经济发展模式以牺牲环境为代价，造成了生态破坏和环境污染的突出问题，但近年来绿色发展的理念越来越突出。例如，中央和地方下大决心整治祁连山生态问题，扶贫脱贫和环境保护成为祁连山地区发展的两项硬指标。中国正逐步走上和谐、持续的绿色发展方式。

（3）转型发展。未来 10—20 年，中国正处在转型发展的关键时期。中国产业结构、消费结构、城乡结构至少有 15—20 个百分点的提升空间，其中蕴藏着巨大的市场潜力。如果能够在转型发展上取得突破，将为中国中长期发展提供重要的内生动力。

（三）中国的改革观

中国作为新型开放大国，正处在新的发展和改革阶段。在此背景下，中改院研究"二次改革"，有以下三大突出问题。

（1）开放是最大的改革。中国面对经济全球化和转型发展的新趋势，迫切需要加强制度性、结构性安排，以更高水平开放倒逼更深层次改革。

（2）真正地使市场在资源配置中起决定性作用。面对经济发展的内外挑战，强化竞争政策的基础性地位成为市场化改革的重大任务。强化竞争政策的基础性地位要做好三大转变：实现经济活动由地方政府间竞争向企业主体间竞争的转变，实现经济政策由产业政策为导向向竞争政策为基础的转变，实现市场监管的重点由一般市场行为监管向公平竞争审查的转变。此外，应深化要素特别是土地要素的市场化改革，建设城乡统一用地市场，促进城乡要素双向流动。

（3）形成改革的合力。现在中国对改革存在不同的看法，形成了各种的利益关系。如何凝聚全社会的改革合力，打破利益固化的藩篱，让更多人真正享受到改革开放带来的红利，是中国迫切需要解决的问题。

中国作为新型开放大国，虽然存在某些矛盾问题，但所主张的全球观、发展观、改革观顺应经济全球化的主流方向。在此背景下，中国需要不断深化改革开放。例如，优化营商环境，完善产权保护，激发市场主体尤其是民营企业的活力，以不断释放经济增长潜力，同时使世界在中国的发展中获益。

二 构建新型大国关系

目前经济全球化面临的最大问题是中美经贸摩擦，中美关系在一定程度上对全球经济起着决定性作用。在此背景下，处理好新型大国关系具有迫切性、现实性。

（一）探索合作建立低关税甚至零关税的自贸区

中国作为新型开放大国，未来的方向是降低关税，甚至走向零关税。美国用提高关税的办法来解决双边和多边的问题，违背经济全球化和经济发展规律。如果中美能够合作探索建立逐步降低关税、甚至走向零关税的自贸区，两国乃至全球都能从中获益。

（二）加快服务业市场开放和服务贸易自由化进程

中国是全球的一个大市场，大市场需要大开放。中国正由货物贸易为主向服务贸易为主导的开放转变，同时正在加快医疗健康、金融、电信、教育文化等服务业领域的开放。这将进一步释放中国近 13 亿人的服务消费大市场，为美国等西方国家提供巨大的发展机遇。

（三）打造对外开放新高地

建设海南自由贸易港，就是探索打造以发展旅游业、现代服务业、高新技术产业为主导的对外开放新高地。建议海南和香港联手打造国际性的旅游消费中心；依托泛南海打造旅游合作圈；等等。希望未来在南海上游来游去的不是美国军舰，而是各国的邮轮。

三　新时代下的智库责任

中改院成立于 1991 年，最初由国家体改委和海南省政府联合创建。1993 年由官办机构转变为企业化管理、市场化运作的社会智库，中改院的特点是网络型、国际化、独立性。建院近 30 年来，中改院就坚持三件事：第一，始终坚持做一件事，改革研究；第二，始终坚持走一条路，用改革的办法办院；第三，始终坚持一份责任，把改革作为我们这些知识分子的时代责任。中改院作为改革智库，聚焦于改革研究近 30 年，未来也希望给国际社会提供更加多样的中国声音。

新时代的中国开放观发展观和全球观[*]

（2019年6月）

当前，面对世界百年未有之大变局，中国坚持以构建人类命运共同体为价值追求，以维护经济全球化为重要使命，以推进"一带一路"为主要载体，以深化自身改革开放为基础，由此形成新型开放大国的开放观、发展观和全球观。

一 作为新型大国的开放观

开放和自由贸易是促进全球经济增长的主要动力，封闭与保护主义则是导致全球经济动荡甚至衰退的根本因素。作为新型开放大国，中国坚持以不断扩大自身开放带动全球开放，努力实现中国与世界的融合发展。

开放的大门会越开越大。例如，全国范围内的外商投资清单，近期将在2018年版48条限制性措施的基础上进一步明显减少。中国政府决定，2020年取消商用车外资股比限制；2021年取消金融领域所有外资股比限制。

从货物贸易为主逐步向服务贸易为重点的开放转型。适应全球服务贸易快速发展的一大趋势，中国出台一系列服务贸易的开放举

---

[*] 本文载于《经济参考报》2019年6月26日。

措,加快服务业市场开放。近两年中国服务贸易进出口,对全球服务贸易增长贡献率达到25%。由此,不仅适应国内居民日益增长的服务型消费需求,而且为促进全球经济增长做出重要贡献。

从一般的市场开放向制度性结构性开放的深化。2018年,中国的营商环境全球排名由2017年的78位上升到第46位。中国还将进一步放宽以服务业为重点的市场准入,推动国内相关制度调整与变革,形成制度性结构性开放的新格局。

以共担全球责任应对逆全球化挑战。"己欲立而立人,己欲达而达人。"各国发展离不开经济全球化,没有哪个国家能够脱离全球化而独立发展,离开全球化的"本国优先",往往南辕北辙。各国应密切协调和配合,维护以联合国为核心的国际体系,促进多边主义和自由贸易发展。作为新型开放大国,通过更高水平的开放使全球分享中国经济转型改革的发展成果。例如,2020年1月1日将实施的中国《外商投资法》明确规定,外商投资企业同等适用国家各项支持政策、平等参与标准化制定和政府采购活动,加大改革力度,努力为投资者营造更加稳定、公平、透明、可预期的投资环境。

二 作为新型大国的发展观

中国作为新型开放大国,坚持深化市场化改革的方向不动摇,坚持全球配置资源的方向不动摇,坚持开放包容共享的发展方向不动摇,通过"做好自己的事"成为世界经济增长的主要稳定器和动力源。

融合发展观。经济发展,高度依赖市场在资源配置中的决定性作用,高度依赖市场的不断扩大和资源配置效率的不断提升。新型开放大国的发展,是建立在国内国际市场深度融合上的发展。例如,根据年平均汇价计算,2018年中国社会消费品零售总额达到5.76万亿美元,人均消费支出达到3000美元。2017年中国吸收外资居全球第二位，对外投资存量居全球第二名，越来越多的发展中国家把吸引中国投资作为推进本国发展的重要助力。

共享包容的发展观。"一个人可以走得快，一群人才能走得远。"依托"一带一路"倡议，中国以共商共建共享原则为引领，以基础设施建设互联互通为依托、以产能合作为重点，为全球提供了实实在在的合作与收益。2013—2018年，中国与沿线国家货物贸易进出口总额超过6万亿美元，中国企业对沿线国家直接投资超过900亿美元，在沿线国家完成对外承包工程营业额超过4000亿美元。截至2018年9月，"一带一路"建设得到105个国家和29个国际组织的参与和支持。

可持续的绿色发展观。面对气候变化的共同挑战，中国坚持经济、生态、社会效益相统一的原则，坚持绿色发展的理念。过去几年，中国加大环保执法力度，处理了一批破坏生态环境的典型案例，一些生态环境恶化的地区，情况有比较明显的改善。在"一带一路"上，中国坚持把绿色作为底色，推动绿色基础设施建设、绿色投资、绿色金融。

三 作为新型大国的全球观

在世界百年未有之大变局中，新型开放大国的中国把打造人类命运共同体作为自己的全球观。面对单边主义、贸易保护主义挑战，中国坚持合作共赢，携手应对人类面临的各种风险挑战。

倡导打造人类命运共同体。既强调共同利益，也强调共同责任；既强调合作共赢，也强调文明包容、文明互鉴。中国传统文化主张"和而不同"、主张"求同存异"，为避免文明冲突提供了大国基色。

形成开放包容普惠均衡的全球观。中国积极倡导全球自由贸易和多边主义，为促进世界经济发展贡献中国方案。2018年，中国主动把平均关税水平从上年的9.8%降到7.5%，与有的国家单边提高关税形成鲜明对比。

主张平等参与共治共享的全球治理观。全球治理的实质是反映全人类的共同价值追求。中国主张在全球化过程中，形成平等合理的全球治理新结构，反对孤立主义和霸权主义，更反对长臂管辖，致力于促进世界持久和平和共同繁荣。

重构合作共赢的大国关系。当前，应对世界百年未有之大变局的核心是处理好中美关系。这不仅关乎两国的发展，而且关乎国际环境的未来走向。作为新型开放大国，中国深化改革开放的方向不动摇，主张在竞争中开展合作，以共商共建共享的原则妥善处理经贸摩擦，完善全球治理的中美共同责任，发挥大国在推动世界经济增长中的重要作用。

加快推进东北亚经贸合作新进程*

（2019年8月）

经济全球化与新一轮科技革命使得无论是发达国家还是发展中国家，无论是全球还是东北亚，经济利益联系从未像今天这样紧密。面临单边主义、贸易保护主义的挑战，全球经济增长面临的不确定性与风险性明显增多。为此，比以往任何时候都更需要多边行动，而不是单边行动或"本国优先"；更需要协调行动而不是"选边站"或"以邻为壑"。在这一背景下，东北亚各国应加快推进经贸合作，加快推进东北亚区域经济一体化。

当前，中国正在从制造业领域为主的开放到服务贸易领域为重点的开放，正在从货物和服务为重点的开放到制度性、结构性开放，正在从经济全球化的参与者到经济全球化的推动者。中国作为一个开放的大国，将为东北亚经贸合作带来重要机遇，对加快推进东北亚经贸合作进程有全局性重要影响。一方面，中国成为世界大市场，成为东北亚地区的最大市场。这一市场的不断开放，不仅成为世界经济增长的突出亮点，更是东北亚保持经济持续增长的重大利好。另一方面，"一带一路"日益成为推进经济全球化的新引擎，

---

* 本文载于《经济参考报》2019年8月21日。

更将成为推进东北亚区域一体化的新机遇。

近年来,中国与东北亚区域的经济联系越发紧密,形成了更加良性的互动。总的来看,东北亚经贸合作有机遇和空间,也面临矛盾和挑战。构建东北亚的区域性合作机制、实现东北亚区域经济一体化,还有很长的路要走,需要区域内六国采取务实举措与协调行动。

加快推动东北亚经贸合作与"一带一路"对接。要以基础设施互联互通为目标,加快打造"一带一路"东北亚大通道。例如,围绕中蒙俄经济走廊,构筑东向出海、南联内陆的大通道;建设面向东北亚开发开放的基础设施网络,推进"图们江开发开放"与"东北亚经济走廊"建设;加快实现中日韩口岸通关协调合作,提升中日韩"一带一路"多式联运水平。以跨境经济合作区等为依托,加快形成"一带一路"东北亚经贸合作的大平台。例如,以制造业合作为重点推进图们江跨境经济合作区建设;合作建立中俄、中蒙等跨境装配制造和物流集散基地;探索共建东北亚跨境旅游合作园等。加快打造若干个第三方市场合作示范区。推动中日、中韩与俄罗斯、蒙古等共建以能源为主题的合作示范区,探索与朝鲜开展能源、农业、制造等方面合作。

务实实施产业项下的自由贸易政策。要加快构建东北亚旅游、教育合作圈,在旅游标准对接、人员跨境流动、跨境旅游线路设计等领域争取实现重要突破;建立中日韩大健康产业联盟,加快实施医疗健康产业项下的药品器械、技术服务等自由贸易政策及医疗技术人员自由流动政策;开展东北亚智能制造产业项下的深度合作,在研发、人员培训、标准化合作等领域实现突破,并推动实施制造业项下的关键零部件零关税及相关技术人员自由出入境政策。深化绿色产业和环境治理领域合作。比如,共同推进亚洲超级电网项目建设,率先在电动汽车、智能电网等领域开展合作,并在环境治理问题上加强区域合作,共同推动区域环境治理。

中国扩大开放趋势及其对东北亚经贸合作进程的影响[*]

(2019 年 10 月)

经济全球化与新一轮科技革命使各国经济利益联系日趋紧密,但由于单边主义、贸易保护主义的挑战,世界经济增长与区域经济一体化进程面临严重威胁。为此,现阶段比以往任何时候都更需要多边行动、协调行动。中国坚定推进扩大开放,重视以周边整体为基础的全面规划与构建,把与周边国家的经贸关系作为构建新型伙伴关系的重点,其中东北亚的地位举足轻重。中国努力推动东北亚区域性合作机制建设,促进东北亚经济一体化进程。因此,应以双边合作带动三边、多边经贸合作的重要突破;努力实现中日韩经贸合作的重要突破;加快推动东北亚经贸合作与"一带一路"对接;务实实施产业项下的自由贸易政策。

改革开放 40 年,中国从打开国门到全方位开放,释放了巨大的发展潜能,改变了其在全球及区域经济格局中的地位。2018 年,中国 GDP 总量达到 13.6 万亿美元,占全球的 15.9%,占东北亚五

---

[*] 本文载于《经济纵横》2019 年第 10 期。

国（不含朝鲜）的 62.2%;① 货物与服务进出口额达 5.2 万亿美元，占全球的 10.6%，占东北亚五国的 57.2%。从制造业领域为主的开放到服务贸易领域为重点的开放，从货物和服务为重点的开放到制度型、结构型开放，从经济全球化的参与者到经济全球化的推动者，中国走出了一条令世界刮目相看的新型开放大国之路。当前，经济全球化与新一轮科技革命使得无论是发达国家还是发展中国家，无论是全球还是东北亚的经济利益联系日趋紧密，一体化的共同需求也前所未有地日趋增大。但由于单边主义、贸易保护主义挑战，世界经济增长与区域经济一体化进程面临严重威胁。为此，世界各国比以往任何时候都更需要多边行动，而不是单边行动或"本国优先"；更需要协调行动而不是"选边"行动或"以邻为壑"。在这个大背景下，如何客观判断中国扩大开放的基本趋势，如何客观估计扩大开放对东北亚等周边区域的全局性影响，如何在扩大开放的背景下采取务实举措加快推进东北亚区域经贸合作进程，成为推进东北亚区域经济一体化面对的重大课题。

一 如何客观估计中国扩大开放的基本趋势？

无论从经济、贸易总量来看，还是从市场空间来看，作为新型开放大国的中国，其进一步扩大开放不仅会对经济全球化与全球经贸格局产生重要影响，更会对周边地区带来重大利好。推进东北亚经贸合作进程，越来越离不开域内因素，尤其是中国扩大开放基本趋势对东北亚经贸合作的影响。在这个特定背景下，推进东北亚经贸合作进程，需要客观研判中国扩大开放的基本趋势。

（一）中国开放的大门越开越大

改革开放 40 年来，中国坚持打开国门搞建设，释放了巨大的发展潜能，改变了在全球经济格局中的地位。1978 年，中国国内生

---

① 数据来源：世界银行数据库。

产总值仅为3679亿元人民币，2018年突破90万亿元人民币。按现价美元折算，2018年中国经济总量达到13.61万亿美元，占全球经济总量85.79万亿美元的15.86%，与日本的4.97万亿美元、德国的4.00万亿美元、英国的2.83万亿美元的距离不断拉大，与美国的20.49万亿美元差距有所缩小。中国已经成为世界第二大经济体、第一大工业国、第一大货物贸易国、第一大外汇储备国。无论从综合国力看，还是从国际影响力看，都达到了新中国成立以来经济发展的历史新高度。

各国发展离不开经济全球化，没有哪个国家能够脱离经济全球化而独自发展。脱离经济全球化的"本国优先"，往往与本国经济可持续发展南辕北辙，并增大了世界经济发展的不确定性与风险。面对单边主义、贸易保护主义的挑战，作为新型开放大国，中国通过更高水平开放使全球分享自身经济转型与改革发展成果。例如，即将于2020年1月1日起实施的《中华人民共和国外商投资法》明确规定，外商投资企业依法平等适用国家支持企业发展的各项政策；国家保障外商投资企业依法平等参与标准制定工作，努力为投资者营造更加稳定、公平、透明、可预期的投资环境。再如，全国范围的外商投资负面清单在2018年版的48条限制性措施的基础上进一步减少为40条；中国先后推出5批18个自由贸易试验区，并正在加快探索建设海南自由贸易港进程。

（二）中国开始成为世界大市场

作为新型开放大国，中国从"世界工厂"到"世界市场"，在促进和引领全球自由贸易进程中扮演的角色越来越重要。

1. 中国是全球经济增长的重要贡献者

近几年来，中国对世界经济增长的贡献率持续保持在30%左右。2013年以来，中国对全球经济增长的贡献率位居世界第一，2017年为34.6%，约为美国的2倍。世界银行数据显示，2018年全球经济净增量为4.9万亿美元，中国GDP净增量为1.46万亿美元，比美国的1.01万亿美元高出0.45万亿美元，占全球净增量比重的29.8%；印度同年增长率为全球第一，实际经济增量仅为0.074万亿美元。[①]

2. 中国是全球自由贸易进程的重要推动者

2001—2017年，中国货物进口平均增速达13.5%，是世界平均增速的2倍；同期中国服务进口平均增速为16.7%，是世界平均增速的2.7倍。世贸组织发布的数据显示，2018年中国占全球出口、进口的份额分别达12.8%、10.8%。

3. 中国是世界第二大对外投资国

《2017年度中国对外直接投资统计公报》显示，2017年末，中国对外直接投资存量超过1.8万亿美元，在全球排名跃升至第二位，较上年提升了四位；2017年，中国对外直接投资达1582.9亿美元，投资流量规模仅次于美国和日本，位居全球第三，并连续三年超过同期吸收外资水平。

4. 中国是全球新增就业的重要贡献者

目前，中国与"一带一路"沿线国家共同建设境外经贸合作区达80多个，为当地增加了24.4万个就业岗位。安永会计师事务所统计数据显示，2005—2016年中国在非洲创造的就业岗位超过13万个，是美国的3倍多。此外，据国际劳工组织发布的《中国与拉美和加勒比地区经贸关系报告》显示，1990—2016年中国为拉美和加勒比地区创造了180万个就业岗位。

5. 中国是推动全球数字革命的领先者之一

中国信息通信研究院发布的《中国数字经济发展与就业白皮书（2019年）》显示，2018年中国数字经济规模达到31.3万亿元，增

[①] 数据来源：世界银行数据库。

长 20.9%，占 GDP 比重为 34.8%。2017 年 8 月，麦肯锡全球研究所发布的《中国数字经济：全球领先力量》报告显示，中国拥有世界上最多的数字技术投资者、使用者和独角兽公司，独角兽公司占全球的 1/3。中国在电子商务和数字支付方面处于全球领先地位。以华为公司为例，目前其已成为全球 5G 技术的领跑者，在全世界有 26 个研发能力中心，拥有在职数学家 700 多人、物理学家 800 多人、化学家 120 多人。中国企业在推动全球开放创新中扮演着重要角色。

（三）新阶段中国扩大开放的基本趋势

面对单边主义、贸易保护主义挑战，面对美国挑起的经贸摩擦，中国坚持改革开放不动摇，继续推出扩大开放的重大举措，坚定维护多边贸易体制，推动贸易和投资自由化、便利化不停步，"坚持走开放融通、互利共赢之路，构建开放型世界经济"。中国主动开放、扩大开放，将赢得与世界共同发展、融合发展的未来。

1. 从制造业领域为主的开放到服务贸易领域为重点的开放

近年来，适应全球服务贸易快速发展的大趋势及自身经济转型升级需求，中国出台了一系列服务贸易开放举措，服务贸易已成为当前中国开放的重点之一。由此，不仅适应中国国内居民日益增长的服务型消费需求，而且为推动全球自由贸易进程做出了重要贡献。

第一，制造业市场开放度较高。中国的产业开放由制造业起步。中国制造业基本实现了市场化，对外开放度已高于某些发达经济体。自 2013 年以来，中国的自贸试验区外商投资负面清单限制措施由 2013 版的 190 项大幅缩减到 2019 版的 37 项，其中农业与制造业限制措施数量仅剩 9 项。

第二，服务贸易呈现较快增长趋势。中国服务贸易平均增速高于全球，2018 年服务进出口额达到 5.24 万亿元人民币，同比增长

11.5%，已连续5年位居世界第二；服务贸易占外贸总额的比重从2012年的11.1%提高到2018年的14.7%。2013—2018年，中国服务贸易年均增长8.1%，是同期世界平均增速的2.2倍；[①] 占世界服务贸易总额的比重由5.6%增长至6.9%。预计到2020年，中国服务贸易总额有望达到1万亿美元左右，占外贸总额比重达到18%左右；到2025年，中国服务贸易总额有望达到1.5万亿美元左右，占外贸总额的比重将达到20%以上；到2030年，中国有望成为全球最大的服务进口国，占全球服务进口总额的13.4%，约为目前的3倍。中国加快服务贸易开放和服务业市场化改革，不仅将促进本国服务业高质量发展，也有助于改善与东北亚国家的经贸关系。

第三，服务贸易成为扩大开放的重点之一。从全球范围来看，中国服务贸易占比偏低的矛盾突出。2018年，中国服务贸易占贸易总额的比重仅为14.7%，不仅低于全球23.1%的平均水平，也远低于欧盟（27国）、英国、美国等发达经济体，与金砖国家也有3.1个百分点的差距。未来一段时间，服务贸易将成为我国扩大开放的重点之一。

2. 从货物和服务为重点的开放到制度型、结构型开放

制度是各类行为的规范。所谓"制度型开放"，其重点是公开市场、公平竞争，对标国际规则，建立并完善以公开、规范为主要标志的开放型经济体系。结构是各种要素相互关联的方式。所谓"结构型开放"，其重点是开放领域与范围的扩大，即从一般制造业领域向以金融等为重点的服务业领域的开放。

第一，全面确立竞争中性原则。当前，有关竞争中性原则的相关内容逐步成为全球新一轮经贸规则的基本要求。如，在美韩、美墨加、欧越等最新签订的自贸协定中，均包含了政府采购、竞争政

---

① 数据来源：根据WTO数据库相关数据测算。

策、国有企业与指定垄断等涉及竞争中性的条款。确立竞争中性原则，赋予外资国民待遇，使国企民企外企公平参与市场竞争、共享发展红利，是中国应对全球经贸格局新变化、共建开放型经济体系的重大任务。

第二，加快推进监管标准的国际对接。如，适应全社会日益增加的医疗健康需求，需要尽快形成国家服务业监管标准体系，并率先在海南等地引入欧美医药安全管理标准，在倒逼企业转型的同时，提升监管的国际化水平。

第三，完善"准入前国民待遇+负面清单"管理制度。全面实施内外资一致的市场准入负面清单。如，加快推动现有3张负面清单及产业指导目录等的合并对接。大幅缩减市场准入负面清单数量，提升负面清单透明度。如，管理措施描述尽可能细化到具体业务，以提高负面清单的可操作性。全面清理清单之外的审批事项，彻底消除各种"隐性壁垒"。

3. 从经济全球化的参与者到经济全球化的重要推动者

在单边主义、贸易保护主义势头增强的背景下，经济全球化进入新的十字路口，中国坚定推进全球自由贸易进程和经济全球化，坚定维护以WTO为核心、以规则为基础的多边贸易体制，以"一带一路"为载体推进双边多边自贸进程，并在扩大自身开放的同时，积极主动推动全球自由贸易进程并实现各国的共同发展。

第一，全球自由贸易进程的重要贡献者。2018年，中国对世界贸易增长的贡献率为32%左右，对世界经济增长的贡献率为30%左右。近年来，中国出台一系列服务贸易开放举措，加快服务业市场开放，中国服务贸易对全球服务贸易增长贡献率达到25%左右。未来，随着开放的大门越开越大，中国仍将成为全球自由贸易进程与经济全球化的坚定维护者、推动者。

第二，全球投资的重要推动者、贡献者。2017年末，中国对外直接投资存量超过 1.8 万亿美元,在全球排名跃升至第二位,较上年提升了四位。中国对东北亚五国投资合作成果显著。2019 年 1—5 月,中国对俄罗斯全行业直接投资 2.1 亿美元,同比增长 20.1%;对韩国投资 8868 万美元,同比增长 73.1%;对蒙古国投资 6820 万美元,同比增长 67.1%。

第三,全球多边贸易体制的坚定维护者、积极完善者。改革开放之初,中国更多是作为适应者、参与者融入经济全球化。当前,面对单边主义、贸易保护主义的挑战,中国主张坚定维护以规则为基础的多边贸易体制,推动贸易和投资自由化、便利化不停步,主张在坚持开放与非歧视等核心价值前提下,推动 WTO 改革。

第四,坚定推进东北亚经济一体化进程,建立新型经济伙伴关系。在区域合作层面,一个明显的趋势是,中国更加重视以周边整体为基础的全面规划与构建,把与周边国家的经贸关系作为构建新型伙伴关系的重点,其中东北亚的地位举足轻重。中国努力推动东北亚区域性合作机制建设,促进东北亚经济一体化进程。

二 如何客观判断中国扩大开放将为东北亚经贸合作带来的新机遇?

习近平主席在周边外交工作座谈会上强调,要让周边国家得益于中国发展。作为一个有着近 14 亿人口且更加开放的大国,将对加快推进东北亚经贸合作进程带来全局性的重要影响。尤其是美国等区域外大国主张"本国优先",实行贸易保护主义,使中国在东北亚经贸合作中的作用更加凸显。能不能抓住中国消费潜力释放的关键时期与扩大开放的重大机遇,实现东北亚区域经贸合作的重要突破,需要各方客观判断、理性选择。

(一)中国与东北亚区域的经济依赖明显上升,形成更加良性的互动

目前,中国已经成为东北亚地区五国最大贸易伙伴,与东北亚

五国的贸易额占中国贸易总额的近四分之一。由此，形成了中国与东北亚国家共享利益、联动发展的坚实基础，同时也为化解区域内经济体之间的某些经贸摩擦提供了重要条件。

1. 东北亚国家贸易依存度较高的特点突出

2018 年，除中国外，日、韩、俄、蒙四国商品与服务出口占其 GDP 比重均高于全球 29.3% 的平均水平；中国与日本、韩国、朝鲜、俄罗斯、蒙古国东北亚五国贸易额超 7500 亿美元，占中国对外贸易总额的近四分之一；中国分别是东北亚五国最大贸易伙伴。按国别统计，日本和韩国分别是中国的第二和第三大贸易伙伴。

2. 东北亚国家面临贸易保护主义和单边主义的共同挑战

在美国大力推行"公平贸易"的背景下，东北亚各国面临美国贸易保护主义与单边主义的挑战。如，在与美国重新签订的韩美自贸协定中，韩国被迫在农产品、汽车等重要市场做出较大让步，并对钢铁等主要出口商品进行出口限额；正在进行的美日谈判也面临美国对日本在农产品、汽车及服务贸易领域的极限施压。数据显示，2019 年第一季度，韩国 GDP 环比萎缩 0.3%，创 2008 年四季度以来最差表现；截至 2019 年 5 月，韩国出口连续六个月呈下降趋势。

3. 东北亚对中国市场的依赖性明显上升

2008 年国际金融危机以来，在全球贸易增速放缓背景下，东北亚其他四国（不含朝鲜）对中国市场的依赖性明显提升。2008—2018 年，日、韩、俄、蒙四国对中国的出口由 2384.4 亿美元增长到 3687.4 亿美元，年均增长 4.5%，是其整体出口增速的 3.5 倍，其出口比重由 15.1% 上升至 20.5%。[①]

[①] 数据来源：商务部《国别贸易报告》。

（二）中国成为东北亚地区的最大市场

在经济全球化的大背景下，中国的发展，尤其中国对外开放的趋势，为东北亚提供了巨大的市场。

1. 东北亚其他五国经济增长乏力

2018年，东北亚五国GDP增长4.1%，若将中国剔除，增速仅为1.3%，低于全球平均增速1.7个百分点。其中，有效需求不足是其增长乏力的重要因素。

2. 中国经济转型升级蕴藏着巨大的需求潜力

未来5—10年仍是中国经济转型升级的关键时期。中国在产业结构、消费结构、城乡结构等方面还有比较大的转型升级空间，需求潜力叠加可达20万亿美元以上。中国经济转型升级蕴藏着巨大需求潜力，不仅是全球机遇，更是东北亚各国的重大发展机遇。

第一，消费结构有15—20个百分点的升级空间。预计到2020年，城镇居民的服务型消费支出占比将达到50%左右。如果城乡一体化速度加快，基本公共服务总体实现，到2020年农村居民的服务型消费占比有可能接近45%。综合判断，到2020年全面建成小康社会时，服务型消费将占城乡居民消费的一半左右。

第二，产业结构有10—15个百分点的升级空间。从2018年的情况看，"十三五"要实现2020年服务业占比56%的目标，需要在服务业领域推进更大力度的开放。预计到2025年，这一数字将达到60%左右，并且在这个水平上保持相对稳定。

第三，人口城镇化率有15—20个百分点左右的升级空间。预计到2020年，中国常住人口城镇化率将由2018年的59.58%提高到61%左右，户籍人口城镇化率将由2018年的43.37%提高到45%左右。预计到2030年，常住人口城镇化率将达到70%—75%，户籍人口城镇化率达到60%左右。这意味着常住人口城镇化率还有10个百分点的提升空间，户籍人口城镇化率还有15—20个百分点的提升空间。

第四，中国经济转型升级蕴藏着巨大的内需潜力。摩根士丹利预计，到2030年，中国个人消费将从2016年的4.4万亿美元增长到9.7万亿美元。阿里研究院预测，到2025年企业应用云化率和人工智能利用率均将达到90%，数据、智能与制造业的深度融合将催生数个十万亿元级产业。2018年，中国1个城镇居民的消费水平相当于2.55个农村居民的消费水平。如果户籍人口城镇化进程加快，进城农民工能享受到城镇人口的公共服务和公共设施水平，其消费水平将接近或初步达到城镇居民的平均水平，估计一年将至少有5万亿元人民币的新增消费需求。

3. 中国经济转型升级与扩大开放相融合，将为东北亚提供巨大需求市场

如，2019年中国消费品零售额有可能达到5.6万亿美元以上，将取代美国成为全球第一大零售市场；预计未来15年，中国进口商品和服务将分别超过30万亿美元和10万亿美元。这一市场的不断开放，不仅成为世界经济的突出亮点，更是东北亚保持经济持续增长的重大利好。

（三）"一带一路"日益成为推进经济全球化的新主角，更将成为推进东北亚区域一体化的新机遇

"一带一路"倡议主张以共商共建共享原则为引领，以基础设施建设互联互通为依托，以产能合作与服务贸易为重点，构建全球互联互通的伙伴关系。

1. 以"一带一路"为载体推进经济全球化进程

"一带一路"贯穿亚欧非大陆，一头是活跃的东亚经济圈，一头是发达的欧洲经济圈，而连接这两大经济圈的中间地带则是地域辽阔、人口众多、资源丰富的经济"洼地"。初步测算，到2030年，亚洲将新增15万亿美元的经济总量与21万亿美元

的新增消费市场。①

2. 在"一带一路"中实现东北亚开放的重要突破

中国以"一带一路"为载体推进经济全球化进程，将为东北亚拓展贸易网络提供重要条件，成为东北亚各国拓展自贸网络的重大机遇。如，中俄蒙经济走廊建设将减少三国运输时间的 4% 左右；在结合中欧列车之下，日本的货物运输费用较之前下降 50%。

3. 依托"一带一路"打造东北亚合作新高地

依托东北亚地处"一带"与"一路"交汇点的地缘优势，加快与中国合作开拓第三方市场、进一步拓展自由贸易网络，既是东北亚各国实现自身经济发展的重大机遇，也是维护经济全球化大局的现实选择。

三　如何采取务实举措，加快推进东北亚经贸合作新进程？

东北亚六国经济互补性强，市场规模达到 20 万亿美元，超过欧盟 GDP 的总和。当前，东北亚经贸合作有机遇、有空间，也面临矛盾、挑战。总体看，构建东北亚的区域性合作机制、实现东北亚区域经济一体化，还有很长的路要走，需要区域内六国采取务实举措与协调行动。为此，需要充分考虑东北亚地区各国的实际情况，本着先易后难、循序渐进的原则，采用包括"早期收获计划"、双边及产业项目下的自由贸易政策等灵活方式，协同务实推进东北亚经贸合作进程。

（一）以双边合作带动三边、多边经贸合作的重要突破

由于东北亚区域内开放滞后，使其经贸互补性难以充分释放。如，中日韩三国区域内贸易比例仅占 19%，低于东盟（24%）、北美（42%）、欧盟（65%）。在不具备三边与多边合作的情况下，加快实现双边经贸合作，并由此带动三边、多边合作更具现实可能

---

① 数据来源：根据世界银行数据库相关数据测算。

性。如，中韩自贸协定第二阶段谈判已进行第四轮；中俄关系处于历史最好时期；中蒙经贸合作达到历史最高点。未来，需要加快以服务贸易为重点开展中韩自贸区升级版建设，并创造条件实现中日贸易投资自由化、便利化的重要突破；以能源资源为重点，实现中俄、中蒙、中朝等双边贸易投资自由化、便利化的制度安排，并逐步由双边走向三边、多边。

（二）努力实现中日韩经贸合作的重要突破

在全球政治格局发生新变化的背景下，在东北亚合作的背景下，中日韩三国需要从大局出发，妥善处理问题。近年来，中国积极推动中日韩自贸进程。中日韩三国 GDP 与贸易额均占东北亚区域的 90% 以上，各方需要妥善管控分歧，共同以推动中日韩自贸区谈判为重点，推动区域全面经济伙伴关系（RCEP）和东北亚经济一体化进程。如果中日韩自贸区能够尽快取得突破，将有效提升东北亚区域经济一体化水平。

1. 中日韩合作应对美国贸易保护主义与单边主义挑战

2018 年，中日韩 GDP 合计 20.2 万亿美元，接近美国 GDP；最终消费支出 11 万亿美元，接近美国的 70%；贸易额达 8.2 万亿美元，是美国的 1.6 倍。如果中日韩自贸区取得重要突破，不仅会对三国联合应对贸易保护主义产生重大影响，而且对东北亚地缘政治格局也将产生深远意义。

2. 以服务贸易为重点打造中韩自贸区升级版

一方面，进一步降低货物贸易关税，如，尽快在农产品、电子产品、能源产品等双方贸易额较大或者具有巨大潜力的领域大幅降低双边关税；另一方面，加快以服务贸易为重点建设中韩自贸区升级版，在知识产权、文化旅游、电子商务、金融服务、研发、工业设计和数据处理等领域实现双边开放的重要突破，逐步推进双边服务标准的对接、服务市场的融合，进一步提升中韩自贸区质量和对中日韩自贸区谈判及整个东北亚区域经济一体化的示范带动作用。

3. 推动"中日韩+"合作与"一带一路"对接

如，东北亚领域的"中日韩+"合作与韩国新北方战略、日本"俯瞰地球仪外交"等高度吻合。且"一带一路"倡议以基础设施互联互通为依托，以自由贸易为导向，以开放包容为特点，并通过产能合作与服务贸易为重点构建自贸区网络。实现"中日韩+"合作与"一带一路"对接，既可以大幅降低"中日韩+"合作成本，也可以为增强中日韩政治互信注入正能量。

（三）加快推动东北亚经贸合作与"一带一路"对接

"一带一路"倡议以基础设施互联互通为依托，以实现产能合作与服务贸易融合发展为重点，以建立多层次、多种形式的自由贸易区网络为目标，加快构建全球互联互通的伙伴关系，由此推动经济全球化进程，为共建开放型世界经济做出重要贡献。

1. 以基础设施互联互通为目标，加快打造"一带一路"东北亚大通道

争取多方面支持，尽快实现东北地区与东北亚各国的便利化大通关建设。如，建设面向东北亚开发开放的基础设施网络，推进"图们江开发开放"与"东北亚经济走廊"建设。

第一，围绕中俄蒙经济走廊，构筑东向出海、南联内陆的大通道。东北亚应紧紧抓住"一带一路"建设的重大机遇，以基础设施互联互通为重点，加快推进"中俄蒙"大通道建设。利用俄罗斯的扎鲁比诺港实现"借港出海"，将大通道建设纳入中俄两国总理定期会晤内容；加强中俄蒙在科技、能源、金融、农业、人文等领域的交流合作；创新三国产业合作方式，积极创设、推进跨境和境外产业园建设，开辟三方新的统一市场，形成资金供给、能源矿产开发和销售市场一体化链条。

第二，加快推进中日韩大通道建设。加快实现中日韩口岸通关

协调合作，提升中日韩"一带一路"多式联运水平，打造江海联运水上丝绸之路。

2. 以跨境经济合作区等为依托，加快形成"一带一路"东北亚经贸合作的大平台

探索跨境经济合作区的运营模式、管理体制与多层次跨境协调机制。推动中韩俄蒙四国紧密合作，推进跨境经济合作园区创新发展。如，发挥中韩俄蒙四国紧密合作的优势，以制造业合作为重点推进图们江跨境经济合作区建设；适应俄、蒙工业化需求，在中俄、中蒙口岸合作建立跨境装配制造和物流集散基地；抓住半岛局势缓和的有利时机，促进东北亚其他国家对朝鲜19个经济开发区的投资合作，助推朝鲜改革开放进程，不断提升朝鲜对东北亚其他国家的经济依存度；探索共建东北亚跨境旅游合作园等。

3. 以形成东北亚自贸网络为目标，根据资源分布与产业特点，加快打造若干个第三方市场合作示范区

如，中日韩均高度依赖中东石油，不仅加剧三国内部竞争，也面临海上能源运输风险及能源溢价等问题。为此，充分依托中国的能源勘探技术与基础设施建设能力、日韩的石油炼化技术与矿产品深加工技术等，推动中日、中韩与俄罗斯、蒙古等合作共建能源保税港区、能源运输绿色通道、能源储备园区等，在提升第三国能源开采、加工能力的同时，提升能源安全保障水平，探索中日、中韩与朝鲜开展能源、农业、制造等方面合作。

（四）务实实施产业项下的自由贸易政策

面对单边主义、贸易保护主义的挑战，全球经济增长面临的不确定性与风险性明显增多。在这一背景下，东北亚各国应加快推进经贸合作，务实推动产业项下自由贸易，加快推进东北亚区域经济一体化进程。

1. 争取实施文化旅游项下的自由贸易

适应中国消费结构升级大趋势，积极开展中国与东北亚其他国家在旅游、教育等产业项下的自由贸易政策，加快构建东北亚旅游、教育合作圈，在旅游标准制定、人员跨境流动、跨境旅游线路设计、基础设施互联互通等领域实现重要突破，并以旅游合作带动人文交流，以此增强政治互信、安全互信。

2. 争取实施医疗健康项下的自由贸易

适应中日韩人口老龄化大趋势，建立中日韩大健康产业联盟，加快实施医疗健康产业项下的药品器械、技术服务等自由贸易政策及医疗技术人员自由流动等政策。

3. 争取实施制造业项下的自由贸易

适应数字经济引领产业变革大趋势，开展东北亚智能制造产业项下的深度合作，在研发、人员培训、标准化合作等领域实现突破，并推动实施制造业项下的关键零部件零关税，探索实现相关技术人员自由出入境等相关政策。

4. 深化绿色产业合作

适应可持续发展大趋势，深化绿色产业和环境治理领域合作。如，共同推进亚洲超级电网项目建设，率先在电动汽车、智能电网等领域开展合作，并在环境治理问题上加强区域合作、城市合作和信息交流，参照《巴黎气候变化协定》共同推动环境治理。

当前，面对世界百年未有之大变局，作为新型开放大国，中国坚持全面深化改革开放，正以高水平开放推动形成新时代改革发展的新格局，推动建立开放型世界经济体系。中国高水平开放的大趋势，将对深化东北亚区域经贸合作产生重要影响，有效推动东北亚区域经济一体化进程。

新型开放大国的全球观[*]

（2019 年 12 月）

面对世界百年未有之大变局，作为具有世界影响力的新型开放大国，中国如何把握世界发展大势、以何种方式影响世界，世界如何客观看待中国，成为国际国内广泛关注的重大问题。习近平总书记在多个重要国际场合指出，"站在新的历史起点，中国开放的大门只会越开越大"。这是在大变局中新型开放大国的战略选择，并由此形成新型开放大国的全球观。

一　主动融入世界的开放观

中国坚持对外开放的基本国策，建设更高水平开放型经济新体制，是因为"中国的发展离不开世界，世界的繁荣也需要中国"。改革开放以来，我国奉行互利共赢的开放战略，从打开国门到全方位开放；从世界工厂到世界市场；从经济全球化的参与者、受益者到经济全球化的重要推动者、贡献者，走出了一条令世界瞩目的新型开放大国之路。当前，高水平开放已经成为牵动影响我国改革发展的关键因素，是新阶段布局改革发展的一条主线。

---

[*] 本文载于《经济日报》2019 年 12 月 23 日。

（一）适应经济全球化新形势主动推进高水平开放

党的十八大以来，我国以开放为先、制度创新为核心，先后推出了建设自由贸易试验区、推动共建"一带一路"倡议、积极主动扩大进口、推进海南自由贸易港建设等重大开放举措，在拓展开放广度与深度方面取得重要进展。尤其是2018年4月以来，习近平总书记在多个国际场合宣布了一系列重大开放举措，积极推动中国与世界的融合发展、互利共赢。作为新型开放大国，推进高水平开放进程，按着党的十九届四中全会的精神，实施更大范围、更宽领域、更深层次的全面开放。

（1）适应全球服务贸易快速发展大趋势，推动从制造业为主的开放向以服务业为重点的开放升级，由此实现以服务贸易为重点的开放转型。

（2）适应全球经贸规则变化大趋势，推动从商品和要素流动型开放向规则、规制、管理、标准等制度型开放升级，强化制度性、结构性安排，建设高质量市场经济，更高层次参与国际合作与竞争。

（3）适应各国经济融合发展大趋势，推动我国从经济全球化的积极参与者向重要推动者的转变，并在维护多边主义、推动建设开放型世界经济中发挥更重要作用。

（二）以高水平开放倒逼全面深化改革

习近平总书记在第二届中国国际进口博览会开幕式上的主旨演讲中提出，我国将"坚持以开放促改革、促发展、促创新，持续推进更高水平的对外开放"。在内外环境明显变化的背景下，开放与改革直接融合、开放倒逼改革、开放是最大改革的时代特征十分突出。为此，要以高水平开放统筹国内国际两个大局，形成全面深化改革的新动力。例如，加快推动服务业市场全面开放，尽快实现要素市场化改革的重大突破；强化竞争政策的基础性地位，以竞争政策为基础加快产业政策转型，完善以公开市场、公平竞争为主要标志的高水平开放型经济体系；统筹强化知识产权保护与产权保护，建立与国际接轨的知识产权保护制度，打造市场化、法治化、国际化的营商环境。

（三）以高水平开放释放巨大内需潜力，更好惠及世界

在全球有效需求长期不足的背景下，近 14 亿人的大市场是中国巨大的战略优势，也是全球经济增长的重大利好。在"十四五"期间，我国很可能成为全球最大的货物与服务进口国；预计未来 15 年，中国进口的商品和服务将分别超过 30 万亿美元和 10 万亿美元。在经济全球化和新科技革命交织融合的背景下，经济转型升级蕴藏着的内需潜力释放，离不开高水平开放。这就需要进一步放宽以服务业为重点的市场准入，降低关税与非关税壁垒，加快推进与主要经济体的标准对接、资格互认，由此实现国际国内要素有序自由流动、资源高效配置、市场深度融合。

二 开放包容普惠平衡共赢的经济全球化观

当今世界经济面临"逆全球化"的挑战，不稳定性、不确定性加大，风险增多。在这个大背景下，习近平总书记在第二届中国国际进口博览会开幕式上的主旨演讲中倡导，"坚持'拉手'而不是'松手'，坚持'拆墙'而不是'筑墙'"。

（一）以"一带一路"为载体推进经济全球化

在经济全球化面临严峻挑战的背景下，共建"一带一路"倡议已成为发达国家与发展中国家共同参与、反对单边主义与贸易保护主义、推动经济全球化的重要载体。当前，共建"一带一路"进入高质量发展新阶段，"一带一路"的内涵也正在不断升级。例如：以基础设施互联互通为依托，实现联动发展；由产能合作为主向产能合作与服务贸易并重转变，进一步拓展合作内容；以建立多层次、多种形式的自由贸易网络为目标，加快构建全球互联互通的伙

伴关系，推进世界各国共同开放；通过第三方市场合作等多种方式使更多国家和地区从中受益。

（二）坚定维护以规则为基础的多边贸易体制

"以世界贸易组织为核心的多边贸易体制是国际贸易的基石，是全球贸易健康有序发展的支柱。"当前，"本国优先"的贸易保护政策与单边行动严重威胁全球自由贸易秩序。面对共同挑战，坚定维护以规则为基础的多边贸易体制，不仅是我国扩大开放的重要目标，也是新型开放大国的全球责任。为此，要坚持在维护非歧视、开放等多边贸易体制核心价值的前提下，推动世贸组织改革；尽快形成"维护多边贸易体制的利益和愿望共同体"。

（三）在推进自由贸易进程中解决利益失衡问题

经济发展史的经验和教训均表明，贸易保护将使得世界经济"蛋糕"变小，并明显缩小解决利益问题的空间和回旋余地。创造利益再平衡的重要条件，需要"以更加开放的心态和举措，共同把全球市场的蛋糕做大、把全球共享的机制做实、把全球合作的方式做活"。作为新型开放大国，加快构建中欧、中日韩等高水平自贸区网络，推动自由贸易制度朝着更加公平、公正、合理的方向发展；强化规则与标准对接，在自由贸易进程中推动自身改革和制度创新；加强同世界主要经济体的宏观政策协调，共同开发第三方市场。

三 推动构建人类命运共同体的时代观

"当今世界，全球价值链、供应链深入发展，你中有我、我中有你，各国经济融合是大势所趋。"适应这个大趋势，我国主张构建人类命运共同体，主张构建新型国际关系，携手其他国家共同应对全球挑战，推动建设人类共同的"未来社区"。

（一）坚持可持续发展、联动和普惠发展

发展是解决一切问题的前提，发展不平衡是当今世界最大的不平衡。新型开放大国坚持"做好自己的事",成为世界经济增长的主要稳定器和动力源,并在增加全球就业中做出重要贡献。例如,2013—2018 年,我国对世界经济增长年均贡献率达到 28.1%,居世界第 1 位;截至 2019 年 10 月底,我国企业承揽的对外基础设施建设类项目合同额 1304 亿美元,为当地创造就业岗位 83 万个。未来 5 年,我国有条件实现 6% 左右的经济增长。这个增长将是吸纳更多就业、更绿色、更可持续的增长,并为世界经济增长带来更多机遇。

(二) 主张平等参与、共治共享的全球治理

虽然现有国际经济治理体系并不完善,需要加以改革,但推倒重来、另起炉灶不仅破坏现有的国际经济秩序,还将破坏世界的和平稳定。作为新型开放大国,我国积极维护以联合国为核心的国际体系、以国际法为基础的国际秩序。在这个重要的前提下,改革现有的全球治理机制,形成公正合理的全球治理体系。目前,世界经济增量部分有 80% 来自新兴市场国家和发展中国家,但新兴市场国家和发展中国家在全球经济治理中的话语权严重不足。这就需要以提升代表性、公平性和有效性为目标,加快推动世贸组织、国际货币基金组织、世界银行等国际经济治理机制的改革。

(三) 主张重塑合作共赢的新型大国关系

当前,中美第一阶段贸易协议磋商积极推进,但中美经贸摩擦将呈现长期性、间接性和多边性的特点。未来 10 年是中美关系的关键时期。随着两国经济体量差距逐步缩小,竞争加大的态势不可避免。但更应当看到双方的互补性和合作共赢的广阔空间和巨大潜力。妥善处理中美关系,要以"全球视野、长期视角、战略思维"重塑新型大国关系,以多边主义为基础,避免战略误判、陷入战略误区,更要避免陷入冷战与对抗。例如:立足长期,争取取消已加征的关税并逐步降低关税,扩大双向市场开放;共同开发第三方市

场，携手解决可持续发展等全球性问题；以平等协商为原则尽快重启中美投资协定谈判，并在强化多边中处理中美双边关系等。

习近平总书记在庆祝中华人民共和国成立70周年大会上的讲话中指出，中国"要坚持和平发展道路，奉行互利共赢的开放战略，继续同世界各国人民一道推动共建人类命运共同体"。进入发展新时代，"一个更加开放的中国，将同世界形成更加良性的互动，带来更加进步和繁荣的中国和世界"。作为新型开放大国，我国将以高水平开放形成新阶段改革发展新布局，由此促进中国与世界的共同发展。

中国"双循环"新发展格局与中欧经贸合作[*]

(2020年9月)

后疫情时代，面对经济全球化不确定性与确定性交织的复杂局面，中欧双方深化经贸合作、携手应对，不仅事关中国和欧盟的经济增长，而且对全球的经济复苏与全球经济增长新格局的形成都会产生重大影响。

一　走向高水平开放是中国应对经济全球化新形势的重大选择

(1) 以服务贸易为重点。当前，中国正在从过去的以货物贸易为主向以服务贸易为重点的开放转型。2014—2019年，中国服务贸易由3.7万亿元人民币增长至5.4万亿元人民币，占比由12.3%提高至14.6%。

(2) 以制度型开放为突出特点。从商品要素开放转向制度型开放是中国高水平开放的突出特点，即推动规则、规制、标准、管理等与国际对接。比如，中国市场准入负面清单逐年降低，2020年全国负面清单减到33条，自贸试验区负面清单减至30条。今年6月

---

[*] 在第十届中欧论坛及政策与实践圆桌对话上的演讲，2020年9月29日，海口；本文载于《中改院简报》第1364期，2020年9月。

1 日,中国宣布建设海南自由贸易港,对标世界最高水平开放形态、打造高水平开放新高地,聚焦贸易投资自由化便利化,实行"零关税、低税率、简税制",并将在行政、立法、司法等制度集成创新上做出与高水平开放相适应的探索。

(3) 以多边双边自由贸易为重大任务。例如,高度注重中欧经贸合作,积极推动中欧投资协定谈判;积极推进中日韩经贸合作进程;积极推动 RCEP 早日签署生效。

二 中国的"双循环"发展新格局需要高水平开放的支撑

(1) 中国的"双循环"要与经济转型升级紧密融合。中国的"双循环",是建立在中国经济转型升级蕴藏巨大内需潜力这一战略基点上的。预计未来 10—15 年,中国服务业占比至少还有 10 个百分点的提升空间,生产性服务业占服务业比重还有 20—30 个百分点的提升空间;中国服务型消费占比至少有 10—15 个百分点的提升空间,到 2035 年左右,城乡居民服务消费占比将达到 60%;中国常住人口城镇化率至少还有 10—15 个百分点的提升空间,户籍人口城镇化率至少还有 20—25 个百分点的提升空间。

(2) 中国的"双循环"需要高水平开放的支撑。中国实行"双循环",不是关起门来封闭运行,而是进一步推动国内规则、规制、标准与国际对接融合,使国内市场更好适应国际市场变化,实现国际循环与国内循环顺畅联通。

(3) 中国"双循环"不是政府主导,而是要深化市场化改革,走市场决定资源配置的路子。

三 中国高水平开放与"双循环"将拓宽中欧经贸合作的空间

(1) 中国消费成为中欧经贸合作的重要动力。2020 年前 8 个月,中国网上零售额同比增长 9.5%;其中实物商品网上零售额增长 15.8%,占社会消费品零售总额的比重达到 24.6%。中国服务型消费的巨大潜力,与欧盟具有比较优势的研发、金融、医疗、职业教育等服务业供给能力之间，具有极强的互补性，欧盟企业在华市场空间将明显加大。

（2）中国服务贸易发展对中欧经贸合作的需求增大。服务贸易是中欧经贸合作的最大潜力所在。2019年，中国服务贸易在对外贸易中的占比为14.6%，比全球平均水平23.8%低9.2个百分点。2010年以来中国就已经是欧盟服务出口增速最快的市场。目前，中欧服务贸易占中欧贸易总额的比重只有14%左右。初步测算，如果中欧服务贸易占比达到当前23.8%的全球平均水平，中欧服务贸易规模将达1678亿美元；如果占比达到30%，规模将达2115亿美元，是当前的一倍多。

（3）中国数字经济快速增长成为中欧经贸合作的新动力。2018年，中国数字经济占GDP总量的32.9%。据测算，2030年中国数字贸易将达到37万亿元人民币，是目前的11倍。中国与欧盟打造数字合作伙伴关系，相互加快数字经济市场开放，共同建设全球性、区域性数字经济联盟，将成为中欧合作的新动力。

总的观点：中国走向高水平开放的"双循环"，将对中欧经贸合作带来积极影响。建议：探索启动中欧产业项下的自由贸易，在信息、教育、医疗、健康、文化、环保等产业项下，成熟一个推进一个；共同打造中欧经贸合作新平台，如在海南自由贸易港率先引进欧盟服务标准，打造一个高水平的中欧服务贸易合作新平台。

以高水平开放构建"双循环"新发展格局[*]

(2020年9月)

构建以国内大循环为主体,国内国际双循环相互促进的新发展格局,是"育新机、开新局"的战略选择,是后疫情时代促进经济复苏与国际合作的重大举措。

首先,我国正处于经济转型升级的关键时期,具有以国内大循环为主体的基础和条件。作为拥有近14亿人口的大国,我国有着巨大的内需潜力。在当前全球需求不足、全球经济增长乏力的情况下,这一巨大的内需潜力,将成为促进全球经济复苏的突出亮点。从产业结构升级来看,2019年我国服务业占比为53.9%,预计未来5—10年还有10个百分点左右的升级空间。其中生产性服务业升级空间更大。2019年,我国服务业增加值比上年增长6.9%,快于第二产业1.2个百分点;占国内生产总值的比重达到53.9%,比上年上升了0.6个百分点。估计到2025年,我国服务业占比将提高至59%—60%,形成服务业主导的产业结构。从消费结构升级来看,2019年,我国城乡居民服务型消费占比为45.9%。从国际经

---

[*] 本文载于《经济参考报》2020年9月30日。

验看，要达到60%—65%的水平，服务型消费占比才达到大体稳定。这意味着我国未来10年左右服务型消费还有15—20个百分点的升级空间。从城乡结构升级来看，2019年我国常住人口城镇化率为60.6%，还有10个百分点左右的升级空间；我国户籍人口城镇化率仅为44.38%，至少还有15—20个百分点的升级空间。

其次，要以高水平开放构建双循环发展格局。新发展格局是我国应对复杂多变的国际经济政治环境而实行的战略转型。这一战略转型与未来我国经济转型升级的趋势相适应，是10—20年的长期战略。一方面，以国内经济循环为主体，目的是充分释放我国巨大的内需潜力，提升经济自我循环能力。国家工信部对全国30多家大型企业130多种关键基础材料调研结果显示，52%的关键材料依赖进口，95%的高端专用芯片、70%以上智能终端处理器以及绝大多数存储芯片依赖进口；2019年，我国石油对外依存度达70.8%，铁矿石对外依存度达到90%。另一方面，以国内大循环为主体，不是"关起门来搞建设"，而是在提升经济自我循环能力的同时，建设高水平开放型经济新体制，实现国内国际经济双循环相互促进。

最后，要以高水平开放赢得国际合作与竞争新优势。第一，14亿人的内需潜力是以国内大循环为主体的独特优势。例如，我国服务型消费的快速增长及其带来的新兴消费市场的扩大，已成为全球市场关注的重点，也成为我国立足自身、把握趋势、释放内需、赢得主动的关键。面对外部环境的深刻复杂变化，我国内需市场继续保持较快增长态势，继续保持不断升级态势，就能够形成强大的经济吸引力。第二，以高水平开放赢得国际合作和竞争新优势。例如，机器人、新能源汽车、数字经济以及一些高科技产业，尽管其某些核心技术不在中国，但最大的应用市场在我国。未来，在高水平开放中提高我国产业基础能力和产业链现代化水平，加快核心技术攻关，改变我国长期处于价值链中低端的格局，提升国民经济自我循环能力。第三，以国内大循环为主体，重要的是深化市场化改革，充分激发市场活力。这就需要以制度型开放为重点深化市场化改革，推进规则、规制、管理、标准等与国际惯例衔接，建立并完善以公开、规范为主要标志的开放型经济体系，加快形成市场决定资源配置的新格局。

构建更加开放的国内国际双循环[*]

（2020年11月）

在国内外环境正在发生深刻复杂变化的大背景下，党的十九届五中全会明确提出，"加快构建以国内大循环为主体、国内国际双循环相互促进的新发展格局"。这是我国立足自身发展需求的重大战略选择，是立足当前、着眼长远的战略谋划。11月4日，习近平主席在第三届中国国际进口博览会开幕式突出强调，新发展格局"决不是封闭的国内循环，而是更加开放的国内国际双循环"。从中国自身发展需求看，一方面，要在实行高水平对外开放中构建新发展格局，更好联通国际国内两个市场，更好利用国际国内两种资源；另一方面，构建新发展格局又对高水平开放提出更高要求，建设更高水平开放型经济新体制，实施更大范围、更宽领域、更深层次的对外开放。

以高水平开放实现国内国际双循环。实现国内国际"双循环"，关键在于"循环"，内外两个市场要在循环中相互促进。由此，以国内大循环为主体，不是"关起门来搞建设"，而是在提升经济自我循环能力的同时，建设高水平开放型经济新体制。一方面，要以

---

[*] 本文载于《光明日报》2020年11月6日。

高水平开放释放经济转型的巨大增长潜力。作为拥有14亿人口的大国，我国还有相当大的经济转型升级空间，并蕴藏着巨大的内需潜力，由此形成以国内大循环为主体的基础和条件。在当前全球需求不足、经济增长乏力的情况下，这一巨大的内需潜力，成为世界经济增长的突出亮点。另一方面，要以高水平开放提升我国参与国际合作与竞争新优势。例如，机器人、新能源汽车、数字经济以及一些高科技产业，尽管其中某些核心技术不在中国，但最大的应用市场在中国。未来，在高水平开放中逐步提高我国产业基础能力和产业链现代化水平，加快核心技术攻关，改变我国长期处于价值链中低端的格局，有效提升国民经济的自我循环能力。

适应构建新发展格局的要求，尽快实现制度型开放的重大突破。改革开放40多年来，我国推进以商品要素流动型为重点的对外开放取得了历史性成就。进入新发展阶段，我国扩大开放的重要标志开始由商品和要素流动型开放向规则等制度型开放转变。这就需要推进以制度型开放为重点的开放转型。一方面，在高水平开放中深化市场化改革，强化产权保护、深化要素市场化改革，充分发挥市场在资源配置中的决定性作用；另一方面，着力推进规则、规制、管理、标准等与国际通行做法对接，形成制度型开放的重大突破。由此，以更高水平开放和更深层次改革为形成国内国际双循环新发展格局提供强大动力。

打造对外开放新高地，促进新发展格局。首先，近年来，我国建设自由贸易试验区、自由贸易港，打造对外开放的重要窗口和创新高地。例如，以服务贸易为重点促进国内自贸试验区转型升级，不断创新负面清单管理制度，更大范围扩大服务业市场开放。其次，建设粤港澳大湾区是新时代我国推动形成全面开放新格局的大战略。推进粤港澳大湾区建设，突破口在于加快粤港澳服务贸易一体化进程，由此释放粤港澳大湾区巨大经济增长潜力，为大湾区实现协同发展和深度合作提供重要切入点。再次，服务于"将海南自由贸易港打造成为引领我国新时代对外开放的鲜明旗帜和重要开放门户"这一战略目标与重大任务，高质量高标准建设海南自由贸易港，重在加快构建海南自由贸易港与东南亚国家的交流合作大网络，将海南自由贸易港打造成为国内市场与以东南亚为重点的区域市场的重要连接点，由此，在国内国际双循环新发展格局中扮演重要角色。

以双边、多边自由贸易为重点畅通国内国际大市场。当前，在区域一体化趋势与作用日益凸显的背景下，加快实现推进双边、多边自由贸易进程，有利于推动疫情冲击下国际经济复苏与增长，也是应对单边主义、贸易保护主义严峻挑战的重大举措，是积极参与全球经贸规则制定的重要途径。为此，一是要尽快实现中日韩经贸合作新突破。例如，以服务贸易为重点打造中韩自贸区升级版，在医疗、健康、养老、环保、旅游、电子商务、研发、工业设计和数据处理等领域实现双边开放的重要突破。尽快启动中日贸易投资协定的可行性研究，力争早日达成全面自由贸易与投资协定目标。二是推动中欧投资协定向中欧自贸协定升级。在尽快谈成中欧投资协定后，适时启动中欧自贸协定研究，推动以中欧一体化大市场为目标形成中欧经贸合作新格局，释放中国城市化与产业转型升级给中欧经贸合作带来的巨大市场空间。三是以区域全面经济伙伴关系协定（RCEP）为基础推进亚太经济一体化进程。亚太自贸区若建成，将成为全球覆盖面积最广、纳入成员最多、包容性最强、体量最大的区域性多边自贸区，对维护以世贸组织为核心的多边贸易体制、促进全球经济平衡增长、探索形成更加包容普惠的经贸规则都将产生重要影响。

中国消费导向转型新趋势对中美经贸的影响[*]

（2021 年 2 月）

2月22日，"对话合作，管控分歧——推动中美关系重回正轨"蓝厅论坛在北京举行。中国（海南）改革发展研究院院长迟福林在以"重建经贸均衡"为主题的分论坛上发表演讲。

重建中美经贸均衡关系，重要前提之一是客观判断双方经济发展趋势，特别是未来5—10年中国消费导向的转型新趋势，将对改善中美经贸关系产生积极影响。

一 中国将成为全球最大消费市场及对中美经贸关系的影响

（1）中国消费规模呈现快速增长态势。2010—2019年，中国社会消费品零售总额从15.2万亿元增长到41.2万亿元。预计到2025年，将达到50万亿—55万亿元。若按1∶6的汇率初步估算，约合8万亿—9万亿美元。过去几年，中美消费市场的规模差距正在缩小（2017年为3400亿美元，2019年为2700亿美元左右）。估计未来几年，中国有望成为全球最大的消费市场。

---

[*] 在"对话合作，管控分歧——推动中美关系重回正轨"蓝厅论坛的演讲，2021年2月22日，海口；载于《中改院简报》第1399期，2021年2月。

（2）中国开始进入服务型消费社会。2019年，中国居民服务型消费占比为45.9%，预计2025年将达到52%左右。未来5—10年，若中国服务型消费占比年均增长1个百分点左右，到2035年有可能达到60%—65%左右。14亿人的服务型消费达到60%以上，应当说，这对全球市场是一个重大利好。

（3）中国消费导向转型的新趋势给包括美国在内的全球市场带来新的市场需求。在服务型消费需求释放的趋势下，预计到2025年，中国服务业占比有望从2020年的54.53%提高到60%左右。未来5年，中国服务进口规模累计有望达到2.5万亿美元，占全球比重将超过10%；未来15年，中国进口服务将超过10万亿美元。分享中国超大规模的消费市场，将对改善中美经贸关系产生重要影响。美中贸易全国委员会（USCBC）委托英国牛津经济研究院的研究报告显示，如果双方逐步取消加征关税政策并推动双边贸易发展，到2025年，中美贸易将为美国新增14.5万个就业岗位。美国商会2月17日发布的一项报告显示，美中全面脱钩将给美国带来数千亿美元的巨大损失，航空、半导体、化工、医疗器械等行业将遭受重创。

二 中国将成为全球最大服务业市场及对中美经贸关系的影响

（1）加快推进制度型开放进程。中国由制造业为主的开放向服务业为主的开放转变，包括教育、文化、健康、金融等领域的全面开放进程在加快推进。外商投资准入负面清单逐年缩小，从2017年的63条缩减到2020年的33条。中国正加快推进规则、规制、标准等与国际对接，服务业市场开放、竞争政策基础性地位、知识产权保护等，关键性、基础性深层次体制机制改革正在深化。

（2）中美对双方服务业市场开放与公平竞争环境都有现实需求。例如，中国企业在美国遭遇到安全审查、技术封锁、政府采购等壁垒，美国企业认为中国在电子支付、影片进口、专业服务等领域存在市场准入壁垒。

（3）中国服务业市场开放蕴含中美经贸合作新机遇。中国是全球最大的物流市场、旅游市场、电影市场、在线教育市场、金融科技市场等，并有望成为全球最大的医疗服务市场、养老服务市场、理财服务市场、艺术品交易市场等。未来5—10年，中美服务业市场逐步由双向互惠开放到对等开放，在共同营造非歧视的公平竞争环境上相向而行，是重建中美经贸关系的战略选择。

三　中国将成为全球最大的服务贸易大国及对中美经贸关系的影响

（1）中国服务贸易规模不断增大。2019年，中国服务贸易规模为7850亿美元。估计到2025年，其规模将达到1万亿美元左右，占外贸总额比重由2019年的14.64%提升到20%左右。其中知识密集型服务贸易占服务贸易的比重由目前的32.4%提升至40%以上；保险、计算机和信息、知识产权等高端生产性服务贸易占比由目前的23.8%提高至30%以上；数字相关服务贸易出口比重将由2019年的23.5%提升至30%左右。

（2）中国服务贸易发展拓宽了中美经贸合作空间。据中方统计，在中美经贸摩擦前，中美服务贸易额从2006年274亿美元增至2018年的1253亿美元，增长3.6倍。据美方统计，2007—2017年，美国对华服务出口额由131.4亿美元扩大到576.3亿美元，增长3.4倍，超过同期美国对其他国家和地区的服务出口额增长（1.8倍），美国对华服务贸易年度顺差扩大30倍。总的看，美国处于全球产业链价值链创新链的高端，中国产业发展总体仍处于中低端，中美经贸合作的互利共赢空间和潜力巨大。中美更加务实地推进以服务贸易为重点的经贸合作，促进两国贸易自由化便利化进程，将推动两国经济增长和经贸均衡。

（3）适时重启中美投资协定谈判。加快形成中美经贸磋商的制度性框架和安排，争取尽快取消互征关税，在多边贸易、多边合作和共同开发第三方市场上加强沟通和务实合作，逐步恢复双方教育人文交流，营造经贸合作的大气候。这对中美双方都是至关重要的。

中国消费导向转型新趋势给全球发展带来新机遇[*]

(2021年3月)

重建中美经贸均衡关系,重要前提之一是客观判断双方经济发展趋势,特别是未来5—10年,中国消费导向的转型新趋势,将对改善中美经贸关系产生积极影响。

一 中国将成为全球最大消费市场

一是中国消费规模呈现快速增长态势。预计到2025年,中国社会消费品零售总额将达到50万亿—55万亿元。估计未来几年,中国有望成为全球最大消费市场。二是中国开始进入服务型消费社会。预计2025年中国居民服务型消费占比将达到52%左右。若未来5—10年中国服务型消费占比年均增长1个百分点左右,到2035年有可能达到60%—65%。三是中国消费导向转型的新趋势给全球市场带来新的市场需求。预计到2025年,中国服务业占比有望从2020年的54.53%提高到60%左右。未来5年,中国服务进口规模累计有望达到2.5万亿美元,占全球比重将超过10%。未来15年,中国进口服务将超过10万亿美元。

---

[*] 本文载于《中国经济时报》2021年3月1日。

二 中国将成为全球最大服务业市场

一是加快推进制度型开放进程。中国由以制造业为主的开放向以服务业为主的开放转变，包括教育、文化、健康、金融等领域的全面开放进程在加快推进。外商投资负面清单逐年缩小，从2017年的63条缩减到2020年的33条。中国正加快推进规则、规制、标准等与国际对接，服务业市场开放、竞争政策基础性地位、知识产权保护等关键性、基础性深层次体制机制改革正在深化。二是中美对双方服务业市场开放与公平竞争环境都有现实需求。三是中国服务业市场开放蕴含中美经贸合作新机遇。中国是全球最大的物流市场、旅游市场、电影市场、在线教育市场、金融科技市场等，并有望成为全球最大的医疗服务市场、养老服务市场、理财服务市场、艺术品交易市场等。未来5—10年，中美服务业市场逐步由双向互惠开放到对等开放，在共同营造非歧视的公平竞争环境上相向而行，是重建中美经贸关系的战略选择。

三 中国将成为全球最大的服务贸易大国

一是中国服务贸易规模不断增大。估计到2025年，中国服务贸易规模将达到1万亿美元左右，占外贸总额比重由2019年的14.64%提升到20%左右。其中知识密集型服务贸易占服务贸易的比重由目前的32.4%提升至40%以上；保险、计算机和信息、知识产权等高端生产性服务贸易占比由目前的23.8%提高至30%以上；数字相关服务贸易出口比重将由2019年的23.5%提升至30%左右。二是中国服务贸易发展拓宽了中美经贸合作空间。中美更加务实地推进以服务贸易为重点的经贸合作，促进两国贸易自由化便利化进程，将推动两国经济增长和经贸均衡。三是适时重启中美投资协定谈判。加快形成中美经贸磋商的制度性框架和安排，争取尽快取消互征关税，在多边贸易、多边合作和共同开发第三方市场上加强沟通和务实合作，逐步恢复双方教育人文交流，营造经贸合作的大气候。

RCEP：区域经济一体化的重大利好[*]

（2021年6月）

《区域全面经济伙伴关系协定》（RCEP）规则安排的突出特点：发展导向规则和标准导向规则并行；统一性与包容性兼顾；约束性与灵活性兼容；自由贸易新议题与WTO基本原则衔接。它是多边主义与自由贸易的胜利，必将对区域经济一体化产生重大影响。

一 区域贸易投资自由化便利化进程将明显加快

（一）关税减让等措施将释放区域内巨大的贸易增长潜力

RCEP生效后，区域内90%的货物贸易最终实现零关税，海关程序与贸易便利化整体水平超过WTO《贸易便利化协定》，这将大幅降低区域内贸易成本和产品价格，并释放巨大的贸易创造效应。联合国贸发会议（UNCTAD）估计，到2025年，RCEP预计将使成员国出口增长10%以上。

（二）投资负面清单与棘轮机制的结合将稳定并优化区内投资环境

RCEP不仅以"非禁即入"的方式对5个非服务业领域投资做

---

[*] 本文载于《经济参考报》2021年6月1日。

出较高水平开放承诺,并且以棘轮机制形成各方扩大开放的硬约束,将明显提高RCEP成员国市场准入的确定性。

(三)统一且开放包容的市场规则将明显提升区域内贸易投资效率

RCEP的生效实施将使区域内部形成相对单一的市场与规则,并针对成员国不同情况采取过渡期和例外原则等包容、灵活的做法,务实、有效降低区域内贸易投资壁垒。有测算估计,RCEP协定的全面实施将使成员方GDP每年多增长0.5%,并带动全球经济多增长0.2%。

(四)推动东北亚与东南亚区域融合成为一体化大市场

通过RCEP协定,中日、日韩首次结成自贸关系,这将推动东北亚与东南亚两大区域板块市场的融合。同时,RCEP鼓励各方在教育、人员资格、消费者保护等领域制定互相接受的专业标准和准则,推动区域内服务业管理标准规则的互认对接。

二 区域内产业链、供应链、价值链将进一步融合发展

(一)原产地累积规则将促进区域内产业链、供应链、价值链融合发展

RCEP使用区域累积原则的原产地规则,将增加产业链、供应链布局的灵活性和多样性,助推区域内企业建立完善的跨国产业分工体系。例如,RCEP各成员国可依托区域内发展中国家资源要素、中间品生产基础及发达经济体技术优势,充分利用区域内原产地累积规则,形成区域内产业链、供应链和价值链的闭环。

(二)正负服务贸易清单相结合推动区域产业链、供应链、价值链稳定发展

RCEP各国在服务贸易领域均作出高于各自"10+1"自贸协定水平的开放承诺,并结合各自利益关切,以正面清单和负面清单相结合的办法推进区域内服务贸易整体开放。这体现了包容性、灵

活性与渐进性的特点,释放未来区域内服务贸易高水平开放的稳定预期。

(三)统一的电子商务规则将加快区域产业链、供应链数字化转型升级

RCEP首次在亚太区域内达成范围全面的多边电子商务规则,在跨境信息传输、信息存储、在线消费者保护、个人信息保护、网络安全等焦点问题上达成共识,为数字经济与数字贸易发展提供稳定、便利的制度环境,会对促进区域产业链供应链数字化转型、亚洲经济体参与全球数字经贸规则构建等产生深远影响。

三 东盟在区域经贸合作格局中的主导地位将进一步强化

(一)东盟在区域经济合作中的主导性、主动性更加突出

RCEP领导人联合声明再次强调了RCEP由东盟提出,并以东盟为中心的事实。RCEP整合了5个"10+1"自贸协定,缓解区域内经贸规则碎片化,增强东盟在区域合作框架中的中心地位。RCEP秉持东盟"开放的区域主义"原则,承认差异性,兼具原则性与灵活性,突出以共识为基础的区域合作模式,使"东盟方式"在促进区域经济一体化中的作用和优势更加突出。

(二)发展导向的包容性规则安排促进东盟国家深度融入区域经济一体化进程

东盟成员国中既有发达国家,也有发展中国家和最不发达国家。RCEP充分考虑成员的不同发展水平和经济需求,设立特殊和差别待遇条款,并给予东盟最不发达国家过渡期安排。测算表明,发展水平低、经济规模较小的国家都将从中获益更多。

(三)东盟将在推动区域一体化大市场的进程中成长为全球第四大经济体

RCEP区域内稳定的制度环境及较快增长的市场需求,是东盟国家经济复苏并增长的关键。预计到2030年,东盟GDP将达到

6.6万亿美元左右,成为仅次于美国、中国、欧盟的世界第四大经济体。

(四) RCEP成员国将更多分享中国14亿人的消费大市场

在贸易保护主义、单边主义及新冠肺炎疫情冲击下,中国与东盟双边贸易投资仍保持较快增长。依托高水平贸易投资自由化便利化制度安排和互补的产业基础,中国与东盟两个最具活力与最具增长潜力的市场将进一步融合。预计未来10年,中国累计商品进口额有望超过22万亿美元,并在更多商品与服务领域成为全球最大进口国,这给RCEP成员国带来重大利好。

四 海南自由贸易港建立面向东盟的区域性市场面临历史机遇

(一) 抓住"窗口机遇期"尽快建立面向东盟的区域性市场

海南自由贸易港要抓住RCEP生效到成熟运作的"时间窗口期",用好自由贸易港政策与RCEP规则的叠加优势,尽快取得建立面向东盟区域性市场的重要突破,这既有利于尽快取得RCEP框架下区域内双边多边经贸合作的"早期收获",也为各类企业投资东盟市场和分享中国大市场提供重要平台。

(二) 以务实举措推进海南自由贸易港融入东盟区域性旅游、商品和要素市场等方面并取得重要进展

例如,利用免征进口关税及原产地政策等,吸引东盟国家农产品进口并在海南进行精深加工,产品增值30%以上再免关税进入中国14亿消费的大市场;在疫情稳定后,海南要率先与东盟国家的岛屿地区开展邮轮旅游合作,实施游客互换、资源共享与联合营销,并推进旅游服务标准对接、人员跨境流动便利化等;依托金融开放政策,建立区域性资本市场,服务东盟企业的投融资需求。

(三) 尽快将建立面向东盟区域性市场的相关政策具体化

要参照RCEP贸易投资规则,围绕投资保护、自由化、促进和便利化四个方面进一步推进海南自由贸易港投资自由化便利化制度

集成创新；要研究对标 CPTPP 的外商投资准入负面清单，引入棘轮机制，强化各方对海南自由贸易港的开放预期；对标 RCEP 关税减让清单，适时升级海南自由贸易港"一负三正"零关税清单，扩大"零关税"覆盖范围；制定不低于 RCEP 最高水平承诺的跨境服务贸易负面清单，并强化与新加坡等东盟国家专业服务业管理标准规则对接；借鉴 RCEP 海关程序与贸易便利化条款，制定包括农产品在内的海南自由贸易港海关查验程序与快速通关制度等。

从前景看，RCEP 生效及随后的适时升级，既需要各成员国的共同努力，也需要充分发挥智库作用。我在此倡议：建立 RCEP 区域合作的智库联盟或智库论坛，共同打造开放性、共享性的区域智库合作平台。中改院愿意同各方智库一道，就 RCEP 区域合作、海南自由贸易港建设等开展联合研究；愿意与各方共建常态化交流机制与信息共享机制；愿意同各方共同打造 RCEP 区域合作及海南自由贸易港建设的交流培训基地。